U0787226

松桃纪检监察志

（1950—2020）

中共松桃苗族自治县纪律检查委员会
松桃苗族自治县监察委员会
编

方志出版社

图书在版编目(CIP)数据

松桃纪检监察志：1950—2020 / 中共松桃苗族自治县纪律检查委员会，松桃苗族自治县监察委员会编. —北京：方志出版社，2021. 11
ISBN 978-7-5144-5037-8

Ⅰ. ①松… Ⅱ. ①中… ②松… Ⅲ. ①中国共产党—纪律检查—工作概况—松桃苗族自治县—1950-2020②行政—监察—工作概况—松桃苗族自治县—1950-2020 Ⅳ. ①D262.6②D630.9

中国版本图书馆CIP数据核字（2021）第258252号

松桃纪检监察志（1950—2020）

编　　者：中共松桃苗族自治县纪律检查委员会
松桃苗族自治县监察委员会
责任编辑：王　娜
出 版 者：方志出版社
地址　北京市朝阳区潘家园东里9号（国家方志馆4层）
邮编　100021
网址　http://www.zgfzcb.cn
发　　行：方志出版社图书经销中心
电话（010）67110500
经　　销：各地新华书店
印　　刷：重庆长虹印务有限公司
开　　本：889×1194　1/16
印　　张：66.75
字　　数：1654千字
版　　次：2021年11月第1版　2021年11月第1次印刷
印　　数：0001～1000册
ISBN 978-7－5144－5037－8　**定价**：398.00元

· 版权所有 翻印必究 ·

《松桃纪检监察志（1950—2020）》编纂委员会

顾　问　李俊宏　龙群跃

主　任　胡定钦　吴玉东

副主任　周胜华　宋　扬　秦榜江　刘建英　石利军

成　员　杨昌伦　李　霞　杨昱昕　唐义长　李慧娟

冉莉元　龙军勇　石　凯　龙振超　麻昌三

李　波　张志明　龙俊泽　张明进　张朝河

杨　忍　吴志松　张延周　刘　轶　柯永飞

杨小龙　徐　骞　王孟龙　龙通顺　任　华

龙令勇　贺再金　田兴国　宋子龙　杨春芽

李仲高　杨　芳　龙　辉　龙迅飞　龙　舟

冉奉尧　杨　智　石晓晖　龙德昌　龙寿发

简　璟　杨　博　杨正泽　涂山伟　麻建成

《松桃纪检监察志》编纂办公室

主　　编　周胜华

执行主编　秦榜江

副 主 编　宋　扬　刘建英　石利军

总　　纂　戴其晓

编　　审　刘卫东　田儒礼

文字编辑　戴其晓　石　雄

图片编辑　田茂桥

编　　务　唐义长　姚才上　陈孟珍　杨　婷

《松桃纪检监察志（1950—2020）》评审人员

《铜仁纪检监察志》编纂办公室	石天启　肖会智
县　纪　委　县　监　委	吴玉东　周胜华　刘加伟　宋　扬　秦榜江 刘建英　石利军　张明进　杨昌伦　杨昱昕 李慧娟　张朝河　张志明　吴志松
县　方　志　办　公　室	秦梅英
县　委　党　史　研　究　室	代　学
县　国　家　保　密　局	谭子红
《松桃纪检监察志》编纂办公室	唐义长　刘卫东　田儒礼　戴其晓　石　雄 陈孟珍

目　录

凡　　例

一、本志以马克思列宁主义、毛泽东思想、邓小平理论、“三个代表”重要思想、科学发展观、习近平新时代中国特色社会主义思想为指导，坚持辩证唯物主义和历史唯物主义观点，坚持求实存真的原则，客观、全面、系统地记述松桃（苗族自治）县纪检监察工作的历史和现状，真实地反映松桃（苗族自治）县纪检监察工作的实际，力求真实性、科学性、资料性相统一。

二、本志以松桃苗族自治县行政区划为记述范围；所涉史料上限始于1950年，下限至2020年12月，个别内容适当上溯或下延。所记纪检监察机构及其领导人更迭统一以《中国共产党贵州省松桃苗族自治县组织史资料》《中国共产党松桃苗族自治县组织史资料 松桃苗族自治县政军统群系统组织史资料》《松桃年鉴》等资料为依据。

三、本志采用第三人称，为现代语体文、记述体，并一律使用现代简化汉字。

四、本志采用公元纪年，数字书写执行《出版物上数字用法》（GB/T15835—2011）。公元纪年的年、月、日和表示数量的数字，一律使用阿拉伯数字，年号写全称。习惯用语、专用名称中的数字用汉字。

五、本志由序、述、记、志、传、图（照）、表、录组成，以文字记述为主。

六、本志依据国务院《地方志工作条例》、中国地方志指导小组《地方志书质量规定》并参照《贵州省地方志工作条例》编纂。编纂遵循“横排门类、纵述史实”的方法，采用顺时记叙为主、辅以图表，分章节目三个层次。

七、本志对人物的称谓直书其名，一般只称职务，后不赘加“同志”，职务以当时组织任命为准；任职时间以行文时间为准。对单位和会议的内容，第一次出现时用全称，再次出现用不生歧义、众所周知的简称或惯称。

八、大事记主要收录有记载的、具有代表意义的事件，采取编年体，一事一记。纪律检查和行政监察工作按时间顺序综合记述。日不详者用“是月”表示，月不详者用“是年”表示。领导关怀主要记录中央纪委、国家监察委员会（监察部）部门负责人以上领导，省纪委常委、省监察委员会（监察厅）、委员（副厅长）以上领导，市（地区）纪委书记、监委主任（监察局局长）到松桃开展工作调研、指导等活动。在图片排序上按中央纪委、国家监委（监察部），省纪委、省监委（监察厅），市（地区）纪委、监委（监察局局长）这一顺序排列；除此外，按时间顺序排列。

九、松桃于1956年9月11日，经国务院批准撤销松桃县成立松桃苗族自治县；本志对县名的称谓按照县委、县人民政府公文使用称谓记述，在时间划分上大致以1957年1月1日召开庆祝成立大会为标志，1月1日前称松桃县，1月1日后称松桃苗族自治县。地名、机构、职务和职称等专用名称，均按当时历史时期的称谓记述，首次出现时用全称，之后均使用规范的简称。

十、人物设人物志、人物简介、人物名录。人物简介按任职时间顺序，收录历届县纪委书记、副书记、常委，县（县委）人民监察委员会书记、副书记，县人民政府人民监察委员会主任、副主任，监察室主任、副主任,县监察局局长、副局长,县监察委员会主任、副主任、委员的简历,其中缺失资料者没有记述,特别注明“其余资料不详”。人物简介中,县(县委)纪委(监察委)书记附录个人图片。本志收录的荣誉称号或奖项为受到中央纪委、国家监察委员会(监察部),全国妇联,贵州省委、贵州省人民政府和贵州省纪委、贵州省监察委员会(监察厅),铜仁市(地)委、铜仁市人民政府(地区行署)和铜仁市(地区)纪委、铜仁市(地区)监察委员会(监察局),松桃苗族自治县委、松桃苗族自治县人民政府表彰奖励的先进集体和先进个人。

十一、本志为了体现事件的实际年份和规范文号,在书中将原简写的文件号如“松××发(87)×号”“松××函(88)××号”等,统一规范成“松××发〔1987〕×号”“松××函〔1988〕××号”等。

十二、本志遵循“详近略远”的原则,合署前纪检监察工作记述较略;对合署后纪检监察,特别是国家监察体制改革后的工作记述较详。

十三、本志“纪检监察机构”表述,凡实行代表大会制的,均按代表大会届次表述,没有实行代表大会的,按组织机构变化情况表述。

十四、本志所记各种金额,未注明货币名称的,均系人民币;金额达到亿元的,以亿元为单位;达到万元的,以万元为单位;不足万元的,以元为单位,均保留小数点后两位数。附录中所涉金额在1955年5月10日前的为解放初期流通的旧人民币,文中未做换算。

十五、本志资料主要来源于县纪委档案室、县委组织部档案室、县档案馆及县委党史研究室所存的档案资料,参照县委、县人民政府有关资料,部分直接来源县委老领导、老干部和相关工作人员提供的口述资料和佐证资料核实后入志,使用时一般不注明出处。

序一

盛世修史，明时修志。承载着热情的期盼，《松桃纪检监察志(1950—2020)》即将付梓。70年历史、70年风雨，《松桃纪检监察志(1950—2020)》翔实记载了松桃纪检监察工作的光辉历程，见证着松桃反腐尖兵艰苦奋斗、无私奉献的坚实足迹和兢兢业业、勇于担当的进取精神，展现了松桃党风廉政建设和反腐败斗争的辉煌业绩，将激励松桃一代又一代纪检监察干部不忘初心、牢记使命，感恩奋进、砥砺前行。

以史为鉴，观古知今。《松桃纪检监察志(1950—2020)》的出版是松桃纪检监察史上可喜可贺的大事。该志书秉承尊重历史、存真求实的原则，融政治性、思想性、学术性、科学性于一体，客观、系统、全面、真实地再现了1950年以来松桃各级纪检监察机关工作开展情况和各个时期纪检监察工作取得的成就，对存史、资政、育人有着深远影响，为提高纪检监察机关履职能力，推动全面从严治党、党风廉政建设和反腐败斗争高质量发展，提供有力借鉴。

与时俱进，顺势而为。党的十八大以来，以习近平同志为核心的党中央坚定不移、一以贯之全面从严治党，不断深化监察体制机制改革，强化监督执纪问责，反腐败斗争取得压倒性胜利并全面巩固，党内政治生态持续好转，党长期执政的政治基础更加稳固。全县各级纪检监察机关在上级纪检监察机关和县委的坚强领导下，增强“四个意识”、坚定“四个自信”、做到“两个维护”，认真履行党章和宪法赋予的职责，坚决落实党中央决策部署，聚焦中心任务，突出主业主责，坚持以人民为中心，把政治监督放在首位，锲而不舍纠正“四风”，坚定不移惩治腐败，深入开展政治巡察，从严加强纪检监察队伍建设，推动全面从严治党、党风廉政建设和反腐败斗争向纵深发展，人民群众满意度不断提升。

保持定力，负重前行。当前，腐败和反腐败斗争依然严峻复杂，高压态势和顶风作案并存，政治问题和经济问题交织，风险挑战和腐败问题关联，极少数党员干部规矩意识和纪律意识淡薄，在高压态势下依然不收敛、不收手、不敬畏、不知止，影响恶劣。正风肃纪反腐永远在路上。全县各级纪检监察机关必须认清形势，增强信心，坚持力度不减、节奏不变、尺度不松，久久为功，把严的主基调长期坚持下去。

稳中求进，务实笃行。走进新时代，踏上新征程，展现新气象。让我们在以习近平同志为核心的党中央的坚强领导下，把思想和行动统一到党中央全面从严治党的安排部署上来，提高政治判断力、政治领悟力、政治执行力，以推动高质量发展为主题，切实发挥监督保障执行、促进完善发展作用，一体推进不敢腐、不能腐、不想腐，不断开创全面从严治党、党风廉政和反腐败工作新局面。

胡定钦

2021年6月

（作者胡定钦，中共松桃苗族自治县原县委常委、县纪委书记、县监委主任）

序二

新的岗位,新的征程。2021年6月,根据工作需要,组织把我调整到松桃任职。感谢组织的信任和关心,对我而言是一种鼓励和鞭策。苗乡人民的热情和松桃纪检监察系统干部的良好风貌给了我深刻印象,也给了我做好工作的信心和决心。

盛世修志,志传盛世。正值全党上下开展党史学习教育之际,《松桃纪检监察志(1950—2020)》的出版正当其时。该志涵盖了组织机构、职能任务、管理体制、队伍建设、党风廉政、信访举报、信息宣传、审查调查、巡视巡察等21章内容,以翔实的史料、完备的体例、严谨的结构、精准的文字,全面展示了松桃1950年至2020年共70年来反腐倡廉工作取得的辉煌成就,是充分了解松桃全面从严治党、党风廉政建设和反腐败工作的重要窗口、便捷载体。2021年6月,全市纪检监察志编纂工作推进会在松桃召开,与会领导和同志对《松桃纪检监察志(1950—2020)》编纂工作予以高度认可。同月,省委常委、省纪委书记、省监委主任夏红民到松桃调研时,对《松桃纪检监察志(1950—2020)》编纂工作给予了充分肯定,并指出,编纂纪检监察志,把一些值得记录的历史记录下来,非常有意义,进一步巩固了党风廉政建设和反腐败斗争成果,是坚持从严管党治党的举措。

肩上有责任,脚下有力量。到松桃任职之前,我曾多次到松桃开展审查调查等工作,对松桃纪检监察工作的印象可以用有声有色、有力有效来概括。印象最深刻的是松桃率先在全省挂牌成立县级监察委员会,办理了全市首个留置案,2019年县纪委县监委被评为全省纪检监察系统先进集体。还有好多好经验好做法是我还不了解的,这些都在《松桃纪检监察志(1950—2020)》中一一体现。《松桃纪检监察志(1950—2020)》是一本松桃纪检监察历史书,更是一本松桃反腐倡廉教科书。"不忘历史才能开辟未来,善于继承才能善于创新"。下步工作中,我将以《松桃纪检监察志(1950—2020)》为借鉴,带领全县纪检监察干部牢记初心使命,忠诚干净担当,保持政治定力,提高政治站位,自觉做到"两个维护",坚持党中央重大决策部署到哪里、监督检查就跟进到哪里,强化监督首责,全力推动党中央和省委、市委、县委决策部署落地落实。

《松桃纪检监察志(1950—2020)》能够顺利编纂出版,得益于市纪委市监委的正确领导和悉心指导,得益于全县相关部门的大力支持,得益于全县纪检监察机关的密切配合,得益于编纂办公室人员的辛勤付出。就此机会,谨向关注、关心《松桃纪检监察志(1950—2020)》的领导和同志以及付出了艰辛劳动的全体编纂人员致以崇高的敬意,向支持《松桃纪检监察志(1950—2020)》编纂出版的各界人士表示衷心的感谢!

2021年7月

(作者吴玉东,中共松桃苗族自治县委常委、县纪委书记、县监委主任)

图片集锦

领导关怀

2011年9月6日，中央纪委驻国务院办公厅纪检组组长辛维光（右二）到长坪乡调研

2017年2月17日，省委常委、省纪委书记宋璇涛（左五）到寨英镇调研民生监督工作

2017年5月23日，省委常委、省纪委书记夏红民（左二）到正大镇油茶基地调研

2015年4月14日，省纪委副书记、省监察厅厅长廖建宇（右一）到大坪场镇调研民生监督工作

2019年7月11日，省纪委常务副书记、省监委副主任黄文胜(左三)到长兴堡镇调研铁皮石斛产业

2006年12月7日，省纪委常委文江(右二)到松桃调研

2007年4月，省纪委常委、省监察厅副厅长谢凤莲（前排左一）到松桃调研

2014年4月12日，省纪委常委陈麟到松桃调研

2018年1月18日，省纪委常委、省委巡视办公室主任梁伟（左二）到县纪委监委机关调研

2019年3月14日，省纪委常委、省监委委员史芸到松桃督导扫黑除恶专项斗争

2006年，地委副书记、地区纪委书记季森(中)到松桃调研

2008年4月16日，地委委员、地区纪委书记张美圣(右二)到松桃调研

2012年4月，市委常委、市纪委书记孟祥熙（左三）到松桃调研

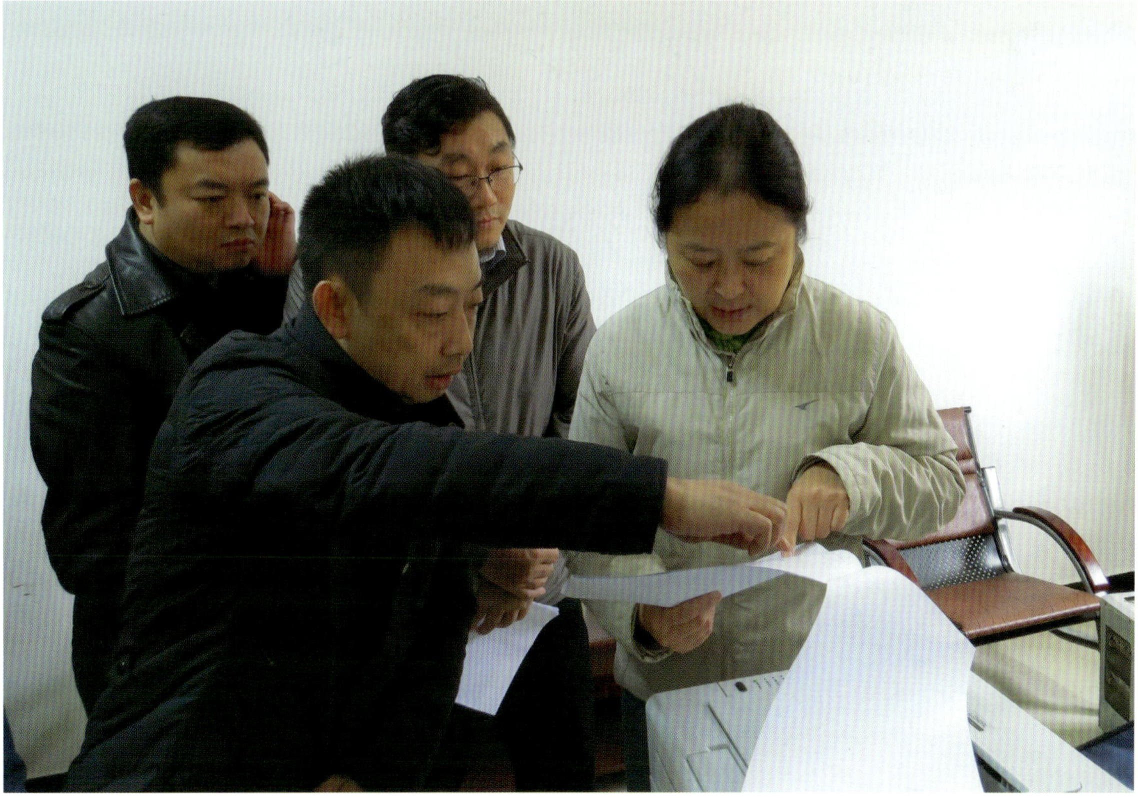

2014年11月8日，市委常委、市纪委书记郭智敏（右一）到松桃调研

2019年4月26日，市委常委、市纪委书记、市监委主任蒋兴勇（左三）到太平营街道古庄坪村调研

2021年4月8日，市委常委、市纪委书记、市监委主任钟汰甬（右二）到正大镇长征村调研巡察整改情况

2021年6月6日，市委常委、市纪委书记、提名市监委主任罗雁冰（右三）到松桃调研

上级指示批示

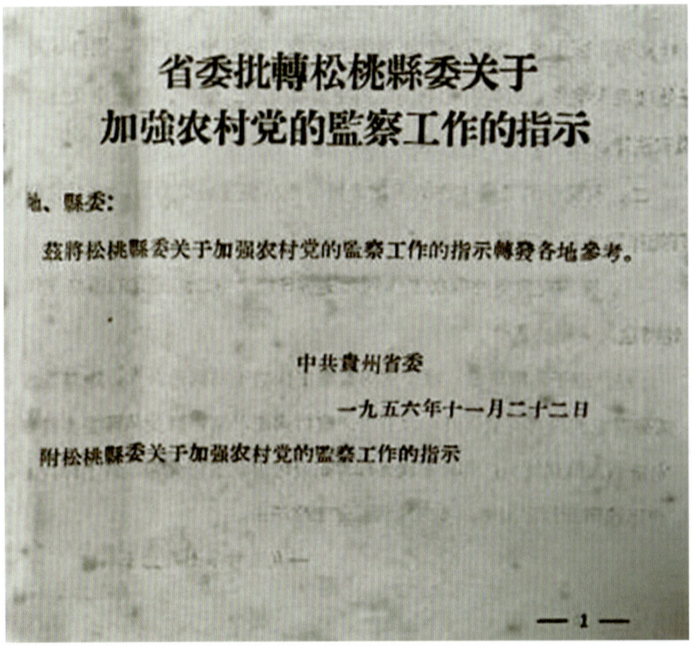

省委批轉松桃縣委关于
加強农村党的監察工作的指示

地、縣委：

玆將松桃縣委关于加强农村党的監察工作的指示轉發各地参考。

中共貴州省委

一九五六年十一月二十二日

附松桃縣委关于加强农村党的監察工作的指示

—1—

1956年11月22日，贵州省委批转松桃县委关于加强农村党的监察工作的指示

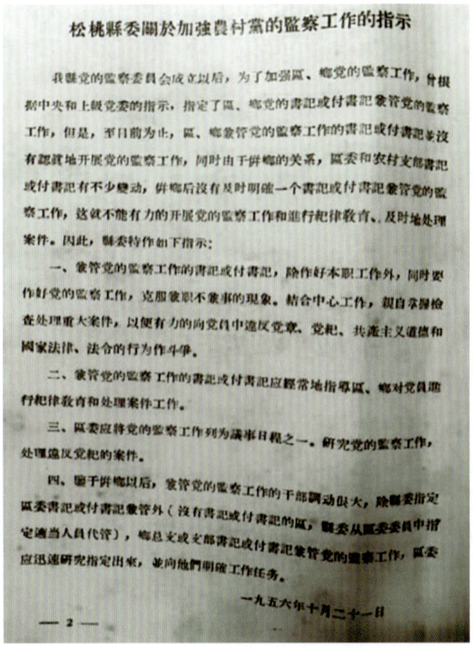

松桃縣委關於加強農村黨的監察工作的指示

我縣党的監察委員会成立以后，为了加强區、鄉党的監察工作，曾根据中央和上級党委的指示，指定了區、鄉党的書記或付書記兼管党的監察工作，但是，至目前为止，區、鄉兼管党的監察工作的書記或付書記並沒有認眞地开展党的監察工作，同时由于併鄉的关系，區委和农村支部書記或付書記有不少變动，併鄉后沒有及时明確一个書記或付書記兼管党的監察工作，这就不能有力的开展党的監察工作和進行紀律教育、及时地处理案件。因此，縣委特作如下指示：

一、兼管党的監察工作的書記或付書記，除作好本職工作外，同时要作好党的監察工作，克服兼職不兼事的現象。結合中心工作，親自掌握检查处理重大案件，以便有力的向党員中違反党章、党紀、共產主义道德和國家法律、法令的行为作斗爭。

二、兼管党的監察工作的書記或付書記应經常地指導區、鄉对党員進行紀律教育和处理案件工作。

三、區委应將党的監察工作列为議事日程之一。研究党的監察工作，处理違反党紀的案件。

四、鑒于併鄉以后，兼管党的監察工作的干部調动很大，除縣委指定區委書記或付書記兼管外（沒有書記或付書記的區，縣委从區委委員中指定適当人員代管），鄉总支或支部書記或付書記兼管党的監察工作，區委应迅速研究指定出來，並向他們明確工作任务。

一九五六年十月二十一日

—2—

1956年10月21日，松桃县委关于加强农村党的监察工作的指示

铜仁日报 A6 松桃视界·清风松桃

牢记使命勇担当 重整行装

——松桃苗族自治县2017年党风廉政建设和反腐败

宋扬 田人心 杨毅

松桃苗族自治县，武陵山遗落人间的一颗明珠，母亲河深情环抱的一方沃土。在这广袤大地上，有这样一个优秀的纪检监察团队：他们手握纪律戒尺，严抓正风反腐，以“铁腕重典”狠刹“四风问题”；

他们弘扬亮剑精神，维护民生民利，以“雷霆之势”横扫“蝇贪蚁腐”；

他们深耕文化阵地，筑牢思想防线，以“清风净雨”细润“廉洁沃土”。

梵净东麓、松江河畔，反腐浪潮，声势浩荡。2017年在市纪委、县委的坚强领导下，他们紧握正风肃纪依法治腐的“铁扫帚”，横扫积弊、激浊扬清，为全面建成小康幸福松桃营造了党风清、政风廉、作风实的政治生态。他们——就是松桃苗族自治县纪委监察局。

2018年3月22日，市委常委、市纪委书记、市监委主任蒋兴勇对《松桃苗族自治县2017年党风廉政建设和反腐败斗争综述》作出批示

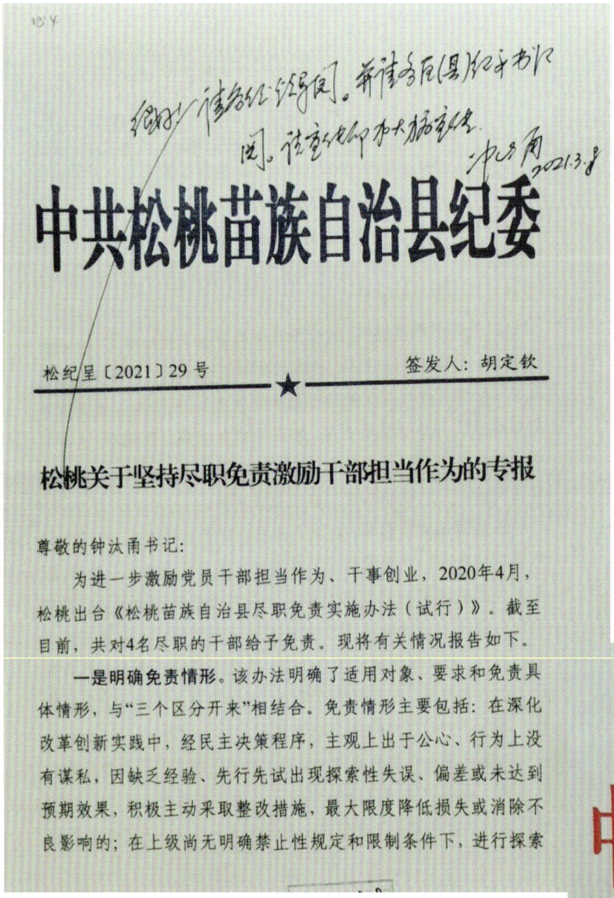

中共松桃苗族自治县纪委

松纪呈〔2021〕29号　　签发人：胡定钦

松桃关于坚持尽职免责激励干部担当作为的专报

尊敬的钟汰甬书记：

为进一步激励党员干部担当作为、干事创业，2020年4月，松桃出台《松桃苗族自治县尽职免责实施办法（试行）》。截至目前，共对4名尽职的干部给予免责。现将有关情况报告如下。

一是明确免责情形。该办法明确了适用对象、要求和免责具体情形，与“三个区分开来”相结合。免责情形主要包括：在深化改革创新实践中，经民主决策程序，主观上出于公心、行为上没有谋私，因缺乏经验、先行先试出现探索性失误、偏差或未达到预期效果，积极主动采取整改措施，最大限度降低损失或消除不良影响的；在上级尚无明确禁止性规定和限制条件下，进行探索

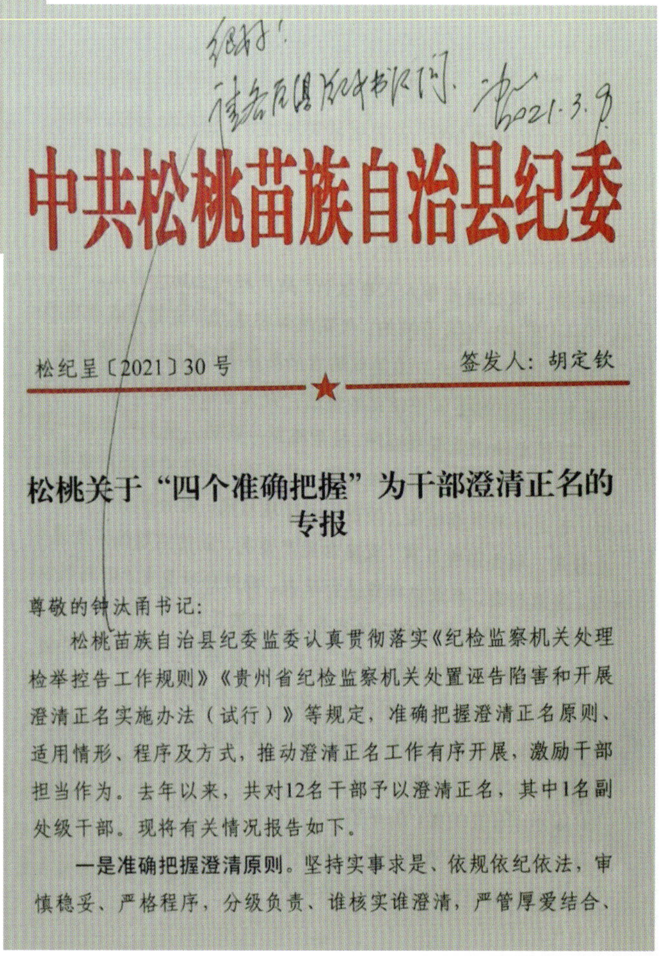

中共松桃苗族自治县纪委

松纪呈〔2021〕30号　　签发人：胡定钦

松桃关于“四个准确把握”为干部澄清正名的专报

尊敬的钟汰甬书记：

松桃苗族自治县纪委监委认真贯彻落实《纪检监察机关处理检举控告工作规则》《贵州省纪检监察机关处置诬告陷害和开展澄清正名实施办法（试行）》等规定，准确把握澄清正名原则、适用情形、程序及方式，推动澄清正名工作有序开展，激励干部担当作为。去年以来，共对12名干部予以澄清正名，其中1名副处级干部。现将有关情况报告如下。

一是准确把握澄清原则。坚持实事求是、依规依纪依法，审慎稳妥、严格程序，分级负责、谁核实谁澄清，严管厚爱结合、

2021年3月8日，市委常委、市纪委书记、市监委主任钟汰甬对《松桃关于坚持尽职免责激励干部担当作为的专报》和《松桃关于“四个准确把握”为干部澄清正名的专报》作出批示

工作剪影

第一部分　领导动态

1958年1月2日，县监察委员会书记徐立（前排左二）、县委副书记吴向必（前排左三）欢送原县监察委员会书记裴连弟（前排右二）下放基层留念

1987年8月26日，县委书记麻绍玉（前排左七）与县委委员、县纪委委员留影

1992年3月20日，县委书记龙岳洲（前排左四）欢送县委常委、县纪委书记熊远光（前排左三）赴藏工作纪念

1997年4月22日，县委书记李树新（二排右八）与全县纪检监察干部合影

2003年1月，县委书记帅朝纲（前排左二）与县纪检监察干部留影

2005年6月，地委委员、县委书记龙长春（右一）到农村调研党风廉政建设

2011年8月11日，县委书记龙海(左二)接访群众

2017年12月15日，市政协副主席、县委书记冉晓东(右二)到县纪委监察局机关调研

2018年12月29日，县委书记李俊宏（左二）到县纪委监委机关调研

2021年8月19日，县委书记龙群跃（左二）到县纪委监委机关调研

2006年12月21日，县委副书记、县纪委书记徐仕江（右一）慰问下岗职工

2011年8月8日，县委常委、县纪委书记张萍（左二）接访群众

2013年8月13日，县委常委、县纪委书记邹龙兴（左三）到大路乡后硐村调研

2014年10月24日，县委常委、县纪委书记吴廷友（右）深入农村了解惠民政策落实情况

2016年10月3日，县委常委、县纪委书记夏学文（左三）到正大镇调研

2020年9月7日，县委常委、县纪委书记、县监委主任胡定钦（左一）到世昌街道调研扶贫产业

2021年7月8日，县委常委、县纪委书记、提名县监委主任吴玉东（左三）到金泰矿业公司督导锰渣库建设

第二部分　工作会议

2009年8月，全县纪检监察工作暨案件检查工作培训会召开

2011年11月，松桃苗族自治县2011年机关作风和效能建设集中测评大会

2013年6月18日，松桃苗族自治县纪检监察干部勤政廉政承诺会议召开

2014年3月14日，松桃苗族自治县纪检监察系统“三转”暨查办案件工作推进会召开

2015年7月9日，铜仁市民生监督工作第二次推进会在松桃召开

2018年3月20日，松桃苗族自治县纪检监察“勤廉家风·从我传承”系列活动启动大会召开（观看专题片）

2018年4月24日，松桃苗族自治县2018年第二季度民生监督工作调度会暨“组组通”专项监察启动会召开

2018年5月11日，松桃苗族自治县扶贫领域整治“蝇贪”三年行动暨整治形式主义官僚主义突出问题推进会召开

2018年5月15日，中国社会科学院中国廉政研究中心到松桃苗族自治县调研并召开座谈会

2018年5月28日，贵州省《中华人民共和国监察法》专题宣讲松桃分会场

2019年2月28日，中国共产党松桃苗族自治县第十三届纪律监察委员会第四次全体会议召开

2019年4月23日，松桃苗族自治县纪检监察机关会同政法部门深挖彻查涉黑涉恶案件专题研判会召开

2019年10月25日，全县在“不忘初心、牢记使命”主题教育中专项整治漠视侵害群众利益问题工作部署会召开

2020年4月20日，松桃苗族自治县党风廉政警示教育大会召开

2020年5月15日，松桃苗族自治县2019年涉林扶贫民生项目专项监察反馈会召开

2020年7月8日，松桃苗族自治县纪委监委“爱岗敬业我先行、积极作为勇担当”专题行动动员部署会召开

2020年8月6日，松桃苗族自治县纪委监委理论中心组学习研讨暨2020年纪检监察工作半年推进会召开

2021年6月18日，全市纪检监察志编纂工作推进会在松桃召开

第三部分 学习培训

1999年4月5日，全区乡镇纪委书记培训班松桃学员合影

2003年3月27日，全县纪检监察干部业务培训合影

2017年12月8日，浙江大学——松桃苗族自治县纪检监察干部业务能力提升培训班合影

2017年12月17日，厦门大学——松桃苗族自治县纪检监察干部业务能力提升培训班合影

2017年12月24日，清华大学——松桃苗族自治县纪检监察干部能力提升研修班合影

2018年11月11日，中国政法大学——松桃苗族自治县纪检监察干部业务能力素质提升培训班合影

2018年11月8日，松桃苗族自治县纪检监察系统脱贫攻坚业务培训会召开

2019年3月22日，全县纪检监察干部能力提升培训班开班

2019年4月15日，松桃苗族自治县纪委监委开展扫黑除恶专项斗争知识测试

2019年10月23日，市纪委监委“不忘初心、牢记使命”主题教育培训(松桃分会场)

2019年12月27日，松桃苗族自治县纪委监委开展全员培训专项考核测试

2020年7月1日，松桃苗族自治县纪检监察系统2020年第二期干部能力提升知识测试

第四部分　监督检查

2019年5月27日，县委常委、县纪委书记、县监委主任胡定钦（右一）到长坪乡督导脱贫攻坚工作

2020年4月，县纪委副书记、县监委副主任周胜华（右一）到太平营街道隘门村督查干部作风

2019年7月4日，县纪委常委、县监委委员宋扬（右一）到长坪乡麻洲村督查民生项目

2019年8月21日，县纪委常委、县监委委员秦榜江（左二）到长坪乡和平村督查脱贫攻坚工作

2020年6月，县纪委常委、机关党委书记刘建英（左二）到太平营街道三合村督查脱贫攻坚工作

2020年9月，县监委委员石利军（左二）到盘信镇上潮村督查脱贫攻坚工作

2019年4月12日，县纪委监委派驻纪检监察组到世昌街道头谷村开展农村“组组通”专项监察

2019年7月3日，县纪委监委派驻纪检监察组在九江街道开展干部作风督查

2020年2月12日，县纪委监委派驻纪检监察组到甘龙镇开展新冠肺炎疫情防控工作专项督查

2020年3月31日，县纪委监委派驻纪检监察组到盘信镇开展民生项目专项督查

2020年5月3日，县纪委监委派驻纪检监察组到乌罗镇开展农村饮水项目督查

第五部分　政治巡察

2020年8月19日，十三届中共松桃苗族自治县委第十一轮巡察工作动员部署会暨业务培训会召开

2017年6月13日，在长坪乡盘报村开展苗汉双语巡察宣传

2019年7月1日，中共松桃苗族自治县委巡察工作领导小组听取十三届县委第十轮巡察工作情况汇报会

2020年6月1日，松桃苗族自治县营商环境专项巡察情况反馈会

2020年6月，县委巡察组到县民宗局巡察

2019年12月11日，县委巡察组到平头镇下马岩村进村了解“两不愁”“三保障”工作开展情况

2019年12月27日，县委巡察组到普觉镇真武堡村了解惠民政策落实情况

2020年1月28日，县委巡察组到永安乡辽木村入户走访群众

2020年3月24日，县委巡察组深入妙隘乡平皋村田间地头走访核实相关情况

2020年4月12日，县委巡察组实地走访察看蓼皋街道稿坪村百香果基地

2020年11月27日，县委巡察组到瓦溪乡下午郎村走访查看脱贫攻坚政策落实情况

第六部分　改革工作

2012年8月11日，松桃苗族自治县纪委监察局派出纪工委监察分局授牌

2018年1月9日，新任就职人员向宪法宣誓。首任县监察委员会主任胡定钦领誓

2018年1月10日，松桃苗族自治县监察委员会正式挂牌

2019年7月至8月，松桃苗族自治县监察委员会派出乡镇(街道)监察办公室挂牌

2020年7月15日，松桃苗族自治县深化国家监察体制改革试点工作小组办公室会议召开

2020年10月30日，松桃苗族自治县纪委监委深化派驻机构改革工作推进会召开

第七部分　情系民生

2011年11月22日，县委常委、县纪委书记张萍（中）接受群众送来的锦旗

2012年7月29日，市纪委常委、县委常委、县纪委书记邹龙兴（右一）为村民送山羊

2015年7月16日，县委常委、县纪委书记吴廷友（前一）带领纪检监察干部洪灾后清淤

2017年1月22日，县委常委、县纪委书记夏学文（左一）到盘信镇楼台村慰问困难群众

2020年12月29日，县委常委、县纪委书记、县监委主任胡定钦（右三）到大兴移民安置点慰问困难群众

2006年9月，县纪委监察局联合相关部门现场清退教育乱收费现象

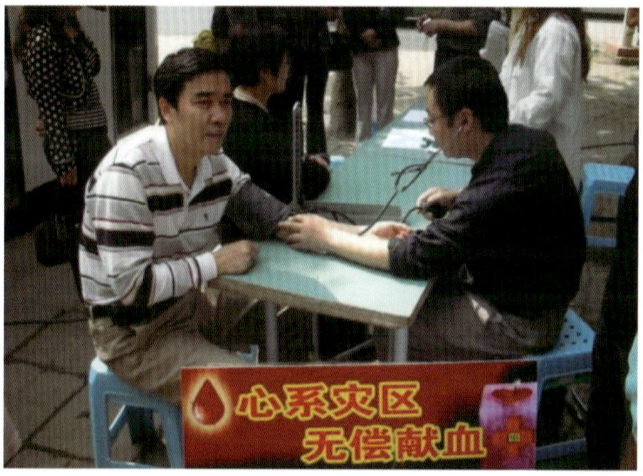

2008年5月14日，县纪检监察干部为汶川地震灾区无偿献血

2015年9月，县纪委监察局驻村干部为留守老人抢收稻谷

2020年1月15日，盘信镇满家村群众为县纪委监委赠送锦旗

2020年7月1日，县纪委监委领导班子成员慰问困难群众

2020年7月10日，县纪委监委工作组深入“7·8”甘龙镇山体滑坡灾区疏导受灾群众

各类活动

2002年10月20日，县纪委在正大乡地容村开展廉政文化宣传

2007年9月25日，县纪委组织纪检监察干部配偶参观县党风廉政建设警示教育基地

2008年11月12日，纪念党的纪律检查机关恢复重建30周年文艺演出

2009年9月，参加庆祝中华人民共和国成立60周年篮球赛获奖合影

2012年11月8日，松桃苗族自治县纪检监察系统集中收看党的十八大会议

2014年5月21日，松桃苗族自治县举办“学习党章·廉洁奉公”知识抢答赛

2014年6月27日，县纪委组织党员干部在党风廉政教育宣传条幅上签名

2016年5月，县纪委组队参加全县职工篮球运动会

2016年9月，县纪委组织干部旁听职务犯罪庭审

2016年11月9日，县纪委监察局参加60周年县庆游行

2018年6月27日，县纪委监委组织党员干部到苟坝会议会址开展党性教育

2018年8月7日，松桃苗族自治县宣传学习《中国共产党纪律处分条例》（修订版）

2018年8月29日，小品《一张收据》参加铜仁市廉政文艺会演

2018年9月15日，松桃苗族自治县纪委监委工会组织开展登山活动

2019年3月23日，松桃苗族自治县开展纪检监察干部警示教育活动

2019年7月7日，全县纪检监察干部拍摄快闪宣传片《我和我的祖国》

2020年6月17日，松桃苗族自治县开展“学杨荣 争先进 作表率”演讲大赛

2020年6月20日，县纪委监委工会与县人民医院、县水务局等部门开展“激情六月 魅力青春”联谊活动

2020年7月1日，县纪委监委组织党员干部缅怀革命先烈

2020年7月1日，县纪委监委党员干部重温入党誓词

2020年7月1日，县纪委监委邀请援鄂抗疫医务人员县人民医院邓颖婷(左)、县民族中医院龙艳(右)作先进事迹报告

集体合影

1984年9月30日，中共松桃苗族自治县纪委第一次全会全体同志合影

1988年8月17日，欢送黄相兰同志(前排左二)光荣退休留影

1998年2月20日，中共松桃苗族自治县第八届纪委全体委员合影

1999年3月，欢送张智同志（前排左四）调离松桃合影

2004年9月8日，县纪委副书记、县监察局局长龙中文（三排左五）荣获全省勤政廉政先进工作者表彰合影

2006年8月3日，全县纪检监察工作会议合影

2008年8月，袁钢同志(前排左三)退休合影留念

2019年9月，县纪委监委领导班子合影

左起：石利军　秦榜江　吴碧文　胡定钦　周胜华　宋　扬　刘建英

2021年4月16日，全县纪检监察系统干部职工合影

荣誉展示

第一部分　集体荣誉

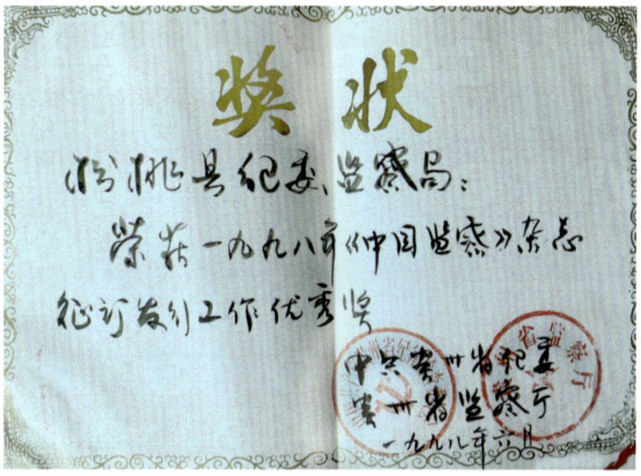

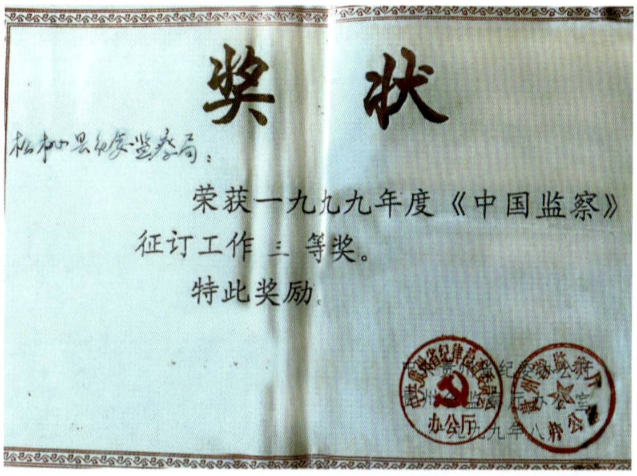

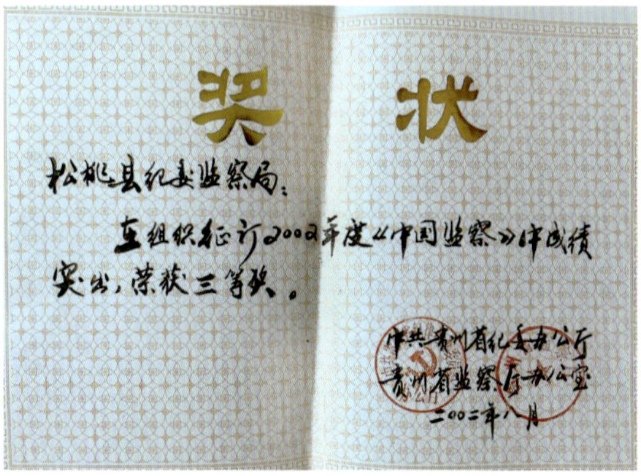

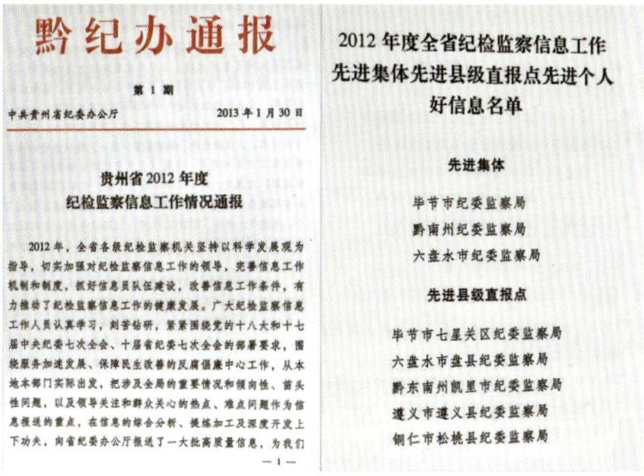

黔纪办通报

第 1 期

中共贵州省纪委办公厅　2013 年 1 月 30 日

贵州省 2012 年度
纪检监察信息工作情况通报

2012 年，全省各级纪检监察机关坚持以科学发展观为指导，切实加强对纪检监察信息工作的领导，完善信息工作机制和制度，抓好信息员队伍建设，改善信息工作条件，有力推动了纪检监察信息工作的健康发展。广大纪检监察信息工作人员认真学习，刻苦钻研，紧紧围绕党的十八大和十七届中央纪委七次全会、十届省纪委七次全会的部署要求，围绕服务加速发展、保障民生改善的反腐倡廉中心工作，从本地本部门实际出发，把涉及全局的重要情况和倾向性、苗头性问题，以及领导关注和群众关心的热点、难点问题作为信息报送的重点，在信息的综合分析、提炼加工及深度开发上下功夫，向省纪委办公厅报送了一大批高质量信息，为我们

—1—

2012 年度全省纪检监察信息工作先进集体先进县级直报点先进个人好信息名单

先进集体

毕节市纪委监察局
黔南州纪委监察局
六盘水市纪委监察局

先进县级直报点

毕节市七星关区纪委监察局
六盘水市盘县纪委监察局
黔东南州凯里市纪委监察局
遵义市遵义县纪委监察局
铜仁市松桃县纪委监察局

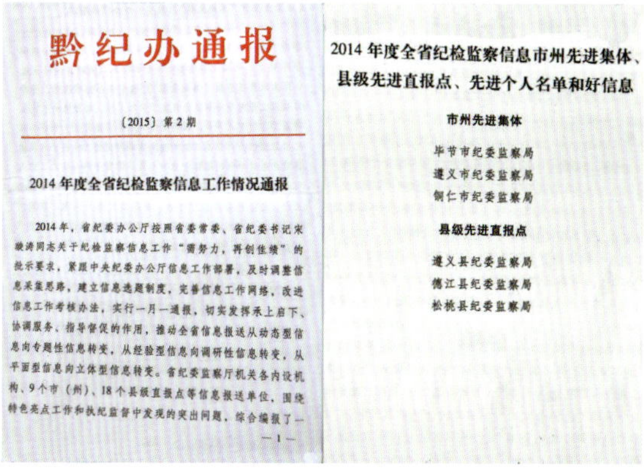

黔纪办通报

〔2015〕第 2 期

2014 年度全省纪检监察信息工作情况通报

2014 年，省纪委办公厅按照省委常委、省纪委书记宋璇涛同志关于纪检监察信息工作“需努力，再创佳绩”的批示要求，紧跟中央纪委办公厅信息工作部署，及时调整信息采集思路，建立信息选题制度，完善信息工作网络，改进信息工作考核办法，实行一月一通报，切实发挥承上启下、协调服务、指导督促的作用，推动全省信息报送从动态型信息向专题性信息转变，从经验型信息向调研性信息转变，从平面型信息向立体型信息转变。省纪委监察厅机关各内设机构、9 个市（州）、18 个县级直报点等信息报送单位，围绕特色亮点工作和执纪监督中发现的突出问题，综合编报了一

—1—

2014 年度全省纪检监察信息市州先进集体、县级先进直报点、先进个人名单和好信息

市州先进集体

毕节市纪委监察局
遵义市纪委监察局
铜仁市纪委监察局

县级先进直报点

遵义县纪委监察局
德江县纪委监察局
松桃县纪委监察局

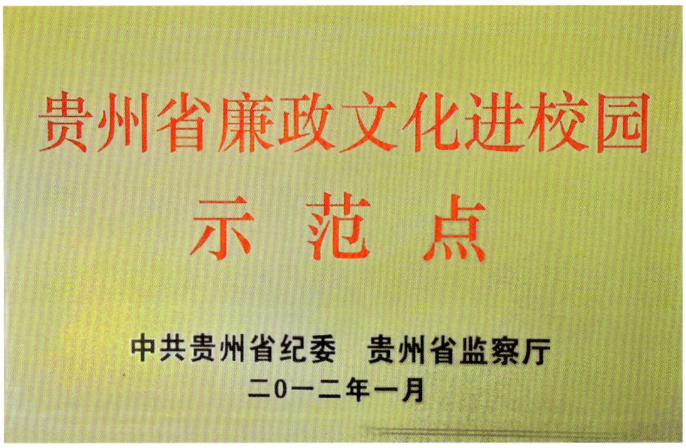
贵州省廉政文化进校园
示范点
中共贵州省纪委　贵州省监察厅
二〇一二年一月

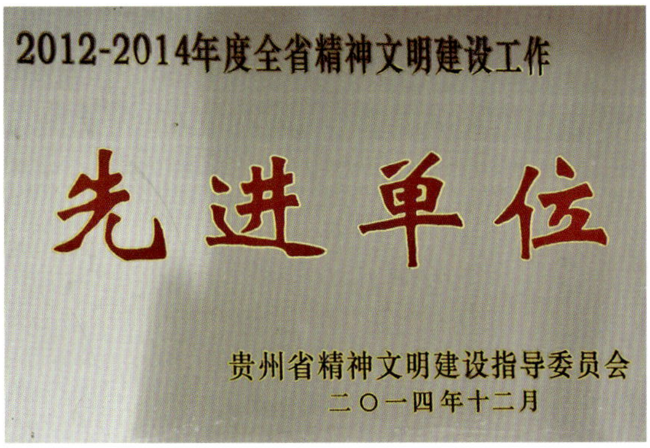
2012-2014年度全省精神文明建设工作
先进单位
贵州省精神文明建设指导委员会
二〇一四年十二月

2015-2017年度
全省文明单位
中共贵州省委　贵州省人民政府
二〇一七年十二月

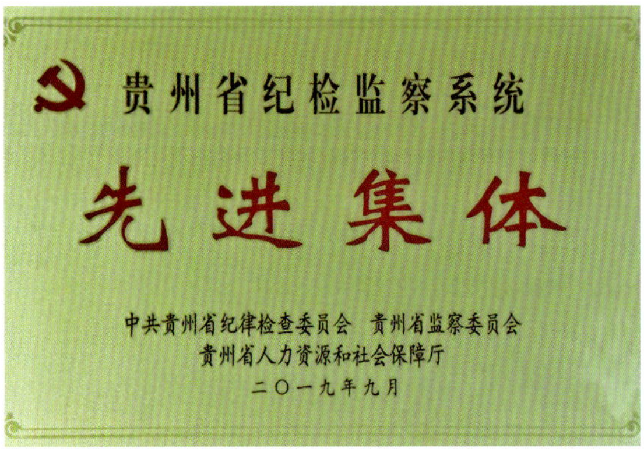
贵州省纪检监察系统
先进集体
中共贵州省纪律检查委员会　贵州省监察委员会
贵州省人力资源和社会保障厅
二〇一九年九月

2018－2020年度
全省文明单位
中共贵州省委　贵州省人民政府
二〇二〇年十二月

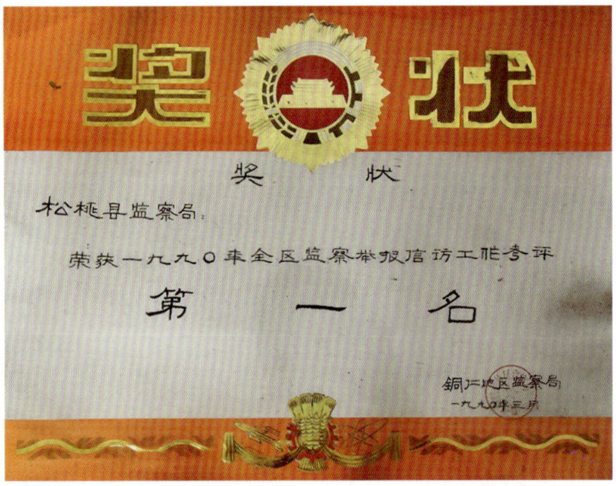
奖状
奖　状
松桃县监察局：
荣获一九九〇年全区监察举报信访工作考评
第　一　名
铜仁地区监察局
一九九〇年三月

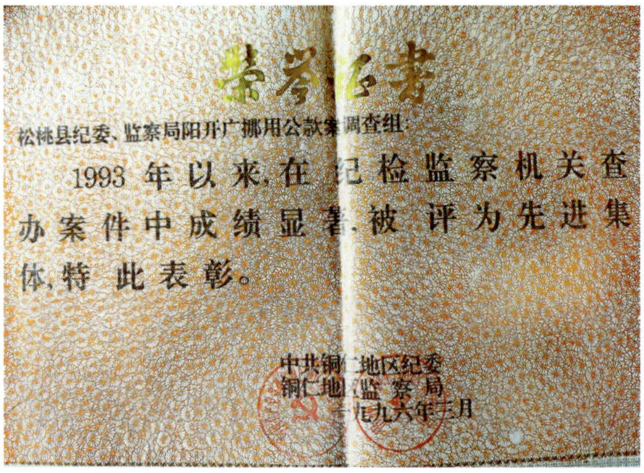
荣誉证书
松桃县纪委、监察局阳开广挪用公款案调查组：
1993年以来，在纪检监察机关查办案件中成绩显著，被评为先进集体，特此表彰。
中共铜仁地区纪委
铜仁地区监察局
一九九六年三月

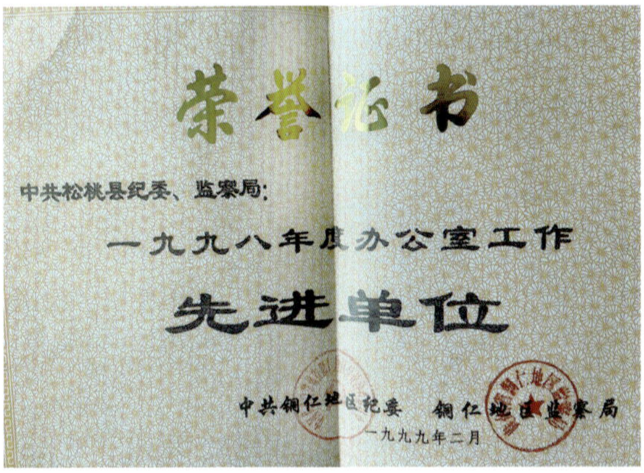
荣誉证书
中共松桃县纪委、监察局：
一九九八年度办公室工作
先进单位
中共铜仁地区纪委 铜仁地区监察局
一九九九年二月

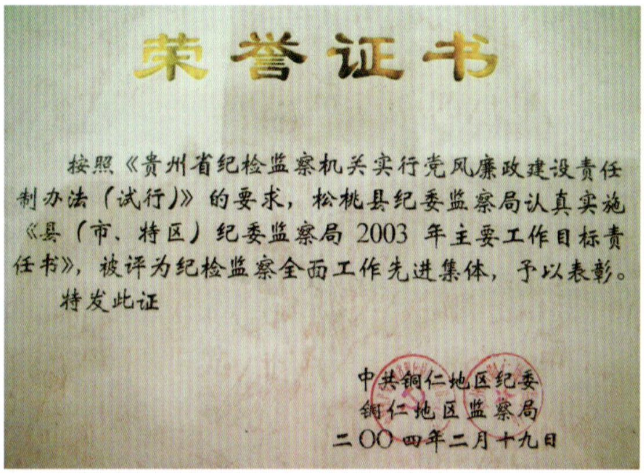
荣誉证书
按照《贵州省纪检监察机关实行党风廉政建设责任制办法（试行）》的要求，松桃县纪委监察局认真实施《县（市、特区）纪委监察局2003年主要工作目标责任书》，被评为纪检监察全面工作先进集体，予以表彰。
特发此证
中共铜仁地区纪委
铜仁地区监察局
二〇〇四年二月十九日

全区纪检监察查办大案
特别奖
中共铜仁地区纪委
铜仁地区监察局
二00四年二月

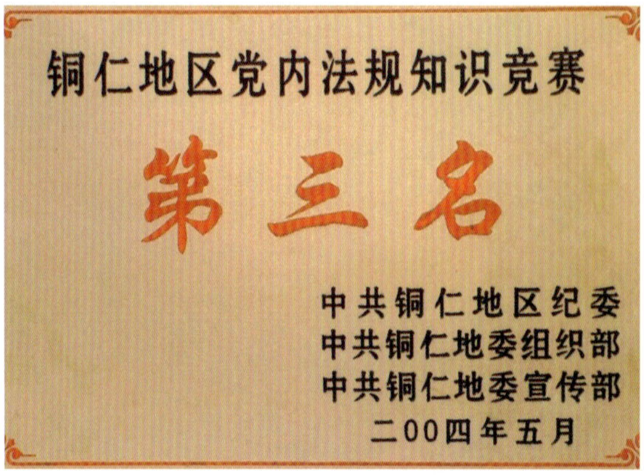
铜仁地区党内法规知识竞赛
第三名
中共铜仁地区纪委
中共铜仁地委组织部
中共铜仁地委宣传部
二00四年五月

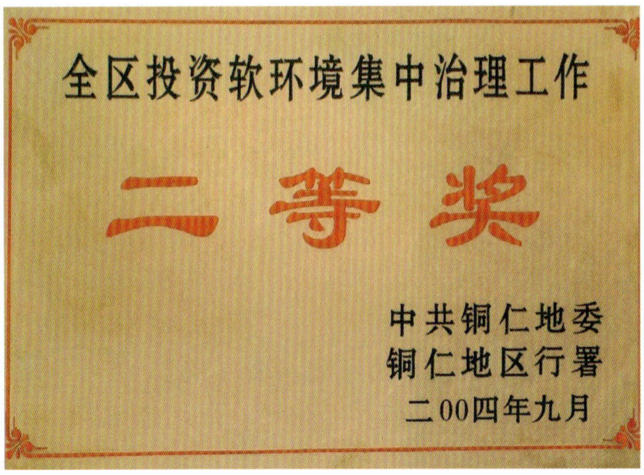
全区投资软环境集中治理工作
二等奖
中共铜仁地委
铜仁地区行署
二00四年九月

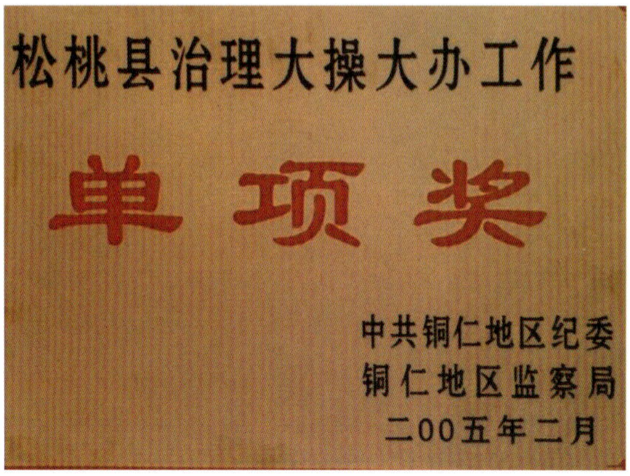
松桃县治理大操大办工作
单项奖
中共铜仁地区纪委
铜仁地区监察局
二00五年二月

全区纪检监察执法监察工作
先进集体
中共铜仁地区纪委
铜仁地区监察局
二〇〇七年二月

2001-2006年度全区纪检监察系统
先进集体
中共铜仁地区纪委
铜仁地区人事局
铜仁地区监察局
二〇〇七年二月

全区纪检监察全面工作
第一名
中共铜仁地区纪委
铜仁地区监察局
二〇〇七年二月

全区纪检监察查办大案
特别奖
中共铜仁地区纪委
铜仁地区监察局
二〇〇七年二月

全区纪检监察信访举报工作
先进集体
中共铜仁地区纪委
铜仁地区监察局
二〇〇七年二月

全区反腐倡廉板报展出
一等奖
中共铜仁地区纪委
铜仁地区监察局
2007年12月

“五个好”基层党组织
中共铜仁地委党的建设工作领导小组
二〇〇八年七月

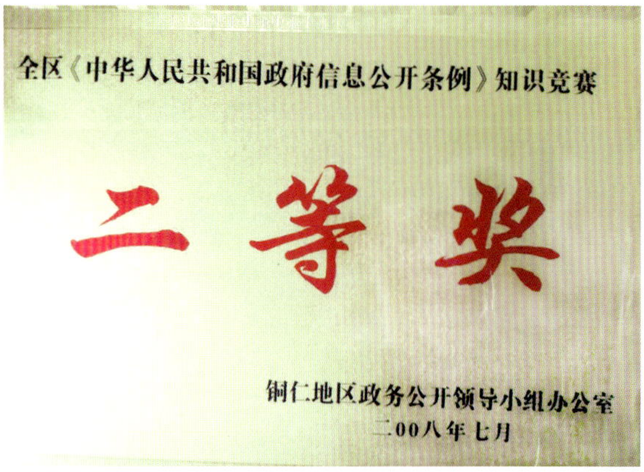
全区《中华人民共和国政府信息公开条例》知识竞赛
二等奖
铜仁地区政务公开领导小组办公室
二〇〇八年七月

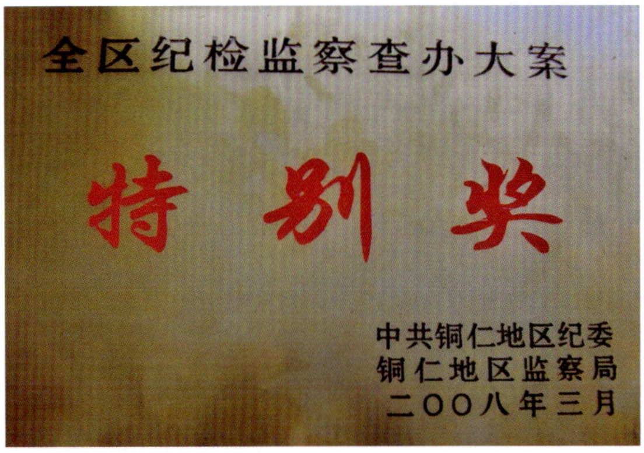
全区纪检监察查办大案
特别奖
中共铜仁地区纪委
铜仁地区监察局
二〇〇八年三月

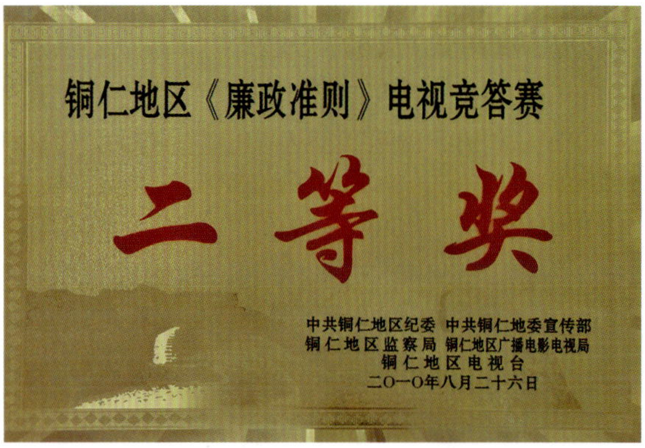
铜仁地区《廉政准则》电视竞答赛
二等奖
中共铜仁地区纪委 中共铜仁地委宣传部
铜仁地区监察局 铜仁地区广播电影电视局
铜仁地区电视台
二〇一〇年八月二十六日

"五好"基层党组织
中共铜仁市委党的建设工作领导小组
2014年6月

荣誉证书
HONORARY CREDENTIAL
松桃县纪委监察局：
你单位被评为2014年度全市纪检监察信息工作
先进集体
中共铜仁市纪律检查委员会
二〇一五年四月一日

荣誉证书
HONORARY CREDENTIAL
松桃县纪委：
荣获2015年度全市纪检监察内部信息工作
先进单位
中共铜仁市纪律检查委员会
二〇一六年二月

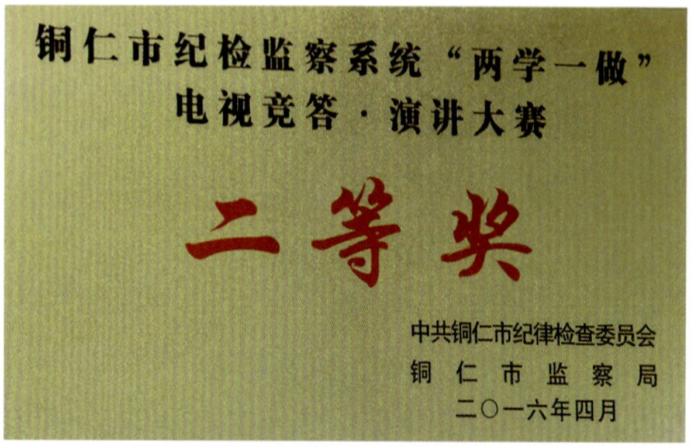
铜仁市纪检监察系统"两学一做"
电视竞答·演讲大赛
二等奖
中共铜仁市纪律检查委员会
铜仁市监察局
二〇一六年四月

全市"学党规 明党纪 作表率"党规党纪知识竞赛
二等奖
中共铜仁市纪律检查委员会
中共铜仁市委宣传部
中共铜仁市委组织部
二〇一六年六月

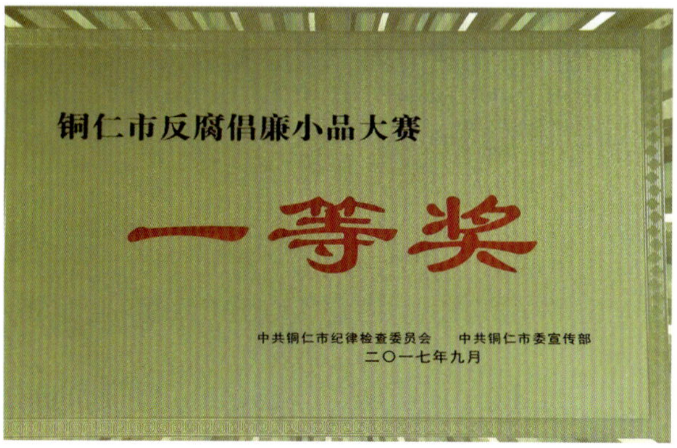
铜仁市反腐倡廉小品大赛
一等奖
中共铜仁市纪律检查委员会 中共铜仁市委宣传部
二〇一七年九月

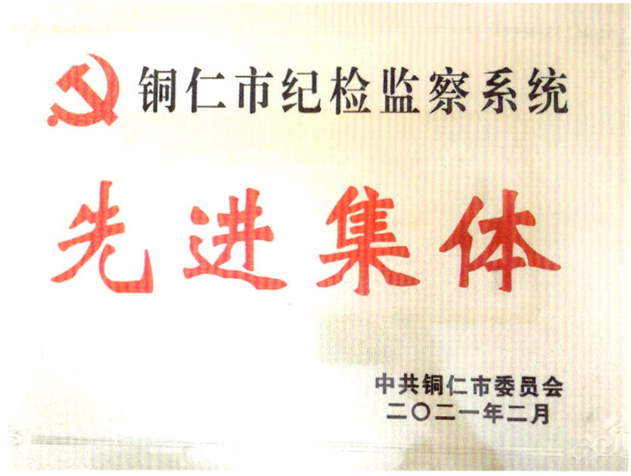
铜仁市纪检监察系统
先进集体
中共铜仁市委员会
二〇二一年二月

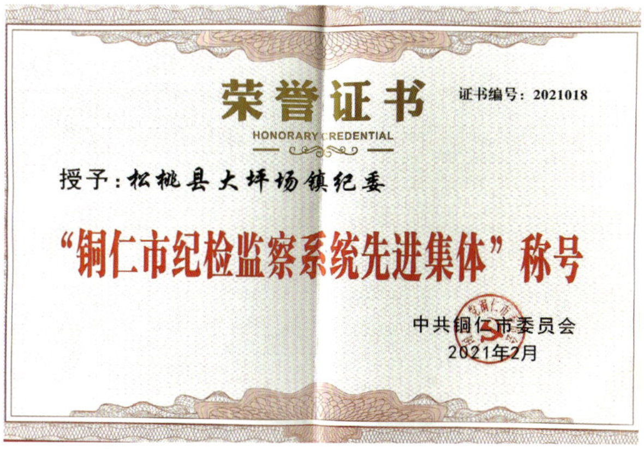
荣誉证书
证书编号：2021018
HONORARY CREDENTIAL
授予：松桃县大坪场镇纪委
"铜仁市纪检监察系统先进集体"称号
中共铜仁市委员会
2021年2月

第二部分　个人荣誉

荣誉証書

张　智　同志：

被评为贵州省纪检监察系统1993年—1997年案件检查工作先进个人。

中共贵州省纪委
贵州省监察厅
1998年2月

荣誉証書

唐海燕　同志：

被评为贵州省纪检监察系统1993年—1997年案件检查工作先进个人。

中共贵州省纪委
贵州省监察厅
1998年2月

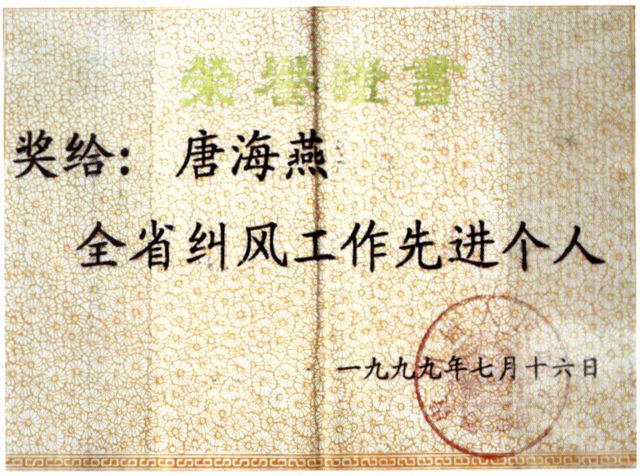
荣誉證書

奖给：唐海燕

全省纠风工作先进个人

一九九九年七月十六日

荣誉证书

授予龙中文同志：

“贵州省勤政廉政先进工作者”荣誉称号。

特发此证。

中共贵州省委　贵州省人民政府
2004年9月

荣誉证书
HONORARY CREDENTIAL

授予刘卫东同志“全省纪检监察系统先进工作者”荣誉称号

中共贵州省纪委　贵州省人事厅　贵州省监察厅
二〇〇七年一月

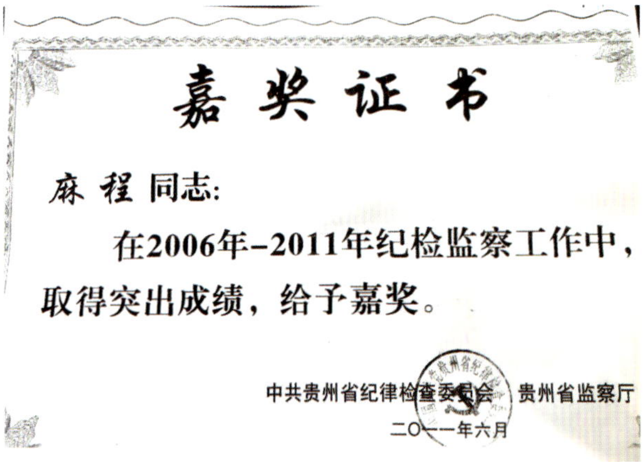
嘉奖证书

麻程　同志：

在2006年-2011年纪检监察工作中，取得突出成绩，给予嘉奖。

中共贵州省纪律检查委员会　贵州省监察厅
二〇一一年六月

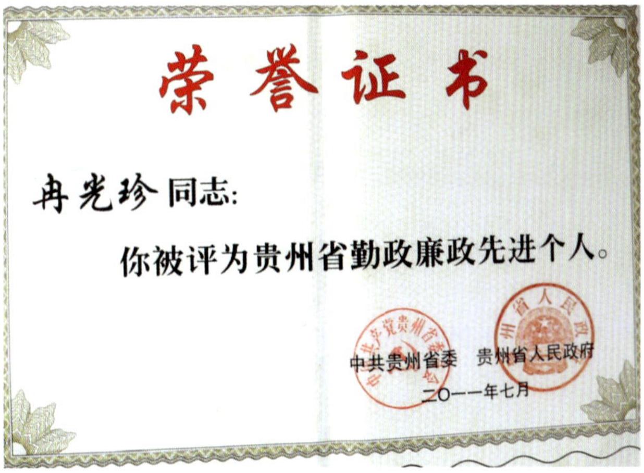

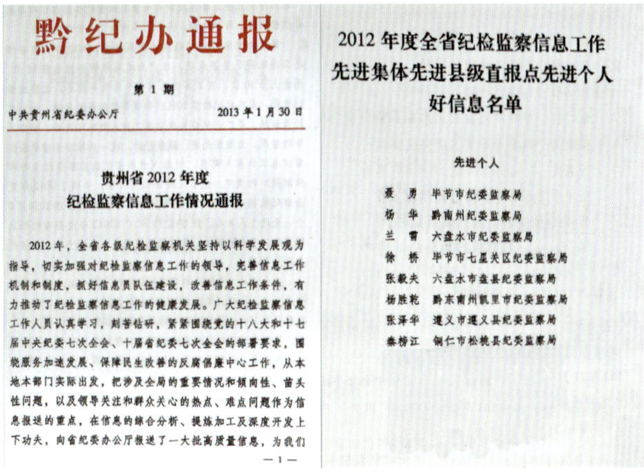

黔纪办通报

第1期

中共贵州省纪委办公厅　　2013年1月30日

贵州省2012年度
纪检监察信息工作情况通报

2012年，全省各级纪检监察机关坚持以科学发展观为指导，切实加强对纪检监察信息工作的领导，完善信息工作机制和制度，抓好信息员队伍建设，改善信息工作条件，有力推动了纪检监察信息工作的健康发展。广大纪检监察信息工作人员认真学习，刻苦钻研，紧紧围绕党的十八大和十七届中央纪委七次全会、十届省纪委七次全会的部署要求，围绕服务加速发展、保障民生改善的反腐倡廉中心工作，从本地本部门实际出发，把涉及全局的重要情况和倾向性、苗头性问题，以及领导关注和群众关心的热点、难点问题作为信息报送的重点，在信息的综合分析、提炼加工及深度开发上下功夫，向省纪委办公厅报送了一大批高质量信息，为我们

—1—

2012年度全省纪检监察信息工作
先进集体先进县级直报点先进个人
好信息名单

先进个人

聂　勇　毕节市纪委监察局
杨　华　黔南州纪委监察局
兰　雪　六盘水市纪委监察局
徐　桥　毕节市七星关区纪委监察局
张毅夫　六盘水市盘县纪委监察局
杨胜乾　黔东南州凯里市纪委监察局
张泽华　遵义市遵义县纪委监察局
秦榜江　铜仁市松桃县纪委监察局

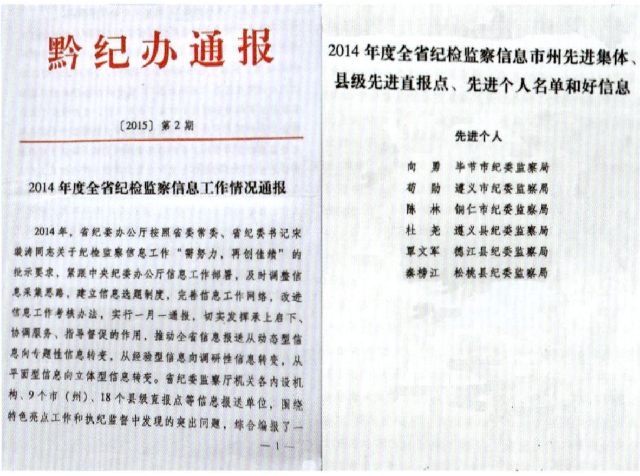

黔纪办通报

〔2015〕第2期

2014年度全省纪检监察信息工作情况通报

2014年，省纪委办公厅按照省委常委、省纪委书记宋璇涛同志关于纪检监察信息工作“需努力，再创佳绩”的批示要求，紧跟中央纪委办公厅信息工作部署，及时调整信息采集思路，建立信息选题制度，完善信息工作网络，改进信息工作考核办法，实行一月一通报，切实发挥承上启下、协调服务、指导督促的作用，推动全省信息报送从动态型信息向专题性信息转变，从经验型信息向调研性信息转变，从平面型信息向立体型信息转变。省纪委监察厅机关各内设机构、9个市（州）、18个县级直报点等信息报送单位，围绕特色亮点工作和执纪监督中发现的突出问题，综合编报了一

—1—

2014年度全省纪检监察信息市州先进集体、
县级先进直报点、先进个人名单和好信息

先进个人

向　勇　毕节市纪委监察局
苟　勋　遵义市纪委监察局
陈　林　铜仁市纪委监察局
杜　尧　遵义县纪委监察局
覃文军　德江县纪委监察局
秦榜江　松桃县纪委监察局

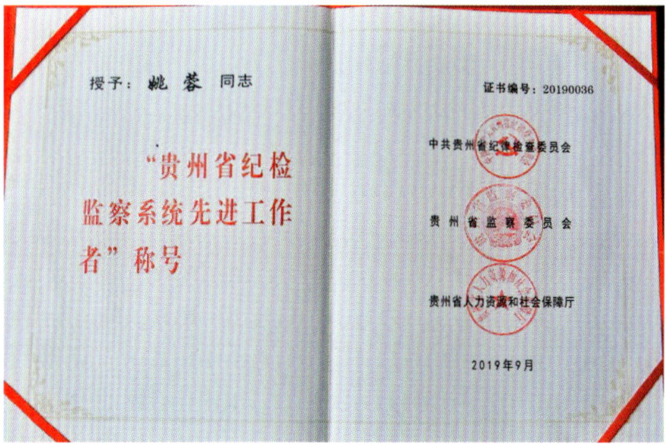

编纂采撷

中共松桃苗族自治县纪律检查委员会办公室

关于成立《铜仁纪检监察志》《松桃纪检监察志》编纂工作领导机构的通知

各乡镇（街道）纪委（纪工委），委机关各内设部门，县委巡察办（组）：

为抓好《铜仁纪检监察志》《松桃纪检监察志》编纂工作，经县纪委监委研究，决定成立《铜仁纪检监察志》《松桃纪检监察志》编纂工作领导小组。

组　　长：胡定钦　县委常委、县纪委书记、县监委主任

副 组 长：周胜华　县纪委副书记、县监委副主任

宋　扬　县纪委常委、县监委委员

秦榜江　县纪委常委、县监委委员

刘建英　县纪委常委、机关党委书记

石利军　县监委委员

成　　员：杨昌伦　县委巡察办主任

李　霞　办公室主任

杨昱昕　干部室主任

唐义长　宣传调研法规室（案件申诉复查复议办公室）主任

中共松桃苗族自治县纪委办公室文件

松纪办发〔2020〕25号

关于印发《<松桃纪检监察志>编纂工作实施方案》的通知

各乡镇（街道）纪委（纪工委），委机关各内设部门，县委巡察办（组）：

现将《<松桃纪检监察志>编纂工作实施方案》印发给你们，请认真贯彻落实。

中共松桃苗族自治县纪委办公室

2020年9月7日

-1-

2021年6月7日，贵州省委常委、省纪委书记、省监委主任夏红民（右五）到《松桃纪检监察志》编纂办公室调研。省纪委常委、省监委委员、省纪委省监委秘书长、办公厅主任张洪武（右二），铜仁市委书记陈昌旭（右六），市委常委、市纪委书记、提名市监委主任罗雁冰（右四）参加调研

2021年5月25日，县委书记李俊宏（中）调研《松桃纪检监察志（1950—2020）》编纂工作

2021年8月19日，县委书记龙群跃（左三）到《松桃纪检监察志》编纂办公室调研

2020年11月16日，县委常委、县纪委书记、县监委主任胡定钦（右五）到《松桃纪检监察志》编纂办公室指导

2021年4月14日，县委常委、县委组织部部长、县委巡察工作领导小组副组长杨昌海（右四）到《松桃纪检监察志》编纂办公室指导

2021年6月18日，市纪委市监委二级巡视员、《铜仁纪检监察志》编纂委员会副主任陆鸿登（左一）到《松桃纪检监察志》编纂办公室调研

2021年6月24日，县委常委、县纪委书记、提名县监委主任吴玉东（左二）到《松桃纪检监察志》编纂办公室指导

2021年4月16日，《松桃纪检监察志（1950—2020）》编纂办公室成员合影

左起：陈孟珍　姚才上　戴其晓　田儒礼　秦榜江　胡定钦　周胜华　刘卫东　石　雄　唐义长　田茂桥

2021年6月11日，县委常委、县纪委书记、县监委主任胡定钦（中）在审核《松桃纪检监察志(1950—2020)》资料

县纪委副书记、县监委副主任周胜华在审核《松桃纪检监察志(1950—2020)》

县纪委常委、县监委委员宋扬在审核《松桃纪检监察志(1950—2020)》

县纪委常委、县监委委员秦榜江在审核《松桃纪检监察志(1950—2020)》

县纪委常委、机关党委书记刘建英在审核《松桃纪检监察志(1950—2020)》

县监委委员石利军在审核《松桃纪检监察志(1950—2020)》

2020年9月15日，《铜仁纪检监察志（1950—2021）》《松桃纪检监察志（1950—2020）》编纂工作业务培训会召开

2020年7月23日，编纂办公室人员到市纪检监察志编纂办公室学习

2020年8月5日，编纂办公室人员到沿河土家族自治县纪委监委学习交流

2020年11月24日，编纂办公室人员到瓮安县纪委监委学习交流

2021年2月24日，编纂办公室人员到玉屏侗族自治县纪委监委学习交流

2020年11月19日,《松桃纪检监察志(1950—2020)》编纂工作推进会召开

2021年6月2日,编纂人员在县纪委监委档案室查阅资料

2021年6月8日,乡镇纪委(街道纪工委)书记到编纂办公室查阅资料

参考资料

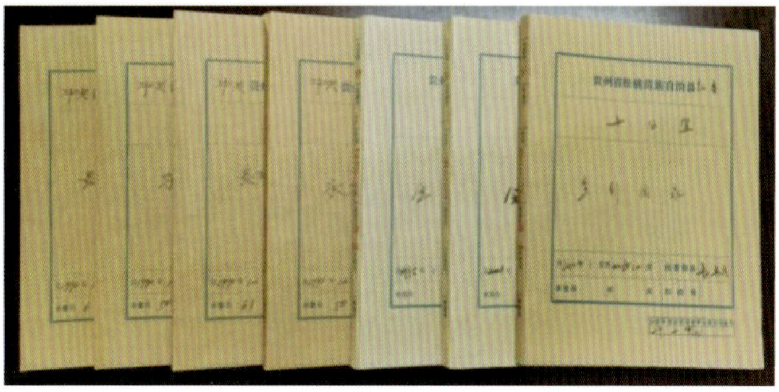

查阅档案目录

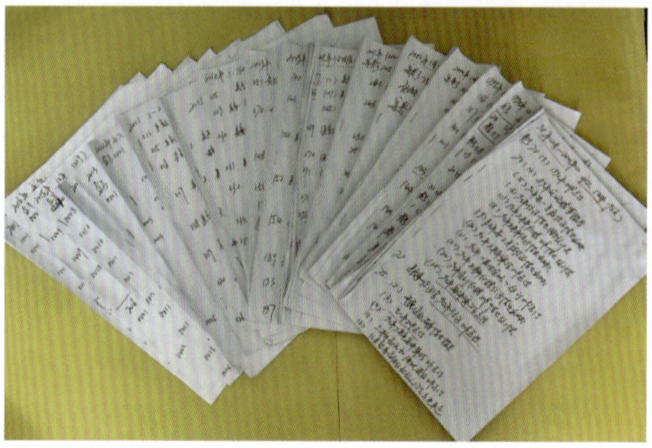

手抄档案目录

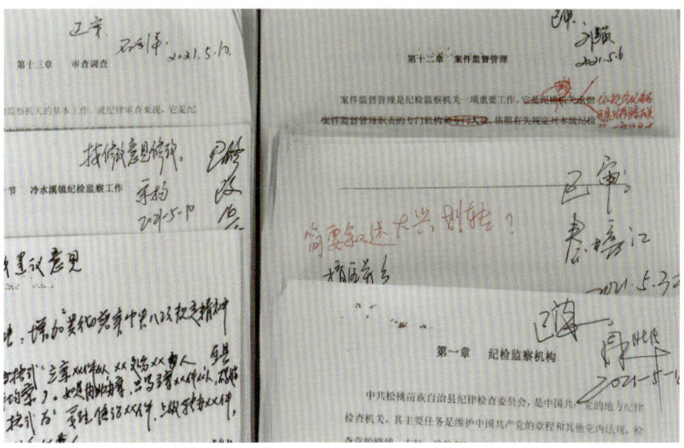

领导修改手稿

编纂办公室修改手稿

2021年7月14日，召开《松桃纪检监察志(1950—2020)》评审会议

《松桃纪检监察志(1950—2020)》评审现场

《松桃纪检监察志(1950—2020)》评审现场

《松桃纪检监察志(1950—2020)》评审现场

（所有图片均由中共松桃苗族自治县纪律检查委员会、松桃苗族自治县监察委员会提供）

概 述

一

贵州省铜仁市松桃苗族自治县位于武陵山脉主峰梵净山东麓，地处黔、湘、渝两省一市接合部，与湖南省花垣县、凤凰县相连接，同重庆市酉阳土家族苗族自治县、秀山土家族苗族自治县接壤，交通便利，素有“黔东门户”之称。

松桃有着古老文明和悠久历史，文化底蕴深厚。早在1万年至4000年前就有人类在此繁衍生息。

春秋战国时期属黔中，秦始皇统一六国后，属黔中郡，从汉至三国时期，归属武陵郡，南北朝时期属郢州南阳郡，隋朝时期属源陵郡。唐贞观四年(630)，在今属县境中部设置平土洞，西部设置乌罗洞，隶属思州。唐垂拱二年(686)，以辰州麻阳县地及山洞设置锦州，县境东部属其管辖。唐肃宗天宝元年(742)，改锦州为卢阳郡，东部仍属其管辖。唐乾元元年(758)，卢阳又恢复其名为锦州，属地为洛浦、渭阳、卢阳、招谕、常丰5县，今松桃地属常丰县。北宋开宝年间(968—976)，将平土洞改置为平头司、乌罗洞改置为乌罗司。在这段时期，今县境的西部属思州管辖，东部仍属锦州。北宋政和四年(1114)，在今孟溪设置龙泉葛泽长官司，兼有麻阳县地，属沅州管辖。南宋宝祐元年(1253)，设置平茶承化军民府，辖地为今县境中西部的孟溪、平头、乌罗，但属思州管辖。元世祖至元二十四年(1287)，设置思州宣慰司，隶属湖广行省，乌罗、平头二司归其管辖。元大德六年(1302)，改平头司为平头著可通达等处长官司，改乌罗司为乌罗龙干等处长官司，辖龙泉葛泽长官司，改平茶承化军民府为溶江芝子坪茶等处长官司(治所为今秀山龙凤、高秀)，均属思州军民安抚司。明洪武四年(1371)，将乌罗龙干等处长官司改置为乌罗长官司。洪武七年(1374)，将平头著可通达等处长官司改置为平头著可长官司，隶属思南宣慰司。洪武八年(1375)，设置麻兔洞(今甘龙地)，隶属酉阳宣慰司。明洪武十七年(1384)，划出溶江芝子坪茶长官司，直属四川布政司。明永乐三年(1405)，在今县境东部设置答意、治古二长官司。明永乐十一年(1413)二月，废思南宣慰司，以其地设置乌罗、思南、铜仁、镇远四府。乌罗府驻地在乌罗长官司。同年，从酉阳宣慰司划出麻兔洞来属。这期间，乌罗府隶属贵州布政司。明正统三年(1438)，令将答意、治古二长官司永行革除，乌罗府只存三司，不足以立府。于是撤销乌罗府，将乌罗、平头两司拨入铜仁府，拨郎溪司属思南府。清康熙四十三年(1704)，设铜仁理苗同知置正大营厅，以铜仁府副职移驻正大营为厅长官，专理苗务。雍正八年(1730)，迁正大营理苗同知至长冲(今老松桃)，设置松桃厅。在正大设巡检司。从此，便以松桃为名，沿袭至今。清雍正十一年(1733)，松桃厅由长冲移至蓼皋山下建城(今松桃县城)。清嘉庆二年(1797)，升松桃厅为直隶军民厅，属贵东道，以原拨给铜仁府的乌罗、平头著可二长官司回归松桃。民国2年(1913)，改松桃直隶军民厅为松桃县，属黔东道。

松桃是红色革命老区，具有光荣革命传统。民国23年(1934年)6月，中国工农红军第三军在贺龙、夏曦、关向应的率领下，从湘鄂西根据地经过长达两年的艰苦转战来到黔东，创建苏区范围包括沿河、松桃、印江、德江、酉阳、秀山等县域的黔东革命根据地，建立黔东特区革命委员会(当时称为省政府)。松桃作为黔东苏区的核心区域，在黔东特区革命委员会的领导下，先后建立严家坡区革命委员会政权和3个游击大队、6个游击队的革命武装。严家坡区革命委员会下辖坝木、麻阳、猫山、天堂、钟鼓坡、大土坪、黄泥堡、五官坝、寨地、浑泉、磨盘溪共11个乡苏维埃政府,组织和发动12600多人的贫苦群众打土豪、分田地,开展土地革命斗争。10月24日,红六军团作为红军长征先遣队,在任弼时、萧克的率领下到达松桃的石梁与红三军会合(红三军恢复红二军团番号),增强黔东苏区的革命力量,拉开红二、红六军团策应中央红军战略转移的帷幕,促成红二方面军主力及其领导集体的基本形成。抗战全面爆发后,一批批勇敢的松桃人民奔赴抗日前线,投身于民族救亡运动;在解放战争时期,中共川东特委在松桃建立第一个党组织——中共冷水支部,为松桃解放做出贡献。

二

1949年11月12日,松桃解放。1950年3月1日,中国共产党松桃县委正式成立。1951年3月11日,根据中共中央《关于成立中共中央及各级党的纪律检查委员会的决定》和西南局及其省委、地委的指示,中共松桃县委纪律检查委员会成立。委员由县委书记、县长、县公安局局长、县民政科科长、县财粮科科长5人组成,书记由时任县委书记兼任。4月,增补县委组织部部长为副书记,同时,又配备一名专职秘书,以加强纪检工作力量。6月,增补社会部部长为委员。7月,县委书记不再兼任书记,由县委第二书记兼任书记。由此,中共松桃县委纪律检查委员会全面开展工作。其主要职责是:监督检查松桃全县党的各级组织和党员干部违反党纪党规行为,并受理、审查全县各级党组织和党员干部违纪案件和处分,加强党内纪律教育。

1949年9月,中国人民政治协商会议第一次全体会议通过《中国人民政治协商会议共同纲领》和《中华人民共和国中央人民政府组织法》,规定县以上各级人民政府设立人民监察机关。1953年1月,松桃县人民监察委员会成立,为县人民政府行使监察职能的专门机构。主要履行监督、调查、处置三项职责,促进政府勤政廉洁高效。从成立之时起至1955年4月撤销止,切实地履行其职能职责,检查和受理国家行政机关及其工作人员违反行政纪律的各类案件104起,处理57人,其中开除公职1人、开除留用3人、记过24人、记大过10人、警告19人。

在此时期,中共松桃县委纪律检查委员会工作重点始终是围绕中华人民共和国成立初期国家经济建设所开展的一系列巩固政权,打击反动势力的不法行为,包括在公私合营、统购统销、建立农业合作社等中心工作中的违法违纪案件。其中突出抓了贪污盗窃、索贿受贿、投机倒把、挪用公款以及道德败坏、乱搞男女关系等违法违纪案件。为巩固新生的人民民主政权和社会主义经济建设起到了保驾护航的作用。

由于原有的纪律检查委员会只是同级党委管理的一个部门,不能检查处理同级党委委员,对下级纪委工作也不能直接过问等问题,中共中央于1955年3月31日作出《关于成立党的中央和地方监察委员会的决议》。1955年10月11日至16日,中共松桃县第二届第四次党员代表会议召开。会议根据全国党代会《关于成立中央和地方监察委员会的决议》精神,选举产生中共松桃县监察委员会组成人员,委员6人,在县委直接领导下开展工作。其职责是检查处理党的组织和党员违反党章、党纪行为,受理审查并决定和撤销对党员的处分,并向上级监委报告工作情况。由此,中共松桃县委纪律检查委员会改为中共松桃县委监察委员会。

1957年1月1日,根据1956年9月11日国务院第三十七次会议"撤销松桃县,设立松桃苗族自治县"决定,中国共产党松桃县监察委员会改称为中国共产党松桃苗族自治县监察委员会。

1957年6月1日,松桃苗族自治县人民委员会根据贵州省人民委员会与铜仁专员公署"精简机构,紧缩编制,减少层次"的精神,调整县人民政府工作机构,成立松桃苗族自治县监察室。受理和检查国家行政机关及其工作人员违反行政纪律的各类案件。1959年4月，根据贵州省1959年3月26日至4月1日召开的第五次全省党的监察工作会议精神，中共松桃苗族自治县监察委员会改称为中共松桃苗族自治县委监察委员会。1959年4月28日，第二届全国人民代表大会第一次会议通过国务院关于撤销国家监察部的议案，是年9月，县监察室随监察部机关的撤销而撤销。

1967年5月17日，松桃苗族自治县委和县人民委员会被"群众组织"夺权。县委、县人民委员会的工作机构被松桃苗族自治县革命委员会设立的办事机构所替代，县委监察委员会的工作随之被迫中断。

1979年3月，中共铜仁地委批准成立中共松桃苗族自治县委纪律检查委员会，并开始全面工作。1980年9月13日，中共松桃苗族自治县委决定正式建立健全纪律检查委员会。1984年9月，根据党的十二大通过的新党章规定及上级有关指示，中共松桃苗族自治县委纪律检查委员会升格为中共松桃苗族自治县纪律检查委员会(简称"县纪委")。

1987年12月2日，松桃苗族自治县人民政府根据国务院国发〔1987〕74号和省人民政府黔府〔1987〕70号文件精神，设立松桃苗族自治县监察局。为县人民政府负责监察工作的专门机构，受县人民政府和上级行政监察机关双重领导。1993年4月，中共松桃苗族自治县委、县人民政府批转《县纪委、县监察局合署办公机构设置方案和有关问题的请示》，县纪委、县监察局实行合署办公。实行"一个领导班子，一套工作机构，两个机关名称，履行纪检、监察两项职能"的体制，极大地增强了监督合力。2010年12月，政府机构改革，县监察局继续与纪律检查委员会机关合署办公，列入政府工作部门序列，但不计入政府机构个数。

中共十八大以来，党中央立足国情、坚持问题导向，启动国家监察体制改革，整合行政监察部门、预防腐败机构和检察机关反腐败相关职责，组建与纪委合署办公的监察委员会。2018年1月10日，松桃苗族自治县监察委员会正式挂牌，成为贵州省首个县级监委会挂牌成立单位。县监察委员会与同级纪委合署办公，履行纪律检查和国家监察两项职责，实行一套工作机构、两个机关名称，履行纪检、监察两项职能，加强党对反腐败工作的集中统一领导，提升法治化、规范化水平，健全反腐败斗争的体制机制，实现对所有行使公权力的公职人员监察全覆盖。

三

中国共产党的性质和宗旨，决定党同各种腐败现象水火不容。70年反腐败斗争实践启示我们：保持党的先进性和纯洁性，必须旗帜鲜明反对腐败。县纪委监委(监察局)始终坚定政治立场、保持政治定力，把反腐败作为严肃政治斗争摆在突出位置，紧紧抓住不放。纪检监察机关不是党内"公检法"，不同于行政机关、司法机关，而是政治机关。全县纪检监察机关忠实地执行党的路线、方针、政策，大力维护党和人民的利益，围绕端正党风政风，严肃党纪，卓有成效地开展各项工作，为全县政治稳定、社会和谐、经济发展提供坚强有力的纪律保证。

强化政治监督和日常监督。2019年1月，习近平总书记在十九届中央纪委三次全会上强调："坚持党中央重大决策部署到哪里，监督检查就跟进到哪里"。县纪检监察机关立足职能职责，聚焦"两个维护"强化政治监督。围绕习近平总书记重要指示批示精神落实情况，围绕党中央关于贯彻新发展理念、聚焦疫情防控、脱贫攻坚、生态环境保护、重大风险防控、优化营商环境、扫黑除恶专项斗争等重大决策部署，跟进监督，确保落实到位。加强对党内政治生活状况、党的路线方针政策和民主集中制等制度执行情况及重要会议精神的贯彻落实情况的监督检查。督促严格落实"三会一课"、组织生活会及民主评议党员等制度。加强党内政治生态分析研判，县委出台《中共松桃苗族自治县委关于建立党内政治生态分析研判机制的实施意见》,建立县委党内政治生态分析研判机制,成立县委研判机制办公室,明确研判机制成员单位责任分工。在日常监督上下功夫、下力气,紧盯被监督部门内部管理的“关键点”、权力运行的“风险点”、问题易发的“薄弱点”,充分发挥派驻机构“前哨”“探头”作用,做细做实派驻监督工作。突出对一把手和领导班子的政治监督,及时发现问题、纠正偏差,压减权力设租寻租空间,防止权力任性、滥用。督促落实管党治党政治责任,始终保持“赶考”的清醒,保持对“腐蚀”“围猎”的警觉,防止讲政治只停留在表达、表态,防止“标签式”“浮萍式”的政治敷衍。整治形式主义、官僚主义,严肃查处表态多调门高、行动少落实差等突出问题。用好监督执纪“四种形态”特别是第一种形态,经常给党员干部作“政治体检”,作“政治保健”,打“政治疫苗”,送“精神沐浴”,让红红脸、出出汗成为常态,防止小错酿成大错、“好人”变成“坏人”。

聚焦民生强化监督执纪问责。民生是人民幸福之基、社会和谐之本。民生连着民心、民心凝聚民力。凡是群众反映强烈的问题都要严肃认真对待、凡是损害群众利益的行为都要坚决查处。以扶贫领域为突破,县纪委监委(监察局)聚焦监督首要职责,统筹工作任务抓落实,确保各项工作任务一体推进。从2014年起,在每年年初安排工作的时候就明确脱贫攻坚问题线索优先处置、脱贫攻坚违纪违规案件集中力量优先办理、脱贫攻坚议题优先上会审议的“三优先”原则。重拳出击,勇于亮剑,延伸监督触角,斩断伸向扶贫“奶酪”的黑手,狠抓扶贫领域的反腐败斗争。全县纪检监察干部及民生监督员紧紧围绕“护民生、促脱贫”主题,监督检查上级重大决策部署特别是民生政策的贯彻执行情况。做到俯身基层,调查研究在一线;标本兼治,跟踪监督在一线;关口前移,追责问责在一线;通报曝光,警示教育在一线。了解群众所需、所想、所盼,督促主体责任部门落实好国家惠民政策和项目资金运行监管机制,解决好苗头性、倾向性问题。结合专项监察抓监督,即把“涉林扶贫民生项目”“财政涉农补贴资金‘一折通’及易地移民搬迁”等专项监察相结合,实现一体推进。结合专项行动抓监督,即把监督检查与“访村寨、重监督、助攻坚”“百名纪检监察干部访百村进千家”专项行动结合起来,同步开展入户走访,实现同步推进。结合专项整治抓监督,即把监督检查与“五个专项治理”“省委第六巡视组脱贫攻坚‘回头看’专项巡视反馈问题整改”“严促改”“农村产业革命形式主义官僚主义问题整改”在“不忘初心、牢记使命”主题教育中,专项整治漠视侵害群众利益问题等专项整治工作相结合,深入开展专项整治。督促部门抓好问题整改的同时,严肃查处违纪违规责任人。持续释放扶贫领域违纪问题“零容忍”的强烈信号,让脱贫攻坚干部真正警醒起来,收起贪欲之心,缩回贪腐之手,构筑不敢腐、不能腐、不想腐的坚固堤坝。坚持“一案双查”,采取顺向检查和逆向倒查的方式,对中共十八大以来特别是2016年以来,扶贫领域仍然发生区域性、系统性、反复性问题,或该发现问题没有发现、该报告没有报告、该处置没有处置、该问责没有问责等问题开展执纪问责。坚持标本兼治,扎紧制度笼子,督促监管部门落实问题整改。

大力整治群众身边“微腐败”和不正之风。解决不敢碰“敏感区”、不敢啃“硬骨头”等问题。实施权力清单内容、运行程序、运行过程、运行结果“四公开”,让县乡村组织及干部“晒权”“晒责”,把监督工作置于常态化,形成干部不敢腐、不能腐、不想腐的长效机制。围绕扶贫领域整治蝇贪三年行动和“访村寨、重监督、助攻坚”专项行动常态化、专项监察、扫黑除恶专项斗争、大数据监督、专项整治漠视侵害群众利益问题,扎实开展民生领域监督执纪问责工作。2020年,全县民生领域共发现问题226个,立案224件229人,结案212件217,问责科级干部61人,涉及资金332.99万元。扶贫领域发现问题124个,立案124件128人,党政纪处分119件122人,问责乡科级干部49人。共采集民生资金类数据750万余条,涉及金额2664万余元,涉及受益对象10083人,核实2736人(涉及4162条问题数据),转主管部门核实14766条,转民生监督组核实2037条,通过核实发现违规问题1878个,涉及1365人,立案12人,诫勉谈话1人,提醒谈话1

人，清退违规受益对象153人，追缴资金43.58万元。

持续深化政治巡察。建立巡察制度，开展巡察工作，是落实全面从严治党要求，加强党内监督，规范权力运行，促进党风廉政建设和反腐败斗争深入开展的一项重大举措。将巡察工作与党风廉政建设、反腐败工作一体部署、一体推进、一体落实，纳入基层目标管理考核，压实全县各级党组织配合巡察、推动整改的责任。保持巡察的战略定力，注重巡察方法求实、要求从严，用活巡察工作方式方法。始终把发现问题作为巡察的主要任务，把推动解决问题作为巡察的落脚点。瞄准基层党组织贯彻上级决策部署、履行职责职能等监督重点，确保政令畅通。坚持巡察监督与纪律监督、监察监督、派驻监督的协作联动，健全与组织、政法、审计等部门的信息互通、力量互助、成果互享的工作机制。狠抓思想整改、方式整改和成效整改，切实把巡察整改作为推进全面从严治党向纵深发展的有力举措。全力做好巡察"后半篇文章"，严格落实"双反馈""双报告"。巡察反馈意见研究确定后，巡察组向被巡察单位党组织领导班子及其主要负责人分别反馈巡察情况、问题及整改意见。建立问题整改台账，实行"挂号建账、对号结账、销号下账"管理模式，确保巡察反馈问题整改"事事有着落，件件有回音"。

印发《中共松桃苗族自治县委巡察工作实施办法（试行）》《中共松桃苗族自治县委巡察工作操作规程（试行）》，制定《中共松桃苗族自治县委巡察工作五年规划（2017—2021年）》。巡察工作积极探索"巡察组+县纪委监委、派驻纪检监察组、民生监督组"模式，即"1+3巡察联动模式"。建立完善县委巡察组、县纪委监委派驻纪检监察组、民生监督组有机衔接机制，以提高问题线索查处率。"1+3"联动巡察适用条件为巡察中发现被巡察单位党员领导干部存在明显的违纪违法问题线索，根据掌握的资料经初步研判被巡察单位党员领导干部可能存在的违纪违法问题，发现被巡察单位党员领导干部可能引出的违纪违法问题人员较多属于系统性、跨区域巡察问题，发现党员领导干部存在违纪违法问题线索深入了解无法做到"可控、不惊动"等情形。

善用巡察成果、强化整改落实，必须推动被巡察党组织形成抓整改的合力，将"多股绳"拧成"一股劲"，有效解决"整改迟缓、浮于表面""不把自己摆进去""就事论事"等问题，实现"真改实改彻底改"。通过统筹谋划、精心组织，经过5年努力开展13轮巡察，实现政治巡察不断深化、监督体系不断完善、巡察质量不断提高、巡察成果充分运用、监督合力不断增强，全县589个巡察单位（其中国家机关单位91个，国有企业4个，村级党组织494个）巡察全覆盖的目标。截至2020年12月，巡察工作已完成11轮次，巡察589个单位，发现问题8390个，已反馈问题7862个，已整改7764个，其他问题正在整改中；发现问题线索321件379人，已移交313件，已办结312件，给予党纪政务立案141人，党纪政务处分80人，移送司法机关1人，清退违纪资金660万余元。

驰而不息纠正"四风"。中共十八大以来，中央出台八项规定，开展党的群众路线教育实践活动、"三严三实"专题教育、"两学一做"学习教育一系列文件和规定不断制定出台。松桃苗族自治县以严的措施、严的态度和"钉钉子"精神落实各项规定，强化监督执纪，开展全方位、多频次明察暗访，看住重点区域、关键少数。盯住"舌尖上的浪费""车轮上的铺张""节礼中的腐败"，坚持一个节点一个节点地抓，释放严格执纪信号。先后抓党员干部违反规定大吃大喝，违纪建私房、"农转非"，经商办企业，单位滥发奖金补贴和实物，乱提工资，滥发服装等不正之风的查处、纠正。对节假日期间值班、公车使用、公款吃喝等情况进行专项检查，对发现的问题逐一核实清楚。持之以恒纠正"四风"，刹住许多人认为不可能刹住的歪风，党员干部的公私观、是非观、义利观进一步端正，党风政风进一步好转。"善禁者，先禁其身而后人。"作风建设之所以成效显著，一个重要经验就是各级领导干部把党的各项要求和纪律刻印在心上、体现到行动中，坚决把纪律和规矩挺在前面，推动全面从严治党要求落细落小落实。坚持以上率下，以身作则、率先垂范，从我做起带头抵制歪风邪气，带头弘扬清风正气，让权力在阳光下运行，形成“头雁效应”，不断激发正风肃纪的正能量。

坚持把中央八项规定精神作为铁的纪律、“铁八条”，严格执行省委市委“十项规定”和县委“五要七带头”规定，以半寸不让、半步不退的坚定立场，紧盯“四风”的新形式新动向、新变种新变异，警惕穿上隐身衣的形式主义、官僚主义、享乐主义、奢靡之风。严肃查处中共十八大后、中央八项规定出台后不收手、不收敛的行为，驰而不息地加强作风建设，为推进经济社会发展和长治久安提供有力的作风保障。仅2020年，县纪委监委紧盯重要节日假期，重申纪律规矩要求，先后印发元旦、春节、清明、中秋、国庆等节庆期间“四风”问题监督检查工作方案，开展全方位、多层次明察暗访6轮次，累计督查乡镇（街道）和部门878次、检查宾馆酒店和娱乐场所154家、景区39次、检查车辆631辆次，严防“四风”问题反弹。是年，查处形式主义、官僚主义问题24个，党纪政务处分23人，诫勉谈话1人；查处享乐主义、奢靡之风问题15个，党纪政务处分15人；查处赌博、打麻将等问题12个，党纪政务处分11人，诫勉谈话1人；通报曝光典型问题3批次11起12人。

做细信访举报工作。纪检监察信访举报工作是人民信访工作的重要组成部分，是纪检监察工作业务的第一道程序，是纪检监察机关联系群众的桥梁和纽带、了解民意的重要渠道、发现腐败线索的重要来源，也是展现纪检监察机关形象的“窗口”。县纪检监察机关组建以来，就把群众来信来访来电工作纳入重要议事日程，及时处理群众反映问题。认真履行信访举报工作职责，通过建立健全信访举报制度，规范信访举报工作程序，不断畅通群众信访举报渠道。负责办理群众来信来访和举报事项；受理涉及党风党纪和政风政纪问题的举报、控告、申诉，初核群众信访反映的重要问题；负责对县管干部的信访监督工作；受理非公有制经济组织和个人对党政机关及其工作人员的投诉；处置信访举报中的突发情况等信访工作。为切实抓好干部信访监督工作，成立了县、乡（镇）纪检监察举报中心和在28个乡镇设置举报箱工作。进入21世纪，进一步健全完善了信访工作各项制度，探索信访工作新路子，发挥信访举报发现问题线索的“主渠道”作用，对问题线索实行归口管理确保件件有着落，事事有回音。不断畅通群众信访举报渠道，优化信访服务质量，实行县纪委常委（监委委员）轮流接访制度，建立信访举报网站、开通县纪委书记信箱和“清风松桃网站”，在松桃网上设置“我要举报”专栏，建立来信、来电、来访、网站“四位一体”信访举报“绿色通道”，公开信访举报电话、地址、邮箱，进一步畅通信访举报渠道，合理引导群众依纪依法有序反映诉求问题。建立定期信访接待、重点约访、“带案下访”制度，形成长效机制。纪检监察干部转变工作作风，将“访村寨、重监督、助攻坚”专项行动、“百名纪检监察干部访百村进千家”专项行动、“扫黑除恶”专项斗争、“漠视侵害群众利益问题”专项整治有机结合起来，变群众“上访”为干部“下访”。零距离接触群众，面对面交流，给群众讲解有关政策及举报诉求范围与方式，倾听与现场收集群众反映最现实最直接最关心的问题，仔细研判问题情况，确保群众反映的问题解决在基层、矛盾化解在一线，密切党群干群关系。“分好类”有序管理台账，制定《松桃苗族自治县纪委监委信访举报办理工作制度》。完善信访举报件的受理、处置、督办、报结、回访等闭环管理流程，明确工作环节与时限。实现信访举报件受理、分流、报结“总—分—总”全过程闭环监管，建立信访举报件管理台账，统一登记，分类管理，提出处置意见，逐条认真研判，规范信访办理流程，不断提升信访件办理质量和实效。有效减少重复访、越级访，群众满意度得到提升。

严肃查处违纪违法案件。查办案件是纪检监察机关查办违纪案件的一项重要工作，全县纪检监察机关坚持从严治党的方针，通过检查，查明违纪违法的事实，使违纪违法行为人受到党纪国法的追究。认真实践运用监督执纪“四种形态”，保持惩治腐败高压态势，深化标本兼治，实行“一案一整改”，警示教育力度进一步加大，党风廉政建设和反腐败工作取得显著成效。

县纪检监察机关主动出击，着力挖掘和拓宽案源线索，多形式、多渠道开辟案源，分析排查各种信访反映和热点问题。注重从巡察工作中发现问题线索，建立移送查处协调工作机制。坚持对苍蝇露头就打，充分发挥查办案件的威慑力。严肃查处发生在群众身边的以权谋私、贪污受贿，截留、挪用、侵占涉农资金，加重农民负担等腐败案件。对侵害群众利益的腐败案件，坚持无禁区、全覆盖、以零容忍的态度，发现一起，查处一起。严查小官大贪、"微腐败"和"村霸""寨霸"，把"扫黑除恶"同基层"拍蝇"结合起来，坚决打击"保护伞"。坚决查处涉黑腐败问题，不断提升人民群众的幸福感、获得感和满意度。通过文件、报纸、电视台、网站等媒体，对典型案例及时进行通报曝光，惩治腐败有力有效。

坚持全面从严治党，查处一批有重大影响的大案要案。无论腐败发生在哪个地区、哪个部门，无论腐败分子其职务有多高，坚决查处，决不让他们逃脱党纪国法的惩处。针对一些重点行业和领域出现的突出问题，县纪检监察机关重拳出击。在县财政局原党组成员、铜仁市武陵山投资(集团)经营有限公司原董事长杨荣幸严重违纪违法被立案查办，县监委经报铜仁市监委同意、省监委审查批准后，对杨荣幸采取留置措施，这是县监委成立后使用留置措施的第一案，也是铜仁市首个监察留置案。取得了良好的政治、经济和社会效果，有力维护了改革发展稳定的大局。

源头治理腐败工作逐步深化。从源头上预防和治理腐败，既是社会主义现代化建设新时期开展党风廉政建设和反腐败斗争的一项重要举措，又是根据依法行政、科学执政、民主执政，建立廉洁、高效、务实政府的要求。深化源头治理，形成全员反腐防腐良好态势，是筑牢预防腐败"防火墙"。对私设"小金库"和落实"收支两条线"管理进行专项检查，落实"收支两条线"管理规定。着力创建党风廉政建设示范村，推行农村"三资"委托管理制度，规范党务、政务、厂务、村务公开工作，使党风廉政建设走上制度化、规范化、科学化轨道。把个人岗位职责风险点及防控措施制作成两卡，一卡为廉政风险监督卡摆放在办公桌上，一卡为廉政风险提示卡随身携带。加强领导干部经济责任审计工作，强化履职尽责，严格推动"一岗双责"主体责任落实到位，压紧压实主体责任。

从1997年开始，县纪检监察机关担负起全面领导惩治和预防腐败体系建设的政治责任，加强对权力运行的制约和监督，继续在坚持中深化、在深化中发展。认真贯彻中央、省委、市(地)委、县委作出的一系列关于深化改革的指示精神，认真研究解决体制、机制、制度、政策等方面存在的问题，努力减少和消除滋生腐败现象的土壤和条件，全力推进源头治理预防腐败工作落实落地。加强对预防腐败工作的领导，强化惩防有效衔接，紧盯重点领域、重点环节、重点人员和权力运行全过程，积极开展治理"微腐败"工作，不断提升廉政风险防控水平，把全面从严治党落实到工作生活各个环节。对一些部门提出的拟新设审批事项，根据行政许可法等有关法律和行政审批制度改革的原则，进行认真研究论证，严格审核把关。通过市场机制解决的问题推向市场，为经济主体创造公开、公平、公正的竞争平台，是松桃反腐败治本工作的又一亮点。重大工程建设领域公开招投标制，使这个领域腐败案件易发多发态势迅速得以扭转。通过对行政审批项目清理和规范行政审批项目名称，缩短办事时限，对重大项目和重点项目实行全程代办。推行阳光理财，加大政府非税收入管理力度。建立和完善科级干部廉政档案，出台勤政廉政提醒制度、首问责任制、办理网络问政责任追究办法等。强化"两个责任"落实到位，县委印发《关于加强乡科级党政"一把手"监督管理的若干规定》，明确规定"一把手"不得直接管人、管钱、管项目、管审批执法、管政府采购，加强对"一把手"权力运行的监管，推动源头治理工作不断向纵深发展。

多措并举确保执法监察实效。执法监察是监察机关依据行政监察法等法律赋予的职能、职责和权限，针对检查对象在履行职责方面贯彻执行党和国家的方针政策、党内法规和国家法律、行政法规及政府的决定、命令的情况进行的检查活动。通过例行监察、专项检查和重点抽查等方式，对有令不行、有禁不止及不作为、乱作为、慢作为，对各种乱收费、乱罚款、乱摊派和“吃拿卡要”行为进行查处。确保政令畅通，促进廉政建设和经济发展。抓好执法监察工作，不仅是监察机关的任务，也是各级政府及政府各部门的职责。先后开展切实减轻农民负担问题，对涉及建设工程项目，建筑工程项目招投标，民政救灾、救济资金管理使用情况，预算外资金征管使用情况，计划生育罚没收情况，税收征管秩序、粮食流通体制改革政策措施落实情况、社保资金管理使用情况，国债资金管理使用情况，征用农民集体所有土地补偿费管理使用情况等方面开展执法监察。

对中央、省、市以及县委、县人民政府重大决策部署、重大工程项目建设、重点工作的落实的监察、督查。实行“一督查一报告、一通报一曝光”制度。建设工程的招标投标，必须坚持“公开、公正、公平”竞争、择优定标等原则。县行政区域所有新建、扩建、改建、技术改造、建筑装修等工民建建设项目，必须按规定实行招标投标。

深入开展党风廉政宣传教育。党风廉政宣传教育，是惩治和预防腐败体系的重要组成部分，是开展反腐倡廉的基础性工作，是治本工程。宣传的关键在阵地，要把宣传“主阵地”筑得更加牢固，弘扬廉政“主旋律”。抓住了党风廉政建设和反腐败工作宣传的主阵地，也就抢占了宣传的主导权和话语权。县纪律检察机关和监察机关成立以来，坚持把党风廉政宣传教育作为治本的系统工程来抓。切实加强领导干部家属、领导干部身边工作人员、单位财务人员的廉政教育。通过开办各类培训班、座谈会、报告会，观看录像片，举办廉政知识测试、知识竞赛等一系列活动，提高领导干部身边人员的自律意识，为领导干部廉洁从政创造良好的周边环境，积极倡导以廉为荣、以贪为耻的崇廉尚廉社会风尚。通过构建“微信+网站+抖音+报纸+电视台”五位一体反腐倡廉宣传矩阵，切实达到“电视有画面、网络有声音、报纸有文字”的立体宣传效果。及时更新、发布纪检监察信息、案件查处、廉政法规、廉洁文化等相关内容，让党风廉政教育“在指尖上发挥威力”，引导党员干部躬身自省。积极构建全方位、多层次、立体式、宽领域的党风廉政宣传教育新平台，营造廉荣贪耻的社会氛围。着力抓好县级警示教育基地、廉政文化教育基地的建设，专题开展警示教育活动，定期召开警示教育会议，剖析违纪违法典型案例，深化警示教育。以案说事、以案警示，运用“身边事”，警醒“身边人”，营造“不想腐”的氛围，增强“不敢腐”的震慑，让党员干部知敬畏、存戒惧、守底线。以科学的理论武装人，以正确的舆论引导人，以高尚的精神塑造人，以优秀的作品鼓舞人。编排反腐倡廉小品《一张收据》《面试》参加全市廉政小品大赛，分别获一等奖和三等奖，并在全县各乡镇（街道）进行巡演。努力营造“人人思廉、人人倡廉、人人行廉”的廉洁文化气氛，增强拒腐的“免疫力”，使广大党员干部能够保持一身正气，远离腐败，拒绝腐败。进一步坚定党员干部的理想信念，增强自律意识，筑牢思想防线，增强对党员干部的刚性约束，促进干部廉洁勤政，营造风清气正的氛围。同时，加强反腐倡廉的调查研究工作，把实践经验上升为理论高度，又用新的理论研究成果指导实际工作，从而不断提高工作水平，增强纪检监察工作的针对性和实效性，使党风党纪宣传教育走上规范化、经常化的轨道。以廉政文化“六进”（进机关、进农村、进社区、进学校、进企业、进家庭）活动为总抓手，开展多种宣传教育形式，突出对党员干部特别是领导干部的廉政教育，把反腐倡廉教育纳入各级领导干部理论学习、基层党员培训、干部培训和入党积极分子培训班必修课。组织党员干部学习马列主义、毛泽东思想、邓小平理论、“三个代表”重要思想、科学发展观、习近平新时代中国特色社会主义思想、党的路线方针政策、党规党纪等，构建起部门统一分工、共同参与、各负其责的大宣教格局。

从严从实加强纪检监察队伍建设。中国共产党第十九届中央纪律检查委员会第五次全会要求，从严从实加强自我监督约束，建设政治素质高、忠诚干净担当、专业化能力强、敢于善于斗争的纪检监察铁军。注重机关干部的自身建设，特别是在干部素质建设、组织建设和制度建设等方面不断提升纪检监察干部的思想水平和业务素质。县纪委监委高度重视纪检监察机关自身建设，县纪委常委会把学习贯彻习近平新时代中国特色社会主义思想作为主线，坚持个人自学与研讨交流结合，切实发挥领学促学作用，学思用贯通、知信行统一。为适应新形势、新要求，进一步创新工作思路，努力建设让党放心、人民满意的纪检监察铁军。牢记共产党员"第一身份"，在维护核心、维护党的集中统一上作表率。带头旗帜鲜明讲政治，带头提高政治判断力、政治领悟力、政治执行力，强化纪法意识、纪法思维、纪法素养，提高专业化水平。扛起管党治党"第一责任"，以政治担当的自觉、勇气和力度，领衔担纲、亲力亲为，自觉做政治生态"护林员"、党的政治建设"践行者"，为松桃良好政治生态的构建提供有力支撑。扎紧织密制度笼子，持续推动委机关、派驻机构、巡视机构内部和相互间的干部轮岗交流，让干部"多站几班岗、多轮几个哨位"。做到标准更高、要求更严、处理更重。对存在的苗头性倾向性问题及时提醒、批评和纠正，对不适应岗位要求特别是不担当不作为的干部及时调整，对执纪违纪、执法违法的从严查处，坚决清除"害群之马"。以铁的纪律作风锻造队伍，在新征程中发挥更大作用。从严从实加强自我监督约束，严防"灯下黑"，加强纪检监察系统内部监督，不怕丢丑，也绝不护短，几年来，共问责纪检监察干部66人，其中提醒谈话46人，批评教育9人，诫勉谈话3人，党纪立案2人，党内严重警告2人，调离纪检监察系统4人。

实践证明，全县纪检监察干部队伍是一支党和人民信赖的队伍，也是一支具有坚强战斗力的队伍。查处违纪违法案件，反腐败压倒性胜利进一步巩固。当前，新形势下出现新情况、新问题给纪检监察工作提出新的要求。全面从严治党依然任重道远，责任落实永远在路上。站在新的历史起点，面对新任务和新挑战，县纪委监委肩负着更加光荣而神圣的使命。在以后的工作历程中，将进一步开拓创新，把党风廉政建设和反腐败斗争引向深入。以求真务实的工作作风，促使纪检监察高质量"升温"，执纪执法工作效果明显。高举纪法利剑，持续正风肃纪，以永远在路上的坚忍执着把反腐败斗争进行到底，坚决打赢这场输不起也决不能输的政治斗争，从根本上促进党风、政风、民风和社会风气的好转。

大　事　记

1950年

1月5日　魏焕斗率贵州省铜仁军分区专员公署军政工作团110人进驻松桃,着手开展建政工作。

2月3日　滕久光、田家乐率松桃县大队200余人在跟随人民解放军先后参加解放印江、思南、德江、凤冈后,回到松桃。

2月21日　中国人民解放军第16军第46师137团结束成都战役后从四川回师进驻松桃,建立人民民主政权的条件已经成熟。

3月1日　经中共铜仁地委报请中共贵州省委批准中国共产党松桃县委正式成立,137团政委刘安民任第一书记,魏焕斗任县委书记。同时组建县委办事机构。同日,松桃县人民政府成立,滕久光任县长,县人民政府办事机构亦相继成立。

9月16日至17日　县委、县人民政府召开全县干部大会,县委第一书记刘安民在会上作《整风总结报告》。主要内容有反对官僚主义,坚持走群众路线、阶级路线;反对腐化行为;一元化领导问题。

1951年

1月2日　县委集中农村少数民族干部150名举办少数民族干部训练班,培训、学习的主要内容为国内外形势、党的民族政策、阶级教育。

3月11日　中国共产党松桃县委纪律检查委员会成立(以下简称县委纪委)。委员由县委书记魏焕斗、县人民政府县长滕久光、县公安局局长任万禄、县民政科科长田家乐、县财粮科科长贾乐善5人组成,魏焕斗兼任县委纪委书记。

4月　增补县委组织部部长姚洪显为县委纪委副书记,任命周良生为县委纪委秘书。

5月23日　县委召开整风会议。主要内容是贯彻中共贵州省委第二次党代会精神,解决干部思想作风问题,着力解决干部居功自满、克服官僚主义和命令主义问题,密切党和群众的联系。

6月　增补社会部部长杨慕参为县委纪律检查委员会委员。

7月　魏焕斗不再兼任县委纪委书记,由县委第二书记张梓兼任县委纪委书记。

1952年

1月4日　县委召开全县干部大会,传达党中央、省委、地委关于开展反贪污、反浪费、反官僚主义的运动指示，全县的“三反”运动全面开展。省委派秘书长徐健生到松桃指导“三反”运动。

4月11日　县委在工商业界召开反行贿、反偷税漏税、反盗骗国家财产、反偷工减料、反盗窃国家经济情报的“五反”运动动员大会。全县参加此次“五反”运动的工商户有605户，采取户户过关，重点突破，打击个别严重违法户的方法，用9天的时间集中进行。工商户中守法户328户，基本守法户274户，半守法户2户，违法户1户；存在不同程度的偷税漏税与盗窃行为的227户，偷漏税款和盗窃公款1769.55万元(旧币)，占总户数的45.7%，按情节轻重和态度好坏分别对偷漏税户处罚补交税款814万元(旧币)，对盗窃公款户限期退回公款100万元(旧币)，其余解脱和免予处分。

10月3日至10日　县委召开整风总结会议。

11月13日　县委召开全县“三反”运动总结大会。会议认为，自1月4日开始的“三反”运动，揭露和批评了官僚主义，挽救和教育一批干部，加强党的领导，巩固了新建立的人民政权。

1953年

1月9日至18日　县委召开全县第五次干部整风会议。参加会议630人，其中县区乡干部485人，拟任乡干部的积极分子145人。村干部424人参加了后3天会议，会议前7天，主要检查总结工作，后3天布置讨论群众路线问题，检查强迫命令的工作作风和某些同志的腐化现象等问题。

1月21日　中共铜仁地委批准王振亭、田家乐、周良生、张德聪、赵瑞昌、李子荣任松桃县委纪委委员，王振亭任县委纪委书记。

1月29日　松桃县人民监察委员会正式成立，为县人民政府行使监察职能的专门机构。县人民政府代理县长田家乐兼任主任。

3月4日　兼任县人民监察委员会主任田家乐被省人民政府正式任命为松桃县人民政府县长。

6月15日至29日　县委召开第六次整风会议。会议围绕贯彻落实中共中央《关于反对官僚主义、反对命令主义和反对违法乱纪的指示》而开展，对县区领导的官僚主义作风和强迫命令、违法乱纪行为进行分析和批判。参加会议县机关干部39人，区干部194人，乡干部165人，转业军人21人。

1954年

4月10日　县委纪委召集直属机关工委全体党员传达省第三次纪律检查工作会议精神，

4月26日　松桃县人民政府改称为松桃县人民委员会。

7月29日　县委纪委印发《关于对财政企业部门的贪污检查计划》。

9月20日　县委纪委印发《关于贯彻执行中央实行棉布计划供应政策中的几项规定》。

12月23日　经中共贵州省委批准，中共松桃县委设立常务委员会。李子荣、王振亭、裴连弟、赵玉明、田家乐、张登贵、邸凤歧7人为常务委员。

12月27日　县委纪委印发《关于克服目前干部、党员在粮食工作中的违纪现象的意见》。

1955年

1月31日　中共铜仁地委对中共松桃县委纪委委员进行调整，由张登贵、赵玉明、陈光学、张德聪、张则荣5人组成。张登贵任县委纪委书记。

4月17日　中共松桃县委、县人民委员会,根据1954年12月监察部颁布《关于调整地方各级监察机构及其有关事项的指示》,撤销松桃县人民监察委员会。

10月11日至16日　中共松桃县第二届第四次代表会议选举产生中共松桃县监察委员会组成人员,裴连弟任县监委书记,马庆恩任县监委副书记。

1956年

1月31日　中共松桃县委纪律检查委员会正式宣布撤销,中共松桃县监察委员会正式成立(简称县监委)。

5月12日至18日　中共松桃县第一次代表大会召开。出席代表257人、列席代表30人。大会听取和审议马庆恩所作的县监察委员会工作报告。选举徐立、马庆恩、田儒恒、黄代盛、冯恩栋、孙宝昆、杨昌发、杨昌建、龙老香9人为监察委员会委员,徐立任书记、马庆恩任副书记。

10月15日　县委对县监委进行调整,徐立任书记,马庆恩、孙荣清任副书记,孙宝昆、冯恩栋、杨昌建、黄代盛、李鸣益、龙老香为委员。

10月22日　县委发出《关于加强农村党的监察工作的指示》。要求兼管监察工作的书记,克服兼职不兼事的现象,经常指导对党员的教育和处理案件工作,区委应将监察工作列入议事日程。

11月22日　贵州省委批转松桃县委《关于加强农村党的监察工作的指示》,并转发各地(市)委、县委,要求作为加强农村党的监察工作参考。

1957年

1月　根据1956年9月11日国务院第三十七次会议"撤销松桃县,设立松桃苗族自治县"决定,中国共产党松桃县监察委员会改称为中国共产党松桃苗族自治县监察委员会。

2月23日至3月2日　县委召开全县整党会议。

5月24日　县委印发关于开展"三反"整风运动的计划。县委认为,中央关于整风运动的指示是完全正确和十分必要的,为此决定立即在全县党组织内进行一次普遍而深入的反官僚主义、反宗派主义、反主观主义的整风运动。计划全县整风运动分两批进行:县机关从5月20日起到9月中旬结束,分为学习、检查、总结3个阶段;区乡整风运动从是年冬开始结合整社进行。

6月1日　县人民委员会调整工作机构,成立松桃苗族自治县监察室,赵瑞昌任主任。

7月10日至14日　中共松桃苗族自治县委第一届第二次代表大会召开。大会听取和审查县委和县监委工作报告。

1958年

9月　增补赵瑞昌为县监委副书记。

10月20日　县委整风领导小组向县委呈报《县机关整风工作报告》。

11月30日至12月5日　中共松桃苗族自治县第二次代表大会召开。徐立当选为县监察委员会书记。

12月9日　县人民委员会印发《关于对人民公社建立监察委员会组织和进行业务领导的方案》。

12月20日　县委作出《一年来处理人民来信来访工作的总结》。县委提出要政治挂帅,县委和公社党委都要明确一名书记或副书记兼管人民来信来访工作,对重大案件要亲自办理,对一般案件及时检查,定期研究此项目,层层建立制度,定期检查评比。

1959年

4月　根据贵州省1959年3月26日至4月1日召开的第五次全省党的监察工作会议精神,中共松桃苗族自治县监察委员会改称为中共松桃苗族自治县委监察委员会,干部增配为4人。

11月6日　县委决定在全县人民公社以上机关干部中开展"反右倾、鼓干劲、厉行增产节约"的整风运动。在运动中,县机关及公社干部有23人受到错误批判和处理。1962年进行甄别纠正。

9月　县人民委员会根据第二届全国人民代表大会第一次会议通过国务院关于撤销监察部的议案,县监察室撤销。

1960年

1月19日至22日　中共松桃苗族自治县第二届第二次代表大会召开。大会讨论通过党的监察工作。

2月11日至14日　县委召开公社三级干部会议。大会传达省委召开的地、州、市委书记会议纪要和地委扩大会议精神,县委结合松桃苗族自治县情况,在大会上进行自我检查,对"一平二调"的一些钱物进行清理、赔退。

4月下旬　县委召开五级干部大会。到会4708人,历时7天,会议对13人严重违纪违法和较大的贪污行为进行重点批判。

8月16日　县委作出《关于农村人民公社开展"三反"运动的总结》。

10月13日　县委"三反"办公室作出《农村财贸系统"三反"总结》。在两批次共1142人参加的全县农村财贸系统"三反"运动中有1049人交代贪污浪费及违法失职行为,均受到不同的处理。

11月1日至6日　县委召开五级干部会,到会3974人。会议学习省委的10项政策,对照检查干部的工作作风,总结一年来工作中的经验教训,表扬先进单位179个和工作模范273人,把工作成绩显著的5位村支书树为榜样。

1961年

5月22日　县委作出《1961年元至5月处理人民来信来访工作总结》指出,5个月来,县委和公社党委共收到人民来信2280件,接待来访3393人次,共计5673人件次,已处理5641件次,占总数的99.4%。反映最多的问题有揭发基层干部违法乱纪和要求纠正"共产风"以及检举坏人坏事三个方面有4063件次,占来信来访总数的71.5%。

6月5日　县委作出《关于正确处理人民来信来访工作的意见》,要求各单位加强领导,建立健全必要的制度,对来信来访反映的问题,必须认真严肃处理。

6月13日　县委监委成立专案复查组,到公社、管理区、生产队对农村整风整社中所上报的案件进行全面复查。

9月17日　全县监察工作会议召开,铜仁地委常委、副专员王道金对监察工作作出指示。

1962年

11月23日至27日　县委召开扩大会议,主要传达毛泽东、周恩来、刘少奇、邓小平在中共八届十中全会上所作的指示和周林在中共贵州省委扩大会议上的总结报告,着重讨论毛泽东关于"阶级、形势、矛盾问题"的指示。

12月　吴向必任县委监委书记。

12月18日　县委发出《关于纠正和防止铺张浪费行为的通报》(以下简称"通报"),指出随着农村经济的好转,干部群众的生活有了不同程度的改善,有少数党员、干部产生盲目乐观情绪,大肆挥霍、铺张浪费,如大建房子、大办喜酒,请客送礼、求神拜佛等;有的借请客为名,贪污集体财产,大量向别人索取财物等。通报要求各级党委、党员、干部和群众进行增加生产、厉行节约、勤俭建国、勤俭建社、勤俭持家的教育,对已发生的铺张浪费问题要严肃处理,防止继续发生。

1963年

2月9日　县委决定成立肃反清理领导小组,由吴向必、赵瑞昌等5人组成,吴向必任组长,宫延成、滑满常任副组长。

4月5日　县委成立由吴向必任组长,白兴胜、石孟明任副组长的"五反"领导小组,领导在县机关中开展了反对贪污盗窃、反对投机倒把、反对铺张浪费、反对分散主义、反对官僚主义的"五反"运动。

7月7日　县委决定成立"四清"工作团,对各公社进行清组织、清政治、清思想、清经济的面上"四清"运动。工作团由张仁龙任团长,杨胜杰、宋亦农、金肇任副团长。

11月16日　县委决定建立农村社会主义教育运动办公室(简称"四清"办公室),各公社普遍开展了社会主义教育运动。

11月18日至23日　县委召开三级干部会。会议传达省委三级干部会议精神,着重解决生产、社会主义教育等问题。社会主义教育主要是抓好阶级教育和两条道路(社会主义道路与资本主义道路)教育,方法是以"三史"(家史、村史、厂史)教育为主。

11月27日　县委决定成立"县四清工作团",徐立任团长,高文荣、张永山、宫延成、宋亦农、麻秀碧任副团长。从此,全县开展声势浩大的"四清"(即清理账目、清理仓库、清理财物、清理工分)为主要内容的社会主义教育运动。

1964年

6月16日　中共贵州省委批准吴向必任中共松桃苗族自治县委第二书记,赵瑞昌任县委监委书记。

6月25日　县委开展第一、二批"五反"运动。参加的单位54个、职工940人。通过发动群众检举揭发,按照中央监委提出的"十条政策"界限复查定性,查出贪污盗窃、投机倒把金额20972元,退出赃款16125元,对9人给予处分。

6月26日　县委批转《关于文教、卫生系统开展“五反”及社会主义教育运动安排意见的报告》。从1964年开始，在两年内分期分批对全县文教、卫生系统企事业单位职工1044人开展“五反”运动。

6月27日　县委批转县委监委《关于整顿、建立健全人民公社各级监察组织的意见》(以下简称“意见”)。意见要求摸清原有监察组织的成员情况，补充、改选或新成立监察组织，认真挑选、培养监察干部，建立健全必要的规章制度。

10月　县委抽调140名干部参加全国在遵义举办“四清”运动试点工作，次年5月返回。

1965年

1月12日　县委就全县开展“四清”运动的情况向地委写出书面报告。至1月2日止，有3937个队转入清理土地的工作，其中3642个队经清理结束，转入复查阶级。经清理：贪污199人，挪用409人，多吃多占1522人，腐化99人，投机倒把118人，弃农经商122人，盗窃7人，侵占集体土地1561人，多划自留地、开荒地的2247人；全单干队53个，半单干队259个，副业单干队498个。

4月24日　县委印发《关于在全体干部中进一步开展学习毛泽东主席著作的意见》，号召全体干部立即行动起来，掀起一个活学活用毛主席著作的新高潮。

7月17日至21日　县委监委召开区党组织兼管党的监察工作会议。参加会议的有各区负责监察工作的干部10人、县机关有关部门的干部13人。

10月15日　县委就县级机关开展“四清”运动的情况写出专题报告。县委认为，各级领导和广大干部受到一次极其深刻的社会主义教育和阶级教育，大多数单位基本上解决了干部中的“四不清”的问题，提高了对“和平演变”危害性的认识。运动中清出异己和蜕化变质分子2人，清查出被贪污的人民币1.05万余元，粮食1507.5公斤，被长期挪用侵占的公款4.3万元。

1966年

2月中旬　县委根据上级指示精神，抽调数十名机关干部，组成“面上四清工作团”，在盘信区的6个公社开展面上“四清”工作。6月底，工作团撤出，“四清”运动到此结束。

2月21日　县委发出《关于进一步贯彻中共贵州省委、铜仁地委关于向焦裕禄同志学习的通知》。县委要求，学习焦裕禄，最根本的就是学习他高举毛泽东思想旗帜，不为名、不为利；不怕苦、不怕死，“一心为革命，为人民而鞠躬尽瘁”的崇高精神。各级党委要加强领导，订出计划，带头学好；把学习焦裕禄看成是推动生产、推动各项工作的动力。

6月　为加强党的监察工作，县委决定增补陈朝富、郑养学、白庆文为县委监委兼职委员，增补李选炳为县委监委专职委员。

1967年

5月17日　县委、县人民委员会的工作机构被松桃苗族自治县革命委员会设立的办事机构所替代，县委监察委员会的工作随之被迫停止。

1968年

1月7日　县革委决定调整办事机构,设立政治工作领导小组,下设组织办公室、群众政治工作办公室、学校工作办公室、毛泽东思想宣传工作办公室、文化革命办公室;设立生产领导小组,下设民政卫生办公室、计划统计办公室、战备支前办公室;撤销革命委员会干部工作办公室、文化革命领导小组办公室、文化革命领导小组宣传办公室、生产领导小组文卫办公室。

3月9日　县革委政治工作领导小组印发《关于当前政治工作的几点意见》,对全县政治工作作出部署。要求各级革委会、各行各业都要把政治工作摆在一切工作的首位。办好各种类型的毛泽东思想学习班,深入扎实地开展革命大批判;整顿党的组织,加强党的建设,各区、社都要建立党的核心领导小组,基层单位建立党支部;建立健全各级政治工作机构,配备充实政治工作人员。

9月25日　中共贵州省革命委员会领导核心小组批准中共松桃苗族自治县革命委员会领导核心小组建立(简称"县革委领导核心小组",由5人组成)。

1969年

4月21日　县革委批转县政治工作领导小组《毛泽东思想宣传工作意见》,对毛泽东思想大普及、大传播、大深入作出具体的部署。要求各级领导和做宣传工作人员要带头学、带头用、带头抓,做到时时抓,天天抓,月月抓,年年抓,永远抓,抓到底;通过大办宣传网、广播网,普遍开办学习班,在全县掀起活学活用毛泽东思想群众运动新高潮。

7月21日　县革委批转工商行政管理办公室《关于立即在全县开展打击投机倒把运动,维护社会主义新秩序,保卫工农业生产新跃进的报告》的通知,要求各区(镇)、社革委,狠抓市场管理,开展打击投机倒把的群众性运动。

1970年

5月22日　县革委、县驻军支左领导小组印发《关于开展增产节约粮食的群众运动的通知》,号召各级革命委员会和广大革命群众,立即行动起来,开展以"勤俭节约为荣,以铺张浪费为耻"的增产节约粮食的群众运动。

6月28日　县革委、县驻军支左领导小组作出《关于更加深入地开展"三查"运动的意见》,对"三查"(清查贪污盗窃、投机倒把、铺张浪费)下一阶段的工作进行安排部署。一个以"三查"为中心的"三赛"(赛革命、赛团结、赛进步)运动和增产节约运动在全县广泛开展起来。

1971年

1月12日　县革委核心领导小组印发《关于整党建党工作的几点意见》,要求自始至终狠抓两个阶级、两条中间路线、两种思想的斗争这个纲,要用毛泽东提出的"五十字建党大纲"和新党章来统领整党建党全过程。

2月8日　县革委核心领导小组举办路线教育开门整风学习班,用自我教育的开门整风方法,开展一场反对骄傲自满、提倡谦虚谨慎的教育运动。

9月1日　县革委印发《关于开展增产反对铺张浪费的通知》,要求各区(镇)、社革委"狠抓革命、猛促生产,要革命加拼命、拼命干革命,增加产品数量,提高产品质量,节约开支,降低成本,全面完成和超额完成生产计划。"同时,遵照"厉行节约,反对浪费"的指示,对国家机关、厂矿、企事业单位中不合理的钱、粮补贴一律取消,利用公款请客送礼一律禁止;号召全县广大工人、贫下中农、革命干部、革命知识分子"破四旧、立四新",移风易俗;坚决杜绝利用修房立屋、婚丧事由,大摆酒席,请客送礼。

1972年

7月1日至15日　县委在太平乡永红大队和土屯大队举办379名农村党支部书记学习班。通过学习,提高干部的政治觉悟,增强了政策观念和党的观念。

1973年

3月14日　全县11个区(镇)建立党委。

1974年

1月11日　县委作出《坚决把党的基本路线教育和整党整风进行到底的决定》,决定在农村和机关深入进行党的基本路线教育和整党整风,并向农村派出1100多名工作队员、组织广大贫下中农斗资批修,用"大批"促"大干"。

7至8月　全县以区为单位对农村6379名党员进行培训。通过学习培训,加深对党的基本路线的认识,坚定社会主义方向,增强党的观念,自觉地接受党的领导,遵守党的纪律,维护党的团结和统一。

1975年

11月20日　县委决定对全县农村党员干部进行基本路线教育。

1976年

7月　县委发出《关于建立干部参加集体生产劳动考核制度的通知》,通知指出,干部参加劳动是保持党的优良传统,建设大寨县的重要标准之一,在各个部门工作的干部,都要有一个切实可行的劳动记勤办法,做到有册可查。

1977年

3月　县委印发《关于在县机关深入开展党的基本路线教育的意见》,意见指出:"在我们的许多同志中间,仍然存在着违反马克思列宁主义的观点和作风,这就是:思想上的主观主义,工作上的官僚主义和组织上的宗派主义。"为了保证党的各项事业顺利前进,就必须普遍地进行一次马克思主义的思想教育运动,认真解决学风、党风、文风不纯问题,把各级党组织建设好。

1978年

2月20日　县委从县、区、社抽调500名干部组成工作队,深入农村开展调查研究,落实党在农村中的各项政策;开展整党整风,搞好领导班子建设,发展社会主义农业的工作。

1979年

3月　中共铜仁地委批准恢复中共松桃苗族自治县委纪律检查委员会,任命魏隆乾为县委纪委代理副书记主持全面工作。

12月3日　县革委批转县财政局《关于在全县范围内普遍进行一次财经纪律检查的报告》的通知。要求各区、镇和县机关各部门要把模范地遵守和执行财经纪律作为一件大事来经常抓,特别要善始善终地抓紧抓好此次财经纪律检查工作。通过检查,对广大干部,特别是对各级领导干部进行一次遵守财经纪律的再教育,提高他们遵纪守法的自觉性。对于违犯财经纪律的,要坚决按照中共中央〔1979〕48号文件规定,及时地严肃地进行处理,不能不了了之。对于坚持和维护财经纪律好的单位和个人,要进行表扬。

1980年

3月31日　县委、县革委就节约非生产性开支和反对铺张浪费问题作出规定。一是从1980年1月起,县区社的行政、事业经费,除应发给个人部分的开支以外,其他公用开支部分,一律节减20%;二是在行政、事业单位试行"财政预算包干"。此外,作出精简各种会议、严格控制差旅费、严禁用公款请客送礼、禁止滥发奖金和津贴等10项规定。

4月8日　全县开展财政纪律大检查,对255个单位进行检查,共查出违纪金额83.5万元。

6月　中共铜仁地委任命石成清为中共松桃苗族自治县委纪委代理书记。

9月13日　中共松桃苗族自治县委纪律检查委员会成立,石成清任县委纪委书记,魏隆乾任县委纪委副书记。

1981年

3月1日　县委为贯彻中央工作会议精神,落实经济调控任务,作出加强思想政治工作、整顿社会治安、纠正党内不正之风等决定。

8月11日至21日　县委召开全委扩大会议,出席会议175人,会议传达中共十一届六中全会和省委会议精神,学习《关于建国以来党的若干历史问题的决议》。通过学习讨论,统一思想,一致拥护中央决议。

1982年

1月　县委抽调各级干部1700人,分赴各区、乡,纠正、制止在责任地上营建私房、葬墓、烧砖瓦等侵占集体耕地的行为。

3月28日至31日　中共松桃苗族自治县第四次代表大会召开,石成清当选为县委纪委书记。

4月　县委成立打击经济领域违法犯罪领导小组,县委副书记杨廷勋任领导小组组长。

10月6日　县委召开县机关全体党员和干部大会,传达贯彻中国共产党第十二次全国代表大会精神。要求全体党员、干部、群众统一思想,与党中央保持一致,理论联系实际,总结经验教训,为实现党的奋斗目标而努力。

12月17日至23日　县委召开全县三级干部会议,传达省委工作会议精神,主要讨论按照十二大确定的目标如何实现到2000年全县工农业总产值“翻两番”和“三个根本好转”(财政经济状况、社会风气、党风根本好转)的问题。

1983年

3月8日至4月5日　县委开展以学习新党章为主要内容的党员培训,全县10021名党员参加学习培训。

8月9日　县委印发《关于认真学习〈邓小平文选〉的意见》,要求广大党员、干部联系实际,加强学习。

10月19日　县委印发《认真学习〈中共中央关于整党的决定〉的通知》。松桃苗族自治县委要求全体党员认真学习《中共中央关于整党的决定》,为全面整党作好思想准备。

10月20日　县委落实干部政策工作告一段落,对全县应复查的438起案件全部作了复查,写了复查结论。其中,全错全纠298件,部分错部分纠68件,维持原结论72件。

1984年

2月　县委任命龙国春为县委纪委副书记,主持全面工作。

7月下旬至8月中旬　县委组织全县党员学习中央关于整党的决定,全县91.4%的党员参加了学习。

9月　中共松桃苗族自治县委纪律检查委员会升格,改称为中共松桃苗族自治县纪律检查委员会(简称县纪委)。县纪委升格后,设常务委员会。

9月18日至21日　县第五次党代会召开。大会批准龙国春代表县委纪委所作的工作报告,并选举县纪委委员12人。县纪委第一次会议选举常委5人,龙国春当选为县纪委书记,祝经元当选为县纪委副书记。

12月13日　县委作出《建立健全党政机关和事业单位岗位责任制的决定》,在全县实行岗位责任制。部分党政机关事业单位通过实行岗位责任制,调动了干部职工的积极性。县委要求各单位建立起责任制、考核制、奖惩制三位一体的岗位责任制,从德、能、勤、绩4个方面考核干部职工。

1985年

1月25日　县委印发《关于松桃苗族自治县干部培训工作的意见》,成立以县委宣传部部长为主任、县委组织部部长、县委党校校长为副主任的干部教育委员会。

3月8日　县委印发《关于实现党风好转的意见》(以下简称“意见”)。意见从多方面研究了如何抓好党风、党纪教育,建立健全抓党风的责任制,抓经常性的防范和各种规章制度的建立健全,继续加强纪检队伍的思想建设和组织建设,并逐步形成定期分析研究党风的制度。

6月底　遵照《中共中央关于整党的决定》和《中共中央整党工作指导委员会关于农村整党工作部署》以及省委、地委指示,县委对整党工作作安排部署。在整党工作中,认真抓了核查和组织处理,对犯有错误的同志根据错误性质和认错情况分别进行批评教育和组织处理,开除党籍8人,不予登记34人,缓期登记75人,暂不讨论登记的88人,留党察看5人,严重警告和警告处分14人。整党核查“三种人”(造反起家的人、帮派思想严重的人、“打砸抢”分子)小组在清理“打砸抢”、揭批查和审理“两案”工作基础上,认真贯彻中央的方针政策,坚持实事求是的原则,对159名责任人进行查处,定性处理38人,定为“三种人”的14人。

1986年

1月27日至30日　县委召开工作会议,传达贯彻地委扩大会议精神,主要讨论如何进一步抓好党的建设,切实改善和加强党的领导,县机关干部怎样在端正党风中起表率作用等问题。

4月19日　县纪委召开班子会议,传达地区纪委关于《在全区开展整顿党纪的通知》文件精神。

6月14日　县纪委召开班子会议,传达学习中央整党指导小组文件《关于农村党组织清理三种人的意见》。

8月12日至17日　县委召开全县三级干部会议,明确提出下半年的工作重点是要搞好干部的理论学习和端正党风工作。是年,县委、县纪委根据上级指示,着重抓整顿纪律和纠正不正之风、打击经济领域的犯罪活动。

1987年

9月22日至25日　中共松桃苗族自治县第六次代表大会召开,龙国春当选为县纪委书记。

12月2日　松桃苗族自治县监察局成立。

1988年

2月7日　县人大常委会任命龙祥云为县监察局局长。

11月4日　县委成立清理整顿公司领导小组,开始清理整顿公司工作,制止党政机关经商办企业现象。

11月18日　县委成立整顿作风纪律领导小组,着手安排全县的作风纪律整顿工作。

12月中旬　县整顿作风纪律领导小组印发《关于整顿纪律作风的安排意见》,将党政机关、事业单位和企业流通部门干部、党员、职工中出现的弄权渎职、不清正不廉洁和违法乱纪、腐败行为作为清理整顿的主要对象。这项工作于次年5月结束,全县共查处了严重违反党纪政纪的37人。

1989年

2月21日　县委批转县纪委《关于党政机关保持廉洁反对腐败的规定》(以下简称"规定")。规定要求各级党政领导保持廉洁、反对腐败,严禁党政机关和党政干部经商办企业、严禁党政干部参与不正之风和违法乱纪。

8月　县委组织人力,对干部职工违法违纪建私房进行清理。查实违法违纪建私房干部职工232户,其中党员干部129户,副科级以上干部50人,副县级以上干部4名。

1990年

4月10日　县委印发《关于联系群众、防止腐败的意见》。

5月31日　县委决定在县粮食局、县工商局、县税务局、县公安局、县物资局、县农行、盘信镇开展党风廉政建设试点工作。

6月11日至13日　中共松桃苗族自治县第七次代表大会召开。祝经元、杨昌才当选为县纪委副书记,书记暂缺。

7月　中共铜仁地委任命熊远光为县纪委书记。

7月26日　县第十届人大常委会第一次会议任命隆求清为县监察局局长。

1991年

4月10日　县委批转县党风廉政建设领导小组《关于加强党风廉政建设的报告》。

4月27日　县人民政府成立县治理农村"三乱"领导小组,于5月份全县开展治理"三乱"工作。

9月中下旬　全县各级党政机关开展整风整纪工作,采取整顿与民主评议党员相结合,与搞好本职工作、完成单位工作任务相结合,与解决具体问题、建立完善各种规章制度相结合进行。

1992年

3月　县委常委、县纪委书记熊远光赴西藏工作;县纪委工作由县纪委副书记杨昌才主持。

4月6日　县委印发《关于1992年党风和廉政建设工作的通知》,提出五点意见:一是深化党风党纪和廉政教育,努力提高党员、干部的政治思想素质;二是继续深入开展反腐败斗争,认真查处违法违纪案件;三是认真解决群众反映强烈的问题;四是加强制度建设,完善内部监督约束机制;五是加强对党风廉政建设的领导。

1993年

2月20日至22日　中共松桃苗族自治县第八次代表大会召开,李朝安当选县纪委书记。

4月　县委、县人民政府批转《县纪委、县监察局合署办公机构设置方案和有关问题的请示》,县纪委、县监察局合署办公。

4月　县委任命吴见闻、龙沛云为县纪委副书记。

4月29日　县第十一届人大常委会第一次会议任命龙沛云为县监察局局长。

1994年

3月　在县经济工作会议上,县委常委、县纪委书记李朝安传达贯彻中央纪委三次全会精神,作深入开展反腐败斗争工作报告。

4月7日　县纪委常委会会议传达学习全省纪检监察工作会议精神。

5月5日　县委决定成立县整顿机关作风领导小组。整顿时间从5月中旬起到7月中旬结束。

7月1日　县纪委常委会会议传达学习地区纪检监察工作会议精神。

12月21日　县纪委召开迎接地区纪委全面工作检查汇报会。

1995年

1月14日　县纪委转发《关于认真贯彻中纪委监察部和省纪委监察厅严禁铺张浪费用公款吃喝送礼的通知》。

6月9日　县委决定在全县各级党组织开展向孔繁森学习活动。

7月26日　中共铜仁地区纪委《纪检监察信息》刊发《松桃苗族自治县委书记柳运华对坡改梯工程执法监察提出五条要求》。一是坡改梯资金必须专款专用,严格财务制度,实行专人管理,一支笔签字,保证把资金用活用好;二是对工程质量、资金管理中的一般问题,要通过自查,限期弥补、完善、纠正;三是对查出的严重违法违纪行为要严肃处理,决不姑息迁就;四是乡镇领导干部不允许直接经手项目资金;五是各乡镇要把清理坡改梯违法违纪工作作为一件严肃的政治任务抓紧抓好。

8月9日　县纪委印发《中共松桃苗族自治县纪委 松桃苗族自治县监察局关于对公路“三乱”和初中小学乱收费问题开展专项举报的通知》。

1996年

1月18日　县纪委印发《中共松桃苗族自治县纪委 松桃苗族自治县监察局关于对中小学乱收费,向农民乱收费、乱集资、乱摊派及烤烟收购中存在的问题开展专项举报的通知》。

4月15日至16日　县委书记田景全主持召开县委常委会会议,传达学习全区纪检监察工作会议、全区宣传思想工作会议、全区党委系统办公室工作会议精神。

4月26日　县纪委印发《中共松桃苗族自治县纪委 松桃苗族自治县监察局关于开展向曹克明同志学

习活动的决定》。

9月17日至19日　县十一届人大常委会第二十六次会议召开，会议听取和审议《松桃苗族自治县反腐倡廉工作情况的报告》。

10月4日　县纪委印发《关于参加全国党纪政纪条规知识竞赛的通知》。

1997年

4月24日　县纪委印发《关于认真学习、严格执行〈中国共产党领导干部廉洁从政若干准则（试行）〉和〈中国共产党纪律处分条例（试行）〉的通知》。

6月9日　县纪委印发《关于认真学习、宣传和贯彻执行〈中华人民共和国行政监察法〉的通知》。

9月12日　县委书记李树新主持召开县委常委会会议，传达学习全区纪检监察和纠风工作会议精神，研究贯彻落实意见。

12月9日　县纪委印发《关于填报用公款安装个人住宅电话、传呼机、移动电话情况登记表的通知》。

1998年

1月5日　县纪委印发《关于春节期间厉行节约、制止奢侈浪费行为的通知》。

2月26日至28日　中共松桃苗族自治县第九次代表大会召开，龙炳成当选为县纪委书记。

4月30日　县第十二届人大常委会第一次会议任命张智为县监察局局长。

7月20日　县纪委印发《关于对企业实行挂牌保护进行跟踪检查的通知》。

8月7日　县纪委印发《关于认真搞好村务公开试点工作的通知》。

1999年

3月　县纪委副书记、县监察局局长张智调任中共石阡县委常委、县纪委书记。

8月20日　县纪委印发《关于制止借国庆五十周年之名向企业摊派及铺张浪费有关问题的通知》。

9月27日　县纪委印发《关于进一步贯彻落实党风廉政建设责任制的通知》。

10月26日至27日　县第十二届人大常委会第一次会议，任命龙中文为县监察局局长。

10月27日　县纪委印发《关于认真执行县委〈关于严禁正科级以上领导干部在迁居、子女升学等事宜中操办酒席的规定〉的通知》。

2000年

1月27日　县纪委印发《关于2000年春节期间严禁铺张浪费行为的通知》。

8月14日　县委书记李树新主持召开县委常委会会议，传达学习全区党风廉政建设工作会议精神，进一步做好清理公车私用和公款配置通信工具等工作。

8月15日　全县党风廉政建设工作会议召开。

10月14日至15日　县委书记李树新主持召开县委常委会会议，议定全县共产党员、国家公务员、副科级以上领导干部以及国有、集体和股份制企业中的负责人,严禁在工作调动、迁居、集资建房、生日、子女升学、当兵等事宜中借机操办酒席敛财。

2001年

1月15日　县纪委印发《中共松桃苗族自治县纪检监察机关2000年查办案件情况通报》。

2月6日　县纪委印发《中共松桃苗族自治县纪委松桃苗族自治县监察局2001年纪检监察工作意见》。

5月18日　县纪委监察局房改工作领导小组成立,龙中文任组长,袁钢任副组长,唐明亮、彭宏祥、郭玉华为成员。

6月12日　县纪委监察局"三个代表"重要思想学习教育领导小组成立,龙炳成任组长,龙中文任副组长,袁钢、石宗生、张强、麻开甲等为成员。

6月25日　县纪委监察局召开"三个代表"重要思想学习教育动员会。

6月25至7月24日　县纪委监察局开展"三个代表"重要思想学习教育活动。

8月4日至11日　县纪委监察局组织22名干部分组深入长坪乡、太平营乡、甘龙镇和县直机关有关部门调研。

2002年

3月26日　县纪委印发《关于进一步明确乡镇纪委书记、县直机关纪检组长职能职责的通知》。

4月12日　县纪委印发《中共松桃苗族自治县纪委关于开展严禁公车私用工作检查的通知》。

6月　龙炳成任松桃苗族自治县委统战部部长,地区纪委纪检监察一室主任徐仕江任中共松桃苗族自治县委常委、县纪委书记。

6月26日　县纪委印发《关于认真做好"迎接十六大"党风廉政建设和反腐败宣传工作的通知》。

2003年

1月5日　中共松桃苗族自治县第十次代表大会召开,徐仕江当选县委副书记、县纪委书记。

3月25日　县委印发《中共松桃苗族自治县委 松桃苗族自治县人民政府〈关于严禁干部职工大操大办酒席的规定〉(试行)》。

4月23日　全国人大代表、省监察厅副厅长武鸿麟到松桃就党风廉政建设责任制问题进行工作调研。

5月14日　县纪委转发地区纪委监察局《关于严明纪律切实保障非典型肺炎防治工作顺利进行的紧急通知》。

9月25日至28日　县委组织党风廉政建设巡视员分成两个组,分别对长兴堡、太平营2个乡镇和县教育局、县水利局2个县直单位开展党风廉政建设及落实责任制情况进行巡视检查。

2004年

1月2日至5日　县纪委监察局向县人大、县政协通报2003年全县党风廉政建设和反腐败斗争情况，听取工作意见和建议。

1月19日　重庆市秀山土家族苗族自治县、湖南省花垣县纪委监察局来松桃苗族自治县纪委监察局开展工作交流。

2月27　县纪委第二次全委会召开，研究部署2004年全县纪检监察工作。

3月28日　县监察局聘请滕建猛、龙再成、吴成贵、杨益权、杨光明5人为县第二批特邀监察员。

4月1日　县纪检监察工作会议召开。县委书记帅朝纲、县人民政府县长龙海分别与各乡镇党委书记、乡镇长和县直各部门党政主要负责人签订党风廉政建设责任书。

4月19日至20日　省委副书记、省纪委书记曹洪兴到乌罗、孟溪等乡镇调研。

4月21日　县行政效能监察动员大会召开，安排部署全县行政效能监察工作。

5月1日至7日　县纪委监察局组织开展对全县公车私用、公款旅游及公路“三乱”情况进行专项检查。

6月11日至9月20日　县纪委监察局对各乡镇、县直各单位用公款为干部职工购买商业保险、用公款购建门面、用国有土地集资建门面营利等问题进行专项清理。

6月18日　召开全县投资软环境建设工作动员大会，安排部署投资软环境专项整治工作，并对龙凤祥挪用公款严重影响经济发展投资软环境案件进行通报。

6月21日　县纠风办在大兴镇组织召开行政法规培训暨治理公路“三乱”签状会。

6月28日至30日　县纪委监察局会同县委组织部、县委宣传部、县直属机关党委、县文广局共同举办“宣传两个条例暨庆祝建党83周年”文艺会演。

7月10日至15日　县纪委监察局对全县副科级以上实职领导干部执行礼品礼金登记制度、重大事项报告制度、家庭财产申报制度和配偶、子女从业情况进行监督检查。

8月10日至15日　县人民政府组织交通、公安等部门对全县境内的国道、省道、县道公路开展检查，并对公路“三乱”易发路段进行明察暗访，实行重点监控。

9月23日　县委、县人民政府印发《关于全县开展2004年党风廉政巡视工作的通知》。

9月24日至29日　县纪委监察局会同县委组织部、县编办配合县委党风廉政建设巡视组对蓼皋镇、世昌乡、县国税局、县地税局、县国土资源局、县公安局、县林业局、县卫生局等单位的党风廉政建设工作进行巡视检查。

10月14日　县委、县人民政府印发《关于做好2004年度领导干部述职述廉工作的通知》。

12月30日　县投资软环境建设集中治理工作总结表彰大会召开，对县国税局、县地税局、县质监局等17个先进集体进行表彰和颁奖。

2005年

3月1日　县委印发《关于严禁干部职工在迁居、子女升学等事宜中大操大办酒席的规定》。

3月28日至29日　全县党风廉政建设和反腐败工作会议召开。

4月1日　县委印发《松桃苗族自治县党政领导班子及领导干部工作绩效考核暂行办法》。

4月14日　县人民政府印发《关于开展行政效能监察工作的通知》。

4月29日　县委印发《关于严格执行党的纪律的规定》。

4月30日　县委印发《关于严禁党和国家机关工作人员从事矿产资源开采、加工及经营的暂行规定》。

5月26日　县委、县人民政府印发《松桃苗族自治县机关工作人员诫勉教育、效能告诫实施办法(试行)》。

5月31日　县投资软环境建设暨党风廉政建设宣传教育工作会议召开,县委副书记龙炳成向聘请的14名社会监督员和5名特邀监察员颁发证书。

6月20日　县纪委副书记、县监察局局长龙中文调任松桃道塘水库管理局副县级专职纪检员。

6月25日　县委副书记、县纪委书记徐仕江,县纪委副书记石宗生赴重庆市铜梁县等地对党风廉政建设和行政效能工作进行考察。

7月19日　召开县政风行风满意度测评会,对全县30个部门和6个窗口单位进行政风行风满意度测评。

9月27日　县纪委对全县200余名科级领导干部进行警示教育。

9月28日　县委、县人民政府印发《关于做好2005年度领导干部述职述廉工作的通知》,安排部署2005年度领导干部述职述廉工作。

2006年

1月12日　县委副书记、县纪委书记徐仕江代表县纪委向县委十届六次全会汇报换届以来全县党风廉政建设和反腐败工作情况及工作打算。

1月20日　县纪委监察局召开述职会议,对委局机关干部2005年工作进行绩效考核。

2月22日　县委印发《贯彻落实〈建立健全教育、制度、监督并重的惩治和预防腐败体系实施纲要的意见〉责任分解方案》。

3月7日　县纪委全会召开,传达地区党风廉政建设和反腐败工作会议精神,总结2005年工作,安排部署2006年全县反腐倡廉工作。

3月14日至15日　县纪委对在2005年度绩效考核中排名末5位的党政领导班子和排名末10位的领导干部进行打招呼和诫勉谈话。

3月28日　全县党风廉政建设和反腐败工作会议召开,县委书记龙长春、县长龙海分别与乡镇党委书记、乡镇长、县直各部门党政一把手签订党风廉政建设责任书。

4月25日至26日　县第十三届人大常委会第二十四次会议,任命龙治和为县监察局局长。

6月2日　全县党风廉政建设暨宣传教育工作会议召开,对原沙坝河乡干部李平均搞非组织活动、破坏选举案在全县范围内进行通报。

6月27日　县纪委监察局与县委组织部、县委宣传部、县直属机关工委联合举办全县“学党章、庆七一”演讲比赛和“党在我心中”歌咏比赛。

6月30日　县纪委监察局联合县委组织部、县妇联向全县520多名领导干部配偶及其亲属印发“致全县领导干部家属及配偶的一封公开信”,号召其保廉助廉,促进领导干部勤政廉政。

7月1日　县委举行“七一”表彰大会,对全县30名廉政勤政先进个人和20名助廉保廉贤内助进行表彰。

7月6日　地区纪委副书记彭吉黔一行到松桃开展案件检查、保密工作调研。

7月12日　县治理商业贿赂工作会议召开。

7月22日　县委副书记、县纪委书记徐仕江，县纪委副书记、县监察局局长龙治和出席在江口县召开的全区纪检监察工作会议，龙治和在会上作经验交流发言。

8月3日　全县纪检监察工作会议召开，县委副书记、县纪委书记徐仕江在会上作讲话。

8月12日至18日　县监察局联合县财政局、县审计局对2004年以来实施的第二、三期移民工程和立项实施的农田水利建设资金的管理使用、人畜饮水工程及国债资金使用情况进行专项检查。

9月22日　湖南省花垣县、永顺县纪委监察局到松桃开展工作交流。

10月8日至30日　县纪委监察局对全县42家国有企业领导干部贯彻落实廉洁从业情况开展监督检查；对教育、卫生系统“禁操”工作落实情况开展监督检查。

11月1日　召开全县纪检监察系统领导干部会议，县纪委领导班子成员作述职述廉报告。

11月18日至20日　县第十一次党代会召开，县委副书记、县纪委书记徐仕江代表中共松桃苗族自治县纪委向大会作工作报告。在第十一届县委第一次全会上，徐仕江当选为县委副书记、县纪委书记。

11月30日　召开全县政风行风满意度测评会，对39个县直单位履行职责、依法行政、执法公正、政务公开、办事效率、服务态度和清正廉洁七个方面进行测评。

2007年

2月14日　地委副书记、地区纪委书记季森到松桃视察城镇建设工作。

6月13日　县纪委监察局印发《关于贯彻落实〈中共中央纪委关于严格禁止利用职务上的便利谋取不正当利益的若干规定〉》的通知。

7月26日　县委副书记、县纪委书记徐仕江出席纪念吴向必逝世10周年座谈会并讲话。

8月3日　县纪委监察局对长兴堡镇财政所原副所长杨某某涉嫌贪污公款违纪案件进行公开审理。这是松桃苗族自治县纪委监察局第一起对干部违纪案件的公开审理，省地纪委审理室的领导及铜仁市(现碧江区)、江口县纪委审理室的有关人员到现场观摩，县直单位纪检组、特邀监察员和委局机关干部30余人参加旁听。

8月　徐仕江不再担任县委副书记、县纪委书记，铜仁地区畜牧水产局机关党委书记张萍任县委常委、县纪委书记。

2008年

1月20日　全区勤政廉政先进事迹巡回报告会在松桃举行。

4月16日至17日　地委委员、地区纪委书记张美圣到盘信镇马台村、道塘水库调研农村基层党风廉政建设。

6月24日　地区监察局副局长严天朝率地委行署督查组到松桃督查“十件实事”工作进展情况。

6月下旬起　县人民政府纠风办开通政风行风热线，群众可以通过媒体直接和部门领导干部对话。

8月22日　全县纪检监察工作座谈会召开。

11月12日　全县警示教育大会召开。

同日　县纪委监察局举行“纪念改革开放暨党的纪律检查机关恢复重建30周年·清风颂文艺颁奖晚会”,对29名勤政廉政先进个人、20名“助廉保廉”贤内助、10户廉洁家庭和10名纪检监察系统先进工作者进行表彰。

2009年

2月27日　县委书记龙海,县委常委、县纪委书记张萍在行政中心大礼堂开展“县委书记大接访”活动。

4月17日　县纪委监察局印发《关于重申加强公务用车管理和严禁党政机关事业单位领导干部驾驶公车的通知》。

4月23日　全县党建工作会议召开,县委书记龙海代表县委与各乡镇党委及县直部门党委(组)签订党风廉政责任状。

2010年

4月19日　省委巡视组一组组长路长发到松桃开展经济社会发展和勤政廉政建设情况工作巡视。

7月31日　中央纪委一室纪检监察员康明德一行到松桃调研民族文化建设。

12月8日　省委常委、省纪委书记宋璇涛到松桃调研产业化建设、民族文化旅游等工作。

2011年

1月17日　县纪委监察局印发《关于2010年机关作风和效能建设集中测评结果的通报》。

4月20日　县纪检监察工作暨业务培训会召开。

5月12日　县人民政府系统廉政建设暨纠风工作会议召开。

8月19日　铜仁地委委员、地区纪委书记孟祥熙到松桃督查指导“三访”活动开展情况。孟祥熙对松桃“畅通和拓宽群众利益诉求、表达渠道开展‘三访’活动”的做法给予充分的肯定。

9月13日　全县纪检监察半年工作会召开,会议对1至8月全县纪检监察工作开展情况进行总结,安排部署以后几个月的工作,学习、传达、贯彻中央、省、地有关反腐倡廉的政策、会议精神。

10月21日　中央纪委信访室副主任王焕庚3人到松桃调研信访工作。

10月25日　中共松桃苗族自治县第十二次代表大会召开。26日,在第十二届第一次纪委全体会议上,张萍当选为县纪委书记,龙治和、彭江当选为县纪委副书记。

11月22日　全区反腐倡廉警示教育巡回报告会在松桃举行。地委副秘书长、报告团组长蔡光莲作警示教育报告,在家的县领导,以及各乡镇党委书记、乡镇长及乡镇纪委书记,县直各部门负责人、纪检组长及县纪委监察局全体干部职工和部分领导家属,近500人到现场聆听报告。

11月22日　2011年机关作风和效能建设集中测评大会在县行政中心大礼堂举行。被测评单位共115个,其中,党群系统24个,政府系统34个,垂管单位29个,乡镇28个。

2012年

2月20日　由县纪委、县委组织部、县委宣传部联合组成的宣讲团分赴全县28个乡镇开展为期5天的“农村基层干部廉洁履职”巡回宣讲。

4月20日　全县严肃换届纪律座谈会召开，市委党史研究室调研员邹廷生到会指导。

4月　张萍不再担任县纪委书记，市纪委常委、市纪委秘书长邹龙兴任中共松桃苗族自治县委常委、县纪委书记。

6月5日　县人民法院公开审理松桃一原领导干部涉嫌受贿一案。县纪委组织2011年以来新提拔的领导干部共60余人旁听案件审理过程，接受警示教育。

7月26日　100多名正科级领导干部配偶参加警示教育活动。

7月31日　省监察厅副厅长、正厅级纪检员杨小鲁为组长的省纪委调研组，到松桃调研县级纪检监察机关派驻机构统管工作。

8月9日　市纪委副书记、市监察局局长彭远斌到松桃电子监察中心调研。

8月11日　县纪委监察局派出纪工委(监察分局)成立暨授牌仪式会议召开。市政协副主席、县委书记冉晓东，市纪委副书记、市监察局局长彭远斌出席会议。

同日　全县纪检监察干部业务培训会召开。县纪委监察局各室干部，各乡镇纪委书记和专职纪委副书记，县直部门纪检组长、纪检员、监察室主任，各纪工委(监察分局)书记、副书记和局长、副局长以及办公室人员参加培训。

9月28日　全县保持党的纯洁性学习教育活动动员会召开，县纪委、县党建办、县教育局等部门相关负责人及县民族寄宿制中学100多名教职工参加会议。

12月12日　省财政厅党组成员、纪检组长冯跃军率检查组到松桃检查推进惩治和预防腐败体系建设工作。

12月18日　全县2012年机关作风和效能建设社会公认度测评大会召开。

12月31日　县纪委监察局组织学习贯彻全省经济工作会议精神，学习省委书记栗战书和省长赵克志的讲话，并展开了讨论。

2013年

1月18日　市委常委、市纪委书记郭智敏到松桃调研。

1月29日　全县纪检监察系统领导干部集中开展述职述廉述学活动。

3月9日　县十二届纪委二次全会召开，传达一届市纪委三次全会和全县纪检监察工作会议精神，总结和部署全县党风廉政建设和反腐败工作，对县纪委监察局领导班子进行测评。市政协副主席、县委书记冉晓东出席并作讲话，市纪委干部室有关负责人到会作指导。

3月26日　县纪委监察局召开“解放思想、转变作风、马上就办”主题教育活动动员大会。

4月12日　省纪委常委陈麟到松桃调研反腐倡廉工作。

5月21日　全县“学习党章、廉洁奉公”知识抢答赛举行。来自乡镇、党群、政府等系统的10支代表队参加决赛。

5月27日　县委组织收听收看全国全省纪检监察系统开展会员卡专项清退活动电视电话会议,会议主题是深入贯彻中央"八项规定"精神,在全国纪检监察系统开展会员卡专项清退活动,坚决纠正"奢靡、享乐"的不正之风,努力营造风清气正的良好环境。

6月3日　县纪委监察局印发《松桃苗族自治县国家公职人员违法用地违法建设行为责任追究办法(试行)》,对县内党政机关、人民团体、事业单位、国有企业干部职工及其他从事公职的人员参与违法用地、违法建设行为进行责任追究。

6月18日　举行全县纪检监察干部勤政廉政"十要十不"公开承诺活动。

6月15日　乌罗镇丰勇村召开村民代表大会,经过现场无记名提名投票和正式选举投票选举产生了该村首届村务监督委员会,这是全县首个由村民选举产生的村务监督委员会。

6月28日　县纪委监察局党支部与盘信镇机关党支部、盘信村党支部、大湾村党支部、团塘村党支部,在大湾村举行联谊活动,喜迎党的生日。

7月中旬　松桃网"纪委书记信箱"开通运行。"纪委书记信箱"收到的信件只能供县纪委书记一人阅读。县纪委书记将定时打开信箱,阅读检举和投诉内容反映的每一个问题,及时安排调查核实。

9月3日　县纪委监察局出台"八个严禁"规定,狠刹奢侈浪费等不正之风。

12月7日　县纪委监察局召开专题民主生活会,市委常委、市纪委书记郭智敏到会指导。

2014年

2月24日　县纪委监察局召开党的群众路线教育实践活动动员会。

3月28日　县纪委监察局开展党性教育系列活动,并举行题为《严明党的组织纪律,增强组织纪律性》专题讲座。

5月21日　县纪委监察局开展教育实践活动知识测试,委局机关各室的党员干部职工参加知识测试。

7月15日　县纪委发出《关于重申严禁党员干部操办"升学宴""谢师宴"的通知》,要求党员干部做到"六严禁":严禁为子女及亲属操办各种形式的"升学宴""谢师宴",严禁借子女升学之机收受礼金、礼品,严禁参加升学宴请及赠送礼金、礼品,严禁用公款支付应由自己承担的子女学习等费用,严禁用公车、公款租车或借用管理服务对象的车辆送子女及亲属上学和外出旅游,严禁教育系统的领导干部和授课教师参加各种名目的"谢师宴"。

同日　松桃遭受暴雨灾害,县纪委监察局组织纪检监察干部参与抗洪救灾并对抗洪救灾工作进行专项督查。

8月5日　全县党风廉政建设和反腐败工作推进会召开,对半年来的党风廉政建设和反腐败工作进行总结,部署下一步工作。

10月29日　县纪委监察局召开党的群众路线教育实践活动总结会。

11月19日　全县反腐败协调领导小组工作会议召开。

12月11日　县委落实党风廉政建设监督责任制情况汇报会召开,市委常委、市委宣传部部长、第八考核组组长刘婕,市人大常委会副主任、第八考核组副组长刘泽木到会指导。

2015年

2月13日　县十二届纪律检查委员会第四次全体会议召开。

4月14日　省纪委副书记、省监察厅厅长廖建宇到松桃调研党风廉政建设和民生监督工作，市纪委副书记、市监察局局长张智等参加调研。

5月12日　县纪委组织乡镇、县直部门党员领导干部100余人到县人民法院旁听职务犯罪审理过程，开展廉政警示教育。

6月19日　县纪委在木树乡召开民生监督典型案件警示教育会。

7月9日　全市民生监督工作2015年第二次现场推进会在松桃召开。市委常委、市纪委书记郭智敏，市纪委副书记、市监察局局长张智出席，全市各区县(高新区、开发区)纪委书记、分管领导、相关室负责人、各派出纪工委书记共150余人参加会议。

7月31日　县纪委监察局干部职工为松桃“7·15”洪灾受灾群众捐款1.5万元。

10月26日　县民生监督工作第四季度专项监察动员大会召开。

12月8日　由县委主办，县纪委和县委宣传部承办学习贯彻《中国共产党廉洁自律准则》《中国共产党纪律处分条例》知识竞答赛举行。全县27个乡镇及县直各部门共48支代表队近150人参赛。

12月29日　市委对松桃苗族自治县落实党风廉政建设工作进行考核。

12月31日　县纪委监察局召开“三严三实”专题民主生活会。

2016年

2月14日　县纪委组织开展领导干部及家属党风廉政和反腐败警示教育活动。

2月26日至27日　县十二届纪律检查委员会第五次全体会议召开，市政协副主席、县委书记冉晓东出席并作重要讲话，县委常委、县纪委书记吴廷友主持会议并代表县纪委常委会作工作报告。

4月14日　县人民政府廉政工作会召开，县委副书记、县长龙群跃出席并讲话。

6月28日　铜仁市党风廉政建设和反腐败斗争形势任务“一准则两条例”专题宣讲报告会在松桃举行。市委常委、市委宣传部部长刘婕作专题宣讲。

8月　县纪委开通“清风松桃·民生微吧”微信公众平台。

8月10日　全县巡察工作启动会召开。

9月2日至4日　松桃组建三个巡察组分别进驻被巡察单位，全县首轮巡察工作拉开序幕。

9月9日至11日　县纪委举办纪检监察干部业务能力提升培训班，全县170多名纪检监察干部参加培训。

9月　吴廷友任松桃苗族自治县委常委、县人民政府常务副县长，玉屏侗族自治县委常委、县纪委书记夏学文任松桃苗族自治县委常委、县纪委书记。

10月28日　第四季度民生监督工作推进会召开，启动“雨露计划”专项监察。

12月初　启动国家公职人员违规打麻将新一轮专项整治。

12月5日　县纪委监察局召开“三转”(转职能、转方式、转作风)约谈暨重点工作调度会议，并对9个“三转”不到位纪检组组长进行提醒谈话。

12月30日　县绩效目标暨落实党风廉政建设责任制考核工作会召开。

2017年

1月4日　县纪委召开2017年“访村寨、重监督、助攻坚”专项行动启动暨2017年第一季度民生监督专项监察部署会。

2月14日　省委常委、省纪委书记宋璇涛到寨英镇调研民生监督工作。

2月18日　县第十三届纪律检查委员会第二次全体会议召开。市政协副主席、县委书记冉晓东出席并讲话,县委常委、县纪委书记夏学文主持会议并代表县纪委常委会作工作报告。

4月15日　正式启动农户科学储粮专项投资计划专项监察。

5月11日至12日　县纪委召开构建“亲”“清”新型政商关系座谈会。

5月11日至13日　省纪委常委、秘书长梁伟一行到松桃调研脱贫攻坚工作。

5月19日　铜仁市纪委副书记、市监察局局长张智到松桃开展“一准则两条例”宣讲。

5月25日　县纪委召开落实党风廉政建设监督责任集中约谈会。

7月13日　全县纪检监察系统“当好党内政治生态‘护林员’以新面貌新气象迎接党的十九大”主题教育动员会召开。

8月10日　县纪委监察局组织党员干部到印江土家族苗族自治县木黄镇开展党性体检活动。

9月21日　县委2017年第三轮巡察工作动员部署暨业务培训会议召开。

12月12日　县纪委派出考察组赴杭州市拱墅区考察学习监察体制改革试点工作经验。

12月17日　市政协副主席、县委书记、县深化国家监察体制改革试点工作小组组长冉晓东主持召开县深化国家监察体制改革试点工作小组会议。

12月25日　召开深化国家监察体制改革试点工作人员转隶大会。

12月　县纪委监察局先后分3批共派出140名纪检监察干部分别到浙江大学、厦门大学、清华大学参加能力提升学习培训。

2018年

1月9日　县第十六届人民代表大会第二次会议选举胡定钦为松桃苗族自治县第一届监察委员会主任。

1月10日　全省首个县级监察委员会松桃苗族自治县监察委员会挂牌成立。县委书记冉晓东,县委常委、县纪委书记、县监委主任胡定钦揭牌。

1月17日　市委常委、市纪委书记蒋兴勇到松桃部分乡镇(街道)暗访督导干部作风情况。

1月18日　省纪委常委、省委巡视办主任梁伟到松桃调研深化国家监察体制改革试点工作和巡察工作。

1月30日　全县2017年度绩效目标暨落实党风廉政建设责任制考核安排部署会召开。

2月9日　县第十三届纪律检查委员会第三次全体会议召开。市政协副主席、县委书记冉晓东出席并讲话,县委常委、县纪委书记、县监委主任胡定钦代表县纪委常委会作工作报告。

2月10日　县纪委监委组织开展“打铁还需自身硬”专题教育活动。

3月28日　县监委经报铜仁市监委同意、省监委审查批准后，对县财政局原党组成员、铜仁市武陵山投资（集团）经营有限公司原董事长杨荣幸采取留置措施，这是松桃苗族自治县监委成立后使用留置措施的第一案，也是铜仁市首个监察留置案。

5月4日　县第十六届人民政府第二次廉政工作会议召开。

5月11日　召开全县扶贫领域整治“蝇贪”三年行动暨形式主义官僚主义突出问题推进会。

5月15日　中国社科院中国廉政研究中心秘书长蒋来用一行到松桃调研党风廉政建设工作。

6月14日　市政协副主席、县委书记冉晓东走进市广播电视台直播间，做客由市纪委和市交通旅游广播联合播出的《廉政大家谈》节目。

6月27日　县纪委监委组织40名纪检监察党员干部到遵义苟坝会议会址开展党性教育。

7月16日　松桃举行扶贫领域警示教育活动。县纪委分两场对县直民生部门、窗口单位500余人进行《中华人民共和国监察法》宣讲。

8月17日　松桃召开党风廉政警示教育大会。

9月5日　市委第二巡察组到松桃开展巡察工作。

9月16日　县深化国家监察体制改革试点工作评估汇报会召开。省委评估小组组长、省委巡视办一处副调研员陈双一，市纪委副书记、市监委副主任陆鸿登出席会议。

11月至12月　县纪委监委先后分3批共派出154名纪检监察干部到中国政法大学参加“纪检监察干部能力素质提升培训班”学习培训。

12月28日　县纪委监委召开全县纪检监察系统庆祝改革开放40周年暨述德述责述廉工作会。

2019年

1月12日　县纪检监察系统召开2018年度述责述廉工作会。

1月26日　县纪委监委举办“庆祝新中国成立70周年·决战脱贫攻坚·彰显忠诚本色”廉政文艺会演。全县纪检监察干部及家属近300人观看会演。

1月31日　县委巡察领导小组办公室挂牌成立。

2月28日　县第十三届纪律检查委员会第四次全体会议召开。县委书记李俊宏出席并讲话。

3月27日　县纪委监委60余名党员干部到周逸群烈士陈列馆开展党史教育。

4月23日　县纪委监委会同政法部门召开深挖彻查涉黑涉恶案件专题研判会。

4月27日　市委常委、市纪委书记、市监委主任蒋兴勇到松桃督导扫黑除恶专项斗争及脱贫攻坚工作。

5月18日　县第十六届人民政府第三次廉政工作会议召开。县委副书记、县人民政府县长龙群跃出席会议并讲话。

6月26日　县纪委监委举办以“讲忠诚、勇担当、显本色，庆祝新中国成立70周年”为主题的演讲比赛。

7月7日　为迎接中华人民共和国成立70周年，县纪委监委组织全县纪检监察干部拍摄《我和我的祖国》快闪。

7月11日　省纪委常务副书记、省监委副主任黄文胜，省纪委常委、省监委委员斯洪东到松桃调研产业发展等工作。

7月31日　县监察委员会派出乡镇(街道)监察办公室集中授牌仪式在县档案局举行,对蓼皋街道、大坪场镇等4个乡镇(街道)进行集中授牌,标志着县监委实现监察职能向乡镇(街道)派出全覆盖。

同日,县纪委监委召开表彰先进事迹报告会,10名纪检监察干部获得“新时代最美纪检监察干部”表彰,5名纪检监察干部家庭获得“新时代,廉洁和谐家庭”表彰。

9月17日　全县2019年党风廉政警示教育大会召开。县委书记李俊宏出席会议并讲话;县委常委、县纪委书记、县监委主任胡定钦通报2018年以来审查调查情况及部分违纪违法典型案例,组织观看警示教育专题片。

10月14日　省委“不忘初心、牢记使命”主题教育第六巡回指导组组长山林、副组长邓航一行到县纪委县监委调研指导主题教育工作。

10月23日　县委常委、县纪委书记、县监委主任胡定钦为全县纪检监察干部上题为“牢记初心、勇担使命、忠诚履职”的主题教育专题党课。

12月27日　县纪委监委70余名干部参加省纪委省监委组织的应知应会全员培训松桃考点专项考核测试。

2020年

1月1日　为遏制“节日腐败”,县纪委监委成立专项督查组,对元旦节期间“四风”问题开展明察暗访。

1月16日　全县纪检监察系统召开述德述责述廉会议。

1月19日　县纪委监委召开农民专业合作社(公司)扶贫民生项目专项监察启动会。同日,县纪委监委召开“不忘初心、牢记使命”主题教育总结暨2019年纪检监察工作总结会。

1月28日　县纪委监委开展疫情防控专项督查。

2月4日　市委常委、市纪委书记、市监委主任蒋兴勇到松桃督导检查新型冠状病毒疫情防控工作。

2月28日　县纪委监委机关举行疫情防控捐款活动。

3月20日　全县营商环境专项巡察工作动员会召开。

4月20日　县第十三届纪律检查委员会第五次全体会议暨全县党风廉政警示教育大会召开。县委书记李俊宏出席并讲话,胡定钦主持会议并代表县纪委常委会作工作报告。

5月11日　县纪委监委召开派驻机构改革工作座谈会。

5月15日　县纪委监委在县林业局召开2019年涉林扶贫民生项目专项监察反馈会。

6月1日　2020年上半年党风廉政建设“两个责任”集体约谈会召开。

6月2日　杨荣先进事迹巡回宣讲报告会在松桃行政中心大礼堂举行,市纪委常委于红到会指导。

6月20日　县纪委监委工会联合县水务局、县人民法院、县人民医院、县中医院工会举办以“激情六月,魅力青春”为主题的联谊活动,130余名干部参加活动。

6月29日　市委常委、市纪委书记钟汰甬到松桃督导县纪检监察工作。

7月7日　县纪委监委召开“爱岗敬业我先行、积极作为勇担当”专项行动动员会。

7月9日　县纪委监委派出20名纪检监察干部赴甘龙镇山体滑坡抢险救灾现场开展重大风险防控监督监察及结对帮扶工作。

8月27日　全县党内政治生态分析研判和政治监督活页建设工作会召开。

8月28日至30日　县纪委监委举办全县纪检监察系统干部业务能力提升培训班，参训人员207人。

9月3日　全县脱贫攻坚专项巡察动员会议召开。

9月9日　县纪委监委召开《铜仁纪检监察志(1950—2021)》《松桃纪检监察志(1950—2020)》编纂工作会。

9月18日　铜仁市委常委、市纪委书记、提名市监委主任钟汰甬到松桃调研。

10月13日　县委办公室印发《关于深化中共松桃苗族自治县纪委松桃苗族自治县监委派驻机构改革的实施意见》的通知，对县直部门、县管国有企业和县属学校纪检监察机构进行调整，在县委党校、县人民医院、县民族中医院、铜仁市武陵山投资经营(集团)有限公司、松桃天龙投资开发(集团)有限公司、松桃扶贫开发投资(集团)有限公司、贵州省松桃民族中学、松桃第三高级中学、松桃中等职业学校设立纪委。

10月29日　县纪委监委召开"防风险、守底线"专题会议。

10月30日　县纪委监委召开深化派驻机构改革工作推进会。

12月4日至5日　县纪委监委举办领导干部读书班。

12月11日　县纪委监委组织近100名干部到铜仁市党风廉政教育基地，开展警示教育活动。

第一章　组织机构

中共松桃苗族自治县纪律检查委员会,是中国共产党的地方纪律检查机关,其主要任务是维护中国共产党的章程和其他党内法规,检查党的路线、方针、政策和决议的执行情况,协助党的委员会加强党风廉政建设和组织协调反腐败工作。领导班子成员由县纪委书记、副书记、常委组成。

行政监察制度是国家制度的重要组成部分。根据国家行政机关机构设置的要求,县人民政府相继建立行使行政监察职能的专门机构。

从中国共产党建立到中华人民共和国成立至今,全国纪检监察机关经历一个建立、探索、发展、撤销、恢复、升格、改革的过程。松桃(苗族自治)县纪检监察机关建立后,在上级纪检监察机关及县委、县人民政府的领导下,伴随着中国社会主义的历史进程,与时俱进、创新发展,为松桃经济发展和社会进步提供了重要保障,谱写了全面从严治党、党风廉政建设和反腐败斗争松桃篇章。

第一节　县级纪律检查机构

一、合署办公前纪律检查机构

1950年1月5日,接管松桃的铜仁军分区专员公署军政工作团110人左右在魏焕斗率领下抵达松桃,着手进行松桃的人民政权建立工作。2月3日,滕久光、田家乐率松桃县大队200余人在跟随人民解放军参加解放印江、思南、德江、凤冈后,奉命由凤冈返回到松桃,以加强巩固人民政权的武装力量。2月21日,中国人民解放军第46师137团在成都战役结束后从四川回师进驻松桃,建立人民民主政权机关的保障条件已经具备。是年3月1日,县人民政府正式成立;经中共铜仁地委报请中共贵州省委批准,中共松桃县委正式成立。

中共松桃县委成立后,为加强党员干部的教育管理,更好地保证实现上级党委的具体指示和完成五大任务工作,根据中共贵州省委《关于转发西南局〈关于执行中共中央成立地方各级党的纪律检查委员会的决定〉》和地委的指示,于1951年3月11日成立中共松桃县委纪律检查委员会(简称县委纪委)。纪律检查委员会由县委书记魏焕斗、县长滕久光、县公安局局长任万禄、县民政科科长田家乐、县财粮科科长贾乐善5人组成,县委纪委书记由县委书记魏焕斗兼任。

1951年4月,县委纪委增补县委组织部部长姚洪显为副书记,任命周良生为县委纪律检查委员会秘书。6月,增补社会部部长杨慕参为委员。7月,魏焕斗不再兼任县委纪委书记,由县委第二书记张梓兼任县委纪委书记。

1953年1月21日,中共铜仁地委对中共松桃县委纪律检查委员会委员进行调整,批准王振亭、田家乐、周良生、张德聪、赵瑞昌、李子荣为中共松桃县委纪律检查委员会委员，王振亭任县委纪委书记。

1955年1月31日，中共铜仁地委对中共松桃县委纪律检查委员会再次调整，县委纪律检查委员会由张登贵、赵玉明、陈光学、张德聪、张则荣5人组成，张登贵任县委纪律检查委员会书记。

中国共产党松桃县委纪律检查委员会

（1951年3月至1955年10月）

书　记	魏焕斗	1951年3月至1951年7月(兼)
	张　梓	1951年7月至1952年5月(兼)
	王振亭	1953年1月至1955年1月(兼)
	张登贵	1955年1月至1955年10月(兼)
副书记	姚洪显	1951年4月至1952年1月(兼)
委　员	滕久光	1951年3月至1952年1月(兼)
	任万禄	1951年3月至1953年1月(兼)
	田家乐(苗族)	1951年3月至1955年1月(兼)
	贾乐善	1951年3月至1953年1月(兼)
	杨慕参	1951年6月至1953年1月(兼)
	周良生	1953年1月至1955年1月
	张德聪	1953年1月至1955年10月
	赵瑞昌	1953年1月至1955年1月
	李子荣	1953年1月至1955年1月
	赵玉明	1955年1月至1955年10月
	陈光学	1955年1月至1955年10月
	张则荣	1955年1月至1955年10月
秘　书	周良生	1951年4月至1953年1月

由于职权限制的原因，原纪律检查委员会只是同级党委管理的一个部门，存在不能检查处理同级党委委员，对下级纪委工作也不能直接过问等问题，中共中央于1955年3月31日作出《关于成立党的中央和地方监察委员会的决议》。1955年10月11日至16日，中共松桃县第二届第四次党员代表会议召开。会议根据中共七届五中全会批准通过《关于成立党的中央和地方监察委员会的决议》精神，选举产生中共松桃县监察委员会组成人员，选举裴连弟、马庆恩、孙宝昆、杨升振、杨昌建、冯恩栋、龙胜学为委员。1956年1月31日，中共松桃县委纪律检查委员会撤销，县监察委员会正式成立，改称为中国共产党松桃县监察委员会，裴连弟、马庆恩、孙宝昆、杨升振、杨昌建、冯恩栋、龙胜学任委员，裴连弟任中共松桃县监察委员会书记，马庆恩任县监察委员会副书记。

中国共产党松桃县监察委员会

(1955年10月至1956年5月)

书　记	裴连弟	1955年10月至1956年5月
副书记	马庆恩	1955年10月至1956年5月
委　员	裴连弟	1955年10月至1956年5月
	马庆恩	1955年10月至1956年5月
	孙宝昆	1955年10月至1956年5月
	杨升振	1955年10月至1956年5月
	杨昌建	1955年10月至1956年5月
	冯恩栋	1955年10月至1956年5月
	龙胜学(苗族)	1955年10月至1956年5月

1956年5月12日至18日,中国共产党松桃县委员会第一次代表大会召开。大会听取和审议马庆恩所作的县监察委员会工作报告;选举徐立、马庆恩、田儒恒、黄代盛、冯恩栋、孙宝昆、杨昌发、杨昌建、龙老香9人为县监察委员会委员。在县监察委员会召开第一次全委会议上,选举徐立为监察委员会书记,马庆恩为县监察委员会副书记。

中国共产党松桃县监察委员会

(1956年5月至1956年10月)

书　记	徐　立	1956年5月至1956年10月
副书记	马庆恩	1956年5月至1956年10月
委　员	徐　立	1956年5月至1956年10月
	马庆恩	1956年5月至1956年10月
	冯恩栋	1956年5月至1956年10月
	杨昌建	1956年5月至1956年10月
	田儒恒	1956年5月至1956年10月
	黄代盛	1956年5月至1956年10月
	孙宝昆	1956年5月至1956年10月
	杨昌发	1956年5月至1956年10月
	龙老香(女,苗族)	1956年5月至1956年10月

1956年10月15日,县委对县监委进行调整,徐立任书记,马庆恩、孙荣清任副书记,孙宝昆、冯恩栋、杨昌建、黄代盛、李鸣益、龙老香为委员。

1957年1月,根据1956年9月11日国务院第三十七次会议"撤销松桃县,设立松桃苗族自治县"的决定,中国共产党松桃县监察委员会改称为中国共产党松桃苗族自治县监察委员会。

1958年9月,增补赵瑞昌为县监委副书记。

中国共产党松桃(苗族自治)县监察委员会

(1956年10月至1958年12月)

书　记	徐　立	1956年10月至1958年12月
副书记	马庆恩	1956年10月至1958年12月
	孙荣清	1956年10月至1958年3月
	赵瑞昌	1958年9月至1958年12月
委　员	徐　立	1956年10月至1958年12月
	马庆恩	1956年10月至1958年12月
	孙荣清	1956年10月至1958年3月
	冯恩栋	1956年10月至1958年12月
	杨昌建	1956年10月至1958年12月
	黄代盛	1956年10月至1958年12月
	孙宝昆	1956年10月至1958年12月
	龙老香(女,苗族)	1956年10月至1958年12月
	李鸣益	1956年10月至1958年5月
	赵瑞昌	1958年9月至1958年12月

1958年11月30日至12月5日,中共松桃苗族自治县委第二届代表大会第一次会议召开。第二届县委第一次全体会议,选举徐立为县监委书记,赵瑞昌为县监委副书记。

1959年4月,根据贵州省1959年3月26日至4月1日召开的第五次全省党的监察工作会议规定,中共松桃苗族自治县监察委员会改称为中共松桃苗族自治县委监察委员会。干部增配为4人。

1962年12月,吴向必任县委监委书记。

1964年6月16日,中共贵州省委批准赵瑞昌任县委监委书记。

1965年6月,增补王敬礼为县委监委副书记。

1966年5月,赵瑞昌继任中共松桃苗族自治县委监委书记;王敬礼继任县委监委副书记。1966年6月,为加强党的监察工作,县委决定增补李选炳为县委监委专职委员;增补陈朝富、郑养学、白庆文为县委监委兼职委员。

1967年5月17日,县委和县人民委员会被"群众组织"夺权后,县委、县人民委员会工作机构被松桃苗族自治县革命委员会设立的办事机构所替代,县委监委的工作随之被迫停止。

中国共产党松桃苗族自治县(委)监察委员会

(1958年12月至1967年5月)

书　记	徐　立	1958年12月至1962年12月
	吴向必(苗族)	1962年12月至1964年6月
	赵瑞昌	1964年6月至1967年5月
副书记	赵瑞昌	1958年12月至1964年6月
	王敬礼	1965年6月至1967年5月
委　员	徐　立	1958年12月至1962年12月
	赵瑞昌	1958年12月至1967年5月
	吴向必(苗族)	1962年12月至1964年6月
	王敬礼	1965年6月至1967年5月
	李选炳	1966年6月至1967年5月(专职)
	陈朝富	1966年6月至1967年5月(兼职)
	白庆文	1966年6月至1967年5月(兼职)
	郑养学	1966年6月至1967年5月(兼职)

"文化大革命"结束后,全国进入社会主义现代化建设新时期,尤其是中共十一届三中全会召开后,全党进行拨乱反正。为严格党的纪律,加强对党员的教育管理,中共中央决定恢复党的各级纪律检查机构。

1979年2月10日,中共铜仁地委批准成立中共松桃苗族自治县委纪律检查委员会,并任命魏隆乾为县委纪委代理副书记,主持全面工作。

1980年6月,中共铜仁地委任命石成清为县委纪委代理书记。同年9月5日,中共铜仁地委决定中共松桃苗族自治县委纪律检查委员会由石成清、魏隆乾、何胜清、赵金荣、郭天顺、唐俊臣、李选炳、梁恩仁、黄相兰9人组成委员;石成清任书记,魏隆乾任副书记。

中国共产党松桃苗族自治县委纪律检查委员会

(1979年3月至1982年3月)

代理副书记	魏隆乾	1979年3月至1980年6月(主持工作)
代理书记	石成清(苗族)	1980年6月至1980年9月
书　记	石成清(苗族)	1980年9月至1982年3月
副书记	魏隆乾	1980年6月至1982年3月
委　员	石成清(苗族)	1980年9月至1982年3月
	魏隆乾	1980年9月至1982年3月
	何胜清(苗族)	1980年9月至1982年3月

赵金荣	1980年9月至1982年3月
郭天顺	1980年9月至1982年3月
唐俊臣	1980年9月至1982年3月
李选炳	1980年9月至1982年3月
梁恩仁(侗族)	1980年9月至1982年3月
黄相兰(女)	1980年9月至1982年3月

1982年3月28日至31日,中共松桃苗族自治县第四次代表大会召开。大会选举石成清、魏隆乾、刘兴和、郭天顺、唐俊臣、梁恩仁、黄相兰为新的县委纪委委员。第一次全体会议选举石成清为中共松桃苗族自治县委纪律检查委员会书记,魏隆乾当选为县委纪委副书记。

1984年2月,进行机构改革,县委纪委领导班子作了大的调整,县委任命龙国春为县委纪委副书记,主持县委纪律检查委员会全面工作。

中国共产党松桃苗族自治县第四届县委纪律检查委员会

(1982年3月至1984年9月)

书　记	石成清(苗族)	1982年3月至1984年2月
副书记	魏隆乾	1982年3月至1984年2月
	龙国春(苗族)	1984年2月至1984年9月(主持工作)
委　员	石成清(苗族)	1982年3月至1984年2月
	魏隆乾	1982年3月至1984年2月
	刘兴和	1982年3月至1984年9月
	郭天顺	1982年3月至1984年9月
	唐俊臣(苗族)	1982年3月至1984年9月
	梁恩仁(侗族)	1982年3月至1984年9月
	黄相兰(女)	1982年3月至1984年9月
	龙国春(苗族)	1984年2月至1984年9月

1984年9月,根据中共十二大通过的新党章及上级有关指示,中共松桃苗族自治县委纪律检查委员会升格为中共松桃苗族自治县纪律检查委员会(简称“县纪委”,下同)。是年9月21日,中共松桃苗族自治县第五次代表大会召开,大会选举龙国春、祝经元、刘大元、吴见闻、梁恩仁、田茂昌、刘世发、张君荣、姚本仁、黄训书、黄相兰、雷远超12人为新的县纪委委员。在第五届县纪委第一次全体会议上,选举龙国春、祝经元、刘大元、吴见闻、梁恩仁5人为县纪委常委;龙国春当选为县纪委书记,祝经元当选为县纪委副书记。1985年4月,增补张崇秀为委员、常委。

中国共产党松桃苗族自治县第五届纪律检查委员会

（1984年9月至1987年9月）

书　记	龙国春（苗族）	1984年9月至1987年9月
副书记	祝经元（苗族）	1984年9月至1987年9月
常　委	龙国春（苗族）	1984年9月至1987年9月
	祝经元（苗族）	1984年9月至1987年9月
	刘大元	1984年9月至1987年9月
	吴见闻（苗族）	1984年9月至1987年9月
	梁恩仁（侗族）	1984年9月至1985年4月
	张崇秀	1985年5月至1986年9月
委　员	龙国春（苗族）	1984年9月至1987年9月
	祝经元（苗族）	1984年9月至1987年9月
	刘大元	1984年9月至1987年9月
	吴见闻（苗族）	1984年9月至1987年9月
	梁恩仁（苗族）	1984年9月至1985年4月
	田茂昌（苗族）	1984年9月至1987年9月
	刘世发	1984年9月至1987年9月
	张君荣（土家族）	1984年9月至1987年9月
	姚本仁（侗族）	1984年9月至1987年9月
	黄训书	1984年9月至1987年9月
	黄相兰（女）	1984年9月至1987年9月
	雷远超（苗族）	1984年9月至1985年10月

1987年9月25日，中共松桃苗族自治县第六次代表大会选举龙中文、龙国春、龙树林、田耕良、刘大元、吴见闻、杨昌才、杨通全、张君荣、祝经元、姚本仁、黄训书、谢子郁、谢子修14人为新的县纪委委员。在第六届县纪委第一次全体会议上，选举龙国春、祝经元、杨昌才、刘大元、吴见闻、龙树林、杨通全7人为县纪委常委；龙国春当选为县纪委书记，祝经元、杨昌才当选为县纪委副书记。

中国共产党松桃苗族自治县第六届纪律检查委员会

（1987年9月至1990年6月）

书　记	龙国春（苗族）	1987年9月至1990年6月
副书记	祝经元（苗族）	1987年9月至1990年6月
	杨昌才（苗族）	1987年9月至1990年6月

常　委	龙国春(苗族)	1987年9月至1990年6月
	祝经元(苗族)	1987年9月至1990年6月
	杨昌才(苗族)	1987年9月至1990年6月
	刘大元	1987年9月至1990年6月
	吴见闻(苗族)	1987年9月至1990年6月
	龙树林(苗族)	1987年9月至1990年6月
	杨通全(土家族)	1987年9月至1990年6月
委　员	龙国春(苗族)	1987年9月至1990年6月
	祝经元(苗族)	1987年9月至1990年6月
	杨昌才(苗族)	1987年9月至1990年6月
	刘大元	1987年9月至1990年6月
	吴见闻(苗族)	1987年9月至1990年6月
	龙树林(苗族)	1987年9月至1990年6月
	杨通全(土家族)	1987年9月至1990年6月
	龙中文(苗族)	1987年9月至1990年6月
	张君荣(土家族)	1987年9月至1990年6月
	姚本仁(侗族)	1987年9月至1990年6月
	黄训书	1987年9月至1990年6月
	谢子郁	1987年9月至1990年6月
	谢子修	1987年9月至1990年6月
	田耕良(苗族)	1987年9月至1990年6月

1990年6月13日,中共松桃苗族自治县第七次代表大会选举龙中文、龙树林、石玉珍、田耕良、刘大元、孙荣清、李应进、杨昌才、杨通全、吴见闻、陈生钊、张君荣、张崇秀、祝经元、唐发富15人为县纪委委员。在第七届县纪委第一次全体会议上,选举杨昌才、祝经元、吴见闻、刘大元、杨通全、张崇秀、龙树林为第七届县纪委常务委员,祝经元、杨昌才当选为中共松桃苗族自治县第七届纪律检查委员会副书记,本届书记暂缺。是年7月,中共铜仁地委任命熊远光为县纪委书记。

1992年3月,因工作需要,上级选派熊远光赴西藏工作,县纪委工作由副书记杨昌才主持。6月,县委任命谭俊为县纪委副书记。8月12日,经铜仁地委会议研究决定,免去熊远光县委常委、县纪委书记职务。

中国共产党松桃苗族自治县第七届纪律检查委员会

(1990年6月至1993年2月)

书　记	熊远光	1990年7月至1992年8月
副书记主持工作	杨昌才(苗族)	1992年3月至1993年2月
副书记	杨昌才(苗族)	1990年6月至1992年3月

	祝经元(苗族)	1990年6月至1993年2月
	谭　俊	1992年6月至1993年2月
常　委	熊远光	1990年7月至1992年8月
	杨昌才(苗族)	1990年6月至1993年2月
	祝经元(苗族)	1990年6月至1993年2月
	吴见闻(苗族)	1990年6月至1993年2月
	刘大元	1990年6月至1993年2月
	杨通全(土家族)	1990年6月至1993年2月
	张崇秀	1990年6月至1993年2月
	龙树林(苗族)	1990年6月至1993年2月
	谭　俊	1992年6月至1993年2月
委　员	熊远光	1990年7月至1992年8月
	杨昌才(苗族)	1990年6月至1993年2月
	祝经元(苗族)	1990年6月至1993年2月
	吴见闻(苗族)	1990年6月至1993年2月
	刘大元	1990年6月至1993年2月
	杨通全(土家族)	1990年6月至1993年2月
	张崇秀	1990年6月至1993年2月
	龙树林(苗族)	1990年6月至1993年2月
	龙中文(苗族)	1990年6月至1993年2月
	石玉珍(女,苗族)	1990年6月至1993年2月
	张君荣	1990年6月至1993年2月
	田耕良(苗族)	1990年6月至1993年2月
	陈生钊	1990年6月至1993年2月
	唐发富(苗族)	1990年6月至1993年2月
	孙荣清	1990年6月至1993年2月
	李应进(苗族)	1990年6月至1993年2月
	谭　俊	1992年6月至1993年2月

二、合署办公后纪律检查机构

1992年年底,中共中央、国务院鉴于党的纪检机关与行政监察机关分设而存在的“职能交叉、工作重复”等问题,决定改进和加强党政监督体制与机制,将党的纪律检查机关和国家行政监察机关合署办公,实行“一个领导班子,一套工作机构,保留两个机关名称,履行党的纪律检查和行政监察两项职能”的体制。

1993年2月20日至22日,中共松桃苗族自治县第八次代表大会召开。大会审议并通过了县纪委工作报告,选举石玉珍、石登洲、龙中文、龙建平、龙树林、田茂昌、刘大元、李朝安、杨通全、张智、祝经元、秦贵和、黄永新、黄前明、谢子修15人为中共松桃苗族自治县纪律检查委员会委员。在县纪委第八届第一次全体会议上,选举李朝安、刘大元、张智、祝经元、黄前明、石登洲、杨通全7人为县纪委常委,李朝安当选为书记,刘大元当选为副书记。

1993年4月，县委、县人民政府根据中央、省委和地委行署的有关精神，本着精减高效原则，批转《县纪委、县监察局合署办公机构设置方案和有关问题的请示》，同意县纪委与县监察局合署办公。合署办公后的县纪委、县监察局，在中共松桃苗族自治县委和中共铜仁地区纪委的领导下，按照党章规定抓好全县党的纪律检查工作，担负起全县行政监察工作职责，完成党的纪律检查和行政监察两重任务，对县委和地区(市)纪委全面负责。为加强领导，县委分别于是年的4月、5月，先后任命吴见闻、龙沛云为县纪委副书记。

1996年11月，张智任县纪委副书记。1997年6月，李朝安调任中共沿河土家族自治县委副书记；11月，中共铜仁地委任命龙炳成担任县纪委书记。

中国共产党松桃苗族自治县第八届纪律检查委员会

（1993年2月至1998年2月）

书　记	李朝安（苗族）	1993年2月至1997年6月
	龙炳成（苗族）	1997年11月至1998年2月
副书记	刘大元（苗族）	1993年2月至1996年11月
	吴见闻（苗族）	1993年4月至1998年2月
	龙沛云（苗族）	1993年5月至1997年12月
	张　智（苗族）	1996年11月至1998年2月
常　委	李朝安（苗族）	1993年2月至1997年6月
	刘大元（苗族）	1993年2月至1996年11月
	张　智（苗族）	1993年2月至1998年2月
	祝经元（苗族）	1993年2月至1996年3月
	黄前明	1993年2月至1998年2月
	石登洲（苗族）	1993年2月至1998年2月
	杨通全（土家族）	1993年2月至1998年2月
	吴见闻（苗族）	1993年4月至1998年2月
	龙沛云（苗族）	1993年5月至1997年12月
	彭永祥（土家族）	1996年5月至1998年2月
	龙炳成（苗族）	1997年11月至1998年2月
委　员	李朝安（苗族）	1993年2月至1997年6月
	刘大元（苗族）	1993年2月至1996年11月
	张　智（苗族）	1993年2月至1998年2月
	祝经元（苗族）	1993年2月至1996年3月
	黄前明	1993年2月至1998年2月
	石登洲（苗族）	1993年2月至1998年2月
	杨通全（土家族）	1993年2月至1998年2月
	石玉珍（女、苗族）	1993年2月至1998年2月

秦贵和（苗族）	1993年2月至1998年2月
田茂昌（苗族）	1993年2月至1998年2月
龙树林（苗族）	1993年2月至1998年2月
黄永新	1993年2月至1998年2月
龙中文（苗族）	1993年2月至1998年2月
龙建平（苗族）	1993年2月至1998年2月
谢子修	1993年2月至1998年2月
吴见闻（苗族）	1993年4月至1998年2月
龙沛云（苗族）	1993年5月至1997年12月
彭永祥（土家族）	1996年5月至1998年2月
龙炳成（苗族）	1997年11月至1998年2月

1998年2月26日至28日，中共松桃苗族自治县第九次代表大会召开。大会选举龙炳成、张智、龙中文、黄前明、袁钢、石宗生、石维江、彭永祥、谢子哨、吴老望、李耀祖、舒福珍、王天志、刘世发、杨再江15人为县纪委委员。在县纪委第九届第一次全体会议上，选举龙炳成、张智、龙中文、黄前明、袁钢、石宗生、石维江7人为县纪委常委；龙炳成当选为书记，张智、龙中文、黄前明3人当选为副书记。5月，副书记张智任县监察局局长；副书记黄前明调任县经贸局局长。与上届相比，该届县纪委委员增加公、检、法、审计、直属机关党委和1个乡(镇)代表。

1999年3月，张智调任中共石阡县委常委、纪委书记。2002年6月，龙炳成任县委统战部部长后，地区纪委纪检监察一室主任徐仕江任中共松桃苗族自治县委常委、县纪委书记。

中国共产党松桃苗族自治县第九届纪律检查委员会

（1998年2月至2003年1月）

书　记	龙炳成(苗族)	1998年2月至2002年6月
	徐仕江(土家族)	2002年6月至2003年1月
副书记	张　智(苗族)	1998年2月至1999年3月
	龙中文(苗族)	1998年2月至2003年1月
	黄前明	1998年2月至1998年5月
常　委	龙炳成(苗族)	1998年2月至2002年6月
	张　智(苗族)	1998年2月至1999年3月
	龙中文(苗族)	1998年2月至2003年1月
	黄前明	1998年2月至1998年5月
	袁　钢	1998年2月至2003年1月
	石宗生(苗族)	1998年2月至2003年1月
	石维江(苗族)	1998年2月至1999年7月
	陈文斌	1999年7月至2003年1月

	徐仕江(土家族)	2000年6月至2003年1月
委　员	龙炳成(苗族)	1998年2月至2002年6月
	张　智(苗族)	1998年2月至1999年3月
	龙中文(苗族)	1998年2月至2003年1月
	黄前明	1998年2月至1998年5月
	袁　钢	1998年2月至2003年1月
	石宗生(苗族)	1998年2月至2003年1月
	石维江(苗族)	1998年2月至1999年7月
	彭永祥(土家族)	1998年2月至2002年1月
	谢子哨	1998年2月至2003年1月
	吴老望(苗族)	1998年2月至2003年1月
	李耀祖	1998年2月至2003年1月
	舒福珍(女)	1998年2月至2003年1月
	王天志	1998年2月至2003年1月
	刘世发	1998年2月至2003年1月
	杨再江(土家族)	1998年2月至2003年1月
	陈文斌	1999年7月至2003年1月
	徐仕江(土家族)	2000年6月至2003年1月

2003年1月5日,中共松桃苗族自治县第十次代表大会召开。大会选举石文兴、石宗生、石树林、石登林、龙中文、龙绍刚、龙治和、龙恒康、龙桂芝、吴志华、原松平、徐仕江、唐海燕、梁启汉、彭江15人为中共松桃苗族自治县纪律检查委员会委员。在县纪委第十届第一次全委会议上,选举徐仕江、龙中文、石宗生、唐海燕、龙治和、彭江、龙绍刚7人为县纪委常委;徐仕江当选为县纪委书记,龙中文、石宗生当选为县纪委副书记。是年7月,县委任命杨锋为县纪委副书记。

2005年5月,龙中文调任铜仁地区松桃道塘水库工程管理局党组成员、副县级专职纪检员;杨锋调任县国土资源局局长。11月,大路乡党委书记张世勇调任县纪委副书记。12月,石宗生调任中共松桃苗族自治县科学技术局党组书记;龙治和、彭江任县纪委副书记。

中国共产党松桃苗族自治县第十届纪律检查委员会

(2003年1月至2006年11月)

书　记	徐仕江(土家族)	2003年1月至2006年11月
副书记	龙中文(苗族)	2003年1月至2005年5月
	石宗生(苗族)	2003年1月至2005年12月
	杨　锋	2003年7月至2005年5月
	张世勇(土家族)	2005年11月至2006年11月
	龙治和(苗族)	2005年12月至2006年11月

	彭　江(侗族)	2005年12月至2006年11月
常　委	徐仕江(土家族)	2003年1月至2006年11月
	龙中文(苗族)	2003年1月至2005年5月
	石宗生(苗族)	2003年1月至2005年12月
	唐海燕(苗族)	2003年1月至2005年2月
	龙治和(苗族)	2003年1月至2006年11月
	彭　江(侗族)	2003年1月至2006年11月
	龙绍刚(苗族)	2003年1月至2006年11月
	杨　锋	2003年7月至2005年5月
	龙金国(苗族)	2005年11月至2006年11月
	陈康炉(苗族)	2005年11月至2006年11月
	张世勇(土家族)	2005年11月至2006年11月
	刘卫东(苗族)	2006年6月至2006年11月
委　员	徐仕江(土家族)	2003年1月至2006年11月
	龙中文(苗族)	2003年1月至2005年6月
	石宗生(苗族)	2003年1月至2005年12月
	唐海燕(苗族)	2003年1月至2005年2月
	龙治和(苗族)	2003年1月至2006年11月
	彭　江(侗族)	2003年1月至2006年11月
	龙绍刚(苗族)	2003年1月至2006年11月
	梁启汉	2003年1月至2006年11月
	石登林(苗族)	2003年1月至2006年11月
	原松平(回族)	2003年1月至2006年11月
	龙恒康(苗族)	2003年1月至2006年11月
	吴志华(苗族)	2003年1月至2006年11月
	龙桂芝(女,苗族)	2003年1月至2006年11月
	石文兴(苗族)	2003年1月至2006年11月
	石树林(苗族)	2003年1月至2006年11月
	杨　锋	2003年7月至2005年5月
	龙金国(苗族)	2005年11月至2006年11月
	陈康炉(苗族)	2005年11月至2006年11月
	张世勇(土家族)	2005年11月至2006年11月
	刘卫东(苗族)	2006年6月至2006年11月

2006年11月19日,中共松桃苗族自治县第十一次代表大会召开。大会选举石峰、石文兴、石服芝、石凌燕、龙绍刚、龙金国、龙治和、龙建辉、田儒礼、田如江、任廷波、刘卫东、杨再忠、李艳、李贵平、邱美芳、张强、徐仕江、黄晓勇、麻文久、彭江21人为中共松桃苗族自治县纪律检查委员会委员。在县纪委第十一届第一次全体会议上,选举徐仕江、龙治和、彭江、龙金国、刘卫东、龙绍刚、石凌燕7人为县纪委常委;徐仕江

当选为县纪委书记，龙治和、彭江当选为县纪委副书记。

当选的21名县纪委委员中，少数民族委员20名，占总数的95.2%；女性委员4名，占总数的19%。平均年龄39岁，全部为50岁以下，其中35岁以下的委员5名，占总数的23.8%；35岁至40岁的委员6名，占总数的28.6%；40岁至50岁的委员10名，占总数的47.6%。中专学历1名，大专学历9名，大学学历11名，其中大专以上学历占总数的90.9%。当选的委员中，有县委组织部和直属机关党委领导干部，县法院、检察院、行政执法机关和综合经济管理部门的领导干部，也有乡（镇）纪委书记。

2007年8月，徐仕江任中共松桃苗族自治县委副书记，不再担任县纪委书记；铜仁地区畜牧水产局机关党委书记（挂职中共玉屏侗族自治县委常委、县人民政府副县长）张萍任县委常委、县纪委书记。

中国共产党松桃苗族自治县第十一届纪律检查委员会

（2006年11月至2011年10月）

书　记	徐仕江（土家族）	2006年11月至2007年8月
	张　萍（女，土家族）	2007年8月至2011年10月
副书记	龙治和（苗族）	2006年11月至2011年10月
	彭　江（侗族）	2006年11月至2011年10月
常　委	徐仕江（土家族）	2006年11月至2007年8月
	龙治和（苗族）	2006年11月至2011年10月
	彭　江（侗族）	2006年11月至2011年10月
	龙绍刚（苗族）	2006年11月至2007年12月
	龙金国（苗族）	2006年11月至2011年10月
	刘卫东（苗族）	2006年11月至2011年10月
	石凌燕（女，苗族）	2006年11月至2008年12月
	张　萍（女，土家族）	2007年8月至2011年10月
	龙书林（苗族）	2010年1月至2012年4月
委　员	徐仕江（土家族）	2006年11月至2007年8月
	龙治和（苗族）	2006年11月至2011年10月
	彭　江（侗族）	2006年11月至2011年10月
	龙绍刚（苗族）	2006年11月至2007年12月
	龙金国（苗族）	2006年11月至2011年10月
	刘卫东（苗族）	2006年11月至2011年10月
	石凌燕（女，苗族）	2006年11月至2008年12月
	石　峰（苗族）	2006年11月至2011年10月
	石文兴（苗族）	2006年11月至2011年10月
	杨再忠（苗族）	2006年11月至2011年10月
	田如江（苗族）	2006年11月至2011年10月
	李　艳（女，苗族）	2006年11月至2011年10月

田儒礼(苗族)	2006年11月至2011年10月
邱美芳(苗族)	2006年11月至2011年10月
李贵平(女,苗族)	2006年11月至2011年10月
任廷波(土家族)	2006年11月至2011年10月
龙建辉(苗族)	2006年11月至2011年10月
张　强(苗族)	2006年11月至2011年10月
黄晓勇(苗族)	2006年11月至2011年10月
麻文久(苗族)	2006年11月至2011年10月
石服芝(女,苗族)	2006年11月至2011年10月
张　萍(女,土家族)	2007年8月至2011年10月
龙书林(苗族)	2010年1月至2011年10月

2011年10月25日至26日,中共松桃苗族自治县第十二次代表大会召开。大会审议并通过张萍代表中共松桃苗族自治县第十一届纪律检查委员会向中共松桃苗族自治县第十二次代表大会所作的纪律检查委员会工作报告。选举龙治和、张萍、彭江、龙金国、刘卫东、石峰、龙书林、麻程、欧继昌、石文兴、杨再忠、杨光祥、李贵平、石服芝、杨再桥、龙震辉、田如江、李典鸿、刘洪文、杨通芳、麻文久、雷玲、陈明云、周文胜、戴其晓共25人为中共松桃苗族自治县第十二届纪律检查委员会委员;在第十二届纪委第一次全体委员会会议上,张萍、龙治和、彭江、龙金国、刘卫东、石峰、龙书林7人当选为县纪委常委;张萍当选为县纪委书记,龙治和、彭江当选为县纪委副书记。

第十二届纪委班子成员调整相对频繁。2011年11月,副书记彭江调任铜仁地区纪委正科级纪检监察员(主持干部室工作)。2012年4月,张萍调任铜仁市行政服务中心党组成员、市公共资源交易中心副主任,中共铜仁市纪委常委、秘书长邹龙兴调任县委常委、县纪委书记。2012年7月,中共松桃苗族自治县委政法委副书记、县综治办主任周胜华调任县纪委副书记。2013年2月,龙治和调任县人力资源和社会保障局党组副书记、局长。12月,盘信镇党委书记麻文宪调任县纪委副书记、县监察局局长。2014年5月,邹龙兴调任思南县委副书记;万山特区区委常委、区纪委书记吴廷友调任县纪委书记。2015年3月,麻文宪任贵州松桃经济开发区工作委员会委员、纪工委书记;4月,甘龙镇党委书记龙秀福调任县纪委副书记、县监察局局长。2016年9月,吴廷友任县委常委、县人民政府常务副县长;中共玉屏侗族自治县委常委、县纪委书记夏学文调任中共松桃苗族自治县委常委、县纪委书记。2016年10月,龙秀福调任县人民政府党组成员、办公室主任;县产权交易中心(公共资产交易中心)主任、县人民政府办公室副主任吴碧文调任县纪委副书记、县监察局局长。在常委的职位上,因人事变动,调整的人员达6人次。

中国共产党松桃苗族自治县第十二届纪律检查委员会

(2011年10月至2016年10月)

书　记	张　萍(女,土家族)	2011年10月至2012年3月
	邹龙兴(土家族)	2012年3月至2014年5月
	吴廷友(苗族)	2014年5月至2016年9月

	夏学文(侗族)	2016年9月至2016年10月
副书记	龙治和(苗族)	2011年10月至2013年2月
	彭　江(侗族)	2011年10月至2011年11月
	周胜华(土家族)	2012年7月至2016年10月
	麻文宪(苗族)	2013年12月至2015年3月
	龙秀福(苗族)	2015年4月至2016年10月
常　委	张　萍(女,土家族)	2011年10月至2012年3月
	龙治和(苗族)	2011年10月至2013年2月
	彭　江(侗族)	2011年10月至2011年11月
	龙金国(苗族)	2011年10月至2016年8月
	刘卫东(苗族)	2011年10月至2014年11月
	石　峰(苗族)	2011年10月至2012年3月
	龙书林(苗族)	2011年10月至2012年4月
	邹龙兴(土家族)	2012年3月至2014年5月
	周文胜(苗族)	2012年3月至2016年8月
	周胜华(土家族)	2012年7月至2016年10月
	麻　程(苗族)	2012年8月至2015年2月
	麻文宪(苗族)	2013年12月至2015年3月
	吴廷友(苗族)	2014年5月至2016年9月
	龙政敏(苗族)	2015年1月至2016年10月
	龙秀福(苗族)	2015年4月至2016年10月
	宋　扬(苗族)	2016年1月至2016年10月
	夏学文(侗族)	2016年9月至2016年10月
委　员	张　萍(女,土家族)	2011年10月至2012年3月
	龙治和(苗族)	2011年10月至2013年2月
	彭　江(侗族)	2011年10月至2011年11月
	龙金国(苗族)	2011年10月至2016年8月
	刘卫东(苗族)	2011年10月至2014年11月
	石　峰(苗族)	2011年10月至2012年3月
	龙书林(苗族)	2011年10月至2012年4月
	麻　程(苗族)	2011年10月至2016年10月
	欧继昌(苗族)	2011年10月至2016年10月
	石文兴(苗族)	2011年10月至2016年10月
	杨再忠	2011年10月至2016年10月
	杨光祥	2011年10月至2016年10月
	李贵平(女,苗族)	2011年10月至2016年10月
	石服芝(女,苗族)	2011年10月至2016年10月
	杨再桥(苗族)	2011年10月至2016年10月

龙震辉(苗族)	2011年10月至2016年10月
田如江(苗族)	2011年10月至2016年10月
李典鸿	2011年10月至2016年10月
刘洪文(苗族)	2011年10月至2016年10月
杨通芳	2011年10月至2016年10月
麻文久(苗族)	2011年10月至2013年11月
雷　玲(女,苗族)	2011年10月至2016年10月
陈明云	2011年10月至2016年10月
周文胜(苗族)	2011年10月至2016年8月
戴其晓(苗族)	2011年10月至2016年10月
邹龙兴(土家族)	2012年3月至2014年5月
周胜华(土家族)	2012年7月至2016年10月
麻文宪(苗族)	2013年12月至2015年3月
吴廷友(苗族)	2014年5月至2016年9月
龙政敏(苗族)	2015年1月至2016年10月
龙秀福(苗族)	2015年4月至2016年10月
宋　扬(苗族)	2016年1月至2016年10月
夏学文(侗族)	2016年9月至2016年10月

2016年10月25日至26日,中共松桃苗族自治县第十三次代表大会召开。大会审议并通过夏学文代表中共松桃苗族自治县第十二届纪律检查委员会所作的工作报告。选举夏学文、周胜华、吴碧文、龙政敏、宋扬、吴维琼、何周宇、龙正全、高祖顺、石泽民、杨四新、陈明云、龙建新、刘洪、邱美芳、吴鸿飞、龙建辉、吴志松、熊辉、向勇、邱美霖、杨昌伦、陈祥军、江长智、石昌彪25人为县纪律检查委员会委员;第十三届纪委一次全委会,选举夏学文、周胜华、吴碧文、龙政敏、宋扬、吴维琼、何周宇7人为县纪委常委;夏学文当选为县纪委书记,周胜华、吴碧文当选为县纪委副书记。

2017年8月30日,市委常委会会议决定:夏学文任中共铜仁市纪律检查委员会常委,免去其中共松桃苗族自治县委常委、委员,中共松桃苗族自治县纪委书记、常委、委员职务;中共铜仁市纪委铜仁市监察局第二纪检监察室主任胡定钦任中共松桃苗族自治县委委员、常委,中共松桃苗族自治县纪委委员、常委、书记。

中共松桃苗族自治县第十三届纪律检查委员会

(2016年10月至2020年12月)

书　记	夏学文(侗族)	2016年10月至2017年8月
	胡定钦(仡佬族)	2017年8月至　2020年12月
副书记	周胜华(土家族)	2016年10月至2020年12月
	吴碧文(苗族)	2016年10月至2020年9月
常　委	夏学文(侗族)	2016年10月至2017年8月

	周胜华(土家族)	2016年10月至2020年12月
	吴碧文(苗族)	2016年10月至2020年9月
	龙政敏(苗族)	2016年10月至2019年2月
	宋　扬(苗族)	2016年10月至2020年12月
	吴维琼(苗族)	2016年10月至2019年2月
	何周宇(苗族)	2016年10月至2017年9月
	胡定钦(仡佬族)	2017年8月至2020年12月
	秦榜江(土家族)	2017年9月至2020年12月
	熊黔松(苗族)	2019年4月至2019年12月
	刘建英(女,侗族)	2019年4月至2020年12月
委　员	夏学文(侗族)	2016年10月至2017年8月
	周胜华(土家族)	2016年10月至2020年12月
	吴碧文(苗族)	2016年10月至2020年9月
	龙政敏(苗族)	2016年10月至2019年2月
	宋　扬(苗族)	2016年10月至2020年12月
	吴维琼(苗族)	2016年10月至2019年2月
	何周宇(苗族)	2016年10月至2017年9月
	龙正全(苗族)	2016年10月至2020年12月
	高祖顺(苗族)	2016年10月至2020年12月
	石泽民(苗族)	2016年10月至2020年12月
	龙建新(苗族)	2016年10月至2020年12月
	杨四新(侗族)	2016年10月至2020年12月
	陈明云(土家族)	2016年10月至2020年12月
	刘　洪	2016年10月至2020年12月
	吴鸿飞(苗族)	2016年10月至2020年12月
	吴志松(苗族)	2016年10月至2020年12月
	龙建辉(苗族)	2016年10月至2020年12月
	邱美芳	2016年10月至2020年12月
	熊　辉(苗族)	2016年10月至2020年12月
	向　勇(侗族)	2016年10月至2020年12月
	邱美霖	2016年10月至2020年12月
	杨昌伦(苗族)	2016年10月至2020年12月
	陈祥军(苗族)	2016年10月至2020年12月
	江长智(苗族)	2016年10月至2020年12月
	石昌彪(苗族)	2016年10月至2020年12月
	胡定钦(仡佬族)	2017年8月至2020年12月
	秦榜江(土家族)	2017年9月至2020年12月
	熊黔松(苗族)	2019年4月至2019年12月

刘建英(女,侗族)　2019年4月至2020年12月

第二节　县级行政监察机构

一、合署办公前行政监察机构

行政监察制度是国家制度的一个重要组成部分。1949年9月,中国人民政治协商会议第一次全体会议通过的《中国人民政治协商会议共同纲领》和《中华人民共和国中央人民政府组织法》就明确规定县以上各级人民政府设立人民监察机关,在中华人民共和国即将成立之时党和政府就着手建立这一制度。此后,相继解放后的全国各地县人民政府先后成立人民监察委员会。

1953年1月29日,松桃县人民政府人民监察委员会正式成立,为县人民政府行使监察职能的专门机构。代理县长田家乐兼任主任,杨再常任副主任。是年12月,杨再常调离,陈光学接任副主任。

1954年4月,县人民政府改称县人民委员会。9月,第一届全国人民代表大会通过《中华人民共和国地方各级人民委员会组织法》规定,在省、直辖市和设区的市人民委员会中设置监察机关,新设的省行政监察机关为监察厅,市行政监察机关为监察局;不设区的市、县、市辖区的人民委员会内不设监察机构。

1955年1月,县长田家乐不再兼任主任职务,由副县长赵玉明兼任主任。是年4月17日,中共松桃县委、县人民委员会根据上级撤销县级人民监察机构的有关会议精神,召开全县基层监察通讯员会议,宣布撤销县人民监察委员会。

松桃县人民政府(人民委员会)人民监察委员会

(1953年1月至1955年4月)

主　任	田家乐(苗族)	1953年1月至1955年1月
	赵玉明	1955年1月至1955年4月
副主任	杨再常	1953年1月至1953年12月
代理副主任	陈光学	1953年12月至1954年1月
副主任	陈光学	1954年1月至1955年4月

1957年6月1日,县人民委员会根据贵州省人民委员会与铜仁专员公署"精简机构,紧缩编制,减少层次"的精神,调整县人民委员会工作机构,成立松桃苗族自治县监察室,任命赵瑞昌为松桃苗族自治县监察室主任,并明确监察室职责为受理和检查国家行政机关及其工作人员违反行政纪律的各类案件。

1958年10月12日,任命游国栋为松桃苗族自治县监察室副主任。

松桃苗族自治县监察室

(1957年6月至1959年9月)

主　任　赵瑞昌　1957年6月至1958年10月

副主任 游国栋 1958年10月至1959年9月

1959年9月,县人民委员会根据是年4月28日第二届全国人民代表大会第一次会议通过国务院关于撤销国家监察部的议案,撤销松桃苗族自治县监察室。

1987年12月2日,县人民政府根据1986年12月全国人大常委会第18次会议作出设立监察机关的决定和1987年8月国务院决定在县级以上地方各级人民政府恢复设立行政监察机构的通知精神,成立松桃苗族自治县监察局,为县人民政府负责监察工作的专门机构,受县人民政府和上级行政监察机关双重领导。人员从县纪委内部分流,实行单独定编,配股级秘书1人。

1988年2月7日,县九届人大常委会第二次会议任命龙祥云为县监察局局长;隆求清为副局长。8月,陈建萍任副局长。

县监察局成立后,按照1989年贵州省纪委下发《关于党的纪律检查机关与国家行政监察机关在信访、案件检查审理工作中分工协作的暂行规定(试行)》文件的精神,县纪委受理关于党组织及其不担任行政职务的党内领导成员、党的机关中的党员违反纪律的检举控告和受党纪处分不服的申诉,县监察局受理反映监察对象(指国家行政机关、国家公务员和国家行政机关任命的其他人员)违反政纪的检举控告和监察对象不服政纪处分的申诉。县纪委和县监察局收到的来信和接到的来访,不属于监察受理范围的来信来访都及时移送相关部门处理。除特殊情况外一般不横向传递,按照分级负责、归口办案的原则处理。同时涉及党纪和政纪,按其主要属性分别由县纪委和县监察局受理,对于重大复杂案件,报经上级领导批准,由县纪委和县监察局组织联合调查。在党风廉政建设、宣传教育、纪律检查、执法监察和纠正部门行业不正之风等方面,县监察局与县纪委保持了经常联系,互通信息,密切协作。

1990年7月26日,县第十届人大常委会第一次会议任命隆求清为县监察局局长。1991年5月,张智任县监察局副局长。1992年6月,黄前明任县监察局副局长。

松桃苗族自治县监察局

(1987年12月至1993年4月)

局　长	龙祥云(苗族)	1988年2月至1990年3月
	隆求清(苗族)	1990年7月至1993年4月
副局长	隆求清(苗族)	1988年2月至1990年7月
	陈建萍(女,苗族)	1988年8月至1991年10月
	张　智(苗族)	1991年5月至1993年4月
	黄前明	1992年6月至1993年4月

二、合署办公后行政监察机构

为了加大党的纪律检查和政府的行政监察力度,加强二者之间的协调配合,避免某些不必要的重复工作,更好地为改革开放保驾护航,县纪委、县监察局按照中央确定的“设置一套机构,保留两个机关名称,履行党的纪律检查和行政监察两项职能”的体制,于1993年年初拟订《中共松桃苗族自治县纪委、松桃苗族自治县监察局合署办公机构设置方案》,报县委、县人民政府同意,经铜仁地区纪委和地区监察局审批,于1993年4月合署办公。4月29日,县第十一届人大常委会第一次会议任命龙沛云为县监察局局长。

合署办公后的县监察局,仍属于县人民政府工作序列,在县人民政府和铜仁地区(市)监察局的领导下工作,其职责、权力、工作程序,以及正副局长任免等,仍按《中华人民共和国行政监察条例》《中华人民共和国行政监察法》的规定执行,县监察局不设党组,重大问题由县纪委常委会集体讨论决定,保留局长办公会制度,按规定处理有关行政监察事宜。

1998年2月26日至28日。中共松桃苗族自治县第九次代表大会召开。大会选举产生新的县纪律检查委员会。5月,县纪委副书记张智任县监察局局长。

从1999年起,县监察局配局长1名、副局长2名。是年1月,张智继续担任县监察局局长;张强、田著任副局长。3月,张智调任中共石阡县委常委、县纪委书记。10月,县纪委副书记龙中文任县监察局局长。

2003年7月,龙治和任县监察局副局长。

2005年5月,龙中文调任铜仁地区松桃道塘水库工程管理局党组成员、副县级专职纪检员;11月,龙金国任县监察局副局长。

2006年4月,县纪委副书记龙治和任县监察局局长。2008年8月,县人民政府任命龙金国任监察局副局长、县行政投诉中心主任。2009年4月,冉光珍任县监察局副局长。

2010年12月,政府机构改革,县监察局继续与县纪委合署办公,列入政府工作部门序列,但不计入政府机构个数。

2012年8月,冉光珍任县监察局副局长、县绩效考核办公室主任。

2013年2月,龙治和调任县人力资源和社会保障局党组副书记、局长。是年12月,盘信镇党委书记麻文宪调任县纪委副书记、县监察局局长。

2015年3月,麻文宪任贵州松桃经济开发区工作委员会委员、纪工委书记。是年4月,甘龙镇党委书记龙秀福调任县纪委副书记、县监察局局长。

2016年10月,龙秀福任县人民政府党组成员、办公室主任,调县产权交易中心(铜仁市公共资源交易中心松桃分中心)主任、县人民政府办公室副主任吴碧文任县纪委副书记、县监察局局长。

松桃苗族自治县监察局

(1993年4月至2018年1月)

局　长	龙沛云(苗族)	1993年4月至1998年3月
	张　智(苗族)	1998年5月至1999年3月
	龙中文(苗族)	1999年10月至2005年5月
	龙治和(苗族)	2006年4月至2013年2月
	麻文宪(苗族)	2013年12月至2015年3月
	龙秀福(苗族)	2015年4月至2016年10月
	吴碧文(苗族)	2016年10月至2018年1月
副局长	张　智(苗族)	1993年5月至1998年4月
	黄前明	1993年5月至1998年5月
	张　强(苗族)	1998年5月至2001年12月
	田　著(苗族)	1998年5月至2002年5月

唐海燕(苗族)	2002年4月至2003年7月
龙治和(苗族)	2003年7月至2006年4月
龙金国(苗族)	2005年11月至2016年8月
冉光珍(女,土家族)	2009年5月至2013年11月
龙政敏(苗族)	2015年1月至2018年1月
龙胜清(苗族)	2016年8月至2018年1月
吴维琼(苗族)	2017年3月至2018年1月

三、监察委员会成立后组织机构

根据中央确定的《关于在全国各地推开国家监察体制改革试点方案》和2017年11月4日第十二届全国人民代表大会常务委员会第三十次会议通过的《关于在全国各地推开国家监察体制改革试点工作的决定》,2018年1月9日,松桃苗族自治县第十六届人民代表大会第二次会议按照会议议程,选举胡定钦为松桃苗族自治县第一届监察委员会主任。是日下午,松桃苗族自治县人大常委会任命周胜华、吴碧文为县监察委员会副主任;任命龙政敏、宋扬、吴维琼、熊黔松为县监察委员会委员;主任、副主任及县监委委员在人民代表的见证下向宪法宣誓。1月10日上午,松桃苗族自治县监察委员会(以下简称“县监委”)正式挂牌,成为贵州省首个挂牌成立的县级监察委员会。

县监察委员会成立后,撤销县监察局和县人民检察院反贪、反渎、预防职务犯罪等部门,县人民检察院将相关机构、职能、人员转隶至县监察委员会,实现机构、职能、人员的全面融合。县监察委员会与县纪律检查委员会合署办公,履行纪律检查和国家监察两项职责,实行一套工作机构、两个机关名称,实现对所有行使公权力的公职人员监察全覆盖。

2019年5月27日,县第十六届人民代表大会常务委员会第二十一次会议任命秦榜江、石利军为县监察委员会委员。

松桃苗族自治县监察委员会

(2018年1月至2020年12月)

主　任	胡定钦(仡佬族)	2018年1月至2020年12月
副主任	周胜华(土家族)	2018年1月至2020年12月
	吴碧文(苗族)	2018年1月至2020年12月
委　员	龙政敏(苗族)	2018年1月至2019年2月
	宋　扬(苗族)	2018年1月至2020年12月
	吴维琼(苗族)	2018年1月至2019年2月
	熊黔松(苗族)	2018年1月至2019年12月
	秦榜江(土家族)	2019年5月至2020年12月
	石利军(苗族)	2019年5月至2020年12月

第三节 内设机构

一、合署办公前内设机构

(一)合署办公前纪律检查机关内设机构

1.1951年至1967年纪律检查机关内设机构

从1951年至1967年,党的纪检机关领导人多为县委领导兼任,委员多为与纪律检查有密切关系的公安、检察、法院、财政等部门的领导,工作易于协调,故机关内部未设科室。宣传教育、制订规章、检查纪律、查处案件,均召开委员会议作出决定并分头执行。机关内设秘书1人,负责信访、联络和其他日常事务,周良生为首任秘书。

1967年5月17日,县委、县人民委员会被“群众组织”夺权,县革命委员会设立的办事机构,即文化革命领导小组(下设干部工作办公室)、生产领导小组(下设财贸办公室、文卫办公室、工交办公室、农林水办公室)、保卫委员会和秘书组,替代了原县委、县人民委员会办事机构的工作,县委监察委员会的工作被迫停止。

2.1979年至1988年纪律检查机关内设机构

“文化大革命”结束后,尤其是中共十一届三中全会召开后,全党进行拨乱反正。为严格党的纪律,加强对党员的教育管理,中央决定恢复党的各级纪律检查机构。

1979年3月,中共松桃苗族自治县委纪律检查委员会恢复成立。1984年,中央决定地方各级党的纪律检查委员会从地方党委机构分离出来。是年9月,根据这一精神,县委纪委从县委机构中独立出来,人员单独定编,升格为县级机构(此前为县委下属工作部门),改称为中共松桃苗族自治县纪律检查委员会。

从1979年3月恢复到1986年,县纪律检查委员会机关内部未设立科室,但配备专职纪检干部分别负责各方面工作。1987年,县纪委核定编制12名,内设机构部门有:办公室、党风廉政建设室。

办公室

主要负责收集、综合、分析全县纪检和行政监察工作情况,组织起草工作计划、报告和有关文件以及处理日常行政监察事务,协调机关各室有关工作,配正科级主任1名。

主　任　龙树林(苗族)1987年7月至1988年1月

党风廉政建设室

主要负责监督检查、综合分析党风廉政建设情况,组织全县性或重要的党风廉政建设检查活动,管理干部廉政档案。配1名正科级主任或配副科级副主任主持工作。党风廉政建设室从1987年7月设置时至1988年1月,未配室主任。

3.1988年至1993年机构合署前纪律检查机关内设机构

1988年1月,经县委批准,县纪委新设“三科一室”,即纪律检查科、案件审理科、信访科、办公室,各科室配置科长(主任)1名,为副科级干部。

1990年6月,经县委批准,县纪委“三科一室”的工作机构一律更改为室,即县纪委的内设科室有办公室、纪检监察室、案件审理室和信访室。

1991年，县纪委对内设机构各职能室进行调整，将纪检监察室、案件审理室更名为检查室、审理室。是年，县纪委内设部门增至5个，分别是办公室、检查室、审理室、信访室和党风廉政建设室。

从1988年1月至1993年4月机构合署前，内设部门配置具体如下：

办公室

主要负责收集、综合、分析全县纪检和行政监察工作情况，组织起草工作计划、报告和有关文件以及处理日常行政监察事务，协调机关各室有关工作。配正科级主任1名。

主　任　龙树林（苗族）1988年1月至1993年4月

党风廉政建设室

主要负责监督检查、综合分析党风廉政建设情况，组织全县性或重要的党风廉政建设检查活动，承办县委反腐倡廉领导小组办公室、县人民政府纠正行业不正之风办公室的日常工作，管理干部廉政档案。配正科级主任1名。

主　任　杨昌才(苗族)　1991年8月至1993年2月(兼)

副主任　龙建平(苗族)　1991年3月至1993年4月

检查室(纪律检查科、纪检监察室)

负责全县党的机关、人大常委会机关、政协机关、群众团体和各乡(镇)、县人民政府各部门及企业的县管干部违法违纪案件和重大案件的查处工作。配副科级主任1名。

主　任　刘大元　1988年1月至1993年4月

审理室(案件审理科、案件审理室)

负责由县纪委、县监察局检查处理的案件审理，审核县、乡级机关报批或备案的案件，受理党员和干部不服县乡级机关给予的党纪、政纪处分的申诉，承担县监察局在行政诉讼中的公诉事宜。配副科级主任1名。

主　任　杨通全（土家族）1988年1月至1993年4月

信访室(信访科)

负责办理群众来信、来访和举报事项，综合反映带普遍性和倾向性的信访、信息。1988年1月，设信访科，配1名副科级主任。1990年6月，明确龙中文为信访室副主任。1991年3月，龙中文任信访室主任。

主　任　龙中文(苗族)　1991年3月至1993年4月

副主任　龙中文(苗族)　1990年6月至1991年3月

(二)合署办公前人民监察委员会及行政监察内设机构

1953年1月29日，县人民政府人民监察委员会正式成立，为县人民政府行使监察职能的专门机构。1955年4月，根据上级指示县人民监察委员会撤销。从成立至撤销，没有设置内设科室。1957年6月，县人民委员会调整工作机构，成立松桃苗族自治县监察室，对其职责明确为受理和检查国家行政机关及其工作人员违反行政纪律的各类案件;也没有设置内设科室。

1987年12月,成立县监察局,明确为县人民政府负责监察工作的专门机构,受县人民政府和上级行政监察机关双重领导,人员从县纪委内部分流,实行单独定编。内设办公室工作机构,配股级秘书1人。

1988年5月,县监察局机关内设部门有办公室、监察股、信访股。其中,办公室负责人为龙正书,监察股负责人为龙绍刚;信访股在1988年5月至1992年9月期间由郝利华任股长,1992年9月至1993年4月期间由麻开甲负责。

二、合署办公后内设机构

(一)1993年4月至2002年4月内设部门机构

1993年4月,中共松桃苗族自治县纪律检查委员会与松桃苗族自治县监察局正式合署办公,实行一套工作机构、两个机关名称,履行党的纪律检查和政府行政监察两项职能的体制,对中共松桃苗族自治县委和铜仁纪检监察机关负责。根据履行纪律检查和行政监察两项职责,县纪委和县监察局合署后内设8个职能室,即设办公室、纪检监察室、案件审理室、执法监察室、宣教研究室、信访室(监察局举报中心)、党风廉政建设室、纠风办公室。在干部的配置上,党风廉政建设室和办公室主任配正科级干部;党风廉政建设室、办公室副主任和其余的6个科室主任配副科级干部。

1999年1月,县纪委对内设科室进行调整,内设职能科室有:办公室、纪检监察室、案件审理室、执法监察室、宣教研究室、信访室(监察局举报中心)、党风廉政建设室(县委反腐倡廉领导小组办公室)、纠风办公室(县人民政府纠正行业不正之风办公室)。办公室主任和党风廉政建设室主任配正科级干部,办公室副主任、党风廉政建设室副主任和6名室主任配副科级干部。

1993年4月至2002年4月,内设8个部门,具体情况如下:

办公室

负责收集、综合、分析全县纪检、监察工作情况;组织起草工作计划、报告和有关文件;负责纪委常委会及有关会议的会务工作;督促检查委员会决定事项的落实情况;协调机关各室的有关工作;承担文件管理、机要通讯、信息档案、行政及后勤服务管理、接待工作。

主　任　李明福(侗族)　1993年4月至1997年6月

　　　　袁　钢　　　　1997年6月至2001年10月

纪检监察室

负责监督、检查乡镇、县直机关党组织、政府部门及其领导干部遵守党章、贯彻执行党的路线、方针、政策和国家法律、法规、决定、命令的情况和党风廉政建设情况;负责承办全县各乡镇、政府工作部门县管干部的违法违纪案件和重大案件的查处;综合、协调、指导全县的纪检监察案件检查工作;负责全县纪检监察机关案件检查工作的综合、统计、分析工作。

主　任　黄前明　　　　1993年5月至1998年5月(兼)

　　　　田　著(苗族)　1998年5月至2002年4月(兼)

案件审理室(案件申诉复查复议办公室)

负责审理委局机关直接检查处理和乡(科)级党组织、政府(部门)报批或备案的案件;承办党员、监察对象对委局作出的党纪政纪处分或其他处理不服,对乡(科)级党组织、政府(部门)作出的复议复查(复审复查）决定不服的申诉案件，及其他需要由委局办理的申诉案件，处理、督办委局收到的申诉信件；承办应当由乡（科）级党委、纪委批准但需要比照处理的案件和其他需要比照处理报县纪委备案的案件；承担县纪委（监察局）的行政复议、行政应诉工作，承办县纪委（监察局）给予的行政处分的解除工作；承办乡（科）级党组织、政府（部门）和委局机关有关部门征求案件审理室意见的案件；起草县级案件审理、申诉复查行政复议、行政应诉和解除行政处分工作的程序性规定，指导全县纪检监察系统的相关业务工作；负责本部门干部日常管理和监督，承办领导交办的其他事项。

主　任　张　智（苗族）　1993年4月至1998年5月

　　　　郝利华（女，满族）　1998年5月至2002年4月

执法监察室

负责监督检查乡镇、县直部门贯彻落实党中央、国务院、省委、省政府、地区纪委、地区监察局、县委、县人民政府的方针、政策和法律、法规、规章、决定、命令的情况；组织指导全县性或重要专项执法监察活动；负责重特大责任事故的行政责任调查处理。配副科级主任1名。

主　任　彭永祥（土家族）　1995年3月至1998年5月

　　　　唐海燕（苗族）　1998年5月至2002年4月

副主任　麻开甲（苗族）　1999年1月至1999年6月

宣教研究室

负责党的纪检、行政监察工作方针政策和党风廉政建设的宣传教育、报道；负责纪检、监察工作的理论研究和有关政策的调查研究，起草重大文稿；负责全县重大案件和典型案件的通报工作；拟定纪检、监察政策规定；负责纪检监察干部的教育、培训工作；负责对犯错误受党纪、政纪处分党员、干部的回访教育工作。

主　任　龙树林（苗族）　1993年4月至1998年5月

　　　　麻开甲（苗族）　1999年6月至2001年10月

　　　　龙绍刚（苗族）　2001年12月至2002年4月

信访室（监察局举报中心、非公有制经济和个人投诉中心）

负责办理群众来信来访和举报事项；受理涉及党风党纪和政风政纪问题的举报、控告、申诉，初核群众信访反映的重要问题；负责对县管干部的信访监督工作；受理非公有制经济组织和个人对党政机关及其工作人员的投诉；综合反映带普遍性和倾向性的信访信息。

主　任　龙中文（苗族）　1993年4月至1995年2月

　　　　石宗生（苗族）　1995年3月至1998年5月

　　　　龙治和（苗族）　1998年5月至2002年4月

党风廉政建设室（县委反腐倡廉领导小组办公室、县人民政府纠正部门和行业不正之风办公室）

1993年4月，内设党风廉政建设室；县委反腐倡廉领导小组办公室、县人民政府纠正部门和行业不正之风办公室挂靠在党风廉政建设办公室。1999年1月，县人民政府纠正部门和行业不正之风办公室调整

挂靠到县纪委监察局内设的纠正部门和行业不正之风室。

负责监督检查、综合分析党风廉政情况;检查督促党风廉政建设责任制落实情况;调查处理领导干部违反廉洁自律规定的行为;组织全县性或重要的党风廉政建设检查活动;承担县委党风廉政建设责任制领导小组的日常工作和党风廉政建设责任制年度考核工作;管理干部廉政档案;承办特邀党风廉政建设监督员的联络工作。配正科级主任1名,由县纪委常委兼任。

主　任　杨通全(侗族)　1993年4月至1996年12月
　　　　黄前明　1997年5月至1998年2月
　　　　石宗生(苗族)　1998年5月至2002年4月

纠正部门和行业不正之风室(纠风办公室)(县人民政府纠正部门和行业不正之风办公室)

1993年4月,内设纠风办公室。1999年1月,纠风办公室更名为“纠正部门和行业不正之风室”。是月,县人民政府纠正部门和行业不正之风办公室从党风廉政建设室调整挂靠到纠正部门和行业不正之风室。

负责综合分析部门和行业作风建设情况,提出纠正部门和行业不正之风的工作意见;组织、协调、督促、检查乡镇及县直部门纠风工作;负责处理部门、行业违纪违规问题。

主　任　张　智(苗族)　1998年5月至1998年12月
　　　　龙中文(苗族)　1998年12月至2002年4月

(二)2002年4月至2014年3月内设部门机构

2002年4月,根据机构改革的要求,县纪检监察机关对内设部门进行调整,设置9个室,即设:办公室、监察综合室、宣教研究室、党风廉政室、纠正部门和行业不正之风室、执法监察室、纪检监察室、案件审理室、信访室(监察局举报中心、非公有制经济和个人投诉中心)。其中,办公室、党风廉政室为正科级内设机构,另外7个科室为副科级内设机构。

2009年5月,为加强行政效能监察,促进行政效能建设,县委常委会会议研究,决定在县监察局设立行政效能监察室,为副科级内设机构,设主任1名。11月,为规范纪检监察机关内设机构设置,经县委常委会会议研究,同意在县纪委增设干部室,为副科级机构,设主任1名。

2012年12月,根据《关于在松桃苗族自治县纪律检查委员会松桃苗族自治县监察局增设案件监督管理室的通知》,增设案件监督管理室。

2002年4月至2014年3月调整后的内设部门室具体如下:

办公室

负责收集、综合、分析全县纪检、监察工作情况;组织起草工作计划、报告和有关文件;负责纪委常委会会议及有关会议的会务工作;督促检查委员会决定事项的落实情况;协调机关各室的有关工作;承担文件管理、机要通讯、信息档案、行政及后勤服务管理、接待工作。

主　任　彭　江(侗族)　2003年7月至2008年7月
　　　　石　峰(苗族)　2008年7月至2012年3月
　　　　周文胜(苗族)　2012年3月至2014年3月
副主任　黄文沛　2009年11月至2010年12月

监察综合室

2002年4月9日，根据松党办发《关于印发〈中共松桃苗族自治县纪律检查委员会机关 松桃苗族自治县监察局职能配置内设机构和人员编制方案〉的通知》，设立监察综合室。

主要负责收集、综合行政监察工作情况，处理监察局日常事务；负责局长办公会议的会务工作和监察局的文秘工作，督促检查局长办公会议定事项的落实情况；负责监察局有关会议会务工作；负责与县人民政府各部门的联系；对清除腐败抓源头工作进行政策调研和组织协调；承办特邀监察员的联络工作。

主　任	刘卫东（苗族）	2003年7月至2006年5月
	石凌燕（女，苗族）	2006年5月至2008年12月
	邱美霖	2009年8月至2012年8月
	郎　松（苗族）	2012年8月至2014年3月

纪检监察室

负责监督、检查乡镇、县直机关党组织、政府部门及其领导干部遵守党章、贯彻执行党的路线、方针、政策和国家法律、法规、决定、命令的情况和党风廉政建设情况；负责承办全县各乡镇、政府工作部门县管干部的违法违纪案件和重大案件的查处；综合、协调、指导全县的纪检监察案件检查工作；负责全县纪检监察机关案件检查工作的综合、统计、分析工作。

主　任	龙金国(苗族)	2003年7月至2009年11月
	麻　程(苗族)	2009年11月至2014年3月
副主任	麻正明(苗族)	2003年7月至2005年8月(兼)

案件审理室(案件申诉复议复查办公室)

负责审理委局机关和检查处理乡(科)级党组织、政府(部门)报批或备案的案件；承办党员、监察对象对委局作出的党纪政纪处分或其他处理不服，对乡(科)级党组织、政府(部门)作出的复议复查(复审复查)决定不服的申诉案件，及其他需要由委局办理的申诉案件，处理、督办委局收到的申诉信件；承办应当由乡(科)级党委、纪委批准但需要比照处理的案件和其他需要比照处理报县纪委备案的案件；承担县纪委监察局的行政复议、行政应诉工作，承办县纪委监察局给予的行政处分的解除工作；承办乡(科)级党组织、政府(部门)和委局机关有关部门征求案件审理室意见的案件；起草县级案件审理、申诉复查行政复议、行政应诉和解除行政处分工作的程序性规定，指导全县纪检监察系统的相关业务工作；负责本部门干部日常管理和监督，承办领导交办的其他事项。2004年9月，县纪委成立案件申诉复查领导小组，设案件申诉复查复议办公室在案件审理室。

主　任	郝利华(女，满族)	2002年4月至2003年7月
	麻正明(苗族)	2003年7月至2005年8月
	石　峰(苗族)	2006年7月至2008年7月
	张朝海(土家族)	2009年10月至2012年3月
	龙正全(苗族)	2013年9月至2014年3月

执法监察室

负责监督检查乡镇、县直各部门贯彻落实党中央、国务院、省委、省政府、地区纪委、地区监察局、县委、县人民政府的方针、政策和法律、法规、规章、决定、命令的情况;组织指导全县性或重要专项执法监察活动;负责重特大责任事故的行政责任调查处理。配副科级主任1名。2014年2月,执法监察室撤销。

主　任　唐海燕(苗族)　2002年4月至2003年7月
　　　　陈康炉(苗族)　2003年7月至2007年3月
　　　　陈祥军(苗族)　2008年7月至2014年3月
副主任　麻开甲(苗族)　1999年1月至1999年6月

宣教研究室

负责党的纪检、行政监察工作方针政策和党风廉政建设的宣传教育、报道;负责纪检、监察工作的理论研究和有关政策的调查研究,起草重大文稿;负责全县重大案件和典型案件的通报工作;拟定纪检、监察政策规定;负责纪检监察干部的教育、培训工作;负责对犯错误受党纪、政纪处分党员、干部的回访教育工作。

主　任　龙绍刚(苗族)　2002年4月至2006年5月
　　　　田相如(苗族)　2009年11月至2012年3月
　　　　秦榜江(土家族)　2012年7月至2014年3月

信访室(监察局举报中心、非公有制经济和个人投诉中心)

负责办理群众来信来访和举报事项;受理涉及党风党纪和政风政纪问题的举报、控告、申诉,初核群众信访反映的重要问题;负责对县管干部的信访监督工作;受理非公有制经济组织和个人对党政机关及其工作人员的投诉;综合反映带普遍性和倾向性的信访信息。

主　任　龙治和(苗族)　2002年4月至2003年7月
　　　　石　峰(苗族)　2005年6月至2006年7月
　　　　郭玉华(女,苗族)　2006年7月至2014年3月

党风廉政室

负责监督检查、综合分析党风廉政情况;检查督促党风廉政建设责任制落实情况;调查处理领导干部违反廉洁自律规定的行为;组织全县性或重要的党风廉政建设检查活动;承担县委党风廉政建设责任制领导小组的日常工作和党风廉政建设责任制年度考核工作;管理干部廉政档案;承办特邀党风廉政建设监督员的联络工作。配正科级主任1名,由县纪委常委兼任。

主　任　石宗生(苗族)　2002年4月至2003年7月
　　　　唐海燕(苗族)　2003年7月至2005年2月
　　　　龙绍刚(苗族)　2006年5月至2007年3月
　　　　刘卫东(苗族)　2009年11月至2014年3月

纠正部门和行业不正之风室

负责综合分析部门和行业作风建设情况，提出纠正部门和行业不正之风的工作意见；组织、协调、督促、检查乡镇及县直部门纠风工作；负责处理部门、行业违纪违规问题。

主　任　龙中文（苗族）　2002年4月至2003年7月
　　　　石帮先（苗族）　2003年7月至2006年5月
　　　　刘卫东（苗族）　2006年7月至2009年11月
　　　　周　强（侗族）　2012年3月至2013年3月
　　　　姚　蓉（女，苗族）　2013年9月至2014年3月

行政效能监察室

2009年5月，为加强行政效能建设监察，积极推进行政问责和绩效管理制度，在县纪委监察局增设副科级内部机构行政效能监察室，配主任1名。

其职责是负责计划安排、组织协调、开展实施和总结全县行政效能监察工作，向县委和本级纪检监察机关报告行政效能建设及执行情况；受理公民、法人或其他组织与行政效能有关的检举、控告和投诉，调查与行政效能有关的违规违法问题，并提出处理意见，调查监察对象在行政管理中影响效能的问题和行为，并提出处理和改进意见。配副科级主任1名。2014年3月，撤销行政效能监察室。

主　任　周　强（侗族）　2009年10月至2012年3月

干部室

2009年11月，根据中央纪委《关于加强地方县级纪检监察机关建设的若干意见》精神，为加强本县纪检监察干部队伍建设，规范纪检监察机关内设机构设置，县委常委会会议决定，在县纪委增设干部室，为副科级规格，设主任1名。

干部室职责是负责全县纪检监察系统领导班子建设、干部队伍建设和组织建设方面的制度建设；负责委局机关各部门及直属单位领导班子和干部队伍建设，承办有关机构编制、干部人事、人员档案、工资福利等工作，配合机关党委督促机关各部门及直属单位加强干部日常管理和监督；负责承办县级党和国家机关派驻纪检监察机构领导班子和干部队伍建设以及有关综合协调工作，承办有关机构编制、干部人事、人员档案等工作；会同有关部门负责县纪委监察局派出纪工委监察分局领导班子考察、任免及组织建设等相关工作；会同有关部门，负责乡（镇）纪检监察机关领导班子建设，承办乡（镇）纪委书记、副书记提名和考察等干部人事工作，指导全县纪检监察机关干部队伍建设和组织建设；负责全县纪检监察系统干部教育培训工作，会同有关部门承办对全县纪检监察系统的表彰、奖励工作，负责委局机关因公临时出国（境）和因私出国（境）办理等工作；协同委局机关有关部门做好离退休干部职工的生活服务管理工作，办理离退休人员的善后事宜；负责离退休干部职工的关系接转、信息统计和宣传表彰等有关工作；负责本部门干部日常管理和监督，承办领导交办的其他事项。

主　任　龙书林（苗族）　2010年2月至2012年4月
　　　　龙水涌（苗族）　2012年11月至2014年3月

案件监督管理室

2012年12月，根据《关于在松桃苗族自治县纪律检查委员会松桃苗族自治县监察局增设案件监督管

理室的通知》,增设案件监督管理室。

案件监督管理室的职责是负责对县管干部问题线索进行集中管理,并分送相关纪检监察室,负责办理县管干部及股级干部任职前回复组织人事部门意见工作;按照查办腐败案件以上级纪委领导为主的要求,统一受理下级纪检监察机关线索处置和案件查办报告,分送相关纪检监察室,负责向市纪委报送案件线索处置和案件查办的有关情况;负责查办案件相关工作的组织协调,建立跨乡镇、跨部门协作办案机制,归口管理与有关部门的联系协调事项,负责综合协调国(境)内追逃防逃相关工作;负责对依纪依法安全办案情况进行监督检查,对委局办案场所的安全保卫、保密工作进行监督检查,落实办案安全工作责任制,配合联系有关纪检监察室做好办案安全事故调查和责任追究;督促查办领导批办、交办案件及办理相关事项;负责对查办案件及其相关专项工作情况进行统计分析;指导全县纪检监察系统的案件监督管理工作;负责本部门干部日常管理和监督,承办领导交办的其他事项。

主 任 何周宇(苗族) 2013年9月至2014年3月

(三)2014年3月至2018年8月内设部门机构

2014年2月15日,县委常委会会议研究同意县纪委监察局对内设机构的调整。3月17日,县编制委员会办公室印发《关于县纪委监察局内设机构调整有关事项的通知》,县纪委监察局内设机构调整为12个,即办公室、监察综合室、宣教研究室、党风政风监督室、执法和效能监督室、纪检监察一室、纪检监察二室、案件审理室、案件监督管理室、信访室、干部室、派驻机构管理室。调整后,领导职数在原有基础上增加1名机关党委书记。内设机构领导职数仍为14名,其中:办公室主任1名(正科级,由纪委常委兼任)、副主任1名(副科级);党风政风监督室主任1名(正科级,由纪委常委兼任)、副主任1名(副科级),其余各室主任10名(副科级)。

2014年11月,县纪委监察局新设第三纪检监察室、第四纪检监察室和纪检监察干部监督室,并对内设机构进行了调整,调整后县纪委监察局内设机构12个,即设有办公室、干部室、宣传调研法规室、党风政风监督室(县人民政府纠正部门和行业不正之风办公室)、信访室、案件监督管理室、第一纪检监察室、第二纪检监察室、第三纪检监察室、第四纪检监察室、案件审理室(案件申诉复查复议办公室)、纪检监察干部监督室。各职能室的具体职责及配备如下:

办公室

2014年11月,县纪委监察局整合原办公室和监察综合室,设立办公室。负责处理委局机关日常事务,负责县纪委全会、常委会会议,委局办公会议及其他重要会议、活动的筹备组织工作,负责与县纪委委员的联系;汇总全县党风廉政建设和反腐败工作情况,组织起草委局有关文件文稿,编发工作通报和信息,审核以委局及办公室名义发布的公文;督促检查县委、县人民政府领导批办交办事项的落实情况,以及县纪委全委会工作部署和县纪委常委会会议、委局办公会议决定事项及委局领导批办交办事项的落实情况,汇总委局贯彻落实县委党的建设工作领导小组工作分工情况,组织协调有关县人大代表建议和县政协提案答复工作,组织协调党风监督员和特邀监察员工作;组织协调委局机关机要文件的办理和运行管理,保管、使用县纪委、县监察局及县纪委办公室印章,负责县纪委监察局机关保密工作,协调全县纪检监察系统密码管理工作;承担全县纪检监察信息化建设工作的规划、统筹和实施;负责县纪委监察局机关内部网络、信息化设备的日常管理、维护和安全保密工作;承担县纪委监察局机关普通密码的管理、使用工作;负责县纪委监察局机关内外联络接洽工作;统筹指导归档工作,负责县纪委监察局机关及派出(驻)

机构文书、音像等档案管理，编辑整理有关档案材料；负责县纪委监察局机关财务管理、资产管理等后勤服务工作；负责本部门干部日常管理和监督，承办领导交办的其他事项。

主　任　周文胜（苗族）　2014年3月至2014年12月

　　　　郎　松（苗族）　2014年12月至2017年4月

　　　　秦榜江（土家族）　2017年4月至2018年8月

第一、第二、第三、第四纪检监察室

2014年3月，县纪委监察局对内设机构进行调整，纪检监察室更名为纪检监察一室，设置纪检监察二室。

纪检监察一室主任　何周宇（苗族）　2014年3月至2014年11月

纪检监察二室主任　（未配）

2014年11月，纪检监察一室更名为第一纪检监察室，纪检监察二室更名为第二纪检监察室。增设第三纪检监察室、第四纪检监察室。

第一至第四纪检监察室负责监督检查联系乡（镇）和单位领导班子、县管干部遵守和执行党章以及其他党内法规，遵守和执行党的路线方针政策和决议、国家法律法规等方面的情况；监督检查联系乡（镇）和单位党委（党组）落实党风廉政建设主体责任、纪委（纪检组）落实监督责任的情况，对涉及的县管干部实施责任追究；督促联系乡（镇）和单位监督对象加强作风建设，监督检查作风建设规定的执行情况，调查处理严重违反有关规定的行为；承办联系乡（镇）和单位、县管干部的违纪违法案件和其他比较重要和复杂案件的初核、审查并提出处理建议，承办联系乡（镇）和单位应由委局机关参与调查事故、事件中涉及的监督对象违纪违法行为和需要问责情形的调查并提出处理建议，按照查办腐败案件以上级纪委为主的要求，监督、指导联系乡（镇）和单位的案件查处工作；做好问题线索的管理和处置工作，监督指导联系乡（镇）和单位上报问题线索处置；组织协调对联系乡（镇）和单位县管干部的诫勉谈话工作；负责了解联系乡（镇）和单位的纪检监察机关开展工作情况，综合、协调、指导联系乡（镇）和单位及其系统的纪检监察工作，协助考察了解联系乡（镇）和单位的纪检监察机构领导班子和队伍建设情况，负责本部门干部日常管理和监督，承办领导交办的其他事项。

第一纪检监察室主任：

　　何周宇（苗族）　2014年12月至2017年4月

　　龙振超（苗族）　2017年4月至2018年8月

第二纪检监察室主任：

　　吴维琼（苗族）　2014年12月至2017年1月

　　麻昌三（苗族）　2017年4月至2018年8月

第三纪检监察室主任：

　　麻绍扬（苗族）　2016年3月至2017年4月

第四纪检监察室主任：

　　张志明（苗族）　2016年3月至2018年8月

案件审理室（案件申诉复议复查办公室）

负责审理委局机关直接检查处理和乡（科）级党组织、政府（部门）报批或备案的案件；承办党员、监察对象对委局作出的党纪政纪处分或其他处理不服,对乡(科)级党组织、政府(部门)作出的复议复查(复审复查)决定不服的申诉案件,及其他需要由委局办理的申诉案件,处理、督办委局收到的申诉信件;承办应当由乡(科)级党委、纪委批准但需要比照处理的案件和其他需要比照处理报县纪委备案的案件;承担县纪委监察局的行政复议、行政应诉工作,承办县纪委监察局给予的行政处分的解除工作;承办乡(科)级党组织、政府(部门)和委局机关有关部门征求案件审理室意见的案件;起草县级案件审理、申诉复查行政复议、行政应诉和解除行政处分工作的程序性规定,指导全县纪检监察系统的相关业务工作;负责本部门干部日常管理和监督,承办领导交办的其他事项。2018年8月后,案件的申诉复查复议工作调整到宣传调研法规室。

主　任　龙正全(苗族)　2014年3月至2017年4月

宣传调研法规室(宣教研究室)

2014年11月,宣教研究室更名为宣传调研法规室。

负责组织协调全县党风廉政建设和反腐败宣传工作,组织开展相关法律法规、理论政策、形势任务、决策部署、成效经验和先进典型等宣传及舆论引导工作;负责组织协调全县党风廉政建设和反腐败教育工作,开展对党员、公务员的理想信念和宗旨教育、党风党纪和廉洁自律教育,组织协调廉政文化建设及纪检监察电化教育工作;负责委局机关新闻发布等日常工作,组织协调全县党风廉政建设和反腐败工作信息传播工作;负责组织协调全县党风廉政和反腐败网络舆情信息收集、研判和处置工作,协调县直有关部门和重点新闻网站等做好网络宣传引导工作;指导全县纪检监察系统的宣传教育、廉政文化建设和网络信息工作;负责调查研究全县党风廉政建设和反腐败工作情况,开展纪检监察政策理论、重大课题、政策法规问题的调查研究;负责纪检监察法规的咨询答复和解释工作,对纪检监察法规执行情况开展调查研究和立法后评估;负责纪检监察法规和规范性文件的备案、清理工作;指导全县纪检监察系统的调研、法规工作;负责本部门干部日常管理和监督,承办领导交办的其他事项。

主　任　秦榜江(土家族)　2014年3月至2017年4月

信访室

负责受理对党组织、党员和监察对象违反党纪政纪行为的检举、控告,受理不服党纪政纪处分和其他处理的申诉,处理群众来信、接待群众来访、接听举报电话、处理网络举报;提供信访举报信息,向委局领导报告重要举报情况;对打击报复举报人的检举、控告进行核实;处置信访举报中的突发情况;对信访举报工作进行调查研究,指导全县纪检监察系统的信访举报工作;负责本部门干部日常管理和监督,承办领导交办的其他事项。

主　任　郭玉华(女,苗族)　2014年3月至2014年11月

　　　　龙昌志(苗族)　2014年12月至2018年8月

党风政风监督室(县人民政府纠正部门和行业不正之风办公室)

2014年3月,合并党风廉政室、纠正部门和行业不正之风室,更名为党风政风监督室(县人民政府纠正部门和行业不正之风办公室)。

2014年11月,整合党风政风监督室(县人民政府纠正部门和行业不正之风办公室)和执法和效能监督室,设立党风政风监督室(县人民政府纠正部门和行业不正之风办公室)。

负责综合协调贯彻执行党的路线方针政策和决议、国家法律法规等情况的监督检查，组织协调重要监督检查活动；综合协调党风廉政建设责任制、党政领导干部问责规定的贯彻落实；综合协调政治纪律的执行和作风建设规定、廉洁自律规定的落实，开展有关党风政风监督专项检查，综合协调对违反作风建设规定问题的查处；综合协调应由委局机关参与调查的事故、事件中涉及的监督对象违纪违法行为和需要问责情形的调查处理，指导、督办地方和部门对相关事故、事件的调查处理；履行县人民政府纠正部门和行业不正之风办公室职能，监督检查承担纠正损害群众利益不正之风任务的相关部门履行职责情况，协调查处各乡（镇）、各部门在开展行风建设和纠风专项治理中的失职渎职行为；指导全县纪检监察系统的党风政风监督工作，管理县管干部廉政档案；承办干部监督工作联席会议成员单位的有关工作；负责本部门干部日常管理和监督，承办领导交办的其他事项。

主　任　刘卫东（苗族）　2014年3月至2014年11月

李　艳（女，苗族）　2015年8月至2017年5月

案件监督管理室

负责对县管干部问题线索进行集中管理，并分送相关纪检监察室，负责办理县管干部及股级干部任职前回复组织人事部门意见工作；按照查办腐败案件以上级纪委为主的要求，统一受理下级纪检监察机关线索处置和案件查办报告，分送相关纪检监察室，负责向市纪委报送案件线索处置和案件查办的有关情况；负责查办案件相关工作的组织协调，建立跨乡镇、跨部门协作办案机制，归口管理与有关部门的联系协调事项，负责综合协调国（境）内追逃防逃相关工作；负责对依纪依法安全办案情况进行监督检查，对委局办案场所的安全保卫、保密工作进行监督检查，落实办案安全工作责任制，配合联系有关纪检监察室做好办案安全事故调查和责任追究；督促查办领导批办、交办案件及办理相关事项；负责对查办案件及其相关专项工作情况进行统计分析；指导全县纪检监察系统的案件监督管理工作；负责本部门干部日常管理和监督，承办领导交办的其他事项。

主　任　何周宇（苗族）　2014年3月至2014年12月

易小峰（苗族）　2014年12月至2018年8月

监察综合室

2014年11月，县纪委监察局整合原办公室和监察综合室，设立办公室，撤销监察综合室。

主　任　郎　松（苗族）　2014年3月至2014年11月

执法和效能监督室

2014年3月，撤销执法监察室、行政效能监察室，设置执法和效能监督室；设置时，未配室负责人。2014年11月，整合党风政风监督室（县人民政府纠正部门和行业不正之风办公室）和执法和效能监督室，设立党风政风监督室（县人民政府纠正部门和行业不正之风办公室）。

干部室

负责全县纪检监察系统领导班子建设、干部队伍建设和组织建设方面的制度建设；负责委局机关各部门及直属单位领导班子和干部队伍建设，承办有关机构编制、干部人事、人员档案、工资福利等工作，配合机关党委督促机关各部门及直属单位加强干部日常管理和监督；负责承办县级党和国家机关派驻纪检

监察机构领导班子和干部队伍建设以及有关综合协调工作，承办有关机构编制、干部人事、人员档案等工作；会同有关部门负责县纪委监察局派出纪工委监察分局领导班子考察、任免及组织建设等相关工作；会同有关部门，负责乡（镇）纪检监察机关领导班子建设，承办乡（镇）纪委书记、副书记提名和考察等干部人事工作，指导全县纪检监察机关干部队伍建设和组织建设；负责全县纪检监察系统干部教育培训工作，会同有关部门承办对全县纪检监察系统的表彰、奖励工作，负责委局机关因公临时出国（境）和因私出国（境）办理等工作；协同委局机关有关部门做好离退休干部职工的生活服务管理工作，办理离退休人员的善后事宜；负责离退休干部职工的关系接转、信息统计和宣传表彰等有关工作；负责本部门干部日常管理和监督，承办领导交办的其他事项。

主　任 龙水涌（苗族）　2014年3月至2018年8月

纪检监察干部监督室

2014年11月，县纪委监察局新设纪检监察干部监督室。明确其职能职责为：负责监督检查全县纪检监察系统干部遵守和执行党章以及其他党内法规、遵守和执行党的路线方针政策和决议国家法律法规等方面的情况；负责受理对委局机关各部门及直属单位干部职工违纪违法问题的举报，负责问题线索的初核及案件的审查工作，提出处理建议；负责受理对县级党和国家机关派驻纪检监察机构领导班子及干部违纪违法问题的举报，负责问题线索的初核及案件的审查工作，提出处理建议；负责受理对乡（镇）纪检监察机关、县纪委监察局派出纪工委监察分局领导班子及其成员违纪违法问题的举报，负责问题线索的初核及案件的审查工作，提出处理建议；制定关于加强纪检监察干部监督的规定，指导全县纪检监察系统干部监督工作，督办有关违纪违法案件的调查处理；负责监督检查全县纪检监察系统干部选拔任用工作；负责本部门干部日常管理和监督，承办领导交办的其他事项。

2018年8月，纪检监察干部监督室划转到干部室。

主　任　姚　蓉（女，苗族）　2014年12月至2017年4月

　　　　刘建英（女，侗族）　2017年4月至2018年8月

派驻机构管理室

2014年3月，设置派驻机构管理室。2014年11月14日，根据松党办发〔2014〕145号文件关于印发《松桃苗族自治县纪委监察局调整内设机构和人员编制方案》的通知，撤销派驻机构管理室。未配置室负责人。

三、国家监察体制改革后内设机构

2018年8月，县编办明确县纪委县监委机关内设13个职能室，即办公室、干部室（纪检监察干部监督室）、宣传调研法规室（案件申诉复查复议办公室）、党风政风监督室、信访室、案件监督管理室、第一至第六纪检监察室、案件审理室。第四纪检监察室加挂重大责任事故调查办公室牌子；第六纪检监察室加挂信息技术保障室牌子；党风政风监督室不再加挂"县人民政府纠正部门和行业不正之风办公室"牌子。核定县纪委县监委机关行政编制38名。其中：内设机构领导职数13名，原机关工勤编制10名暂予以保留。

办公室

负责机关日常运转工作；筹备组织重要会议、活动；组织起草机关有关文件文稿；督促检查有关工作

部署的落实情况；负责机关后勤管理和服务工作；负责机关财务管理、国有资产管理、房管基建和安全保卫工作；负责机关及派驻机构涉案款物保管；承担机关依法治县工作；负责与县纪委委员、县监委特约监察员的联系；负责机关计算机网络系统的建设、管理、运行和维护；承担机关计算机设备、密码设备的管理工作。

主　任　秦榜江（土家族）　2018年8月至2019年5月
　　　　李　霞（女）　2020年4月至2020年12月

干部室

根据干部管理权限，承担全县纪检监察系统领导班子建设、干部队伍建设和组织建设的综合规划、制度建设和业务指导；承担机关及所属事业单位、派驻机构干部人事工作；会同有关方面，做好县纪委县监委派驻机构、乡镇（街道）纪检监察机构、县管企业和县属学校、医疗单位纪检监察机构领导班子成员的提名、考察、任免等干部人事工作；组织和指导全县纪检监察系统干部教育培训工作；承担机关及所属事业单位退休工作；负责监督检查全县纪检监察系统干部遵守和执行党章和其他党内法规，遵守和执行党的路线方针政策和决议、国家法律法规等方面的情况；受理对全县纪检监察干部涉嫌违反党纪、职务违法和职务犯罪等问题的举报，提出处置意见并负责问题线索初步核实及立案审查调查工作等。2019年6月，干部室的纪检监察干部监督工作调整到党风政风监督室，相关职责一并划转。

主　任　龙水涌（苗族）　2018年8月至2018年10月
　　　　刘建英（女，侗族）　2018年10月至2019年4月
　　　　杨昱昕（女，苗族）　2019年5月至2020年12月

宣传调研法规室（案件申诉复查复议办公室）

承担组织协调全面从严治党、党风廉政建设和反腐败宣传教育以及廉洁文化建设工作；承担机关的新闻事务和有关网络信息工作；综合分析全面从严治党、党风廉政建设和反腐败工作情况；开展重大课题研究；起草重要文件文稿；参与起草制定县级相关法规和规范性文件；承担纪检监察法规制度的备案审查、清理工作；承担法律顾问相关工作；承办党员对县纪委作出的党纪处分或者其他处理不服的申诉案件、监察对象对县监委作出的涉及本人的处理决定不服的申请复审案件，以及其他需要由县纪委县监委办理的申诉、复核案件。2018年8月后，宣传调研法规室加挂案件申诉复查复议办公室牌子。

主　任　陈向东（土家族）　2018年8月至2020年4月
　　　　唐义长（苗族）　2020年4月至2020年12月

党风政风监督室（纪检监察干部监督室）

承担综合协调贯彻执行党的路线方针政策和决议、国家法律法规等情况的监督检查；综合协调党的政治纪律和政治规矩执行；综合协调贯彻落实中央八项规定及其实施细则精神、纠正“四风”工作；综合协调党内监督、党的问责等方面工作，推动管党治党政治责任落实；综合协调巡视巡察反馈意见整改落实情况的监督检查工作；综合分析党风政风监督工作情况，开展调查研究，提出工作建议；组织开展党风政风监督专项检查活动；牵头承担县管干部廉政档案的建设、管理工作；指导全县纪检监察系统的党风政风监督工作等。

2018年8月13日后，党风政风监督室不再加挂“县人民政府纠正部门和行业不正之风办公室”牌子。

2019年6月，党风政风监督室加挂“纪检监察干部监督室”牌子，负责监督检查全县纪检监察系统干部遵守和执行党章和其他党内法规，遵守和执行党的路线方针政策和决议、国家法律法规等方面的情况；受理对全县纪检监察干部涉嫌违反党纪、职务违法和职务犯罪等问题的举报，提出处置意见并负责问题线索初步核实及立案审查调查工作等。

主　任　李慧娟（女，苗族）2019年7月至2020年12月

信访室

负责受理对党的组织、党员违反党纪行为和行使公权力的公职人员职务违法、职务犯罪行为等的检举、控告；归口受理对县委管理的党的组织和党员干部违反党纪、职务违法和职务犯罪行为等的信访举报，统一接收县纪委县监委派驻机构和乡镇（街道）纪检监察机构报送的相关信访举报，分类摘要后将问题线索类信访举报按程序移交案件监督管理室；受理党员对县纪委作出的党纪处分或者其他处理不服的申诉、监察对象对县监委作出的涉及本人的处理决定不服的复审申请；综合分析信访举报情况；接待群众来访，处理群众来信和电话网络举报事项等。

主　任　龙昌志（苗族）　2018年1月至2018年8月
　　　　龙军勇（苗族）　2018年8月至2020年12月

案件监督管理室

负责对监督检查、审查调查工作全过程进行监督管理，履行线索管理、组织协调、监督检查、督促办理、统计分析等职责；统一受理信访室、巡视巡察工作机构和审计机关、行政执法机关、司法机关等单位移交的相关问题线索，实行集中管理、动态更新、定期汇总核对，对适用“四种形态”中第一种、第二种形态的，按程序移交相关纪检监察机构，对适用第三种、第四种形态的，按程序移交纪检监察室；统一受理下级纪检监察机构线索处置和案件查办报告，分送有关部门；归口管理审查调查工作中与有关部门的联系协调事项；对调查措施使用进行监督管理，监督检查全县纪检监察机关依纪依法安全办案情况；协调办理县管干部任职前回复县委组织部意见工作；负责本级谈话场所的管理；承担综合协调反腐败国际追逃追赃和防逃相关工作等。

主　任　易小峰（苗族）　2018年8月至2018年10月
　　　　杨秀波（侗族）　2018年10月至2020年10月

第一、第二、第三、第五纪检监察室

主要履行执纪审查和依法调查处置的职责；承办涉嫌严重违纪或者职务违法、职务犯罪问题线索的初步核实和立案审查调查，以及其他比较重要或者复杂案件的初步核实、审查调查，并提出处理建议；向监察对象所在单位提出监察建议；对案件监督管理室移交的问题线索，按程序进行处置，对适用于第一种、第二种形态的继续进行处理，发现新的问题线索后按程序移交案件监督管理室；可以办理下一级监察机关管辖范围内的监察事项，必要时也可以办理所辖各级监察机关管辖范围内的监察事项等。

第一纪检监察室主任　龙振超（苗族）　2018年8月至2020年12月
第二纪检监察室主任　麻昌三（苗族）　2018年8月至2020年12月
第三纪检监察室主任　李　波（苗族）　2020年3月至2020年12月
第五纪检监察室主任　石利军（苗族）　2018年8月至2019年5月

龙俊泽(苗族)　2020年4月至2020年12月

第四纪检监察室(重大责任事故调查办公室)

承担第一、第二、第三、第五纪检监察室相同的工作职责;组织开展全县扶贫与民生监督工作,综合协调整治群众身边和扶贫领域的腐败和作风问题;承担机关参与调查的事故、事件中涉及的监督对象违纪违法犯罪行为和需要问责情形的调查处理工作;协助做好县管干部廉政档案建设工作。

主　任　张志明(苗族)　2018年8月至2020年12月

第六纪检监察室(信息技术保障室)

承担第一、第二、第三、第五纪检监察室相同的工作职责;牵头拟定全县办案装备建设、发展的总体规划和年度计划并组织实施负责机关办案装备的使用管理;牵头拟定全县纪检监察机关信息化建设、发展的总体规划和年度计划,承担机关信息化项目的组织实施;建设综合信息查询平台、情报信息库、信息化指挥平台,为纪检监察工作提供技术支持与保障服务等。

主　任　张明进　2020年3月至2020年12月

案件审理室

承担审理县纪委县监委直接审查调查和乡科级党的组织、纪检监察机关报批或者备案的违反党纪和职务违法、职务犯罪案件,严格依规依纪依法提出处理或者处分意见等。

主　任　张朝河(土家族)　2018年10月至2020年12月

四、所属事业单位

1.举报中心(非公有制经济发展侵权投诉中心)

2010年4月,经县委常委会会议研究,同意在县纪委监察局设立举报中心(非公有制经济发展侵权投诉中心),为县纪委监察局下设副科级事业单位,挂靠在信访室。2014年11月,信访室不再加挂县纪委监察局举报中心牌子。

2011年1月经中共铜仁地委组织部批准,将县纪委监察局举报中心(非公有制经济发展侵权投诉中心)列入参照公务员法管理范围。承担政务服务管理、公共资源交易管理、12345政务热线受理等方面的工作职责。

2018年8月,保留松桃苗族自治县举报中心(非公有制经济发展侵权投诉中心),为县纪委县监委所属的副科级参公事业单位,核定事业编制(参公)11名,设主任1名(副科长级),副主任1名(股级)。

主　任　石荷仙(女,苗族)　2010年5月至2012年7月
　　　　麻显文(苗族)　2012年7月至2016年3月
　　　　石　凯(苗族)　2019年7月至2020年12月

2.民生项目监督特派组联络中心

2016年8月,为进一步强化民生监督工作的统筹力度,保障民生监督工作规范运行,根据《关于设立松桃苗族自治县纪委监察局民生项目监督特派组联络中心的通知》,设立民生项目监督特派组联络中心,为县纪委监察局管理的副科级事业单位。2017年4月,杨佳任民生项目监督特派组联络中心主任。

2018年8月,核定民生项目监督特派组联络中心事业编制44名,其中:设主任1名(副科长级),副主任2名(股级)。

主　任　杨　佳(女,侗族)　2017年4月至2020年12月

3.县委巡察信息服务中心

2019年4月28日,中共松桃苗族自治县机构编制委员会办公室印发《关于设立县委巡察信息服务中心的通知》,同意设立松桃苗族自治县委巡察信息服务中心,为县委巡察办所属公益一类事业单位,机构规格为正股级,由财政全额预算管理。核定事业编制15名,其中主任1名,副主任2名。主要负责统筹全县巡察信息资源,建设符合保密技术规范的巡察数据平台,为巡察工作实行台账式管理提供保障;负责全县巡察相关信息资料的收集、整理,协助处理有关巡察工作的网络舆情和社会舆论事宜等工作;负责巡察问题线索的梳理分析汇总,为县委开展巡察工作提供决策参考依据;负责做好全县巡察信息相关业务咨询及培训等服务工作。

县委巡察信息服务中心主任(暂缺)

4.纪检监察事务保障中心

2020年9月,根据《关于设立松桃苗族自治县纪检监察事务保障中心的通知》文件精神,设立松桃苗族自治县纪检监察事务保障中心,为县纪委县监委所属财政全额预算管理的公益一类事业单位,机构规格为正股级,核定事业编制10名,设主任1名,副主任1名。

纪检监察事务保障中心主任　(暂缺)

第四节　派出机构

2012年7月,为有效整合县纪委监察局派驻纪检监察机构工作力量,强化纪检监察机关的监督职能,在保留派驻纪检组(监察室)、专职纪检员的基础上,按照“职能相近、业务相关”的要求,成立了6个派出纪工委监察分局。分片设立的6个县纪委监察局派出纪工委(监察分局),为正科级机构,履行纪检、监察两项职能,分块管理县直党政部门和群团机关的纪检监察机构及工作,并联系乡镇、垂直管理部门(单位)的纪检监察工作。名称为“中共松桃苗族自治县纪律检查委员会派出第一、二、三、四、五、六纪律检查工作委员会、松桃苗族自治县监察局派出第一、二、三、四、五、六监察分局”,简称为“松桃苗族自治县纪委监察局派出第一、二、三、四、五、六纪工委(监察分局)”。

县纪委监察局派出6个纪工委(监察分局)核定行政编制36名(暂使用事业编制),每个纪工委(监察分局)行政编制6名,领导职数4名,其中正科级纪工委书记1名,正科级纪工委副书记(兼监察分局局长)1名,副科级副书记1名,副科级监察分局副局长1名。每个纪工委(监察分局)下设办公室,配工作人员2名,其中,主任1名(股级)。各纪工委(监察分局)人员配置及分块管理部门单位、联系对象具体如下:

一、县纪委监察局派出第一纪工委(监察分局)

管　理　县编委办、县总工会、县教育局、县文体广电旅游局、县民宗局、县档案局。

联　系　苗王城管委会、贵州广电网络松桃分公司、县供电局、中国人保松桃分公司、中国财保松桃分公司、盘石镇、长坪乡、盘信镇、正大乡、大兴镇(街道)。

书　记　宋　扬(苗族)　　2013年2月至2016年1月

向　勇（侗族）　2016年3月至2017年4月

宋景海（苗族）　2017年4月至2018年7月

纪工委副书记、监察分局局长

宋　扬（苗族）　2012年8月至2013年2月

龙素英（女，苗族）　2013年2月至2016年3月

姚　蓉（女，苗族）　2017年4月至2018年6月

副书记　杨昌伦（苗族）　2012年7月至2016年3月

宋景海（苗族）　2016年3月至2017年4月

麻绍扬（苗族）　2017年4月至2018年8月

副局长　龙　文（苗族）　2016年3月至2017年4月

二、县纪委监察局派出第二纪工委（监察分局）

管　理　县委办、县委组织部、县委宣传部、县委统战部、县直属机关工委、县红十字会、县计生协会、县离退局、县委党校、县委党研室、县卫生和食药监局、县人口计生局。

联　系　瓦溪乡、永安乡、甘龙镇、石梁乡。

书　记　麻　程（苗族）　2013年2月至2015年2月

邱美霖　2016年3月至2018年6月

纪工委副书记、监察分局局长

龙政敏（苗族）　2013年2月至2015年1月

邱美霖　2015年1月至2016年3月

龙素英（女，苗族）　2016年3月至2016年8月

秦　毅（侗族）　2016年8月至2018年6月

副书记　李忠华（女，苗族）　2012年7月至2016年3月

杨昱昕（女，苗族）　2016年3月至2018年8月

副局长　吴维琼（苗族）　2012年8月至2014年12月

欧正芳（苗族）　2016年3月至2018年8月

三、县纪委监察局派出第三纪工委（监察分局）

管　理　县科协、县残联、县农牧科技局、县林业局、县水务局（县重点水源工程建设管理局）、县供销联社。

联　系　县烟草局、中国移动松桃分公司、中国联通松桃分公司、中国电信松桃分公司、县邮政局、世昌乡、黄板乡、木树乡、长兴堡镇、迓驾镇。

书　记　杨昌伦（苗族）　2016年3月至2017年4月

麻显文（苗族）　2017年4月至2018年6月

纪工委副书记、监察分局局长

何　彬（苗族）　2012年8月至2014年12月

向　勇（侗族）　2015年1月至2016年3月

李　艳(女,苗族)　2017年5月至2018年6月

副书记　杨昌馀(侗族)　2012年7月至2017年6月

李忠华(女,苗族)　2017年6月至2018年8月

副局长　龙　文(苗族)　2015年1月至2016年3月

何兴发(苗族)　2016年3月至2018年8月

四、县纪委监察局派出第四纪工委(监察分局)

管　理　县发改局、县财政局、县民政局、县扶贫办、县审计局、县统计局。

联　系　县国税局、县地税局、铜仁银监会松桃办事处中国人民银行松桃支行、中国农业发展银行松桃支行、中国工商银行松桃支行、中国建设银行松桃支行、中国农业银行松桃支行、县信用联社、国家统计局松桃调查队、铜仁公积金管理中心松桃管理部、乌罗镇、冷水溪乡、大路乡、孟溪镇、妙隘乡。

书　记　麻志南(女,苗族)2012年7月至2018年8月

纪工委副书记、监察分局局长

邱美霖　2012年8月至2015年1月

陈祥军(苗族)　2015年1月至2018年9月

副书记　贺　丽(女,苗族)　2016年3月至2017年5月

吴秀勇(苗族)　2017年5月至2018年6月

副局长　吴秀勇(苗族)　2016年3月至2017年5月

五、县纪委监察局派出第五纪工委(监察分局)

管　理　县住建局、县国土资源局(自然资源局)、县环保局、县工业贸易局(工业和商务局)、县交通运输局、县工业园区管委会。

联　系　县工商联、县工商局、县质监局、县公路管理段、县运管所、县盐务支局、牛郎镇、沙坝河乡、寨英镇、普觉镇。

书　记　龙永才(苗族)　2013年2月至2014年11月

江长智(苗族)　2017年4月至2018年6月

纪工委副书记、监察分局局长

李福周(苗族)　2012年8月至2014年12月

江长智(苗族)　2014年12月至2017年4月

郎　松(苗族)　2017年5月至2018年6月

副书记　宋景海(苗族)　2014年12月至2016年3月

李忠华(女,苗族)　2016年3月至2017年6月

杨昌馀(侗族)　2017年6月至2018年8月

副局长　邓显江(土家族)　2012年11月至2016年3月

龙明章(苗族)　2017年5月至2018年8月

六、县纪委监察局派出第六纪工委(监察分局)

管　理　县人大办、县政府办、县政协办、团县委、县妇联、县文联、县人力资源和社会保障局、县行政服务中心、县安监局、县城市管理行政执法局、县信访局、县接待办(机关事务管理局)。

联　系　县委政法委、县人民检察院、县人民法院、县司法局、县公安局、县气象局、平头乡、大坪场镇、太平营乡(街道)、蓼皋镇(街道)、九江乡(街道)。

书　记　石昌彪(苗族)　　2016年3月至2018年6月

纪工委副书记、监察分局局长

石荷仙(女,苗族)　　2012年8月至2015年1月

张永锋(苗族)　　2015年1月至2016年3月

贺　丽(女,苗族)　　2017年5月至2018年8月

副书记　贺　丽(女,苗族)　　2014年12月至2016年3月

麻显文(苗族)　　2016年3月至2017年4月

邓显江(土家族)　　2017年4月至2018年8月

副局长　曹　欢　　2012年8月至2016年1月

邓显江(土家族)　　2016年3月至2017年4月

2016年3月,为实现派出(驻)机构全覆盖和人、财、物全面统管,县纪委监察局将派出(驻)纪检监察机构调整为51个。6个派出纪工委(监察分局)由原事业编制36名增加至92名,暂保留每个派出纪工委(监察局)工勤人员编制1名。保留每个派出纪工委(监察分局)科级领导职数4名不变,其中:正科级纪工委书记1名,正科级纪工委副书记(兼监察分局局长)1名,副科级纪工委副书记1名、副科级监察分局副局长1名,由派驻纪检(监察)组长兼任。每个纪工委(监察分局)下设办公室在县举报中心,设主任6名(股级),工作员6名,作为专职具体办公人员。

松桃苗族自治县纪委监察局派驻机构情况一览表

表1-1　　　　单位：____

序号	类别	单位名称	派驻方式	行政编制数	事业编制数	备注
1	党委工作部门	县委办	纪检组	1	—	单列
2		县委组织部		1	—	
3		县委宣传部		1	—	
4		县委统战部		1	审计局调入	
5		县委政法委		1	—	
6		县编委办		1	—	
7		县机关工委	纪工委	1	—	
8	人大、政协机关	县人大办	纪检组	1	发改局调入	
9		县政协办		1	工业商务局调入	
10	群团	县总工会		1	—	
11	法检两院	县人民法院	纪检组（监察室）	2	—	单列
12		县人民检察院	纪检组	1	—	
13	政府工作部门	县政府办	纪检组（监察室）	2	—	
14		县发改局		2	—	
15		县教育局		2	5	挂靠
16		县工业和商务局		2	—	挂靠
17		县民宗局	纪检监察组	1	1	
18		县司法局		1	1	
19		县公安局	监察室	1	—	单列
20		县民政局	纪检组（监察室）	2	—	
21		县财政局		2	3	挂靠
22		县人社局		2	—	单列
23		县国土局		2	—	
24		县环保局		2	—	
25		县住建局		2	—	
26		县交通局		2	—	
27		县农牧科技局		2	2	挂靠
28		县水务局		2	—	单列
29		县林业局		2	—	
30		文广新旅局		2	—	
31		县卫计局		2	3	挂靠
32		县审计局	纪检监察组	1	1	
33		市场监督管理局	纪监室	2	—	单列
34		县城管局	纪检监察组	1	1	
35		县安监局		1	1	
36		县统计局		1	1	

续表1—1

序号	类别	单位名称	派驻方式	行政编制数	事业编制数	备注
37	县委事业	县委党校(参公)	纪检组	—	2	单列
38	政府事业	县档案馆(参公)	纪检监察组	—	1	
39		县扶贫办(参公)		—	3	
40		县投资促进局		—	1	
41	政府其他	县供销社(参公)		—	2	
42	部门直属事业单位	政务服务中心(参公)		—	1	
43		县产权交易中心(公共资源交易中心)		—	1	
44		疾病预防控制中心		—	1	
45		县卫生监督局(参公)		—	1	
46		妇幼保健院		—	1	
47		县人民医院		—	1	
48		县中医院		—	1	
49		贵州松桃民族中学		—	1	
50		松桃第三高级中学		—	1	
51		县山地生态畜牧业发展中心		—	1	

第五节 县纪委恢复重建前乡(镇)纪检监察机构

乡(镇)纪检监察机构是县级纪检监察机关的重要组成部分,机构名称随行政区划的调整和基层党政机关名称改变发生相应变化。

1950年3月1日,中共松桃县委、县人民政府成立时,全县辖23个乡1个镇。1952年10月,在原四川省秀山县辖九江乡划入后,松桃根据中央财经委员会和贵州省人民政府关于“在土地改革后农村社会秩序安定,大力发展生产的基础上,适当地划分乡村行政区划,确定区、乡政府所在地,召开人民代表大会,成立区、乡一级政权”的指示,将全县24乡1镇划为115个小乡1个镇。1953年3月,县人民政府决定将丰乐镇更名为城关镇,为一区所辖。从1953年8月起至1954年3月,县辖的乡镇进行普选,召开人民代表大会,选举产生乡级组织管理机构。县委根据各乡(镇)选举结果,指定乡(镇)党的书记或副书记兼管或代管党的纪检监察工作,建立乡镇纪律检查(监察)委员会,具体人员如下:

1953年至1955年乡(镇)纪(监)委书记

1.城关区所辖13个乡1个镇纪(监)委书记

城关镇	陶永顺(兼)	粑坳乡	蒋邦宇(兼)
盐井乡	周子明(兼)	九江乡	雷彦钧(兼)
牛场乡	杨国宣(兼)	落塘乡	龙现甲(苗族,兼)
峥岘乡	黄关忠(兼)	黄板乡	龙河清(苗族,兼)
散水乡	龙正廷(苗族,兼)	卡落乡	唐宗炎(兼)
土屯乡	邓绍猷(兼)	沙坪乡	张荣和(兼)
猫猫乡	段官寿(兼)	两河乡	杨国清(兼)

2.世昌区所辖10个乡纪(监)委书记

平茶乡	欧庆华(苗族,代)	道水乡	杨德权(兼)
沙柳乡	田瑞堂(苗族,兼)	底哨乡	龙老香(女,苗族,兼)
龙亭乡	刘玉华(兼)	花溪乡	朱正先(苗族,代)
臭脑乡	吴老久(兼,代)	盘石乡	石　云(苗族,兼)
芭茅乡	龙子法(苗族,兼)	水源乡	石忠贵(苗族,兼)

3.盘信区所辖13个乡纪(监)委书记

长坪乡	龙江云(苗族,兼)	构皮乡	滕久安(苗族,代)
楼台乡	龙秀高(苗族,兼)	小隆乡	杨秀隆、杨苟毛(兼)
瓦窑乡	唐美和(苗族,兼)	正大乡	田兴保(苗族,兼)
包家乡	龙仁山(苗族,兼)	新场乡	姚祖虞(兼)
团寨乡	匡老久(代)	麦地(地甲)乡	杨老春(兼)
薅菜乡	龙金山(苗族,兼)	上潮(老营)乡	龙贵海(苗族,兼)
后寨(大湾)乡	张应国(兼)		

4.大坪区所辖13个乡纪(监)委书记

龙头乡	张邦盛(兼)	石马乡	吴三连(兼)
大坪乡	陆祖斌(兼)	五梅乡	白求保(兼)
平头乡	田景春(苗族,兼)	隘门乡	田如清(苗族,代)
太平乡	唐金保(苗族)	镇江乡	张子堂(兼)
石岘乡	阳长寿(兼)	黄泥乡	包天龙(兼)
平土乡	姚祖茂(兼)	八龙乡	严代俊(兼)
岑硐乡	郭宗国(兼)		

5.普觉区所辖13个乡纪(监)委书记

瓮济乡	王廷海(兼)	邓堡乡	杨兴顺(兼)
寨英乡	邓世顶(兼)	大洞乡	蒋德灿(兼)
上寨乡	杨秀周(兼)	普觉乡	邓世培(兼)
莲花乡	胡仁书(兼)	凯牌乡	冉崇犹(兼)
尖山乡	雷声富(代)	落满乡	季光扬(兼)
半坡乡	雷华德(兼)	曲江(回龙)乡	龙友才(兼)
黎家堡乡	戴启银(兼)		

6.孟溪区所辖12个乡纪(监)委书记

孟溪乡	雷礼仲(兼)	木耳乡	喻邦银(兼)
耿溪乡	冉隆惠(兼)	桂芽乡	杨昌荣(兼)
大路乡	杨胜发(兼)	安山乡	李太松(兼)
乜江乡	张嗣胜(苗族,代)	妙隘乡	杨胜清(兼)
红岩乡	梁文明(兼)	新庄乡	石邦保(苗族,代)
寨石乡	杨光福(兼)	双江乡	龚锡明(兼)

7.乌罗区所辖13个乡纪(监)委书记

罗袍乡	梁承忠(兼)	冷水乡	喻庆堂(兼)
木江乡	吴秀建(兼)	狮子乡	陈宗锡(兼)
乌罗乡	杨胜珍(兼)	三阳乡	符兴执(兼)
石门乡	唐明刚(兼)	谢沟乡	徐子廷(兼)
峰岩乡	罗运培(兼)	毛溪乡	唐仕进(兼)
寨安乡	龙胜福(苗族,兼)	高硐乡	杨光荣(兼)
上衙乡	李佐国(兼)		

8.甘龙区所辖15个乡纪(监)委书记

五官乡	陈远世(代)	十字(地稳)乡	杨正富(兼)
石梁乡	何正来(兼)	浑泉乡	伍佐珍(兼)
麻阳乡	田景坤(苗族)	和平乡	朱回泰(兼)
麻兔乡	李爵位(代)	甘龙乡	张忠富(代)
猫山乡	郎金阶(苗族)	薅枝乡	杨政斌(兼)
寨地乡	李守学(兼)	永安乡	邹书元(代)
甘泥乡	何伯坤(代)	大河乡	刘裔贤(代)
红石乡	李永江(土家族,兼)		

9.长兴区所辖13个乡纪(监)委书记

长兴乡	贺昌富(苗族,兼)	瓦厂乡	杨顺兴(苗族,代)

九龙乡	杨宗寿(代)	青山乡	田宗木　阳广金(兼)
迓驾乡	龙善修(兼)	硐口乡	石维全(兼)
张坝乡	杨兆荣(兼)	杨柳乡	杨宗全(兼)
木树乡	唐玉清(苗族)	白果乡	麻巴顺(苗族,代)
满地乡	陈老长(代)	桃坪乡	石洪德(苗族,代)
石花乡	麻再文(苗族,兼)、麻顺国(苗族,兼)		

1955年9月,根据中华人民共和国地方各级人民代表大会和地方各级人民委员会组织法规定及省、专署的指示,各乡镇召开人民代表大会,将乡镇人民政府改组为乡镇人民委员会。同时,将在116个乡(镇)设立的纪律检查委员会更名为监察委员会。书记基本由乡(镇)党的主要领导兼任。

1956年8月,为了加强对农村各项工作的领导,能够集中人力、物力,充分利用自然条件,进行较大规模的经济建设和文化建设,有利于农业合作化迅速发展,将116个乡镇合并为75个乡镇。1957年1月,因松桃成立苗族自治县,将原铜仁县辖和江口县辖的苗族人口相对聚居的牛郎、木寨、王家普、天星云、中寨、大兴、沙坝、小屯等10个乡划入松桃管辖,至此,全县共有84个乡、1个镇。

在1954年3月,铜仁县辖的牛郎、大鹏溪等10个乡召开首届人民代表大会,选举产生乡级组织管理机构。中共铜仁县委指定兼管或代管的各乡纪委(监察委员会)书记是:

岩拉乡	龙守望(苗族,代)	中寨乡	吴银生(兼)
大鹏溪乡	杨再良	天星云乡	龚超崇
木寨乡	蒋绪梅	婆洞乡	龙山福(苗族,代)
牛郎乡	黄桥昌	大兴乡	吴福清(苗族,代)
沙坝乡	杨再智	王家普乡	吴先知(苗族)

1958年4月,为了有利于生产建设,结合全县第二届人民代表大会的选举工作,将县辖的84个乡1个镇合并为44个乡1个镇。是年9月,根据中共中央《关于农村建立人民公社问题的决议》以及省委、地委的指示,45个乡镇转建为44个人民公社,公社管理委员会改为团指挥部。

1958年12月,松桃苗族自治县第二届党代表大会第一次会议决议:将44个乡社合一的人民公社,合并为10个区社合一的人民公社。1959年1月,正式建立城关、世昌、盘信、大坪、普觉、孟溪、乌罗、甘龙、长兴、牛郎10个区社合一的人民公社,下设60个管理区。人民公社设立管理委员会,作为人民公社的统一领导机关;管理区设立管理委员会,作为人民公社派出的协助领导机关。12月,县委批复县委监察委员会《关于目前开展党的监察工作的几点意见》,各人民公社、厂矿党委成立了党的监察委员会。

1960年11月,根据中华人民共和国宪法及省、专署的指示,结合召开第三届人民代表大会选举工作,重新调整行政区划,60个管理区改称为60个乡。12月,各乡召开人民代表大会,选举成立乡人民委员会。

1961年7月下旬,根据中共中央《农村人民公社工作条例(草案)》精神,松桃苗族自治县召开三级干部会议作出决定,将10个区社合一的人民公社调整为46个人民公社。新的人民公社成立后,原乡人民委员会继续存在,而且对外一律使用乡人民委员会的印信。由于有些人民公社是2个或2个以上的乡组成的,加上调整人民公社规模时各乡干部有较大的变动,根据省人民委员会及专署的指示,这些公社于当年12月召开人民代表大会,补选乡人民委员会成员。1962年5月,根据群众要求和工作需要,经上级批准,增设安塘人民公社。

1963年2月，遵照省人民委员会关于“乡、民族乡、镇的行政区划，应当以人民公社规模来确定”的指示，结合召开第四届人民代表大会选举工作，再一次调整乡的行政区划，在47个人民公社的基础上，增设9个人民公社。同年3月，各公社根据中华人民共和国宪法和中共中央《农村人民公社工作条例修正草案》的规定，召开人民代表大会（亦称社员代表大会），选举产生公社管理委员会和监察委员会，正式明确“公社管理委员会，在行政上，就是乡人民委员会（即乡人民政府）”。因资料缺失，各乡镇监察委员会组成人员无法列出。

1965年11月，经县委研究，并报请贵州省人民委员会批准，对城关、寨石、乌罗、长兴、迓驾5个公社的行政区划作了变更：恢复城关镇为县直辖镇，并保留城关公社；将寨石公社划为寨石、妙隘2个公社，将乌罗公社划为乌罗、高硐2个公社，将长兴公社划为长兴、瓦厂2个公社；将迓驾公社划为迓驾、达车2个公社。此后，全县10个区公所，1个直辖镇、60个乡的格局基本固定下来。

1967年5月，县委被“群众组织”夺权，县纪律检查机构被县革命委员会的组织机构所替代。

1979年，县纪委恢复成立。从1986年4月起，经县委批准，县纪委先后向辖内10个区派驻纪检工作组，负责对辖内乡镇党员和党员干部党的纪律监督和检查，切实担负反腐败的工作。

第六节 区委（区公所）纪检监察机构

1950年3月1日，中共松桃县委、县人民政府成立时，全县辖6个区23个乡1个镇。1951年3月，县委根据上级有关指示精神，建立中共松桃县委纪委后，先后在全县6个区成立纪律检查小组，小组人员由正副区长、宣传干事和驻地部队负责人组成。是年11月，根据政务院“关于人民民主政权建设工作的指示”精神，改区公所为区人民政府，将6个区调整为城关、平茶、三宝、镇江、普觉、孟溪、乌罗、甘龙、长兴9个区。相应地，在9个区建立了纪律检查小组，小组人员由正副区长、宣传干事和驻地部队负责人组成。

1956年8月，松桃对行政区划进行调整，将116个乡镇合并为75个乡镇。由于并乡的原因，区、乡党的书记或副书记变动较大。为加强区乡党的监察工作，10月21日松桃县委办公室印发《松桃县委关于加强党的监察工作的指示》，就乡镇“开展党的纪律教育和及时地处理案件”提出四个方面的意见，对一、二、三、七、八、九区兼管和代管党的监委工作的干部进行指定。具体是：

城关区由区委委员张明才兼管；平茶区由组织委员龙秀清代管；

盘信区由区委副书记石成清兼管；乌罗区由组织委员谢子文代管；

甘龙区由区委副书记李春萱兼管；长兴区由组织委员吴辛金兼管。（注：因档案资料缺失，大坪、普觉、孟溪3个区兼管或代管党的监委工作的干部暂缺）

1957年12月31日，县委批转县监委“对调整区乡兼管党的监察工作干部的报告”，并对各区兼管党的监察工作的干部予以明确：

机关总支	于元华	城关区	杨国宣
平茶区	路贵堂	盘信区	李清明
大坪区	黄贵荣	普觉区	王治庄
孟溪区	杨用银	乌罗区	张存玺
甘龙区	冯恩栋	长兴区	吴辛金
牛郎区	黄桥昌	普觉汞矿厂党总支	李志多

1965年11月，经县委研究，并报请贵州省人民委员会批准，对行政区划作变更，城关镇恢复为直辖镇后，成立城关镇监察委员会，杨再权任主任委员。

“文化大革命”结束后，中共松桃苗族自治县委纪委1979年3月恢复成立。从1986年4月起，县纪委陆续向松江区、世昌区、盘信区、大坪区、普觉区、孟溪区、乌罗区、甘龙区、长兴区、牛郎区派驻纪检工作组，1991年8月，除松江区外其余9个区均配纪检组长。各区具体配置如下：

中共松桃苗族自治县纪律检查委员会驻松江区纪律检查组(1986年10月至1992年5月)

从1986年10月起，该区一直未配纪检组组长，先后由戴泽远、刘祚永、黄伟3人负责日常的纪检工作。

中共松桃苗族自治县纪律检查委员会驻世昌区纪律检查组(1986年10月至1992年5月)

1986年10月至1991年7月未配纪检组组长，由纪检员龙老树负责日常工作。1991年8月配纪检组组长。

纪检组组长　龙老树(苗族)　1991年8月至1992年5月

中共松桃苗族自治县纪律检查委员会驻盘信区纪律检查组(1986年10月至1992年5月)

1986年10月至1991年2月未配纪检组组长，由纪检员龙正喜、龙昌求负责日常工作。1991年3月配纪检组组长。

纪检组组长　龙正喜(苗族)　1991年3月至1992年5月

中共松桃苗族自治县纪律检查委员会驻大坪区纪律检查组(1986年10月至1992年5月)

1986年10月至1989年10月未配纪检组组长，由纪检员罗会康、李兴发负责日常工作，1989年11月配纪检组组长。

纪检组组长　罗会康　1989年11月至1992年5月

中共松桃苗族自治县纪律检查委员会驻普觉区纪律检查组(1986年10月至1992年5月)

1986年10月至1991年2月未配纪检组组长，由纪检员王世秀、雷永凤负责日常工作。1991年3月配纪检组组长。

纪检组组长　雷永凤　1991年3月至1992年5月

中共松桃苗族自治县纪律检查委员会驻孟溪区纪律检查组(1986年10月至1992年5月)

1986年10月至1991年2月由纪检员雷大权负责日常工作。1991年3月配纪检组组长。

纪检组组长　雷大权　1991年3月至1992年5月

中共松桃苗族自治县纪律检查委员会驻乌罗区纪律检查组(1986年10月至1992年5月)

1986年10月至1989年12月由纪检员谢子哨负责日常工作。1990年3月配纪检组组长。

纪检组组长　任达荣　1990年3月至1992年5月

中共松桃苗族自治县纪律检查委员会驻甘龙区纪律检查组(1986年9月至1992年5月)

纪检组组长 何文美　1986年9月至1987年12月(副书记兼任)
何文美　1988年1月至1992年5月

中共松桃苗族自治县纪律检查委员会驻长兴区纪律检查组(1986年10月至1992年5月)
纪检组组长　杨邦明(苗族)　1986年10月至1987年12(副书记兼任)
杨邦明(苗族)　1988年1月至1992年5月

中共松桃苗族自治县纪律检查委员会驻牛郎区纪律检查组(1986年10月至1992年5月)
1986年10月至1988年11月由纪检员陈隆告负责日常工作。1988年12月配纪检组组长。
纪检组组长　吴树清(苗族)　1988年12月至1990年3月
蒋元喜　1990年9月至1992年5月

第七节　监察体制改革前派驻县直部门纪检监察机构

从1986年4月起,县纪委陆续在县公安局、县工商局、县林业局、县水电局、县人民法院、县粮食局、县教育局、县直属机关党委派驻纪律检查组。

1988年1月,县纪委在原有纪律检查组的单位继续配纪检组组长(在公安局设纪律检查委员会)外,又从1989年1月开始在县畜牧水产局、县供销社、县商业局、县人民检察院等县部门及金融系统增设了纪律检查组。到1993年3月纪检监察机构合署前,县域内共有20个部门(单位)建立纪律检查委员会或纪律检查组。

1993年4月合署办公后,县纪检监察机关除了在原有纪律检查组的单位继续配纪检组组长(在公安局设纪律检查委员会)外,先后县在财政局、县交通局、县国土局等县直单位(部门)建立了纪律检查组(纪检监察组)。到1998年6月,共在26个部门(单位)设置纪律检查委员会或纪检组。

2003年12月,县委、县人民政府批转县纪委监察局《关于调整充实县纪委监察局派驻(出)纪检监察机构和加强管理的意见》(以下简称"意见"),继续在县人民法院、县人民检察院、县公安局、县财政局、县卫生局、县计生局、县国土资源局、县教育局、县建设局、县交通局、县民政局、县林业局、县农业局和县水利局等单位派驻(出)纪检监察机构。这些机构为县纪委监察局的组成部分,受县纪委监察局和所驻单位党组(党委)、行政双重领导,业务工作以县纪委监察局领导为主。意见明确:"设置党组(党委)的单位,派驻纪检监察人员编制2名的,派驻(出)纪检组长(纪委书记)、监察室主任;派驻纪检监察人员编制1名的,派驻(出)纪检组长(纪委书记),同时兼任监察室主任;未设置党组(党委)的单位,派驻(出)副科级专职纪检监察员,副科级专职纪检监察员参加所驻单位的党务和行政办公会议。没有派驻(出)纪检组长或副科级专职纪检监察员的单位,设党组书记的由党组书记负责纪检监察工作;没有党组书记的由单位明确一名班子成员负责此项工作。"

2005年,县纪委先后在县文化体育广播电视局、县环境保护局派驻纪检组。是年5月,道塘水库工程管理局纪检组由中共铜仁地区纪律检查委员会派驻。2006年8月,成立中共松桃苗族自治县直属机关工作委员会纪律检查委员会。2010年7月,县纪委在县委政法委设专职纪检员,至年底,县纪委共有派驻纪检组织33个,其中纪律检查委员会3个、纪检组30个。

2012年7月,为整合县纪委监察局派驻纪检监察机构工作力量,分片设立6个县纪委监察局派出纪工委(监察分局),为正科级机构,履行纪检、监察两项职能,分块管理县直党政部门和群团机关的纪检监察机构及工作,并联系乡镇、垂直管理部门(单位)的纪检监察工作。

2016年1月,为有效整合派驻纪检监察机构工作力量,着力解决监督缺失、监督不力的问题,确保监督不留死角、没有空白,根据中央纪委和省纪委、市纪委关于纪检监察派驻机构建设的部署和要求,中共松桃苗族自治县委办公室松桃苗族自治县人民政府办公室印发《关于加强和完善松桃苗族自治县纪委监察局派驻纪检监察机构建设工作方案》的通知,明确:(一)在33个部门(单位)派驻纪检组(纪工委、专职纪检员)、19个部门(单位)派驻监察室(含县人民法院监察室)的基础上,在县人民政府办公室、县人民法院、县工业和商务局、县人社局、县环保局、县农牧科技局、县林业局、县文体广电新旅局(版权局)、县交通运输局、县水务局、县卫计局、县国土资源局、县民政局、县市场监督管理局、县发改局、县教育局、县财政局、县住建局(城乡规划局)18个部门(单位)设县纪委派驻纪检组、县监察局派驻监察室;在县委政法委、县人民检察院、县民宗局、县司法局、县城市管理行政执法局、县安监局、县档案局(档案馆、地方志办)、县供销联社、县扶贫办、县委党校、县投促局、县统计局、县审计局13个部门(单位)设县纪委派驻纪检组(专职纪检监察员);县纪委派出纪工委的部门(单位)1个,即县直属机关工委纪工委;县监察局派驻监察室的部门(单位)1个:县公安局。(二)根据派驻机构统一管理的要求,县纪委派驻机构名称统一名称为县纪委派驻纪检组、县纪委监察局派驻纪检监察组、县监察局派驻监察室。县纪委派驻县委政法委、县委党校专职检员改为县纪委派驻纪检组;县纪委派驻县民宗局、县司法局、县审计局、县城市管理行政执法局、县安监局、县统计局、县档案局(档案馆、地方志办)、县扶贫办、县投促局、县供销联社10个纪检组(或专职纪检监家员)更名为县纪委监察局派驻纪检监察组。(三)在18个部门(单位)新设置派驻纪检监察机构,其中,县纪委派驻纪检组的部门(单位)8个:县委办、县委组织部、县委宣传部、县委统战部、县人大办、县政协办、县编办、县总工会。县纪委监察局派驻纪检监察组的部门(单位)10个:县政务服务中心、县产权交易中心(公共资源交易中心)、县山地生态畜牧业发展中心、县疾控中心、县卫生监督所、县妇幼保健院、县人民医院、县中医院、松桃民族中学、松桃第三高级中学。(四)其他未单独设置派驻纪检监察机构的部门(单位),采取归口派驻方式派驻纪检监察机构,即将对属于行业部门(单位)主管、下设、挂靠的所有机构归口到其部门派驻纪检监察机构监督;对未派驻纪检监察机构的独立部门明确归口到系统相同、职能相近、业务相关的派驻纪检监察机构监督。归口派驻纪检监察机构单位是:

(1)归口派驻县委办纪检组的单位9个:县委机要局、县委保密委员会办公室、县委政策研究室、县委群众工作部(信访局)、县群众工作中心、县接待办、县委党史研究室、县绩效办、县编办及其主管(所属)单位(机构)。

(2)归口派驻县委组织部纪检组的单位6个:县委农村党员现代远程教育中心、县委党建办、县委非公有制企业和社会组织工作委员会、县离退局、县老年大学、县关工委及其主管(所属)单位(机构)。

(3)归口派驻县委宣传部纪检组的单位7个:县文联、县文明办、县文化产业发展办公室、县网络监管中心、县创建办、松桃报、松桃网站及其主管(所属)单位(机构)。

(4)归口派驻县委统战部纪检组的单位1个:县工商联及其主管(所属)单位(机构)。

(5)归口派驻县委政法委纪检组的单位3个:县综治办、县维稳办、县国安办及其主管(所属)单位(机构)。

2016年3月,为实现派出派驻机构全覆盖和人财物全面统管,县纪委监察局派驻纪检监察机构进一步完善,县纪委监察局派驻纪检监察机构调整为51个。

2017年至2018年3月,按照深化国家监察体制改革和派驻机构改革的要求,对派驻机构设置进行完善。通过新设、调整、合并等方式，撤销6家县纪委监察局派出纪工委（监察分局）、28家县纪委派出纪检组、13家县纪委监察局派驻纪检监察组、18家县监察局派驻监察室，不再保留县公安局纪委，新成立10个派驻纪检监察组，核定行政编制50名，每个派驻纪检监察组设组长1名（副科长级）、副科长级专职纪检监察员2名（其中1名兼任副组长），进一步完善县直部门、学校、医疗机构监察机构改革工作。

中共松桃苗族自治县公安局党委纪律检查委员会（1986年4月至2018年8月）

1986年4月到1987年12月，中共松桃苗族自治县纪律检查委员会派驻公安局纪检组。1987年12月，县公安局党委成立，1988年1月后，在县公安局设立纪委。

组　长	田耕良（苗族）	1986年4月至1988年1月
书　记	田耕良（苗族）	1988年1月至1993年3月
	龙炳和（苗族）	1993年3月至1996年6月
	谢子哨	1996年7月至2001年4月
	石登林（苗族）	2001年11月至2006年2月
	邱美芳（苗族）	2006年3月至2008年11月
	孟险峰（仡佬族）	2009年6月至2010年12月（兼）
	贺宇金（苗族）	2012年7月至2018年8月
副书记	石登林（苗族）	1999年1月至2001年10月
	田应佳（苗族）	2002年5月至2005年12月
	冉建华	2006年4月至2008年10月
监察室主任	石登林（苗族）	1988年1月至1993年3月

中共松桃苗族自治县纪律检查委员会驻县人民法院纪律检查组（纪检监察组）

（1987年1月至2018年6月）

组　长	谢子郁	1987年1月至1989年5月
	陈生钊	1989年5月至1991年12月
	田　平（苗族）	1992年1月至1995年12月
	龙建辉（苗族）	2003年5月至2012年10月
	洪扶海（苗族）	2012年12月至2017年3月
	龙正全（苗族）	2017年4月至2018年6月
监察室主任	杨政华	1999年1月至2002年1月
	冯建萍（女）	2002年1月至2009年5月
	吴祖良	2009年8月至2020年12月

中共松桃苗族自治县纪律检查委员会驻县粮食局纪律检查组（1987年1月至2010年5月）

组　长	龙宗乐（苗族）	1987年1月至1988年2月
	李耀祖	1991年8月至1993年4月
	龙宗乐（苗族）	1993年5月至1994年11月
	罗孝先	1994年11月至1998年5月

	彭　江(侗族)	2000年1月至2003年7月
	田儒礼(苗族)	2007年6月至2010年5月
监察室主任	龙金国(苗族)	1997年12月至2001年4月

中共松桃苗族自治县纪律检查委员会驻县工商局(工商行政管理局、市场监督管理局)纪律检查组(1986年10月至2018年8月)

1986年10月至1991年1月未配纪检组组长,明确由纪检员周兴德负责纪检监察工作。1991年8月,配纪检组组长。

组　长	龙嫦妹(女,苗族)	1991年8月至1993年6月
	李志华	1993年7月至1998年6月
	李平德(苗族)	1998年6月至2000年11月
	姚成江(土家族)	2004年9月至2006年6月
	龙春菊(女,苗族)	2005年6月至2012年11月
	杨国林	2012年11月至2014年12月
	张勇刚(苗族)	2014年12月至2017年4月
	秦　毅(侗族)	2017年4月至2017年12月
	吴英华(女,苗族)	2017年12月至2018年8月
监察室主任	何国阳(苗族)	1991年9月至1998年6月
	杨邦成(侗族)	2005年1月至2007年8月
	龙爱民(苗族)	2008年3月至2011年9月

中共松桃苗族自治县纪律检查委员会驻县农业局(农牧科技局)纪律检查组(纪检监察组)(1987年5月至2018年8月)

组　长	龙连山(苗族)	1987年5月至1997年9月
	李大苏(苗族)	1997年9月至2006年10月
	任志文(侗族)	2007年3月至2010年12月
	何兴发(苗族)	2012年3月至2016年3月
	田儒礼(苗族)	2016年3月至2018年8月

中共松桃苗族自治县纪律检查委员会驻县林业局纪律检查组(纪检监察组)(1986年10月至2018年6月)

1986年10月至1988年1月未配组长,明确由纪检员刘智雁负责纪检监察工作。1991年8月配纪检组组长。

组　长	秦文豪	1991年8月至1998年5月
	刘华明(苗族)	2002年5月至2003年5月
	田　著(苗族)	2005年6月至2007年3月
	龙志明(苗族)	2007年3月至2012年3月
	麻开堂(苗族)	2012年3月至2013年3月

龙丽萍(女,苗族)　2013年3月至2016年3月
贺　丽(女,苗族)　2016年3月至2017年4月
秦　毅(侗族)　2017年12月至2018年6月

中共松桃苗族自治县纪律检查委员会驻县水务(水电、水利)局纪律检查组(纪检监察组)(1987年1月至2018年8月)

组　长　刘和忠　1987年1月至1991年5月
吴家顺　1991年5月至1997年9月
滕小云　1998年6月至2003年5月
麻文华(苗族)　2003年5月至2007年3月(兼)
江长智(苗族)　2007年3月至2013年2月(兼)
龙兰花(女,苗族)　2014年11月至2016年3月
麻志南(女,苗族)　2016年3月至2018年8月

中共松桃苗族自治县纪律检查委员会驻县教育局纪律检查组(纪检监察组)(1987年1月至2018年6月)

组　长　隆求清(苗族)　1987年1月至1988年2月
李应发　1991年10月至1992年7月
滕树银　1992年7月至1993年5月
梁启汉　2000年1月至2003年5月
任廷波(土家族)　2005年6月至2007年3月
刘洪文(苗族)　2007年3月至2014年10月
石昌彪(苗族)　2016年3月至2018年6月
监察室主任　覃方才　1988年3月至1992年5月
监察室负责人　吴达君(苗族)　2007年4月至2016年3月

中共松桃苗族自治县纪律检查委员会驻县直属机关党委纪律检查委员会(纪律检查组)(1987年5月至2018年7月)

组　长　李敏贵(苗族)　1987年5月至1988年10月
郎永昌　1991年8月至1993年4月
书　记　田如江(苗族)　2006年8月至2012年3月
田华明(苗族)　2012年3月至2017年2月
宋景海(苗族)　2017年4月至2018年7月

中共松桃苗族自治县纪律检查委员会驻县人民检察院纪律检查组(纪检监察组)(1991年7月至2017年9月)

组　长　唐华富　1991年7月至1997年4月
滕明友(苗族)　2001年3月至2001年11月

石明章(苗族) 2001年11月至2003年8月
罗　毅 2003年8月至2005年6月
麻文久(苗族) 2005年11月至2007年3月
罗　毅 2007年3月至2017年9月

中共松桃苗族自治县纪律检查委员会驻县商业局纪律检查组(1991年5月至1993年4月)

组　长　陆启杰　1991年5月至1993年4月

中共松桃苗族自治县纪律检查委员会驻县乡镇企业局纪律检查组(1991年8月至2000年10月)

组　长　李佐泽　1991年8月至1998年6月
于珠慧(女)　1998年6月至2000年10月

中共松桃苗族自治县纪律检查委员会驻县供销合作社联合社纪律检查组(纪检监察组)(1989年6月至2018年8月)

组　长　黄永新　1989年6月至1992年9　月
龙显华(苗族)　1992年9月至1993年3月
姚建勇(侗族)　1995年1月至1998年6月
黄永新　1998年6月至2000年1月
冉全忠(土家族)　2000年10月至2003年7月
滕明亮(苗族)　2007年6月至2011年9月
龙建怀(苗族)　2011年10月至2016年3月
陈祥军(苗族)　2016年3月至2018年8月
监察室主任　冉全忠(土家族)　1999年1月至2003年7月

中共松桃苗族自治县纪律检查委员会驻县司法局纪律检查组(纪检监察组)(1991年8月至2018年8月)

组　长　刘祖斌　1999年1月至2000年12月
杨昱昕(女,苗族)　2012年3月至2018年8月

中共松桃苗族自治县纪律检查委员会驻县计划生育局(人口和计划生育局)纪律检查组(1991年8月至2014年11月)

组　长　高复泉　1991年8月至2003年5月
龙天贵(苗族)　2005年6月至2007年3月
杨贵先(女,苗族)　2007年3月至2013年3月
龙兰花(女,苗族)　2013年3月至2014年11月

中共松桃苗族自治县纪律检查委员会驻县民政局纪律检查组(纪检监察组)(1991年8月至2018年6月)

组　长　吴传忠　1991年8月至1997年7月
杨绍宣(苗族)　1997年7月至1999年7月

	郭礼发（苗族）	2000年1月至2001年10月
	姚　蓉（女，苗族）	2012年4月至2014年11月
	吴秀勇（苗族）	2014年12月至2018年6月

中共松桃苗族自治县纪律检查委员会驻县卫生局纪律检查组（纪检监察组）（1991年5月至2012年4月）

组　长	卢松友	1991年5月至1991年12月
	戴启安	1991年12月至1996年10月
	李明福（侗族）	1997年6月至2007年4月
	任廷波（土家族）	2007年4月至2010年12月
	刘华明（苗族）	2010年12月至2012年4月

中共松桃苗族自治县纪律检查委员会驻县财政局纪律检查组（纪检监察组）（1994年8月至2018年6月）

组　长	杨再金	1994年8月至1998年7月
	吴国臻（苗族）	1999年3月至2002年7月
	陈康炉（苗族）	2007年3月至2014年11月
	任献民（苗族）	2016年3月至2017年4月
	李　艳（女，苗族）	2017年4月至2018年6月
监察室主任	孙龙义	1997年10月至2010年6月

中共松桃苗族自治县纪律检查委员会驻县交通局（交通运输局）纪律检查组（纪检监察组）

（1995年1月至2018年8月）

组　长	袁　钢	1995年1月至1997年6月
	杨邦明（苗族）	1997年6月至2003年5月
	石帮先（苗族）	2006年5月至2007年3月
	杨通芳	2007年3月至2013年2月
	刘　达（苗族）	2013年2月至2016年3月
	肖　赛（土家族）	2016年3月至2017年12月
副科级纪检员	杨　钟（侗族）	2017年4月至2018年8月

中共松桃苗族自治县纪律检查委员会驻县自然资源局（土管局、国土局、国土资源局）纪律检查组（纪检监察组）

（1998年6月至2018年8月）

组　长	刘振霞（女）	1998年6月至2006年10月
	张发俊（苗族）	2006年10月至2014年2月
	陈代富	2014年2月至2018年8月
监察室主任	李宏武	1988年12月至2002年3月

中共松桃苗族自治县纪律检查委员会驻县畜牧水产事业局纪律检查组(1998年6月至2001年10月)

组　长　谭　耀(苗族)　1998年6月至2001年10月

中共松桃苗族自治县纪律检查委员会驻县委政法委纪律检查组(纪检监察组)(2010年7月至2017年4月)

专职纪检员　杨胜兴(侗族)　2010年5月至2014年11月

龙志权(苗族)　2015年5月至2016年3月

组　长　龙志权(苗族)　2016年3月至2017年4月

中共松桃苗族自治县纪律检查委员会驻县经济贸易局(工业贸易局、工业和商务局)纪律检查组(纪检监察组)(2000年1月至2018年8月)

组　长　龙新菊(女,苗族)　2000年1月至2002年4月

田儒礼(苗族)　2010年5月至2016年3月

何兴发(苗族)　2016年3月至2018年8月

中共松桃苗族自治县纪律检查委员会驻县建设局(住房和城乡规划建设局)纪律检查组(纪检监察组)(2000年1月至2018年8月)

组　长　龙桂芝(女,苗族)　2000年1月至2002年4月

刘华明(苗族)　2003年5月至2010年12月

任廷波(土家族)　2010年12月至2015年7月

石　林(苗族)　2016年3月至2018年8月

中共松桃苗族自治县纪律检查委员会驻县食品与药品监督管理局纪律检查组(纪检监察组)(2002年4月至2005年5月)

组　长　龙新菊(女,苗族)　2002年4月至2005年5月

中共松桃苗族自治县纪律检查委员会驻县文化体育广播电视局(文化体育广播电视新闻出版旅游局)纪律检查组(纪检监察组)(2005年6月至2018年8月)

组　长　龙黔江(苗族)　2005年6月至2010年12月

肖　赛(土家族)　2012年3月至2016年3月

刘　达(苗族)　2016年3月至2017年4月

罗齐成(苗族)　2017年4月至2018年8月

中共松桃苗族自治县纪律检查委员会驻县环境保护局纪律检查组(纪检监察组)(2007年3月至2017年4月)

组　长　石丽英(女,苗族)　2007年3月至2012年3月

龙志明(苗族)　2012年3月至2016年3月

宋景海(苗族)　2016年3月至2017年4月

中共松桃苗族自治县纪律检查委员会驻县审计局纪律检查组(纪检监察组)(2012年3月至2018年8月)

组　长　欧正芳(苗族)　2012年3月至2018年8月

中共松桃苗族自治县纪律检查委员会驻县发展和改革局纪律检查组(纪检监察组)(2012年3月至2018年8月)

组　长　龙　明(苗族)　2012年3月至2014年12月

杨昌馀(侗族)　2016年3月至2018年8月

中共松桃苗族自治县纪律检查委员会驻县人力资源和社会保障局纪律检查组(纪检监察组)(2012年3月至2018年6月)

组　长　龙玉芝(女,苗族)　2012年3月至2015年12月

邱美霖　2016年3月至2018年6月

中共松桃苗族自治县纪律检查委员会驻县城市管理行政执法局(城镇管理局)纪检监察组(2012年3月至2018年8月)

组　长　石丽英(女,苗族)　2012年3月至2016年3月

龙　文(苗族)　2016年3月至2017年4月

麻绍扬(苗族)　2017年4月至2018年8月

中共松桃苗族自治县纪律检查委员会驻县安全生产监督管理局纪律检查组(纪检监察组)(2012年3月至2017年4月)

组　长　石昌彪(苗族)　2012年3月至2016年3月

向　勇(侗族)　2016年3月至2017年4月

中共松桃苗族自治县纪律检查委员会驻县扶贫开发办公室纪律检查组(纪检监察组)　(2012年3月至2018年8月)

组　长　秦　毅(侗族)　2012年2月至2013年3月

亢　波(苗族)　2014年11月至2018年8月

中共松桃苗族自治县纪律检查委员会驻县统计局纪律检查组(纪检监察组)(2013年2月至2018年6月)

组　长　吴翠云(女,苗族)　2013年2月至2016年3月

杨昌伦(苗族)　2016年3月至2017年4月

麻显文(苗族)　2017年4月至2018年6月

中共松桃苗族自治县纪律检查委员会驻县卫生和计划生育局纪律检查组(纪检监察组)(2012年4月至2018年8月)

组　长　龙兰花(女,苗族)　2012年4月至2013年2月(挂职)

任卫星(土家族)　　2013年2月至2016年3月
麻显文(苗族)　　2016年3月至2017年4月
贺　丽(女,苗族)　　2017年4月至2018年8月

中共松桃苗族自治县纪律检查委员会驻县编委办纪律检查组(2016年3月至2018年6月)

组　长　陈　静(女族)　　2016年3月至2017年4月
　　　　姚　蓉(女,苗族)　　2017年4月至2018年6月

中共松桃苗族自治县纪律检查委员会驻县委宣传部纪律检查组(2016年3月至2018年8月)

组　长　李忠华(女,苗族)　　2016年3月至2018年8月

中共松桃苗族自治县纪律检查委员会驻县卫生监督所(县卫生监督局)纪律检查组

(2016年3月至2018年8月)

组　长　邓显江(土家族)　2016年3月至2018年8月

中共松桃苗族自治县纪律检查委员会驻县政协办公室纪律检查组(2016年3月至2018年6月)

组　长　江长智(苗族)　2016年3月至2018年6月

中共松桃苗族自治县纪律检查委员会驻县委党校纪检监察组(2014年12月至2017年3月)

2014年12月至2016年3月由副科级专职纪检员刘建英(女,侗)负责纪检工作。2016年3月设纪检组。

组　长　蒋　莉(女,仡佬族)　2016年3月至2017年3月

中共松桃苗族自治县纪律检查委员会驻县行政服务中心纪检监察组(2016年3月至2018年8月)

组　长　欧求海(苗族)　2016年3月至2018年8月

中共松桃苗族自治县纪律检查委员会驻县公共资源交易中心(县产权交易中心)纪检监察组(2016年3月至2018年8月)

组　长　杨成华(苗族)　2016年3月至2018年8月

中共松桃苗族自治县纪律检查委员会驻县山地生态畜牧业发展中心纪检监察组

(2016年3月至2018年8月)

组　长　姚　畯(侗族)　2016年3月至2018年8月

中共松桃苗族自治县纪律检查委员会驻县委办公室纪律检查组(2016年3月至2018年8月)

组　长　任卫星(土家族)　2016年3月至2018年8月

中共松桃苗族自治县纪律检查委员会驻县人大常委会办公室纪律检查组(2016年3月至2018年8月)

组　长　龙兰花(女,苗族)　2016年3月至2018年8月

中共松桃苗族自治县纪律检查委员会驻县委组织部纪律检查组(2016年3月至2018年8月)

组　长　马作良　2016年3月至2018年8月

中共松桃苗族自治县纪律检查委员会驻县委统战部纪律检查组(2016年3月至2018年8月)

组　长　吴翠云(女,苗族)　2016年3月至2018年8月

中共松桃苗族自治县纪律检查委员会驻县总工会纪检监察组(2016年3月至2018年8月)

组　长　吴　杰(苗族)　2016年3月至2018年8月

中共松桃苗族自治县纪律检查委员会驻县投资促进局纪检监察组(2016年3月至2018年8月)

组　长　麻建松(苗族)　2016年3月至2018年8月

中共松桃苗族自治县纪律检查委员会驻县档案局(档案馆、地方志办)纪检监察组(2016年3月至2018年8月)

2013年2月至2016年3月龙安忠任县档案局正科级纪检员。2016年3月后龙明章任纪检组组长。

组　长　龙明章(苗族)　2016年3月至2018年8月

中共松桃苗族自治县纪律检查委员会驻县人民政府办公室纪检监察组(2013年2月至2018年6月)

组　长　田念桥(苗族)　2013年2月至2014年11月

陈邻飞(土家族)　2016年3月至2016年10月

郎　松(苗族)　2017年4月至2018年6月

中共松桃苗族自治县纪律检查委员会驻县民族和宗教事务局纪检监察组(2016年3月至2017年4月)

组　长　杨贵先(女,苗族)　2013年3月至 2015年12月

刘建英(女,侗族)　2016年3月至2017年4月

中共松桃苗族自治县纪律检查委员会驻县疾病预防控制中心纪检监察组(2016年3月至2018年8月)

组　长　姚晓军(土家族)　2016年3月至2018年8月

中共松桃苗族自治县纪律检查委员会驻县人民医院纪检监察组(2016年3月至2018年8月)

组　长　龙俊泽(苗族)　2016年3月至2018年8月

中共松桃苗族自治县纪律检查委员会驻县民族中医院纪检监察组(2016年3月至2018年8月)

组　长　杨吉浪(苗族)　2016年3月至2018年8月

中共松桃苗族自治县纪律检查委员会驻县妇幼保健院纪检监察组(2016年3月至2018年8月)

组　长　吴云飞(苗族)　2016年3月至2018年8月

中共松桃苗族自治县纪律检查委员会驻贵州省松桃民族中学纪检监察组(2016年3月至2018年8月)

组　长　吴达君(苗族)2016年3月至2018年8月

中共松桃苗族自治县纪律检查委员会驻县第三高级中学纪检监察组(2016年3月至2018年8月)

组　长　唐义长(苗族)　2016年3月至2018年8月

第八节　监察体制改革后派驻县直及县属部门纪检监察机构

2018年3月16日,县机构编制委员会办公室根据《中共松桃苗族自治县委办公室印发〈关于调整部分县纪委监察局派驻纪检监察机构设置工作方案〉的通知》和《中共松桃苗族自治县委办公室印发〈关于加强松桃苗族自治县纪委县监委派驻机构建设的意见〉的通知》,按照深化国家监察体制改革和派驻机构改革的要求,印发《关于设立松桃苗族自治县纪委县监察委派驻纪检监察组等事项的通知》,明确:(1)设立县纪委县监察委派驻第一纪检监察组至第十纪检监察组;每个派驻纪检监察组设组长1名(副科长级),副科长级专职纪检监察员2名,副组长1名(由副科长级专职纪检监察员兼任)。(2)撤销原设置的县纪委监察局派出的6个纪工委、监察分局。(3)撤销原设置在县直各部门的县纪委、县监察局派驻纪检(监察)组、县纪委派驻专职纪检员(专职纪检监察员)、县监察局派驻监察室和内设纪检监察机构。

2020年10月,根据《中共贵州省委办公厅印发〈关于深化中共贵州省纪委贵州省监委派驻机构改革的实施意见〉的通知》《中共贵州省委办公厅印发〈关于深化市县纪委监委派驻机构改革工作的指导意见〉的通知》《中共铜仁市委办公室印发〈关于深化中共铜仁市纪委铜仁市监委派驻机构改革的实施意见〉的通知》和《中共松桃苗族自治县委办公室印发〈关于深化中共松桃苗族自治县纪委松桃苗族自治县监委派驻机构改革的实施意见〉的通知》,对松桃苗族自治县纪委县监委派驻机构进行改革。一是对县直部门、县管国有企业和县属学校纪检监察机构进行了调整:在县委党校、县人民医院、县民族中医院设立纪委,撤销其副科长级专职纪检监察员,将其纳入派驻党政机关纪检监察组综合监督范围;在铜仁市武陵山投资经营(集团)有限公司、松桃天龙投资开发(集团)有限公司、松桃扶贫开发投资(集团)有限公司,贵州省松桃民族中学、松桃第三高级中学、松桃中等职业学校设纪委,纪委书记由县纪委县监委同时任命为监察专员;撤销县疾病预防控制中心、县妇幼保健计划生育服务中心(县妇幼保健院)、贵州省松桃民族中学、松桃第三高级中学副科长级专职纪检监察员。二是对县纪委县监委派驻机构具体设置和监督范围进行了调整。在综合考虑派驻纪检监察组监督部门单位的职能职责、廉政风险等因素后,从10个派驻纪检监察组分别联系的部门中,每组分别选取了2家相对规模较大、职能职责相对集中的部门由派驻纪检监察组组长、副组长任部门党组成员或班子成员,但与部门党组的关系是监督与被监督的关系,不承担驻在部门领导班子履行主体责任相关的日常工作。

一、派驻10个纪检监察机构

派驻第一纪检监察组

组　长　龙正全(苗族)　　2018年6月至2020年10月

　　　　杨秀波(侗族)　　2020年10月至2020年12月

副科长级专职纪检监察员(纪检监察组副组长)

　　　　麻　俊(苗族)　　2018年8月至2020年9月

副科长级专职纪检监察员

杨昱昕(女,苗族)　2018年8月至2019年5月

综合监督　县委政法委、县人民法院、县人民检察院、县公安局、县司法局及以上单位主管(所属)、挂靠、归口单位(机构)。

2020年10月派驻机构改革后,组长任县委政法委班子成员,副组长任县公安局党委委员。派驻第一纪检监察组综合监督县委政法委、县人民法院、县人民检察院、县公安局、县司法局、县信访局等6家单位。

派驻第二纪检监察组

组　长　吴秀勇(苗族)　2018年6月至2020年10月

邱美霖　2020年10月至2020年12月

副科长级专职纪检监察员(纪检监察组副组长)

亢　波(苗族)　2018年8月至2019年11月

副科长级专职纪检监察员

吴翠云(女,苗族)　2018年8月至2019年1月

综合监督　县委办公室、县委组织部、县委机构编制委员会办公室、县委宣传部、县委统一战线工作部、县委党史研究室、县老年大学、县信访局、县融媒体中心及以上单位主管(所属)、挂靠、归口单位(机构)。

2020年10月派驻机构改革后,组长任县委办班子成员,副组长任县工业和商务局党组成员。派驻第二纪检监察组综合监督县委办公室、县委组织部、县委统战部、县委党校、县工业和商务局、县老年大学、县工商联机关等7家单位。

派驻第三纪检监察组

组　长　邱美霖　2018年6月至2020年10月

任卫星(土家族)　2020年10月至2020年12月

副科长级专职纪检监察员(纪检监察组副组长)

任卫星(土家族)　2018年8月至2020年5月

副科长级专职纪检监察员

王　洪(土家族)　2018年8月至　2020年12月

综合监督　县人大常委会机关、县政协机关、县人力资源和社会保障局、县水务局、县生态移民局、县工业和商务局、县审计局及以上单位主管(所属)、挂靠、归口单位(机构)。

2020年10月派驻机构改革后,组长任县人力资源和社会保障局党组成员,副组长任县水务局党组成员。派驻第三纪检监察组综合监督县人大常委会机关、县政协机关、县人力资源和社会保障局、县水务局、县文体广电旅游局、县审计局等6家单位。

派驻第四纪检监察组

组　长　江长智(苗族)　2018年6月至2020年10月

石昌彪(苗族)　2020年10月至2020年12月

副科长级专职纪检监察员(纪检监察组副组长)

龙明章(苗族)　2018年8月至2020年12月

邓显江(土家族) 2020年12月至2020年12月

副科长级专职纪检监察员

石　林(苗族)　　2018年8月至2020年12月

综合监督　县人民政府办公室、县发展和改革局、县机关事务中心、县政务服务中心、县产权交易中心(铜仁市公共资源交易中心松桃分中心)、县科学技术协会、团县委、县妇联、县工商联合会及以上单位主管(所属)、挂靠、归口单位(机构)。

2020年10月派驻机构改革后,组长任县人民政府机关党组成员,副组长任县发展和改革局党组成员。派驻第四纪检监察组综合监督县人民政府办公室、县发展和改革局、县机关事务管理中心、县政务服务中心、县产权交易中心(铜仁市公共资源交易中心松桃分中心)、县妇联机关等6家单位。

派驻第五纪检监察组

组　长　石昌彪(苗族)　　2018年6月至2020年10月

江长智(苗族)　　2020年10月至2020年12月

副科长级专职纪检监察员(纪检监察组副组长)

邓显江(土家族)　2018年8月至2020年12月

龙明章(苗族)　　2020年12月至2020年12月

副科长级专职纪检监察员

龙兰花(女,苗族) 2018年8月至2020年12月

综合监督　县教育局、县文体广电旅游局、县供销联社及以上单位主管(所属)、挂靠、归口单位(机构)。

2020年10月派驻机构改革后,组长任县教育局党组成员,副组长任县生态移民局党组成员。派驻第五纪检监察组综合监督县教育局、县生态移民局、县供销合作社联合社、县第二中学、县民族寄宿制中学(第四中学)、县智华(第六)中学等6家单位。

派驻第六纪检监察组

组　长　姚　蓉(女,苗族)　　2018年6月至　2020年12月

副科长级专职纪检监察员(纪检监察组副组长)

吴　杰(苗族)　　2018年8月至　2020年12月

副科长级专职纪检监察员

龙昌志(苗族)　　2018年8月至2019年1月

综合监督　县应急管理局、县投资促进局、县农业农村局、县总工会及以上单位主管(所属)、挂靠、归口单位(机构)。

2020年10月派驻机构改革后,组长任县农业农村局党组成员,副组长任县应急管理局党委委员。派驻第六纪检监察组综合监督县农业农村局、县应急管理局、县投资促进局、县委党史研究室、县档案馆(方志办)、县总工会机关、团县委机关等7家单位。

派驻第七纪检监察组

组　长　麻显文(苗族)　　2018年6月至2020年12月

副科长级专职纪检监察员（纪检监察组副组长）

贺　丽（女，苗族）　2018年8月至2020年12月

副科长级专职纪检监察员

龙　斌（苗族）　2018年8月至2020年10月

杨昌馀（侗族）　2020年10月至2020年12月

综合监督　县民政局、县扶贫开发办公室、县退役军人事务局、县民族宗教事务局及以上单位主管（所属）、挂靠、归口单位（机构）。

2020年10月派驻机构改革后，组长任县住房和城乡建设局党组成员，副组长任县扶贫开发办公室党组成员。第七纪检监察组综合监督县住房和城乡建设局、县扶贫开发办公室、县城市管理局、县退役军人事务局、县民族宗教事务局、县科协机关、铜仁公积金管理中心松桃管理部等7家单位。

派驻第八纪检监察组

组　长　李　艳（女，苗族）　2018年6月至2019年2月

杨成华（苗族）　2020年4月至2020年12月

副科长级专职纪检监察员（纪检监察组副组长）

麻绍扬（苗族）　2018年8月至2020年12月

副科长级专职纪检监察员

杨昌馀（侗族）　2018年8月至2020年10月

龙　斌（苗族）　2020年10月至2020年12月

综合监督　县交通运输局、县财政局、县残疾人联合会及以上单位主管（所属）、挂靠、归口单位（机构）。

2020年10月派驻机构改革后，组长任县财政局党组成员，副组长任县交通运输局党组成员。第八纪检监察组综合监督县财政局、县交通运输局、县委编办、县统计局、铜仁市生态环境局松桃分局、县残联机关等6家单位。

派驻第九纪检监察组

组　长　秦　毅（侗族）　2018年6月至2020年12月

副科长级专职纪检监察员（纪检监察组副组长）

欧求海（苗族）　2018年8月至2020年12月

副科长级专职纪检监察员

罗齐成（苗族）　2018年8月至2019年1月

综合监督　县卫生健康局、县医疗保障局、县市场监督管理局、县档案馆（县地方志编纂委员会办公室）、县文学艺术界联合会、县计划生育协会、县红十字会及以上单位主管（所属）、挂靠、归口单位（机构）。

2020年10月派驻机构改革后，组长任县卫生健康局党组成员，副组长任县市场监督管理局党组成员。综合监督县卫生健康局、县市场监督管理局、县医疗保障局、县人民医院、县民族中医院、县妇幼保健计划生育服务中心（县妇幼保健院）、县疾病预防控制中心、县计生协会机关等8家单位。

派驻第十纪检监察组

组　长　郎　松（苗族）　2018年6月至2020年3月

任卫星(土家族)　　2020年5月至2020年10月

龙正全(苗族)　　2020年10月至2020年12月

副科长级专职纪检监察员(纪检监察组副组长)

马作良　　2018年8月至2020年5月

副科长级专职纪检监察员

何兴发(苗族)　　2018年8月至2019年1月

综合监督　县自然资源局、县林业局、县住房和城乡建设局、县城市管理局、县统计局及以上单位主管(所属)、挂靠、归口单位(机构)。

2020年10月派驻机构改革后,组长任县民政局党组成员,副组长任县林业局党组成员。派驻第十纪检监察组综合监督县委宣传部、县自然资源局、县林业局、县民政局、县融媒体中心、县文联机关、县红十字会机关等7家单位。

二、派驻县直部门纪检监察机构

2018年3月,根据《关于设立松桃苗族自治县纪委县监察委派驻纪检监察组等事项的通知》文件精神,在县委党校、县疾病预防控制中心、县妇幼保健计划生育服务中心(县妇幼保健院)、县人民医院、县民族中医院、贵州省松桃民族中学、县第三高级中学各设副科长级专职纪检监察员各1名。

县纪委县监委派驻县直属机关工委纪工委(2018年8月至2020年12月)

书　记　李忠华(女,苗族)　　2018年8月至2020年12月

县纪委县监委派驻县委党校副科长级专职纪检监察员(2018年8月至2020年10月)

副科长级专职纪检监察员(缺)

县纪委县监委派驻县疾病预防控制中心副科长级专职纪检监察员(2018年8月至2020年10月)

副科长级专职纪检监察员　姚　畯(侗族)　2018年8月至2020年10月

县纪委县监委派驻县妇幼保健计划生育服务中心(县妇幼保健院)副科长级专职纪检监察员(2018年8月至2020年10月)

副科长级专职纪检监察员　吴云飞(苗族)　2018年8月至2020年9月

县纪委县监委派驻县人民医院副科长级专职纪检监察员(2018年8月至2020年4月)

副科长级专职纪检监察员　龙俊泽(苗族)　2018年8月至2020年4月

县纪委县监委派驻县民族中医院副科长级专职纪检监察员(2018年8月至2020年9月)

副科长级专职纪检监察员　杨吉浪(苗族)　2018年8月至2020年9月

县纪委县监委派驻松桃民族中学副科长级专职纪检监察员(2018年8月至2020年10月)

副科长级专职纪检监察员　杨成华(苗族)　2018年8月至2020年4月

滕建兴　2020年5月至2020年10月

县纪委县监委派驻县第三高级中学副科长级专职纪检监察员(2018年8月至2020年10月)

副科长级专职纪检监察员　唐义长(苗族)　2018年8月至2020年4月

周玉鹏(苗族)　2020年4月至2020年10月

三、县管医院、学校、企业党委纪检监察机构

2020年10月,根据《中共松桃苗族自治县委办公室印发〈关于深化中共松桃苗族自治县纪委松桃苗族自治县监委派驻机构改革的实施意见〉的通知》文件精神,对设立党委的县管党校、县人民医院、县民族中医院3家单位设置纪委,撤销其副科长级专职纪检监察员,将其纳入派驻党政机关纪检监察组综合监督范围。撤销县疾病预防控制中心、县妇幼保健计划生育服务中心(县妇幼保健院)2家单位副科长级专职纪检监察员,将其纳入派驻党政机关纪检监察组综合监督范围。对设立党委的县管企业,保留纪委设置,纪委书记由县纪委县监委任命为监察专员,设立监察专员办公室,与纪委合署办公。对设立党委的县属学校,保留纪委设置,纪委书记由县纪委县监委任命为监察专员,设立监察专员办公室,与纪委合署办公。

县委党校纪委(2020年10月至2020年12月)

书　记　(暂缺)

县人民医院纪委(2020年4月至2020年12月)

书　记　简国永(土家族)　2020年4月至2020年12月

县民族中医院纪委(2020年10月至2020年12月)

书　记　杨　佳(女,侗族)　2020年12月至2020年12月

铜仁市武陵山投资经营(集团)有限公司纪委(2020年4月至2020年12月)

书　记　胡仕勇　2020年4月至2020年12月

松桃天龙投资开发(集团)有限公司纪委(2020年4月至2020年12月)

书　记　杨文君(土家族)　2020年4月至2020年12月

松桃扶贫开发投资(集团)有限公司纪委(2020年4月至2020年12月)

书　记　杨秀军(苗族)　2020年4月至2020年12月

贵州省松桃民族中学纪委(2020年10月至2020年12月)

书　记　滕建兴　2020年12月至2020年12月

松桃第三高级中学纪委(2020年10月至2020年12月)

书　记　周玉鹏(苗族)　2020年12月至2020年12月

松桃中等职业学校纪委(2020年10月至2020年12月)

书　记　(暂缺)

第九节　垂直管理部门驻松桃纪检监察机构

1.中国农业银行松桃支行纪检组(1986年10月至1998年12月)

(1986年10月至1987年12月未配组长,由纪检员谭克政负责日常工作)

组　　长　谭克政(苗族)　1992年1月至1995年4月

　　　　　罗福俊　　　　1995年4月至1998年12月

2.中国工商银行(中国工商银行股份有限公司)松桃支行纪检组(1995年4月至2020年12月)

组　　长　胡凡英(女)　1995年4月至1996年7月

　　　　　汪再华　　　1996年7月至1998年12月

纪检专员　赵　军　　　2019年2月至2020年7月

　　　　　龙红军(苗族)　2020年7月至2020年12月

3.中国人民银行松桃苗族自治县支行纪检组(1992年7月至2020年12月)

组　　长　江秀清　　　1992年7月至2004年9月

　　　　　龙棠芳(苗族)　2004年9月至2008年9月

　　　　　吴刚德(苗族)　2008年9月至2010年12月

　　　　　杨　钦　　　2012年7月至2016年5月

　　　　　　　　　　　2018年7月至2020年12月

4.松桃苗族自治县邮政局纪检组(2000年1月至2010年12月)

纪 检 员　李相清　　　2000年1月至2001年12月

　　　　　胡昌明(苗族)　2001年12月至2010年9月

　　　　　莫开序　　　2010年9月至2010年12月

5.贵州电网有限责任公司松桃供电局纪委(松桃苗族自治县供电局纪检组、监察审计部)(1999年6月至2020年12月)

1999年6月,县纪委向松桃苗族自治县供电局派驻纪检组,未配纪检组长,明确由纪检员田如飞负责纪检工作;2000年1月配纪检组长。2011年5月,设置监察审计部。2017年12月,松桃苗族自治县供电局更名为贵州电网有限责任公司松桃供电局,设置贵州电网有限责任公司松桃供电局纪委。2018年9月,监察审计部撤销。

组　　长　　田如飞(苗族)　　2000年1月至2005年12月

　　　　　　尚咏洁(土家族)　2005年11月至2007年12月

　　　　　　任克军(回族)　　2007年12月至2011年4月

　　　　　　李　林(土家族)　2011年4月至2015年11月

纪检委员 谢子高(苗族) 2015年11月至2017年12月
书　　记 谢子高(苗族) 2017年12月至2018年12月
解　涛 2018年12月至2019且1月
唐小刚(苗族) 2019年1月至2020年12月

监察审计部主任 龙智林(苗族) 2011年5月至2014年2月
石　波(苗族) 2014年4月至2018年9月

6.国家税务局松桃苗族自治县分局纪检组(2000年10月至2018年7月)

组　　长 杨前斌(土家族) 2000年10月至2001年12月
滕树东(苗族) 2001年12月至2011年7月
曾宪平(土家族) 2011年11月至2014年4月
郑　俊(侗族) 2014年9月至2016年11月
杨　海(侗族) 2016年11月至2018年7月

7.地方税务局松桃苗族自治县分局纪检组(1996年5月至2018年7月)

组　　长 张昌和 1996年5月至2001年10月
刘勇坚(侗族) 2001年10月至2007年4月
黄林海(苗族) 2009年4月至2012年1月
谭士国 2012年1月至2013年7月
李仕奇(苗族) 2013年10月至2016年11月
张海军 2017年1月至2018年7月

8. 国家税务局松桃苗族自治县分局、地方税务局松桃苗族自治县分局联合党委纪检组(2018年7月至2018年11月)

组　　长 杨　海(侗族) 2018年7月至2018年11月

9.国家税务总局松桃苗族自治县税务局纪检组(2018年11月至2020年12月)

组　　长 杨　海(侗族) 2018年11月至2020年12月

10.松桃苗族自治县烟草专卖局纪律检查组(1998年5月至2018年8月)

组　　长 石邦文(苗族) 1998年5月至2001年12月
李忠陆 2001年12月至2004年5月
晏　霞(女) 2004年5月至2005年12月
孙　骥(苗族) 2006年1月至2016年1月
但方仁(土家族) 2016年2月至2018年8月

11.质量技术监督局纪律检查组(2002年2月至2014年10月)

专职纪检员 戴和平 2002年2月至2006年7月

杨秀元(苗族) 2006年8月至2010年12月

张勇刚(苗族) 2011年5月至2014年10月

12.中共松桃苗族自治县农村信用合作联社纪律检查委员会(监察室)(2013年2月至2020年12月)

书 记 李晓衡(土家族) 2013年2月至2020年12月

监察室主任 姜万坤 2013年2月至2020年12月

第十节 县级单位驻松桃纪律检查机构

一、中共松桃苗族自治县人民武装部纪律检查委员会

1950年3月1日,松桃县人民政府成立后,设立松桃县人民政府武装科。是年9月,设立松桃县人民武装部。1951年3月,人民武装部实行军队与地方双重领导,改归铜仁军分区建制。1954年11月,松桃县人民武装部改为松桃县兵役局。1960年6月,松桃苗族自治县兵役局又恢复为松桃苗族自治县人民武装部。1961年9月,县武装部党委成立后,指定专人分管党的纪律检查工作。1986年5月1日,根据中央指示,松桃苗族自治县人民武装部划归地方建制,7月30日,建立中共松桃苗族自治县人民武装部委员会,党的组织关系随之移交地方。1996年3月,组建县人民武装部临时党委;是年4月1日,将地方建制的人民武装部收归军队建制;9月10日至11日,中共松桃苗族自治县人民武装部第一次党员大会召开。大会根据《中国共产党章程》《中国人民解放军政治工作条例》有关规定,以及中共铜仁军分区委员会〔1996〕党字第14号文件精神,选举产生由石成发等5人组成的中共松桃苗族自治县人民武装部第一届纪律检查委员会。1998年6月,书记石成发离任,由文玉碧接任书记。

中共松桃苗族自治县人民武装部纪律检查委员会人员组成

(1996年9月至1998年12月)

书 记	石成发(苗族)	1996年9月至1998年6月
	文玉碧	1998年6月至1998年12月
委 员	刘贵松	1996年9月至1998年6月
	陆志明	1996年9月至1998年6月
	龙通怀(苗族)	1996年9月至1998年6月
	陈明东	1996年9月至1998年6月
	张连科	1996年9月至1998年6月

2006年4月,中共松桃苗族自治县人民武装部纪律检查委员会只设书记1名,均由分管军事工作的副部长担任。

中共松桃苗族自治县人民武装部纪律检查委员会历任书记

（2006年4月至2010年12月）

书　记　贾宝国　　2006年4月至2007年4月
　　　　靳东风　　2007年4月至2008年4月
　　　　卫心博　　2008年4月至2010年4月
　　　　康太坤　　2010年4月至2010年12月

二、中共铜仁地区纪律检查委员会派驻松桃道塘水库工程管理局纪律检查组

2003年3月，根据中共铜仁地委〔2002〕22号会议纪要及铜地机编〔2003〕1号文件精神，成立松桃苗族自治县道塘水库工程管理局，为县人民政府直属副县级事业单位。

2004年8月，铜仁地区机构编制委员会办公室出台松桃道塘水库工程管理局建设期间机构编制方案，明确松桃道塘水库工程管理局为铜仁地区行署直属正县级事业单位。

2005年5月，中共铜仁地区纪委检查委员会任命龙中文为中共铜仁地区纪委检查委员会驻松桃道塘水库工程管理局副县级专职纪检员。

2009年11月，松桃道塘水库移交松桃水务局管理，松桃道塘水库工程管理局撤销。按照自愿选择的原则，人员分别分流到市水务局和县水务局。龙中文调整任铜仁市纪委驻铜仁市水务局纪检组组长。

中共铜仁地区纪律检查委员会派驻松桃道塘水库工程管理局纪律检查组

（2005年5月至2009年11月）

副县级专职纪检员　龙中文（苗族）　2005年5月至2009年11月

第十一节　议事协调机构

党的纪律检查委员会是党内监督专责机关。70年来，根据县委的安排和要求，牵头或参与了议事协调机构的工作，为全县各项事业的健康发展和整体工作的推进提供了纪律保证。

根据现有资料，由纪检监察机关牵头或参与的有如下议事协调机构。

中共松桃苗族自治县委肃反清理领导小组

1963年2月9日，县委成立肃反清理领导小组，县监委书记吴向必任组长，宫延成、滑满常任副组长。

中共松桃苗族自治县委“五反”领导小组

1963年4月5日，县委成立“五反”工作领导小组，县委监委书记吴向必任组长，白兴胜、石孟明任副组长,下设办公室、专案组。

中共松桃苗族自治县委打击严重经济犯罪活动领导小组

1984年5月10日,县委决定成立中共松桃苗族自治县委打击严重经济犯罪活动领导小组,由石邦珍任组长,杨廷勋、龙国春任副组长,田景全、吴官成、龙刚、龙品清、张君荣、梁恩仁为成员。领导小组办公室设在县纪委,梁恩仁兼任办公室主任。是年12月5日,因杨廷勋工作调动,县委决定增补刘鸿源为打击严重经济领域犯罪活动领导小组副组长,增补杨再权为领导小组成员。

中共松桃苗族自治县委党风廉政建设领导小组

1993年5月22日,县委调整党风廉政建设领导小组,柳运华任组长,李朝安、李昆云任副组长,龙炳成、陈思伦、杨通全、石登洲、龙中辉、刘和忠、龙嫦妹、田仁兴、谭俊为成员。领导小组下设办公室在县纪委,杨通全兼任办公室主任。

中共松桃苗族自治县委纠正行业不正之风领导小组

1993年5月22日,县委对县纠正行业不正之风领导小组进行调整,龙正吉任组长,蒋世善、龙沛云、杨通全任副组长,彭秋芬、龙世和、肖梅玲、宋真道为成员,领导小组下设办公室在县纪委,杨通全兼办公室主任,抽调张旗、石维邦、唐海燕具体办公。

中共松桃苗族自治县委反腐倡廉领导小组

1993年9月9日,县委成立由县委书记柳运华任组长,县委副书记、县长龙正吉,县委副书记麻绍平、夏勇、曾文静任副组长,县委常委、县纪委书记李朝安,县委常委、副县长李昆云,县委常委、县委组织部部长杨宗义,县人民检察院检察长张贵发,县人民法院院长吴官成,县政协副主席、县审计局局长肖梅玲,县委政法委书记龙中辉,县纪委副书记、县监察局局长龙沛云为成员县反腐倡廉领导小组。领导小组办公室设在县纪委,李朝安兼任办公室主任,张贵发、龙沛云兼办公室副主任,并抽出专人办公。

松桃苗族自治县三项治理领导小组

2003年7月,为了重点抓好制止奢侈浪费行为、清理领导干部违规多占住房和纠正超标准编制配备和使用小汽车三项工作(简称三项治理工作),经县委、县人民政府研究决定,成立松桃苗族自治县三项治理领导小组及工作机构,县委副书记、县纪委书记徐仕江任领导小组副组长,纪委副书记龙中文兼任领导小组办公室主任,下设制止奢侈浪费、清房和清车三个组。

松桃苗族自治县治理商业贿赂领导小组

2008年6月26日,县委对县治理商业贿赂领导小组成员进行调整,成立由县委常委、县纪委书记张萍任组长,县委常委、县人民政府常务副县长李明刚任常务副组长,县纪委副书记、县监察局局长龙治和,县人民政府办公室副主任、县信访局局长杨洪轩,县纪委常委、县监察局副局长龙金国任副组长,县委宣传部副部长、县文明办主任吴国强,县人大法工委主任龙秀军,县人民政府法制办主任李典鸿,县人民法院副院长龙恒康,县人民检察院副检察长龙双全,县公安局副局长龙秀忠,县发改局党组书记、局长龙文久,县建设局党组书记、局长梁启康,县交通局党组书记、局长田晓军,县卫生局党组书记、局长冉启江,县财政局党组书记、局长杨再忠，县林业局党组书记、局长成朝清，县食品药品监督局局长麻开甲，县国土资源局局长杨锋，县审计局局长石服芝，县工商局局长陈建华，县农业局局长龙健清，县经贸局副局长杨昌权，县银监办事处主任曾亚萍，县纪委常委、纠风室主任刘卫东为成员的县治理商业贿赂领导小组。领导小组下设办公室在县纪委监察局，由刘卫东兼办公室主任，周强、张朝海任办公室副主任。

松桃苗族自治县民主评议行风工作领导小组

2011年4月28日，县人民政府调整充实县民主评议行风工作领导小组。县委常委、常务副县长杨德振任组长，县人民政府办公室主任龙文久，县纪委副书记、县监察局局长龙治和任副组长，县水利局局长曾和平，县计划生育局局长何强，县文体广电旅游局局长吴家永，县民政局局长郭礼发，县司法局局长胥朝辉，县监察局副局长冉光珍为成员的县民主评议行风工作领导小组。领导小组下设办公室在县纪委监察局，冉光珍兼任办公室主任，周强任副主任，抽唐义长、张媛、龙文具体办公。

中共松桃苗族自治县委基层党组织党务公开工作领导小组

2011年6月18日，为切实加强对全县党务公开工作的组织领导，成立由县委常委、县委组织部部长张翔胜任组长，县委常委、县纪委书记张萍任副组长，县委办公室主任田如刚，县纪委副书记彭江，县委组织部副部长杨光清，县委宣传部副部长、文明办主任吴国强，县直属机关工委书记龙桂芝，县委党研室主任喻保国，县教育局党组书记、局长石堂果，县工业贸易局党组书记、副局长曾凡科为成员的全县基层党组织党务公开工作领导小组。领导小组下设办公室在县纪委，彭江兼任办公室主任，刘卫东、唐渊具体负责办公。

中共松桃苗族自治县委党务公开工作领导小组

2012年4月13日，县委对县委党务公开工作领导小组成员进行调整，成立由县委副书记吴洋富任组长，县委常委、县委组织部部长张翔胜，市纪委常委、县委常委、县纪委书记邹龙兴任副组长，县委办副主任黄云风，县纪委副书记、县监察局局长龙治和，县委组织部副部长姚思，县委宣传部副部长、县文明办主任吴国强，县直属机关工委书记李贵平，县教育局党组书记、局长田茂军，县文体广电旅游局党组副书记、局长龙再渊，县工业贸易局党组副书记、局长张盛贵为成员的县委党务公开工作领导小组。领导小组下设办公室在县纪委党风廉政室，龙治和兼任办公室主任，刘卫东任办公室副主任。

松桃苗族自治县强农惠农政策监督检查工作领导小组

2012年4月13日，县委、县人民政府决定成立县强农惠农政策监督检查工作领导小组，县委副书记吴洋富任组长，市纪委常委、县委常委、县纪委书记邹龙兴，县人民政府副县长曾杰任副组长，县委办副主任黄云风，县人民政府办公室副主任龙超，县纪委副书记、县监察局局长龙治和，县委组织部副部长、县人力资源和社会保障局党组副书记、局长石秋高，县财政局党组副书记、局长杨再忠，县农牧科技局党组副书记、局长杨亚勇，县民政局党组副书记、局长龙智贤，县国土资源局局长胡波，县林业局党组副书记、局长成朝清，县水务局党组副书记、局长田晓军，县交通运输局党组副书记、局长吴诺，县教育局党组书记、局长田茂军，县文体广电旅游局党组副书记、局长龙再渊，县卫生和食药监局党组副书记、局长冉启江，县住建局党组副书记、局长杨赫，县工业贸易局党组副书记、局长张盛贵，县扶贫办党组副书记、主任杨再桥，县供电局局长任克军为成员的县强农惠农政策监督检查工作领导小组。领导小组下设办公室在县纪委纠风室，龙治和兼任办公室主任，周强任办公室副主任。

松桃苗族自治县绩效管理考核领导小组

2012年6月18日,为加强对绩效考核工作的督促检查和指导推进,确保绩效考评工作扎实开展,成立由县委副书记吴洋富任组长,县委常委、县人民政府常务副县长杨德振,县委常委、县委统战部部长石批林,县委常委、县委组织部部长张翔胜,县委常委、县人民政府副县长黄洪州,市纪委常委、县委常委、县纪委书记邹龙兴,县委常委、县委宣传部部长杨红军,县委常委、县委政法委书记、县公安局局长石俊民任副组长,县委办公室主任吴家永,县人大常委会办公室主任郭礼发,县人民政府办公室主任龙文久,县政协秘书长刘志荣,县纪委副书记、县监察局局长龙治和,县委组织部副部长、县人力资源和社会保障局党组副书记、局长石秋高,县财政局党组副书记、局长杨再忠为成员县绩效管理考核领导小组。领导小组下设办公室在县纪委监察局,龙治和兼任办公室主任,冉光珍、黄文沛任办公室副主任。

松桃苗族自治县治理工程建设领域突出问题工作领导小组

2012年6月27日,县委调整全县治理工程建设领域突出问题工作领导小组,成立由市纪委常委、县委常委、县纪委书记邹龙兴,县人民政府副县长黄啸任副组长,县委办公室主任吴家永,县人民政府办公室主任龙文久,县纪委副书记、县监察局局长龙治和,县委宣传部副部长龙瀑,县人民检察院副检察长麻文久,县发改局党组副书记、局长陈明云,县财政局党组副书记、局长杨再忠,县公安局党委副书记、政委、纪委书记孟险峰,县住建局党组副书记、局长杨赫,县交通运输局党组副书记、局长吴诺,县水务局党组副书记、局长田晓军,县审计局党组副书记、局长石服芝,县环保局党组副书记、局长杨光清,县工业贸易局党组副书记、局长张盛贵,县教育局党组书记、局长田茂军,县安监局党组书记、局长熊思革,县农牧科技局党组副书记、局长杨亚勇,县林业局党组副书记、局长成朝清,县卫生和食药监局党组副书记、局长冉启江,县工商局党组书记、局长陈建华,县国土资源局局长胡波、县供电局局长任克军、县法制办主任李典鸿、中国人民银行松桃支行行长赵钢为成员的全县治理工程建设领域突出问题工作领导小组。领导小组下设办公室在县纪委监察局,龙治和兼任办公室主任,负责具体办公。

松桃苗族自治县政务公开监督领导小组

2012年7月27日,县委、县人民政府决定调整由市纪委常委、县委常委、县纪委书记邹龙兴任组长,县人大常委会副主任谢廷扬、县政协副主席姚能武任副组长,县委办公室主任吴家永、县妇联主席陆成英、团县委副书记蒋滦合、县监察局副局长冉光珍为成员的县政务公开监督领导小组。领导小组下设监督评议办公室,冉光珍兼任办公室主任,负责政务公开监督检查、绩效考核、投诉受理等工作。

松桃苗族自治县“四项清理”工作领导小组

2012年9月5日,为切实做好清理规范评比达标表彰、各级党政机关检查考核、行政事业性收费、庆典研讨会论坛工作(简称“四项清理”工作),县委成立由市纪委常委、县委常委、县纪委书记邹龙兴任组长,县委办公室主任吴家永,县人民政府办公室副主任张学兵,县纪委副书记、县监察局局长龙治和任副组长,周胜华、吴国强、石秋高、陈明云、杨再忠、石服芝、张盛贵、龙智贤为成员的“四项清理”工作领导小组。领导小组下设办公室在县纪委,郎松具体负责党政机关检查考核活动的清理规范工作;周强具体负责庆典研讨会论坛活动的清理规范工作;石秋高具体负责评比达标表彰活动的清理规范工作;张世勇具体负责行政事业性收费的清理规范工作。

松桃苗族自治县清理纠正党员干部和国家机关工作人员以及国有企业负责人入股非煤矿山问题工作领导小组

2012年10月，为进一步规范全县非煤矿山市场，促进全县矿业经济健康有序发展，确保矿山企业安全生产，有效防止党政干部投资入股非煤矿山为不法矿山企业主充当“保护伞”等专项治理工作取得实效，县委成立由市纪委常委、县委常委、县纪委书记邹龙兴任组长，县人民政府副县长龙正江任副组长，县委办主任吴家永，县人民政府办公室副主任张学兵，县纪委副书记、县监察局局长龙治和，县财政局党组副书记、局长杨再忠，县审计局党组副书记、局长石服芝，县工业贸易局党组副书记、局长张盛贵，县安监局党组书记、局长熊思革，县环保局党组副书记、局长杨光清，县国土资源局局长胡波，县公安局常务副局长龙靖，县监察局副局长、行政投诉中心主任龙金国为成员的清理纠正党员干部和国家机关工作人员以及国有企业负责人入股非煤矿山问题工作领导小组。领导小组下设办公室在县纪委监察局，龙金国兼任办公室主任。

中共松桃苗族自治县委清理党政机关和事业单位财政供养人员“吃空饷”工作领导小组

2013年1月10日，为加强对清理工作的领导，切实解决党政机关和事业单位财政供养人员“吃空饷”问题，成立由县委副书记、县人民政府县长吴洋富任组长，市纪委常委、县委常委、县纪委书记邹龙兴，县委常委、县委组织部部长汪勇任副组长，县纪委副书记、县监察局局长龙治和，县委组织部副部长姚思，县委组织部副部长、县人力资源和社会保障局党组副书记、局长石秋高，县编委办主任石文兴，县财政局党组副书记、局长杨再忠，县审计局党组副书记、局长石服芝为成员的清理工作领导小组。领导小组下设办公室在县纪委监察局，龙治和兼任办公室主任，周强、姚畯具体负责办公室工作。

中共松桃苗族自治县委“廉政文化‘六进’”活动领导小组

2013年3月8日，成立以县委常委、县纪委书记邹龙兴为组长，县纪委副书记周胜华为副组长，县直属机关工委书记李贵平，县文体广电旅游局局长龙再渊，县总工会主席欧继昌，县妇联主席石小莉，县民政局党组成员、纪检组长姚蓉，县教育局党组成员、纪检组长刘洪文为成员“廉政文化‘六进’”活动领导小组。领导小组办公室设在县纪委宣教室，及时研究解决“六进”活动中遇到的困难和问题，确保活动取得实效。

松桃苗族自治县政务公开监督领导小组

2013年3月21日，县委对县政务公开监督领导小组成员进行调整充实。县委常委、县纪委书记邹龙兴任组长，县人大常委会副主任谢廷扬、县政协副主席姚能武任副组长，县委办公室主任吴家永，县总工会主席欧继昌，县妇联主席石小莉，团县委书记蒋溁合，县监察局副局长、县绩效办主任冉光珍为成员的县政务公开监督领导小组。领导小组下设监督评议办公室，负责政务公开监督检查、绩效考核、投诉受理等工作，冉光珍兼任办公室主任。

松桃苗族自治县重点建设项目督查工作组

2013年4月16日，为切实加大对重点建设项目的督查力度，确保工程建设进度，成立由县委常委、县纪委书记邹龙兴任组长，县委常委、县委组织部部长汪勇任常务副组长，县人大常委会副主任陈燕林、县政协副主席龙健清任副组长，县监察局副局长、县效能办主任冉光珍，县人民政府办公室纪检组组长、县人民政府督查室主任田念桥,县委政法委副书记、县维稳办主任龙秀忠,县发改局党组副书记、局长黄前明,县农牧科技局党组副书记、局长杨亚勇,县交通运输局党组副书记、局长吴诺,县水务局党组副书记、局长胥朝辉,县人口计生局党组书记、局长冉启江,县文体广电旅游局党组副书记、局长龙再渊,县住建局党组副书记、局长田辉,县工业贸易局党组副书记、局长陈长春,县供电局局长任克军,县投资促进局主持工作的副局长杨昌洲为成员的全县重点建设项目督查工作组。督查组下设办公室在县效能办,抽调龙秀峰、涂逢莉、唐义长、杨强、麻建松、姚晓军具体办公。

松桃苗族自治县机关作风和效能建设领导小组

2013年5月16日,县委鉴于人事变动,决定调整充实县机关作风和效能建设领导小组,成立由县委副书记、县人民政府县长吴洋富任组长,县委常委、县人民政府常务副县长何支刚,县委常委、县纪委书记邹龙兴,县委常委、县委组织部部长汪勇,县委常委、县委宣传部部长杨红军,县委常委、县委政法委书记、县公安局局长石俊民,县人民政府副县长龙正江,贵州松桃经济开发区党工委委员、管委会副主任、县委办公室主任吴家永任副组长,县人大常委会办主任郭礼发,县政协秘书长刘志荣,县委办公室副主任石磊,县人民政府办公室常务副主任姚思,县委组织部副部长龙长桥,县直属机关工委书记李贵平,县监察局副局长、县绩效办主任冉光珍为成员的县机关作风和效能建设领导小组。领导小组下设办公室在县纪委监察局,冉光珍兼任办公室主任,抽专人具体办公。

松桃苗族自治县贯彻落实《建立健全惩治和预防腐败体系2013—2017年工作规划》领导小组

2013年12月3日,为认真贯彻落实中央《建立健全惩治和预防腐败体系2013—2017年工作规划》和省委、市委的实施意见,进一步推进惩治和预防腐败体系建设,县委决定成立由市政协副主席、县委书记冉晓东任组长,县委副书记、县人民政府县长吴洋富任常务副组长,县委常委、县人民政府常务副县长何支刚,县委常委、县纪委书记邹龙兴,县委常委、县委组织部部长汪勇,县委常委、县委宣传部部长杨红军,县委常委、县委政法委书记、县公安局局长石俊民,县委办公室主任、县经济开发区管委会副主任吴家永任副组长,县人大常委会办公室主任郭礼发,县人民政府办公室常务副主任姚思,县政协秘书长刘志荣,县纪委副书记周胜华,县委组织部副部长、县人力资源和社会保障局党组副书记、局长龙治和,县委组织部副部长龙长桥,县委宣传部副部长、县文明办主任李峰为成员的贯彻落实《建立健全惩治和预防腐败体系2013—2017年工作规划》领导小组。领导小组下设办公室在县纪委,邹龙兴兼任办公室主任,周胜华兼任办公室副主任。

松桃苗族自治县绩效目标管理考核领导小组

2015年8月24日,县委决定对县绩效目标管理考核领导小组成员进行调整,县委副书记、县人民政府县长吴洋富任组长,县委副书记秦智坤任常务副组长,县委常委、县委统战部部长石批林,县委常委、县人民政府常务副县长田江,县委常委、县委组织部部长汪勇,县委常委、县纪委书记吴廷友,县委常委、县委宣传部部长杨红军,县委常委、县人武部政委王建军,县委常委、县委政法委书记、县公安局局长龙震辉,县人大常委会副主任、县委办公室主任吴家永,县政协副主席、县卫计局党组书记、局长冉启江任副组长,县人大办公室主任郭礼发,县人民政府办公室主任石敏,县政协秘书长刘志荣,县纪委副书记、县监察局局长龙秀福,县委组织部副部长、县委非公有制企业和社会组织工作委员会书记龙长桥,县委组织部副部长、县人社局党组书记、局长龙治和,县委宣传部副部长、县文明办主任李峰,县委政法委副书记、县综治办主任杨正周，县财政局党组书记、局长陈明云，县教育局党组书记、局长田茂军，县绩效办副主任黄国琴为成员。领导小组下设办公室在县绩效办，负责全县绩效目标管理考评日常工作。

松桃苗族自治县“茅台酒乱象”整治工作领导小组

2018年9月6日，成立由县委常委、县纪委书记、县监委主任胡定钦任组长，县纪委副书记、县监委副主任周胜华任副组长，县委办公室副主任徐安军，县纪委常委、监委委员龙政敏，县机关事务管理局局长田芳，县纪委县监委党风政风监督室负责人胡仕勇为成员的松桃苗族自治县“茅台酒乱象”整治工作领导小组。领导小组下设3个工作组，由龙政敏负责总协调；综合组负责工作统筹、政策研究、相关舆情处理、材料汇总上报等工作；自查清理协调组负责组织开展干部违规参与茅台酒经营问题，以及领导干部为直系亲属开设茅台酒专营店或参与特许经营打招呼等问题清理；问题线索处置组负责对干部违规参与茅台酒经营及收送茅台酒问题线索予以起底及处置工作。

松桃苗族自治县“茅台酒乱象”巡视整改工作领导小组

为切实抓好中央第四巡视组反馈意见及涉及党风廉政建设有关问题的整改工作，推动整改有序开展并取得实效，2018年9月19日成立由县委常委、县人民政府常务副县长代忠义，县委常委、县纪委书记、县监委主任胡定钦任组长，县纪委副书记、县监委副主任周胜华、吴碧文，县工业和商务局党组书记、局长陈长春，县市场监督管理局党组书记、局长曾凡银，县机关事务管理局局长田芳，县卫生计生局党组成员、县卫生监督局局长冉光海任副组长，县纪委常委、县监委委员龙政敏、宋扬、吴维琼，县纪委常委、办公室主任秦榜江，县监委委员熊黔松，以及黄远、陈涛、易小峰、龙军勇、张朝河、陈向东、胡仕勇、龙振超、麻昌三、龙文、张志明、石利军、杨秀波、张明进为成员的松桃苗族自治县“茅台酒乱象”巡视整改工作领导小组。领导小组下设办公室在县纪委县监委，周胜华兼任办公室主任，龙政敏兼任办公室副主任，胡仕勇、杨亚松、吴海萍具体办公，负责统筹协调工作。

中共松桃苗族自治县委构建风清气正净地工作领导小组

2018年9月21日，县委成立由市政协副主席、县委书记冉晓东任组长，县委副书记县人民政府县长龙群跃，县委副书记吴廷友，县委常委、县委统战部部长、县委办主任吴家永，县委常委、县委组织部部长汪劲，县委常委、县纪委书记、县监委主任胡定钦，县委常委、县委政法委书记、县公安局局长石磊，县委常委、县委宣传部部长刘俊任副组长，县人民法院院长姚兰军，县人民检察院检察长李世昌，县人大办主任李忠华，县人民政府办公室主任龙秀福，县政协秘书长蒋留保，县委办副主任徐安军，县纪委副书记、县监委副主任周胜华，县委组织部副部长高祖顺，县委宣传部副部长肖赛，县委统战部副部长秦志刚，县委政法委副书记县维稳办主任龙秀忠，县纪委常委、县监委委员宋扬，县委党校常务副校长龚大义，县直属机关工委书记杨正军，县扶贫办党组书记主任王福荣及各乡镇(街道)党委(党工委)书记为成员的松桃苗族自治县委构建风清气正净地工作领导小组。领导小组下设办公室在县纪委县监委，胡定钦兼任办公室主任，徐安军、周胜华、高祖顺、宋扬兼任办公室副主任，县委办、县纪委县监委、县委组织部、县委宣传部、县委政法委、县扶贫办等部门明确人员具体承担相关工作。

松桃苗族自治县深化国家监察体制改革试点工作小组

2019年4月9日，县委调整松桃苗族自治县深化国家监察体制改革试点工作小组。工作小组由县委书记李俊宏任组长,县委副书记、县人民政府县长龙群跃,县人大常委会主任唐永明,县委常委、县委组织部部长汪劲,县委常委、县纪委书记、县监委主任胡定钦,县委常委、县委政法委书记、县公安局局长石磊,县委常委、县委宣传部部长刘俊,县人民检察院检察长李世昌任副组长,县委办公室副主任唐建华,县纪委副书记、县监委副主任周胜华、吴碧文,县委组织部常务副部长高祖顺,县委宣传部常务副部长石啸,县委政法委常务副书记龙秀忠,县人大常委会代表人事工委主任龙拥军,县人民检察院副检察长吴鸿飞,县委编办主任杨四新,县财政局党组书记、局长罗堃,县公安局政委冉劲松,县机关事务管理局局长田芳为成员。工作任务是落实中央、省委的决策部署,完成监察体制改革试点工作。工作小组下设办公室在县纪委县监委,胡定钦兼任办公室主任。

第二章　县纪检监察机构职责

中国共产党历来重视自身组织建设，注重运用党内专门监督和执纪机关的职能作用的发挥，保持队伍的纯洁性。70年来，全县纪检监察机关在上级纪检监察机关和县委的领导下，坚持围绕中心、服务大局，忠诚履行《中国共产党章程》赋予的职责，坚定不移全面从严治党，把党风廉政建设和反腐败斗争引向深入，推进国家治理体系和治理能力现代化，为全县经济社会发展发挥了重要保障作用。

第一节　县纪律检查机关合署办公前职责

中共松桃县委纪律检查委员会成立于1951年3月11日。按照1950年中共中央政治局审查批准的《中共中央纪律检查委员会工作细则》规定，县委纪委的任务和职责主要是与党的各级组织保持密切联系，及时了解党的组织及党员有无违反党章、党纪、党的决议行为，有无违犯国家法律、法令及政策行为，有无损害群众利益及脱离群众的官僚主义等行为或倾向，以期制止或预防这些行为和倾向发生；除根据各种控告（不论具名和匿名）及各级党组织提交的案件进行检查外，还可以随时检查某一部门党组织或某一特定事件，并有向党委索取材料及征询其对检查的意见；凡党的组织、党员干部违犯党纪，经检查属实，认为须给予处分者，依照党章规定作出书面决定，涉及行政处分及刑事处分者，则建议由人民政府或司法机关处理；同时受理对被处分的组织或个人对处分不服提出的申诉。1951年4月后，县委纪委按照中共中央纪委的批示执行，即凡属于劝告、警告的处分，由党的基层组织讨论决定，报上一级党委批准；凡属于撤销工作、留党察看、开除党籍的处分，其最后批准权按照中央关于干部管理制度的规定执行。

1955年10月，中国共产党松桃县第二届第四次党员代表会议根据中共七届五中全会批准通过《关于成立中央和地方各级监察委员会的决议》精神，选举产生中国共产党松桃县监察委员会。

1956年1月31日，中国共产党松桃县委纪律检查委员会撤销，正式成立中国共产党松桃县监察委员会。根据1956年9月中共八大通过的《中国共产党章程》，县监委的主要任务是“检查和处理党员违反党章、党纪、共产主义道德和国家法律、法令的案件；决定和取消对于党员的处分；受理党员的控告和申诉；保证党的路线、方针、政策的实现与各项中心工作任务的完成。在对上级党委委员和同级党委委员进行检查时，应向上一级党委报告，有权审查、批准和改变下级监察委员会对案件所作出的决定；应向上级监察委员会报告工作，如实报告一切党员和党组织违反纪律的情况。”监察委员会的主要任务同原来的纪律检查委员会的任务相比较，有两点重要的变化，一是监察案件范围扩大，原来纪委只检查党组织和党员违犯党纪的行为，而监察委员会不仅要检查处理党组织和党员违犯党纪的案件，并要检查处理国家法律法令的案件，还将违犯共产主义道德的案件纳入监委检查处理范畴；二是监委除了继续检查处理各种违纪案件外，还要对各级党组织遵纪守法的情况进行监督。

1957年1月,根据1956年9月11日国务院第三十七次会议“撤销松桃县,设立松桃苗族自治县决定”,中共松桃县委监察委员会更名为中共松桃苗族自治县委监察委员会。是年4月以后,根据中共中央指示,处分党员遵循两个原则:一是党组织在讨论党员处分问题时,应通知受处分本人到会辩护;二是党员对所受处分不服时,可以要求复议,并可以向上级党组织申诉。

1958年3月10日,县监委根据中央监委1957年“关于处分党员批准权限的规定”和省监委补充规定精神,报经县委常委同意后,提出“处分党员批准权限下放的意见”,将警告、严重警告处分批准权限第一批下放于25个党总支委员会,即大坪、太平、平头、普觉、落满、邓堡、孟溪、乜江、妙隘、冷水、大路、甘龙、石梁、长兴、九龙、黄板、木树、粑坳、道水、小隆、牛郎、沙坝、机关、普觉汞矿厂、城关镇等总支委员会。撤销党内职务、留党察看的处分批准下放于各区委员会,并报县监委备案,但机关干部和乡一级党员干部受留党察看、撤销党内职务的处分,一律报县委或县监委批准;属于区级以上的党员干部无论受哪种纪律处分应报县委或县监委批准;凡是区委、党总支委员会批准的案件,应报县监委备案。

1959年4月,根据贵州省1959年3月26日至4月1日召开的第五次全省党的监察工作会议决定,中共松桃苗族自治县监察委员会改称为中共松桃苗族自治县委监察委员会。

1962年9月,中共八届十中全会作出《关于加强党的监察机关的决定》(以下简称“决定”)。按照《决定》,县委监委委员列席同级地方党的委员会全体会议;县委监察委员会派驻监察组到县人民政府所属各部门,以加强对同级国家机关党员的监督工作,县委监委派驻机构由县委监委直接领导,县委监委有权不通过同级党委向上级党委、监委直至党中央直接反映、检举党员的违法乱纪、铺张浪费、强迫命令等问题。

1967年5月17日,中共松桃苗族自治县委和县人民委员会被“群众组织”夺权。县委、县人民委员会工作机构被松桃苗族自治县革命委员会设立的办事机构所替代,县委监委的工作随之被迫停止。在1969年4月召开的九大和在1973年8月召开的十大通过的两个《中国共产党章程》,取消了关于党的监察机关和党的纪律的条款,取消了对党员遵纪守法的要求。

从“文化大革命”结束到中共十一届三中全会期间,是党的纪律检查机关酝酿、恢复重建阶段。1977年8月,中共十一次全国代表大会召开,大会作出“恢复中央和县以上设立纪律检查委员会”的决定。由于当时全党的工作还处于徘徊中前进的局面,纪律检查机构还没有建立起来,在这个时期开展的平反冤假错案、整顿干部队伍、恢复党的优良传统和作风等工作,在县委的领导下以组织部门为主具体实施。

1978年12月,中共十一届三中全会召开。全会就纪律检查机关的基本任务、基本原则进行明确,通过了《中共中央纪律检查委员会工作任务、职权范围、机构设置的规定》。中共十一届三中全会后,按照中共中央、中央纪委及省委、省委纪委和地区纪委的有关规定和要求,县委纪委的根本任务就是要通过维护党规党纪、切实搞好党风来保障党的政治路线的贯彻执行。同时,按照“边恢复重建,边积极开展工作”的要求,突出抓好纪检机构的恢复和重建工作,在县委的领导下检查处理申诉、控诉的案件,涉及干部案件一般按干部管理权限实行分级处理,必要时可以对某些案件直接检查处理。

1979年3月,中共铜仁地委批准成立中共松桃苗族自治县委纪律检查委员会。1980年9月13日,县委决定正式建立纪律检查委员会。建立后的中共松桃苗族自治县委纪律检查委员会,为县委工作部门,体制上在中共松桃苗族自治县委领导下进行工作,业务上接受中共铜仁地委纪律检查委员会指导。

1982年9月,中共十二大通过的新《中国共产党章程》专门列了“党的纪律”和“党的纪律检机关”两章,对加强党的纪律建设、建立纪检机关的完整体系及其职权、任务等作出明确规定。中共十二大后,党的纪检机关的地位明显提高,各级纪委从过去由同级党的委员会全委会选举产生,改为由同级党的代表大会选举产生。1984年9月,中共松桃苗族自治县委纪律检查委员会升格为中共松桃苗族自治县纪律检查委员会。纪委的工作不仅要对同级党委负责，而且要对同级党委的代表大会负责；与中共十一大以前党的纪委的职责比较，其职责的范围进一步拓展，权限进一步扩大。按照中共十二大通过的党章规定，县纪委的主要任务和工作是维护党的章程和其他重要的规章制度，协助党的委员会整顿党风，检查党的路线、方针、政策和决议的执行情况；经常性地对党员进行遵守纪律的教育，作出关于维护党纪的决定；检查和处理党的组织和党员违反党规党纪和国家法律法令的比较重要或复杂的案件，决定或取消对这些案件中的党员的处分；受理党员的控告和申诉。

1987年10月，中共十三大召开。为了使党经受住执政和改革开放的双重考验，大会提出了在改革开放的新形势下必须“从严治党”的方针，明确新形势下党的纪检工作是保证党的基本路线的贯彻执行。中共十三大后，县纪委的主要工作职责除切实履行好三大任务、开展三项经常性工作外，还按照机构改革的要求，建立案情动态、案件线索等信息通报制度、执纪执法监督部门的联席会议制度，集中力量管好党纪，协助党委管好党风工作，促使党纪检查和行政监察协调配合的形式初步形成。同时，建立健全党员、干部的廉政档案，做好纪检干部的管理工作和组织纪检干部的培训工作，指导全县纪检业务工作，承办上级纪委和县委授权交办的其他事项。

第二节　县行政监察机关合署办公前职责

1953年1月29日，县人民政府根据1949年9月中国人民政治协商会议第一次全体会议通过的《中国人民政治协商会议共同纲领》和《中华人民共和国中央人民政府组织法》，成立松桃县人民监察委员会，为县人民政府行使监察职能的专门机构。从成立之时起至1955年4月撤销止，县人民监察委员会主要职能和任务是：检查和受理监察委员会所属查办的公民控诉案件和本单位范围干部的申诉以及人民群众对本单位工作人员违法乱纪的检举、控告案件；配合县人民政府各项中心工作和任务，向广大干部和群众进行思想作风和法律宣传教育，对违法乱纪分子进行检查处理，切实维护群众利益和保护国家财产；在开展“三反”斗争中与资产阶级猖狂进攻、贪污盗窃行为等作坚决斗争；收集整理调查核实检查基层人民监察通讯员反映及反馈干部和群众各种违法乱纪情况，帮助党政领导及时正确调处人民内部矛盾抓好第一手资料，以此巩固“三反”“五反”成果。

1955年4月17日，中共松桃县委、县人民委员会根据1954年12月监察部颁布《关于调整地方各级监察机构及其有关事项的指示》，撤销松桃县人民监察委员会。

1957年6月1日，县人民委员会根据贵州省人民委员会与铜仁专员公署的工作要求，成立松桃苗族自治县监察室。其基本职责是受理公民控诉，对松桃苗族自治县行政、企业和事业部门处理转办公民申诉案件、人民来信来访工作进行监督督查，在建议、复议、审议的范围内，管理松桃苗族自治县干部奖励和惩戒工作，对行政、企业、事业部门执行干部奖励和惩戒政策中发生的偏差进行检查，对公民控诉揭发县级党、政领导和上级监察机关交办的重大案件进行检查，领导松桃苗族自治县的监察通讯员开展工作。全县各人民公社管委会下设的监察委员会具体任务有两方面。对工作人员方面，一是通过检查处理各个时期中心工作和政治任务中工作人员严重违法失职、强迫命令、弄虚作假、打击报复、破坏团结、损失浪费、贪污盗窃、腐化堕落、丧失立场、侵犯社员利益等违反纪律的案件；二是根据县人民委员会关于国家行政机关工作人员的奖惩实施管理范围与公社章程，负责对公社工作人员的奖励和惩戒的审议工作；三是受理公社社员对公社工作人员的检举、控告及工作人员不服从纪律处分申诉；四是领导公社所属各生产单位设立的监察员开展工作。对社员方面，一是对公社社员加强纪律教育；二是监督社员遵守社的章程、决议和规章制度，使社员自觉模范地遵守社章和劳动纪律，爱护公共财产，检查社员破坏公社的规章制度、盗窃公社财产、破坏国家政策、法令的案件；三是根据社章和公社的奖惩办法，办理社员奖励和纪律处分审议工作。同时，在县级政府重要部门设置人民监察通讯员，其任务是“调查政府机关、企业部门及其公务人员的违法失职、作风不良、损害国家或人民利益等情况，向监委作通讯报告；征集群众对政府政策、法令、设施的意见，向监委作通讯报告；宣传监察制度的意义及其作用”等。

1959年9月，县监察室随监察部的撤销而撤销，行政监察机关的监督工作由党的纪律监察机关负责。在此之后一段时间里，党的纪律检查机关既管党纪又管政纪。

中共十一届三中全会召开后，为加强国家行政机关廉政、勤政和社会主义法制建设，全国人民代表大会常务委员会根据国务院的提请，1986年12月2日作出设立中华人民共和国监察部的决定，恢复并重新确立了国家行政监察体制。1987年8月，国务院发布《关于在县以上地方各级人民政府设立行政监察机关的通知》，明确地方各级行政监察机关是地方各级人民政府负责监察工作的专门机构。

1987年12月2日，松桃苗族自治县监察局正式成立。其主要职责和任务是认真贯彻执行国家方针、政策、法律法规、国民经济和社会发展计划以及国务院决议、命令，对国家行政机关及其工作人员执行国家政策、法律、法规情况进行监督检查；依照国家有关政策、法律和法规、保护监察对象依法行使职权；受理对监察对象的检举、控告以及监察对象不服纪律处分的申诉，以支持其行使正当权利和保护其合法权益；对政纪政风情况进行经常性调查研究，注重发现和研究带有倾向性的问题；完成上级业务部门和县人民政府交办的其他事项的基础上，结合松桃实际，开展以遏制腐败为主要内容，重点针对当时群众反映强烈的“三招三转一住”问题的纠风治理工作；针对经济领域的严重犯罪活动，集中力量严惩违反财经纪律、投机倒把、诈骗等严重犯罪行为。

第三节　纪检监察机关合署办公后职责

1993年4月，按照上级有关精神，中共松桃苗族自治县纪律检查委员会和松桃苗族自治县监察局报经县委同意后合署办公。

合署后的县纪委，在县委和铜仁地区纪委的领导下，按照《中国共产党章程》规定抓好全县党的纪律检查工作，担负全县行政监察工作职责，完成纪检、监察两重任务，对县委和地区纪委全面负责。合署办公后的县监察局，仍属县人民政府序列，继续在县人民政府和铜仁地区监察局的领导下工作，其职责、权力、工作程序，以及正、副局长任免等，仍按《中华人民共和国行政监察条例》的规定执行，县监察局不设党组，重大问题由县纪委常委会集体讨论决定，保留局长办公会议制度，按规定处理有关行政监察事宜，对县人民政府和地区监察局负责。

中共松桃苗族自治县纪律检查委员会和松桃苗族自治县监察局合署办公后，履行了党的纪律检查和政府行政监察两项职能；按照党的章程和国家行政法规，监督、检查其执行情况，协助县委和政府抓好党风廉政建设，对共产党员、国家机关工作人员和企事业单位的领导干部进行遵纪守法教育，认真搞好党风廉政建设调查研究工作，负责作出关于维护党纪、政纪的决定；检查、处理党的组织和党员、监察对象违反《中国共产党章程》以及行政法规的案件；受理单位、个人对违反党的纪律和国家行政法规行为的检举、控告；受理党员、党组织、监察对象的申诉；继续完善健全党员、干部的廉政档案，做好纪检监察干部的管理和组织纪检监察干部的培训工作，指导全县范围内的纪检监察业务；承办上级纪检监察机关和县委、县人民政府授权及交办的其他事项。

在合署办公的体制下,松桃苗族自治县纪检监察机关充分发挥行政监察职能,一是加强执法监察、廉政监察和效能监察;二是参与重特大责任事故调查,开展清理纠正党政机关工作人员和国有企业领导人员投资入股非煤矿等专项治理工作;三是严肃查处违反行政纪律的案件,促进政府机关及其工作人员依法行政、廉政勤政。

2002年11月,中共十六大对党风建设和反腐败斗争、对党的纪律检查机关的主要职责和任务提出了新的明确要求,一是在纪委的主要任务中增加了协助党委“组织协调反腐败工作”的内容,二是增加了对党员领导干部行使权力进行监督和保障党员权利的内容,纪律检查委员会的经常性工作从三项增加到五项,大大丰富了纪律检查工作的内涵。

2003年8月,十六届中共中央纪委第二次全会对党的纪检监察机关的职能定位第一次作了明确界定:“各级纪律检查机关是党的监督机关,在党风建设和反腐败工作中肩负着重要使命。”2004年2月,《中国共产党党内监督条例(试行)》,以党内法规的形式进一步明确“党的各级纪律检查委员会是党内监督的专门机关。”以党内法规的形式规定纪委的监督职责和权限,强化了纪委的监督保证作用。

从中共十三大、十四大、十五大《中国共产党章程》沿用中共十二大《中国共产党章程》关于党内监督的各项规定,到中共十六大通过的《中国共产党章程》在重申中央纪委三项主要任务和三项经常性工作的基础上,增加了协助党委“组织协调反腐败工作”的重要职责,补充了“对党员领导干部行使权力进行监督”“保障党员的权利”两项工作。

第四节　中共十八大后纪检监察机关职责

2012年11月,中国共产党第十八次全国代表大会召开。中共十八大将纪检监察机关的主要任务明确为:维护党的章程和其他党内法规,检查党的路线、方针、政策和决议的执行情况,协助党的委员会推进全面从严治党、加强党风建设和组织协调反腐败工作。在纪检监察机关的职责上明确:“要经常对党员进行遵守纪律的教育,作出关于维护党纪的决定;对党员领导干部行使权力进行监督;检查和处理党的组织和党员违反党的章程和其他党内法规的比较重要或复杂的案件,决定或取消对这些案件中的党员的处分;受理党员的控告和申诉;保障党员的权利。”

中共十八大以来,中国共产党驰而不息正风肃纪,全面推进从严治党成为新时代党的建设伟大工程的重要组成部分。为了巩固中共十八大以来管党治党的实践成果,强化党内监督,体现新时代党的建设的基本特征、基本要求,中共十九大《中国共产党章程》进一步明确党的各级纪律检查委员会是党内监督专责机关,职责是监督、执纪、问责。同时丰富完善了三大主要任务,其中,协助党的委员会开展工作这一任务由原来的两项工作变为三项工作,即推进全面从严治党、加强党风建设和组织协调反腐败工作,协助党的委员会“推进全面从严治党”成为党的纪律检查工作任务的重要组成部分,党的纪律检查机关的职责定位更加明确,对保障党员和党组织的纯洁性提出更细致、更全面的要求。

2017年10月23日,中共中央办公厅印发《关于在全国各地推开国家监察体制改革试点方案》的通知。11月30日,铜仁市深化国家监察体制改革试点工作小组办公室召开专题会议,在11月27日的初审基础上,对所属10个区(县)国家监察体制改革试点工作实施方案进行逐一审核,完成会审工作。12月26日,松桃苗族自治县召开深化国家监察体制改革试点工作人员转隶大会,宣读转隶工作方案。此次转隶按照“人随编走、编随事走”的原则,将确定的县人民检察院反贪、反渎、预防职务犯罪三部门人员整体划转至县监察委员会。

2018年1月10日,松桃苗族自治县监察委员会在全省县级率先挂牌。根据《松桃苗族自治县深化国家监察体制改革试点工作实施方案》,撤销县监察局和县人民检察院反贪、反渎、预防职务犯罪等部门,将相关机构、职能、人员转隶至县监委,实现机构、职能、人员上的全面融合。

2018年3月20日,第十三届全国人民代表大会第一次会议通过《中华人民共和国监察法》,明确监察机关监督、调查、处置三项权力,同时围绕三项权力赋予监察机关谈话、讯问、询问、查询、冻结、调取、查封、扣押、搜查、勘验检查、鉴定、留置等12项措施。

2019年3月20日,县委办公室印发《中共松桃苗族自治县纪律检查委员会松桃苗族自治县监察委员会机关职能配置、内设机构和人员编制规定》的通知,县纪委与县监委合署办公,实行一套工作机构、两个机关名称,履行党的纪律检查和国家监察两项职责,对市纪委市监委、县委全面负责。同时,县监委对县人民代表大会及其常务委员会负责,并接受其监督。在市纪委市监委、县委的领导下,县纪委县监委加强对下级纪检监察机构的领导。

县纪委县监委机关的主要职责是:负责全县党的纪律检查工作。贯彻落实党中央和中央纪委国家监委、省委和省纪委省监委、市委和市纪委市监委关于纪律检查工作的决定,维护《中国共产党章程》和其他党内法规,检查党的路线方针政策和决议的执行情况,协助县委推进全面从严治党、加强党风建设和组织协调反腐败工作。依照《中国共产党章程》和其他党内法规履行监督、执纪、问责职责。负责经常对党员进行遵守纪律的教育,作出关于维护党纪的决定;对县委机构、县委批准设立的党组(党委),各乡镇(街道)党委(党工委)、纪委(纪工委)等党的组织和县委管理的党员领导干部履行职责、行使权力进行监督,受理处置党员群众检举举报,开展谈话提醒、约谈函询;检查和处理上述党的组织和党员违反党章和其他党内法规的比较重要或者复杂的案件,决定或者取消对这些案件中的党员的处分;进行问责或者提出责任追究的建议;受理党员的控告和申诉;保障党员的权利。负责全县监察工作。贯彻落实党中央和中央纪委国家监委、省委和省纪委省监委、市委和市纪委市监委关于监察工作的决定,维护宪法法律,依法对县委管理的行使公权力的公职人员进行监察。调查职务违法和职务犯罪,开展廉政建设和反腐败工作。依照法律规定履行监督、调查、处置职责。推动开展廉政教育,对县委管理的行使公权力的公职人员依法履职、秉公用权、廉洁从政从业及道德操守情况进行监督检查;对涉嫌贪污贿赂、滥用职权、玩忽职守、权力寻租、利益输送、徇私舞弊以及浪费国家资财等职务违法和职务犯罪进行调查;对违法的公职人员依法作出政务处分决定;对履行职责不力、失职失责的领导人员进行问责;对涉嫌职务犯罪的,将调查结果移送人民检察院依法审查、提起公诉;向监察对象所在单位提出监察建议。负责组织协调全面从严治党、党风廉政建设和反腐败宣传教育工作。负责综合分析全面从严治党、党风廉政建设和反腐败工作情况,对纪检监察工作重要理论及实践问题进行调查研究。负责对巡视巡察反馈意见整改落实情况进行监督检查。加强对反腐败国际追逃追赃和防逃工作的组织协调,督促有关单位做好相关工作;根据干部管理权限,负责对全县纪检监察系统领导班子建设、干部队伍建设和组织建设的综合规划、制度建设和业务指导;会同有关方面做好县纪委县监委派驻机构、乡镇(街道)纪检监察机构、县管企业和县属学校、医疗单位纪检监察机构领导班子建设有关工作;组织和指导全县纪检监察系统干部教育培训工作等;完成市纪委市监委、县委交办的其他任务。

第三章　纪检监察管理体制

根据纪检监察管理体制的发展进程,党的纪律检查和行政监察管理体制大致经历了两个阶段的发展历程。松桃(苗族自治)县纪委(监察委)相应地先后在中共松桃县委(中共松桃苗族自治县委)和中共铜仁地区纪委(市纪委)双重领导下开展工作。同样,松桃(苗族自治)县行政监察机关领导管理体制也先后经历了受松桃县人民政府(县人民委员会)领导、松桃苗族自治县人民政府和铜仁地区(市)监察局(处)领导管理、业务上以铜仁地区(市)监察局领导管理为主的发展历程。

第一节　纪律检查管理体制

一、同级党委领导管理体制

新中国成立后,为了适应新的形势要求,更好地保证党的政治路线及各项具体措施的贯彻执行,进一步纯洁党的组织和队伍,保证党的队伍坚强有力,1949年11月9日,中共中央政治局会议作出《关于成立中央及各级党的纪律检查委员会的决定》(以下简称"决定"),要求建立政权后的地方各级党的组织设置纪律检查委员会,负责党内纪律监督和检查工作。在领导体制上,决定规定:"中央纪律检查委员会在中央政治局领导之下工作。各中央局、分局,省委、区党委、市委、地委、县委党的纪律检查委员会,由各该级党委提出名单,经上级党委批准后,在各该党委会指导之下进行工作。"

1950年2月24日,中共中央发出《关于党的各级纪律检查委员会领导关系问题的指示》明确:"各级党的纪律检查委员会直接在各级党委领导下进行工作,上级党的纪律检查委员会在工作上、业务上对下级党的纪律检查委员会有指导关系,但指示或决定同下级党委意见不同时,应提请同级党委做决定。"

1951年3月11日,中共松桃县委纪委成立,成为县委的一个工作部门,在中共松桃县委的领导下进行工作,业务工作上接受中共铜仁地委纪委的指导。

由于各级党的纪委的成立,使得中国共产党处理党员违反党章党纪的工作有了专门的机构,克服了一些党组织纪律松弛和执行纪律不统一等现象,使许多法纪的案件及时地得到了应有的处理,这对于加强党的纪律,巩固党的组织起到了积极的作用。但是,随着生产资料所有制的社会主义改造胜利完成,我国社会主义基本制度正式确定下来,致使一些人被胜利冲昏头脑,再加上外部不良环境的影响,出现了一部分不坚定的党员因受资产阶级思想侵蚀而蜕化变质,以致发生不少贪污腐化、违法乱纪的案件;也有一些领导干部个人权力欲膨胀,践踏党的民主集中制原则,危害党的团结和统一,特别是发生了高岗、饶漱石分裂党的严重事件。为进一步加强纪律建设,维护党的团结统一,鉴于各级纪律检查委员会的组织作为同级党委领导下的一个工作部门,很难采取有效措施对同级党委进行监督;上级纪委与下级纪委之间仅有指导关系,决定权依然由同级党委掌握,纪检机关的系统性不强,纪律检查工作难以充分发挥等体制上的不足，中共中央于1955年3月31日作出《关于成立党的中央和地方监察委员会的决议》（以下简称“决议”），在领导体制上做了一些改变。首先是监察委员会的产生方式。决议明确规定：“本届党的中央监察委员会由本次全国代表会议选举，并由中央委员会全体会议批准；党的地方各级（省、自治区、直辖市、市、自治州、专区、县、自治县）监察委员会由各级地方最近召集的党的代表大会或代表会议选举，并由上一级党委批准。”这就改变了中共七大《中国共产党章程》的规定，恢复到党的五大的做法，事实上提升了中国共产党监察机关的地位。其次是明确了监察委员会的领导体制问题。决议规定：“党的各级监察委员会在各级党委指导下进行工作。党的上级监察委员会有权检查下级监察委员会的工作。党的下级监察委员会应向上级监察委员会报告工作。”这种以系统领导为主的体制加大了监察机关的权力。

1956年1月31日，县监察委员会正式成立后，在领导体制上有较大改变，规定县监委在中共松桃县委指导下和在中共铜仁地区监委领导下进行工作。是年9月，中共八大召开。中共八大《中国共产党章程》是中国共产党成为执政党后修订的第一部党章。《中国共产党章程》对监察委员会的领导体制进行了修改，规定“各级监察委员会在各级党的委员会领导下进行工作”“上级监察委员会有权检查下级监察委员会的工作，并且有权批准和改变下级监察委员会对于案件所做的决定，下级监察委员会应当向上级监察委员会报告工作”。党委和监委的关系由“指导”关系改为党的八大《中国共产党章程》的“领导”关系。这种领导体制是党在当时的历史背景下，为有效开展纪检工作所做的尝试和探索，也为此后党的纪检机关双重领导体制的确立奠定了重要的基础。

1959年4月，中共松桃苗族自治县监察委员会改称为中共松桃苗族自治县委监察委员会。在领导体制上，县委监委在中共松桃苗族自治县委领导下和在中共铜仁地委监委指导下进行工作。

1962年9月，中共八届十中全会作出《关于加强党的监察机关的决定》，要求各级党委必须加强对同级监委的领导，定期讨论党的监察工作。1963年1月27日，经中共中央批准的《中共中央监察委员会工作细则》规定：“中央监察委员会在各中央局设常驻监察组。监察组受中央监察委员会和各中央局的双重领导，以中央局领导为主”，这是纪检机关在中央层面实行的一种双重领导体制，而地方各级监察委员会的领导体制并未作出更改。

1977年8月12日至18日，中共十一次全国代表大会在北京召开，叶剑英同志在关于修改党章的报告中，正式提出恢复中国共产党纪律检查机关，并在通过的《中国共产党章程》中恢复中央和县以上设立纪律检查委员会的有关问题予以明确，对纪律检查委员会领导体制作出了初步规定，即各级纪委由同级党委选举产生，并在同级党委的领导下进行工作。

1979年3月，中共松桃苗族自治县委纪律检查委员会恢复重建。建立后的县委纪委，为县委工作部门，体制上在中共松桃苗族自治县委领导下开展工作，业务上接受中共铜仁地委纪律检查委员会指导。

自中华人民共和国成立以来的近三十年时间里，纪检机关的领导体制虽发生了多次变化，但这些不过是在当时特殊历史背景下采取的带有权宜性质的尝试，并没有从整体上改变“同级党委领导体制”的大趋势。

二、双重领导体制

同级党委领导体制在一定程度上有利于党组织权力与资源的统一。但它也暴露出与党内状况和纪委任务不相适应的情况，严重影响了维护党纪和端正党风的工作。

1980年2月，中共中央纪委向中央提交《请示报告》，建议将中央以下各级纪委的领导关系，由受同级党委领导改为受同级党委和上级纪委双重领导，以同级党委领导为主。中央作出批示，指示各级党委照此执行，纪检机关的双重领导体制初步形成。

1982年9月，中共十二大通过的《中国共产党章程》，把中共七大、八大、十一大《中国共产党章程》关于党的监察委员会或纪律检查委员会由同级党的委员会全体会议选举产生的规定，改变为由党的全国和地方各级代表大会选举产生，提高了纪委的政治地位。同时规定："党的中央纪律检查委员会在党的中央委员会领导下进行工作""党的地方各级纪律检查委员会在同级党的委员会和上级纪律检查委员会的双重领导下进行工作"。这种双重领导不再要求以同级党委为主，而是同级党委领导和上级纪委领导各有侧重，同级党委侧重对纪委的工作部署以及违纪案件查处等方面加强领导。上级纪委则侧重对下级纪委工作的检查，案件所作决定的批准和改变以及帮助解决下级纪检工作中的困难等，这种双重领导体制更加有利于党的纪律检查工作的开展。

中共十二大通过的《中国共产党章程》正式将纪委的双重领导体制确定下来。自此后，中共松桃苗族自治县委纪委一直在中共松桃苗族自治县委和中共铜仁地委纪委的双重领导下进行工作。

1983年3月，中央纪委印发《关于印发纪检机构组织建设的文件的通知》规定："各级纪委的书记一般应由同级党委常委担任""中央纪委派驻各部门的纪律检查组或纪律检查员，在中央纪委直接领导和驻在部门党组指导下进行工作"。这表明纪检机关在双重领导体制下的党内地位得到明显提高。

1984年9月，中共松桃苗族自治县委纪律检查委员会升格为中共松桃苗族自治县纪律检查委员会。体制上，受同级党委和上级纪委双重领导。

1992年，中共十四大《中国共产党章程》增加了关于基层纪律检查委员会的规定。2002年中共十六大修改通过的《中国共产党章程》规定：党的中央纪律检查委员会在党的中央委员会领导下进行工作，党的地方各级纪律检查委员会和基层纪律检查委员会在同级党委和上级纪委的"双重"领导下进行工作。此后历次党代会修改的《中国共产党章程》都规定了纪委的双重领导体制，采用"党的中央纪律检查委员会在党的中央委员会领导下进行工作。党的地方各级纪律检查委员会和基层纪律检查委员会在同级党的委员会和上级纪律检查委员会的双重领导下进行工作"这个提法。

中共十八大后，党中央立足当前、着眼长远，进一步研究制定完善纪律检查工作双重领导体制具体化、程序化、制度化的意见，探索形成有效工作机制。《中国共产党党内监督条例》第十五条第二项规定，党委（党组）履行的监督职责包括"加强对同级纪委和所辖范围内纪律检查工作的领导，检查其监督执纪问责工作情况"。《中国共产党纪律检查机关监督执纪工作规则》第三条第二项规定，坚持纪律检查工作双重领导体制，监督执纪工作以上级纪委领导为主，线索处置、立案审查等在向同级党委报告的同时必须向上级纪委报告。各级纪委书记、副书记的提名和考察以上级纪委会同组织部门为主。第五条规定，中央纪律检查委员会在党中央领导下进行工作。地方各级纪律检查委员会和基层纪律检查委员会在同级党的委员会和上级纪律检查委员会双重领导下进行工作。党委应当定期听取、审议同级纪律检查委员会和监察委员会的工作报告，加强对纪委监委工作的领导、管理和监督。这些条款是党内重要法规关于纪委双重领导体制的最新规定，既明确了同级党委领导的职责、方式和要求，又对上级纪委加强领导的内容及同级党委和上级纪委领导之间的关系做出了原则规定。尤其是中共十九大后，根据纪检工作实践发展和事业需要，中央纪委提出了下级纪委日常履职考核以上级纪委为主的明确要求，形成了以"三为主"为主要内容的双重领导体制的改革创新具体要求，从工作机制上将双重领导进一步具体化、程序化、制度化，横向上加强各级党委对反腐败工作的全过程领导，纵向上加强上级纪委对下级纪委的重点领导，最终统一于加强党中央对反腐败工作的集中统一领导。

第二节　行政监察管理体制

1953年1月29日,松桃县人民政府根据1949年9月中国人民政治协商会议第一次全体会议通过“在县市以上的各级人民政府内,设人民监察机关”规定,成立人民监察委员会,为县人民政府行使监察职能的专门机构。

人民监察委员会的监察工作主要是对国家机关及其工作人员、企业事业单位中由国家行政机关任命的领导干部进行监察。这里的国家机关各种公务人员,不仅包括行政机关,也包括审判机关、检察机关及其工作人员。在领导体制上,根据《地方各级人民代表大会和地方各级人民委员会组织法》,县(市)以上各级人民政府的监察机关受同级人民政府的领导,同时受上级人民监察委员会的业务指导;在行政关系方面,地方各级人民监察委员会列入同级人民政府的行政机构和行政人员编制序列;在组织关系方面,地方监察机构的领导则由同级人民政府和党委的组织部门任免管理。地方各级人民政府监察机关均接受上级监察机关的指导,国家制定的监察法规、工作条例及监察工作的方针、政策,各级地方监察机关都必须统一贯彻执行。成立后的县人民监察委员会受松桃县人民政府领导,同时也受铜仁专员公署人民监察委员会的业务指导。

1954年9月,第一届全国人民代表大会通过《地方各级人民委员会组织法》规定,在省、直辖市和设区的市人民委员会中设置监察机关,新设的省行政监察机关为监察厅,市行政监察机关为监察局;在不设区的市、县、市辖区的人民委员会内不设监察机构。同时,根据《中华人民共和国国务院组织法》,政务院改为国务院,原政务院人民监察委员会改为国务院监察部,成为国务院的一个行政部门。是年12月,监察部颁布《关于调整地方各级监察机构及其有关事项的指示》规定,在县和不设区的市和市辖区的人民委员会中不设置监察机关,但在工作特别需要的县和不设区的市,由专署或者省的监察机关重点派遣监察组(不设专署的,由省派遣),受各级监察机关垂直领导,在工作上受同级政府指导。

1955年4月17日,松桃县人民监察委员会撤销,原在各财经部门及其所属企业单位设置的监察通讯员工作业务交县人民委员会秘书部门管理,人员分流到县辖的财经、企业、政法等重要部门。

1957年6月1日,县人民委员会根据贵州省人民委员会和铜仁专员公署“精简机构,紧缩编制,减少层次”的精神,调整工作机构,成立松桃苗族自治县监察室,在县人民委员会的领导下,并遵照是年12月13日省人民委员会批转省监察厅《关于监察机关体制改进方案的报告》中所规定监察任务开展工作,受理和检查国家行政机关及其工作人员违反行政纪律的各类案件。

1959年4月28日,第二届全国人民代表大会第一次会议通过国务院关于撤销国家监察部的议案,是年9月松桃苗族自治县监察室随监察部机关撤销而撤销。行政监察机关的监督工作,由党的纪律监察机关负责,在此之后一段时间里,党的纪律监察机关既管党纪又管政纪。

中共十一届三中全会后,中国进入了改革开放和社会主义现代化建设的新时期。为加强国家行政机关廉政、勤政和社会主义法制建设,全国人民代表大会常务委员会根据国务院的提请,于1986年12月2日作出了设立中华人民共和国监察部的决定,恢复并重新确立了国家行政监察体制。

1987年8月,国务院发布《关于在县以上地方各级人民政府设立行政监察机关的通知》,明确地方各级行政监察机关是各级人民政府负责监察工作的专门机构,将其领导体制定性为受所在人民政府和上级行政监察机关的双重领导。在双重领导体制下,地方各级监察机关主要领导任免,必须事前征得上级监察机关同意。随即,地方各级行政监察机关根据国务院的通知精神设立了省(区、市)、市(地、州、盟)、县

（市、旗、区）三级行政监察机关。

1987年12月2日，松桃苗族自治县人民政府根据全国人大常委会第18次会议作出设立监察机关的决定和国务院发出“决定在县以上地方各级人民政府恢复设立行政监察机构”的通知精神，成立松桃苗族自治县监察局。成立后的县监察局为县人民政府的工作部门，日常工作受县人民政府领导。管理体制上实行由松桃苗族自治县人民政府和铜仁地区监察局双重领导，业务工作上以铜仁地区监察局的领导为主。

第三节　纪检监察机构合署办公管理体制及改革创新

一、合署办公体制

为了解决党政监督机构分立格局带来的弊端，发挥党政监督机关的整体效能，避免“职能交叉、工作重复”等问题，1993年2月，中共中央、国务院批转中央纪委、监察部《关于中央纪委、监察部机关合署办公和机构设置的有关问题的请示》，对党的纪检机关与行政监察机关进行合署办公，实行“一个领导班子、两个机关名称，一套工作机构、履行两种职能”的工作体制。合署后的行政监察机关仍然属于政府序列，在各级人民政府的领导下工作。

合署办公体制包括工作体制和领导体制两部分。合署后的工作体制，可概括为“一二二”体制，即一套工作机构、两个机关名称、履行两项职能。这种工作体制的基本内容是，将原来的各级纪委和监察两个机关的人、财、物管理甚至办公场所整合为一体，但同时挂纪律检查委员会和监察局两个机关牌子，同时有纪委和监察局两套领导班子，保留监察局局长办公会制度，监察局领导班子中的党员领导干部一般同时任同级纪委常委，监察局领导班子在工作上既对纪委常委会负责又对同级政府负责。合署后的纪委监察局是一个机关，同时履行党的纪律检查和行政监察两项职能，也就是说，合署后的纪委履行党的纪律检查和行政监察两项职能，合署后的行政监察机关既全面负责行政的纪律检查工作，又按照纪委常委会统一分工负责党的纪律检查工作。

合署后的领导体制，仍保持了原来各自的“双重”领导体制。根据1993年2月中共中央、国务院批转中央纪委、监察部《关于中央纪委、监察部机关合署办公机构设置方案和有关问题的请示报告》称：“合署后的中央纪委履行党的纪律检查和行政监察两项职能，对党中央全面负责，监察部按照宪法规定，仍属于国务院序列，接受国务院领导。地方各级监察机关与党的纪律检查机关合署后，实行由所在政府和上级纪检监察机关双重领导的体制。”合署后的党的地方各级纪委和基层纪委，按照《中国共产党章程》规定，仍然受同级党委和上级纪委的“双重”领导；合署后的县以上地方各级行政监察机关，按照《行政监察法》的规定，仍然受本级政府和上一级监察机关的“双重”领导，监察业务以上级监察机关领导为主；合署后的地方各级纪检监察机关，按照党中央、国务院关于合署办公的要求，受同级党委政府和上级纪检监察机关的“双重”领导。

1993年4月，按照上级有关精神，中共松桃苗族自治县纪律检查委员会和松桃苗族自治县监察局报经县委同意后正式合署办公。县纪委在中共松桃苗族自治县委和铜仁地区纪委领导下，按照《中国共产党章程》所赋予的职权切实履行工作职责，对中共松桃苗族自治县委、铜仁地区纪委全面负责。县监察局仍属政府序列，在县人民政府和铜仁地区监察局的领导下，按照《中华人民共和国行政监察法实施条例》规定开展工作，对松桃苗族自治县人民政府和铜仁地区监察局全面负责。即合署办公后的管理体制是县纪委受中共松桃苗族自治县委和中共铜仁地区纪律检查委员会双重领导；县监察局受松桃苗族自治县人民政府和铜仁地区监察局双重领导，其监察业务以铜仁地区监察局领导为主。

2002年11月14日,中央纪委向党的第十六次全国代表大会提交工作报告,提出"在纪检监察合署办公体制下,要认真贯彻《中华人民共和国行政监察法》,进一步发挥行政监察职能"。2012年11月14日,中央纪委向党的第十八次全国代表大会提交工作报告,对全面履行纪检监察两项职能的具体内容作出进一步的补充,提出"坚持和完善纪检监察合署办公体制,在做好党的纪律检查工作的同时,切实加强行政监察工作,全面开展执法监察、廉政监察和效能监察"。

纪检监察机关合署办公体制是纪检工作正确处理同行政监察工作之间关系的一个有效形式,有利于党和政府形成合力,统一对党政监督检查工作的领导。自1993年4月起,中共松桃苗族自治县纪律检查委员会、松桃苗族自治县监察局通过合署办公,有效解决了纪检监察工作的重复交叉问题,切实发挥了纪检监察机关职能作用。

二、合署办公管理体制改革创新

1.派驻统管体制

在中共十六大、十七大和十八大通过的《中国共产党章程》中,对现行的纪检监察双重领导体制的规定并没有作出改变。但是,针对双重领导体制在实践中出现的现实问题,进入新世纪以来,党不断加强纪检监察领导体制的改革和创新,改革的突破点在于中央纪委和省纪委对派驻纪检监察机构实行统一管理。

2001年9月,党的十五届六中全会决定"纪检机关对派出机构实行统一管理"。

2003年12月,《中国共产党党内监督条例(试行)》颁布,规定"纪委对派驻纪检组实行统一管理。派驻纪检组按照有关规定对驻在部门的党组织和党员领导干部进行监督。"

2004年1月,中央纪委第三次全体会议召开,对当年的党风廉政建设和反腐败工作进行了部署,要求"在改革试点的基础上,中央纪委监察部要全面实行对派驻机构的统一管理,各省(区、市)也要加强这方面的工作。"4月,中央纪委、监察部宣布对派驻到国务院组成部门及相关单位的纪律检查组和监察局实行统管。

2005年1月,中共中央发布了《建立健全教育、制度、监督并重的惩治和预防腐败体系实施纲要》(以下简称"实施纲要")再次重申了要"改革和完善纪检监察体制和工作机制,全面实行纪检监察机关对派驻机构的统一管理",使被驻部门(单位)的党风廉政建设和反腐败工作得到进一步加强。

派驻统管体制是我国纪检监察领导体制改革进程中的一次重大创新。派驻机构由原来受所派出的纪委和驻在部门党组织双重领导改为由纪委直接领导、统一管理,即各部门(单位)的纪检组长、监察室主任直接由纪检监察部门委派,与驻在部门之间形成监督与被监督的关系。派驻机构干部的考察任用等直接由纪检监察机关负责,这就为派驻机构更好地开展工作提供了组织保证。

2012年6月28日,县委根据中央纪委、省纪委和市纪委关于完善县级纪检监察派驻机构统一管理的工作部署,印发《关于完善松桃苗族自治县纪委(监察局)派驻机构统一管理工作实施方案的通知》,就派驻机构统一管理工作进行明确,并成立由市政协副主席、县委书记冉晓东任组长,县委副书记、县人民政府代理县长吴洋富,县委常委、县人民政府常务副县长杨德振,县委常委、县委组织部部长张翔胜,市纪委常委、县委常委、县纪委书记邹龙兴任副组长,吴家永、龙文久、龙治和、石秋高、姚思、杨再忠、石文兴为成员的县直纪检监察派驻机构统一管理工作领导小组,加强对工作的领导。7月,为有效整合县纪委监察局派驻纪检监察机构工作力量,强化纪检监察机关的监督职能,在保留派驻纪检组(监察室)、专职纪检员的基础上,按照"职能相近、业务相关"的要求,成立了6个派出纪工委(监察分局),分片设立6个县纪委监察局派出纪工委(监察分局),明确为正科级机构,履行纪检、监察两项职能,分块管理县直党政部门和群团机关的纪检监察机构及工作,并联系乡镇、垂直管理部门(单位)的纪检监察工作,名称为“中共松桃苗族自治县纪律检查委员会派出第一、二、三、四、五、六纪律检查工作委员会,松桃苗族自治县监察局派出第一、二、三、四、五、六监察分局”,简称为“松桃苗族自治县纪委监察局派出第一、二、三、四、五、六纪工委(监察分局)”。核定行政编制36名(暂使用事业编制),每个纪工委(监察分局)行政编制6名,领导职数4名,其中正科级纪工委书记1名,正科级纪工委副书记(兼监察分局局长)1名,副科级副书记1名,副科级监察分局副局长1名。

2016年1月17日,为进一步加强和完善纪检监察机构建设,实现派出派驻机构全覆盖,县委办印发《关于加强和完善松桃苗族自治县纪委监察局派驻纪检监察机构建设工作方案》的通知。通知按照“重点派驻、系统管理、规范设置、整合力量、全面监管”的原则,根据派驻需要,实行单独派驻和归口派驻两种形式设置派驻纪检监察机构;在已有33个部门(单位)派驻纪检组、19个部门(单位)派驻监察室的基础上,在尚未设置派驻纪检监察机构的18个部门(单位)新设置派驻纪检监察机构;将26个属于行业部门(单位)主管、下设、挂靠的所有机构归口到其部门派驻纪检监察机构监督;对未派驻纪检监察机构的独立部门明确到系统相同、职能相近、业务相关的派驻纪检监察机构监督。3月3日,县机构编制委员会办公室印发《关于加强和完善松桃苗族自治县纪委监察局派驻纪检监察机构建设有关机构编制事项的通知》,将县纪委监察局派驻部门(单位)纪检监察机构调整为51个;核定人员编制92名;每个派出纪工委(监察分局)科级领导职数4名不变,其中正科级纪工委书记1名、正科级纪工委副书记(兼监察分局局长)1名、副科级纪工委副书记1名、副科级监察分局副局长1名。

2018年3月16日,县机构编制委员会办公室按照国家监察体制改革和派驻机构改革的要求,根据《中共松桃苗族自治县委办公室印发〈关于调整部分县纪委监察局派驻纪检监察机构设置工作方案〉的通知》和《中共松桃苗族自治县委办公室印发〈关于加强松桃苗族自治县纪委县监委派驻机构建设的意见〉的通知》的文件精神,印发《关于设立松桃苗族自治县纪委监委派驻纪检监察组等事项的通知》(以下简称“通知”),通过新设、调整、合并等方式,撤销原县纪委监察局派出的6个纪律检查工作委员会、监察分局及原设置在县直各部门(单位)的县纪委监察局派驻纪检(监察)组、县纪委派驻专职纪检员(专职纪检监察员)、县监察局派驻监察室和内设纪检监察机构,新设立10个县纪委县监委派驻第一纪检监察组至第十纪检监察组。核定10个派驻纪检监察组行政编制55名;每个派驻纪检监察组设组长1名(副科长级)、副科长级专职纪检监察员2名(其中1名兼任副组长)。通知明确,在县委党校、县疾病预防控制中心、县妇幼保健计划生育服务中心(县妇幼保健院)、县人民医院、县民族中医院、松桃民族中学、县第三高级中学各设副科长级专职纪检监察员1名;在3家县属国有企业各设置纪委书记1名,共配备纪检监察干部9名。同时,及时调整监督联系范围,监督部门由改革前的55个调整为改革后的56个,联系范围由之前的27个调整为改革后的59个。新设立的10个县纪委县监委纪检监察组在县纪委县监委驻地集中设办公室办公,负责所联系的乡镇和部门监督检查工作。

2.成立县监察委员会

中华人民共和国成立初期,国家设立监察机关很大程度上是为了加强政权建设,广泛吸引群众监督国家政治、经济、文化事业。1951年政务院公布的《各级人民政府人民监察委员会设置监察通讯员试行通则》规定,在各级政府内广泛聘请人民监察通讯员,以“密切联系人民,加强监察工作”,其任务是“调查政府机关、企业部门及其公务人员的违法失职、作风不良、损害国家或人民利益等情况,向监委作通讯报告;征集群众对政府政策、法令、设施的意见,向监委作通讯报告;宣传监察制度的意义及其作用”等。1957年颁布的《监察部关于国家监察机关处理公民控诉工作的暂行办法》及其他有关法规,也为人民群众实施批评、建议、检举、控告、申诉等监督手段提供了保证。建国初期的监察制度,在一定程度上强化了群众监督,密切了党群、干群关系,推动形成了政治廉明的局面。但由于当时监察机关实际职权较小,群众监督工作缺少制度保障,其监督作用并未得到充分发挥。

20世纪80年代初,为了应对经济建设过程中出现的违法失职、违法乱纪、徇私枉法等现象,国家开始着手恢复设立监察机关。由此可见,恢复重建监察部的目的,是设立专门的监督机关对其他国家权力行使过程和结果进行监察和督促。受当时认识所限,监察机关被定位为政府的组成部门,只能对国家行政机关及其工作人员和国家行政机关任命的其他人员进行监察。1993年,与中央纪委合署办公后,监察部的实际地位有所提高,监督的权威性也进一步增强,但仍未能有效遏制违纪违法现象易发多发的态势。

随着实践的深入,人们逐渐认识到"对公权力的制约不能以单一机制来完成""权力的制约包括监督与制衡两种方式",只有将二者综合施用,才能确保公权力的规范运行。此次国家监察体制改革,就是要将原来的行政监察机关从政府序列中剥离出来,将检察机关的部分职权划入,进而组建新的国家监察机关;就是要明确国家监察机关的权力来源于国家最高权力,将人大监督下"一府两院"的结构转变为"一府一委两院"的新格局。通过这样的方式,一方面,有效提升监察机关的威慑力,切实增强监督实效;另一方面,进一步推动国家机关形成合理分工,加强权力之间的相互制衡。

2016年11月,中共中央办公厅印发《关于在北京市、山西省、浙江省开展国家监察体制改革试点方案》,部署在3省市设立各级监察委员会,从体制机制、制度建设上先行先试、探索实践,为在全国推开积累经验。是年12月,第十二届全国人大常务委员会第二十五次会议通过了《全国人民代表大会常务委员会关于在北京市、山西省、浙江省开展国家监察体制改革试点工作的决定》。经过一年的试点,2017年10月,中共中央办公厅印发《关于在全国各地推开国家监察体制改革试点方案》,部署在全国范围内深化国家监察体制改革的探索实践,完成省、市、县三级监察委员会组建工作。是年11月,第十二届全国人大常委会第三十次会议通过了《全国人民代表大会常务委员会关于在全国各地推开国家监察体制改革试点工作的决定》。

此次改革将实现对所有行使公权力的公职人员监察全覆盖。从监察对象来看,监察范围包括六类人员:一是国家公务员法所规定的国家公职人员,具体为中国共产党机关、人大常委会机关、行政机关、审判机关、检察机关、民主党派机关、工商联机关的公务员,以及参照公务员管理的人员;二是由法律授权,或者由政府委托来行使公共事务职权的公务人员;三是国有企业的管理人员;四是公办的教育、科研、文化、医疗、体育事业单位的管理人员;五是群众、自治组织中的管理人员;六是其他依法行使公共职务的人员。在领导管理体制上,进一步完善了双重领导体制,监察法明确"地方各级监察委员会对本级人民代表大会及其常务委员会和上一级监察委员会负责,并接受其监督";同时,监察委员会同党的纪律检查机关合署办公。

2018年1月9日,松桃苗族自治县第十六届人民代表大会第二次会议根据2017年11月4日第十二届全国人民代表大会常务委员会第三十次会议通过的《关于在全国各地推开国家监察体制改革试点工作的决定》,选举胡定钦为主任的第一届松桃苗族自治县监察委员会。同日下午,县人大常委会任命周胜华、吴碧文为县监委会副主任;任命龙政敏、宋扬、吴维琼、熊黔松为县监委委员。1月10日上午,松桃苗族自治县监察委员会挂牌,成为贵州省首个挂牌成立的县级监察委员会。

县监察委员会成立后,撤销县监察局和县人民检察院反贪、反渎、预防职务犯罪等部门,将相关机构、职能、人员转隶至县监察委员会，实现机构、职能、人员的全面融合，确保县纪委县监委监督执纪问责和处置调查各项职能职责的履行。

2019年1月17日，中国共产党松桃苗族自治县第十三届委员会第五次全体会议通过《中共松桃苗族自治县委、松桃苗族自治县人民政府关于松桃苗族自治县县级机构改革的实施意见》，明确"组建县监察委员会，将县监察局的职责，以及县人民检察院查处贪污贿赂、失职渎职及预防职务犯罪等反腐败相关职责整合，组建县监察委员会，与县纪律检查委员会合署办公，履行纪检、监察职责，实行一套工作机构、两个机关名称""不再保留县监察局"。7月23日，县委机构编制委员会办公室印发《关于推动监察职能向乡镇（街道）延伸有关机构编制事项的通知》，明确"撤销乡镇（街道）监察室，设立县监察委员会向乡镇（街道）派出的监察办公室，统一名称为松桃苗族自治县监察委员会派出XX乡镇（街道）监察办公室。乡镇（街道）监察办公室与乡镇（街道）纪委（纪工委）合署办公，实行两块牌子、一套人员的管理体制。"由县监察委员会向乡镇（街道）派出监察办公室、设置专职监察员的方式，加强了对全县乡镇（街道）及所辖范围内行使公权力的公职人员的监督，打通对行使公权力的公职人员监察全覆盖的"最后一公里"。

第四节　纪检监察"三转"工作

中共十八届中央纪委三次全会之后，全国纪检监察系统开展了以"转职能、转方式、转作风"为主要内容的"三转"工作。它是纪检监察机关为了适应新形势新任务而主动进行的一次重大自我变革和创新的对工作重心、工作方式的调整和工作作风的深化转变，目的在于进一步聚焦党风廉政建设和反腐败斗争，全面提高履职能力，形成反腐倡廉建设新格局。

在2013年2月26日至28日中国共产党第十八届中央委员会第二次全体会议上，以习近平同志为核心的党中央就提出了关于转变职能、方式、作风的要求，强调"转变政府职能是深化行政体制改革的核心"。这些重要指示，虽然是对政府机关讲的，但其蕴含的核心要义，对于党和国家机关通过职能、方式和作风的转变，更好地适应形势任务发展的需要，乃至对于深化党的纪律检查体制改革、国家监察体制改革，以及中共十九大以后全面深化党和国家机构改革，都具有十分重要的指导意义，成为纪检监察机关开启深化"三转"工作的逻辑起点。

2013年11月9日至12日中共十八届三中全会召开。全会着眼于破除反腐败体制机制上的障碍，高起点落笔党的纪律检查体制改革，明确以"两个责任""两个为主""两个全覆盖"为主要内容的改革总体部署，为纪检监察机关聚焦主责主业、履行好《中国共产党章程》赋予的职责提供了科学的理论指导、重要的体制保障，也为进一步深化"三转"标明了着力方向。

2014年2月15日，中共松桃苗族自治县委常委会会议研究决定，县委常委、县纪委书记邹龙兴不再担任县计生协会常务副会长、县委群众工作部部长、县人口计生工作领导小组组长等职务；县直部门纪检组组长（纪检员）不再参与所在单位工作分工；乡镇纪委专职副书记必须专职专用，不再担任其他职务；对于乡镇纪委书记兼任党委副书记的工作职责问题，只能分管党务党建方面的工作，不能参与其他分工；并同意对县纪委监察局参加的议事协调机构进行规范和清理。是月19日召开的十二届县纪委三次全会强调，要认真落实"两个责任、两个为主、三个不变"的要求，扎实推进"三转"，充分发挥纪检监察机关监督职能。对推进"三转"工作作出部署和安排。

一、"三转"工作的内涵和要求

(一)"三转"工作的内涵

1.转职能。县纪委的主要任务是维护党的章程和其他党内法规,检查党的路线、方针、政策和决议的执行情况,协助党的委员会加强党风建设和组织协调反腐败工作。这是纪委监察机关职责定位的根本依据。作为纪检监察机关要严把职能定位,突出党风廉政建设和反腐败斗争这个主业,把主要精力放在督促落实党风廉政建设责任制,贯彻执行党的政治纪律,推动干部作风转变和查处腐败案件等方面,把不该管的工作交还主责部门,切实履行好协助党委抓党风,组织协调反腐败的工作职责,把主要精力和工作重心放到监督、执纪、问责上来。

2.转方式。转变方式就是要把过去由县纪检监察机关牵头协调处理部门业务、直接参与部门业务检查转到监督部门依法履职上来。工作的着力点向"监督的再监督、检查的再检查"集中,做到不错位、不缺位、不越位。一是突出执纪。加大查办案件力度,坚持严打"老虎"、勤拍"苍蝇",重点查办发生在群众身边、损害群众利益的案件以及重点领域和关键环节的腐败案件,以零容忍态度惩治腐败,坚决遏制腐败蔓延势头。二要突出问责。通过问责,传导压力,把主体责任和监督责任真正落实下去。三要从严把关。对一般性问题及时教育提醒,对苗头性、倾向性问题早打招呼早处理,坚持抓早抓小,防止小错酿成大错。

3.转作风。全县纪检监察机关必须从组织和制度上强化自我监督,强化对纪检监察干部履职用权行为的监督制约,并自觉接受党组织,人民群众和新闻舆论的监督,严格遵守"六条严禁",以铁的纪律打造"忠诚、干净、担当"的纪检监察干部队伍,不折不扣地履行《中国共产党章程》赋予的职责,完成党中央和省委、市委、县委交给的政治任务。

(二)"三转"工作的要求

1.转变职能突出主业。纪检监察机关作为管党治党的重要力量,依据党章履行"监督执纪问责"的神圣职责,必须在上级纪委和同级党委的正确领导下,按照"四种形态"的目标指向,严打老虎,勤拍苍蝇,用纪律管住"关键少数",对"常态、大多数"强调监督、教育、管理的平日之功,对"少数、极极少数"施以重拳、施加重典,将违纪行为表象和思想根源"一网打尽",标本兼治。同时,积极争取各级党委、政府对纪检监察机关职能定位的准确把握和充分理解,对纪检监察机关科学履职给予大力支持,在纪检监察机关的干部使用和经费保障上支持,保证纪检监察机关抓好主责主业。

2.转变方式强化监督。纪检监察机关转方式的要旨,在于把握新形势下的工作规律,创新思想理念,摒弃惯性思维,防微杜渐,更加科学高效地履行监督执纪问责。一是转变监督理念。坚持挺纪在前,抓早抓小,快查快办,动辄则咎。防止越位、补上缺位、纠正错位,避免出现"协调变主抓""小案变无案"和"要么好同志、要么阶下囚"的现象。二是改进监督方法。由参与式的被动监督转变为立体式的主动监督,由配合职能部门开展业务检查转变为对职能部门履行监管职责进行再监督,突出执纪问责,注重发现案源线索,有针对性地查处违纪违法问题。三是突出监督重点。聚焦反腐败斗争,坚持问题导向,加大案件查办力度,始终保持惩治腐败的高压态势。四是强化监督合力。对需要多部门共同完成的工作任务,要变单兵作战为联合作战,实现资源共享,促进优势互补,凝聚监督合力。

3.转变作风狠抓落实。转作风重在出实招、求实效,打造忠诚可靠、服务人民、刚正不阿、秉公执纪的纪检监察队伍。一是加强学习教育。抓好纪检监察干部的党性党风党纪教育,坚持信念高线,坚守纪律底线,牢固树立正确的人生观、价值观、世界观,进一步增强责任感和使命感。二是强调为民尽责。坚持人民利益是第一需求、群众满意是第一标准,认真解决损害群众利益、群众反映强烈的突出问题,坚决纠正精神懈怠、无所作为,财大气粗、以势压人的不良作风,全心全意为人民服务。三是强化务实作风。加强调查研究，掌握第一手情况，创新思想理念，改进方式方法，全力防止漂浮作风，做到情况明、数字准、责任清、作风正、工作实。四是带头廉洁自律。坚持高标准、严要求，严格执行党的纪律，以身作则，率先垂范，严格依纪依法监督问责，不徇私、不泄密、不谋利，坚决防止“灯下黑”。

二、落实“三转”工作主要做法

2014年11月，松桃苗族自治县纪委监察局在市纪委监察局和县委、县人民政府的领导下，深入贯彻落实各级纪委全会精神，围绕全县改革发展稳定大局，以“突出主业、强化监督”为主线，从精简议事协调机构开始稳步推进，逐步实现工作职能、工作方式和工作作风上的转变。

1.全面调整，精简议事协调机构。全面清理协调议事机构和工作领导小组，把不该牵头或参与的工作交还给主责部门，将县纪委监察局及其班子成员原来参加的68个协调议事机构和工作领导小组缩减至16个。调整部分内设机构，将效能室与执法室合并为执法和效能室，将党风廉政室与纠风室合并为党风政风监督室，将纪检监察室更名为纪检监察一室，新成立派驻机构管理室、纪检监察二室、机关党委，使监督力量进一步集中。同时通过招考法律、经济等相关专业公务员充实办案力量。执纪监督机构数从调整前的7个增加到9个，占内设机构数的75%，人员编制数从13个增加到15个，占内设机构编制的78.9%。

2.厘清职责，推进“两个责任”落实。把“两个责任”作为党风廉政建设反腐败斗争的“牛鼻子”，牢牢抓住，不断推进党委主体责任的落实。一是组织对县属党委（党工委）书记抓基层党建及党风廉政建设工作情况开展述职评议考核工作，通过自查总结、现场考评、述职评议、考核评定、通报公示和督促整改等方式，不断提升党委“一把手”的主体责任意识；二是印发《松桃苗族自治县关于落实党风廉政建设党委主体责任、纪委监督责任实施细则》和《关于党风廉政建设责任追究实施细则》，做好“两个责任”任务分解，抓好责任链条的细化分工和向下延伸。三是进一步完善各级党委（党组、党工委）向纪委全委会述廉、分类分时段考核和落实主体责任报告“签字背书”“一案双查”等制度，以制度倒逼责任，推进责任考核常态化，严格责任监管；把履行主体责任情况纳入本单位和个人绩效管理和考评，强化考核结果运用。

3.重新定位，切实发挥再监督作用。通过转变监督方式和执纪方式，将监督检查的切入点从“配合”县委、县人民政府或部门开展督查，转移到以问题为导向，采取全面检查与专项检查、定期检查与突击检查、跟踪督查与重点抽查、明察与暗访相结合等方式，加大对乡镇及部门履行职责、改进作风的“督查”上，发挥好再监督的作用，提高监督执纪的效果。突出强化了对重点领域的专项治理，持续开展重点建设项目绩效考评，加强对公车管理使用情况的监督检查，开展“小金库”检查“回头看”，推进工作深入开展。此外还加强了对安全生产领域、招投标、高考、就学、招聘等社会关注问题的再监督。对政府及部门履行职责、改进作风上的执法监察、监督检查，有力保障了县委、县人民政府决策部署的落实。

4.严格执纪，强化纪律审查。按照“查办腐败案件以上级纪委领导为主，线索处置和案件查办在向同级党委报告的同时必须向上级纪委报告”的要求，建立健全科学管用的体制机制，实现“快查快结”。一是拓宽案源渠道，加大案件初核力度。充分发挥信访举报案源主渠道作用，建立案源信息研判制度，坚持分级审查，在依法行政、综合监察、专项治理、执法检查等工作上下功夫，切实提高案线的“初查率”和“成案率”，较大提高了办案的整体效率。二是强化业务学习，加强队伍岗前培训。依托党校干部培训教育基地，组织委局干部学习讨论新印发的办案制度和规范，进一步规范办案手段，提高办案人员业务素质和工作水平。三是整合资源，提高办案质量。推行全员执纪办案制度，统筹委局各室人员共同参与。既重视查大案，又不忽略办小案，既突出强化自办案件力度，又加大联合办案力度，严肃查处了一批贪污受贿、失职渎职的腐败分子，及时通报案件进展情况，回应社会关切，强化震慑和教育效果。同时，注重将教育惩处与社会效益相结合,加大对案后整改的督促检查力度,积极稳妥地推进案件审理工作,启动提前介入程序,优化办案机制,提高办案的治本功能。

5.注重规范,提升纪检监察干部队伍素质。按照“打铁还需自身硬”“正人先正己”的要求,建立健全内部监管机制,苦练“内功”提高本领,坚决纠正作风漂浮、软弱涣散等不良作风,坚决防止执纪不严、失职渎职等问题发生,防止“灯下黑”。一是强化监督责任的落实。厘清责任体系,强化纪检监察干部的监督责任意识。制定印发《关于纪委监察领导班子改进作风的意见》,对班子成员的作风建设提出量化指标和刚性要求。汇总编印《纪检监察工作制度汇编》,规范纪检监察干部的行为。扎实开展纪检监察系统三不承诺,并以问题为导向,从细微处推进队伍作风转变。二是深入开展各类教育活动。结合工作要求,组织全县纪检监察系统教育培训,优化干部队伍知识结构,提高干部队伍整体素质。三是激发队伍活力。配齐配强乡镇(街道)纪委(纪工委)书记和部分县直部门纪检干部队伍,探索在非公企业中建立纪检组织。重视纪检干部的交流,盘活纪检监察干部队伍。

“三转”后,县纪委县监委(监察局)按照“三转”工作要求,聚焦主责主业,强化监督执纪问责,严格落实“四个不准”,将牵头或参与的议事协调机构由42个缩减为9个,保留或继续参与的议事协调机构由9个缩减为7个,其他议事协调机构一律取消或退出,其原有工作职能交由相关主责部门承担。与此同时,县纪委县监委(监察局)及其领导班子成员、派驻机构负责人、乡镇(街道)纪(工)委书记除纪检监察工作外不再分管其他工作,不再兼任其他职务,也不再参与或承担已经不再保留的议事协调机构的工作。

第四章　干部队伍建设

松桃(苗族自治)县纪检监察机关成立以来,始终紧跟时代步伐,牢记使命,以严肃党纪政纪来维护党的权威。几十年来,在机构日趋完善、组织领导不断加强、队伍不断壮大的同时,更加注重机关的自身建设。特别是中共十八大后,纪检监察机关和纪检监察干部把对党绝对忠诚作为纪检监察工作首要政治原则和品格,始终在政治上思想上与党中央保持高度一致,不断提高纪检监察干部的政治素质、业务水平和实际工作能力,全面履行纪律检查和国家监察职责,努力建设一支忠诚坚定、担当尽责、遵纪守法、清正廉洁的纪检监察铁军,推进全面从严治党、党风廉政建设和反腐败斗争向纵深发展。

第一节　干部选拔及配置

为政之要,首在用人。选拔、培养党和人民需要的好干部,是治国理政的头等大事。2013年6月,习近平总书记在全国组织工作会议上指出:“进行具有许多新的历史特点的伟大斗争,实现党的十八大确定的各项目标任务,关键在党,关键在人。”习总书记强调的关键在人,指的就是要建设一支宏大高素质的干部队伍。县纪委县监委(监察局)高度重视干部的培养选拔,坚持正确的选人用人标准,严把政治关、品行关、作风关、廉洁关,干部晋升任免坚持“凡提四必”“三个不上会”“两个不得”和“五个不准”要求,确保选人用人德才兼备,真正让忠诚干净担当、为民务实清廉、奋发有为、锐意改革、实绩突出的纪检监察干部得到褒扬和重用。

1951年3月,县委纪律检查委员会成立初始,由于没有专职纪检干部,工作的条件尚未具备。4月,增补县委组织部部长姚洪显为副书记,同时,任命周良生为县委纪律检查委员会秘书,解决了有人办公后,工作的开展主要围绕当时民主建政中心来进行。

为加强纪委的工作,县委继1951年4月增补副书记后,又于6月增补社会部部长杨慕参为委员。在县委书记魏焕斗、县委第二书记张梓调离松桃后,于1953年1月及时地对中共松桃县纪律检查委员会委员进行调整充实,批准王振亭、田家乐、周良生、张德聪、赵瑞昌、李子荣为松桃县委纪律检查委员会委员。

从1956年1月县监察委员会正式成立,到1967年5月县委监察委员会撤销,县监委有39人次干部从事纪律检查(监察)工作。

1979年3月,县委纪律检查委员会恢复成立,调配了5名专职纪检干部。

1982年底,县委纪委机关共有干部6人,其中纪委书记1名、副书记1名、委员2名、专职纪检员2名。

1984年9月,县委纪委升格为中共松桃苗族自治县纪律检查委员会。在县第五次党代会上,选举产生12名县纪委委员和5名纪委常委,县纪委的领导班子和干部队伍得到加强。

1985年初,县纪委领导班子设书记1人、副书记1人、常委3人;县纪委核定编制10人,实际配备8人,除4名班子成员外，另有专职纪检员4人。30岁至40岁1人，41岁至50岁5人，51岁至55岁2人。具备大专学历1人，高中学历3人，初中学历4人。

1986年4月，为了适应纪律检查工作的需要，加强纪律检查机构建设，经县委批准，县纪委陆续在县公安局、县工商局、县农业银行、县林业局、县水电局、县人民法院、县粮食局、县教育局、县农业局、县直属机关党委设置了10个县纪委驻这些单位的纪律检查组，配备纪检组长或专职纪检员。5月，县纪委编制增加到13名（包括打经办公室人员在内），实际配备纪检干部9人。9月起，县纪委分别在县辖的10个区派驻纪律检查组，对个别区纪检干部因变动缺额的及时作了调配。

1987年，县纪委配备干部10人；内设科（室）3个，即纪律检查科、审理科、办公室。12月，县人民政府根据恢复设立行政监察机构的精神，成立松桃苗族自治县监察局。县监察局系县人民政府负责监察工作的专门机构，受县人民政府和上级行政监察机关双重领导。人员从县纪委内部分流，实行单独定编，配股级秘书1人。在区（镇）及县直局级纪检机构组织建设和人员配备方面，全县11个区（镇），已设纪检组的区10个，只配专职纪检员不设纪检组的镇1个，已设纪检组的区配有专职纪检干部15人。在县直局级机关设纪检组9个，配专职纪检员9名。

1988年，在派驻纪律检查组设置方面，除了在原设有纪律检查组的单位继续配备纪检组组长、在县公安局设纪律检查委员会外，又于1月在县畜牧水产局、县供销社、县商业局、县检察院等9个县直单位及人民银行松桃支行等2个金融系统增设了纪律检查组。到6月，县域内共有26个部门（单位）和10个区建立了纪律检查委员会或纪检组。到12月底，县纪委有纪检监察干部10人；县直部、委、局纪检机构11个，干部11人。

1989年，县纪委机关共有干部职工8人，其中纪委书记1人，纪委副书记2人，科长（主任）3人，副部级纪检员1人，副区级纪检员1人。

1990年6月，经县委批准，县纪委三科一室的工作机构一律更名为室，即设办公室、纪检监察室、案件审理室和信访室。

1991年，中共松桃苗族自治县纪律检查委员会内设部门增至5个，分别是办公室、检查室、审理室、信访室和党风廉政建设室。根据地区纪委通知，县纪委信访室增设举报中心。

1992年，按照上级有关要求，对全县撤并建工作中新建的28个乡镇，建立乡镇纪委。配备了乡镇纪委书记28人，纪检员29人，共计57人。

1993年4月，县纪委与县监察局合署办公，实行一个领导班子、一套工作机制、两个机关名称，同时行使党的纪律检查和行政监察两项职能。合署后原县监察局局长同时担任县纪委副书记。县监察局党员副局长，改任县纪委常委。根据职能职责，县纪委和县监察局合署后内设8个职能室，即办公室、纪检监察室、案件审理室、执法监察室、宣教研究室、信访室（监察局举报中心）、党风廉政建设室、纠风办公室。党风廉政建设室和办公室配正科级室主任，副主任和其余的6个科室主任配副科级干部。12月底，县纪委机关共有干部职工25人。其中县纪委书记1人，县纪委副书记2人，县纪委副书记（监察局局长）1人，县纪委常委1人，县纪委常委兼主任3人，科室主任4人、副主任3人，纪检员6人，秘书2人，驾驶员2人；其中具有专科学历9人，本科学历2人；党员22人，非党3人；妇女干部4人；少数民族干部22人。设纪检组10个，配干部12名；设机关纪委1个，配干部3名。

1995年，调入纪检监察系统3人，调出纪检监察系统1人。乡镇纪委28个，配有干部56人，另配有兼职人数20人。局级及其以上企业单位纪检监察机构11个，配有干部13人。事业单位局级及以上事业单位纪检监察机构8个，配有干部12人。

1996年,县纪委常委会设常委7名。县纪委监察局内设7个室,即办公室、纪检监察室、案件审理室、执法监察室、宣教研究室、党风廉政建设室和信访室。县纪委设秘书长1名,副秘书长1名,室主任6名。秘书长和党风廉政建设室主任配正科级干部,副秘书长和另5名室主任配副科级干部。副科级纪检员、监察员职数参照上级纪委、组织部门相关文件规定配备。是年底,全县纪检监察系统有县处级干部1人,科级及以下有144人,其中县纪委监察局机关科级及以下25人,县直属单位纪检监察机构科级及以下15人,乡镇纪委科级及以下79人,企业单位纪检监察机构科级及以下13人,事业单位纪检监察机构科级及以下12人。

1997年,根据《国家公务员暂行条例规定》,经考试考核,李朝安、吴见闻、刘大元、龙沛云、杨通权、张智、黄前明、龙树林、李明福、石宗生、彭永祥、麻开甲、郝利华、石玉珍、龙求华、龙慧、唐海燕、郭玉华、张强、陈康炉、唐明亮、田华明、彭洪祥、刘永军、龙黔富、袁钢等27人过渡为县纪委"机关工作者"。是年共有3人从外单位交流调入,5人调往系统外。是年底,县纪委机关、县监察局共有干部职工25人。

1998年8月,根据上级文件要求,对龙炳成、张智、龙中文、张强、袁钢、石玉珍、唐明亮、郭玉华、龙黔富、龙求华、郝利华、唐海燕、陈康炉、麻开甲、石宗生、龙治和、刘永军、石邦先、杨通全、吴见闻、陈明东等23人发放"国家公务员证"。是年共交流4名干部担任县直部门主要领导,1名担任乡镇副职,选调2名干部到县纪委、县监察局工作。是年底,县纪委监察局机关共有干部职工26人。

1999年,全县纪检监察机构48个〔县纪委监察局1个,纪检组(纪委)13个,监察室3个,乡镇纪委28个,企业单位纪检监察机构3个〕。县纪委内设工作机构有办公室、纪检监察室、案件审理室、执法监察室、宣教研究室、信访室(监察局举报中心)、党风廉政建设室(县委反腐倡廉领导小组办公室)、纠正部门和行业不正之风室(县人民政府纠正部门和行业不正之风办公室)。办公室和党风廉政建设室主任为正科级领导职务,副主任和6名室主任为副科级领导职务。县纪检监察系统合计编制人数149人,其中县处级干部1名,科级干部83名,科级以下干部65名;党员144名,无党派(群众)5名;妇女干部19名;少数民族干部84名。是年,县纪委监察局职务晋升2人,从系统外交流调入3人,调往系统外1人,退休1人。

2000年1月,县纪委在县粮食局、县教育局、县建设局、县经济贸易局和邮政局派驻纪检组。9月,县监察局在28个乡镇、10个县直机关、3个上管银行设监察室。除九江、世昌、盘石、长坪、盘信、大坪场、妙隘、石梁、甘龙、永安、瓦溪、木树、牛郎、沙坝、大兴15个乡镇未配备监察室主任外,其他13个乡镇均已配备监察室主任。在县公安局、县人民法院、县财政局、县供销社、县工商局、县卫生局、县国税局、县统计局、县教育局、县粮食局10家单位均配备了监察室主任。在中国人民银行松桃支行、中国农业银行松桃支行、中国工商银行松桃支行3家单位配备了监察室主任。10月至12月,县乡镇企业局和县司法局纪检组因机构改革撤销。到12月底,县纪检监察系统已建机构数49个,其中纪委监察局机关1个,派驻机构16个,机关纪委1个,乡(镇)纪委28个,企业单位3个;编制数115名,已配专职人员97人、兼职人员9人。县纪委监察局机关调入2人,共有干部职工24人。

2001年10月,县畜牧水产局和县民政局纪检组因机构改革撤销。

2002年4月,实行党政机构改革,县纪律检查委员会与县监察局合署办公,实行一套工作机构、两个机关名称的体制,履行党的纪律检查和政府行政监察两项职能,对县委全面负责。根据职责和职能,县纪委机关与县监察局内设办公室、监察综合室、宣教研究室、党风廉政室、纠正部门和行业不正之风室(县人民政府纠正部门和行业不正之风办公室)、执法监察室、纪检监察室、案件审理室、信访室(监察局举报中心、非公有经济投诉中心)9个职能室,其中办公室、党风廉政室为正科级内设机构,另外7个科室为副科级内设机构。是年乡镇换届,乡镇纪委书记同时当选乡镇党委副书记的有蓼皋镇、孟溪镇、乌罗镇、正大乡和木树乡。

2003年,根据上级文件要求,乡镇纪委书记同时任乡镇党委副书记,这一体制延续到2016年换届时,乡镇纪委书记才改任为同级党委委员。是年,全县有25个乡镇的纪委书记任同级党委副书记,占乡镇总数的89%。12月,为适应县内党风廉政建设和反腐败斗争需要,进一步发挥县纪委监察局派驻(出)纪检监察机构的职能作用和加强对派驻(出)纪检监察机构管理,县委、县人民政府批转县纪委监察局《关于调整充实县纪委监察局派驻(出)纪检监察机构和加强管理的意见》,在县人民法院、县人民检察院、县公安局、县财政局、县卫生局、县计生局、县国土资源局、县教育局、县建设局、县交通局、县民政局、县林业局、县农业局和县水利局等单位派驻(出)纪检监察机构。这些机构为县纪委监察局的组成部分,受县纪委监察局和驻在单位党组(党委)、行政双重领导,以县纪委监察局领导为主。规定设置党组(党委)的单位,派驻纪检监察人员编制2名的,派驻(出)纪检组长(纪委书记)、监察室主任;编制1名的派驻(出)纪检组长(纪委书记),同时兼任监察室主任。未设置党组(党委)的单位,派驻(出)副科级专职纪检监察员,副科级专职纪检监察员参加本单位的党务和行政办公会议。没有派驻(出)纪检组长或副科级专职纪检监察员的单位,设党组书记的由党组书记负责纪检监察工作;没有党组书记的由单位明确一名班子成员负责此项工作。是年底,县纪委监察局共有干部职工22人。其中纪委书记1名,纪委副书记(监察局局长)1名,纪委副书记2名,常委兼副局长兼室主任1名,常委兼室主任3名,室主任5名,主任科员2名,副主任科员3名,科员4名。

2004年,县纪委监察局共有干部职工23人。与2003年比较,科员增加1名,共计5名。

2005年,县纪委先后在县文化体育广播电视局、县环境保护局派驻纪检组。是年5月,中共铜仁地区纪律检查委员会派驻道塘水库工程管理局纪检组。

2006年4月,成立中共松桃苗族自治县人民武装部纪律检查委员会。8月,成立中共松桃苗族自治县直属机关工委纪律检查委员会。

是年换届选举后,28个乡镇纪委书记28名,其中留任9名、新任19名,专职纪委副书记28名,全部为新任,纪委委员120名,其中留任28名、新任92名。从年龄结构看,乡镇纪委书记、副书记、纪委委员30岁以下的40人,31岁至35岁69人,36岁至40岁的32人,41岁至45岁的22人,46岁至50岁的11人,51岁及以上2人。乡镇纪委书记、副书记中,高中、中专学历9人,大专学历36人,本科学历11人;另外,乡镇纪委书记、副书记为少数民族干部的56人。纪委书记同时担任党委副书记,基本达到了结构、年龄、文化、性别、民族等各方面结构科学合理的要求。纪委委员从学历结构看,初中学历3人,高中、中专学历的20人,大专学历的75人,本科学历的22人;另外,全县乡镇纪委班子中女干部5人(含正副书记各1名);配有少数民族干部101人。监察干部由乡镇党委推荐,报县监察局审批同意,到2007年5月23日,28个乡镇中配备监察室主任22名,尚有6个乡镇没有配备监察室主任。

2009年5月,为加强行政效能监察,县监察局设立行政效能监察室,为副科级内设机构,设主任1名。11月,为加强纪检监察干部队伍建设,在县纪委增设内设机构干部室,为副科级机构,设主任1名。是年,共提拔正科级干部1名、副科级干部5名,其中1名交流到乡镇任职;从外单位交流提拔2名副科级干部到委局机关任职,调入2名乡镇纪检监察干部到委局机关工作。

2010年4月,在县纪委监察局设立举报中心(非公有制经济发展侵权投诉中心),为县纪委监察局下设副科级事业单位,设主任1名(副科级)、副主任1名(股级)。

2012年,县纪委监察局在保留派驻纪检组(监察室)的基础上,新设立6个派出纪工委(监察分局),新增行政编制和工勤编制45名,8月11日正式挂牌运行。共提拔纪检监察干部8名,其中县纪委监察局机关提拔5人。

2013年，县纪委监察局配备干部10名、部门纪检组组长5名、乡镇纪委书记15名。从委局机关选拔干部到县直部门和乡镇交流任职2名。调整交流县直部门纪检组组长6名，交流提拔监察室主任1名。提拔交流乡镇纪委书记11名，平级交流1名。

2014年3月，县纪委监察局对内设机构进行了调整，调整后的县纪委监察局内设机构12个，即办公室、监察综合室、宣教研究室、党风政风监督室、执法和效能监督室、纪检监察一室、纪检监察二室、案件审理室、案件监督管理室、信访室、干部室、派驻机构管理室。调整后，领导职数在原有基础上增加1名机关党委书记。内设机构领导职数仍为14名，其中：办公室主任1名（正科级，由纪委常委兼任）、副主任1名（副科级），党风政风监督室主任1名（正科级，由纪委常委兼任）、副主任1名（副科级），其余各室主任10名（副科级）。11月，县纪委监察局新设了第三纪检监察室、第四纪检监察室和纪检监察干部监督室，执纪监督机构数从调整前的7个增加到9个，占内设机构数的75%，人员编制数从13个增加到15个，占内设机构编制的78.9%。对内设机构进行了再次调整，调整后县纪委监察局内设机构12个：办公室、干部室、宣传调研法规室、党风政风监督室（县人民政府纠正部门和行业不正之风办公室）、信访室、案件监督管理室、第一纪检监察室、第二纪检监察室、第三纪检监察室、第四纪检监察室、案件审理室（案件申诉复查复议办公室）、纪检监察干部监督室。通过重新调整划分内设机构职能职责，避免职能交叉，强化了监督执纪问责职能。在派驻机构队伍建设方面，配备、充实纪工委监察分局干部2人，部门纪检组组长1人、监察室主任2人。

2015年，在保留原有32个派驻纪检监察机构的基础上新设置了18个派驻纪检监察机构，实现了派出派驻机构全覆盖和人财物全面统管。

2016年，县纪委以打造忠诚、干净、担当的纪检监察干部队伍为目标，经过县乡两级纪委的换届，一批年富力强的干部走上了领导岗位。3月，为实现派出派驻机构全覆盖和人财物全面统管，县纪委监察局派驻（出）纪检监察机构调整为51个共92名编制。暂保留每个派出纪工委（监察分局）工勤人员编制1名；保留每个派出纪工委（监察分局）科级领导职数4名不变，其中正科级纪工委书记1名，正科级纪工委副书记（兼监察分局局长）1名，副科级纪工委副书记1名、副科级监察分局副局长1名，由派驻纪检（监察）组长兼任。每个纪工委（监察分局）下设办公室在县举报中心，设主任6名（股级），工作员6名，作为专职具体办公人员。严格执行“三个提名”考察办法，会同组织部门对54名拟提拔的纪委书记、副书记进行提名和考察，委局机关新进干部2名、提拔4名，新提拔配备部门纪检组组长16名、纪检组组长交流任职14名。

2018年，按照中央、省、市深化国家监察体制改革试点工作的部署和要求，1月9日顺利完成县监察委员会主任的选举和人大常委会对副主任、委员的任命。1月10日县监察委员会正式挂牌。划转县人民检察院13名人员编制，转隶11名干部。县纪委县监委增设第五、第六纪检监察室。县纪委与县监委合署办公，履行纪检监察职能。新成立的县监察委员会设主任1名，由县纪委书记担任；设副主任两名，由县纪委副书记担任；设委员4名，其中两名由县纪委常委兼任。县监察委员会主任由县人民代表大会选举产生，副主任、委员由县监察委员会主任提请县人民代表大会常务委员会任命。同时，按照深化国家监察体制改革和派驻机构改革的要求，对派驻机构设置进行了完善。通过新设、调整、合并等方式，撤销6家县纪委监察局派出纪工委（监察分局）、28家县纪委派出纪检组、13家县纪委监察局派驻纪检监察组、18家县监察局派驻监察室，不再保留县公安局纪委，新设立10个派驻纪检监察组，核定行政编制50名，每个派驻纪检监察组设组长1名（副科长级）、副科长级专职纪检监察员2名（其中1名兼任副组长）。完善县直部门、学校、医疗机构监察机构改革工作，在县委党校、县疾病预防控制中心、县妇幼保健计划生育服务中心（县妇幼保健院)、县人民医院、县民族中医院、贵州省松桃民族中学、县第三高级中学各设副科长级专职纪检监察员1名。8月,县编办明确县纪委县监委机关内设13个职能室,即:办公室、干部室(纪检监察干部监督室),宣传调研法规室(案件申诉复查复议办公室)、党风政风监督室、信访室、案件监督管理室、第一至第六纪检监察室、案件审理室。第四纪检监察室加挂重大责任事故调查办公室牌子;第六纪检监察室加挂信息技术保障室牌子;党风政风监督室不再加挂县人民政府纠正部门和行业不正之风办公室牌子。核定县纪委县监委机关行政编制38名。其中内设机构领导职数13名,原机关工勤编制10名暂予以保留。是年,县纪委通过事业单位考试公开招录干部4名。

2019年,县纪委通过国家公务员考试公开招录干部10名。6月,党风政风监督室加挂纪检监察干部监督室牌子,负责监督检查全县纪检监察系统干部遵守和执行《中国共产党章程》和其他党内法规,遵守和执行党的路线方针政策和决议、国家法律法规等方面的情况;受理对全县纪检监察干部涉嫌违反党纪、职务违法和职务犯罪等问题的举报,提出处置意见并负责问题线索初步核实及立案审查调查工作等。组建留置看护专业队伍,招聘24名留置看护人员。12月底,全县纪检监察系统在职在编干部169人,与2018年同期相比增加5人。各类编制合计288名,与2018年同期相比增加47名,其中,新增行政编制22名、事业编制25名。纪检监察系统40岁以下年轻干部114人,占比67.46%,与2018年同期相比,40岁以下年轻干部占比提升0.39个百分点。干部队伍中研究生学历2名、大学本科学历140名、大专学历22名、中专及以下学历5名。其中全日制本科及以上学历68人,占比40.24%,与2018年同期相比提升7.31个百分点。通过国家司法考试,具备法律从业资格人数12人,与2018年同期相比增加5人。在干部提拔、交流方面,1名纪委常委提拔任其他区县纪委副书记、监委副主任,1名班子成员转任县直部门主要领导,1名班子成员提拔任县直部门主要领导,1名纪检监察组组长提拔任乡镇党委书记,2名内设部门主任提拔任班子成员。系统内提拔正科级干部3人、副科级干部8人,3人提拔到系统外任副科级职务、系统外提拔进纪委监委副科级干部1人,2人晋升正科级职级,新配备乡镇纪委副书记3名;系统内交流6人。

2020年4月,为完善县管国有企业、县属医院纪检监察体制,实现国家监察职能向县管企业、县属医院延伸,县纪委县监委向3家县属国有企业〔铜仁市武陵山投资经营(集团)有限公司、松桃扶贫开发投资(集团)有限公司、松桃天龙投资开发(集团)有限公司〕和县属医院(县人民医院)派出纪委书记。2020年10月,根据《中共松桃苗族自治县委办公室印发〈关于深化中共松桃苗族自治县纪委松桃苗族自治县监委派驻机构改革的实施意见〉的通知》文件精神,对设立党委的党校、县人民医院、县民族中医院3家单位设置纪委,撤销其副科长级专职纪检监察员,将其纳入派驻党政机关纪检监察组综合监督范围。撤销县疾病预防控制中心、县妇幼保健计划生育服务中心(县妇幼保健院)2家单位副科长级专职纪检监察员,将其纳入派驻党政机关纪检监察组综合监督范围。对设立党委的县管企业,保留纪委设置,纪委书记由县纪委县监委任命为监察专员,设立监察专员办公室,与纪委合署办公。对设立党委的县属学校,保留纪委设置,纪委书记由县纪委县监委任命为监察专员,设立监察专员办公室,与纪委合署办公。2020年12月,向2家县属学校(松桃民族中学、松桃第三高级中学)和1家县属医院(民族中医院)派出纪委书记。

松桃苗族自治县纪委县监委机关干部职工一览表

（2020年12月）

表4-1

序号	部门	姓名	性别	民族	出生年月	职务
1	领导班子	胡定钦	男	仡佬族	1969年3月	县委常委、县纪委书记、县监察委员会主任
2		周胜华	男	土家族	1966年8月	县纪委副书记、县监察委员会副主任
3		宋　扬	男	苗族	1969年9月	县纪委常委、县监察委员会委员
4		秦榜江	男	土家族	1977年8月	县纪委常委、县监察委员会委员
5		刘建英	女	侗族	1977年3月	县纪委常委、机关党委书记
6		石利军	男	苗族	1964年8月	县监察委员会委员
7	办公室	李　霞	女	汉族	1987年9月	主　任
8		张昌华	男	苗族	1978年7月	四级主任科员
9		秦　洁	女	汉族	1995年3月	工作人员
10		杨　婷	女	土家族	1996年9月	工作人员
11		杨　龙	男	苗族	1981年11月	工作人员（驾驶员、高工）
12		龙正刚	男	苗族	1980年6月	工作人员（驾驶员、高工）
13		龙新彬	男	苗族	1985年9月	工作人员（驾驶员、普工）
14		黄明荣	男	汉族	1985年8月	工作人员（驾驶员、中工）
15		王　琳	男	汉族	1982年12月	工作人员（驾驶员、中工）
16		罗　奎	男	苗族	1984年12月	工作人员（驾驶员、普工）
17		陈　川	男	土家族	1988年2月	工作人员（驾驶员、普工）
18		龙　文	男	苗族	1987年10月	工作人员（驾驶员、普工）
19	宣传调研法规室（案件申诉复查复议办公室）	唐义长	男	苗族	1979年8月	主　任
20		姚才上	男	侗族	1990年3月	工作人员
21	党风政风监督室（纪检监察干部监督室）	李慧娟	女	苗族	1988年7月	主　任
22		杨新宇	男	苗族	1995年6月	工作人员
23	干部室	杨昱昕	女	苗族	1983年7月	主　任
24		黄　宇	男	汉族	1990年11月	工作人员
25	案件审理室	张朝河	男	土家族	1988年9月	主　任
26		李晓琴	女	苗族	1986年3月	四级主任科员
27		白　霞	女	仡佬族	1991年6月	工作人员
28		杨　波	男	苗族	1991年7月	工作人员
29	信访室	龙军勇	男	苗族	1984年7月	主　任
30		刘卫东	男	苗族	1969年3月	二级主任科员
31		吴达君	男	苗族	1965年2月	副科级干部
32		易　倩	女	苗族	1993年7月	工作人员

续表4-1

序号	部 门	姓 名	性别	民族	出生年月	职 务
33	第一纪检监察室	龙振超	男	苗族	1984年11月	主 任
34		杨叶飞	男	土家族	1993年1月	工作人员
35		王圳锦	女	土家族	1996年1月	工作人员
36	第二纪检监察室	麻昌三	男	苗族	1988年10月	主 任
37		王 超	男	土家族	1990年8月	工作人员
38		杨亚松	男	苗族	1982年7月	工作人员
39	第三纪检监察室	李 波	男	汉族	1988年6月	主 任
40		石梦瑶	女	苗族	1995年1月	工作人员
41		张 苇	男	土家族	1995年1月	工作人员
42		阳超凡	男	苗族	1993年2月	工作人员
43	第四纪检监察室（重大责任事故调查办公室）	张志明	男	苗族	1980年1月	主 任
44		杨耀中	男	苗族	1985年6月	工作人员
45		田浩月	女	土家族	1994年9月	工作人员
46		杨 忍	男	土家族	1982年2月	工作人员
47		石文卿	男	苗族	1984年11月	工作人员
48	第五纪检监察室	龙俊泽	男	苗族	1982年4月	主 任
49		张金波	男	苗族	1987年7月	工作人员
50		胡 琳	女	苗族	1992年7月	工作人员
51	第六纪检监察室（信息技术保障室）	张明进	男	汉族	1983年3月	主 任
52		万 强	男	土家族	1994年8月	工作人员
53		魏 国	男	仡佬族	1999年6月	工作人员
54	案件监督管理室	杨 毅	男	侗族	1986年2月	四级主任科员
55		冉莉元	女	土家族	1988年8月	工作人员
56		徐 燿	男	苗族	1993年3月	工作人员
57	县举报中心(非公有制经济发展侵权投诉中心）	石 凯	男	苗族	1989年7月	主 任
58	民生项目监督特派组联络中心	杨 佳	女	侗族	1986年11月	主 任

松桃苗族自治县纪委县监委派驻纪检监察组干部职工一览表

（2020年12月）

表4-2

序号	部门	姓名	性别	民族	出生年月	职务
1	第一纪检监察组	杨秀波	男	侗族	1978年6月	组长，县委政法委班子成员
2	第二纪检监察组	邱美霖	男	汉族	1971年10月	组长，县委办班子成员
3		吴　迪	男	苗族	1979年11月	副科级干部
4		陈应兵	男	汉族	1984年6月	工作人员
5	第三纪检监察组	任卫星	男	土家族	1977年10月	组长，县人力资源和社会保障局党组成员
6		田儒礼	男	苗族	1964年3月	二级主任科员
7		王　洪	男	土家族	1980年9月	副科长级专职纪检监察员
8		蒋　莉	女	仡佬族	1978年5月	四级主任科员
9	第四纪检监察组	石昌彪	男	苗族	1971年8月	组长，县人民政府机关党组成员
10		龙明章	男	苗族	1981年8月	副组长
11		杨吉浪	男	苗族	1980年8月	副科长级专职纪检监察员
12		陈祥军	男	苗族	1975年5月	二级主任科员
13	第五纪检监察组	江长智	男	苗族	1969年9月	组长，县教育局党组成员
14		邓显江	男	土家族	1976年11月	副组长
15		龙兰花	女	苗族	1978年9月	副科长级专职纪检监察员
16		杨　钟	男	侗族	1970年3月	二级主任科员
17	第六纪检监察组	姚　蓉	女	苗族	1975年7月	组长，县农业农村局党组成员
18		吴　杰	男	苗族	1978年12月	副组长
19		唐　锋	男	苗族	1989年2月	工作人员
20	第七纪检监察组	麻显文	男	苗族	1979年6月	组长，县住房和城乡建设局党组成员
21		贺　丽	女	苗族	1977年4月	副组长
22		姚晓军	男	土家族	1982年6月	副科级干部
23		杨昌馀	男	侗族	1973年6月	副科长级专职纪检监察员
24	第八纪检监察组	杨成华	男	苗族	1984年11月	组长，县财政局党组成员
25		麻绍扬	男	苗族	1983年9月	副组长
26		龙　斌	男	苗族	1978年11月	副科长级专职纪检监察员
27		石　德	男	苗族	1973年5月	四级主任科员

续表4-2

28	第九纪检监察组	秦 毅	男	侗族	1982年8月	组长,县卫生健康局党组成员
29		欧求海	男	苗族	1976年5月	副组长
30		冉连军	男	土家族	1993年12月	工作人员
31	第十纪检监察组	龙正全	男	苗族	1981年8月	组长,县民政局党组成员
32		吴云飞	男	苗族	1982年8月	副科长级专职纪检监察员
33		黄志军	男	汉族	1973年9月	四级主任科员

松桃苗族自治县委巡察机构干部职工一览表

(2020年12月)

表4-3

序号	部 门	姓 名	性别	民族	出生年月	职 务
1	县委巡察工作领导小组办公室	杨昌伦	男	苗族	1977年3月	主 任
2		何明现	女	汉族	1990年9月	副主任
3		吴云峰	男	苗族	1977年12月	副科级干部
4	县委巡察信息服务中心	王峥嵘	女	苗族	1991年4月	工作人员
5	县委第一巡察组	易小峰	男	苗族	1978年10月	组 长
6		石宗贵	男	苗族	1982年9月	副组长
7		何兴发	男	苗族	1967年7月	巡察专员
8	县委第二巡察组	龙水涌	男	苗族	1977年9月	组 长
9		龙昌志	男	苗族	1979年4月	巡察专员
10	县委第三巡察组	龙 文	男	苗族	1986年10月	组 长
11		田茂桥	男	苗族	1979年12月	巡察专员
12	县委第四巡察组	陈向东	男	土家族	1985年7月	副组长
13		罗齐成	男	苗族	1969年7月	巡察专员
14	县委第五巡察组	吴秀勇	男	苗族	1977年1月	副组长
15		石 林	男	苗族	1969年10月	巡察专员
16	县委第六巡察组	龙 毅	男	苗族	1982年9月	组 长
17		吴翠云	女	苗族	1974年12月	副组长
18		杨 旭	男	苗族	1975年4月	巡察专员

松桃苗族自治县乡（镇、街道）纪检监察干部职工一览表

（2020年12月）

表4-4

序号	单位	姓名	性别	民族	出生年月	职务
1	蓼皋街道	吴志松	男	苗族	1978年9月	纪工委书记、监察办公室主任
2		陈双凤	女	汉族	1994年4月	纪工委副书记、监察办公室副主任
3		赵　勇	男	土家族	1976年8月	监察办公室专职监察员
4	九江街道	刘　轶	男	苗族	1987年3月	纪工委书记、监察办公室主任
5		文祝华	男	苗族	1979年10月	监察办公室专职监察员
6	世昌街道	张延周	男	汉族	1983年9月	纪工委书记、监察办公室主任
7	太平营街道	柯永飞	男	汉族	1988年9月	纪工委书记、监察办公室主任
8		龙松勇	男	苗族	1992年6月	纪工委副书记、监察办公室副主任
9		孙艳芬	女	苗族	1976年7月	监察办公室专职监察员
10	大兴街道	涂山伟	男	汉族	1986年1月	纪工委书记、监察办公室主任
11		赵晨羽	女	汉族	1985年7月	纪工委副书记、监察办公室副主任
12		杨杰宇	男	苗族	1976年7月	监察办公室专职监察员
13	盘石镇	龙　舟	男	苗族	1987年3月	纪委书记、监察办公室主任
14		郑云嫣	女	苗族	1992年10月	纪委副书记、监察办公室副主任
15		龙毅峰	男	苗族	1982年6月	监察办公室专职监察员
16	盘信镇	龙迅飞	男	苗族	1983年7月	纪委书记、监察办公室主任
17		吴　卫	男	苗族	1988年10月	纪委副书记、监察办公室副主任
18		任达俊	男	土家族	1994年9月	监察办公室专职监察员
19	大坪场镇	徐　骞	男	土家族	1978年9月	纪委书记、监察办公室主任
20		蒙通洋	男	苗族	1995年9月	纪委副书记、监察办公室副主任
21		陈廷红	女	汉族	1988年3月	监察办公室专职监察员
22	普觉镇	王孟龙	男	汉族	1986年3月	纪委书记、监察办公室主任
23		石志龙	男	苗族	1992年12月	纪委副书记、监察办公室副主任
24		陈小爱	女	汉族	1987年1月	监察办公室专职监察员
25	孟溪镇	杨小龙	男	汉族	1988年12月	纪委书记、监察办公室主任

续表4-4

序号	单 位	姓 名	性别	民族	出生年月	职 务
26		杨 卓	男	汉族	1990年5月	纪委副书记、监察办公室副主任
27		姚 波	男	汉族	1988年10月	监察办公室专职监察员
28	乌罗镇	任 华	女	苗族	1985年1月	纪委书记、监察办公室主任
29		田 磊	男	苗族	1992年12月	纪委副书记、监察办公室副主任
30		戴应锋	男	汉族	1988年2月	监察办公室专职监察员
31	甘龙镇	宋子龙	男	苗族	1982年5月	纪委书记、监察办公室主任
32		李 聪	男	土家族	1989年8月	纪委副书记、监察办公室副主任
33		张仁军	男	苗族	1991年4月	监察办公室专职监察员
34	长兴堡镇	龙通顺	男	苗族	1981年2月	纪委书记、监察办公室主任
35		石帮启	男	苗族	1989年8月	纪委副书记、监察办公室副主任
36		石海兵	男	苗族	1994年9月	监察办公室专职监察员
37	牛郎镇	龙令勇	男	苗族	1985年11月	纪委书记、监察办公室主任
38		张云琴	女	侗族	1987年10月	纪委副书记、监察办公室副主任
39		谢义伟	男	汉族	1992年7月	监察办公室专职监察员
40	寨英镇	田兴国	男	苗族	1986年12月	纪委书记、监察办公室主任
41		文 艳	女	汉族	1990年7月	纪委副书记、监察办公室副主任
42		田 勇	男	土家族	1995年5月	监察办公室专职监察员
43	迓驾镇	杨春芽	女	仡佬族	1986年1月	纪委书记、监察办公室主任
44	正大镇	龙 辉	男	苗族	1981年10月	纪委书记、监察办公室主任
45		唐 佳	女	苗族	1993年12月	监察办公室专职监察员
46	平头镇	贺再金	男	苗族	1978年9月	纪委书记、监察办公室主任
47		杨 文	男	土家族	1977年7月	监察办公室专职监察员
48	大路镇	冉奉尧	男	土家族	1982年6月	纪委书记、监察办公室主任
49		罗时保	男	土家族	1989年8月	纪委副书记、监察办公室副主任
50		廖 蓉	女	苗族	1993年12月	监察办公室专职监察员
51	冷水溪镇	杨 芳	女	侗族	1987年12月	纪委书记、监察办公室主任

续表4-4

序号	单　位	姓　名	性别	民族	出生年月	职　　务
52		龙永丽	女	苗族	1989年7月	纪委副书记、监察办公室副主任
53		龙世敏	男	苗族	1988年7月	监察办公室专职监察员
54	木树镇	杨　智	男	汉族	1991年4月	纪委书记、监察办公室主任
55		唐　剑	男	苗族	1991年10月	纪委副书记、监察办公室副主任
56		龙朝兰	女	苗族	1993年4月	监察办公室专职监察员
57	黄板镇	李仲高	男	土家族	1987年11月	纪委书记、监察办公室主任
58		陈　畅	女	土家族	1992年4月	纪委副书记、监察办公室副主任
59		龙　刚	男	苗族	1996年6月	监察办公室专职监察员
60	长坪乡	石晓晖	男	苗族	1978年12月	纪委书记、监察办公室主任
61		贺维聪	男	苗族	1994年6月	纪委副书记、监察办公室副主任
62		李　玲	女	汉族	1993年10月	监察办公室专职监察员
63	妙隘乡	龙寿发	男	苗族	1988年3月	纪委书记、监察办公室主任
64		杨立彬	男	侗族	1991年2月	纪委副书记、监察办公室副主任
65		李小林	男	汉族	1983年8月	监察办公室专职监察员
66	石梁乡	杨正泽	男	汉族	1987年10月	纪委书记、监察办公室主任
67		张吉巍	男	苗族	1989年3月	纪委副书记、监察办公室副主任
68		闫　依	女	汉族	1991年5月	监察办公室专职监察员
69	瓦溪乡	简　璟	男	土家族	1987年10月	纪委书记、监察办公室主任
70		余春波	男	汉族	1994年1月	纪委副书记、监察办公室副主任
71		杨胜清	男	苗族	1983年12月	监察办公室专职监察员
72	永安乡	杨　博	男	土家族	1988年2月	纪委书记、监察办公室主任
73		印　芳	女	汉族	1990年9月	纪委副书记、监察办公室副主任
74		熊　云	男	土家族	1981年11月	监察办公室专职监察员
75	沙坝河乡	龙德昌	男	苗族	1981年8月	纪委书记、监察办公室主任
76		吴官永	男	苗族	1991年8月	纪委副书记、监察办公室副主任
77		杜朋飞	男	土家族	1995年2月	监察办公室专职监察员

松桃苗族自治县纪检监察机关和巡察机构抽借调人员一览表

(2020年12月)

表4-5

序号	工作单位及职务	姓名	性别	民族	出生年月	原工作单位及职务
1	办公室	麻腾凤	女	苗族	1995年10月	太平营街道党政综合办副主任
2		张　维	男	苗族	1988年6月	县农业农村局工作人员(驾驶员、普工)
3		兰　波	男	苗族	1984年12月	县司法局工作人员(驾驶员、中工)
4		郭远锡	男	汉族	1981年12月	县民族宗教事务局工作人员(驾驶员、中工)
5	党风政风监督室(纪检监察干部监督室)	吴海萍	女	苗族	1990年3月	盘信镇计生办工作人员
6	宣传调研法规室(案件申诉复查复议办公室)	陈孟珍	女	汉族	1994年8月	平头镇扶贫工作站工作人员
7	干部室	麻栩粹	女	苗族	1994年7月	县自然资源局办公室工作人员
8	机关党委	吴再俊	男	苗族	1989年4月	瓦溪乡党建办负责人
9	第一纪检监察室	王正涛	男	汉族	1994年11月	县市场监督管理局工作人员
10	第二纪检监察室	黎飞杨	男	土家族	1992年5月	县交通运输局工作人员
11	第五纪检监察室	龙寒意	男	苗族	1993年10月	县档案馆信息技术股股长
12	第六纪检监察室	胡明明	男	土家族	1996年1月	县交通运输局工作人员
13	第一纪检监察组	吴成忠	男	汉族	1990年10月	县公安局禁毒大队民警
14	第二纪检监察组	唐胜华	男	苗族	1997年1月	县自然资源局不动产登记事务服务中心工作人员
15	第三纪检监察组	吴莉娟	女	苗族	1988年10月	蓼皋街道综合办工作人员
16	第四纪检监察组	滕　烈	女	苗族	1992年2月	县产权交易中心综合股副股长
17	第六纪检监察组	龙勇周	男	苗族	1988年8月	县城市管理局案件处理中心工作人员
18	第八纪检监察组	吴　蕾	女	苗族	1997年6月	县第二幼儿园教师
19	第九纪检监察组	刘　佳	男	汉族	1993年8月	盘信镇扶贫工作站副主任
20	县委巡察办	刘　慧	女	苗族	1981年4月	县农业农村局山地生态畜牧业发展中心办公室工作人员
21		秦　巍	男	苗族	1995年5月	县农业农村局办公室工作人员
22		罗素华	女	苗族	1994年10月	县供销合作社联合社办公室工作人员
23	世昌街道纪工委	晏慧芬	女	汉族	1995年2月	世昌街道综合办工作人员
24	盘信镇纪委	龙通海	男	苗族	1986年7月	民宗局办公室工作人员
25	大路镇纪委	舒梓恒	男	侗族	1992年6月	县卫生健康综合行政执法大队工作人员
26	大坪场镇纪委	杨　雪	女	苗族	1991年1月	大坪场镇党建办主任
27	大坪场镇纪委	刘政苇	男	汉族	1991年12月	大坪场镇综合办工作人员
28	平头镇纪委	田　娇	女	侗族	1994年4月	平头镇综合办工作人员

松桃苗族自治县直属机关、事业单位、县管企业派出纪检监察机构干部职工一览表

（2020年12月）

表4-6

序号	单　位	姓 名	性别	民族	出生年月	职　务
1	县直属机关工委	李忠华	女	苗族	1969年1月	纪工委书记
2	县疾病预防控制中心	姚　畯	男	侗族	1985年11月	副科长级专职纪检监察员
3	县人民医院	简国永	男	土家族	1982年5月	纪委书记
4	松桃民族中学	滕建兴	男	汉族	1986年7月	副科级专职纪检监察员
5	松桃第三高级中学	周玉鹏	男	苗族	1986年6月	专职纪检监察员
6	松桃扶贫开发投资(集团)有限公司	杨文君	男	土家族	1981年5月	纪委书记
7	松桃天龙投资开发(集团)有限公司	杨秀军	男	苗族	1979年12月	纪委书记
8	铜仁市武陵山投资经营(集团)有限公司	胡仕勇	男	汉族	1978年9月	纪委书记

第二节　干部监督管理

纪检监察机关是党内“纪律部队”，干的就是监督的活、“打铁的活”，在是非对错面前，要坚持原则，敢于亮剑，敢于动真碰硬，敢于担当。松桃县(苗族自治县)纪检监监察机关自建立以来，根据形势发展和工作实际，不断建章立制并逐步完善。在建立健全制度的同时，严格执行各项机关工作管理制度，保证了纪检监察机关各项工作任务的顺利完成。

1953年3月，召开纪委委员会议，县委纪委制定机关工作制度及年度工作计划。

1954年12月26日，召开纪委委员会议，制定了1955年工作制度及计划。

1956年10月22日，县监委印发《关于加强农村党的监察工作的指示》，要求兼管监察工作的书记，克服兼职不兼事的现象，开展经常性指导和对党员的教育及处理案件工作，并将监察工作列入区委议事日程。

1957年，制定工作联系制度，要求各党支部必须每半个月用便信或电话和监委会联系一次，以掌握工作进展情况和存在的问题。县监委会也要随时对各党支部进行指导，以促进工作和防止偏差。制定清理积案制度，要求各党支部要将历年积案和整风、反右、粮食增产等运动中揭发出来的问题，及时排除清理，送县监委会审批。

1979年3月，县委纪律检查委员会恢复重建。重建伊始，县委纪检委就制定了纪委自身要严格遵守五条工作制度：①认真学习马克思列宁主义毛泽东思想以及三中全会精神，每周二、五集中学习，人人要有学习心得笔记，每个星期四下午集中学习业务；②每月至少召开一次委员会议，研究讨论案件审理及县委和地区纪委交给的工作任务和县纪委本身的工作安排；③纪委内部要明确分工，包括内务，上传下达、收发文件和接待来信来访纪律检查和案件审理工作,都要做到及时、准确、件件有着落;④严格执行中央纪委的“约法三章”,严密遵守,严守机密;⑤给县委当好参谋,随时给县委领导反映情况和汇报工作,取得县委的支持。

1984年,开展党风对照检查。对照上级党委、纪委要求,以组织生活会的形式,联系工作和思想实际,用《关于党内政治生活的若干准则》作为对照检查的镜子,就党风方面存在的主要问题,特别是遵守政治纪律的问题,实事求是地进行对照检查。

1985年,为严肃整顿纪律、振奋精神,改进作风,建立严格的工作制度、学习制度、检查制度、奖惩制度,完善党风责任制,做到是非清楚,赏罚严明,真正使全委工作人员思想上有纪律观念,行为上无违纪现象。

1988年,建立健全党风责任制,党内监督制度和民主生活会制度,全面推行岗位目标管理责任制,严格目标管理,严格奖惩兑现。

1989年,修订完善小车管理制度、档案室岗位责任制、档案立卷归档制度和档案利用制度等。

1991年,制定《县纪委1991年度目标责任制》,强化岗位目标责任;完善《纪委常委民主生活会制度》《全县纪检工作管理考评制度》《县纪委岗位目标管理责任制度》《纪委常委包案办案制度》等制度。为了密切联系群众,解决群众寻门难、找人难、告状难的问题,县纪委制定了《关于纪委常委以上领导干部实行轮流接待群众来访日的制度》和《乡镇纪委信访工作岗位目标责任制和考核标准》。

1992年,制定《县纪委关于保护检举控告人的六项规定》,保护群众真正行使自己的权利,免去了控告、检举人的后顾之忧。实行室主任以上干部分乡镇包点联系制度和常委以上领导干部包案责任制。制定《松桃苗族自治县一九九二年纪检工作目标管理考评办法》《县纪委一九九二年岗位目标管理责任制》《县纪委内部管理制度》《学习考核制度》《本职工作逐日登记制度》《干部考勤制度》《社会治安综合治理工作制度》《保密制度》等制度,并建立《干部请假登记簿》《干部公休假登记簿》等台账。

1993年,建立健全《党员考核制度》,继续坚持《县纪委常委领导干部轮流接待群众来访日制度》《下乡巡回接待制度》。坚持执行每周二、五下午集体学习制度,落实岗位责任制,年初制定了全委目标岗位责任制考核方案,任务分解到室,落实到人,年底对照责任制进行了综合考评,奖优罚劣。合署后,县纪委及时对全县纪检监察工作进行部署,调整了通讯组和普法、综合治理领导小组。制定一系列的内部管理制度,特别注重班子的制度建设,坚持纪委常委会集体领导、民主集中制和常委分工负责制。在重大问题上和重要工作部署上坚持常委会集体研究,保证各方面工作有力有效推进。

1994年,坚持民主生活会制度,坚持每季召开一次民主生活会,写出专题报告,并把民主生活会活动情况,纳入党建工作的考核内容中。建立和完善请销假制度、“二五”学习制度、领导干部接待日制度、受理来信来访制度等。

1995年4月起,县纪检监察系统实行一月一交账制度,即每月20日,各乡镇纪委书记、县直各纪检组长,统一回县纪委汇报纪检监察工作和案件查处情况。县纪委实行纪委常委包查大案要案制度,加强对查案工作的领导。

1996年,继续完善各项制度,完善请销假制度、每周“二五”集体学习制度、乡镇纪委一月一交账制度、县纪委常委包查大要案制度、领导干部接待日制度、受理来信来访制度、回访制度和岗位目标责任制度。

1998年,完善审理工作制度、制定案件审理登记制度、监督和反馈制度、档案管理制度等。

1999年,制定完善了机关工作考核办法,建立考勤、奖罚制度,建立健全岗位责任制,领导阅信接包案制度,交办督办查办信访案件制度、信访工作培训制度,信访反馈制度,信访信息报送制度,信访工作人员守则、来访人员须知等制度，畅通了信访渠道。制定案件审理登记制度、案件审批制度、案件处理落实制度、审理监督制度簿册表卡使用制度、案件档案管理制度。

2001年，在“三个代表”重要思想学习教育活动中，结合整改，修订和完善纪委班子学习制度，制定《纪委机关工作人员年度考核方案》，建立《纪委信访接待制度》，加强对查案工作的领导，实行县纪委副书记包片、科室包乡镇、常委以上领导包查大案要案制度。

2004年，制定《2004年纪检监察工作要求》《2004年度乡镇党风廉政建设和反腐败斗争工作目标管理考核办法》《2004年度县直单位党风廉政建设和反腐败斗争工作目标管理考核办法》，将纪检监察工作纳入目标化管理。

2005年，对纪检监察干部实行“五廉”管理。即一是强化廉政教育。通过以会代训的形式对56名纪检监察干部进行了首批集中教育，还专门为新调整到纪检监察机关工作的干部进行专题廉政知识讲座。同时采取印发基础知识学习资料，结对子互帮互学，请老纪检监察干部上课等方式，结合全县开展保持共产党员先进性教育活动，加强廉政教育。二是实行廉政承诺。全县纪检监察干部从领导到工作人员，分别结合自己的工作岗位，对照干部队伍建设的有关规定，以书面形式写出廉政承诺书，并分别由个人向单位、职工向领导和领导向职工签订廉政承诺责任书，接受相互间的监督。三是开展廉政谈话。年初，单位领导对干部职工进行一次集体和个别廉政谈话，并明确专人记录，年终将对在谈话中干部职工所承诺情况进行检查。四是建立廉政档案。廉政档案涉及干部管理的15个方面内容，由党风廉政室根据对干部的考核情况逐项进行填写。五是实行廉政考核。县纪委监察局按照年初拟定的考评办法，每半年对本机关干部进行一次廉政情况考核和督查，每年对乡镇纪委书记、监察室主任及工作人员和各派驻纪检组（纪委）、监察室进行一次全面考核，及时发现问题，提出整改措施。

2007年5月，根据委局机关干部作风建设工作安排，就加强机关干部作风建设召开班子专题民主生活会和组织生活会。会议重点学习了胡锦涛总书记在中央纪委七次全会上的重要讲话、吴官正在中央纪委七次全会上的讲话、《机关干部作风建设理论知识读本》和省委、地委、县委主要领导在机关干部作风建设会议上的讲话以及《江泽民文选》。同时按照有关规定就班子及班子成员作风问题广泛征求意见，并进行反馈；班子主要领导与各班子成员、班子成员相互之间还进行交心谈心。班子其他成员及全体党员分别进行自我剖析。

2008年，不断完善工作机制，建立完善县党风廉政宣传教育联席会议制度，宣传教育工作例会制度及一系列干部培训方案和计划，确保党风廉政宣传教育工作深入开展。

2010年，结合“创先争优”活动，以开展学习型、责任型、廉洁型机关建设为目标，建立和完善16项机关管理制度，形成长效工作机制。

2012年，在开展群众路线教育“三严三实”专题教育活动中，分两批次对委局机关全体干部、168名乡镇纪委委员谈心谈话，制定纪检监察干部“十要十不”行为规范，全员签订责任承诺书。

2013年，重新修订印发机关内部管理制度，日常工作制度、学习制度、卫生制度、信息调研制度等。在纪检监察系统开展清理会员卡、纪检监察干部勤政廉政承诺活动和约谈，230余名纪检监察干部实现“零持有”，135名纪检监察干部签订《勤政廉政“十要十不”承诺书》，对51名乡镇纪委、部门纪检组负责人进行约谈。

2014年，印发《松桃苗族自治县纪检监察机关落实党风廉政建设监督责任实施办法》，加强对纪检监察干部监督执纪问责。印发《关于加强全县纪检监察干部作风纪律管理的通知》《松桃苗族自治县纪检监察系统干部请销假制度》《八小时以外监督制度》《公务外出审批登记》《人员去向台账》等作风纪律管理的相关规章制度。建立新进纪检监察系统干部调入谈话制度,对新调进纪检监察系统的7名干部进行谈话。实行纪检监察系统干部向县纪委常委会“述职述廉述学述德”制度,评议干部99名。开展县纪委书记、副书记与乡镇纪委书记和部门纪检组长“面对面”约谈,共约谈干部52名,确保队伍纯洁性。建立纪检监察系统违纪人员信息统计台账制度;将派驻(出)机构84名干部纳入县纪委监察局统一考核奖惩。加强派驻机构的统一管理,印发《松桃苗族自治县纪委监察局派出纪工委(监察分局)管理暂行办法》,建立季度纪检监察系统违纪人员基本情况统计制度,实行派驻干部任前谈话、岗位调整谈话、新进干部谈话制度,开展纪委书记、纪检组组长任(兼)职及分工情况清理及监督检查。

2015年,规范内部管理,制定机关内部管理制度19项,用制度规范行为。开展“四述”活动,对96名纪检监察干部进行评议,对299名纪检监察干部、185名乡镇纪委委员、496名村级民生监督员、1497名村务监督委员会成员开展约谈暨谈心谈话,对存在问题的43个单位进行了提醒。在年度考核方面,全体纪检监察干部共92人参加年度考核,行政类(含参公)优秀等次13人、称职等次73人,事业类合格等次6人。

2016年,印发《松桃苗族自治县纪检监察机关依纪依法安全文明办案工作实施办法》《松桃苗族自治县纪检监察机关查办案件涉案款物管理暂行办法》《关于重申乡镇(街道)纪委书记、副书记和县纪检监察派出(驻)机构干部不再兼职及分管其他工作的通知》,重申纪检监察机关聚焦主责主业。在纪检监察系统内开展严肃换届纪律谈心谈话活动,2192人次接受谈心谈话并作出承诺。开展纪检监察系统领导干部向县纪委常委会述职述廉述德述学活动,对83名纪检监察干部进行评议。138名纪检监察干部参加年度行政类考核(含参公)优秀等次16人、称职等次90人,事业类优秀等次5人、合格等次27人。

2017年,印发打听案情、过问案情登记制度、公务用车管理制度和禁止饮酒制度。121名纪检监察干部主动向县纪委常委会进行述职述德述廉,接受常委会审议。282名纪检监察干部和落实监督责任人员主动向上级纪委作出廉洁过节承诺,对94名纪检监察干部落实党风廉政建设监督责任情况开展满意度测评,接受社会监督。制定《松桃苗族自治县纪委监察局机关选调干部公示制度(暂行)》《松桃苗族自治县纪委监察局关于委局机关新进干部到信访室锻炼制度(试行)》《松桃苗族自治县纪委监察局工作规程》。建立《松桃苗族自治县纪委监察局绩效目标管理考核办法》,实行工作台账月检查制度和正负清单加分扣分制度,34名纪检监察干部被扣除个人绩效考核分值。召开全县纪检监察系统述德述职述廉述学会议,内设机构负责人,县直部门派驻纪检(监察)组组长、部门监察室主任,县纪委监察局派出纪工委书记、副书记和监察分局局长、副局长,乡镇(街道)纪(工)委书记、副书记以现场报告和书面报告形式接受评议。全体纪检监察干部共145人参加年度考核,行政类(含参公)优秀等次15人、称职等次83人,事业类优秀等次7人、合格等次40人。

2018年1月,印发《中共松桃苗族自治县纪委开展干部职工家庭走访慰问活动工作方案》,由县纪委书记到县纪委班子成员家中进行走访慰问;县纪委班子成员到各分管干部职工和联系纪工委主要负责人家中进行走访慰问,切实增强委局机关干部职工的归属感、荣誉感和获得感。县纪委监察局持续深化“三转”,对纪检监察干部开展集中约谈。主要领导对班子成员开展交心谈心,共提出意见建议17条,收集意见建议13条。开展廉洁过节提醒,签订《廉政承诺书》。印发《松桃苗族自治县纪检监察系统“勤廉家风从我传承”系列活动实施方案》,组织一场家风培训、征集一条亲情寄语、开展一次家风家访、评选一批最美家庭、摄制一部家风电影。对县纪委常委会会议议定事项开展督促检查,将检查结果列入个人绩效目标考核台账。在全县纪检监察系统评选先进集体和先进个人,评选表彰先进集体6个、先进个人13名,营造学、比、赶、超的工作氛围。印发《松桃苗族自治县纪检监察干部“八小时外”行为规范》,规范和约束全县纪检监察干部的生活圈、朋友圈、社交圈。印发《松桃苗族自治县纪委县监委领导班子关于进一步改进工作作风的实施办法》，从改进调查研究、精简会议活动、精简文件简报、改进新闻报道、强化自身建设、加强外事管理、厉行勤俭节约、抓好贯彻落实八个方面，要求县纪委县监委领导班子坚持高标准严要求，以身作则、以上率下，示范带动全县各级纪检监察机关和纪检监察干部切实改进工作作风。是年，全县纪检监察干部共157人参加年度考核，行政类（含参公）优秀等次18人、称职等次96人，不定等次1人，事业类优秀等次6人，合格等次36人。

2019年，印发《松桃苗族自治县纪检监察系统“八小时外”政治家访工作实施方案》《松桃苗族自治县纪检监察干部“八小时外”行为规范》，全面净化纪检监察干部八小时外生活圈、朋友圈、社交圈。印发《松桃苗族自治县纪检监察系统内部督查工作实施方案》，打造讲政治、守纪律、敢担当、拒腐蚀的纪检监察机关。开展宗旨教育，参加先进典型、革命传统、内部警示、形势政策教育累计937人次。开展“纪检监察开放日”活动，邀请特约监察员和部分县党代表、人大代表、政协委员以及新闻媒体，“零距离”了解纪检监察机关的职能职责、工作流程，拓宽外部监督渠道，让监督执纪问责和监督调查处置更公正透明。完善《松桃苗族自治县纪委县监委绩效目标管理考核办法》，制定《中共松桃苗族自治县纪律检查委员会松桃苗族自治县监察委员会机关职能配置、内设机构和人员编制规定》《中共松桃苗族自治县纪委松桃苗族自治县监委派驻机构设置方案》《松桃苗族自治县纪委县监委职责要点和底线清单》《松桃苗族自治县纪委县监委工作证件使用管理规定》《松桃苗族自治县派驻纪检监察组2019年工作要点》等一批规范性文件。55人分别作了述德述责述廉报告。全体纪检监察干部共170人参加年度考核，行政类（含参公）优秀等次17人、称职等次89人、不定等次10人，事业类优秀等次8人、合格等次42人、不定等次4人。

2020年，根据《中共贵州省纪委办公厅〈关于实现全省纪检监察系统内部督查上下联动和全覆盖的通知〉》和市纪委市监委有关要求，县纪委县监委制定了《松桃苗族自治县纪检监察系统内部督查工作实施方案》，组建4个督查组，5月至12月，对辖区内27个乡镇（街道）纪（工）委开展了内部督查，覆盖率100%，发现问题124个。召开全县纪检监察系统年度内部督查通报会，对发现问题进行了通报。印发了《关于选拔乡（镇、街道）纪检监察干部到机关跟班学习工作方案》，强化对跟班学习干部的管理。召开2020年度述德述责述廉大会，县委巡察办主任、6名县委巡察组组长（副组长）、10名派驻纪检监察组组长、14名内设部门负责人（工作人员代表）、7名事业单位和县管国有企业纪委书记、27个乡镇（街道）纪（工）委书记分别围绕思想政治建设、履行职责、廉洁自律情况作了述职报告，班子成员和纪检监察干部代表从年度工作任务完成情况、工作特色亮点、廉洁自律、言语表达四个方面对其现场打分，评议结果作为年度评先选优的重要依据。应参加年度考核186人，实际参加175人，行政类（含参公）优秀等次28人、称职等次109人、不定等次2人，事业类优秀等次5人、合格等次31人。

第三节　干部能力建设

在干部能力建设方面，县纪委县监委（监察局）始终把思想政治建设、业务能力建设作为干部素质建设的重要抓手，在选派纪检监察干部参加中央纪委国家监委（监察部）和省纪委省监委（监察厅）、市（地区）纪委市监委（地区监察局）举办的各类培训基础上，通过“请进来、走出去”、开办专题培训班、选调干部跟班代训、组织纪检监察干部赴知名高校受训等方式，加强对纪检监察干部的培训，不断提高政治素质、业务水平和工作能力。

1956年，县监委通过举办党训班、召开扩大会议、典型案例通报等形式，强化全体纪检干部对党的政策理论、监察工作的基本知识的领会和把握，努力提高工作能力工作水平。

1957年,县监委在四级干部会议上召集监管干部学习全省第三次监察工作会议精神,之后又以区为单位召开乡支部兼管干部会议,专门贯彻讨论研究。

1958年,在县委领导下,县监委举办了一次图片展览会,以此来批判落后、表扬先进、树立先进,参观的党员达889人次。

1959年,县委监委根据全县中心工作,全面开展党的监察工作,参与整党整风工作。与此同时,随着人民公社的相继成立和处分党员批准权限的下放,县委监委在思想上、组织上和业务上不断加强学习培训,自上而下加强思想教育,不断强化监察工作水平,努力提高监察干部的政治思想水平。

1960年,县委监委按照县委的指示精神,围绕党的总路线、总任务开展监察工作,同时加强基层监察干部的政治思想建设,以适应新形势的要求。

1963年至1965年,通过召开会议的方式,学习党的方针、政策和创新理论,强化业务知识的学习和钻研,不断改进工作方法和作风。

1979年,县委纪委重新组建后,首先抓纪委干部思想教育,组织纪委干部学习了党的十一届三中全会、四中全会公报以及中央纪委的有关文件。利用上党课和组织生活会等形式,用中央纪委提出的“约法三章”检查对照自己,互相开展批评和自我批评。同时,要求各兼职纪检工作人员也要抓好自身建设,抓紧学习,改进工作,以适应新形势的需要。

1980年,县委纪委加强对纪检干部队伍党风党纪的教育,除用自办的《党风与党纪》这个不定期刊物宣传教育外,还配合党校和直属机关党委举办党员学习班开展党纪教育和业务培训;派出纪委干部深入区、社宣传讲解《关于党内政治生活的若干准则》,干部的业务能力在学习和参与活动中得到了提升。

1982年至1984年,县委纪委工作重心是加强对广大党员和纪检干部进行党性、党风、党纪的教育。同时,配合有关部门,对骨干和党员进行党性、党风、党纪教育。

1985年,按照县委部署和安排,县纪委全体党员参加整党活动,开展三个专题教育,通过对照检查,采取上下结合、内外结合的方式,广泛听取群众的意见和批评,克服和纠正工作中存在的问题。

1986年,县纪委遵照中央领导关于“纪检工作要解决好表率作用、精神状态、工作方法三个问题”的指示精神,在开展自学的基础上,坚持每周一下午组织集体学习,学习党的方针政策、纪检业务、马克思列宁主义基础理论和毛泽东思想。坚持党日活动,做到时间上有保证、内容上有安排、活动时有记录。坚持每月一次组织生活会,在组织生活会上进行批评和自我批评。结合全县中心工作,县纪委3次集中各区镇专职纪检干部,用以会代训的方式进行培训。

1987年,县纪委组织干部学习中央、中央纪委的有关文件,学习邓小平的重要讲话,领会文件的精神实质。配合县委组织部、县委宣传部和党校举办《坚持四项基本原则 反对资产阶级自由化》骨干培训班3期300人,其中县直机关2期229人,区乡1期71人。为提高纪检干部的政治思想和业务素质,对区(镇)局级单位的纪检干部以会代训2次64人次。

1988年,县纪委组织干部利用每周的星期二、星期五学习中共十三大和十三届三中全会精神,把思想认识统一到中央的重大决策上来。共培训纪检干部3次,其中以会代培2次,学习了《案件审理条例》《关于认真做好纪检信访和审理工作的补充意见》,翻印下发《案件立卷工作》、省纪委《关于党内违纪案件立案检查审批权限的规定(试行)》等。

1989年,县纪委认真宣传和贯彻落实中共十三届四中、五中全会精神,组织党员和纪检干部学习中共中央、国务院、中央纪委关于平息暴乱、稳定局势、加强廉政建设,反对腐败,坚持四项基本原则,反对资产阶级自由化的有关文件和中央领导同志的重要讲话。此外,抓了纪检干部的业务培训,分别派出信访、审理、检查干部到省参加培训。还采取以会代培的形式，培训纪检干部2期共24人次，每期2天，主要学习信访、案件检查、案件审理条例和有关信访、检查和审理等方面的知识。

1991年，县纪委选派纪检干部参加中央、省、地区纪委举办的业务培训班共21人次。举办培训班6期，其中以会代训4期，培训纪检干部104人次。

1992年，县纪委通过举办党史、党建理论学习培训班，强化对全县纪检监察干部党的纪律教育和理论教育。组织党员参加知识竞赛，开展党风党纪教育课8场次。县纪委除了配合县委组织部、县委宣传部、县直属机关党委共同组织党员参加地区统一组织的党建知识竞赛外，还配合县直属机关党委单独举办了1期党建知识竞赛2731人参加。在思想建设方面，组织纪检干部学习邓小平南方谈话和江泽民重要讲话，以及中共十四大精神。7月，对新建立28个乡镇纪委进行一次业务培训。

1993年，县纪委组织全体职工学习中共十四大文献和中国特色社会主义理论、中央纪委三次全会会议精神、江泽民总书记在中央纪委三次全会上的讲话精神、中央纪委三次全体会议公报、江泽民总书记在毛泽东主席100周年诞辰上的重要讲话精神和《中央纪律检查委员会案件检查条例》，购置《纪检监察文件选编》《纪检监察知识手册》《中国共产党纪律检查机关控告申诉工作条例》发给各乡镇纪委、县直机关各纪检组和委局机关干部职工学习。采取以会代训、业务培训、专题培训的形式，培训纪检监察干部320人次。选派10余名纪检监察干部参加了省、地区举办的培训班学习。

1994年，组织全体纪检干部进行理论学习、业务知识学习，学习一个阶段就总结评比一次，表扬好的，鞭策差的，人人谈学习心得，人人在会上发言，亮思想、摆认识、讲提高。

1996年4月，印发《关于开展向曹克明同志学习活动的决定》，以实际行动向曹克明学习，学习他忠诚于党和人民的事业、无私奉献的革命精神；学习他求真务实、密切联系群众的作风；学习他善于组织协调、果断决策的领导艺术和艰苦奋斗、廉洁奉公的高尚品德。7月，响应县委、县人民政府号召，在全县纪检监察干部队伍中开展向因劳累过度以身殉职的县公安局党委副书记、政委梁德俊学习活动，印发《中共松桃苗族自治县纪委监察局关于开展向梁德俊同志学习的决定》，学习他忠于党和人民，在工作岗位上恪尽职守、任劳任怨、以身作则，坚持原则、秉公执法的优秀品质，清正廉洁、艰苦奋斗的优秀作风，把学习梁德俊的先进事迹同学习孔繁森、曹克明、田沛发的事迹结合进来，在全县纪检监察机关掀起学先进、赶先进、做先进的热潮。

1997年，举办学习《中国共产党纪律处分条例（试行）》《中华人民共和国行政监察法》和《中国共产党廉洁自律准则》培训班，受训人员达97人次。组织干部学习了党的十五大精神和中央纪委八次全会精神。

1998年，随着党风廉政建设和反腐败斗争的不断深入，为了适应形势发展和工作的需要，县纪委监察局先后建立健全了机关内部各项管理制度和工作制度，对纪检监察干部严格教育、严格管理、严格监督、严格要求。举办1期纪检干部培训班，参训人员145人，选派2名干部参加全区纪检监察干部培训班，1名干部参加县人事局举办的微机培训班；组织全体纪检监察干部参加全县"三五"普法考试；学习中共十五大文献和邓小平理论，组织机关纪检监察干部参加全区"邓小平理论"闭卷考试。

1999年8月，印发《关于向王进同志学习的决定》，号召全县纪检监察干部向英勇牺牲的县公安局永安乡派出所民警王进学习；选派7批共98人分别到北京、海口、杭州、铜仁等地接受思想政治教育和专业培训；组织委局机关干部参加政治理论、WTO、普法、公民道德教育等知识的考试。

2003年，县纪委监察局组织举办纪检监察干部业务培训班，对82名纪检监察干部在案件检查、案件审理、党风廉政、执法监察、纠纷、信访举报、信息撰写、党纪政纪条规等方面进行理论培训和测试；选派31名干部参加地区纪委监察局举办的纪检监察业务培训班；选派2名干部参加中央纪委监察部举办的培训班。

2004年,组织委局机关干部学习中央纪委《关于在全国纪检监察系统开展向梁雨润同志学习的通知》,要求全县纪检监察干部要坚持立党为公、执政为民的政治立场,要以全心全意为人民服务为宗旨,保持谦虚谨慎、求真务实的工作作风和奋发有为的精神状态,做到为民、务实、清廉,做一名维护党和人民群众利益的忠诚卫士。3月16日,开展向全国纪检监察干部张建国学习的活动。4月1日,县纪委监察局组织了纪检监察干部专业知识测试,78人参加,90分及以上共计13人,90分以下80分及以上共计46人,80分以下19人。选派3名干部赴中央纪委监察部北京培训中心学习。开展党风廉政宣传教育活动,全县纪检监察系统重点学习《中共中央关于加强党的执政能力建设的决定》和中央纪委三次、四次全会精神。举办《纪检监察业务简明教程》培训班2期、《中国共产党党内监督条例(试行)》和《中国共产党纪律处分条例》培训班4期,486人次参加学习。印发两个条例读本800册;对全县500余名科级干部进行了两个条例知识测试,撰写心得体会138篇;组队参加全区学习两个条例知识抢答赛,荣获第三名。

2005年,组织委局机关全体干部职工学习胡锦涛总书记在中央纪委五次全会上的重要讲话、中央纪委五次全会精神、中共十六届五中全会精神和《建立健全教育、制度、监督并重的惩治和预防腐败体系实施纲要》《省委关于贯彻〈建立健全教育、制度、监督并重的惩治和预防腐败体系实施纲要〉的实施意见》《党员权利保障条例》《关于纪检监察机关严格依纪依法办案的意见》等。开展推进"五珍惜""十个一"教育活动,县纪检监察局党支部组织全体党员和入党积极分子到城郊烈士陵园接受"五珍惜"教育,宣教室着重讲述了抗美援朝二级战斗英雄龙世昌用胸口堵住敌人机关枪的惨烈故事,退休老党员用新旧事例对比引导全体党员珍惜工作岗位、珍惜工作权力、珍惜集体荣誉、珍惜个人前程、珍惜家庭幸福。组织开展全县《建立健全教育、制度、监督并重的惩治和预防腐败体系实施纲要》(以下简称"实施纲要")和《"三个代表"重要思想反腐倡廉理论学习纲要》知识测试活动。组队赴沿河土家族自治县参加全区两个实施纲要知识竞答赛,并获组织奖,在全县举办学习宣传贯彻实施纲要知识竞答赛。

2006年,组织委局机关干部职工学习胡锦涛总书记在中央纪委六次全会上的重要讲话和中央纪委六次全会精神、中共十六届六中全会精神,胡锦涛总书记在庆祝中国共产党成立八十五周年暨总结保持共产党员先进性活动大会上的重要讲话精神。印发《关于进一步加强机关自身建设的意见》,围绕党的创新理论、纪检监察业务知识开展学习,确定每周五下午为理论学习日,并举办学习竞赛。个人学习要有笔记,党员干部每人不少于3万字。选派委机关干部1名到中央纪委监察部杭州培训中心参加监察综合业务培训。6月,选派县纪委、县财政局、县公安局、县人民法院共7名纪检监察干部参加中央纪委监察部杭州培训中心举办的纪检监察业务培训和选派委机关1名干部参加中央纪委监察部北戴河培训中心举办的全国信访举报业务培训班。组织全县党员进行《中国共产党章程》知识测试。"七一"前夕,县纪委监察局自行命题,印制了12000份《中国共产党章程》知识试卷向全县党员进行知识测试,参试党员占全体党员的90%以上。县纪委联合其他单位举办全县"学党章、庆七一"演讲比赛活动,3名纪检监察干部分别以《党在我身边》《我爱这土地》《别让自己的灵魂出轨》的演讲获得一、二等奖。8月,选派2名纪检监察干部参加中央纪委监察部北京培训中心举办的纪检监察业务培训。9月,选派10名纪检监察干部参加中央纪委监察部北京培训中心举办的纪检监察业务培训。11月,组织委局机关干部职工参加县委年度理论知识考试。12月,组织参加全区纪检监察干部理论考试。与县委宣传部联合培训党风廉政宣传通讯员135人。

2007年3月,为认真贯彻落实中共中央《2006—2010年全国干部教育培训规划》和中央纪委七次全会精神,提高信访联络员素质,县纪委监察局面向县、乡、村信访联络员暨扶贫资金监督员〔含各乡镇纪委书记、专职副书记,县直部门纪检组长〈纪委书记〉、监察室主任〕举办了一期信访联络员暨扶贫资金监督员培训班，培训内容包含政治理论、业务知识和形势政策。4月10日至12日，县纪委监察局举办全县纪检监察干部业务培训班，由部分领导班子和室主任分别围绕源头治理、纠风、执法监察、党风廉政等工作作专题培训。6月8日至6月27日，县纪委监察局选派8名干部参加中央纪委监察部杭州培训中心举办的纪检监察业务培训。及时召开纪委常委会会议，对《行政机关公务员处分条例》(以下简称"条例")进行学习部署，并明确一名分管领导具体抓实施。全县各乡镇、各部门通过召开干部职工会议对条例进行了学习宣传。县有线电视台、《松江之声》对有关部门学习贯彻条例情况进行报道。6月26日至7月7日，县纪委监察局选派7名纪检监察干部参加中央纪委监察部北京培训中心举办的纪检监察业务培训。7月21日至8月1日，选派1名纪检监察干部参加中央纪委监察部北京培训中心举办的全国纠风办主任培训班。9月，县纪委、县妇女联合会面向全县领导干部家属发放1000余份《"廉洁的你、幸福的家"家庭助廉倡议书》，致力于加强家庭廉政文化建设，构筑家庭反腐倡廉的防线，建设廉政家庭、倡扬廉政新风。9月30日，举办1期全县纪检监察干部培训班。两次培训纪检监察干部260人，并对培训人员进行了纪检监察业务考试。

2008年，县纪委于年初对学习中共十七大精神作出总体部署，学习要求做到"以讲促学、以学促干"，争取达到人员、内容、效果"三落实"。先后培训纪检监察干部360人次，培训村级干部340人次，并对培训人员进行了业务考试。先后组织37名纪检监察干部参加中央纪委在杭州、北戴河等地举办的纪检监察业务知识培训班和省纪委在贵阳举办的乡镇纪委书记培训班。

2009年，按照"政治坚强、公正清廉、纪律严明、业务精通、作风优良"的要求，建立目标责任考核制。制定了委局班子集中学习、干部职工"轮流授课"、乡镇纪检干部上挂学习制度，共计从乡镇选抽5名纪检监察干部到委局机关跟班学习，选派3名年轻干部参加中央纪委、省纪委举办的纪检监察业务培训班学习。8月11日，根据地区纪委监察局和县科学发展观学习教育领导小组的统部署和要求，县纪委监察局在全县纪检监察机关开展"做党的忠诚卫士、当群众的贴心人"主题实践活动，结合实际，向全县纪检监察干部提出了学习领先、工作争先、思想率先、形象创先的"四先"要求。在抓农村党风廉政建设方面，先后两次培训乡镇纪检监察工作干部和村支两委负责人185人次。

2010年，县纪委监察局有计划、有组织地加强对纪检监察干部的教育培训，全年开展纪检监察干部业务培训1次，培训干部128人次；以会代训2次，培训干部241人次。坚持和完善委局干部职工"轮流授课"制度，每月由1名年轻干部围绕本职工作对全体干部职工进行授课，全年开展"轮流授课"8次。

2012年，为提升能力，突出学思践悟，县纪委监察局建立健全纪委班子集体学习、机关支部例会学习、干部职工分散学习等制度，举办5次全县纪检监察干部业务技能培训，受训人员达790余人次。采取跟班学习、选派培训、挂职锻炼等方式组织参加市级及以上培训117人次。编印《学思践悟——清风松桃》系列"口袋书"，发放至纪检监察干部手中学习。开展党的群众路线教育、"三严三实"专题教育活动。11月23日，印发《关于在全县纪检监察系统开展学习党的十八大精神的通知》。全县纪检监察系统干部结合纪检监察工作实际，将个人自学和集中学习相结合，通过召开座谈会、集中学习、专题辅导、知识竞赛等形式，学习中共十八大报告、中央纪委报告和修正后的《中国共产党章程》，把思想和行动统一到中共十八大精神上来。举办1期全县纪检监察干部业务培训班，邀请市纪委有关负责人授课，并进行结业考试。选派7人到省、市挂职、培训学习。纪检监察干部轮岗8人，其中县纪委监察局机关轮岗2人。

2013年，县纪委监察局制定派驻机构干部培训计划，着重加强业务能力和应知应会知识培训，精选、优化培训内容和课程，开展纪检公文写作、信访初查、案件查办、纠风督查等方面的业务培训，培训派驻机构干部34人，选派参加省、市纪委举办的有关培训6人，到市纪委跟班学习3人；抽选派驻机构干部到委局机关跟班学习5人，参与协助案件办理，以案代训实践培养锻炼21人。举办1期120余人参加的全县纪检监察干部业务能力培训班。实行基层纪检监察干部到县纪委跟班学习制度,抽调乡镇4名纪检干部到委局机关跟班学习,派出干部16人次到省市学习。

2014年,组织全体纪检监察干部学习十八届中央纪委三次全会精神,为强化纪检监察干部工作能力提升,是年,组织人员参加市级以上培训10批次47人次,选派3人到市纪委跟班学习,从乡镇、部门选派7名干部到委局机关跟班学习。

2015年,县纪委监察局创新工作举措,抓好工作落实,强化责任担当,推进纪律检查体制改革,制定派出(驻)机构设置方案和乡镇纪委管理工作方案。采取跟班学习、选派培训、挂职锻炼等方式,选派30名干部参加省、市调训。9月,举办1期面向全县纪检监察干部、民生监督组成员的能力建设培训班。

2016年,为全面提升纪检监察干部业务技能和综合素质,选派6名干部参加省、市各类培训,选送2名干部到市纪委跟班学习,从基层选取5名纪检干部到委局机关跟班学习。举办2次纪检监察业务能力提升培训班,共计301人次参加,开展知识测试,8名纪检监察干部因测试成绩未达标被提醒谈话。

2017年,组织学习宣传贯彻党的十九大精神和习近平总书记在贵州代表团重要讲话精神,开展"十个一"活动。推进"两学一做"学习教育常态化制度化,组织开展"当好党内政治生态'护林员'"活动。制定《松桃苗族自治县纪委监察局集中学习制度》,要求创建学习型机关,坚持每月第一、第三周周五开展集中学习。举办业务培训、专题辅导等5次,累计培训850人次。在浙江大学、厦门大学和清华大学分别举办三期纪检监察干部业务能力培训班,培训142人;选派干部参加省、市、县各类培训,共计60人次。组织开展《中国共产党纪律检查机关监督执纪工作规则(试行)》知识考试,对60名成绩未达90分纪检监察干部进行重考,直至过关。

2018年,印发《松桃苗族自治县纪委监委领导班子关于进一步改进工作作风的实施办法》,要求全县各级纪检监察机关和纪检监察干部要强化自身建设,自觉加强学习,增强"四个意识"、坚定"四个自信"、做到"两个维护"。选派121名纪检监察干部参加中央、省、市、县各类干部培训班共计20期;全县纪检监察干部154人分两批次到中国政法大学进行培训。

2019年,是全省纪检监察干部队伍建设年。县纪委监委举办3期纪检监察干部能力提升培训班,重点学习中共十九大精神,以及《中国共产党章程》《中华人民共和国宪法》《中国共产党纪律处分条例》《中华人民共和国监察法》《中国共产党纪律检查机关监督执纪工作规则》等党规党纪、法律法规,以及中央、省、市、县纪委全会精神。通过"走出去,请进来""外请专家、内邀能手、集中学习、现场讨论、警示教育"等方式,对政治建设、审查调查询问谈话方法和策略、监督执纪"四种形态"运用、纪法贯通、职务犯罪证据收集、案件办理程序与手续、贯彻中央八项规定精神及整治"四风"等业务知识进行"大学习"。开展纪法业务知识闭卷考试及办案笔录制作比赛,以考促学、以赛促用,提升纪检监察干部的实战能力。开展形势政策教育3次,举办学习研讨班2期。选派103名干部参加市级及以上培训,选派8名干部到省、市纪委监委跟班锻炼,选拔6名乡镇(街道)纪检监察干部到县纪委监委机关跟班锻炼。是年,县纪委监委被评为全省纪检监察系统先进集体;全县3名纪检监察干部被省纪委省监委表彰,4名纪检监察干部被市纪委市监委表彰。

2020年,按照《松桃苗族自治县纪检监察机关能力建设三年规划(2019—2021)》《松桃苗族自治县纪委监委2020年度纪检监察干部培训方案》要求,围绕建设一支"忠诚坚定、担当尽责、遵纪守法、清正廉洁"的纪检监察干部队伍要求,推进政治业务能力提升工程,共举办培训班4期,716人次参加培训。邀请有关专家,以及县纪委监委领导班子、业务骨干参与授课。组织208名纪检监察干部参加全市纪检监察系统学习贯彻十九届中央纪委四次全会精神专题培训班。坚持逢训必考,组织能力提升测试7次,703人次参加;组织参加中央纪委在线年中测试,及格率100%,平均92.88分。选送13名干部到省纪委省监委、市纪委市监委学习锻炼,167人次参加上级培训。选拔28名乡镇(街道)纪(工)委干部到县纪委县监委跟班学习,从事监督检查、审查调查和巡察工作。强化轮岗历练,实现纪检监察机关及派驻机构、巡察机构、企业(学校)纪检监察机构之间干部交流任职11人次,纪检监察机构内部不同岗位人员交流轮岗21人次。

第四节　机关绩效目标管理与考核

从1985年起,县纪委为充分调动纪检干部的积极性、主动性、创造性,圆满完成各项工作任务,制定一系列奖惩办法和目标考核方案。1月20日,印发《中共松桃苗族自治县纪律检查委员会关于机关工作岗位责任制和考核奖惩的试行办法》(以下简称“试行办法”),明确常委会和正副书记以及信访、纪律检查、案件审理和办公室等职能部门的职权范围,同时规定考核办法及相关工作制度。试行办法明确,“以履行岗位责任制为主要依据,对德、能、绩、勤四个方面进行全面考核”;考核“采取日记实、月评季奖,年终总评,全面兑现的办法”进行。在考核结果运用上明确“凡自觉遵守、积极履行工作岗位责任制和其他规章制度,成绩显著者,给予精神奖励和适当的物质奖励。”“对履行工作岗位责任制差,违犯其他规章制度者,视其情节,分别给予批评教育和适当的经济惩罚。”

1987年5月27日,县纪委印发《县纪委一九八七年度目标管理责任制》,制定了包括集体责任制、文书档案、案件审理、人民来信来访具体工作责任制、检查制度。通过制度规范行动的方式,有序推进各项工作开展。

1988年,县纪委为使工作做到任务明确,分工具体,责任分明,使整个工作逐步走向制度化、规范化,4月26日印发《县纪委1988年度目标管理责任制》,对年度工作主要任务、纪检干部的工作分工以及内设科室职能职责再细化,并作出促进工作落实的检查制度。

1993年,是县纪委、县监察局合署办公的第一年。8月5日,为便于指导和检查全县纪检监察工作,充分调动全县纪检监察干部的积极性,印发《关于一九九三年全县纪检监察工作目标管理考评办法的通知》,对考评内容、考评办法(分乡镇和县直部门纪检监察两类)、奖励办法作出具体规定。在考评内容中,主要对信息报送、信访工作、案件查处、宣传教育、党风廉政建设联系点建设五大项具体工作进行细化和设置分值,总分值120分。考评办法主要是对考核结果进行再审核,确定获奖单位和名次,对乡镇前6名、县直部门前3名进行奖励,对获奖单位发奖金和奖状。

1996年,为进一步加强党风廉政建设,调动干部干事积极性,4月8日,印发《一九九六年纪检监察工作目标管理考评办法》,根据考评办法,在年终时县纪委监察局将从案件检查工作、案件审理工作、信访举报工作、党风廉政工作、执法监察工作、宣教研究工作以及办公室工作七个方面进行量化考核评比,并对评选出来的全面工作先进集体予以表彰鼓励。

1997年4月22日,县纪委监察局印发《关于表彰1996年度纪检监察先进工作集体的决定》,对在1996年纪检监察工作中取得显著成绩的普觉镇纪委监察室、孟溪镇纪委监察室、九江乡纪委监察室、妙隘乡纪委监察室、长坪乡纪委监察室、黄板乡纪委监察室、县农业银行纪检监察室、县粮食局纪检组监察室、县教育局纪检组监察室、县公安局纪委监察室、县供销社纪检组监察室、县锰矿纪检监察室共12个先进单位予以表彰。

1998年7月8日,为进一步调动全体纪检监察干部查办案件的积极性,加大全县反腐败斗争力度,县纪委监察局印发《关于办案人员实行奖励的规定》,明确对办案质量高的人员给予奖励;对因办关系案、人情案等造成冤、假、错案的,除追究责任外,还扣发工资,取消年终所有奖励资格。

1999年3月1日,县纪委监察局印发《1999年县直机关纪检监察工作目标管理考评办法》,从贯彻落实党风廉政建设责任制情况、贯彻执行民主集中制情况、坚持查办案件"二十字"方针情况等11项内容完成情况进行量化评分,促进反腐败斗争和加强党风廉政建设的开展。

2000年3月8日,县纪委、县监察局印发《2000年度机关工作管理考评奖励办法》,首次实行分组办案制,制定办案组的工作职责和奖励办法,通过组成办案小组,确保案件查办正常开展,同时针对违纪款物收缴、各室当年全面完成工作任务、驾驶员工作用车安全等均制定了相应的奖励规定,切实提高工作效率。同时还规定干部监督管理责任,规范干部的行为准则。

2001年3月14日,县纪委监察局印发《关于表彰2000年度纪检监察工作先进集体的决定》,对在2000年度全县纪检监察工作中作出显著成绩的乌罗镇纪委监察室、孟溪镇纪委监察室、冷水溪乡纪委监察室、迓驾镇纪委监察室、牛郎镇纪委监察室、盘信镇纪委监察室、县烟草局纪检组、县粮食局纪检组监察室、县教育局纪检组监察室、县公安局纪委监察室、县财政局纪检组监察室、县水电局纪检组监察室共12个先进单位予以表彰。4月18日,为进一步完善纪检监察工作运行机制,调动县直机关纪检监察干部的积极性,印发《2001年度县直机关纪检监察工作目标管理考评办法》,从信访工作、案件检查工作、案件审理工作、党风廉政建设工作、纠风工作、执法监察工作、宣教研究工作、办公室工作和监察综合工作九个方面进行考核,考核内容更加细化和规范,得失分值更为具体。

2002年3月19日,印发《关于表彰2001年度纪检监察先进工作单位的决定》,对在2001年度纪检监察工作中成绩突出的冷水溪乡纪委监察室、盘信镇纪委监察室、牛郎镇纪委监察室、县供销社纪检组监察室、县粮食局纪检组监察室、县公安局纪委监察室、县教育局纪检组监察室共7个先进单位予以表彰。

2003年3月25日,县纪委监察局印发《关于表彰2002年度纪检监察工作先进集体的决定》,对在2002年度全县纪检监察工作中取得显著成绩的蓼皋镇纪委监察室、大坪场镇纪委监察室、大路乡纪委监察室、长兴堡镇纪委监察室、冷水溪乡纪委监察室、县供销社纪检组监察室、县粮食局纪检组监察室、县纪委监察局信访室(举报中心)、县纪委监察局执法监察室、县纪委监察局纠风室共10个先进单位予以表彰。是年,首次把委局机关内设室纳入表彰对象,进一步激励广大纪检监察干部解放思想,奋发工作。5月22日,为全面提高机关工作效率,印发《松桃苗族自治县纪委松桃苗族自治县监察局2003年机关工作奖惩办法》(以下简称"办法"),办法共设查办案件奖、全年工作任务奖、年度地区考核名次奖、车辆安全责任奖五类奖项,并明确以奖金的方式予以奖励。其中年度地区考核名次奖明确"各室在本年度全面完成地区纪委监察局目标管理各项工作任务,年终经地区纪委、监察局综合考评获得单项工作第一名的,除地区纪委监察局给予的奖金归属所在室外,县纪委监察局奖励获奖室500元"。

2004年,为不断促进工作,激励先进,对在工作中表现优秀的迓驾镇纪委书记姚本义、长兴堡镇纪委书记龙志碑、世昌乡纪委书记贺永辉、妙隘乡纪委书记杨劲松、县人民法院纪检组组长龙建辉、冷水溪镇监察室主任田儒成、孟溪镇监察室主任刘秉璋7名同志进行表彰。

2005年,印发《机关干部工作绩效考核暂行办法》(以下简称"办法"),办法从德、能、勤、绩、廉五个方面,对每一名干部进行测评,并根据测评结果兑现年终奖惩,将考核结果与被考评干部的"面子、位子、票子"挂钩,使其成为机关干部不作为的"紧箍咒"和"加压阀",从而充分调动机关干部的工作积极性。在查办案件中进行评比,按照等级差50元进行评比,一等奖600元,二等奖550元,三等奖500元,其中获一等奖有刘卫东、龙治和、龙金国;二等奖有龙中文、石宗生、陈康炉、石邦先、麻正明、郭玉华;三等奖唐海燕、龙照唐、龙求华、彭洪祥、石凌燕、陈明东。按照绩效考核暂行办法考核,2005年度成绩显著,受到县纪委监察局表彰的先进集体是:盘信镇纪委监察室、妙隘乡纪委监察室、寨英镇纪委监察室、盘石镇纪委监察室、迓驾镇纪委监察室、县财政局监察室。受表彰先进个人是:太平营乡纪委书记刘建华、牛郎镇纪委书记麻文宪、县人民法院纪检组组长龙建辉、县检察院纪检组组长麻文久、孟溪镇监察室主任刘秉璋、冷水溪乡监察室主任田儒成、石梁乡监察室主任黄文沛、县纪委监察综合室主任刘卫东、县纪委信访室主任石峰、县纪委干部石凌燕。

2006年1月22日,县纪委常委会召开会议,研究绩效考核奖发放问题,一等奖5名,奖金1800元,分别是龙治和、彭江、刘卫东、石凌燕、龙绍刚;二等奖5名,奖金1500元,分别是郭玉华、石邦先、陈康炉、龙金国、石峰;三等奖5名,奖金1200元,分别是徐仕江、龙黔富、吴国荣、袁钢、唐明亮;四等奖2名,奖金900元,分别是龙求华、彭洪祥。同时对困难职工郝利华、陈明东各补助800元。调出或去世人员,统一按照二等奖标准以实际月数计发,聘请人员每月发放100元,退休人员每人300元(含100元家属慰问),慰问在职干部家属,每人100元。

2007年,制定《县纪委监察局目标考评制度》,明确指导思想、考评内容、考评方式和考评等次,重点从完善考评内容和优化考评方式两方面入手,成立以县委常委、纪委书记张萍任组长,龙治和、彭江任副组长的目标考评小组。考核有两个突出特点,一是在坚持考核基础性工作的同时,根据年初制订的工作重点,突出对14项重点工作的考核,占总分值的60%。二是突出对纪检监察工作中创造性和特色性工作的考核力度,将开展纪检监察工作中的创造性和特色性做法,作为典型经验推广或召开现场会的,作为加分因素。对工作没有按时完成、受到批评或查处的,作为减分因素。为表彰先进,激励后进,县纪委监察局对2007年度表现优秀的个人进行表彰,龙秀福、石荷仙、张池荣、邱美霖、姜若海、刘洪文、杨通芳、田儒江、田儒成、麻程、周强、贺劲松共12名获得先进工作者荣誉。

2009年4月7日,因人事调动,对委局机关干部职工年度绩效目标考核领导小组进行调整充实,成立以县委常委、县纪委书记张萍任组长,龙治和、彭江任副组长,龙金国、刘卫东、石峰为成员的绩效目标考核领导小组,下设考核工作组,石峰任组长,黄文沛、麻程和张朝海为成员,充实了考核组的力量。

2010年8月4日,县纪委印发《2010年度委局工作目标任务责任分解方案》(以下简称"方案"),方案从惩防体系建设、党风廉政建设、信访举报、查办案件等15个工作项目进行分解,明确详细的任务指标、工作内容及完成时限、牵头领导和责任人,将考核内容具体到事、责任到人。10月21日,县纪委监察局为确保党风廉政建设和反腐败各项任务全面完成,印发《机关干部职工年度目标管理绩效考核办法》,成立由县委常委、县纪委书记张萍任组长,县纪委副书记、县监察局长龙治和,县纪委副书记彭江任副组长,县纪委常委、县监察局副局长龙金国,县纪委常委、党风廉政室主任刘卫东,县纪委常委、办公室主任石峰,县纪委常委、干部室主任龙书林,县监察局副局长冉光珍为成员的绩效考核工作领导小组,明确彭江兼任绩效考核工作领导小组办公室主任,石峰、龙书林兼任办公室副主任,黄文沛、周强、杨佳具体办公。是年,考核的内容主要为履行工作职责情况,遵守机关各项管理制度情况,完成地区目标考核任务情况。

2011年4月19日,县纪委监察局印发《2010年度纪检监察业务目标考核情况通报》,工作开展较好的乡镇有长坪乡、太平营乡、冷水溪乡、平头乡、黄板乡;工作开展较好的部门有县委办、县人民法院、县地税局、县教育局、县公安局、县人口和计划生育局、县财政局。与此同时,县纪委监察局采取平时考核、民主测评、年终考核和班子评定相结合的方式对机关干部进行综合考核;在平时考核细则中,制定了12种类扣分标准和6种情形加分标准。得分的计算方式为:绩效考核总分=平时考核得分×30%+民主测评得分×30%+年终考核得分×20%+班子评定得分×20%+奖励分值。是年,获得加分项目的有案检室获全区目标考核第一名,麻程加5分、麻显文加3分、陈礼华加3分;外宣工作第三名,田相如加2分、张媛加1分;

信访室获得单项奖励，郭玉华加5分、石荷仙加5分、陈明东加3分；纠风室获得单项奖励，周强加5分；宣传报道成绩突出，黄文沛被国家级采用信息1条加3分，被省级采用信息4条加8分，被地级采用信息3条加3分；田相如在地级刊物发表文章2篇，与邱美霖共同发表3篇，共加3.5分；冉光珍被评为全省勤政廉政先进个人加4分；麻程被省纪委嘉奖加4分；邱美霖被评为全省“小金库”治理先进个人加4分，与田相如在地级刊物发表文章3篇，加1.5分，共计加5.5分；杨龙、兰波无责任安全事故分别各加5分。

2012年，为进一步规范委局机关工作秩序，提高工作效能，切实转变工作作风，县纪委监察局制定《机关干部职工年度目标管理绩效考核办法》，成立由市纪委常委、县委常委、县纪委书记邹龙兴任组长，县纪委副书记、县监察局长龙治和，县纪委副书记周胜华任副组长，县纪委常委、县监察局副局长龙金国，县纪委常委、党风廉政室主任刘卫东，县纪委常委、办公室主任周文胜，县纪委常委、案件监察室主任麻程，县监察局副局长冉光珍为成员的绩效考核工作领导小组，明确龙治和兼任绩效考核工作领导小组办公室主任，周文胜兼任办公室副主任，周强、陈祥军、杨佳具体办公。《机关干部职工年度目标管理绩效考核办法》在明确考核对象、考核内容、考核程序、奖惩办法及其他奖励制度的同时，还对在业务工作、方法创新、查办重大案件、理论研究、信息采集等成绩突出的科室集体给予相应的奖金奖励及加分奖励，充分调动干部职工的积极性。是年，县纪委43人参加干部职工年度考核，90分以上37人，其余6人均在80—90分。

2013年3月21日，印发《松桃苗族自治县纪委监察局2013年度绩效目标考评办法》(以下简称“考评办法”)，成立由县委常委、县纪委书记邹龙兴任组长，县纪委副书记周胜华任副组长，县纪委常委、县监察局副局长、行政投诉中心主任龙金国，县纪委常委、党风廉政室主任刘卫东，县纪委常委、办公室主任周文胜，县纪委常委、案件室主任、第二纪工委书记麻程，县监察局副局长、绩效办主任冉光珍为成员的绩效管理考评领导小组，明确周文胜兼任绩效管理考评工作领导小组办公室主任，龙水涌兼任办公室副主任，吴志松、杨佳、张媛、龙寿发具体办公。是年的考评办法在考评方式上明确：(1)对各室(办)的个性目标、派出(驻)机构的职能职责、市纪委监察局下达的工作目标、承担县委县人民政府考核委局机关的共性目标、个人作风效能情况等考核指标均实行百分制考评。(2)各室(办)、派出(驻)机构每季度末对本室(办)、派出(驻)机构的目标任务完成情况进行自评。(3)各室(办)、派出(驻)机构每季度末在本室(办)、派出(驻)机构完成目标任务的自评基础上对本室(办)、派出(驻)机构的干部职工进行自评打分。(4)领导小组办公室在各室(办)、派出(驻)机构自评和打分的基础上对各室(办)、派出(驻)机构和干部职工进行综合评分。分值权重与计算公式：

①委局机关班子成员的目标效能得分=委局机关目标效能综合得分×50%+分管室(办)的平均得分×40%+个人作风效能得分×10%

②委局机关干部的目标效能得分=室(办)的个性目标得分×40%+承担县委县人民政府考核委局机关的共性目标×30%+市纪委监察局下达的目标得分×20%+个人作风效能得分×10%

③派出纪工委(监察分局)干部的目标效能得分=派出纪工委职能职责得分×60%+承担县委县人民政府考核县纪委监察局的共性目标任务得分×30%+个人作风效能得分×10%

④派驻纪检组(监察室)干部的目标效能得分=派驻纪检组履行职能职责情况得分×50%+所驻单位目标效能综合得分×40%+个人作风效能得分×10%

⑤委局机关驾驶员目标效能得分=遵守《车辆和驾驶员管理制度》情况×90%+个人作风效能得分×10%

考评办法在考评结果运用上明确：干部职工的季度目标效能奖=单位目标效能奖总金额÷干部职工总人数。

①完成绩效目标工作任务的干部职工，全额核拨。

②凡因自身原因被扣分的干部职工,扣1分对应扣150元,扣分达5分以上的,取消个人季度目标效能奖。

干部年度综合考评得分(四个季度的平均分)在90分以上,参与评“优秀”等次资格;在80-89分,评为“称职”等次;在70—79分,评为“基本称职”等次;70分以下,评为“不称职”等次。

为使考评具有可操作性,考评办法还对各科室、派出(驻)纪检监察机构的职能及个性目标、共性目标细分到每一季度,实行量化管理,列出《履行职能职责情况扣分细则》和《个人作风效能建设情况扣分细则》,建立公正激励机制,充分调动机关各室(办)、派出(驻)机构干部的工作积极性、主动性和创造性,促进机关能力建设和工作水平全面提升

2014年至2016年,县纪委监察局均沿用2013年制定的绩效目标考评办法。

2017年7月17日,为进一步提高工作效率,全面完成各项工作任务,县纪委监察局印发《松桃苗族自治县纪委监察局绩效目标管理考核办法》的通知。该年度考核坚持平时考核、台账管理、年终评价原则,对全体纪检监察干部开展考核,结合《松桃苗族自治县纪委监察局工作规程》,具体列出了95项扣分情形和5项加分情形。8月30日,县纪委办公室印发松纪办发〔2017〕11号文件,对《松桃苗族自治县纪委监察局工作规程》和《松桃苗族自治县纪委监察局绩效目标管理考核办法》有关内容作了补充说明,将“民生监督案件立案后30日内移送审理,未完成的扣1分”“经县纪委常委会或县监察局局长办公会研究决定立案的案件,5个工作日内将立案决定书送达违纪当事人所在党支部或单位,未完成的扣1分”等5种情形纳入扣分项,最大程度体现干部职工年度的工作成绩,以达到激励先进、鞭策后进的目的。是年,全县纪检监察系统有田人心、吴海萍、刘建英、杨忍、龙寿发、秦榜江、麻昌三、吴秀勇、龙明章、龙辉、王洪、陈向东、杨健、孙艳芬、简国永、唐锋、郭远锡、龙水涌、石凯、麻显文、李艳、龙兰花、欧求海、张延周、龙军勇、张朝河、李慧娟、白霞、杨旭、刘志坚、杨海波共31人获一等奖。是年,荣获县纪委监察局表彰的先进个人有吴正国、唐锋、王洪、龙寿发、陈向东、吴秀勇、龙军勇、杨健、龙明章、孙艳芬、麻昌三、简国永、郭远锡13人。

2018年8月21日,县纪委县监委印发《松桃苗族自治县纪委监委2018年度绩效目标管理考核实施方案》《松桃苗族自治县纪委监委绩效目标管理考核办法》,成立了绩效目标管理考核工作领导小组,通过制定考核方案,完善考核办法,充实领导小组,建立科学合理、客观公正的绩效目标管理考核体系。按照《松桃苗族自治县纪委监委绩效目标管理考核办法》,全县纪检监察系统2018年度绩效目标考核结果一等奖的有秦榜江、张明进、杨成华、杨旭、胡仕勇、杨文、杨亚松、杨文君、杨忍、石文卿、吴海萍共11人。是年,荣获县纪委监委表彰的先进个人有姚蓉、贺丽、欧求海、杨春芽、石晓辉、龙德昌、杨吉浪、张明进、田磊、熊云、李小林、李慧娟、杨忍、周玉鹏、罗奎15人;被县纪委县监委评为“松桃苗族自治县勤廉纪检监察干部”的有:杨昌伦、江长智、田儒礼、邓显江、石利军、龙德昌6人。

2019年5月13日,县纪委印发《松桃苗族自治县纪委监委绩效目标管理考核办法》,与2018年度制定的考评办法相比,按照县纪委监委内设部门类和民生监督类进行考核,制定了信访件办理、案件查办、民生监督、党建工作、宣传信息工作等具体业务的加扣分规定。经考核报县纪委常委会会议研究,对全县纪检监察系统2019年度绩效目标考核结果进行通报。其中,内设部门类考核结果为一等奖(100分以上)的有李晓琴、张朝河、唐义长、陈向东、简国永、白霞、杨波、杨文君、胡定钦、秦榜江、石利军、杨旭、石林、蒋莉共14人。民生监督类考核结果为一等奖(100分以上)的有:姚蓉、徐骞、龙斌、龙辉、冉奉尧、罗时保、王孟龙、杨春芽、宋子龙、姚晓军、龙迅飞、吴杰、杨芳、吴秀勇、李忠华、龙舟、麻显文、唐锋、刘志坚、杨韬、张云琴、贺再金、杨小龙、石晓晖、张吉巍、杨正泽、龙毅峰、熊云、杨博、姚晙、欧求海、杨昆武、张延周、龙通顺、吴志松、贺维聪、贺丽、张运康、陈畅、李仲高、刘铁、王洪、柯永飞、吴官永、龙德昌、龙兰花、张金波、龙明章、石昌彪、田径、杨胜清、简璟、冉翔、田兴国、江长智、田磊、任华、杨钟、杨吉浪共59人。通报确定,按照基础分100

分,每扣一分相应扣减绩效奖金200元的规定,内设部门类和民生监督类被扣减的绩效奖金,分别用于奖励同类总分超过100分的干部职工。是年,荣获县纪委监委先进个人表彰的干部有张朝河、杨忍、周玉鹏、简国永、罗奎、麻显文、秦毅、张金波、麻绍扬、柯永飞、龙舟、张云琴、徐骞、杨博、石晓晖共15人。

为进一步提高纪检监察干部工作效率,全面完成各项工作目标任务,2020年5月29日,县纪委办公室印发《松桃苗族自治县纪委监委绩效目标管理考核办法》,该考核办法与2019年度考核办法相比,在细节上更加具体和全面,如平时加扣分规定中新增了办公室工作加扣分规定和党风政风监督工作加扣分规定等,使加扣分与各个职能部门职责与工作业务紧密联系,突出主业主责。是年,全县纪检监察系统先进集体是:县纪委监委第六纪检监察室、县纪委监委干部室、县委巡察办、县纪委监委派驻第九纪检监察组、县纪委监委派驻第八纪检监察组、县人民医院纪委、寨英镇纪委、盘信镇纪委、甘龙镇纪委、黄板镇纪委;同时,将第六纪检监察室、县委巡察办、派驻第九纪检监察组、派驻第八纪检监察组、县人民医院纪委、寨英镇纪委确定为“杨荣式”先锋模范岗。全县纪检监察系统先进工作者是县纪委监委第一纪检监察室主任龙振超、县举报中心(非公有制经济发展侵权投诉中心)主任石凯、县纪委监委信访室主任龙军勇、县纪委监委办公室工作人员龙文、县委巡察办副主任何明现、县委巡察信息服务中心工作人员王峥嵘、县纪委监委派驻第二纪检监察组工作人员陈应兵、县纪委监委派驻第十纪检监察组副科长级专职纪检监察员吴云飞、县纪委监委派驻第六纪检监察组组长县农业农村局党组成员姚蓉、松桃天龙投资开发(集团)有限公司纪委书记杨文君、蓼皋街道党工委委员纪工委书记监察办公室主任吴志松、九江街道党工委委员纪工委书记监察办公室主任刘铁、永安乡党委委员纪委书记监察办公室主任杨博、乌罗镇党委委员纪委书记监察办公室主任任华、孟溪镇党委委员纪委书记监察办公室主任杨小龙。

第五节　严防“灯下黑”

纪检监察机关作为党内监督的专责机关,承担着维护党规党纪的重要职责。“打铁的人必须是铁打的人”,对执纪违纪、失职失责的纪检监察干部严肃问责,清理门户,防止“灯下黑”,做到“身正、身净、身硬”,持续保持纪检监察队伍肌体健康。

2013年至2014年,县纪委监察局印发《松桃苗族自治县纪检监察干部行为规范》,严格执行省纪委“三严守九严禁”规定和《铜仁市纪检监察干部行为准则》。制定县纪委班子成员谈话制度,对乡镇纪委书记和部门纪检组组长开展约谈。开展会员卡专项清退活动,签订会员卡“零持有”承诺书。开展纪检监察干部勤政廉政“十要十不”公开承诺活动,制作“十要十不”卡片发放给全县纪检监察干部随身携带。学习中央、省、市重要文件和领导讲话、会议精神,每季度开展一次典型案例剖析会,对中央纪委通报的典型案例特别是纪检监察干部违纪违法案例进行剖析。对纪检监察干部违纪违规行为,发现一起、查处一起,绝不姑息迁就。8月,1名部门纪检组组长因违规驾驶公车被处理;太平营乡原纪委专职副书记唐某某参与赌博,被给予党内严重警告处分并调离纪检监察系统;冷水溪乡2名纪委委员参与违规吃酒送礼,被免去乡纪委委员职务。将纪工委(监察分局)和部门纪检组干部、专职纪检员全部纳入县纪委监察局进行集中统一考评,及时公开考评结果,考评结果与绩效工资挂钩。每年组织全县纪检监察系统副科级以上干部集中开展一次述职述廉述学述德“四述”活动,对思想、工作等方面进行测评打分。要求乡镇纪委书记向乡镇党委政府班子和干部职工、村干部代表“四述”,部门纪检组组长向部门班子、干部职工、服务对象代表“四述”,并现场接受代表的测评打分,对低于75分或群众意见大的纪检监察干部,县纪委班子对其进行谈话。

2015年,因监督责任落实不力、未严格遵守规矩等问题,有1名纪检监察员被党纪处分并调离纪检干部队伍,有5人全县通报并发放勤政廉政警示提醒书。

2016年,坚持从严从重问责,对工作落实不力、未严格遵规守纪的纪检监察干部予以问责4人,提醒谈话37人。

2017年,对工作落实不力的4名纪检监察干部提醒谈话。

2018年,共收到反映纪检监察干部问题线索10件,提醒谈话6人,批评教育6人,诫勉谈话3人,党纪立案2人,调离纪检监察系统1人,13名纪检监察干部被扣除绩效考核分值共30分。

2019年,加强对纪检监察干部“八小时外”的进行监督,净化纪检监察干部朋友圈、生活圈。是年共处置纪检监察干部问题线索11件(次),党纪处分1人,免职2人,诫勉谈话1人,通报1人,调离纪检监察系统3人。

2020年,处置纪检监察干部问题线索8件(次),其中函询了结4件,直接予以了结4件。

第五章　党风廉政建设

党风问题是关系党的生死存亡的大问题。加强党风廉政建设工作是巩固党的执政地位的迫切需要，是保持共产党员先进性的关键环节，是维护良好发展环境，促进经济社会和谐快速发展的重要保证。松桃苗族自治县纪委县监委(监察局)成立以来，坚持把党风廉政建设放在重要位置，并不断结合新时期的需要抓紧抓好，特别是在规范领导行为上下功夫，切实加强制度管理和监督力度，促进党风廉政建设的深入开展。

第一节　党风廉政建设责任制

党风廉政建设责任制是深入推进反腐倡廉建设的一项基础性制度，对于强化各级领导班子和领导干部抓反腐倡廉建设的政治责任，保证党风廉政建设和反腐败斗争各项决策部署的贯彻落实，进一步提高管党治党水平，推进科学发展、促进社会和谐提供有力的政治保障，具有十分重要的意义。自中央实施党风廉政建设责任制以来，松桃纪检监察机关在上级纪委和县委的领导下，在落实党风廉政建设责任制中，积极发挥组织协调、监督检查的职能作用，使党风廉政建设逐步深化、细化，工作机制不断完善，各级党组织和党员领导干部抓党风廉政建设的责任意识不断得到强化和提升。

1998年11月，中共中央、国务院发布《关于实行党风廉政建设责任制的规定》明确提出，抓好党风廉政建设和反腐败工作是各级党政领导班子和领导干部必须切实履行的一项重大政治责任，把党风廉政建设和反腐败工作纳入了各级党委、政府的整体工作格局中，通盘考虑、统一部署。县委、县人民政府把贯彻落实党风廉政建设责任制作为统揽反腐倡廉和纪检监察工作的总抓手，不断健全配套制度，逐步构建制度建设、一岗双责、责任制考核、责任追究“四个体系”，推动了党风廉政建设责任制的贯彻落实。

一、制度建设

1999年，县委、县人民政府印发《关于党风廉政建设责任制实施细则》，县纪委印发《关于进一步贯彻落实党风廉政建设责任制的通知》，明确提出，一是要切实加强对落实党风廉政建设责任制的领导，各乡镇党委、县直各部办委局的党政主要领导要切实负起第一责任人的责任，以高度的政治责任感抓好责任制的落实。二是认真抓好党风廉政建设责任制的落实，要结合本地区、本单位的实际，做到责任明确，措施具体，严格执行责任追究，形成谁主管谁负责的党风廉政建设体系。三是建立健全各项规章制度。四是各乡镇纪委、监察室，县直机关各纪检组(纪委)、监察室，要认真履行职责，督促检查党风廉政建设责任制的贯彻执行。

2002年，县委、县人民政府印发《关于重新印发〈全县党风廉政建设责任制实施细则〉的通知》，要求县直机关和乡镇重新签订党风廉政建设责任书,并据此建立各种配套制度,特别强调要建立党风廉政建设责任制报告制度,每年向县委、县人民政府和县纪委报告两次党风廉政建设责任制执行情况。同时,还调整了县党风廉政建设责任制考核领导小组成员,由县委书记担任考核领导小组组长,进一步加大考核工作力度。制发《乡科级领导干部廉洁从政制度》,对乡科级领导干部的廉洁从政行为提出十条要求。为纠正部分乡镇领导干部中存在的"走读"现象,县委、县人民政府印发《乡镇领导干部工作纪律》,对乡镇干部的工作纪律作出了十条规定,提出了严格要求,纠正"走读"现象123人次。建立健全领导干部打招呼制度、诫勉谈话制度和党风廉政建设巡视制度。

2003年,县委、县人民政府印发《关于对2003年党风廉政建设各项任务进行责任分解的通知》。结合实际,拟定措施,在县纪委《目标管理考核办法》中明确规定:乡镇纪委书记、县直机关各纪检组组长在每季度及年末的最后一天按时向县纪委领导班子进行工作汇报;同时结合县直纪检监察机构不够健全的实际,要求县直单位明确1名班子成员负责抓党风廉政建设工作,形成党风廉政建设工作有人负责的工作格局,确保纪检监察工作常抓不懈。

2006年,县纪委印发《2006年领导干部廉洁自律党内监督和党风廉政建设责任制工作的安排意见》,明确了进一步落实党风廉政建设责任制。

2007年,县纪委印发《关于认真做好元旦、春节期间领导干部廉洁自律、制止奢侈浪费工作的通知》,对节日期间有关领导干部廉洁自律事项作出具体规定。

2008年,县委、县人民政府印发《2008年党风廉政建设工作实施意见》,明确要严格执行党风廉政建设责任制。认真总结党风廉政建设责任制颁布实施以来的经验做法,针对责任制实施过程中出现的新情况、新问题,及时完善相关配套制度。同时,加强党内监督和深入推进党风廉政建设责任制工作,认真执行"三谈两述"制度、函询制度和个人重大事项报告制度等。

2009年,县委、县人民政府印发《2009年全县党风廉政建设工作要点的通知》《关于对2009年党风廉政建设和反腐败工作任务进行责任分解的通知》,抓好党风廉政建设各项工作的落实。

2010年,明确责任主体,细化工作任务,在加强监督检查的情况下,严格责任追究,形成党风廉政建设齐抓共管的局面,在县纪委组织协调下,协助县委明确县级领导班子的责任。县委书记和县长带头抓好自身廉洁自律,同时,牵头负责党风廉政建设工作任务的落实,抓好所联系部门、乡镇党政"一把手"的党风廉政建设及党风廉政建设方面突出问题的解决。

2011年,县纪委印发《全县2011年纪检监察工作意见》,对是年的党风廉政建设工作进行了安排部署;县纪委印发《2011年松桃苗族自治县贯彻落实〈建立健全惩治和预防腐败体系2008—2012年工作规划〉的实施办法》及其任务分工表,制定并完善了党风廉政建设责任追究制度。

2012年,贯彻落实党风廉政建设责任制。修订完善了全县党风廉政建设责任制考核办法,将考核结果作为干部业绩评定、奖惩、选拔任用的重要依据。

2013年,县纪委印发《关于进一步推进廉政食堂建设规范公务接待工作的通知》,对公务接待标准重新进行明确,要求各乡镇建立"廉政食堂";县纪委印发《关于进一步加强财务管理有关问题的通知》,从制度上进行规范;建立健全接待审批制度,实行台账管理,食堂根据"就餐审批单"建立公务接待台账;县纪委印发《松桃苗族自治县党政机关事业单位公务用车管理实施办法》,在公务用车购置、审批、配备、管理使用等方面作出明确规定。

2014年,县委印发《关于贯彻落实党风廉政建设责任制党委(党组)主体责任和纪委监督责任的实施意见》,明确规定对落实党风廉政建设主体责任和监督责任不力的八种情形实施问责。县纪委印发《松桃苗族自治县强化纪检监察机关党风廉政建设监督责任实施方案》，就一些长期制约纪检监察机关更好履职的问题提出破解办法和明细规定。县纪委印发《关于加强对乡科级党政“一把手”监督管理的若干规定》，强化对乡（镇）和县直部门党政“一把手”的监督。促进“一把手”廉洁从政。

2015年，县委相继印发《关于落实党风廉政建设党委（党组）主体责任和纪委监督责任的实施意见》、县纪委制定《松桃苗族自治县关于加强乡科级党政“一把手”监督管理若干规定》《松桃苗族自治县强化纪检监察机关党风廉政建设监督责任实施办法》《松桃苗族自治县落实“两个责任”工作实施方案》《松桃苗族自治县作风督查工作实施方案》等文件。同时，积极探索干部作风长效机制建设，印发并推行《松桃苗族自治县作风量化分类管理办法》，将全县213名干部纳入重点管理，并完善廉政风险监督卡和提示卡。

2016年，县委印发《松桃苗族自治县党委（党组）落实党风廉政建设主体责任和纪委（纪检组）落实监督责任清单（试行）的通知》，将主体责任、监督责任再具体再细化。

2017年，县纪委印发《松桃苗族自治县干部执行力问责实施细则（试行）》，对不作为、慢作为、乱作为等情形进行问责。

2018年，县委、县人民政府印发《松桃苗族自治县开展落实党风廉政建设“两个责任”分级约谈方案》的通知，县纪委印发《关于进一步落实全县党风廉政建设“两个责任”的通知》《关于在全县实施履行党风廉政建设“两个责任”纪实管理的通知》。

2020年，县委、县人民政府印发《2020年度党风廉政建设责任制考核办法》的通知和县纪委印发《关于开展党风廉政建设“两个责任”分级约谈工作的通知》，推动党风廉政建设“两个责任”的落地。

二、一岗双责

1998年至2002年，县纪委监察局严格执行党风廉政建设责任制，重点是执行责任追究的规定。继续完善乡（镇）、县直机关层层签订责任书制度，在28个乡镇和县直各机关签订了党风廉政建设责任书。同时，首次将党风廉政建设和反腐败斗争工作纳入全县工作统一考核，将目标管理考核内容重点分解到30个职能部门，从而进一步强化了党政领导干部勤政廉政的责任意识，促进了党风、政风的好转。

2003年，根据县委、县人民政府的换届选举人员调整的实际，县委、县人民政府的主要领导分别与乡镇和县直单位党政主要负责人签订了党风廉政建设责任书；各乡镇、县直单位主要领导分别与班子成员，班子成员与所属股、室、站、所负责人层层签订党风廉政建设责任书860份。

2004年，县委、县人民政府将党风廉政建设和反腐败斗争各项任务责任分解到36个责任部门，明确责任部门的一把手为具体责任人；县委、县人民政府的主要领导分别与乡镇和县直单位党政主要负责人签订了党风廉政建设责任书，各乡镇、县直单位主要领导分别与班子成员、班子成员与所属股室站所负责人层层签订党风廉政建设责任书2010份。

2005年，县委主要领导与县委班子成员，县委、县人民政府主要负责人分别与各乡镇、各单位党政主要领导签订责任状137份，各乡镇、县直各部门主要领导分别与班子成员和下属部门负责人签订责任状，明确了责任内容与责任人，形成一级抓一级、层层抓落实的工作局面。

2006年，加强组织领导，全面分解任务，层层签订党风廉政建设责任状。县委书记、县长分别与28个乡镇和82个部门党政一把手签订责任状110份，督促乡镇党政一把手与分管领导、股室站所、村签订责任状1091份；县直各部门党政一把手与分管领导、股室站所签订责任状574份，确保党风廉政建设责任做到层层分解，责任落实。

2007年，加大对党风廉政建设责任制的追究力度，落实“一岗双责”制，层层签订党风廉政建设责任状,签状率达100%。

2008年,县委、县人民政府与全县102个乡镇、县直部门签订党政一把手党风廉政建设责任状,签状率达100%。

2009年,以抓党风廉政建设责任制为龙头,强化党内监督,狠抓教育、制度、监督、改革、纠风、惩处、责任制等各项工作的落实,与全县各乡镇、各部门签订党风廉政建设责任状。

2010年,始终做到在落实责任制过程中做到"四个抓好",即抓好自身廉洁自律及牵头负责的党风廉政建设工作任务的落实,抓好所联系部门、乡镇党政"一把手"的党风廉政建设及党风廉政建设方面突出问题的解决。二是抓"定责"环节,层层分解党风廉政建设责任制。是年3月在全县党建会上,县委、县人民政府主要领导与28个乡镇、87个县直部门负责人签订党风廉政建设责任状,县委、县人民政府其他班子成员与分管单位负责人签订党风廉政建设责任状,签状率达100%。各乡镇党委政府主要负责人和县直各部门主要负责人也与本单位干部职工签订党风廉政建设责任状。

2011年,拟定党风廉政建设责任状,对全县各单位领导班子和主要领导干部党风廉政建设任务进行了明确,并签订党风廉政责任状,签状率达100%,进一步增强各单位主要负责人的责任意识,为该项工作的深入开展打牢了思想基础。

2012年,县委、县人民政府印发《松桃苗族自治县2012年党风廉政建设责任制指导意见》,要求各部门根据《松桃苗族自治县2012党风廉政建设责任制指导意见》,坚持集体领导与个人分工负责相结合,"谁主管、谁负责",一级抓一级,层层抓落实。

2014年,召开落实党风廉政建设"两个责任"集体约谈暨警示教育大会,对各乡镇党政"一把手"、纪委书记、县直部门副科级实职以上干部进行集中约谈,要求各级党委(党组)要认真落实主体责任,"一把手"要履行第一责任人的责任,班子成员要履行"一岗双责"的责任。

2015年,对全县落实党风廉政建设"两个责任"进行安排部署,要求党委(党组)落实主体责任、纪委(纪检组)落实监督责任、班子成员落实"一岗双责",履行职责,主要领导对重大问题、重大案件、重要环节要亲自部署、亲自过问、亲自督查等,纪检监察机关当好党委的参谋、切实履行好监督执纪问责工作。

2016年,坚持提级加压,突出关键少数,盯紧责任落实。县委以高度的政治自觉落实主体责任,建立起科学定责、严格追责工作机制,全面压实责任落实链条。县委主要领导模范带头履行主体责任,带头开展个别谈话和集体约谈,对乡镇、部门主要负责人进行了约谈。

2017年,县委、县人民政府制定《松桃苗族自治县开展落实党风廉政建设"两个责任"分级约谈方案》,采取一级约谈一级、分级分层分类的方式,组织开展落实党风廉政建设"两个责任"分级约谈,累计约谈干部3419人。

2018年,县委、县人民政府印发《松桃苗族自治县开展落实党风廉政建设"两个责任"分级约谈方案》的通知,共约谈10856人次,县纪委印发《关于进一步落实全县党风廉政建设"两个责任"的通知》,坚决夯实管党治党责任,强化责任担当,推动党风廉政建设党委(党组)主体责任和纪委监督责任落到实处,通知明确了目标要求、主要任务、保障措施三个方面的内容,进一步强化责任主体、强化责任追究、强化责任担当,推动"两个责任"落实常态化。县纪委印发《关于在全县实施履行党风廉政建设"两个责任"纪实管理的通知》,将党(工)委(党组)履行党风廉政建设主体责任、主要负责人履行党风廉政建设"第一责任人"和班子成员履行党风廉政建设"一岗双责"情况,纪(工)委(纪检监察组)履行党风廉政建设监督责任情况记录到纪实台账中,做到全留痕、实时监控、过程管理、动态评定。

2019年,坚定不移推进全面从严治党战略部署,把强化党的政治建设摆在首位,认真贯彻落实新时代党的建设总要求,严明政治纪律和政治规矩。县委县人民政府印发《松桃苗族自治县开展落实党风廉政建设"两个责任"分级约谈方案》的通知,突出问题导向,层层传导压力,使得各个部门有任务,人人肩上有责任,加强了责任意识,消除思想认识误区,形成党风廉政建齐抓共管的良好局面,共约谈干部21761人。

2020年,协助县委健全全面从严治党制度,督促各级党组织落实全面从严治党责任,解决党的领导和监督虚化、弱化问题,推动党委(党组)主体责任、书记第一责任人责任和纪检监察机关监督责任贯通联动、一体落实,加强对"一把手"监督和同级监督,继续开展好两个责任约谈工作。

三、责任制考核

2001年,县纪委监察局印发《党风廉政建设责任制监督检查暂行办法》,明确党风廉政建设责任监督检查,要求各级纪检监察机关在同级党委、政府的领导下,依照中央、省、地、县关于党风廉政建设责任制的规定,对各级党政机关、人大常委会机关、行政机关、政协机关、审判机关、检察机关的领导班子及其成员执行党风廉政建设责任制情况所实施监督检查。纪检监察机关实施党风廉政建设责任制的监督检查,应坚持实事求是,重调查研究,监督检查与改进工作相结合,教育与惩处相结合的原则。实行下管一级,分级负责。必要时,上级纪检监察机关可以直接对辖区内各级党政领导班子及其成员执行党风廉政建设责任制的情况进行监督检查。纪检监察机关实施党风廉政建设责任制的监督检查,应加强与有关部门的协调配合。必要时,可以邀请民主党派、人民团体、新闻单位和特邀监察员参加。

2003年,县委、县人民政府印发《关于对2003年党风廉政建设各项任务进行责任分解的通知》,对党风廉政建设和反腐败任务进行责任分解,各项任务责任分解到34个职能部门,实行目标管理和量化考核,把党风廉政建设纳入党政领导班子、领导干部目标管理,与经济建设、精神文明建设和其他业务工作紧密结合,一同部署、一同检查、一同总结、一同考核。

2004年,实行目标管理和量化考核,县纪委制定《2004年纪检监察工作要点》《2004年度乡镇党风廉政建设和反腐败斗争工作目标管理考评办法》《2004年度县直单位党风廉政建设和反腐败斗争工作目标管理考评办法》,将纪检监察工作纳入目标化管理。

2005年,将党风廉政建设各项任务责任分解到39个责任部门,明确了牵头单位、协办单位和具体责任人。年内通过召开季度工作汇报会,对责任制的落实情况进行跟踪督促检查。

2006年,县委、县人民政府印发《贯彻落实〈建立健全教育、制度、监督并重的惩治和预防腐败体系实施纲要的意见〉任务分解方案》,明确22个牵头部门和54个配合部门。县纪委结合任务分解方案,将任务分解到各分管领导和各室,同时督促各牵头单位参照任务分解方案拟出本单位任务分解方案21份,认真抓好落实。

2007年,不断强化党风廉政建设责任制工作,将责任制工作纳入对乡镇和县直部门考核范畴,做到同安排、同检查、同考核、同奖惩。年初,县纪委抽出4名科级干部担任县绩效考核工作组组长,对68个单位2006年党风廉政建设工作完成情况进行考核。县委、县人民政府印发《关于对2007年党风廉政建设和反腐败各项工作任务进行责任分解的通知》,将党风廉政建设各项任务分解到26个牵头部门和55个配合部门。

2008年,县委、县人民政府印发《关于对县部门2008年党风廉政建设和反腐败工作任务进行责任分解的通知》,认真做好党风廉政建设和反腐败各项工作任务的分解,加强对党风廉政建设责任制落实情况的检查、考核。

2009年,把领导廉洁自律工作纳入干部作风和效能建设考核内容,加强对行政机关及公务员履行职责和工作效率情况的监督检查,对124个单位统一发放"温馨提示牌",接到并核实处理各种投诉30件次。按照“统一组织、分级责任”的要求，采取“上下联运、内外结合、面向社会、群众参与、评议系统、覆盖行业”的方式，对全县党群系统和政府系统124个单位进行了民主测评，重点解决部门之间职责不清、互相推诿扯皮，效率低、态度差、不诚信等突出问题。同时在全县聘请了一批特别监督员，对全县党员干部工作、生活作风和违纪违法情况进行监督，在全县范围内实行了重奖重惩的双向目标管理责任制。

2010年，县委、县人民政府制发《关于对县部门2010年党风廉政建设和反腐败各项任务进行责任分解的通知》，对2010年全县党风廉政建设重点工作进行明确，把党风廉政建设各项任务明确到31个牵头单位和56个配合单位，形成了抓工作的合力。同时强化督查和考核，把各级领导干部履行职责、落实党风廉政建设责任制情况作为评先评优、干部提拔任用、考核班子政绩的重要依据，严格执行述职述廉、民主生活会、领导干部重大事项报告、经济责任审计等制度，全年623名干部进行了述职述廉，指导97个单位和乡镇召开了民主生活会。

2011年，以党风廉政建设责任制为抓手，增强反腐倡廉合力，县委、县人民政府印发《2011年县直单位党风廉政建设和反腐败工作任务分解表的通知》，对党风廉政建设和反腐败工作任务进行了安排部署，把《中国共产党党员领导干部廉洁从政若干准则》贯彻情况纳入党风廉政建设责任制考核和干部考察中。

2012年，结合实际，对年度党风廉政建设和反腐败工作任务进行责任分解，提出对下级党委(党组)的指导意见，县纪委印发《松桃苗族自治县2012年度党风廉政建设责任制考核办法的通知》。县直各部门根据《松桃苗族自治县2012年党风廉政建设责任制指导意见》制定工作方案，认真抓好工作任务落实。

2013年，将责任状内容纳入2013年度本单位党风廉政建设目标考核，作为绩效评定、奖励惩处、选拔任用的重要依据。对不履行或者不正确履行党风廉政建设职责的领导班子和领导干部，将严格依据有关规定进行责任追究，视情节给予批评教育、诫勉谈话、组织处理直至党纪政纪处分。

2014年，县委、县人民政府印发《松桃苗族自治县强化纪检监察机关党风廉政建设监督责任实施办法》的通知，对县纪检监察机关落实党风廉政建设主体责任和监督责任的要求进行了明确，强化“两个责任”落实到位。同时，将反腐倡廉建设42项工作任务分解到乡镇和部门，明确牵头单位和参与单位，以及平时组织考核组对落实情况进行考核。

2015年，县委、县人民政府印发《松桃苗族自治县2015年党风廉政建设责任制考核办法的通知》，对党风廉政建设和反腐败工作任务进行了安排部署，成立“两个责任”落实督查组6个，组建作风巡视组5个、财务检查组5个，对“两个责任”落实等相关工作进行监督检查，并印发《关于2015年度党风廉政建设责任制考核结果的通报》。

2016年，县纪委印发《松桃苗族自治县2016年党风廉政建设责任考核办法》，将日常督查、随机抽查、专项检查等检查结果运用到考核评比中，推动“两个责任”的有效落实。同时，县纪委监察局与各乡镇纪委书记、各部门纪检组组长、派出纪工委(监察分局)书记(局长)及未设纪检组的党风廉洁建设分管领导分别签订落实监督责任状。

2018年，县纪委县监委印发《党风廉政建设责任制监督检查暂行办法》，共14条，对党风廉政建设责任制监督检查的内容、方式、工作要求进行了明确。是年底，县纪委根据存在的问题，督促问题单位积极整改，并将党风廉政建设两个责任督导情况报告市纪委。

2019年，参照2018年关于党风廉政责任制考核办法相关文件精神进行考核。县纪委县监委加大督查力度、整合监督力量，对全县各单位党风廉政建设情况进行监督检查，强化责任制考核结果的运用。对综合成绩排名最后一名的乡镇(街道)、综合排名最后三位的县直部门，且综合得分低于80分的，取消该单位党政主要负责人年度评先评优资格；在任党政主要负责人期间，连续两年综合成绩排名最后一位的乡镇(街道),连续两年综合成绩排名后三位县直部门,县委对其党政主要负责人进行诫勉谈话;领导干部确定“不合格”的对其本人进行提醒谈话,并取消当年评先评优资格;连续两年确定“不合格”的对其本人进行组织处理。

2020年,县委、县人民政府印发《2020年度党风廉政建设责任制考核办法》,县纪委印发工作提示函要求各单位严格按照文件考核指标抓好落实,根据各单位提供年度党风廉政建设考核扣分台账进行汇总。县纪委印发《关于开展党风廉政建设“两个责任”分级约谈工作的通知》,切实加强党风廉政建设工作,认真开展“两个责任”约谈常态化。

四、责任追究

1998年至2002年,通过监督检查,对全县32名违反党风廉政建设责任制规定的党员领导干部进行责任追究,全面落实了党风廉政建设责任制。

2003年,由县纪委常委牵头组成5个检查组对28个乡镇和34个责任部门的党风廉政建设工作进行检查,按照责任制的规定,对5名责任人进行责任追究,调整了不能胜任现职领导干部8名。

2004年,认真开展党风廉政建设巡视工作,县委党风廉政建设巡视员采取听汇报、查资料、召开座谈会、走访群众和问卷调查等形式,组成两个巡视组重点对蓼皋镇、世昌乡、县国税局、县地税局、县国土资源局、县公安局、县林业局、县卫生局落实党风廉政建设责任制的情况进行巡视巡查,对检查中存在的问题向县委作了专题汇报。按照党风廉政建设责任制的要求,对3名干部进行了责任追究。

2005年,严格责任追究,全年责任追究17人,其中科级干部16人,同时对大坪场镇等5个乡镇的党政主要领导异地交流降职使用,分管副职作免职处理,切实维护了责任制的严肃性。

2006年,加强督促检查力度,先后抽出16人组成8个检查组对28个乡镇和20个牵头部门责任制落实情况进行监督检查。是年对存在失职渎职的1名科级领导干部和1名一般干部进行了责任追究。

2007年,加大对党风廉政建设责任制的追究力度,落实“一岗双责”制。对负有领导责任的县农业局能源办主任李某某、县供水公司经理龙某某、县公安局看守所所长邹某某等3人进行了责任追究。

2008年,深入推进党风廉政责任制,认真执行“三谈两进”制度,对落实主体责任不力的19名领导干部进行问责。

2009年,强化党内监督,派出7个检查组对全县28个乡镇政府拖延发放涉农资金问题进行了检查,对16名科级干部进行诫勉谈话。

2010年,加大责任追究力度,对不履行或不正确履行党风廉政建设职责的领导干部进行责任追究。对2009年抓社会治安综合治理工作不力、全县绩效考核排名后两名的单位负责人和党政领导干部共7人进行诫勉谈话。

2011年,落实责任追究,对2010年抓社会治安综合治理和计划生育工作不力的单位负责人和分管领导,共5名科级干部进行诫勉谈话。

2012年,切实落实“一岗双责”制度,诫勉谈话3人。

2013年,开展公务用车专项督查10次,查处领导干部违规驾驶公车2人,公车私用3人,分别给予诫勉谈话4人,约谈2人,全县通报4人。

2014年,组织相关部门对涉农资金落实情况进行专项检查,对存在问题的12个乡镇和部门进行通报,提出18项整改措施,约谈5名相关责任人。

2015年,县纪委印发《进一步开展党风廉政建设突出问题集中专项整治的实施方案》《松桃苗族自治县党风廉政建设集中专项整治县管干部约谈方案》，在集中专项整治中，查找出突出问题173个，涉及干部职工1128人（科级以上干部205人），立案36件，移送司法机关1人，约谈990人，批评教育71人，诫勉谈话30人，收缴违纪所得共6.86万元。

2016年，对主体责任和监督责任落实不力的8名领导干部进行问责。

2017年，对照“两个责任”清单，不定期进行督查，及时发现问题并督促整改落实。印发《松桃苗族自治县干部执行力问责实施细则（试行）》，问责不作为、慢作为、乱作为51人，其中诫勉谈话22人，党纪政纪处分22人，通报9人。联合县委组织部印发《松桃苗族自治县干事创业容错纠错实施细则（试行）》。严肃责任追究，倒逼责任落实，15名领导干部因主体责任、监督责任落实不力被处理；对落实党风廉政建设“两个责任”分级约谈重视不够、执行不力的4个单位进行全县通报。

2018年，开展监督检查7次，查处违反中央八项规定精神的问题17个，党纪政纪处分17人；问责落实“两个责任”不力27人，其中党纪处分10人。

2019年，查处违反中央八项规定精神的问题14个，党纪政纪处分23人，落实“主体责任”不力被问责13人，党纪政纪处分14人。

2020年，对96个单位和部门开展“两个责任”约谈3127人次，其中处级干部139人次，科级干部1787人次，股级干部1201人次。对落实“两个责任”不力15人进行问责，党纪政纪处分2人，通报批评10人（含3个党组织），诫勉谈话3人。

第二节　政治监督

2019年1月，习近平总书记在十九届中央纪委三次全会上强调：“坚持党中央重大决策部署到哪里，监督检查就跟进到哪里”。两年来，全县纪检监察机关立足职能职责、紧盯贯彻落实、党章党规党纪和宪法法律法规，党的路线方针政策和党中央决策部署，紧盯贯彻落实习近平总书记重要指示批示精神的情况，强化政治监督，增强“四个意识”、坚定“四个自信”、做到“两个维护”，确保全党上下令行禁止、步调一致。

2019年，推进政治监督具体化规范化常态化，紧扣中共十九大精神和中央、省委、市委、县委重大决策部署，紧盯贯彻落实习近平总书记对贵州工作重要指示精神、实施“三大战略行动”、巡视巡察反馈问题整改等情况开展监督检查，坚决纠正上有政策、下有对策、有令不行、有禁不止行为。聚焦“七个有之”“五个有的”，严肃查处政治上离心离德、思想上蜕化变质、组织上拉帮结派、行动上阳奉阴违等问题。

加强对习近平新时代中国特色社会主义思想贯彻落实情况的监督检查，加强对习近平总书记重要讲话精神、习近平总书记对贵州重要指示批示精神落实情况的监督检查，加强对党内政治生活状况、党的路线方针政策和民主集中制等制度执行情况及重要会议精神的贯彻落实情况的监督检查。严格落实“三会一课”、组织生活会及民主评议党员等制度。对9个县直部门的政治生态进行分析研判，共梳理问题52个，督促相关部门予以整改。督促各级党组织落实全面从严治党主体责任，问责落实主体责任不力的党员领导干部63人，其中立案审查13人。

开展落实全面从严治党专项督查。7月24日至31日，县纪委监委班子成员带队，组成5个督查组，对全县58个县直部门开展监督检查。督查发现，各单位党组（党委）在落实全面从严治党主体责任上共存在8类共计299个具体问题。8月20日至8月27日，由县纪委监委班子成员带队，组成5个督查组，对全县27个乡镇（街道）党（工）委开展监督检查。督查发现，各乡镇（街道）党（工）委在落实全面从严治党主体责任上共存在12类共计127个具体问题。

全面开展违规使用公务加油卡、“私车公养”和公务用车管理违规问题监督检查,全面开展三公经费专项整治,共清退奖金福利、值班费、补贴等186.54万元。查处违反中央八项规定精神问题14个,党纪政务处分23人。开展形式主义、官僚主义集中整治,查处问题13个,党纪政务处分13人。开展领导干部利用名贵特产特殊资源牟取私利问题专项整治,暂未发现有关问题。开展“景观亮化工程”过度化等“政绩工程”“面子工程”问题专项整治工作,处置问题1个。

开展对环境保护工作专项督查。县纪委监委成立以县纪委副书记、县监委副主任为组长,党风政风室工作人员为成员的工作小组,对全县环境保护工作进行监督检查。围绕各单位对环境保护工作研究部署、制度建设、责任落实、工作成效及中央环境保护督查调研组反馈问题的整改落实情况进行督查。督查组先后到县污水处理厂、蓼皋街道粑坳社区老卜茨环保整改点、县生活垃圾填埋场及县生态移民搬迁背后坪安置点,通过查阅资料、实地查看、听取汇报等方式进行督查,发现问题5个,整改问题5个。县纪委监委立足监督职责、整合监督力量,督促各党委政府及有关单位认真履行生态环境保护责任,对履职不力相关责任人严肃追责问题。2019年,因环保履职不力处理8件8人,党政纪处分8人次。

2020年,做实做细政治监督,主要从七个方面切实提升监督质效。

聚焦“两个维护”。围绕习近平总书记重要指示批示精神和重大决策部署等贯彻落实情况开展监督检查,结合实际,详细梳理习近平总书记对贵州、铜仁总体要求8个方面44项和对铜仁专项要求8个方面8项指示批示,督促各级各部门全力推动习近平总书记重要指示批示精神在松桃落地见效。

聚焦新冠肺炎疫情防控工作。立足监督问责,密切关注疫情,聚焦疫情防控监督执纪关键领域和重点环节开展监督检查。先后印发疫情防控监督文件8份,下发工作提示10期,累计开展监督检查820次,发现问题208个,追责问责89人,通报典型案例8批次12起26人;派出8个监督检查组、16名纪检监察干部对9个社区共152个卡点疫情防控工作开展情况进行监督检查,共督查卡点2617次,发现问题100个,其中现场整改91个,限期整改9个。

聚焦“六稳”“六保”的落实。“六稳”即稳就业、稳金融、稳外贸、稳外资、稳投资、稳预期工作;“六保”即保居民就业、保基本民生、保市场主体、保粮食能源安全、保产业链供应链稳定、保基层运转,下发“六稳”“六保”监督工作提示2期,细化分解“4个聚焦、14个紧盯”监督任务清单,形成168项“六稳”“六保”监督任务清单,结合县直部门职能职责,围绕保基本民生、保市场主体等重点领域跟进监督、精准监督,累计派出37个监督检查组276人次对36个相关单位开展监督检查131次,发现并现场反馈问题3个,要求及时整改,有力推动上级关于做好“六稳”工作、落实“六保”任务的决策部署落到实处。

聚焦党内政治生态分析研判。县委出台《中共松桃苗族自治县委关于建立党内政治生态分析研判机制的实施意见》,建立县委党内政治生态分析研判机制,成立县委研判机制办公室,明确研判机制成员单位责任分工。是年,对68个县直单位、县管学校、县属国企开展常态化政治生态分析研判,对全县27个乡镇(街道)党(工)委开展综合性政治生态分析研判。已按要求全面完成68个常态化正式报告及问题清单并向被研判单位反馈整改,27个乡镇(街道)党(工)委综合性政治生态分析研判报告已经县纪委常委会审议通过并报经县委同意,反馈各乡镇(街道)进行整改。

聚焦政治监督活页建设。紧扣“谁监督、谁建设”的原则,根据上级相关要求,多次对政治监督活页进行修改完善、查缺补漏,扎实推进政治监督活页建设全覆盖。是年,县纪委先后印发《关于进一步做好政治监督活页建设工作的通知》《关于进一步做好政治监督活页的工作提示》,举办活页建设集中培训4期,全面有序铺开政治监督活页建设全覆盖工作。是年,共完成90个单位〔乡镇(街道)27个、国有企业3个、医院2个、部门58个〕的线上及线下活页建设工作,根据要求督促各活页承建主体做好更新完善及保存管理工作。

聚焦生态环境保护工作。持续开展生态环境保护责任清单落实及上级巡视巡察反馈问题整改落实情况的监督检查，县纪委印发《关于“十三五”特别是2017年以来党中央、国务院和省委、省政府巡视巡察、监督检查、审计等反馈涉及松桃苗族自治县问题的监督检查工作提示》，组成10个监督检查工作组对照任务清单，督促全县涉及问题反馈的19个单位严格按时间节点完成整改，对环保问题履职不力1人进行批评教育。

聚焦重大自然灾害抢险救援。2020年7月8日7时左右，受持续强降雨天气影响，甘龙镇石板村发生山体滑坡，造成该村3个村民组19户房屋被淹埋，60户房屋受损，涉及320名村民不同程度受灾(其中在家162人，外出158人)。灾情发生后，县纪委监委按照县委、县人民政府的统一安排部署，成立以县委常委、县纪委书记、县监委主任胡定钦任组长，县纪委副书记、县监委副主任周胜华任副组长，各室负责人为成员的县纪委监委重大风险防控化解工作督导领导小组，并派出由胡定钦、周胜华、杨昌伦、杨成华、龙俊泽、邓显江、滕建兴、吴云峰、石文卿、姚才上、吴再俊、杨新宇、石志龙、罗奎、龙文、张维、龙正刚共20名纪检干部组成的4个应急救援督导组赴受灾现场开展应急督导工作。第一督导组由胡定钦任组长，负责督导应急抢险面上工作；第二督导组由周胜华任组长，负责瓦溪乡安置点受灾群众心理抚慰及督导工作。第三督导组由派驻第八纪检监察组负责人杨成华为组长，负责甘龙镇中学安置点的督导工作；第四督导组由县纪委监委第五纪检监察室主任龙俊泽任组长，负责甘龙镇完小安置点的督导工作。在各安置点，县纪委监委赴甘龙灾区应急督导组，通过参加现场指挥部会议、查阅数据台账、专项检查、随机抽查、走访了解等方式，实地查看救援工作、医疗保障、后勤保障、社会服务等工作开展情况，对落实县委、县人民政府抢险救灾决策部署情况进行监督检查。同时，围绕“一对一”结对帮扶，对安置点帮扶人员到岗到位、工作开展情况及后勤保障情况进行监督检查。共开展监督检查11天60余次，走访群众170余户次，未发现干部消极懈怠、徇私舞弊、工作失职等行为。县纪委监委派驻瓦溪安置点督导组在开展督导的同时，对该安置点安置的甘龙镇石板村梨子树组、何家组群众14户63人，采取“一名干部帮一户”的形式进行动态管理，开展心理安抚，了解他们的现实需求和身体健康状况并形成工作台账，宣传防灾避险知识，动员搬迁，走访慰问，帮助受灾群众解决他们的实际困难，县纪委监委在开展督导工作中根据实际情况向受灾群众发放慰问金共3000元。

第三节　领导干部廉洁自律

合署办公以来，县纪检监察机关围绕端正党风，增强领导班子和领导干部的廉洁从政意识，认真贯彻落实中央、省、市(地区)有关廉洁自律方面的规定，完善相关规章制度，加强监督检查，促进领导干部廉洁自律，执政为民。

1993年，按照中共中央关于党政机关领导干部廉洁自律的五条规定，在副县级以上领导干部认真进行了自查自纠。经查，没有领导干部经商办企业、从事有偿中介活动和利用职权为配偶、子女和其他亲友经商办企业提供优惠条件；没有在各类经济实体中兼职，更没有到下属单位和其他企事业单位领取报酬及报销应由个人支付的各种费用；没有买卖股票、股权转让，没有在公务活动中接受礼金和各种有价证券以及信用卡，没有用公款获取俱乐部会员资格和参加高消费的娱乐活动的行为。

1994年，不仅抓了副县级以上领导干部的廉洁自律，还对乡镇和县直机关副科局级以上领导干部也提出了廉洁自律的要求。是年，副县级领导干部和副科局级以上领导干部均参加领导干部廉洁自律专题民主生活会。

1995年,对照中央纪委和省、地纪委的有关规定进行了自律检查,县(处)级领导干部参加人数40人,占应到人数的100%;县直机关科(局)级领导干部、乡镇领导干部和基层站所负责人,参加人数1338人,占应参加人数的88.67%;未参加自查人数99人,占6.56%;国有企事业领导干部已自查人数106人,占应自查人数的95.5%。是年,县纪委印发《关于认真开好领导干部廉洁自律专题民主生活会的通知》,按照中央和省、地的要求,组织召开了领导干部廉洁自律专题民主生活会。

1996年,在107个县直机关单位和28个乡镇召开领导干部专题民主生活会,579名领导干部通过廉洁自律专题民主生活会,查找出来的问题1700多个,县纪委督促问题对象制定整改措施,加以整改。

1997年,召开副县(处)以上领导干部廉洁自律专题民主生活会、科局级领导干部专题民主生活会和乡镇领导干部及基层站所负责人专题民主生活会,从县纪委、县委组织部抽派26名干部组成11个小组负责指导。共69个县直科局级单位、28个乡镇召开专题民主生活会,共560人参加。参加廉洁自律专题民主生活会的同志,严格按照规定进行了对照检查。同时,认真抓了《关于党政机关县(处)级以上领导干部收入申报的规定》《关于党和国家工作人员在国内交往中收受礼品实行登记制度的规定》和《国有企业关于实行业务招待费使用情况向职代会报告制度的规定》的贯彻实施,县(处)级领导干部均按以上规定执行。

1998年,认真做好会前准备工作,切实加强对民主生活会的指导和监督。认真总结了过去的经验和不足,对会议的召开作了精心安排,提出了具体要求。是年,7月25日止,在县纪委、县委组织部派出的指导组指导下,全县专题民主生活会全部召开结束。

1999年,县委印发《关于开好党员领导干部廉洁自律专题民主生活会的通知》,牵头部门工作主动,按时召开领导干部廉洁自律专题民主生活会,认真抓好各级党委、政府执行党的民主集中制和四项监督制度工作。县委印发《关于严禁正科级以上领导干部在乔迁、子女升学等事宜中操办酒席的规定》,为使县委的规定得到有效的贯彻落实,操办酒席风气得到遏制。随后县纪委又印发《关于认真执行县委〈关于严禁正科级以上领导干部在乔迁、子女升学等事宜中操办酒席的规定〉的通知》,并要求上报执行县委规定的情况,列入县党风廉政建设责任制考核的主要内容,载入本人廉政档案,作为干部考核、任用、年终评比的依据。

2000年,一是严格执行中央关于禁止领导干部利用职权和职务上的影响为配偶、子女谋取非法利益和"三不准"规定。二是严格执行中央关于禁止领导干部接受公款安排的旅游活动和公款在住宅配置电脑的"三不准"规定。三是再次重申,不准领导干部借婚丧嫁娶、房屋搬迁、工作调动、子女升学、就业之机宴请敛财;不准领导干部在婚嫁等喜庆事宜中使用公车,不准领导干部用公车旅游;领导干部除特殊岗位经批准以外一律不准驾驶公车,因私自驾驶公车肇事的,除一切责任由个人承担外,还要给予党纪政纪处分。

2001年,规范党政领导干部廉洁行为,确保领导干部廉政勤政。一是加大党风廉政建设宣传教育力度,强化思想教育。由党风廉政室和宣教研究室牵头,与县直有关单位配合,充分利用各种会议、宣传专栏、培训班、有线电视等媒介开展宣传。二是继续执行"治奢"工作的八项规定,坚决杜绝铺张浪费行为,县直机关和乡镇结合实际,对公车使用、接待费范围和标准制定了相应的制度,做到有章可循。三是制定《党风廉政建设责任制检查暂行办法》,与县人大常委会办公室、县政协办公室、县委组织部和县人事局建立领导干部勤政廉政情况通报制度,及时对领导干部在党风廉政建设方面出现的重大问题进行通报,是年,通报3人次,完成两家国有企业单位领导经济责任审计2人,累计责任追究13人。

2002年，建立健全规章制度，进一步规范领导干部廉洁从政行为。一是印发《乡科级领导干部廉洁从政制度》，对乡科级领导干部的廉洁从政行为提出了十条要求。实施建立健全领导干部打招呼制度、诫勉谈话制度和党风廉政建设巡视员制度、重申和规范领导干部个人重大事项申报制度、收受礼品礼金登记制度和个人收入申报制度。二是为纠正部分乡镇领导干部中存在的“走读”现象，制定《乡镇领导干部工作纪律》，纠正“走读”现象123人次。三是加大监督检查力度、促进领导干部廉洁从政。在“五一”国际劳动节和国庆期间，开展严禁公车私用情况大检查。相继开展拖欠职工工资情况、乡镇领导干部执行工作纪律情况的调查和跟踪检查，并形成专题报告，取得了良好的效果。

2003年，领导干部廉洁自律工作取得新的进展。一是县委、县人民政府印发《关于严禁干部职工大操大办酒席的规定（试行）》，采取有效措施，狠刹群众反映强烈的请客送礼风。县纪委召开专题会对执行情况进行通报，并派出5个督查组10人对28个乡镇和93个县直单位进行督查检查，有97个单位630余名干部职工上交了廉政责任金70万余元。二是建立县纪委负责人与下级党政负责人谈话和实行领导干部述廉述勤制度，已谈话56人次，28个乡镇和34个县直单位召开了民主生活会和领导干部述廉述勤会，3名科级以上干部上交了礼金1.6万元。三是坚决反对和制止各种奢侈浪费行为，转发中共中央纪委监察部《关于坚决刹住用公款大吃大喝歪风的紧急通知》，并开展专项检查。四是开展对小汽车配备情况的清理工作，共清理小汽车91台，其中超标准配备9台；对“五一”国际劳动节、国庆长假期间公车私用情况进行明察暗访，对党政干部违规建私房工作进行了认真检查，并对领导干部执行工作纪律情况进行跟踪检查。五是抓好领导干部廉洁自律各项规定的落实。不准利用职权插手建设工程招投标，经营性土地使用权出让等市场经济活动的规定、违规受礼等；不准搞所谓的形象工程、政绩工程；落实好制止奢侈享乐、铺张浪费的规定。

2004年，落实领导干部廉洁自律各项规定。一是对32名县（处）级党政领导干部兼任企业领导职务问题进行清理，没有发现县（处）级党政领导干部到企业兼职的问题。二是开展对用公款、国有土地修建门面营利问题的清理工作，共清理用公款和国有土地修门面6个，面积934.64平方米，门面收入1.26万元。三是切实抓好“三纠两落实”工作。四是严格执行县委、县人民政府严禁干部职工大操大办酒席规定。五是治理党员干部中的赌博问题。

2005年，领导干部廉洁自律各项规定得到落实。一是将“四大纪律八项要求”和廉洁自律各项规定的重点内容“七个不允许”纳入保持共产党员先进性教育、党员领导干部民主生活会和党风廉政建设巡视工作的重要内容。二是指导开好28个乡镇和30个县部门党员领导干部民主生活会。三是对收送现金、有价证券和支付凭证，跑官要官，放任、纵容配偶、子女及身边工作人员利用领导干部职权和职务影响经商办企业或从事中介活动谋取非法利益，利用婚嫁等喜庆事宜收钱敛财和参与赌博的行为开展了监督检查。

2006年，一是继续将“四大纪律八项要求”及廉洁自律各项规定纳入党员领导干部民主生活会和党风廉政建设巡视工作的重要内容。二是重申“禁止违规操办酒席”规定。利用元旦、“五一”国际劳动节、国庆、新生入学等违规操办酒席多发期，在县有线电视台播放“禁操”规定；同时抽调人员对全县52家酒楼进行明察暗访，对105位相关部门职工子女升入大中专院校筹办酒席情况进行检查和公示，对教育和卫生系统22个单位进行重点检查。先后查处3起违规操办酒席案件，对其中两起进行了通报。三是深入治理党员干部参与赌博问题，对参与赌博的6名干部进行查处。四是开展党政机关、事业单位干部职工住房问题专项清理。对全县85个部门和单位的38栋5.67万平方米集资建房面积进行清理，责成相关单位对30户超标户进行自纠。五是配合组织部门对全县574名副科级干部以上领导干部开展述职述廉，对1名领导干部进行函询,对20名副科级以上领导干部进行诫勉谈话。六是做好党风廉政巡视工作。聘请5名党风廉政巡视员分成2个小组对孟溪镇、盘石镇及部分县直单位开展巡视工作,对12个单位的民主生活会进行指导。

2007年,一是利用各种会议进行打招呼,预防领导干部违反廉洁自律的行为发生。4月10日,召开全县党风廉政建设工作会议,县纪委向各与会单位重申"四大纪律、八项要求"等廉洁自律规定。二是规范领导干部廉洁从政行为。印发《关于认真做好元旦、春节期间领导干部廉洁自律、制止奢侈浪费工作的通知》,对节日期间有关领导干部廉洁自律事项作出具体规定。"五一"国际劳动节和国庆节期间,会同有关部门深入到县内各交通要道和县、乡25家餐馆,对公款吃喝、公车私用等工作明察暗访。三是重申"禁止违规操办酒席"有关规定,防止党员干部大操大办酒席之风复燃。查处违规操办酒席案件3起,纪律处分2人,通报2人。四是对违规修建楼堂馆所进行清查。对5个建设项目进行清查上报,并督促有关单位对办公室超标问题进行整改。五是强化领导干部廉洁从政监督力度。认真抓好落实中央纪委《关于严格禁止利用职务上的便利谋取不正当利益的若干规定》(以下简称"规定"),对落实规定不到位的县气象局主要领导进行诫勉谈话。对536名科级干部进行述职述廉和民主评议;会同县委组织部对全县调整和新任的227名领导干部进行任前廉政谈话,对8名科级干部进行诫勉谈话,县纪委书记还对66名下级党政机关负责人进行谈话。聘请5名党风廉政建设巡视员,查处3名科级领导干部收受现金2.6万元的违纪事实。

2008年,一是认真开展领导干部廉洁自律各项工作。年初制发有关通知,督促各单位各部门严格落实"四大纪律、八项要求"和中央、省、地委关于廉洁自律各项规定,落实好元旦、春节期间制止奢侈浪费工作;代县委草拟印发《关于严肃查处借乔迁新居、子女升学等事由大操大办酒席收敛钱财行为的通知》,对请酒干部、吃酒干部加大处分力度;印发《松桃苗族自治县制止党政干部公款出国(境)旅游专项工作实施方案》,并在全县进行清理检查,没有发现违纪行为;规范领导干部驾驶公车和津补贴发放。二是加强党内监督和深入推进党风廉政建设责任制工作。认真执行"三谈两述"制度和函询制度。对500余名乡科级领导干部开展述职述廉和民主评议工作;县纪委负责人同下级党委主要负责人谈话65人次,任前廉政谈话121人次,诫勉谈话19人。对全县99个乡镇及部门民主生活会进行指导,指导面达到100%。

2009年,全县结合开展机关作风和效能建设及深入学习实践科学发展观活动,以抓党风廉政建设责任制为龙头,强化党内监督,狠抓教育、制度、监督、改革、纠风、惩处、责任制等各项工作的落实,取得了较好成效。在签订党风廉政建设责任书的基础上,把领导廉洁自律工作纳入干部作风和效能建设考核内容,加强对行政机关及公务员履行职责和工作效率情况的监督检查,对124个单位统一发放"温馨提示牌"。对83名新任科级干部进行任前廉政谈话,对16名科级干部进行诫勉谈话,县纪委书记与65名下级党政负责人进行廉政谈话;指导全县98个单位召开深入学习实践科学发展观专题民主生活会,指导574名科级干部进行述职述廉。

2010年,加强对领导干部的管理、教育和监督,全年开展领导干部任前廉政谈话30人次、诫勉谈话8人次。督促全县各单位党员干部特别是领导干部严格执行制止奢侈浪费有关规定,严禁党员领导干部违规大操大办酒席,对5名有违规操办酒席苗头的干部及时打招呼制止,对1起党员干部顶风违规操办酒席案件进行查处。对领导干部因公出国境严格审核,8月,开展公款出国(境)专项整治工作。全年因公出国(境)5人,比上年减少1人;费用7.7万元,比上年减少8600元。对全县各级各部门财政供养人员在编在岗、在编不在岗等情况进行清理。对全县公务用车进行清理,确保全县各项厉行节约要求压缩到上级要求范围内。

2011年,一是加大责任追究力度,对2010年抓社会治安综合治理和计划生育工作不力的单位负责人和分管领导共5名科级干部进行诫勉谈话。二是开展治理领导干部违规收受礼金和各种有价证券、支付凭证活动，进行责任分解和工作部署，公布举报电话2个，活动中有2人主动上交礼金1.75万元。三是继续深入贯彻落实《中国共产党党员领导干部廉洁从政若干准则》（以下简称"廉政准则"），把廉政准则贯彻情况纳入党风廉政建设责任制考核和干部考察中。全县2666名党员干部进行自查自纠，查找并纠正问题94个。对违反廉政准则的13人进行批评教育，3人给予政纪处分。四是进一步加大违规操办酒席的治理力度。县纪委印发《关于坚决刹住吃请歪风的通知》，对35起违规操办酒席苗头进行打招呼制止。五是认真开展厉行节约工作。组织7个检查组对厉行节约情况进行了监督检查，并对检查情况进行通报。六是深入开展全县党政机关公务用车问题专项治理工作。清理全县公务车共计448辆，其中违规车辆89台，涉及乡镇和部门41个。七是继续加强党内监督工作。对28个乡镇、34个县直部门民主生活会进行指导。组织全县干部职工学习"5个禁止、17个不准、5个一律"，对换届纪律进行督查、宣讲，保障换届工作风清气正顺利进行，有效遏制违反换届纪律的情况发生。是年，查处违反作风建设和廉洁自律案件14件。

2012年，一是切实维护党的政治纪律。严格对"5个严禁、17个不准、5个一律"的执行情况进行监督检查，重点加强对二级班子换届工作的监督和检查，确保了县乡换届工作顺利进行。二是认真落实领导干部廉洁从政规定。在县工商银行开设了廉政账户，要求领导干部进行自查自纠，限期缴存违规收取的礼金。开展全县党政机关公务用车问题专项治理，印发了公务用车配备使用新管理实施办法。三是对247名新提拔的领导干部进行了任前廉政谈话，216名科级干部进行了述职述廉，诫勉谈话3人。

2013年，继续严格执行《关于狠刹借乔迁新居、子女升学等事由大操大办酒席借机敛财的通知》的相关规定。同时，严肃查处6人违规操办酒席行为，对违反相关规定的4名国家工作人员进行处理。

2014年，一是按照监督检查不分时段、不留空隙、不打招呼的工作思路，对上班纪律、公款吃喝、公款旅游等开展经常性检查63次，共问责处理171起违反中央八项规定精神行为。注重关键节点督查，对25家酒店和娱乐场所、80余个单位进行检查，通报问责13个单位，处理1名违规公款消费人员。针对办公用房、公务用车、公款消费、楼堂馆所建设等集中开展专项整治，共腾退办公用房6476.83平方米，清理纠正违规车辆150辆，对106起公款消费行为进行调查核实，对违规修建楼堂馆所的11名相关责任人、违规使用公车的40名干部职工进行问责或纪律处分。二是县纪委为增强党员干部的廉洁自律意识，坚决遏制党员干部借子女升学之机，操办酒席敛财的歪风，印发《关于重申严禁党员干部操办升学宴谢师宴的通知》。要求党员干部严禁为子女及亲属操办各种形式的"升学宴""谢师宴"，严禁借子女升学之机收受礼金、礼品，严禁参加升学宴请及赠送礼金、礼品，严禁用公款支付应由自己承担的子女学习等费用，严禁用公车、公款租车或借用管理服务对象的车辆送子女及亲属上学和外出旅游，严禁教育系统的领导干部和授课教师参加各种名目的"谢师宴"。并要求各乡镇、各部门党委（党组）要对子女高考达到大专以上分数线的党员干部进行一次提醒谈话，教育党员干部严格遵守廉洁自律有关规定，谈话记录留在本单位备案。各级党委（党组）认真履行党风廉政建设主体责任，各级纪委（纪检组）要履行监督责任，不但要以身作则，严格遵守有关规定，还要管住、管好所属人员。对因工作措施不强、监管不力、教育不到位发生党员干部操办"升学宴""谢师宴"行为，按照有关规定追究相关人员责任。三是对新提拔选用的干部，把政治可靠和廉洁自律作为重要条件，推行任前廉政谈话、廉政考试制度。对乡（镇）和部门"三公"经费运行情况进行抽查，对出差期间超标住宿的4名干部和用公款报销个人消费的1名干部进行处理。开展公车私用专项治理，处理公车私用干部8人、"衙门风"干部2人、滥办酒席风干部1人、赌博风干部9人。

2015年，一是会同财政、审计等部门在各乡镇、机关、事业单位开展财务往来清理，查出违规发放津补贴10起、公款购买土特产5起、违规公款消费9起、接受工作对象宴请1起，对相关人员进行问责处理。县纪委印发《进一步开展党风廉政建设突出问题集中专项整治的实施方案》《松桃苗族自治县党风廉政建设集中专项整治县管干部约谈方案》,在集中专项整治中,查找出突出问题173个,涉及干部职工1128人,其中,科级以上干部205人,构成违纪并立案36件,移送司法机关1人,约谈990人,批评教育71人,诫勉谈话30人,收缴违纪所得6.86万元。二是处理干部职工参与赌博、违规操办酒席、参与违规酒席送礼8起,清理干部职工"吃空饷"59起,开除和辞退"吃空饷"干部9人,责令22名脱岗旷工干部公开检讨。

2016年,县纪委印发《关于加强监督执纪问责确保廉洁过节的通知》和节假日期间加强作风建设,严格监督执纪问责的相关通知,利用重要的时间节点,提前印发禁令,划定"红线",敲响"警钟"。成立督查组对节假日期间值班、公车使用、公款吃喝等情况进行专项检查,对发现问题逐一核实清楚,并责令限期整改。县纪委印发《松桃苗族自治县规范操办酒席管理办法(试行)》,全面规范操办酒席、宴请活动,强势纠歪风、除陋习。强化专项整治,开展违规变相发放手机电话费宽带费清理工作,对违规发放电话费、宽带费及存在用公款开通特殊通信服务进行清理;开展党员干部经商办企业投资入股承揽工程、违规收送红包礼金、违规操办酒席、违规打麻将四个专项整治活动,查处违规经商办企业投资入股承揽工程2人,查处违规操办酒席2人,10人主动上交其收受礼品17件、礼金3万元人民币,参与赌博打麻将被问责6人;开展补贴奖金等发放情况专项清理活动,共清理发放奖金补贴7986.8万余元。全年查处违反中央八项规定问题36起,问责处理58人,党纪政纪处分49人;工作失误、不服从安排、擅自请人代会、迟到早退、生活作风等问题被问责41人。

2017年,持续开展办公用房和科级领导干部违规兼职取酬专项清理,清退办公用房1067平方米,清退兼职领取薪酬8.334万元。开展违规操办酒席专项整治,严肃处理3起违规操办酒席行为。严格执行贵州省"禁酒令",封存散装酒90斤、瓶装酒219瓶。

2018年,开展违规操办酒席专项整治,严肃处理1起违规操办酒席行为;查处违反中央八项规定精神问题15起,党纪政务处分15人;查处赌博、打麻将等问题3起,党纪政务处分7人。

2019年,深挖细查顶风违纪、隐形变异问题,持续整治违规收送礼品礼金、违规公款吃喝、违规发放津贴补贴等突出问题,开展违规使用公务加油卡、"私车公养"和公务用车管理违规问题监督检查。开展"三公"经费专项整治,共清退奖金福利、值班费、补贴等186.54万元。查处违反中央八项规定精神问题14件,党纪政务处分23人。查处形式主义、官僚主义问题13个,党纪政务处分13人。

2020年,坚决落实中央八项规定精神。一是坚定不移落实中央八项规定及其实施细则精神,查处违反中央八项规定精神问题15件,党纪政务处分15人。二是集中整治形式主义官僚主义突出问题,累计查处形式主义官僚主义问题24个,党纪政务处分23人,诫勉谈话1人。三是查处赌博、打麻将等问题12个,党纪政务处分11人,诫勉谈话1人。

第四节　干部廉洁自律审查

干部廉洁自律审查暨党风廉政意见回复工作是干部选拔任用的一道重要关口,是防止"带病提拔"的关键环节,同时也是党内监督的一种重要方式。

根据中央、省、市党委从严治党的精神和要求,松桃纪检监察机关2012年以来开展的廉洁自律审查工作情况具体如下:

2012年,出具3名干部的廉洁自律审查情况报告。

2013年,出具39名干部的廉洁自律审查情况报告。

2014年，出具46名干部的廉洁自律审查情况报告。

2015年，收到组织部及各单位征求意见函20份，出具631名干部的廉洁自律审查情况报告。

2016年6月12日，中共铜仁市纪委办公室“关于《廉洁自律情况审查办法》的通知”印发后，松桃纪检监察机关根据文件对受理范围、办理部门、审查要求等规定，规范领导干部廉洁自律情况审查工作。是年8月，中共中央办公厅印发《关于防止干部“带病提拔”的意见》，对“凡提四必”作出明确规定，即强化审核措施，做到干部档案“凡提必审”，个人有关事项报告“凡提必核”，纪检监察机关意见“凡提必听”，反映违规违纪问题线索具体、有可查性的信访举报“凡提必查”，前移审核关口，做到动议即审，该核早核。对发现问题影响使用的，疑点没有排除、问题没有查清的，及时提出暂缓或不宜使用建议，严把政治关、品行关、作风关、廉洁关，真正“让忠诚干净担当、为民务实清廉、奋发有为、锐意改革、实绩突出的干部得到褒奖和重用，让阳奉阴违、阿谀逢迎、弄虚作假、不干实事、会跑会要的干部没市场、受惩戒。”是年，共收到组织部门及各单位征求意见函20多份，出具417名干部的廉洁自律审查情况报告。

2017年1月8日，十八届中央纪委七次全会审议通过《中国共产党纪律检查机关监督执纪工作规则(试行)》(简称《试行规则》)。根据《试行规则》规定，松桃纪检监察机关切实做好干部选拔任用党风廉政意见回复工作，对反映问题线索认真核查，综合用好巡视巡察等其他监督成果，严把“干部廉洁自律审查工作”关。是年，收到组织部门及各单位征求意见函116次，出具1120名干部廉洁自律审查情况报告。

2018年，收到各单位(部门)征求意见函84次，通过严格核查后均及时回复，出具752名干部的廉洁自律审查情况报告。

2019年，松桃纪检监察机关根据是年1月中共中央办公厅印发《中国共产党纪律检查机关监督执纪工作规则》和3月印发《党政领导干部选拔任用工作条例》文件精神，依据干部选拔任用条件和不同领导职务的职责要求，全面考察其德、能、勤、绩、廉，严把“政治关、品行关、能力关、作风关、廉洁关”。是年，收到各单位(部门)征求意见函94次，出具干部的廉洁自律审查情况报告1144份。

2020年5月21日，县纪委县监委为进一步规范纪检监察机关党风廉政意见回复工作，根据中共中央纪委办公厅《关于进一步规范纪检监察机关党风廉政意见回复工作的通知》有关规定，印发《关于进一步规范纪检监察机关党风廉政意见回复工作的通知》，明确纪检监察机关党风廉政意见回复工作的受理事项范围为：“干部选拔任用事项；党委、人大、政府、政协、纪委监委等换届事项；领导干部辞去公职事项；党和国家功勋荣誉表彰事项，以及经党中央、国务院或者省委、省政府审批的其他重要表彰；配偶已移居国(境)外或者没有配偶但子女均已移居国(境)外的领导干部因私出国(境)，以及按照有关规定登记备案的领导干部配偶(或子女)因私出国(境)审批事项；党内法规、国家法律、中央文件中，明确规定需要征求纪检监察机关意见的其他事项；上级党委(党组)和纪检监察机关、同级党委(党组)交办或者经沟通协商后研究决定的事项。”其审查的内容、程序及时限要求是：

1.廉洁自律审查的内容。主要有八个方面，①遵守党的纪律特别是执行政治纪律情况；②执行中央八项规定情况等作风建设规定情况；③落实党风廉政建设责任制情况；④个人廉洁自律情况；⑤群众信访举报情况和组织调查处理结论；⑥涉及案件查办等情况；⑦廉政考察测评情况；⑧其他需要了解的情况。

2.廉洁自律审查的程序。①县纪委接收上级纪委、县委组织部或其他单位发来的关于出具党风廉政情况回复意见的函件后，报纪委分管领导阅示，属于干部选拔任用及其他重要的廉政鉴定向县纪委主要领导报告；②主办室根据领导批示意见，分别向党风政风监督室、信访室、案件监督管理室、案件审理室或相关室发送需要出具党风廉政情况回复意见人员名单；③党风政风监督室、信访室、案件监督管理室、案件审理室或其他相关室接到人员名单后，对问题线索、查核办理情况或党政纪处分情况进行认真比对核实

(案件监督管理室负责与相关纪检监察室做好对接,相关纪检监察室要对相关问题线索、查核办理情况或党政纪处分情况进行认真比对核实),将相关情况报分管、协管领导审签后,送所联系纪检监察室;④所联系纪检监察室接到名单后,向县纪委各派驻纪检机构发送需要出具党风廉政情况回复意见人员名单,各派驻纪检机构接到人员名单后,要对问题线索、查核办理情况或党政纪处分情况进行认真比对核实,提出回复意见,报主要领导审签后,报所联系纪检监察室;⑤所联系纪检监察室根据上述反馈情况和本室掌握情况,对问题线索进行认真比对核实,经综合研判后,提出党风廉政情况回复意见,对是否影响提拔使用给出明确意见,报纪委分管、协管领导审签后,反馈县纪委主办室;⑥县纪委主办室对所联系纪检监察室反馈回复意见汇总整理起草复函,提出廉政审查结论,经县纪委分管副书记审核后,报纪委常委会或由纪委主要领导审定;根据纪委常委会或纪委主要领导审定意见,以县纪委书面意见形式回复来函单位或出具廉洁自律审查复函。

3.廉洁自律审查结果的三种情形。在纪检监察机关收到组织部门来函后,按照规范的工作程序,明确责任人员和工作职责,严格执行廉洁自律审查的内容、程序及时限要求,综合日常工作中掌握的情况,在查询县管干部廉政档案,向信访室、党风政风监督室、案管室等室征求意见和根据需要向相关派驻机构或乡镇(街道)纪(工)委征求意见,并用好巡视巡察等其他监督成果,分析研判的基础上,形成三种情形的审查结果。纪检监察机关将按照不同情况向组织部门提出不影响提拔任用、暂缓提拔任用、不宜提拔任用的建议。

(1)提出尚未发现影响提拔任用(交流)问题的意见,主要包括以下情形:①没有收到信访举报;②收到信访举报,但线索过于笼统,不具备可查性;③收到信访举报,经核查未发现问题或反映问题失实;④收到信访举报,经核查,问题或部分问题属实,但不足以影响提拔任用的。

(2)提出建议暂缓提拔任用的意见,主要包括以下情形: ①收到信访举报,纪检监察机关或有关部门正在就反应的问题进行核查的;②收到信访举报,有可查性但一时难以开展调查的,或经综合研判目前暂不作结论的。

(3)提出不宜提拔任用的意见,主要包括以下情形:①收到信访举报,经核查确有违纪问题的;②纪检监察机关正在立案调查的;③受到党纪政纪处分未超过规定的不得提升职务期限的; ④廉政勤政测评有异常反应的;⑤经综合研判目前暂不能提拔任用的。

4.廉洁自律审查的时限。纪检监察机关在收到组织部门函件后5个工作日内出具廉洁自律审查报告。对于建议暂缓提拔任用的,纪检监察部门在1个月内出具廉洁自律审查结论。需要延长期限的,须报请纪委主要领导审定。廉洁自律审查的有效期限为6个月。对于廉洁自律审查后6个月内没有被提拔任用的,应重新进行廉洁自律审查。

2020年,收到各单位(部门)征求意见函91次,出具1141名干部的廉洁自律审查情况报告。

第五节　廉政档案

领导干部廉政档案是真实、客观记录和反映领导干部廉洁从政的重要资料,是分析和掌握领导干部党风廉政建设的基本素材和监督、管理、任用干部的重要依据。通过建立廉政档案,有利于进一步规范党员干部廉洁从政的行为,实现对领导干部常态化、全天候日常监督,助推监督工作从被动向主动、从事后向事前、从静态向动态转变,成为纪检监察机关履行监督首责的重要利器,为干部选拔任用、出国出境和评先选优等工作出具廉政回复意见提供参考。

1996年，建立领导干部廉政档案制度，全县各级各部门建立廉政档案598卷，其中，县直机关514卷，乡镇84卷。

1997年，建立副乡科级以上干部廉政档案116份，其中，副县(处)级32份，乡科级56份，副乡科级28份。

1998年，建立健全副科级以上党政干部廉政档案120册。

1999年，全县建立廉政档案184袋。

2006年，对农村基层党风廉政建设联系点建立廉政档案管理制度，督促乡镇将股室站所负责人和联系点村支两委负责人家庭收入、信访反映情况、个人重大事项、述职述廉、民主测评、民主生活会等情况进行归类和建档。

2008年，全县乡科级领导干部建廉政档案。

2009年，542名乡科级领导干部建立个人廉政档案。

2012年，严格执行领导干部报告个人有关事项制度，对32名市管干部个人廉政档案材料进行了收集并上报市纪委。

2014年，加强全县领导干部廉政档案管理工作，《关于加强乡科级党政"一把手"监督管理的若干规定》对全县乡科级党政"一把手"进行黄色、橙色、红色三级预警管理。县委、县人民政府印发《〈松桃苗族自治县乡科级领导干部廉政档案管理办法〉的通知》(以下简称"通知")，共11条，明确对全县在职的乡(镇)党委书记、乡(镇)长，县委各部办委局、县级国家机关各工作部门、各人民团体、事业单位及党组织关系在本县的双重管理单位的乡科级党政正职建立廉政档案，廉政档案的内容包含领导干部基本情况、奖惩情况、被举报控告情况、廉政谈话情况、拒收或上缴礼金礼品情况、家庭年度收入情况、从事或参与营利性活动及兼职持股情况等，通知还对领导干部廉政档案的管理、运用、调阅作出了相关规定。建立和完善科级领导干部廉政档案，印发勤政廉政提醒制度、首问责任制、办理网络问政责任追究办法等，提升了监管水平。

2015年至2019年，建立全县党员干部廉政档案大数据，继续严格执行《关于加强对乡科级党政"一把手"监督管理办法》，实现对乡科级党员领导干部廉政情况动态管理和预警管理。

2020年，为进一步加强对县管干部的监督管理，推进县管干部廉政档案建设，8月3日，县纪委县监委印发《关于建立县管干部廉政档案的工作方案》(以下简称"方案")的通知。方案明确，将按照"一人一档"要求，全面收集2017年1月1日以来反映领导干部廉政情况的信息和材料，建立乡镇(街道)和全县纪检监察干部中县管干部的廉政档案；廉政档案的内容，严格按照"3+3"标准，围绕干部基本信息、问题线索处置情况、党风廉政意见回复情况、民主生活会或组织生活会说明情况、其他廉洁从政资料、廉政情况综述六个方面内容扎实做好县管干部廉政档案建设工作。设立专门工作场所，抽调7人组成工作专班集中办公，召开县管干部廉政档案建设工作启动会、工作推进会。到是年12月底，全县1283名县管干部廉政档案建设工作基本完成(纸质档和电子扫描)，其中在职干部872人、纪检监察干部107人(含8名改非纪检干部)、改非干部304人。

第六节　农村基层党风廉政建设

农村基层党风廉政建设是指乡(镇)、村两级党政组织和党员、干部的党风建设和廉政建设。加强农村党风廉政建设作为农村党的建设的重要组成部分，是提高农村基层党组织战斗力、凝聚力和创造力，巩固党在农村执政基础的客观需要,是落实党的农村各项地方方针政策,维护广大农民群众根本利益的重要保障。

1990年,县纪委抽出人员到世昌乡、盘石乡进行了农村基层党组织党风状况的调查,写出了调查报告1篇,报送地区纪委。

1991年,农村基层党风廉政建设,一是结合全县开展民主评议党员、农村党员培训和社会主义思想教育、机关作风整顿教育活动等工作,组织全县党员认真学习中共中央纪委〔1990〕1号、中共中央纪委〔1990〕2号文件等有关党规党纪。二是举办区乡党委书记、区组织干部、村支部书记共595人参加的理论培训班,县委副书记就党风廉政建设作专题讲座。三是在县委党校举办的17名区乡干部理论培训班上,县纪委书记就党风和廉政建设问题作了专题讲座。

1992年,农村基层党风廉政建设,一是县委举办了县直机关党史、党建理论学习培训班等,508个村支部书记和28个乡镇党委书记参加了学习培训班。二是县纪委认真组织工作人员对农村党风党纪情况进行了调查,并将《农村党风党纪情况调查》的调查报告上报地区纪委,同时,经过调查还写出了《加强农村正规化、科学化、制度化管理探析》《反腐败现象斗争的几点思考》等调研文章,还配合有关部门对太平营乡坪干村开展了治安致富奔小康的调研。

1996年,切实加强减轻农民负担工作的监督监察。一是成立了以分管农业口的副县长为组长,县农业局局长、县监察局局长为副组长,县农业局办公室主任、县纪委执法室主任等为成员的减轻农民负担工作领导小组;二是对全县的农业负担状况进行了摸底调查;三是县监察局与县农业局达成共识,向县人民政府请示,由县人民政府制发农民负担监督卡。

1997年,开展农村基层党风廉政建设联系点的创建工作,把世昌乡下大坪村党支部作为抓农村基层党风廉政建设的联系点,经县纪委监察局和联系点的共同努力,完成联系点示范工作的创建,并取得了农村基层党风廉政建设的经验和做法。继续开展减轻农民负担工作,建立了农民负担预算制度和审计制度,发放农民负担卡和农民负担手册。明确废止涉农文件20个,对中央明令取消的原行文执行的19项,已全部取消,减轻农民负担313万多元。是年,全县发放农民负担监督卡11万多份,严格将农民负担控制在国务院规定的农民上年人均纯收入的5%以内。

1998年至2002年,进一步开展农村基层党风廉政建设,一是发放农民负担卡12.1万份。二是抓好村务公开和政务公开,坚持“三结合、四到位、五规范、一奖惩”的原则,推动和促进了村务公开和政务公开工作健康发展。全县共建立村务公开栏443个,通过贴告示、发明白卡等形式进行村务公开,28个乡镇的政务公开全面展开。三是开展农村基层党风廉政建设和反腐败斗争宣传教育,购置《中国共产党纪律处分条例(试行)》录像带(光碟)21盘(盒),利用成克杰、胡长清等典型案件电教片在乡镇播放,发放党风廉政学习资料、警示材料4000余册,深入乡镇开展反腐倡廉宣传活动。

2006年,县纪委印发《松桃苗族自治县关于建立农村基层党风廉政建设联系点的实施方案》,一是成立农村基层党风廉政建设联系点工作领导小组。二是采取多项措施,加大对农村基层党风廉政建设宣传教育力度,把农村基层党风廉政建设宣传教育与第三批保持共产党员先进性教育活动相结合、与“学习党章、贯彻党章”相结合、与推进廉政文化“五进”活动相结合,加强建立农村基层党风廉政建设联系点宣传教育工作。向乡镇科级领导干部发放《致领导干部家属的一封公开信》,增强参与农村基层党风廉政建设的自觉性和主动性。三是健全制度、狠抓落实。督促乡镇规范、完善了乡镇干部管理制度和乡镇、村级财务管理制度,抓好落实“收支两条线”管理制度的贯彻执行,在农村基层党风廉政建设联系点实行村级领导班子民主生活会制度、重大事项集体讨论和民主决策制度、村级班子及成员述职述廉制度,建立廉政档案管理制度，深入落实“村民自治”制度。四是突出重点、强化监督。紧紧围绕农民群众反映强烈和损害农民利益的问题为重点，确保哪里有问题苗头，监督就跟进到哪里。加强村级班子队伍建设、提高整体素质，深入推进乡镇政务公开和村务公开，继续加强对村干部的离任审计工作，建立村干部离任审计工作制度；调整充实村级信访员队伍，把信访工作向村级延伸；从严执纪，纠正和查处基层干部作风方面存在的突出问题，促进农村党风政风和社会风气的进一步好转。

2007年，加大农村基层党风廉政建设力度。县纪委印发《松桃苗族自治县农村基层党风廉政建设实施方案》，并组织2个调研组深入全县28个乡镇，对农村基层党风廉政建设工作开展情况进行了督查调研，会同有关部门对孟溪镇6个村的村级财务进行了审计。

2008年，积极探索农村基层党风廉政建设思路，一是深化农村基层党风廉政建设工作，县纪委印发《2008年农村基层党风廉政建设工作任务安排表》《关于进一步规范“村（社区）财务管理”等制度》《关于在全县聘请党风廉政建设义务监督员的通知》，全县聘请38名党风廉政建设义务监督员。二是认真贯彻落实全省“农村基层党风廉政建设经验交流现场会”精神，县纪委开展对农村基层党风廉政建设状况、突出问题和解决措施的调研，制定和完善农村基层干部行为准则，严肃查处侵害农民利益行为。切实减轻农民负担，督促有关部门为农民工追缴拖欠工资130余万元，查处和纠治损害农民土地权益问题2件，农民群众累计得到实惠345.8万元。充分发挥农村基层党风廉政建设联系点的作用，加强工作指导，结合实际，突出特点，抓出特点；加强对农村基层灾后重建工作的监督检查。严肃查处贪污、私分、克扣、截留、挪用、滞留救灾物资行为以及优亲厚友问题，确保灾后重建工作各项政策规定落实到位。

2009年，深化农村基层党风廉政建设。一是明确责任，建立农村党风廉政建设联席会议制度，县委、县人民政府印发《2009年全县农村党风廉政建设工作安排意见》，并将任务分解到30个成员单位和涉农部门，明确牵头单位和配合部门。二是抓好落实，重点抓盘信镇马台村等5个基层联系点的农村党风廉政建设工作；对村干部、乡镇纪检监察干部185人开展了党风廉政建设教育培训，在全县推行村干部勤廉承诺制。三是加强检查，成立了农村党风廉政建设专项检查工作领导小组，县纪委印发《农村党风廉政建设专项检查工作实施方案》，组成8个检查组对28个乡镇和22个涉农部门进行专项检查，对检查中发现5万元粮食直补资金拖延发放、危房改造工程进度缓慢等问题及时督促相关单位进行整改，对17件农村党员违纪违法案件进行查处。四是县委、县人民政府印发《关于建设乡镇便民服务中心的实施方案》，县人民政府印发《关于建设乡镇便民服务中心的意见》，县纪委督促建成乡镇便民服务中心5个，乡镇便民服务点17个，设立便民服务窗口32个。全县28个乡镇编制政务公开目录，建立政务公开栏71块，设立投诉箱73个；435个村（社区、居委会）全部实行村务公开，保障人民群众的知情权、参与权和监督权。

2010年，继续加强农村基层党风廉政建设，县委、县人民政府印发《2010年全县农村党风廉政建设工作安排意见》，明确指导思想、主要任务及措施、工作要求等方面的内容。成立7个检查考核组对2010年农村党风廉政建设任务完成情况进行检查考核；在蓼皋镇粑坳村开展以制度建设、村务公开、廉政文化建设为主题的农村基层党风廉政建设示范村工作，投资15万元为该村修建党员活动室，修建了“廉政清风亭”，以点带面，推动全县农村基层党风廉政建设深入开展，形成良好的村容村貌，成功引进了投资2.6亿元的三和锰业公司分公司在该村落户。县农村党风廉政建设联席会议办公室印发《松桃苗族自治县“三资”管理全面委托代理服务试点乡镇工作要求》的通知，确定在蓼皋镇开展农村“三资”管理全面委托代理服务试点工作，蓼皋镇成立以党委书记为组长的农村“三资”管理全面委托代理服务工作领导小组，并指派专人负责具体工作，研究村级财务委托代理服务工作的各项事宜，负责全镇“三资”管理工作的安排布置和督促指导。同时，对全镇各村所有资金项目进行清产核资，建立“三资”账簿，制定“三资管理”制度，实行村级财务乡镇代管，取消各村原有账户，并将全镇5个社区4个村的77.4万元资金全部纳入镇委托服务中心管理。

2011年，稳步推进农村党风廉政建设工作，县委办公室印发《2011年全县农村党风廉政建设工作安排意见》，县纪委印发《关于开展农村集体“三资”清产核资和建立健全村务监督机构的通知》，要求切实解决侵害农民利益突出问题，加强农村集体“三资”清产核资和管理，加强村级民主管理、民主监督，加强农村基层党员干部的教育、管理和监督，并对全县农村党风廉政建设工作任务进行分解。切实解决侵害农民利益的突出问题，纠正非法占用农村集体土地282.9亩，涉及金额75.6万元，查处农村基层党员违纪违法案件14起，给予纪律处分20人。

2012年，县纪委办公室印发《松桃苗族自治县2012年农村党风廉政建设工作安排意见的通知》，修订完善全县党风廉政建设责任考核办法；印发《松桃苗族自治县村务监督委员会试点工作实施方案》，将蓼皋镇南门社区、大兴镇星光村、孟溪镇寨干村、长坪乡下棚村列为村务监督委员会试点村。4个试点村全部完成选举工作，各村务监督委员会运转正常。县纪委印发《松桃苗族自治县农村党风廉政建设工作专项检查活动方案的通知》，主要采取全面自查和重点抽查相结合的方式进行，对《农村基层干部廉洁履行职责若干规定（试行）》贯彻落实情况、党的基层组织党务公开工作情况、村务监督委员会试点工作开展情况、农村集体资金资产资源清理情况、农村廉政文化建设情况、农村党风廉政建设责任制落实情况进行检查。对425名村干部进行民主评议和勤廉双述，并对农村基层干部的任期和离任进行经济责任审计，在30个村开展清产核资工作。

2013年，一是以树立理想信念和加强思想道德建设为基础，以规范和制约村级组织权力运行为核心，以维护农民利益为重点，扎实推进农村党风廉政建设。二是完善村级监督体系，规范权力运行。将廉政风险防控工作延伸至村，防止村干部权力失控、权力失范、权力滥用。廉政风险防控工作按照“一查二卡三防控四承诺”的步骤和要求进行。在各村设立县纪委和乡镇纪委的举报电话，同时将涉农资金评定和发放流程图上墙，使村干部的权力接受群众监督。全县494个村共查找单位廉政风险点3000余个，制定防控措施3000余条；1482名村干部共查找廉政风险点1.1万余个，制定防控措施1.1万余条，全部制作成廉政风险监督卡和廉政风险提示卡。全县494个村均成立村务监督委员会，村务监督委员会成员参与重大议事，对村干部权力运行进行有效监督。加大对党务公开、村务公开的指导和督查力度，要求公开的事项必须公开，瓦溪乡还实行“组务公开”制度，在各村民组设置公开栏。三是严肃查处腐败案件，维护农民的利益。加大对涉农资金发放和使用的回查回访力度，对村干部以权谋私、与民争利、侵害农民利益行为和农村党员违反法律法规、影响社会稳定等行为，严肃查处。共查处村干部农村党员12人，主要涉及违规评定和冒领低保资金、乱收费、侵占集体资金等方面。

第七节　党务公开

推进党务公开是发扬党内民主、发展社会主义民主政治的必然要求，是保障党员的权利与义务、推动党内民主、加强党内监督、密切党群关系的重要举措。在县党务公开领导小组部署下，各基层党组织采取上党课、召开培训会、组织专题座谈会等形式，对党务公开工作进行政治理论学习，充分利用报刊、广播、电视、网络和宣传栏等媒介，把党组织重要会议精神、党组织的重大决策部署、重要政策措施、重要人事变动、大额资金安排使用情况、处理违纪党员情况、开展经济责任审计情况等内容纳入党务公开范围。同时，还对公开时限、公开程序作出规定。明确各级党组织、主要负责人为党务公开的第一责任人，负责对党务公开的内容进行审核,涉及重要工程、重大事项、群众关心的重大事件等公开内容,须报县党务公开领导小组审核后再进行公开。通过党务公开,进一步增强党员的党性观念、主体意识和责任意识,对于激发党员活力、凝聚思想共识、提高工作成效具有重要的促进作用。

2008年,积极推进党务公开。一是县委印发《关于进一步规范党务公开工作的通知》,确保党员群众知情权,明确指导思想及工作原则、组织领导、党务公开的内容、公开的形式、党务公开的程序与时限、工作要求等方面的内容。二是开展对党务公开的内容、程序、形式、时限和评估体系等方面的调研,推进党务公开工作的规范化、制度化;加大宣传力度,推广好的经验和做法,发挥典型示范作用;继续推行农村基层党务公开,加强检查指导,及时发现和纠正存在的问题。

2011年,成立全县基层党组织党务公开工作领导小组,领导小组组长为县委常委、县委组织部部长张翔胜,副组长为县委常委、县纪委书记张萍,领导小组下设办公室在县纪委,明确具体人员负责办公。

2012年,调整充实县委党务公开工作领导小组成员,调整后组长为县委副书记吴洋富,副组长为县委常委、县委组织部部长张翔胜和县委常委、县纪委书记张萍,明确领导小组下设办公室在县纪委党风廉政室。县委印发《松桃苗族自治县2012年党务公开工作要点的通知》,按照围绕中心、服务大局,积极稳妥、循序渐进的方法,进一步总结经验,探索规律,健全机制,深入抓好党的基层组织党务公开工作。明确一要进一步提高党的基层组织党务公开工作质量和水平,二要进一步完善党的基层组织党务公开各项制度,三要加强对党务公开工作的组织领导。是年,全县28个乡镇303个村(社区)党组织实行党务公开,聘请党务公开监督员50名,开展党务公开专项检查2次。

2013年,县委印发《松桃苗族自治县2013年党务公开工作要点的通知》,要求要认真贯彻落实中央、省、市党务公开工作部署,坚持围绕中心、服务大局,坚持突出重点、务求实效,以促进权力公开透明运行为重点,推动党务公开工作规范化、制度化。加大对党务公开的指导和督查力度,要求公开的事项必须公开。实行公务接待费用公开制度,各乡镇、单位要将公务接待费用开支纳入党务公开内容,定期向党员干部职工进行公开。

2014年,县纪委印发《关于对全县乡镇"村财乡代管"、党务公开、村务公开及畜牧良种补贴资金、农业机械购置补贴资金管理情况进行检查的通知》,对全县各部门、各乡镇、村有无党务公开栏,公开内容是否及时、全面、真实进行监督检查。围绕规范权力运行,建立权力清单制度,健全党务公开制度。

第八节　领导干部重大事项报告制度

为加强对领导干部的管理和监督,促进党风廉政建设和领导干部思想作风建设,松桃纪检监察机关根据1997年1月31日党中央、国务院批准下发《关于领导干部报告个人重大事项的规定》,以及《关于党政机关县(处)级以上领导干部报告个人重大事项的规定》《关于党政机关县(处)级以上领导干部收入申报的规定》《关于党和国家机关工作人员在国内交往中收受礼品实行登记制度的规定》《关于国有企业实行业务招待费使用情况向职代会报告制度的规定》廉洁自律四项制度,在县(处)级领导干部中开展重大事项报告制度。

1998年,按照《中国共产党党员领导干部廉洁从政若干准则》的规定,全县30名副县级以上领导干部报告个人重大事项,填写收入申报表,对收受礼品进行登记,5个国有企业的业务招待费使用情况向职代会进行报告。

1999年,县委印发《关于进一步贯彻落实党风廉政建设责任制的通知》,明确要继续抓好个人重大事项报告,个人收入申报和礼品登记。全县有4名科级领导干部申报了个人重大事项,283名科级领导干部申报个人收入,1名副县级领导干部进行礼品登记,4个企业的接待费向职代会进行报告。

2002年,加强制度建设,建立健全了领导干部打招呼制度、诫勉谈话制度和党风廉政建设巡视员制度,重申和规范领导干部个人重大事项申报制度、收受礼品礼金登记制度和个人收入申报制度。

2003年,继续抓好领导干部个人重大事项报告,有14名科级干部报告个人重大事项,178名科级干部申报了个人收入,3名科级以上干部上交了礼金1.6万元。

2004年,组织核查组对副科级以上领导干部家庭财产申报的房产项目进行核实,没有发现利用住房制度改革以权谋私的问题。

2005年,开展对港澳通行证、护照清理工作,从2004年1月至2005年6月,共有84名党员或干部申领往来港澳通行证,有2人申领护照,申领理由均为旅游,没有发现县处级干部或配偶申领外国长期居留证和中国香港、澳门居民身份证情况。

2006年,认真贯彻《中国共产党党内监督条例》,是年,先后有10名科级干部、3名县级干部个人重大事项向县纪委或通过县纪委向地区纪委作了申报。

2007年,有1名县处级领导干部就个人重大事项通过县纪委向地区纪委作了报告,19名科级干部个人重大事项向县纪委作了报告,32名一般干部操办酒席事宜经单位批准后报县纪委备案。

2008年,认真解决领导干部廉洁从政方面的突出问题,严格执行领导干部配偶、子女从业有关规定,把领导干部配偶、子女经商办企业情况及对身边工作人员的教育、管理情况列入领导干部个人有关事项报告制度。是年,领导干部报告个人重大事项38人次。

2009年,督促认真落实领导干部配偶和子女从业、投资入股、到国(境)外定居等规定和有关事项报告登记制度,接受并批复领导干部个人重大事项报告16件。

2010年,认真贯彻落实《关于党员领导干部报告个人有关事项规定》制度,切实加强对领导干部的管理、教育和监督。是年,有33名领导干部报告个人重大事项。

2011年,认真贯彻落实党员领导干部报告个人有关事项的规定。把住房、投资、配偶子女从业等情况列入报告内容。加强监督检查,对隐瞒不报、弄虚作假的作严肃处理。是年,按规定批复15名领导干部婚宴酒申请。领导干部报告个人有关事项498人次。

2012年,认真执行领导干部报告个人有关事项,把学习《关于领导干部报告个人有关事项的通知》和未按规定上报个人有关事项列入《松桃苗族自治县2012年度党风廉政建设责任制考核办法》。是年,对32名市管干部个人廉政档案材料进行收集并上报市纪委,125名科级干部向县纪委报告个人有关事项。

2018年,县纪委制定《松桃苗族自治县纪检监察领导干部外出报备工作暂行规定》,明确纪检监察领导干部外出报备要严格执行"先请示请假、后报备"的原则,不得以外出报备代替请示请假。除省、市纪委市监委、县委和县纪委县监委组织安排之外,外出对接汇报工作、考察学习培训、参加会议活动等因公离开本地,要按规定程序请示;因私离开本地,要按规定程序请假。纪检监察领导干部外出期间应保持通讯联络畅通,确保能及时处置各项紧急重要工作。报备的要素包括外出人员、事由、时间、地点(外出期间行程有变化,应及时补充报告)。各乡镇(街道)纪(工)委主要负责同志外出,需报备外出期间代其主持工作的负责同志姓名、职务。是年,纪检监察干部因探亲、外出就医等原因进行报备的干部共57人次。全县有48名干部因婚丧嫁娶向县纪委报告备案。

2019年,根据《松桃苗族自治县纪检监察领导干部外出报备工作暂行规定》要求,县纪委县监委领导班子；乡镇(街道)纪委(纪工委)书记；县纪委县监委派驻纪检监察组组长、副组长、副科长级专职纪检监察员；县纪委县监委机关各内设机构和县委巡察办主要负责同志(含主持工作)人员严格按照规定执行外出报备制度。是年，因培训、探亲等原因报备的干部共48人次。全县有19名干部因婚丧嫁娶办酒席向县纪委报告备案。

2020年，继续按照《松桃苗族自治县纪检监察领导干部外出报备工作暂行规定》文件要求执行纪检监察干部外出备制度，是年，因看病、探亲等报备的干部共61人次。与此同时，根据县委办公室、县人民政府办公室印发《关于进一步规范和治理城乡居民操办酒席的通知》文件，从酒席操办范围、申报审核程序、申报内容、举报渠道等方面对操办酒席行为进行了规范。明确除本人、本人的子女或本人长期直接监护的亲属嫁娶且达到法定结婚年龄并已领结婚证的婚嫁酒席和本人的父母、配偶或本人长期赡养的老人去世的丧葬酒席外，其他各类酒席一律禁止操办。是年，全县共有22名干部因操办婚丧酒席向县纪委报告备案(含纪检监察系统一般干部、科级及以上干部)。

第九节　惩防体系建设

2005年1月3日，中共中央印发《建立健全教育、制度、监督并重的惩治和预防腐败体系实施纲要》(以下简称“实施纲要”)的通知，要求各级党委和政府要从政治和全局的高度，深刻认识贯彻实施纲要的重要意义，把建立健全惩治和预防腐败体系的工作纳入经济社会发展的总体规划，并结合实际制定贯彻落实实施纲要的意见和办法，建立健全有效的工作机制，切实把反腐倡廉的各项工作落到实处。是年5月15日，县委制定并印发《关于贯彻落实〈建立健全教育、制度、监督并重的惩治和预防腐败体系实施纲要〉的意见》(以下简称“意见”)。该意见共分六部分，21项工作要求。近期目标是到2007年，初步建立适应新形势要求的教育、制度、监督并重的惩治和预防腐败体系整体格局和工作机制，使腐败现象得到有效遏制，人民群众对反腐败斗争的满意程度不断提高。中期目标是到2010年，建立起符合松桃实际的惩治和预防腐败体系的基本框架。远期目标是：再经过一段时间的努力，建成较为完善的惩治和预防腐败体系。按照上级统一部署和要求，县纪委成立贯彻落实实施纲要领导小组及办公室。通过召开专题座谈会，印发学习贯彻实施纲要的通知，开展多种形式的学习宣传。全年共举办学习辅导讲座100余次，播放学习光盘250余次，组织4万余人参加知识竞答活动。

2006年，召开贯彻落实《建立健全教育、制度、监督并重的惩治和预防腐败体系实施纲要》工作会议，印发《关于贯彻落实〈建立健全教育、制度、监督并重的惩治和预防腐败体系实施纲要〉的意见任务分解方案》，明确具体措施、任务分工和2006年必须完成的工作任务。

2007年，学习贯彻中央纪委十六届七次全会精神，坚持“标本兼治综合治理、惩防并举、注重预防”的战略方针，不断推进惩防体系建设。

2008年，印发《松桃苗族自治县贯彻落实〈建立健全惩治和预防腐败体系2008—2012年工作规划〉实施办法》《松桃苗族自治县贯彻落实〈建立健全惩治和预防腐败体系2008—2012年工作规划〉实施办法任务分解方案》和《松桃苗族自治县贯彻落实〈建立健全惩治和预防腐败体系2008-2012年工作规划〉实施办法任务分工表》，对28个乡镇和县直各部门开展惩治和预防腐败体系工作进行安排和细化，将惩防腐败体系情况纳入县委目标任务考核，与经济社会发展同部署、同考核，确保惩防体系工作落实到位。同时，采取定期检查与不定期抽查相结合、集中检查与专项检查相结合、重点检查与日常检查相结合的方法，对各乡镇和县直各部门落实惩防体系建设工作情况进行检查，对措施不力、工作落实不到位、工作效果不明显、群众不满意的责令批评整改,对搞形式、走过场的坚决纠正。

2009年,要求全县各级党委把贯彻落实《建立健全惩治和预防腐败体系2008—2012年工作规划》作为当前一项重要政治任务来抓,建立健全反腐倡廉长效机制。同时,为深入学习实践科学发展观活动,以改革创新精神推进惩治和预防腐败体系建设,在全县开展“深入学习实践科学发展观、扎实推进惩防体系建设”理论征文活动。

2010年,为推进惩防体系建设和党风建设责任制工作落到实处,县委常委分别带队深入全县33个单位进行检查,制定乡科级领导干部问责办法、改任非领导职务党员干部管理办法、机关作风和效能建设考核评价方案、乡科级领导干部公推直选、公开选拔等一系列制度,对提高工作效率,推动干部勤政廉政起到积极作用。

2011年,扎实推进惩防体系建设,加强对惩防体系建设各项分工任务的督促检查。印发《2011年松桃苗族自治县贯彻落实〈建立健全惩治和预防腐败体系2008—2012年工作规划〉的实施办法》及其任务分工表,制定督促检查制度,派出专项督查组,集中开展两次任务分工表的督促检查活动,及时了解掌握各乡镇各部门贯彻落实情况。

2012年,强化组织领导,成立以县委书记为组长的领导小组,同时下发《松桃苗族自治县2012年贯彻落实〈建立健全惩治和预防腐败体系2008—2012年工作规划〉实施办法》的通知,印发任务分解方案,将工作规划分解为120项具体任务,落实到55个牵头单位和协办单位。是年,县纪委要求各地、各部门对惩防体系任务分工方案确定的重点任务设立工作台账,实行目标管理和动态管理,明确完成任务的时间进度、工作要求和具体责任,并及时进行跟踪督导,整改解决问题。年终对惩防体系建设任务进行严格检查和考核,并将考核结果计入领导班子、领导干部综合考核评价中,对考核不合格的领导干部实行“一票否决”。

2013年,深入推进惩防体系建设,及时调整惩防体系建设领导小组,下设领导小组办公室在县纪委,明确了办事机构和人员、工作职责,出台责任落实制度。根据市惩防体系建设领导小组办公室要求,认真总结全县廉政文化进校园、推行涉农资金回访制度、通过网络“民情通道”破解民生难题等三项特色工作,并上报市惩防体系建设领导小组办公室。上报40余条工作信息,其中7条信息被市惩防体系建设领导小组办公室采用、转发。

2014年,扎实推进惩防体系建设,及时调整县惩防体系建设领导小组,明确办事机构和人员、工作职责,出台了责任落实制度。印发《松桃苗族自治县贯彻落实〈建立健全惩治和预防腐败体系2013—2017年工作规划〉的实施意见》《松桃苗族自治县惩治和预防腐败体系建设工作制度》《松桃苗族自治县2014年惩治和预防腐败体系建设工作要点》,将42项工作任务进行分解,明确牵头单位和承办单位。

2015年,全县建立两个民生监督专题警示教育基地,展示县内近年来50余个民生领域典型案例,用身边典型案例警示全县干部职工,让党员干部知敬畏、存戒惧、守底线。

2016年,制定《2016年党风廉政和反腐败工作要点》《廉政风险防控机制建设实施方案》,进一步对惩防体系建设责任制内容进行了细化和量化;加强领导干部用权监督制约机制,规范党政“一把手”用权行为,推进“三重一大”集体民主决策制度,进一步加强干部日常廉洁从政情况的监督,努力做到常抓不懈,警钟长鸣。

2017年,为加强惩防体系建设,一是开展党员领导干部述职述廉述责和廉政测评工作,加强党员领导干部的廉洁从政道德修养,营造廉政文化浓厚氛围,使党员干部在思想上筑起反腐倡廉的牢固防线。二是从严规范“三公经费”管理,严明财经纪律和工作纪律,大力推进节约型机关建设;三是强化正风肃纪,推进依法廉洁行政，严肃查处不作为、乱作为、工作不实、执行不力、作风不正、行为不检的典型。

2018年，纪检监察机关坚持“转职能、转方式、转作风”聚焦主责主业，压实主体责任，强化监督执纪问责，把纪律和规矩挺在前面，腐败蔓延的势头得到有效遏制。

第十节　专项整治工作

一、打击经济领域严重犯罪活动

1982年1月，中共中央发出《关于打击严重经济犯罪活动的紧急通知》和全国人大常委会作出《关于严惩严重破坏经济犯罪的决定》下发后，县委、县人民政府一是立即成立了以杨廷勋任组长，张其富、石成清任副组长的打击经济领域犯罪活动领导小组，对打击严重经济犯罪活动进行安排部署，在3月11日召开第一次会议上，要求县直各系统和各区都要认真进行调查摸底工作，对于各区和各系统的经济案件，特别是牵涉到领导干部重大经济案件，要及时报告县委打击经济领域犯罪领导小组，以便组织人员查实进行处理。二是对县域内经营和购销自行车的情况和存在的问题进行清查。三是对利用保管石油工作之便，贪污盗窃国家控股的石油1000多公斤的张某某作出停职检查决定。充分发动群众的基础上，在县机关的农委、经委、财办和全县11个区（镇）成立工作专班，抽调107名办案能力强的干部，负责专案工作，同时在县机关召开职工动员大会，而后在全县范围内开展打击经济领域犯罪活动斗争。是年，全县共揭发各类经济案件29起。其中个人非法所得1000元以上8起，非法牟利2000元以上的2起。在这29起案件中，涉及党员、国家干部38人，社会人员6人；从职务级别看，区级干部2人，公司经理和股（所）长以上干部13人，一般干部23人，其他6人。这批案件，是年查证落实结案26起42人，逮捕法办12人，拘留审查1人，开除党籍8人，其他政纪处分21人，在打击经济领域犯罪活动中，共追缴赃款5万余元。

1983年，全力以赴开展打击经济领域中严重犯罪活动的斗争，一是学习文件统一思想，二是抓住典型以点带面，三是领导办案分工负责，四是掌握政治定性把关。是年，全县先后揭发并依据党纪国法立案查处各类经济案件54起，涉及国家干部、职工和群众74人，其中党员27人，科局级干部2人；对立案的54起，当年查处结案53起，对涉及的相关人员也进行了严肃处理。其中，受法律处罚15人（判刑10人，拘役5人）；党纪处分24人，政纪处分27人；经济处罚7人，免予处分3人，追缴赃款赃物折币11.86余万元。在抓此项工作中，县委首先抓的是大案要案，像国营饭店周某给投机倒把分子销赃粮票8万多斤的案件，县锰矿厂管理人员同民工勾结贪污，造成国家损失8万多元的案件，均分别给予纪律处分和追究法律责任。其次，采取案件定人、定时、定质、定量的办法，分工具体、责任到人，领导亲自抓大案要案，使案件按时按质完成，通过这些工作，促进党风好转，也带动社会风气的好转。

1984年，为进一步坚决而持久地开展打击经济领域严重犯罪活动，县委决定成立由石邦珍任组长，杨廷勋、龙国春任副组长，田景全、吴官成、龙刚、龙品清、张君荣、梁恩仁为成员的县委打击严重经济犯罪活动领导小组，领导小组办公室（简称“打经办”，下同）设在县纪委。转发中央纪委第二号通报《坚决克服官僚主义作风狠狠打击粮食系统的经济犯罪活动》给各区（镇）、乡党委、县粮食局及各区粮管所党支部，要求组织干部学习，并对粮食工作进行一次检查，狠狠打击粮食系统的经济犯罪活动。形成了党委重视，加强领导；分级管理，单位办案；有关部门相互配合、协同作战；边查案、边追赃的机制。共揭发各类经济案件、依据法律程序和组织程序立案14起15人。其中，涉及党员干部5人，贪污金额达2.33余万元。是年，结案12起13人；在12件案件中，受法律处分5人，党纪处分2人，政纪处分5人，免予处分1人；追缴赃款1.91万元（包括赃物折款），加上1982年、1983年收回的款项，全县共追缴赃款16.89万元，占贪污总数

18.07万元93.46%,减少了国家的经济损失。

1985年,县委副书记石邦珍、县纪委书记龙国春、副县长龙文武组织县审计局、县农行、县工商行、县建行、县财政局、县税务局、县工商局、县政法委等单位负责人召开会议,专门研究开展打击经济领域严重犯罪工作,会议决定从有关单位抽调10名干部充实"打经办",另从县人民检察院抽6人,共16人;从县财政拨出500元作为办案业务费。县纪委配合有关部门,积极开展打击经济领域严重犯罪活动。是年,立案19件,结案12件;在结案的12件中,判刑3件,开除公职2件,给予党纪、政纪处分4件,免予处分1件,销案2件,共收缴赃款(含赃物折价)39.05余万元;还破获社会上两起大的诈骗案,追缴赃款4.9万余元。对一起金额23万多元的特大贪污案件,县纪委领导亲自坐镇,县人民检察院、县打经办领导参加,组织10余人的专案队伍调查此案,对有关人员采取法律措施;县纪委还配合县委宣传部,督促相关职能部门对录像及非法出版物的清理审查工作,共审查县属4家录像放映点172部录像片;根据有关规定,属于禁片的坚决禁放,属于待审的停映审查,同时对县城的11家街头小报摊点进行整顿,收缴非法图书166册,不健康小报20余份。

1986年,调整充实县委打击经济领域严重犯罪活动领导小组,彭文锡任组长,吴庆安、龙国春、刘鸿源任副组长,杨昌才、龙文斌、龙岗、龙品清、杨再全、张君荣、龙光祥为成员。是年7月17日召开县委打击经济领域严重犯罪活动领导小组会议,传达学习中共铜仁地委《关于在改革和经济工作中若干具体问题上划分是非界限的试行规定》文件;听取杨昌才传达汇报了地区在铜仁县召开的打击经济领域严重犯罪活动经验交流会精神。是年上半年,统一组织66人的办案队伍,采取"四定一包"的办案方法,突破一批案件。对经济案件的查处,县纪委、县打经办除发挥牵头、督办作用外,还亲自参加查处案件8件,其中大案3案。同时对经济案件线索从下而上进行了清理,1984年下半年和1985年上半年发生的经济案件基本得到清理和查处。先后召开2次打击严重经济犯罪公捕公判大会,从而不断把斗争引向深入,全年共查处经济案件29件,涉及37人,其中干部24人,党员9人,万元以上案件11件。是年,结案18件,查清待处11件。所结的案件被处理的人员共16人,其中判刑7人,党纪处分3人,政纪处分6人,追回赃款(包括物资折价)13.5万元。同时还协助、督促有关单位追回外地欠款23万余元。是年向地区纪委、县打经办报告县粮食局议价公司收回赊款的有关情况,共收回欠款19.08余万元;向县委、县人民政府形专题报告打击严重经济领域犯罪斗争情况和意见。经县委同意,于7月4日上午召开打击严重经济犯罪公捕公判大会,公安局副局长龙光祥(主持工作)宣布对7名经济犯罪分子予以逮捕的决定;县人民检察院副检察长龙中辉宣布被逮捕的7名涉嫌犯罪的主要事实;县人民法院副院长刘廷发宣读对3名嫌疑人犯罪的事实和判决书。县纪委书记龙国春宣读对有严重经济问题的2名干部作出停职检查的决定、对4名人员采取边检查边工作的行政措施;县委副书记彭文锡对上半年"打经"工作情况进行总结,对下步工作提出安排意见。县委书记麻绍玉、县人民政府县长石邦珍分别作了讲话,肯定前段的工作,提出今后工作的意见。

1987年,继续开展打击经济领域犯罪活动工作,查处案件827起,已结案552起。是年,根据中共中央办公厅转发中共中央纪委《关于各级纪委不再作为党委领导打击严重经济犯罪斗争办事机构的请示》的通知精神,撤销县打击经济犯罪领导小组及其办公室,"打经"工作交县人民检察院负责,集中精力抓好经济案件中党员违反党纪的查处工作。

二、清理纠正建房分房

1984年,认真贯彻执行省人民政府办公厅《关于贵州省党政机关和企、事业干部职工建房住房控制标准及时对超标准住房处理的试行办法》文件精神,对全县1165户干部职工的住房逐户进行清理丈量,清理超标准住房68户，面积1152.31平方米，超标准住房中科局级干部32人，超住面积322.94平方米，党员11人，超住面积176.44平方米。是年，对超住981.15平方米面积的住房人加收了房租费。县水电局、县食品公司、县盐业公司、县文化馆共退出多占房11间，共计171.16平方米。

1989年，协助县委抓清理干部“三违”建私房工作。县纪委抽出1名领导主持“清房办”工作。

1990年，协助县委抓清理纠正党政机关干部“三违”建私房。自从清理工作开展以来，县纪委专门抽出一名领导负责抓清房工作。在处理阶段，县纪委又抽出1名干部进行调查，落实组织处分。是年底，全县已清理出干部职工营建私房328户，其中副县级以上干部4户，副局级以上干部71户，一般干部职工253户，其中不属清理对象16户，有“三违”行为已处理293户，共罚款5.7万元，兑现3.13万元。在清理纠正“三违”建私房工作中，县纪委立案2件，结案2件，结案率达100%，受党纪处分的党员2人，其中严重警告1人，警告1人。

1991年，协助县委抓清房扫尾工作。清房工作于是年9月结束，全县共清理出干部职工营建私房342户，其中属“三违”建房的184户，罚款71000多元，兑现率达100%，限期拆除的4户，已全部拆除。受党纪处分2人。清房工作，按上级有关规定处理完毕，经地区验收达到合格标准。清房工作结束后，县委、县人民政府召开总结表彰大会，有6个先进集体和9名先进个人受到表彰，并选出县人民法院、县国土管理局为先进集体和先进个人6人报铜仁地区表彰。

1996年，县委印发了县通字〔1996〕8号文件，成立清理干部住房问题领导小组，由县委副书记李树新任组长，县委常委、县纪委书记李朝安，县委常委、县人民政府常务副县长李昆云，副县长杨胜修任副组长，有关单位领导为成员，下设办公室在县建设局具体办公，对全县干部职工住房开展自查工作，在填表自查的基础上，由清房领导小组组织调查组进行全面调查，查出在40名县处级领导干部中有2名干部有私房又住公房，已由清房领导小组报上级组织处理；有26名科级领导干部超面积住房共计401.64平方米，超住部分已全部按文件规定作加价处理。

三、纠正“招转调”

1984年，清理招、转、调工作中的不正之风。是年在有关部门的积极配合下，查处招工、招干中出现的个别舞弊行为。县工商部门是年在招工商干部时，不按上级文件规定，将本系统不是高中的8名初中生参加报考，其中3人已上线，准备录取。被组织发现后，决定取消录取资格；又如县商业局水产公司1983年招1名试用工时，由于把关不紧，体检不严，录取后发觉有传染病，通过做好家庭和本人工作后，作了辞退处理。原县物资局副局长魏某之孙，系河南林县人，魏某谎称其孙的母亲已经去世，父亲参军，无人抚养，要求在松桃民族中学报考，县招办研究认为情况特殊，同意把户口迁来后报考，后被松桃民族师范录取，城关镇派出所发现魏某之孙是农业人口，原籍并非无人抚养，经研究，对魏某之孙作出予以清退决定。

关于农转非的问题，县纪律组织有关部门进行清查，从1981年至1984年，共转33户95人，通过清查未发现问题。

1991年，派出干部协助有关部门在招工、招干和农转非等工作中进行监督和监察工作，保证招工、招干等工作的公开、公正、公平、择优等原则的顺利进行。

1994年，对乡镇招聘干部、计生招聘干部及转干问题进行监督检查，确保这些工作的顺利开展。

四、“小金库”专项清理

1995年，全县纪检监察机关开展清理私设“小金库”专项工作，通过对26个单位进行重点清理，查出违纪金额22.16余万元，其中纳入中央和地方财政9万元。

1996年，继续开展清理私设“小金库”工作，清出“小金库”金额16.39万余元，其中属行政事业性收费10.57万余元，其他5.82万余元。

1997年，抓好预算外资金、私设“小金库”清理。由县纪检监察机关、县财政局、县物价局、县审计局及金融部门对全县预算外资金和私设“小金库”进行全面检查，共查出预算外资金收入1332.84万元，纳入财政专户400万元。

2000年，对继续坐收坐支，截留、挪用、私分收费收入和罚没款，以及公款私存、私设“小金库”等顶风违纪违法行为开展专项检查，严格按照《违反行政事业性收费和罚没收费“收支两条线”管理规定行政处分暂行规定》，发现一起，查处一起，严格执行纪律。

2009年，为深入开展私设“小金库”专项治理，经县委、县人民政府研究，决定成立由县委常委、县纪委书记任组长；县委常委、县人民政府常务副县长任副组长的县“小金库”治理工作领导小组。领导小组下设办公室在县财政局。是年5月印发《松桃苗族自治县党政机关和事业单位开展“小金库”专项治理工作方案》，专项治理范围包括全县党政机关和事业单位。重点是2007年以来私设“小金库”资金的收支金额，以及2006年底“小金库”资金滚存余额和形成的资产。对私设“小金库”金额较大或情节严重的，应追溯到以前年度。专项治理工作从是年5月至12月年底结束，查出私设“小金库”资金27.6万元。

2010年，县纪委监察局、县财政局、县审计局联合印发《国有及国有控股企业“小金库”专项治理实施办法》，国有企业“小金库”专项治理办公室设在县财政局国资办。同时，县纪委监察局与县民政局、县财政局、县审计局还联合印发《社会团体“小金库”专项治理实施办法》，社会团体“小金库”专项治理办公室设在县民政局民间组织管理股。开展对行政事业单位私设“小金库”专项治理“回头看”和社团、国企私设“小金库”专项治理工作，共查出私设“小金库”资金100余万元。

2013年，县纪委监察局印发《关于落实“收支两条线”规定、政府采购执行情况和清理“小金库”专项检查实施方案》，对2012年以来有收费和罚没收入的部门、私设“小金库”情况、政府采购执行情况进行全面清理检查。对4个乡镇、8个部门进行重点抽查，责成问题所在单位进行整改，共追缴截留非税收入3000余万元，纠正公款私存现象1起、违规收费项目1个。

五、纠正干部突击退休顶替

1983年2月25日收到省发〔1983〕23号文件《关于停止执行干部退休后由子女顶替的有关规定》后，为抓好文件的贯彻落实，县委作出决定用4天时间贯彻地区关于干部突击退、离休，子女突击顶替的会议精神，确定县直机关公司经理以上干部和区、镇有退、离休干部的单位参加会议。会上着重学习省委(1983)23号文件和池必卿、金风省领导的讲话，统一思想，提高认识，在此基础上，以县纪委为主，成立有县委组织部、县人事局、县劳动局、县卫生局、县教育局等单位参加的复查鉴定小组，由县委副书记张其富和县委常委、县委纪委书记石成清亲自抓体检复查工作。体检复查，由县人民医院从各科室主治医生抽调组成。会议还决定，9月5日将已批准退、离休的54人集中到县城，用三天时间进行逐个体检，视进度，再通知顶替人员到城复查。

通过此次复查，全县批准退、离休的54人中，经重新审议批准退、离休的48人，其中属于正常退休的6人，因病退、离休的42人。对不符合规定的6人，不予承认。由各有关部门分别做好他们的工作，做到请回来工作的安心，退回去的子女满意。城关镇税务所所长姚某，还达不到退休条件，通过做工作，其表示服从组织决定。长兴区完小教师杨某复查后，也达不到退休规定，其本人再三要求到地区医院复查，查后仍不符合退休条件，杨某则在医生签注的“不符合退休”字样上改为“可以符合退休”。经组织调查后，找其本人谈了话，杨某交代问题，承认错误，愿意接受组织处理。退、离休人员复查工作，于9月20日结束。对顶替人员的体检于9月22日到县城集中进行，实际参加复查身体的顶替人员45人，对顶替人员复查结果的情况是，有42人符合招工条件要求，予以承认。县畜牧局田某之子1967年11月27日出生，顶替时年仅15岁零3个月，未满16周岁，不予承认。县农行离休干部汝某和张某2人离休批准日期是1983年3月1日研究，填写下文日期为2月28日，是弄虚作假倒填日期，其子女顶招也不予承认。从批准退、离休的54人中，复查后有6人不符合退离休条件，占总退、离休干部的11.1%。顶替的51人中，除父母不符合离退休相应子女不予顶招外，不符合条件的有1人，因倒填日期不予顶招2人。

六、纠正干部职工拖欠公款

1984年，县纪委印发《关于转发〈中共铜仁地区纪委第一号通报〉的通知》，县委转批县纪委《关于限期还清拖欠、挪用的公款的意见》的通知，县纪委印发《关于清理拖欠公款和组织还款的补充意见》，认真贯彻落实省纪委《关于贯彻〈中央纪委十号通报精神〉的通知》，向各区（镇）、乡党委，县粮食局及各区粮管所转发了中央纪委第二号通报《坚决克服官僚主义作风狠狠打击粮食系统的经济犯罪活动》等文件，要求对本地区、本单位干部职工借支、挪用公款长期不还的问题进行全面清理，并作出还款计划，并对贯彻落实省纪委《关于贯彻中央纪委十号通报精神的通知》情况作出通报。清出拖欠挪用公款人数1926人，拖欠挪用金额23.2万元，是年12月底，已归还19万元，占欠款总数的81.9%。为加快工作进度，县委和县纪委研究作出决定：一是各单位干部职工拖欠挪用的公款要力争在春节前还清，如经过努力仍还不清的，单位还款比例也必须达90%以上。此项工作，无论对单位和个人，都列入1985年第一季度岗位责任制的考核内容之一。二是欠款金额在300元以下的个人，要求在1985年元月底还清；300元至500元的，要求在1985年2月底前还清；500元以上的，要求在1985年3月底前还清；如无特殊情况而还不清的，特别是有能力还款而故意拖欠的给予停职停薪，什么时候还清所欠公款，什么时候回单位工作，超过1年时间仍还不清的作除名处理。欠款人员如是离退休人员，无特殊情况的，从1985年4月开始每月的离退休工资除留30至40元生活费外，其余全部用于还款，直到欠款还清为止。对在“文化大革命”期间账记在个人头上，而公款用于团体之中现又有真凭实据的；“文化大革命”中非正常死亡的人员的欠款以及属正常死亡而现在家属确无还款能力的，由单位进行调查，并写出处理意见报告，报县财政部门按有关规定抓紧处理。是年，县委印发《关于进行党风排队和大检查的通知》，通过党风排队自查，不少干部还清了公款，不少单位还款进度也较快，如县物资局欠款3341元，还款3089元，占欠款总数的92.5%；县商业系统欠款5643元，还款4500元，占79.7%，县供销系统欠款8.01余万元，还款5.77余下万元，占72.1%；县计生办、县工商局、县打米厂、县医药公司、县防疫站等不少单位还清公款。通过排队自查后，各单位将归还公款工作列入重要议事日程。

1989年，鉴于全县部分干部职工借用拖欠公款现象比较严重，金额较大，制约了全县经济的发展。为坚决纠正这一现象，加强廉政建设，进一步搞好两清工作。县纪委、县监察局、县财政局向县直各工作部门、各区公所、蓼皋镇转发省纪委、省监察厅、省财政厅《关于坚决清理纠正干部、职工借用拖欠公款问题的通知》，要求各单位认真贯彻落实。

1992年，县委、县人民政府批转县纪委、县监察局《关于清理企业干部职工拖欠公款的意见》的通知，要求各有关单位结合实际，认真做好清收干部、职工拖欠公款工作，明确了认真进行清理，限期还款，严格执行纪律，加强组织领导等四个方面的内容。为确保乡镇“建并撤”工作的顺利进行，防止在“建并撤”过程中各种违法违纪和不正之风的发生，县纪委与县监察局联合印发《关于建镇并乡撤区工作有关纪律的规定》，县委以县发〔1992〕号文件批转全县执行。“建并撤”过程中，在调查了解的基础上，对原区、乡干部和企业干部职工拖欠公款严重的情况，为了收回欠款，县纪委、县监察局，分别印发《关于建并撤后干部职工拖欠公款公物的处理意见》《关于清理企业干部职工拖欠公款的意见》，县委、县人民政府分别批转全县执行。

1994年，对干部职工拖欠公款继续进行清理。县纪委监察局印发《关于认真清收干部职工拖欠公款的意见》，县委批转全县执行。对群众反映强烈的问题，进行专项治理。如牛郎供销社干部职工在1993年中，拖欠公款十分严重的问题。县纪委、县人民检察院、县供销社组成调查组对牛郎供销社进行了历时一个月的调查清理。由于牛郎供销社管理不善，财务制度不健全，查出在全社的76名干部职工中，拖欠公款人员44人（其中党员4人），金额达22.16万余元。外单位人员拖欠牛郎供销社的金额1.19万余元。双代店欠款1.44万余元。总计拖欠公款24.8万余元。在全社及外单位拖欠公款人员中，拖欠1万至2.5万元的占6人，5000元至1万元的9人，2000元至5000元的16人。2000元以下的26人。由于领导重视，清追还款措施得力，是年5月底，收回欠款16.67万余元，其中有22人已全部还清。尚欠的8.13万余元，由欠款人员订出还款计划，按规定时间交还。另在清理过程中为单位收回货款1.86万余元。

1995年，对干部职工拖欠公款进行清理，共清出乡镇干部职工拖欠公款26人，金额3.36万余元，企事业单位干部职工拖欠公款226人，金额97.39万余元，收回欠款40.94万余元。

2004年，积极做好对用公款、国有土地修建门面营利问题的清理工作。按照要求，组织开展对各乡镇和县直单位用公款为职工购买保险，用公款建门面、国有土地集资建门面为小团体谋利益和党政干部拖欠借用公款问题进行专项清理，共清理6个单位用公款、国有土地建门面面积934.64平方米，门面收入12.6万元；清理40名党政干部拖欠借用公款21.85万元，收回6.9万元；没有发现用公款为职工购买商业保险问题。

七、“茅台酒乱象”专项整治

2018年8月9日，铜仁市纪委监委印发《关于开展干部违规参与茅台酒经营问题自查清理的通知》，8月20日，铜仁市纪委印发《铜仁市贯彻落实省纪委监委对党风廉政建设整改和“茅台酒乱象”整治工作开展专项督查督办工作实施方案》，9月5日，铜仁市纪委向各区（县）纪委监委转发《省纪委办公厅省监委办公厅关于严肃整治领导干部违规参与茅台酒经营及收送茅台酒问题的通知》全面启动“茅台酒乱象”专项整治。

为抓好全县“茅台酒乱象”专项整治工作，县纪委于2018年8月10日印发《关于开展干部违规参与茅台酒经营问题自查清理的通知》，要求全县各级党的机关、人大常委会机关、行政机关、政协机关、监察机关、审判机关、检察机关、人民团体、事业单位在职在编在岗人员，三年内离退休人员，国有企业管理人员，学校、医院等事业单位所有教师、医生开展自查，凡有参与茅台酒经营的情况，包括本人、配偶、子女及其配偶以自己或者他人名义参与开设专营店、特约经销等茅台酒经营活动的，以及为亲友、其他特定关系人取得茅台酒经销资格打招呼的，于是年8月15日前填写《干部参与茅台酒经营情况报告表》向所在单位党组织报告。又于是年9月6日印发《松桃苗族自治县“茅台酒乱象”整治工作方案》，成立以县委常委、县纪委书记、县监委主任胡定钦任组长，县纪委副书记、县监委副主任周胜华任副组长，县委办公室副主任徐安军，县纪委常委、县监委委员龙政敏，县机关事务管理局局长田芳，县纪委监委党风政风监督室负责人胡仕勇为成员的“茅台酒乱象”整治工作领导小组，并下设综合组、自查清理组、问题线索处置组3个工作组。对“一些领导干部为直系亲属开设专营店或参与特许经营打招呼”“把茅台酒当作‘硬通货’送礼变现、进行利益输送、牟取私利；用不同品质、数量的茅台酒送不同层级领导拉关系、走门子或利用茅台酒牟利成为‘潜规则’；有的领导干部中共十八大以来收受茅台酒数百瓶；有的领导干部将收受的茅台酒给某公司使用，并约定按市场价收钱”等问题进行重点治理。8月21日，开展自查清理的单位有107个，开展干部违规参与茅台酒经营问题自查清理的人数为9655人。其中地厅级干部1人，县处级干部44人，乡科级干部1205人，其他干部8405人，未发现有干部本人、配偶、子女及其他配偶参与茅台酒经营和干部为亲友、其他特定关系人取得茅台酒经销资格打招呼的情况。9月4日至5日，联合县市场监督管理局工作人员对茅台酒经营店进行专项督查，共督查茅台酒专卖店1家，超市2家，部门5家，未发现有干部本人、配偶、子女及其配偶参与茅台酒经营和干部为亲友、其他特定关系人取得茅台酒经销资格打招呼的情况。9月21日至24日，对全县各部门开展茅台酒乱象明察暗访，共督查乡镇（街道）和部门共79次，检查宾馆酒店2家，山庄5家，未发现领导干部为直系亲属开设专营店参与特许经营打招呼问题和利用茅台酒利益输送、牟取私利，拉关系、走后门等问题。10月1日至7日，共督查乡镇（街道）和部门144次，检查景区2个，检查宾馆酒店4家，山庄7家，“茅台酒乱象”整治工作开展情况正常，未发现领导干部为直系亲属开设专营店参与特许经营打招呼问题，未发现利用茅台酒搞利益输送、牟取私利，拉关系、走后门等问题。

2019年，坚持把纪律挺在前面，在重要节点前重申“严禁党员领导干部利用茅台酒牟取私利”的规定，在重要节点开展“党员领导干部利用茅台酒牟取私利行为”监督检查，2019年，核实2起茅台酒问题线索。主动上交茅台酒1瓶。办理其他案件发现党员领导干部收受茅台酒问题3起，党纪政务处分3人，其中：留党察看、撤职1人，开除党籍、开除公职1人，开除公职1人。

2020年，持续深化茅台酒等名贵特产特殊资源专项整治，查处领导干部违规收受茅台酒问题11个，党纪政务处分11人，其中：党内严重警告6人，党内警告1人，降低岗位等级2人，留党察看2年、降低岗位等级1人，开除党籍、降低岗位等级1人。

八、“活人墓”专项整治

2019年，开展违规违法私建“活人墓”自查自纠工作。收到《中共铜仁市纪律检查委员会关于印发〈铜仁市落实省市领导批示精神和省纪委省监委反馈意见整改情况监督检查工作方案〉的通知》（以下简称“通知”）后，立即将通知分发至各乡镇（街道）、各县直部门，层层压实责任，传导压力，做到“两个全覆盖”，即县、乡、村全覆盖和所有公职人员、离退人员、改非干部、国有企业、临聘人员及村（社区）干部全覆盖。以问题为导向，深入扎实地开展自查自纠清理工作。采取个人报告、乡村两级实地督查、县级抽查三级联动和县民政、国土等部门协同开展，通过实地察看、个别谈话、走访了解、查阅资料等方式，对专项自查自纠工作进行跟踪检查。全县共有97个单位和部门开展违规违法私建“活人墓”自查自纠工作，参加自查自纠干部总数18482人，其中，县处级以上干部42人，科级干部1355人，其他干部17085人。未发现有干部违规违法私建“活人墓”的情况。

第六章　作风建设

纠正部门和行业不正之风是党和政府的一项重要工作。合署办公后,松桃苗族自治县纪检监察机关认真履行领导和指导纠正部门和行业不正之风的工作职责,紧紧围绕县委、县人民政府的中心工作和群众反映的突出问题,把中央关于党风廉政建设的部署和要求落到实处,以专项治理为重点,以行风评议为载体,以查办案件为手段,标本兼治,惩防并举,从纠正部门和行业不正之风,到纠正损害群众利益的不正之风,再到"四风"纠治,以作风建设永远在路上的坚忍执着,不断取得正风肃纪新成果,维护了群众利益,赢得广大人民群众的支持和拥护。

第一节　纠正不正之风

1990年3月,中共十三届六中全会通过的《关于加强党同人民群众联系的决定》,提出要"坚决刹住行业不正之风"。1990年8月23日,国务院召开"加强廉政建设,纠正行业不正之风"电话会议,纠风工作在全国普遍开展。1993年,中央把纠风工作纳入反腐败的部署,作为反腐败的三项任务之一。2004年以前,纠风工作在全国统称为"纠正部门和行业不正之风"。2004年1月,中央纪委三次全会为适应党风廉政建设和反腐败斗争新形势、新任务的需要,把纠风工作界定为"纠正损害群众利益的不正之风",纠风工作外延进一步扩大,内涵进一步丰富。

一、纠正部门和行业不正之风

合署办公前,县纪委内设科室党风廉政建设室,工作职责除抓党风廉政建设工作外,还承担县人民政府纠正部门和行业不正之风办公室的日常工作。

1993年4月,县纪委与县监察局合署办公,内设8个职能室,其中设党风廉政建设室(县人民政府纠正部门和行业不正之风办公室),纠风办公室负责抓纠风工作。为适应纠风工作需要,1999年1月,纠风办公室更名为纠正部门和行业不正之风室(以下简称"纠风室"),与县人民政府纠正部门和行业不正之风办公室(以下简称"纠风办")合署办公,实行两块牌子,一套人员,开展纠正部门和行业不正之风工作。2014年3月,党风廉政室、纠正部门和行业不正之风室整合,更名为党风政风监督室。

自1990年起至2013年,先后开展了一系列纠风治乱工作。

(一)治理公路"三乱"

1990年,县委、县人民政府印发《关于成立全县治理公路"三乱"领导小组的通知》,在全县开展对发生在公路主干线上的乱设卡、乱收费、乱罚款行为进行专项治理。

1995年,根据黔府发〔1994〕71号及松府通〔1995〕35号文件精神,为深入推进治理公路"三乱"问题,县纪委印发《中共松桃苗族自治县纪委、松桃苗族自治县监察局关于对公路"三乱"和中小学乱收费问题开展专项举报的通知》,受理三种情形的举报:一是根据松府通〔1995〕35号文件精神,未经批准予以保留的各类站卡,不按规定时间撤除,继续乱收乱罚的;二是已经批准予以保留的站卡,不按批准项目进行检查和国家有关规定标准进行收费,超项目标准乱收乱罚的;三是在松府通〔1995〕35号文件下发后,未经县人民政府统一规划和省人民政府批准,乱设站卡、乱收费、乱罚款的。是年,迓驾镇在319国道设卡乱收费被中央电视台、《经济日报》披露后,县人民政府立即下令撤除,并责成县纪委监察局调查核实。经调查,该检查站从1993年1月至7月,利用站卡收费达83万多元,镇党委副书记、检查站经费管理人阳某挪用公款1.6万多元,经县纪委研究并报县委批准,决定给予阳某某开除党籍处分,同时根据其错误事实移交司法机关处理。是年,县纠风办联合职能部门对公路"三乱"进行清理,全县共设有各类站卡16个,其中省政府批准的3个。至10月,县境内所设的非法路卡已全部撤除。

1996年,按照上级要求,县纪检监察部门及县人民政府管口领导组织了有关单位人员对县域内516.2公里的国道、省道及县级公路线道乱设卡、乱收费、乱罚款进行全面检查,未发现违纪行为。

1997年,重点抓好公路"三乱"防反弹工作,县纠风办配合县公安、县交通部门,对全县境内国道、省道和县道公路进行了全面检查,县境内公路无"三乱"现象。

1998年,县纪委转发地区行署纠风办《关于加大工作力度,进一步治理好公路"三乱"防止回潮反弹的通知》,继续抓好治理公路"三乱"工作,县纪委监察局督促撤除公路设卡11个,其中木材检查站卡4个,牲畜检疫检查收费站卡7个。

2001年,县纠风办根据松府发〔2001〕53号文件,对全县所设10处各类检查站开展自查和检查,将公路主干线上的栏杆全部撤除,实行设站不设杆的管理办法,全部挂牌公示"七公开"的内容。工作人员持证上岗,依法收费,没有超范围拦车、收费和搭车收费现象,实现全县公路基本无"三乱"。

2002年,县纠风办切实加强督促检查,深入全县主要公路干线和"三乱"多发地段进行明察暗访,遏制公路"三乱"反弹,确保公路畅通。

2003年,县纠风办联合交通运输和管理等相关部门开展不定期巡察,巩固治理公路"三乱"成果,有效防止公路"三乱"回潮反弹。

2004年,持续巩固治理公路"三乱"成果,一是认真开展行政执法及有关法律法规培训,提高执法人员素养,是年举办培训班一期60余人;二是层层签订责任状,在大兴镇召开有关部门主要负责人参加的治理公路"三乱"签状会,签订责任状10份;三是加大督促检查力度,对公路"三乱"多发、易发路段重点监控,县纠风办组织交通、公安和相关部门组成联合检查组进行明察暗访,规范执法行为,确保公路基本无"三乱"。

2005年,县纠风办巩固治理公路"三乱"成果,会同县交通等有关部门将治理公路"三乱"工作进行责任分解,严格执行责任追究。同时利用元旦、"五一"国际劳动节、"十一"国庆节期间对县境内公路进行明察暗访,确保公路无"三乱"。

2006年,狠抓公路"三乱"治理,确保道路畅通,积极推行上路执法检查准入制度,从源头上杜绝"三乱"现象。

2013年,县纠风办印发《松桃苗族自治县2013年纠风工作实施意见的通知》,要求各相关部门坚决纠正损害群众利益的突出问题,深化治理公路"三乱"工作,降低物流费用。

(二)治理教育乱收费

1994年,县监察局联合教育等有关部门对全县124所中小学乱收费情况进行清理。是年,清查出乱收费金额17.11万余元,其中提高收费的项目5个,自立收费项目28个。

1995年,根据黔府办发〔1994〕10号文件及松教计字〔1994〕1号文件规定,县监察局重点对城区8所中小学乱收费情况进行检查清理,共查出乱收费金额7.2万余元,其中,提高标准收费项目4项,收费金额1.47万余元;自立项目收费4项,收费金额3.01万余元;代收费项目2项,收费金额2.71万余元。全县共减轻学生负担14万元。

1996年,持续对全县中小学校乱收费情况进行检查,发现全县19所公办完小超收书费3.22万余元,12所中学超收书费9.77万余元;查出提高收费标准4项,金额8.19万余元;自立项目收费小学19项,金额29.54万余元,中学21项,金额65.27万余元;代收费项目小学14项,金额63.33万余元。

1997年,县监察局督促县教育局与物价、审计等部门对城区中小学校收费情况开展执法监察。经查,春季学期城区各校违规收费23.34万元,退费23.34万元。秋季学期城区7所中小学超收书本费共计10.47万余元,退费10.47万余元。

1998年,县监察局组织县教育局等相关部门继续抓好治理中小学乱收费工作,中小学乱收费现象得到明显遏制,没有发生乱收费现象。

2000年,县纪委印发《中共松桃苗族自治县纪委 松桃苗族自治县监察局2000年纪检监察工作意见》,对纠正部门和行业的不正之风工作进行安排。坚持纠建并举的方针和谁主管谁负责的原则,认真落实纠风工作责任制,出台严肃中小学收费纪律的规定,巩固制止中小学乱收费成果。

2001年,县纠风办组织县教育局等相关部门开展中小学收费检查,对13所学校的18个乱收费项目进行查处,依法取消15个自立收费项目,规范3个项目收费标准,查处违纪资金109.77万元,没收上缴财政2万元,退还学生107.77万元,对影响较大的3所学校进行责任追究,对1名校长进行通报批评,有效遏制中小学乱收费行为。

2002年,对全县中小学收费情况进行检查,查处中小学乱收费违纪违法案件2件,减轻中小学生负担160.75万元。

2003年,县治理中小学乱收费工作领导小组召开会议,研究部署2003年治理中小学乱收费工作,县教育部门印发《关于禁止中小学乱收费的通知》文件,对全县中小学收费工作作出"五个禁止"的决定,制定了八项制度。县纠风办对全县教育收费进行专项检查,切实治理中小学乱收费。春、秋两季共检查314所中小学,涉及违规收费93.13万元,上缴财政18.24万元,清退74.89万元,取消乱收费项目6个,降低收费标准3项,查处义务教育乱收费案件42件,给予党纪政务处分2人。

2004年,根据县委、县人民政府的要求,县纠风办把治理教育乱收费作为是年纠风工作的重点,切实抓出成效。加强制度建设,注重源头治理,建立由县纠风办、县监察局、县教育局、县物价局、县财政局、县审计局等部门参加的治理教育乱收费联席会议制度,发挥各部门的优势,形成合力。建立和完善教育收费公示制、报告制、巡查制、审计制和责任追究制,立足从制度上规范,从源头上治理教育乱收费。严抓清退曝光,是年春、秋两季分别从监察、物价、财政、教育等部门抽人组成教育收费专项检查组,采取"听、查、谈、访"和分级检查的办法,深入开展治理教育乱收费工作,全年共检查中小学及幼儿园210所,涉及违规收费68.43万元,上缴财政9.8万元,清退58.63万元。

2005年,积极采取措施,规范中小学收费行为,认真治理中小学乱收费。一是建立和完善收费公示制,贯彻收费工作"四统一、一公开"的有关规定,不断加强和完善收费公开制度,增加收费工作的透明度;二是建立和完善校务公开制度,对涉及招生、收费、人事等有关事项,提高操作运行的透明度,强化学校的民主监督和民主管理。三是建立和完善督导巡查制度,积极行使教育督导巡视和检查职能,置教育收费于行政督导和督查之下;四是建立和完善收费审计制度,做到教育部门自查和上级部门审计相结合,不断规范教育收费;五是建立和完善责任追究制度,严格执行“谁主管谁负责”的原则和纠风工作“一票否决”制,对在招生、收费工作中的违纪违法行为进行严肃查处。是年共检查中小学53所,教辅站11个,查处违规收费89.64万元,清退73.5万元,没收上缴财政8.68万元。

2006年,认真开展治理教育乱收费问题,县纠风办联合县物价局、县财政局、县教育局等部门对全县53所中小学进行春季收费大检查,清退大坪场中学和长兴堡中学共341名未住校学生的住宿费以及松桃民族中学高三年级10个班学生书费,共计13.83万余元;在秋季收费检查中,清退甘龙中学2006年春秋两学期违规收费11.81万余元,规范各级各类学校的收费行为。同时,督促实行“两免一补”政策,减轻学生家长经济负担1778.56万元。

2007年,为切实加强教育乱收费专项治理工作,3月底,县纠风办组织有关部门召开教育乱收费专项治理工作会议,4月初,印发《2007年松桃苗族自治县治理教育乱收费工作实施方案》文件,采取“认真组织领导、加强收费监管、加大督查力度”等方式,切实开展专项治理。是年县纠风办联合县监察局、县物价局、县教育局、县财政局等有关部门对全县部分中小学春季教育收费情况进行检查,并在盘石镇芭茅中学举行了教育乱收费现场清退会,共清退329名学生多收费1.34万余元。组织县教育局等相关部门对全县中小学秋季教育收费和“两免一补”经费兑现情况进行检查,共检查28个乡镇55所学校“两免一补”落实情况和秋季学期入学收费等情况,责令清退违规收费金额33.55万元。通过实行免费提供教科书和补助寄宿生生活费,减轻贫困学生家庭经济负担734.5万元,受益学生11.9万人。同时,在农村义务教育阶段通过取消代收费、服务性收费,减轻学生家庭经济负担501.6万元。

2008年,为确保国家义务教育政策落地实处,保证义务教育阶段学生全部顺利入学,县纠风办组织县教育局等相关部门召开教育乱收费专项工作会议,成立县委常委、县纪委书记为组长的专项检查工作领导小组,拟定专项检查实施方案,抽调专人办公。是年,县纠风办会同县监察局、县物价局、县教育局等有关部门对全县28个乡镇中小学校春秋两季教育收费情况进行督促检查,督促7所学校清退违规收费金额131.5万元,4人受到政纪处分。

2009年,认真落实国家农村义务教育阶段收费政策,对全县中小学校春秋两季执行收费政策情况进行检查,深入推进治理乱收费工作,是年,共清退违规收费4.39万余元,对发现问题能够及时整改的9所学校进行批评教育,组织盘石镇完小对全校学生饮水费2.14万余元进行现场清退。

2010年,对全县28个乡镇147所中小学2010年春、秋季学期的教育收费情况进行专项检查,责令清退违规收费30.74万元,维护学生家长的切身利益。

2011年,对133所中小学2011年教育收费情况进行专项检查和跟踪督查,责令清退多收及违规收费共计18.73万元,对6名校长进行批评教育,对2名校长给予政纪处分。

2012年,县纠风办组成联合检查组对138所中小学收费情况进行专项检查,纠正违规乱收费学校35所,责令清退多收及违规收费金额共计47.44万元,对10名校长进行批评教育,2名校长给予政纪处分。同时,对2012年实施的中小学生营养改善计划工作进行2次专项督促检查。

2013年,县纠风办印发《松桃苗族自治县2013年纠风工作实施意见的通知》,要求各相关部门坚决纠正教育领域损害群众利益的突出问题。是年,县纠风办会同教育等相关部门对67所中小学开展2013年春、秋两季收费专项检查,对22所存在违规收费行为的学校,采取现场发放《清退通知书》的方式,责令限期清退,共清退违规收费50.91万元。

(三)纠正医药购销和医疗服务中的不正之风

1997年,县纪委县监察局联合县卫生局重申严禁在药品购销中"吃回扣"的有关纪律规定,深入各级医疗单位检查药品采购情况,抓药品购销中回扣风问题治理。组织人员清理医药医疗市场,对县城个体门诊和乡镇个体门诊以及个人承包医疗点进行检查,对一些单位和个人不按规定使用处理、禁用、慎用过期药品甚至购进假药问题予以严肃处理。

1998年,对医药行业药品回扣现象进行专项治理,抽查医疗单位30个,查处违纪案件3件,违纪金额30.2万余元,追回并上缴财政6.13万元。

2000年,县纪委印发《中共松桃苗族自治县纪委 松桃苗族自治县监察局2000年纪检监察工作意见》,要求各相关部门突出重点纠正部门和行业不正之风,继续抓好纠正医药购销中不正之风工作,严肃查处医药购销中的违法行为,进一步规范药品价格,加强医疗单位药品采购行为的管理。

2001年,县纠风办从县卫生局等相关部门抽调54人,先后三次对68家单位及个人的进货渠道、进药发票、购销记录进行全面检查,查处违法机构4个,处理非法从业人员4人,取缔个体非法药店5家;查出假药39个品种,价值6500元;查出劣药220种,价值62.8万元;打击非法"游医"2个,没收销毁假药价值1000余元。80%的国家医院实行药品集中采购制度,全年药品价格降低总金额达25万余元。

2002年,加大力度整顿治理医药市场,清理销毁假劣和过期药品、医疗器械总价值18.20万元,降低药价总金额38.6万元。实行药品集中招标采购的医院占医院总数的80%,制定药品、医疗器械集中招标采购实施办法,深入推进纠正医药购销中的不正之风。

2003年,县纠风办县卫生局印发松卫纠〔2003〕1号文件,成立纠正医药购销不正之风工作组,县纠风办联合县卫生局等相关单位继续抓好医疗系统清理整顿工作,依法取缔非法开办医疗机构和药店8个,取缔非法药品生产、经营户3户,清理销毁假劣和过期药品32万元。推行住院费"一日清"制度和常用药品价格公示制,督促县级医院对价值230万元的药品实行集中招标采购,占医院药品采购总数的80%。

2004年,县纠风办督促县医疗机构继续推行住院费"一日清"制度和常用药品价格公示制,严格执行药品招标采购制度,杜绝随意采购药品现象;县级以上医院开展创建"爱心药房"和让利给患者活动,县人民医院让利给患者达15.8万元。继续开展药品质量检查,是年共出动检查人员142人次,检查药品经营户222家,检查药品46995种次,查处过期、霉变、假劣药品205种(味)次,不合格药品价值2万余元。

2005年,坚持药品公开招标采购制度,是年共集中招标采购药品352.62万元,占总购药金额的93.16%。规范药品生产流通经营秩序,县纠风办协调县工商局、县药监局、县质监局、县物价局等部门对药品经营市场进行专项整治,查出不合格医疗器械、药品价值1.14万元,均已进行销毁;加大力度打击非法行医行为,查处非法从事诊疗活动39户,取缔地下诊所6个,责令限期整改15户,暂扣价值8000元的非法行医器械12种40台;县纠风办聘请卫生行风监督员3名,并明确其职责,加大督促检查力度,杜绝医疗乱收费和医疗服务中"开单提成""收受红包"等现象;继续开展"诚信医院"创建活动,营造良好的就医环境。

2006年,县纠风办组织县卫生局等相关部门持续纠正医疗购销和医疗服务不正之风,全县共集中招标采购药品总金额290万元,占医院用药总金额的65%,全年让利患者15.1万元。

2007年,为进一步纠正医药购销和医疗服务中的不正之风,年初,充实调整专项治理工作领导小组,重新修订《专项治理工作方案》,进一步明确了指导思想、治理内容和实施步骤。3月至5月,县纠风办组织全县各医疗卫生单位在清理医疗药品及器械采购的基础上,针对存在的问题和薄弱环节,认真开展查缺补漏,最大限度降低药品价格,切实解决看病难、看病贵问题。持续开展给患者让利行动,是年,累计让利患者39万元。

2008年，为进一步贯彻落实上级文件及会议精神，严格执行药品集中采购制度，县纠风办督促县人民医院等相关部门集中采购药品总金额650万元，占医院用药90%。督促县级以上公立医院严格执行网上药品集中采购制度，集中采购药品一起150万元，集中采购医疗器械、医用耗材80万元。是年，县人民医院创新工作方法，提出“两好一满意”的服务理念。认真开展打击假冒伪劣药品和非法行医专项行动，严肃查处违法医药广告案件1起，切实维护广大人民群众的利益。

2009年，努力纠正医疗行业中乱加价、乱收费的歪风，共检查医疗服务单位12家，各种医疗服务收费项目52个，医疗材料和药品价格218个，明码公示牌24块，药品价格公示和收费项目公示472个，对2家药店进行处罚。

2010年，严厉打击非法行医活动，对蓼皋镇、孟溪镇发生的2起非法行医活动进行查处。

2011年，深入纠正医药购销和医疗服务中不正之风，1月至10月集中跟标采购用药2795万元，集中采购医疗器械总金额155万元，查处挤占、截留、挪用和骗取医保资金问题3件，涉及金额5.2万元。

2012年，开展药品安全、医药购销、医疗服务纠风工作，按照要求县内3家县级医疗机构均参加省级以上药品网上集中采购，集中采购药品总金额为2900万元，降价幅度为5%。通过采取查看资料、入户走访核对、抽查等方式对2011年度新农合资金的管理使用情况进行督查，走访56个村500余户群众。组织对1家违反新农合管理办法，采取挂床住院、编造病历等方式套取合医资金的医院进行查处，罚款57.74万元，取消该医院的合医定点资格。年内共查处医药行业违规使用发票问题2个，涉及金额5.5万元，查处收受回扣、红包、开单提成和乱收费问题5件，责任追究5人，查处截留和骗取城乡居民基本医保资金问题2件，涉及金额10.4万元。

2013年，县纠风办印发《松桃苗族自治县2013年纠风工作实施意见的通知》，要求各相关部门坚决纠正医疗领域损害群众利益的突出问题，完善网上药品采购网络平台功能，深入开展全县药品、医疗器械生产经营单位和医疗机构发票使用情况专项检查，推行药品采购配送“两票制”。开展卫生行业预防和惩治腐败专项治理，设立“廉政账户”和举报投诉电话。是年，上缴廉政账户资金16.7万元。

（四）纠正其他行业不正之风

1993年，县监察局重点抓了清理国家机关巧立名目乱收费问题以及减轻农民负担工作。是年，清理县自立乱收费项目11个，连同上级明文取消的乱收费项目共取消47个。查出违纪金额12.3万余元，收缴8.89万余元，入库1.19万余元；县监察局与县人大常委会办公室、县政协办公室、县农经委等有关部门组成30个调查组，对28个乡镇74个村组进行全面调查，共查出涉及农民负担文件37个，明文废止20个，减轻农民负担138万元。

1994年，根据中央纪委二次、三次全会精神，县监察局联合相关部门对减轻农民负担及国家机关多收费问题进行了清理。是年，通过对县计生委、县公安局等单位行政事业性收费的清理，清出多收费金额共3.16万余元。

1995年，县监察局对向农民乱摊派、乱收费情况进行清理。是年，取消涉及农民负担集资基金收费项目19项，各种达标活动也一律取消，同时还取消了原县、乡镇自行出台的文件项目。共减轻农民负担金额175万元，初步扭转农民负担重的局面。

1996年，县监察局组织协调涉农部门开展减轻农民负担工作检查，没有发现加重农民负担的现象。

1997年，县监察局组织协调工商、物价、公安、烟草等部门，对群众反映的21个烤烟收购点进行清查，维护烟农利益。开展种子市场大检查,对农业系统3名职工倒卖稻种1289公斤问题进行处理,规范种子市场,维护农民利益。开展农资市场专项治理,共查出问题化肥407.8吨。

1998年,针对烤烟收购中的坑农害农行为开展检查,查处了冷水溪乡干部汪某某利用收购烤烟之便,收购烟农“白条”从中牟利2100元的违纪行为;对挂牌保护的18家企业进行跟进检查,对四家建筑企业的负担状况进行调查,改进投标费用、保证金的收取办法,及时为企业减轻了不合理负担2.44万元。

1999年,下发关于制止借国庆五十周年之名向企业摊派及铺张浪费有关问题的通知,采取有效措施开展监督检查和清理工作,对挥霍浪费、向企业乱摊派等有关问题进行严肃处理。

2001年,开展减轻农民负担和乡镇企业负担检查,抽查12个乡镇,审计金额156.44万元,取消乡镇企业不合理收费项目一项,减轻企业负担5000元。

2002年,认真落实减负政策,切实做好农村税费改革工作,总计为农民减轻负担102.6万元;对全县企业税费负担开展检查,取消了对企业的五种不合理收费,清退不合理经费9.62万元。

2003年,继续抓好减轻农民负担工作,全县28个乡镇全部建立涉农收费公示牌,将涉农收费的政策依据、收费项目、收费标准进行公开;认真开展搭车收费的专项治理工作,减轻农民负担76.3万元;加大对农村税费改革工作督查力度,实行税费后减轻农民负担809.95万元。

2004年,继续做好减轻农民负担工作,严格执行农村公费订阅报刊费用限额制、抓好农业生产性费用监督专项检查、对农村税费改革后农民负担情况进行监督检查,确保转移支付资金专款专用。

2005年,做好“三农”服务工作,认真执行免征农业税政策,直接减轻农民负担1056.47万元,严格执行涉农价格“公示牌”,全县28个乡镇503个村全部设置公示牌;开展对挂牌保护企业的回访工作,确保企业合法权益不受侵害。

2006年,切实纠正损害群众利益的不正之风,加大对免征农业税和种粮农民的直补落实到户的执行力度,全县共免征农业税893.68万元,兑现粮农直补款109.91万元,完成农民购机补贴40万元,对全县涉农收费进行执法检查,查退各项违规收费24.51万元。

2007年,切实纠正损害群众利益的不正之风,确保支农资金落到实处,在全县范围内开展了农业综合执法及农资市场专项治理整顿活动,查获未经审定的农产品156公斤,收缴罚款3350元;查处伪肥料登记证肥料案件1件,未在贵州省农业厅备案销售复混肥案件1起,数量共计9吨,其他制售假冒伪劣农产品案件4起,涉及金额3500元;进一步规范出租汽车行业管理工作,开展了出租车行业专项整治工作,对无证驾驶、超载营运、乱收费、乱停乱放、拒载等现象进行了专项整治,进一步规范了出租汽车行业,有效地维护了正常的市场营运秩序。

2008年,开展农资价格大检查,打击制售假劣农资坑农害农行为3件,涉及金额8.5万元,查处和纠正损害农民土地权益问题2件,为农民减负25.4万元。

2009年,为确保涉农资金落到实处,县纪委监察局查处黄板乡某村支部书记杨某某非法占有农村低保资金1.1万元案;查处黄板乡计生站刘某贪污农村合作医疗资金6800元案;查处盘信某村支部书记郝某某非法占有农村资金和良种补贴款1.35万元案;查处蓼皋镇某社区副主任黄某侵占农民征地补偿款1.4万元案。县纠风办查处县客运管理局以赞助费、年审考核费、保证金等名目对全县70台的士车乱收费,现场清退7.9万元,对主要领导作诫勉谈话。

2010年,县纠风办加大对中央各项强农惠农政策落实情况的监督检查力度,按季度组织相关部门对涉农专项资金的得到、拨付、使用情况进行督促检查和重点调查,全年对各级下拨的217.74万元的抗旱救灾资金和54万元的森林防火资金拨付发放使用情况进行检查,未发现截留、挪用等现象。督促县财政、县农业部门开展强农惠农资金专项清理检查工作，共清理项目4个，涉及金额472万元，纠正和整改违规问题5个涉及金额3.7万元，维护广大农民群众的切身利益。认真开展打击哄抬农资价格和制售伪劣农资专项工作。会同县减负办对农资市场进行2次专项整治，查出并收缴假冒伪劣稻种、玉米种共计253公斤。

2011年，加强涉农专项资金监督管理，先后建立健全《松桃苗族自治县专项资金监管管理办法（试行）》《涉农专项资金监督管理联席会议制度》等制度。县纠风办督促各乡镇各部门强化逐月报告、季度检查、重点抽查和定期分析等措施，全力狠抓涉农资金监管工作。并会同有关部门对农村低保、合作医疗、粮种补贴等专项资金开展季度检查3次，在全县范围内推行涉农资金使用发放"回查回访"制度，查处盘石镇卫生院院长代某某、盘信镇卫生院院长吴某某套取合医资金、瓦溪乡村干部周某某套取低保资金等3起涉农案件。认真开展打击哄抬农资价格和制售伪劣农资专项治理工作，查处和纠正违规问题15个，涉及金额2.26万元。协助有关部门抓好减轻企业负担工作，县纠风办先后两次会同县物价局、县财政局对涉企收费项目、依据及收费标准进行专项清理。

2012年，加大涉农资金监督检查力度，对涉农专项资金进行监督检查，查处收缴假冒伪劣稻种、玉米种共计270余公斤，查处涉农乱收费问题2件，责任追究2人。纠正惠农政策落实不到位问题2个，涉及金额1200元，纠正农村土地征用补助过程不合理问题1个，查处哄抬农资价格、制售假劣农资坑农害农问题5个，涉及金额3万元。

2013年，县纠风办印发《松桃苗族自治县2013年纠风工作实施意见的通知》，要求各相关部门坚决纠正公共服务行业损害群众利益、损害农民利益、其他损害群众利益的突出问题。继续开展商业银行收费专项检查和银行金融机构不规范经营专项治理、纠正电信领域侵害消费者权益问题、涉企收费专项治理、市场中介组织突出问题专项治理。深入开展农民负担专项治理，做好拖欠工程款和农民工工资工作，纠正公务员考录和国有企事业单位招聘中的不正之风。

二、机关作风建设与民主评议行风

1997年，全县重点在公安、交通、税务、金融、工商、教育、烟草、建设、民政、供电、邮电、医药卫生13个窗口行业共18家单位开展"抓、纠、树"活动。县委、县人民政府成立"抓、纠、树"工作领导小组及办公室，并明确专人具体办公；18家窗口单位也成立"抓、纠、树"工作领导小组。根据县委、县人民政府的部署，各窗口单位开展以下几个方面工作：一是狠抓思想发动和自查自纠。组织学习有关"抓、纠、树"的文件，江泽民总书记关于领导干部一定要讲学习、讲政治、讲正气以及一系列反腐败斗争指示精神和党的十五大精神，开展批评与自我批评；二是抓好建章立制、行风评议和创建文明窗口活动。一方面健全、完善和巩固原有的好制度，另一方面是根据需要订立新的规章制度，以配套完善的制度来规范行业行为。县农行、县国税局、县地税局、县建设局等单位通过制度建设，促进了效益增长和工作效率的提高。多渠道、多形式地开展行风评议活动，县农行采取发放问卷调查的方法开展行风评议，该行共发放问卷2000份，收回问卷中满意达72%、很满意22%、不满意6%。县国税局、县建设局、县工行、县烟草局、县邮电局等单位也开展了行风评议，通过评议，窗口行业的作风有很大的转变，服务质量有所提高，群众满意度上升。

1998年，根据省办发〔1998〕7号和省纪委〔1998〕3号文件精神以及地区关于民主评议行风的工作部署，县纪委监察局按照县委、县人民政府的要求及时制订评议方案。是年，县纪委监察局在巩固1997年13个窗口行业和"抓、纠、树"工作所取得的成绩基础上，采取"上下联动，内外结合，面向社会、群众参与"的方式，重点对县工商和县供电系统的行风状况进行公开评议。是年，成立评议组两个，分别由县人大常委会副主任和县政协副主席担任组长，聘请行风评议员21名。通过"一查、二听、三问、四评、五纠"的方式对县工商和县供电系统进行行风民主评议。对个别纪律松散,不坚守工作岗位的个人,采取举办学习班,个别谈话,限期进行整改,同时对其班子成员进行必要的调整。对个别执法人员的“吃、拿、卡、要”行为进行严肃的批评教育,情节严重者进行严肃查处,督促供电部门退还不合理收费3556.5元。通过民主评议,县工商、县供电系统的工作面貌发生巨大变化,深得群众好评。此后,县纠风办把民主评议行风作为常规工作,每年组织人员对各行业开展民主评议工作。

2001年,以民主评议行风为重点,树立行业新形象,以县民政局、县建设局和县供水公司三个部门为重点开展民主评议行风活动。县纠风办按照上级要求制定实施方案,选聘11位评议代表,从8月份起开展为期4个月的行风评议工作。评议期间,召开各种层次评议会45次,抽查窗口单位27个,发放问卷调查表298份,走访群众418人,召开服务对象座谈会8次,调查服务单位18个,发现问题11个148条,建立健全规章制度近千条,推出服务承诺120余条,县建设系统查处违章和违法建筑102起。通过开展评议活动,县民政局、县建设局和县供水公司三个部门行风面貌有了明显改观。如建设系统推行“五公开、六严禁、七不准”的廉政制度,有效地杜绝“吃、拿、卡、懒、散、推、报”等不良行为;县民政系统推行社会承诺服务,克服过去“门难进、脸难看、话难听、事难办”的衙门作风,深受群众好评。

2002年,县纠风办督促县民政局、县建设局和县供水公司成立行风评议“回头看”领导小组,制定“回头看”实施方案,开展多种形式的问卷调查、宣传活动,认真查找行风建设中存在的不足。县工商局、县供水公司、县国税局、县地税局、县邮政局、县电信局、县卫生局等单位通过开展“回头看”活动,巩固了行风评议成果,取得明显成效。同时,还对县国土资源、县技术质量监督系统开展以民主评议行风为重点的民主评议行风活动,促进并推动两个系统的行风建设工作不断向健康的方向发展。

2003年,县纠风办重点开展县教育系统民主评议行风工作,按照地区行署纠风办的要求,年初制定实施方案,选聘6位评议代表和行风监督员,召开座谈会15次,发放问卷调查表200份,检查21个单位,督促建立健全规章制度80余条,落实整改措施20条,评议结果得分93.13分,促进县教育系统行业作风明显改观和教学质量的显著提高。根据上级要求制定民主评议行风“回头看”工作方案,成立领导小组,对县国土资源系统和县质量技术监督系统开展回头看工作,整个工作分成学习准备、自查整改、总结三个阶段进行,要求干部职工认真对照文件要求开展自查自纠,并写书面汇报材料,放入个人廉政档案。

2004年,县纠风办对县环保、县旅游、县电信、县移动等系统开展民主评议行风工作,聘请6位行风评议代表,分成两个评议组,召开动员会,督促相关部门认真开展自查自纠和整改工作。同时,还组织开展全县教育系统行风评议“回头看”工作。

2005年,根据安排,县纠风办督促各单位加强作风建设,在县交通和县文体广电系统开展民主评议行风工作,聘请6名评议代表分别召开局领导班子、中层干部、离退休干部和社会各界代表座谈会,征求各方面意见,共发放问卷调查表400余份,收集意见和建议326条,归类整理为83条,被评单位针对存在的问题及时进行了整改,服务态度和服务质量有明显的提高。同时,对县环保、县旅游和县电信部门开展民主评议行风“回头看”,查缺补漏,找出问题6个,建立健全各种规章制度12项。

2006年,县纠风办制定《松桃苗族自治县政风行风满意度测评实施意见》,并建立政风行风满意度测评评议人员数据库。同时,组织人员对县教育系统和县卫生系统的行风建设情况进行检查。是年,11月20日在县行政中心会议室召开全县政风行风满意度测评会,县直机关和企业负责人、离退休老干部,县四大班子成员和各乡镇负责人对全县39个县直单位和部门的履行职责、依法行政、执法公开、政(事)务公开、办事效率、服务态度、清正廉洁等7个方面进行测评。

2007年,狠抓民主评议行风工作,分别在县建设、县物价、县房产、县旅游、县烟草、县卫监等六个部门开展民主评议行风工作,分成准备动员、自查自纠、组织评议、整改提高四个阶段逐步组织实施。同时,对全县21个“窗口服务”部门和23个“综合管理”部门进行了政风行风满意度测评,共有465人参加,其中185人参加集中测评、280人参加片区测评,发放测评表465份,收回465份。并将测评结果分别在《松江之声》报上刊登、松桃电视台“松桃新闻”中滚动播出。

2008年,按照上级文件要求和政风行风满意度测评的有关规定,继续狠抓民主评议行风工作。是年在县农业局、县畜牧局、县药监局、县经贸局、县烟草局、县乡企局和县公路养护段等7个单位和部门开展民主行风评议工作。与7个部门联合印发《2008年民主评议行风活动实施方案》,并聘请评议代表,按照实施方案要求,组织7个部门先后开展准备动员、自查自纠、组织评议、整改提高四个阶段的各项工作。为进一步完善政风行风满意度测评评议人员数据库,改进满意度测评及结果运用:一是改进方法,完善措施,细化测评内容,增加评议人员的数量和范围;二是充分运用测评结果,及时反馈意见和建议,督促被评对象及时整改;三是建立健全测评机制,制定政风行风满意度测评制度,推进测评活动向纵深发展。经县委、县人民政府研究同意并拟定实施意见,在松桃电视台、松桃政府门户网站、县电信公司、《松江之声》等四家新闻媒体开设“聚焦松桃”“政风行风之窗”“阳光短信荟萃”“政风行风热点追踪”四个栏目,试运行“政风行风热线”。

2009年,根据上级要求,对县林业和县城管系统开展民主评议行风工作。县城管系统7月26日召开全体干部职工会议,以行风建设促进城市管理质量的提高,落实“十日大整治,五日大巩固,后续达规范”工作目标,要求全体干部职工加大宣传力度,广泛接受社会监督。抽调37名城市管理人员组成执法工作组,由县城管局班子成员任组长,在全县范围内启动市容环境整治活动。根据《松桃苗族自治县2009年机关作风和效能建设集中测评实施方案》,于是年11月10日在县行政中心大礼堂召开2009年机关作风和效能建设集中测评大会,被测评单位分党群系统、政府系统、垂管系统、乡镇四类共128个单位。参评人员分为6个方面共651人,共发放测评表419份,收回419份,并根据相关要求对测评结果进行通报。

2010年,印发《松桃苗族自治县2010年全县基层站所民主评议行风活动实施方案》,在全县28个乡镇的67个基层站所开展民主评议行风活动。开通“政风行风热线”,组织县地税局、县工商局、县公安局、县综治办4个部门负责人走进松桃电视台直播间,开展“行风访谈”节目,解答群众最关心的热点、难点问题,促进民主行风评议工作有效开展。

2011年,为进一步加强机关作风建设,做好行风民主评议工作,印发《关于调整充实县民主评议行风工作领导小组的通知》《学习贯彻〈关于进一步加强机关作风建设认真执行作风行为规范“四要十不准”规定〉的实施方案》等文件,并向县委编办报送《关于松桃苗族自治县将机关作风和效能建设办公室明确为常设机构的报告》,开展机关作风建设日常工作。是年,录制“政风行风热线”节目5期,征求被评议单位意见建议31条,边评边改28条,为群众解决热点难点问题12个,5个被评部门150个基层站所评议结果均为合格。

2012年,为加强机关作风建设,县纪委以治理“慵、懒、散”等突出问题为重点,对不作为、慢作为、乱作为进行问责。是年,共对部门作风和服务态度、重要会议精神贯彻落实、重大工程项目建设等巡回督查141次,对15个工作滞后的单位进行通报批评;对各类服务大厅、办事窗口工作人员到岗到位、行政审批办理、松桃网在线投诉、书记信箱反映问题进行全程跟踪,共受理客商、群众来信来访52件,核实处理48件;对网络舆情反映的问题实地督查137次,督查整改118个。围绕群众关心的热点和难点问题,通过电视访谈、问卷调查、走访群众等形式,开展“政风行风热线”访谈节目8期,走访群众840余人次,群众满意度得到明显提升。

2013年,扎实做好民主评议政风行风,集中开展对乡镇中心学校、卫生院、社保所、安监站的民主评议行风工作,积极推进"政风行风热线"创新工作,确保热线质量明显提升,人民群众更加满意。为加强作风建设,制定《关于进一步加强干部作风建设的暂行规定》《松桃苗族自治县在"解放思想转变作风"主题教育活动中对"不马上办"情形进行问责的实施办法》等制度,并组建工作组深入宾馆酒店对贯彻落实中央八项规定和省、市作风建设相关规定情况以及国家工作人员用公款大吃大喝、公款娱乐、上班时间打麻将等行为开展专项督查。开展明察暗访18次,对14人上班时间打麻将的行为进行处理;对上班时间上网玩游戏、看电影和擅自离岗的39人进行处理;通报违反会风会纪的单位33个。建立长效机制,完善《松桃苗族自治县关于进一步加强干部作风建设的暂行规定》,将问责情况与干部任免、奖惩挂钩,使问责结果得到有效利用。

三、"三个开刀"整治行动

2014年4月13日,县纪委印发《在党政机关"向不找熟人办不成事开刀"专项整治行动实施方案》,要求全县各级各部门要按照市委、县委开展党的群众路线教育实践活动的部署,在党政机关"向不找熟人办不成事开刀",重点针对"四难"(门难进、脸难看、话难听、事难办),着力整治"庸懒散慢浮贪""吃拿卡要奢报""生冷硬横推脱"等行为,切实做到务实、廉洁、高效,进一步密切联系党群干群关系。要求各级党政机关要做到"五有"、机关工作人员做到"十不准",各级各部门要组建工作领导小组,加强对本单位"五有""十不准"落实情况的督促检查;各级纪检检查机关要畅通举报投诉渠道,设立举报电话、举报箱、电子信箱等受理群众举报;县纪委监察局、各乡镇纪委要组建明察暗访工作组,采取随机抽查、办事体验、个别走访等方式,开展经常性检查,对违反"十不准"规定的行为及时进行问责。是年,共受理群众举报投诉3次,立案3件,党纪政纪处分2人,移交司法处理1人,问责3人,下发"三个开刀"专项整治行动典型案例1期。

2017年,持续开展"三个开刀"专项整治,严肃查处基层干部损害群众利益的突出问题。是年,利用"访村寨、重监督、助攻坚"专项行动和民生监督检查,查处基层干部吃拿卡要、虚报冒领、截留挪用、贪污私分、违规侵占、雁过拔毛、强占掠夺等问题36件,立案36件,党纪政纪处分40人。

2018年,县纪委印发《松桃苗族自治县扶贫领域整治蝇贪三年行动2018—2020年工作方案》文件,要求全县各级各部门严格执行监督举报牌、告知监督牌和现场办结告知书、受理告知书、暂不受理告知书、不予受理告知书"两牌四书"制度,持续开展"三个开刀"专项整治。是年,查处"三个开刀"问题9件,党纪政务处分9人。

第二节　落实中央八项规定精神

2012年12月4日,中共中央政治局召开会议,审议通过中共中央政治局关于改进工作作风、密切联系群众的八项规定。中央八项规定印发后,松桃苗族自治县纪检监察机关切实履行纪律检查的职责,安排部署在全县党员及其干部中开展学习宣传贯彻落实中央八项规定精神的工作。

2013年1月17日,县委、县人民政府为认真贯彻中央八项规定和省委十项规定、市委"六个不准"要求,进一步改进工作作风、密切联系群众,印发《关于进一步改进工作作风、密切联系群众"五要七带头"工作规定的通知》,要求乡镇及部门改进工作作风、密切联系群众做到"五个要"(要认真履职尽责、要加强内部管理、要热情服务群众、要坚持厉行节约、要改进会风文风)和"七带头"(领导干部要在勤政务实、改进调研、厉行节约、廉洁从政、改进会风文风、改进新闻报道、规范考察活动七个方面做好带头示范)。为使八项规定落到实处，县纪委制定《关于进一步加强干部作风建设的暂行规定》《关于改进作风、推动落实、加强廉洁自律“五个严禁、五个坚决查处、七个一律停职待查”的规定》等制度，并组建工作组深入宾馆、酒店，对贯彻落实中央八项规定和省、市作风建设相关规定情况以及国家工作人员用公款大吃大喝、公款娱乐、公车私用等行为开展专项督查。是年，共开展明察暗访18次，查处违规驾车行为2人、公车私用行为3人、违规操办酒席行为6人，先后两次对3起典型问题进行通报。

2014年，按照监督检查不分时段、不留空隙、不打招呼的工作思路，对上班纪律、公款吃喝、公款旅游等开展经常性检查63次，共问责处理171起违反中央八项规定精神行为。同时，注重关键节点督查，对25家酒店和娱乐场所、80余个单位进行检查，通报问责13个单位，处理1名违规公款消费人员。针对群众反映强烈的热点问题，从快从严处理8起干部职工参与赌博和违规操办酒席、参与违规酒席送礼行为，对59名“吃空饷”干部职工进行分类处理，开除和辞退9名“吃空饷”干部，责令22名脱岗旷工干部公开检讨。

2015年，根据中共铜仁市纪委督查室印发的《关于对2015年上半年贯彻执行中央八项规定省委和市委十项规定进行督促检查的通知》要求，县纪委对贯彻执行中央八项规定精神、省委和市委十项规定精神情况加强督促检查和监督问责情况进行自查，形成自查报告报县委督查室。是年，县纪委对违反中央八项规定精神86人进行问责，并完成市纪委转办的170余张公款消费票据核查工作。对在公务接待中挥霍浪费和违规发放福利、公款娱乐和旅游等违反中央八项规定精神的四类典型案例进行通报。

2016年1月，县纪委转发《中共铜仁市纪律检查委员会铜仁市监察局关于7起违反中央八项规定精神典型案例的通报》的通知，要求各级纪检监察机关把规矩和纪律挺在前面，实践好监督执纪“四种形态”，多方式进行明察暗访，坚决查处“打擦边球”等隐形变异“四风”问题，发现一起查处一起，并点名通报曝光。为确保节日期间风清气正，县纪委下发《关于国庆期间开展“落实中央八项规定、纠正‘四风’问题”明察暗访的工作方案》，成立以龙政敏、李艳、何兴发、秦毅4人为组长，龙文、唐义长等12人为成员的4个督察组，对各单位国庆期间是否存在违规违纪情况开展明察暗访。10月26日，县委印发《关于认真做好贯彻落实中央八项规定精神自查的通知》，对贯彻落实执行中央八项规定和省委、市委十项规定及县委“五要七带头”等相关规定精神的情况再督促、再检查。是年，共查处违反中央八项规定问题36件，处理58人，党纪政纪处分49人，对8件违规发放津补贴、公款旅游等违反中央八项规定精神典型案例进行通报。

2017年，结合重要节日节点，开展专项整治和“四风”清查工作，整合县财政局、县审计局、市场监督管理局等部门开展公务接待用酒专项整治工作，查处违反中央八项规定精神问题。是年，查处违反中央八项规定问题18个，处理27人，党纪政纪处分24人。

2018年，为进一步贯彻落实中央八项规定及其实施细则精神，县委先后印发《深入贯彻落实中央八项规定精神切实加强作风建设的实施办法》《关于对深入贯彻落实中央八项规定精神切实加强作风建设工作情况开展专项督查的通知》等文件，进一步查处违反中央八项规定精神问题。是年，查处违反中央八项规定精神问题15个，党纪政务处分15人，对6起违规发放福利和津补贴、违规收受礼品礼金等违反中央八项规定精神典型案例进行通报。

2019年5月，为巩固拓展落实中央八项规定精神成果，切实纠正“四风”问题，县纪委印发《松桃苗族自治县开展巩固拓展落实中央八项规定精神成果切实纠正“四风”问题自查自纠工作方案》，在全县95个单位开展巩固拓展落实中央八项规定精神成果切实纠正“四风”问题自查自纠工作。同时，县纪委针对有的乡镇和部门在公务接待“三单”不全较突出的问题，按照举一反三的要求，开展进一步自查自纠。10月17日，县纪委在各乡镇、部门自查的基础上，组成2个监督检查组，抽查8个乡镇、部门的公务接待“三单”情况，发现问题11个，对存在的问题作出限期整改要求。是年，查处违反中央八项规定精神问题14个，党纪政务处分23人。

2020年查处违反中央八项规定精神问题38件38人,其中大办婚丧喜庆方面2件2人,贯彻落实党的方针政策、中央重大决策部署方面不力3件3人,联系群众、服务群众方面4件4人,履职尽责、服务经济社会发展方面不力17件17人,违规发放津补贴或福利2件2人,违规配备使用公务用车1件1人,违规收送礼品礼金9件9人。受到党内警告处分22人、党内严重警告处分13人、政务处分2人、诫勉谈话1人。

第三节 纠治"四风"

2013年,县委根据党中央统一部署,在党员干部中开展党的群众路线教育实践活动,着力解决党员干部在"四风"(形式主义、官僚主义、享乐主义、奢靡之风)方面存在的突出问题。

2014年,县纪检监察机关切实履行监督责任,集中开展"四风"问题的纠正和治理。会同公车管理部门合力整治公车,全县共清理违规车辆122辆并重新调配,调剂作执勤执法及应急工作用车;加大明察暗访力度和密度,通过实地查看和明察暗访对25家酒店和娱乐场所、80余个单位进行检查,查出违规操办酒席6人、违规驾驶公车1人、公车私用34人,给予党纪政纪处分9人;开展厉行节约反对铺张浪费检查4次,对出差期间超标准住宿1起1人,因私消费以单位名义开具发票行为进行查处;对办公用房进行清理,全县32个单位共腾退办公用房6476.83平方米,对106起公款消费行为进行调查核实,对违规修建楼堂馆所的11名相关责任人进行问责或纪律处分。完成市纪委交办的124张疑似违规消费发票的核查,对其中2张超标报销发票的5名经办人进行处理,超出标准部分由个人承担。同时建立违反中央八项规定、省委和市委十项规定精神典型问题专项通报制度,对在社会上影响较大的违规超办酒席、赌博等典型问题进行点名道姓通报,并在县电视台、网站、手机报上进行播报,同时在松桃网、松桃报公开刊登22名违纪违规干部检讨书,对广大党员干部起到良好的警示教育作用。是年,查处违反"四风"问题干部209人,同比增长171%,其中党纪政纪处分35人,同比增长250%。

2015年,县纪委会同县财政局、县审计局等部门深入各乡镇开展机关事业单位财务往来清理,查出违规发放津补贴10件、公款购买土特产5件、违规公款消费9件、接受工作对象宴请1件,对相关人员进行问责处理;开展公务用车整治,查处违规使用公车2件,问责3人;强化厉行节约,以整治公款大吃大喝、公款进行娱乐性消费为重点,坚决遏制违规公款消费,查处超标接待2件,问责4人;查处公务接待未执行"三单制"2件,问责2人;查处公款违规购买土特产2件,问责2人;查处接受被工作对象吃请1起,问责1人;查处公款进行娱乐性活动1起,问责2人。县纪委组建作风巡查组、新闻监督组对干部作风、工作落实、公款消费等事项监督检查260余次,对不按时上下班、到岗到位、服务态度差、办事效率低、违规使用公车等及时通过电视、网络、手机短信公开曝光。

2016年,县委印发《松桃苗族自治县规范操办酒席管理办法》的通知,对全县党员和国家公职人员婚丧嫁娶操办酒席作出限制性规范,严禁婚丧嫁娶之外操办酒席或大操大办行为的出现。是年,县纪委会同县委组织部、县人大常委会办公室、县民政局等部门开展换届工作纪律督查6次,发现问题204个,发整改通知书52份,提醒谈话3人;开展党员干部经商办企业投资入股承揽工程、违规收送红包礼金、违规操办酒席、违规打麻将四个专项整治活动,查处违规经商办企业投资入股承揽工程2人,违规操办酒席或参与违规酒席请吃2人;10人主动上交违规收受礼品17件、礼金3万元,问责参与打麻将6人。按照市县纪委关于开展补贴奖金等发放情况专项清理工作的通知,共清理发放奖金补贴7986.86万余元。问责因工作失误、不服从安排、擅自请人代会、迟到早退、生活作风问题41人。

2017年，县纪委盯紧关键时间节点，提前下发禁令，划定“红线”，敲响“警钟”，并成立督查组对节假日期间值班、公车使用、公款吃喝等情况进行监督检查8次，检查宾馆、娱乐场所、山庄、景区等23家次，对432辆次公务用车使用、停放情况进行检查。集中力量开展“四风”突出问题专项监督检查，发现问题243个，清理违规发放津补贴、奖金等48.82万余元，并对16个相关单位主要负责人进行问责。开展办公用房和科级领导干部违规兼职取酬专项清理，清退办公用房1067平方米，清退兼职领取薪酬8.33万余元。

2018年，县纪委县监委印发《松桃苗族自治县加强联动协作全面监督“四风”问题的工作方案》，坚持不懈地加强“四风”问题的专项纠治，检查机关单位579个次、公车982辆次、公车停放点129个次、景区景点14个次、宾馆酒店25家次、超市35家次，对节后上班不在岗的人员分别进行提醒谈话和诫勉谈话，并全县通报。查处赌博、打麻将等问题3起，党纪政务处分7人。印发《松桃苗族自治县集中整治形式主义官僚主义突出问题实施方案》，集中整治形式主义官僚主义突出问题，查处扶贫领域形式主义、官僚主义问题104件，立案104件，结案42件，党纪政务处分44人；查处其他方面形式主义问题1个，党纪处分1人；针对会议多、文件多等形式主义、官僚主义问题开展专项督查一次，督查33个单位。开展三个专项整治“回头看”，全县101个单位、6778人参与自查自纠工作，3个单位主动申报并上缴收受的礼金礼品，折合人民币2.01万元。开展违规发放津补贴及兼职取酬清理清退工作，清退违纪资金共计467.36余万元，问责24人，其中党纪立案审查3人、诫勉谈话20人。

2019年，县纪委县监委开展违规使用公务加油卡、“私车公养”和公务用车管理违规问题监督检查，开展“三公”经费专项整治，共清退奖金福利、值班费、补贴等186.54万元；查处形式主义、官僚主义问题13个，党纪政务处分13人；开展“景观亮化工程”过度化等“政绩工程”“面子工程”问题专项整治工作，处置问题1个。

2020年，县纪委县监委继续紧盯重要节日假期，重申纪律规矩要求，先后印发元旦、春节、清明、五一、端午、中秋、国庆期间“四风”问题监督检查工作方案，对节日期间“四风”问题开展全方位、多层次明察暗访6轮次，累计督查乡镇（街道）和部门878个次、检查宾馆酒店和娱乐场所154家次、景区39个次、检查车辆631辆次，做到节前提醒、节中检查、节后核实，严格督促履职尽责，严防“四风”问题反弹。印发《松桃苗族自治县深化整治形式主义官僚主义突出问题的实施方案》，聚焦形式主义官僚主义4个方面、17种问题类型，各部门党委（党组）自觉对照整治内容，通过群众提、自己找、领导点等方式，对自身存在的形式主义、官僚主义问题进行深入查摆，认真梳理、及时整改，并将自查自纠工作纳入2020年党风廉政建设责任制督促检查范围，对未落实或落实不到位的，计入扣分台账。是年，累计查处形式主义官僚主义问题24个，党纪政务处分23人，诫勉谈话1人。查处享乐主义、奢靡之风问题15个，党纪政务处分15人；查处赌博、打麻将等问题12个，党纪政务处分11人，诫勉谈话1人；通报曝光典型问题3批次11起12人。

第七章　源头预防与治理腐败

从源头上预防和治理腐败,既是新时期开展党风廉政建设和反腐败斗争的一项重要举措,又是根据依法行政、科学执政、民主执政的要求,建立廉洁、高效、务实政府的有效措施。全县纪检监察机关从深化改革、完善制度入手,深化行政审批、财政管理和干部人事制度等体制改革;严格执行建筑工程招投标、经营性土地使用权出让、产权交易和政府采购等制度;深入推进政务、厂务和村务公开等事务公开;加强商业贿赂的治理、公共资源交易监督,逐步加大从源头预防和治理腐败的工作力度,有效遏制了腐败行为的发生。

第一节　行政审批制度改革

推行行政审批改革制度,对于深化行政管理体制改革、完善社会主义市场经济体制,从源头上防治腐败、维护人民群众切身利益都具有重要意义。为促进依法行政,提高行政效率,大力精简行政审批项目,减少审批环节,规范审批程序,积极开展行政审批制度改革。

2003年,调整充实县行政审批制度改革领导小组成员及办公室人员,明确专人办公,开展行政审批事项清理工作,清理行政审批项目257项。

2004年,推进行政审批制度改革工作,对已保留的行政审批项目建立四项行政许可配套制度:一是实行公示制,接受群众监督;二是公开办事程序;三是限定服务承诺时间;四是公开收费项目价格,切实加大监管力度。

2005年,持续开展行政审批项目清理工作,清理行政审批项目179项,取消不合理收费项目28项,精简审批项目28项。是年12月,县人民政府政务服务中心(行政投诉中心)成立,中心分管理层和窗口层,内设综合股、行政信息股、投诉股,核定事业编制12名,实有管理工作人员8人。

2006年,强化行政审批改革,对279项行政审批事项进行清理,建章立制9个,设立并公布举报电话2部,受理投诉3件,并及时予以纠正。是年,政务服务中心受理审批件350件,办结300件,办结率86%。

2007年,深入推进行政管理体制改革,建立各项规章制度,制定《松桃苗族自治县政务服务大厅管理办法(试行)》《松桃苗族自治县政务服务中心行政审批违规责任办法(试行)》《松桃苗族自治县政务服务中心部门窗口及窗口工作人员考核办法》《松桃苗族自治县政务服务中心重大、重要、重点投资项目快速审批若干规定》《松桃苗族自治县政务服务中心一次性告知制度》等26项管理制度。4月,县人民政府办印发项目清理通知,县人民政府政务服务中心、县监察局、县法制办、县物价局、县编办等部门对各单位行政审批和公众服务项目认真清理,共清理36个单位354项行政审批和公众服务项目,其中行政审批177项、公众服务177项。是年,受理群众投诉2起,办结2起。

2008年,深化行政审批制度改革,建立"一个窗口对外"的审批和许可工作机制,重点抓行政服务中心和行政投诉中心的规范运行。是年7月18日,行政服务大厅正式对外办公,县纪委监察局督促入驻中心的部门单位有县民政局、县卫生局、县计生局、县建设局、县工商局等32个部门,有313项行政审批和公共服务项目全部进驻中心,设立28个服务窗口,设立5个分中心。是年9月,“松桃苗族自治县人民政府政务服务中心(松桃苗族自治县行政投诉中心)”更名为“松桃苗族自治县人民政府行政服务中心(松桃苗族自治县行政投诉中心)”。县委办印发《关于全面推广使用电子政务应用系统的通知》,在服务大厅安装电子监控系统,对窗口工作人员在服务大厅工作情况进行实时监控。加快“行政服务中心”网格化建设,大力推行网上审批,实现网上办公,使网络成为群众和企业获取信息、办理申报、缴纳费用等有关事项的重要途径,启用办件预警功能,对窗口办件进行跟踪管理,建立一个办事高效、运行有序、公开透明、行为规范的行政管理体系。是年,行政服务中心共受理各类行政审批和公共服务事项2885件,办结2678件,办结率92.82%。

2009年,进一步转变政府职能,提高行政效率,加强行政审批制度改革,县人民政府办公室印发《关于建立松桃苗族自治县行政审批制度改革工作联席会议制度的通知》,明确由县监察局、县法制办、县编委办、县发改局、县经贸局、县民政局、县财政局、县农业局、县工商局、县质监局、中国人民银行松桃支行等11个单位组成联席会议,负责协助县人民政府指导和协调全县行政审批制度改革工作;研究提出县人民政府各工作部门需要取消和保留的行政审批项目建设;督促县人民政府各工作部门做好行政审批项目的清理和处理工作;研究与行政审批制度改革有关其他重要问题,向县人民政府提出工作建议。是年,在确定的首批进驻313个项目中,依法取消4项,停止受理1项,下放到乡镇和其他单位办理10项,增加4项,调整后进驻服务302项。是年,行政审批服务中心共受理行政审批和公共服务事项11681件,办结11328件,办结率96.98%,按期办结率99.7%,各乡镇便民服务中心共收件4636件,办结4568件,办结率98.53%。

2010年,推进行政管理体制改革,对51个涉及行政审批及公众服务项目的县人民政府各工作部门及中央、省、地驻松单位进行项目清理,共清理项目573项,取消及减少66项,拟保留507项。行政服务中心共收件20186件,办结20082件,办结率99.5%,按期办结率99.9%,提前办结率49.6%,共收费852.6万元;全县28个乡镇便民利民政务综合服务中心建设完成并投入运行,共收件52615件,办结52061件,办结率98.94%。是年,立足健全完善电子监察系统,推进行政审批网络建设,对网上审批系统和行政审批软件系统进行升级改造,投入20万元在中心各窗口安装非税收入打票设备。进一步完善中心政务网络开发建设,实现网上咨询、查询、申请和预审等服务。

2011年,一是深入推进行政审批改革工作,开展行政审批事项清理,共清理全县27个县直部门行政审批事项501项,保留391项,减少和取消行政审批事项共110项。在68个乡镇和部门开展行政职权目录编制工作,共梳理出3044项行政职权,编制职权流程图2230个,对行政处罚自由裁量权进行规范,在106个单位建立首问责任制窗口。对建设项目实行一站式并联审批,在26个县直部门和单位开展民营经济市场准入限制和堡垒有关规定清理工作。二是加快电子监察系统建设,投入130余万元建立电子监察系统,成立电子监察中心,在中心大厅投入30余万元,安装了11个摄像头、电子评价器、触摸屏,重新购买了审批、监察、数据库服务器,对行政审批系统进行全面升级改造,中心网络横向与各进驻部门互联互通,不断推进网上审批,纵向实现与省、市、县电子监察系统无缝对接,初步建成省、市、县三级电子监察系统平台,通过远程电子监察和视频同步监控,对办证大厅各窗口工作人员工作作风、服务态度、在岗在位和办事效率进行有效监督,提高了电子监察科学化管理水平。是年,行政服务中心共收件23472件,办结23204件,其中,即办件11656件,承诺件11612件,办结率99.62%。

2012年,县监察局印发《松桃苗族自治县2012年反腐败治本抓源头工作意见》,深入推进行政体制改革。进一步转变政府职能,规范政府行为。组织各部门依法清权确权,继续清理、精简和调整行政审批事项,确保全县行政审批项目减少20%以上。对保留的行政审批项目,要加强监督制约,完善审批受理(签收)、审核、批准等程序,进一步压缩审批时限,规范审批行为、提高行政效率。完善行政审批信息公开制度,及时公开行政审批目录,对涉及重大公共利益的审批事项召开听证会。加强行政审批电子监察系统的管理,制定《松桃苗族自治县行政审批电子监察管理办法(试行)》《松桃苗族自治县电子监察室管理制度》《松桃苗族自治县电子监察室人员工作职责》,印发《关于进一步加强部门网上审批工作的通知》,安排专人值班。每季度对行政服务中心受理办件情况进行1次监督检查,是年共5次,对违规审批、不认真执行行政效能建设有关制度的行为及时进行纠正和处理;行政服务中心入驻率、限时办结率达100%。按时报送工作简报46期,电子监察专报7期,建立电子监察台账并将其纳入绩效考评内容。严格落实《贵州省企业投资项目联合审批(核准)试行办法》,实现联合审批电子化、网络化全程办理;启动行政审批电子监察系统,实现省、市、县联网监察,连接电子审批系统,实行行政审批全程监控,加强对服务窗口工作纪律和效能监督。是年,加强审批事项清理,对全县行政审批及公众服务项目进行清理,摸清数量,规范名称,缩短时限,全县共保留审批事项142项,减少和取消16项,行政许可类和非行政许可类分别提速52.78%、51.58%。是年,行政服务中心共收件24096件,办结23811件,办结率98.82%,共收费1908.56万元;乡镇便民利民服务中心共接59579件,办结58632件,办结率98.41%。

2013年,县监察局印发《松桃苗族自治县2013年反腐败治本抓源头工作意见》,对深入推进行政管理体制改革,贯彻落实中央关于建设服务政府、责任政府、法治政府和廉洁政府的要求,切实转变政府职能,努力营造良好发展环境进行安排部署。继续减政放权,推行行政审批“两集中、两到位”改革,对行政审批收费事项进行再清理,共保留行政审批事项271项,取消19项,合并12项,省市下放14项,27个单位已授权并启用行政审批专用章。县直部门行政审批事项在去年基础上精减10%以上,现场办结率、限时办结率达100%。加强行政审批电子监察系统建设,严格规范行政执法行为,细化行政权力运行流程,对行政处罚自由裁量权进行规范。是年7月,“松桃苗族自治县人民政府行政服务中心(松桃苗族自治县行政投诉中心)”更名为“松桃苗族自治县人民政府政务服务中心(松桃苗族自治县行政投诉中心)”,政务服务中心共收件45809件,办结45567件,办结率99.47%,即办件30911件,即办件率67.48%;乡镇便民利民服务中心共接77375件,办结77375件,办结率100%。

2014年,深化行政审批制度改革,进一步转变政府职能,使市场在资源配置中起决定性作用,市场机制能有效调节的经济活动取消审批,对保留的行政审批事项规范管理、提高效率,对取消的审批事项加强后续管理,防止出现监管缺位、错误或不到位。是年,县政务服务中心进驻24个部门和单位,设置服务窗口22个,进驻160项行政许可和非行政许可项目。推行人脸识别签到,实行请假销假制度,对办事大厅工作人员遵章守纪情况进行监督。是年,政务服务中心共收件38611件,办结38351件,办结率99.33%,其中即办件31362件,即办件率81.78%;县国税局、县地税局、县交警大队、县就业中心和县公积金中心5个分厅共受理124431件,办结124431件,办结率100%;不定期对28个乡镇便民服务中心和503个村代办点进行督促检查和业务指导,主动对接搞好乡镇便民中心和村民代办点代理服务,28个乡镇便民服务中心受理101048件,办结101048件,办结率100%。

2015年,继续实施“两集中、两到位”改革,构建审管分离的行政审批体制机制,要求各部门进行职能归并,所有的行政审批事项集中到一个股室,成立行政审批股,并成建制进入县政务服务中心;部门充分授权首席代表,建立以窗口服务群众为主导的行政审批运行机制。是年,对照《关于印发松桃苗族自治县2015年行政审批事项清理工作实施方案》,对取消、承接、下放审批服务事项的情况进行全面清理,全县共清理审批服务事项大项153项、子项502项，取消2项，承接上级部门下放的行政许可（审批）事项18项，调整为内部审批1项，改为后置审批32项。政务服务中心共收件23014件，办结22897件，办结率99.49%，其中即办件19209件，即办件率83.47%，全年收费1365.93万元（不含土地出让金）；乡镇便民服务中心共受理66512件，办结66512件，办结率100%；接受电话咨询689件，回复689件，回复率100%。

2016年，厘清办事流程，优化政务服务，完成全年项目清理工作，行政审批事项总项目削减至151项，子项目削减至494项，其中行政许可项目303项，行政服务项目191项，取消审批项目26项，后置审批项目32项。根据项目清理情况厘清办事指南，优化审批流程，压缩办理时限。是年再次压缩法定承诺时间190个工作日，压缩率为18.5%，累计压缩率达到58.3%。根据省政务服务中心要求，倾力打造网上办事大厅，32个部门（单位）的行政审批事项已全部录入网上办事大厅，并在全市各区县政务服务中心率先运行。为办事群众提供延时服务218次、预约服务159次、特别通道服务5次、上门服务19次、全程代办服务6项。印发《松桃苗族自治县人民政府办公室关于认真做好2016年度县级政务服务中心标准建设工作的通知》《松桃苗族自治县人民政府办公室关于进一步加强政务服务平台建设的通知》推行“互联网+政务服务”，完善网上审批平台，在清理职权目录、优化办事流程、缩短办理时限的基础上，不断完善、更新网上办事大厅内容，将全县151个大项、494个子项的行政许可及行政服务事项全部发布在网上办事大厅，建成集政务、商务、事务“三位一体”的政务服务平台。是年，政务服务中心共受理17615件，办结17488件，办结率99.27%，其中即办件13339件，即办件率76.26%。

2017年，完成全县行政权力清理，县人民政府以政府公告（〔2018〕1号）形式向社会公布：行政许可事项282项、行政处罚2869项、行政强制233项、行政征收18项、行政给付197项、行政检查362项、行政确认257项、行政奖励135项、行政裁决99项、其他类3525项、公共服务8488项。是年，共在贵州省网上办事大厅录入政务服务事项11876小项，其中部门3301项，乡镇1575项，村7000项。政务服务中心共收件16899件，办结16825件，办结率99.56%。

2018年，持续优化权责清单动态管理，梳理出全县行政权责清单8083条，其中县级部门行政权力3593条，乡镇（街道办事处）行政权力4490条；编制全县权力运行流程图8083个，其中县级部门权力运行流程图3593个，乡镇（街道办事处）权力运行流程图4490个；全县权责清单和流程图于是年12月13日完成面向社会进行公示。全年共清理国务院取消地方（县级）实施的行政审批事项6项，全县保留行政审批事项185项，公共服务事项268项。经部门、乡镇（街道）清理上报，县法制办、县编办审查，共清理证明材料448条，拟保留338条，取消110条，企业和群众到政府办事提供的证明材料减少了25%；政务服务中心共收件43424件，办结43295件，办结率99.7%。

2019年，深入推进贵州政务服务网松桃站建设，全县有36个县直部门、27个乡镇（街道）、499个村（居）开通贵州政务服务网，录入事项13976项，其中县直部门录入3735项，各乡镇（街道）录入3735项，村（居）录入6506项。贵州政务服务网共受理业务49521件，办理47454件，其中县直部门受理33020件，办结32616件；乡镇（街道）受理10889件，办结10414件，村（居）受理5612件，办结4424件。政务服务中心共收件154876件，办结154654件，办结率99.86%。

2020年，组织推行审批事项“颗粒化”管理和商事制度改革，精简下放权力事项，进一步优化审批流程，最大限度压缩审批时限。全年清理国务院取消（县级）实施的行政审批事项4项，编制公布“放管服”改革“七张清单”事项686项，清理中介服务事项47项，梳理“减证便民”事项保留清单266项，取消事项清单56项。组织28个乡镇（街道）、43个县直部门召开业务培训会，认真梳理2020年全县权责清单及权力运行流程图共计5677条，其中部门3406条、乡镇（街道）2271条，并按程序向社会公示；同时按照“五个一律”要求,对全县行政审批中介服务事项进行全面清理,保留法定行政审批中介服务事项涉及16个部门47项,并已向社会公示。是年,县政务服务中心共收件846126件,办结845646件,办结率99.94%。

第二节　干部人事制度改革

干部人事制度改革是一项涉及面广、触及领域深、民众较为敏感的工作。加强干部选拔任用工作监督,是保证选贤任能,纯洁用人风气的重要举措,也是深化干部人事制度改革,建设高素质干部队伍,培养造就大批优秀人才的治本之策。

2002年,为推行干部人事制度改革,县纪委监察局积极配合组织部门对18名拟任科级干部和84名乡镇纪委委员进行任前把关审查,对6名科级领导干部和2名国有企业领导干部进行经济责任审计,为组织部门任用干部提供参考依据。

2003年,进一步推进干部人事制度改革,加强对党政领导干部选拔任用工作的监督,推行干部考察预告制度和拟提拔对象任前公示制。是年,向社会公示138名拟提任的科级干部,并对这部分人员进行任前谈话;对309名拟任职的科级干部在公示和任用前进行认真审查。完善领导干部经济责任审计制度,对县水利局领导进行经济责任审计。

2004年,继续推进干部人事制度改革工作,县委、县纪委推行干部考察预告制、民主推荐和民主评议制、试行差额考察制,完善后备干部管理制度,明确领导干部的选拔优先从后备干部中选拔的办法,建立后备干部动态管理机制;认真推行干部任前公示制、干部考察责任制,试行任职试用期制,明确副科级实职以上干部实行试用期一年;同时,推行任用干部投票表决制,建立和完善干部辞职制,建立健全择优汰劣制,从制度上保证了干部的公平、公正、公开使用,从源头上预防治理选人用人上的不正之风,形成充满生机活力的选人用人机制。推行干部监督工作联席会议制度,充分发挥纪律监督、法律监督、民主监督的作用,发挥纪检监察机关专职监督职能、人大常务委员会任免权监督权力、政协民主监督、信访渠道、新闻媒体舆论监督等五个方面强化对领导干部权力运行的监督制约。完善领导干部经济责任审计制度,完成县委、县人民政府交办领导干部经济责任审计2项,即对县物价局局长和平头乡人民政府乡长任期内的经济责任进行审计。

2005年,继续开展干部人事制度改革,坚持和完善干部考察预告制、民主推荐和民主评议制、差额考察制、任职试用期制、投票表决制、干部辞职制及优胜劣汰制。是年,共调整四批272名干部。对甘龙镇镇长、永安乡乡长、县农业局局长、县民族中学校长和孟溪中学校长五位领导干部进行经济责任审计。

2006年,深化"四项改革",严格执行《党政领导干部选拔任用工作条例》,全面推行考察预告、差额考察、任前公示、任职试用期和干部任免票决等制度。建立领导干部廉政谈话和函询制度,实行干部绩效考核制度,制定乡镇换届考察纪律要求,严肃换届期间的工作纪律。对全县287名副科级以上干部实行票决任免,考察预告287人,任前公示287人,实行试用期16人。公开招考公务员和事业单位工作人员101人。对全县574名副科级以上领导干部上年度工作进行绩效考评,对排名靠后的乡镇和县直部门5个党政班子领导分别进行打招呼和诫勉谈话。强化领导干部任期经济责任审计力度,召开经济责任审计领导小组会2次,经济责任审计联系会2次。完成县委、县人民政府交办经济责任审计任务10项,涉及科级领导干部10人。

2007年,在干部人事制度改革方面,对副科级干部共票决任免218人次,实行考察预告218人、任前公示218人,实行试用期54人,公开招考国家公务员和事业单位工作人员513人。加强领导干部经济责任审计工作，是年共召开经济责任审计领导小组会议2次，经济责任审计联席会议1次，完成经济责任审计任务10项，其中涉及科局级干部10人，查出违规金额277万元。

2008年，建立健全科学的干部任用和管理监督机制，深化干部人事制度改革。共提拔乡科级干部119名，任前公示119名，调整乡科级干部13名，一般干部调动32人。同时，认真贯彻实施《中华人民共和国公务员法》，继续抓好公务员招考、事业单位招考两项考试，县纪委监察局对招录工作进行全程监督，实行“阳光作业”，是年，招录的1432名行政事业单位工作人员没有发生违规行为。持续执行领导干部经济责任审计制度，完成2名乡(镇)长、1名乡镇党委书记、3名县直部门主要领导的经济责任审计。

2009年，一是加强《党政领导干部选拔任用工作条例》《中国共产党党内监督条例》等有关法规的学习贯彻力度，开展对各单位贯彻执行《党政领导干部选拔任用工作条例》及其他干部人事工作政策、制度的监督检查，防止干部选拔任用工作中的不正之风。二是认真落实整治用人上不正之风各项工作任务。实施干部选拔任用工作“一报告、两评议”，充分发挥纪检监察机关在干部选拔任用上的监督作用，对83名新任科级干部进行任前廉政谈话，与有关部门对各单位专题民主生活会进行指导，全县574名乡科级干部进行了述廉述职。完成4名领导干部经济责任审计工作。

2010年，推进干部人事制度改革，印发《松桃苗族自治县乡(科)级领导干部选拔任用初始提名办法(试行)》等4项制度，实行领导干部公开选拔。在全县首次举行乡镇党委书记公推直选和领导干部公开选拔工作，将黄板乡党委书记职位作为公推直选试点，对县委办副主任、县人民政府办公室副主任等4个副科级领导岗位任职人选进行公开选拔。对7名领导干部进行经济责任审计。

2011年，严格按照中央纪委、中组部“五个严禁”“十七个不准”和“五个一律”要求，强化干部提拔和考核，为县、乡换届营造了风清气正的良好环境。为进一步提高选人用人的透明度，积极发挥监督作用，在换届考察中实行“亮牌”考察制度，对任用干部实行县委常委会票决制，全年共票决33名科级干部。完成4名乡科级领导干部的经济责任审计，查出违规资金24.1万元，已由县审计机关收缴并上交县财政。查出管理不规范资金55.82万元，已责成被审计单位自行整改和规范。

2012年，推行干部人事制度改革，一是健全干部选拔任用机制，工作进一步规范化。全县按照《干部考察资格认定实施方案》，实行干部考察资格认定制。全县组建一支政治素质高、业务精湛、相对稳定的干部考察队伍。二是不断创新干部选拔任用方式，工作进一步民主化，全县逐步推行了《全委会对下级党委、政府领导班子正职拟任人选和推荐人选表决制度》，不断扩大党内民主，完善干部选拔任用制度。是年，进行差额推荐、差额考察、差额酝酿50余人次，多部门征求意见，全程进行纪实制，有效提高了公信度。三是注重干部的实绩考核，完成55个县直部门及42个县直二级机构领导班子和领导干部任期考核，为干部的选拔任用提供了依据。完成对2名科级干部的经济责任审计。

2013年，坚持和完善县委常委会干部任用票决、任前谈话、诫勉谈话、领导干部重大事项报告制度，坚持实行考察预告、考察结果反馈、干部考察责任追究、任职试用期等制度，继续推行干部考察资格认定制度。探索干部初始提名方式，从源头上预防和治理用人不正之风。推行干部交流轮岗，实现干部有序流动。全年交流轮岗科级领导干部131名。开展干部选拔任用工作“一报告两评议”，对县委干部选拔任用工作和新提拔干部进行了评议。开展领导干部经济责任审计，对2个乡镇、2个县直部门的6名领导干部进行离任、任期经济责任审计。

2014年，县委印发《关于加强乡科级党政“一把手”监督管理的若干规定》，强化对乡镇和县直部门党政“一把手”的监督，促进“一把手”廉洁从政。一是规范“一把手”权力。明确“五不直接分管”规定，“一把手”不得分管容易发生权力寻租的工作。不直接分管人事工作，人事问题必须经集体研究决定。不直接分管财务工作,实行财务分级负责制和审签制。不直接分管项目建设,不得插手和干预项目建设及招投标活动。不直接分管行政审批和行政执法工作,行政审批和行政执法由班子集体讨论决定,予以备案。不直接分管采购工作,小额采购由分管领导审批,相关科室办理,大额采购必须纳入政府采购统一办理。二是完善监督制度。严格实行任职回避制度,"一把手"的近亲不得在同一机关担任双方直接隶属同一领导或者有上下级领导关系的职务。严格实行任期经济审计制度,对涉及人财物管理和群众反映问题较多的单位进行重点审计。严格实行述职述廉和考核评议制度,"一把手"每年向县纪委全会进行一次公开述廉,每年选择部分"一把手"进行廉政测评,任职满2年必须进行一次廉政测评。严格实行个人事项报告制度,"一把手"必须及时、如实报告个人事项,新提拔人选在考察期间报告个人事项并公开。严格实行党务政务公开制度,"一把手"的工作决策、工作办理情况、重要党务和政务活动,以及班子重大决策决定等,必须通过多种形式及时公开。三是强化责任追究。县纪委、县委组织部采取综合督查、专项督查、重点督查等方式,定期或不定期对乡科级"一把手"执行监督管理规定情况进行检查,对违反相关规定的"一把手",严格按照《关于实行党政领导干部问责的暂行规定》追究责任。廉政测评中"不满意"票超过三分之一,考核中优秀和称职票达不到三分之二的,予以组织处理。

2015年,干部人事制度改革工作,一是执行科级党政"一把手"监督管理办法,建立党员干部廉政档案大数据,实现对乡科级党员领导干部廉政情况动态管理和预警管理。二是严格执行《推进领导干部能上能下若干规定(试行)》,提拔科级领导干部46名、科级非领导职务27名,交流轮岗科级领导干部23名,因违纪被处理免去科级领导干部14名。开展超编制、超职数、超规格配备干部整改消化工作,消化超职数配备干部60名,其中正科级21名、副科级24名、科级非领导职数15名。

2016年,围绕县乡换届工作,县纪委会同组织部门提前做好打算,预先做好安排,抽选27名纪检监察干部参加乡镇换届考察组和乡镇党代会、人代会、换届指导组,对换届工作进行全程监督和指导。会同县委组织部、人大常委会办公室等部门开展换届风气督查6次,发现问题204个,发整改通知书52份,提醒谈话3人。把牢干部廉洁自律关,真实反映417名干部的廉洁自律情况。开展领导干部经济责任审计工作,对9名领导干部进行离任、任期经济责任审计。

2017年,始终坚持"二十字"好干部标准,把"四不唯"贯穿干部选拔任用全过程,结合全县脱贫攻坚、决胜全面小康的工作需要,选派31名优秀年轻干部到乡镇(街道)挂任科技扶贫副乡镇长(副主任),协助政府主要领导开展扶贫工作,选派18名科级干部到深度贫困村的乡镇(街道)挂职党(工)委副书记。为学习借鉴苏州市经济社会发展的先进经验和思路,选派5名副科级干部赴苏州挂职锻炼。认真开展经济责任审计工作,严格领导干部因私出国(境)管理,严格对拟出国(境)人员进行审查工作。

2018年,完善干部监督管理机制,贯彻落实《推进领导干部能上能下若干规定(试行)》《关于建立工作目标、岗位责任、正向激励保障、负向惩戒约束"四位一体"从严管理干部机制的意见》等规定,从严干部日常监督管理。开展不担当不作为突出问题整治工作,及时派出问题核实组对上级转来和本级发现的问题线索进行调查核实,共计发现涉及干部不担当不作为问题线索33条,问责干部54人。开展清理规范领导干部在企业、社会团体兼职(任职)工作,督促不符合规定的及时进行整改,清理领导干部在企业和社团违规兼职131人。开展违规办理和持有因私出国(境)证件专项治理工作。完成113名新提拔副科级干部的出入境报备工作,完成对全县1000余名副科级以上领导干部的信息采集汇总工作,办理科级干部因私(公)出国境审批14批次18人。

2019年,加强对干部的监督管理,对在工作中履职不力未管理好驻村干部的7名领导干部进行提醒谈话,开展清理规范领导干部在企业、社会团体兼职(任职)及"冒充人头、吃空饷"工作,对不符合规定的及时进行整改。完成113名副科级干部出入境报备，审批科级干部因私（公）出国境20人。完成对4个单位党政主要领导干部的经济责任审计。

2020年，强化政治监督，完善干部管理联席制度，建立相关部门信息沟通机制，动态掌握干部现实表现，实行负面清单管理。是年，共提拔重用和职级晋升干部184名，其中基层一线干部166名，占比90.2%。配合完成40名市管干部领导干部个人有关事项报告表填报工作。严格规范领导干部因私（公）出国境审批，完成27名副科级干部的出入境报备工作，科级干部因私（公）出国境审批1批次。

第三节　财务管理制度改革

一、预算外资金和落实"收支两条线"管理

1998年，根据中共中央办公厅、国务院办公厅1998年6月19日转发财政部等七部门《关于加强公检法和工商部门行政性收费和罚没收入收支两条线管理工作规定的通知》文件精神，结合松桃实际，成立由县委副书记任组长，县纪委监察局、县政法委、县财政局、县物价局等部门领导组成的领导小组，组成检查组对县公安局、县人民检察院、县人民法院、县工商局的落实"收支两条线"管理情况进行监督检查。通过严格审查，没有发现擅自设立收费项目和提高收费标准，一律按照国家批准的行政性收费项目和标准进行收费。经清理查实，县公检法3家和县工商部门1998年1月至10月上交县财政专户管理64.14万余元，做到应缴及时，上缴足额。

2000年，县纪委印发《2000年纪检监察工作意见》，加大从源头上预防和治理腐败的工作力度，全面落实"收支两条线"管理规定。完善制度，规范行为，强化监管，按照《违反行政事业性收费和罚没收入"收支两条线"管理规定行政处分暂行规定》，发现一起，查处一起。

2002年，落实"收支两条线"管理规定，取消不合法、不合理收费项目4个，查处违反"收支两条线"管理规定案件2件；清理银行账户214户，取消银行账户14户；取消不符合规定票据20种，县、乡落实比例分别达到96%和62%；县级票款分离达到26%，收支分离达到94%。

2003年，加大财政体制改革力度，积极推行部门预算，成立"会计结算中心"，制定《会计核算中心解决方案建议书》，实行预算的行政单位38个，县级预算支出124.24万元。

2004年，进一步落实"收支两条线"规定，逐步将政府非税收入全部纳入"收支两条线"管理。继续推进财政制度改革，严格实行"收支两条线"管理规定，认真清理银行账户，实行部门预算编制改革。

2005年，采取五项措施规范公务员工资、津贴，继续推进财务管理制度改革，清理银行账户166个，纳入"收支两条线"管理的预算外收入3674万元，同比增加195%，对55个单位的收费情况进行了检查，检查资金602.5万元。

2006年，在财政管理制度改革方面，继续落实"收支两条线"管理规定，全县纳入预算外资金专户管理的单位共有44个，预算外资金收入1579万元，同比增长7.5%；预算外资金支出1264万元，同比增长17.8%。对非税收入纳入"收支两条线"管理的金额为1053万元，其中行政事业收费预算收入525万元，罚没收入509万元，其他收入19万元。

2007年，继续深化落实"收支两条线"管理，全县纳入预算外资金专户管理的单位共48个，对非税收入纳入"收支两条线"管理的金额为5021.67万元；清理银行账户166个，其中，基本账户79个，专用账户81个，临时账户6个。

2008年，县纪委监察局不断强化对"收支两条线"的监督管理，对未缴入国库的行政性收费和罚没收

入,统一缴入专户实行专户管理。同时,加大对全县有执收执罚部门和单位收费、罚款收支执行情况、票据管理使用情况、收入收缴执行情况的检查力度,共检查资金总额4.47亿元,其中,行政事业性收费8730.9万元,经营性收费3.6亿余元;查出违纪金额141万元,处理上缴财政35万元,清退用户106万元。

2009年,县监察局印发《松桃苗族自治县2009年反腐败治本抓源头工作要点》,积极推进财政管理制度改革。建立和完善以基本支出定员定额为核心的支出标准体系,强化对项目库和项目支出预算的滚动管理,加快政府收支分类改革步伐,推进项目支出按经济分类编制预算试点。深化"收支两条线"管理改革,将预算外管理的非税收入逐步纳入预算管理,通过编制综合预算,实现政府税收与非税收入的统筹安排。推行"乡财县管乡用"改革的相关工作,加强督促,提高服务质量和办事效率。

2010年,继续开展财政管理体制改革,加大对政府非税收入改革力度,建立政府非税收入改革联席会议制度,印发政府非税收入改革工作实施方案和政府非税收入收缴管理实施办法,把49个单位的非税收入纳入预算管理。

2011年,县财政局、县监察局、县审计局联合印发《关于在全县开展"收支两条线"执行情况检查工作的通知》,对各乡镇财政所、县直各行政机关、事业单位、团体落实"收支两条线"执行情况进行监督检查。在64个单位和部门推行预算制度,14个单位非税收入纳入预算管理,34个单位实行国库集中收付制度。建立和完善乡镇财政体制,保证乡镇基本支出需要,缓解乡镇财政困难,防范乡镇债务风险,维持基本财政稳定,促进县域经济和社会事业健康发展。发现2个单位4.57万元非税收入未缴入财政专户,已督促整改。

2012年,深化财政管理体制改革,先后配套印发《乡镇财政管理办法》《国库集中支付制度改革实施方案》《支农资金管理办法》等十多项规章制度,建立政府非税收入管理改革联席会议制度,非税收入实行统一管理。推行阳光理财,加大政府非税收入管理力度,按照政府非税收入收缴管理实施办法,把19个单位的非税收入纳入预算管理,在65个部门推行预算制度,16个部门实行国库集中收付制度。

2013年,县纪委印发《关于落实"收支两条线"规定、政府采购执行情况和清理"小金库"专项检查实施方案》,牵头对各乡镇各部门执行"收支两条线"情况进行全面检查,共追缴截留非税收入3000余万元。

二、会计核算中心、会计委派、财政国库集中支付工作

2000年,为强化财务监督,促进党风廉政建设,根据中央纪委第四次全会、国务院第二次廉政工作会议精神,决定在行政事业单位推进会计委派制度试点工作。

2001年,继续推行会计委派制试点工作,对委派会计人员实行"四改三统一"的管理模式,制定《会计出纳岗位责任制》《印章分离制度》《工程款项付款报账制度》等规章制度,使原来普遍存在的账目不清、财务混乱状况得到改变,使收费不上交、自收自支、私设"小金库"的行为得到有效遏制,同时有效防止被委派单位可能出现截留资金、挤占挪用专款的违纪行为。

2002年,全县推行会计委派制度试点单位13个、委派会计14人。通过试点,效果明显。如县公安局试行会计委派制度后,节约经费,严肃财政纪律,提高会计核算水平,进一步健全和完善了财务收支制度和内部控制制度,从源头上遏制预算外资金乱支出、乱收费、乱罚款等行为的发生,使财务管理逐步走向制度化、规范化、法制化的轨道。

2003年,全县实行会计委派制度单位12个、委派会计14人。实行会计委派制度以来,各被委派单位的财务管理工作进一步规范,共清理96个单位的收费项目948项,涉及资金1438.8万元,清理银行账户166户,从源头上遏制预算外资金乱支乱用和乱收费、乱罚款等行为的发生。

2005年，在县统计局、县文化馆、县园林站、县环卫站等6个单位开展部门预算和国库集中支付试点工作。

2007年，深化财政管理制度改革，经县委、县人民政府同意，启动会计集中核算和国库集中支付，逐步扩大实行国库集中收付制度改革范围，加快国库集中收付网络建设。认真贯彻《国务院关于投资体制改革的决定》，政府投资项目实行公示制，对每一个项目的资金来源，工程造价、工作规模、实施单位、承建单位、监理单位进行公示，重大项目县纪委监察局介入、参加招投标，并在项目实施过程中进行跟踪监督，防止资金挪用。在投资体制改革方面，开展部门预算编制改革试点单位15个。

2008年，加大财政资金的监管力度。在前一年纳入会计集中核算的15个预算单位基础上，又将32个预算单位纳入国库集中支付改革试点工作。继续深化投资体制改革，规范政府投资行为。

2009年，县委县人民政府印发《松桃苗族自治县2009年反腐败治本抓源头工作要点》，积极推进财政管理制度改革，深化国库集中收付制度改革，将政府财政性资金纳入国库单一账户核算和管理，完善预算执行动态监控机制，规范财政转移支付，建立专项转移支付资金运行监管机制。编制国有资本经营预算，完善国有资本经营预算制度。推动建立公开、透明的预算管理体制。

2010年，加强国库管理制度改革，利用国库支付系统的网络资源，实现会计集中核算向国库集中支付平衡过渡，完成会计资料、会计职能、软件设备等的移交工作。是年，从国库集中支付系统支付3747笔，支付金额2.82余亿元。

2011年，加强国库集中支付内部管理，建立健全各项制度，规范操作流程，完善集中核算单位账务处理，规范核算单位财务行为，加强票据审核，严格控制财政授权支付额度，提高财政直接支付比例。是年，国库集中支付1.41万笔，支付金额8.82亿元。

2012年，深化财政管理体制改革，先后配套制定《乡镇财政管理办法》《国库集中支付制度改革实施方案》《支农资金管理办法》等十多项规章制度，建立政府非税收入管理改革联席会议制度，非税收入实行统一管理。为进一步深化财政国库集中支付制度改革，加强预算单位财务管理，提高公务支出透明度，强化财政资金监督，印发《松桃苗族自治县推行公务卡制度改革实施方案》，要求各相关单位提高认识，推进公务卡制度改革，进一步深化财政管理体制改革。

2013年，县监察局印发《松桃苗族自治县2013年反腐败治本抓源头工作意见》，深化政府非税收入和国库集中支付改革。是年，国库集中支付资金28.1亿元，其中财政直接支付26.66亿元，财政授权支付1.44亿元，财政直接支付比例达94.89%。公务卡试点初见成效，纳入试点单位10个，发放公务卡79张，启用公务卡30张，业务运行正常。

第四节 治理商业贿赂

2006年，县治理商业贿赂领导小组办公室印发《关于转发中共中央治理商业贿赂领导小组〈关于组织开展不正当交易行为自查自纠实施意见〉的通知》《关于转发中央治理商业贿赂领导小组〈关于依法查处商业贿赂案件的实施意见〉的通知》等文件，要求各级各部门要高度重视查办商业贿赂案件工作，进一步深入开展自查自纠工作，集中力量依法严肃查处重点领域、重点环节、重点人员的商业贿赂案件，同时，也要查处其他领域的商业贿赂案件，建立健全防治商业贿赂长效机制。6月16日，县治理商业贿赂领导小组会议研究决定，增补县人民检察院反贪局局长为县治理商业贿赂领导小组办公室第一副主任。是年，认真开展治理商业贿赂专项工作，重点围绕工程建设、医疗购销等商业领域进行查处，共查处商业贿赂案

3件7人,涉案金额12万元,相关人员移送司法机关处理。

2007年,根据中央、省、地治理商业贿赂领导小组工作安排和要求,开展商业贿赂自查自纠工作延续至是年5月底。县治贿领导小组根据工作要求,于4月下旬印发《关于报送〈对专项治理自查自纠工作中存在问题进行认真纠正的报告〉的通知》,要求各单位按照中央、省、地、县治贿领导小组工作要求,进一步深入开展自查,并写出详细的书面自查报告上报县治贿领导小组,县治贿领导小组对各单位自查自纠工作进行了督促检查,是年5月,各成员单位均开展了自查自纠工作。

2008年,县委办公室印发《关于调整充实县治理商业贿赂领导小组成员的通知》,明确由县委常委、县纪委书记任组长、县委常委、县人政府常务副县长任常务副组长、县监察局、县信访局、县文明办等相关单位负责人为成员,领导小组下设办公室在县纪委监察局,由县纪委常委、纠风室主任兼任办公室主任。印发《松桃苗族自治县2008年治理商业贿赂专项工作要点》,严格按照中央、省、地关于开展治理商业贿赂专项工作的统一安排部署和要求,针对商业贿赂易发的重点领域和重点环节,认真组织有关部门开展自查自纠、整改提高、"回头看"以及建立完善长效机制等工作,并不定期开展督促检查,确保工作不走过场。同时进一步加大商业贿赂案件查处力度,查处3起商业贿赂案件,涉及金额14万元。是年,案件办结1件,党纪处分1人。

2010年,县治理商业贿赂领导小组办公室印发《松桃苗族自治县2010年治理商业贿赂专项工作要点》,要求县治理商业贿赂领导小组成员单位按照中央治理商业贿赂领导小组印发的《关于进一步加大查处商业贿赂案件工作力度的通知》精神,加大工作力度,重点查处工程建设、土地出让、产权交易、医药购销、政府采购、资源开发等领域的案件。是年,共查办商业贿赂案件1件1人,涉及金额4.3万元,相关人员移送司法机关处理。

2011年,积极推进市场环境建设工作,建立企业及个人信用管理制度,完成市场主体诚信信息发布工作,深入开展治理商业贿赂工作,共查处商业贿赂案件1件。

2012年,根据第十七届中央纪委七次全会、第十届省纪委七次全会精神,结合市纪委一届二次会议要求,县治理商业贿赂领导小组办公室制定《松桃苗族自治县2012年治理商业贿赂专项工作要点》,要求县治理商业贿赂领导小组各成员单位、县直各工作部门、各乡镇治理商业贿赂领导小组办公室,一是深入开展专项治理,严肃查办商业贿赂案件。重点围绕突出办案重点、积极扩大案源、加强对大案要案的督办、严厉惩处贿赂行为、加强协作配合、准确把握政策界限等方面开展工作。二是加快市场诚信体系建设,营造公平竞争的市场环境。开展市场诚信记录,促进市场信息共享,建立信用奖惩机制。三是深化体制机制改革,从源头上防治商业贿赂。四是大力营造反对商业贿赂的社会氛围和环境。突出教育重点,通报典型案例,营造良好氛围。五是切实加强对治理商业贿赂专项工作的组织领导。进一步加强组织领导,不断完善自身建设,切实开展督促指导。

2013年,县治理商业贿赂领导小组办公室印发《松桃苗族自治县2013年治理商业贿赂专项工作要点》,要求各相关单位进一步加大查办案件工作力度,严厉打击商业贿赂犯罪行为,深入查办重点领域商业贿赂案件,切实加强对重要案件的督办,完善查办商业贿赂案件协调机制,拓展和畅通信访举报渠道。推进市场诚信体系建设,进一步加大市场监管力度,进一步深化管理体制改革,规范和约束权力运行。

2014年,县治理商业贿赂领导小组办公室印发《松桃苗族自治县2014年治理商业贿赂专项工作要点》,要求各级各部门严格按照中央、省、地关于开展治理商业贿赂专项工作的统一安排部署和要求,针对商业贿赂易发的重点领域和重点环节,深入开展专项治理。一是严肃查办商业贿赂案件;二是认真查找突出问题;三是积极推进市场诚信体系建设;四是深入推进体制改革和制度创新。确保通过专项治理,进一步提高社会各界对商业贿赂危害性的认识,增强全县各级各部门依法行政、廉洁从政意识,营造诚信经营、公平竞争的发展环境,使全县各领域不正当交易行为得到有效纠正,商业贿赂案件得到有效遏制。

第五节 政务、村务和厂务公开

1998年,为积极、稳妥地推行村务公开试点工作,县纪委印发《关于认真搞好村务公开试点工作的通知》,重点对村级财务管理、宅基地发放、计划生育指标分配、乡统筹村提留、集资和集体公益事业收费和使用救济粮款发放、粮食产购任务完成情况、电费收取标准及管理、扶贫资金使用、集体经济项目承包等直接涉及村民切身利益的事项进行公开。除蓼皋镇选择两个村进行试点外,其他乡镇根据本地实际选择一个村进行试点。试点时间为8月至9月,试点结束后写出试点总结报县纪委,县纪委于10月初进行检查验收。根据试点文件要求,在全县28个乡镇30个行政村开展了村务公开工作,建立村务公开专栏30个,各村根据工作实际,对财务管理、宅基地发放、村提留等15个项目实行公开,并根据所涉及内容,建立相关的制度,为1999年在全县全面开展村务公开工作打下良好基础。政务公开方面,县工商局、县电力局、县公安局、县人民法院、县人民检察院等行政、司法执法机关已在全县率先实行公开办事制度、公开收费标准、公开接受社会监督的“三公开”制度。

1999年,继续推行村务公开、厂务公开和政务公开制度。村务公开在全县普遍推行,主管部门在总结1998年试点经验的基础上提出规范化方案,认真做好安排部署。厂务公开方面,按照省政府办公厅《关于国有企业实行厂务公开 进一步加强民主管理的试行意见》文件精神,结合松桃实际抓好贯彻落实,县经贸局和县总工会做好试行工作的指导、总结和推广工作。政务公开方面,通过县级层面开展试点工作的方式,总结试点经验,进而普遍推行,将工作重点落在乡镇层面。凡属直接涉及群众切身利益的事项,都要按规定向群众公开,接受群众监督。

2000年,在28个乡镇政府机关全面推行政务公开,有条件的县直行政机关一并执行。村务公开进一步完善和规范,并同乡镇政务公开结合开展。全面推进厂务公开,在干部人事工作中坚持完善民主推荐和民主评议制度,积极推行领导干部任前公示、竞争上岗制度。

2001年至2002年,县委县人民政府印发《关于进一步做好政务公开工作的通知》,全县各乡镇根据《通知》要求成立政务公开领导小组和监督小组,采取“三结合、四到位、五规范、一奖惩”的办法,深入开展政务公开、村务公开和厂务公开工作。全县28个乡镇建立政务公开专栏36块,累计公开次数达196次;建立村务公开栏443个,全县509个村全部实行村务公开,全年累计公开次数(含贴告示、发明白卡等多种形式)达2290次;国有企业和国有控股企业实行厂务公开的有20个,占全县应公开企业的57%。

2003年,开展服务“三农”,抓好减轻农民负担工作。全县28个乡镇全部建立涉农收费公示牌,将涉农收费的政策依据、收费项目、收费标准进行公开。持续抓好“三公开”工作,按照村务公开、厂务公开和政务公开的规定,始终坚持“三结合、四到位、五规范、一奖惩”的原则,有效促进了“三公开”工作的健康发展。在全县509个行政村中建立村务公开栏440个,占总数的86.4%,公开1490期;28个乡镇全面实行政务公开,建有政务公开栏202个;41个县级政权机关(含垂直单位)中已有39个单位建立政务公开栏并开展了政务公开工作,同时成立41个政务公开领导小组和37个政务公开监督小组,设立举报电话、举报信箱各41个,投入资金13.77万元;20个国有、集体企业实行厂务公开制度,占公开企业的57%。

2004年,进一步抓好“三公开”工作。全县503个行政村中,439个村建有固定公开栏,占总数的87.28%,503个村全部实行村务公开,已公开3054期;28个乡镇成立政务公开领导小组和监督小组,投入经费5000元,公开728期;41个县级政权机关设立举报电话、举报信箱,公开300期,投入资金22.14万元;有30个企业实行厂务公开。

2005年,依法有序推进"三公开"工作。全县503个村全部实行村务公开,已公开1314期;充实调整28个乡镇政务公开领导小组和政务公开监督小组,建立政务公开专栏和设立举报电话各28个,公开112次,投入经费5.3万元;23个国有、集体及控股企业推行厂务公开,建厂务公开栏23个,公开130期;28个非公有制企业中有3个推行厂务公开,占总数的10.71%;35个医院已全部实行院务公开,468所学校(含教学点)已有132所开展校务公开;供水和供电企业已开展厂务公开工作。

2006年,继续依法有序推进"三公开"工作。政务公开方面,成立政务公开领导小组69个,明确专(兼)职人员414人,成立监督小组69个,聘请监督员237人,建政务公开栏69块,"回音壁"69块,设举报电话69个,投诉箱69个;厂务公开方面,全县41个国有及国有控股企业开展厂务公开13个,30个集体企业开展厂务公开4个,425所学校和35所医院已全部开展校务、医务公开;村务公开方面,全县28个乡镇503个行政村,有460个村设立村务公开栏,建立财务监督小组503个,坚持每季度公开一次,特殊情况及时公开,共公开2965期。

2007年,大力推进"三公开"工作。建立和完善政务公开责任制、评议制度、反馈制度、备案制度等制度。在44个已成立政务公开领导小组的政府工作部门中,已开展政务公开的39个,建立公开栏39个,设立举报电话44个,投诉举报信箱44个。28个乡镇中,已建立政务公开专栏28个,设立举报(监督)电话28个。医院35个,实行院务公开35个;供水、供电和通信已开展厂务公开,公开收费项目价格。已完成政务公开目录编制工作输入微机的部门44个、乡镇28个、公用事业单位9个。全县共23个国有、集体及控股企业成立厂务公开小组和监督小组,制定厂务公开工作方案,建立公开专栏23个。28个非公有制企业推行厂务公开7个,占25%。全县503个村,建立了村务公开专栏465块。503个村都以专栏公开、开会公开、广播公开等不同形式进行村务公开。465个村建立了固定公开栏,占比92.4%。

2008年,进一步深化"三公开"工作。印发《松桃苗族自治县2008年政务公开工作要点》《松桃苗族自治县村务公开和民主管理工作实施规则》《松桃苗族自治县2008年厂务公开工作要点》,并制定《考核评分细则》,确保各项工作落到实处。重点加强对《政府信息公开条例》施行的宣传贯彻,举办了全县条例知识竞赛,并组队参加全区条例知识竞赛,荣获二等奖。督促相关部门将村务公开工作与农村基层组织建设和农村基层党风廉政建设工作相结合,在全面推行的基础上以财务公开和涉农价格、救灾救济款物发放公示为重点,在形式、内容、时限上进一步规范。督促与人民群众切身利益密切相关的学校、医院、供水、供电、电信、城管、交通等社会公用部门推行办事公开制度,重点公开了群众普遍关心的办事规定、收费标准、服务承诺、问题咨询等事项。各乡镇和县直部门在2007年编制目录的基础上,进一步规范公开内容。全县23个国有、集体及控股企业成立厂务公开领导小组和监督小组,建立公开专栏23个。村务公开主要以财物公开和涉农价格、救灾救济款物发放公示为重点,在形式、内容、时限上进一步得到规范。

2009年,县委、县人民政府印发《关于对2009年党风廉政建设和反腐败工作任务进行责任分解的通知》,对深化"三公开"工作进行责任分解,要求加大乡镇政务公开力度,不断拓展公共企事业单位办事公开工作领域,着力规范权力运行;继续巩固、规范、深化国有、集体及其控股企业的厂务公开民主管理工作,加强改制企业的厂务公开民主管理工作,积极推进非公有制企业的厂务公开民主管理工作;进一步落实中共中央办公厅、国务院办公厅《关于健全和完善村务公开和民主管理制度的意见》。积极探索乡镇政务公开与村务公开的互动机制,加强对各地开展村务工作情况的监督检查。

2010年,"三公开"工作稳步推进。全县45个部门、28个乡镇充实调整政务公开工作领导小组和监督小组，建立公开专栏68块，设举报信箱及举报电话73个，共公开960余期；印发《松桃苗族自治县关于做好2010年厂务公开民主管理工作的意见》《松桃苗族自治县厂务公开工作检查考核方案》，大力推进厂务公开，在全县71个企业中推行厂务公开达70个，推行率98.61%；全县实行村务公开的村416个，占村总数的100%；建立固定村务公开墙(栏)的村402个，占村总数的96.63%，全县村务公开3800余期。

2011年，县委县人民政府印发《关于对2011年县直单位党风廉政建设和反腐败工作任务进行责任分解表》，对深化“三公开”工作进行责任分解，认真贯彻《政府信息公开条例》，扩大公开范围和层次，规范公开内容和形式，重点推进财政预算决算、专项资金管理使用、工程建设招投标、土地使用权出让、产权交易、政府采购等领域的政府信息公开。是年11月29日县委常委会会议研究，同意将县监察局的政务公开职能转至县行政服务中心，增设政务公开股，负责政务公开相关工作。深入推进基层事务公开工作，在行政服务中心推行“两集中、两到位”制度，建立公开栏56块，设立举报箱56个，公开2100余期。是年，采取“三个坚持”强力推进政务公开工作。一是坚持政务公开制度化，用制度明确公开的程序、权限和依据，使政府工作人员和百姓对政务公开工作有稳定的预期。与群众利益密切相关的主要工作事项必须公开，单位内部管理的重大事项、与干部职工利益密切相关的工作必须在相应范围内公开，包括职责权限、服务内容、办事程序、承诺时间等。二是坚持政务公开与便民挂钩。切实增强政府工作人员为百姓服务的意识，用百姓熟悉的方式公开，帮助百姓理解政府政策，使百姓知道怎样维护自己的利益，更加便捷地享受政府的服务。三是坚持政务公开与加强反腐倡廉结合起来。充分发挥政务公开的综合效益，保证政务公开依法实施，为强化监督制约打好基础，为权力阳光运行提供保障，有效预防腐败。县纪检监察机关加强监督，对全县政务公开实行定期或不定期检查，促进公正、透明、廉洁、高效行政。深化厂务公开，全县71家企业利用厂务公开专栏和职工大会等形式公开厂务920多期次。抓好“村务公开民主管理示范单位”创建活动，编制村务公开目录，规范公开内容和形式，指导乡镇抓好村务公开工作，实行村务公开4250期。是年11月29日，县委常委会会议研究，同意将县监察局的政务公开职能转至县政务服务中心。

2012年，一是加强政务公开领导体系建设。认真落实行政首长负责制，主要领导亲自抓。成立以县委常委、县人民政府常务副县长为组长、各有关单位主要领导为成员的政务公开领导小组，把政务公开工作列入部门的重要议事日程，定期召开会议，研究部署政务公开工作。二是加强政务信息公开建设。以贵州省政务公开工作要点为依据，结合松桃实际，制定《松桃苗族自治县2012年政务公开工作要点》，进一步加强对政务公开的有关内容、涉及单位及公开形式进行明确。同时，完善政务公开反馈、公开内容呈报审批、政务公开档案管理、政务公开督导检查等四项制度，并建立政务公开违规责任追究制度。三是加强政务公开信息化的建设。高度重视网站政务公开工作，不断充实网站内容，丰富和加大政务公开信息量，对政府信息集中公开。市民上网点击“政务公开”栏目，便可查询到包括领导之窗、政府公报、政府文件、发展规划、人事信息、统计数据、财政信息、重大项目、应急管理、监督检查、社会公益、城乡建设等在内的12个大类政府信息。开设“在线服务”“政民互动”等栏目，在规定的时限内及时解答网民提出的问题。是年，县人民政府门户网站发布信息量共计5000余条，访问量达到20万余人次。四是加大重大信息的公开力度。凡事关全县经济、社会发展的规划，与公众密切相关的重大事项，公共资金使用，政府机构和人事变动等有关内容，均严格审核把关，及时更新。是年，公开推进中央、省重大决策部署的落实措施及执行情况方面的信息1350条，财政预决算、“三公”经费和行政经费的信息12条，保障性住房信息32条，医疗卫生及食品安全信息258条，环境保护信息39条，招投标、价格和收费信息174条，生产安全事故信息3条，征地拆迁信息26条，涉及人民群众切身利益相关信息8700余条。

2013年,鉴于人事变动和工作需要,印发《关于调整充实县政务公开领导小组成员的通知》《关于调整充实县政务公开工作监督小组成员的通知》,对县政务公开领导小组和县政务公开工作监督小组成员进行调整充实。是年对28个乡镇和27个县直部门的政务公开工作进行督察4次;设立政务公开举报、投诉、监督电话和意见箱,接受群众监督。是年,全县公开推进中央、省重大决策部署落实措施及执行情况方面的信息1560条,财政预决算、"三公"经费和行政经费的信息56条,保障性住房信息42条,医疗卫生及食品安全信息265条,环境保护信息40条,招投标、价格和收费信息385条,生产安全事故信息3条,征收信息28条,涉及人民群众切实利益相关信息10680余条。

2014年,县纪委印发《关于对全县乡镇"村财乡代管"、党务公开、村务公开及畜牧良种补贴资金、农业机械购置补贴资金管理情况进行检查的通知》,组成3个检查组对村务公开栏等设施建设情况、村级财务事项公开情况、政策落实公开情况、村级事务公开情况、群众意见处理情况等方面进行了监督检查,并根据检查情况进行总结,对存在的问题督促责任单位进行限期整改,结合工作实际,建立健全长效工作机制。是年,全县公开推进中央、省重大决策部署落实措施及执行情况方面的信息1860条,财政预决算、"三公"经费和行政经费的信息68条,保障性住房信息59条,医疗卫生及食品安全信息358条,环境保护信息38条,招投标、价格和收费信息495条,生产安全事故信息3条,征收信息18条,涉及人民群众切实利益相关信息14960余条。

2015年,为推进基层事务公开,县监察局、县民政局印发《关于对全县阳光村务"白黑板"工程进行督促检查的通知》,围绕安装要求、公开内容、公开时间、实施主体、责任主体等方面对阳光村务"白黑板"工程进行实地督促检查,督促民政部门进一步完善阳光村务"白黑板"工程,对民生政策、涉农资金落实、村级财务等事项进行公示公开,主动接受群众监督。

2016年,县委县人民政府印发《松桃苗族自治县2016年厂务公开民主管理工作要点》,从六个方面对厂务公开工作作出明确要求,一是贯彻落实中央和省委、市委有关文件精神,持续推进厂务公开职工民主管理制度化建设;二是积极主动参与,着力推进国企改革顺利进行;三是坚持问题导向,规范不同类型的企事业单位的厂务公开民主管理工作;四是进一步完善职代会、厂务公开、职工董事会制度;五是发挥示范引领作用,不断推进企业民主管理制度化、规范化、法制化建设;六是强化督促检查,推动厂务公开民主管理深入发展。通过多措并举,有效创新民主管理工作模式,破解民主管理工作难题,把全县厂务公开民主管理工作提升到一个新的水平。是年,制定《松桃苗族自治县2016年政务公开工作方案》,明确全县2016年政务公开工作。全年共对27个乡镇和35个县直部门的政务公开工作进行督察2次。公开中央、省、市、县重大决策部署,涉及人民群众切实利益的各类民生信息24700余条。

2017年,为进一步深化政务公开工作,加强政务服务,提高行政效能,由于人员变动,县监察局印发了《关于调整充实政务公开工作领导小组的通知》,决定对局机关政务公开工作领导小组成员进行调整充实,调整充实后人员组成如下:由县纪委副书记、县监察局局长为组长,县纪委常委、县监察局副局长为副组长,县纪委各相关内设部门负责人为成员,领导小组下设办公室在委局办公室。是年,根据工作安排,县纪委以随机抽查、实地查看、现场反馈的方式对全县27个乡镇(街道)共54个村(社区)村务公开及村务监督情况进行了监督检查,发现不同程度存在公示内容不及时,不按时公示;公示内容不全面,选择性公示;公示内容不规范,不按要求公示,不集中公示等问题。督查组根据发现问题提出了针对性意见建议,对村务基本不公开的4个村及瓦溪乡、大路镇、乌罗镇、妙隘乡4个乡镇纪委书记分别扣除绩效考核分1分。县纪委根据监督发现的问题,印发了《关于加强村(居)务监督工作整改的通知》,要求各乡镇(街道)纪(工)委书记要做到"四个心中有数",即村务公开栏(或阳光村务白黑板)数量心中有数、公示内容心中有数、摆放地点心中有数、是否公示心中有数，并迅速再安排再部署此项工作，让监督无盲区；要认真落实整改工作，按时上报整改落实情况，凡不认真整改落实的将严格按照相关规定处理。是年8月11日，全县政务公开职能从政务服务中心依法划转到县人民政府办公室。

第六节　公共资源交易监督

1999年，县纪委监察局加强对工程招投标管理情况的监督检查，建立“公开、公平、公正”竞争的工程发包承包制度，凡县人民政府和县国有企事业单位投资或控股投资的工程，都必须按规定进入有型建筑市场公开招投标。凡违反规定的，不论有无牟取私利，都要严肃处理。

2000年，积极推行政府采购制度。县党政机关、县事业单位实行政府采购制度，要求按照“公开、公平、公正”效益和质量的原则，建立健全规章制度，严格规范采购行为。县财政部门加强对政府采购工作的管理监督，县监察局、县审计局等部门加强对政府采购行为的监督检查，逐步建立有效的监督制约机制。

2001年，县委、县人民政府印发《〈松桃苗族自治县人民政府采购暂行办法〉实施细则》，在县财政局设立县人民政府采购办公室，并于2002年全面推行政府采购工作。按照“循序渐进、理顺体制、规范运作、逐步完善”的工作思路，在加大宣传力度、规范政府采购行为、扩大政府采购规模、提高政府采购工作质量和提高财政资金使用效益等方面做了大量工作，取得明显成效。

2002年，全面推行政府采购制度，成立以县长为组长的政府采购领导小组，颁布政府采购的地方性法规。是年，实行政府采购物品3次，价值109.17万元，节约资金46.02万元，节约率42.15%。

2003年，加大推进产权交易进入市场工作力度，县纪委监察局全程参与对10个粮食购销企业将原值293.99万元、面积为45368平方米的固定资产评估为307.9万元、建议售价269万元的拍卖工作进行监督。继续推行政府采购制度，采取询价的方式实行政府采购9宗，价值115.8万元，节约资金16.2万元，节约率14%。

2004年，积极筹备产权交易中心。努力推进产权交易中心进入市场工作。对矿山采矿权、探矿权和城镇公交车经营权进行公开拍卖，4宗矿山“两权”拍卖收入4291万元，公交车经营权拍卖收入126.55万元。县纪委监察局印发《关于对经营性土地使用权招标拍卖挂牌出让进行执法监察的通知》，对经营性土地使用权招标拍卖挂牌出让工作情况进行监督检查。经检查，全县经营性土地使用权招标拍卖、挂牌出让工作严格按照中华人民共和国国土资源部关于《招标拍卖挂牌出让国有土地使用权规定》进行操作，制定松桃苗族自治县《招标拍卖挂牌出让制度》，进一步规范经营性土地使用权招标拍卖挂牌出让行为。

2005年，坚持和完善政府采购制度，组织实施政府采购47次，支付资金1062万元，比预算节约138万元，节约率13%。

2006年，加大政府采购监督力度，完成政府采购51次，采购预算资金1051万元，实际支付930万元，节约资金121万元，节约率12%。对经营性土地使用权、工程招标拍卖挂牌出让及矿山采矿权出让进行监督。滨江花园、县府路片区、麻阳街片区、杨芳路片区土地拍卖取得成功，拍卖价从原来的4000多万元底价增加到1亿多元的成交价，净增6000多万元；对总投资额达1.62亿元的24项建设工程招投标进行监督；对矿山采矿权出让公开拍卖活动进行监督，确保矿山采矿权出让健康运行，比原来预计收益多增2000万元。

2007年，严格按照《中华人民共和国招投标法》《松桃苗族自治县招投标管理工作制度》《关于建立工程招投标实行报告制度的通知》文件要求，县纪委监察局共参与17项工程的招投标监督工作，工程资金1.5亿余元，其中公开招标7个，邀请招标10个，在整个过程中没有违纪违法行为发生。对经营性土地和工业用地招拍挂工作进行监督，工业用地招拍挂出让土地2宗，出让土地面积10.25公顷，成交总价款2024.94万元。挂牌出让经营性土地使用权1宗，项目为"松桃县城老干村地段部分旧城改造"，出让土地面积0.3637公顷，成交土地价款61.4万元。严格执行政府采购制度，组织实施政府采购招投标24次，预算资金1256万元，实际支付资金1118万元，节约资金138万元，节约率11%。

2008年，完善建设工程招投标制度，进一步治理和防范招投标活动中的弄虚作假行为，对13个建设工程招投标项目在招投标过程中实行全程监督。严格执行经营性土地使用权、探矿权和采矿权招标拍卖挂牌出让制度。完善产权交易进入市场制度，挂牌出让国有土地使用权1宗，收取土地出让金110万元，增值16万元。完善政府采购制度，印发《2008年政府集中采购目录及限额标准的通知》，实行管采分离，扩大采购范围和规模，理顺政府采购管理体制，共组织实施政府采购77次，预算资金2532万元，实际支付资金2265万元，节约资金267万元，节约率11%。

2009年，对21个项目工程招投标工作进行监督，中标价1.13亿元，对2起有关招投标方面问题进行调查处理。实施政府采购95次，采购预算资金4346万元，节约资金520万元，节约率11.97%。

2010年，健全和完善工程建设招标投标管理制度。2010年全县实行招投标项目18个，总投资9458万元，招投标率达100%，建设工程报建率、应公开招标工程公开招标率均达100%。完善政府采购制度，进一步理顺政府采购管理体制，建立监管职能和执行职能相互分离、相互制约的运行机制。全县政府采购预算金额5191万元，实际采购金额4902万元，节约资金289万元。

2011年，严格执行经营性土地使用权、探矿权和采矿权出让制度，共挂牌出让经营性土地4宗，土地出让金1.07亿元。实行采矿权挂牌出让4宗，0.11607平方公里，出让价为6.65万元。强化政府采购规范化管理，共进行政府采购活动177次，完成预算计划采购6906万元，实际采购6343万元，节约资金563万元，节约率8.15%。

2012年，健全完善产权交易制度，大力推行国有资产交易"双公开"制度，国有资产处置工作进入"阳光"操作轨道，实现国有资产变现价值最大化，防止国有资产的流失。建立和完善了政府采购工作岗位制、政府采购资金拨付和财务处理办法，印发《松桃苗族自治县政府采购不良行为记录和黑名单管理暂行办法》，使管理机构和执行机关的职责更加明确，操作更加规范。是年，完成政府采购228次，预算金额7828.66万元，实际采购金额6853.02万元，节约资金975.64万元，节约率12.46%。强化公共资源交易中心建设工作，一是领导重视方面，县人民政府召开专题会议对中心建设的有关工作进行研究部署，印发《松桃苗族自治县公共资源交易中心组建工作方案》，成立筹建工作领导小组，下设办公室在县纪委，筹建工作领导小组办公室积极协调中心办公场所、人员及建设经费等工作；二是中心管理体制方面，成立县公共资源交易管理委员会，加强对县级公共资源交易工作的领导和管理；县机构编制委员会办公室印发《松桃苗族自治县产权交易中心(松桃苗族自治县公共资源交易中心)机构编制方案》，明确松桃苗族自治县产权交易中心(松桃苗族自治县公共资源交易中心)实行两块牌子一套人员合署办公管理体制，为县人民政府办公室管理的正科级事业单位，由县财政全额预算管理，履行公共资源交易等职能；三是中心职能定位方面，根据《松桃苗族自治县产权交易中心(松桃苗族自治县公共资源交易中心)机构编制方案》文件精神，明确交易中心为工程建设招投标等交易活动提供场所、发布相关信息及提供咨询等服务，并建立入场交易活动信用和纪律档案，为行政监督提供监督平台；四是中心进场范围方面，根据交易中心三定方案规定，明确将建设工程招投标、土地使用权与矿权出让、国有产权股权交易、政府采购等各类公共资源交易活动的组织、管理、服务职责划入松桃苗族自治县产权交易中心（松桃苗族自治县公共资源交易中心），并制定了进场交易目录及具体内容；五是中心功能设置方面，设立开标室、评标室、办公室、档案室、监控室、专家抽取室、专家休息室及专用通道，并在产权交易中心设立受理专柜，中心总面积规模约800平方米；六是中心信息化建设方面，各科室均配备了电脑、打印机，开标室配置了监控设备，大厅安装LED显示器，各项设备均正常运转；七是中心制定规定方面，制定了中心服务规范、考勤、办事公开、公文处理、档案管理等14项规章制度，印发建设工程招投标、政府采购、国有土地招拍挂实施细则，组建专家库并进行有效管理；八是队伍建设方面，根据中心工作需要，安排10名工作人员到中心任职，选派2人到市交易中心跟班学习，组织中心人员到重庆市秀山县交易中心观摩学习，组织开展相关业务学习和廉洁自律教育；九是中心交易运行方面，中心建设工作已基本结束，在试运行阶段，各项设备正常运行，各职能部门能够按照职能职责要求开展工作，中心正式运行后，县交易中心将按照要求对交易活动的资料分类进行收集整理并归档，为有关单位开展交易活动提供便利、节约费用。

2013年，县纪委监察局牵头对各乡镇、各部门“收支两条线”、政府采购执行情况和“小金库”治理进行专项检查，共追缴截留非税收入3000万元。是年，公共资源交易中心完成进场交易项目185宗，交易金额18.49亿余元，为政府节支增收5925.97万元，节支率达3%以上。其中工程建设项目95宗，中标金额12.02亿元，比招标控制价节约4194.68万元，节约率3.37%；政府采购51宗，中标成交价7446.93万元，比预算控制价节约1381.91万元，节约率15.7%；国有土地资源挂牌出让成交34宗，成交总金额4.83亿元；国有资产拍卖成交5宗，成交额2029.58万元，增值350.18万元，增值率为20.85%。

2014年，县委印发《关于贯彻落实建立健全惩治和预防腐败体系2013—2017年工作规划的意见》，深入推进党风廉政建设和反腐败工作，加强惩治和预防腐败体系建设，深化改革和转变政府职能，深化公共资源交易市场化改革，建立统一规范的公共资源交易中心，规范交易程序，强化交易监管。是年，完成进场交易项目120宗，交易金额8.68亿元，为政府节支增收1669.65万元，节支率达4.06%。其中工程建设项目84宗，中标金额5.67亿元，节约资金434.88万元，节约率0.76%；政府采购20宗，中标成交价3717.8万元，比预算控制价节约1234.67万元，节约率33.2%；国有土地使用权及矿产资源挂牌出让14宗，成交价为2.3亿元；国有资产处置2宗成交价3.5万元。

2015年，县人民政府印发《松桃苗族自治县公共资源交易管理暂行办法》，共六章三十条，适用于本县行政区域内的工程招投标、政府采购、国有土地使用权和矿权出让、国有产权（股权）转让、国有资产租赁等公共资源交易，旨在按照“政府引领市场、市场公开交易、交易规范运行、运作统一监管”的总体要求，建立统一、规范、透明、高效的公共资源交易市场。县人民政府印发《关于进一步规范全县公共资源交易工作的通知》，着重对健全公共资源交易工作机制、理顺公共资源交易职能部门关系、明确公共资源交易职能部门职责、切实规范公共资源交易行为等四个方面做了阐述，进一步加强对公共资源交易活动的监督管理，深入推进公共资源（产权）交易中心建设。县人民政府印发《关于调整充实松桃苗族自治县公共资源交易管理委员会及其办公室成员的通知》，对松桃苗族自治县公共资源交易管理委员会（以下简称“县公管委”）及其办公室（以下简称“县公管办”）成员进行调整充实，由县人民政府县长任县公管委主任，县委常委、县人民政府常务副县长，县委常委、纪委书记任副主任，各责任单位负责人为成员。县公管委是全县公共资源交易管理的决策及议事协调机构，负责重大事项的领导和协调。由县人民政府办公室主任任“县公管办”主任，县人民政府办公室副主任、县公共资源交易中心主任等任副主任，各责任单位相关负责人为成员。县公管办是县公管委的日常办事机构，设在县人民政府办公室，为非常设机构，行使公共资源交易行政监督权，负责对全县公共资源交易活动的指导、协调、管理和监督。是年，交易中心完成项目进场集中交易153宗,交易金额7.7亿余元,节支增收971.8万元。其中工程建设项目72宗,交易金额6亿余元,节约资金201.5万元;政府采购66宗,中标金额6371.58万元,节约资金770.29万元;国有土地及矿业权资源挂牌出让15宗,成交金额1.08亿元;国有资产处置1宗,成交价63.8万元。

2016年,修订完善《松桃苗族自治县建设工程招投标实施细则(试行)》等6个招投标规范性文件,对贯彻执行《中华人民共和国政府采购法实施条例》和《贵州省集中采购目录及限额标准》情况进行自查。开展对2015年政府采购项目代理机构代理情况的监督检查,查处违规行为1起。累计完成政府采购预算资金18.01余亿元,实际采购资金17.93余亿元,节约资金718.81万元,节约率0.4%。交易中心完成项目进场集中交易183宗,交易金额约12.25亿余元,节支增收约1745.87万元。其中工程建设项目131宗,交易金额8.6亿余元,节约资金740.1万元;政府采购30宗,中标金额3945.6万元,节约资金1023.7万元;国有土地及矿业权资源挂牌出让22宗,成交金额3.25亿余元,增加收入20万元。

2017年,交易中心完成项目进场集中交易148宗,交易金额约23.31余亿元,节支增收约1917.5万元。其中工程建设项目120宗,交易金额22.72余亿元,节约资金976.05万元;政府采购17宗,中标金额4212.95万元,节约资金832.75万元;国有土地及矿业权资源挂牌出让9宗,成交金额1402.80万元,国有产权交易2宗,交易金额241.10万元,增加收入108.70万元。自2017年5月搬迁至新办公区域后,中心开展电子化交易工作的同时,健全完善了电子监察系统。实行网上实时数据监察和视频监察,建设电子监察预警预告系统,实现无缝隙、全过程、全时段监控。对招投标、政府采购以及其他公共资源交易项目电子监察音像资料刻盘保存,做到了开评标全过程留痕,可查可溯。是年共监察工程招投标项目81宗,政府采购项目14宗。

2018年,中心共完成交易项目219个,完成交易金额83.27亿余元;节约和增值金额3929.53万元。其中,工程建设项目109宗,交易金额19.15亿元,节约金额2965万元;政府采购85宗,交易金额51.58亿元,节约金额964.53万元;国有土地矿权交易23宗,交易金额12.47亿元;国有产权交易2宗,交易金额747.55万元。利用电子监察系统监察工程招投标项目140宗,政府采购44宗,土地矿权7宗,国有产权5宗。是年,交易中心正式启动公共资源交易项目全程电子化,所有项目包括政府采购与招投标项目从入场登记、公告发布、文件发售、专家抽取、开标、评标、保证金的缴纳及退还,评标结果公示、交易证明书的办理、资料归档等11个环节实行全程电子化运行。按照省市县一体化的实施路径,从基础设施设备组建,到人员培训,后期维护等方面严格根据上级要求开展。

2019年,对政府采购单位提出的采购申请严格把关及时审核、登记,累计完成自行采购备案登记61次,备案资金1313.18万元。完成政府采购方式审批59次,完成政府采购预算资金14.53亿元,实际采购资金14.49亿元,节约资金430.77万元,节约率0.3%。利用电子监察系统监察工程招投标项目132宗,政府采购29宗,土地矿权12宗,国有产权1宗。交易中心累计完成进场交易项目178宗,总交易额45.8亿元,节约资金1646.78万元。其中,建设工程项目117项,交易额30.58亿余元,节约资金1158.91万元。

2020年,交易中心累计完成进场交易项目175宗,总交易额45.3亿元,节约资金1.08亿元。其中,建设工程项目82项,交易额36.13亿元,节约资金1.06亿元;政府采购项目73项,交易额1.53亿元,节约资金240万元。土地矿权19宗,交易金额7.62亿元。国有产权交易1宗,交易金额173万元。利用电子监察系统监察工程招投标项目69宗,政府采购66宗,土地矿权14宗,国有产权1宗。至2020年底,政府采购与招投标项目电子化交易率达到100%。

第七节　廉政风险防控

2011年，根据《中共铜仁地委关于印发〈铜仁地区廉政风险防范管理实施办法（试行）〉的通知》（以下简称“办法”）文件精神，县纪委印发《关于开展2011年廉政风险防范管理工作的通知》，要求各乡镇各部门组织干部职工特别是重点领域、重点岗位的重点人员认真学习办法，引导干部职工提高对开展廉政风险防范管理工作的认识，按照全员参与、突出重点的原则，结合本地本单位的廉政建设实际，紧紧围绕“防什么、怎么防”，制定切实可行的工作方案和工作流程图，查找廉政风险点、确定风险等级、制定防范措施、填报《廉政风险识别、防控一览表》。根据分级管理、分级负责的原则，各地各部门对管辖对象查找的风险点、制定的防范措施和作出的承诺按照《办法》规定的程序进行审核，审核通过后，采取会议通报、印发监督卡、新闻媒体公布等形式，在一定范围内向管理对象或公众进行公示，广泛接受群众监督。

2012年，围绕廉政风险点防控，县纪委印发《关于开展廉政风险防范“一查二卡三防控四承诺”工作的通知》，组织全县干部职工在2011年廉政风险防控工作的基础上，认真查找个人岗位风险、机构风险、单位风险。把个人岗位职责风险点及防控措施做成两张卡，一卡为廉政风险监督卡摆放在办公桌上，一卡为廉政风险提示卡随身携带。是年，全县共制作廉政风险卡和廉政提示卡共2.5万余份。

2013年，县纪委印发《中共松桃苗族自治县纪委关于完善廉政风险防控工作的通知》，对廉政风险防控工作做了进一步安排部署，一是各乡镇党委政府和县直部门针对岗位调整人员和新进人员（含借调人员），按照“一查二卡三防控四承诺”的工作要求，进行廉政风险防控，并完善相关资料归档，档案资料由本乡镇、本部门保存备查；二是村、社区的廉政风险防控工作由所在乡镇纪委组织开展，并按照“一查二卡三防控四承诺”的工作要求抓好落实，将廉政风险防控工作向村、社区延伸。是年，全县494个村（居）民委员会共查找单位廉政风险点3000余个，制定防控措施3000余条；1482名村（居）干部共查找廉政风险点11000余个，制定防控措施11000余条。通过对乡镇和部门廉政防控工作的进一步完善，推动廉政风险防控工作向村、社区延伸，有力防止权力失控、权力失范、权力滥用，促使党员干部少出事、不出事，切实解决不作为、乱作为、慢作为、“中梗阻”等问题，形成不敢腐、不能腐、不易腐的防控机制。

第八节　特约（邀）监察员

1998年，为加强行政监察工作，逐步建立健全行政监察与群众监督相结合的监察体制，发挥人民群众对国家行政机关及其工作人员的监督作用，深入开展反腐败工作，建立并实行特邀监察员工作制度，县纪委印发《关于聘请党风监督员和第二批特邀监察员的通知》，聘请龙险峰（县政协副主席）、唐建华（县人民医院副院长）、何伯俊（县水泥厂副厂长）、龙仙萍（县广播电视局干部）、田儒成（县人大常委会退休干部）、尹德彪（个体企业厂长）、杨秀英（街道居委会主任）等7位同志为特邀监察员。

2000年，县监察局印发《松桃苗族自治县2000年特邀监察员工作安排意见》，对特邀监察员工作进行了安排部署：一是4月组织学习传达中央纪委四次全会、省纪委三次全会和全区纪检监察工作会议精神，通报全县反腐败斗争情况，并听取特邀监察员对2000年党风廉政建设和反腐败工作的意见和建议，抓好特邀监察员政治理论和业务知识学习；二是组织特邀监察员参加纠风和专项检查工作；三是围绕全县推行厂务公开、政务公开、村务公开工作，结合松桃反腐败斗争实际开展专题研究，针对存在问题提出治本措施工作意见或建议；四是参与执法监察和其他工作；五是组织特邀监察员参加或列席县纪委监察局召开的有关会议,听取意见建议,发挥参谋作用,履行好民主监督职责。是年,为建立健全行政监察与群众监督相结合的监察机制,以推进政府机关廉洁高效工作,县监察局印发《关于聘请特邀监察员的通知》,聘请曾祥光(县总工会副主席)、李淼(县离退休干部工作局副局长)、龙云清(县政协文教联谊委员会副主任)、李黔江(县计生局法规股股长)等4人为松桃苗族自治县监察局特邀监察员。

2001年,县监察局印发《松桃苗族自治县监察局2001年特邀监察员工作安排的意见》,遵循对特邀监察员"政治上高度信任,业务工作上灵活多样,以用其智力为主、劳其体力为辅,发挥特邀优势,弘扬反腐倡廉氛围"的工作方针,结合特邀监察员特长和特点,计划抓好以下工作:一是听取特邀监察员对2001年党风廉政建设和反腐败工作的意见和建议,每季度召开一次学习文件,互通情况意见和建议会议;二是组织特邀监察员参加纠风和专项检查工作;三是组织特邀监察员参加执法监察工作;四是组织特邀监察员开展调研活动;五是组织特邀监察员参加或列席县纪委监察局召开的有关会议。

2004年,县监察局印发《2004年特邀监察员工作安排意见》,对特邀监察员工作进行安排:一是组织特邀监察员学习中央纪委三次全会和省纪委全会精神,通报全县强化源头治理和反腐败工作情况,听取特邀监察员对党风廉政建设和反腐败工作的意见和建议;二是组织特邀监察员参加纠风和专项检查工作,本着从实际出发、灵活安排的原则,力争每人每年参与两项工作;三是围绕反对和防止腐败工作,结合实际,针对存在问题,提出治理措施,并撰写一篇理论文章;四是组织特邀监察员列席县监察局召开的有关会议,经常听取特邀监察员意见,发挥其参谋作用,履行好民主监督职责。印发《关于聘请第二批特邀监察员的通知》(松监字〔2004〕1号),决定聘请滕建猛(县人大常委会法工委主任)、龙再成(县科技局局长)、吴成贵(县卫生局副局长)、杨益权(县计生局副局长)、杨光明(松桃二中校长)5人为松桃苗族自治县监察局第二批特邀监察员。

2018年,中央纪委国家监委按照党中央深化国家监察体制改革决策部署和监察法有关规定,在总结历年来监察机关特邀监察员工作有效经验做法的基础上,制定《国家监察委员会特约监察员工作办法》,将特邀监察员更名为特约监察员。根据《国家监察委员会特约监察员工作办法》文件精神,县监察委员会印发《松桃苗族自治县监察委员会特约监察员聘请工作方案》(松监通〔2018〕1号),对特约监察员的聘请人数、聘请条件、推荐单位、聘请程序、组织领导等方面作了明确要求,聘请范围为县人大代表、县政协委员、机关部门人员、民主党派、无党派人士、社会团体、企事业单位、新闻媒体、专家学者和基层一线代表各一人;进一步深化国家监察体制改革,强化民主监督、社会监督和舆论监督,有力促进全县纪检监察干部依纪依法履职尽责。

2019年,县监察委员会印发《关于聘请田勇等10名同志为县监察委员会特约监察员的通知》(松监发〔2019〕1号),聘请田勇(县人大常委会财经工委主任)、田旭(共青团松桃苗族自治县委书记)、龙满花(盘石镇党建办负责人)、石建明(县政协办公室副主任)、桑云波(松桃广播电视台记者部主任)、任献民(县人社局党组成员、社会保障事业局局长)、张永文(县产权交易中心副主任)、杨秀益(县人民医院放射科主任)、麻凌云(县公证处主任)、杨昌勇(县委党校教师)10人为松桃苗族自治县监察委员会第一届特约监察员。为充分发挥特约监察员作用,县纪委县监委于是年1月25日对特约监察员开展纪检监察业务培训,组织学习《国家监察委员会特约监察员工作》,让特约监察员尽快熟悉纪检监察工作。同时,建立健全咨询制度,在委机关拟定规范性制度、起草重要文件、提出监察意见时向特约监察员咨询意见,为特约监察员提供办公室,订阅中国纪检监察报、《中国纪检监察》杂志,赠送《铜仁净苑》,让特约监察员履职有保障。1月26日上午,县委常委、县纪委书记、县监委主任胡定钦为县监察委员会首届10名特约监察员颁发了聘书。2月28日,邀请特约监察员列席十三届县纪委第四次全体会议。

2020年，县纪委印发《2020年松桃苗族自治县监察委员会特约监察员工作要点》，重点抓好以下几项工作：一是提高政治站位，强化特约监察员监督职能；二是创新方式方法，着力发挥特约监督员参谋咨询、桥梁纽带、舆论引导作用；三是加强服务保障，为特约监察员履职尽责创造有利条件。要求机关各内设部门、各派驻纪检监察组按照要点及分工意见，明确具体负责人员，结合工作实际抓好各项任务落实，工作涉及多个部门的，要加强沟通协调，形成工作合力。办公室要加强统筹协调，做好联络、服务工作，为特约监察员履职职责提供必要保障；定期对牵头部门开展特约监察员有关工作情况进行统计梳理，总结经验做法，解决存在问题，年度进行全面总结，通报工作情况，确保各项工作按时保质完成。2020年4月30日，邀请特约监察员列席十三届县纪委第五次全体会议。7月1日，在中国共产党建党99周年之际，县纪委县监委举办援鄂抗疫事迹报道会并邀请特约监察员参加。8月28日至30日，县纪委县监委举办2020年全县纪检监察干部业务能力提升培训班并邀请特约监察员参加。

第八章　执法与效能监察

行政执法监察作为政府内部的专门监督,是我国政治制度的重要组成部分。合署办公后,全县纪检监察机关坚持党中央确定的反腐败斗争指导思想、基本原则、战略方针、工作格局、领导体制和工作机制,根据形势的发展和政府工作的特点,认真履行行政监察职能,依法对全县各行政部门贯彻执行党的路线、方针、政策、决议和国家法律、法规、决定情况实施监督检查,有力地推进全县人民政府机关的廉政建设,确保政令畅通。

第一节　行政执法监察

行政执法监察是监察机关依据《中华人民共和国行政监察条例》《中华人民共和国行政监察法》等法律法规赋予的职能、职责和权限,针对检查对象在履行职责方面贯彻执行党和国家的方针政策、党内法规和国家法律、行政法规及政府的决定、命令的情况进行检查活动。在合署办公条件下,执法监察具有纪检监察两项职能,主要履行监察职能。

1993年,县纪委监察局根据《中华人民共和国行政监察条例》等法律法规赋予的职能、职责和权限,按照县委、县人民政府的安排,牵头和组织农业、公安、财政、审计等单位,抽调干部91人次,深入28个乡镇56个村,围绕减轻农民负担问题,从是否差额征税,是否截留统筹费用,是否强行农民出资搞各种达标升级活动,是否采用非法手段强迫农民交钱交物四个方面的问题直接向农户调查实际负担情况,开展制止部分乡镇违反政策增加公益性集资行为的执法监察。纠正巧立名目取消涉农负担20项,减轻农民负担资金138万元。

1994年,按照监察部的部署和要求,县纪检监察机关在抓好反腐败三项工作的同时,积极参与县人民政府统一安排的清理整顿亏损企业(公司)进行执法检查,加大监察职能范围内的执法监察的分量,集中时间和精力,普遍开展各种专项资金的安排、管理使用及对减轻农民负担情况、党政机关和事业单位职工拖欠公款情况的专项监察,并分别会同17个委、局(办)深入135个基层单位进行重点抽查、督查,保证治理整顿和深化改革措施的贯彻落实。如牛郎供销社在是年开展的清理整顿专项执法监察中,清理收回拖欠公款16.67万余元,占应收总数的78%,企业又获生机。

1995年,围绕县委、县人民政府的中心工作和群众关注的“热点”问题开展执法监察工作。继续开展减轻农民负担工作的执法监察和对1994年以来坡改梯工程资金投放情况进行监督检查。

1996年,继续开展减轻农民负担工作的执法监察,成立以分管副县长为组长,县农业局局长、县监察局局长为副组长,县农业局办公室主任、县纪委监察局执法监察室主任等为成员的工作领导小组,对全县减轻农民负担工作开展执法监察。会同县财政局开展预算外资金的清查。由常务副县长牵头,抽调县监察局、县财政局、县审计局、县物价局等单位11名工作人员集中办公，对全县40家单位的预算外收入情况进行检查清理，是年6月底，清理出预算外违纪资金13.4万元。抽调县监察局、县房改办、县城建局、县土管局等单位13人组成工作队，开展清房工作。

1997年，县纪委监察局按照上级纪检监察机关的部署，围绕改革和发展决策措施的贯彻落实开展执法监察。是年，开展减轻农民负担执行情况的执法监察，发放农民负担监督卡110400份，查处涉农案件5件，督促推出农民负担预决算制度、农民负担监督卡制度和农民负担专项审计制度的执行。开展建设工程项目执法监察，发现招投标问题3个，纠正3个。三是开展减轻企业负担执法监察，对向企业"乱摊派、乱收费、乱罚款"变相加重企业负担的行为进行监督检查。

1998年，全面开展扶贫资金的到位使用情况执法监察，检查金额1692.3万元，查出违纪资金30.88万元，直接追缴违纪款7.18万元上交县财政；发现案件线索21条，立案查结11件，待结10件，共处理11人，提出监察建议11条。会同统计部门对统计法执法情况开展专项监察，查处弄虚作假、违反统计法行为1起；会同金融主管部门对金融经营规范问题进行执法监察，查出违纪资金5.68万元，挽回经济损失4.49万元，规范了全县的金融秩序。持续开展农民负担和企业减负执法监察工作，督促发放农民负担监督卡12.1万份；督促在全县28个乡镇实行农民负担预算，把农民负担严格控制在国务院规定的农民上年人均纯收入5%以内；在部分乡镇实施农民负担审计。针对烤烟收购中的坑农害农行为开展执法监察，查处冷水溪乡干部汪某利用收购烤烟之便，向烟农打"白条"从中牟利2100元的违纪行为，保护了烟农的利益；对挂牌保护的18家企业进行了跟踪监察；对四家建筑企业的负担状况进行调查，在保证"公开、公正、公平"竞争，程序不减下，改进投标费用和保证金的收取办法，为企业减轻负担2.44万元。

1999年，开展民政救灾、救济资金管理使用情况的执法监察，重点对1996年至1998年各种形式的救济、救灾款物的到位、管理和使用的情况进行全面的清理，严肃查处贪污、挪用、挤占救济、救灾款物的行为和用救济救灾款搞吃喝玩乐、奢侈浪费的行为以及由于失职渎职而长期拖欠、积压救济救灾款物的行为，促进民政救济救灾款物的制度化、规范化管理。继续抓好扶贫资金的延伸执法监察，按照县人民政府的安排，对蓼皋、世昌、沙坝河、普觉、寨英5个乡镇1996年至1997年度的扶贫资金开展执法监察。开展建设工程的执法监察，抓好建设工程（包括基础设施工程）招标投标的监督检查，保证建设工程招标率达100%；加大建设工程质量的监督检查工作力度，防止、杜绝"豆腐渣"工程；严肃查处建设工程领域中的各种违法违纪行为，净化建设环境。开展计划生育罚没收入情况的执法监察，引导计生罚没收入的管理使用走上正轨。

2000年，对全县22个建设工程项目招投标工作进行全方位的监察，及时纠正1个违规擅自发包工程。对全县国债资金的管理使用情况开展执法监察。根据监察部、财政部、国家计委等部门以及省地有关部门的工作部署和要求，经县人民政府同意，由县监察局牵头，组织县财政局、县审计局、县计划局、县林业局联合对全县建设国债资金的管理使用情况开展执法监察工作。通过检查，从1998年至2000年6月全县共获得建设国债资金217.5万元，用于天然林保护工程和樟桂溪小流域综合治理。在开展执法监察工作中发现天保工程国债资金投入国有森林、国有林场和国有苗圃较少，不能满足国有森林、国有林场和国有苗圃的发展需要；资金到位缓慢；项目的债、权、利不明晰，影响项目的实施等3个问题，提出监察建议3条。开展对希望工程资金执法监察，6月5日，县监察局和团县委联合印发《关于对全县希望工程资金开展执法监察的通知》，并组成联合检查组，于9月28日至10月18日，对太平、大坪、孟溪、普觉等14个乡（镇）所领取的希望工程资金进行执法检查。从1998年1月至1999年12月希望工程资金发放16个乡（镇）2.59万余元。没有发现挤占、挪用、贪污的现象。对全县社会保障资金管理使用情况开展执法监察。该项执法监察分自查自纠阶段与检查总结阶段两个阶段实施。自查自纠工作结束后,由县监察局牵头,县财政局、县劳动局、县民政局、县审计局参加,于9月初开始对全县社会保障资金管理使用情况进行重点检查。是年,为确保全县粮食流通体制改革的顺利进行,县监察局还会同县粮食局、县工商局开展全县粮食流通体制改革政策措施落实情况执法监察。制定粮食流通体制改革执法监察方案,成立以县纪委副书记、县监察局局长为组长,县粮食局局长、县工商局局长为副组长的执法监察领导小组,指导全县粮食流通体制改革执法监察工作。此次执法监察共检查粮食系统的县粮食购销有限公司下属的松江、盘石、盘信、大坪、普觉、孟溪、乌罗、甘龙、长兴、牛郎分公司、粮食储备库,以及县粮油工贸总公司,县植物油厂、大米厂、饲料公司。受理全县粮食系统群众来信来访和电话举报8件次,初查核实7件(均为1997年以前违反粮食政策的案件),结案6件,为企业挽回经济损失和收回各种借(欠)款39.6万元,党纪处分3件3人,政纪处分3件3人,移送司法机关处理3件3人。

2001年,分别对全县社保资金、国债资金、农村教育事业费附加费,建设工程招投标、重特大安全事故行政责任开展执法监察。涉及金额3230.62万元,查实投入生态建设600万元的国债资金中,有92万元被借作他用,对违规使用的37.2万元资金已作纠正;对全县10起安全事故进行调查,对有关责任人员给予责任追究和通报批评,对4人进行责任追究,同时建议上级机关对相关责任人6人给予责任追究。

2002年,认真履行执法监督职责,依法开展专项执法监察。开展安全事故行政责任调查,对3起重大事故的责任人3人,给予党纪政纪处分。协同有关部门对国债资金管理使用开展执法检查,查处违规使用资金12.3万元。对20个建设工程开展招投标监督监察,为国家节约资金65.31万元。

2003年,开展对经营性土地招标拍卖和挂牌出让的执法监察,清理经营性土地出让198宗、面积35464.68平方米,其中划拨用地转为经营性用地22宗,面积1796.4平方米,违法用地39宗,面积17413.05平方米,其中典型案件5起,收取土地出让金47.46万元。规范有形建筑市场,加强对《中华人民共和国招标投标法》贯彻情况的监督检查。监督12项建设工程招投标工作,建设总面积125478平方米,建设资金2602.11万余元;对9个工程项目进行监督检查,其中国债项目3个,工程投资1291万元,建筑面积7633平方米。房地产开发项目6个,工程投资1891万元,建筑总面积22633平方米,通过检查,工程项目质量合格,但施工过程中存在一定的安全隐患,被责令限期整改。参加安全事故的行政责任调查处理。共参与9起安全事故的行政责任调查工作,对属重大道路交通事故1起,死亡5人,按程序上报对有关责任人员的行政责任追究。会同县财政局、县计划局对全县21个项目实施单位的国债资金使用情况进行监督检查,共检查国债资金1635.15万余元,其中生态建设资金989万元,建设项目资金200万元,移民搬迁资金446.15余万元,发现违规开支4.41万元,责令退还3.13万余元,收缴上交县财政1.27万余元,立案查处2人。

2004年,开展对经营性土地使用权招标拍卖挂牌出让的执法监察工作。全县共拍卖经营性土地使用权15宗面积751.65平方米,价款75.92万元;挂牌出让2宗面积7300平方米,价款322.73万元。同时,为合理开发松桃矿产资源,经有关部门批准,将乌罗镇寨郎沟矿区的采矿权,寨英镇大坪盖、冷水溪乡三脚坡和向家坡矿区的探矿权面向社会公开出让拍卖。积极参与重大安全责任事故调查工作。是年发生安全事故7起,死亡16人。其中重大道路交通事故1起死亡4人,经调查核实,对责任单位作通报批评,对3人予以追责问责,具体情况:通报批评1人,批评教育1人,行政警告处分1人。加强对《中华人民共和国招标投标法》等项工作的监督检查。是年参与对57项建设工程招投标的监督工作,没有发现违纪违法行为。对社会抚养费征收管理使用情况进行检查,在23个乡镇自查自纠工作基础上,县监察局组成工作组于8月20日至29日分别对5个乡镇的社会抚养费征用、管理、使用情况进行重点检查。通过各乡镇的自查和重点检查,各乡镇都按照有关要求建立健全社会抚养费征收的台账卡和经费使用专项账户,明确有专人负责管理。

2005年，开展对经营性土地使用权招标拍卖、挂牌出让工作的执法监察。全县共挂牌出让2宗面积0.3652公顷，地价款129.05万元，出让金51.62万元；公开拍卖国有土地1宗面积9.636公顷，地价款1530万元，出让金4200余万元，为国家挽回经济损失2670万元。加大对损害群众利益突出问题的检查力度。是年共征用农民集体土地3宗面积363.63亩，补偿金额908.56万元，没有出现侵害农民利益的行为；城镇房屋拆迁128户面积27125.53平方米，在拆迁中严格按照《贵州省城市房屋拆迁管理办法》和《松桃苗族自治县城市房屋拆迁管理暂行办法》执行，没有发生强制拆迁行为。是年接到农民工投诉2件，拖欠工资1.7万元，通过调查核实，已责令施工企业限期给付。在查处企业违法排污方面，共查处违法排污案件9起，纠正违法排污问题8个，限期整改企业5家，停业整顿5家，责令搬迁2家，有效地解决了环境污染问题。加强对《中华人民共和国行政许可法》贯彻执行情况的监督检查。通过对县国土资源局、县农业局、县环保局、县质检局、县建设局、县水利局、县交通局、县公安局等部门的检查，全县共保留项目266个，对国务院明令取消和调整项目均要求予以公布，对已取消和下放的行政许可项目，没有以"备案"的名义变相审批。积极参与整顿和规范建筑市场的监督检查。参与50项工程资金为5833.9万元工程项目的招投标工作，没有违纪违法行为的发生。参与对2820万元的国债资金、1045.98万元的扶贫资金和3851万元的退耕还林专项资金进行执法监察，未发现其他问题。

2006年，对重点项目领域内的专项资金管理使用情况进行监督检查。由县监察局牵头，联合县财政局、县审计局对2002年后立项实施的第二、第三期移民工程、农田水利建设资金进行检查，没有发现违规行为。开展对经营性土地使用权、工程招标拍卖、挂牌出让及矿产资源开发秩序执法监察工作。是年，全县共挂牌出让3宗面积120319.57平方米的国有土地使用权，成交金额4371万元，国有土地增值1021万元；对总投资额达16221.34万元的24项建设工程招投标进行监督。配合县国土资源部门对甘龙镇境内非法占用和买卖耕地的违纪违法案件进行查处，3人受到党纪处分。

2007年，开展对矿产资源开发和土地市场的监督检查工作，从县国土局、县公安局、县安监局等部门抽调专人集中办公，对辖区内的矿产资源开采秩序进行重点整治，取得良好成效。是年10底，全县共调查非法转让矿产资源案件37件，查清7件，移送国土资源部门3件，建议处罚105万元。二是对经营性土地和工业用地招拍挂工作进行监督。全县共采取招拍挂方式出让土地4宗，其中，工业用地招拍挂出让土地2宗，出让土地面积为10.25公顷，成交总价款2024.94万元。三是开展对松江河流域内的10家电解锰企业排污的执法监察，督促职能部门对违反环保规定的9家企业进行行政处罚；对不符合环保要求的一家"土法"炼汞作坊进行彻底取缔。四是开展对工程建设招投标活动和房地产市场宏观调控政策落实情况的监督工作。对总投资额为15038.25万元的17项建设工程招投标进行监督。五是认真开展专项资金管理使用情况的监督检查。会同县财政局、县审计局对农田水利建设资金、移民资金、农村新型合作医疗资金、住房公积金、国有资产收益金及烟水配套资金进行专项执法检查，收缴违规资金9000元，对挤占的2480元专项资金要求及时清退。六是对群众关心的热点问题进行执法检查。在全县范围内开展打击非法劳动用工专项行动，对检查中发现违法使用的5名童工给予清退，并对业主进行处理；督促办理工伤保险2户14人，交纳保险费3000元。

2008年，加强对专项资金管理使用情况的执法监察。会同县烟草局对2007年度烟水配套工程资金使用情况进行检查。同时，联合县财政局、县审计局等部门对大中型水库后期移民扶持资金、民政资金、退耕还林资金管理使用情况进行执法监察。认真开展节约集约用地工作落实情况监督检查。组织县国土资源局、县财政局、县审计局等部门对全县2005—2008年国有土地出让情况进行清理，共清理土地15

宗;加强对建设用地供应监管工作,对经营性土地及工业用地招拍挂制度执行情况进行监督。是年,全县共挂牌出让国有土地使用权1宗,成交价款为110万元,协议出让行政办公用地2宗。加强对房地产市场调控政策执行情况的监督检查。已支付符合规定条件的城镇低收入家庭336户1065人的住房困难租赁补贴40.69万元;规划2007年至2010年划拨土地102.45亩用于廉租住房及经济适用房建设。继续加大环境保护法律法规和政策落实情况、节能减排工作落实情况的监督检查。会同县环保部门开展环保专项行动,对饮用水源地范围内的工业企业进行拉网式排查,在县城主街道取缔100多口燃煤炉灶,并实施了煤炭管制;与10家电解锰企业签订了减排责任书;成功取缔1处土法炼汞作坊。积极开展安全生产执法监察工作。会同县安委办组成5个检查组,对全县生产企业灾后重建工作进行逐个检查指导,发现和排除安全隐患15件,强制检验设备14台,印发安全指令书9份,严厉查处"三超"等违法行为。开展对矿产资源开发秩序整治督查工作,从严打击和取缔无证开采,清查越层越界、以采代探等违法违规行为。全县共取缔无证砂石场15个,没收盗采的矿产品30余吨,收缴斗车、铁锹等作案工具20余件。对盘石铅锌矿山进行重点整治,对县铅锌选矿厂转让工作进行监督,解决各类纠纷40余件。查处拆迁、征地等过程中损害群众合法权益的案件。全县共拆迁230户,化解各类问题13件。参与整治非法用工打击违法犯罪专项行动,补签劳动合同1306人,督促办理社会保险人数882人,清退童工3人,依法取缔3户。

2009年,加强对中央和省、地关于扩大内需、保持经济平稳较快发展政策措施执行情况的监督检查。对全县项目总投资4.25亿元、新增投资1.7亿元的72个新增中央投资项目的开工、投向、程序、内容、资金、管理等情况进行了监督检查。开展国有土地使用权出让情况清理工作。年内挂牌出让国有土地使用权4宗,总面积2.2公顷,成交价1557万元;挂牌出让工业用地1宗;积极推进耕地使用先补后占制度,是年10月底,全县开垦平整土地866公顷,超额完成任务,对14起非法占用耕地案件进行处理。对21个项目工程招标工作进行了监督检查,中标价1.13亿元。加强对矿产资源开发的监督检查。将32家锰矿企业整合为22家,开展3次集中整治行动,取缔非法砂石场74家,拆除开采设备280余台(件),处罚非法砂石场34家,罚款4万余元,查处越界开采2起,不按期年检5起,不按开发利用方案采矿2起,罚款10万余元。加强对专项资金管理使用情况的执法监察。对一起虚拟20.17万元债务的案件进行查处。在全县范围内开展了整治非法用工打击违法犯罪专项行动。检查用工单位218户,涉及劳动者3642人,责令改正有关问题55个,补签劳动合同605份,督促办理社会保险993人,对4户非法用工企业进行处罚,取缔20户非法用工单位。县审计局、县监察局、县财政局开展对2009年度下达审计决定书的执行情况联合执法检查。联合检查组共检查已下达审计决定书的审计项目14个,牵涉项目单位15个。其中:财政审计项目3个;经济责任审计项目4个;固定资产投资审计5个;其他专项资金审计项目2个。由县审计机关收缴的违纪金额96.2万余元,实际收缴入库96.2万余元,收缴率达100%;责令被审计单位自行缴纳的违规金额1631.54万余元,实际已上缴金额1549.44万余元,占应缴金额94.97%,欠缴金额82.1万余元。应追回被挤占、挪用和多付资金114.13万余元,追回99.99万余元,占应追回资金87.61%,未追回资金14.13万余元。工程项目审核减金额71.2万余元,实际执行金额71.2万余元,执行率100%。责令自行调整账务金额4152.18万余元,已调账金额4152.18万余元,执行率达100%。通过检查组检查结果表明,县审计机关提出针对性的审计建议44条,实际已采纳43条,采用率97.73%,审计建议的采纳情况良好,审计工作的满意度进一步提高。

2010年,加强对中央扩大内需促进经济增长政策措施落实情况的监督检查。对2008年以来安排到松桃的71个项目进行检查。松桃扩大内需投资项目已全部动工建设,开工率100%;在项目投向上严格按照中央投资方向组织申报和实施,没有出现用于"两高"行业、低水平重复建设、产能过剩项目和党政机关办公楼等楼堂馆所建设的现象;对廉租住房、农村危房改造、污水处理、生活垃圾填埋工程等民生工程和重点项目实行全程跟踪督导,促进项目的有序落实。开展对各项政策措施落实情况的监督检查。对2009年9月30日前签订的国有土地使用权出让合同和核发划拨决定书的建设项目进行清理,强化对执行土地出让收支管理政策情况的监督,未发现擅自减免或缓交土地出让金的行为;加大对土地违法案件的查处力度,全年共查处144宗土地违法案件;对房地产开发企业融资及资金使用情况进行监管,率先在全区推行了住宅专项维修资金管理制度;对2006年5月以来4起较大以上生产安全事故责任追究落实情况进行清理,并对2007年"8·17"较大道路交通事故的相关责任人进行了处理。继续推进工程建设领域突出问题专项治理工作。印发《关于贯彻落实〈贵州省工程建设领域突出问题专项治理工作实施方案〉任务分解的通知》《关于组织开展工程建设领域突出问题排查工作实施方案》等文件,建立健全长效机制,先后建立《廉租住房管理试行办法》《危房改造工程资金管理暂行办法》《违法占地和违法建设处理暂行规定》等,及时分解工作任务,确定治理范围和治理重点。全县各级各部门按照要求认真开展了摸底排查工作,组成专项检查组对投资额在300万元以上的项目进行重点抽查,共排查出问题41个,并对排查出的问题逐一下达督办函督促整改落实;对污水处理厂区工程等3个项目进行行政处罚,罚款1.12万余元;针对工程建设领域突出问题易发多发环节,率先在全区印发《工程建设领域黑名单管理办法(试行)》,对在松桃从事工程建设的施工、监理、招投标代理机构明确责任行为及责任追究相关事宜,确保项目建设的有序推进。

2011年,一是继续加强对安排在松桃的72个、1.7亿余元新增中央投资项目的监督检查。二是开展对耕地保护和节约集约用地政策法规执行情况的监督检查。开展国有土地使用权出让情况清理工作。挂牌出让国有土地使用权4宗,总面积2.2064公顷,成交价1555.7万元。严格执行工业用地招标拍卖挂牌出让制度。挂牌出让工业用地1宗。加大土地违法违规案件查办力度,对排查出的14起非法占用耕地案件全部行文处罚。三是加大环境保护法律法规和政策落实情况、节能减排工作落实情况的监督检查。对10家重点污染企业及78家锰粉加工厂进行重点督查。深入10个乡镇开展农村生态环境大检查。是年共出动环境执法人员600余人次,规范污染源17处,行政处罚3家违法企业,取缔燃炉灶100个,对13家违法违规排污企业进行现场处罚教育,罚款3000元。四是认真治理工程建设领域的突出问题。积极开展对工程建设招投标活动执行情况的监督检查。对2起有关招投标方面的问题进行调查处理。做好建设领域突出问题专项治理工作的前期准备工作。五是认真开展房地产开发领域突出问题专项治理工作。会同县建设部门对规划许可,施工许可、开发建设等环节进行监督检查,并对2007年以来涉及提高容积率、变更规划的房地产项目进行清理检查。继续加强对中央关于城市住房工作各项政策落实情况的监督检查,重点检查了推进保障性住房建设和财政资金投入使用等情况。六是积极开展安全生产执法监察工作。强化对道路交通安全、危险化学品和烟花爆竹行业、非煤矿山等重点行业(领域)安全生产的监督检查。

2012年,根据《松桃苗族自治县监察局2012年执法监察工作安排意见》,开展执法监察工作。开展对水利建设政策措施落实情况的监督检查,2011年以来全县实施水利项目92处,年度计划总投资1.96亿余元(其中,中央补助资金1.21亿余元、省补助资金3109.29万元),针对个别项目施工进度缓慢、管理不规范的情况,对8家施工单位进行约谈并印发整改通知书,要求施工单位限期整改。严格水资源相关规定费用的征收,在县管河流范围内征收水资源费3.1万元,征收水土保持补偿费77.1万元;严格用水审批制度,年内审批用水许可证5个。开展对资源节约和环境保护政策措施落实情况的监督检查。加大对污水处理厂建设和锅炉改造实施工程减排监督;加大对锰矿及建材企业排污的监督检查力度;进一步严格环境影响评价和"三同时"制度,控制污染增量、淘汰落后产能工作的监督检查工作,确保主要污染物排放总量控制在目标范围内。强化建设项目专项管理,严格审批程序,从源头上预防污染,严格执行项目验收"三同时"原则,确保建设项目符合环保要求。开展对规范和节约用地政策措施落实情况的监督检查。对土地出让情况进行监督检查,是年10月,共招拍挂出让土地9宗,面积109.03公顷,成交价款8692.3万元;2012年划拨住宅用地32宗,占地0.74公顷。加大巡查力度,通过开展巡查发现土地违法行为69件,依法制止66件,立案查处3件,涉及面积23345平方米,罚款金额23万元。强化对上级部门开展土地卫星图片执法检查中发现问题整改落实情况的督促检查,对2011年土地卫星图片检查中涉及的25宗违法占地问题,已全部立案处理,罚款66.55万元,同时拆除违法建筑1宗,恢复土地(耕地)0.49亩。对矿产资源开发的监督检查。县相关部门组成专项执法检查组对普觉、大坪、太平、世昌、盘信等16个乡镇非法开采矿产资源违法行为进行集中整治,印发"矿产资源停止违法行为通知书"和"责令限期拆除通知书"16份,关闭无证开采煤干石6处,关闭无证砂石厂4处,对2起非法采矿行为进行立案查处,罚款4.66万元。对矿权出让情况进行监督检查,积极开展交通运输、水利领域政府投资工程建设项目的监督检查,印发《关于对全县水利扶贫项目实施及管理情况进行专项检查的通知》《关于对全县交通工程建设项目进行专项检查的通知》等专项检查方案,对检查中存在的问题,印发整改通知书要求企业限期整改,针对水利建设项目施工进度缓慢、管理不规范的情况,对8家水利扶贫项目施工单位进行约谈并印发整改通知书,征缴水土保持补偿费77.1万元。认真开展挂靠借用资质投标专项清理工作,印发《松桃苗族自治县工程建设中挂靠借用资质投标违规出借资质问题专项清理工作实施方案》,对2011年以来新开工且投资额在200万元以上的47个项目招投标的情况进行自查清理。继续深入推进"三项清理"工作。印发2012年度《关于继续深化三项清理工作的实施方案》,组织县国土资源局、县住房和城乡规划建设局等职能部门对"三项清理"范围内的项目进行摸底排查,对清理排查的项目全部建立台账,2011年度我县挂牌出让土地10宗,面积36.45公顷,成交价款1.67余亿元,出让砂石场采矿权27宗,面积0.91平方千米,成交价款48.24万元。通过自查清理,有3宗出让土地存在欠缴土地出让金的情况,共欠缴土地出让金2388万元,已全部催缴入库;2宗采矿权转让属于逾期未办理,对其作出取消竞得资格处理。加大生产安全责任事故追究力度,成立8个职能工作组对各乡镇安全生产大检查工作开展情况进行督查,查处非煤矿山非法违法生产企业7家,实施经济处罚20万元,关闭矿山7家;查处违规储存烟花爆竹零售点18个,销毁非法烟花爆竹制品68箱,总价值2.03万余元。开展安全生产事故调查处理工作,配合市监察局对寨英"3·26"、永安"3·31"、冷水"4·3"、太平"5·21"安全生产事故进行调查。按照管理权限,对2人进行了责任追究,对1人在安全事故信息报送中存在错报的情况进行了责任追究。继续深入推进全县加快转变经济发展方式监督检查工作。充实调整了县加快转变经济发展方式监督检查工作领导小组成员,印发《松桃苗族自治县开展加快转变经济发展方式监督检查工作方案》,对监督检查的内容进行责任分解,明确牵头单位,确保监督检查工作落到实处。加强对专项资金管理使用情况的监督检查。印发《关于对全县新型农村合作医疗资金管理使用情况进行监督检查的通知》,对检查工作进行安排。3月下旬至4月上旬由县监察局、县审计局、县财政局、县卫生和食品药品监督管理局抽专人组成4个检查组对全县2011年度新农合资金的管理使用情况采取查看资料、入户走访核对等方式进行检查。为确保监管工作取得实效。进一步建立健全监管长效机制,对定点医疗机构违反服务协议的将视情况实行"黑名单"制度管理,以此加大对定点医疗机构监督管理力度,确保全县合医资金安全运行,切实维护参合农民利益。

2013年,印发《松桃苗族自治县监察局2013年执法监察工作安排意见》,一是围绕中央、省、市重大决策部署执行情况开展专项执法监察,保证政令畅通。二是集中治理基层行政执法中的突出问题,促进依法行政。三是深化工程建设领域突出问题专项治理,强化建筑市场动态监管。是年,开展闲置土地清理专项执法工作,通过自查和"回头看"整改,建立健全清理台账。全县2008年10月至2011年10月获上级批准用地15批次506.1171公顷,全部按程序履行土地征收手续。对36宗已供土地使用情况进行了清理,对其中2宗面积11.86公顷已供土地未按合同约定进行开发利用情况进行整改。二是开展对厉行节约规定贯彻落实情况的督查，对9个乡镇、24个部门进行抽查，对在抽查中发现县工业贸易局用公款为单位职工缴纳公积金和县疾控中心发放卫生防疫津贴行为进行纠正。查处长坪乡党委政府违规发放奖金问题。三是加大对中央、省、市重大决策部署的落实督查，确保政令畅通。通过实行“一督查一报告、一通报一曝光”制度，对中央、省、市以及县委县人民政府重大决策部署、重大工程项目建设、重点工作、网络舆情问题整改落实、计划生育、强农惠农政策贯彻落实等49个方面的工作共开展督查96次，出动人员1215余人次，对执行力差、工作滞后的66个单位进行通报批评，并对67人进行问责。

2014年，围绕服务项目落地、开工建设、投产运营，在助推重点建设项目建设方面，牵头对43个重大工程建设项目进行跟踪督查438人次，对花鼓大道、北部新城、九龙湖等重点建设项目督查37次，对省、市23个重点建设项目专项督查59次，印发工程项目整改督办函15份。

第二节　行政效能建设

2003年，县纪委印发《关于在全县开展行政效能监察试点工作的实施意见》，明确从2003年开始逐步在全县行政执法机关和经济管理部门开展行政效能监察工作，将县国土资源局、县质量技术监督局作为松桃行政效能监察试点单位。

2004年3月30日，为加强对行政效能监察试点工作的领导，确保该项工作顺利开展，县委办公室、县人民政府办公室印发《关于成立行政效能监察工作机构的通知》，成立由县委副书记、县人民政府县长龙海任组长，县委副书记、县纪委书记徐仕江，县委常委、县人民政府常务副县长龙新林，县委常委、县委组织部部长安天堂任副组长，县委办公室主任刘和忠，县人民政府办公室主任龙秀刚，县纪委副书记、县监察局局长龙中文，县人事劳动和社会保障局局长吴鹏超，县委宣传部副部长、文明办主任麻开甲，县直属机关党委书记龙桂芝，县委组织部副部长石文兴为成员的行政效能监察领导小组，领导小组下设行政效能监察办公室和行政效能监察投诉中心。行政效能监察办公室主任由县人民政府办公室主任龙秀刚担任，县委办公室副主任吴家永、县人民政府办公室副主任杨洪轩、县纪委监察局执法监察室主任陈康炉任行政效能监察办公室副主任。县纪委副书记、县监察局局长龙中文任行政效能监察投诉中心主任。是年，在全县33个行政执法机关和经济管理部门开展行政效能监察工作，聘请5名行政效能监察特邀监察员开展经常性的监督检查工作。为规范县行政效能监察投诉中心的工作，依法受理机关效能投诉，保护投诉人和被投诉人的合法权益，中共松桃苗族自治县委办公室、松桃苗族自治县人民政府办公室印发《松桃苗族自治县行政效能监察投诉中心工作规则》，共6章26条。推行行政效能监察工作首问负责制、岗位责任制、限时办结制、服务承诺制、同岗替代制和失职追究制。对3名不依法行政、不严格执法的国家机关工作人员实施效能告诫和诫勉谈话；一些干部职工办事拖拉、推诿扯皮的现象得到改正，提高机关办事效率。

2005年，在全县37个行政执法机关和经济管理部门全面开展行政效能监察工作，县委、县人民政府相继印发《关于开展行政效能监察工作的通知》《松桃苗族自治县机关工作人员诫勉教育、效能告诫实施办法》和《投诉中心工作规则》。是年，共受理群众投诉31起，督促有关部门办结23起，建立制度6项，增强工作人员为民服务意识，依法行政观念得到提高，门难进、脸难看、事难办现象得到明显改善。

2006年，继续对县公安局、县交通局、县卫生局、县供电局等35个行政执法机关和经济管理部门开展行政效能监察，将行政效能监察工作列入单位考核测评项目。

2008年,结合松桃投资软环境建设民主行风评议工作,加大对县直机关重点窗口服务部门工作开展情况的督查,机关的工作作风明显好转,是年7月,32家窗口服务单位正式入驻县政务服务中心,办事效率明显提高。各单位(部门)领导高度重视,建立了以"党委(党组)统一领导,党政一把手为第一责任人,部门各负其责,全体人员共同参与"的领导体制和工作机制,并根据单位工作特点,制定实施方案,完善相关配套制度,继续加强对《行政许可法》的学习,认真全面地推行依法行政。通过机制创新、完善投诉机制,提高工作效率,及时受理投诉。

2009年,为加强松桃行政效能监察,促进行政效能建设,积极推行行政问责和绩效管理制度,更好地履行组织协调和监督检查职能,在县纪委监察局设立行政效能监察室,为副科级内设机构,行政编制5名,其中:主任1名,人员编制从县纪委监察局内部调剂解决。县委办公室、县人民政府办公室印发《松桃苗族自治县部门机关作风和效能建设考核评价工作实施方案(试行)》,成立县机关作风和效能建设工作领导小组,下设办公室在县纪委监察局,负责具体工作的组织实施。实行平时考核和年终考核相结合、组织检查与集中测评相结合、明察与暗访相结合、各单位自查与县机关作风和效能建设领导小组办公室组织考核相结合,对机关作风和效能建设情况进行综合评价。对所有被考评单位建立台账,对存在的问题进行调查核实,实行积分累计制,考评结果分为优秀、良好、合格、需整改单位四个等次。加强对行政机关及公务员履行职责和工作效率情况的监督检查。是年5月,成立县机关作风与效能建设办公室,通过建立健全有效的考核评价机制、强化监督检查、加强机关作风建设、加大治慵治懒力度,干部作风明显转变,行政效能有效提高。一是强化制度建设,建立考核评价体系。二是开展形式多样的督查工作。成立7个督查组并分别对全县机关作风、县委县人民政府"十件实事"进度、新增中央投资项目、计划生育、信访工作、农村低保等20多项工作适时进行督查,对一些工作不力的单位进行书面通报批评。同时设立投诉电话,聘请18名机关作风和效能建设义务监督员,并对124个单位统一发放"温馨提示牌"。工作中接到各种投诉30件次,核实处理30件次,通过工作的开展,机关作风明显好转,工作得到有效促进,会风会纪得以改观,信访投诉得到及时处理,乡镇"走读"现象得到整治。针对《松江之声》刊载图片新闻曝光蓼皋镇一完小前垃圾堆积如山,县机关作风和效能建设领导小组办公室对此事引起高度重视,县作风效能办督促县创卫办及时整改,清理垃圾,通过整改,当日路段被打扫干净,垃圾被清除。

2010年,印发《2010年松桃苗族自治县行政效能监察工作安排意见》的通知,一是建立和完善行政效能监察工作机制,明确工作目标。二是加强监督检查,改善行政管理,保证政令畅通。三是加大行政问责制度执行力度,确保行政效能监察效果。是年紧紧围绕县委、县人民政府的中心工作,对计划生育、苗王城景区、湘渝大道、盘石镇万亩草场建设等重点工作进行督促检查,促进县委、县人民政府中心工作得到贯彻落实。共开展督查53次,其中全面督查3次,重点督查3次,常规督查12次,专项督查35次。查出12人在上班时间看电影玩游戏并进行处理,对6次会议不遵守会纪会风的20个单位进行实名通报批评;编发简报30期、通报18期,制作墙报5期;受理群众和客商投诉举报47件次,核实处理45件次,处理率为96%。同时,对2009年机关作风和效能建设考核奖励惩罚情况进行兑现。通过督查,促进机关作风和效能建设进一步好转,会风会纪得以改观,确保县委、县人民政府"十件实事"和重要工作、重点工程建设项目有人抓、有人管,有效增强干部的作风和效能意识。

2011年,为建立健全监督工作长效机制,进一步加大督查力度,确保督查工作出成效,切实转变机关作风,提高办事效率,是年11月29日县委常委会会议研究,同意将机关作风和效能建设办公室列为常设机构(正科级机构,设主任1名,副主任1名),挂靠县纪委监察局,主要职责,一是组织、指导、协调、督查和考核各单位机关作风和效能建设工作。二是受理涉及机关作风和效能建设的各种举报投诉、核实与处理工作。三是对县委县人民政府安排的重要工作、中心工作、重点工作、重点项目工程进行督查,并指出存在的问题,提出整改意见,督促解决。四是做好宣传报道工作,及时发现掌握、总结、推广机关作风和效能建设工作的好做法、好经验,促进机关作风和效能建设工作。五是完成领导小组临时交办的其他工作。是年对机关作风、"十大民生工程"、教育收费、涉农资金等30项工作进行督查,共开展督查54次,其中机关作风专项督查15次,督查单位300余个次,对查出上班时间的43人(其中3名为副科级领导干部)网上看电影、聊QQ、打游戏等不良行为及会议缺席、迟到、早退等共31个单位进行通报批评,并责令限期整改。加强学习贯彻换届纪律情况的督促检查,采取电话抽查、实地查看、明察暗访等方式对28个乡镇和87个县直部门进行督查,确保换届风清气正。组织社会各界代表对全县各单位机关作风和效能建设情况进行民主测评。加大机关作风和效能建设宣传力度,是年共编发简报33期、通报21期,制作墙报5期,省地县报纸、电视、网络等媒体宣传报道20余篇,进一步增强机关干部的作风和效能意识。

2012年,印发《松桃苗族自治县2012年行政效能监察工作安排意见的通知》,通过健全工作机制,强化督查考核,着力解决执行不力问题、着力解决效率低下问题、着力解决庸懒散问题、着力解决影响发展的问题、着力解决公平公正考核评价的问题。加强机关作风和效能建设,形成干事创业的良好氛围。以治理"懒""庸""散"等突出问题为重点,对不作为、慢作为、乱作为等进行问责。共对部门作风和服务态度、重要会议精神贯彻落实、重大工程项目建设等巡回督查141次,对15个工作滞后的单位进行通报批评。对各类服务大厅、办事窗口工作人员到岗到位、行政审批办理、松桃网在线投诉、书记信箱反映问题进行全程跟踪,共受理客商、群众来信来访52件,核实处理48件;对网络舆情反映的问题实地督查137个次,督促整改118个。印发《机关作风效能考核办法》,设置综合奖、争分升位奖、特别贡献奖,对年终考核排名末位的单位进行谈话和组织处理。围绕群众关心的热点和难点问题,通过电视访谈、问卷调查、走访群众等形式,开展"政风行风热线"访谈节目8期,发放社会问卷调查表2800余份,召开座谈会60余次,走访群众840余人次,群众满意度得到明显提升。开展法制环境专项治理,对40个行政事业性收费单位进行收费项目清理;对是年举办和拟举办的庆典、研讨会、论坛、检查考核活动进行审核清理和自查自纠;实现与全省电子监管平台联网。物流、金融、电信等行业乱收费问题得到有效整治。

2013年,加强作风效能建设,不断提升工作效能和水平。一是加强作风建设。制定《关于进一步加强干部作风建设的暂行规定》《松桃苗族自治县在"解放思想转变作风"主题教育活动中对"不马上办"情形进行问责的实施办法》等制度。组建工作组深入宾馆酒店对贯彻落实中央八项规定和省、市作风建设相关规定情况以及国家工作人员用公款大吃大喝、公款娱乐、上班时间打麻将等行为开展专项督查,开展明察暗访18次,对14人上班时间打麻将的行为进行处理。对上班时间网上玩游戏、看电影和擅自离岗的39人进行处理,通报违反会风会纪的单位33个次。二是强化效能督查。通过开展"百名纪检监察干部巡查干群连心室"活动,对全县133名驻村干部的工作情况进行督查,密切党群干群关系,驻村工作取得显著成效。不定期检查公车使用情况,对5名违规驾驶公车和公车私用行为进行了查处。严肃查处6人违规操办酒席行为,对违反相关规定的国家工作人员4人进行了处理。对县行政服务中心、县公安交警大厅、县社保大厅、县矿办等5个服务窗口上班情况实行视频监控在线督查。三是建立长效机制。完善《松桃苗族自治县关于进一步加强干部作风建设的暂行规定》,印发《关于改进作风、推动落实、加强廉洁自律"五个严禁、五个坚决查处、七个一律停职待查"的规定》,将问责情况与干部任免、奖惩挂钩,使问责结果得到有效利用。鉴于人事变动和工作需要,根据《中共松桃苗族自治县委 松桃苗族自治县人民政府 关于调整充实县机关作风和效能建设领导小组成员的通知》,调整充实县机关作风和效能建设领导小组成员,下设办公室在县委纪委(监察局),抽专人具体办公。

2014年,组织县民政局、县财政局、县审计局、县教育局等部门,专项检查冬春救助、城乡低保、公益林补偿等涉农资金落实情况,通报专项检查中发现存在问题的5个单位和7个乡镇,约谈5名相关责任人,并对存在的问题提出18项整改措施。时刻关注"网络问政"回复办理情况,督促相关部门及时回复办理网民反映的困难和问题,对回复不及时和按时不回复的5个部门进行了通报,约谈干部4人,诫勉谈话5人。是年11月按照中央纪委监察部、省纪委监察厅和市纪委监察局有关要求,整合党风政风监督室、执法和效能监督室,设立党风政风监督室,履行行政效能的监察工作交由党风政风监督室负责。

第三节　投资软环境建设

优化经济发展环境是为经济发展营造一个良好的社会环境,全县纪检监察机关坚持服务于经济建设这个中心,着力整顿和规范市场经济秩序,切实加强投资软环境建设。

2004年,认真开展整治投资环境工作。为加强对投资软环境专项整治工作的领导,县委办公室、县人民政府办公室印发《关于在全县开展投资软环境专项整治工作的通知》,成立由县委副书记、县人民政府县长龙海任组长,县委副书记、县纪委书记徐仕江,县委常委、县人民政府常务副县长龙新林,县委常委、县政法委书记常建军任副组长,县委办公室、县人民政府办公室、县纪委监察局等相关职能部门及单位负责人为成员的县投资软环境专项整治工作领导小组,领导小组下设办公室在县监察局,徐仕江兼任办公室主任。该专项治理,主要是整治影响经济建设环境的"吃、拿、卡、要"等行为,重点是政府职能部门,特别是行政执法部门、窗口服务行业在投资立项、审批、招投标、融资及行政管理等方面侵害客商利益的行为和各种严重侵害群众利益的不正之风。是年,对影响经济环境行风问题进行大规模调研,相继召开引资企业、个体民营企业、县直机关及事业单位、离退休干部、街道居委会、特邀监察员及行风评议代表等六个座谈会,征集到社会各界对经济环境建设的意见788条。按照地委、行署的统一部署,在全县26个重点部门和乡镇开展为期3个月的投资环境集中整治工作。同时,采取措施积极解决客商和群众反映强烈的四个方面突出问题:①着力解决企业周边环境治安问题;②打击强买强卖、欺生霸外行为;③整治县城环境卫生和交通秩序,取缔城区机动三轮摩托车和二轮摩托车非法营运,保护了营运投资者的正当权益;④加大对危害经济发展环境案件的查处力度。是年,对危害经济发展环境行为的木树乡党委委员、人武部长龙某某挪用公款和县食品药品监督管理局局长麻某某乱摊派等案件进行及时查处,并对查处的典型案件及时通报和曝光,达到"查处一案,警示一片"的目的,全年共查处该类案件3起。召开"客商评议部门"会议,对重点整治部门和乡镇进行评估,有4个部门达到优秀,21个部门和乡镇合格,1个部门基本合格。经过3个多月集中整治,各单位完善工作制度,推行便民措施,招商、亲商、扶商、安商的投资环境形成。为方便客商,规范从政行为,推出从业人员"十不准",县国土局、县国税局在单位建立"一站式"服务大厅,县地税局实行"五贴近"服务,县建设局发放服务流程表,县交通局给企业车辆发放通行"绿卡",县公安局、县公安交警大队、县运管所等单位不仅用制度管人,还加紧岗位练兵,从持证上岗、公正执法、纪律作风、工作态度各方面加以整顿,服务质量、工作效率、投资环境明显改善。

与此同时,加强对招商引资企业的保护,配合县委、县人民政府整治投资软环境工作的开展,规范一些单位和部门对企业的收费行为,是年采取六条措施强化收费管理:一是印制企业交费登记册发放到每个企业,以增强企业的自我保护能力;二是县物价部门印制企业应缴费项目、标准,让企业交明白税、明白费;三是职能部门在向企业收费时,实行亮证收费登记制度,杜绝多头收费现象;四是向企业负责人及财务人员发放便民举报卡362份,将职能部门的收费行为置于全程监督之中;五是对重点企业实行挂牌保护，对三和锰业、群兴锰业、荣华锰业和宇光锰业四家企业进行挂牌保护；六是定期或不定期组织联合检查组对收费情况进行检查，发现问题及时纠正或查处。

2005年，切实加强领导，抓好建章立制，严肃查处破坏经济发展投资软环境行为。召开全县投资软环境建设工作动员大会，成立由县委副书记、县纪委书记任组长的领导小组，并抽调专人办公，印发《松桃苗族自治县2005年投资软环境建设实施方案》，明确了指导思想、主要措施、实施步骤及工作要求，对100个部门和乡镇进行重点整治；同时坚持抓两头、促中间，强调窗口示范作用，开展"文明窗口"和"文明基层"站所创建活动，完善接待服务流程规范，努力抓好服务窗口的软件建设；代县委起草《关于优化经济发展环境的决定》，并经县委十届五次全会审议通过，使优化经济发展环境工作有了指导性、纲领性文件，推动了此项工作向注重预防，标本兼治的良好局面转变。是年9月2日，在全县金融生态环境专项整治工作会议上，县委常委、县纪委书记作《着力构建"金融生态环境 促进经济金融和谐发展"》的讲话，会议的主要任务是传达贯彻地区会议精神，安排部署全县金融生态环境建设专项整治工作。一方面体现县委、县人民政府对该项工作的高度重视，另一方面也充分体现金融生态环境的好坏对经济发展的极端重要性。讲话强调要提高对金融生态环境建设重要性的认识，高度重视金融生态环境中存在的问题，努力打造良好的金融生态环境。从四个方面改善金融生态环境。一是营造诚实守信的舆论环境。二是整治信用环境。三是加大执法力度。四是整治竞争环境。

2006年，继续加强投资软环境建设。一是狠抓制度的落实，为投资软环境建设提供制度保证；二是严肃查处各类破坏投资软环境的典型案件，教育广大干部群众；三是受理客商投诉，积极为客商排忧解难。是年2月23日，县委、县人民政府组织全县14家房开公司召开了房开商座谈会，了解和帮助客商在开发和生产经营过程中遇到的各种困难和问题。同时深入企业开展调研，把收集到的意见和建议逐条进行整改落实。在调研中，如大明眼镜店反映县质监局到其店检查，将其检验设备收走。环建办了解到情况后，立即责令县质监局作情况说明，并做了妥善处理，此举受到广大客商和群众的一致好评。是年，开展专项效能监察7项，受理群众投诉3件，发出监察建议书3份，通过效能监察，机关办事效率得到提高，解决群众急需解决的问题。

2007年，县纪委监察局代县委、县人民政府拟定《松桃苗族自治县2007年投资软环境建设工作实施方案》，明确优化投资软环境建设的工作任务及目标，主要从以下几个方面狠抓落实：一是加强政府信用建设。7月中旬至下旬，由县人民政府纠风办牵头，联合县政府法制办、县监察局、县政务服务中心组成三个督查组，分别到12个乡镇以及有关县部门进行督查。经过督查，没有发现违背国家法律、法规、政策的情况，没有出现"先上车后补票"的行为，签约的17个招商引资项目顺利实施。二是进一步加强企业周边治安环境治理。从是年5月开始，全县统一按照县委、县人民政府部署对企业周边治安环境开展矛盾纠纷排查和"法进社区、法进农家"宣传力度，及时排除各种安全隐患，进一步增强企业周边群众的法制意识。同时，成立以县委常委、政法委书记、副县长、县公安局局长为组长的调研组，先后3次下到金瑞、三合等十几家锰业公司调研和走访活动，详细了解企业急盼解决的问题、周边社会治安状况，及时为企业排忧解难。是年，受理群众和客商举报投诉2起，督办2起，对金地公司肇事员工龙某、涉嫌偷盗福明公司工地上的建筑钢材满某分别作出治安拘留7日、15日，罚款500元的处罚，及时消除了影响。

2008年，会同县文明办、建设、卫生、城管、环保局等部门对临街临河生活污水、建筑垃圾、娱乐噪声、营业性餐饮油烟垃圾、医疗废水垃圾等进行全面的综合整治，有效降低污染指数，提升空气和环境质量，大大改善了人居环境。是年，受理客商投诉11起，督办11起，全部得到妥善解决。

2009年，为进一步规范工程建设领域市场交易行为和领导干部从政行为，维护社会主义市场经济秩序,促进反腐倡廉建设,经县委、县人民政府研究,决定成立县工程建设领域突出问题专项治理工作领导小组,县委常委、县纪委书记张萍任组长。

2010年,根据县委、县人民政府关于在全县开展作风建设年、环境建设年、项目建设年暨"四帮四促"活动的要求,县纪委监察局在委局机关开展"三个建设年"活动,印发《松桃苗族自治县纪委监察局开展作风建设年、环境建设年、项目建设年实施方案》,明确指导思想和基本原则、目标要求、主要内容及步骤,着力推进投资软环境建设工作。

2011年,为全面贯彻落实科学发展观,进一步优化经济发展环境,县纪委监察局按照县委"四帮四促"活动总的精神,深入服务企业、重点项目和乡镇开展调查研究,认真检查督办服务企业各项优惠政策的落实情况,及时查处政府部门及工作人员服务联系企业不到位、不作为、慢作为、乱作为、越权执法、滥用权力、吃拿卡要等行为,帮助企业解决生产经营活动中遇到的困难和问题,为企业提供所需的法律、政策方面的服务。为减轻企业负担,先后会同县物价局、县财政局对涉企收费项目、依据及收费标准进行了专项清理,查处影响投资环境案件1件。积极推进市场环境建设工作,建立企业及个人信用管理制度,完成市场主体诚信信息发布工作。印发《松桃苗族自治县环境建设年县直单位在媒体公开服务承诺事项工作方案》,明确公开承诺内容、公开承诺单位、媒体公开方式、有关工作要求等方面内容。

2012年,深入推进全县加快经济发展方式监督检查工作。一是配合县发改局、县住建局等部门,加大全县重点项目、重要民生工程等重点项目建设的监督检查力度,督促有关部门协调解决存在的问题;加大对强拆强建、损害群众利益问题的督促检查力度。二是加大问责的执行力度,对不作为、慢作为、乱作为影响项目建设、影响投资环境的单位或个人进行问责,为重大工程和重点项目的顺利实施提供支持和做好保障工作。三是根据《国务院关于进一步促进贵州经济社会又好又快发展的若干意见》和国务院批复的《武陵山片区区域发展与扶贫攻坚计划(2011—2012)》,把握好国家政策扶持机遇,认真开展好国家对松桃重点扶持项目的监督检查,保障松桃经济社会又好又快发展。为进一步优化发展环境,提高工作效率,及时妥善处理群众在"政风行风热线"的咨询和投诉,切实维护群众利益,推进政风行风建设,县监察局制定印发《松桃苗族自治县"政风行风热线"受理群众咨询投诉暂行办法》。

第四节　绩效目标考核

将绩效目标考核划为县纪委监察局一项工作任务始于2012年。

2012年2月22日,县机构编制委员会办公室根据市编制委员会"同意设立松桃苗族自治县绩效考核办公室,作为正科级事业单位常设机构"的批复,印发《关于设立松桃苗族自治县绩效考核办公室的通知》,同意在县纪委监察局设立松桃苗族自治县绩效考核办公室,为财政全额预算管理的正科级单位;核定县绩效考核办公室事业编制8名,其中主任1名,副主任1名,股长2名。明确其主要职责:制定松桃苗族自治县党政群机关及直属事业单位年度考核办法,组织实施绩效考核工作;检查全县党政群机关及直属事业单位绩效考核工作,汇总绩效考核结果;总结考核工作,落实考核奖惩;完成县委、县人民政府交办的其他工作任务。根据工作职责,内设综合股和督查股,综合股负责绩效考核工作的部署、组织、协调和指导,综合成绩的统计与分析,绩效考核网络系统维护和操作;督查股负责县党政群机关及直属事业单位绩效考核的日常监督检查工作。

2012年6月18日,县委办公室县人民政府办公室印发《松桃苗族自治县2012年度绩效目标综合考评办法》的通知,对考核原则、考核对象、考核内容及分值、考评方式、考核成绩的构成、考核结果的运用奖惩等作出具体规定。《考评办法》将县域内机关单位(部门)和乡镇划为四类考核对象,即乡镇、党群系统、政府系统、垂管单位;在考核内容上明确由机关作风和效能建设工作、社会公认度评价、绩效目标工作三部分组成,各部分设定分值为100分,实行对照细则逐项加减计分。其中,社会公认度比例分值:领导评价30%+部门对乡镇和乡镇对部门互评30%+其他评价40%;在总成绩的计算上,乡镇按机关作风和效能工作得分×20%+社会公认度评价得分×10%+绩效目标工作得分×70%计分;部门按机关作风和效能工作得分×30%+社会公认度评价得分×10%+绩效目标工作得分×60%计分;乡镇、党群、政府系统设综合绩效一、二、三等进行奖励;垂管单位按综合成绩取前三名分别奖励单位1万元、8000元、5000元;对乡镇、党群、政府系统综合得分在70分(不含70分)至60分之间的,取消班子成员第13个月奖励工资,并对班子成员进行诫勉谈话,在60分以下的,取消班子成员第13个月奖励工资,并对班子成员采取组织措施。

2012年,县纪委、两办督查室、县绩效办整合力量组成绩效督查组,对各乡镇、各部门、各重点工程建设进度等开展督查工作141次,其中,常规督查70次,全面督查9次,专项督查41次,重点督查21次。对平时监督检查发现的问题及时反馈到各单位,并认真督促单位进行限时整改,整改情况计入平时考核成绩。设立投诉举报电话,方便广大民众投诉举报,安排专人接访,发挥绩效监督员作用,及时反馈信息,对反馈的信息与平时监督检查发现的问题,认真开展调查核实,严肃处理。对被通报、曝光单位要求写出情况说明或约谈领导,拟定整改措施,责令限期整改,限时上报整改结果;对相关单位和部门不作为、慢作为、乱作为、工作不力等严重情节启动领导干部问责机制,共对9人和19个单位进行问责,对5人次领导干部进行约谈;对影响重点工作开展,造成不良后果的进行追究责任。通过考核,兑现了奖惩,提高了工作效率,提升了服务水平。是年12月18日,全县2012年机关作风和效能建设社会公认度测评大会在县行政中心大礼堂召开。按照《2012年度绩效目标综合考评办法》,社会公认度评价,由领导评价(占30%)、部门对乡镇和乡镇对部门互评(占30%)、其他评价(占40%)三部分共462人组成。其中,领导评价参评人员由县四大班子领导及办公室主任(秘书长)、副主任、纪委委员共70人组成;在互评上,部门参评人员由主要领导及办公室主任,乡镇由党委书记、乡镇长、纪委书记及党政办主任,共272人组成;其他评价由企业负责人代表30人、群众代表20人、工商代表20人、党代表10人、人大代表10人、政协委员10人、特邀义务监督员10人、民主党派及无党派人士代表10人,共120人。通过测评,政协办公室、人大常委会办公室、宣传部列党群系统前3名;政府办(含接待办、法制办)、县财政局、县民政局列政府系统前3名;寨英镇、迓驾镇、孟溪镇排名乡镇系列前3名;县工商局、县国税局、县地税局则列垂直管理系统前3名。

2013年3月9日,县绩效考核办公室为进一步强化目标责任,规范机关管理,印发《松桃苗族自治县2013年绩效目标管理综合考评办法》。《考评办法》将考评对象分为五类,即:党群系统(25个)、政府系统(35个)、乡镇(28个)、垂管系统(14个)、工程项目指挥部(3个)五类;从个性目标(即单位自身的职能职责、上级部门下达的目标任务、承担市委市政府考核县委县人民政府的目标任务及县委县人民政府安排部署的工作)和共性目标两个方面,实行"月督促检查、季度考评";垂管系统实行"月督促、年考评"方式进行。与2012年比较,凡干部职工出现季度内累计旷工10天以上、事假20天以上(法定婚、产假除外)、病假30天以上,因个人原因被单位扣5分以上的,取消其个人季度目标效能奖;考评细则经分管领导审核签字报县绩效办后,由绩效办统一在松桃网上进行公示,接受社会监督;考核成绩在网上公示后无异议的,县财政局根据县绩效考核领导小组认定的被考评对象考评成绩及时核拨季度目标效能奖。

为切实加强考评工作的督促检查、推进和指导,成立由县委副书记、县人民政府县长任组长,县委常委、县人民政府常务副县长,县委常委、县委统战部长,市纪委常委、县委常委、县纪委书记,县委常委、县委组织部部长,县委常委、县委宣传部部长,县委常委、县委政法委书记、县公安局局长任副组长的绩效管理考评领导小组，领导小组下设办公室在县绩效考核办，负责相关具体工作。是年，县绩效考核办则对照各单位（乡镇）上报的共性和个性目标任务的落实情况、执行进度进行督查，及时提醒。在督查中发现，有的乡镇对共性中落实道路交通安全管理暨百日整顿行动工作开展重视不够，未体现落实好“解放思想、转变作风、马上就办”主题教育活动；有的乡镇站所作不够细致，开展工作记录资料散乱，对部分所做的工作没有文字记录，整理汇总不及时；寨英镇、乌罗镇等25个乡镇、县工业贸易局、县环保局等31个县部门高度重视“马上就办”主题教育活动，及时安排部署，开展该项工作；城南管委会、经济开发区、花鼓大道、景山大道等重点项目建设有序推进，建设项目土地征收和房屋拆迁工作难度大，进度缓慢；在12个乡镇学前教育工程中进度不一，开工3个、完成征地4个、正在征地5个；对建设进度缓慢的牛郎、大路、冷水溪、迓驾、木树5个乡（镇）及时地进行了提醒。

2014年1月23日，县委、县人民政府对2013年度绩效目标结合考评结果进行通报。党群系统的县委办公室（机要局、保密局）、县委宣传部、县委组织部、县人大常委会机关、县委政法委、县纪委监察局、县妇联、县信访局8个单位，政府系统的县行政服务中心、县工业贸易局、县投促局、县财政局（会计局）、县审计局、县民政局、县住建局、县民宗局、县人口和计划生育局、县教育局、县人民政府办公室（接待办、法制办）11个单位，蓼皋镇、盘信镇、乌罗镇、大路乡、长兴堡镇、迓驾镇、九江乡、盘石镇8个乡镇及垂管系统的县地税局获得一等奖。县畜牧局水产技术推广站实施的“松桃大鲵仿生态自然繁殖技术创新”、县林业局永红林场实施的“松桃油茶基地良种繁育”、大路乡后硐村的“五分钟服务群众工作法”、县国土资源局用地股“推进土地节约集约、促进城镇化健康发展”、盘石镇响水洞村“人口和计划生育‘1＋X’、‘N＋1’小单元管理模式”、沙坝河乡推行的“社会精细化管理模式”获得创新项目奖，政府奖励1万元；赵曙光、张刚、田茂军、何彬、龙秀忠、孙晨辉、吴峰、李卫、龙云峰获特别贡献奖，政府奖励5000元。同时，还对在重点工程项目建设中有突出成绩的相关责任单位、乡镇、企业、园区进行了奖励。通报还对黄板乡、孟溪镇在省人口和计划生育领导小组督查过程中出现漏报现象，按照相关规定作出取消黄板乡、孟溪镇两个乡镇班子成员绩效奖的决定。是年5月12日，县纪委根据中央纪委关于纪检监察机关“转职能、转方式、转作风”和市纪委“关于各区县2014年度必须把绩效考核办公室划出纪委监察局”的要求，向县委提请将县绩效考核办公室调整到县委办公室管理建议。是年6月5日，县机构编制委员会办公室根据县委常委会会议纪要精神，印发《关于调整县绩效考核办公室管理体制的通知》，将县绩效考核办公室机构、人员编制、资产等整体由县纪委监察局划转至县委办公室，为县委办公室管理的正科级事业单位。至此，对全县绩效目标考核的工作职能从县纪检监察机关划出。

2012年机关作风和效能建设社会公认度集中测评成绩排名表(党群系统)

表8-1　单位:分

单 位	领导评价(30%)	互评(30%)	其他评价(40%)	总分	排名
政协办	29.89	28.92	38.86	97.67	1
人大办	29.84	28.91	38.58	97.33	2
宣传部	29.89	28.83	38.52	97.24	3
县委办(机要、保密局)	29.78	28.87	38.43	97.08	4
组织部	29.89	28.95	38.13	96.96	5
政法委	29.73	28.54	38.22	96.49	6
统战部	29.40	28.61	38.41	96.42	7
纪委监察局	29.67	28.91	37.33	95.92	8
编办	29.51	28.51	37.81	95.83	9
妇联	29.29	28.14	38.16	95.59	10
信访局	29.67	28.04	37.74	95.45	11
工商联	29.13	27.85	38.46	95.44	12
党研室	29.28	28.14	38.00	95.42	13
检察院	29.45	28.26	37.68	95.40	14
法院	29.51	28.22	37.65	95.38	15
直属机关工委	28.89	28.35	38.03	95.27	16
离退休干部工作局	29.18	28.3	37.60	95.09	17
总工会	28.85	28.46	37.53	94.85	18
团县委	29.24	28.02	37.46	94.72	19
文联	29.18	27.89	37.60	94.67	20
科协	29.07	28.03	37.44	94.55	21
残联	28.96	28.10	37.23	94.29	22
计生协会	29.02	27.63	37.25	93.95	23
红十字会	28.80	27.21	36.88	92.89	24

2012年机关作风和效能建设社会公认度集中测评成绩排名表(政府系统)

表8-2　　单位:分

单位	领导评价(30%)	互评(30%)	其他评价(40%)	总分	排名
政府办(接待办、法制办)	29.79	28.90	38.65	97.33	1
财政局(会计局)	29.42	28.20	38.31	95.94	2
民政局	29.53	28.47	37.54	95.54	3
发改局(物价局)	29.63	28.14	37.56	95.34	4
水务局	29.58	28.10	37.65	95.33	5
司法局	29.42	28.03	37.74	95.19	6
行政服务中心(行政投诉中心)	29.26	28.32	37.58	95.16	7
农牧科技局	29.47	28.13	37.55	95.16	7
审计局	29.53	28.19	37.29	95.00	9
民宗局	29.42	27.96	37.27	94.65	10
公安局	29.37	27.95	37.19	94 51	11
教育局	28.89	27.90	37.65	94. 45	12
环境保护局	29.26	27.90	37.05	94.21	13
卫监所	28. 93	28.21	37.06	94.20	14
扶贫办	29.42	28.13	36.56	94.12	15
统计局	29.47	27.97	36.63	94.08	16
疾控中心	29.11	27.80	37.13	94.03	17
人力资源和社会保障局	28.63	37.47	37.90	94.01	18
林业局	29.08	27.87	37.05	94.00	19
国土资源局	29.16	27.59	37.23	93.97	20
档案局	29.00	28.03	36.79	93.82	21
人口和计划生商局	29.32	27.63	36.79	93.73	22
卫生和食药监局	29.05	27.99	36.56	93.60	23
交警大队	29.41	27.68	36.49	93.58	24
文广局(新闻出版版权局)	29.21	27.97	36.35	93.54	25
安监局	29.00	27.73	36.50	93.23	26
交通运输局(客管局)	28.89	27.48	36.76	93.14	27
住房和城乡建设局	28.88	27.53	36.25	92.66	28
工业贸易局	27.91	27.37	37.27	92.55	29
妇幼保健站	28.84	27.44	36.24	92.52	30
供销社	28.74	27.39	36.33	92.46	31
中医院	28.42	27.31	36.30	92.03	32
合医局	28.68	27.45	35.88	92.01	33
城市管理行政执法局	28.16	26.84	35.08	90.07	34
人民医院	28.21	26.50	34.88	89.59	35

2012年机关作风和效能建设社会公认度集中测评成绩排名表(乡镇)

表8-3 单位:分

单位	领导评价(30%)	互评(30%)	其他评价(40%)	总分	排名
寨英镇	29.68	28.76	37.93	96.37	1
迓驾镇	29.84	28.54	37.84	96.22	2
孟溪镇	29.73	28.64	37.83	96.21	3
长兴堡镇	29.84	28.52	37.70	96.07	4
蓼皋镇	29.58	28.73	37.73	96.05	5
乌罗镇	29.74	28.63	37.40	95.77	6
平头乡	29.52	28.46	37.68	95.66	7
普觉镇	29.63	28.40	37.57	95.60	8
正太乡	29.58	28.63	37.29	95.50	9
盘信镇	29.47	28.62	37.31	95.41	10
世昌乡	29.63	28.31	37.47	95.41	10
黄板乡	29.63	28.29	37.47	95.39	12
永安乡	29.36	28.30	37.68	95.34	13
冷水溪乡	29.68	28.40	37.25	95.33	14
沙坝河乡	29.52	28.28	37.45	95.25	15
盘石镇	29.74	28.37	37.14	95.25	15
九江乡	29.58	28.26	37.33	95.17	17
石梁乡	29.53	28.48	37.15	95.16	18
牛郎镇	29.63	28.41	37.07	95.12	19
大兴镇	29.47	28.34	37.27	95.08	20
木树乡	29.63	28.08	37.26	94.98	21
大坪镇	29.57	28.34	37.05	94.97	22
太平营乡	29.52	28.33	37.03	94.88	23
长坪乡	29.58	28.22	36.95	94.75	24
甘龙镇	28.98	28.42	37.31	94.71	25
大路乡	29.36	28.21	37.05	94.62	26
瓦溪乡	29.14	28.13	37.31	94.59	27
妙隘乡	29.04	28.27	37.07	94.38	28

2012年机关作风和效能建设社会公认度集中测评成绩排名表(垂管单位)

表8-4　　单位:分

单位	领导评价(30%)	互评(30%)	其他评价(40%)	总分	排名
工商局	29.52	28.10	37.70	95.32	1
国税局	29.20	27.70	37.77	94.67	2
地税局	29.57	27.63	36.84	94.04	3
气象局	29.52	27.58	36.93	94.03	4
国家统计局松桃农调队	28.80	27.26	37.10	93.15	5
质量技术监督局	29.20	27.49	36.41	93.09	6
公积金管理中心	29.14	27.02	36.88	93.05	7
建设银行	29.16	27.42	36.19	92.77	8
供电局	29.46	26.90	35.93	92.29	9
农业发展银行	28.71	26.70	36.77	92.19	10
人民银行	28.82	27.13	36.20	92.15	11
烟草局	28.98	27.20	35.93	92.11	12
广电网络松桃分公司	28.93	26.71	36.33	91.97	13
邮政局	28.93	26.55	36.32	91.80	14
公路管理段	28.93	26.62	36.20	91.75	15
信用联社	28.05	26.71	36.84	91.60	16
移动公司	29.21	26.68	35.28	91.17	17
电信局	28.71	26.22	36.00	90.94	18
铜仁银监会松桃办事处	28.23	26.35	36.22	90.81	19
运管所	28.61	26.41	35.68	90.70	20
盐务支局	27.76	26.54	36.23	90.53	21
农业银行	28.32	26.43	35.44	90.18	22
工商银行	28.53	26.16	35.43	90.12	23
人民财产保险公司	28.69	26.09	34.27	89.05	24
联通公司	28.63	26.05	34.26	88.94	25
人寿保险公司	28.34	25.89	33.64	87.87	26

第五节　行政投诉

2005年12月，为转变政府职能，规范行政审批行为，成立松桃苗族自治县人民政府政务服务中心，为县人民政府直属正科级事业单位，与行政投诉中心、招商引资局实行"三块牌子、一套人员"的管理体制。行政投诉中心作为内设科室，其职责主要负责对进入服务中心办理行政审批项目的窗口单位工作人员服务行为的监督，受理公民、法人和其他社会组织对纳入中心的县属行政机关及其工作人员，在履行法定职责中涉及依法行政、工作效率、工作作风、工作质量等方面的投诉。

2008年7月18日，县人民政府政务服务大厅正式对外办公，首批入驻部门和单位32个。为确保有效监督，维护公民、法人和其他组织在政务服务过程中的正当的合法权益，县行政投诉中心主任由县监察局副局长担任；同时开辟了三个投诉渠道，即通过电话投诉(投诉电话：0856—2353029、0856—2353009)、直接到县政务服务中心投诉股投诉、通过设在服务大厅投诉箱投诉。行政投诉中心自开展工作以来，坚持有诉必理、受理必果的工作原则，认真办理投诉案件。是年，共受理投诉4件，办结4件，督促窗口办件2件，督促主管部门办件3件。

2009年，认真受理和及时处理各类投诉案件，做到"件件有答复，事事有回音"。是年，行政投诉中心共深入12个单位了解情况30余次，与窗口单位主要领导协调28次，与分管领导协调35次，对24件超期件进行了跟踪督促，纠正4个单位收费不规范、3个单位超期办件、1个单位"两头受理"问题。

2010年，受理公民、法人和其他社会组织投诉47件次，核实处理47件次，处理率为100%。

2011年，受理公民、法人和其他社会组织来信来访举报投诉35件次，核实处理35件次，处理率100%。

2012年，明确以"两集中、两到位"工作落实情况、违规收费现象、吃拿卡要等违纪现象、超时办件情况、工作人员遵章守纪五方面作为监督重点，加强投诉受理和群众咨询工作，充分发挥投诉箱、网站上投诉栏目的作用，认真抓好投诉受理工作。是年共办理各类行政投诉16件，办结16件，其中转办4件，督办1件，办结率100%。接受电话咨询256件，网上投诉5件，对受理的行政投诉和咨询事项，行政投诉中心都依法依规对投诉人进行说明。同时，设置办事群众测评建言平台，继续推行服务对象测评，自觉接受监督。

2013年，推行电子监察系统和视频监控系统，对审批过程的每个环节进行实时监督。把工作人员违规收费现象、吃拿卡要、超时办件、"四风"行为作为监督重点，利用投诉箱、意见簿、投诉电话、网上投诉等多元化投诉渠道受理各类投诉。设置服务对象测评建言平台，自觉接受群众监督。是年，受理各类行政投诉18件，办结18件，办结率100%；接受群众电话咨询256件，受理网上投诉5件，对受理的行政投诉和咨询事项都依法依规对投诉人进行说明。

2014年，受理各类行政投诉共18件，办结18件，办结率100%；受理咨询服务463次，处理率达100%。

2015年，县行政投诉中心完善举报投诉制度、办事限结制度、窗口工作人员行为规范等制度，制定《松桃苗族自治县行政投诉处理暂行办法》，重点督查"两头管理"和"两头跑"、违规收费、超时办件等情况。是年，受理各种投诉案件15件，办结15件。

2016年，受理各种投诉5件，办结5件。是年4月，县监察局副局长不再担任县行政投诉中心主任，行政投诉的受理交由县政务服务中心处理。

第九章　信访举报

纪检监察信访举报工作，是纪检监察机关通过接收群众来信、接待群众来访、接听举报电话等方式，受理对党员、党组织及监察对象的检举控告以及被处分人员的申诉，按照纪检监察机关的职能和规定的程序处理解决信访举报问题的工作，是纪检监察机关获得案件线索的重要来源，也是展现纪检监察机关形象的重要“窗口”。松桃（苗族自治）县纪检监察机关组建以来，认真履行信访举报工作职责，通过建立健全信访举报制度，规范信访举报工作程序，不断畅通群众信访举报渠道，在服务改革发展、稳定大局和党的中心工作，密切党和人民群众的血肉联系，推动全县党风廉政建设和反腐败斗争中发挥极其重要的作用。

第一节　信访举报制度建设

松桃纪检监察机关历来重视信访工作的制度化建设和规范化管理。通过建立健全信访举报工作制度，不断推进信访举报工作管理制度化和规范化，促进信访举报工作依规依纪依法开展。

1993年，县纪委印发《中共松桃苗族自治县纪律检查委员会1993年至1995年信访工作目标管理规划》，实施目标管理单位55个，其中乡镇纪委（监察室）28个，县直机关纪委、纪检组（监察室）27个。规划1993年达标的单位19个，占34.5%；1994年达标的单位21个，占38.2%；1995年达标的单位15个，占27.3%。达标的内容及要求，达标单位要保证信访反映的问题当年办结率达90%以上；是年信访立案的案件中，结案率达90%以上；按期结案率70%以上；优质结案率达80%以上。

1993—1996年，县纪委监察局先后制定《纪检信访“达标”工作考核办法》《关于进一步明确和重申纪检监察信访工作几个业务问题的通知》《纪检监察机关信访举报内部处理办法》《关于信访问题归口办理意见》《关于处理和解决集体上访和上访老户问题的制度》等制度。《关于处理和解决集体上访和上访老户问题的制度》规定：信访部门要建立健全集体上访登记簿，处理和解决结果登记簿，回访登记簿和领导接待等制度。

2001—2004年，县纪委监察局先后制定《中共松桃苗族自治县纪委松桃苗族自治县监察局机关处理信访举报件的管理办法》《信访工作回复制度》《信访工作首问责任制》《信访举报工作规范化服务细则》。

2005年，县纪委监察局建立《信访举报受理制度》《来信处理制度》《来访接待制度》《举报电话处理制度》《信访案件回访制度》5项制度，进一步规范信访举报受理、办理等重点环节的程序，有力推动信访举报制度化和规范化。

2006年，县纪委监察局建立健全《研究、接访、批阅群众来信来访制度》，纪委书记坚持每月1日、11日、21日在信访室接待或批阅群众来信来访或召开一次信访专题工作动态会，坚持每周听取一次信访工作汇报，解决存在的问题。4月，县纪委印发《纪检监察机关信访工作人员保密职责》。

2008年，县纪委监察局印发《县纪委监察局领导信访接待日制度》和《纪委常委包片负责制》两项制度，同时集中开展重信重访专项治理工作。

2012年，根据"三访"工作开展要求，建立《县纪委领导包案包片制度》。涉及相关单位、部门信访机制制度75项，涉及落实惠民利民《县林业局巩固退耕还林成果专项资金使用和管理办法》等制度4项，涉及贯穿落实科学发展观《县国土局违法案件会审制度》等20项。

2016年，根据《中国共产党纪律检查机关控告申诉工作条例》等有关文件规定，结合全县纪检监察信访举报工作实际，印发《松桃苗族自治县纪委监察局信访举报工作内部操作规范（试行）》，明确了纪检信访举报受理范围，问题线索的分流处置及办理规范，初步核实操作规范，信访案件结案呈批，信访案件卷宗装订规范。促使在办理信访案件时能有效按照操作规范处理，提高信访案件办结率。

2018年，为确保办件质量，印发《信访举报工作规范化服务细则》及《信访办理流程图》，进一步规范信访举报各流程和环节的办理工作。同时建立《信访件办理内部考核制度》，将各承办单位信访举报件办结情况实行按月通报，按月进行考评，层层传导压力，压实责任，不断提高信访举报件办理时效。

2019年，印发《松桃苗族自治县纪委县监委信访举报办理工作制度》，完善信访举报件的受理、处置、办理、报结、回访等闭环管理流程。是年7月，健全完善《信访件办结复查复审制度》，承办部门负责人和信访室按照"五个是否"工作标准对办结信访举报件进行复查复审，即对信访举报件办理程序是否合规、问题梳理是否全面、问题取证是否完整、事实核查是否清楚、处理建议是否恰当等方面进行审查和复审，以进一步提高信访举报件的办理质效，不断提升群众的满意度。

2020年3月，健全完善领导班子定期接访制度。建立健全委领导班子成员定期接待群众来访、带信下访2项制度，将每周星期二上午定为领导接访日，由班子成员到信访举报中心接访。3月底，建立领导带信下访制度。信访室梳理2019年以来扶贫与民生领域的举报件59件，分类交由班子成员进行带信下访，着力推动解决一批群众反映强烈的信访举报问题。是年5月20日，县纪委县监委为进一步规范纪检监察信访举报工作，印发《松桃苗族自治县纪委县监委信访举报办理工作制度》，对信访举报受理办理群众来信来访的基本原则、受理范围、信访办理的要求等进行规范。11月，健全完善信访举报保密制度。印发《纪检监察机关处理检举控告工作规则（试行）》，进一步加强和规范检举控告保密工作，做到不失密、不泄密，切实维护相关人员的合法权益。同时健全完善信访件办结复查复审制度，不断提高信访举报件的办理质效，提升群众满意度。2020年，信访室共复审办结信访举报件97件，退回补充核查5件。

第二节　信访举报平台建设

拓宽并畅通信访举报渠道，为群众诉求搭建多种平台，是信访举报工作的基础性工程。县纪检监察机关结合松桃实际，不断探索创新，构筑起"来信、来访、电话、网络"四位一体的全方位、多层次、高效快捷的信访举报渠道。

（一）畅通来信来访举报渠道

1993年，成立松桃苗族自治纪委举报中心，县委常委、县纪委书记李朝安任主任，县纪委副书记、县监察局局长龙沛云任副主任，成员有龙中文、郝丽华、龙求华。设举报电话：（县总机转）361。

1997年，县纪检监察机关坚持领导接访制度，设立"公款挥霍浪费和烤烟收购问题的专项举报"，修订《县纪委常委接待来访制度》，确定每月21日为县纪委、监察局领导接待群众来访日，由委局领导轮流到信访接待室接访，设置专项举报箱，并通过新闻媒体将具体事宜公之于众，既方便群众举报，又使领导干部能直接倾听到群众呼声,有利于上访问题的快速处理,效果好,群众满意。通过领导接访,全年化解息访12户信访老户的问题。

1998年,继续实行领导定期接待群众来访制度。是年,县纪委监察局领导阅批信访件37件,接访71人次。

1999年,县纪委监察局坚持委局领导接访制度。委局领导每周1人,每人半天;室主任(副主任)每周1人,每人1天。重点受理纪检监察机关受理范围内的问题,跟踪、督办和落实群众特别是信访老户的合理合法诉求;对长期无理缠访户提出依法处理建议;宣传解释党和政府的政策,做思想疏导和稳定情绪工作,引导群众依纪依法进行信访。

2000年,继续坚持领导接访日制度和信访室值班制度,保证来访群众随时有人接待。是年,县纪委、监察局领导阅批信件23件次,接待群众来访61人次。

2002年,县纪委印发《关于开展下访试点工作的意见》。从是年6月起在全县开展下访试点工作,要求纪委常委成员按照划分的片区具体组织工作队开展下访工作。下访工作队由纪检、监察、组织、人事、信访办、公安、检察、法院、审计、教育、农业、交通、国土、城建、财政等有关部门抽派人员组成,由纪检监察机关牵头协调。下访工作队主要解决党政机关、党员领导干部、公务员、国家机关任命的工作人员、基层党组织负责人中违反党纪政纪的问题和群众反映强烈而又久拖未决的信访举报。在坚持分级负责、归口办理的基础上,查处基层群众反映强烈、问题严重的部门、乡、村、企业违法违纪案件和由于执法执纪部门、个别领导干部办事不公、徇私枉法造成的冤假错案,督促指导难点、热点问题的解决,尤其是容易引起不稳定因素和干群矛盾突出的集体上访和越级上访等问题,把问题解决在萌芽状态,力争就地解决信访问题。

2005年,县纪委监察局坚持把畅通群众诉求渠道作为信访工作的重点,最大限度地聚集民意、倾听民声,为此,开展巡回接访工作,改被动接访为主动下访。主要做法是由一位分管领导和信访专职人员深入全县28个乡镇进行巡回接访。采取三种方式:一是在赶场天进行挂牌接访,当场协调、处理问题;二是通过召开群众和党员座谈会,了解群众反映的“热点”问题;三是个别走访群众,了解干部廉政勤政情况。巡回接访收到良好的效果,受理群众信访举报140件,同比上升97.68%。配合“大信访”开展集中接访活动,接待群众31人25件,受理的信访件均按要求在规定时限内办结并回复信访人。

2007年,根据省纪委和市信访办的统一部署,县纪委印发《关于做好集中接待群众来访活动的通知》,要求委局领导及各室副主任以上干部参与信访部门组织的集中接待群众来访活动。集中接待群众来访活动从3月5日起至12日结束。接待群众来访29批60余人次,属于业务范围内的18批26人,对群众的合理诉求,全部按程序予以交办或督办,并做好来访群众的息访工作。同时,深入县辖13个乡镇、159个村,开展“信访进百村、访千户”下访活动,及时掌握和解决群众较为关心的热点、难点问题45件。

2009年,实行主要领导信访件直送制度,开展委局领导定期接访活动,印发《纪委书记定期接访工作暂行办法》,对纪委书记接访工作进行规范。5月15日,县纪委印发《中共松桃苗族自治县纪委松桃苗族自治县监察局领导接访工作制度(试行)》,对接访领导和时间、地点,业务受理范围,工作纪律等都提出明确的要求。7月,松桃纪委监察局果断处置一起无理缠访事件:长兴三八村村民梁某某与其妹反映其危房改造补偿资金无法领取的问题,经调查其反映问题失实,信访干部对其提出的无理问题给予解释和答复,梁某某不但不听,反而在县纪委信访室大声辱骂接待人员,干扰正常办公,并对接待人员大打出手,同时抓、咬、踢伤前来劝解的其他3名干部,后局领导和工作人员在反复做工作无效的情况下,向公安部门报警,经公安部门调查,依法对无理缠访的梁氏姐妹分别作出行政拘留10日处罚。

2011年8月，县纪委印发《全县纪检监察系统集中开展领导干部“接访、走访、回访”活动方案》，进一步走入群众，畅通方便群众来访问反映。是年，共解决协调三访资金达400万余元，纪委书记接访43次，接访群众61人次。

2013年，县纪委印发《松桃苗族自治县纪委监察局“三访”工作制度化、常态化实施方案》，共接待“三访”件6件，办结6件，解决问题4件，化解“三访”重复访2件。

2017年，拓宽信访渠道，切实改善信访举报环境，联合县群众工作中心做好信访联席工作，并安排两名同志派驻县群众工作中心窗口接访。

2018年，为改善信访举报来访接待场所环境，县纪委书记胡定钦高度重视群众来访接待工作。经主要领导亲自协调，信访举报接待场所由原来办公场所与接待场所共用一间不到20平方米的办公室，搬至位于县行政中心主楼一楼左侧新装修的来访接待场所，命名为“松桃苗族自治县纪委县监委信访举报中心”，接待场所面积约50平方米，并在来访接待场所外设置专用来信信访举报箱。

（二）畅通来电举报渠道

县纪委县监察局合署办公后，为畅通信访举报渠道，搭建诉求平台，从1994年起，县纪委监察局在清理更换原有举报箱的基础上，在经费紧张的情况下，又安装举报电话。纪检监察信访举报总量比上一年度上升50.5%。

2008年6月26日，全国纪检监察机关“12388”统一举报电话正式开通，受理群众对党员及领导干部和国家公务员违反党纪政纪行为的检举控告，或对党风廉政建设和反腐败工作方面的意见建议。当年通过举报电话，受理大量群众举报，发现许多有价值的案件线索，从中筛选出一批高质量的信访信息。

2009年，开通农村低保信访举报“绿色通道”，为扩大对农村低保资金发放工作的监督面，加大监督力度，保证发放工作公正、公平、公开。县纪委监察局与县民政局召开联席会议，决定7月1日在全县28个乡镇和县纪委、县民政局开通农村低保资金监督举报专线，确保农村低保资金安全有效运行。

2013年，做好安装调试监督执纪问责信息管理系统信访举报子系统和“12388”电话举报平台，“12388”电话举报平台直接联通信访部门办公室专用电话0856—2832123，群众通过拨打“12388”举报电话，系统自动语音提示并转入0856—2832123，由信访部门工作人员接听，群众来电举报渠道得到全方位畅通，极大方便群众开展信访举报事项。

（三）畅通网络举报渠道

2010年，县纪委监察局在《松桃网》开设网络举报专栏。自专栏开设以来，接受群众信访举报200余件，为查处违纪违法案件、纠正不正之风开辟了案件线索新渠道。

2013年，在重视传统信访渠道的基础上，开通纪委书记信箱，在松桃网上设置“我要举报”专栏，公开民生监督举报电话，拓宽网络及来信来电举报方式。

2018年，建设县级纪委监委官方网站和微信公众号，在官网和公众号上醒目位置单独设置网络举报入口，信访举报内容自动接入信访举报子系统，信访室工作人员可在信访办理子系统中查阅网络举报件情况。

（四）基层信访组织建设

1988年，县纪委加强对信访工作领导，抓实组织建设，明确全县11个区（镇）、60个乡纪检信访干部，从组织、人员、制度和领导上加强和完善纪检信访工作。

2006年，县纪检监察机关坚持重心下移，将信访举报网络向农村延伸，建立县、乡（镇）、村三级信访网络，把一些热爱信访工作，有一定政策理论水平，遵纪守法，办事公正，在群众中享有一定威信的人员吸收到信访联络员队伍中来，全县共配备信访联络点28个，信访联络员617名，及时主动收集群众诉求，前移信访预警窗口，方便群众信访举报。同时，采取以会代训方式，开展2期167人次的纪检监察信访知识培训，在县辖区内建立一支由专兼职信访工作干部及信访信息员、民调员、党风监督员等组成的乡、镇、村、社三级信访队伍，基本形成层层有干部，问题有人管的良好局面。是年，松桃四项措施加强信访网络建设效果好，一是加强领导，周密部署；二是健全机构，狠抓落实；三是强化培训，提高素质；四是整合资源，解决问题。

2007年，在建立三级网络的基础上，进一步完善信访工作机制，要求各乡(镇)建立村信访接待室，积极创建文明信访接待室，在信访受理上坚持做到“三个及时”：及时拆阅和登记，重要信件及时整理送阅，按领导批示及时办理，不拖不压。在来访接待上坚持做到“三个热情”：对来访群众热情相迎，热情听取和细致记录来访群众反映的问题并做好耐心细致的解释工作，走时热情相送，并将这一要求纳入到年终绩效考核之中。是年，全县有22个乡(镇)367个村(社区)建立了信访接待室，成立信访调解小组，社设立信访信息调解员，明确专人负责接待群众来信来访，为群众信访举报提供便利。

2009年，在村建立信访接待室的基础上，为充分发挥基层信访室的职能作用，建立信访工作机制：①实行挂牌办公，明确专人负责接待群众来信来访；②乡级信访室一年办理信访案件不得少于两件；③将信访举报工作纳入到年终绩效考核中。

2012年，在县开通信访“直通车”、在乡镇建立纪检监察信访接待中心、在村(社区)建立纪检监察信访服务站，进一步畅通群众举报诉求渠道，拓宽信案来源，在全县形成以县纪委监察局为核心，基层纪委为主体，专兼职纪检委员为骨干的信访网络。

(五)检举举报平台建设

2019年10月，县纪委县监委完成纪检监察检举举报来访接待系统平台建设，采购高拍仪1台、扫描仪2台、电子身份读卡器1台，来访群众直接用身份证扫描登记，来访材料直接用扫描仪或高拍仪扫描上传至来访接待系统，改变以往来访手工登记效率低下的局面，全面提高信访举报来访接待、办信工作的科技化水平。是年11月，完成县辖27个乡镇信访举报平台基层版部署环境准备工作及安全等级保护建设，为检举举报平台基层版部署和应用提供良好前期环境。

2020年，完成机关内设10个部门检举举报处置子平台和27乡镇(街道)平台基层版的部署。12月，处置子平台和平台基层版已启用，其中处置子平台的应用走在全市前列。另外12月初，10个派驻纪检监察组平台派驻版已完成部署，通过检举举报平台部署应用，进一步提升全县纪检监察机关处理检举控告科技化水平。

第三节　信访举报受理

一、合署办公前纪检监察机关信访举报受理情况(1951年3月至1992年12月)

1951年，县委纪委成立。为促使纪律检查工作的开展，县委在是年4月任命周良生为县委纪委秘书，作为专职纪检干部，负责处理人民来信来访等工作。

1951—1953年，当时县委、县人民政府的工作重心是彻底铲除反动势力，恢复发展经济，巩固新生人民政权，以及进行社会主义改造等任务，县委纪委工作主要围绕检查监察党员干部的工作作风、思想蜕化变质等及与当时正在开展的整党整风相关联的问题来开展，在接待和处理人民来信来访方面相对较少，直到1954年才有所增加。据史料记载，在1954—1955年两年间，共受理人民群众来信10件次(以下简称为件)，人民群众来信来访反映的主要是党员干部作风粗暴、官僚主义、贪污腐化等方面以及检举反革命分子的信件。

1956年1月，中共松桃县监察委员会成立。是年，人民群众对于党的纪律监察工作有了初步的认识，提高了觉悟，勇于同坏人坏事做斗争的热情高涨，是年，受理人民群众举报“坏人坏事”来信来访18件，占全年受理案件数的11.3%；没有收到申诉件。

1957年，受理人民来信来访27件，占全年受理案件数的26.21%，其中控告属实和基本属实的12件、部分属实6件、诬告1件。从人民来信来访受理情况来看，与同期相比大大增加，主要原因监察机构成立以来工作开展逐步深入，在人民群众中有了一定的政治威信。

1958年，受理各类违纪案件297件(查询当年的工作总结中未对人民来信来访情况进行分类)。

1959年，受理人民来信来访39件，占全年受理案件数的20.8%，其中检举控告32件、申诉7件(属于党纪申诉6件，其他申诉1件)。是年，控诉、申诉出现两种值得注意的情况，一是抱着善意的态度检举揭发党员干部工作中的缺点和错误，这是绝大多数；二是打着控诉、申诉的招牌进行打击、诬告陷害干部。针对以上情况，县(委)监委认真贯彻执行中央监委指示：“认真负责、区别对待、分清敌我、辨明是非、保护好人、打击坏人”的原则进行处理。

1960年，共受理人民群众来信来访79件，比1959年上升1.5倍，其中控告73件(属实或者基本属实的72件、小部分属实1件)、申诉6件。是年，由于加强了党的纪律宣传教育，提高了党员、群众政治思想觉悟，都能大胆对违犯党纪的行为进行检举揭发。对于人民群众信访件，县委监委基本上做到了件件有登记、案案有着落有结果、来信有交代。

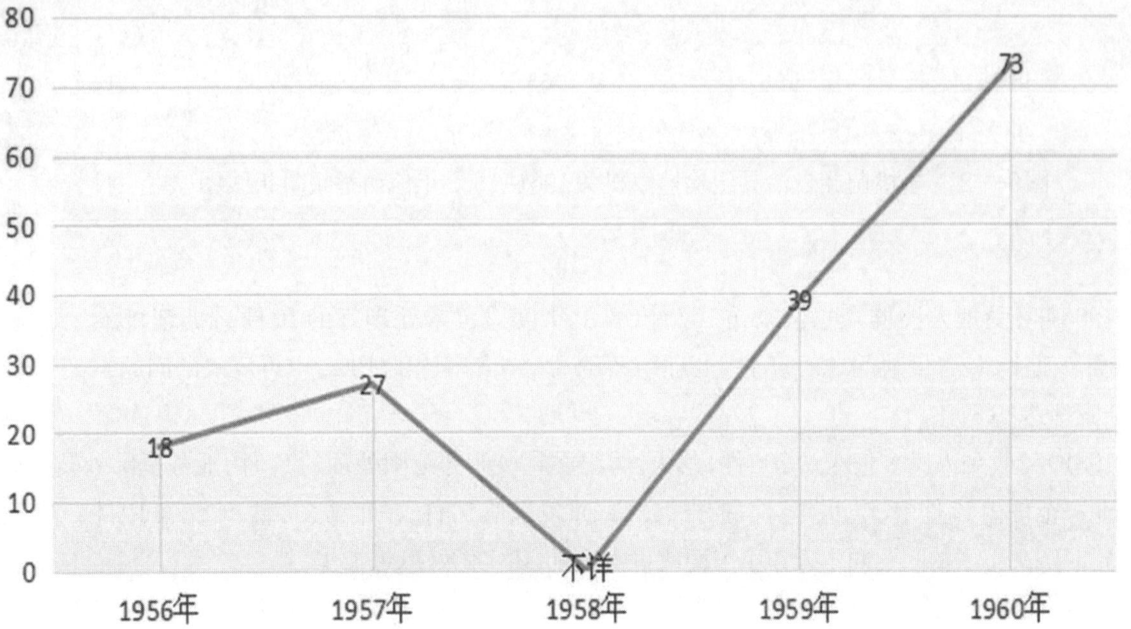

图9—1　松桃苗族自治县纪检监察机关1956—1960年信访举报量折线图(单位:件)

1961年,受理人民来信来访共170件,其中控告类136件,同比上升70%,已处理133件,受处分的党员105人(开除党籍53人、察看22人、撤职18人、严重警告6人、警告6人、免处28人);申诉类34件,已处理31件。从控诉的情况来看,绝大部分是抱着善意的态度,但也有个别人进行诬告。

1962年,受理人民来信来访共210件,其中控告类34件(反映党员干部贪污8件、重婚6件、工作作风6件、投机倒把3件、生产生活方面4件、其他7件),申诉类176件。通过来信来访,经对来信来访情况进行梳理分析,了解到了人民群众在生产、生活方面的关心、关注、诉求等方面的问题,为党委政府作出决策部署提供了重要参考依据。

1963年,受理人民来信来访132件。坚持群众路线,深入群众,充分发动群众是当年监察工作的一条经验。如邓堡公社党员干部雷某某贪污群众财产案,是在发动群众,群众控告后告破的。

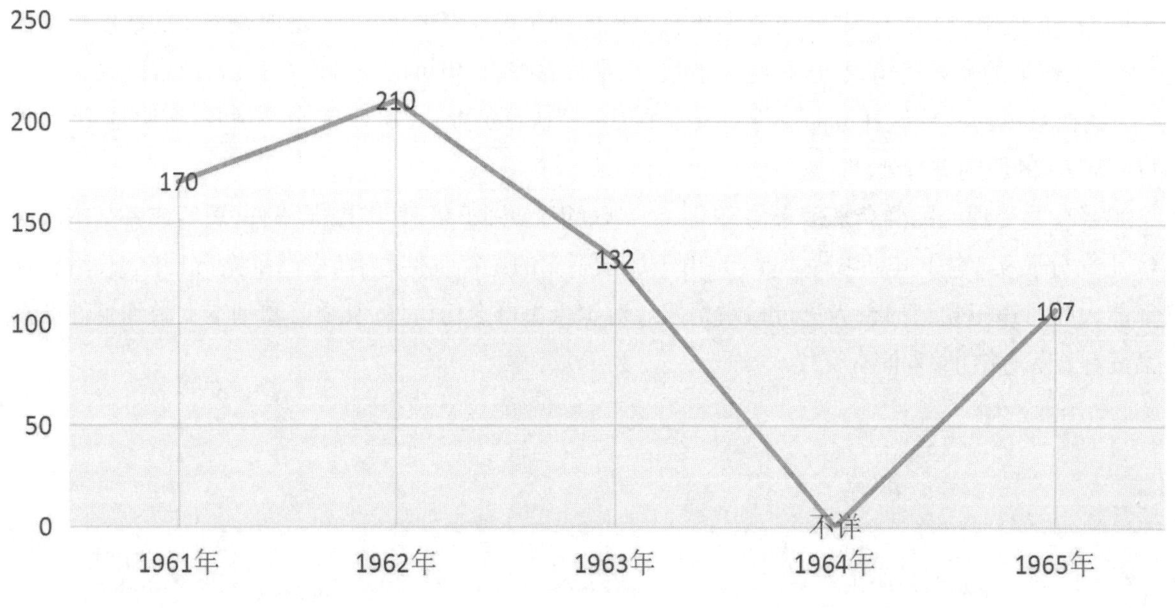

图9—2　松桃苗族自治县纪检监察机关1961-1965年信访举报量折线图(单位:件)

1965年,受理人民群众来信来访107件(含上年度遗留未处理好的10件);处理98件,结案率达91.59%。其中,控告反映问题的58件,处理结案54件,结案率达93.10%;申诉反映的问题49件,处理44件,结案率达89.80%。

1981年,收到人民来信来访200件,其中,属纪委直接业务范围处理的17件,业务范围外转办的183件。业务范围内17件中,申诉类5件、控告类2件、重复来信10件;是年结案5件,未结案12件。对不能解决或暂时解决不了的问题向本人作了书面或口头答复,切实做好思想工作。

1982年,收到人民来信来信访213件,其中,来信206件、来访7件;揭发各级干部违法乱纪的93件,私分救济款粮和立房占田及占房的9件,要求落实政策和居民户口的49件,揭发党员干部经济问题的10件,其他类45件。这些来信来访中,不属纪委业务范围转有关部门办理的191件,纪委主办的9件,结案7件。

1983年,收到人民群众来信来访220件。来信来访重点反映农村土地纠纷、党员违法乱纪、计划生育3个方面的问题。是年,老案复查共受理17件,复查开除党籍15人中恢复9人党籍,处分过重减轻的2人。

1984年，收到人民群众来信来访245件，上级纪委交办案6件，结案5件。县纪委领导很重视信访工作，对来信亲自过问、亲自审阅、亲自转办，做到件件有结果，案案有人管。

1985年，受理来信来访220件，其中来访8件、来信212件。来信反映212件中，县纪委直接查处26件，交有关部门和区乡党委查处186件。从来信反映的内容看，控告各级领导干部以权谋私和官僚主义76件，要求落实政策39件，申诉类25件，贪污行为5件，打击报复1件，其他类30件。是年，纪检系统信访工作具有综合性、职能性、多项性和复杂性等特点，按照实事求是，分级负责，归口处理和切实保护申诉人、控告人的民主权利，慎重对待政策性问题的原则，很好地发挥了信访工作的信息反馈作用、监督作用和保障作用。

1986年，收到和接待群众来信来访272件，反映党员问题150件（其中控告类99件、申诉28件、重信重访6件、其他17件）。信访立案6件，对反映非党群众问题的122件已转交相关单位和部门处理。是年，县纪委明确1名干部兼顾信访工作，承办具体事宜。建立信访登记制度，坚持来信来访和转办登记制度。反映领导干部的重大问题，纪委领导亲自到现场督办和查办，确保案件查处的时效和质量。

1987年，收到和接待群众来信来访177件，其中来访29件、来信148件（其中控告类46件、检举揭发30件、申诉50件、其他51件）。从来信反映情况来看，反映党员违纪59件、要求落实政策21件、民事纠纷30件、其他类67件。是年，在人员的配备上，纪委信访人员由专职代替了过去的兼职，建立信访登记簿制度。

1988年，收到和接待群众来信来访102件，其中来访8件、来信94件（其中控告类37件、申诉9件、其他56件）。从来信反映情况来看，反映干部违纪5件、以权谋私9件、大操大办酒席1件、打击报复7件、其他类37件。是年，县纪委加强对信访工作领导，分管领导亲自出面，采取走出去，请进来的办法，把群众反映的问题一件件抓落实。是年，县纪委只有信访干部1人，信访室未建立。

1989年，收到和接待群众来信来访108件，其中来信90件、来访18件。来信来访中，控告类45件、申诉5件、其他类58件，是年，信访立案9件。加强信访信息反映工作，共发信访简报4期，情况通报2期，撰写纪检信访论文1篇。同时，完成科改室工作，设立信访室，并配置干部。

1990年，受理群众来信来访113件，其中来信95件，来访18件。来信来访中，控告类43件、申诉4件、其他类66件。该年度信访立案13件。为做好群众来信来访相关工作，县纪委不断改进工作作风，深入基层认真办理信访工作，把信访工作转向基层，变上访为下访，共走访10多个单位，访问20多位同志，解决25个信访疑难问题。是年，信访室配备干部1人。

1991年，受理群众来信来访107件，其中来信74件，来访33件。来信来访中，控告类41件、申诉4件、其他类62件。该年度信访立案29件。当年恢复和新建立20个纪检组，因干部新调整、新上岗，举办信访业务知识培训1期，参加培训人员33人。

1992年，受理群众来信来访117件，其中来信90件，来访27件，信访立案17件。对检举失实，错告和诬告的案件，及时为被错告、诬告的党员干部正了名，支持和保护干部创业改革的主动性和积极性，进一步密切党群关系，如反映县糕点厂原厂长龙某某等3人承包手续不合法的问题，通过对会同监察，深入到农行、商业局等部门调查核实，反映的问题不存在，从而澄清了是非，为企业承包者受到的不实举报正名，维护了企业的利益。

二、合署办公后纪检监察机关信访举报受理情况（1993年4月至2018年1月）

1993年4月，县纪委与县监察局合署办公，实行“两块牌子、一套人员”体制。根据职能职责，县纪委和县监察局合署后内设信访室（监察局举报中心），负责办理群众来信来访和举报事项；受理涉及党风党纪和政风政纪问题的举报、控告、申诉,初核群众信访反映的重要问题;负责对县管干部的信访监督工作;受理非公有制经济组织和个人对党政机关及其工作人员的投诉;处置信访举报中的突发情况等信访工作。为切实抓好干部信访监督工作,成立县、乡(镇)纪检监察举报中心和在28个乡镇设置举报箱工作。县举报中心的主任由县纪委书记李朝安兼任,副主任由县监察局局长(县纪委副书记)兼任,信访室的3名干部为举报中心成员,并挂牌办公,办公室设在县监察局,同时设置了举报箱和举报电话。是年,受理群众来信来访100件,其中来信75件,来访25件。来信来访中,控告类47件、党纪申诉1件、政纪问题20件、司法类10件、其他类22件。

1994年,共受理群众来信来访93件,其中来信63件、来访30件,分别占总量67.74%、32.26%。按反映对象来看,反映副科(局)以上干部20件,副科(局)级以上单位6件,一般党员干部及纠纷和属于司法机关办理67件,信访立案36件,占总量的38.71%。是年3月,根据上级纪检监察机关部署,针对一些中小学校乱收费和擅自提高标准收费的现象开展监察专项举报,并印发《中共松桃苗族自治县纪委县监察局关于对群众举报全县各级中小学乱收费问题开展专项举报的通知》,发至全县28个乡镇和有关部门及540所各级各类中小学校。

1995年,共接待群众来信来访140件,与上年相比,上升50.5%,其中收到群众来信124件,接待群众来访16件。该年度信访立案49件,占总量的35%。

1996年,共接待群众来信来访171件,与上年相比,上升22.1%,其中收到群众来信167件,接待群众来访4件。是年,信访立案41件,占总量的23.98%。

1997年,共接待群众来信来访65件,与上年相比,下降62.0%,其中收到群众来信64件,接待群众来访1件。该年度信访立案11件,占总量的16.92%。是年,设立"公款挥霍浪费和烤烟收购问题的专项举报",修订《县纪委常委接待来访制度》,坚持"分级负责,归口办理"的原则及时处理来信来访,调业务骨干查办信访急件和要件。

1998年,充分发挥信访主渠道的作用,广开思路,主动出击,努力挖掘案件线索,以突破一批有影响的大要案件为重点,加大案件查办力度。全年共接待群众来信来访来电98件,与上年相比,上升33.7%,初查核实50件。是年,信访立案37件,占总量的37.76%。

2000年上半年,共收到群众来信来访来电67件,其中来信57件,来访8件,来电2件,与上年度同期比信访量上升45%。信访立案35件,占总量的52.3%。

2001年,共收到群众来信来访来电146件,其中来信140件、来访5件、来电1件;检举控告类145件、申诉类1件,涉及乡科级干部40件、一般干部64件、其他人员42件。是年,信访立案38件,占总量的26.0%。

2002年,共收到群众来信来访110件,初查核实33件,信访结案32件,采取发《信访通知书》等形式谈话23人,批评教育6人。

2003年,收到群众来信来访来电举报194件,其中来信171件、来访11件、电话举报12件,分别占总量88.1%、5.7%、6.2%,从反映对象来看,涉及县处级干部1件,乡科级干部45件、一般干部75件、其他人员71件。是年,对群众关心的热点问题实行专项举报。通过向全县发通告,公布举报电话,利用广播电视等媒体广泛宣传,共收到举报大操大办酒席的18件。

2004年,收到群众来信来访来电举报115件,初核立案68件(党纪立案40件、政纪立案28件),从涉及对象来看,乡科级干部7件、一般干部30件、其他人员31件。涉及违纪资金66.75万元,挽回经济损失48.24万元。

2005年,收到群众来信来访来电举报175件(重复25件),其中,来信146件、来访17件、电话举报12件;属检举控告类161件、申诉类10件、批评建议类1件,业务外3件。从反映对象来看,涉及乡科级干部58件、一般干部51件、其他人员52件。从反映的问题来看,反映侵犯党员权利、公民权利29件,占总量16.6%。是年,信访立案68件,占总量的38.9%。

在2004、2005年两年中,松桃信访举报发挥桥梁纽带作用。每月1日、11日、21日县纪委书记在信访室亲自接待群众来信来访,每月批阅群众来信来访不少于10件,切实解决群众反映的热点难点问题。加强信访网络建设,建立健全县、乡(镇)、村三级信访网络,全县配备617名信访联络员,做到村村有信访信息员,县乡有专职人员具体抓信访工作的网络格局。改进工作方法,信访干部主动变上访为下访,到基层了解群众真实意愿和想法,及时化解存在的矛盾,同时帮助群众解决生产、生活中存在的实际困难。通过以上工作措施落实,开创了全县信访举报工作的新思路和新方法,全县信访总量呈大幅下降趋势,有效减少重复访、越级访、集体访问题的发生。使长期以来困扰、损害群众切身利益的重点、热点、难点问题得到了及时处理,真正做到群众利益无小事,信访案件事事有结果,件件有回音。

2006年,共收到群众来信来访来电举报61件,其中来信40件、来访13件、电话举报8件;属检举控告类58件、申诉类3件。从反映对象来看,主要是涉及乡科级干部和一般干部。从反映的问题来看,反映经济问题类的量最大为13件,占总量21.31%。该年度信访立共案27件,占总量的44.26%。当年,县纪委印发《关于确保我县不发生群众集体到京、到省、到地非正常上访的工作意见》共七条:一是加强领导,树立为民的作风;二是积极为信访工作营造和谐环境;三是完善制度,严肃查处违纪案件;四是确定护民的取向,积极创建畅通和谐的接访环境;五是形成协调的合力;六是积极把信访工作纳入法治的轨道;七是严格信访工作目标考核制度。是年,松桃五项措施加强转办信访案件督办,一是将转办信访案件的查处情况列入委局年度目标考核;二是实行常委包案指导,明确专人负责跟踪联络;三是限期结案;四是及时催办和参与查办;五是对压案不办和久拖不决进行通报。

2007年,收到群众来信来访来电举报36件,其中来信24件、来访8件、电话举报4件;属检举控告类32件、业务范围外4件。从反映的问题来看,反映妨害社会管理秩序10件,占总量27.78%。是年,信访立案10件,占总量的27.78%。对群众关心的热点"中小学乱收费"和"投资软环境"问题成立专项治理领导小组,开通信访举报"绿色通道"专线电话,设立专项举报箱,先后收到相关举报5件。

2008年,共收到群众来信来访来电举报53件,属检举控告类52件、业务范围外1件。办结48件,信访立案9件,占总量的16.98%。是年,为了拓宽下岗职工再就业渠道,切实维护下岗职工的合法权益,促进社会和谐稳定,有效遏制对下岗职工再就业方面出现的违纪行为,县纪委监察局分别采用广播、电视向社会发出公告,接受广大群众对下岗职工再就业方面出现的违纪行为进行举报,并向社会公告举报电话,公示时为一个月,当年未接到有就业再就业有关方面来信来访来电举报。

2009年,收到群众来信来访来电举报60件,其中来信45件、来访12件、电话举报3件;属检举控告类59件、业务范围外1件。该年度信访立共案13件,占总量的21.67%。22个乡镇367个村(社区)建立信访接待室的基层组织网络,先后采取以会代训方式进行业务培训2期,培训184人次。是年,信访工作实行常委包片负责制,把全县28个乡(镇)划分为5个片区,除纪委书记负责全面工作外,其他常委每人负责一个片区,做到每月下访不得少于一次,全年下访不得少于一个月,形成人人抓信访的工作格局。

2010年,收到群众来信来访来电举报76件,其中来信54件、来访17件、电话举报5件;属检举控告类76件。是年,信访立案23件,占总量的30.26%。积极开展督查督办和推行打招呼制度,县纪委监察局把做好信访监督工作作为加强信访工作的突破口和着力点,针对群众反映的一些构不成重大违纪的苗头性、一般性和不正之风问题,坚持诫勉谈话或打招呼教育、切实有效地教育保护党员干部。

2011年,收到群众来信来访来电举报64件,其中来信41件、来访19件、电话举报4件;属检举控告类64件。信访立案28件,占总量的43.75%。根据省、市专项活动的安排,结合实际,拟定了方案,认真组织开展“四访四查”和“三访”专项活动(“四访四查”,即下访基层群众,查与民争利、损害群众利益等问题;走访厂矿企业,查吃拿卡要、违法行政等问题;暗访干部作风,查庸懒散乱、失职渎职等问题;巡访工程项目,查强征强占、粗暴拆迁等问题),并以文件的形式对专项活动的各项工作进行安排和布置,建立了“三访”(即接访、走访、回访)活动登记表和办结台账,实行日登记、周小结。

2012年,收到群众来信来访来电举报60件,其中来信35件、来访19件、电话举报6件;属检举控告类60件。是年,信访立案25件,占总量的41.67%。不断深化“三访”工作,推进领导干部再接访、再走访、再回访,实现工作常态化,对群众来访反映的问题,按照“属地管理、分级负责”,“谁主管,谁负责”的原则,切实做好“三访”活动工作。同时抓了非公有制经济组织和个人投诉举报接待、受理和服务,成立非公有经济发展侵权投诉牵头工作领导小组,配备非公有制信息员。

2013年,共收到群众来信来访电话举报89件,其中,来信71件,来访12件,电话举报6件。属于检举控告类77件,占信访总数的86.52%,署名举报51件。受理群众来信来访电话举报89件中,初查核实86件,线索不清存查1件,移交大兴高新区2件,办理率为96.62%。在受理的86件中,信访了结70件,转立案11件,未办结5件,办结率为94.18%。与此同时,县纪委针对“三农”问题及机关作风和效能建设问题,成立工作领导小组,制定“三访三查三问责”工作实施方案,对全县强农惠农政策、涉农资金、重大项目、重点工程、机关作风和效能建设进行监督检查。是年,共督查96次,通报单位205个,存在问题25个,发出整改通知61份,问责40人,诫勉谈话4人,约谈7人,给予党政纪处分11人。

2014年,共收到群众来信来访来电举报129件,其中来访53件,来信69件,网络举报5件,来电2件。属于检举控告类118件,占信访总数的91.47%,重件5件,初查核实124件,办理率为96.1%。在初核的124件中,信访了结102件,转立案7件,已办结15件。实行领导包案督办制,对所有排查出的信访问题,一律由分管领导包案督办,重点解决好群众反映强烈的强农惠农资金使用情况,村级村务、财务公开,乡镇干部工作作风,新农村建设征地拆迁的问题,真正使群众反映的问题件件有着落、事事有回音。

2015年,县纪委进一步规范信访案件查办流程,严格按照“依法、安全、文明”办案的总体要求,公平、公正、高效地开展信访案件的查办工作,同时实现结案前回访制度,切实提高群众满意度。全年共受理群众来信来访电话举报303件,其中,省委巡视组转办件17件,办结17件(信访了结11件,转立案1件)。市纪委转交办件172件(其中重要转交办件30件),已办结157件,未办结15件,其中转立案6件。本级受理114件,其中来信62件,来访36件,电话举报9件,其他方式7件。

2016年,共受理群众来信来访电话举报522件(含重复举报176件),其中本级受理213件,市纪委转交办309件,其中市领导批示的重要信访拟办47件。受理总量中,存查5件,作信访了结处理55件,已办结286件,未办结176件。是年,信访立案审查83件,占受理总量的15.9%。为规范信访案件操作流程,县纪委印发《松桃苗族自治县纪委监察局信访举报工作内部操作规范(试行)》,对纪检信访举报受理范围、问题线索的分流处置及办理、信访举报的初步核实、信访案件结案呈批、信访案件卷宗装订等操作流程进行了规范,有效提高信访案件办结率。

2017年,共受理群众来信来访电话举报422件(含重复举报154件),其中本级受理244件,市纪委转交办178件。本级受理量中来访135件、来信100件、来电9件,群众的直接来访仍为信访受理的主要渠道。从反映问题涉及对象来看,受理信访举报422件中,涉及乡镇(街道)村居干部266件、行政(事业)单位一般干部37件、乡科级干部47件、上挂部门干部2件；申诉、求助、建议类15件；其他55件。是年，信访转立案审查79件，占受理总量的18.7%。

三、监察体制改革后纪检监察机关信访举报受理情况

2018年，受理群众来信来访电话举报368件（含重复举报131件），其中本级受理170件，市纪委转交办198件。本级受理总量中，来访108件、来信51件、来电11件，群众的直接来访仍为信访受理的主要渠道。从反映的问题来看，反映涉嫌违反群众纪律行为最多为76件。

2019年，共受理信访举报322件，较上年度减少46件，下降12.50%，其中上级转办166件，与同期198件相比减少32件，下降16.16%；本级受理156件，与同期170件相比减少14件，下降8.24%。受理总量中，检举控告268件、申诉3件、业务范围外51件，分别占受理总量83.23%、0.93%、15.84%。本级受理量中，来访70件、来信29件、来电6件、网络举报43件、其他方式移送8件，分别占受理总量的44.87%、18.59%、3.85%、27.56%、5.13%，从占比情况来看，群众来访仍为信访举报受理的主要渠道。检举控告类268件，涉及村级干部131件、乡镇（街道）行政（企事业）单位一般干部32件、乡科级干部86件、科级部门单位19件，分别占比检举控告类的48.88%、11.94%、32.09%、7.09%。是年，办结检举控告170件，立案审查18件，立案审查率为10.59%。

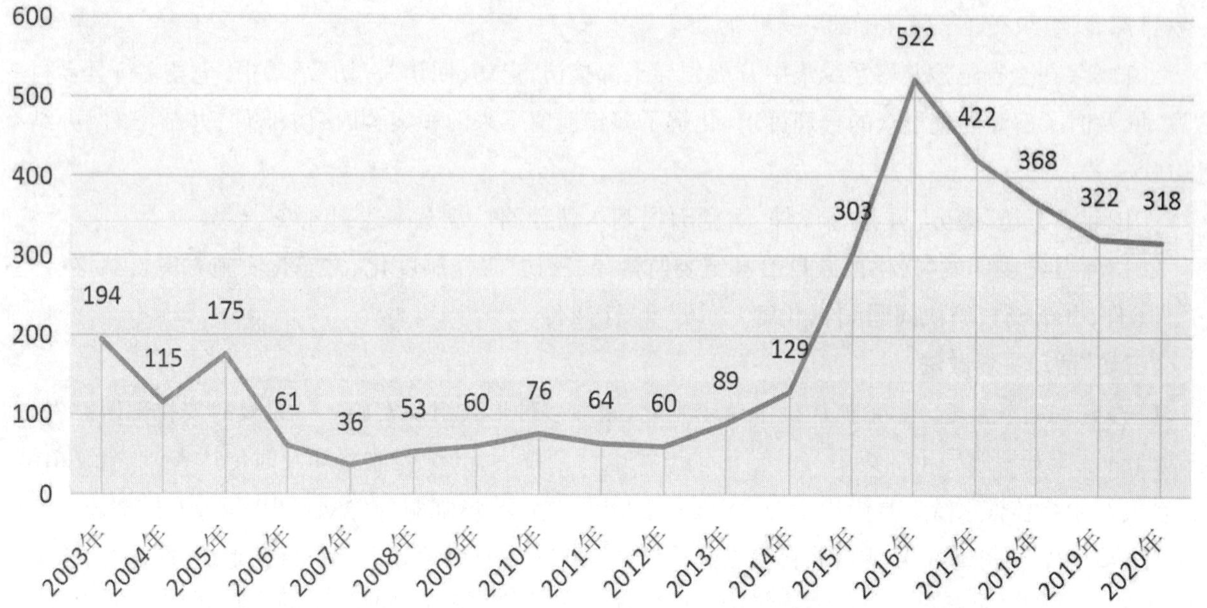

图9—3　松桃苗族自治县纪检监察机关2003-2020年信访举报量折线图（单位：件）

2020年，全县共受理信访举报318件，与同期322件相比减少4件，下降1.24%。其中上级转送164件，与同期166件相比减少2件，下降1.20%；本级受理154件，与同期156件相比减少2件，下降1.28%。全县信访举报件受理量呈“双降”特点，即本级受理和上级转送量双双分别下降。共受理信访举报318件，其中检举控告191件、业务范围外101件、申诉8件、无实质内容18件，分别占受理总量60.06%、31.76%、2.52%、5.66%。其中：上级转送164件（检举控告104件、业务范围外45件、申诉5件、无实质内容10件）；本级受理154件（检举控告87件、业务范围外56件、申诉3件、无实质内容8件）。受理检举控告191件，其中初次检举控告129件，重复举报62件。初次检举控告已办结87件，办结率67.44%。其中：上级转送初

次检举控告46件,已办结41件,办结率89.13%;本级受理初次检举控告83件,已办结46件,办结率55.42%。全年,收到市纪委主要领导及秘书长签批共6件,已办结6件,2件正在市纪委审核中,办结率100%。从信、访、网、电等举报渠道来看,本级受理154件中,来访32件、来信29件、来电7件、网络举报83件、其他方式移送3件,分别占受理总量的20.78%、18.83%、4.55%、53.90%、1.95%。从占比情况来看,网络举报成为受理信访举报的主要渠道。从检举控告涉及对象的职级看,本级共受理191件检举控告中,反映涉及乡科级干部或科级部门单位99件、乡镇(街道)行政(企事业)单位一般干部27件、村(社区)党员干部65件,分别占检举控告类总量的51.83%、14.14%、34.03%。其中:上级转送检举控告104件[反映乡科级干部或科级部门单位64件、乡镇(街道)行政(企事业)单位一般干部5件、村(社区)党员干部35件];本级受理检举控告87件[反映乡科级干部或科级部门单位35件、乡镇(街道)行政(企事业)单位一般干部22件、村(社区)党员干部30件]。从总体上来看,反映乡科级干部或科级部门单位检举控告量占比最大。

第四节 “三访”活动

2011年8月,全县纪检监察机关为畅通和扩宽群众利益诉求表达渠道,着力解决群众反映的突出问题,维护群众合法权益,构建和谐社会,根据省纪委监察厅《关于在全省纪检监察系统集中开展领导干部“接访、走访、回访”(以下简称“三访”)活动的意见》及地区纪检监察系统开展“三访”活动的总体要求和统一安排部署,组织开展了领导干部“三访”活动。

2011年,在全省纪检监察系统集中开展领导干部接访、走访、回访“三访”活动中,全县实行县乡村三级联动,及时了解和处理群众的合理诉求,化解了多年遗留下来的积案,共接访85件,办结85件,办结率达100%。

2012年,“三访”接访7件,办结7件,满意5件,基本满意2件,满意率达71.43%。

2013年县纪委印发《松桃苗族自治县纪委监察局“三访”工作制度化、常态化实施方案》,共接待“三访”件6件,办结6件,解决问题4件,化解“三访”重复访2件。

“三访”活动主要做法

(一)突出一个主题。紧紧抓住民生这个主题,采取多种形式组织实施。一是及时安排部署。省、地纪检监察系统开展领导干部集中“三访”活动电视电话会议后,县纪委监察局及时传达省、地会议精神,县、乡两级纪检监察系统认真组织学习,深刻领会精髓,进一步增强服务群众意识,积极安排部署。2011年8月4日印发《关于成立松桃苗族自治县纪检监察系统集中开展领导干部“接访、走访、回访”活动工作领导小组的通知》《全县纪检监察系统集中开展领导干部“接访、走访、回访”活动方案》成立以县委常委、纪委书记张萍为组长的领导小组,设立办公室,落实专人办公,开展为期3个月的“三访”活动,并把“三访”活动作为一项政治任务抓紧抓好。二是加强舆论宣传。在松桃电视台、《松江之声》、松桃政府网、松桃信息网等媒体公告“三访”活动的接访信息。在媒体开设专栏,制作墙报、编发简报,多种形式宣传“三访”活动意义、工作成效和先进经验,使广大干部、基层群众对“三访”活动入脑、入心,引导各乡镇创造性地开展工作,营造良好的舆论宣传氛围。三是实施效能监察。为切实掌握和摸清各乡镇“三访”活动情况,把准“脉搏”,2011年8月22日,印发《关于对“三访”活动开展情况实施专项督查的通知》,成立4个督查组,深入28个乡镇采取实地走访、查阅资料、现场指导等方式,对“三访”活动的开展情况实施效能专项督查,及时了解和处理基层群众合理诉求。对督查中发现的问题进行现场指导,并要求不断畅通群众利益诉求渠道,服务群众,服务基层。四是热情接访群众。为了给群众服务好、办好事,县乡安排专门地方作为接访室,接访设施齐全,专人接访、记录、分类,实行“台账”管理,对接访情况进行日登记、周小结、阶段总结。

(二)取得“四个成效”。一是接访效果突出。县乡两级联动,党政主要领导带头,统一时间接访,涉及民生、执法等职能部门主要领导、派驻纪检监察组长协访,按照“属地管理,分级负责”与“谁主管,谁负责”原则,实行县纪委领导包案,并向相关责任部门发放《督办通知书》,限期办结,跟踪督查,切实为民排忧解难。经统计,自从接访以来,县乡两级共接访85件,112人次,办结85件,办结率100%。二是宣传效果明显。接访以来,县乡通过电视、网站、报纸、简报、墙报等形式,加强对“三访”活动的大力宣传,提高知晓率。乡镇还把公告发布到村、社区及村民组,做到家喻户晓,人人皆知。共编发简报23期、制作墙报5期,新华网、铜仁行署网、《贵州日报》《当代贵州》《铜仁日报》、松桃信息网等媒体共刊发文章100余篇。三是措施亮点纷呈。在“三访”活动中,各单位高度重视,切实关注民生,积极创新工作思路,活动亮点纷呈:县纪委把“三访”活动与“四查四访”“四帮四促”及抗旱救灾相结合;大兴镇实施“早、中、晚”三班接访制,避免中途无人接访的问题;太平营乡实行“挂牌”接访制,公开专人接访,与群众零距离交流;孟溪镇开展以“体民情、解民忧、促和谐”为主题的“大接访”活动,党政“一把手”带头接访,严格按照“一个问题,一套方案、一名领导、一本台账”的要求做好“三访”工作;沙坝河乡建立“民情档案”,发放“便民联系卡”帮助群众排忧解难。四是“三访”并举显成效。在“三访”活动中,按照“接访、走访、回访”并举的工作模式,分类走访,做到边接访、边走访、边回访,变“上访”为“下访”,坚持走访、回访深入一线,倾听群众意见,认真解决群众合理诉求,把群众的怨言、矛盾化解于基层,努力让群众满意,维护群众合法利益。

全县纪检监察机关在开展“三访”活动过程中,共协调、解决“三访”活动资金400万余元,其中路桥维修资金165万元,人畜饮水抗旱资金30万元,贫困救助20万元,伤残、农田损害、房屋拆迁、征地补偿资金200万元。

第十章　审查调查

审查调查是纪检监察机关的基本工作。就纪律审查来说,它是纪律检查机关,依据《中国共产党章程》《中国共产党廉洁自律条例》《中国共产党党内监督条例》《中国共产党问责条例》《中国共产党纪律处分条例》等,对经过初步核实,确认已构成违纪的党组织、党员进行立案审查的一种措施。而监察调查,则是监察委员会依据《中华人民共和国监察法》和其他有关国家法律法规,依法对经过初步核实,有证据证明监察对象已涉嫌职务违法或犯罪的所进行调查的一种措施。松桃(苗族自治)县纪检监察机关成立以来,始终把审查调查工作作为惩治腐败的重要手段,严肃查处了各类违纪违法案件,彰显纪检监察工作的严格规范、严肃认真和为民执纪执法的精神,为涵养松桃风清气正的政治生态奠定坚实的基础。

第一节　反腐败协调领导小组及工作制度

党的十六大后,县纪委在上级纪委和县委的领导下,按照党章赋予"协助党的委员会加强党风建设和组织协调反腐败工作"的神圣职责,在开展反腐败斗争的工作中发挥了积极的组织协调作用。

一、组织协调工作制度

反对和防止腐败,是全党一项重大的政治任务。1997年9月,中共十五大确定"党委统一领导、党政齐抓共管、纪委组织协调、部门各负其责、依靠群众的支持和参与"的反腐败领导体制和工作机制,明确纪委在反腐败工作中的组织协调责任。

2002年11月,中共十六大召开,面对新形势、新任务,对《中国共产党章程》进行了修改。把"协助党的委员会加强党风建设和组织协调反腐败工作"作为各级纪委的一项主要任务写入《中国共产党章程》。这是我们党在反腐败问题上与时俱进、积极推进体制机制、制度创新的具体体现。

为了切实保障纪委履行协助党委组织协调反腐败工作的职责,充分发挥有关部门在反腐败工作中的职能作用,形成反腐败合力,促进反腐败工作深入开展,2005年7月11日,中共中央纪委常委会讨论通过《关于纪委协助党委组织协调反腐败工作的规定(试行)》(以下简称"组织协调"),并决定于2005年7月26日起施行。对纪委协助党委组织协调反腐败工作内涵、原则、范围、主要任务、程序和保障措施等内容作出了明确规定,为纪委履行协助党委组织协调反腐败工作进行规范,提供了制度保障。

(一)工作的内涵

纪委协助党委组织协调反腐败工作的内涵,是纪委顺利开展协助党委组织协调反腐败工作的核心和关键,准确把握组织协调的内涵,可以明确工作方向,解决模糊认识。组织协调第二条规定"纪委协助党委组织协调反腐败工作,是指纪委在同级党委的领导下,按照同级党委和上级纪委的总体部署和要求,协助同级党委研究、部署、协调、督促检查反腐败各项工作。”纪委协助党委组织协调反腐败工作的内涵主要出于以下三个方面的考虑，一是立足于纪委是在同级党委的领导下，协助同级党委组织协调反腐败工作的专门机关。反腐败工作必须在党委的统一领导下进行。纪委作为党委的参谋和助手，按照《中国共产党章程》中的规定协助党委组织协调反腐败工作，始终要牢记必须在党委的领导下开展工作，没有党委坚强有力的领导，纪委难以进行富有成效的组织协调。纪委应主动取得党委的支持，紧紧依靠党委开展组织协调工作。属于纪委职责范围内的工作，要敢于负责，唱好主角。属于党委负责的事情，要当好参谋和助手，真正做到“到位”而不“越位”。二是要体现纪委组织协调反腐败工作是按照同级党委和上级纪委的总体部署和要求来进行。三是按照组织协调的一般规律，纪委协助党委组织协调反腐败工作具体地明确为四项任务:一是协助同级党委研究反腐败各项工作；二是协助同级党委部署反腐败各项工作；三是协助同级党委协调反腐败各项工作；四是协助同级党委督促检查反腐败各项工作。

（二）工作的原则

纪委协助党委组织协调反腐败工作应遵循的原则，是纪委完成这项工作的基本指导和内在本质要求。组织协调第三条明确规定纪委协助党委组织协调反腐败工作应遵循的原则:一是要坚持党要管党、从严治党的原则。一定要从党和国家生死存亡的高度，坚持党要管党、从严治党的方针，把党风廉政建设和反腐败斗争进行到底。二是要坚持标本兼治、综合治理、惩防并举、注重预防的原则。坚持标本兼治、综合治理、惩防并举、注重预防，是党中央在新形势下提出的反腐倡廉的战略性方针，反映了党在长期执政、改革开放和发展社会主义市场经济条件下，对执政规律和反腐倡廉工作规律认识得的深化，并贯彻到协助党委组织协调反腐败工作中去。三是要坚持依照党内法规和国家法律，各司其职的原则。党内法规和国家法律对反腐败各职能部门的职责和权限都作了明确规定。纪委在协助党委组织协调反腐败工作中，既要理直气壮地行使组织协调的职责，将反腐败各职能部门有效地组织协调起来，又要充分尊重党内法规和国家法律赋予有关部门的职能，充分发挥有关部门的作用。同时，反腐败各职能部门要按照自己的法定职责各司其职，自觉接受纪委的组织协调，对自己职责范围内的工作不能推诿不管。只有这样，纪委才能更好、更顺利地履行协助党委组织协调反腐败工作的职责。

（三）工作的范围

纪委协助党委组织协调反腐败工作的范围:贯彻落实《建立健全教育、制度、监督并重的惩治和预防腐败体系实施纲要》，围绕领导干部廉洁从政，纠正损害群众利益的不正之风，查办违纪违法案件，从源头上预防和治理腐败等开展工作。

（四）主要任务

1.根据同级党委的要求和实际情况，研究反腐败工作的重要问题，及时向同级党委提出意见和建议，为同级党委决策提供依据。

2.根据同级党委和上级纪委关于反腐败工作的总体部署和要求，按照有关部门的职责进行任务分解，明确责任，提出要求，组织落实。具体的任务，一是按照有关部门的职责进行任务分解，明确工作任务、工作范围和责任；二是对分解到有关部门的任务提出明确要求，按照权责分明的原则，做到落实责任，落实措施，落实要求和效果。

3.加强与各方面的联系和沟通，协调有关部门的关系，解决工作中的矛盾和问题。具体地，①纪委要广泛听取各方面的意见和建议，与有关部门充分协商，集思广益；要建立健全信息综合反馈机制，及时沟通信息，对各部门工作进展情况做到心中有数，与各部门建立起良好的合作关系。②根据组织协调事项的每项任务可能涉及 各有关部门的职责和权限，纪委要协调处理好各有关部门之间的关系；要坚持各司其职、各负其责,各部门要严格依法履行职责,要防止不同部门之间推诿扯皮和重复劳动,以发挥各部门的优势,提高效率,形成合力。③纪委要协调解决各有关部门工作中存在的矛盾和问题,对部门之间有时由于所处角度不同而产生意见分歧的,纪委要及时出面协调,帮助理顺关系,解决分歧,督促各部门之间相互配合,提高工作效率。④对有关部门承担的反腐败任务落实情况进行督促检查。

(五)工作的程序

纪委协助党委组织协调反腐败工作的程序,是纪委协助党委组织协调反腐败工作所应遵循的步骤和方式,是纪委协助党委组织协调反腐败工作的保障。组织协调规定主要从以下几个方面对纪委协助党委组织协调反腐败工作的程序作了规定:一是规定了纪委协助党委组织协调反腐败工作应当遵循的步骤;二是明确了纪委组织协调事项的确定方式;三是明确了纪委组织协调事项的实施方式;四是规定了纪委对有关部门承担的反腐败任务落实情况进行督促检查的方式;五是规定了工作中存在的矛盾和问题的解决方式。各级纪委要严格遵循规定程序做好协助党委组织协调反腐败工作。

(六)保障措施

纪委协助党委组织协调反腐败工作是一项复杂的系统工程,需要各方面的大力协作与配合,支持与保障。为保障纪委协助党委组织协调反腐败工作的顺利进行,组织协调规定从以下6个方面提出了具体的保障措施:

1.明确党委在纪委协助党委组织协调反腐败工作中的责任:“党委应当加强对纪委组织协调工作的领导,明确任务和要求,支持纪委履行组织协调职责。”

2.明确纪委在纪委协助党委组织协调反腐败工作中的责任:“纪委应当依照党内法规和国家法律开展组织协调工作,正确处理与有关部门在反腐败工作中的关系,支持、配合有关部门的工作,保证反腐败各项任务的落实。”

3.明确有关部门在纪委协助党委组织协调反腐败工作中的责任:“有关部门应当支持、配合纪委履行组织协调职责,对经纪委组织协调确定的任务和要求,应当依照法定职责和程序各司其职,各负其责,加强协作配合,并接受纪委的督促检查。”

4.明确有关部门党政领导班子和领导干部在纪委协助党委组织协调反腐败工作中的责任:“有关部门党政领导班子和领导干部应当按照《关于实行党风廉政建设责任制的规定》,对本部门承担的反腐败任务切实负起领导责任,并组织实施。”

5.明确巡视工作机构在纪委协助党委组织协调反腐败工作中的责任:“巡视工作机构应当把纪委组织协调事项落实情况作为巡视工作的一项重要内容,加强监督。”

6.规定惩戒性保障措施。惩戒性保障,是对违反组织协调规定的相关部门和人员通过组织处理、纪律处分、刑事处罚等手段进行惩戒。组织协调规定第十九条规定:“违反本规定不履行或者不正确履行职责的,由党委或者纪委对责任人给予批评教育或者予以组织处理,并责令限期改正;情节严重或者造成严重后果的,依纪依法追究纪律责任;涉嫌犯罪的,移送司法机关依法处理。”

二、组织协调领导机构成立与调整

为贯彻落实党风廉政建设和反腐败工作,2003年4月18日,县委常委会研究,决定成立由县委书记帅朝纲任组长,县委常委、县纪委书记徐仕江任副组长,县委常委、县政法委书记常建军,县人民法院院长李成海,县检察院检察长徐福亮,县公安局局长刘保庭,县纪委副书记、监察局局长龙中文为成员的松桃苗族自治县反腐败协调领导小组。

2007年12月12日,县委对松桃苗族自治县反腐败协调小组人员进行调整充实,成立由县委副书记、县人民政府县长龙海任组长,县委常委、县委政法委书记龙秀刚,县委常委、县纪委书记张萍任副组长,县人民政府副县长、县公安局局长龙海成,县人民法院院长李成海,县人民检察院检察长杨彬,县纪委副书记、县监察局局长龙治和,县审计局局长石服芝,县物价局局长张世勇,县人民政府办公室副主任、信访局局长杨洪轩为成员县反腐败协调小组;县反腐败协调小组下设办公室在县纪委,张萍兼任办公室主任。

2008年10月6日,县委决定对县反腐败协调小组人员进行调整,县委常委、县纪委书记张萍任县委反腐败协调小组组长,明确县反腐败协调小组的职责是负责反腐败斗争中查办重大违纪违法案件的组织领导机构,协调执纪执法部门工作。

2012年8月9日,县委对县反腐败协调工作领导小组进行调整,市纪委常委、县委常委、县纪委书记邹龙兴任组长,县委常委、县委政法委书记、县公安局局长石俊民,县人民法院党组书记、院长田咏,县人民检察院党组书记、检察长杨彬任副组长,县纪委副书记、县监察局局长龙治和,县纪委副书记周胜华,县委组织部副部长姚思,县委组织部副部长、县人力资源和社会保障局党组副书记、局长石秋高,县委政法委副书记、综治办主任杨正周,县审计局党组副书记、局长石服芝,县公安局副局长龙靖,县纪委常委、党风室主任刘卫东,县纪委常委、纪检监察室主任麻程为成员的县反腐败协调工作领导小组;领导小组下设办公室在县纪委党风室,周胜华兼任办公室主任。

2013年5月6日,县委对反腐败协调工作领导小组进行充实调整,调整充实后的领导小组由县委常委、县纪委书记邹龙兴任组长,县委常委、县委政法委书记、县公安局局长石俊民,县人民法院副院长、代理院长刘国辉,县人民检察院副检察长、代理检察长李强任副组长,县纪委副书记周胜华,县委组织部副部长、县人力资源和社会保障局党组副书记、局长龙治和,县委组织部副部长龙长桥,县委政法委副书记、县综治办主任杨正周,县纪委派出第二纪工委书记、县纪委纪检监察室主任麻程,县审计局党组副书记、局长石服芝,县公安局副局长谢光学,县纪委常委、党风室主任刘卫东为成员的县反腐败协调工作领导小组;协调工作领导小组下设办公室在县纪委党风室,周胜华兼任办公室主任。是年12月3日,为贯彻落实中共中央《建立健全惩治和预防腐败体系2013—2017年工作规划》和省委、市委的实施意见,进一步推进惩治和预防腐败体系建设,县委决定成立由市政协副主席、县委书记冉晓东任组长,县委副书记、县人民政府县长吴洋富任常务副组长,县委常委、县人民政府常务副县长何支刚,县委常委、县纪委书记邹龙兴,县委常委、县委组织部部长汪勇,县委常委、县委宣传部部长杨红军,县委常委、县委政法委书记、县公安局局长石俊民,县委办主任、县经济开发区管委会副主任吴家永任副组长,县人大办主任郭礼发,县人民政府办常务副主任姚思,县政协秘书长刘志荣,县纪委副书记周胜华,县委组织部副部长、县人力资源和社会保障局党组副书记、局长龙治和,县委组织部副部长龙长桥,县委宣传部副部长、县文明办主任李峰为成员的贯彻落实《建立健全惩治和预防腐败体系2013—2017年工作规划》领导小组。领导小组下设办公室在县纪委,邹龙兴兼任办公室主任,周胜华兼任办公室副主任。

2015年5月,为了贯彻落实中共十八大精神,加强纪检监察机关同公检法等部门在查办案件工作中的协同配合,做到优势互补,形成合力,查处大案要案。根据中央纪委《关于纪委协助党委组织协调反腐败工作的规定》,决定成立在县委领导下的由县纪委牵头的松桃苗族自治县反腐败协调领导小组,由县委常委、县纪委书记吴廷友任组长。反腐败协调领导小组下设办公室在县纪委,办公室主任由纪委副书记兼任。办公室负责反腐败案件协调组的日常工作,承办协调组会议,督促落实会议决定事项。

2015年9月25日,县委将松桃苗族自治县反腐败协调领导小组更名为中共松桃苗族自治县委反腐败协调小组。并对中共松桃苗族自治县委反腐败协调小组人员进行调整,成立由县委常委、纪委书记吴廷友任组长，县委常委、县委政法委书记、县公安局局长龙震辉，县人民法院院长刘国辉，县人民检察院检察长李强任副组长，县纪委副书记周胜华，县纪委常委、县监察局副局长、县行政投诉中心主任龙金国，县委组织部副部长、县人社局党组书记、局长龙治和，县委组织部副部长、县委非公有制企业和社会组织工作委员会书记龙长桥，县委政法委副书记、县综治办主任杨正周，县审计局党组书记、局长刘洪，县公安局副局长谢光学，县纪委案件监督管理室主任易小峰为成员的县委反腐败协调小组。县委反腐败协调小组下设办公室在县纪委，龙金国兼任办公室主任。

2018年6月15日，县委对反腐败协调工作领导小组成员进行充实调整，成立由县委常委、县纪委书记、县监委主任胡定钦任组长，县委常委、县委政法委书记、县公安局局长、长兴堡镇党委书记石磊，县人民法院院长姚兰军，县人民检察院检察长李世昌任副组长，县纪委副书记、县监委副主任周胜华，县委组织部常务副部长高祖顺，县委组织部副部长、县人社局党组书记、局长龙治和，县委政法委副书记、县维稳办主任龙秀忠，县审计局党组书记、局长刘洪，县财政局党组书记、局长陈明云，县市场监督管理局党组书记、局长曾凡银，县国税局党组书记、局长曾宪平，县地税局党组书记、局长冉勇，县公安局副局长邱美芳，县人民法院刑事审判庭庭长陈刚，县人民检察院公诉科科长戴飞为成员的县委反腐败协调工作领导小组，领导小组下设办公室在县纪委县监委案件监督管理室，周胜华任办公室主任，抽相关人员负责日常办公。

2019年4月6日，根据工作需要，县委、县人民政府印发《中共松桃苗族自治县委松桃苗族自治县人民政府关于调整部分议事协调机构领导成员的通知》，对中共松桃苗族自治县委反腐败协调小组人员进行调整，县委常委、县纪委书记、县监委主任胡定钦任县委反腐败协调小组组长，县委常委、县委政法委书记、县公安局局长石磊，县人民法院院长姚兰军，县人民检察院检察长李世昌任副组长的县委反腐败协调小组。7月11日，根据松委〔2019〕19号通知，对中共松桃苗族自治县委反腐败协调小组人员进行调整充实，县委常委、县纪委书记、县监委主任胡定钦任县委反腐败协调小组组长，下设办公室在县纪委县监委案件监督管理室，刘建英兼任办公室主任。

三、反腐败组织协调工作主要做法

从2003年起，县纪委按照《中国共产党章程》和中共中央纪委《关于纪委协助党委组织协调反腐败工作的规定(试行)》要求，在上级纪委和县委的领导下，健全组织协调领导机制，建立完善联席会议、检查督办、协同办案等工作机制，加强对反腐败工作的组织协调，促进了党风廉政建设和反腐败斗争的深入开展。

1.抓好工作部署，明确组织协调任务。抓好党风廉政建设和反腐败工作的任务部署是完成组织协调工作的前提。纪委组织协调反腐败工作，要协助党委提出反腐倡廉工作目标任务。积极探索新形势下党风廉政建设和反腐败斗争的特点与规律，正确分析形势，针对全局性、倾向性问题，及时向党委提出对策和建议，协助党委、政府制定本地党风廉政建设和反腐败工作的方针、政策;把中央关于反腐败的要求同各地各部门实际结合起来，每年根据上级有关反腐倡廉工作指示、任务、要求，向党委提出贯彻落实的具体意见和工作措施，找准解决问题的切入点和工作着力点，明确需要组织协调的具体工作任务。要协助党委做好任务分解。根据各部门的职能，围绕教育、制度、监督、惩治、改革、纠风等环节，按照“谁主管谁负责”的原则，通过制定工作任务分解意见，及时把党风廉政建设和反腐败工作任务分解到各个牵头部门和参与部门，并提出具体要求。同时，理出其中的重点工作任务，根据工作实际建立反腐败专项工作协调机构，明确具体工作的主办和协办部门，进行重点组织协调。要协助党委理顺各方面的关系。需要组织协调的反腐败工作任务大都涉及多个部门，纪委要协助党委安排好各部门、各单位在反腐倡廉工作中的职责和任务，协调工作中遇到的矛盾和问题，督促各职能部门制定抓落实工作方案，明确各个阶段的工作目标、工作责任人、完成时限和各阶段的工作任务，达到责任落实、措施落实、任务落实。

2.完善工作机制，规范组织协调行为。完善的工作机制是做好组织协调工作的保障。要重点从工作程序、运作方式、保障措施等方面完善工作机制。要规范组织协调程序。制定纪委组织协调反腐败工作的实施办法，明确组织协调的职责、内容、权限、方式、运作和要求。建立宣传教育、执法监察、廉政勤政、纠风、源头治理等工作联席会议制度，通过定期召集有关部门主要负责同志参加的联席会议，协调解决工作中遇到的困难和问题，保证各部门之间密切配合，通力合作。建立健全专项工作组织协调机制，明确各专项工作牵头部门、各配合部门的职责和权限，工作方式方法等，真正发挥组织协调作用，形成推进反腐败工作的强大合力。建立健全信息通报和反馈机制。加强与执纪、执法、审计等部门的联系和沟通，互通信息，及时反映党风廉政建设方面的问题，研究解决对策；各单位协调的重要事项落实情况要及时向纪委反馈，纪委要加强情况综合，坚持定期向党委、政府报告，通过一定方式向人大、政协和离退休老干部通报党风廉政建设和反腐败工作进展情况，征求对反腐倡廉的意见和建议。要建立健全责任追究机制。对组织协调反腐败工作作出纪律要求，明确责任追究的主体、事项和程序等，对违反组织协调反腐败工作有关规定，不履行或者不正确履行协调任务的，由党委或纪委对有关责任人予以批评教育或者组织处理，并责令限期改正；情节严重或造成严重后果的，对责任人依纪依法追究责任；涉嫌犯罪的，移送司法机关依法处理。

3.加强督查考核，推动协调任务落实。督促检查是促进组织协调反腐败工作落实的重要手段和有效方法。纪委要充分发挥监督主体的作用，加大对各单位工作落实情况的跟踪指导和监督检查力度，确保组织协调确定的有关事项及其任务和要求落到实处。要定期组织有关部门对落实组织协调的工作项目开展情况进行督查，重点督查对组织协调中布置的任务是否落实，措施是否到位，工作是否有力，成效是否明显，通过督查促使各部门认真对待，对检查中发现的一些问题和不足，及时反馈给相关的部门和单位，督促其认真整改，促进各项工作任务落实到位，力求纪委组织协调反腐败工作真正取得实实在在的效果。要以责任考核为抓手，把各部门支持、配合纪委履行组织协调职责、落实纪委组织协调确定的工作任务和要求的情况纳入对部门的绩效考评和党风廉政建设责任制的考核范围，重点考评组织协调事项工作成效、牵头单位履行职责和统筹协调情况，对不支持、不配合甚至抵制纪委履行组织协调职责，不服从分工安排，不按要求落实组织协调确定的工作任务，以及行动迟缓、工作不力、失职渎职、贻误反腐时机，造成本地、本单位党风廉政建设长期滞后、党风不正、民心不稳等严重后果的部门单位和个人，依据有关规定从严从重进行责任追究。

4.加强沟通联系，形成反腐倡廉合力。提高各部门充分履行反腐倡廉职责的自觉性，是搞好组织协调的重要环节。纪委作为反腐败工作总组织协调单位，要进一步加强与相关部门的联系沟通，通过召开联席会、通报会、汇报会、到各部门了解情况等形式，随时掌握工作的进展情况，与各部门一起，认真总结经验，把成效明显的举措及时上升为制度规范；加强督促指导，及时帮助解决工作中出现的困难和问题，协商解决的对策，制定具体措施；要按照各司其职、各负其责的原则，处理好各相关部门之间的关系，既要防止不同部门之间推诿扯皮，又要防止重复劳动；要注意解决工作中产生的矛盾和问题，及时与有关部门沟通联系，找出问题的症结所在，帮助理顺关系，解决分歧，督促部门之间相互配合，共同做好工作。

第二节　查处违纪违法案件

一、"文化大革命"前案件查办工作

1951年3至1956年2月,全县开展反贪污、反浪费、反官僚主义"三反"运动,通过传达文件,学习讨论,提高认识,检举揭发和组织"打虎队"等一系列措施,在整个运动中,全县共打"老虎"203人,处理97人,缴回赃款6.25亿元(旧币)。在反封建和社会主义改造的斗争中,向破坏党的政策,违反党的路线和违法乱纪的行为,作了坚持不懈的斗争。5年共立案查处党员违纪案件64件,开除党籍31人(其中取消预备期的17人),留党察看8人,撤销工作1人,警告17人,劝告7人,其中,县级4人,区级22人,一般党员干部10人,农村党员干部7人,农村党员21人。

1956年3月至1958年2月,松桃(苗族自治)县党的政治任务与中心工作和全国各地一样,主要是领导全县人民取得经济战线上和政治战线上、思想战线上的伟大社会主义革命,及时检查严重阻碍运动的各种违纪案件,并取得决定性胜利。两年,受理各种违反党纪案件418件(包括第一届县党代表大会以前遗留下来的6件),占全县党员总数8.77%,已检查处理结束411件,占受理案件总数98.33%。这些案件的处理结果:受处分的183人,占处理案件总数43.78%,免予处分228人,其中开除党籍51人,占受处分党员总数的26%,受其他党纪处分的132人。

在1958年3月至1961年三年里,全县纪检监察机关围绕当时党的政治运动,特别是在大办农业、大办粮食,以及机关整风、农村"三反"、整党等各项政治运动,共处理各种违纪案件1829件,其中,党员干部受党纪处分的590件(开除党籍的223件、留党察看处分的93件、撤销党内职务105件、严重警告87件、警告处分的82件);非党干部受行政处分的1239人,其中:开除工作籍的27人。开除留用的2人,撤职1182人,降级以下的10人(包括生产队干部),记过处分18人。

1962年,全县共查办各种违犯党纪的案件219件,其中,党纪案件19件,申诉176件,控诉24件,当年结案163件,结案率达74.43%,受理的违纪案件中,共处分党员6人,其中开除党籍的3人,撤销党内职务的1人,严重警告的1人,属于地委管理的干部1人,县委管理的干部1人,一般党员干部1人,一般党员2人,从申诉案件的性质来看,属党纪申诉76件,其他申诉99件,对党纪申诉的处分结果:维持原决定的33件,取消原决定的24件,改变开除党籍的4件,减轻处分2件。对控告的24件,已处理结束的19件来看,属于完全或基本属实的8件,对小部分属实的11件。

1963年,全力以赴地积极地参加厉行增产节约和"五反"运动,以及农村社会主义教育和"四清"运动、清仓核查工作,以清查破坏集体财产、贪污盗窃、投机倒把、腐化堕落为重点,结合检查处理破坏党的团结统一、打击报复等违纪行为,共受理各种案件205件,包括申诉、控诉132件,年终处理结案184件,占受理总数的89.76%,共处分党员38人,开除党籍13人,留党察看5人,撤销党内职务5人,严重警告8人,警告7人。属于地委管理的干部4人,县委管理的干部19人,一般党员干部13人,一般党员2人,从错误性质来看,丧失阶级立场1人,贪污盗窃10人,投机倒把3人,雇工剥削1人,坚持单干5人,腐化8人,强迫命令违法乱纪2人,挥霍浪费1人,侵占集体财产6人,赌博1人。

1964年,主要以社会主义教育运动、机关"五反"、农村"四清"和各项中心工作中揭露出来的各种违纪案件进行检查处理,全县共受理各种违纪案件共73件,其中受理控诉案件14件,受理申诉案件23件。对上述案件的处理结果是:受党纪处分的14件,其中开除党籍7人,留党察看4人,警告3人;在受处分的14名党员中,属于地委管理的干部2人,县委管理的干部4人,一般党员干部7人,一般党员1人。从错误类

别来看，属于严重资产阶级个人主义的2件，贪污盗窃2件，腐化堕落7件，严重强迫命令违法乱纪1件，有意造假欺骗隐瞒1件。

1965年，监察干部全力以赴投入党的各项中心工作，并积极参加了农村面上社教，城市机关“四清”等工作，全县共受理各种违纪案件58件，处理结案的52件，共处分党员干部52人（包括25个脱产干部在内），其中：开除党籍20人，留党察看10人，撤销党内职务5人，严重警告8人，警告9人，属于地委管理的干部4人，县委管理干部33人，一般党员干部13人，一般党员2人，错误性质来看，阶级异己分子1人，蜕化变质分子1人，严重丧失阶级立场敌我不分8人，严重资产阶级个人主义丧失革命意志1人，贪污盗窃4人，投机倒把1人。坚持单干屡教不改的1人，腐化堕落乱搞两性关系及破坏军婚的29人，严重强迫命令违法乱纪5人，泄露党和国家机密的1人；另外，不包括上述数字在内的处理案件27件，其中：属党员干部免予党纪处分8人，党员干部批评教育5人，停止党员预备期1人，原开除党籍而恢复党籍3人，原恢复党员权利3人，非党干部给予行政处分的7人；县级机关“四清”运动中，共揭发出犯有各种错误的案件105件，查清和基本查清的79件，占揭发案件总数75.23%，其中：包括处理结案的4件在内，正待阅卷后交县委研究处理的37件，其余还需补办手续和继续查疑，另一部分需交审干处理的21件。

二、恢复重建后至合署办公前案件查办工作

1979年3月至1982年3月，重点检查了贯彻执行三中全会以来的路线、方针和政策问题，处理了一些群众反映大的较为典型的案件。对那些违法乱纪的党员，执行了“晓之以理，纯之以纪，导之以规”的方针，两年以来共受理案件42起。通过调查，结案37起，其中，贪污盗窃、投机倒把8人，强迫命令、违法乱纪的7人，腐化堕落造成恶劣影响11人，不执行计划生育8人，蜕化变质3人；对这些犯错误的党员执行纪律的结果，开除党籍11人，留党察看5人，撤销党内职务4人，严重警告10人，警告4人，只予批评教育而不给处分的3人。在受处分的人中，县管干部33人，农村党员4人。通过执行纪律，挽救了一批犯错误的人，教育了广大党员。

与此同时，认真落实党的政策，并协助县委处理了一批历史遗留问题，按照中央和上级党委的要求，抽出专人协助县委落实党的各项政策。全县先后复查处理各种案件918件，平反冤、假、错案589起。此外，完成县委交办的“清查”和“一批双清”运动中遗留的15起案件，分别作出了结论，对相关人员作出相应处理，使他们放下包袱。

1982年3月至1984年9月，在这两年多的时间里，共受理各类案件73起，经过调查，处理结案71起。在这些案件中，有因官僚主义错误而贻误工作，给国家财产造成严重损失的；有以权谋私、违法乱纪的；有打牌赌博，搞封建迷信活动影响很坏的；也有搞不正当两性关系或违反计划生育政策的。通过调查，对这些犯有各种错误的党员执行了党的纪律，开除党籍17人，留党察看16人，撤销党内职务6人，严重警告10人，警告14人，批评教育，免予处分8人。通过这些案件的查处，认真执行了党的纪律，既挽救了一些犯错误的同志，也教育了广大党员，对端正党风，促进“三风”好转都起到了一定的作用。

1982年1月11日，中共中央发出《中共中央紧急通知》要求严厉打击走私贩私等经济违法犯罪活动，指出有一些干部，甚至是担负一定领导职务的干部，不同程度地存在着走私贩私、贪污受贿，把大量国家财产窃为己有等严重的违法犯罪行为。在县委的领导下，认真抓了此项工作。一是抓学习文件，提高认识，掌握政策；二是加强领导，组织力量，查处案件；三是抓住典型，以点带面，推动全盘；四是抓大案要案，明确分工，责任到人；五是抓完善制度，堵塞漏洞，预防经济案件的发生。从此项工作开展后，全县先后揭发并依据党纪国法立案查处的各类经济案件68起，涉及国家干部、职工和群众90人，其中党员29人。涉及的人进行了严肃处理,其中受法律制裁19人,党纪处分25人,政纪处分31人,经济处罚7人,免予处分4人,追缴赃款赃物折币12.24万元。通过这一工作的开展,不仅减少了国家的经济损失,更主要的是促进了党风的好转,也带动了社会风气的好转。

1984年9月至1987年9月,在抓正面教育的同时,县纪委结合检查党的路线、方针、政策的执行情况,认真查处一些群众反映强烈的案件,执行了党的纪律,把正反两方面的教育认真结合起来。三年来,全县共受理党员各种违纪案件114件。在这些案件中,有的是在"文化大革命"中犯了罪或其他严重错误,有的是严重官僚主义,给国家和人民生命财产造成严重损失,有的是以权谋私,搞严重不正之风,有的是严重违法乱纪,贪污盗窃,打人骂人,打牌赌博长期搞封建迷信和乱搞两性关系影响很不好的,也有的是违反计划生育政策。对这些确实犯有各种错误的党员,认真执行了党的纪律。查实后,给予开除党籍48人,留党察看15人,撤销职务5人,警告、严重警告34人。对其中的一些典型案件,还将他们的错误事实通报全县各级党组织。借以教育广大党员,通过案件的查处,教育了广大党员,促进了党风的好转。1985、1986年,松桃党风建设被评为铜仁地区先进单位,1987年还被评为全省的先进单位,出席了地区和省党风建设经验交流会。

1987年9月至1990年6月,为惩治腐败,从严治党,加强党风建设,以查处案件为中心,以查处大案要案为重点,查处贪污受贿案件为突破口,认真抓查处党内违纪工作,严明党的纪律。三年中,全县共立案查处党内违纪案件154人,其中大案5起,共处分违纪党员164人,其中开除党籍22人,留党察看45人,撤销党内职务7人,严重警告49人,警告41人。在受处分的党员中,属区(局)级党员干部18人,乡股级党员干部29人,一般党员117人。

1990年6月至1993年3月,为严肃党纪,惩治腐败,县纪委把查处违纪案件作为纪委的一项重要工作,列入了重要议事日程,经常研究和解决查案工作中存在的问题,使查案工作取得了较好的成绩,受到了省、地纪委的充分肯定。3年来,全县共立案查处党内违纪案件200人(其中大案7起),其中,违反政治纪律2件,贪污18件,盗窃5件,腐化堕落道德败坏8件,侵犯国家和群众利益24件,违反计划生育政策126件,其他10件。共处分违纪党员193人,其中,开除党籍110人,留党察看31人,撤销党内职务6人,党内严重警告23人,警告23人,另外,受到免予处分2人,取消预备党员资格5人。受党纪处分的党员中,属区乡级干部5人,一般党员干部26人,一般党员162人。

三、合署办公后案件查办工作

1993年4月至1998年1月,县纪委监察局把查处违纪违法案件作为从严治党、惩治腐败的重要工作来抓。以查办党政机关、行政执法机关、司法机关和经济管理部门违纪违法案件为重点,着重查处了贪污、挪用公款、失职渎职,弄虚作假和违反计划生育政策等方面的案件。加大了查处大案要案的力度,取得明显成效。5年来,共立案查处违纪违法454件,结案445件,结案率98.02%。其中:大案要案46件,典型案61件。受到党纪处分的党员194人,其中,开除党籍108人,留党察看28人,撤销党内职务1人,严重警告27人,警告30人。受到政纪处分191人,其中,开除85人,撤职6人,降级3人,记大过41人,记过23人,警告33人。在受党政纪处分的党员中,乡科级干部33人,一般干部143人。通过查办案件,为国家挽回经济损失128万元。

1998年2月至2002年12月,紧紧围绕中央纪委确定的"三机关一部门"为查办重点,着重查处了贪污贿赂、挪用公款、失职渎职、贪赃枉法、腐化堕落等方面的案件。全县共立案483件,结案468件,给予党纪政务处分398人,其中开除党籍66人,被开除党籍又受到刑事处分的14人。在受处分的党员干部中,正科级干部17人，副科级干部32人。查处了一批领导干部严重违纪违法案件，为国家挽回经济损失386万元。

2003年1月至2006年11月，从严治党，严肃查处违纪违法案件。全县纪检监察机关坚持以查办党政领导机关、行政执法机关、司法机关、经济管理部门的违纪违法案件为重点，对私分、侵吞、转移国有资产的案件，基层干部侵占国家、集体和群众利益的案件进行严肃处理，取得了良好的政治效果和社会效果。共立案查处违纪违法案件248件，结案248件，处分270人。其中党员169人，乡科级以上干部43人，开除党籍70人，被追究刑事责任61人、涉及违纪金额347万元、为国家挽回经济损失205万元。2003年至2005年荣获地区纪委、监察局查办案件特别奖。

2006年12月至2011年10月，充分发挥查办案件的治本作用，教育和警醒党员干部。一是认真落实纪委常委包片包案制度，着力提高查办案件的质量，二是加大对发生在重点领域案件的查处力度，制定查办案件责任追究制度，规范了办案运行机制。三是加强与财政、审计等部门的联系，多渠道获取案件线索。四是建立联合办案机制，形成强大合力。会同县公安、检察、法院、财政、审计等部门建立了协调办案机制，查处了以县卫生局原局长刘某某收受贿赂的典型大案3起。全县围绕经济社会建设客观需要，重点查处影响松桃改革、发展和稳定的大案要案。查处了县发改局干部刘某某破坏投资软环境案件、孟溪移民搬迁工程贪污受贿案件、大兴镇派出所所长李某某失职渎职案件、县国土资源局袁某某贪污国有资产收益金等一批影响松桃经济社会发展的大案。5年来，全县各级纪检监察机关共立案277件，结案277件。给予党政纪处分278人，其中：党纪处分160人，政纪处分139人（双重处分26人），免予处分5人；涉及乡科级干部52人。一批有影响的违纪违法案件得到查处，为国家和集体挽回直接经济损失750.38万元。同时还为152名党员干部澄清事实，保护广大干部干事创业的积极性。率先在全区纪检监察机关开展案件公开审理工作，进一步提高案件审理透明度；对48名受处分人员开展回访教育，对被处分人员解除政纪处分和恢复党员权利实行公示。2006年至2011年连续五年获全区查办大案特别奖。

2011年11月至2016年10月，严格纪律审查，强化反腐败协调小组统筹协调职能，细化案件移送、通报、配合制度。加大对省委巡视组转交办问题线索的核查力度，全面办结省委巡视组转交办问题线索。坚持零容忍、全覆盖，持续强化惩贪肃纪的高压态势。5年来，共立案729件，党纪政纪处分703人，其中乡科级干部142人、一般干部268人，移送司法机关32人，挽回直接经济损失4743万元。对腐败分子形成强力震慑，进一步增强"不敢腐"氛围。

转变执纪方式，正确运用"四种形态"，在27个乡镇建立了教育谈话室并投入使用，全面启动约谈预警机制。综合运用预防提醒谈话、询问示警约谈、纠错诫勉约谈、问责处分约谈处理方式，及时预防提醒、教育震慑、警示纠偏，共约谈2352人次，其中预防提醒谈话2032人次、询问示警约谈31人次、纠错诫勉约谈143人次、问责处分约谈146人次。建立以案促改、以改促建工作机制。根据个案暴露出的系统性、制度性问题，及时提出监察建议并督促主管部门加以整改。

2017年，共立案282件，其中涉及科级干部35件，一般干部64件，其他人员183件，结案258件，给予党纪政务处分284人，其中涉及乡科级干部35人，移送司法机关1人，挽回经济损失446.11万元。盯紧关键时间节点，提前印发禁令，成立督查组对节假日期间值班、公车使用、公款吃喝等情况进行监督检查，集中力量开展"四风"突出问题专项监督检查，开展办公用房和科级领导干部违规兼职取酬专项清理，开展违规操办酒席专项整治，严肃处理3起违规操办酒席行为。

四、监察体制改革后案件查办工作

2018年，县纪委县监委切实履行监察职能，立案288件310人，同比增长2.2%，其中乡科级干部36件

38人,一般干部77件87人,其他人员175件185人;结案294件,给予党纪政务处分309人;办理留置案2件2人;移送司法机关2人;围绕中央第四巡视组巡视贵州反馈意见涉及党风廉政建设和“茅台酒乱象”问题,重点查处资金密集,具有审批权限的部门和岗位腐败案件。尤其是于是年3月28日查处县财政局原党组成员、副局长杨荣幸贪污受贿案,并对其采取留置,成为全市办理的第一起留置案。

2019年,县纪委县监委工作紧扣民生领域腐败和作风问题,集中开展涉林扶贫民生项目、易地扶贫搬迁和财政涉农补贴资金“一折通”专项监察;围绕扫黑除恶专项斗争工作,组建工作专班,与公安机关建立涉黑涉恶问题线索互移机制。是年,立案300件310人,其中乡科级干部41件42人,一般干部100件101人,其他人员159件167人;结案305件,党纪政务处分313人;办理留置案9件9人,移送司法机关7件7人。运用“高科技”“大数据”,充分发挥电子数据实验室作用,为松桃苗族自治县审查调查工作提供技术支撑。坚持以案示警,在宣布处分时同步开展警示教育。

2020年,县纪委县监委立案341件352人,涉及乡科级干部59件59人,一般干部122件127人,其他人员160件166人;结案311件,给予党纪政务处分314人。党纪处分241人,给予党内警告处149人,给予党内严重警告处分66人,撤销党内职务处分2人,给予留党察看处分10人,给予开除党籍处分14人;政务政纪处分90人,其中给予警告处分37人,给予记过处分13人,给予记大过处分4人,给予降级处分17人,给予撤职处分9人,给予开除公职处分10人。办理留置案5件5人,移送司法机关4件4人。

第三节　监督执纪“四种形态”

监督执纪“四种形态”是对纪委监委履职理念的重大创新,是实现全面从严治党的新举措。2015年9月24日,中共中央政治局常委、中央纪委书记王岐山在福建调研时强调,要准确运用监督执纪“四种形态”,以严明的纪律推进全面从严治党。首次提出监督执纪“四种形态”。

2015年,县纪检监察机关坚持纪律导向,积极转变理念,自觉由“盯违法”向“盯违纪”转变,做到治“病树”、拔“烂树”、护“森林”;积极创新方式,自觉在线索处置、执纪审查各个环节,用纪律衡量党员干部行为,执纪特色更加彰显。积极把握运用好“四种形态”既是一种工作要求和目标追求,更体现了党“惩前毖后、治病救人”的方针。是年,注重抓早抓小、抓细抓实,有苗头就提醒、有倾向就纠正、有反映就处置,充分运用批评教育、谈话函询、约谈、诫勉谈话等手段,让咬耳扯袖、红脸出汗成为常态。是年,运用“四种形态”处理237人次,其中,第一种形态处理24人次,同比增长4.3%,占比10.1%;第二种形态处理176人次,同比增长170.8%,占比74.3%;第三种形态处理16人次,同比下降11.1%,占比6.8%;第四种形态处理21人次,同比下降22.2%,占比8.9%。与2014年比较,党纪轻处分、组织处理成为违纪处理的大多数,对严重违纪的重处分成为少数,严重违纪涉嫌违法立案审查的成为极少数。

2016年中共十八届六中全会通过《中国共产党党内监督条例》第七条中就明确规定“党内监督必须把纪律挺在前面,运用监督执纪‘四种形态’,经常开展批评和自我批评、约谈函询,让咬耳扯袖、红脸出汗成为常态;党纪轻处分、组织处理成为违纪处理的大多数;对严重违纪的重处分、重大职务调整的成为少数;严重违纪涉嫌违法立案审查的成为极少数。”党的十九大则把运用监督执纪“四种形态”写入党章,在第四十条第二款中明确规定“坚持惩前毖后、治病救人,执纪必严、违纪必究,抓早抓小、防微杜渐,按照错误性质和情节轻重,给以批评教育直至纪律处分。运用监督执纪‘四种形态’,让‘红红脸、出出汗’成为常态,党纪处分、组织调整成为管党治党的重要手段。”监督执纪“四种形态”,正式以党内法规的形式固化下来,使监督更加聚焦、更加精准、更加有力,确保反腐败斗争力度不减、节奏不变。是年,县纪委监察局按照

《中国共产党党内监督条例》规定，立足抓早抓小，运用好诫勉谈话、提醒谈话、批评教育等方式，对党员干部违纪违规行为做到宽严相济、区别情况、对症下药，从信访受理、线索处置、谈话函询，到执纪审查、调查谈话、审理报告，都把纪律挺在法前。同时，综合运用听取汇报、个别谈话、检查抽查、列席民主生活会等形式，强化近距离、常态化、全天候的监督。坚持具体问题具体分析，准确判断哪些该批评教育，哪些应当给予党纪轻处分，哪些应当给予党纪重处分，哪些必须移送司法机关，努力做到精准发现问题、精准把握政策、精准作出处置。是年，运用“四种形态”处理352人次，其中，第一种形态处理47人次，同比增长95.8%，占比13.4%；第二种形态处理270人次，同比增长53.4%，占比76.7%；第三种形态处理25人次，同比增长56.3%，占比7.1%；第四种形态处理10人次，同比下降52.4%，占比2.8%。

2017年，县纪委监察局认真落实《关于运用监督执纪“第一种形态”的实施办法》，强化对党员干部的日常教育监督管理，让“红红脸、出出汗”成为常态。进一步提高发现违纪问题能力，抓早抓小、防微杜渐；进一步加大对谈话函询方式的运用，接受组织函询的党员干部在民主生活会上作出说明，发挥采信告知的教育激励作用和抽查核实的监督作用，防止敷衍塞责、欺骗组织。严格把握“四种形态”的转化，实事求是、正确适用，体现政策策略和方式方法的针对性、灵活性。是年，运用“四种形态”处理592人次，其中，第一种形态286人次，同比增长508.85%，占比48.3%；第二种形态258人次，同比下降4.4%，占比43.58%；第三种形态38人次，同比增长52%，占比6.4%；第四种形态10人次，与上一年度持平，占比1.7%。

2018年，县纪委县监委进一步提升精准把握运用“第一种形态”的能力，监督的针对性和有效性显著增强。是年，运用“四种形态”处理753人次，其中第一种形态处理443人次，占比58.8%，同比上升54.9%；第二种形态处理269人次，占35.7%，同比上升4.7%；第三种形态处理33人次，占比4.38%，同比下降13.2%；第四种形态处理8人次，占1.05%，同比下降27.3%。全县“四种形态”的占比继续呈现“倒三角”合理结构，监督执纪由“惩治极少数”向“管住大多数”拓展。

2019年，县纪委县监委切实提高政治站位，围绕脱贫攻坚工作中心，主动扛起扶贫领域监督执纪问责的重要政治责任，为打赢脱贫攻坚战提供坚强的纪律保证。是年，运用“四种形态”处理269人次。其中，第一种形态169人次，占62.8%，同比下降61.85%；第二种形态86人次，占31.97%，同比下降68.02%；第三种形态11人次，占4.09%，同比下降66.66%；第四种形态3人次，占1.1%，同比下降62.5%。

2020年，县纪委县监委加强对线索的梳理、分析和研判，突出工作重点，分清轻重缓急。在线索处置过程中，坚持实事求是，精准把握、统筹把握、辩证把握，防止纪法适用不当、尺度不准、畸轻畸重。是年，运用“四种形态”处理929人次。其中，第一种形态614人次，同比增长263.3%，占比66.1%；第二种形态275人次，占比29.6%，同比上升219.7%；第三种形态34人次，同比增长208%，占比3.7%；第四种形态6人次，占比0.6%，同比上升50%。在运用“四种形态”进行处置上，做到了既讲政治、又讲纪法，既讲高压震慑、又讲政策感化，取得较好的政治效果、纪法效果和社会效果。

第十一章　案件审理与复议复查(复审复核)

案件审理工作是纪检监察工作的重要组成部分，是纪检监察机关对问题核查结束后进行审核处理的一项工作，是查办案件的必经程序和最后一个环节。

县纪检监察机关案件审理部门成立以来，认真开展了申诉复议复查(复审复核)工作，确保所办案件经得起历史的检验，切实维护纪法的严肃性和审查调查对象的合法权益。

第一节　案件审理机构及工作要求

一、案件审理机构设置及基本职责

(一)案件审理机构设置

中共松桃县委纪委成立于1951年3月；松桃县人民监察委员会成立于1953年1月。由于纪检监察机关初建时期，纪检监察机关的案件审理主要是在党组织的领导下，配合运动办公室、专案组进行，因而，在1951年3月至1954年5月这一时期，县委纪委、人民监察委员会均未设案件审理室，对违法违纪党员和干部的党纪、政纪处分，均由领导成员讨论决定或委员会议审理。

在1956年至1967年县监委时期，也同样是采用由监委委员会议进行案件审理。如遇特殊情况，则由监委书记直接将案件提交县委会议审理，然后做出处分决定。

1979年3月，县委纪律检查委员会恢复成立，但未设立案件审理科室。1983年7月，中央纪委召开了第一次案件审理工作会议，印发《党的纪律检查机关案件审理工作条例(试行)》。是年，县委纪委根据中央纪委第一次案件审理工作会议精神，安排人员兼职负责案件审理工作。

1987年7月14日，中共中央纪律检查委员会印发《党的纪律检查机关案件审理工作条例》，明确案件审理工作的任务：审查处理党员、党组织违犯党的纪律的案件和复查的案件；实事求是地核对违犯党的纪律案件的事实材料，审核鉴别证据，根据党的政策和国家的法律法规，分析认定问题的性质，按照《中国共产党章程》的规定和党对犯错误党员的一贯政策以及规定的程序，正确地处理违犯党的纪律的党员或党组织。同时，对案件审理作出"事实清楚、证据确凿、定性准确、处理恰当、手续完备"二十字工作要求。是年12月2日，县人民政府根据恢复设立行政监察机构的精神，设立松桃苗族自治县监察局。

1988年1月，县委批准，在县纪委的内设科室中设案件审理科。

1990年6月，经报县常委会研究，将原县纪委设立的案件审理科改成审理室。是年，县纪委加强基层纪检审理的组织建设，在全县十区一镇建立审理机构。同时，根据人员定编限额的实际，采取由区纪检组、区委负责纪检工作的主要负责人、区组委及发案单位调查人员等组成案件审理小组，审理小组人员为3—5人，改变过去自查自审结案的状况。

1993年4月,县纪委与县监察局合署办公,设置案件审理室。

1994年6月,县纪委为加强对案件审理工作的领导,成立由县纪委副书记吴见闻任组长,县纪委副书记、监察局局长龙沛云、监察局副局长张智任副组长,杨通全、龙绍刚为成员的县纪检监察案件审理领导小组。并明确领导小组的职责,一是调查研究案件审理工作中的新情况,解决新问题。二是研究案件审理室提请审理的重大疑难案件。

松桃纪检监察机关设置案件审理科室后,工作逐步走上正轨,所有违纪案件在调查终结后,都交审理科(室)负责审理。为慎重起见,确定一名纪委常委专管审理工作,一名副书记分管审理工作,使案件审理进一步做到有专门机构负责的规范化管理,并实行审理室集体会审定案制度,避免案件审理偏轻偏重问题的发生。在审理案件时,还确定了"四不"原则,即事实不清的不予审理,证据不力的不予认定,定性不准的不做出处理,手续不全的案卷不予归档。真正使案件审理做到把关严谨,毫不马虎。

2004年9月,县纪委成立案件申诉复查领导小组,并设办公室在案件审理室。

2018年1月,因国家监察体制改革,撤销松桃苗族自治县监察局,整合县检察院职务犯罪与侦察局的职能,成立松桃苗族自治县监察委员会。是年8月,县编制委员会办公室明确县纪委县监委机关内设案件审理室。

2019年3月,"三定"方案明确案件审理室承担审理县纪委县监委直接审查调查和乡科级党的组织、纪检监察机关报批或者备案的违反党纪和职务违法、犯罪案件,严格依规依纪提出处理或者处分意见。

县纪委县监委(监察局)案件审理科(股、室)长(主任)

表11-1

序号	姓 名	性别	族别	任职时间
1	杨通全	男	土家族	1988年1月至1993年4月
2	张 智	男	苗族	1993年4月至1998年5月
3	郝利华	女	满族	1998年5月至2003年7月
4	麻正明	男	苗族	2003年7月至2005年8月
5	石 峰	男	苗族	2006年5月至2008年7月
6	张朝海	男	土家族	2009年10月至2012年3月
7	龙正全	男	苗族	2013年9月至2017年4月
8	张朝河	男	土家族	2018年10月至2020年12月

(二)基本职责

根据《党的纪律检查机关案件审理工作条例》《关于审理党员违纪案件工作程序的规定》《监察机关审理政纪案件的暂行办法》等有关法律法规,案件审理工作的基本职责有11项:

(1)审理本级纪检监察机关批准或作出处分决定的案件;

(2)审理需要呈报上级党委、纪检监察机关,同级党委政府审批的案件;

(3)审理虽然不属于本级监察机关直接行政处分权限之内,但由本级监察机关直接立案调查,提出行

政处分建议案件;

(4)审理申诉案件;

(5)审理征求意见的案件(这类案件一般有三种情况即下级纪检监察机关征求意见的案件、本级纪检监察检查部门的案件、本级信访部门征求意见的案件);

(6)审理下级纪委呈报的备案案件;

(7)审理本级纪检监察机关领导交办的其他案件;

(8)审理下级纪委对同级党委处理案件的决定有不同意见,请求予以复议、复查的案件;

(9)对下级纪检监察机关的案件审理工作督查和业务指导;

(10)制定相关的审理制度;

(11)编写典型案例,进行党风廉政教育。

自县纪委县监委(监察局)案件审理科室成立后,其工作职责进行了不断完善与调整,具体情况如下:

1988年1月,县纪委设案件审理科,明确案件审理科的工作职责是负责由县纪委检查处理的案件,审核县、乡级机关报批或备案的案件,受理党员不服县乡级机关给予的党纪处分的申诉。

1993年5月,县纪委与县监察局合署办公,设置案件审理室。其主要职责是负责案件的审理和申诉案件的复查、复核工作,对备案案件的审查和重要疑难案件的咨询工作,根据行政诉讼法规定的处分人员的行政应诉工作;对受党纪政纪处分人员的回访教育工作。

2003年2月,中央纪委二次全会在二十字办案要求的基础上增加了“程序合法”的要求。

2004年9月,县纪委成立案件申诉复查领导小组,设办公室在案件审理室;案件审理室增加案件申诉复查复议工作职责。

2014年11月24日,县委办公室、县人民政府办公室印发《松桃苗族自治县纪委(监察局)调整内设机构和人员编制方案》的通知,明确案件审理室(案件申诉复查复议办公室)的工作职责是:审理委局机关直接检查处理和乡(科)级党组织、政府(部门)报批或备案的案件;承办党员、监察对象对委局作出的党纪政纪处分或其他处理不服,对乡(科)级党组织、政府(部门)作出的复议复查(复审复核)决定不服的申诉案件,及其他需要由委局办理的申诉案件,处理、督办委局收到的申诉信件;承办应当由乡(科)级党委、纪委批准但需要比照处理的案件和其他需要比照处理报县纪委备案的案件;承担县纪委监察局的行政复议、行政应诉工作,承办县纪委监察局给予的行政处分的解除工作;承办乡(科)级党组织、政府(部门)和委局机关有关部门征求案件审理室意见的案件;起草县级案件审理、申诉复查行政复议、行政应诉和解除行政处分工作的程序性规定,指导全县纪检监察系统的相关业务工作;负责本部门干部日常管理和监督,承办领导交办的其他事项。

2018年8月,国家监察体制改革后,案件的申诉复查复议工作调整到宣传调研法规室;整合县检察院职务犯罪预防与侦查局的职能,划到案件审理室。案件审理室的职责除申诉复查复议工作外,基本按照松党办发〔2014〕145号文件明确的工作内容履行职责。

二、案件审理的含义、原则及基本要求

(一)案件审理的含义

纪检监察工作中的案件审理是县纪检监察机关的案件审理室或专兼职案件审理人员对调查结束的违犯党纪、政纪的案件,在作出正式处理决定之前,按照规定的程序,遵循一定的原则,根据案件审理的基本要求,对案件在事实上、证据上、定性上、处理上以及办案程序上等方面所作的审核处理工作。它包含

两方面内容:一是纪检监察机关审批案件前,案件审理部门对案件所作的审核工作:二是纪检监察机关审批案件后,对案件进行的审查、作出处分决定和对处分决定执行的工作。

(三)案件审理的原则

1.实事求是原则

实事求是的原则是指在案件审理的每一个阶段,必须注意从不同案件的客观实际出发,对客观存在的违纪行为要全面、客观、准确地予以反映,要按照有关规定对案件进行公正恰当的定性处理。案件审理工作必须做到以客观事实作为定案的基础、以查证属实的证据作为案件事实的依据,准确认定案件性质,恰当量纪,有错必纠。

2.惩处和教育相结合原则

惩处和教育相结合是指纪检监察机关在惩罚处理违法违纪人员的同时,注重对违法违纪人员进行教育。这一原则,是我党惩前毖后、治病救人的方针在纪检监察工作中的具体体现。如果只惩处不教育,惩处就失去了意义;如果只教育不惩处,姑息迁就,就失去了纪律的严肃性,教育也起不到应有的作用。在工作实践中,具体应注意以下几点:(1)对违犯纪律的党员和监察对象,必须以错误事实为依据,以党和国家的方针、政策和法律、法规以及党纪政纪条规为准绳,给予恰当的处理。(2)坚持在案件审理的过程中进行教育。(3)挑选部分处理过的典型案例,对广大党员和监察对象进行纪律教育。

3.严肃慎重、区别对待原则

严肃是指纪检监察机关在处理违犯党纪政纪的党员、党组织和监察对象时,要严格按照《中国共产党章程》《中国共产党纪律处分条例》,国家的法律、法规,党纪政纪条规办理。慎重是指在处理具体案件的时候,要谨慎从事,不要轻率地作出决定,避免一切可以避免的违纪。区别对待是指在弄清案件事实的基础上,具体问题具体分析。根据不同案件的具体情况,依据受审查人员违纪行为的性质、情节、危害、认错态度以及一贯表现等,根据党和国家的路线、方针、政策和法律、法规以及党纪政纪条规,作出恰当的处理。

4.纪律面前人人平等原则

纪律面前人人平等的原则是指党的纪律对一切党员都适用,行政纪律对所有的监察对象都适用,没有任何例外;在党的纪律面前,一切党员和监察对象都必须无条件地遵守党纪政纪,党员和监察对象既受到纪律的约束,同时也受纪律对其民主权利的保护;在工作中,案件审理部门的专兼职人员在审理案件时,要严格按照有关规定办理,不能因受审查人的地位、身份、职务、民族、财产等不同而有所区别;对任何党员和监察对象的申诉或者申辩都一视同仁。

5.民主集中制原则

民主集中制的原则是党和国家最根本的组织制度和原则,也是纪检监察机关的组织制度和工作原则。县纪委县监委(监察局)在案件审理工作中,坚持审理部门的集体审议制度;在对案件作出处理决定时,要经过县纪委常委会会议或县监察局局长办公会议集体讨论,实行少数服从多数的原则,不能个人或少数人决定或批准对党员、党组织或监察对象的处理;在执行纪律的时候,要坚持下级服从上级的原则。

6.保障党员和监察对象合法权利原则

保障党员和监察对象的权利,是依据《中国共产党章程》《中国共产党党员权利保障条例》《中央纪律检查委员会关于处理检举、控告和申诉的若干规定》和《中华人民共和国监察法》《监察机关处理不服行政处分申诉的办法》等法律法规规定来实现的。县纪委县监委(监察局)在工作中主要体现在以下几方面:(1)在党组织决定对党员的处分时,一般情况下,被调查人有权参加会议并进行申辩。(2)处分决定所依据的事实材料和处分决定必须与受处分人见面,听取本人说明情况和申辩。(3)党员和监察对象对处分决定或审查决定不服的,有权提出请求和申诉。⑷在审理过程中,一般情况下,审理部门均派人和受审查人员谈话,直接听取本人的意见。⑸切实做好处分决定的宣布、送达和执行工作。⑹受审查人员认为办案人员和本案有某种关系,可能影响对案件公正处理的,有权申请办案人员回避。(7)完善解除行政处分和恢复党员权利公示制度。

(二)案件审理工作的基本要求

案件审理工作是纪检监案机关专门活动之一,也是纪检监察机关的基本职能之一;它是对调查案件的活动及其结论的再审查,是查处案件工作最后一道"工序",是保证案件质量的必然要求,担负整个案件查处的把关定向,在整个纪检监察工作中处于重要位置。因此,县纪委县监委(监察局)案件审理必须做到"事实清楚、证据确凿、定性准确、处理恰当、手续完备、程序合法(规)"的二十四字的基本要求。

1.事实清楚。事实清楚包含的内容:(1)审查结论所依据的事实必须能真实地、客观地再现事物的本来面貌,所认定的事实必须符合客观实际;(2)审查结论所依据的违纪事实必须能够反映违纪事实发生、发展的全过程,包括错误发生的时间、地点、情节、手段、主客观原因、造成的后果,以及有关人员的责任等;(3)审查结论所依据的违纪事实必须能够准确地概括出违纪人员究竟犯了哪些错误,而每一条错误究竟错在什么地方。

事实清楚应注意以下问题:一要看错误事实是否能作为处理的依据;二要看错误事实发生的全过程是否清楚,是否符合实际;三要看错误事实中有关人员的责任是否已经区分清楚;四要处理好材料之间的关系,即:⑴调查报告、处分决定应与证据材料相统一,调查报告、处分决定所认定的错误事实,必须有足够的证据来证实;⑵错误事实所依据的证据材料之间,对错误事实的认定应该是一致的,没有矛盾的,如果有矛盾,也要得到合理的排除;⑶调查报告、处分决定和本人意见之间不一致的地方,应有足够的证据来证明。

2.证据确凿。证据确凿包含的内容:⑴证据必须真实;⑵证据必须与案件有内在的联系;⑶证据必须充分;⑷证据之间不能有矛盾。审查证据是否确凿,应按照中央纪委印发的《关于查处党员违纪案件中收集、鉴别、使用证据的具体规定》和监察部《监察机关调查处理政纪案件办法》等纪检监察法规的要求去做,并注意以下几个问题:一是审查所取得的证据是否合法;二是审查证据是否与案件事实有联系;三是审查证据的真实性;四是审查证据之间是否有矛盾。

3.定性准确。定性准确是正确处理案件的重要前提,也是审理工作的一个重要环节。认定问题的性质,必须在事实清楚、证据确凿的基础上,以《中国共产党章程》《关于党内政治生活的若干准则》、党的方针政策和国家的法律法规为准绳进行具体分析,对其错误性质作出准确的认定。在定性的实践工作时,要特别注意两个问题:一是定性要有依据:①《中国共产党章程》、准则和党纪、政纪条规。这是定性的主要依据。②国家的法律、法规。③党的路线、方针、政策标准。二是所定错误性质要符合违纪构成条件,即违纪客体、违纪客观方面、违纪主体、违纪主观方面四个构成要件同时具备。

4.处理恰当。处理恰当是指在事实清楚、证据确凿、定性准确的基础上,依照党纪、政纪给予违纪单位或个人以轻重适度、恰如其分的裁定和处理。从关系上讲,事实清楚、证据确凿、定性准确是处理恰当的前提,而处理恰当又是事实清楚、证据确凿、定性准确的结果,也是案件审理工作的最终目的。处理恰当应注意以下三个问题:一是要符合党纪、政纪案件的处理标准;二是要综合分析违纪案件的各种具体情况,在严格掌握党纪条规的处理幅度前提下,考虑处理的影响以及对比其他类似案件的处理结果来进行综合平衡,防止处理结果出现畸轻畸重。三是要把握好纪律处分具体运用问题。如:"从轻""减轻""从重""加重""合并处理""比照处理""免予处分""不予处分"等。

5.手续完备。手续完备,是指对违犯党纪、政纪的案件进行调查处理时,要按照违纪案件程序性法规所规定的方法和步骤办理。手续完备包含的内容:一调查处理违纪案件的程序是由《中国共产党纪律检查机关案件检查工作条例》《党的纪律检查机关案件审理工作条例》《中共中央纪律检查委员会关于审理党员违纪案件工作程序的规定》《中华人民共和国行政监察法》《监察机关调查处理政纪案件办法》《监察部关于监察机关直接行使处分权的程序问题的通知》等程序性条规加以明确的。二在办理违纪案件过程中,必须按照法定的程序进行审理。处理案件要严格按照《中国共产党章程》规定的手续办理,按照处分党员或党组织的批准权限审批。手续完备应做到以下两点:一是审查案件在调查过程中的手续是否齐全,是否都已经过受理检举控告、初步核查、立案、调查、错误事实材料和本人见面、形成调查报告、移送审理等程序。二是案件在审理过程中要按照规定的程序办理。

6.程序合法(规)。程序合法是指对违反党纪、政纪的案件进行调查处理时,要严格依据法律规定进行。它是在案件审理工作"二十字"基本要求的基础上新增的一项要求。强调"程序合法",就是要克服重实体轻程序的倾向,做到实体与程序并重,严格按照规定的定性依据、量纪标准和审理程序审理案件,促使每个程序的提起、展开和终结在法定的时限内进行。2019年1月1日施行的《中国共产党纪律检查机关监督执纪工作规则》第五十三条将程序合法改为程序合规,旨在要求办案人员不仅有法定的程序意识,还必须有依纪依法文明办案的理念,严格执行法律、法规和党内法规规定的办案程序,杜绝以权代法、以手续代程序、以结果代过程,增强规范意识,减少随意性,保证查处案件严格按照程序进行,并对办案程序的执行情况进行监督,对于明显违反办案程序的现象应当及时发现和纠正。

三、案件审理的程序和违纪处理种类及权限

(一)案件审理程序

案件的审理程序是指纪检监察机关的案件审理部门,对县纪检监察机关调查结束的案件和下级纪检监察机关呈报审批的案件,按照审理工作的原则和要求,对案件的事实、证据、定性、处理以及办案手续方面进行审核,提出审理部门的意见,提请县纪委常委会会议或县监察局局长办公会议审查批准和执行监督的程序。主要程序有:

1.案件的受理

受理,是指纪检监察机关的案件审理部门接到有关单位或部门呈报或移送的违犯党纪、政纪案件之后,对案卷材料进行初步审核,判断该案是否符合审理条件的工作程序。

2.案件的审核

案件的审核,是指承办人在确定移送或呈报的案件符合受理条件后,通过审阅案卷材料、补充调查、与受审查人谈话等方式,对案件的事实、证据、定性、处理进行审核,提出意见,将案件提交集体审议的工作程序。

3.案件的审议

案件的审议,又称集体审议。广义的集体审议包括违纪党员所在支部的审议、案件审理部门的审议、审批机关的审议。狭义的集体审议是指承办人在对案件进行审核后,案件审理部门根据承办人的汇报,集体讨论,审核案件事实、证据、定性、处理,并提出审理部门意见的工作程序。案件审理部门集体审议的主要程序是:

①由案件审理部门的负责同志确定召开审理会议进行集体审议的时间;

②审理会议由案件审理部门负责同志主持,并安排专人做好集体审议记录;

③案件承办人根据汇报提纲如实、清楚地汇报案情和审理意见;

④参加审议的同志开展讨论,各自发表对错误事实、定性和处理意见的看法和意见;

⑤会议主持人根据民主集中制的原则,综合集体审议的意见,提出案件审理部门结论性的意见。

4.案件的批准

违纪案件的批准程序是指案件审理部门对案件审理结束以后,县纪委常委会会议或县监察委委务会议(县监察局局长办公会议)根据案件的事实、证据、性质,依据党和国家的方针政策、法律法规和党纪政纪条规,对案件作出处理决定的工作程序。审理部门报送县纪委常委会会议或者县监察委委务会议(县监察局局长办公会议)的案件,应符合下列条件:作为处分依据的错误事实已经审查清楚;案件的证据确实、充分;审理部门已提出结论性的处理意见。

县纪委常委会会议或县监察委委务会议(县监察局局长办公会议)按照民主集中制的原则,对案件进行充分的讨论,对审理部门的意见作出同意、更改、否定或者需要继续调查补证的决定。审理部门按照会议的决定或要求办理必要的手续。对需要补充调查的案件,应尽快按照会议提出的问题和要求,由审理部门或检查部门、报案单位调查取证,待问题查清后,再重新提交县纪委常委会会议或县监察委委务会议(县监察局局长办公会会议)审查决定。

5.执行程序

案件审理中的执行程序是指党的组织、政府及其主管部门、纪检监察机关对违犯党纪政纪的人员,按照规定的程序将批准生效的处分决定或审查结论付诸实施的过程。

案件经县纪委常委会会议或县监察机关委务会议(县监察局局长办公会会议)作出决定后,案件审理部门按照党纪处分的批准权限和行政处分权限,办理如下手续:

(1)违犯党纪案件

①对由本级纪检机关批准的违纪案件,案件审理部门负责起草批复,经本级纪检机关的领导签发后,印发给呈报案件的单位宣布执行。

②由本级纪检机关直接作出处分决定的案件,由案件审理部门起草处分决定及通知,一并报本级纪检机关领导签发后,印发给下级党委、纪委。

③上级纪委直接做出的对犯错误党员的处分决定,可以由该级纪委直接宣布,也可以委托有关党组织宣布执行。有关党组织做出的对犯错误党员的处分决定,呈报上级党委或纪委审批的,上级党委或纪委批准后,由呈报单位党组织宣布执行。

④受处分党员所在党组织,在接到上级党委、纪委对该党员处分的批复或通知后,应在一个月内向受处分党员本人宣布,将处分决定送给本人一份,并在适当范围内宣布。

⑤对需报同级党委或上级党委、纪委审批的案件,由案件审理部门负责起草案件呈报审批的请示,经本级纪检机关领导签发后,连同有关材料一并上报审批。

⑥对给予党纪处分或免予党纪处分的案件,结案后,应将处分决定、错误事实调查报告、上级批复、本人检讨及本人对处分决定的意见,按干部管理权限,抄送有关组织部门。

⑦对由本级纪委批复或直接作出处分决定的案件,其中需要向上级党委、纪委或同级党委备案的,由案件审理部门将有关材料报上级党委、纪委或同级党委备案。

(2)违反政纪(政务)案件

①对需经本级监察机关同意的案件,案件审理部门负责起草批复,经监察机关的领导签发后,印发给呈报案件的单位宣布执行。

②由本级监察机关直接作出行政处分的监察决定或监察建议的案件,由案件审理部门起草处理决定

书或监察建议书,印发给受处分人所在的(或归属的)有关部门宣布执行。

③对需报经本级政府、上级监察机关同意的案件,由案件审理部门负责起草案件呈报的请示,经本级监察机关领导签发后,连同有关材料一并上报。

④送达。监察决定书和监察建议书可以由监察机关直接送达有关部门、单位和人员,也可以留置送达、邮寄送达,或者委托其他监察机关、主管部门代为送达。送达监察决定书和监察建议书,必须有送达回证,由受送达人在送达回证上记明收到日期、签名或者盖章。

⑤有关部门和人员在收到监察决定或监察建议次日起30日内应当将执行、采纳的情况通报监察机关。

6.结案

案件办理完结后,由承办人按照规定立卷归档。

(二)实施纪律处分的依据和种类

1.实施处分的依据

(1)实施党纪处分的依据

实施党纪处分的依据有《中国共产党章程》《中国共产党纪律处分条例》《中国共产党党员领导干部廉洁从政若干准则》《中央纪委关于共产党员在经济方面的违法违纪党纪处分的若干规定》《中央纪委关于共产党员违反社会主义道德党纪处分的若干规定(试行)》《关于受刑罚处罚的共产党员的党籍处理问题的解答》《党员领导干部犯严重官僚主义失职错误党纪处分的暂行规定》等以及中央、省、市、县发布的一些文件。《中国共产党章程》是最根本的党内法规,是管党治党的总规矩、总依据。

(2)实施政纪(政务)处分的依据

《国务院关于国家行政机关工作人员的奖惩暂行规定》《国家行政机关工作人员贪污贿赂行政处分暂行规定》《国家行政机关工作人员贪污贿赂行政处分暂行规定实施细则》《中华人民共和国行政监察法》《中华人民共和国公务员法》《行政机关公务员处分条例》《事业单位工作人员处分暂行规定》《中华人民共和国监察法》《公职人员政务处分暂行规定》《中华人民共和国公职人员政务处分法》《贵州省纪委、贵州省监察厅关于共产党员国家工作人员参与色情、淫秽、赌博、吸毒、贩毒活动的党纪政纪处分暂行规定》《贵州省教育乱收费行为党纪政纪处分暂行规定》等。

2.实施纪律处分的种类

(1)党纪处分的种类

根据规定,对党员个人的纪律处分种类1952年有劝告、警告、撤销工作、留党察看、开除党籍五种;1957年至今有警告、严重警告、撤销党内职务、留党察看、开除党籍五种。

对于违犯党的纪律的党组织,上级党组织给予责令作出检查或者进行通报批评;对于严重违犯党的纪律的党组织,上一级党的委员会在查明核实后,纪律处理措施为改组、解散两种。

(2)政纪处分的种类

政纪处分的种类在不同时期有所不同。从2000年后至今有警告、记过、记大过、降级、撤职、开除六种。

根据《事业单位人事管理条例》第二十九条规定,对事业单位工作人员的处分种类,包括警告、记过、降低岗位等级或者撤职、开除等四种。

组织处理主要有批评教育、通报批评、调离、降职、责令辞职、免职等形式。

(三)违纪处理权限

1952年10月10日,铜仁地区纪委转发《贵州省委纪律检查委员会关于具体执行党纪处分决定批准权限的办法规定》:区委以下党员受劝告、警告处分者,由支部大会决定,区委研究报县委批准;受撤销工作、留党察看、开除党籍处分者，支部大会建议，区委决定，县委批准，报地、省备案。区委或相当于区委的党员受劝告、警告处分者，由支部大会决定，报地委批准，向省委备案；受撤销工作，留党察看，开除党籍处分者，支部大会建议，由县委决定，报地委批准，向省委备案。县委或相当于县委的党员受劝告、警告处分者，由支部大会决定，报地委批准向省委备案；受撤销工作、留党察看、开除党籍处分者，支部大会建议，地委决定，报省委批准，向中央局备案。

1957年，中共贵州省监委根据党的八大《中国共产党章程》和全国第二次监察工作会议精神，作出《〈关于处分党员的批准权限的规定〉的补充规定》。

警告、严重警告的决定权和批准权

——决定权：凡机关、学校、工厂、企业、乡村、街道等党组织的党员受到警告时，决定权属于党的支部大会。

——批准权：机关、学校、工矿、企业等单位，应按照中央监委所规定的批准权限执行。农村、城镇街道党员受到警告、严重警告处分时，其批准权属于总支委员会、基层党委会，如有区委员会的仍属区委员会批准。凡经总支委员会、基层委员会，区委员会批准的处分决定，应向县监委或其上一级党委备案。凡属本级党委委员，候补委员，应报经本级委员会批准；直接由本级委员会决定的，应报上一级党的委员会批准。

撤销党内职务、留党察看、开除党籍处分的决定权和批准权

——决定权：凡机关、学校、工矿、企业、乡村、街道中党员受到撤销党内职务、留党察看、开除党籍处分时，决定权属于党的支部大会。

——批准权：乡村、街道党组织中党员受到撤销党内职务、留党察看处分时，批准权属于基层党委会、区委会，并应向县监委或其上一级党委备案；受到开除党籍处分时，批准权属于县监委或其上一级党委员会，其中如系少数民族党员，应由批准机关向其上一级监委或上一级党委备案。机关、学校、工矿、企业党组织中党员受到撤销党内职务、留党察看，开除党籍处分时，该单位有党的委员会或党的监察委员会组织时，批准权属于党的委员会或党的监察委员会；如无党的委员会或党的监察委员会时，批准权限应属基层党委或上一级党委会或上级党的监察委员会。

1980年7月6日，中共铜仁地委批转地区纪委《关于贯彻执行省委关于党员的批准权限和手续的暂行规定的意见》。1984年3月19日，中共贵州省委批转省纪委《关于处分违纪党员批准权限的补充规定(试行)》。上述两个文件对处分违纪党员的批准权限都做了一些修改和补充。

1987年，中共贵州省纪委根据中央纪委修改《关于处分违犯党纪的党员批准权限的具体规定》的通知，对1984年的“规定”作了一些修改：

①对县委书记、副书记、常委、委员、候补委员，纪委书记、副书记，县长、副县长，县人大常委会主任、副主任，县政协主席、副主席，县人民检察院检察长、县人民法院院长，以及其他属于县一级的党员干部，给予党内警告、严重警告处分，由地区纪委批准，报地委备案；给予撤销党内职务、留党察看、开除党籍处分，由地委批准，报省纪委备案；给予县纪委常委的党纪处分，由地纪委批准。

②对县纪委委员，县直机关的部长、副部长、主任、副主任、局长、副局长，党组书记、副书记、党组成员，县人民检察院副检察长、县人民法院副院长，区委书记、副书记、委员、区长、副区长，乡(镇)委书记、乡(镇)长以及其他属于这一级的党员干部，给予党内警告、严重警告处分，由县纪委批准，报县委备案，给予撤销党内职务、留党察看、开除党籍处分，由县委批准，报地纪委备案。对乡(镇)委副书记、副乡(镇)长，以及这一级的其他党员干部，给予党纪处分，由县纪委批准；其中撤销党内职务、留党察看、开除党籍处分，报县委备案。

③对乡(镇)党员干部、农村和城镇居民党员,给予党内警告、严重警告、撤销党内职务、留党察看处分,由区(镇)党委批准,未设区的由乡(镇)党委批准;给予开除党籍处分,由县纪委批准。

对县直属机关的党员股长、副股长、主任、副主任,给予党内警告、严重警告处分,由县直属机关党委(纪委)批准,报县纪委备案;给予撤销党内职务、留党察看、开除党籍处分,由县纪委批准。受留党察看处分的党员,经过察看期改正错误的,由支部大会作出恢复党员权利的决定,报党的基层委员会批准;本人坚持错误不改,应当开除党籍时,按其现任职务履行批准手续。恢复党员权利或开除党籍的决定或批复,应报原批准单位的纪委或党委备案。

2012年11月14日,中共十八大修订的《中国共产党章程》对党员的纪律处分权限明确:“对党员的纪律处分,必须经支部大会讨论决定,报党的基层委员会批准;如果涉及的问题比较重要或复杂,或给党员以开除党籍的处分,应分别不同情况,报县级或县级以上党的纪律检查委员会审查批准。在特殊情况下,县级和县级以上各级党的委员会和纪律检查委员会有权直接决定给党员以纪律处分。”

党员干部需要给予党纪处分的,除按隶属关系由所在支部作出处分决定外,还要按批准权限,报上级管理干部的党委或纪委批准。

监察机关的行政处分权和行政处分权限都是国家的法律和法规规定的。主要是按照干部管理权限,根据分级管理的原则来划分。对国家公务员来说,由哪个单位任免、管理,哪个单位就有行政处分权。各级人民代表大会、各级人民政府及其各部门,根据分级管理的原则,对其所管辖的干部都有行政处分权。

第二节　案件审理

县纪检监察机关案件审理工作的主要任务是审查处理全县党员、党组织和行政监察对象违犯党纪政纪的案件和申诉案件,实事求是地核对违犯党纪、政纪案件的事实材料,审核鉴别证据,根据党纪、政纪条规以及党的路线、方针、政策和国家的法律法规,分析认定案件的性质,按照《中国共产党章程》和《中华人民共和国行政监察法》等规定的程序,正确地处理违纪案件。

一、审理情况

在县纪检监察机关初建时期,由于纪检监察干部人力少,机构系统尚未建立,在审理环节相关要求上没有明确的规定,尤其是一切工作的重心是为巩固新生的人民政权而开展,在案件的审理工作上主要是在党组织的领导下,配合运动办公室、专案组进行。因而,在1951年至1954年的四年时间里,由县委纪委、县人民监察委员会对违犯党纪政纪的党员、干部的查处案件较少。

从1955年起,县纪检监察机构加大对违犯党纪、政纪案件的查处力度,当年就有34人受到了党纪处分,其中,劝告3人,警告12人,撤销工作1人,留党察看1人,开除党籍17人。从职务级别上看,县级干部1人,区级干部7人,乡级干部9人,农村党员17人。

1955年12月,中央监委第一次全国监察工作会议召开,会议对监察工作中的自由主义和惩办主义倾向提出批评后,县委监察委员会及时贯彻执行其“严肃慎重,区别对待”的方针,对违犯党纪的党员和违法乱纪干部的案件审理十分认真。

1956年,查处党员及干部45人,其中,劝告7人,警告29人,撤销工作1人,留党察看5人,开除党籍3人;按从业人员划分,农村党员40人,机关党员5人;从错误性质来分,隐瞒政治历史、丧失阶级立场2人,剥削1人,违法乱纪、违反政策以及破坏国家计划、强迫命令、贪污盗窃、腐化堕落、破坏合作化运动的为39人,官僚主义、不积极完成国家计划、泄密的3人。

1955—1956年县纪检监察机关处分人员情况表

表11-2 单位:人

<table>
<tr><th rowspan="3">年度
处分人数</th><th colspan="5">处分档次</th><th colspan="4">级 别</th></tr>
<tr><th rowspan="2">劝告</th><th rowspan="2">警告</th><th rowspan="2">撤销工作</th><th rowspan="2">留党察看</th><th rowspan="2">开除党籍</th><th colspan="3">机关党员</th><th rowspan="2">农村党员</th></tr>
<tr><th>县级干部</th><th>区级干部</th><th>乡级干部</th></tr>
<tr><td>1955年</td><td>3</td><td>12</td><td>1</td><td>1</td><td>17</td><td>1</td><td>7</td><td>9</td><td>17</td></tr>
<tr><td>1956年</td><td>7</td><td>29</td><td>1</td><td>5</td><td>3</td><td colspan="3">5</td><td>40</td></tr>
</table>

1957年,县纪检监察机关根据第二次全国监察工作会议提出的“弄清情况,分清性质,正确处理”和全省监察工作会议提出“根据违法乱纪干部的错误性质,情节轻重、影响大小及本人认识程度,恰如其分审查处理,既不能偏重也不能偏轻”的精神开展工作。是年,党纪处理91人,其中免予处分66人,警告6人,严重警告4人,党内撤职2人,留党察看5人,开除党籍8人。按错误性质来分,丧失立场2人,瞒产6人,贪污盗窃5人,隐瞒历史4人,破坏团结2人,两性关系上腐化堕落3人,无组织无纪律1人,赌博1人,坏分子1人;从职务级别上看,县管干部8人,一般党员25人。

1958年,党纪处理297人,免予处分145人,受纪律处分152人。其中开除党籍47人,留党察看33人,党内撤职4人,严重警告17人,警告51人。干部级别:其中地管干部1人,县管干部42人,一般党员133人。按错误性质来分,属于混入党内的反革命分子、“右派分子”、各种坏分子28人,属于破坏合作社、违反粮食政策、集体瞒产、坚持资本主义剥削行为两条道路斗争性质的37人,破坏党的团结和统一、不执行党的决议、严重资产阶级个人主义、压制民主、打击报复的24人,危害工农业生产“大跃进”、严重“右倾”保守、弄虚作假、欺骗隐瞒、贪污盗窃、官僚主义失职行为55件,其他8件。

1959年,处理党员干部81人,其中开除党籍25人,留党察看12人,党内撤职9人,严重警告17人,警告18人。从职务级别上看,县管党员干部8人,各系统分管的15人,一般党员58人。按错误性质来分,属于混入党内的反革命分子、各类坏分子、蜕化变质分子15人,反党反社会主义制度分子4人,坚持资本主义道路的7人,严重“右倾”的9人,严重资产阶级个人主义、破坏党的团结和统一7人,破坏人民公社集体财产而进行贪污盗窃26人,违反政策法令4人,强迫命令、违法乱纪4人,有意造假、欺骗隐瞒3人,腐化堕落2人。

1960年,处理党员282人,其中开除党籍88人,留党察看39人,党内撤职71人,严重警告43人,警告41人。从职务级别上看,属于地委管理的党员干部3人,属于县委管理党员干部32人,属于各系统管理的党员干部73人,一般党员174人。按错误性质来分,属于混入党内的反革命分子6人,各类坏分子17人,阶级异己分子5人,蜕化变质6人,反党反领导反社会主义制度分子8人,“右倾”机会主义分子6人,严重“右倾”59人,严重资产阶级个人主义1人,坚持走资本主义道路4人,强迫命令、违法乱纪40人,破坏人民公社集体财产而进行贪污盗窃123人,严重官僚主义失职1人,腐化堕落6人。

1961年,处理党员192人,其中开除党籍79人,留党察看35人,党内撤职24人,严重警告34人,警告20人。从职务级别上看,地委管理干部13人,县管干部99人,其他干部5人,一般党员75人。按错误性质来分,严重资产阶级个人主义4人,丧失阶级立场2人,强迫命令违法乱纪115人,压制民主打击报复1人,贪污盗窃18人,严重官僚主义失职1人,隐瞒政治历史问题1人,腐化堕落4人,混入党内的阶级异己分子和反革命分子、各种坏分子32人,蜕化变质分子14人。

1962年,共受理案件219件,其中党纪案件19件,申诉175件,控诉25件,结案153件。受理的案件中,处分党员5人,其中开除党籍3人,撤销党内职务1人,严重警告1人。属于地委管理干部1人,县委管理干部1人,一般党员干部1人,一般党员2人。按错误性质来分,贪污盗窃1人,腐化堕落3人,赌博1人。申诉案件中,属党纪申诉76件,其他申诉99件。

1963年,全县共受理各种案件205件,包括申诉、控诉132件,年终处理结案184件。共处分党员38人,开除党籍13人,留党察看5人,党内撤职5人,严重警告8人,警告7人。从职务级别上看,地委管理干部4人,县委管理19人,一般党员干部13人,一般党员2人。按错误性质来分,丧失阶级立场1人,贪污盗窃10人,投资倒把3人,剥削1人,坚持单干5人,腐化8人,强迫命令违法乱纪2人,挥霍浪费1人,侵占集体6人,赌博1人。

1964年,处理党员53人,其中开除党籍27人,留党察看11人,党内撤职5人,严重警告3人,警告7人。按错误性质来分,阶级异己分子2人,丧失阶级立场1人,严重资产阶级个人主义4人,贪污盗窃13人,投机倒把2人,坚持单干8人,腐化堕落16人,严重强迫命令违法乱纪2人,压制民主、打击报复2人,严重违反政策法令1人,有意造假、欺骗隐瞒2人。

1965年,处理党员52人,其中开除党籍20人,留党察看10人,党内撤职5人,严重警告8人,警告9人。按错误性质来分,阶级异己分子1人,蜕化变质分子1人,严重丧失阶级立场敌我不分8人,严重资产阶级个人主义丧失革命意志1人,贪污盗窃4人,投机倒把1人,坚持单干屡教不改1人,腐化堕落乱搞两性关系及破坏军婚29人,严重强迫命令违法乱纪5人,泄露党与国家机密1人。非党干部行政处分7人。从职务级别上看,属于地管干部4人,县管干部33人,一般党员干部13人,一般党员2人。

1957—1965年县纪检监察机关处分人员情况表

表11-3　　单位:人

年度	处分人数	处分档次						级别				备注
		警告	严重警告	撤销党内职务	留党察看	开除党籍	免予处分、批评教育	地管干部	县管干部	其他干部	一般党员	
1957年	25	6	4	2	5	8	66	—	—	—	—	—
1958年	152	51	17	4	33	47	145	—	—	—	—	—
1959年	81	18	17	9	12	25	—	—	8	15	58	—
1960年	282	41	43	71	39	88	—	3	32	73	174	—
1961年	192	20	34	24	35	79	—	13	99	5	75	—
1962年	5	—	1	1	—	3	—	1	1	1	2	—
1963年	38	7	8	5	5	13	—	4	19	13	2	—

续表11-3

年度	处分人数	处分档次						级别				备注
		警告	严重警告	撤销党内职务	留党察看	开除党籍	免予处分、批评教育	地管干部	县管干部	其他干部	一般党员	
1964年	53	7	3	5	11	27	—	—	—	—	—	—
1965年	52	9	8	5	10	20	—	4	33	13	2	—

注：1.1966年，因资料缺失，未能统计。2.1967年5月，因县委被夺权，纪检监察工作被迫停止。

1977年，县委组织部开始逐步恢复监委业务工作。是年，全县受处分党员51人，其中开除党籍36人，留党察看9人，党内撤职1人，严重警告4人，警告1人。按错误性质分，违反政策法令1人，贪污盗窃7人，乱搞男女关系39人，隐瞒历史1人，违法乱纪1人，其他2人。从职务级别上看，县管干部25人，农民工人26人。

1978年，受处分党员49人，其中开除党籍27人，留党察看10人，党内撤职2人，严重警告4人，警告6人。按错误性质分，违反政策法令20人，贪污盗窃5人，乱搞男女关系21人，违法乱纪3人。

1979年，县委纪委成立后通过拨乱反正，把党的实事求是思想路线，贯穿于整个案件审理工作的始终，力求对每一案件都弄清事实，反复核对、鉴别材料、存真求实，同时根据党的政策规定和犯错误党员的实际情况，即思想认识、悔改态度、工作表现、犯错误根源等给予恰当的处分。是年全县受处分党员6人，其中开除党籍1人，留党察看1人，党内撤职1人，严重警告1人，警告2人。按错误性质分，贪污盗窃1人，乱搞男女关系4人，违法乱纪1人。从职务级别上看，地管干部1人，县管干部5人。

1980年，受处分党员9人，其中开除党籍3人，留党察看1人，党内撤职2人，严重警告1人，警告2人。按错误性质分，违反政策法令2人，贪污盗窃2人，乱搞男女关系5人，其他2人。从职务级别上看，县管干部8人，农民工人3人。

1981年，全年受理立案18件，结案给予处分11人，其中开除党籍3人，留党察看3人，严重警告4人，警告1人。按错误性质分，蜕化变质3人，贪污盗窃、行贿受贿、投机倒把5人，强迫命令、违法乱纪1人，超计划生育2人。从职务级别上看，属于县委管理干部2人，一般党员干部3人，一般党员6人。

1982年，共受理各类案件24件，其中违法乱纪10人，违反计划生育政策9人，组织纪律观念淡薄、超假旷工4人，乱砍滥伐1人。受到党纪处分23人，受开除党籍处分4人，留党察看4人，撤销党内职务5人，严重警告5人，警告处分5人，遗留尚未查清1人。

1983年，共受理案件30件，结案29件。其中不执行计划生育政策12件，腐化堕落3件，贪污盗窃7件，搞封建迷信活动1件，强迫命令、违法乱纪6件。结案案件中，受开除党籍处分8人，留党察看9人，撤销党内职务1人，严重警告4人，警告3人，免予党纪处分4人。

1984年，共受理各类案件19件，处理结案17件，受到党纪处分23人，其中开除党籍5人，留党察看3人，严重警告1人，警告6人，批评教育、免予处分8人。其性质有因官僚主义错误而贻误工作，给国家财产造成严重损失的;有以权谋私、违法乱纪的;有打牌赌博,搞封建迷信活动影响很坏的;有搞不正当关系或违反计划生育政策的。

1985年,共查处党员违纪36人,其中开除党籍10人,留党察看5人,党内严重警告11人,警告6人,撤销党内职务4人。被查处的36人中,由县纪委直接查处的8人,由有关区委批准的28人。

1986年,立案查处45件,涉及56人,结案43件。处分违纪党员41人,其中开除党籍27人(核查"三种人"开除党籍的23人),留党察看5人,党内警告、严重警告9人。

1987年,查处案件22件,结案22件,受到党纪处分28人,其中开除党籍6人,留党察看3人,撤销党内职务2人,严重警告9人,警告8人。其违纪性质有利用职权贪污私分、行贿受贿等经济案件;工作不负责任、严重失职,造成国家财产严重损失;"文革"中犯严重错误;乱搞两性关系;违反计划生育政策;搞封建迷信活动等。

1988年,结案18件,受党纪处分的党员18人,其中开除党籍7人,留党察看1人,撤销党内职务3人,严重警告3人,警告4人,受行政处分的党员2人。受处分的党员干部中,区级干部3人,一般党员11人。在这些违纪的党员中,有贪污、挪用公款的,有乱搞两性关系的,有侵犯他人合法权益,非法拘禁他人的,有参与社会赌博的,有违反计划生育政策的。

1989年,县纪委审理机构建立健全,在将原设立的审理科改成室、并配专职审理干部1人、明确监管审理工作的领导1人后,又建立区(镇)纪检审理小组已建10个,兼职审理干部11人。是年,全年共受理案件84件,其中违反计划生育政策66件,赌博6件,以权谋私1件,贪污公款1件,投机诈骗1件,乱搞男女关系1件,侵犯群众合法权益3件,违反政治纪律1件,受贿1件,其他5件。已结案84件,共处理违纪党员92人,其中开除党籍7人,留党察看29人,撤销党内职务1人,严重警告29人,警告26人。受处分党员中,属区(局)级干部7人,一般党员干部12人,一般党员73人。

1990年,共审结案件67件,处分违纪党员66人,其中开除党籍20人,留党察看22人,撤销党内职务2人,严重警告10人,警告12人,另有1人受到取消预备党员资格处理。在受处分的违纪党员中,区局级干部2人,一般党员干部8人,一般党员56人。按错误性质分,属于违反政治纪律1件,违反财经纪律1件,贪污4件,盗窃3件,侵犯国家和群众利益7件,腐化堕落道德败坏4件,违反计划生育政策44件,赌博1件,其他2件。

1991年,共审结案件80件,处分违纪党员78人,其中开除党籍53人,留党察看4人,撤销党内职务3人,严重警告10人,警告8人,另外免予处分1人,取消预备党员资格1人。按错误性质分,属贪污8件,盗窃2件,腐化堕落道德败坏3件,违反财经纪律1件,违反计划生育政策50件,侵犯他人合法权利7件,赌博3件,其他6件。在受处分的违纪党员中,属区营级干部3人,一般党员干部13人,一般党员62人。受处分的违纪党员,同时受刑事处分6人,行政处分8人。

1992年,审结案件53件,处分违纪党员49人,其中开除党籍37人,留党察看5人,撤销党内职务1人,严重警告3人,警告3人,免予处分1人,取消预备党员资格3人。在受处分的违纪党员中,属一般党员干部5人,一般党员44人。受处分的违纪党员,同时受法纪处分10人,政纪处分3人。

1977—1992年县纪检监察机关处分人员情况表

表11-4 单位:人

年度	处分人数	处分档次						级别				备注
		警告	严重警告	撤销党内职务	留党察看	开除党籍	免予处分、批评教育	地管干部	县管干部	其他干部	一般党员	
1977年	51	1	4	1	9	36	—	—	25	—	26	—
1978年	49	6	4	2	10	27	—	—	—	—	—	—
1979年	6	2	1	1	1	1	—	1	5	—	—	—
1980年	9	2	1	2	1	3	—	—	—	—	—	—
1981年	11	1	4	—	3	3	—	—	2	3	6	—
1982年	23	5	5	5	4	4	—	—	—	—	—	不完全统计
1983年	25	3	4	1	9	8	—	—	—	—	—	
1984年	15	6	1	—	3	5	8	—	—	—	—	
1985年	36	6	11	4	5	10	—	—	—	—	—	—
1986年	41	9		—	5	27	9	—	—	—	—	—
1987年	28	8	9	2	3	6	—	—	—	—	—	—
1988年	18	4	3	3	1	7	2	—	—	—	—	—
1989年	92	26	29	1	29	7	—	—	7	12	73	—
1990年	66	12	10	2	22	20	1	—	—	—	—	—
1991年	78	8	10	3	4	53	2	—	3	13	62	—
1992年	49	3	3	1	5	37	4	—	—	5	44	—

1993年,县纪委与监察局合署办公。是年审结案件62件,处理62人,其中党纪处分32人,政纪处分30人。受党纪处分的32人中被开除党籍18人,留党察看11人,严重警告2人,警告1人;受政纪处分的30人中被开除工作籍(含辞退)11人,开除留用6人,撤职1人,降级2人,记大过4人,记过3人,警告3人。同时受到党纪政纪处分2人,受刑事处分7人,取消预备党员资格1人。在受处分的党员干部中,乡营级干部4人,一般党员干部3人,一般干部27人。

1994年,县纪委监察局自办案件100件,按案件性质分,属于违反计划生育政策25件,贪污公款14件,挪用公款12件,违反财经纪律8件,受贿2件,诈骗3件,腐化堕落道德败坏1件,失职渎职7件,赌博16件,其他12件。受处分违纪党员51人,其中开除党籍28人,留党察看2人,严重警告12人,警告6人,取消预备党员资格1人,免予党纪处分2人。受政纪处分43人,其中开除工作籍10人,开除留用4人,记大过4人,记过3人,警告6人,免予政纪处分16人。同时受到党纪政纪处分1人,受刑事处分的23人。受处分人员中,县处级干部1人,乡科级干部6人,一把干部54人,其他人员39人。

1995年,审结案件131件,按案件性质分,属于违反计划生育政策30件,贪污14件,其他经济类30件,失职渎职8件,其他侵权类2件,腐化堕落道德败坏1件,赌博18件,贿赂1件,违反财经纪律1件,其他26件。受处分违纪党员54人,其中开除党籍28人,留党察看5人,严重警告6人,警告15人。免予党纪处分5人。受到政纪处分55人,其中开除工作籍19人,开除留用察看5人,撤职1人,记大过14人,记过6人,警告10人。免予政纪处分20人。受处分人员中,乡科级干部17人,一般干部29人,一般党员23人,其他人员40人。

1996年,审结案件78件,按案件性质分,属于违反计划生育政策11件,贪污4件,违反财经纪律3件,其他经济类14件,失职渎职4件,腐化堕落道德败坏1件,赌博2件,其他39件。受党政纪处分58人,其中受党纪处分30人,政纪处分28人。受党纪处分人员中开除党籍15人,留党察看8人,党内严重警告4人,警告3人。免予党纪处分7人。受到政纪处分人员中开除工作籍7人,开除留用察看2人,撤销行政职务2人,记大过9人,记过3人,警告5人。免予政纪处分2人。受党政纪处分人员中,乡科级干部3人,一般干部21人,其他人员34人。

1997年,审结案件58件。按案件性质分,属于贪污5件,侵占1件,盗窃2件,走私1件,其他经济类15件,违反政治纪律6件,违反人事纪律2件,诬陷3件,违反计划生育政策18件,其他侵权4件,其他1件。共处分74人,其中乡科级5人,一般干部19人,其他人员50人。党纪处分30人,其中警告5人,严重警告3人,撤销党内职务1人,留党察看2人,开除党籍19人;政纪处分50人,其中警告8人,记过3人,记大过10人,降级1人,撤职2人,开除留用2人,开除19人,免予处分5人。受党纪处分同时受政纪处分1人,受刑事处分11人。

1998年,共查处违纪违法案92件涉及违纪人员96人,其中乡科级以上干部12人,一般干部65人,其他人员19人。查处案件中,经济违纪案39件,违反政治纪律案9件,违反组织纪律案2件,违反社会主义道德案6件,失职案7件,违反计划生育政策案17件,违反社会管理秩序案4件,其他案8件。共处分101人,其中受党纪处分42人,政纪处分34人,免予处分9人,建议有关单位处理11人,同时受到党纪政纪处分5人。

2001年,共查结党政纪案件99件,其中党纪案件15件16人,政纪案件84件93人。党纪案件中,受到开除党籍处分8人,留党察看一年处分4人,撤销党内职务处分1人,党内警告处分1人,免予党纪处分2人。受到党纪处分的人员中,涉及乡科级党员干部4人,一般干部5人。政纪案件中,受到开除公职(含解聘劳动合同、解聘)57人,行政撤职处分4人,行政降级处分1人,行政记大过处分2人,行政记过处分8人,行政警告处分9人,免予行政处分12人。受到行政处分的人员中,涉及乡科级局级干部5人,一般干部88人。

2002年,共受理党政纪案件67件69人,其中党纪案件21件,政纪案件46件,涉及乡科级干部10人,股级干部3人,一般工作人员(含教师)46人,农民党员10人。党纪案件中,受到开除党籍处分6件6人,党内警告处分4件6人,免予党纪处分2件2人,其性质为贪污4件,挪用公款2件,违反社会主义道德1件,阻挠公务1件,违反社会管理秩序8件,过失性错误1件,徇私枉法1件,妨碍代表自由选举1件,占用集体资金2件。政纪案件中,开除公职(含解聘、辞退)30件30人,记大过1件1人,行政记过6件6人,行政警告5件5人,取消考试资格3件3人,免予政纪处分1件1人,其错误性质为贪污2件,挪用(含短款)28件,失职5件,违反社会管理秩序3件,违反考试纪律4件,违反财经纪律1件,违规收费1件,盗窃1件,侵权1件。

2003年,受理案件63件,其中党纪案件44件,政纪案件19件,审结63件。党纪案件中,开除党籍14

人,留党察看8人,党内严重警告10人,党内警告11人,免予处分1人。政纪案件中,开除公职8人,留用察看2人,撤销职务3人,行政记大过1人,记过2人,行政警告4人,免予处分1人。在受党纪政纪处分的党员干部中,涉及乡科级干部9人,股级干部11人,一般工作人员10人,农村党员24人。

2004年,受理案件68件,审结63件。其中,党纪案件39件,政纪案件24件。党纪案件中,开除党籍21件,留党察看6件,撤销党内职务1件,党内严重警告5件,党内警告6件;政纪案件中,开除公职(含辞退、解聘)14件,记大过2件,记过4件,行政警告4件。

2005年,受理案件71件,审结68件(3件退回补充调查),其中党纪案件45件,政纪案件23件。党纪案件中,开除党籍27件27人,留党察看4件4人,撤销党内职务2件2人,党内严重警告7件7人,党内警告5件5人;政纪案件中,开除公职处分7件7人,行政降级1件1人;解除行政处分3人。

2006年,委局机关自办案17件,乡镇纪委6件,县直纪检组21件。在党纪处分中,党内警告处分4人,党内严重警告处分6人,撤销党内职务2人,开除党籍7人;在政纪处分中,开除公职1人。

2007年,立案48件;审结49件,其中给予党纪处分34人,政纪处分14人,双重处分1人。受党政纪处分的人员涉及乡科级干部9件,一般干部17件,其他人员22件;移送司法机关2人,刑事处理4人,责任追究1人。其违纪性质分别为违反组织人事纪律行为2件,违反廉洁自律规定行为4件,贪污贿赂行为17件,破坏社会主义经济秩序行为4件,违反财经纪律行为1件,侵犯党员权利公民权利行为2件,妨害社会管理秩序行为18件。

2008年,查结48件,其中给予党纪处分19人,政纪处分29人。按违纪行为分类:违反廉洁自律规定行为2件,贪污贿赂行为14件,失职渎职4件,侵犯党员公民权利行为13件,妨害社会管理秩序行为13件,其他违纪行为2件。在受处分人员中涉及乡科级干部5人,一般干部17人,其他人员27人。

2009年,立案调查和结案50件次。其中:万元以上案件24件,典型案件7件,一般案件19件;给予党纪处分33人,政纪处分27人(其中党政纪双重处分12人),免于党纪处分2人;涉及乡科级干部13人,一般党员干部26人,其他人员11人。

2010年,立案64件,结案64件,其中:涉及乡科级干部8件8人,一般干部33件34人,其他人员23件23人;给予党政纪处分63人(含双重处分5人),免处2人,移送司法机关5人。

2011年,共受理各类案件42件,审结42件,其中自办案件26件,备案案件16件。共处分76人,其中党纪处分41人,政纪处分25人,双重处分10人。开除党籍14人,留党察看1人,撤销党内职务3人,党内严重警告13人,党内警告8人,免予党纪处分2人;开除公职5人,行政撤职3人,行政记大过6人,记过4人,行政警告5人,免予行政处分1人,辞退公职1人。

2012年,共受理各类案件37件,审结37件,其中自办案件30件,备案案件7件;完成乡案县审和县部门移送协审案件24件,办理责任追究案件3起。共处分64人,其中党纪处分38人,政纪处分16人,双重处分10人。开除党籍20人,留党察看4人,撤销党内职务1人,党内严重警告7人,党内警告15人,免予党纪处分1人;开除公职5人,行政撤职1人,行政降级4人,行政记大过4人,记过4人,行政警告8人。

2013年,共办理违纪案件76件,纪律处分76人,其中党纪处分46人,政纪处分20人,双重处分7人,免予党纪处分3人。开除党籍12人,留党察看3人,撤销党内职务1人,党内严重警告7人,党内警告23人;开除公职1人,行政撤职2人,行政降级1人,行政记大过1人,行政记过7人,行政警告8人。

2014年,共受理各类案件99件,其中乡科级干部23件,一般干部33件,其他人员43件。共处分102人,其中科级干部20人(免予党纪处分3人),占19.6%;一般干部39人,占38.2%;其他人员43人,占42.16%。行政警告处分15人,行政记过处分4人,行政记大过处分3人,降低岗位等级处分1人,行政撤职处分8人,开除公职处分5人;党内警告处分31人,党内严重警告处分18人,撤销党内职务处分4人,留党察看处分3人,开除党籍24人,双重处分14人,免予党纪处分6人。是年,受理协助审理各类案件共28件33人。

2015年,受理各类案件208件,其中自办审结125件,协助审理案件83件,审结208件,结案率100%。在自办审结的125件违法违纪案件中,处分人数137人,涉及正科级干部8人,副科级39人,科员以下干部及党员90人;政纪处分57人、党纪处分97人,受双重处分17人;开除党籍12人,开除公职7人。在协助审理的83件违纪案件中,政纪案件39件,处分48人;党纪案件44件,处分43人。开展警示教育46次,受教育人数800余人。解除处分和恢复党员权利案件24件,恢复党员权利3件3人,解除行政处分21件21人。

2016年,受理各类案件263件,其中自办审结232件,协助审理案件31件,已全部审结,结案率100%。在自办审结的232件违法违纪案件中,处分人数276人,涉及正科级干部12人,副科级29人,科员以下干部及党员235人;政纪处分35人、党纪处分250人,受双重处分9人;开除党籍22人,开除公职12人。在协助审理的31件违纪案件中,政纪案件16件,处分16人;党纪案件15件,处分15人。解除处分和恢复党员权利案件22件,恢复党员权利2件2人,解除行政处分20件20人。

2017年,受理各类案件共计317件,其中自办案件183件,协助审理案件134件。审结各类违纪违法案件共294件,其中自办案件173件,协助审理案件121件。在审结的173件自办案件中,处分人数190人,政纪案件17件,处分19人;党纪案件156件,处分171人,党纪政纪双重处分7人;涉及正科级干部11人,副科级干部24人,科员以下干部及党员155人;开除党籍26人,开除公职3人。在已审结的121件协审案件中,处分人数135人,政纪案件26件,处分26人;党纪案件95件,处分109人。解除处分和恢复党员权利案件共27件,其中解除行政处分25人,恢复党员权利2人。

2018年,受理各类案件共计348件,其中自办案件170件,协助审理案件178件。审结各类违纪违法案件共303件,其中自办案件142件,协助审理案件161件。在审结的142件自办案件中,处分人数151人;涉及正科级领导干部15人,副科级领导干部17人,科员以下党员干部及其他监察对象119人,其中被党纪立案的105件,被县监委政务立案的34件;给予党纪政务轻处分的共103件111人;被给予党纪政务重处分的共39件40人,被开除党籍的共18件18人,被给予开除公职的共3件3人;移送司法机关2件2人;采取留置措施1件1人。在已审结的161件协审案件中,处分人数168人,其中被给予党政务轻处分共计149件156人;给予党纪政务重处分共12件12人,开除党籍1件1人。

2019年,受理各类案件共计306件,其中自办案件147件,协助审理案件159件。审结各类违纪违法案件共303件,其中自办案件145件,协审案件158件,审结率达99.02%。在审结的145件自办案件中,涉及人数160人,其中党纪立案124人,政务立案34人,2人为非监察对象。涉及正科级领导干部11人,副科级领导干部38人,科员及以下党员干部及其他监察对象109人,非监察对象2人。处分人数157人次,其中1人因死亡不再处分,2人因非监察对象未进行处分,直接移送。党纪政务轻处分123人,1人免予党纪处分,党纪政务重处分33人,其中开除党籍18人,开除公职8人。移送司法案件8件8人,采取留置措施案件7件7人。在已审结158件协审案件中,处分人数162人;其中被给予党纪政务轻处分141人,6人免予党纪处分;被给予党纪政务重处分15人,其中3人被开除公职。

2020年,受理各类案件共计328件338人,其中自办案件205件211人,协助审理案件123件127人。审结各类违纪违法案件共313件321人,其中自办案件193件197人,协审案件120件124人,审结率达94.54%。在审结的案件中,给予党纪政务重处分54人,给予党纪政务轻处分261人,免予处分3人,其他处理3人,其中移送司法处理5人,生效判决案件2件2人。在已审结的193件197人自办案件中,党纪立案123人,政务立案68人,双重立案6人。涉及正科级领导干部17人,副科级领导干部41人,科员及以下其他党员干部139人。处分人数193人，重处分38人，轻处分155人，免予处分2人，其他处理2人。在已审结的120件124人协审案件中，处分人数122人，被给予党纪政务重处分的16人，被给予党纪政务轻处分的106人，免予党纪政务处分1人，降低退休待遇1人。

1993—2020年县纪检监察机关处分人员情况表

表11-5　　　　　　　　　　　　　　　　　　　　　　　　　　　　　单位：人

年度	处分人数	党纪处分数						政纪(务)处分数								双重处分数
		警告	严重警告	撤销党内职务	留党察看	开除党籍	免予党纪处分	警告	记过	记大过	降级	撤职	开除留用	开除公职	免予政纪处分	
1993年	60	1	2	—	11	18	—	3	3	4	2	1	6	11	—	2
1994年	76	2	6	12	2	28	2	6	3	4	—	—	4	10	16	1
1995年	108	15	6	—	5	28	5	10	6	14	—	1	5	18	20	0
1996年	58	3	4	—	8	15	7	5	3	9		2	2	7	2	0
1997年	74	5	3	1	2	19	-	8	3	10	1	2	2	19	5	1
1998年	71	—	—	—	—	—	—	—	—	—	—	—	—	—	9	5
1999年	41	6	7	1	3	15	—	3	2	1	—	—	—	3	—	0
2000年	31	1	3	—	3	14	—	1	—	2	1	2	—	4	—	0
2001年	95	—	1	1	4	8	2	9	8	2	1	4	—	57	12	0
2002年	54	6	—	—	—	6	2	5	6	1	—	—	—	30	1	0
2003年	63	11	10	—	8	14	1	4	2	1	—	3	2	8	1	0
2004年	63	6	5	1	6	21	—	4	4	2	—	—	—	14	—	0
2005年	53	5	7	2	4	27	—	—	—	—	1	—	—	7	—	0
2006年	20	4	6	2	—	7	—	—	—	—	—	—	—	1	—	0
2007年	47	—	—	—	—	—	—	—	—	—	—	—	—	—	—	1
2008年	48	—	—	—	—	—	—	—	—	—	—	—	—	—	—	0
2009年	48	—	—	—	—	—	2	—	—	—	—	—	—	—	—	12

续表11-5

年度	处分人数	党纪处分数						政纪(务)处分数								双重处分数
		警告	严重警告	撤销党内职务	留党察看	开除党籍	免予党纪处分	警告	记过	记大过	降级	撤职	开除留用	开除公职	免予政纪处分	
2010年	44	3	6	1	4	23	—	—	—	1	—	4	—	8	—	6
2011年	52	8	13	3	1	14	2	5	4	6	—	3	—	5	1	10
2012年	67	15	7	1	4	20	1	8	4	4	4	5	—	5	—	10
2013年	62	23	7	1	3	12	3	8	7	1	1	2	—	1	—	7
2014年	102	31	18	4	3	24	6	15	4	3	1	8	—	5	—	14
2015年	137	43	32	—	10	12	—	26	9	7	2	6	—	7	—	17
2016年	276	—	—	—	—	—	—	—	—	—	—	—	—	—	—	9
2017年	190	—	—	—	—	—	—	—	—	—	—	—	—	—	—	7
2018年	151	52	34	2	6	18	—	23	5	—	4	11	—	3	—	7
2019年	157	66	36	2	6	14	1	21	5	1	5	11	—	8	—	18
2020年	193	73	35	2	3	14	—	37	12	4	8	9	—	9	2	13

二、探索与创新

(一)实行违纪案件公开审理

2007年8月3日,县纪委监察局首次对违纪案件进行公开审理,受到省、地审理室领导及周边县市同行的关注,并派员前往观摩。被调查人所在单位领导及主管部门负责人、县直单位纪检组长、特邀监察员等30多人应邀参加旁听。

在公开审理过程中,主办人员根据案件公开审理的程序要求,对该案件的被调查人身份、受理、初核、立案、调查、移送审理等程序的时间及手续办理情况和主要错误事实一一进行陈述,并当场出示相关证据及相关法律法规依据,根据案件的错误性质,提出了定性依据和处理建议。被调查人针对自己所犯错误的事实、证据、定性等进行了申辩,并向审理组提交了新的证据,气氛热烈。经过近二个小时的辩论,案件公开审理结束。

公开审理结束后召开了座谈会。省、地审理室领导及参加案件公开审理旁听的各县审理室的纪检干部围绕公开审理过程的一些问题进行了讨论,并畅谈了参加本次公开审理的体会,普遍认为,公开审理允许被调查人进行申辩,充分体现了违纪干部的合法权利得到了实质性的保障,提高了案件审理工作的透明度,规范了办案程序,确保了案件质量,加强了案件审理的自我监督,有利于纪检监察机关秉公执纪,能有效预防办错案、冤案和减少案件申诉复查的发生。省地领导在会上肯定了我们的做法,认为松桃对违纪案件进行公开审理是一次大胆的探索,一次成功的尝试,富有开创性。

审理部门作为纪检监察机关领导集体审定案件的主要参谋和助手,要把案件审核的最后一道关口,为领导集体审定案件提供会面、及时、规范、恰当的审理建议,不仅要求审理人员有忠诚的政治立场,过硬的业务本领,更要有正确的执纪观念。基层审理工作的实际情况是人员少、新手多、政策水平和业务能力相对不高。工作中难免会出现一些这样那样的问题,通过对违纪案件公开审理可以及时发现,及时纠正,把案件处理之后可能发生的申诉等问题提前解决,减少申诉复查。

把对违纪案件采取公开审理方式进行,其意义已远远超越了案件审理本身。自我监督公开化,确保审理部门在法定的权限内开展审理工作,保障违纪人员对案件审理情况享有知情权、参与权、申辩权、监督权,自觉接受监督,避免随意性。有利于审理部门公开、公平提出合理性处理建议,有效避免冤假错案。

违纪案件通过公开审理,能给当事人提供一个"平台",一个诉说犯错动机、犯错过程、犯错危害、犯错辩解的"平台"。通过这个"平台"、通过审理与被审理双方的近距离互动,通过在相互监督的场景中平等对话,复现当事人犯错的心路历程,展示调查、取证、审理、定性的法规和依据,这样,能唤起被调查人的良知,促其自省,警示他人,这个"平台"彰显的人文关怀,在体现党纪政纪的严肃和威力的同时,更是对被调查人尊严和权利的尊重和维护。

(二)推行恢复党员权利、解除行政处分公示制度

为进一步推进受留党察看和行政处分人员处分期满后恢复党员权利、解除行政处分工作的程序化、规范化,拓宽教育监督渠道,维护受处分人员民主权利。松桃苗族自治县纪委监察局案件审理室在调研的基础上决定在全县开展恢复党员权利和解除行政处分公示制工作,于2009年印发了《恢复党员权利、解除行政处分公示制度》。恢复党员权利和解除行政处分公示制度的开展,受到广大干部群众的好评,产生了积极的社会效果。

1.实施公示制的动因

党员被给予留党察看处分后恢复党员权利,关系到党员的民主权利和切身利益,是一项十分严肃的工作,但由于党纪政纪处分条规并没有就留党察看期满党员权利作出具体的规定,多年来也是查处案件中的一个薄弱环节。

(1)部分受处分人员在受处分后认为自己的前途已终结,丧失工作积极性,对单位的监督管理有抵触情绪;另外有部分受处分人员,单位没有安排工作岗位特别是党员领导干部受处分后更失去监管,真正成了"自由人",党纪处分的惩治教育作用受到广大干部群众的质疑,这种惩处结果必然导致组织和群众都不满意。

(2)恢复党员权利和解除行政处分工作与党员干部的教育、管理、监督工作脱节。一般情况下,纪检监察机关对干部和党员处分后,要到恢复党员权利和解除行政处分时才与受处分人员所在单位联系,要求单位通知受处分人员写出申请,并对受处分人员在处分期间的表现予以鉴定,处分期限届满,凭受处分人员申请和所在单位的鉴定,办理恢复党员权利或解除行政处分的手续。这种操作模式,使纪检监察机关很难真正掌握受处分人的真实情况。虽然审理工作中也执行对受处分人员的教育回访制度,但由于面广人多,加上案件任务的繁重,难于在例行的回访程序中了解到受处分人员真正的思想、工作表现。

(3)借鉴干部考察公示制的做法,对受党纪、政纪处分的人员也实行解除处分和恢复党员权利公示制,方面把对处分人员监督的权利交给广大干部群众,另方面使解除处分有章可循,规范解除处分的程序和条件,促使受处分人员努力工作,真正改正错误。

2.公示制的做法

(1)恢复受留党察看处分党员权利或解除行政处分前,原则上由被处分人员写出书面申请,汇报其在受处分期间思想、工作等方面的情况,并提出恢复党员权利或解除行政处分的申请。

(2)受处分人所在单位或支部在收到申请后对受处分人员在处分期间的表现予以鉴定,对是否同意按期解除处分或恢复党员权利提出意见,报处分机关审核。

(3)处分机关接到申请和鉴定后,派员进入受处分人所在单位或支部进行实地考察,详细了解受处分人员在受处分期间的工作、生活情况,是否存在新的违法违纪行为,对是否同意按期解除处分或恢复党员权利征求干部群众意见。

(4)考察组未发现问题的,进行公示,公示内容为简要介绍受处分人员的基本情况、所犯错误性质、受到何种处分、现拟恢复其党员权利或解除行政处分等事项,接受广大干部群众的监督。公示期满,如没有接到受处分人员在受处分期间违纪违法或其他方面的问题反映,提交县纪委常委会或县监察局局长办公会审批。

3.实行公示制取得的成效

(1)对受处分人员监管进一步加强。恢复党员公示制度赋予受留党察看处分党员所在党委和党支部相应的监督和管理的权利、义务,通过实施公示制,有效地遏制了受留党察看党员消极情绪,也改变了以往党委和党支部不愿监督、不便监督的状况,受处分人员后续监督力度得到加强。通过开展恢复党员权利公示制,各级党委制定了监督管理制度,实行干部包挂服务,专人负责,全面了解受处分人员的思想状况,工作、学习情况,真正使受处分人员倍感组织的温暖,促其放下思想包袱。

(2)维护党纪处分的严肃性和权威性。公示制的实施,在加大对受留党察看处分人员监督管理力度的同时,也让广大党员充分认识到,自己一旦受到留党察看处分后,如果在受处分期间不能正确认识并改正自己的错误,就得不到组织和群众的认可,惩戒期限就将延长,这不仅影响自身的发展,也给自己带来许多不利影响。实施公示制度,对其他党员也是一次生动的教育,无形中起到了警示作用。

(3)群众支持纪检工作的热情得到提高。公示制的实施,极大地激发了群众支持纪检工作的热情,群众监督意识明显增强,树立起纪检监察机关公正执纪的良好形象,凝聚了民心。当公示榜贴出后,许多认识或不认识的群众都围在公示榜前认真观看、议论,参与的积极性非常高,增强了群众对党员的监督,也促使受处分党员真正在处分期间改正错误。

(4)加强组织人事部门的协作,拓宽监督领域查办案件具有惩治、警示和预防等治本功能。案件审理工作是一个系统工程,除承担案件审理和复查复议工作外,还具有执行、指导、协调、监督等职能。县纪委县监委(监察局)紧紧围绕公示制,积极探索和努力实践组织反腐败工作职责的具体措施和方法,充分发挥案件审理部门的监督职责,并将此项工作渗透到相关部门的工作中,调动各职能部门的力量,形成合力,促进全县反腐败工作的深入开展。

第三节　案件复议复查(复审复核)

对申诉案件开展复议复查(复审复核)工作是《中国共产党章程》和《中华人民共和国监察法》赋予纪检监察机关的一项重要职责,是纪检监察机关查处案件内部监督制约机制的重要组成部分,也是维护党纪、政纪严肃性和保障申诉人合法权利的一项重要工作。县纪检监察机关组建初期，就十分重视党组织、党员和行政监察对象对所受党纪、政纪处分或其他处理不服提出的申诉，进行认真的复查复议和处理。党员、党组织对所受党纪处分不服的申诉，由批准处分的党的委员会或纪律检查委员会承办。各级党组织收到党纪申诉时需要复议复查的，按照党的纪律检查机关案件审理工作的有关规定办理。不需要复议复查的，由承办的纪律检查机关或有关党组织对申诉人说明理由，做好工作。同时，被处分人对政纪处分不服时，自其收到处分之日起三十日内可提出申诉，处分作出机关收到政纪申诉时，需要复审复核的，按照政纪处分相关程序进行复审、复核。长期以来，受理申诉案件的规定是由处分的监察机关负责，申诉复查领导小组办公室成立以后，由该办公室专人负责。

1962年，受理党纪申诉76件，其他申诉19件。经复议复查(复审复核)，对党纪申诉案件予以维持原决定的46件，取消原决定24件，改变开除党籍4件，减轻处分2件；控诉案件中，办结19件，属于完全或基本属实8件，小部分属实11件。

1982年3月至1984年9月期间，抓平反冤假错案方面，共复查“四个”时期的案件和历史老案18件，通过复查，撤销原处10件，改变原处2件，未出原处6件，恢复10人的党籍。

1983年，开展老案复查工作，共受理17件(不包括各区自行复查)，纠正11人。其中原开除党籍15人中恢复9人党籍，原处分过重减轻处分2人。

1984年，共复查“四个时期”案件和历史老案18件，通过复查，撤销原处10件，改变原处2件，维持原处6件，恢复10人党籍。

1985年，县纪委复查复议原处分不服9个申诉件，其中撤销原处分恢复党籍的4人，减轻原处分1人，免予处分2人，维持原处分不变2人。

1988年，复查，历史老案2件，均改变了原处分。

1989年，复议复查党员3件，经复议均恢复了正式党员权利。

1991年，受理复议复查案件13件，通过复议复查恢复党籍1人，维持原处分1人，受留党察看到期恢复党员权利10人。

1992年，受理申诉案件1件。

2003年，中央纪委召开的全国案件审理工作会议明确提出，审理与复查要分离、分设，即设立专门的申诉复查机构。但因人员编制问题无法解决，没有将此要求完全落到实处。

2004年9月13日，县纪委成立案件申诉复审领导小组，龙中文任组长，石宗生、杨锋、龙治和、麻正明、龙金国为成员。领导小组下设办公室在案件审理室，龙治和兼任办公室主任，自此，县纪委监察局认真落实复审分离的规定，根据案件审理工作条例，制定申诉复查案件工作制度,要求申诉复查案件由申诉复查领导小组办公室承接，负责审查申诉是否符合受理条件和要求，决定是否受理或不受理。符合受理条件的，由申诉复查办公室指定复查人员，可以从审理室指定复查承办人，但必须由未审办理此案的人员承办；党纪申诉案件和政纪申诉案件必须严格遵循有关规定程序办理，按照有关原则、政策处理，做到手续完备、程序合法；申诉复查案件在报纪委常委会或局长办公会研究之前必须经申诉复查领导小组审核。领导小组组长签出复查意见后，方可提交研究；严格按照申诉案件的处理原则，客观、公正地作出复审、复查结论，并书面答复本人等。

2005年，受理申诉件3件。

2006年，受理申诉案件4件。

2008年，全年受理申诉案件2案4人。

2012年,受理申诉案件1起,处理结果为维持原处分决定。

2013年,受理解除行政处分6人,恢复党员权利1人。

2014年,受理案件申诉复审1件,维持原处分决定。受理解除行政处分9人,恢复党员权利1人。

2015年,无申诉和行政应诉案件。

2016年,受理申诉案件3件3人,办结3件。

2017年,无申诉复议案件。

2018年,无申诉复议案件。

2019年,申诉案件5件,办结5件。

2020年,全年受理申诉案件8件(含重复件1件),全部办结。

在办理申诉案件过程中,县纪委县监委摒弃“疑错从轻”的观念,牢固树立“疑错从无”的原则,坚持当事人只要有百分之一的理由,就做百分之百的工作,对每个事实、证据都是精雕细研、认真鉴别。将“法无明文规定不为罪”的法理思想贯穿于申诉复查全过程,建立健全内部“自纠错”机制,对事实不清、证据不足的案件绝不勉强定案,对已经错误定案处理的坚决予以纠正。

第四节　“回访”教育

开展对受处分党员干部回访教育,是纪检监察机关发挥教育职能的直接体现,是全面贯彻“惩前毖后,治病救人”原则的一项重要举措,其目的是充分体现惩处与教育相结合,帮助犯错误的党员干部提高认识、转变思想、改正错误,增强其遵纪守法的自觉性和主动性,促进其放下包袱全身心投入工作,共筑“不敢腐、不能腐、不想腐”体制机制,维护好风清气正的政治生态。

1960年6月20日,中共铜仁地委批转中共思南县委《关于召开犯错误同志座谈会情况的报告》,指出:“对因犯错误而受到批评、处分的同志,应按照处理人民内部矛盾的精神,本着团结—批评—团结的方针,继续加强教育,帮助他们改造思想,提高社会主义觉悟,深刻认识错误,认真纠正错误。这是一项十分重要的工作,各级党组织应经常做好这一工作,不要丢掉不管。思南县委这一做法很好,各地可以仿行。”批转文件下达后,县纪委立即认真贯彻执行,对犯错误受处分的党员摸底,有针对性地进行回访教育。

从查阅到的资料记载,各年度开展“回访”教育的情况具体如下。

1989年,对受处分的违纪党员进行回访教育,共回访违纪党员6人次。

1991年,对25名受不同处分的党员干部进行回访。

1994年,为了切实搞好回访教育这项工作,采取以县纪委监察局与基层纪委监察室“分级负责,归口回访,突出重点”的方法,有计划、有重点地开展回访教育工作。在回访中,对受处分人员在受处分后表现好的地方予以肯定,对其存在问题予以指出。

1995年,开展回访教育35人,其中党纪处分30人,政纪处分5人。

1996年,开展回访教育25人,其中党纪处分15人,政纪处分10人。

1998年,开展回访教育9人,均为党纪处分人员。

1999年,开展回访教育18人,均为党纪处分人员。

2001年,开展回访教育11人,均为党纪处分人员。

2012年—2015年,采取委托回访、组成人员回访,采取个别谈话、开座谈会和党委、纪委作出鉴定意见等方式开展回访教育工作,共回访50人。

2016年,开展回访教育35人次。

2017年至2020年,开展回访教育50人次。

在开展“回访教育”的同时,县纪委监委(监察局)还通过回访谈话、民主测评和征求意见等方式让受处分人员感受到组织的关心,化解了对立情绪,达到受处分人主动改正错误,不犯新的错误,积极工作,严于律己的目的。

第十二章　案件监督管理

案件监督管理是纪检监察机关一项重要工作。依规依纪依法开展案件监督管理工作，强化对监督执纪执法权力运行的监督，对审查调查工作全过程进行监督管理，加强线索管理、组织协调、统计分析等职责。既是查办案件工作的重要组成部分，又是推进查办案件工作的重要保证。

县纪委县监委(监察局)案件监督管理机构自2012年成立以来，遵照《中国共产党章程》和《中国共产党纪律检查机关案件监督管理工作规则(试行)》，规范案件监督管理，切实保障了依规依纪依法安全文明办案，提高办案工作质量和效率，推动了党风廉政建设和反腐败斗争深入开展。

第一节　案件监督管理机构设置及职责

一、历史沿革及机构设置

1.历史沿革

1951年3月、1953年1月，松桃先后相继建立纪检、监察机构，但未设置专门的案件监督管理科室。案件检查工作的部署、案件线索管理、查办案件组织协调、统计分析及对案件的督办等均明确由办公室负责。

1979年3月和1987年12月，县纪委监察局恢复建立后，也没有设置专门案件管理室，但明确专人开展案件管理工作。到1993年4月，县纪委和监察局合署办公后，在内设科室中设立纪检监察室，承担纪检和监察案件管理的双重任务。

2004年6月，中央纪委在郑州会议提出案件管理五项基本职能；2008年4月，在太原会议确定案件监督管理要坚持"为领导决策服务，为查办案件服务"，认真履行线索管理、组织协调、监督检查、督促办理、统计分析五项职能。

在案件监督管理工作蓬勃开展的同时，一系列加强查办案件和案件监督管理工作的文件相继印发。2012年1月19日，《中国共产党纪律检查机关案件监督管理工作规则(试行)》(以下简称"规则")颁布实施后，案件监督管理工作进一步规范。《规则》对案件监督管理部门履行职责进行了明确：(1)对重要案件线索进行集中管理；(2)对查办案件的相关工作进行组织协调；(3)对依纪依法安全文明办案情况进行监督检查；(4)对上级交办和领导批办的案件及相关事项进行督促办理；(5)对查办案件及其有关的专项工作情况进行统计分析；(6)其他应当由案件监督管理部门负责的事项。

2.机构设置

2012年12月18日，为规范案件监督管理工作，县机构编制委员会办公室根据《中国共产党章程》及相关党内法规，印发《关于在中共松桃苗族自治县纪律检查委员会松桃苗族自治县监察局增设案件监督管理室的通知》,同意在中共松桃苗族自治县纪律检查委员会松桃苗族自治县监察局增设案件监督管理室,设主任1名。

此后,在2014年3月和11月县纪委监察局对内设机构的两次调整中,保留了案件监督管理室,并明确主任为副科级配置。

2018年,按照国家监察体制改革的要求,县纪委县监委对机关内设科室进行了调整。8月13日,县机构编制委员会办公室印发《关于印发中共松桃苗族自治县纪律检查委员会机关松桃苗族自治县监察委员会机关内设机构和人员编制方案的通知》,设职能室13个,明确案件监督管理室为县纪委县监委内设科室,主任为副科级配置。

二、案件监督管理部门职责

2012年12月18日,县机构编制委员会办公室印发《关于在中共松桃苗族自治县纪律检查委员会松桃苗族自治县监察局增设案件监督管理室的通知》,明确案件监督管理室的主要职责:一是负责统一管理纪检监察机关重要案件线索;二是负责组织协调查办案件的相关工作;三是负责监督检查纪检监察机关查办案件的过程;四是负责督促办理领导批示的重要案件及相关事项;五是负责统计分析案件和与查办案件有关的事项;六是负责办理其他案件监督管理事项。

2018年8月13日,县机构编制委员会办公室印发《关于印发中共松桃苗族自治县纪律检查委员会机关松桃苗族自治县监察委员会机关内设机构和人员编制方案的通知》,对案件监督管理室的职责具体明确为:负责对县管干部问题线索进行集中管理,并分送相关纪检监察室,负责办理县管干部及股级干部任职前回复组织人事部门意见工作;按照查办腐败案件以上级纪委领导为主的要求,统一受理下级纪检监察机关线索处置和案件查办报告,分送相关纪检监察室,负责向市纪委报送案件线索处置和案件查办的有关情况;负责查办案件相关工作的组织协调,建立跨乡镇、跨部门协作办案机制,归口管理与有关部门的联系协调事项,负责综合协调国(境)内追逃防逃相关工作;负责对依纪依法安全办案情况进行监督检查,对委局办案场所的安全保卫、保密工作进行监督检查,落实办案安全工作责任制,配合联系有关纪检监察室做好办案安全事故调查和责任追究;督促查办领导批办、交办案件及办理相关事项;负责对查办案件及其相关专项工作情况进行统计分析;指导全县纪检监察系统的案件监督管理工作;负责本部门干部日常管理和监督,承办领导交办的其他事项。

第二节　线索管理

一、线索管理规定

问题线索,过去通常叫案件线索,它是纪检机关立案前反映领导干部问题的线索。

问题线索的来源有四个渠道,一是信访举报,主要指群众来信、来访、电话举报、网络举报等。二是纪检机关监督执纪执法过程中发现的问题线索,如被审查人和其他涉案人员检举揭发的问题线索。三是巡视巡察移交的问题线索。四是其他单位移交的问题线索,主要包括审计部门《审计要情反映》,以及其他行政、司法机关移交的问题线索等。

线索管理是监督执纪工作的源头,贯穿于监督执纪问责和监督调查处置始终,关乎反腐败成效。2012年1月19日,中央纪委印发了《中国共产党纪律检查机关案件监督管理工作规则(试行)》(以下简称“案管工作规则”),对“线索管理”作出了四个方面的规定,一是案件监督管理部门集中管理的线索:①同级党委管理干部的案件线索;②领导批示或者交办的案件线索;③案件检查部门和其他职能部门按照规定移交的案件线索;④其他需要由案件监督管理部门管理的案件线索。二是定期汇总案件线索,协助领导组织承办纪检机关重要案件线索实行集体排查,协调落实会议决定事项。三是协调或者协助本级纪检机关有关部门核对向组织(人事)部门提供有关干部党风廉政情况。四是应当明确专人负责管理案件线索,逐件登记,建立台账,严格执行保密规定。

党的十八大后,中央纪委在总结实践经验基础上,针对性地改进问题线索的管理处置。一方面,强化问题线索集中管理。明确纪检机关信访部门归口受理信访举报,分类摘要后移送案件监督管理部门。执纪监督部门、执纪审查部门、干部监督部门发现的相关问题线索,属本部门受理范围的,应当送案件监督管理部门备案;不属本部门受理范围的,经审批后移送案件监督管理部门,由其按程序转交相关监督执纪部门。案件监督管理部门统一受理巡视工作机构和审计机关、行政执法机关、司法机关等单位移交的相关问题线索。另一方面,规范问题线索处置流程。规定:案件监督管理部门对问题线索提出分办意见,报纪检机关主要负责人批准,按程序移送承办部门。要求线索处置不得拖延和积压,承办部门应当在收到问题线索之日起30日内提出处置意见,并制定处置方案,履行审批手续。同时应当定期汇总线索处置情况,及时向案件监督管理部门通报。案件监督管理部门定期汇总、核对问题线索及处置情况,向纪检机关主要负责人报告。

2017年1月8日,中国共产党第十八届中央纪律检查委员会第七次全体会议通过《中国共产党纪律检查机关监督执纪工作规则(试行)》,对线索的处置管理做了"按照谈话函询、初步核实、暂存待查、予以了结四类方式处置"规定。

2018年9月10日,中共贵州省纪委办公厅为进一步深化国家监察体制改革试点工作,加强和规范线索分办与处置,实现线索资源依规统筹管理,印发《贵州省纪委省监委机关问题线索分办与处置工作办法(试行)》的通知,对线索受理、案件管理室集体研判、线索分办集体研判专题会议集体研判、分办原则等8个方面的具体问题作出规范。明确要求案件室对案件线索要遵照"明确专人对问题线索实行集中管理、动态更新、定期汇总核对。按照分办原则对问题线索提出初步分办意见,报分管常委审批后由案管室问题线索集体研判会议分析研判"等规范进行管理。

2020年8月9日,中共贵州省委办公厅印发《贵州省执法机关和司法机关向纪检监察机关移送问题线索工作实施办法》的通知,对全省执法机关和司法机关向纪检监察机关移送问题线索工作进行规范。明确要求执法机关、司法机关在工作中发现党员存在涉嫌违犯党纪、监察对象涉嫌职务违法或职务犯罪问题线索,应当及时移送纪检监察机关,并按照相关的规定和时限办理。同时明确纪检监察机关案件监督管理部门负责统一接收移送的问题线索;要求纪检监察机关收到移送的问题线索后,应当及时进行审核,并按照规定的方式办理。

二、线索管理与处置

2012年12月18日,为加强案件管理工作,县纪委内设案件监督管理室,履行案件线索管理、监督检查、督促办理等方面的职责。

从2013年起,松桃纪检监察机关按照中央纪委、省市纪委对案件线索管理的规定,切实负起集中管理问题线索的职责,以确保问题线索来源去向清晰,动态更新及时,汇总核对全面。

2013年,全县各级纪检监察机关共接受信访举报76件次;案件监督管理室受理问题线索处置反映问题线索37件次;初查核实58件次,立案调查62件,结案62件,查结率100%。给予党纪处分46人,政纪处分20人,双重处分7人,免予党纪处分3人。

从性质上看,违反组织人事纪律行为1件,占1.61%;违反廉洁自律规定行为13件,占20.97%;贪污贿赂行为13件,占20.97%;违反财经纪律行为5件,占8.06%;失职渎职行为13件,占20.97%;侵犯党员权利、公民权利行为4件,占6.45%;妨碍社会管理秩序行为13件,占20.97%。

从职级上看,立案28件其中科级干部6件,一般干部22件,其他人员34件。

从部门上看,事业单位22件,占立案总数的35.48%;政府部门11件,占17.74%;人大常委会机关1件,占1.61%;人民团体1件,占1.61%;农村27件,占立案总数的43.55%。

从办案机关看,县纪检监察机关办理26件,县直属机关纪检监察机构办理7件,乡镇纪委办理29件。

2013年,全县纪检监察机关共结案62件,共处分59人,其中科级干部6人,占10.17%;一般干部20人,占33.9%;其他人员33人,占55.93%。政纪警告处分8人,政纪记过处分7人,政纪记大过处分1人,政纪降级处分1人,政纪撤职处分2人,政纪开除处分1人;党纪警告处分23人,党纪严重警告7人,撤销党内职务1人,留党察看处分3人,开除党籍处分12人,双重处分7人,3人免予党纪处分。

2014年,全县各级纪检监察机关共接受信访举报113件次,总量比上年增长16.5%;案件监督管理室处置反映问题线索114件次,同比增长111.1%;立案111件,增长82.3%,结案109件,查结率98.2%。给予党纪处分88人,政纪处分38人,双重处分15人,免予党纪处分7人,移送司法机关12人,挽回经济损失326.73万元。

从性质上看,违反政治纪律类1件,占0.9%;违反组织人事纪律类5件,占4.5%;违反廉洁自律规定类12件,占10.8%;贪污贿赂类23件,占20.7%;违反财经纪律类7件,占6.3%;失职渎职类20件,占18.0%;侵犯党员权利、公民权利类5件,占4.5%;妨碍社会管理秩序类36件,占32.4%;严重违反社会主义道德类2件,占1.8%。

从职级上看,立案的111件案件中,涉及人数121人,其中,乡科级干部23件25人,一般干部38件46人,其他人员50件50人。

从部门上看,党务机关6件,约占立案数5.4%;事业单位30件,占立案总数的27%;政府部门31件,占27.9%;人民团体2件,占1.8%;农村41件,占立案总数的36.9%;其他1件,占0.9%。

从办案机关看,县纪检监察机关办理60件,县直属机关纪检监察机构办理24件,乡镇纪委办理31件。

是年,共结案109件,处分111人,其中科级干部20人,占18.0%,同比增长233.3%;一般干部41人,占36.9%,同比增长95.2%;其他人员50人,占45%,同比增长56.2%。政纪警告处分16人,政纪记过处分4人,政纪记大过处分3人,政纪降级处分2人,政纪撤职处分8人,政纪开除处分5人;党纪警告处分34人,党纪严重警告17人,撤销党内职务4人,留党察看处分3人,开除党籍处分30人;双重处分15人,免予党纪处分7人。

2015年,全县各级纪检监察机关共接受信访举报92件次,总量比上年下降18.6%;案件监督管理室处置问题线索249件,同比增长116.5%;立案238件,同比增长124.5%;结案191件,同比增长81.9%;查结率80.3%。处分人数207人,同比增长91.7%,其中给予党纪处分144人,同比增长67.44%;政纪处分90人,同比增长136.8%;双重处分27人,同比增长68.75%。移送司法机关处理13人,同比增长8.33%。被立案乡科级干部47件(53人),同比增长104.3%(112%);挽回经济损失1146.7万元。

从主要违纪行为看,失职渎职类66件,约占27.73%;贪污贿赂类49件,约占20.59%;妨碍社会管理秩序类42件,占17.64%;违反财经纪律类37件,占15.55%;违反廉洁自律规定类38件,占15.97%;违反组织人事纪律类3件,占1.26%;破坏社会主义经济秩序行为类1件,占0.42%;严重违反社会主义道德行为类1件，占0.42%；侵犯党员权利公民权利行为类1件，占0.42%。

从职级上看：立案的238件中，涉及人数258人，其中：乡科级干部47件53人，一般干部95件105人，其他人员96件100人。

从部门上看，立案的238件中，党务机关2件，占0.84%；政府机关66件，占27.73%；政协机关2件，占0.84%；人民团体1件，占0.42%；事业单位74件，占立案总数的31.09%；农村93件，占立案总数的39.08%。

从办案机关看：立案的238件中，县纪检监察机关办理162件，县直属机关纪检监察机构办理20件，乡镇纪委办理56件。

是年，全县纪检监察机关共结案191件，处分207人，其中科级干部46人，占22.22%，同比增长130%；一般干部95人，占45.89%，同比增长131.71%；其他人员66人，占31.88%，同比增长40.43%。政纪处分90人，其中政纪警告处分48人，政纪记过处分9人，政纪记大过处分6人，政纪降级处分8人，政纪撤职处分8人，政纪开除处分11人。党纪处分144人，其中党纪警告处分80人，党纪严重警告处分40人，留党察看处分10人，开除党籍处分14人。双重处分27人，免予党纪处分1人。

2016年，纪检监察机关共接受信访举报167件次，同比增长81.5%；案件监督管理室处置问题线索299件；立案260件，同比增长9.2%；结案277件，同比增长45%。给予党纪政纪处分330人（受党纪政纪双重处分16人），同比增长41%；处分人数314人，同比增长51.7%；移送司法机关4人，同比下降69.2%。

2017年，纪检监察机关共接受信访举报237件次。其中，来信109件，占45.9%；来访121次，占51.05%；来电7次，占2.95%。案件监督管理室处置问题线索556件。是年，立案282件312人，同比增长8.5%，其中乡科级干部35件35人，一般干部64件68人，其他人员183件209人。结案277件，给予党纪政纪处分306人，比上年降2.5%。党纪处分人数279人，给予党内警告处分172人，给予党内严重警告处分69人，撤销党内职务处分1人，给予留党察看处分12人，给予开除党籍处分25人。政纪处分人数31人，其中给予警告处分18人，给予降级处分1人，给予撤职处分11人，给予开除公职处分1人。移送司法机关1人。

2018年，案件监督管理室收到中央巡视组转交问题线索25件次，省委巡视组转交问题线索328件次，其中，21件为省委巡视组转交市纪委，再由市纪委转交案件监督管理室，市委巡察组转交问题线索30件次，县委巡察组转交问题线索51件次，市纪委转交问题线索12件次，问责线索1件次，县信访室转交问题线索119件次，司法移送问题线索79件次，领导交办25件次，其他部门移送问题线索48件次。是年，立案287件309人，同比增长2.1%，其中乡科级干部36件38人，一般干部77件87人，其他人员174件184人。结案294件，给予党纪政务处分309人，同比增长6.1%。党纪处分人数265人，给予党内警告处分167人，给予党内严重警告处分67人，撤销党内职务处分2人，给予留党察看处分10人，给予开除党籍处分19人。政务处分人数56人，其中给予警告处分25人，给予记过处分5人，给予降级处分8人，给予撤职处分13人，给予开除公职处分5人。移送司法机关2件2人。是年，共办理留置案件2件，已办结1件，正在办理1件。其中2018年3月办理了铜仁市留置第一案，共计留置89天，采取各项审查调查措施共计264次，其中谈话1次、询问61次、查询76次、冻结2次、调取38次、扣押5次、搜查2次、留置1次。案件监督管理室按照留置相关规定开展工作，并配合案件室做好留置工作。

2019年，案件监督管理室共收到问题线索204件次，其中市委巡视组转交问题线索1件次，市纪委转交问题线索8件次，县信访室转交问题线索49件次，司法机关移送问题线索19件次，领导交办15件次，内设部门移送111件次，其他部门移送问题线索1件次。立案148件155人，同比增长1.4%，其中乡科级干部23件24人，一般干部50件51人，其他人员75件80人。结案91件，给予党纪政纪处分101人，同比增长

9.6%。党纪处分人数91人,给予党内警告处分50人,给予党内严重警告处分29人,撤销党内职务处分1人,给予留党察看处分2人,给予开除党籍处分9人。政务处分人数20人,其中给予警告处分4人,给予记过处分2人,给予降级处分3人,给予撤职处分5人,给予开除公职处分4人,移送司法机关2件2人。

2020年共收到问题线索361件,其中县委巡察组转交问题线索179件次,市纪委转交问题线索15件次,县信访室转交问题线索39件次,司法移送问题线索67件次,领导交办16件次,内设部门移送问题线索34件次,其他单位移送问题线索11件次。立案341件352人,同比增长13.7%,其中党纪立案263件272人;政务政纪立案87件89人,党纪政务立案9件9人;涉及乡科级干部59件59人,一般干部122件127人,其他人员160件166人。结案311件,给予党纪政纪处分314人,同比增长0.3%。党纪处分人数241人,给予党内警告处149人,给予党内严重警告处分66人,撤销党内职务处分2人,给予留党察看处分10人,给予开除党籍处分14人。政务处分人数90人,其中给予警告处分37人,给予记过处分13人,给予记大过处分4人,给予降级处分17人,给予撤职处分9人,给予开除公职处分10人,移送司法机关4件4人。

第三节　办案安全工作

办案安全工作是纪检监察机关审查调查的生命线。2013年以来,全县纪检监察机关认真落实“三转”要求,聚焦中心任务,突出主业主责,进一步加大查办案件工作力度。同时,强化办案安全防范措施,切实加强安全管理,做到零容忍、严追究、守底线,实现办案零事故。

一、基本情况

2012年12月,根据《关于在松桃苗族自治县纪律检查委员会松桃苗族自治县监察局增设案件监督管理室的通知》,增设案件监督管理室,履行“对依纪依法安全办案情况进行监督检查,对委局办案场所的安全保卫、保密工作进行监督检查,落实办案安全工作责任制,配合联系有关纪检监察室做好办案安全事故调查和责任追究”等职责,对安全文明办案的有了专门的监督检查机构。在2013年至2016年的四年中,全县纪检监察机关立案577件,结案462件,没有发生一起安全事故。

按照职责和要求,案件监督管理室从2017年起履行管理谈话室的工作职责,截至2020年12月底,全县教育谈话室共使用624次,其中,县级谈话室使用115次,乡镇(街道)教育谈话室共使用509次,在开展审查调查安全工作中未发生过安全事故,实现了办案安全“零事故”。

二、主要措施

(一)注重办案安全教育。高度重视办案安全工作,在每次召开全县纪检监察工作会、季度工作例会时,都要对办案安全工作进行强调、提醒。尤其是当上级对办案安全提出新要求、新举措时,县纪委县监委(监察局)都要在第一时间组织相关部门的人员进行学习和传达,全面掌握执纪审查安全相关规定和要求,始终把办案安全放在工作的首位,要求全体办案人员强化底线思维,加强规范管理,防止能力不足导致乱干、蛮干,出现违纪违法查案现象致使安全事故发生。

(二)强化办案安全管理。中共十八大后,县纪委监察局为切实履行好纪检监察职责,先后印发《关于进一步加强办案安全工作的通知》《关于进一步加强纪委办案点陪护管理和后勤管理工作的通知》《关于进一步加强办案点规范化管理工作的通知》等文件,印发《关于进一步加强办案安全管理工作的意见》《办案安全工作责任制度(试行)》等制度。

2017年7月14日，县纪委办公室印发经县纪委常委会会议研究同意的《松桃苗族自治县纪委监察局工作规程》，对谈话室的管理使用作出明确规定：①使用县级谈话室需填写谈话室使用审批表，同时制定审查谈话方案及应急预案，经分管领导同意、报主要领导批准。市纪委和其他县区纪检监察部门使用县谈话室，报经上级纪委分管领导同意，案件监督管理室备案登记。委局审查组使用谈话室，由案件监督管理室统一安排。②县级谈话室使用结束后，调查组应清理现场资料，录音录像材料在5个工作日内拷贝到硬盘备份，由案件监督管理室和审查组分别保管。③使用乡镇教育谈话室要填写教育谈话室使用审批表、谈话对象接受谈话登记表、谈话对象身体情况登记表、撤离谈话室备案表、执纪审查谈话工作问卷，乡镇（街道）纪（工）委书记审核后报县纪委监察局分管领导批准。④案件监督管理室要定期对谈话室的使用情况进行监督检查，对发现的问题提出整改意见。⑤乡镇（街道）党（工）委每年使用教育谈话室不得少于12次。民生监督组办理的案件一律在教育谈话室进行谈话，每年不得少于6次。

2018年11月，县纪委县监委根据《贵州省纪检监察机关审查调查安全员设置管理监督办法（试行）》，及时明确案件监督管理室工作员为县安全联络员、各乡镇（街道）纪（工）委书记为各乡镇（街道）安全监督员。同时明确，各审查调查组在办理具体线索初核时，明确一名安全第一责任人、一名安全监督员，负责整个线索初核及办结阶段的安全工作。11月29日，县纪委县监委对办案进一步规范：要求严格执行谈话室使用陪护制度，在审查组谈话室明确2名以上人员进行陪同，规范连续谈话不超过6个小时，谈话时间不超过24时；调查组进行的审查谈话时，必须进入谈话室谈话，全程录音录像。录音录像资料由案件监督管理部门和审查组分别保管；要填写"走读式"谈话"七表一须知"；调查组务必重视思想减压工作；调查组在被谈话对象撤离时，填写撤离谈话室相关表格，按规定进行拍照留存，履行接送谈话对象"手递手"交接手续。

（三）完善办案安全硬件设施。通过加大投入，在2016年完成全县26个新建乡镇教育谈话室的基础上，按统一标准，对照安全方面的要求进行了"软包装"，保证每个乡镇至少有1间软包谈话室。

2017年，县级谈话室通过升级改造，在会议中心一楼建设询（讯）问室，配备高标准谈话室2间、办案人员值班室1间、监控值班室1间、休息室2间、医务室1间，配置冰箱1台、电源续电器1台、灭火器4个以及安装高清监控探头、隐藏电源，为安全防范工作筑就一道可靠的预防措施。

2018年，县监委成立后，又在行政中心办公大楼一楼设立临时谈话室3间，并于是年12月安装录音录像设备，保障重要的审查调查谈话能在监控下进行。

2020年向县级谈话室和大坪场镇"走读式"谈话室配备了10个过滤式呼气器（防毒面具），重新充装了8个灭火器；向甘龙镇、牛郎镇等8个乡镇（街道）更换教育谈话室监控摄像头、刻录硬盘、电源器等硬件设备；向县级教育谈话室配备10个金属探测仪及2个安检门，向各乡镇（街道）配备2个金属探测仪。不断完善办案安全措施的设备设施。

（四）推行事故责任追究。每年初，县纪委都将与各基层纪（工）委、派驻纪检组及相关案件审查调查部门签订《纪律审查调查安全工作责任书》，把安全事件应急预案和办案安全责任层层细化分解，压紧压实审查调查安全责任。严格落实谈话时间要求，规范录音录像资料保管，确保执纪审查谈话程序合法、手续合规、安全文明。制定完善《县纪委县监委依纪依法安全文明办案工作制度》，要求执纪审查部门每初核和查办一件案件都要签订一个安全办案责任书，做到安全工作责任随时监督、随时提醒、随时跟进，确保办案安全万无一失。

与此同时，在执行上级纪委办案安全防范工作及责任追究规定的基础上，从2013年5月起，按照中央、省、市纪检监察机关依纪依法安全文明办案的规定，制定《松桃苗族自治县纪检监察机关办案安全管理责任制》和《松桃苗族自治县纪检监察机关依纪依法安全文明办案工作实施办法》,详细规定谈话、陪护、监控、医疗、交接班、被调查人员饮食、办案暂扣款物管理、办案人员纪律等制度,并明确了办案安全责任和责任追究制度;印发《松桃苗族自治县纪检监察机关应对违纪违法党员干部谈话或调查期间安全事件应急预案》,以松纪通〔2013〕7号文件建立办案期间医疗绿色通道,明确县人民医院和县民族中医院1名副院长作为绿色通道联系人,分别明确1名外科和内科医生作为绿色通道专人医生,保障办案期间医疗安全。

(五)加强督查消除隐患。实行办案安全一案一总结制度,对办案情况进行安全检查、查找薄弱环节,认真处理并采取措施及时解决,防范隐患的发生。从细节入手,从小事着眼,始终绷紧办案安全这根弦,做到警钟长鸣、常抓不懈,从根本上防止和杜绝办案安全事故的发生。加强对执纪审查调查安全工作的日常监督,发现问题及时整改、纠正。切实做到执纪审查调查工作推进到哪里,安全监督工作就跟进到哪里。认真落实办案安全情况报告制度,要求各部门将办案安全情况及时报案管室,没有发生安全问题的,也要进行“零报告”。每年将办案安全列入执纪审查调查管理的主要内容,将落实办案安全措施作为重要指标进行管理考核,对发现安全事故的“一票否决”。2020年,通过对乡镇(街道)教育谈话室实地检查、查阅案卷资料、调看录音录像、查看谈话室使用“七表一须知”及相关台账等的监督检查,发现问题47个,针对存在的问题发出整改通知书15份,以消除安全隐患,确保办案安全。

第十三章　信息宣传教育与调查研究

反腐倡廉宣传教育是党的思想政治工作的重要组成部分，是纪检监察机关的一项重要职能和经常性工作。松桃（苗族自治）县纪检监察机关历届领导班子重视党风廉政建设和反腐倡廉的宣传教育工作，并根据各个时期反腐败斗争的形势任务，开展形式多样、内容丰富、注重实效的宣传与教育工作，着力解决党员干部在党性党风党纪方面存在的突出问题，促使广大党员干部牢固树立正确的人生观、价值观，增强廉洁从政意识，提高拒腐防变能力，保证各个时期各项工作任务的完成。

第一节　反腐倡廉宣传

纪检监察机关主办的专业性报刊和网站，是纪检监察机关对广大党员干部和人民群众进行党风廉政建设和反腐败斗争宣传教育的基本载体，各级党报党刊和电台、电视台及网站微信公众号开办的反腐倡廉专题栏目也是宣传反腐倡廉建设的重要平台。松桃县（苗族自治县）纪检监察机关自建立以来，运用多种途径和载体，开展党风廉政建设和反腐倡廉的宣传活动，展示反腐败工作成果。

1951—1956年，县纪委（监委）的宣传主要通过学习文件、通报案件的方式，对党员和干部进行党性党风党纪的宣传教育。

1956年6月，《松桃报》创刊后，在报纸上主要宣传纪律检查有关规定、纪律守则、登载典型案例等内容。同时，利用黑板报、宣传栏、墙报宣传党和国家反腐倡廉的方针政策、重大成效。

1960年，县监委运用召开群众大会的时机，通报典型案件，教育党员、干部和群众；另一方面，利用黑板报、壁报、大字报、召开现场会等形式，宣传党员应遵守的纪律，对违法失职的工作人员进行党的纪律教育和监察工作的宣传。

1979年3月，县委纪委恢复重建。1980年9月，县委纪委正式建立后，就把宣传工作紧紧抓在手上。尤其是十一届六中全会通过的《关于党内政治生活的若干准则》（以下简称“准则”）公布以后，县纪委利用自己主办的内部刊物《党风和党纪》宣传贯彻准则，表扬先进，树立榜样，形成学习、宣传、贯彻、落实准则的高潮，用中央纪委的“约法三章”检查指导工作。

1991年，县纪委在运用党报党刊、纪检监察主办专业报刊发表反腐倡廉文章外，还以自己主办的内部刊物《党风和党纪》开展党风廉政建设和反腐败斗争的宣传，对中央纪委颁发的八个纪律条规的学习进行专题讲座。是年，县纪委编印《纪检监察信息》，宣传取得的成效，总结工作经验，指导基层工作的开展。

1997年，以学习、宣传、贯彻《中国共产党纪律处分条例（试行）》《中华人民共和国行政监察法》和《中国共产党党员领导干部廉洁从政若干准则》为主，举办学习培训班，受训人员达97人。同时结合黔湘渝边区实际，联合周边县开展具有民族特色的党政纪法规宣传活动。与重庆市秀山土家族苗族自治县纪委监察局、湖南省花垣县和保靖县纪委监察局及花垣县茶洞镇党委政府、贵州省松桃苗族自治县迓驾镇党委政府在茶洞镇联合举办了民歌、苗歌、三棒鼓宣传党纪政纪法规活动。既促进了边区睦邻友好、民族团结,又扩大了党纪政纪法规的宣传效果。

2002年,在地级以上报刊发表反腐倡廉文章15篇,其中地级刊物8篇、省级刊物7篇。

2003年,利用28个乡镇广播站播放反腐倡廉电教片448场次,累计330多小时。

2004年,强化影视教育宣传,连续每周两次用30分钟时间在县电视台播放正反两方面的教育宣传片。

2005年,利用电视网络教育的优势,播放宣传教育专题片9期,廉政广告57条,举办廉洁自律座谈会4次。

2006年,一是组织党员干部撰写党风廉政宣传理论文章143篇。二是开展"学党章、庆七一"知识演讲活动,同时组织选手参加地区纪委、地委组织部、地委宣传部举办的"学党章、倡廉政"演讲比赛,获两项创作奖,一项第三名、一项优秀奖。三是开展典型教育,评选了30名廉政先进个人。四是利用电教片和典型案例对党员干部进行警示教育,组织党员干部观看《赌向深渊》《来自高墙内的忏悔》等电教片553场次,对县纪委办理的典型案件进行通报。五是以大型文艺表演宣传党章党纪,举办文艺晚会3场,1.1万多名党员干部受到教育;举办歌咏比赛1场,3000多名党员干部参加比赛。六是推进廉政文化"六进"活动。在推进廉政文化进家庭活动中,向全县副科级实职以上领导干部家属发出倡廉公开信520封,召开县直机关领导干部家属反腐倡廉座谈会,与县妇联等单位利用"母亲节"开展"拒绝腐败、促廉保廉"签名活动,并开展家庭助廉活动,全县共评选助廉保廉贤内助20名。七是以苗族民歌演唱形式,开展以"八荣八耻"为主要内容的社会主义荣辱观教育。八是与县委宣传部联合培训党风廉政宣传通讯员135人。

2007年,党风廉政建设宣传教育工作重点是"加强作风建设、促进廉洁从政"为主题的"六个一"教育活动。主要采取以下措施:一是狠抓形势宣传教育。利用《松江之声》、松桃有线电视台等媒体宣传党中央关于反腐倡廉的一系列方针政策,切实做到家喻户晓。二是开展党纪政纪条规学习宣传教育活动。召开180余人参加的全县副科级以上党员干部"警示教育报告会",组织全县党员干部集中收看《居安思危》《生死牛玉儒》等中央纪委组织制作的有关作风建设示范和警示教育片,并要求党员领导干部及时撰写观后心得体会。在全县党员干部中组织开展"加强作风建设、促进廉洁从政"为主要内容的知识测试活动,发出测试试卷1000余份,测试合格率在95%以上。三是开展宣传教育调研工作。完成调研课题2个,撰写理论研讨文章4篇,撰写中共十六大以来反腐倡廉宣教工作回顾、总结和展望工作情况报告1篇。四是依托县内外各种媒体,及时刊载全县纪检监察工作的好经验好做法,是年,反映纪检监察方面的信息被各级党报党刊采用45条;编发《纪检监察信息》20期63条。

2008年,全县反腐倡廉宣传教育工作以中共十七大精神和纪念改革开放暨党的纪律检查机关恢复和重建30周年活动为主题,以开展形式多样的活动为载体,以廉政文化"六进"活动为切入点,加强廉政文化建设,推进反腐倡廉宣传教育。一是加强学习教育,确保中共十七大精神得到贯彻落实。年初,县纪委对学习中共十七大精神作出总体部署,对学习提出了明确要求。二是积极开展纪念改革开放暨党的纪律检查机关恢复和重建30周年系列活动。先后开展了以"改革开放与反腐倡廉建设"为主题的理论研讨活动,廉政书画展活动,"扬正气、促和谐"廉政公益广告创作评选活动。11月12日,举行"清风颂文艺颁奖晚会",对29名勤政廉政先进个人、20名"助廉保廉"贤内助、10户廉洁家庭和10名纪检监察系统先进工作者进行表彰。三是筑牢拒腐防变的思想道德防线。深入推进廉政文化"六进"活动;印发《关于在全县纪检监察系统开展向李彬同志学习活动的通知》,号召全县广大纪检监察干部向先进典型学习;先后为工商系统、国土系统、财政系统和卫生系统党员干部上廉政党课;召开各乡镇党委书记、乡(镇)长、纪委书记、党政办主任和县直部门副股级以上党员干部共800余人参加的警示教育大会。会上,集中观看《走上被告席的大法官》等反腐倡廉警示教育片。四是完善工作机制，建立完善县党风廉政宣传教育联席会议制度，宣传教育工作例会制度。创作配乐诗节目《卫士之歌》在11月26日参加地纪委举办的“做党的忠诚卫士，当群众的贴心人”配乐诗朗诵比赛中获三等奖。

2009年，全县坚持把党风廉政宣传教育与深入学习实践科学发展观活动相结合，创新手段，丰富载体，拓展渠道。一是深入推进廉政文化“六进”活动。投入资金50万元编撰“廉政文化进校园”初中版课本，发放到39600名中学生手中；编印2000册廉政台历，发放给全县副科级以上领导干部；开展“廉政家风·文明家庭”征文活动，对收到的80余篇征文进行了评奖表彰。二是加强正反典型教育。开展“向王瑛同志学习”为主题的学习讨论活动，建成全县党员干部警示教育基地，有38个单位500余人到警示教育基地接受警示教育。三是认真做好党风廉政建设调研和信息编发工作。完成6篇调研课题，编写信息61期107条，其中被国家级采用1条、省级采用7条、地级采用26条；在全县聘请15名党风廉政建设特邀宣传调研员。四是扎实开展《中国共产党巡视工作条例（试行）》等中央四个反腐倡廉重要文件的学习贯彻活动，12月初，对全县副科级以上干部进行学习四个重要文件理论知识测试。

2010年，全县组织学习《中国共产党党员领导干部廉洁从政若干准则》（以下简称“廉政准则”），并于5月开展了廉政准则知识竞赛，全县4000多名党员干部参加廉政准则知识测试活动，参与率达98%；6月在全县范围内开展学习贯彻廉政准则演讲比赛，参赛单位91个，涉及4000余人；9月份，与县委宣传部、县委党校组成宣讲团，在全县10多个乡镇进行廉政准则主题宣讲，听讲人数近千人。组织参加全区廉政准则电视竞答赛活动并获得二等奖；在《松江之声》、松桃电视台、松桃信息网、松桃政府网站等各种媒体开辟廉政准则宣传专栏。抓好廉政文化建设。以《松桃苗族自治县廉政文化进校园》（初中读本）为载体，在全县各中学师生中开展“争做‘四有’新人”和师德师风建设活动。12月7日，全区廉政文化进校园现场会在松桃召开，会议高度评价松桃廉政文化进校园工作，并要求在全区进行推广。抓好正反典型教育。开展以“忠实践行宗旨、勤政廉政为民”为主题的党性党风党纪教育培训5期，覆盖面达到80%以上。全年组织各层面、各系统107个单位2105名党员干部到县委党风廉政警示教育基地接受教育。8月18日，召开全县纪检监察机关案例通报暨警示教育大会，全县副科级以上领导干部1300余人参加了会议，会上通报中共十七大以来全县查处的典型案例。抓好反腐倡廉舆情网络信息机制建设，建立反腐倡廉舆情网络信息工作制度，建立了网络舆情信息员和网评员队伍。

2011年，一是扎实推进惩防体系建设，加强对惩防体系建设各项分工任务的督促检查。印发《松桃苗族自治县贯彻落实〈建立健全惩治和预防腐败体系2008—2012年工作规划〉的实施办法》及其《任务分工表》，制定督促检查制度。二是深入开展领导干部党性党风党纪教育，各乡镇和部门共开展针对党员干部岗位廉政教育和示范教育55次、警示教育36次。深入开展以《中华人民共和国行政监察法》为主要内容的学习宣传贯彻活动，将党性党风党纪教育列入县委党校的教学计划。三是开展廉政风险防范管理工作。要求各单位干部职工认真查找廉政风险点、确定风险等级、制定防范措施。四是加大反腐倡廉建设外宣力度，在地级以上主流报刊媒体发表纪检监察类文章200余篇。五是开展廉政文化进农村、进机关、进校园、进企业、进家庭、进社区创建活动。六是对县委党风廉政警示教育基地进行了改版，建立健全反腐倡廉舆情网络信息工作制度。

2012年，一是认真开展党员干部廉政教育。县纪委会同县委组织部、县委宣传部组成3个宣讲组，深入28个乡镇开展“农村基层干部廉洁履职”巡回宣讲，3000多名基层干部受到教育。组织乡镇和县直部门主要负责人的配偶共80余人，集中进行反腐败警示教育。组织党员干部700多人，集中观看电影《忠诚与背叛》。在林业、环保、国税等部门和部分乡镇，开展廉政专题教育12次。以本县3名原科级干部受贿的事实为题材,制作反腐败专题片《贪之祸》发放到各乡镇、县直部门组织观看,用身边的反面典型教育党员干部。二是由县文体广电旅游局、县总工会、县民政局、县妇联、县机关工委、县教育局为牵头单位,在县工商局、县文体广电局、长兴中学、盘信镇马台村、迓驾镇青山村等开展廉政文化试点活动。在国家、省、市各级媒体,发表党风廉政建设外宣稿件360余篇。

2013年,以党性党风党纪教育为重点,加强对党员干部特别是领导干部的理想信念教育和廉洁从政教育。编印《松桃苗族自治县反腐败典型案例警示教育读本》2600册,收集贪污受贿案、以权谋私、失职渎职案等案例14例,发送至全县股级以上干部;组织实施廉政文化"六进"创建活动要求,各单位在机关醒目位置设置廉政格言警句、廉政公益广告、廉政书画等,在办公桌上摆放廉政风险监督卡。县财政局、县农牧科技局及迓驾镇青山村等54个村制作廉政文化墙,同时打造廉政文化进农村示范点28个。在乡镇和部门共开展岗位廉政教育12场次,其中有针对性地在县交通局、县运管所、县安监局、中国人民银行松桃支行等单位开展重点教育。在各乡镇、各部门开展"百名领导讲廉课"活动120多场次,8000多名干部职工受到教育,参加讲廉课的领导干部达到100人以上。开展"学习党章、践行党章""学习党章、廉洁奉公"廉政知识、廉政书画和剪纸大赛等活动,增强全县党员干部和群众的廉洁意识;各单位通过集中学习、领导讲廉课等形式,开展廉政教育或警示教育4次;在蓼皋镇6个社区设置警示栏、廉政文化橱窗,张贴廉政宣传字画,编排廉政主题文艺节目9个、开展廉政教育7场次;组织开展廉政作文比赛2次、廉政手抄报比赛2次、廉政演讲比赛1次、廉政书画现场赛1次;在企业管理层人员中开展依法经营和廉洁从业教育、勤俭办企业教育16次,开展警示教育7场次;加大农村廉政教育力度,向村干部发放县纪委编印的《松桃苗族自治县反腐败典型案例警示教育读本》900多册,设置农村"廉政书架"34个,发放廉政教育光碟36张、警示教育读本900多册;把廉政图画、廉政名言警句等作为农村文化墙的主要内容,全县建成文化墙160余幅。组织领导干部家属在县警示教育基地开展警示教育1次;向领导干部家属发放警示教育读本100余册;按照"一查二卡三防控四承诺"工作要求,对乡镇和部门新进人员、岗位调整人员进行廉政风险防控,同时将廉政风险防控工作向村、社区延伸。在《中国监察》《中国纪检监察报》《贵州日报》《铜仁日报》,以及人民网、中国反腐倡廉网等各级报刊和重要网站,发表党风廉政建设新闻稿件300余条。

2014年,以党纪党规教育为主线,突出重点对象、突出纵横覆盖、突出有利时机,不断创新教育方式、丰富教育内容,筑牢党员干部"防腐墙"。一是将副科级以上干部作为党风廉政教育的重点,组织开展领导讲廉课120余场次。组织乡(镇)党政"一把手"、部门班子成员130余人,在县人民法院旁听1起贪污受贿案的审理,并听取被告人现身说法教育。印制党的十八大以来中央、省、市、县作风建设规定学习手册发放750余名副科级以上干部学习。向750余名副科级以上干部的家属分别寄送廉政书信。开展党风廉政警示教育"六个一"活动,发放警示教育读本2000余本、警示教育专题片120套。会同组织部门举办5期村干部培训班,对全县990余名村干部集中开展廉政教育。组织项目单位党政主要负责人观看警示教育片《生命的代价》,组织各级各部门观看警示教育片《贪食"群蝇"终自毁》,实现县、乡镇、村(居、社区)、村民组四级播放。强化亲情感染,组织中学生开展"廉政家书"竞赛活动,全县1.2万余名中学生通过书信与家长话廉宣廉。创建廉政文化"六进"示范单位40个,通过路边墙、红横幅、小传单及新闻媒体广泛宣廉讲廉。注重舆论引导和信号传递,各级媒体采用松桃党风廉政建设新闻稿件和言论1100多篇(条),信息工作列全省第三名。

2015年,领导干部深入乡镇、部门开展讲廉课90场次,受教育干部达2000多人次;组织党员及其领导干部2.5万人次到县党风廉政警示教育基地接受廉政教育;组织乡科级领导干部到法院参加旁听3次,300名领导干部接受现场教育;利用宣布纪律处分同步开展警示教育52场次;制作《楠竹苗上的蛀虫》警示教育光盘，发放到各乡镇、部门、村组学习；整合高架广告、户外标语“红旗墙”、LED、网络报纸等宣传资源，全方位、立体式开展廉政宣传；在县人民医院、县中医院及各大园区开展廉政文化创建活动；开展对外宣传，在《中国纪检监察报》《贵州日报》《铜仁日报》、中国网、人民网、新华网、党风廉政建设网等主流媒体和省纪委网站、市纪委网站，发表新闻稿件884篇。

2016年，利用县党风廉政警示教育基地、县民生监督警示教育基地、县教育系统民生监督警示教育基地阵地，组织县四家班子领导干部及家属、乡镇和部门干部职工在3个教育基地开展教育活动61场，4000余人次受到教育。组织县直部门科级干部和股级干部3次在县法院旁听国家工作人员受贿案庭审。到乡镇和部门开展领导干部讲廉课130场。在宣布处分文件时，同步开展警示教育活动85场。协助市纪委摄制警示教育专题片《蝇贪之害》。组织全县党员干部学习《习近平关于严明党的纪律和规矩论述摘编》《铜仁市违反组织人事纪律典型案例选编》，收看警示教育专题片《任性的代价》《深山馋鼠》，发放学习读本8000余册。建立县纪委监察局微信公众号“清风松桃·民生微吧”，拓宽宣传渠道。总结党风廉洁建设和反腐败工作经验，提炼典型案例，利用松桃网、松桃手机报、微松桃和电视台等载体，每周通报曝光一起或一批典型案例53起。在市级以上主要媒体发表宣传稿件320余篇，上报省、市纪委直报信息115条，排名全省县级直报点积分第一。开展《实行作风量化分类管理，健全作风建设长效机制研究》《少数民族地区全面从严治党的实践与探索》重点课题调研，分别获全市二等奖、优秀奖。

2017年，组织开展《关于新形势下党内政治生活的若干准则》《中国共产党党内监督条例》《中国共产党问责条例》专题宣讲活动，宣讲范围涵盖全县乡镇（街道）和县直部门。推进廉政教育进党校，在县委党校开设廉政教育课程。组织乡镇（街道）和部门干部职工开展警示教育活动113场，通报曝光典型案例4起，转发中央、省、市纪委典型案例通报23期。在市级以上媒体发表党风廉政建设宣传稿件280余篇。

2018年，组织全县党员、干部职工学习《中国共产党纪律处分条例》《中华人民共和国宪法》《中华人民共和国监察法》。利用微信公众号组织开展《中华人民共和国监察法》自测自学答题，参与人数5万余人次。在各级媒体发表党风廉政建设宣传稿件200余篇，其中在中央纪委国家监委网站等国家级媒体发表稿件12篇。开展《基层监委规范运行的实践和探索》专项课题研究，研究成果获全市二等奖。组织全县27个乡镇（街道）及100余个县直单位（部门）开展警示教育126场次，开展2轮扶贫领域警示教育典型案例巡回展。创新宣传教育方式，制作家风主题曲《果香》，摄制反腐败原创微电影《果香阵阵》。选送《苗疆劲吹好家风美丽乡村入画来》专题新闻，在铜仁电视合新闻联播“家风大家谈”栏目中播出。聚焦农村“组组通”项目建设存在的问题，在县电视台开播《百姓问廉》栏目。加大典型案例通报曝光力度，共通报34期113人次。

2019年，在市级以上主要媒体发表各类文章近400篇（条），国家级50篇，其中中央纪委国家监委网站10篇、《中国纪检监察报》6篇、《中国纪检监察》杂志1篇、其他媒体33篇；省级142篇，其中贵州省纪委监委网站36篇、《贵州日报》6篇、《贵州纪检监察》杂志2篇、贵州电视台2条，其他媒体96篇；市级207篇，其中铜仁网站77篇、《铜仁日报》60篇，其他媒体70篇。

2020年，在市级以上主流媒体刊发文章703篇，其中国家级30篇，中央纪委国家监委网站4篇、《中国纪检监察报》5篇、《中国纪检监察》杂志3篇、其他媒体18篇；省级138篇，其中贵州省纪委监委网站48篇、《贵州日报》22篇、《贵州纪检监察》杂志2篇、其他媒体66篇；市级535篇，其中铜仁网站288篇、《铜仁日报》85篇，其他162篇。

第二节　纪法教育与党风廉政警示教育

加强思想道德和党纪国法教育，是引导党员干部修身律己、廉洁齐家，培养现代文明人格的有效方法，也是一体推进不敢腐、不能腐、不想腐体制机制，标本兼治推动全面从严治党向纵深发展的重要抓手。县纪检监察机关坚持守正创新，系统谋划，推进思想道德和党纪国法教育常态化、制度化、长效化，努力营造崇廉反腐、风清气正的浓厚氛围。

1963年至1964年，监察机关贯彻中央八届十中全会《关于加强党的监察机关的决议》，对全体监察干部进行了一次严肃认真的思想政治教育。通过清查，在党政机关、群众团体以及学校和企事业单位存在铺张浪费、多吃多占、生活特殊化及官僚主义等现象，其中严重官僚主义1人、革命意志衰退9人、腐化堕落13人。对贪污盗窃的6人、严重道德败坏腐化堕落的3人，分别给予党纪政纪处分和刑事追究，教育了干部，严肃了党的纪律，保证了党的政治任务和中心工作的顺利完成。

1985年至1987年，县纪委结合检查党的路线、方针、政策执行情况，查处了一些群众反映强烈的案件，执行了党的纪律，把党员典型违纪案，在全县各级党组织将他们的错误事实进行通报，教育广大党员，促进了党风好转。

1988年至1989年，县纪委在认真开展党风党纪教育的基础上，以现场公开处理为突破口，切入作风整顿，在全县广大党员中开展一次深刻的党风党纪教育。

1990年，组织党员和纪检干部学习中纪发〔1990〕1、2、3号文件，采取上党课的形式对入党积极分子和新党员进行党风党纪教育；对一些典型案例进行通报和剖析，扩大教育面。如对孟溪区粮管所会计尚某某贪污公款2万余元一案，进行了剖析。同时对违纪党员进行回访教育，为了帮助受处分的违纪党员总结教训，进一步提高思想认识，振作精神，鼓励他们努力工作，有的还进行了走访。

1992年，县纪委在全县党员干部中利用县委组织部的电教设备、业余党校、党员活动室以及培训会等，到乡镇、农村、厂矿、机关、学校放映《被金钱腐蚀的灵魂》《反思》《从法官到囚犯》等电视录像片开展警示教育。共放映78场次，受教育党员干部7560余人。

1993年，组织党员干部观看了《新中国第一大案》影片，通过县有线电视台播放《伟人传》《警钟》等10个党风党纪教育片。开展党性锻炼实践活动教育，根据不同岗位、不同对象、不同层次，有效地开展党员联户活动、党员包片扶贫、党员挂牌服务等项活动，把党员教育工作同全社会的精神文明、同农村稳定脱贫、企业转换经营机制等改革内容有机地统一起来。

1994年到1998年，县纪委在全县范围内积极开展电化教育，共组织播放党风廉政及反腐倡廉教育片345场次，受教育党员干部数达27.1万多人次，收到较好效果。

2003年，组织广大党员干部集中收看《胡长清案件警示录》《警钟》《慕绥新、马向东案件剖析》等专题警示教育片180场次，1158名党员干部受到了教育，此外还利用唐某某、梁某某等发生在身边的典型案例作反面教材进行警示教育。

2004年，组织广大党员干部集中收看《绝路》《王怀忠的两面人生》《错位人生》等警示教育片760场次，5600名党员干部受到教育。此外，还利用龙某某等发生在身边影响经济环境的典型案例作警示教育。

2005年，与铜仁五监狱联系，安排4名服刑人员现身说法，以案说纪，用他们人生的蜕变历程对全县副科级以上领导干部开展警示教育，将纪检监察机关查办的典型案件通报全县，教育全县干部引以为戒。

2006年，利用电教片和典型案例对党员干部进行警示教育，组织党员干部观看《赌向深渊》《来自高墙内的忏悔》等电教片553场次，对自办的典型案件进行通报2件3人，其中沙坝河乡政府干部李某某破坏选举案在全县进行通报引起强烈反响，并被地区纪委、地委组织部作为典型案例转发各县，通过反面典型教育，进一步营造了良好的舆论氛围。

2007年，召开180余人参加的全县副科级以上党员干部"警示教育报告会"，组织全县党员干部集中收看了《居安思危》《生死牛玉儒》等中央纪委组织制作的有关作风建设示范和警示教育片，并要求党员领导干部及时撰写观后心得体会。

2008年，组织全县28个乡镇党委书记、乡（镇）长、纪委书记及县直部门副股级以上党员干部800余人参加警示教育大会。会上，集中观看了《走上被告席的大法官》《居安思危Ⅱ—颜色革命警示录》《失衡的秤——王昭耀受贿案警示录》反腐倡廉警示教育片，筑牢拒腐防变思想道德防线；县委、县纪委监察局在县人民法院建立县党风廉政警示教育基地，县纪委定期或不定期组织党员干部到警示教育基地开展党风廉政教育。

2009年，38个单位部门500余名党员干部到县人民法院党风廉政警示教育基地接受警示教育。

2010年，召开全县纪检监察机关案例通报暨警示教育大会，全县副科级以上领导干部1300余人参加会议，县纪委将中共十七大以来查处的典型案例在会上进行通报，用身边人身边事警醒党员干部，筑牢党员领导干部的思想道德防线。

2011至2012年，组织新提拔领导干部旁听1起受贿案；组织乡镇、部门党员干部和企业员工开展警示教育18次，涉及40余个单位。组织乡镇和县直部门主要负责人的配偶共80余人，集中进行反腐败警示教育；组织全县党员干部700多人，集中观看电影《忠诚与背叛》警示教育专题片，教育广大党员干部。

2013年，组织各乡镇、各部门2012年7月以来新提拔的领导干部，在县法院旁听一起受贿案的审理，并开展现身说法教育，用身边的案例教育广大党员干部；在乡镇、部门开展"百名领导讲廉课"活动120多场次，8000多名干部职工受到教育。在警示教育基地开展教育活动13次，受教育党员干部达500余人；选取10余起典型案例，宣布处分决定时在发案单位开展警示教育。

2014年，全县各乡镇和部门共开展针对党员干部尤其是党员领导干部开展警示教育36次；全县党员干部警示教育的面达到95%以上；对领导干部及其配偶共3780多人进行警示教育。120余个单位组织党员干部共6000多人到3个县党风廉政警示教育基地开展教育活动；发放警示教育读本2000余本、警示教育专题片《被"欲火"焚毁的"群蝇"》120套；组织乡科级党员干部旁听县扶贫办原副主任龙某某案的审理，撰写读后感或观后感4000余篇；制作《县扶贫办原副主任龙某某严重违纪违法案》警示教育专题片；组织各单位部门主要负责人集中观看警示教育专题片《生命的代价》《贪食"群蝇"终自毁》。

2015年，县党风廉政警示教育基地从县人民法院搬迁到县委党校。同时，在孟溪镇建立县民生监督警示教育基地，在松桃民族中学建立县教育系统民生监督警示教育基地。其中，县党风廉政警示教育基地面积260平方米，分为9个展区。在孟溪镇建立的县民生监督警示教育基地投入资金27万元，面积126平方米，内设7个典型案例板块和1个多媒体视频播放室。在松桃民族中学建立的教育系统民生监督警示教育展厅，基地占地面积195平方米，分民生资金管理展示厅、教育系统师德师风警示教育典型案例展示厅。民生资金管理展示厅主要展示领导重视规范管理、义务教育阶段农村学生营养餐、民生资金惠万家、涉教领域民生资金监督等工作情况，为全县教育系统广大教职工提供一个相互学习的交流平台，夯实民生领域整治铸廉三年计划基础，规范全县教育民生资金管理使用；教育系统师德师风警示教育典型案例展示厅，主要展示2005年至2015年十年来的全县教育系统典型案例67个、中小学教师违反职业道德行为处理办法、贵州省教师“十严禁”等教育系统规范教师行为的管理办法内容。是年，3个警示教育基地建成后，有25000余名党员干部走进警示教育基地接受教育。县纪委监察局组织乡科级领导干部到法院参加旁听3次，300余名领导干部接收现场教育；组织开展宣布纪律处分同步开展警示教育活动，共进村开展警示教育40余场次；制作《楠竹苗上的蛀虫》警示教育专题片，并制作成光盘发放至全县各乡镇、部门、村组组织学习；印制发放民生领域典型案例读本5000册，发放惠民政策明白卡12万册，发放民生监督挂历10万份；牵头开展阳光村务“白黑板”工程，协助安装2127块“白黑板”。

2016年，开展领导干部配偶廉洁教育。寄送廉政书信，向领导干部配偶寄送《致全县领导干部家属的一封信》；观看专题微电影，以县内发生领导干部配偶收受贿赂的典型案例为题材，制作反腐专题微电影《破灭的盟约》，组织领导干部配偶集中观看。6月，在全市“学党规明党纪作表率”党规党纪知识竞赛中获二等奖；市内及县域内95个单位党组织，累计2000余名党员干部到县党风廉政警示教育基地接受教育；县教育系统民生监督警示教育基地，接受来自县第二、三、四中学教职工120余人开展警示教育活动；组织县四家班子领导干部及家属、乡镇和部门干部职工在3个教育基地开展教育活动61场，4000余人次受到教育；组织县直部门科级干部和股级干部3次在县法院旁听国家工作人员受贿案庭审；在宣布处分文件时，同步开展警示教育活动85场；协助市纪委摄制警示教育专题片《蝇贪之害》，制作成光盘发放至各乡镇、部门集中观看，开展警示教育；组织全县党员干部学习《习近平关于严明党的纪律和规矩论述摘编》《铜仁市违反组织人事纪律典型案例选编》，收看警示教育专题片《任性的代价》，发放学习读本8000余册；深入乡镇和部门开展领导干部讲廉课130场；组织开展党风廉政建设和反腐败斗争形势任务暨“一准则两条例”专题宣讲17场，5000多名党员干部受到教育。

2017年，“三抓三强”深入推进党员干部廉政教育，在县委党校举行的党员干部培训班上，设置廉政教育课程，分批次对党员干部进行廉政专题理论教育，通过讲座、党课、专题会等形式，开展勤政廉政主题教育；对换届工作进行全程监督和指导，期间组织观看破坏选举案专题片《镜鉴》110余场；利用全市精选的8个反腐倡廉小品，制作《反腐倡廉小品辑》光盘150个，发放各乡镇（街道）、部门集中观看，并在县电视台播放；组织乡镇（街道）和部门干部职工开展警示教育活动48场，2600余人接受教育；坚持以案示警，在宣布处分文件时，同步开展警示教育活动74场；印发基层干部违纪典型案例专题片《深山馋鼠》，在各部门、各乡镇（街道）、村（社区）播放630余场次；市民政局、市交通运输局、市邮政局等11个市级单位部门和县域驻松金融、税务等企事业单位10个部门及本县各级党组织先后到县党风廉政警示教育基地参观，累计3000余人次接受教育；孟溪镇组织党员干部及群众18次1000余人到民生监督警示教育基地接受教育，播放警示教育片45场，累计接待1542人次。

2018年，开展“讲奉献、重品行、作表率”勤廉纪检监察干部评选活动，弘扬正气，树立标杆，忠诚履职，争做“讲奉献、重品行、作表率”标兵；组织参加新时代学习大讲堂专题讲座，认真聆听学习“加强扶贫领域监督执纪问责”专题报告、《中国共产党纪律处分条例》修订的重大意义及重点内容深度解读、《中华人民共和国监察法》立法精神、实质要义及重点内容深度解读等内容，提升纪检监察干部监督执纪能力水平。启动“监察法2+N”宣教活动；县纪委县监委面向基层医疗系统干部职工宣讲新颁布的国家监察法，宣传监察体制改革工作，并现场指导培训《中华人民共和国监察法》线上自测自学微信平台的操作流程，推动《中华人民共和国监察法》精准覆盖新增监察群体；横挂《中华人民共和国监察法》宣传标语200幅、发放宣传单5000份，宣传手册2000本、“清风松桃”微信公众号和《中华人民共和国监察法》答题二维码小卡片2000张；组织乡镇（街道）和部门干部职工开展警示教育活动113场次，1万余人次接受教育；坚持以案说教、以案预警，在宣布处分文件时，同步开展警示教育活动170场；摄制警示教育专题片《疯狂的彩票梦》公开播放；8月，在县委、县人民政府的支持下，县党风廉政警示教育基地进行升级改造，同年10月竣工。基地的建成既是对全县纪检监察工作的支持和肯定，也表明了县委反腐倡廉的坚强决心。基地旨在打造“最具特色”数字化警示教育基地，引进了多个省内乃至国内首创的、极具特色的交互声光电设备。基地分为“序厅”“危桥”“套路”“歧路”“贪路”“末路”“悔路”“正路”“出路”9个展区，以村干部蝇贪、副科级妄为、正科级奢腐、副县级落马、不归路悔恨等主题，共收集本县近百个典型案例。建有10个高科技点、13个视频、设置9个大场景、布展采用410张图片，收录65个案例，其中本地案例占80%。

2019年，印发《松桃苗族自治县2019年党风廉政建设警示教育活动实施方案》通知，要求全县各单位党组织按时间段组织党员干部到县党风廉政建设警示教育基地接受警示教育，全县814个党支部1.7万名党员到党风廉政警示教育基地接受教育，实现党员警示教育活动全覆盖。7月和11月组织开展2轮扶贫领域警示教育典型案例展；在27个乡镇(街道)开展扶贫领域警示教育巡回展，累计2.2万余人接受警示教育；开展“百名纪检监察干部访千村进万家”活动，通过开展“访村寨、重监督、助攻坚”专项整治，及时化解基层群众反映的突出问题矛盾，不断提升基层群众对扶贫政策的获得感和正风反腐的满意度。12月4日，县纪委县监委制作了宣传手册，组织宣传队员在外滩广场开展普法宣传活动，为群众发放《宪法》《中华人民共和国监察法》等宣传资料，并针对群众提出的有关问题进行解答。

2020年，县纪委县监委先后5次组织县直及各乡镇(街道)1000余名党员干部到县法院旁听职务犯罪案件庭审，将庭审现场变为教育课堂；县纪委县监委班子成员、宣传调研法规室干部为党员干部、村干部、入党积极分子等作纪法课堂讲解共24节，其中乡科级干部7节、乡村两级脱贫攻坚干部12节、入党积极分子2节、其他3节，受教育近3000人，内容涉及《中国共产党章程》《中国共产党纪律处分条例》《中华人民共和国监察法》《中华人民共和国公职人员政务处分法》《中华人民共和国公务员法》《事业单位工作人员处分暂行规定》《中华人民共和国民法典》等党规党纪和法律法规；对县党风廉政警示教育基地设施设备及典型案例进行了更新，并指定县林业系统、卫生医疗系统、3家政府平台(武投集团、天龙集团、扶投集团)组织党员干部1000余人次到县党风廉政警示教育基地接受警示教育；组织召开全县警示教育大会2次，开展2轮扶贫民生领域警示教育活动展，受教育党员干部4100余人次。

第三节　纪检监察信息工作

县纪委县监委(监察局)紧扣全面从严治党战略布局，把纪检监察信息工作作为传导信号、推动工作，反映问题、改进工作的重要渠道，聚焦主责主业，不断拓宽采编精品信息的深度与广度，把亮点展出来、把特色凸出来，把经验推出来，将数量与质量并重，逐步向“质量优先”转变，注重深度加工和集成创新。

1991年，县纪委监察局开始编印《纪检监察信息》指导工作。是年，上报纪检监察信息50多条，地区纪委采用13篇，省纪委采用2篇。

2001年，编写《纪检监察信息》15期65条，省纪委采用1条，地区纪委采用4条。

2002年，编写《纪检监察信息》24期65条，其中，省纪委和《贵州党风廉政》各采用2条，地区纪委采用12条。

2003年，编写《纪检监察信息》22期59条，地区纪委采用12条。

2004年，编发《纪检监察信息》25期64条。

2007年，编发《纪检监察信息》20期63条。

2008年,被省纪委省监察厅明确为县级信息直报点。信息直报工作由办公室负责,明确1人担任信息直报员。

2009年,编写信息61期107条,其中被国家级采用1条、省级采用7条、地级采用26条。

2010年,采编《松桃纪检调研信息》20期70条。

2012年,县纪委监察局宣教室主任秦榜江明确为县级信息直报员;完成省纪委直报信息120余条,上报市纪委办公室、宣教室工作信息160余条;是年,县纪委监察局被评为全省纪检监察信息工作先进县级直报点,秦榜江被评为全省纪检监察信息工作先进个人。

2013年,县纪委监察局宣教室主任秦榜江明确为县级信息直报员。是年,撰写信息78条,被采用13条,在全省纪检监察信息县级直报点中排名第9名。

2014年,县纪委监察局宣传调研法规室主任秦榜江明确为省级信息直报员。9月,省纪委第123期采用县纪委监察局报送《惠民政策"最后一公里"存在落实难问题》信息。10月,省纪委第145期采用县纪委监察局报送《农村水路客运油补发放存在三个薄弱环节》信息;省纪委增刊第18期采用《松桃县廉政约谈向村级延伸》信息。11月,省纪委第163期、第180期、第184期、第187期分别采用《〈中国共产党纪律处分条例〉〈行政机关公务员处分条例〉使用条款亟待完善》《基层反映部分村(居)帮扶物资管理使用亟待规范》《警惕"人治"成为依法治国的绊脚石》《警惕党员干部从违纪走向违法》4条信息。是年,撰写信息129条,被采用37条,县纪委监察局以全省第三名成绩,被评为全省纪检监察信息县级先进直报点;秦榜江被评为全省纪检监察信息工作先进个人。

2016年,县纪委监察局宣传调研法规室工作人员唐明清明确为省级信息直报员。是年,撰写信息128条,被采用42条,积分排名全省县级直报点第一,被评为全省纪检监察信息县级先进直报点;唐明清被评为全省纪检监察信息直报先进个人。

2017年,县纪委监察局宣传调研法规室负责人田人心明确为县级信息直报员,是年,撰写信息74条,被采用26条。

2018年,县纪委县监委办公室工作员杨文君明确为县级信息直报员。是年,撰写信息124条,被采用35条。

2019年,县纪委县监委办公室工作员杨文君为县级信息直报员。是年,撰写信息110条,被采用32条。

2020年,县纪委县监委宣传调研法规室工作人员陈孟珍明确县级信息直报员。是年,撰写信息84条,被采用28条,以554分积分成绩居全省县级直报点第三名。

第四节　一案一整改

"一案一整改"是持续深化标本兼治、一体推进不敢腐不能腐不想腐的有力抓手,是充分发挥监督保障执行、促进完善发展作用的创新实践。

2018年,为深化以案为鉴、以案促改,从正反两方面典型中汲取经验教训,筑牢思想防线,堵塞监管漏洞,一体推进不敢腐、不能腐、不想腐,全面构建起巩固发展反腐败斗争压倒性胜利的目标体系,明确凡是2018年以后查结的党员干部违纪违法案件,都要在本地区本部门本单位开展"一案一整改"。其基本形式是"三会两书两公开",即召开党支部会议公开宣布处分决定书;召开专题民主生活会或组织生活会对照检查;召开警示教育大会通报相关案情,印发忏悔书(书面检查),敦促涉案人员向组织说明问题;全面剖析案情,针对性建章立制堵塞漏洞;向党内公开有关案情、向社会公开整改情况,推动案发地区和部门从政治、思想、责任、机制等方面肃清腐败余毒，修复政治生态，实现“查处一起案件，警示一批干部，压实两个责任，整改一类问题”的效果。3月16日，县纪委县监委印发《关于坚持标本兼治实行“一案一整改”的工作方案》《坚持标本兼治实行“一案一整改”的实施细则（试行）》等文件，正式启动开展“一案一整改”工作。是年，县纪委县监委开展“一案一整改”警示教育126场次，通报警示教育大会或召开专题民主生活会3起，发出监察建议书44份。

2019年5月15日，县纪委县监委印发《关于坚持标本兼治实行“一案一整改”工作方案》的通知，要求案发乡镇（街道）或单位充分运用警示教育基地、“三会两书两公开”形式、利用全媒体平台开展警示教育，通过“一案一整改”做实案件查办“后半篇文章”。同时，开展“百案大整改”，明确100个典型案例，在案发乡镇（街道）或单位开展“一案一整改”。是年，全县共开展“一案一整改”警示教育81次，召开支部会宣布处分决定66次，开展专题警示教育大会64次，组织县直部门党支部、乡镇机关及村级党支部开展警示教育451场9102名党员接受警示教育，开展扶贫领域警示教育27场次6000余人接受警示教育。召开班子专题民主生活会或专题组织生活会11次，发放（播放）个人忏悔书或悔过书（视频）69份次，纪律检查建议书14份、监察建议书16份。30人主动投案交代问题，上交违纪违法款及物资折合人民币83万余元。

2020年4月22日，根据省纪委省监委《关于坚持标本兼治实行“一案一整改”的工作方案》《关于深入推进“一案一整改”工作的指导意见》要求，4月22日，县纪委县监委印发《松桃苗族自治县关于深入推进“一案一整改”工作实施方案》，细化工作任务及责任分工，突出具体标准和要求，按照“三会两书两公开”要求，持续深化“一案一整改”工作，坚持以案为鉴强震慑，以案促改堵漏洞，以案明纪筑防线，扎实做好案件查办的“后半篇文章”。督促4个案发单位召开支部会或组织生活会3次、专题民主生活会1次、警示教育大会4场次，督促或指导案发单位党组织开展案例剖析1个，建立完善相关制度18个。开展“一案一整改”宣传报道5次。

第五节　调查研究

调查研究是纪检监察工作的重要环节和基本方法。松桃县（苗族自治县）纪检监察机关成立后，始终围绕各个历史时期党的中心工作和职能职责，积极开展调查研究，总结工作经验，确保党风廉政建设和反腐败斗争的决策、执行、监督水平的提升。

一、机构设置

松桃县（苗族自治县）纪律检查机关成立于1951年3月，当时由于人员较少，调查研究工作没有专门的机构，具体工作由其他职能部门承担完成。1993年4月，县纪委与县监察局合署办公后，设立宣传教育研究室，在调研工作上主要履行“负责纪检、监察工作的理论研究和有关政策的调查研究，起草重大文稿；负责全县重大案件和典型案件的通报工作；拟定纪检、监察政策规定”等职责。在此后的几次内设机构的调整中，宣传教育研究室维持原有名称不变，承担党风廉政建设和反腐败工作的调查研究工作。

2014年11月，县纪委监察局内设机构调整，宣传教育研究室更名为宣传调研法规室。在调研工作上主要“负责调查研究全县党风廉政建设和反腐败工作情况，开展纪检监察政策理论、重大课题、政策法规问题的调查研究；负责纪检监察法规的咨询答复和解释工作，对纪检监察法规执行情况开展调查研究和立法后评估；负责纪检监察法规和规范性文件的备案、清理工作；指导全县纪检监察系统的调研、法规工作”等。

2018年8月,因国家监察体制改革,县纪委县监委对宣传调研法规室职能进行调整。在调研工作上,主要负责“综合分析全面从严治党、党风廉政建设和反腐败工作情况;开展重大课题研究;起草重要文件文稿;参与起草制定县级相关法规和规范性文件;承担纪检监察法规制度的备案审查、清理工作;承担法律顾问相关工作;承办党员对县纪委作出的党纪处分或者其他处理不服的申诉案件、监察对象对县监委作出的涉及本人的处理决定不服的申请复审案件,以及其他需要由县纪委县监委办理的申诉、复核案件”等。

二、开展情况

1993年,为尽快适应党风廉政建设调研工作,县纪委监察局组成2个调研组,深入机关、企业和乡镇开展党风党纪、纪检工作的调研。其间,认真听取各方面对监察工作的意见建议和要求,向县委、县人民政府提出纠正部门和行业不正之风,建立完善规章制度,加强党风廉政建设的建议。

1994年,根据反腐败斗争和党风廉政建设各项工作的需要,组织开展“机关单位工作纪律、工作作风调查”“纪检监察政策法规工作调查”调研工作;撰写调研报告3篇、理论调研文章1篇,为党风廉政建设和政策法规建设的决策提供工作参考。

1996年,县纪委监察局在开展调研工作的基础上,组织撰写参加在云南省西双版纳召开的“市场经济与区域发展学术研讨会”,获得优秀论文奖。是年,还参加在重庆秀山召开的武陵地区十县(市)反腐败理论研讨会,2篇论文在会上进行交流,1篇获得一等奖、1篇获得三等奖。

1997年,组织开展农民负担情况调查、党的十四大以来反腐败和党风廉政建设情况调查。撰写调研报告2篇,论文4篇,其中,纪委书记李朝安撰写的《反腐败对策探讨》一文,被《贵州党风廉政》杂志采用。是年,县纪委重点对县机械厂、县电解锰厂、湘泉酒厂松桃文山分厂3家企业实行挂牌保护,坚决查处有关单位和个人以各种借口和名目到挂牌单位乱收费、乱罚款、乱集资、乱摊派、乱拉赞助费的行为。

1998年,组织开展对村务公开情况、县直单位公有住房情况、企业的生产环境情况的调研,撰写专题调查报告、反腐倡廉论文4篇,为领导决策提供依据。

2000年,先后组织开展对机关服务整治和优化投资经营软环境工作、党风廉政建设责任制贯彻落实情况、农民负担、乡村政务公开情况进行专题调研,形成调研报告7篇。

2001年,撰写调研文章5篇,被《贵州党风廉政》采用2篇,被地纪委采用4篇。

2002年,在县级以上刊物发表反腐倡廉文章15篇(其中地级刊物8篇、省级刊物7篇)。

2003年,组成3个调研小组,就部分干部职工借各种喜庆事宜滥发请柬、大操大办酒席,行政事业性收费和罚没收入“收支两条线”管理,企业生产经营环境进行专题调研。促成了《关于严禁干部职工大操大办酒席的规定(试行)》文件的印发,不正之风得到了遏制。是年,县纪委对松桃金地锰业有限责任公司、松桃得宝水泥厂、松桃松闽锰业开发有限责任公司等企业进行挂牌保护。是年,撰写调研文章6篇,被国家级报刊采用2篇,省级杂志采用2篇,地级报刊采用5则,地级采用调研信息1篇。

2004年,就党风廉政建设、清理“小金库”等进行专题调研。完成调研课题4个,撰写理论文章12篇,省级采用3篇,地区采用1篇。

2006年,积极组织纪检监察干部大兴调查研究之风,共撰写调查报告、理论文章143篇。

2007年,开展宣传教育调研工作,写理论研讨文章4篇,撰写十六大以来反腐倡廉宣教工作回顾、总结和展望工作情况报告1篇。

2008年,就党风廉政建设和反腐败工作、效能建设、优化经济发展环境情况,开展专题调研。

2009年,认真做好党风廉政建设调研工作,完成6篇调研课题。

2010年,撰写调研文章3篇。

2013年，围绕重点项目建设、民生资金管理使用情况，以及“四风”问题的解决等开展调研。

2014年，围绕纪检监察机关“转职能、转方式、转作风”、落实党风廉政建设“两个责任”加强作风建设、中央八项规定精神等主题，召开专题调研会。

2015年，采取召开座谈会、调查问卷等方式，到县直有关部门、行政服务中心窗口（单位）开展集中整治“微腐败”调研，完成“三个清单”调研课题。

2016年，围绕作风建设开展专题调研，到13个部门单位，发放3000份调研问卷，组织召开专题座谈会，了解机关单位党员干部作风建设情况，形成专题调研报告。是年，完成《实行作风量化分类管理 健全作风建设长效机制研究》《少数民族地区全面从严治党的实践与探索》重点课题调研，并分别获全市二等奖、优秀奖。

2017年，就落实中央八项规定精神、纠正“四风”和“微腐败”集中整治工作进行调研。开展构建“亲清”新型政商关系全面从严治党向基层延伸过程中面临的困难和原因分析、党风政风民风社风建设等15项调查研究，形成调研报告供上级纪委及县委参考。

2018年，围绕脱贫攻坚执纪监督、政治生态建设主题，通过问卷调查、组织座谈、个别谈话等方式开展调研。是年，调研课题《基层监委规范运行的实践和探索》，获铜仁市纪检监察系统二等奖。

2019年3月，围绕脱贫攻坚作风问题整改、扫黑除恶“打伞”破网等主题开展调研。是年，完成《铜仁市治理基层“微腐败”的实践与思考》调研课题，获铜仁市纪检监察系统二等奖。

2020年，完成调研课题研究10个，其中，完成市委重点课题“关于整治群众身边腐败和作风问题的思考——以松桃苗族自治县为例”“松桃一体推进‘不敢腐、不能腐、不想腐’的实践与探索”2个；完成重点课题“受贿行贿一起查的实践与探索”1个，并获全市纪检监察系统课题调研三等奖；完成营商环境、乡村振兴、“熟人社会”监督、村务监督、公职人员酒驾醉驾、案件申诉复查复议等调研课题7个。

第六节　满意度调查

为深入了解和把握全县党风廉政建设和反腐倡廉工作开展情况，客观评估反腐败斗争的成效和形势，真实了解民意，县纪委联合县统计局对全县党风廉政建设群众满意度进行调查。

2005年，县纪委委托县统计局开展党风廉政建设满意度调查。调查工作采取抽样方式进行，在全县范围内抽取39个县直单位作为被调查对象。调查问卷设有被调查对象履行职责、依法行政、执法公正、政务公开、办事效率、服务态度和清正廉洁七个方面，以及对纪检监察机关和作风建设工作意见建议等内容。通过问卷调查，收集了对党风廉政建设、作风效能建设的各类意见建议120余条。民意调查综合分值为81.43分。

2016年，省纪委、省民调中心联合开展全省党风廉政建设社会民意调查，松桃综合分值为81.43分。

2017年，全省党风廉政建设社会民意调查结果，松桃综合分值为83.01分。

2018年，全省党风廉政建设社会民意调查结果，松桃综合分值为85.4分。

2019年，全省党风廉政建设社会民意调查结果，松桃综合分值89.83分。

2020年，全省党风廉政建设社会民意调查结果，松桃综合分值92.83分。

第七节　“百姓问廉”活动

“百姓问廉”活动是为了顺应基层反腐、开门反腐新常态而开展的,为群众搭建一个反映诉求、咨询政策、监督干部、参与村级事务平台,重点纠治基层干部为民感情淡薄、办事不公、优亲厚友、吃拿卡要、与民争利等不正之风,着力从源头上解决发生在群众身边的“四风”和微腐败问题,进一步构建和谐稳定的党群干群关系的活动。通过“百姓问廉、干部答廉、公示亮廉、群众评廉”互动监督平台,重点纠治基层干部为民感情淡薄、办事不公、优亲厚友、吃拿卡要、与民争利等不正之风,着力从源头上解决发生在群众身边的“四风”和腐败问题。

2018年起,全县纪检监察机关按照《铜仁市扶贫领域整治蝇贪三年行动2018—2020年工作方案》要求,以“护民生、促脱贫”为主题,紧盯扶贫领域损害群众利益的不正之风和腐败问题,贯通运用“四项监督”,连续三年开展“百姓问廉”活动,回应群众关切和诉求,把群众当“家人”、把群众来信当“家书”、把群众之事当“家事”,努力提升群众的获得感、幸福感和满意度。是年9月20日,县纪委县监委聚焦农村“组组通”项目建设存在的问题,在县电视台开播第一期《百姓问廉》栏目。县纪委县监委根据问廉发现的问题进行梳理,相关室后续跟进整改督查工作,对于现场表态承诺的整改事项作线索登记在案,责成相关单位马上整改落实。同时对蓼皋街道、世昌街道、平头镇人民政府被发现问题未完成整改的组组通项目印发监察建议书,切实发挥纪委监委聚焦脱贫攻坚“把脉问诊”,促进民生项目“落地生根”的监督执纪作用,对侵害群众利益的不正之风和腐败、行政权力运行中存在的违规违纪、作风散漫、责任缺失的问题进行全面监察。

2020年,聚焦群众和社会热点、难点、民生问题,通过采取“群众代表提问+答廉团回答+问廉团测评”形式进行,重点针对小区物业管理及监督、商品房质量检测及维修资金启动、房产证办理流程等5个方面进行现场问廉,县住房和城乡建设局对群众所提的问题不回避不推诿,督促主体部门切实履行好主体责任,进一步遏制发生在群众身边的腐败和作风问题。

第八节　廉政文化建设

廉政文化是以廉政为思想内涵、以文化为表现形式的一种文化,是廉政建设与文化建设相结合的产物。在悠久的历史传统中,廉政文化是中华民族优秀传统文化的重要组成部分,主要内涵是从政的思想和道德、从政的社会文化氛围、从政人员的职业道德和社会公德。廉政文化建设,是社会主义先进文化建设理论和思想的新发展、新探索,它的核心价值是清廉为民做事。

一、廉政文化“八进”活动

2005年1月,中共中央颁布《建立健全教育、制度、监督并重的惩治和预防腐败体系实施纲要》(以下简称“实施纲要”),提出要大力加强廉政文化建设。

为贯彻落实实施纲要精神,松桃纪检监察机关结合实际,开展了廉政文化“五进”(进社区、进学校、进企业、进农村、进家庭)活动试点工作;2006年,在廉政文化“五进”试点的基础上,开展廉政文化进机关;2007年初,县纪委监察局与县委宣传部联合制订《关于加强廉政文化建设的指导意见》,提出廉政文化“七进”(进机关、进社区、进学校、进企业、进农村、进家庭、进网络)工作任务;2012年5月,铜仁市在《关于加强廉政文化建设的实施办法》的基础上，提出廉政文化“八进”（进机关、进社区、进学校、进企业、进农村、进家庭、进景区、进医院）工作任务。各牵头单位、协办单位根据《指导意见》和《实施办法》，相继开展廉政文化“八进”活动。

1.廉政文化进机关。以县直机关工委为牵头单位，县委办、政府办、县委党校、文广局、工商局、人社局、教育局、文联、食品药品监督管理局为协办单位。以“立党为公执政为民”为主题，结合党政机关创建学习型、服务型机关，将廉政文化融入机关文化建设，开展形式多样的廉政文化进机关活动。如2012年，县人民法院和县民族寄宿制中学，被命名为贵州省第一批廉政文化建设示范点；2015年，廉政文化进机关活动取得明显成效，营造浓厚的尊廉崇廉氛围。经申报、考察、评审，命名挂牌全县廉政文化进机关示范单位10个（县人民检察院、县国税局、县国土资源局、县工业贸易局、县审计局、甘龙镇人民政府、盘信镇人民政府、乌罗镇人民政府、蓼皋镇人民政府、盘石镇人民政府）。

2.廉政文化进社区。以民政局为牵头单位，县委组织部、县文广局、县文联为协办单位。以“人文社区、和谐家园”为主题，坚持把廉政文化建设纳入社区建设整体规划之中，与创建文化社区、平安社区、和谐社区、人文社区融为一体，整合和利用社区文化长廊、文化活动室、文化广场、文化橱窗等文化资源，开展群众喜闻乐见、易于接受的廉政文化创建活动。根据社区布局和环境建设，合理规划，在社区设立廉政文化墙，张贴廉政格言警句、廉政宣传画等，使廉政文化自然融入社区群众的日常生活和行为习惯中，达到潜移默化、润物无声的效果，营造浓浓的廉政文化氛围。如2012年5月，由县纪委监察局牵头，积极争取“农家书屋”项目，打造农村廉政书屋，为冷水溪、长坪、永安3个乡16个村分别配置价值3.5万元的书籍1987册、报刊20余种、音像制品35种100余张；通过制作悬挂廉政标语、格言、警句，张贴反腐倡廉宣传资料、宣传漫画，开辟廉政文化宣传专栏等方式，增强人民群众倡廉崇廉的意识；利用“四月八”“六月六”“茶灯节”等传统文化节日活动，编排、表演苗汉双语廉政文艺节目。2013年，设置农村“廉政书架”34个，发放廉政教育光碟36张、警示教育读本900多册。

3.廉政文化进校园。县纪委监察局投入资金50万元编撰《松桃苗族自治县廉政文化进校园》（初中读本），发放到39600名中学生手中，加强廉政文化进校园建设；以教育局为牵头单位，县文广局、团县委、县文联为协办单位。以“敬廉崇洁 文明校园”为主题，结合未成年人思想道德建设，在中小学生思想政治教育中明确廉洁教育内容，在校园组织开展“小手牵大手”、讲廉政故事、开展廉政书法比赛等活动，寓教于乐，润物无声。如在县直各中小学举办廉政作文比赛、廉政手抄报比赛、廉政演讲比赛、开展主题班会等；运用“校园之声”传播廉政正能量；在醒目位置设置廉政格言警句、廉政广告、廉政书画、宣传橱窗等；2012年1月，县民族寄宿制中学被贵州省纪委监察厅评为“贵州省廉政文化进校园示范点”。是年，全省廉政文化进校园工作现场会在铜仁举行，松桃作经验交流。

4.廉政文化进企业。以发改局为牵头单位，县工业贸易局、县文广局、县总工会、县文联为协办单位。指导帮助企业开展以“制作橱窗展板、制发倡议书、观看廉政影片、举办廉政研讨会、完善制度、开展评议、绩效考核”为主题内容的系列活动。在此基础上，围绕“诚实守信、依法经营”的主题，把廉政文化融入企业文化、企业精神建设之中。如2007年，县直属机关纪工委联合县梵净锰业公司在县直机关广大党员干部中举行了建党86周年“梵锰杯”理论知识竞赛，发放试卷1500多份。

5.廉政文化进农村。以农办为牵头单位，县委组织部、县民政局、县水务局、县农业局、县林业局、县扶贫办、县供销社、县文广局为协办单位。以围绕“文明乡风”为主题，开辟廉政文化宣传专栏，张贴反腐倡廉宣传资料、宣传漫画等；依托农村党员活动室、农民科技书屋，建立“廉政文化室”，配备廉政图书、杂志，供党员干部和广大村民阅览；结合科技、文化、卫生“三下乡”活动，组织演出廉政歌曲、小品、舞蹈等形式多样的文艺节目，将群众喜闻乐见的廉政文艺节目送到群众家门口。如2011年，蓼皋镇粑坳村农村党风廉政建设示范点建设，以“六进村”活动为载体，积极开展廉政文化宣传教育；2014年，由县文体广电旅游局牵头，面对全县各行政村，结合新农村建设，设置廉政广告、廉政文化墙、宣传橱窗，村干部主动接受廉政教育，利用业余文化演出队伍，编排群众喜闻乐见的廉政文化节目，设立村务、党务公开栏，成立村务监督委员会。

6.廉政文化进家庭。以县妇联为牵头单位，县文广局、县科协、县文联、文明办为协办单位。以“清廉家风、平安之门”为主题，把廉洁教育融入家庭日常生活，引导廉洁文化进入千家万户，构建家庭拒腐防线。如2007年，县纪委监察局利用中秋节开展了领导干部配偶“家庭助廉”座谈会，发放《廉洁的你、幸福的家》家庭助廉倡议书100余份。

7.廉政文化进景区。以文广局为牵头单位，县教育局、县文联、县文明办为协办单位。以“廉洁清新、健康旅游”为主题，立足挖掘景区文化旅游资源，将旅游廉政文化建设与景区宗教文化、生态文明建设、公民素质教育、地方社会经济发展等有机整合，注重创建具有景区特色的旅游廉政文化体系。

8.廉政文化进医院。以县卫生局为牵头单位，县文广局、县文联为协办单位。以“提高水平、服务病人”为主题的廉政文化进医院活动，在县人民医院、县民族中医院组织开展“八个一”活动，即：组织一次动员教育，学习医德知识、廉政文化和法律法规；打造一个宣传平台，通过媒体、医院内部网络信息平台、宣传专栏等，开设廉政文化长廊，悬挂张贴廉政格言警句、廉政书画；上一堂廉政党课，邀请领导、专家宣讲廉政知识，促进廉政勤政；组织一次读廉政书刊活动，设立廉政文化学习园，推荐一批廉政书刊，撰写学习体会；开展一次廉政格言、书画创作活动，举办以“树党员形象展清廉风采促和谐卫生”为主题的书画摄影作品比赛；开展一次廉政谈话活动，结合治理医药购销领域商业贿赂，对重点岗位工作人员开展廉政谈话；组织一次示范教育与警示教育，用身边的先进典型教育人，以身边发生的案例警示人；建立一个公开栏，规范院务公开、党务公开的内容和程序，做到院务公开、党务公开透明，接受群众监督。

二、廉政文艺作品

2005年，县纪委监察局组织创作廉政歌曲11首、漫画23幅。利用民族民歌演唱、文艺表演等形式学习宣传实施纲要2场，受教育群众达3万余人次。

2006年，开展大型文艺表演宣传党章党纪，举办文艺晚会3场，11000多党员干部受到了教育；举办歌咏比赛1场，3000余名党员干部参加比赛；以民族民歌演唱形式，开展社会主义荣辱观教育。

2007年，蓼皋镇利用苗族传统节日“四月八”开展了苗歌对唱表演，各乡镇以举办多彩贵州“舞蹈大赛”暨“梵净山”杯歌唱大赛为契机，表演丰富多彩的廉政文化题材节目。如孟溪镇在各村巡回表演快板《说廉政》，增强了广大群众的廉政意识。

2008年，积极开展纪念改革开放暨党的纪律检查机关恢复和重建30周年系列活动。先后开展了以“改革开放与反腐倡廉建设”为主题的理论研讨活动、廉政书画展活动；收集参与反腐倡廉理论研讨活动论文32篇，展出廉政书画作品50幅；举行了“清风颂文艺颁奖晚会”，对29名勤政廉政先进个人、20名“助廉保廉”贤内助、10户廉洁家庭和10名纪检监察系统先进工作者进行了表彰。

2009年，县纪委监察局投入资金50万元编撰“廉政文化进校园”初中版课本，发放到39600名中学生手中；投入资金11万元编印2000册廉政台历，发放给全县副科级以上领导干部。

2012年，县纪委监察局投入8万余元，编排了反腐倡廉曲艺小品《山道弯弯》，参加全市演出。

2013年，开展“廉政文化宣传月”活动，举行全县“学习党章、廉洁奉公”廉政知识抢答赛，举办一次廉政书画和剪纸大赛。

2016年，整理大路乡戴氏家族传统家风资料、欧百川名人家风故事、九江乡刘仁平时代好家风故事，打造属于自己的精品廉政文化。

2017年，县纪委监察局收集上报优秀廉政书画作品20余幅；编排反腐倡廉小品《一张收据》《面试》参加全市廉政小品大赛，分别获一等奖和三等奖，并在全县各乡镇（街道）进行巡演；精选全市8个反腐倡廉小品节目制作成《反腐倡廉小品辑》，发放各乡镇（街道）、部门集中观看，并在县电视台、微信公众号滚动播放1个月。

2018年，县纪委县监委推出首部家风专题片——《苗疆劲吹好家风 美丽乡村入画来》专题新闻，在铜仁电视台新闻联播“家风大家谈”栏目中播出，拉开了全市家风系列廉政文化品牌的序幕；县纪委县监委制作廉政家风歌曲《果香》；摄制家风主题微电影《果香阵阵》，以查处的典型违纪案件为题材，反映纪检监察干部深入基层，走村串户，情系群众，与盘龙坡村民合力调查村干部涉嫌违法问题，然后顺藤摸瓜，查出乡农业服务中心负责人以及相关验收人员，因在开展百香果验收工作期间饮酒、收受红包等涉嫌违反廉洁纪律问题受到严肃处理，有力震慑与遏制了群众身边的“微贪腐”行为；制作廉政小品《我要退出贫困户》，后经大路镇党委、政府工作人员进行排练，参加全县春节文艺表演活动比赛荣获“十佳优秀节目”奖。

2019年，由县纪委县监委工会承办的“庆祝新中国成立70周年·决战脱贫攻坚·彰显忠诚本色”廉政文艺会演，在松桃民族中学勤朴楼报告厅演出，会演节目有15个不同类别的舞蹈《花鼓舞》，廉政歌曲《果香》，廉政小品《一张收据》《局长训妻》《苗歌唱廉》等节目，县纪委县监委班子成员、县监委特约监察员、全县纪检监察干部及家属近300人观看会演。

附：2013年全县廉政书画和剪纸比赛获奖名单

1.书法类

一等奖　张志敏（大兴镇中学）

二等奖　包勇江（孟溪中学）　陈清凯（乌罗镇）

三等奖　唐河山（县电影公司）　龙再辉（大坪镇中学）　杨邦明（县交通局）

2.绘画类

一等奖　黄成兵（孟溪中学）

二等奖　龙政友（平头乡中学）

三等奖　宋雪倩（县人大常委会）　廖秀敏（孟溪中学）

3.剪纸类

一等奖　龙　琳（作品《出淤泥而不染》）

二等奖　宋雪倩（作品《廉洁风清》县人大常委会）　龙　琳（作品《廉生威》）

三等奖　阳志军（作品《清正廉洁》迓驾镇中学）

王　玲（作品《清莲有鱼》县第二中学）

三、演讲与征文比赛

1996年,抓党纪政纪条规教育,认真组织参加铜仁地区"三热爱"(热爱祖国、热爱社会主义、热爱中国共产党)演讲比赛活动,获得地区赛组织奖。

2006年,开展"学党章、庆七一"知识演讲活动,组织选手参加地区纪委、地委组织部、地委宣传部举办的"学党章、倡廉政"演讲比赛,获两项创作奖,一项第三名、一项优秀奖。

2008年,县纪检监察机关反腐倡廉宣传教育工作以中共十七大精神和纪念改革开放暨党的纪律检查机关恢复和重建30周年活动为主题,开展廉政书画展和"扬正气、促和谐"廉政公益广告创作评选活动及"清风颂"征文活动。

2009年,在全县范围内开展"廉政家风·文明家庭"征文活动,收到80余篇征文并进行了评奖表彰。

2010年,在全县范围内开展学习贯彻《中国共产党党员领导干部廉洁从政若干准则》演讲比赛,参赛单位91个,涉及4000余人。

2013年,由县教育局组织在全县中小学开展廉政作文比赛2次、廉政手抄报比赛2次、廉政演讲比赛1次、廉政书画现场赛1次;开展以"坚决反对腐败,建设廉洁政治"为主题的理论征文活动。

2014年,举行"廉洁奉公·勤政为民"知识竞赛活动。内容包括《中国共产党章程》《中国共产党纪律处分条例》《中国共产党党员领导干部廉洁从政若干准则》,以及中央、省、市作风建设有关规定等方面的知识。

2016年,县纪委监察局在全市纪检监察系统"两学一做"电视竞答·演讲大赛中获二等奖;

2019年6月26日,县纪委县监委在本系统举办以"讲忠诚、勇担当、显本色,庆祝新中国成立70周年"为主题的演讲比赛,20余名选手参加比赛,评出了一等奖1名、二等奖2名、三等奖3名。

2020年,县纪委县监委举行以"学杨荣、争先进、作表率"为主题的演讲比赛。来自31个县直部门、27个乡镇(街道)近70名选手参加比赛,评出一等奖1名、二等奖2名、三等奖3名和优秀奖6名。同时,县纪委县监委、县委宣传部、县文联、县融媒体中心联合主办、县作家协会承办"杨荣杯"勤政廉政主题征文活动。从86件稿件中评出一等奖1名、二等奖2名、三等奖3名、优秀奖6名。

附:1.2020年"学杨荣 争先进 作表率"主题演讲获奖名单

一等奖	邓颖婷(县人民医院)	
二等奖	张　杰(石梁乡中学)	雷　超(冷水溪镇人民政府)
三等奖	杨　璇(县市场监督管理局)	文　嫫(县公安局)
	龙金鹏(县文体广电新旅局)	
优秀奖	吴　蕾(县纪委监委)	文　耿(平头镇人民政府)
	龙　艳(县民族中医院)	刘冰凌(瓦溪乡人民政府)
	杨玉瑶(牛郎镇人民政府)	黄鹭敏(九江街道办事处)

2."杨荣杯"勤廉主题征文获奖名单

一等奖(2名)

《虚惊》 作者 麻栩粹

《调寄吴文英〈莺啼序〉——山村支教志愿者》 作者 周苏稚

二等奖(4名)

《绝情》 作者 刘振斌

《疫情期间及过后》 作者 苗裔

《铁娘子》 作者 唐义长

《勤政·清廉·担当》——记松桃苗族自治县委巡察办主任杨昌伦 作者 杨再桥

三等奖(10名)

《一只啄木鸟的情怀》 作者 吴胜之

《亲爱的,你在何方》 作者 宋凤蓉

《亲情关》 作者 石彦彪

《山河易碎,幸在尚有杨荣》 作者 农 夫

《杨荣是一座奖杯》(外1首) 作者 石一鸣

《凡人常乐》 作者 杨顺民

《送不出去的茅台》 作者 一 之

《你是最美的风景》 作者 龙树碧

《调动》 作者 石洪星

《有一种廉洁叫洁身自好》 作者 滕建猛

优秀奖(9名)

《疫路有你,雾尽风暖》 作者 成 伟

《以善良对待善良》 作者 滕建猛

《二月春风》 作者 杨 静

《击水而歌的青春,照亮了心灵的原野》 作者 龙正舟

《烛光为何还在天堂里亮着》 作者 田松平

《秦毅,一颗民心担使命》 作者 杨智勇

《光诞生的地方》 作者 雷 超

《新代》 作者 吴天豪

《知识就是武器》 作者 吴 莹

获奖作品选录

虚 惊

麻栩粹

2月4日,正月十一,立春。

夜幕降临了,袅袅青烟笼罩着这个小山村。

马书记走出疫情防控卡点的帐篷,用力抻抻腰。虽已过了立春,但放眼望去,大地仍披着灰蒙蒙的外套,寒风肆无忌惮地拍打着枯草和光秃秃的树枝,没有一丝春的气息。

村口驶来了一辆小轿车,马书记转身拾起桌上的体温枪,一起值班的小宋翻开台账本,两人熟练地拉

上口罩,习惯性地候在路边。

马书记哈着腰,双眼飞快地把后排座位扫视了一遍,问道:“年轻人,你去哪里?”

“领导,我是邻村的,今天不是十五嘛,我来给舅舅拜个晚年。”小伙子一边摇下车窗一边回答。

“疫情期间禁止走亲访友。”小宋先发制人。

“你们不也经常放车下来吗? 为什么只卡我?”小伙子盯着小宋愤愤地说。

“你误会了。那些人去镇上采购、看病,村级指挥部开了证明的。疫情严重,还是回去吧,微信拜年,感情一样深嘛!”虽然看不到脸,但能感觉到马书记的笑意。

小伙子没有接话,转动车钥匙把发动机熄灭,掏出一支烟点上,啜了一口,吐出一串烟雾来,接着掏出手机拨号。

“舅,村口守卡的人不让我进来。……你快点过来。”小伙子用手指弹了下烟灰。

“你舅是谁?”

“杨清。”

马书记舒了一口气,心想,杨清耿直豪爽,还曾协助过村级指挥部给农户做思想工作,跟他解释一下,劝返肯定没问题。

马书记顿了顿,说道:“小伙子,要是放你进村,那些拒绝了拜年的人会怎么想? 会不会对你舅有意见? 要是人人都要来拜年,那不就乱套了? 你想想……”

话还没说完,就看见一辆白色皮卡风驰电掣地从村内向村口驶来,来者正是杨清。

“老杨! 你来得正是时候,来劝一下你外甥。”马书记向杨清招招手。

“舅! 我好话都说尽了,他们就是不准我进来!”小伙子见了到亲人,话里满是委屈。

杨清满脸堆笑地下了车,把手搭到马书记肩上,往卡点帐篷里走去,轻声说道:“兄弟,请高抬贵手! 我那外甥常年在外打工,一年到头就见这一次,让他进屋坐坐。”

“老杨,那可不能掉以轻心嘞!”马书记皱起眉头,没想到杨清这时竟然不懂道理起来。

“干脆这样,他把车停在外面,我悄悄带他上我的车。现在天色也晚了,没几个人看到,我留他吃个饭就赶他回家,你看怎么样?”杨清掏出一包“和天下”香烟往马书记衣兜里塞。

“老杨! 收起!”马书记抓住杨清的手,摇了摇头。

“舅舅! 你跟他说好了没!”小伙子等得不耐烦。

杨清瞪了小伙子一眼,转过头来继续说:“兄弟,他来都来了,没吃饭就回去,传到我二姐耳里,也不好交代! 给个面子,就当兄弟求你了。”

“老杨! 现在不是要面子的时候! 关系到大家的生命安全,不能搞特殊化!”即便内心很为难,马书记还是义正词严地拒绝了。

没想到这句话把杨清激怒了,他板着脸,径直朝挡车的升降杆走去。

小宋见势不妙,赶紧去拦。两人抓扭在一起。

附近的村民闻讯赶来,一边劝一边拉。

杨清不解气,一边挣扎着,一边吼道:“别拦我,我要把杆子掀了。”

“你掀我就报警!”小宋也不甘示弱。

杨清瞬间火冒三丈,指着马书记和小宋吼道:“好一个翻脸不认人! 以后别想我为工作队讲好话! 村里的麻烦事也别来找我!”

“算了算了。”杨清的儿子杨帅匆匆赶来,边劝边推,把杨清劝回到车上。

杨帅发动车,对车外喊道:“表哥,对不住了,你回去吧。”

小伙子见状便悻悻然打道回府了,剩下几个村民在路边议论不休。

“马书记,你们做得对,不能让外村的人进来串门!”

“杨清太不讲道理了! 马书记,晚上值班当心点,我们也可以来给你们搭伴。”

“多谢! 不劳烦大家了。他是个懂道理的人,今天只是搁不下面子,才尽说气话。大家散了吧,别聚在一起。”马书记说道。

到了深夜,一束强光突然从帐篷上一扫而过。

“有车!”小宋立马起身,感到一丝不安。他踮着脚,使劲伸长脖子看向灯光打来的方向。

“马书记,是辆皮卡!”小宋话音未落,车便停在了离帐篷三米远的地方,灯光太弱,看不清来者何人。

马书记三步并作两步走出帐篷,只见一个黑影一跃而出,紧接着又跳下来两个人。三人在后车厢伸手捞东西。

“你们要做什么?!”马书记大喝一声,但被皮卡车隆隆的响声盖住了,那三人头也不回。

正当马书记打算上前一探究竟,那三人便挨个把手上抱着的东西重重摔在他俩面前,转身便上了车,准备离开。

两人定睛一看从后车厢里取出的“家伙”,咦! 这不是矿泉水和方便面嘛!

再抬起头,灯光下是辆黑色的皮卡车,马书记凑近一看:“陈硕? 你们这是做什么?”

“我们在微信群里看到你们规劝杨清的视频了,你们为了大家的安全,挺不容易,村小卖部只有这些东西,你们饿了就将就一下,感谢你们了!”

说完,车咔咔咔地开远了。

缓过神来,两人对视一眼,开怀大笑起来。

第九节　宣传平台建设

一、“清风松桃·民生微吧”微信公众号

2016年,松桃苗族自治县纪委监察局为进一步拓宽民生监督渠道,决定运用“互联网+”开展开门反腐、阳光执纪新举措,于8月10日正式开通“清风松桃·民生微吧”微信公众号。“清风松桃·民生微吧”微信公众号开通后,重点发布松桃苗族自治县党风廉政建设重要动态信息,介绍民生监督工作,曝光典型案例,展播反腐败影像作品,同时兼具投诉、讨论互动、民生政策查询的功能。是年,通报曝光民生领域监督检查典型案例53起。

2017年,“清风松桃·民生微吧”微信公众号发布信息85期350条,通报、曝光民生领域典型案例26起,单条信息最高阅读量为1.2万次。

2018年,“清风松桃·民生微吧”微信公众号发布信息100余期412条,加大典型案例通报曝光力度,共通报34期113人次,单条信息最高阅读量为2.4万次。

2019年,“清风松桃·民生微吧”微信公众号变更名称为“松桃纪委监委”微信公众号。是年,发布信息108期460条,通报、曝光典型案例25期47人次,单条信息最高阅读量为1.2万次。

2020年,“松桃纪委监委”微信公众平台发布信息134期531条,单条阅读量最高达15万余次。

二、县纪委县监委网站

2018年1月,“中共松桃苗族自治县纪律检查委员会 松桃苗族自治县监察委员会网站(网址是http://www.stjwjw.gov.cn/)”(简称松桃纪委监委网站)在互联网上正式开通。主要设置“重要公告”“机构设置”“勤政新闻”“专项整治”“先锋模范”“廉政文化”“关注民生”“政策法规”“信访举报”“宣传教育”“党风廉政”“执法监察”“纠风专栏”“源头治理”“经验交流”“政务公开”“案件聚焦”等20多个栏目。开设初期,网站主要由县纪委县监委宣传调研法规室(案件申诉复查复议办公室)负责,定期发布本县党风廉政建设工作动态,宣传县委、县纪委监察局及各乡镇、部门党风廉政建设和反腐败工作好的经验做法及举措。通过1年时间的试运行,对网站页面设计、栏目设置、排版编辑等方面进行了多次修改与调整,才使网站运行模式逐渐走向成熟;2018年,共发布信息530条信息,浏览量达2.1万余次。

2019年,松桃纪委监委网站转发中央、省、市纪检监察系统信息950条,其中转发中央领导人实时动态信息、中央纪委国家监委领导人就纪检监察工作讲话精神等内容300余条;省纪委监委纪检监察工作动态信息及业务知识内容、法律法规等内容320条;市纪委监委纪检监察工作开展情况及本县纪检监察工作开展信息内容330条。

2020年9月,根据中央纪委国家监委对各基层纪检监察官方网站统一规格建设。松桃纪委监委网站重新建设,按照中央纪委国家监委统一标准,完成信息公开栏8个子栏目建设及其他各栏目信息更新工作。松桃纪委监委网站重新建设后主要设置有头条新闻、机构概况、工作之窗、通报曝光、廉政广角、视频中心、专题专栏七大栏目,下设松桃廉讯、高层声音、民生监督、宣传教育、以案释纪、卫士风采、家风家训、纪检人镜头·手记、清风文苑等子栏目,以文字、图片、视频等全媒体化形态呈现出丰富的内容。网站聚焦全面从严治党的工作重心,突出监督执纪问责和监督调查主责主业,还设置了举报投诉通道,在网站首页集中显示“我要举报”“举报查询”“举报指南”“民情通道”等内容,切实关注群众身边的腐败行为和作风问题,民生工作接受群众监督。

正式运行后,网站秉持“准确、权威、及时、特色”的方针,不断优化提升网站功能,进一步发挥门户网站的宣传作用,成为全县党风廉政宣传和舆论引导的“新阵地”、与群众沟通的“新桥梁”、推进开门反腐的“新窗口”。是年,发布信息856条,浏览量达2.5万余次。

第十四章　民生监督

民生是人民幸福之基、社会和谐之本。民生连着民心、民心凝聚民力。做好保障和改善民生工作，事关群众福祉和社会和谐稳定。随着纪检监察机关“三转”的完成，县纪委县监委（监察局）立足主业主责，聚焦脱贫攻坚，实践基层纪检监察运行机制，进一步整合县级纪检监察派驻机构和乡镇纪委力量，组建专门就民生政策和民生项目资金等落实情况实行监督检查的民生特派组，以专项监察、专项行动、专项整治为抓手，以主动发现线索、主动查处案件为主要职责和任务，切实履行监督职责，在维护好和实现好广大人民群众利益上，在决战脱贫攻坚、决胜全面小康中发挥了重要的作用。

第一节　民生监督管理机制

一、领导机构

2014年7月10日，中共松桃苗族自治县委办公室、松桃苗族自治县人民政府办公室根据中共铜仁市委办公室、铜仁市人民政府办公室印发《关于设立铜仁市乡（镇、街道）民生项目监督特派组的实施意见的通知》文件精神，印发《〈关于设立松桃苗族自治县乡（镇、街道）民生项目监督特派组的实施方案〉的通知》，对民生项目监督特派组组织领导及对县辖内27个乡（镇）民生项目的监督和保障措施提出具体的实施方案（以下简称“实施方案”）。

实施方案明确，按照“市统领、县管理、乡（镇）设置”的原则，统一在全县以乡（镇）为单位设立特派组，为县纪委（监察局）管理的正科级常设机构，负责对县辖内27个乡（镇）民生项目的监督工作。每个民生特派组核定编制4—5人，其中，行政编制超过30人的蓼皋镇、盘信镇、普觉镇、寨英镇、孟溪镇、乌罗镇、黄板乡、甘龙镇编制为5人，驻乡（镇）的专职人员为3人，其他乡（镇）编制为4人，驻乡镇专职人员为2人，人员主要从县纪委（监察局）派出纪工委（监察分局）和乡（镇）编制内调剂。特派组设组长1名（正科长级），由县纪委（监察局）派出纪工委书记或副书记、监察分局局长兼任。根据实际情况，可兼任多个特派组组长。副组长1名（副科长级），由乡（镇）党委副书记、纪委书记担任。特派员若干名，由乡（镇）纪委副书记（监察室主任）、纪检监察专干或县纪委（监察局）派出纪工委（监察分局）干部组成，县纪委（监察局）根据工作需要，可随时委派特派员。特派组在县纪委（监察局）授予的职权范围内，采取听取相关专题汇报、列席相关会议、召开座谈会、开展走访和个别谈话、组织民主测评和问卷调查、查阅相关资料等多种方式开展工作。其具体职责是：监督检查上级重大决策部署特别是民生政策的贯彻执行情况；对乡（镇）党委和政府的工作进行巡查；向县纪委（监察局）报告乡（镇）领导班子及其成员违纪问题等重大事项；查办乡（镇）股级及以下党员干部和行政监察对象违纪案件；根据安排调配派出纪工委（监察分局）及所管辖乡（镇）的纪检监察力量开展工作；承办上级纪检监察机关交办的其他工作。

为确保民生项目监督工作的开展,县委成立由市政协副主席、县委书记任组长,县委副书记、县人民政府县长任常务副组长,相关县领导任副组长,相关部门领导为成员的民生项目监督特派组工作领导小组,领导小组下设办公室在县纪委(监察局),具体协调和办理民生监督特派组及工作中相关事宜。

实施方案对特派组人员的管理方式、特派工作的实施步骤、人员配置、经费保障等方面进行明确。县民生监督工作机构分县、乡镇(街道)、村(社区)三级四个层面设置,县级设有民生监督室和派驻纪检监察组,乡镇(街道)设有民生监督组(含乡镇纪委),村(社区)级选配有村级民生监督员(村监会主任)。民生监督工作室设在第四纪检监察室(省、市为"扶贫与民生监督检查室"),负责全县扶贫与民生领域监督检查工作的前期摸底、统筹调度、督导攻坚、数据录入填报、规范化建设及扫黑除恶"破网打伞"线索处置、跟踪、调度、督促等工作。

二、民生监督(特派)组人员配置

为确保民生监督特派工作全覆盖,2014年7月,县纪委监察局对县辖区域内的27个乡镇(大兴街道因托管不再配置)民生项目监督特派组人员进行配置。2015年4月,参照省、市纪委(监察厅〈局〉)做法,民生特派组更名为"松桃苗族自治县纪委监察局某某乡(镇、街道)民生监督组",该称谓一直沿用至监察体制改革时期,县监察局撤销及县监察委员会挂牌成立后,县纪委监察局民生监督组又更名为"松桃苗族自治县纪委县监委某某乡(镇、街道)民生监督组",人员随着工作需要不定期进行调整。具体情况如下:

(一)2014年7月至2016年4月民生监督特派组人员配置

1.松桃苗族自治县第一民生项目监督特派组

组　　长　宋　扬〔县纪委(监察局)派出第一纪工委书记〕
特 派 员　杨昌伦〔县纪委(监察局)派出第一纪工委副书记〕
　　　　　龙明建(盘石镇专职纪委副书记)
监督单位　盘石镇

2.松桃苗族自治县第二民生项目监督特派组

组　　长　宋　扬〔县纪委(监察局)派出第一纪工委书记〕
特 派 员　杨昌伦〔县纪委(监察局)派出第一纪工委副书记〕
　　　　　田树文(盘信镇专职纪委副书记)
监督单位　盘信镇

3.松桃苗族自治县第三民生项目监督特派组

组　　长　宋　扬〔县纪委(监察局)派出第一纪工委书记〕
副 组 长　杨华明(长坪乡党委副书记、纪委书记)
特 派 员　杨昌伦〔县纪委(监察局)派出第一纪工委副书记〕
　　　　　吴　迪(长坪乡专职纪委副书记)
监督单位　长坪乡

4.松桃苗族自治县第四民生项目监督特派组

组　　长　宋　扬〔县纪委(监察局)派出第一纪工委书记〕
副 组 长　冉隆学(正大乡党委副书记、纪委书记)
特 派 员　杨昌伦〔县纪委(监察局)派出第一纪工委副书记〕
　　　　　吴云峰(正大乡专职纪委副书记)

监督单位　正大乡

5.松桃苗族自治县第五民生项目监督特派组

组　　长　龙政敏〔县纪委(监察局)派出第二纪工委(监察分局)副书记、局长〕

副 组 长　刘文华(甘龙镇党委副书记、纪委书记)

特 派 员　吴维琼〔县纪委(监察局)派出第二纪工委(监察分局)副局长〕

陈德珍(甘龙镇专职纪委副书记)

监督单位　甘龙镇

6.松桃苗族自治县第六民生项目监督特派组

组　　长　龙政敏〔县纪委(监察局)派出第二纪工委(监察分局)副书记、局长〕

副 组 长　宋景海(瓦溪乡党委副书记、纪委书记)

特 派 员　吴维琼〔县纪委(监察局)派出第二纪工委(监察分局)副局长〕

王　洪(瓦溪乡专职纪委副书记)

监督单位　瓦溪乡

7.松桃苗族自治县第七民生项目监督特派组

组　　长　龙政敏〔县纪委(监察局)派出第二纪工委(监察分局)副书记、局长〕

特 派 员　吴维琼〔县纪委(监察局)派出第二纪工委(监察分局)副局长〕

陈　果(永安乡专职纪委副书记)

监督单位　永安乡

8.松桃苗族自治县第八民生项目监督特派组

组　　长　龙政敏〔县纪委(监察局)派出第二纪工委(监察分局)副书记、局长〕

副 组 长　罗其文(石梁乡党委副书记、纪委书记)

特 派 员　吴维琼〔县纪委(监察局)派出第二纪工委(监察分局)副局长〕

文祝华(石梁乡专职纪委副书记)

监督单位　石梁乡

9.松桃苗族自治县第九民生项目监督特派组

组　　长　何　彬〔县纪委(监察局)派出第三纪工委(监察分局)副书记、局长〕

副 组 长　龙七贵(长兴堡镇党委副书记、纪委书记)

特 派 员　龙寿发〔县纪委(监察局)派出第三纪工委(监察分局)办公室主任〕

杨吉浪(长兴堡镇专职纪委副书记)

监督单位　长兴堡镇

10.松桃苗族自治县第十民生项目监督特派组

组　　长　何　彬〔县纪委(监察局)派出第三纪工委(监察分局)副书记、局长〕

副 组 长　张朝海(迓驾镇党委副书记、纪委书记)

特 派 员　龙寿发〔县纪委(监察局)派出第三纪工委(监察分局)办公室主任〕

周德顺(迓驾镇专职纪委副书记)

监督单位　迓驾镇

11.松桃苗族自治县第十一民生项目监督特派组

组　　长　何　彬〔县纪委(监察局)派出第三纪工委(监察分局)副书记、局长〕

副 组 长　向　勇（世昌乡党委副书记、纪委书记）

特 派 员　龙寿发〔县纪委（监察局）派出第三纪工委（监察分局）办公室主任〕

监督单位　世昌乡

12.松桃苗族自治县第十二民生项目监督特派组

组　　长　何　彬〔县纪委（监察局）派出第三纪工委（监察分局）副书记、局长〕

特 派 员　龙寿发〔县纪委（监察局）派出第三纪工委（监察分局）办公室主任〕

　　　　　龙通顺（黄板乡专职纪委副书记）

监督单位　黄板乡

13.松桃苗族自治县第十三民生项目监督特派组

组　　长　何　彬〔县纪委（监察局）派出第三纪工委（监察分局）副书记、局长〕

副 组 长　田泽洲（木树乡党委副书记、纪委书记）

特 派 员　龙寿发〔县纪委（监察局）派出第三纪工委（监察分局）办公室主任〕

　　　　　吴　杰（木树乡专职纪委副书记）

监督单位　木树乡

14.松桃苗族自治县第十四民生项目监督特派组

组　　长　麻志南〔县纪委（监察局）派出第四纪工委书记〕

副 组 长　江长智（孟溪镇党委副书记、纪委书记）

特 派 员　唐义长〔县纪委（监察局）派出第四纪工委（监察分局）办公室主任〕

　　　　　何滕飞（孟溪镇专职纪委副书记）

监督单位　孟溪镇

15.松桃苗族自治县第十五民生项目监督特派组

组　　长　麻志南〔县纪委（监察局）派出第四纪工委书记〕

副 组 长　黄俊锋（乌罗镇党委副书记、纪委书记）

特 派 员　唐义长〔县纪委（监察局）派出第四纪工委（监察分局）办公室主任〕

　　　　　张延周（乌罗镇专职纪委副书记）

监督单位　乌罗镇

16.松桃苗族自治县第十六民生项目监督特派组

组　　长　麻志南〔县纪委（监察局）派出第四纪工委书记〕

副 组 长　冯克武（大路乡党委副书记、纪委书记）

特 派 员　唐义长〔县纪委（监察局）派出第四纪工委（监察分局）办公室主任〕

监督单位　大路乡

17.松桃苗族自治县第十七民生项目监督特派组

组　　长　麻志南〔县纪委（监察局）派出第四纪工委书记〕

副 组 长　李　艳（妙隘乡党委副书记、纪委书记）

特 派 员　唐义长〔县纪委（监察局）派出第四纪工委（监察分局）办公室主任〕

监督单位　妙隘乡

18.松桃苗族自治县第十八民生项目监督特派组

组　　长　麻志南〔县纪委（监察局）派出第四纪工委书记〕

副 组 长　杨全忠(冷水溪乡党委副书记、纪委书记)
特 派 员　唐义长〔县纪委(监察局)派出第四纪工委(监察分局)办公室主任〕
　　　　　刘宋发(冷水溪乡专职纪委副书记)
监督单位　冷水溪乡

19.松桃苗族自治县第十九民生项目监督特派组

组　　长　李福周〔县纪委(监察局)派出第五纪工委(监察分局)副书记、局长〕
副 组 长　杨　烨(牛郎镇党委副书记、纪委书记)
特 派 员　龙　文〔县纪委(监察局)派出第五纪工委(监察分局)办公室主任〕
　　　　　杨文军(牛郎镇专职纪委副书记)
监督单位　牛郎镇

20.松桃苗族自治县第二十民生项目监督特派组

组　　长　李福周〔县纪委(监察局)派出第五纪工委(监察分局)副书记、局长〕
副 组 长　代开明(寨英镇党委副书记、纪委书记)
特 派 员　龙　文〔县纪委(监察局)派出第五纪工委(监察分局)办公室主任〕
监督单位　寨英镇

21.松桃苗族自治县第二十一民生项目监督特派组

组　　长　李福周〔县纪委(监察局)派出第五纪工委(监察分局)副书记、局长〕
副 组 长　邓武贵(普觉镇党委副书记、纪委书记)
特 派 员　龙　文〔县纪委(监察局)派出第五纪工委(监察分局)办公室主任〕
监督单位　普觉镇

22.松桃苗族自治县第二十二民生项目监督特派组

组　　长　李福周〔县纪委(监察局)派出第五纪工委(监察分局)副书记、局长〕
副 组 长　黄思红(沙坝河乡党委副书记、纪委书记)
特 派 员　龙　文〔县纪委(监察局)派出第五纪工委(监察分局)办公室主任〕
　　　　　罗　冲(沙坝河乡专职纪委副书记)
监督单位　沙坝河乡

23.松桃苗族自治县第二十三民生项目监督特派组

组　　长　石荷仙〔县纪委(监察局)派出第六纪工委(监察分局)副书记、局长〕
副 组 长　唐　渊(蓼皋镇党委副书记、纪委书记)
特 派 员　曹　欢〔县纪委(监察局)派出第六纪工委(监察分局)副局长〕
　　　　　欧求海(蓼皋镇专职纪委副书记)
监督单位　蓼皋镇

24.松桃苗族自治县第二十四民生项目监督特派组

组　　长　石荷仙〔县纪委(监察局)派出第六纪工委(监察分局)副书记、局长〕
副 组 长　石绍清(大坪场镇党委副书记、纪委书记)
特 派 员　曹　欢〔县纪委(监察局)派出第六纪工委(监察分局)副局长〕
　　　　　龙志勇(大坪场镇专职纪委副书记)
监督单位　大坪场镇

25.松桃苗族自治县第二十五民生项目监督特派组

组　　长　石荷仙〔县纪委(监察局)派出第六纪工委(监察分局)副书记、局长〕

副 组 长　龙孟勇(太平营乡党委副书记、纪委书记)

特 派 员　曹　欢〔县纪委(监察局)派出第六纪工委(监察分局)副局长〕

监督单位　太平营乡

26.松桃苗族自治县第二十六民生项目监督特派组

组　　长　石荷仙〔县纪委(监察局)派出第六纪工委(监察分局)副书记、局长〕

副 组 长　张永锋(九江乡党委副书记、纪委书记)

特 派 员　曹　欢〔县纪委(监察局)派出第六纪工委(监察分局)副局长〕

　　　　　易小峰(九江乡专职纪委副书记)

监督单位　九江乡

27.松桃苗族自治县第二十七民生项目监督特派组

组　　长　石荷仙〔县纪委(监察局)派出第六纪工委(监察分局)副书记、局长〕

副 组 长　秦　毅(平头乡党委副书记、纪委书记)

特 派 员　曹　欢〔县纪委(监察局)派出第六纪工委(监察分局)副局长〕

监督单位　平头乡

(二)2016年4月至2016年9月各民生监督组人员配置

1.松桃苗族自治县纪委监察局盘石镇民生监督组

组　　长　龙　文〔县纪委(监察局)派出第一监察分局副局长、县城市管理行政执法局(城镇管理局)党组成员、纪检组组长〕

常务副组长　彭　湃(盘石镇党委副书记、纪委书记)

成　　员　龙明建(盘石镇纪委专职副书记)

　　　　　龙毅峰(盘石镇纪检监察工作员)

2.松桃苗族自治县纪委监察局长坪乡民生监督组

组　长　肖　赛(县交通运输局党组成员、纪检组组长)

副组长　麻建松(县投资促进局纪检组组长)

成　员　杨　钟(县监察局派驻交通运输局监察室主任)

　　　　麻云超(长坪乡纪检监察工作员)

3.松桃苗族自治县纪委监察局盘信镇民生监督组

组　长　宋景海(县纪委监察局派出第一纪工委副书记、县环境保护局党组成员、纪检组组长)

成　员　唐　锋(县纪委监察局办公室科员)

　　　　余以琼(县监察局派驻环境保护局监察室主任)

　　　　龙文军(盘信镇纪检监察工作员)

　　　　田树文(盘信镇民生监督组监督员)

4.松桃苗族自治县纪委监察局正大镇民生监督组

组　长　向　勇(县纪委监察局派出第一纪工委书记、县安全生产监督管理局党组成员、纪检组组长)

副组长　石　林〔县住房和城乡建设局(城乡规划局)党组成员、纪检组组长〕

成　员　刘志坚(正大乡民生监督组监督员)

5.松桃苗族自治县纪委监察局瓦溪乡民生监督组

组　长　张勇刚(县市场监督管理局党组成员、纪检组组长)

副组长　龙素英(县纪委监察局派出第二纪工委副书记、监察分局局长)

罗　毅(县人民检察院党组成员、纪检组组长)

成　员　王　洪(瓦溪乡纪委专职副书记)

龙　鹏(县人社局监察室负责人)

6.松桃苗族自治县纪委监察局永安乡民生监督组

组　长　邱美霖(县纪委监察局派出第二纪工委书记、县人力资源和社会保障局党组成员、纪检组组长)

副组长　洪扶海(县法院党组成员、纪检组组长)

成　员　陈　果(永安乡纪委专职副书记)

吴祖良(县法院监察室主任)

7.松桃苗族自治县纪委监察局甘龙镇民生监督组

组　长　杨昱昕(县纪委监察局派出第二纪工委副书记、县司法局党组成员、纪检组组长)

副组长　欧正芳(县纪委监察局派出第二监察分局副局长、县审计局党组成员、纪检组组长)

成　员　陈德珍(甘龙镇纪委专职副书记)

杨小龙(县纪委监察局派出第六纪工委监察分局工作员)

8.松桃苗族自治县纪委监察局石梁乡民生监督组

组　长　龙志权(县委政法委纪检组组长)

副组长　贺宇金(县公安局党委委员、纪委书记)

成　员　吴　岱(石梁乡民生监督组监督员)

9.松桃苗族自治县纪委监察局世昌街道民生监督组

组　长　任献民(县财政局党组成员、纪检组组长)

成　员　赵　斌(世昌街道纪工委专职副书记)

10.松桃苗族自治县纪委监察局黄板镇民生监督组

组　　　长　杨昌馀(县纪委监察局派出第三纪工委副书记、县发展和改革局党组成员、纪检组组长)

常务副组长　杨　松(黄板镇党委副书记、纪委书记)

成　　　员　龙通顺(黄板镇纪委专职副书记)

龙秀国(黄板镇监察室主任)

11.松桃苗族自治县纪委监察局木树镇民生监督组

组　　　长　何兴发(县纪委监察局派出第三监察分局副局长、县工业和商务局党组成员、纪检组组长)

成　　　员　杨再科(县国税局监察室主任)

龙寿发(县纪委监察局派出第三纪工委监察分局办公室主任)

12.松桃苗族自治县纪委监察局长兴堡镇民生监督组

组　　　长　杨昌伦(县纪委监察局派出第三纪工委书记、县统计局党组成员、纪检组组长)

常务副组长　龙七贵(长兴堡镇党委副书记、纪委书记)

副　组　长　欧求海(县行政服务中心纪检组组长)

成　　　员　罗仕春(县地税局监察室主任)

13.松桃苗族自治县纪委监察局迓驾镇民生监督组

组　　　长　杨成华〔县公共资源交易中心(县产权交易中心)纪检组组长〕

副　组　长　陈邻飞(县人民政府办公室纪检组长)

14.松桃苗族自治县纪委监察局乌罗镇民生监督组

组　　　长　吴秀勇(县纪委监察局派出第四监察分局副局长、县民政局党组成员、纪检组组长)

常务副组长　黄俊峰(乌罗镇党委副书记、纪委书记)

成　　　员　张延周(乌罗镇纪委专职副书记)

陈　号(乌罗镇民生监督组监督员)

15.松桃苗族自治县纪委监察局冷水溪镇民生监督组

组　长　田儒礼(县农牧科技局党组成员、纪检组组长)

副组长　亢　波(县扶贫开发办公室党组成员、纪检组组长)

成　员　刘宋发(冷水溪乡纪委专职副书记)

16.松桃苗族自治县纪委监察局大路镇民生监督组

组　长　陈祥军(县纪委监察局派出第四纪工委副书记、监察分局局长、县供销合作社联合社党组成员、纪检组长)

副组长　姚　畯(县山地生态畜牧业发展中心纪检组长)

成　员　李万兵(大路镇监察室主任)

17.松桃苗族自治县纪委监察局孟溪镇民生监督组

组　　　长　麻志南(县纪委监察局派出第四纪工委书记、县水务局党组成员、纪检组长)

常务副组长　姚许静(孟溪镇党委副书记、纪委书记)

成　　　员　何滕飞(孟溪镇纪委专职副书记)

冉　翔(孟溪镇民生监督组监督员)

黄志军(县监察局派驻县林业局监察室主任)

18.松桃苗族自治县纪委监察局妙隘乡民生监督组

组　长　贺　丽(县纪委监察局派出第四纪工委副书记、县林业局党组成员、纪检组组长)

副组长　陈代富(县国土资源局党组成员、纪检组长)

成　员　贺再金(妙隘乡纪委专职副书记)

19.松桃苗族自治县纪委监察局牛郎镇民生监督组

组　　　长　龙明章〔县档案局(档案馆、地方志办)纪检组组长〕

常务副组长　杨　烨(牛郎镇党委副书记、纪委书记)

副　组　长　陈　静(县编委办公室纪检组组长)

成　　　员　杨文军(牛郎镇纪委专职副书记)

龙德昌(牛郎镇监察室主任)

20.松桃苗族自治县纪委监察局沙坝河乡民生监督组

组　长　江长智(县纪委监察局派出第五纪工委副书记、监察分局局长、县政协办公室纪检组组长)

副组长　吴翠云(县委统战部纪检组组长)

马作良(县委组织部纪检组组长)

21.松桃苗族自治县纪委监察局寨英镇民生监督组

组　长　任卫星(县委办公室纪检组组长)

副组长　李忠华(县纪委监察局派出第五纪工委副书记、县委宣传部纪检组组长)

龙兰花(县人大常委会办公室纪检组组长)

吴　杰(县总工会党组成员、纪检组组长)

成　员　杨昌银(寨英镇民生监督组监督员)

22.松桃苗族自治县纪委监察局普觉镇民生监督组

组　　　长　田华明(县直属机关工委纪工委书记)

常务副组长　邓武贵(普觉镇党委副书记、纪委书记)

副　组　长　蒋　莉(县委党校纪检组长)

成　　　员　蒋兴隆(普觉镇民生监督组监督员)

杨　健(普觉镇纪检监察工作人员)

23.松桃苗族自治县纪委监察局平头镇民生监督组

组　　　长　邓显江(县纪委监察局派出第六监察分局副局长、县卫生监督局纪检组组长)

常务副组长　秦　毅(平头镇党委副书记、纪委书记)

成　　　员　柯永飞(平头镇纪委专职副书记)

杨　文(平头镇监察室主任)

24.松桃苗族自治县纪委监察局大坪场镇民生监督组

组　长　麻显文(县纪委监察局派出第六纪工委副书记、县卫生和计划生育局党组成员、纪检组组长)

副组长　刘　达〔县文体广电新闻出版旅游局(版权局)党组成员、纪检组组长〕

唐义长(县第三高级中学纪检组组长)

成　员　龙志勇(大坪场镇纪委专职副书记)

冯爱辉〔县文体广电新闻出版旅游局(版权局)监察室工作员〕

25.松桃苗族自治县纪委监察局太平营街道民生监督组

组　长　龙俊泽(县人民医院纪检组组长)

副组长　刘建英(县民族和宗教事务局党组成员、纪检组组长)

杨吉浪(县民族中医院纪检组组长)

成　员　孙艳芬(太平营街道纪工委专职副书记)

26.松桃苗族自治县纪委监察局蓼皋街道民生监督组

组　　　长　石昌彪(县纪委监察局派出第六纪工委书记、县教育局党组成员、纪检组组长)

常务副组长　龙松林(蓼皋镇党委副书记、纪委书记)

副　组　长　吴云飞(县妇幼保健院纪检组组长)

成　　　员　吴　迪(县教育局副科级纪检员)

李胜忠(县监察局派驻县卫生和计划生育局监察室主任)

27.松桃苗族自治县纪委监察局九江街道民生监督组

组　长　姚晓军(县疾病预防控制中心纪检组组长)

副组长　吴达君(松桃民族中学纪检组组长)

成　员　文祝华(九江街道纪工委专职副书记)

(三)2016年9月至2016年11月各民生监督组人员配置

1.松桃苗族自治县纪委监察局盘石镇民生监督组

组　长　龙　文〔县纪委监察局派出第一监察分局副局长、县城市管理行政执法局(城镇管理局)纪检组组长〕

副组长　吴正国(盘石镇党委委员、镇纪委书记)

成　员　龙毅峰(盘石镇专职纪委副书记)

2.松桃苗族自治县纪委监察局长坪乡民生监督组

组　长　肖　赛(县交通运输局党组成员、纪检组组长)

副组长　石晓晖(长坪乡党委委员乡纪、委书记)

麻建松(县投资促进局纪检组组长)

成　员　杨　钟(县交通运输局监察室主任)

麻云超(长坪乡专职纪委副书记)

3.松桃苗族自治县纪委监察局盘信镇民生监督组

组　长　宋景海(县纪委监察局派出第一纪工委副书记、县环境保护局党组成员、纪检组组长)

副组长　龙迅飞(盘信镇党委委员、镇纪委书记)

成　员　唐　锋(县纪委监察局办公室科员)

余以琼(县环境保护局监察室主任)

龙文军(盘信镇纪检监察工作员)

田树文(盘信镇民生监督组监督员)

4.松桃苗族自治县纪委监察局正大镇民生监督组

组　长　向　勇(县纪委监察局派出第一纪工委书记、县安全生产监督管理局纪检组组长)

副组长　龙　辉(正大镇党委委员、镇纪委书记)

石　林〔县住房和城乡建设局(城乡规划局)纪检组组长〕

成　员　刘志坚(正大乡民生监督组监督员)

5.松桃苗族自治县纪委监察局瓦溪乡民生监督组

组　长　张勇刚(县市场监督管理局纪检组组长)

副组长　王　伟(瓦溪乡党委委员、乡纪委书记)

罗　毅(县人民检察院党组成员、纪检组组长)

成　员　杨胜清(瓦溪乡纪委专职副书记)

龙　鹏(县人社局监察室负责人)

6.松桃苗族自治县纪委监察局永安乡民生监督组

组　长　邱美霖(县纪委监察局派出第二纪工委书记、县人力资源和社会保障局纪检组组长)

副组长　王　洪（永安乡党委委员、乡纪委书记）
　　　　洪扶海（县法院党组成员、纪检组组长）
成　员　熊　云（永安乡纪委专职副书记）
　　　　杨小龙（县纪委监察局派出第六纪工委监察分局工作员）
　　　　吴祖良（县法院监察室主任）

7.松桃苗族自治县纪委监察局甘龙镇民生监督组

组　长　秦　毅（县纪委监察局派出第二监察分局局长）
副组长　宋子龙（甘龙镇党委委员、镇纪委书记）
　　　　欧正芳（县纪委监察局派出第二监察分局副局长、县审计局纪检组组长）
　　　　杨昱昕（县纪委监察局派出第二纪工委副书记、县司法局纪检组组长）
成　员　张　圣（甘龙镇纪委专职副书记）

8.松桃苗族自治县纪委监察局石梁乡民生监督组

组　长　龙志权（县委政法委纪检组组长）
副组长　张延周（石梁乡党委委员、乡纪委书记）
　　　　贺宇金（县公安局党委委员、纪委书记）
成　员　吴　岱（石梁乡专职纪委副书记）

9.松桃苗族自治县纪委监察局世昌街道民生监督组

组　长　任献民（县纪委派驻财政局纪检组组长）
副组长　陈向东（世昌街道党工委委员、纪工委书记）
成　员　赵　斌（世昌街道纪工委专职副书记）

10.松桃苗族自治县纪委监察局黄板镇民生监督组

组　长　杨昌馀（县纪委监察局派出第三纪工委副书记、县发展和改革局纪检组组长）
副组长　李仲高（黄板镇党委委员、镇纪委书记）
成　员　杨正泽（黄板镇纪委专职副书记）
　　　　龙秀国（黄板镇监察室主任）

11.松桃苗族自治县纪委监察局木树镇民生监督组

组　长　何兴发（县纪委监察局派出第三监察分局副局长、县工业和商务局纪检组组长）
副组长　张运康（木树镇党委委员、镇纪委书记）
成　员　杨再科（县国税局监察室主任）
　　　　龙寿发（县纪委监察局派出第三纪工委监察分局办公室主任）

12.松桃苗族自治县纪委监察局长兴堡镇民生监督组

组　长　杨昌伦（县纪委监察局派出第三纪工委书记、县统计局纪检组组长）
副组长　龙通顺（长兴堡镇党委委员、镇纪委书记）
　　　　欧求海（县行政服务中心纪检组组长）
成　员　罗仕春（县地税局监察室主任）
　　　　刘　轶（长兴堡镇专职纪委副书记）

13.松桃苗族自治县纪委监察局迓驾镇民生监督组

组　长　杨成华〔县公共资源交易中心（县产权交易中心）纪检组组长〕

副组长　杨春芽(迓驾镇党委委员、镇纪委书记)

　　　　陈邻飞(县人民政府办公室纪检组组长)

成　员　石树江(迓驾镇纪委专职副书记)

14.松桃苗族自治县纪委监察局乌罗镇民生监督组

组　长　吴秀勇(县纪委监察局派出第四监察分局副局长、县民政局纪检组组长)

副组长　张冬林(乌罗镇党委委员、镇纪委书记)

成　员　杨正炜(乌罗镇纪委专职副书记)

　　　　陈　号(乌罗镇民生监督组监督员)

15.松桃苗族自治县纪委监察局冷水溪镇民生监督组

组　长　贺　丽(县纪委监察局派出第四纪工委副书记、县林业局纪检组组长)

副组长　杨　韬(冷水溪镇党委委员、镇纪委书记)

　　　　亢　波(县扶贫开发办公室纪检组组长)

成　员　田　径(冷水溪镇专职纪委副书记)

16.松桃苗族自治县纪委监察局大路镇民生监督组

组　长　陈祥军(县纪委监察局派出第四纪工委副书记、监察分局局长、县供销合作社联合社纪检组组长)

副组长　冉奉尧(大路镇党委委员、镇纪委书记)

　　　　姚　晙(县山地生态畜牧业发展中心纪检组组长)

成　员　任　华(大路镇专职纪委副书记)

　　　　李万兵(大路镇监察室主任)

17.松桃苗族自治县纪委监察局孟溪镇民生监督组

组　长　麻志南(县纪委监察局派出第四纪工委书记、县水务局纪检组组长)

副组长　熊　辉(孟溪镇党委委员、镇纪委书记)

成　员　冉　翔(孟溪镇专职纪委副书记)

　　　　黄志军(县监察局派驻县林业局监察室主任)

18.松桃苗族自治县纪委监察局妙隘乡民生监督组

组　长　田儒礼(县农牧科技局党组成员、纪检组组长)

副组长　龙军勇(妙隘乡党委委员、乡纪委书记)

　　　　陈代富(县国土资源局纪检组组长)

成　员　李小林(妙隘乡专职纪委副书记)

19.松桃苗族自治县纪委监察局牛郎镇民生监督组

组　长　龙明章(县档案局〈档案馆、地方志办〉纪检组组长)

副组长　龙令勇(牛郎镇党委委员、镇纪委书记)

　　　　陈　静(县编委办公室纪检组组长)

成　员　龙德昌(牛郎镇专职纪委副书记)

20.松桃苗族自治县纪委监察局沙坝河乡民生监督组

组　长　江长智(县纪委监察局派出第五纪工委副书记、监察分局局长、县政协办公室纪检组组长)

副组长　龙　斌（沙坝河乡党委委员、乡纪委书记）

　　　　吴翠云（县委统战部纪检组组长）

　　　　马作良（县委组织部纪检组组长）

成　员　冷启永（沙坝河乡专职纪委副书记）

21.松桃苗族自治县纪委监察局寨英镇民生监督组

组　长　任卫星（县委办公室纪检组组长）

副组长　吴赵德（寨英镇党委委员、镇纪委书记）

　　　　李忠华（县纪委监察局派出第五纪工委副书记、县委宣传部纪检组组长）

　　　　龙兰花（县人大常委会办公室纪检组组长）

　　　　吴　杰（县总工会纪检组长）

成　员　杨昌银（寨英镇专职纪委副书记）

22.松桃苗族自治县纪委监察局普觉镇民生监督组

组　长　田华明（县直属机关工委纪工委书记）

副组长　龙　毅（普觉镇党委委员、镇纪委书记）

　　　　蒋　莉（县委党校纪检组组长）

成　员　杨　健（普觉镇专职纪委副书记）

　　　　蒋兴隆（普觉镇民生监督组监督员）

23.松桃苗族自治县纪委监察局平头镇民生监督组

组　长　邓显江（县纪委监察局派出第六监察分局副局长、县卫生监督局纪检组组长）

副组长　贺再金（平头镇党委委员、镇纪委书记）

成　员　柯永飞（平头镇纪委专职副书记）

　　　　杨　文（平头镇监察室主任）

24.松桃苗族自治县纪委监察局大坪场镇民生监督组

组　长　麻显文（县纪委监察局派出第六纪工委副书记、县卫生和计划生育局纪检组组长）

副组长　刘　达〔县文体广电新闻出版旅游局（版权局）纪检组组长〕

　　　　唐义长（县第三高级中学纪检组组长）

成　员　陈廷红（大坪场镇纪委专职副书记）

　　　　冯爱辉〔县文体广电新闻出版旅游局（版权局）监察室工作员〕

25.松桃苗族自治县纪委监察局太平营街道民生监督组

组　长　龙俊泽（县人民医院纪检组组长）

副组长　龙　桥（太平营街道党工委委员、纪工委书记）

　　　　刘建英（县民族和宗教事务局纪检组组长）

　　　　杨吉浪（县民族中医院纪检组组长）

成　员　孙艳芬（太平营街道纪工委专职副书记）

26.松桃苗族自治县纪委监察局蓼皋街道民生监督组

组　长　石昌彪（县纪委监察局派出第六纪工委书记、县教育局纪检组组长）

副组长　吴志松（蓼皋街道党工委委员、纪工委书记）

　　　　吴云飞（县妇幼保健院纪检组组长）

成　员　吴　迪(县教育局副科级纪检员)

杨海波(蓼皋街道专职纪工委副书记)

李胜忠(县监察局派驻县卫生和计划生育局监察室主任)

27.松桃苗族自治县纪委监察局九江街道民生监督组

组　长　姚晓军(县疾病预防控制中心纪检组组长)

副组长　周建思(九江街道党工委委员、纪工委书记)

吴达君(松桃民族中学纪检组组长)

成　员　文祝华(九江街道纪委专职副书记)

(四)2016年11月至2018年9月各民生监督组人员配置

1.松桃苗族自治县纪委监察局盘石镇民生监督组

组　长　龙　文〔县纪委监察局派出第一监察分局副局长、县城市管理行政执法局(城镇管理局)纪检组组长〕

副组长　吴正国(盘石镇党委委员、镇纪委书记)

成　员　龙毅峰(盘石镇专职纪委副书记)

杨　钟(县交通运输局监察室主任)

2.松桃苗族自治县纪委监察局长坪乡民生监督组

组　长　肖　赛(县交通运输局党组成员、纪检组组长)

副组长　石晓晖(长坪乡党委委员、乡纪委书记)

麻建松(县投资促进局纪检组组长)

成　员　麻云超(长坪乡专职纪委副书记)

3.松桃苗族自治县纪委监察局盘信镇民生监督组

组　长　宋景海(县纪委监察局派出第一纪工委副书记、县环境保护局党组成员、纪检组组长)

副组长　龙迅飞(盘信镇党委委员、镇纪委书记)

成　员　唐　锋(县纪委监察局办公室科员)

龙文军(盘信镇纪检监察工作员)

田树文(盘信镇民生监督组监督员)

4.松桃苗族自治县纪委监察局正大镇民生监督组

组　长　向　勇(县纪委监察局派出第一纪工委书记、县安全生产监督管理局纪检组组长)

副组长　龙　辉(正大镇党委委员、镇纪委书记)

石　林〔县住房和城乡建设局(城乡规划局)纪检组组长〕

成　员　刘志坚(正大乡民生监督组监督员)

5.松桃苗族自治县纪委监察局瓦溪乡民生监督组

组　长　张勇刚(县市场监督管理局纪检组组长)

副组长　王　伟(瓦溪乡党委委员、乡纪委书记)

成　员　杨胜清(瓦溪乡纪委专职副书记)

张金波(派驻第三纪检监察组工作人员)

6.松桃苗族自治县纪委监察局永安乡民生监督组

组　长　邱美霖（县纪委监察局派出第二纪工委书记、县人力资源和社会保障局纪检组组长）

副组长　王　洪（永安乡党委委员、乡纪委书记）

成　员　熊　云（永安乡纪委专职副书记）

　　　　吴祖良（县法院监察室主任）

7.松桃苗族自治县纪委监察局甘龙镇民生监督组

组　长　秦　毅（县纪委监察局派出第二监察分局局长）

副组长　宋子龙（甘龙镇党委委员、镇纪委书记）

　　　　欧正芳（县纪委监察局派出第二监察分局副局长、县审计局纪检组组长）

　　　　杨昱昕（县纪委监察局派出第二纪工委副书记、县司法局纪检组组长）

成　员　张　圣（甘龙镇纪委专职副书记）

　　　　杨小龙（县纪委监察局派出第六纪工委监察分局工作员）

8.松桃苗族自治县纪委监察局石梁乡民生监督组

组　长　龙志权（县委政法委纪检组组长）

副组长　张延周（石梁乡党委委员、乡纪委书记）

成　员　吴　岱（石梁乡专职纪委副书记）

9.松桃苗族自治县纪委监察局世昌街道民生监督组

组　长　任献民（县纪委派驻财政局纪检组组长）

副组长　陈向东（世昌街道党工委委员、纪工委书记）

成　员　赵　斌（世昌街道纪工委专职副书记）

　　　　杨　旭（县财政局监察室主任）

10.松桃苗族自治县纪委监察局黄板镇民生监督组

组　长　杨昌馀（县纪委监察局派出第三纪工委副书记、县发展和改革局纪检组组长）

副组长　李仲高（黄板镇党委委员、镇纪委书记）

成　员　杨正泽（黄板镇纪委专职副书记）

　　　　龙秀国（黄板镇监察室主任）

11.松桃苗族自治县纪委监察局木树镇民生监督组

组　长　何兴发（县纪委监察局派出第三监察分局副局长、县工业和商务局纪检组组长）

副组长　张运康（木树镇党委委员、镇纪委书记）

成　员　石邦才（木树镇专职纪委副书记）

　　　　龙寿发（县纪委监察局派出第三纪工委监察分局办公室主任）

12.松桃苗族自治县纪委监察局长兴堡镇民生监督组

组　长　杨昌伦（县纪委监察局派出第三纪工委书记、县统计局纪检组组长）

副组长　龙通顺（长兴堡镇党委委员、镇纪委书记）

　　　　欧求海（县行政服务中心纪检组组长）

成　员　刘　轶（长兴堡镇专职纪委副书记）

13.松桃苗族自治县纪委监察局迓驾镇民生监督组

组　长　杨成华〔县公共资源交易中心（县产权交易中心）纪检组组长〕

副组长　杨春芽(迓驾镇党委委员、镇纪委书记)

成　员　石树江(迓驾镇纪委专职副书记)

14.松桃苗族自治县纪委监察局乌罗镇民生监督组

组　长　吴秀勇(县纪委监察局派出第四监察分局副局长、县民政局纪检组组长)

副组长　张冬林(乌罗镇党委委员、镇纪委书记)

成　员　杨正炜(乌罗镇纪委专职副书记)

15.松桃苗族自治县纪委监察局冷水溪镇民生监督组

组　长　田儒礼(县农牧科技局党组成员、纪检组组长)

副组长　杨　韬(冷水溪镇党委委员、镇纪委书记)

　　　　亢　波(县扶贫开发办公室纪检组组长)

成　员　田　径(冷水溪镇专职纪委副书记)

16.松桃苗族自治县纪委监察局大路镇民生监督组

组　长　陈祥军(县纪委监察局派出第四纪工委副书记、监察分局局长、县供销合作社联合社纪检组组长)

副组长　冉奉尧(大路镇党委委员、镇纪委书记)

　　　　姚　畯(县山地生态畜牧业发展中心纪检组组长)

成　员　任　华(大路镇专职纪委副书记)

　　　　李万兵(大路镇监察室主任)

17.松桃苗族自治县纪委监察局孟溪镇民生监督组

组　长　麻志南(县纪委监察局派出第四纪工委书记、县水务局纪检组组长)

副组长　熊　辉(孟溪镇党委委员、镇纪委书记)

　　　　陈代富(县国土资源局纪检组组长)

成　员　冉　翔(孟溪镇专职纪委副书记)

　　　　向万成(县水务局监察室主任)

　　　　黄志军(县林业局监察室主任)

18.松桃苗族自治县纪委监察局妙隘乡民生监督组

组　长　贺　丽(县纪委监察局派出第四纪工委副书记、县林业局纪检组组长)

副组长　龙军勇(妙隘乡党委委员、乡纪委书记)

成　员　李小林(妙隘乡专职纪委副书记)

　　　　柯鸿浩(县纪委监察局派出第四纪工委工作员)

19.松桃苗族自治县纪委监察局牛郎镇民生监督组

组　长　龙明章〔县档案局(档案馆、地方志办)纪检组组长〕

副组长　龙令勇(牛郎镇党委委员、镇纪委书记)

副组长　陈　静(县编委办公室纪检组组长)

成　员　龙德昌(牛郎镇专职纪委副书记)

20.松桃苗族自治县纪委监察局沙坝河乡民生监督组

组　长　江长智(县纪委监察局派出第五纪工委副书记、监察分局局长、县政协办公室纪检组组长)

副组长　龙　斌(沙坝河乡党委委员、乡纪委书记)
　　　　吴翠云(县委统战部纪检组组长)
　　　　马作良(县委组织部纪检组组长)
成　员　冷启永(沙坝河乡专职纪委副书记)
　　　　杨耀中(县纪委监察局派出第五纪工委工作员)

21.松桃苗族自治县纪委监察局寨英镇民生监督组

组　长　任卫星(县委办公室纪检组组长)
副组长　吴赵德(寨英镇党委委员、镇纪委书记)
　　　　李忠华(县纪委监察局派出第五纪工委副书记、县委宣传部纪检组组长)
　　　　龙兰花(县人大常委会办公室纪检组组长)
　　　　吴　杰(县总工会纪检组长)
成　员　杨昌银(寨英镇专职纪委副书记)

22.松桃苗族自治县纪委监察局普觉镇民生监督组

组　长　田华明(县直属机关工委纪工委书记)
副组长　龙　毅(普觉镇党委委员、镇纪委书记)
　　　　蒋　莉(县委党校纪检组长)
成　员　杨　健(普觉镇专职纪委副书记)
　　　　蒋兴隆(普觉镇民生监督组监督员)

23.松桃苗族自治县纪委监察局平头镇民生监督组

组　长　邓显江(县纪委监察局派出第六监察分局副局长、县卫生监督局纪检组组长)
副组长　贺再金(平头镇党委委员、镇纪委书记)
成　员　柯永飞(平头镇纪委专职副书记)
　　　　杨　文(平头镇监察室主任)

24.松桃苗族自治县纪委监察局大坪场镇民生监督组

组　长　麻显文(县纪委监察局派出第六纪工委副书记、县卫生和计划生育局纪检组组长)
副组长　张　媛(大坪场镇党委委员、镇纪委书记)
　　　　姚晓军(县疾病预防控制中心纪检组组长)
　　　　唐义长(县第三高级中学纪检组组长)
成　员　陈廷红(大坪场镇纪委专职副书记)

25.松桃苗族自治县纪委监察局太平营街道民生监督组

组　长　龙俊泽(县人民医院纪检组组长)
副组长　龙　桥(太平营街道党工委委员、纪工委书记)
　　　　刘建英(县民族和宗教事务局纪检组组长)
　　　　杨吉浪(县民族中医院纪检组组长)
成　员　孙艳芬(太平营街道纪工委专职副书记)

26.松桃苗族自治县纪委监察局蓼皋街道民生监督组

组　长　石昌彪(县纪委监察局派出第六纪工委书记、县教育局纪检组组长)
副组长　吴志松(蓼皋街道党工委委员、纪工委书记)

　　　　吴云飞（县妇幼保健院纪检组组长）
成　员　吴　迪（县教育局副科级纪检员）
　　　　杨海波（蓼皋街道专职纪工委副书记）

27.松桃苗族自治县纪委监察局九江街道民生监督组

组　长　刘　达（县交通运输局纪检组组长）
副组长　周建思（九江街道党工委委员、纪工委书记）
　　　　吴达君（松桃民族中学纪检组组长）
成　员　文祝华（九江街道纪委专职副书记）

（五）2018年9月至2020年3月各民生监督组人员配置

1.大路镇民生监督组

组　长　吴秀勇（派驻第二纪检组组长）
副组长　冉奉尧（大路镇党委委员、镇纪委书记）
成　员　罗时保（大路镇纪委副书记）
　　　　李万兵（大路镇监察室主任）

2.妙隘乡民生监督组

组　长　吴翠云（派驻第二纪检监察组副科长级专职纪检监察员）
副组长　吴　迪（县纪委县监委副科级干部）
成　员　刘志坚（派驻第二纪检监察组工作人员）
　　　　李小林（妙隘乡纪委副书记）

3.寨英镇民生监督组

组　长　亢　波（派驻第二纪检监察组副科长级专职纪检监察员）
副组长　田兴国（寨英镇党委委员、镇纪委书记）
成　员　杨昌银（寨英镇纪委副书记）
　　　　舒易华（寨英镇民生监督员）

4.永安乡民生监督组

组　长　邱美霖（派驻第三纪检组长）
副组长　田儒礼（派驻第三纪检监察组副科级干部）
成　员　熊　云（永安乡纪委副书记）

5.甘龙镇民生监督组

组　长　任卫星（派驻第三纪检监察组副科长级专职纪检监察员）
副组长　宋子龙（甘龙镇党委委员、镇纪委书记）
成　员　蒋　莉（派驻第三纪检监察组工作人员）
　　　　李　聪（甘龙镇纪委工作人员）

6.瓦溪乡民生监督组

组　长　欧正芳（县审计局纪检组组长）
副组长　简　璟（瓦溪乡党委委员、乡纪委书记）
成　员　张金波（派驻第三纪检监察组工作人员）

杨胜清(瓦溪乡纪委副书记)

7.沙坝河乡民生监督组

组　长　江长智(派驻第四纪检监察组组长)

副组长　龙德昌(沙坝河乡党委委员、乡纪委书记)

成　员　杨耀中(派驻第四纪检监察组工作人员)

吴官永(沙坝河乡纪委工作人员)

8.牛郎镇民生监督组

组　长　石　林(派驻第四纪检监察组副科长级专职纪检监察员)

副组长　龙令勇(牛郎镇党委委员、镇纪委书记)

成　员　张云琴(牛郎镇纪委副书记)

9.普觉镇民生监督组

组　长　龙明章(派驻第四纪检监察组副科长级专职纪检监察员)

副组长　王孟龙(普觉镇党委委员、镇纪委书记)

成　员　杨　健(普觉镇纪委副书记)

蒋兴隆(普觉镇民生监督员)

10.蓼皋街道民生监督组

组　长　石昌彪(派驻第五纪检组组长)

副组长　杨　钟(派驻第五纪检监察组副科级干部)

吴志松(蓼皋街道党工委委员、纪工委书记)

成　员　杨海波(蓼皋街道纪工委副书记)

吴再成(蓼皋街道民生监督员)

11.九江街道民生监督组

组　长　邓显江(派驻第五纪检监察组副科长级专职纪检监察员)

副组长　周建思(九江街道党工委委员、纪工委书记)

成　员　文祝华(九江街道纪工委副书记)

12.太平营街道民生监督组

组　长　杨吉浪(县民族中医院副科长级专职纪检监察员)

副组长　龙兰花(派驻第五纪检监察组副科长级专职纪检监察员)

柯永飞(太平营街道党工委委员、纪工委书记)

成　员　孙艳芬(太平营街道纪工委副书记)

13.正大镇民生监督组

组　长　姚　蓉(派驻第六纪检组组长)

副组长　龙　辉(正大镇党委委员、镇纪委书记)

成　员　杨　旭(派驻第六纪检监察组工作人员)

杨昆武(正大镇纪委副书记)

14.盘信镇民生监督组

组　长　吴　杰(驻第六纪检监察组副科长级专职纪检监察员)

副组长　龙迅飞(盘信镇党委委员、镇纪委书记)

成　员　唐　锋(派驻第六纪检监察组工作人员)
　　　　龙　舟(盘信镇纪委副书记)
　　　　田树文(盘信镇民生监督员)

15.长坪乡民生监督组

组　长　李忠华(县直属机关工委纪工委书记)
副组长　石晓晖(长坪乡党委委员、乡纪委书记)
成　员　贺维聪(长坪乡纪委工作人员)

16.孟溪镇民生监督组

组　长　麻显文(派驻第七纪检组组长)
副组长　杨小龙(孟溪镇党委委员、镇纪委书记)
成　员　冉　翔(孟溪镇纪委副书记)
　　　　杨　智(孟溪镇民生监督员)

17.平头镇民生监督组

组　长　贺　丽(派驻第七纪检监察组副科长级专职纪检监察员)
副组长　贺再金(平头镇党委委员、镇纪委书记)
成　员　杨　芳(平头镇纪委副书记)
　　　　杨　文(平头镇监察室主任)

18.大坪场镇民生监督组

组　长　龙　斌(派驻第七纪检监察组副科长级专职纪检监察员)
副组长　徐　骞(大坪场镇党委委员、镇纪委书记)
成　员　龙寿发(派驻第七纪检监察组工作人员)
　　　　陈廷红(大坪场镇纪委副书记)

19.世昌街道民生监督组

组　长　李　艳(派驻第八纪检组组长)
副组长　石　德(派驻第八纪检监察组副科级干部)
成　员　陈　通(世昌街道纪工委工作人员)

20.黄板镇民生监督组

组　长　麻绍扬(派驻第八纪检监察组副科长级专职纪检监察员)
副组长　李仲高(黄板镇党委委员、镇纪委书记)
成　员　杨正泽(黄板镇纪委副书记)

21.盘石镇民生监督组

组　长　杨昌馀(派驻第八纪检监察组副科长级专职纪检监察员)
副组长　吴达君(派驻第八纪检监察组副科级干部)
成　员　龙毅峰(盘石镇纪委副书记)

22.乌罗镇民生监督组

组　长　秦　毅(派驻第九纪检组组长)
副组长　罗齐成(派驻第九纪检监察组副科长级专职纪检监察员)
　　　　任　华　(乌罗镇党委委员、镇纪委书记)

成　员　向万成(派驻第九纪检监察组工作人员)

　　　　田　磊(乌罗镇纪委副书记)

23.石梁乡民生监督组

组　长　欧求海(派驻第九纪检监察组副科长级专职纪检监察员)

副组长　张延周(石梁乡党委委员、乡纪委书记)

成　员　张吉巍(石梁乡纪委副书记)

24.冷水溪镇民生监督组

组　长　姚　畯(县疾病预防控制中心副科长级专职纪检监察员)

副组长　杨　韬(冷水溪镇党委委员、镇纪委书记)

成　员　田　径(冷水溪镇纪委副书记)

25.长兴堡镇民生监督组

组　长　郎　松(派驻第十纪检组组长)

副组长　龙通顺(长兴堡镇党委委员、镇纪委书记)

成　员　黄志军(派驻第十纪检监察组工作人员)

　　　　刘　轶(长兴堡镇纪委副书记)

26.木树镇民生监督组

组　长　何兴发(派驻第十纪检监察组副科长级专职纪检监察员)

副组长　吴云飞(县妇幼保健计划生育服务中心副科长级专职纪检监察员)

　　　　张运康(木树镇党委委员、镇纪委书记)

成　员　石邦才(木树镇纪委副书记)

27.迓驾镇民生监督组

组　长　马作良(派驻第十纪检监察组副科长级专职纪检监察员)

副组长　杨春芽(迓驾镇党委委员、镇纪委书记)

成　员　石树江(迓驾镇纪委副书记)

(六)2020年3月至9月各民生监督组人员配置

2020年3月,民生监督组在工作方式和人员再一次调整,乡镇(街道)民生监督组组长不再由派驻纪检监察组成员担任,明确由乡镇(街道)纪(工)委书记、监察办公室主任兼任,联系乡镇(街道)民生监督工作分别由第二、四、五纪检监察室负责,第二纪检监察室联系迓驾镇、木树镇、长兴堡镇、黄板镇、九江街道、世昌街道、盘石镇、大坪场镇、平头镇,第四纪检监察室联系孟溪镇、大路镇、妙隘乡、冷水溪镇、乌罗镇、石梁乡、永安乡、甘龙镇、瓦溪乡,第五纪检监察室联系蓼皋街道、寨英镇、普觉镇、沙坝河乡、牛郎镇、正大镇、盘信镇、长坪乡,调整后的27个民生监督组人员组成情况为:

1.大路镇民生监督组

组　长　冉奉尧(大路镇党委委员、镇纪委书记、监察办公室主任)

成　员　罗时保(大路镇纪委副书记、监察办公室副主任)

　　　　廖　蓉(大路镇专职监察员)

2.妙隘乡民生监督组

组　长　龙寿发(妙隘乡党委委员、乡纪委书记、监察办公室主任)

成　员　李小林(妙隘乡专职监察员)

杨立彬(妙隘乡纪委工作人员)

3.寨英镇民生监督组

组　长　田兴国(寨英镇党委委员、镇纪委书记、监察办公室主任)

成　员　文　艳(寨英镇纪委副书记、监察办公室副主任)

田　勇(寨英镇专职监察员)

龙　文(寨英镇民生监督员)

4.永安乡民生监督组

组　长　杨　博(永安乡党委委员、乡纪委书记、监察办公室主任)

成　员　印　芳(永安乡纪委副书记、监察办公室副主任)

熊　云(永安乡专职监察员)

5.甘龙镇民生监督组

组　长　宋子龙(甘龙镇党委委员、镇纪委书记、监察办公室主任)

成　员　李　聪(甘龙镇民生监督员)

张仁军(甘龙镇专职监察员)

6.瓦溪乡民生监督组

组　长　简　璟(瓦溪乡党委委员、乡纪委书记、监察办公室主任)

成　员　杨胜清(瓦溪乡专职监察员)

7.沙坝河乡民生监督组

组　长　龙德昌(沙坝河乡党委委员、乡纪委书记、监察办公室主任)

成　员　吴官永(沙坝河乡纪委副书记、监察办公室副主任)

杜朋飞(沙坝河乡专职监察员)

8.牛郎镇民生监督组

组　长　龙令勇(牛郎镇党委委员、镇纪委书记、监察办公室主任)

成　员　张云琴(牛郎镇纪委副书记、监察办公室副主任)

9.普觉镇民生监督组

组　长　王孟龙(普觉镇党委委员、镇纪委书记、监察办公室主任)

成　员　石志龙(普觉镇纪委工作人员)

陈小爱(普觉镇专职监察员)

蒋兴隆(普觉镇民生监督员)

10.蓼皋街道民生监督组

组　长　吴志松(蓼皋街道党工委委员、纪工委书记、监察办公室主任)

成　员　陈双凤(蓼皋街道纪工委副书记、监察办公室副主任)

赵　勇(蓼皋街道专职监察员)

吴再成(蓼皋街道民生监督员)

11.九江街道民生监督组

组　长　刘　轶(九江街道党工委委员、纪工委书记、监察办公室主任)

成　员　文祝华(九江街道专职监察员)

12.太平营街道民生监督组

组　长　柯永飞(太平街党工委委员、纪工委书记、监察办公室主任)

成　员　孙艳芬(太平营街道专职监察员)

13.正大镇民生监督组

组　长　龙　辉(正大镇党委委员、镇纪委书记、监察办公室主任)

成　员　杨昆武(正大镇纪委副书记、监察办公室副主任)

唐　佳(正大镇专职监察员)

14.盘信镇民生监督组

组　长　龙迅飞(盘信镇党委委员、镇纪委书记、监察办公室主任)

成　员　任达俊(盘信镇专职监察员)

吴　卫(盘信镇纪委工作人员)

田树文(盘信镇民生监督员)

15.长坪乡民生监督组

组　长　石晓晖(长坪乡党委委员、乡纪委书记、监察办公室主任)

成　员　贺维聪(长坪乡纪委副书记、监察办公室副主任)

李　玲(长坪乡专职监察员)

16.孟溪镇民生监督组

组　长　杨小龙(孟溪镇党委委员、镇纪委书记、监察办公室主任)

成　员　杨　卓(孟溪镇专职监察员)

杨　智(孟溪镇民生监督员)

17.平头镇民生监督组

组　长　贺再金(平头镇党委委员、镇纪委书记、监察办公室主任)

成　员　杨　芳(平头镇纪委副书记、监察办公室副主任)

杨　文(平头镇专职监察员)

18.大坪场镇民生监督组

组　长　徐　骞(大坪场镇党委委员、镇纪委书记、监察办公室主任)

成　员　蒙通洋(大坪场镇纪委副书记、监察办公室副主任)

陈廷红(大坪场镇专职监察员)

杨　雪(大坪场镇纪委工作人员)

19.世昌街道民生监督组

组　长　张延周(世昌街道党工委委员、纪工委书记、监察办公室主任)

成　员　赵　斌(世昌街道专职监察员)

陈　通(世昌街道纪工委工作人员)

20.黄板镇民生监督组

组　长　李仲高(黄板镇党委委员、镇纪委书记、监察办公室主任)

成　员　陈　畅(黄板镇纪委副书记、监察办公室副主任)

21.盘石镇民生监督组

组　长　龙　舟(盘石镇党委委员、镇纪委书记、监察办公室主任)

成　员　龙毅峰（盘石镇专职监察员）

　　　　郑云嫣（盘石镇纪委工作人员）

22.乌罗镇民生监督组

组　长　任　华（乌罗镇党委委员、镇纪委书记、监察办公室主任）

成　员　田　磊（乌罗镇纪委副书记、监察办公室副主任）

23.石梁乡民生监督组

组　长　杨正泽（石梁乡党委委员、乡纪委书记、监察办公室主任）

成　员　张吉巍（石梁乡纪委副书记、监察办公室副主任）

　　　　闫　依（石梁乡专职监察员）

24.冷水溪镇民生监督组

组　长　杨　韬（冷水溪镇党委委员、镇纪委书记、监察办公室主任）

成　员　龙世敏（冷水溪镇专职监察员）

　　　　龙永丽（冷水溪镇纪委工作人员）

25.长兴堡镇民生监督组

组　长　龙通顺（长兴堡镇党委委员、镇纪委书记、监察办公室主任）

成　员　石帮启（长兴堡镇纪委工作人员）

26.木树镇民生监督组

组　长　张运康（木树镇党委委员、镇纪委书记、监察办公室主任）

成　员　龙朝兰（木树镇专职监察员）

　　　　唐　剑（木树镇纪委工作人员）

27.迓驾镇民生监督组

组　长　杨春芽（迓驾镇党委委员、镇纪委书记、监察办公室主任）

成　员　石树江（迓驾镇纪委副书记）

　　　　龙跃堃（迓驾镇纪委工作人员）

三、民生监督制度建设

为强化对部门项目资金监督和民生监督工作的规范，2014年12月5日，县纪委监察局印发《松桃苗族自治县乡（镇）民生项目监督特派组民生项目备案办法（试行）》，该办法明确了备案内容及方式、备案程序、责任追究等内容；《松桃苗族自治县乡（镇）民生项目监督特派组监督检查办法（试行）》，明确了民生特派组监督检查的内容、监督检查方式、监督检查程序；《松桃苗族自治县乡（镇）民生项目监督特派组管理办法（试行）》，明确了机构管理、干部管理、业务管理、后勤管理、工作纪律。以上三个监管制度对民生监督工作流程、职能职责和权力边界进行了明确。

2016年5月，县纪委按照省纪委统一领导、统一名称、统一机构、统一职责、统一管理、统一保障的“六个统一”要求，对民生监督规范化建设相关制度具体落实进行了有益探索，对民生监督工作硬件、软件进行了规范化管理，制作了《群众信访举报登记台账》《问题线索处置登记台账》《案件信息登记台账》《问责登记簿》《宣布处分决定登记簿》《教育谈话室使用登记簿》《民生项目备案登记台账》《开展警示教育登记台账》等8本台账，要求各民生监督组按照工作实际，如实填写8本工作台账，同时做到台账数据信息与工作卷宗一一对应。2016年7月，按照“四要五严禁”工作要求，印发了《松桃苗族自治县〈贵州省国家公职人员、村(社区)干部落实惠民政策行为规范(试行)〉实施方案》,该方案由申报制度、公示制度、监督制度三部分组成,对公职人员及其近亲属享受非普惠制惠民政策的行为进行了规范,从源头上遏制了虚报冒领、优亲厚友等违纪违规行为发生。

2017年1月,由于《群众信访举报登记台账》《问题线索处置登记台账》《案件信息登记台账》《问责登记簿》《宣布处分决定登记簿》《教育谈话室使用登记簿》《民生项目备案登记台账》《开展警示教育登记台账》8本台账填写内容重复,为减轻基层工作量,将8本台账精简为《群众信访举报登记台账》《问题线索处置登记台账》《案件信息登记台账》3本台账。

2018年,民生监督规范化建设纳入"五个示范"创建工作。

2019年将民生监督工作纳入年终绩效目标考核内容,民生监督规范化建设作为民生监督的内控机制,从民生监督组成立以来,在实践中不断总结,在总结中不断提升。

第二节　民生监督平台建设

2014年以来,在强化民生监督平台建设方面,县纪委县监委(监察局)着重对"四个平台"进行了完善,织牢了监督网络,让民生监督插上了科技翅膀。

完善涉农资金监督平台。将国家各种涉农政策、民生资金拨付、资金年度运行、个人享受补贴等信息纳入电子平台监控,接受社会监督,印发8期涉农资金电子监管工作情况通报,对存在问题的8个涉农部门和9个乡镇进行了通报批评,其中对工作开展滞后1个部门和4个乡镇的分管领导进行了约谈,整改问题25个。

完善政务公示监督平台。依托各涉农部门、各乡镇和行政村党务政务公开平台,将民生项目资金、发放标准、发放对象予以公示。

完善投诉举报网络平台。依托县委书记信箱、县长信箱、县纪委书记信箱等网络问政平台,开通群众反映问题"直通车",畅通群众诉求渠道,特派组成立以来,接到信访投诉32件,及时回复并办结32件,办结率100%。

完善民生资金云大数据平台。省纪委监委牵头主推,委托广州市宇云科技信息有限公司负责研发,研制出依靠现代信息技术将民生资金发放和监管纳入到信息化管理中的民生资金云大数据监管平台,通过数据监督系统比对发现问题。第一阶段将县民政局、县人力资源和社会保障局、县住房和城乡建设局、县医疗保障局实施项目纳入信息财政范围,组织开展2次业务培训。2020年12月底,共采集民生资金数据724.54万条,涉及金额37.49亿元,通过对比发现问题数据2.4万条,转民生监督组核查2037条,给予相关责任人党纪处分13人,诫勉谈话2人,谈话提醒1人,追缴违纪资金43.58万元。

第三节　专项监察

在开展民生监督工作中,按照"民生领域整治铸廉三年行动计划"和"扶贫领域整治蝇贪三年行动方案",按照"见人、见项目、见资金"等工作要求和方法,主动发现问题线索,严肃查处截留、挪用、挤占、套取、骗取、虚报、贪污民生资金和索贿受贿及吃拿卡要等行为,2014年至2020年共开展了20余项民生项目资金专项监察。

2014年,从第三季度开始,围绕家电下乡补贴、畜牧良种补贴、农机具补贴等专项监察工作目的和意义进行大力宣传,专门划拨20多万元资金印制了15万份惠民政策明白卡、1万份民生监督卡、制作501块民生特派宣传栏,利用乡镇赶场天进行集中发放,使民生特派工作做到家喻户晓。

对家电下乡、畜牧良种、农机购置补贴政策执行情况进行专项监察。

是年9月19日,召开民生特派工作推进会议,对民生特派工作进行再安排再部署。随后,县纪委根据工作实际,召开民生特派工作调度会议,组建由部门纪检组、纪工委监察分局班子为组长的27个专项检查组,分赴27个乡镇对家电下乡、畜牧良种、农机购置补贴执行情况进行专项检查。

家电下乡政策执行情况。沿用试点工作中的做法,对全县家电下乡产品共143960台,商审商付前农户自行申报24000台,应核查119969台,因举家外出搬迁等原因,实际核查98800台。2009年以来共拨付家电下乡补贴资金3423.73万元,未拨付341万元,商审商付以来共拨付家电下乡补贴资金2405.73万元,其中大兴镇为78.90万元,实际核查资金总额为2326.61万元,查出问题资金为719.64万元。已追缴资金665.47万元,移送司法机关3件3人,行政处罚1件1人,责任追究4个单位5人。

畜牧良种补贴情况。全县畜牧良种补贴资金480万元,其中能繁母猪补贴资金160万元,授精补贴320万元。在专项检查中核查出问题资金为80.62万元,已追缴资金45.23万元,立案2件。

农机购置补贴情况。对2011年以来,全县共购置农机具9424台补贴资金进行了专项监察,补贴资金为1348万元,核查出问题资金68.58万元。

2015年,第一季度开展危房改造资金专项监察,是年1月18日召开危房改造专项监察工作启动会,对危房改造专项监察进行安排部署,成立危房改造专项检查工作领导小组,明确专人收集危房改造资料和资金拨付账单等前期准备工作。县纪委常委实行分片负责制进行督查。为了确保专项监察质量和效果,此次专项监察利用春节期间开展,乡镇负责危房改造的人员和村干部一律回避,由委局抽调部门纪检组长、监察室主任和各纪工委共54人组成27个专项检查组对各乡镇开展专项监察。要求各检查组必须逐村逐户进行核查,不得漏人漏户,不得弄虚作假,对全家外出无法联系的要实事求是记录。专项监察结束后,将进行验收。此次专项监察对大坪场镇白蜡村、石梁乡石梁村两村驻村干部不进村入户调查进行责任追究;对九江乡工作不实要求翻工重来。此次专项监察共对2.1亿元危改资金落实情况进行检查,共查出问题86个,立案32件,结案27件,党纪政纪处分27人,移送司法机关4人,涉案金额35万元。第二季度开展学生资助资金管理使用情况专项监察,为保障专项监察工作能够按时保质保量完成,县纪委监察局责成6个纪工委和派出监察分局牵头,整合全县各乡镇、各部门纪检监察人员和财政分局的力量,共160多人分成6个大组27个小组,另外又组成一个专案组,整合监察队伍力量,核查发现问题319个,办结问题319个;共立案44件、结案42件,党纪政纪处分52人,移送司法机关3人,涉案资金2100余万元。是年7月9日,全市民生监督工作第二次现场推进会在松桃召开,市委常委、市纪委书记郭智敏出席大会并讲话。与会人员现场观摩松桃民族中学、大坪场镇坳田村、孟溪镇民生监督示范点,观看《谁动了我的"奶酪"》专题片。第三季度开展微企扶助资金专项监察,专项监察以"查阅资料发现问题—实地走访发现线索—掌握干部亲属办微企病因—实地查看揭开真相—初核问题还原事实—立案调查及时处理"的微企专项监察路线图,专项监察发现问题103个,立案12件,结案12件,党纪政纪处分12人,涉案资金115万元,移送非监察对象至司法机关1人,涉案金额20万元。第四季度开展了村(居)民生事务落实情况专项监察。专项监察作为松桃民生监督工作自选动作,专项监察发现问题173个,立案39件,结案1件,党政纪处分1人,涉案资金达150万余元。

2016年,第一季度对2013年至2015年计划生育社会抚养费管理使用与计划生育家庭"四项制度"落实情况开展专项监察。选择九江乡、大坪场镇、孟溪镇计生办为试点进行专项监察,在监察过程中对发现的问题进行梳理、归纳、总结，形成专项监察方法进行推开。各民生监督组对本组工作进展情况作进行定期汇报。专项监察共发现问题46个、办结27个，立案9件，涉案11人，其中追究主体责任4案4人，涉及资金50.3215万元。

第二季度开展了两项专项监察，一项是信贷扶贫贴息资金专项监察，涉及信贷贴息企业及农户1107家户(含龙头企业13家)，按照见人、见项目、见资金“三见”要求，开展实地走访，专项监察共走访检查信贷贴息企业及农户996户(含13家龙头企业)，占总数的90%。发现问题53个，立案10件(其中2件责成县教育局立案)，涉案资金9.81万元。另一项是精准扶贫专项监察，全县27个民生监督组按照“乡镇行政村超过5个的抽查不少于5个村，并且要覆盖所有位置偏僻、居住分散、交通不便村，每个村随机抽查计划脱贫户不少于20户”的要求，对27个乡镇的精准扶贫工作开展情况进行专项监察。同时，对市纪委反馈的全县存在159人财政供养人员和95人有车人员进入“扶贫云”系统问题进行了逐一核实。经入户核查，符合政策规定且本人不是财政供养人员，因各种原因身份信息被当地政府作为财政供养人员上报有2人；符合政策规定，只是身份证与财供人员同号的有62人；符合政策规定，但身份证采集录入错误的有17人；财政供养人员身份证号码出错的有13人；财政供养人员或其家庭进入系统但符合政策规定的有13人；财政供养人员或其家庭违规进入系统的有52人；其他不符合政策规定的有95人，党纪政纪立案7件。

第三季度开展农村人畜饮水安全工程项目资金专项监察。按照“六查六看”要求，即：查资料，看项目分布具体情况；查项目，看工程是否落地；查工程，看是否存在虚报套取；查过程，看是否存在欺骗群众无偿投工投劳；查作用，看建管用方面是否发挥工程效益；查责任，看人饮项目工程的审批、实施、监管等各个环节是否合规，相关人员履职是否到位。同时，根据工作开展中存在的突出问题，及时提出具有针对性的意见建议，适时指导民生监督组开展专项监察工作。全县27个民生监督组，151名纪检监察干部对2013—2015年实施的311个农村人畜饮水安全工程进行了专项监察。完成人畜饮水安全工程项目专项监察302个(核查率为97%)，共发现问题35个，立案26件，涉及资金达130余万元。

第四季度开展雨露计划实施项目专项监察。对雨露计划实施项目杂、培训机构多、涉及人员广等特点，进行了资料分类、任务分解、全员遍访、问题汇总、分组核查。按照“见人、见项目、见资金”要求，围绕项目申报和审批、资金拨付和发放、项目实施和验收环节中存在的问题，查处虚报、骗取、截留、挪用、贪污民生资金以及吃拿卡要等行为。核查助学类项目7个、人员6510人、资金1326.55万元，核查率达100%；核查培训类项目103个，人员12907人、资金989.89万元，核查率达85%；共发现问题70个，立案9件，涉案资金19.55万元。

2017年，第一季度开展农村和城市居民最低生活保障资金专项监察，查处2013年以来在落实农村和城市居民最低生活保障政策过程中，截留挪用、虚报骗取、贪污贿赂及吃拿卡要等行为，解决发生在群众身边的腐败行为，发现问题106个，已办结106个，其中立案审查调查46件，涉案资金79万余元。第二季度对农户科学储粮专项投资计划落实情况开展专项监察。2012年、2013年农户科学储粮专项投资涉及石梁、迓驾、木树、永安、甘龙、乌罗、平头共7个乡镇57个村1973户次，共涉及资金76.4685万元。根据农户科学储粮项目涉及乡镇少、数量少等实际情况，经县纪委监察局班子研究，决定由派出第一纪工委书记任第一工作组组长，第三纪工委书记任第二工作组组长，第四监察分局局长任第三工作组组长，整合20名乡镇、部门纪检监察干部，分别对永安乡、甘龙镇，石梁乡、木树镇、迓驾镇，乌罗镇、平头镇的农户科学储粮项目进行专项监察工作。三个工作组按照“委局统一领导、工作组负责主抓、相关部门积极参与、乡镇(街道)全力配合”的原则，按照“逐户逐件、见人见仓”工作要求，集中入户走访核查，走访1840户(次)，共发现问题3类，查出虚报粮仓500套，涉及违规资金9.56余万元。县纪委常委会对2名相关责任人进行立案审查，涉案资金9200元。第三季度，对近三年来“一事一议”财政奖补资金落实情况进行专项监察。对“一事一议”项目多、资金量大、分布广、技术性强、管理不规范的特点，全县27个民生监督组、6个派出纪工委（监察分局）、县乡两级150余名民生监督员，按照“见人、见项目、见资金”要求，采取交叉检查，对2014年至2016年实施的1072个“一事一议”项目进行现场核查。“一事一议”项目专项监察965个（核查率为90%），发现问题42个，立案24件，问责6人，涉及资金达343万余元。第四季度对2014年至2016年度生态移民（易地移民搬迁）项目资金落实情况开展了专项监察。专项监察范围是2014年至2016年上级批复的41个移民搬迁项目。（其中:2014年批复5个，2015年批复8个，2016年批复28个）。搬迁农户5611户25145人，全县27个民生监督组、6个派出纪工委（监察分局）、151名纪检监察干部对41个生态移民（易地移民搬迁）项目开展了专项监察，完成入户走访4869户，发现问题15个，立案5件，涉及资金达206万余元。

2018年，第一季度对全县农村种植产业扶贫项目资金开展专项监察。全县实施62个农村种植产业扶贫项目，项目覆盖精准扶贫户6000余户，涉及资金6435万元。27个民生监督组、6个派出纪工委（监察分局）、151名纪检监察干部历时47天，对中药材种植项目、果树种植项目、油茶种植项目等农村种植产业扶贫项目资金进行专项监察。入户走访群众1200余人次，发现问题33个，立案13件17人，问责副科级以上领导干部3人。第二季度开展农村“组组通”公路项目建设开展专项监察。组织3个走访组对201个项目进行走访，发现问题6类，在规定时间内未完工类项目76个（其中有9个未启动）、工程质量存在问题项目32个、工程实施不合规类项目22个、重复申报或交叉重叠类项目21个、随意调项类项目10个，立案5件。第三季度开展了两项专项监察，一是开展了农村大病救治和城乡医疗救助专项监察。专项监察时间和内容是2015年1月至2018年9月全县大病救治和医疗救助资金落实情况，其中大病医疗救治涉及83人1097次，涉及金额689.2万余元；医疗救助涉及6393人次，涉及金额3887.81万余元。全县大病救治完成走访83人，走访率达100%，发现问题线索8个，无立案情况；医疗救助完成走访4442人，走访率达69.48%，发现问题线索30个，立案4件4人。二是开展了城乡居民基本养老保险专项监察。重点对2011年以来全县城乡居民基本养老保险基金征缴、管理和待遇发放情况进行了专项监察。发现问题12个，立案10件，结案4件，涉及资金8.53万元。

2019年，开展涉林扶贫民生项目专项监察和易地扶贫搬迁和财政涉农补贴资金“一折通”专项监察。对2014年以来实施的涉林扶贫民生项目进行了专项监察。完成1163个涉林扶贫民生项目走访，发现问题78个，立案89件，对4人采取了留置措施并移送司法机关，涉及资金达425.8万余元。是年5月18日，召开专项监察反馈会，对专项监察工作中发现的78个问题进行了集中现场反馈，同步开展了警示教育；下半年开展了易地扶贫搬迁和财政涉农补贴资金“一折通”专项监察。共发现问题41个，立案41件，结案31件，涉及资金48.43万元。

2020年开展农民专业合作社（公司）扶贫项目资金专项监察和农村饮水安全专项监察。对全县农民专业合作社（公司）2016年以来实施的896个次扶贫民生项目开展了专项监察，完成入户走访群众1500余人次，发现问题43个，立案24件26人，给予党纪政务处分15人；开展农村饮水安全专项监察，全面推进解决农村饮水安全问题，让农村群众喝上“稳定水、干净水、放心水”。全县民生监督业务室、10个派驻纪检监察组、27个乡镇民生监督组、318个村监会组成的三级民生监督力量，紧盯农村饮水安全项目工程实施、管理、资金拨付等情况，查阅资料、实地走访、个别谈话等方式，集中对2018年至2020年实施的318个农村饮水安全工程项目进行了专项监察。发现问题92个，督促整改问题86个，立案查处6件6人。

第四节　专项治理

从2018年5月开始，为贯彻落实习近平总书记精准扶贫精准脱贫重要战略思想，围绕服务和保障脱贫攻坚大局，贯彻执行中央、省、市、县关于打赢脱贫攻坚战的决策部署，围绕“护民生、助脱贫”主题，2018年以来持续开展扶贫领域腐败和不正之风专项治理工作。

2018年，在专项治理工作中，经过全县各级纪检监察机关的共同努力，探索建立了“三个相结合”的监督机制。县纪委县监委聚焦监督首要职责，统筹工作任务抓落实，确保各项工作任务一体推进。一是结合专项监察抓监督。即把“农村组组通”等专项监察相结合，实现一体推进。二是结合专项行动抓监督。即把监督检查与“访村寨、重监督、助攻坚”专项行动结合起来，同步开展入户走访，实现同步推进。三是结合专项整治抓监督，即把监督检查与整治蝇贪工作相结合，开展专项整治。督促责任部门抓好问题整改的同时，严肃查处违纪违规责任人。是年，扶贫领域共发现问题221个，立案173件，结案115件，涉及资金555.3万元，党纪政务处分121人，问责乡科级干部61人。

2019年，按照“脱贫攻坚工作推进到哪里，监督检查就跟进到哪里”的要求，围绕实行点面结合，构建横向到边，纵向到底的监督体系，探索建立了“三个督查”工作机制。一是建立“1+7”督查机制。县脱贫攻坚总指挥部组建1个督导组，县纪委班子组建7个督查组，既分工督查又合作督查，扬长避短，克服了监督软弱和业务知识薄弱的短板，形成工作合力。二是建立“三级”督查机制。组建县纪委县监委机关督查组、派驻纪检监察组督查组、乡镇（街道）纪（工）委督查组，实行分片监督，在乡镇（街道）纪（工）委跟踪监督的基础上统筹推进，形成立体监督态势。三是建立“驻点”监督机制。县纪委县监委下派27名干部进驻乡镇（街道），进行蹲点督查。是年，扶贫领域发现问题193个，立案191件，结案167件，涉及资金477.31万元，党纪政务处分181人，问责乡科级干部141人。开展脱贫攻坚资金管理不规范、驻村帮扶不扎实、政策落实不到位、东西部协作有差距、攻坚打法不精准“五个专项治理”监督检查工作，发现问题26个，立案25件，党纪政务处分25人，推动问题整改137个。为贯彻落实党中央“不忘初心、牢记使命”主题教育，结合“省委第六巡视组脱贫攻坚‘回头看’专项巡视反馈问题整改”“严促改”“农村产业革命形式主义官僚主义问题整改”工作，开展专项整治漠视侵害群众利益问题工作，集中整治四大类19个问题及自查发现的44个个性问题，已全部完成整治。立案查处18件18人，分两期在县纪委县监委网络平台对整治成果进行公布。

2020年，县纪委县监委立足“监督的再监督”“检查的再检查”的职能定位，围绕脱贫攻坚挂牌督战、脱贫摘帽后“四个不摘”、贫困人口清零等工作开展监督检查，一是突出三个优先抓监督。明确脱贫攻坚问题线索优先处置、脱贫攻坚违纪违规案件集中力量优先办理、脱贫攻坚议题优先上会审议的“三优先”原则。“三优先”原则的确立，凸显纪检监察机关在脱贫攻坚监督执纪问题工作中的政治站位。二是突出重点任务抓监督。为推动扶贫领域交通“组组通”桥梁建设、“农村安全饮水工程建设”“农村百合种植项目”等重点工作任务开展专项检查，发现交通“组组通”桥梁建设进度严重滞后等问题。县交通局党组被全县通报批评，该局主要领导受到组织处理。三是突出核心指标抓监督。为推进脱贫攻坚核心指标问题清零，在工作中，以“逐村逐户逐人逐项过关”为标准，以推进核心指标清零为抓手，凡是涉及核心指标的违纪违规行为，坚持“零容忍”的态度坚决予以问责，有力有效推动核心指标清零。是年，脱贫攻坚领域发现问题198个，立案198件204人，结案162件，涉及资金364.20万元，党纪政务处分165人，问责乡科级干部69人，移送司法机关5人。

第五节 专项行动

从2017年1月开始,围绕中央、省委、市委、县委对扶贫工作作出的决策部署,按照省纪委《关于印发开展“访村寨、重监督、助攻坚”专项行动实施方案》和市纪委《关于印发开展“访村寨、重监督、助攻坚”专项行动实施方案》文件要求,充分发挥纪检检察机关职能作用,对基层群众反映强烈的突出问题,集中开展大排查、大监督、大整治,了解掌握扶贫政策落实情况,助推各项扶贫政策落地落实,切实有效化解基层矛盾。该项工作启动之初,按照每季度开展一轮的节奏推进,在开展完第二轮后,上级纪委就不再行文安排,要求该项工作作为一项常态化开展的工作进行推进。在工作中,采取委班子成员包片负责、带信下访、集中接访、分级走访等方式进行。

2017年,按照省、市纪委“访村寨、重监督、助攻坚”专项行动工作要求,成立了专项行动工作领导小组,由县委常委、纪委书记任组长,县纪委副书记、监察局局长任常务副组长,县纪委监察局其他班子成员为副组长,各纪工委书记(局长)、各乡镇(街道)纪(工)委书记、委局各室负责人为成员。一是带信下访,化解基层矛盾纠纷。即由信访室负责梳理信访件,提供给领导走访时进行督办和包办,及时化解基层矛盾纠纷。是年,共梳理信访件115件,其中领导重点包办14件,立案26件,党纪政纪处分27人,涉案资金63.5万元。二是分县乡两级大走访,解决群众反映强烈的突出问题。按照县乡两级纪检监察干部走访目标任务要求,进村寨走访群众,走访492个村(社区)、6635户群众,接访418名群众,发现问题447个,立案57件,党纪政纪处分57人,涉案资金82.8万元。

2018年,按照省纪委省监委、市纪委市监委要求,成立专项行动工作领导小组,由县委常委、县纪委书记、县监委主任任组长,县纪委县监委其他班子成员为副组长,各派驻纪检组长、各乡镇(街道)纪(工)委书记、委机关各室负责人为成员。是年,全县梳理信访件113件,其中领导重点包办15件,立案28件,党政纪处分30人,涉案资金18.7万元。全县纪检监察干部共集中走访了216个村(社区)、4216户群众,接访333名群众,共发现问题147个,立案35件,党纪政务处分35人,涉案资金15.9万元。

2019年,以“百名纪检监察干部访千村进万家”活动为载体开展了“访村寨、重监督、助攻坚”专项行动,做到“五访五查”,即访村民群众,查乡村干部廉洁和作风情况;访项目实施业主,查项目建设资金监管情况;访重点贫困户,查惠民政策兑现情况和“四要五严禁”执行情况;访村监委成员,查报酬落实、工作开展及有无村霸情况;访信访举报人,查相关信访诉求办理情况。是年,全县梳理信访件70件,其中领导重点包办8件,立案8件,党纪政务处分8人。全县纪检监察干部走访了204个村(社区)、1228户群众,接访48名群众,共发现问题87个,立案16件,党纪政务处分16人,涉案资金12万元。

2020年,以“杨荣式”好干部大走访活动为载体开展“访村寨、重监督、助攻坚”专项行动。是年,全县梳理信访件59件,其中领导重点包办6件,立案6件,党政纪处分6人。全县纪检监察干部走访了372个村(社区)、2131户群众,接访112名群众,发现问题47个,立案11件,党纪政务处分12人,涉案资金14.5万元。

第六节 扫黑除恶专项斗争监督执纪问责

2018年1月,中共中央、国务院印发《关于开展扫黑除恶专项斗争的通知》,一场全国性为期3年,保障人民安居乐业、社会安定有序、国家长治久安,进一步巩固党的执政基础的专项斗争就此展开。扫黑除恶专项斗争聚焦涉黑涉恶问题突出的重点地区、重点行业、重点领域，把打击锋芒始终对准群众反映得最强烈、最深恶痛绝的各类黑恶势力违法犯罪。坚持依法严惩、打早打小、除恶务尽，始终保持对各类黑恶势力违法犯罪的严打高压态势。县纪委县监委成立扫黑除恶专项斗争工作领导小组，由县委常委、县纪委书、县监委主任任组长，县纪委县监委其他班子成员为副组长，县委巡察办、案件监督管理室、信访室、党风政风监督室、各纪检监察室负责人为成员。领导小组下设办公室和专案组，办公室设在第四纪检监察室，由分管的县纪委常委、县监委委员兼任办公室主任，第四纪检监察室的4位同志具体办公，负责日常工作。专案组由纪委副书记兼任组长，相关职能部门的负责人为成员，负责涉黑涉恶腐败和“关系网”“保护伞”问题线索直查直办工作。印发《关于在扫黑除恶专项斗争中强化监督执纪问责的工作方案》《松桃苗族自治县扫黑除恶专项斗争问责暂行办法》，明确责任分工。是年，受理涉黑涉恶问题线索24件，转县委政法委办理2件，转委专案组办理22件，查结12件，未发现涉黑涉恶腐败及背后“保护伞”问题。

2019年，县纪委县监委建立班子成员扫黑除恶专项斗争联系点制度，督促指导联系乡镇（街道）和部门党委（党组）推进扫黑除恶专项斗争工作。县纪委县监委成立由第一、第二、第三、第五、第六纪检监察室，派驻第一至第十纪检监察组，党风政风监督室等16个部门分别组成线索核查专班。是年，累计受理涉黑涉恶问题线索135件，查结130件，查结率96.30%。“三类问题”核查方面，共立案查处5件9人，其中涉黑涉恶“保护伞”1件1人、涉黑涉恶腐败问题1件1人、专项斗争推进不力失职失责问题3件7人；责任压实方面，对督查发现工作不力的相关责任人，诫勉谈话4人、通报批评11人、提醒谈话8人；治理行业乱象方面，移送司法机关1人，党纪政务处分7人；中央扫黑除恶督导组转办件处置方面，受理问题线索45件，查结45件，查结率100%；受理12337平台转办1件，已查结。

2020年，围绕“惩腐打伞”目标任务，落实“一案三查”“协作配合”等机制，彻查涉黑涉恶背后“关系网”“保护伞”，委主要领导、分管领导、业务办公室齐抓共管，推动线索清零及案件清仓工作。是年，累计受理涉黑涉恶问题线索166件，查结166件，立案查处47件51人。其中，涉黑涉恶“三类问题”立案查处14件18人，以腐败问题党纪政务处分3件3人、以“保护伞”问题党纪政务处分8件8人、以工作推动不力问题党纪政务处分3件7人。

第七节　“五个示范”创建

2018年，为突出示范带动引领作用，推动乡村两级微权力在2020年前全面依规、秉公、廉洁、高效、阳光运行，县纪委县监委成立创建乡村微权力清单制度领导小组，由县委常委、县纪委书记、县监委主任任组长，县纪委副书记、县监委副主任，县纪委常委、县监委委员为副组长，县直有关部门分管负责同志、各乡镇（街道）党委（党工委）负责人为成员。领导小组下设办公室在第四纪检监察室，分管领导兼任办公室主任，室主任任办公室副主任，室其他干部负责具体办公。印发《松桃苗族自治县2018年民生监督监管“五个示范”创建工作实施方案》，根据《松桃苗族自治县扶贫领域整治蝇贪三年行动2018-2020年工作方案》每年完成三分之一创建任务的要求，以民生监督为抓手，结合乡村微权力清单制度创建，开展民生监督监管“五个示范”创建工作。是年，开展民生监督示范创建11个（大坪场镇、甘龙镇、蓼皋街道、孟溪镇、盘信镇、普觉镇、世昌街道、乌罗镇、寨英镇、长兴堡镇、正大镇），完成创建11个，创建完成率达100%。开展村务监督示范创建174个（大路镇5个、大坪场镇6个、甘龙镇7个、黄板镇10个、九江街道5个、冷水溪镇6个、蓼皋街道10个、孟溪镇8个、妙隘乡6个、木树镇8个、牛郎镇5个、盘石镇7个、盘信镇9个、平头镇7个、普觉镇7个、沙坝河乡4个、石梁乡3个、世昌街道7个、太平营街道6个、瓦溪乡3个、乌罗镇6个、永安乡4个、寨英镇8个、长坪乡5个、长兴堡镇9个、正大镇7个、迓驾镇6个),创建完成率达100%。开展乡镇(街道)民生监管示范创建12个(大坪场镇、甘龙镇、冷水溪镇、蓼皋街道、孟溪镇、盘信镇、普觉镇、世昌街道、乌罗镇、寨英镇、长兴堡镇、正大镇),完成创建9个,创建完成率达75%,普觉镇、正大镇、盘信镇未完成创建。开展村(社区)民生监管示范创建174个,完成创建165个,创建完成率达94.8%。开展部门民生监管示范创建8个(县人力资源和社会保障局、县政务服务中心、县供销联社、县山地生态畜牧业发展中心、县住建局、县财政局、县卫生健康局、县民政局)。完成创建7个,创建完成率达87.5%,县卫生健康局未完成创建。梳理权责清单837项、制作权力运行流程图495个,为规范办事工作流程231项,查处乡村"六小长"66人。五小机制落实情况:村监会主任开展"小监督"1658次,发现"小苗头"166个,共提出"小建议"311个,督改"小问题"270个,解决"小诉求"316个。

2019年,印发《松桃苗族自治县2019年民生监督监管"五个示范"创建工作实施方案》,开展民生监督监管"五个示范"和乡村微权力清单制度创建工作。是年,全县开展民生监督示范创建7个(黄板镇、冷水溪镇、妙隘乡、沙坝河乡、太平营街道、瓦溪乡、迓驾镇),完成创建6个,迓驾镇未完成创建;开展村务监督示范创建168个(大路镇5个、大坪场镇6个、甘龙镇7个、黄板镇10个、九江街道4个、冷水溪镇6个、蓼皋街道10个、孟溪镇7个、妙隘乡6个、木树镇7个、牛郎镇5个、盘石镇7个、盘信镇9个、平头镇6个、普觉镇7个、沙坝河乡3个、石梁乡3个、世昌街道7个、太平营街道6个、瓦溪乡3个、乌罗镇5个、永安乡4个、寨英镇8个、长坪乡5个、长兴堡镇8个、正大镇7个、迓驾镇7个),完成创建168个。开展乡镇(街道)民生监管示范创建6个(黄板镇、妙隘乡、沙坝河乡、太平营街道、瓦溪乡、迓驾镇),完成创建5个,创建完成率达83.33%,迓驾镇未完成创建。开展村(社区)民生监管示范创建168个,完成创建159个,创建完成率达94.6%。开展部门民生监管示范创建8个(县文体广电旅游局、县发展改革局、县生态移民局、县农业农村局、县扶贫办、县交通运输局、县医疗保障局、县林业局),完成创建7个,创建完成率达87.5%,县医疗保障局未完成创建。梳理权责清单995项、制作权力运行流程图751个,规范办事工作流程664项,查处乡村"六小长"57人。五小机制落实情况:村监会主任开展"小监督"2203次,发现"小苗头"220个,共提出"小建议"503个,督改"小问题"390个,解决"小诉求"457个。

2020年,印发《松桃苗族自治县2020年民生监督监管"五个示范"创建工作实施方案》,持续开展民生监督监管"五个示范"和乡村微权力清单制度创建工作。是年,开展民生监督示范创建9个(大路镇、九江街道、木树镇、牛郎镇、盘石镇、平头镇、石梁乡、永安乡、长坪乡),完成创建8个,创建完成率达88.88%,木树镇未完成创建;开展村务监督示范创建152个(大路镇4个、大坪场镇6个、甘龙镇6个、黄板镇8个、九江街道4个、冷水溪镇5个、蓼皋街道9个、孟溪镇7个、妙隘乡6个、木树镇7个、牛郎镇5个、盘石镇6个、盘信镇9个、平头镇6个、普觉镇7个、沙坝河乡3个、石梁乡3个、世昌街道5个、太平营街道5个、瓦溪乡3个、乌罗镇6个、永安乡3个、寨英镇8个、长坪乡4个、长兴堡镇8个、正大镇6个、迓驾镇3个),完成创建137个,创建完成率达90.13%;开展乡镇(街道)民生监管示范创建9个(大路镇、九江街道、木树镇、牛郎镇、盘石镇、平头镇、石梁乡、永安乡、长坪乡),完成创建8个,创建完成率达88.89%,木树镇未完成创建;开展村(社区)民生监管示范创建152个,完成创建130个;开展部门民生监管示范创建9个(县工业和商务局、县水务局、县教育局、县应急管理局、县民宗局、县城管局、县残联、县市场监督管理局、县自然资源局),完成创建7个,创建完成率达77.78%,县市场监督管理局未完成创建。梳理权责清单671项、制作权力运行流程图586个,规范办事工作流程715项,查处乡村"六小长"55人。五小机制落实情况:村监会主任开展"小监督"2314次,发现"小苗头"306个,提出"小建议"522个,督改"小问题"498个,解决"小诉求"588个。

第八节　村(居)务监督委员会建设

全县有489个行政村、33个社区居民委员会(含大兴街道11个村和社区居民委员会),2016年底换届选举有461个村(居)通过选举产生了村(居)务监督委员会并选出了村(居)监督委员会主任。从2017年2月至5月,先后对选举(补选)结果进行了批复。在后期工作中,有部分村监委主任辞职或被辞退,有部分村(社区)存在补选等情况,2020年底在岗395名。

1.机构设置。县辖27个乡镇(街道),2017年选举产生461个村(社区)务监督委员会(以下简称村监会)。现有395名村监会主任,空缺村监会主任99人,空缺率20.04%,另有922名村监会委员。

2.人员结构。现有的395名村监会主任中,从年龄结构来看,30岁及以下10人,31岁至40岁66人,41岁至50岁110人,51岁至60岁111人,60岁(不含)以上98人;从学历结构来看,小学及以下20人,初中264人,高中102人,大专及以上9人;从男女性别来看,男365人,女30人;从任职经历来看,有村党支部书记、村民委员会主任、统计员等任职经历92人,有国家公职人员工作经历1人。

3.待遇保障。村监会主任工资报酬按照1000元/月(基本工资90%+10%绩效)执行,村"两委"主要负责人工资报酬按照2400元/月执行,村监会主任与村"两委"主要负责人相差1400元/月;村监会委员没有解决工资待遇。

4.工作机制及作用发挥。村监会在乡镇党委和村党组织的领导下开展工作,日常工作接受乡镇纪委的工作指导,基本按照村监会主任的职责定位,参照"五小"工作机制开展日常监督工作,主要负责村级财务监督、村务公示公开、回应群众小诉求、督促整改小问题、向村支两委提出小建议。2018年以来,共开展"小监督"6175次,发现"小苗头"692个(其中可成案问题线索91条,成案率13.15%),提出"小建议"1336个(其中被采纳885条,采纳率达66.24%),督改"小问题"1158个,解决"小诉求"1379个。村监会一定程度上发挥了"前哨"和"探头"作用。为强化村监会队伍能力建设,县纪委县监委在乡镇(街道)每月开展以会代训的基础上,开展集中培训1期,培训115人。蓼皋街道统筹辖区村监会主任开展工作,采取片区联合监督的方式,探索出"433"工作法,成为全市推广的工作经验典型。

全县各乡镇(街道)村(居)务监督委员会主任具体配备情况如下:

蓼皋街道村(居)务监督委员会主任

(2017年2月至2020年12月)

马田龙社区	李春发(苗族)	2017年2月至2020年12月
南门社区	邹贤进(土家族)	2017年5月至2020年12月
吊井湾社区	邓　锋(苗族)	2017年2月至2020年12月
平块社区	商龙荣(苗族)	2017年2月至2020年12月
滨江社区	贺志刚(苗族)	2017年2月至2020年12月
麻旦社区	田建岩(苗族)	2017年2月至2020年12月
桂花社区	邱啟明	2017年2月至2020年12月
枇杷社区	隆天贵(苗族)	2017年2月至2020年12月

云落屯社区	杨　勇	2017年2月至2020年12月
决基社区	杨　明(苗族)	2017年2月至2020年12月
团山社区	(未配)	
育才社区	(未配)	
兴凉村	刘乐昌	2017年2月至2020年12月
中坪村	黄前禹	2017年2月至2019年7月
牛场村	龙秋刚(苗族)	2017年2月至2020年12月
江桥村	龙洪春(苗族)	2017年2月至2020年12月
文山村	贺三海(苗族)	2017年2月至2020年7月
	贺思明(苗族)	2020年10月至2020年12月
落塘村	谭永平	2017年2月至2019年3月
下民村	田正明(苗族)	2017年2月至2019年10月
	唐茂洋(苗族)	2019年11月至2020年12月
八龙村	龙永凡(苗族)	2017年2月至2020年12月
樟桂村	张嗣群	2017年2月至2020年12月
稿楼村	陈仕勇(侗族)	2017年2月至2020年12月
粑坳村	蒋国建(苗族)	2017年2月至2020年12月
长冲村	龙祖贤(苗族)	2017年2月至2020年12月
镇江村	龙恩泽(苗族)	2017年2月至2018年3月
	龙东兵(苗族)	2018年3月至2020年12月
稿坪村	胡昌忠(苗族)	2017年2月至2020年12月
木溪村	童代进	2017年2月至2020年12月
陆地村	龙书斌(苗族)	2017年2月至2019年8月
	龙秀洪(苗族)	2019年11月至2020年12月
高峰村	方家扬	2017年2月至2020年12月
鸡爪村	麻昌坤(苗族)	2017年2月至2018年11月
大坝村	吴克忠(苗族)	2017年5月至2019年8月
	龙世雄(苗族)	2019年11月至2020年12月

九江街道村(居)务监督委员会主任

(2017年5月至2020年12月)

炮里村	吴　洁(苗族)	2017年5月至2019年6月
	瞿世龙	2019年8月至2020年12月
兴隆村	张　芹(女)	2017年5月至2020年12月
小桂寅村	杨和平	2017年5月至2018年10月
	张雪平(女,苗族)	2019年9月至2020年12月

大沙坪村	邓建牛	2017年5月至2020年12月
大桂寅村	陈明仁	2017年5月至2020年12月
毛堰村	黄　军	2017年5月至2019年7月
	杨绍康	2019年8月至2020年7月
前进村	宋仁贵	2017年5月至2020年8月
杨柳村	杨正建	2017年5月至2020年12月
九湖村	胡昌勇	2017年5月至2020年12月
永和村	刘良策	2017年5月至2020年4月
莫子叫村	刘绍发	2017年5月至2019年2月
楼坪村	陈通四	2017年5月至2019年12月
地安村	刘　林	2017年5月至2020年12月

世昌街道村(居)务监督委员会主任

(2017年4月至2020年12月)

道水村	田清花(女,苗族)	2017年4月至2020年12月
岩脚村	龙治良(苗族)	2017年4月至2019年3月
	唐兴治(苗族)	2019年10月至2020年12月
火连寨村	杨长益(侗族)	2017年4月至2020年12月
偏岩村	龙永高(苗族)	2017年4月至2018年11月
	龙治海(苗族)	2018年12月至2020年12月
沟咀村	田爱明(苗族)	2017年4月至2020年1月
金湾塘村	姚本福(侗族)	2017年4月至2020年12月
小平茶村	张紫花(女,苗族)	2017年4月至2019年3月
上大坪村	田昱坤(苗族)	2017年4月至2019年8月
下大坪村	龙正超(苗族)	2017年4月至2019年3月
	龙玉朋(苗族)	2019年8月至2020年12月
世昌村	龙　林(苗族)	2017年4月至(2018年12月)
沙柳村	田凯红(苗族)	2017年4月至2020年12月
木厂村	龙连杰(苗族)	2017年4月至2019年5月
头谷村	唐智维(苗族)	2017年4月至2020年12月
干塘村	田凤云(苗族)	2017年4月至2019年10月
龙亭村	龙正根(苗族)	2017年4月至2019年10月
新寨村	石劲松(苗族)	2017年4月至2020年12月
地哪村	麻祖良(苗族)	2017年4月至2019年8月
	麻文生(苗族)	2019年12月至2020年12月
甘溪村	王根华(苗族)	2017年4月至2020年12月

石花村	龙治成(苗族)	2017年4月至2020年12月
世昌居委会	(未配)	

太平营街道村(居)务监督委员会主任

(2017年5月至2020年12月)

太平村	高贤卫	2017年5月至2020年12月
古庄坪村	龙秀章(苗族)	2017年5月至2020年12月
石榴溪村	龙江程(苗族)	2017年5月至2018年10月
	龙瀚文(苗族)	2019年1月至2020年12月
老寨村	龙学兵(苗族)	2017年5月至2020年12月
土坉村	方　威	2017年5月至2019年3月
	黄前浩	2019年3月至2020年12月
白果村	杨通远	2017年5月至2020年12月
永红村	杨光会	2017年5月至2019年7月
	杨贵松	2019年7月至2020年12月
红岩村	龙正学(苗族)	2017年5月至2019年2月
	龙拥军(苗族)	2019年3月至2020年2月
	龙国顺(苗族)	2020年3月至2020年12月
石马村	龙志雄(苗族)	2017年5月至2019年3月
	龙安祥(苗族)	2019年3月至2020年12月
坪干村	杨秀明	2017年5月至2020年12月
芭蕉村	龙梦兴(苗族)	2017年5月至2019年6月
	唐天送(苗族)	2019年6月至2020年12月
下堡村	吴三双(仡佬族)	2017年5月至2020年12月
上堡村	罗时周(仡佬族)	2017年5月至2020年12月
隘门村	龙加能(苗族)	2017年5月至2020年12月
巴罗村	何根明(苗族)	2017年5月至2019年4月
	何云贵(苗族)	2019年11月至2020年12月
三合村	何贵平(苗族)	2017年5月至2019年3月
	石爱兴(苗族)	2019年3月至2020年12月
观音村	孙显建	2017年5月至2020年12月

盘石镇村(居)务监督委员会主任

(2017年2月至2020年12月)

邓现村	麻宪碧(苗族)	2017年2月至2020年12月
代懂村	麻永坤(苗族)	2017年2月至2020年12月
大坪村	龙阳忠(苗族)	2017年2月至2020年12月
务乖村	麻正雄(苗族)	2017年2月至2020年12月
臭脑村	田银超(苗族)	2017年2月至2020年12月
黄连村	田兴国(苗族)	2017年2月至2020年4月
	田炳合(苗族)	2020年5月至2020年12月
过洲村	麻喜燕(苗族)	2017年9月至2020年12月
桃谷坪村	龙三高(苗族)	2017年2月至2020年12月
盘石村	田治海(苗族)	2018年7月至2020年12月
水源村	田和平(苗族)	2018年7月至2020年12月
大沿村	龙忠华(苗族)	2017年2月至2020年12月
仁广村	唐世喜(苗族)	2017年2月至2020年12月
芭茅村	肖连众	2017年2月至2020年12月
当造村	龙正云(苗族)	2017年2月至2020年12月
粑粑村	龙天保(苗族)	2017年2月至2020年12月
响水洞村	田如辉(苗族)	2017年2月至2020年12月
布妹村	石忠胜(苗族)	2019年10月至2020年12月
禾梨坪村	麻四姐(女,苗)	2019年10月至2020年12月
十八箭村	麻治玖(苗族)	2019年10月至2020年12月
四龙山村	石金国(苗族)	2017年2月至2018年12月
盘石居委会	(未配)	

盘信镇村(居)务监督委员会主任

(2017年5月至2020年12月)

团塘村	吴再金(苗族)	2018年9月至2020年12月
老木坨村	龙兴义(苗族)	2017年5月至2020年8月
老屋村	龙凤才(苗族)	2017年5月至2020年12月
杨柳村	龙海州(苗族)	2017年5月至2020年12月
安塘村	瞿四久(苗族)	2017年5月至2020年12月

楼台村	唐文全(苗族)	2017年5月至2020年7月
	梁荣光(苗族)	2017年5月至2020年12月
干溪村	龙长清(苗族)	2017年5月至2020年12月
三宝营村	孙水清	2017年5月至2020年12月
麦地村	杨再珍(女,侗族)	2017年5月至2020年12月
大告村	吴长刚(苗族)	2017年5月至2020年12月
子云村	石生达(苗族)	2017年5月至2020年12月
盐厂村	龙明光(苗族)	2017年5月至2020年12月
大湾村	滕建高(苗族)	2017年5月至2020年12月
马路冲村	吴求仲(苗族)	2017年5月至2020年12月
长坪村	龙兴旺(苗族)	2017年5月至2020年12月
团结村	石凤明(苗族)	2017年5月至2020年12月
柳浦村	欧忠红(苗族)	2017年5月至2020年12月
六塘村	龙文茂(苗族)	2017年5月至2020年12月
小隆村	龙通文(苗族)	2017年5月至2020年12月
盘信村	杨　斌	2017年5月至2020年12月
茶园村	龙江明(苗族)	2017年5月至2020年12月
新场村	(未配)	
马台村	罗　畅(苗族)	2017年5月至2020年12月
上潮村	龙建金(苗族)	2019年9月至2020年12月
满家村	龙孟吉(苗族)	2019年8月至2020年12月
后寨村	龙书芝(女,苗族)	2020年7月至2020年12月
茶山村	杨继新	2020年7月至2020年12月
盘信居委会	(未配)	

大坪场镇村(居)务监督委员会主任

(2017年4月至2020年12月)

大坪村	杨艳芬(女)	2017年4月至2020年12月
坳田村	孙家根	2017年4月至2020年12月
腊岩村	吴祖贵(苗族)	2017年4月至2019年3月
	艾中文	2019年4月至2020年2月
镇江村	陈廷武	2017年4月至2019年3月
	陈廷江	2019年4月至2020年12月
后屯村	周勤国	2017年4月至2020年12月
干串村	阳广发	2017年4月至2018年11月

	包贤羽	2019年1月至2020年12月
岩牛村	田景刚(苗族)	2017年4月至2019年10月
	黄前龙	2019年12月至2020年4月
水冲村	石维华(苗族)	2017年4月至2018年4月
	刘隆明	2019年1月至2020年12月
白腊村	江永八	2017年4月至2018年9月
	陈文银	2018年10月至2020年12月
甘泉村	张昌学	2017年4月至2020年9月
龙头村	桂进山	2017年4月至2019年11月
长里营村	杨光雄	2017年4月至2019年4月
	杨顺碧	2019年9月至2020年12月
后山村	刘兴腾	2017年4月至2018年11月
	刘兴贵	2019年1月至2020年12月
黄泥村	黄清华	2017年4月至2020年12月
灯塔村	黄前明	2017年4月至2018年6月
	吴有松(苗族)	2019年1月至2020年12月
尖岩村	孙家恒	2017年4月至2020年12月
月城村	郭鹏飞	2017年4月至2017年8月
	杨小丽(女)	2019年6月至2020年12月
地耶河村	屈永顺	2017年4月至2018年3月
	刘志全	2018年10月至2020年12月
大坪居委会	(未配)	

普觉镇村(居)务监督委员会主任

(2017年5月至2020年12月)

高坎村	李必坤	2017年5月至2018年5月
	张万美	2019年3月至2019年8月
普觉村	黄新明	2017年5月至2020年12月
岑塘村	黄文华	2017年5月至2019年9月
	蒋　浩	2020年4月至2020年12月
园埂脚村	谢　伟	2017年5月至2019年12月
	谭文法	2020年3月至2020年12月
东门村	曾　洵	2017年5月至2020年6月
	曾红玉	2020年7月至2020年12月
姜家洞村	任　萍(女)	2017年5月至2019年4月

	田茂军	2019年6月至2020年12月
猫猫屯村	张祖吉	2017年5月至2019年4月
	廖梅珍	2019年5月至2020年12月
真武堡村	候乔仙	2017年5月至2020年12月
山口坳村	雷小军	2017年5月至2020年10月
棉花山村	梁德长	2017年5月至2018年5月
	何政勇	2019年1月至2020年12月
水银村	王洪顺	2017年5月至2020年3月
侯溪屯村	刘　勇	2017年5月至2018年2月
	刘永广	2019年3月至2020年12月
真旗屯村	张乔妹	2017年5月至2020年12月
干背河村	何正富	2017年5月至2019年4月
道塘村	梁启祥	2017年5月至2020年12月
半坡村	雷建昌	2017年5月至2018年5月
	雷存国	2019年3月至2020年12月
尖山村	姜应荣	2017年5月至2020年10月
梁洪村	王德方	2017年5月至2018年2月
甘佃村	陈康润	2017年5月至2020年10月
大元村	王思均	2017年5月至2020年10月
西门坎村	贺江红	2017年5月至2018年7月
	梁德均	2019年3月至2020年12月
普觉居委会	(未配)	

孟溪镇村(居)务监督委员会主任

(2017年5月至2020年12月)

孟溪社区	覃华兵	2017年6月至2019年3月
	杨正全(苗族)	2019年6月至2020年12月
矮屯村	姜永清	2017年5月至2020年12月
白泥凼村	雷福安(苗族)	2017年5月至2020年10月
红岩寨村	黄九志	2017年5月至2020年12月
蛤蟆塘村	喻国华(苗族)	2017年5月至2020年12月
老屋场村	钟仕顺	2017年5月至2018年6月
	袁　忠	2018年7月至2020年12月
青石溪村	雷礼华	2017年5月至2019年1月
	孙叙峰	2019年2月至2020年12月

太平山村	吴安和	2017年5月至2020年12月
桃子坪村	罗　杰	2017年5月至2020年12月
铜钱山村	彭光明	2017年5月至2020年12月
油蓬村	曾庆洪	2017年5月至2020年12月
寨杆村	彭啟康	2017年5月至2020年3月
	莫开军	2020年4月至2020年12月
坪南村	任明刚	2017年5月至2019年6月
	李　静(女)	2020年11月至2020年12月
寨阳村	徐秀勇	2017年5月至2020年12月
寨院村	米光兵	2017年5月至2020年12月
凯塘村	谭永发	2017年5月至2018年9月
	杨油刚	2020年7月至2020年12月
芭茅坪村	周　兴	2018年10月至2020年12月
和尚坪村	毛兴文	2017年5月至2020年2月
木耳村	吴　侠	2017年5月至2018年4月
	梁啟祝	2018年5月至2019年7月
安山村	李春学	2017年5月至2018年3月
头京村	(未配)	
干坝沟村	李代军	2017年5月至2019年5月

乌罗镇村(居)务监督委员会主任

(2017年5月至2020年12月)

前进村	杨君云(女)	2017年5月至2020年12月
寨安村	汪　飞	2017年5月至2020年12月
石塘村	张国军	2017年5月至2020年12月
岑司村	罗高权	2017年5月至2020年12月
岩口村	白玉学	2017年5月至2020年12月
黔龙村	周　欣	2017年5月至2020年12月
毛溪村	胥稳昌	2017年5月至2020年12月
中厂村	李军林	2017年5月至2020年12月
丰勇村	田六云(苗族)	2017年5月至2020年12月
中利村	陈代强	2017年5月至2019年3月
小河村	陈武强	2017年5月至2018年5月
	鲁　兵	2020年10月至2020年12月
峰岩村	余永红	2017年5月至2020年12月

桃花源村	杨昌和	2017年5月至2020年2月
新民村	张明均(苗族)	2017年5月至2020年12月
团龙村	周华康	2017年5月至2020年12月
半坡台村	罗云丰	2017年5月至2020年12月
黔兴村	陶元仁	2017年5月至2020年12月
乌罗居委会	(未配)	

甘龙镇村(居)务监督委员会主任

(2017年5月至2020年12月)

白泥村	马　飞	2017年5月至2020年12月
麻兔村	付爱民	2017年5月至2020年12月
坪上村	杜正席	2017年5月至2019年8月
友杠村	王宗均	2017年5月至2020年12月
木树村	冉启友	2017年5月至2020年12月
甘龙村	聂亚华	2017年5月至2020年12月
浑泉村	田亚军(苗族)	2017年5月至2020年12月
石板村	何　飞	2017年5月至2020年12月
英庄村	刘会军(苗族)	2017年5月至2020年12月
土墩村	王　林	2017年5月至2019年3月
	刘廷会	2019年8月至2020年12月
寨地村	李朝兰(土家族)	2017年5月至2020年12月
大面村	王秀碧(女,土家族)	2017年5月至2020年12月
官坟村	胡支芬(女,苗族)	2017年5月至2020年12月
坝木村	胡支明(苗族)	2017年5月至2020年12月
张家湾村	陈　杰	2018年5月至2020年2月
大树村	张红芳(女,土家族)	2017年5月至2018年8月
麻阳村	崔纪芬(女,土家族)	2019年8月至2020年2月
	吕　红(女)	2020年7月至2020年12月
田坝村	(未配)	
猫山村	(未配)	
平会村	(未配)	
老木树居委会	(未配)	

长兴堡镇村(居)务监督委员会主任

(2017年2月至2020年12月)

大坪村	麻香花(女,苗族)	2017年2月至2020年12月
大花村	龙连秀(女,苗族)	2017年2月至2019年10月
寨云村	杨　梅(女,苗族)	2017年2月至2020年12月
大地村	刘汉兵(苗族)	2017年2月至2020年9月
桃坪村	杨建国(苗族)	2017年2月至2020年12月
白底村	唐　靖(侗族)	2017年2月至2020年12月
里屋村	龙正权(苗族)	2017年2月至2020年12月
中坝村	杨来富(苗族)	2017年2月至2020年4月
长兴村	姚　俊(侗族)	2017年2月至2020年12月
岩科村	梁　超(侗族)	2017年2月至2020年12月
小地村	杨宗权	2017年2月至2017年6月
	石友星(苗族)	2017年8月至2020年12月
白竹村	杨再勇(土家族)	2017年2月至2019年2月
五里村	李　俊(土家族)	2017年2月至2019年6月
	杨通周(苗族)	2019年7月至2020年12月
花保村	徐加松	2017年2月至2020年12月
麻塘村	麻金安(苗族)	2017年2月至2020年12月
施把村	龙秀成(苗族)	2017年2月至2020年12月
三八村	杨　鸿(苗族)	2017年2月至2019年4月
白果村	龙胜德(苗族)	2017年11月至2018年9月
	石维兴(苗族)	2019年7月至2020年12月
坝路村	杨昌林	2019年1月至2020年12月
杨柳村	刘桂霞(女)	2019年3月至2020年12月
凤花村	田金茂(苗族)	2019年3月至2020年12月
长兴居委会	(未配)	

注:天堂村、榔木村、大寨云村、灯阳村4个村在家党员未能符合配备的条件,村务监督委员会主任未配。

牛郎镇村(居)务监督委员会主任

(2017年5月至2020年12月)

凯保村	杨政佳	2017年5月至2020年12月
木寨村	殷进成	2017年5月至2020年12月
牛郎村	李江华	2017年5月至2020年12月
齐心村	蒋松云	2017年5月至2020年12月
开门村	吴桥德(苗族)	2017年5月至2020年12月
松江村	石志林(苗族)	2017年5月至2020年12月
岑朵村	杨光耀	2017年5月至2020年12月
格老溪村	田海成(苗族)	2017年5月至2020年12月
大河沙村	田茂秋(苗族)	2017年5月至2020年12月
四茶园村	田爱金(苗族)	2017年5月至2020年12月
中寨村	龙海辉(苗族)	2017年5月至2020年12月
红卫村	杨富昌(侗族)	2017年5月至2019年7月
	杨祖党(侗族)	2019年9月至2020年12月
矮红村	吴文国(苗族)	2017年5月至2018年10月
	龙自坪(苗族)	2020年6月至2020年12月
大鹏溪村	尹华群	2017年5月至2019年5月
	张佑生	2020年6月至2020年12月
黄腊溪村	(未配)	
牛郎居委会	(未配)	

寨英镇村(居)务监督委员会主任

(2017年4月至2020年12月)

兴家庄村	邓中华	2017年4月至2020年12月
落满村村	邓丰勇	2017年4月至2020年12月
排木林村	冉隆金	2017年4月至2020年12月
茶子湾村	王应金	2017年4月至2020年12月
半沟村	彭远明	2017年4月至2020年12月
举贤村	雷彦华	2017年4月至2019年4月
	杨艾萍(女)	2019年4月至2020年12月
寨英村	余学华	2017年4月至2020年12月

王家坪村	余华芬(女)	2017年4月至2020年12月
凯牌村	冉从辉	2017年4月至2020年12月
岑鼓坡村	冉龙标(苗族)	2017年4月至2020年12月
吴家寨村	吴维均(苗族)	2017年4月至2020年12月
罗家寨村	龙显和(苗族)	2017年4月至2020年12月
大塘坡村	吴桥文(苗族)	2017年4月至2019年7月
黑冲村	周　龙	2017年4月至2019年5月
	刘士云(苗族)	2019年4月至2020年12月
寨转村	雷礼岗	2017年4月至2020年12月
蕉溪村	杨通跃	2017年4月至2020年12月
野溪村	谭　见	2017年4月至2018年12月
	雷以照	2019年1月至2020年12月
上寨社区	张继清	2017年4月至2020年12月
水源村	黄列后	2017年4月至2020年12月
李家庄村	李治胜	2017年4月至2020年12月
大水沟村	杨通忠	2017年4月至2020年12月
阳雀村	杨通洲	2017年4月至2020年12月
黎堡村	黎光洪	2017年4月至2020年12月
邓堡村	邓朝宝	2017年4月至2019年4月
寨英居委会	(未配)	
邓堡居委会	(未配)	

迓驾镇村(居)务监督委员会主任

(2017年4月至2020年12月)

迓驾村	李光辉	2017年4月至2020年12月
十里村	刘云贵	2017年4月至2020年12月
青山村	姚伦光	2017年4月至2020年12月
坝德村	梁恒伍(侗族)	2017年4月至2020年12月
晚森村	田佰金(苗族)	2017年4月至2020年12月
石头村	刘法宗	2017年4月至2020年12月
硐口村	石维安(苗族)	2017年4月至2020年12月
达车村	石小松(苗族)	2017年4月至2020年12月
龙里村	龙昌华(苗族)	2017年4月至2020年12月
张坝村	龙光东(苗族)	2017年4月至2020年12月

柳桐村	石邦富(苗族)	2017年4月至2020年12月
牛角村	石小英(女,苗族)	2017年4月至2020年12月
新寨村	龙长江(苗族)	2017年4月至2020年12月
马安村	覃利军	2017年4月至2020年5月
冷水村	阳　梦	2017年4月至2018年5月
	黄建国	2018年6月至2020年12月
岑洞村	石维政(苗族)	2017年4月至2020年12月
迓驾居委会	(未配)	

正大镇村(居)务监督委员会主任

(2017年1月至2020年12月)

空桐村	吴长苟(苗族)	2017年1月至2020年12月
清水村	张绍明(苗族)	2017年1月至2020年12月
新桥村	吴根黔(苗族)	2017年1月至2018年6月
	吴金大(苗族)	2019年1月至2020年12月
官舟村	唐桂文(苗族)	2018年1月至2020年12月
地容村	石金武(苗族)	2017年1月至2019年4月
	龙永发(苗族)	2019年5月至2019年6月
	龙富根(苗族)	2019年7月至2020年12月
薅菜村	吴明正(苗族)	2017年1月至2020年3月
喇叭村	龙上平(苗族)	2017年1月至2020年12月
独树村	吴金章(苗族)	2017年1月至2020年12月
水竹村	陈启传	2017年1月至2020年12月
正光村	熊文远(苗族)	2017年1月至2019年8月
长征村	叶昌恒	2017年1月至2020年12月
聚宝村	唐乔刚(苗族)	2017年1月至2020年12月
边墙村	龙春明(苗族)	2017年1月至2020年2月
地所村	石再华(苗族)	2017年1月至2020年2月
	吴学锋(苗族)	2020年4月至2020年12月
当领村	刘贡兴(苗族)	2017年1月至2020年12月
多劳村	龙胜海(苗族)	2017年1月至2020年12月
麻塘村	龙云辉(苗族)	2017年1月至2020年12月
	龙志德(苗族)	2020年3月至2020年12月
包家村	(未配)	
塘边村	(未配)	

盘塘村	（未配）	
喇叭塘居委会	（未配）	

平头镇村（居）务监督委员会主任

（2017年5月至2020年12月）

枫香坪村	王安流	2017年5月至2018年12月
	李万有	2019年1月至2020年12月
柑子园村	涂宗平	2017年5月至2020年12月
老寨坪村	田井清（苗族）	2017年5月至2020年12月
莲塘村	梁中武	2017年5月至2020年12月
兴隆塘村	高明福	2019年10月至2020年12月
平土村	杨　伟	2017年5月至2020年6月
	鲁先忠	2020年7月至2020年12月
白岩塘村	唐三刚（苗族）	2020年4月至2020年12月
大窑溪村	韩志才（苗族）	2017年5月至2020年6月
	张嗣四（苗族）	2020年7月至2020年12月
冷水溪村	杨通玉	2017年5月至2020年9月
	杨昌雨	2020年9月至2020年12月
平大村	杨秀忠	2017年5月至2019年9月
	杨桂花（女）	2019年10月至2020年12月
石岘村	杨胜德	2017年5月至2020年12月
蚂蝗冲村	陈再录	2017年5月至2020年4月
	段少远	2020年4月至2020年12月
下马岩村	何寸志	2017年5月至2020年12月
久安村	（未配）	
平头司村	（未配）	
岑字村	杨再国	2017年5月至2020年12月
金龙村	雷启高	2017年5月至2020年12月
西溪村	黎雪梅（女）	2019年6月至2020年12月
岑洞坝村	余代恩	2017年5月至2020年12月

大路镇村(居)务监督委员会主任

(2017年5月至2020年12月)

寨冠村	戴应敏	2017年5月至2018年1月
	李长光(苗族)	2018年7月至2019年7月
和平村	尚勇刚	2017年5月至2020年2月
大路村	杨华安(土家族)	2017年5月至2020年12月
长征村	何天永(苗族)	2017年5月至2020年12月
后硐村	戴昌华	2017年5月至2020年12月
田坝村	张吉武(苗族)	2017年5月至2019年2月
	龙锡飞(苗族)	2019年3月至2020年12月
坪江村	王　勇	2017年5月至2019年1月
	冉启帆	2020年4月至2020年12月
大湾村	何世清	2017年5月至2020年12月
耿溪村	冉启仁	2017年5月至2018年5月
	吴茂国	2018年7月至2020年12月
沿坪村	任永胜	2017年5月至2020年2月
矮堡村	陈秀峰	2017年5月至2020年12月
桂芽村	陈　侣	2017年5月至2020年12月
大溪村	杨再军	2017年5月至2018年5月
	彭开银	2019年4月至2020年12月
瓦厂村	吴志怀(苗族)	2017年5月至2020年12月

冷水溪镇村(居)务监督委员会主任

(2019年7月至2020年12月)

双龙村	谢广晶	2017年5月至2020年12月
齐心坝村	滕树龙	2017年5月至2020年12月
石门村	杨昌桥	2017年5月至2020年12月
黑水村	吴荣森(苗族)	2017年5月至2019年7月
	吴洪补(苗族)	2020年8月至2020年12月
陆家坝村	杨秀伦	2017年5月至2020年12月
三阳村	吴明恩(苗族)	2017年5月至2020年12月
红星村	杨胜华	2017年5月至2020年12月

木材村	李朝亮	2017年5月至2020年12月
木江村	杨胜红	2017年5月至2020年12月
牛塘村	梁　勇	2017年5月至2020年3月
	梁永刚	2020年8月至2020年12月
道坨村	涂啟留	2017年5月至2019年5月
	任明权	2020年8月至2020年12月
赵家沟村	彭开文	2017年5月至2019年6月
	鄢明勇	2020年8月至2020年12月
三脚坡村	张承源	2017年5月至2018年3月
	张成文	2018年12月至2020年12月
罗袍村	任双年	2017年5月至2018年5月
	王玉荣(女)	2020年8月至2020年12月
陶家沟村	田儒成(苗族)	2017年5月至2018年6月
	杨再明	2019年3月至2020年3月
	敖天清	2020年8月至2020年12月
通塔坪村	李永权	2018年8月至2020年1月
	杨胜杰	2020年8月至2020年12月
桐子坪村	杨　超	2017年5月至2018年5月
	符正松	2020年8月至2020年12月

木树镇村(居)务监督委员会主任

(2017年5月至2020年12月)

木树村	付正琴(女,苗族)	2017年5月至2020年12月
大屋村	石维刚(苗族)	2017年5月至2020年7月
虎渡村	麻晓春(苗族)	2017年5月至2018年3月
	龙永明(苗族)	2019年3月至2019年9月
木池村	黄祖仁(苗族)	2017年5月至2020年12月
冲头村	罗世金(苗族)	2017年5月至2020年12月
龙塘村	麻跃岩(苗族)	2017年5月至2020年12月
潮水村	李龙昌(苗族)	2017年5月至2020年12月
治坞村	郭俊峰(苗族)	2017年5月至2018年11月
	彭章应(苗族)	2019年3月至2020年12月
美意村	麻昌兴(苗族)	2017年5月至2018年10月
	麻汉斌(苗族)	2019年8月至2020年12月

向家村	龙登云(苗族)	2017年5月至2020年7月
盆杠村	杨代显(苗族)	2017年5月至2020年12月
滥泥村	龙云超(苗族)	2017年5月至2018年11月
梅子村	麻天留(苗族)	2017年5月至2020年12月
阳六村	龙胜华(苗族)	2017年5月至2020年12月
石花村	龙胜林(苗族)	2017年5月至2020年12月
独科村	吴艳勇(苗族)	2017年5月至2018年3月
底易村	龙昌权(苗族)	2017年5月至2020年12月
满高村	石宗权(苗族)	2017年5月至2020年12月
小木村	龙汉成(苗族)	2017年5月至2019年3月
	石妹花(女,苗族)	2019年4月至2020年12月
杨家村	石金云(苗族)	2017年5月至2020年12月
克麻村	龙昌贵(苗族)	2017年5月至2020年12月
河边村	龙先祥(苗族)	2017年5月至2020年12月
木树居委会	(未配)	

黄板镇村(居)务监督委员会主任

(2017年5月至2020年12月)

瓦厂村	江国友(侗族)	2017年5月至2020年12月
散水村	杨绍卫(侗族)	2017年5月至2020年10月
大坳村	杨秀洪	2017年5月至2020年12月
青峰村	陈辉林(苗族)	2017年5月至2020年12月
彭宗村	龙文兴(苗族)	2017年5月至2020年12月
枹木村	秦发兴(侗族)	2017年5月至2020年12月
大寨村	龙靖鹏(苗族)	2017年5月至2020年12月
上棚村	杨再军(苗族)	2017年5月至2020年12月
前丰村	石宗成(苗族)	2017年5月至2020年12月
当摆村	龙跃奎(苗族)	2017年5月至2020年12月
峥岘村	杨昌群(苗族)	2017年5月至2020年12月
妙湾村	黄秀昌(侗族)	2017年5月至2020年12月
龙洞村	王丽军	2017年5月至2020年12月
纳冲村	唐寸发(苗族)	2017年5月至2020年12月
卡落村	麻玉莲(女,苗族)	2017年5月至2020年12月
大田村	杨昌洪(苗族)	2017年5月至2020年3月
大门洞村	吴志彪(苗族)	2019年4月至2020年12月

凤凰村	杨召明(苗族)	2019年4月至2020年12月
石宝溪村	杨胜江(苗族)	2019年10月至2020年3月
茶园村	梁　波(侗族)	2020年2月至2020年12月
黄板村	(未配)	
自川村	(未配)	
天星村	(未配)	
盐井村	(未配)	
金龙村	(未配)	
高坪村	(未配)	
小湾村	(未配)	
格党村	(未配)	
黄板居委会	(未配)	

长坪乡村(居)务监督委员会主任

(2017年2月至2020年12月)

黎明村	姚华卫(苗族)	2017年2月至2020年12月
麻州村	龙红刚(苗族)	2017年2月至2019年3月
	龙加兴(苗族)	2019年4月至2020年12月
罗牛村	龙敀江(苗族)	2017年5月至2020年12月
盘报村	吴永所(苗族)	2017年5月至2020年12月
地甲司村	刘妻乾	2017年2月至2020年12月
和平村	石安成(苗族)	2017年5月至2018年3月
	石碧香(女,苗族)	2018年4月至2019年7月
	石绍兴(苗族)	2019年8月至2020年12月
地卡村	龙再江(苗族)	2017年5月至2019年3月
	滕长喜(苗族)	2019年4月至2020年12月
塘寨村	龙　兵(苗族)	2017年5月至2019年3月
	唐忠恒(苗族)	2019年12月至2020年12月
干沙坪村	杨顺治(侗族)	2017年5月至2020年12月
下棚村	舒黔江(苗族)	2017年5月至2020年12月
构皮村	李燕珍(女)	2017年5月至2020年12月
董汝村	龙文松(苗族)	2017年5月至2019年5月
兴隆村	彭有金(苗族)	2017年5月至2020年12月
康金村	欧洋得(苗族)	2017年5月至2020年12月

妙隘乡村(居)务监督委员会主任

(2017年5月至2020年5月)

长滩村	李松华	2017年5月至2020年5月
岩门村	万兆英	2017年5月至2018年12月
	万家驹	2019年10月至2020年12月
石大村	代启平	2017年5月至2019年4月
	代应江	2019年6月至2020年12月
大沟村	彭洪分	2017年5月至2020年3月
塘坳村	罗贤康	2017年5月至2019年9月
	姚复论	2019年12月至2020年12月
龙家堡村	龙再进	2017年5月至2020年4月
枫香村	蒋天海	2017年5月至2020年12月
大店村	杨　刚	2017年5月至2020年12月
滥田村	陶孝金	2017年5月至2020年12月
平皋村	杨秀平	2017年5月至2020年12月
界牌村	杨菊仙(女)	2017年5月至2019年8月
大土村	廖兴艳	2017年5月至2020年12月
寨石村	杨再英	2017年5月至2020年12月
新屯村	杨建法	2017年5月至2019年1月
矮寨村	龚文广	2017年5月至2017年8月
	龚锡早	2017年11月至2020年12月
半边山	梁启龙	2017年5月至2017年6月
		2019年6月至2020年12月
黄木村	梁启俊	2020年4月至2020年12月
新庄村	吴俊蓉	2017年11月至2018年4月
	刘开奎	2019年3月至2020年12月

石梁乡村(居)务监督委员会主任

(2017年5月至2020年12月)

石梁村	王　娅(女,土家族)	2017年9月至2020年12月
红石村	杨胜科	2017年5月至2020年12月
百鸟村	文自宽(苗族)	2017年5月至2020年12月

凯梭村	刘江容(女)	2017年5月至2020年12月
两岔河村	张志法	2017年5月至2020年12月
简家沟村	陈序言(苗族)	2017年5月至2020年12月
大河村	陈善奇(苗族)	2017年5月至2020年12月
胜利村	田孟威(苗族)	2017年5月至2020年12月
革善村	龙再林(苗族)	2017年5月至2020年12月

瓦溪乡村(居)务监督委员会主任

(2017年4月至2020年12月)

旧寨坝村	余廷权	2017年4月至2018年12月
炉坪村	易秀坤	2017年4月至2020年12月
十字村	杨胜贵(土家族)	2017年4月至2018年8月
下午郎村	刘廷文	2017年4月至2020年12月
蕣枝村	田永波	2017年4月至2019年5月
	曹承周	2020年1月至2020年12月
岩桑坝村	朱朝俊	2017年4月至2020年12月
地稳村	周燕(女)	2017年4月至2018年8月
小沟村	(未配)	
瓦溪村	(未配)	

永安乡村(居)务监督委员会主任

(2017年4月至2020年12月)

永安村	张著高	2017年4月至2020年12月
落星村	刘　刚	2017年4月至2020年12月
鸣珂村	杨志华	2017年4月至2020年12月
白果村	杨秀强	2017年4月至2018年9月
木盆村	陈明刚	2017年4月至2020年12月
辽木村	郑光祥	2017年4月至2020年12月
五官村	张　易	2017年4月至2020年12月
大溪村	易培江	2017年4月至2020年3月
地茶村	黄臣相	2017年4月至2020年12月
团堡村	陈　云	2017年4月至2020年12月
茶园村	刘廷永	2017年4月至2020年12月

沙坝河乡村(居)务监督委员会主任

(2017年4月至2020年12月)

凉风村	陈元清	2017年4月至2020年1月
红沙村	段绍禄	2017年4月至2018年3月
天星村	龙亮汉(苗族)	2017年4月至2018年4月
	龙文进(苗族)	2018年5月至2020年4月
桐木村	欧忠政	2017年4月至2020年12月
界牌村	龙生旺(苗族)	2017年4月至2020年12月
王家普村	欧寸书(苗族)	2017年4月至2020年12月
茅坪村	吴生云(苗族)	2017年4月至2020年12月
半河村	吴爱亮(苗族)	2017年4月至2020年12月
泡木村	陆志春	2017年4月至2020年12月
沙坝村	陈会平	2017年4月至2020年12月

大兴街道村(居)务监督委员会主任

(2017年3月至2020年12月)

大兴社区	潘进勇(苗族)	2017年3月至2020年12月
白岩社区	龙昌和(苗族)	2017年3月至2019年4月
	龙德兴(苗族)	2019年8月至2020年12月
星光社区	张岩芝(苗族)	2017年3月至2019年1月
	唐根贵(苗族)	2019年9月至2020年12月
新民社区	龙林平(苗族)	2020年8月至2020年12月
兴园社区	(未配)	
河界营村	龙长生(苗族)	2017年3月至2019年4月
	龙　兴(苗族)	2019年5月至2020年12月
岩拉村	龙金勇(苗族)	2017年3月至2020年12月
高岩村	吴忠银(苗族)	2017年3月至2020年12月
中茶村	龙院之(苗族)	2017年9月至2020年12月
银岩村	吴称求(苗族)	2017年3月至2020年4月
婆硐村	田景坤(苗族)	2017年3月至2019年4月
	龙文江(苗族)	2019年8月至2020年12月

第九节　重大安全责任事故调查处理

一、非煤矿山安全责任事故调查处理

2012年3月26日晚11时30分许，寨英镇举贤村锰矿发生生产安全事故，死亡3人，重伤1人。经查，认定寨英镇综合办公室主任侯某某、镇安监站负责人黄某某、县安监局党组成员、副局长龙某某工作有失职，分别给予行政警告、行政记过和行政警告处分。

2020年5月1日15时许，寨英镇鑫鑫矿业有限公司（吊水洞锰矿一采区、落满联营锰矿二采区、铁矿坪锰矿三采区）井下1135水平北翼通往矿柱内的平巷内发生顶板冒落，造成3人死亡，直接经济损失318万元的较大冒顶片帮事故。10名相关责任人员受到了党纪政务立案审查调查并受到党内警告（政务警告）及以上处分，4名责任人被诫勉谈话。

二、公路交通安全事故调查处理

2001年1月16日7时许，铜仁汽车运输总公司松桃分公司贵D40266号桂林大宇牌GL6970双层卧铺大客车（核载43人，实载67人）由广东省乳源县载客往松桃方向行驶，行至S201线136千米+100米处（黄莲半坡）时，翻下44.7米高坡肇事，造成当场死亡8人，抢救无效死亡1人，重伤11人，轻伤40人，车辆报废的特大道路安全事故。经查，该肇事客车途经大兴检查站时，县交警大队由于监控不力，当班民警疏忽大意，责任心不强，使贵D40266卧铺大客车在超员超载、人货混装的情况下脱离监控，县交警大队执勤人员龙某某、戴某某、李某某3人因工作失职受到政纪处分。县公安局滕某某作为共产党员、公安干警，违反国家公务员、公安干警不得经商办企业的规定从事长途客运，违反内部规章制度不假外出办私事，违反公司规定私载超载，对所聘驾驶员严重超载行为不予制止，未提醒驾驶员在通过大兴服务检查站时主动接受检查，为事故的发生创造了条件，予以追究其责任，给予党纪政纪处分。

2001年2月2日，蓼皋镇狮子董驾驶员杨某某驾驶D40460中巴车由县城向乌罗镇行驶，上午10时30分，车行至大坪场镇干串坳时翻下55.1米高的坡脚（县道410线16千米+600米处）造成当场死亡8人，送医院抢救无效死亡2人，重伤4人，轻伤5人，车辆报废的特大道路交通事故。经查，2001年2月2日上午8时，县交警大队陈某某、田某某、张某某组成巡查组在县委党校附近巡查时，驾驶员杨某某从冷水乡载客往县城时被查获，杨某某只出示驾驶证，没有出示行车证等证件，并承认驾驶的车未经检验，被给予罚款40元，口头责令两日内检车处理。当天杨某某在县城内载客10人前往乌罗，在枇杷塘变电站再次遇到交警巡查组，因未超员，未被停车检查。杨某驾车途经太平营乡、大坪场镇沿途载客未被任何部门干预，直到干串坳翻车酿成特大事故。“2.2”特大事故的发生，与职能部门的管理不到位有关，职能部门不严格执法，为事故的发生创造了客观条件。县交警大队陈某某、田某某、张某某3人被追究行政责任，给予政纪处分。县运管所副所长米某某、客货运管股副股长陈某某被追究行政责任，给予政纪处分。

2001年9月30日上午10点30分，松桃苗族自治县迓驾镇马鞍村发生一起机动小木船载客沉船，造成3人溺水死亡的重大水上交通事故。经查，该镇没有将辖区内存在运输船舶的情况向有关部门报告，更没有限令船主到有关部门办理准运手续，没有制定管理制度落实好安全管理目标，履行管理责任，没有建立船舶管理机构和管理人员的工作考核责任追究制度。由于镇政府对水上交通运输存在安全隐患认识不足，督促检查力度不够，使马鞍山山塘内船只无证无照运输发生沉船事故。该镇分管安全工作领导石某某被追究行政责任，给予政纪处分。

2002年2月3日上午7时30分许,牛郎镇四茶村大茶园组村民曾某某驾驶自购贵D40505号遵义牌ZY6602旅行小客车,载着17名乘客(该车核定载客10人),私自更改运输线路从牛郎镇出发往松桃县城行驶,在大兴、长坪境内又上了5人,此时该车已严重超载,9点50分,行驶至S201县135千米+400米(黄莲坡)时翻下公路右侧斜高45米的山谷中肇事,造成当场死亡3人,送医院抢救无效死亡1人,重伤4人,轻伤5人,轻微伤8人,车辆严重损坏的重大交通事故。经查,牛郎镇短途客运车辆营运处于失控状态,县运管所作为运政管理机关,对此没有采取果断措施严格执法,对"2.3"事故肇事者曾某某窜线载客营运的情况失察,使之成为道路交通安全的重大隐患。对负有监管责任的牛郎镇人民政府、县运管所通报批评;县交警大队三中队长陈某某被追究行政责任,给予政纪处分;牛郎镇分管安全工作领导吴某被追究行政责任,给予政纪处分。

2016年7月26日上午,蓼皋街道粑粑坳马场发生4人当场死亡、1人受伤,直接经济损失300万元的较大交通运输事故。县公安局交通警察大队秩序科长王某,在主抓交警大队秩序外勤组工作期间对"无证、无牌、无保险"车辆从事运输活动行为查处不严格,负有领导责任,被县监察局给予行政警告处分。蓼皋镇人民政府副镇长、镇人民政府整治无牌无证非法营运车辆专项行动工作领导小组办公室主任、镇人民政府道安办主任龙某某,对蓼皋镇"7.26"较大道路运输事故肇事车主驾驶的"无证、无牌、无保险"工程运输车长期在辖区内从事运输活动的行为监管不到位,负有领导责任,被县监察局给予行政警告处分。

2018年9月7日11时30分许,松桃苗族自治县人民医院医生龙某某驾车搭载同事雷某某与田某二人前往铜仁市观看车展途中,在松桃苗族自治县太平营街道白果坝隧道与对向行驶的牵引车发生碰撞,造成雷某某、田某二人当场死亡,龙某某经抢救无效于当日21时死亡的较大道路安全事故。县人民医院安全生产工作的分管领导,对单位安全生产工作重视不够、职责不清,疏于对单位职工道路交通安全的宣传教育,负有主要领导责任,受到政务警告处分。县卫生健康局办公室工作员龙某某未对收到的文件进行拟办,导致卫生系统未及时部署和贯彻落实道路交通安全管理工作,受到政务警告处分。

第十五章　脱贫攻坚工作

党中央、国务院高度重视减贫扶贫工作，出台实施一系列中长期扶贫规划，从救济式扶贫到开发式扶贫再到精准扶贫，探索出一条符合中国国情的农村扶贫开发道路，为全面建成小康社会奠定了坚实基础。全县纪检监察机关切实提高政治站位、扛起使命担当，立足职责定位、坚持问题导向，以实打实、硬碰硬、科学精准地监督执纪问责，全力保障脱贫攻坚重大决策部署的贯彻落实。

第一节　扶贫工作

在全国范围内开展有计划、有组织、大规模的扶贫开发工作始于1986年，到1992年底，通过扶贫全国农村没有解决温饱问题的贫困人口减少到8000万人。为了进一步解决农村贫困问题，缩小地区差距，1994年4月15日，国务院发出关于印发《国家八七攻坚计划》的通知，计划力争在20世纪内最后7年，集中力量，基本解决全国农村贫困人口的温饱问题。

在国家八七攻坚计划实施这一阶段，县纪委监察局机关按照县委、县人民政府的工作安排，组织干部职工到联系的盘石、沙坝河、平头等乡镇开展帮扶工作。同时，协调物资切实解决贫困问题。

2001年，《中国农村扶贫开发纲要(2001—2010年)》出台，提出“把政府各有关部门和社会各方面力量全民调动起来，互相配合，共同为贫困户和贫困地区开发提供有效帮助”等措施。按照县委县人民政府的工作安排，县纪委监察局派出工作队员，参与贫困乡镇定点挂钩帮扶，开展结对帮扶工作。

2011年，县纪委监察局在开展“四帮四促”和“万名干部下基层，扎扎实实帮群众”活动中，为联系帮扶的大兴镇星光村2户贫困群众送去20头山羊，开展“造血式”帮扶。是年12月1日，新华社转发中共中央、国务院印发的《中国农村扶贫开发纲要(2011—2020年)》的通知提出，为进一步加快贫困地区发展，促进共同富裕，实现到2020年全面建成小康社会奋斗目标，要求各地区各部门结合实际认真贯彻执行。“脱贫攻坚”被确立为国家战略。根据县委安排，县纪委监察局派出扶贫队员，参与脱贫攻坚的工作。

2012年，县纪委监察局对大兴镇中茶村、松桃金泰锰业有限责任公司开展帮扶，县委常委、县纪委书记具体联系3户农户。

2013年，县纪委监察局联系帮扶盘信镇，选派3名干部到团塘村、盘信村、大湾村开展驻村帮扶工作。面对当年的干旱，驻村干部组织群众维修水池5个，新建水池5个、取水点3个、小型抽水站1座，清理排水渠6000多米；协调部门抗旱资金2万元，协调抽水泵7台、水管1000米、水泥10吨。同时倡导抗旱救灾爱心捐款，全县纪检监察干部共捐款2万元。是年，县纪委监察局帮扶该镇3个村资金6万元用于购买抗旱设施设备。

2014年，县纪委监察局派出4名干部到盘信镇长坪村、高山村、盐厂村、老屋村开展驻村帮扶工作。县委常委、县纪委书记多次到联系的盘信镇开展帮扶工作，为群众排忧解难。县纪委监察局帮扶瓦溪乡

10万元资金用于修建下午郎村至朱家坝2.2公里通村路，解决当地群众出行难的问题。是年，1名纪检监察帮扶干部被评为2013年全省优秀驻村干部。

2015年，县纪委监察局派出4名干部帮扶盘信镇老屋村、楼台村、小隆村、大湾村。是年在楼台村帮扶建成黄桃园400亩，硬化通村路5公里，硬化村活动广场2000余平方米，购置篮球架1套。是年，县委常委、县纪委书记开展结对帮扶5户贫困户。1名纪检监察干部被评为县优秀驻村干部。

2016年，为做好“万名干部结对帮扶助推精准扶贫”工作，县纪委监察局76名纪检监察干部对盘信镇楼台村、盐厂村、子云村243户1013人开展结对帮扶。县纪委向3个结对帮扶村分别选派1名年轻纪检干部担任第一书记，纪检干部进村入户达300余次。其中在楼台村续种黄桃800亩，争取到项目资金80万元，建成1000头生猪养殖场及安装养殖场供电设施一套(含变压器、电杆、供电线路等)。县委常委、县纪委书记多次到盘信镇开展调研慰问工作，对马路冲村3户贫困户开展结对帮扶工作。是年，1名纪检监察干部被评为市优秀驻村干部，1名纪检监察帮扶干部被评为省优秀驻村第一书记。

2017年，选派3名纪检干部到盘信镇小隆村、老屋村、盐厂村担任第一书记，县委常委、县纪委书记对马路冲村3户贫困户开展结对帮扶工作。为盘信镇及帮扶村提供帮扶资金11.3万元。是年6月，1名纪检监察帮扶干部被评为2016年度“全县优秀驻村第一书记”和“全市优秀驻村第一书记”。

2018年，选派3名纪检干部到盘信镇满家村、老屋村、盐厂村担任第一书记。是年6月，县纪委监委根据“三转”工作要求，纪检监察干部不再结对帮扶，已参与的帮扶干部在8月完成帮扶工作移交后回单位工作，但作为帮扶单位县纪委的帮扶工作一直在持续，县委常委、县纪委书记开展结对帮扶3户贫困户，同时为该镇提供帮扶资金20.8万元。是年，1名纪检监察帮扶干部被评为全省脱贫攻坚优秀共产党员。

2019年，县委、县人民政府为强化脱贫攻坚三级指挥体系建设，明确县委常委、县纪委书记、县监委主任胡定钦担任县脱贫攻坚县级大决战总指挥部副指挥长，兼任盘信镇脱贫攻坚指挥部指挥长；在攻坚关键阶段，胡定钦指挥长协调解决资金26万余元；同时让结对帮扶的马路冲村3户贫困户实现了脱贫。是年，盘信镇先后完成“村村通”公路建设178.42公里、“组组通”公路建设72.87公里、桥梁建设15座，硬化连户路58.4公里；完成27个村级综合文化服务中心覆盖工程，安装路灯4250余盏；发展油茶1.2万亩、蔬菜3200亩、精品水果1265亩、中药材2125亩、大葱1000亩；养殖中华蜂300箱、绿壳蛋鸡15000羽、肉鸽3.5万对；实施危房改造1015户，房前屋后人居环境改造3144户，完成易地扶贫搬迁558户2573人等工作任务，为盘信镇贫困人口如期脱贫奠定了基础。

2020年，协调解决盘信镇帮扶资金11.13万元。5名纪检监察干部被评为全县脱贫攻坚优秀共产党员；1名纪检监察干部被评为全县脱贫攻坚先进个人；县纪委监委机关党委被评为全县脱贫攻坚先进集体。

第二节　脱贫攻坚领域作风建设

党中央从全面建成小康社会全局出发，把扶贫开发工作摆在治国理政的突出位置，全面打响脱贫攻坚战。从2017年开始，全县纪检监察机关紧扣主业主责，压实政治责任，按照县委统筹部署，开展扶贫领域腐败和作风问题专项治理，履行脱贫攻坚监督保障职责，为打赢脱贫攻坚战提供纪律保障。

2017年，坚持“一案双查”“一案双问责”。采取顺向检查和逆向倒查的方式，重点对贯彻落实中央、省、市和县关于脱贫攻坚决策部署情况进行检查，对执行政策走偏变形、不作为、慢作为等问题追责问责。全县扶贫民生领域发现问题615个，办结问题583个，其中立案243件270人，移送司法1人；结案240

件，党纪政纪处分268人，涉及违纪资金1032.62万元。通报批评、诫勉谈话、组织处理、立案审查，问责副科级以上领导干部89人。

2018年，根据省、市纪委的安排部署，开展脱贫攻坚作风建设年活动，对脱贫攻坚工作开展明察暗访，集中开展了农村种植产业扶贫项目资金、农村“组组通”公路项目建设、“一事一议”财政项目补贴、易地扶贫搬迁项目资金专项监察，同步开展“访村寨、重监督、助攻坚”专项行动、扶贫领域监督执纪问责专项行动、城乡居民基本养老保险专项检查以及对2015年至2016年开展的专项监察进行“回头看”工作。全县民生领域共发现问题279个，立案244件，结案176件，涉及资金692.7万元，党纪政务处分185人，问责乡科级干部85人，其中扶贫领域发现问题221个，立案173件，结案115件，涉及资金555.3万元，党纪政务处分121人，问责乡科级干部61人。民生案件绝对数位列全市第二。

2019年，抓实日常监督检查，发挥专项督查、派驻监督、驻点监督作用，合力并发，强化对县脱贫攻坚工作的监督检查。县纪委监委领导班子下访暗访民情7个片区，通过现场接访、实地核查、个案指导、片区督导等方式，开展对全县7个片区27个乡镇（街道）脱贫攻坚工作进行走访督查。落实“三级”督查机制，组建县纪委监委机关督查组、派驻纪检监察组督查组、乡镇（街道）纪（工）委督查组，实行分片监督，在乡镇（街道）纪（工）委跟踪监督的基础上统筹推进，形成立体监督态势。实行“驻点”派驻机制，县纪委监委下派27名干部进驻乡镇（街道），全面开展脱贫攻坚工作作风督查，形成有效监督全覆盖。开展7轮脱贫攻坚专项监督检查，督查村（社区）（个）487个。全县民生领域发现问题279个，立案276件，结案248件，党纪政务处分265人，问责乡科级干部199人，民生监督综合数据在全市排名第二，同比上升2个位次。其中扶贫领域发现问题193个，立案191件206人，通报批评乡镇党委2个、部门党组1个，通报批评234人，问责副科级干部141人。

2020年，聚焦脱贫攻坚强化政治监督。聚焦“四个不摘”核心指标，统筹开展脱贫攻坚作风建设监督执纪问责工作。开展8轮脱贫攻坚专项监督检查，督查村（社区）523个，发现问题471个，集中约谈8人、提醒谈话5人、谈话提醒29人、批评教育8人、诫勉谈话1人，印发通报5期，通报批评177人，党纪政务处分2人。全县民生领域发现问题278个，立案276件，结案276件，涉及资金529.92万元，党纪政务处分281人，问责乡科级领导干部81人，移送司法机关4人，其中扶贫领域共发现问题198个，立案198件，结案162件，涉及资金364.20万元，党纪政务处分165人，问责乡科级干部69人，移送司法机关4人。民生案件任务数取得全市排名首位目标。

第十六章　巡视巡察工作

中共十八大以来,以习近平同志为核心的党中央高度重视巡视工作,作出了一系列重大决策部署,强力推进理论创新、实践创新和制度创新,不断赋予政治巡视新的内涵与活力,使之成为党之利器、国之利器。中共十九大把政治巡视巡察纳入党和国家监督体系建设的重要内容,强调"深化政治巡视,坚持发现问题、形成震慑不动摇,建立巡视巡察上下联动监督网",将"市县党委建立巡察制度""实现巡视巡察全覆盖"等内容写入党章,彰显了巡视巡察工作在管党治党中的重要地位和战略作用。2016年以来,中共松桃苗族自治县委坚持以习近平新时代中国特色社会主义思想为指导,深入学习贯彻习近平总书记关于巡视巡察工作重要论述和中央、省委、市委关于巡视巡察工作决策部署,以及上级有关巡视巡察工作会议精神,树牢"四个意识"、坚定"四个自信"、做到"两个维护"。围绕"发现问题、形成震慑,推动改革、促进发展"的巡视巡察工作方针,提高政治站位,深化政治巡察,高质量推进巡察工作全覆盖。

第一节　省委巡视反馈问题整改

根据贵州省委巡视工作部署,2018年6月4日至7月3日,贵州省委第九巡视组对松桃苗族自治县开展巡视,反馈问题涉及县纪委县监委12类25个方面。2018年8月9日至9月10日,省委第九巡视组巡视铜仁,反馈问题涉及县纪委县监委6类18个方面。

县纪委县监委深入学习贯彻习近平总书记关于巡视工作重要论述,切实增强巡视整改的思想自觉政治自觉行动自觉,坚决扛起巡视整改重大政治责任。主动认领问题,精心组织,严格按照中央和省委、市委、县委关于巡视整改工作的要求,扎实有效地推进省委巡视反馈问题整改工作。成立以县委常委、县纪委书记、县监委主任胡定钦为组长的整改工作领导小组,切实加强对巡视整改工作的组织领导。组建整改专班,明确专人负责整改工作。领导小组下设督查组,负责对整改工作进行跟踪督查,实行一周一报,确保领导小组及时全面掌握问题整改落实情况。县纪委及时召开常委会会议,专题研究和部署巡视整改工作。根据《中共松桃苗族自治县委办公室松桃苗族自治县人民政府办公室关于印发省委第九巡视组巡视松桃反馈问题整改任务分解表的通知》精神,制定《松桃苗族自治县纪委县监委关于省委第九巡视组反馈问题整改工作方案》《松桃苗族自治县纪委县监委关于省委第九巡视组巡视铜仁市反馈意见涉及松桃问题整改工作方案》,对涉及县纪委县监委的整改任务建立整改清单,按职责职能逐项进行责任分解,明确巡视整改工作责任单位、责任人员、整改任务、整改要求。针对涉及的共18类43个方面问题分别拟定整改工作子方案,建立整改台账,完善整改资料,归档管理。整改过程中,召开巡视整改部署会、推进会、调度会共8次,扎实有序推进巡视整改工作,不折不扣地做好巡视整改后半篇文章。始终坚持问题导向,建立长效机制,充分发挥监督在抓整改、推工作、见实效中的重要作用。

2018年12月底，县纪委县监委所涉及的18类43个方面问题已全部整改，其中32个方面将长期坚持。县纪委县监委在整改涉及自身问题的同时，还加强对全县各单位巡视整改工作的监督检查，加大追责问责力度，因省委第九巡视组巡视铜仁及松桃反馈涉嫌违规违纪问题及整改不力追责问责199人，其中党纪政务立案83人，诫勉57人，通报59人。

第二节　巡察机构设置

一、县委巡察工作领导小组

根据《中国共产党巡视工作条例》《中共贵州省委巡视工作实施办法》《中共铜仁市委巡察工作实施办法(试行)》等规定，为加强对全县上下各级党组织的巡察监督，2016年8月12日，县委常委会第11次会议研究，决定成立中共松桃苗族自治县委巡察工作领导小组，明确由县委常委、县委组织部部长汪勇，县委常委、县纪委书记吴廷友牵头，县纪委监察局、县委组织部、县编办等部门负责按照相关要求和程序抓好机构编制的落实。9月26日，中共松桃苗族自治县委机构编制委员会办公室根据《中共松桃苗族自治县委关于印发〈中共松桃苗族自治县委巡察工作实施办法(试行)〉的通知》文件精神，印发《关于设立中共松桃苗族自治县委巡察工作领导小组办公室的通知》，设立中共松桃苗族自治县委巡察工作领导小组办公室，为县委工作部门，挂靠县纪委；核定行政编3名，设主任1名(正科级)，副主任1名。经过前期一系列相关工作的筹备和准备，11月10日，县委成立了由县委常委、县纪委书记夏学文任组长，县委常委、县委组织部部长马兴方任副组长，龙政敏、龙长桥、刘洪为成员的县委巡察工作领导小组，负责领导、指导全县巡察工作的开展。

2017年1月11日，为切实加强对巡察工作的领导，县委决定对县委巡察工作领导小组进行调整充实，明确县委常委、县纪委书记夏学文任组长，县委常委、县委组织部部长马兴方任副组长，成员由3人增加到5人，分别是周胜华、吴碧文、高祖顺、刘洪、龙政敏。5月26日，鉴于人事变动，县委再次对巡察工作领导小组进行调整充实，县委常委、县纪委书记夏学文任组长，县委常委、县委组织部部长汪劲任副组长，周胜华、吴碧文、龙政敏、高祖顺、刘洪为成员。

2018年2月12日，县委根据中共贵州省委办公厅印发《关于市县党委建立巡察制度的实施意见》文件精神，决定调整充实县委巡察工作领导小组，成立由市政协副主席、县委书记冉晓东任组长，县委常委、县纪委书记、县监委会主任胡定钦任常务副组长，县委常委、县委组织部部长汪劲任副组长，杨昌伦、周胜华、吴碧文、龙政敏、高祖顺、刘洪为成员的县委巡察工作领导小组。11月12日，县委根据中共铜仁市委巡察工作领导小组办公室印发《关于抓紧调整区县党委巡察工作领导小组成员的通知》文件精神，对县委巡察工作领导小组成员进行调整，组长由冉晓东担任，胡定钦任常务副组长，汪劲任副组长，吴碧文、高祖顺、杨昌伦为成员。

2019年4月6日，因人事变动，县委再次调整充实县委巡察工作领导小组，县委书记李俊宏任组长，胡定钦任常务副组长，汪劲任副组长，吴碧文、高祖顺、杨昌伦为成员。

中共松桃苗族自治县委巡察工作领导小组

(2016年11月至2020年12月)

组　　长	夏学文(侗族)	2016年11月至2018年2月
	冉晓东(土家族)	2018年2月至2019年4月
	李俊宏(仡佬族)	2019年4月至2020年12月
常务副组长	胡定钦(仡佬族)	2018年2月至2020年12月
副 组 长	马兴方	2016年11月至2017年5月
	汪　劲(仡佬族)	2017年5月至2020年12月
成　　员	周胜华(土家族)	2017年1月至2018年11月
	吴碧文(苗族)	2017年1月至2020年12月
	高祖顺(苗族)	2017年1月至2020年12月
	刘　洪	2017年1月至2018年11月
	龙政敏(苗族)	2017年1月至2018年11月
	杨昌伦(苗族)	2018年11月至2020年12月

二、县委巡察工作机构

1.县委巡察工作领导小组办公室

2016年9月26日,县机构编制委员会办公室根据《中共松桃苗族自治县委关于印发〈中共松桃苗族自治县委巡察工作实施办法(试行)〉的通知》精神,印发《关于设立中共松桃苗族自治县委巡察工作领导小组办公室的通知》,同意设立中共松桃苗族自治县委巡察工作领导小组办公室,为县委工作部门,挂靠在县纪委;核定行政编3名,设主任1名(正科级),副主任1名。

县委巡察工作领导小组办公室主要职责是贯彻落实县委和县委巡察工作领导小组工作部署,对县委巡察工作领导小组负责并报告工作;对接沟通市委巡察办;统筹安排县乡两级巡察事宜;负责县委巡察工作领导小组日常事务,研究制定巡察工作制度、机制,组织协调解决巡察工作中的具体问题,做好巡察组服务保障工作;督促巡察反馈意见的整改落实等。

为加强对巡察工作的领导,中共松桃苗族自治县委办公室2017年1月11日印发《关于调整充实县委巡察工作领导小组的通知》,明确龙政敏兼任县委巡察工作领导小组办公室主任,负责领导小组日常事务。是年5月2日,县委印发《关于吴赵德等同志任免职的通知》,杨昌伦任县委巡察工作领导小组办公室主任。2019年3月20日,中共松桃苗族自治县委办公室根据《中共贵州省委办公厅、省人民政府办公厅关于印发铜仁市市级所辖县(区)机构改革方案的通知》《中共松桃苗族自治县委、松桃苗族自治县人民政府关于松桃苗族自治县县级机构改革的实施意见》精神,经报县委、县人民政府同意,就松桃苗族自治县委巡察工作领导小组办公室有关职责、机构和编制进行调整,在印发《关于调整松桃苗族自治县委巡察工作领导小组办公室职责机构编制的通知》中明确:“一、县委巡察办是县委工作机关,为正科级。二、县委巡察办设1个内设机构,综合股。三、县委巡察办行政编制3名。设主任1名,副主任2名;股级领导职数1名(由1名分管副主任兼任)。”7月30日,为切实加强县委巡察办的力量,县委印发《关于李慧娟等同志任职的通知》,任命何明现为县委巡察办公室副主任。

中共松桃苗族自治县委巡察工作领导小组办公室

（2017年1月至2020年12月）

主　任　龙政敏（苗族）　2017年1月至2017年5月
　　　　杨昌伦（苗族）　2017年5月至2020年12月
副主任　何明现（女）　2019年7月至2020年12月
工作员　吴云峰　2017年1月至2020年12月
　　　　杨　博　2017年1月至2018年2月
　　　　柯鸿浩　2018年2月至2019年11月

2.县委巡察组

2018年5月23日，县机构编制委员会办公室印发《关于设立中共松桃苗族自治县委巡察组的通知》，同意设立中共松桃苗族自治县委6个县委巡察组，核定中共松桃苗族自治县委第一巡察组第六巡察组行政编制总数18名，每个巡察组行政编制3名，每个巡察组设组长1名（正科长级）、副组长1名（副科长级）、巡察专员1名（副科长级）。主要工作职责是向县委巡察工作领导小组负责并报告工作，在领导小组的领导下开展工作，承担巡察任务，完成县委巡察工作领导小组交办的工作任务等。

第一巡察组
组　　长　易小峰（苗族）　2018年10月至2020年12月
副 组 长　石宗贵（苗族）　2020年4月至2020年12月
巡察专员　何兴发（苗族）　2019年1月至2020年12月

第二巡察组
组　　长　龙水涌（苗族）　2018年10月至2020年12月
巡察专员　龙昌志（苗族）　2019年1月至2020年12月

第三巡察组
组　　长　龙　文（苗族）　2018年10月至2020年12月
巡察专员　田茂桥（苗族）　2020年4月至2020年12月

第四巡察组
副 组 长　陈向东（苗族）　2020年4月至2020年12月
巡察专员　罗齐成（苗族）　2019年1月至2020年12月

第五巡察组
副 组 长　吴秀勇（苗族）　2020年10月至2020年12月
巡察专员　石　林（苗族）　2019年1月至2020年12月

第六巡察组
组　　长　龙　毅（苗族）　2020年3月至2020年12月
副 组 长　吴翠云（女，苗族）　2020年4月至2020年12月
巡察专员　吴翠云（女，苗族）　2019年1月至2020年4月
　　　　　杨　旭（苗族）　2020年4月至2020年12月

第三节　巡察制度

2016年8月16日,中共松桃苗族自治县委为加强党内监督,强化主体责任,规范权力运行,根据《中国共产党党内监督条例》《中国共产党巡视工作条例》《中共贵州省委巡视工作实施办法》《中共铜仁市委巡察工作实施办法(试行)》等规定,印发经县委2016年第十一次常委会议审议通过的《中共松桃苗族自治县委巡察工作实施办法(试行)》的通知(以下简称"试行办法")。试行办法共七章二十五条。分别对巡察的组织领导、巡察的对象和任务、巡察的方式及程序、巡察结果运用、巡察纪律与责任等作出具体规定,是指导全县开展巡察工作的重要文件。

2018年11月1日,中共松桃苗族自治县委巡察工作领导小组为严肃党内政治生活,净化党内政治生态,加强党内监督,规范巡察工作,根据《中国共产党章程》《中国共产党巡视工作条例》和中共中央办公厅《关于市县党委建立巡察制度的意见》《中共贵州省委巡视工作实施办法》,以及中共贵州省委办公厅《关于市县党委建立巡察制度的实施意见》《中共铜仁市委巡察工作实施办法》等规定,印发《中共松桃苗族自治县委巡察工作实施办法》的通知(以下简称"实施办法"),对县委建立巡察制度、设立巡察机构和职责、巡察的范围和内容、工作方式和权限、工作程序、纪律与责任等进行规范。新修订的实施办法共七章四十九条,与试行办法比较,规定规范、具体,具有很强的指导性和可操作性。该实施办法自印发之日起施行,2016年8月16日印发的试行办法废止。

为进一步规范巡察工作的操作程序,2018年11月1日中共松桃苗族自治县委巡察工作领导小组印发《〈中共松桃苗族自治县委巡察工作操作规程〉的通知》(以下简称"巡察工作操作规程"),对巡察工作必须坚持的原则、巡察工作领导小组和巡察办及巡察组的主要工作职责、巡察的范围和对象、巡察工作流程等进行规范。实施办法和巡察工作操作规程的施行,构筑巡察工作的制度基础,切实提升辖内巡察工作的规范化、制度化、科学化水平。

2018年11月12日,中共松桃苗族自治县委为扎实开展中央和省委巡视反馈意见整改工作,推动巡视整改工作常态化长效化,确保中央和省委、市委重大决策部署落实,印发《关于推进巡视整改工作常态化长效化的实施方案》的通知。该实施办法建立健全常态化学习机制、巡视问题分析研判机制、巡视整改常态监督机制、整改成果长效考评机制,统筹推进"改"和"立"各项工作,对中央和省委巡视反馈意见具有反复性、规律性、普遍性的问题,落实巡视整改任务长效化,巡视整改监督检查常态化,通过整改一个问题,解决一类问题,完善一方制度,从源头上预防类似问题再次发生。

2018年11月16日,为全面落实中央和省委、市委关于巡视巡察工作的总体要求和十三届县委关于巡察工作的部署,推进全面从严治党向纵深发展,根据《十二届中共贵州省委巡视工作规划(2017—2021年)》(2018年4月修订)《二届市委中共铜仁市委巡察工作规划(2017—2021年)》(2018年9月修订)《中共松桃苗族自治县委巡察工作实施办法》等文件精神,中共松桃苗族自治县委印发《十三届中共松桃苗族自治县委巡察工作规划(2017—2021年)》(以下简称"巡察工作规划")。巡察工作规划明确指出,十三届中共松桃苗族自治县委巡察工作以习近平新时代中国特色社会主义思想为指导,按照新时代党的建设总要求,认真贯彻落实中央巡视工作方针和省委、市委、县委巡视巡察工作部署,"坚持看齐中央、自觉对标对表,坚持实事求是、严格依规依纪,坚持人民立场、紧紧依靠群众"的基本原则和认真落实"发现问题、形成震慑,推动改革、促进发展"的工作方针,通过统筹谋划、精心组织,经过5年努力开展13轮巡察,实现政治巡察不断深化、监督体系不断完善、巡察质量不断提高、巡察成果充分运用、监督合力不断增强,全县589

个巡察单位(其中国家机关单位91个,国有企业4个,村级党组织494个)巡察全覆盖的目标。

2018年11月23日,中共松桃苗族自治县委为加强和规范巡察工作,提高巡察监督质量,推动巡察机构与有关单位协作联动,形成巡察工作合力,印发《松桃苗族自治县巡察工作协作联动暂行办法》《松桃苗族自治县巡察成果运用督查督办暂行办法》的通知。这两个"办法"的制定与印发,建立健全了与纪检监察机关联动、与组织部门联动、与审计机关联动、与群众工作部门联动、与其他有关单位联动、与市县协作联动和巡察成果运用督查督办工作机制,促进了巡察工作合力的形成。11月30日,县委巡察工作领导小组办公室为确保巡察工作的顺利进行,印发《中共松桃苗族自治县委巡察工作巡察前情况通报制度》和《中共松桃苗族自治县委巡察机构保密制度》,进一步规范巡察工作的公开与保密制度。

2019年4月23日,县委巡察工作领导小组办公室为加强对巡察组人员的管理,根据中央、省委、市委和县委关于巡察工作有关规定,以及全县绩效目标管理考核办法有关精神,印发《中共松桃苗族自治县委巡察组考核评价办法(试行)》的通知,对考核原则、考核对象、考核内容、考核方式作出具体的规定,明确指出在考核鉴定结果的运用上,是"作为评定巡察干部现实表现档次的依据;作为干部提拔任用、评先选优、绩效等次评定参考依据;作为干部惩处的依据",建立和完善巡察工作的评价机制。是年8月14日,县委巡察工作领导小组办公室印发《中共松桃苗族自治县委巡察工作领导小组办公室职责要点和底线清单》,对办公室的政治建设、业务工作和职责、自身建设及其他工作方面的规矩、纪律再细化,列出政治纪律、廉洁纪律、工作纪律底线清单19条,从纪律制度上规范巡察干部的言行,以更高的标准、更严的纪律,建设一支对党忠诚、敢于担当、清正廉洁、业务过硬、人民信赖的高素质巡察干部队伍。

通过以上一系列制度的建设,中共松桃苗族自治县委巡察制度逐步完善、巡察工作进一步规范。

第四节　巡察工作

建立巡察制度,开展巡察工作,是落实全面从严治党要求,加强党内监督,规范权力运行,促进党风廉政建设和反腐败斗争深入开展的一项重大举措。为促进党风廉政建设主体责任、监督责任落实到位,保证党的路线、方针、政策和县委、县人民政府重大决策部署落实到位,推动全县经济社会发展提供坚强政治保证,经县委巡察工作领导小组研究并报经县委同意,决定从2016年9月开始,用5年时间,完成全县589个巡察单位的巡察目标。到2020年12月,巡察工作进行11轮次,完成589个单位常规巡察工作,巡察覆盖率100%;发现并反馈问题7862个,整改7764个,正在有序整改中98个;发现并移交问题线索313件368人,办结312件,立案103件141人,给予党纪政务处分80人,移送司法机关1人,清退违纪资金660余万元。

一、常规巡察

第一轮巡察

按照县委巡察工作的部署与安排,第一轮巡察从2016年9月1日开始9月30日结束,授权三个巡察组对县交通运输局、铜仁市武陵山投资经营(集团)有限公司、县供排水总公司3个单位开展为期30天的巡察。重点巡察十八大以来被巡察单位领导班子及其成员"五个方面"的内容,即在遵守党的政治纪律方面、贯彻全面从严治党"两个责任"及执行廉洁自律规定方面、干部作风建设和落实中央八项规定精神方面、选拔任用干部方面、国有企业经营管理情况方面。

第一轮各巡察组人员组成及巡察单位

第一巡察组

组　　长　周胜华　副组长　吴维琼　熊　辉

成　　员　麻昌三　麻启柱　唐水珍(女)

巡察单位　县交通运输局

第二巡察组

组　　长　龙政敏　副组长　欧正芳　姚　畯

成　　员　舒　明　杨小龙　杨亚松

巡察单位　铜仁市武陵山投资经营(集团)有限公司

第三巡察组

组　　长　宋　扬

副 组 长　何周宇　周建思

成　　员　文加丽(女)　刘红吉　刘志坚

巡察单位　县供排水总公司

县委巡察工作组通过对县交通运输局、铜仁市武陵山投资经营(集团)有限公司、县供排水总公司3个单位的巡察,发现并反馈问题13个,发现并移交问题线索7件;发现重大问题线索1人,即松桃苗族自治县财政局原党组成员、副局长、武陵山投资(集团)有限公司原董事长杨荣幸严重违纪违法,后被“双开”并移送司法机关处理。该案成为铜仁市监委成立后第一留置案。

第二轮巡察

第二轮巡察从2017年1月10日开始2月20日结束,历时40天。这轮巡察,县委共组建7个巡察组,重点对县内寨英镇寨转村、大坪场镇坳田村等7个村开展巡察。紧紧围绕落实全面从严治党要求及县委党风廉政建设和反腐败工作安排部署,重点巡察村级领导班子及其成员党风廉政建设情况、有无违反六类纪律行为及当前脱贫攻坚民生领域等业务工作推进落实情况。主要巡察两类重点内容:一是村级领导班子及其成员有无违反六类纪律行为及干部作风建设方面;二是精准扶贫工作开展推动方面,基层换届选举工作开展方面,以及“访村寨、重监督、助攻坚”专项行动巡察方面。

第二轮巡察组人员组成及巡察单位

第一巡察组

组　　长　周胜华　副组长　任卫星　龙兰花(女)　吴赵德

成　　员　冷启勇　杨　健

巡察单位　寨英镇寨转村

第二巡察组

组　　长　吴碧文　副组长　石昌彪　张　媛(女)

成　　员　文祝华　孙艳芬(女)　杨　文

巡察单位　大平场镇坳田村

第三巡察组

组　　长　龙政敏　副组长　张勇刚　张延周

成　　员　杨小龙　吴祖良　张　圣

巡察单位　石梁乡胜利村

第四巡察组

组　　长　宋　扬　副组长　杨昌馀　龙通顺

成　　员　龙寿发　杨正泽　赵　斌

巡察单位　黄板镇峥岘村

第五巡察组

组　　长　吴维琼　副组长　麻志南(女)　吴秀勇　熊　辉

成　　员　黄志军　向万成

巡察单位　孟溪镇孟溪村

第六巡察组

组　　长　何周宇　副组长　向　勇　龙　辉

成　　员　龙文军　唐　锋　刘志坚

巡察单位　正大镇盘塘村

第七巡察组

组　　长　龙胜清　副组长　麻显文　吴志松

成　　员　吴　迪　杨海波　柯永飞

巡察单位　蓼皋街道决基社区

第三轮巡察

第三轮巡察从2017年5月19日开始7月31日结束。这轮巡察县委组建4个巡察组,对6个县直部门和2个乡镇党组织及其党员领导干部进行巡察。巡察主要围绕落实全面从严治党要求及县委党风廉政建设和反腐败工作安排部署,重点巡察中共十八大以来被巡察单位党委(党组)领导班子及其成员以下四个方面的内容:①贯彻党的路线方针政策、中央和上级党委决策部署情况;意识形态领域工作,政治引领是否有力,在大是大非和政治原则问题上的立场情况;团结、领导、教育群众情况,战斗堡垒作用发挥情况;对本地区本单位发生的重大问题处理以及维护群众利益情况。②党组织是否健全,执行组织生活会制度,严肃党内政治生活,领导班子建设和决策情况;党性党风党纪教育、党员理想信念和宗旨意识情况;执行中央八项规定和省市十项规定精神情况;纠正"四风"情况;干部选拔任用情况。③主体责任和监督责任落实情况;党内监督情况;维护党的纪律特别是政治纪律和政治规矩情况。④推进党风廉政建设和反腐败工作情况;执行党的纪律,纠正损害群众利益的不正之风和查处腐败问题情况;正确履行工作职责,执行相关政策情况;领导班子及党员领导干部作风建设、廉洁自律情况。综合协察组则负责对接和协助各巡察组开展巡察工作。

第三轮巡察组和综合协察组人员组成及巡察单位

第一巡察组

联系领导　周胜华

组　　长　马作良

副 组 长　吴爱旭

成　　员　柯鸿浩　徐　阳

巡察单位　长兴堡镇、县科协

第二巡察组

联系领导　龙政敏

组　　长　欧正芳

副 组 长　唐凯强

成　　员　石文卿　麻启柱

巡察单位　甘龙镇、县总工会

第三巡察组

联系领导　宋　扬

组　　长　麻建松

副 组 长　田儒宙

成　　员　何明现(女)　田　伟

巡察单位　县民政局、县供销联社

第四巡察组

联系领导　吴维琼

组　　长　吴达君

副 组 长　黄　亮

成　　员　杨　旭　陈安松

巡察单位　县人力资源和社会保障局、县行政服务中心

综合协察组

组　　长　杨昌伦

副 组 长　吴云峰

第四轮巡察

第四轮巡察从2017年10月1日开始12月30日止。县委组建了4个巡察组,对8个县直部门和4个乡镇开展常规巡察,对8个行政村进行延伸巡察。这轮巡察重点是巡察2014年以来被巡察单位党委(党组)领导班子及其成员党的领导、党的建设、全面从严治党、党风廉政建设和反腐败斗争四个方面的内容,以及省委、市委要求的阶段性巡察工作重点。重点发现“四个意识”不强,贯彻执行党的理论和路线方针政策、中央和上级党委决策部署不到位;落实中央、省委、市委和县委脱贫攻坚方针政策和重大工作部署不力,存在变通、打折扣、做选择、虚假脱贫、数字脱贫等问题;意识形态领域工作薄弱,政治引领不力,在大是大非和政治原则问题上的立场不坚定、旗帜不鲜明;发现主体责任不落实、监督责任不到位,好人主义盛行,不负责、不担当,对扶贫项目、资金以及教育、医疗、住房、社会保障等扶贫领域的腐败行为查处不力,有案不查、瞒案不报,甚袒护包庇等问题;党内监督不力,该发现的问题没有发现,发现问题不报告不处置、不整改、不问责等问题;维护党的纪律特别是政治纪律和政治规矩不力,搞团团伙伙、拉帮结派,违规违纪行为多发;推进党风廉政建设和反腐败工作不坚决、不扎实;中央八项规定、省市委十项规定和县委五要七带头不落实,“四风”问题屡禁不止,在推进脱贫攻坚工作中履职不力,形式主义和官僚主义严重、不作为、慢作为、乱作为等问题;“雁过拔毛”“小官巨贪”“乡匪村霸”等违反党的纪律、损害群众利益的不正之风和腐败问题,在贫困户就业补贴、农村危房改造、教育资助、医疗救助、生态补偿、社保兜底等民

生资金拨付、管理、使用、分配环节中，是否存在以权谋私、吃拿卡要、优亲厚友、贪污索贿、虚报冒领、截留挪用等问题；在产业扶贫项目、易地移民搬迁项目、教育扶贫项目、医疗扶贫项目、生态扶贫项目、金融扶贫项目、乡村基础设施建设项目等领域中，是否存在官商勾结、弄虚作假、虚报冒领、贪污侵占、失职渎职、受贿索贿、浑霍浪费等问题。

第四轮巡察组和综合协察组人员组成及巡察单位

第一巡察组

联系领导　周胜华

组　　长　马作良

副 组 长　任力颖

成　　员　柯鸿浩　龙自明

巡察单位　大坪场镇、大坪场镇灯塔村、大坪场镇干串村、县水库和生态移民局、县科学技术服务中心

第二巡察组

联系领导　龙政敏

组　　长　罗齐成

副 组 长　黄　亮

成　　员　杨　旭　杨　光

巡察单位　长坪乡、长坪乡盘报村、长坪乡康金村、县卫计局、县合医局

第三巡察组

联系领导　宋　扬

组　　长　唐琮堡

副 组 长　唐凯强

成　　员　石文卿　麻启柱

巡察单位　太平营街道办事处、太平营街道芭蕉坪村、太平营街道古庄村、县文体广电新闻旅游局、县山地生态畜牧业发展中心

第四巡察组

联系领导　吴维琼

组　　长　麻建松

副 组 长　田儒宙

成　　员　何明现（女）　杨绍鹏

巡察单位　牛郎镇、牛郎镇岑朵村、牛郎镇黄腊溪村、县教育局、县统计局

综合协察组

组　　长　杨昌伦

副 组 长　吴云峰

2017年，县委巡察组开展第二轮、第三轮、第四轮巡察工作，授权15个巡察组巡察35个单位，发现并反馈问题159个，移交问题线索48件。巡察工作打开了局面，其基本的经验有两点：

1.抽调纪检干部专职从事巡察工作。为确保巡察工作取得成效，组成人员的配备与能力搭配，关重要。从2017年第二轮巡察开始，巡察办从派出纪工委抽调6人、委局机关抽调2人专职从事巡察工作；在

启动巡察工作任务前组建巡察组时,根据具体巡察任务,从相关职能部门抽调专业干部,搭配组建巡察组成员,完善巡察组组建模式。

2.成立综合协察组。2017年第二轮巡察开始,成立由县委巡察办主任、副主任为成员的综合协察组,对各巡察组巡察工作进行全程跟踪督导,指导巡察工作业务,协调解决工作中遇到的困难,确保巡察工作取得实效。

第五轮巡察

第五轮巡察从2018年3月15日开始是年6月30日止。此轮巡察,县委共组建5个常规巡察组,对15个乡镇(街道)党委(党工委)进行巡察,延伸对15个行政村(社区)党组织进行巡察。同时,根据市委巡察领导小组安排,由思南县选派1个交叉巡察组,对松桃的2个乡镇党委进行巡察;松桃派出1个交叉巡察组赴德江对该县的2个乡镇党委进行巡察。

此轮巡察,重点巡察2014年以来被巡察单位党委领导班子及其成员党的领导、党的建设、全面从严治党、党风廉政建设和反腐败斗争以及脱贫攻坚工作方面等内容。特别是在实施脱贫攻坚工作中搞形式主义、阳奉阴违、弄虚作假、自行其是;意识形态领域工作薄弱,政治引领不力,在大是大非和政治原则问题上的立场不坚定、旗帜不鲜明;对本地本单位发生重大问题领导不力、处置不当,影响改革发展稳定,给党的事业和群众利益造成损失;团结、领导、教育群众能力不足,战斗堡垒作用发挥不够;党内政治生活不严肃、不正常,民主集中制原则执行不到位,党组织软弱涣散;党性党风党纪教育薄弱,党员理想信念动摇、宗旨意识淡薄;党内监督不力,该发现的问题没有发现,发现问题不报告不处置、不整改、不问责等问题;维护党的纪律特别是政治纪律和政治规矩不力,搞团团伙伙、拉帮结派,违规违纪行为多发;推进党风廉政建设和反腐败工作不坚决、不扎实;中央八项规定、省委市委十项规定和县委五要七带头不落实,“四风”问题屡禁不止;损害群众利益的不正之风和腐败问题,特别是扶贫领域贪污挪用、截留私分、虚报冒领、雁过拔毛、吃拿卡要、抢占掠夺;懒政怠政不作为、违反政策乱作为、牟取私利妄作为、侵害群众利益胡作为,以及作风不民主、处事不公道、履职不廉洁、行为不守纪等问题。

第五轮巡察组人员组成及巡察单位

第一巡察组

联系领导　周胜华

组　　长　吴翠云(女)

副 组 长　龙凌云

成　　员　蒋　莉(女)　龙自明

巡察单位　盘信镇、盘石镇、九江街道、盘信镇茶山村、盘石镇仁广村、九江街道兴隆社区

第二巡察组

联系领导　吴碧文

组　　长　田儒礼

副 组 长　陈宇威

成　　员　杨　旭　孙龙义

巡察单位　普觉镇、寨英镇、沙坝河乡、普觉镇大元村、寨英镇王家坪村、沙坝河乡泡木村

第三巡察组

联系领导　龙政敏

组　　长　罗齐成
副 组 长　杨亚萍(女)
成　　员　杨　文　麻建新
巡察单位　迓驾镇、黄板镇、瓦溪乡、迓驾镇牛角村、黄板镇凤凰村、瓦溪乡地稳村
第四巡察组
联系领导　宋　扬
组　　长　石　林
副 组 长　王蓓蕾(女)
成　　员　柯鸿浩　麻启柱
巡察单位　孟溪镇、冷水溪镇、石梁乡、孟溪镇干坝沟村、冷水溪镇牛塘村、石梁乡大河村
第五巡察组
联系领导　吴维琼
组　　长　欧正芳
副 组 长　黄　亮
成　　员　石　德　杨绍鹏
巡察单位　蓼皋街道、妙隘乡、永安乡、蓼皋街道八龙村、妙隘乡长滩村、永安乡团堡村
思南县选派交叉巡察组
组　　长　袁德强
副 组 长　宋红兵
巡察专员　曾蓉(女)
成　　员　刘真辉　刘前东　莫若祥
巡察单位　平头镇、大路镇
派出交叉巡察组
组　　长　吴富亮
副 组 长　杨 勇
巡察专员　吴云峰
成　　员　吴彬鑫　任　炜　杨　光
巡察单位　德江县高山镇、沙溪乡

第六轮巡察

按照中央、省委、市委和县委巡察工作要求,从2018年10月10日开始2019年1月10日结束。这轮巡察,授权3个巡察组,共对6个县直部门4个深度贫困村开展常规巡察。主要围绕党的领导弱化、党的建设缺失、全面从严治党不力、党风廉政建设和反腐败斗争开展政治巡察,聚焦坚持和加强党的全面领导、新时代党的建设总要求、推动全面从严治党向纵深发展,突出关键少数,着力查找政治偏差,重点巡察2014年以来被巡察单位党委(党组)领导班子及其成员以下六个方面的内容:一是围绕党的政治建设,重点检查坚决维护习近平总书记党中央的核心、全党的核心地位,坚决维护党中央权威和集中统一领导情况;二是围绕党的思想建设,重点检查学习贯彻习近平新时代中国特色社会主义思想情况;三是围绕党的组织建设,重点检查领导干部担当作为、选人用人和基层党组织建设情况;四是围绕党的作风建设,重点检查

整治“四风”情况;五是围绕党的纪律建设,重点检查党规党纪执行情况;六是围绕夺取反腐败斗争压倒性胜利,重点检查领导干部廉洁自律和整治群众身边腐败问题情况。

第六轮巡察组人员组成及巡察单位

第一巡察组

联系领导　周胜华

组　　长　龙水涌

副 组 长　石　林

巡察专员　杨　文

成　　员　麻建新　吴彬鑫

巡察单位　乌罗镇石塘村、中厂村、中利村、半坡台村

第二巡察组

联系领导　吴碧文

组　　长　易小峰

副 组 长　吴翠云(女)

巡察专员　蒋　莉(女)

成　　员　龙　信

巡察单位　县住建局、县扶贫办、县水务局

第三巡察组

联系领导　龙政敏

组　　长　龙　文

副 组 长　罗齐成

巡察专员　杨　旭

成　　员　石宗贵

巡察单位　县农牧科技局、县发改局、县林业局

2018年县委巡察组开展了第五轮、第六轮巡察工作,授权9个巡察组,巡察42个党组织。两轮巡察发现并反馈问题1020个,发现并移交问题线索52件,值得总结的经验有三个:

1.建立巡察工作领导小组成员联系巡察组机制。每轮巡察均为各巡察组明确一名巡察工作领导小组成员作为联系领导,在巡察工作过程中时时进行指导,参与被巡察单位巡察动员、巡察反馈会议,听取巡察情况汇报,协调解决在巡察工作中的问题,督促指导巡察过程,保证了巡察方向不偏,发现问题精准。

2.构建巡察上下联动监督网。2018年,根据市委巡察办统一部署,市委第三巡察组在巡察乌罗镇进驻前,及时组织召开市委巡察组、县委巡察办、县委巡察组工作联席会议,对市县巡察工作内容、方式、程序、步骤、目标提前同步进行安排部署,确保市县巡察工作同步联动。时间安排同步,坚持同时推进,在巡察时间安排上县与市保持一致,并建立巡察时间表,将1个月的巡察时间细分为收集查阅资料、深入走访核实、分析梳理形成报告三个时间节点,每个时间节点为10天,通过建立同步时间表,确保市县巡察同时推进。宣传动员同步,强化一体动员,市巡察组工作宣传动员将县级巡察一并纳入,同步启动,巡察公告同步到村到组,确保巡察工作动员同步同声。县委第五轮组建一个交叉巡察组与其他县进行交叉巡察,第六轮组建1个巡察组巡察4个行政村与市委巡察组形成上下联动、进行协同巡察,同时组建2个巡察组巡察6个涉及扶贫领域县级单位与镇村联动巡察。共发现问题84个,反馈给被巡察单位整改84个,移交

问题线索2件。

3.强化整改责任落实。坚持把整改责任落实作为体现巡察成效的关键环节来抓，全力做好巡察“后半篇文章”。严格落实“双反馈”“双报告”。巡察反馈意见研究确定后，巡察组向被巡察单位党组织领导班子及其主要负责人分别反馈巡察情况、问题及整改意见；被巡察党组织整改结束后分别向县委巡察工作领导小组办公室报送整改情况报告及主要负责人组织落实情况报告。建立问题整改台账，实行“挂号建账、对号结账、销号下账”管理模式，确保巡察反馈问题整改“事事有着落，件件有回音”。同时，加强巡察整改公开，督促被巡察党组织将整改情况向社会公布，接受党内和人民群众的监督，县委巡察办将各单位巡察整改公开情况纳入台账管理，对整改不到位的严肃责任追究。

第七轮巡察

第七轮巡察从2019年3月15日开始2019年6月15日结束。巡察时间为90天。这轮巡察，县委共组建6个巡察组，对6个单位开展常规巡察，对24个行政村开展脱贫攻坚专项巡察。同时，根据市委的安排，该轮巡察在部分县开展交叉巡察，松桃由沿河土家族自治县选派2个巡察组分别对县财政局、县教育局、县发改局、县民政局开展常规巡察。同时，松桃派出2个巡察组赴思南对该县财政局、县教育局、县发改局、县民政局开展常规巡察。

这轮巡察工作的巡察内容有三个方面：一是围绕党的政治建设、思想建设、组织建设、作风建设、纪律建设和夺取反腐败斗争压倒性胜利等方面开展政治巡察，着力查找政治偏差。二是按照“六个围绕、一个加强”要求重点开展以下几个方面的巡察，①围绕党的政治建设，重点检查坚决维护习近平总书记党中央的核心、全党的核心地位，坚决维护党中央权威和集中统一领导情况；②围绕党的思想建设，重点检查学习贯彻习近平新时代中国特色社会主义思想情况；③围绕党的组织建设，重点检查领导干部担当作为、选人用人和基层党组织建设情况；④围绕党的作风建设，重点检查整治“四风”情况；⑤围绕党的纪律建设，重点检查党规党纪执行情况；⑥围绕夺取反腐败斗争压倒性胜利，重点检查领导干部廉洁自律和整治群众身边腐败问题情况；加强对巡视巡察整改情况的监督检查，重点看对中央和省委巡视反馈的涉及本单位的意见整改落实情况。着力发现和推动解决人民群众反映强烈的突出问题，为全面夺取脱贫攻坚战之年的根本性胜利提供坚强政治保障。三是将被巡察党组织贯彻落实中共十九大和习近平总书记对贵州工作重要指示精神、意识形态、整治形式主义、官僚主义、脱贫攻坚、防范化解重大风险、扫黑除恶、农地非农化问题整治、机构改革、党内法规制度、严肃整治领导干部违规参与茅台酒经营及收送茅台酒问题、中央和省委及市县党委巡视巡察反馈整改等工作情况作为巡察重要内容。

第七轮巡察组人员组成及巡察单位

第一巡察组（由沿河土家族自治县派出6名干部组成）

组　　长　冯德军

副 组 长　冉建明

巡察专员　王孝明

组　　员　田亚娟（女）　田　浪　牟玉剑

巡察单位　县教育局　县民政局

第二巡察组（由沿河土家族自治县派出6名干部组成）

组　　长　朱雪峰

副 组 长　陈胜娥（女）

巡察专员　赵习波
组　　员　龙江凤　蒲正军　张琴(女)
巡察单位　县财政局、县发改局
第三巡察组
组　　长　龙水涌
副 组 长　吴翠云(女)
巡察专员　孙艳芬(女)
组　　员　麻建新　石宗贵
巡察单位　县疾控中心,长坪乡构皮村、麻洲村、下棚村、地卡村、罗牛村、高坡坪村
第四巡察组
组　　长　石　林
副 组 长　蒋　莉(女)
巡察专员　柯鸿浩
组　　员　王峥嵘(女)
巡察单位　县中心血库,长坪乡黎明村、懂汝村、干沙坪村、梭绊村、地甲村、塘寨村
第五巡察组
组　　长　易小峰
副 组 长　何兴发
巡察专员　杨　文
组　　员　石　刚
巡察单位　九江街道炮里村、永和村、九湖村、前进村、楼坪村、杨柳村
第六巡察组
组　　长　龙　文
副 组 长　罗齐成
巡察专员　龙昌志
组　　员　杨　旭
巡察单位　九江街道地安村、大桂寅村、大沙坪村、莫子叫村、小桂寅村、毛堰村
交叉巡察第一巡察组
组　　长　龙　文
副 组 长　罗齐成
巡察专员　龙昌志
组　　员　杨　旭　石宗贵　敖复方
巡察单位　思南县财政局、发改局
交叉巡察第二巡察组
组　　长　易小峰
副 组 长　何兴发
巡察专员　杨　文
组　　员　罗时保　石　刚　李世龙

巡察单位　思南县教育局、县民政局

第八轮巡察

第八轮巡察从2019年6月28日开始9月15日结束。这轮县委组建4个专项巡察组对4个乡镇(街道)所辖85个村(社区)开展脱贫攻坚专项巡察。该轮巡察按照“六围绕一加强”要求,重点聚焦中央和省委、市委、县委重大决策部署落实情况、基层党组织建设情况、脱贫攻坚工作履职情况、党风廉政建设情况、党员干部落实“四风”情况。一查村(社区)班子运行情况,是否妄议中央方针政策;看落实上级决策部署是否存在打折扣、搞变通、弄虚作假;村(社区)班子、驻村工作队是否团结,责任分工是否明确;是否存在官僚主义、形式主义问题;二查脱贫攻坚责任落实情况,看驻村干部作风是否扎实;扶贫项目效益是否发挥;惠农政策是否落实;上级帮扶责任部门工作指导是否到位;各级督查发现问题是否整改;群众对驻村工作是否认可;三查基层党组织建设情况,看基层党组织设置是否合理;党组织班子是否健全,党员发展、处置、党费收缴是否规范;党员教育管理是否到位;“三会一课”等组织生活是否正常,党员是否搞封建迷信和信教活动;党组织和党员战斗堡垒作用和先锋模范作用是否正常发挥;四查村级“三资”管理情况,看是否存在违规处置村(社区)集体资产;是否长期借用、占用村(社区)公共资源;是否用公款吃喝、请客送礼;是否用集体资金支付应当由个人负担的费用;是否虚假报账、长期借挂账等;五查群众身边的不正之风和“微腐败”情况,看是否存在贪污挪用、虚报冒领、截留私分、优亲厚友、以权谋私;是否存在吃拿卡要、办事不公、打击报复等;是否存在履行脱贫攻坚不力、失职失责;是否存在其他违纪违法等问题;六查村霸寨霸和涉黑涉恶情况,看农村基层干部是否涉黑涉恶,甚充当黑恶势力“保护伞”问题,特别是垄断农村(社区)资源、强买强卖、侵吞集体资产,利用家族、宗族势力横行乡里、称霸一方、欺压百姓,以及在征地拆迁、土地流转、工程项目建设等过程中,损害和侵占群众利益等问题。

第八轮巡察组人员组成及巡察单位

第一巡察组

联系领导　周胜华

组　　长　龙　文

副 组 长　罗齐成

巡察专员　石宗贵

组　　员　柯鸿浩

巡察单位　长兴堡镇长兴村、榔木村、花保村、岩科村、白底村、天堂村、凤花村、桃坪村、施把村、五里村、麻塘村、里屋村、寨云村;世昌街道沟咀村、地哪村、偏岩村、道水村、下大坪村、上大坪村、火连寨村、岩脚村、金湾塘村

第二巡察组

联系领导　周胜华

组　　长　龙水涌

副 组 长　龙昌志

巡察专员　孙艳芬(女)

组　　员　石　刚

巡察单位　长兴堡镇大坪村、大花村、白竹村、大寨云村、白果村、三八村、大地村、坝路村、中坝村、灯阳村、小地村、杨柳村;世昌街道龙亭村、世昌村、沙柳村、木厂村、甘塘村、小坪茶村、干溪村、新寨村、石花

村、头谷村

第三巡察组

联系领导　吴碧文

组　　长　易小峰

副 组 长　何兴发

巡察专员　蒋　莉(女)

组　　员　何明现(女)

巡察单位　黄板镇黄板村、自川村、纳冲村、卡落村、当摆村、大寨村、大门洞村、天星村、散水村、上棚村、前丰村、瓦厂村、稿坪村;太平营街道土屯村、永红村、白果村、观音村、红岩村、老寨村、平干村、石马村

第四巡察组

联系领导　吴碧文

组　　长　吴翠云(女)

副 组 长　石　林

巡察专员　杨　文

成　　员　王峥嵘(女)

巡察单位　黄板镇妙湾村、龙洞村、大田村、石宝溪、格党村、枹木村、小湾村、彭中村、青峰村、金龙村、盐井村、茶元村、大坳村;太平营街道下堡村、石榴村、三合村、上堡村、太平村、巴罗村、隘门村

第九轮巡察

第九轮巡察从2019年9月28日开始2020年1月10日结束。这轮巡察,县委共组建5个专项巡察组对10个乡镇所辖150个村开展脱贫攻坚专项巡察。重点围绕五个方面开展监督检查:一是监督检查党组织和党员干部作用发挥情况。二是监督检查政策落实情况。重点查看脱贫攻坚政策落实情况,是否落实“两不愁”“三保障”、易地搬迁等政策要求,向上级报告的情况是否真实、准确,扶贫资金、项目是否落地落实见成效,是否惠及群众、是否存在贪污挪用、截留私分、挥霍浪费扶贫资金等问题。看征地拆迁、救灾救济、低保救助、医疗救助、危房改造等各项惠民政策执行情况,是否存在优亲厚友、吃拿卡要、虚报冒领等问题。看污染防治工作落实情况,是否加强村容村貌整治,引导村民做好居家环境等。三是监督检查村霸寨霸和涉黑涉恶情况,看村干部是否涉黑涉恶,甚充当黑恶势力“保护伞”问题,特别是垄断农村资源、强买强卖、侵吞集体资产,利用家族、宗族势力横行乡里、称霸一方、欺压百姓,以及在征地拆迁、土地流转、工程项目建设等过程中,损害和侵占群众利益等问题。四是监督检查纪律执行情况,查是否存在脱离实际、急功近利、群众意见大的形式主义、官僚主义问题。村级“三资”管理台账是否健全,是否存在违规处置村集体资产,长期借用、占用村公共资源问题;是否存在公款吃喝、请客送礼,用集体资金支付应当由个人负担的费用问题;是否存在虚假报账、长期借挂账等问题。五是监督检查脱贫攻坚责任落实情况。看驻村干部作风是否扎实,上级帮扶责任部门工作指导是否到位,各级督查发现问题是否整改,群众对驻村工作是否认可,是否存在履行脱贫攻坚不力、失职失责等问题。

第九轮巡察组人员组成及巡察单位

第一巡察组

联系领导　周胜华

组　　长　龙　文

副 组 长　罗齐成

巡察专员　石　德

组　　员　石宗贵

巡察单位　牛郎镇牛郎村、大鹏溪村、木寨村、凯保村、大河沙村、贵阳溪村、格老溪村、松江村、矮红村、红卫村、四茶园村、中寨村、开门洞村；正大镇正光村、聚宝村、独树村、地容村、地所村、清水村、边墙村、官舟村、包家村、空桐村、水竹坪村、多劳村、塘边村、长征村、新桥村、喇叭村、薅菜村、当领村、麻塘村

第二巡察组

联系领导　周胜华

组　　长　龙水涌

副 组 长　龙昌志

巡察专员　杨　旭

组　　员　罗时保

巡察单位　瓦溪乡瓦溪村、炉坪村、岩桑坝村、旧寨坝村、薅枝村、十字村、下午郎村、小沟村；木树镇木树村、虎渡村、大屋村、龙塘村、木池村、小木村、满高村、底易村、独科村、杨家村、冲头村、向家村、石花村、克麻村、河边村、盆杠村、治坞村、美意村、潮水村、独科村、滥泥村、梅子村、羊六村

第三巡察组

联系领导　吴碧文

组　　长　易小峰

副 组 长　蒋　莉(女)

巡察专员　王峥嵘(女)

组　　员　杨胜清

巡察单位　冷水溪镇双龙村、罗袍村、石门村、通塔坪村、赵家沟村、黑水村、三脚坡村、木江村、红星村、桐子坪村、三阳村、木材村、齐心坝村、陶家沟村、道坨村 、陆家坝村；大路镇大路村、和平村、寨冠村、长征村、田坝村、后硐村、坪江村、桂芽村、大湾村、耿溪村、矮堡村、沿坪村、大溪村、瓦厂村

第四巡察组

联系领导　吴碧文

组　　长　吴翠云(女)

副 组 长　何明现(女)

巡察专员　杨　文

成　　员　文祝华

巡察单位　沙坝河乡沙坝村、天星村、凉风村、桐木村、王普村、半河村、红沙村、界牌村、茅坪村；普觉镇园埂脚村、姜家硐村、棉花山村、岑塘村、道塘村、东门村、甘佃村、干背河村、西门坎村、普觉村、梁洪村、真旗屯村、猫猫屯村、真武堡村、水银村、侯溪村、尖山村、半坡村、山口坳村、高坎村

第五巡察组

联系领导　吴碧文

组　　长　石　林

副 组 长　何兴发

巡察专员　孙艳芬(女)

组　　员　李小林

巡察单位　永安乡永安村、鸣珂村、沙堡村、潦木村、木盆村、落星村、茶园村、五官村、地茶村、三岔溪村;平头镇莲塘村、柑子园村、下马岩村、老寨坪村、平土村、岑字村、平头司村、平大村、兴隆塘村、岑洞坝村、蚂蟥冲村、大窑溪村、久安村、白岩塘村、石岘村、西溪村、金龙村、冷水溪村、枫香坪村

2019年,县委巡察组开展了第七轮、第八轮、第九轮巡察工作,共授权13个巡察组和2个交叉巡察组巡察265个党组织。三轮巡察发现并反馈问题4078个,发现并移交问题线索143件187人次。是年巡察,值得总结的经验有两个。

1.推行"快、活、准"村级巡察模式。创新巡察工作思路和方法,推行"快、活、准"村级巡察模式。突出巡察方式"快"。采取不固定巡察模式,结合被巡察村情,因村、因时、因事、因人施策,机动式、随机性确定巡察方式方法,增强巡察的针对性和有效性。安排巡察时间"活"。在巡察时间的安排上,以乡镇(街道)为一个单元整体推进,各村(社区)不固定具体时间,工作做完就走,工作需要又来,进村入户不惊动村干部,不增加基层负担。发现问题线索"准"。采取召开动员会、院坝会等措施,结合村情实际,从汇报材料、账务"蛛丝马迹"、谈话中的"弦外之音"、信访举报等方面撕开"突破口",寻找问题线索来源。对所摸排发现的问题,进行数据对比,分类筛选,仔细分析。针对疑似问题线索进行深入走访,突出重点,进一步找准风险点风险岗、重点人重点事及隐形"四风"问题。精准研判,提炼个性与共性问题,分清主次,找准"病根",把真正的问题线索挖出来、查出来,对疑难问题转交相关部门进一步核实。2019年共巡察259个行政村(社区),个别谈话1589人次,走访了解943人次,实地查看项目295处,召开座谈会、院坝会42次,共发现问题3829个,发现问题线索134件涉及165人,其中了解关注类5件5人、参考类129件160人。

2."三个强化"推动巡察工作高质量发展。强化巡察业务知识学习。采取"走出去,引进来"模式,举办能力提升培训班,加强对巡察流程、方式方法、党纪法规、财务等业务知识的学习培训。发放巡察工作手册,有的放矢提升巡察干部业务能力与素质,使其尽快进入工作角色。2019年,组织参加新时代学习大讲堂关于巡视巡察业务培训8期184人、参加省级巡视巡察业务培训2次3人、市级巡察业务培训3次18人,组织县级巡察业务培训2次46人,组织县级巡前培训3次66人、巡中业务指导15次。强化统筹督导。为提高巡察质效,准确把握政治巡察要求,各巡察组均明确了一名巡察工作领导小组成员或纪委监委领导班子成员作为联系领导,指导督促各巡察组开展巡察工作。同时,县委巡察工作领导小组不定期听取县委各巡察组阶段性汇报工作,了解巡察工作进展情况。强化反馈问题整改落实。始终坚持问题导向,巡察反馈意见研究确定后,原汁原味向被巡察单位反馈,把发现的问题点到痛处,把整改的责任压到实处,逐步形成巡察发现问题、处置问题、解决问题的完整责任链条,让巡察真正起到震慑、遏制、治本的"政治体检"作用。对照反馈清单整改,强化举一反三,汲取教训,对标整改,杜绝再次出现类似问题。2019年,县委第七轮巡察向被巡察单位反馈问题474个,提出整改意见和建议81条,制定整改措施483条,完成整改474个,督促整改检查2次。

第十轮巡察

第十轮巡察从2020年3月1日开始2020年7月25日结束。这轮巡察县委共组建8个巡察组对11个乡镇(街道)所辖的195个村(社区)党支部和21个县直机关开展政治巡察。根据中共贵州省委巡视工作领导小组办公室印发《关于在省委第八轮巡视中开展省市县三级巡视巡察上下联动的通知》要求,对县委办公室、县人民政府办公室、县人大常委会办公室、县政协办公室、县公安局、县委统战部、县委宣传部、县委政法委、县人民法院等9个单位党组织开展省市县三级上下联动巡察。本轮巡察各巡察组坚持以习近

平新时代中国特色社会主义思想为指导，坚守政治巡察职能定位，认真贯彻中央巡视工作方针和巡察工作要求，以“四个意识”“两个维护”为政治标尺，围绕“三个聚焦”开展政治巡察。一是聚焦基层贯彻落实党的路线方针政策和党中央决策部署情况方面。重点了解学习习近平新时代中国特色社会主义思想、党的十九大精神，贯彻落实中央、省委关于“三大攻坚战”、乡村振兴战略、扫黑除恶专项斗争、疫情防控、机构改革、中央惠民利民政策和意识形态等重大决策部署情况。着力查找基层党组织对党中央决策部署不敬畏、不在乎、喊口号、装样子的问题；基层干部得过且过、懒政怠政等不担当、不作为突出问题。二是聚焦群众身边腐败问题和不正之风方面。重点了解整治形式主义、官僚主义，担当尽责、为民服务，依法廉洁用权，整治侵害群众利益问题，执行中央八项规定和实施细则精神情况，在资金管理、资产处置、资源配置、资本运作和工程项目廉洁情况。着力查找落实中央惠民政策、服务群众生产生活过程中以权谋私、虚报冒领、挥霍侵占集体“三资”等腐败问题；以及对群众合理诉求推诿扯皮、冷硬横推等作风问题。三是聚焦基层党组织软弱涣散、组织力欠缺问题方面。重点了解坚持政治机关定位、发挥职能作用，履行管党治党政治责任，选人用人、领导班子和干部队伍建设，基层党组织建设等情况。着力查找基层党组织软弱涣散，党内生活不规范、不严肃，班子不团结，党员年龄老化、结构失衡，以及利用宗教、宗族、家族势力把持基层政权等涉黑涉恶等问题。

第十轮巡察组人员组成及巡察单位

第一巡察组

联系领导　周胜华

组　　长　易小峰

副 组 长　杨　文

巡察专员　麻建新

组　　员　石岳艳（女）

巡察单位　蓼皋街道南门社区、吊井湾社区、滨江社区、枇杷社区、长冲村、陆地村、牛场村、江桥村、中坪村、高峰村、镇江村、鸡爪村、粑坳村、木溪村；县红十字会；县人大常委会办公室；县信访局

第二巡察组

联系领导　周胜华

组　　长　龙水涌

副 组 长　何兴发

巡察专员　杨　旭

组　　员　廖仕能

巡察单位　寨英镇寨英村、举贤村、罗家寨村、吴家寨村、黑冲村、大水沟村、凯牌村、岑鼓坡村、大塘坡村、上寨村、阳雀村、邓堡村、黎堡村、野溪村、蕉溪村、李家庄村、落满村、兴家庄村、茶子湾村、半沟村、排木林村、水源村；迓驾镇迓驾村、十里村、青山村、冷水村、马安村、龙里村、柳桐村、新寨村、张坝村、达车村、硐口村、岑洞村、坝德村；县产权交易中心；县委办公室

第三巡察组

联系领导　周胜华

组　　长　龙　文

副 组 长　陈向东

巡察专员　石宗贵

组　　员　石　德　石璟智(女)

巡察单位　蓼皋街道马田龙社区、坪块社区、麻旦社区、稿楼村、云落屯社区、桂花社区、文山村、大坝村、兴凉村、稿坪村、樟桂村(包括原活宝村)、下民村、落塘村;县妇联;县公安局;县直属机关工委

第四巡察组

联系领导　吴碧文

组　　长　罗齐成

副 组 长　张吉巍

巡察专员　王峥嵘(女)

成　　员　李芳(女)

巡察单位　甘龙镇甘龙村、木树村、土墩村、麻兔村、友杠村、坪上村、白泥村、坝木村、张家湾村、寨地村、大面村、官坟村、平会村、猫山村、浑泉村、田坝村、石板村、英庄村、麻阳村、大树村;大坪场镇大坪村、腊岩村、岩牛村、后屯村、镇江村、尖岩村、月城村、地耶河村、水冲村、白腊村、甘泉村、龙头村、长里村、后山村、黄泥村;县民宗局;县政协办公室

第五巡察组

联系领导　吴碧文

组　　长　石　林

副 组 长　孙艳芬(女)

巡察专员　贺维聪

组　　员　蒋　渊

巡察单位　盘信镇盘信村、大告村、团塘村、麦地村、老屋村、盐厂村、老木村、甘溪村、柳浦村、楼台村、马台村、满家村、小隆村、大湾村、后寨村、子云村、团结村、杨柳村、茶园村、三宝营村、新场村、安塘村、马路冲村、六塘村;石梁乡石梁村、红石村、百鸟村、凯梭村、简家沟村、革善村、两岔河村;县残联;县计生协;县人民政府办公室

第六巡察组

联系领导　吴碧文

组　　长　吴翠云(女)

副 组 长　蒋　莉(女)

巡察专员　罗时保

成　　员　龙光东

巡察单位　孟溪镇寨院村、寨阳村、安山村、坪南村、铜钱山村、矮屯村、太平山村、寨干村、凯塘村、红岩寨村、油蓬村、白泥凼村、头斤村、老屋场村、木耳村、桃子坪村、蛤蟆塘村、芭茅坪村、青石溪村、和尚坪村;乌罗镇前进村、寨安村、团龙村、新民村、前龙村、黔兴村、峰岩村、小河村、岩口村、岑司村、丰勇村、毛溪村、桃花源村;县文联;团县委;县委宣传部

第七巡察组

联系领导　吴碧文

组　　长　龙昌志

副 组 长　印　芳(女)

巡察专员　杨胜清

组　　员　张文江

巡察单位　盘石镇盘石村、黄连村、当造村、十八箭村、响水洞村、嗅脑村、务乖村、粑粑村、大坪村、大沿村、水源村、四龙山村、代董村、邓现村、布妹村、芭茅村、过洲村、桃古坪村、禾梨坪村；妙隘乡矮寨村、寨石村、龙家堡村、界牌村、大店村、石大村、滥田村、枫香村、平皋村、黄木村、大土村、新屯村、新庄村、半边村、大沟村；县城管局；县委统战部

第八巡察组

联系领导　吴碧文

组　　长　龙　毅

副 组 长　田儒礼

巡察专员　杨亚松

组　　员　刘　慧（女）

巡察单位　县人民法院；县委政法委；县老年大学

第十一轮巡察

第十一轮巡察时间安排从2020年8月11日开始2020年12月31日结束。这轮县委共组建6个巡察组分别对17个县直属机关党组（党委）、2个县级融资平台、1个垂管部门开展政治巡察，对7个村（社区）开展巡察"回头看"，组建1个专项巡察组对全县涉及国有资产单位开展专项巡察。这轮常规巡察及"回头看"，以"四个意识""两个维护"为政治标尺，围绕"三个聚焦"深入开展政治巡察。一是聚焦基层贯彻落实党的路线方针政策和党中央决策部署情况方面。重点了解学习习近平新时代中国特色社会主义思想、中共十九大精神，贯彻落实中央、省委关于"三大攻坚战"、乡村振兴战略、扫黑除恶专项斗争、机构改革、中央惠民利民政策和意识形态等重大决策部署情况，紧盯中央和省委关于统筹疫情防控和经济社会发展，做好"六稳"工作、落实"六保"任务等部署要求落实情况。二是聚焦群众身边腐败问题和不正之风方面。重点了解整治形式主义、官僚主义，担当尽责、为民服务，依法廉洁用权，整治侵害群众利益问题，执行中央八项规定及其实施细则精神情况，资金管理、资产处置、资源配置、资本运作和工程项目廉洁情况。三是聚焦基层党组织软弱涣散、组织力欠缺问题方面。重点了解坚持政治机关定位、发挥职能作用，履行管党治党政治责任，选人用人、领导班子和干部队伍建设，基层党组织建设等情况。

第十一轮巡察组人员组成及巡察单位

第一巡察组

组　　　长　胡定钦

常务副组长　易小峰

副　组　长　何兴发

巡 察 专 员　蒋　莉（女）

组　　　员　麻建新　石岳艳（女）　赵华蓉（女）

巡察单位　县人民医院、县中医院、县妇保院、正大镇盘塘村、石梁乡胜利村

第二巡察组

组　　　长　杨昌海

常务副组长　龙水涌

副　组　长　欧正芳

巡察专员　杨　旭
组　　员　戴应锋　廖仕能　罗素华(女)
巡察单位　县民族中学、县第三高级中学、县职校、寨英镇寨转村、孟溪镇孟溪社区

第三巡察组

组　　长　吴碧文(2020年8月中旬2020年9月上旬)
常务副组长　龙　文
副 组 长　田茂桥
巡察专员　杨　文
组　　员　龙光东　石璟智(女)
巡察单位　县投资促进局、县天龙公司、县扶投公司、大坪镇坳田村、黄板镇峥岘村

第四巡察组

组　　长　周胜华
常务副组长　陈向东
副 组 长　罗齐成
巡察专员　孙艳芬(女)
组　　员　李　芳(女)
巡察单位　县工业和商务局、县审计局、县档案馆、县委党史研究室

第五巡察组

组　　长　龙　羽
常务副组长　吴翠云(女)
副 组 长　石宗贵
巡察专员　张仁军
组　　员　蒋　渊
巡察单位　县市场监督管理局、县应急管理局、县机关事务管理中心、县编办

第六巡察组

组　　长　宋　扬
常务副组长　龙昌志
副 组 长　印芳(女)
巡察专员　杨胜清
组　　员　张文江
巡察单位　县自然资源局、县司法局、市生态环境局松桃分局

专项巡察组

组　　长　杨昌伦
常务副组长　龙　毅
副 组 长　石　林
巡察专员　石　德
组　　员　龙　信　龙　勇　刘　慧(女)
巡察单位　涉及国有资产相关单位

二、专项巡察

(一)营商环境专项巡察

2020年3月11日,县委巡察工作领导小组研究并报经县委同意,决定从3月15日开始,用1个月的时间对全县涉及营商环境的有关单位开展专项巡察。巡察的内容是紧盯营商环境领域重点问题,围绕“开办企业、办理建筑许可、获得用电用气用水、获得信贷、不动产登记、办理纳税、执行合同、政务效能、信用环境、企业信心”等营商环境考核指标内容,重点聚焦贯彻落实中央和省委、市委、县委关于营商环境政策等问题,涉企工作中存在的形式主义、官僚主义等“四风”问题,在服务企业中存在的办事拖沓、拖延审批等问题开展专项巡察。

营商环境专项巡察组组成人员

联系领导　吴碧文(县纪委副书记、县监委副主任)

组　　长　龙　毅(县委第六巡察组组长)

副 组 长　田儒礼(县纪委县监委派驻第三纪检监察组二级主任科员)

巡察专员　杨亚松(县纪委县监委派驻第十纪检监察组工作人员)

组　　员　任明贵(县投资促进局考评协调股股长)

刘　慧(女,县山地生态畜牧业发展中心工作人员)

巡察单位　县投资促进局、县市场监督管理局、县供排水公司、县工业和商务局、县政务服务中心、县住建局、县财政局、县发改局、县自然资源局、县人力资源和社会保障局、县城市管理执法局、县供电局、县税务局、县人民法院、县公安局、县应急管理局以及中国银行等涉及营商环境有关单位。

(二)脱贫攻坚专项巡察

2020年9月3日,县委巡察工作领导小组为进一步巩固和提升脱贫攻坚成果,组建9个脱贫攻坚专项巡察组和1个综合协调组,对28个乡镇(街道)落实脱贫不稳定户、边缘易致贫户、未脱贫户稳定脱贫情况开展专项巡察。发现和推动解决稳定脱贫攻坚工作中存在的有关问题,为打赢脱贫攻坚战、巩固脱贫攻坚成果提供坚强的政治保障。

脱贫攻坚专项巡察组组成人员及巡察单位

第一专项巡察组

组　　长　龙　涛(县扶贫办副主任)

副 组 长　田兴国(寨英镇党委委员、镇纪委书记)

冉奉尧(大路镇党委委员、镇纪委书记)

龙寿发(妙隘乡党委委员、乡纪委书记)

巡察专员　唐勇明(县扶贫办工作人员)

组　　员　杨江平(大路镇扶贫工作站工作人员)

陈新昌(妙隘乡扶贫工作站工作人员)

龙光游(寨英镇扶贫工作站工作人员)

巡察单位　大路镇、妙隘乡、寨英镇

第二专项巡察组

组　　长　李宗奇(县扶贫办副主任)

副 组 长　宋子龙（甘龙镇党委委员、镇纪委书记）
杨　博（永安乡党委委员、乡纪委书记）
简　璟（瓦溪乡党委委员、乡纪委书记）
巡察专员　江　明（县扶贫办工作人员）
组　　员　张　魂（甘龙镇扶贫工作站工作人员）
龙浩玲（永安乡扶贫工作站工作人员）
蒋　鹏（瓦溪乡扶贫工作站工作人员）
巡察单位　甘龙镇、永安乡、瓦溪乡

第三专项巡察组

组　　长　龙　涛（县扶贫办副主任）
副 组 长　王孟龙（普觉镇党委委员、镇纪委书记）
龙德昌（沙坝河乡党委委员、乡纪委书记）
龙令勇（牛郎镇党委委员、镇纪委书记）
巡察专员　刘　勇（县扶贫办工作人员）
组　　员　余路明（普觉镇扶贫工作站工作人员）
王忠雨（沙坝河乡扶贫工作站工作人员）
杨　芬（牛郎镇扶贫工作站工作人员）
巡察单位　普觉镇、沙坝河乡、牛郎镇

第四专项巡察组

组　　长　何平昌（县扶贫办主任科员）
副 组 长　吴志松（蓼皋街道党工委委员、纪工委书记）
柯永飞（太平营街道党工委委员、纪工委书记）
刘　轶（九江街道党工委委员、纪工委书记）
巡察专员　江长洪（县扶贫办工作人员）
组　　员　余加丽（蓼皋街道扶贫工作站工作员）
赵　吉（太平营街道扶贫工作站工作员）
华志远（九江街道扶贫工作站工作员）
巡察单位　蓼皋街道、太平营街道、九江街道

第五专项巡察组

组　　长　龙　涛（县扶贫办副主任）
副 组 长　龙　辉（正大镇党委委员、镇纪委书记）
龙迅飞（盘信镇党委委员、镇纪委书记）
石晓晖（长坪乡党委委员、乡纪委书记）
赵晨羽（大兴街道纪工委副书记）
巡察专员　侯　翊（县扶贫办工作人员）
组　　员　文加丽（正大镇扶贫工作站工作人员）
蒙文凤（盘信镇扶贫工作站工作人员）
孙　宇（长坪乡扶贫工作站工作人员）

　　　　李金萍(大兴街道扶贫工作站工作人员)
巡察单位　正大镇、盘信镇、长坪乡、大兴镇
第六专项巡察组
组　　长　何平昌(县扶贫办主任科员)
副 组 长　徐　骞(大坪场镇党委委员、镇纪委书记)
　　　　贺再金(平头镇党委委员、镇纪委书记)
　　　　杨小龙(孟溪镇党委委员、镇纪委书记)
巡察专员　殷文元(县扶贫办工作人员)
组　　员　罗　迪(平头镇扶贫工作站工作人员)
　　　　桂永成(大坪场镇扶贫工作站工作人员)
　　　　金兆堂(孟溪镇扶贫工作站工作人员)
巡察单位　平头镇、大坪场镇、孟溪镇
第七专项巡察组
组　　长　李宗奇(县扶贫办副主任)
副 组 长　李仲高(黄板镇党委委员、镇纪委书记)
　　　　张延周(世昌街道党工委委员、纪工委书记)
　　　　龙　舟(盘石镇党委委员、镇纪委书记)
巡察专员　吴　艳(县扶贫办工作人员)
组　　员　王泰然(世昌街道扶贫工作站工作人员)
　　　　童　琦(黄板镇扶贫工作站工作人员)
　　　　胡宗红(盘石镇扶贫工作站工作人员)
巡察单位　世昌街道、黄板镇、盘石镇
第八专项巡察组
组　　长　何平昌(县扶贫办主任科员)
副 组 长　杨正泽(石梁乡党委委员、乡纪委书记)
　　　　任　华(乌罗镇党委委员、镇纪委书记)
　　　　杨　芳(冷水溪镇党委委员、镇纪委书记)
巡察专员　姚和兴(县扶贫办工作人员)
组　　员　张　尘(乌罗镇扶贫工作站工作人员)
　　　　何永忠(冷水溪镇扶贫工作站工作人员)
　　　　张林松(石梁乡扶贫工作站工作人员)
巡察单位　乌罗镇、冷水溪镇、石梁乡
第九专项巡察组
组　　长　李宗奇(县扶贫办副主任)
副 组 长　龙通顺(长兴堡镇党委委员、镇纪委书记)
　　　　杨春芽(迓驾镇党委委员、镇纪委书记)
　　　　杨　智(木树镇党委委员、镇纪委书记)
巡察专员　杨　宜(县扶贫办工作人员)

组　　员　郭昭怡（长兴堡镇扶贫工作站工作人员）

　　　　　李　智（迓驾镇扶贫工作站工作人员）

　　　　　胥泽波（木树镇扶贫工作站工作人员）

巡察单位　长兴堡镇、迓驾镇、木树镇

2020年，县委巡察组开展第十轮、第十一轮巡察工作，授权14个巡察组对236个单位党组织开展常规巡察，对7个村级党组织开展巡察"回头看"；授权11个专项巡察组对营商环境、国有资产、脱贫攻坚"三类重点人群"开展专项巡察。第十轮巡察发现并反馈问题2592个，发现并移交问题线索63件79人；第十一轮巡察发现问题528个，问题线索8件11人；营商环境、脱贫攻坚、国有资产专项巡察共发现问题951个，发现并移交问题线索5件。是年巡察，值得总结的经验有两个。

1.推行村级"双语"巡察机制。针对苗族群众聚集的村（社区），采取"汉语+苗语"巡察模式破除语言障碍，把专业能力较强，熟悉苗语的人员安排到苗族村寨开展巡察工作，以村级"大喇叭"、院坝座谈会等为载体，苗汉双语广泛宣传惠农惠民政策，提升了群众对巡察工作的知晓率，强化了对村级的巡察监督质效。自推行"双语"巡察以来，共巡察235个村（社区），发现问题3619个，发现问题线索115件143人，破解村级巡察巡不深、巡不透难题。

2.在专项巡察上围绕焦点促落实。针对2019年全县营商环境考核全省排名靠后等问题，组建1个营商环境专项巡察组，围绕"开办企业、办理建筑许可、获得用电用气用水、获得信贷、不动产登记、办理纳税、执行合同、政务效能、信用环境、企业信心"等营商环境综合考核指标内容开展专项巡察。共发现问题44个，发现并移交问题线索4件，向有关单位和部门提出意见建议11条。针对国有资产闲置等有关问题，组建1个国有资产专项巡察组，围绕"国有资产管理中履行职责使命、担当尽责，资产、负债、闲置资源资产清理盘活"等情况开展专项巡察，共发现问题71个，问题线索1件1人。三是开展脱贫攻坚"三类重点人群"稳定脱贫专项巡察。为坚决防止脱贫不稳定户再次返贫、边缘易致贫户成为贫困户、未脱贫户无法稳定脱贫等问题。根据县委要求，组建9个专项巡察组，围绕该"三类重点人群"制定稳定脱贫措施的落实情况开展专项巡察，发现问题836个。

三、市级提级巡察

开展提级巡察是完善党内监督格局的有效方式，是提高巡察监督质效的重要举措，是推动全面从严治党责任落地落实的关键抓手。根据市委巡察工作统一安排部署，从2017年9月开始2019年10月先后对县辖16个单位党组织开展提级巡察，共发现问题458个、移交问题线索33条。

（一）二届市委第二轮巡察

1.巡察单位　木树镇

巡 察 组　市委第二巡察组　　巡察时间　2017年9月20日10月27日

组　　长　肖　娟（女，土家族，市委党校纪委书记）

副 组 长　陈德进（土家族，市司法局党组成员、机关党委书记）

巡察专员　杨云飞（市城管局纪检组组长）

成　　员　钱志辉（市教育局监察室主任）

　　　　　姚　俊（江口县委组织部副部长）

　　　　　赵政云（碧江区财政局债务科科长）

发现问题42个，移交问题线索3条。

2.巡察单位　正大镇

巡 察 组　市委第二巡察组　　巡察时间　2017年10月30日11月30日
组　　长　肖　娟（女，土家族，市委党校纪委书记）
副 组 长　陈德进（土家族，市司法局党组成员、机关党委书记）
巡察专员　杨云飞（市城管局纪检组组长）
成　　员　钱志辉（市教育局监察室主任）
　　　　　姚　俊（江口县委组织部副部长）
　　　　　赵政云（碧江区财政局债务科科长）

发现问题36个，移交问题线索8条。

3.巡察单位　世昌街道

巡 察 组　市委第二巡察组　　巡察时间　2017年11月28日12月28日
组　　长　肖　娟（女，土家族，市委党校纪委书记）
副 组 长　陈德进（土家族，市司法局党组成员、机关党委书记）
巡察专员　杨云飞（市城管局纪检组组长）
成　　员　钱志辉（市教育局监察室主任）
　　　　　姚　俊（江口县委组织部副部长）
　　　　　赵政云（碧江区财政局债务科科长）

发现问题31个，移交问题线索2条。

（二）二届市委第四轮巡察

1.巡察单位　松桃经开区

巡 察 组　市委第三巡察组　　巡察时间　2018年9月17日10月18日
组　　长　肖　娟（女，土家族，市委第四巡察组组长）
副 组 长　袁世宣（土家族，市委第五巡察组副组长）
巡察专员　姚茂海（梵管局纪委书记）
成　　员　张长双（派驻第七纪检监察组办公室主任）
　　　　　李冬旭（市中级人民法院工作员）
　　　　　杨昌军（江口县财政局主任科员）

发现问题39个，移交问题线索1条。

2.巡察单位　乌罗镇

巡 察 组　市委第三巡察组　　巡察时间　2018年10月21日11月20日
组　　长　肖　娟（女，土家族，市委第四巡察组组长）
副 组 长　袁世宣（土家族，市委第五巡察组副组长）
巡察专员　姚茂海（梵管局纪委书记）

成　　员　张长双(派驻第七纪检监察组办公室主任)
　　　　　李冬旭(市中级人民法院工作员)
　　　　　杨昌军(江口县财政局主任科员)

发现问题43个,移交问题线索8条。

(三)二届市委第五轮巡察

巡察单位　长坪乡

巡察组　市委第五巡察组　　巡察时间:2019年5月9日5月29日

组　　长　吴洪权(市委第五巡察组组长)

副 组 长　陈咏梅(女,市文体广电旅游局副调研员)

巡察专员　李凌锋(市委第二巡察组巡察专员)

成　　员　李　源(派驻第十纪检监察组办公室主任)
　　　　　刘　斌(市党史研究室副科级干部)
　　　　　叶　丽(女,铜仁市国库集中支付局主任科员)

发现问题61个,移交问题线索6条。

(四)二届市委第六轮巡察

巡察单位　松桃县委党校

巡 察 组　市委第四巡察组　　巡察时间　2019年10月28日11月16日

组　　长　何艾林(土家族,市委第六巡察组组长)

副 组 长　袁世宣(土家族,市委第五巡察组副组长)

巡察专员　杨秀泉(侗族,市委第四巡察组巡察专员)

成　　员　付秀娟(女,市委巡察办网信办工作人员)
　　　　　罗忠贵(市审计局主任科员)
　　　　　陈　菊(女,苗族,市委第三巡察组工作人员)

发现问题43个,移交问题线索1条。

(五)二届市委2019年脱贫攻坚专项巡察

1.巡察单位　盘信镇、盘信镇长坪村、盘信镇上潮村

巡 察 组　市委第四专项巡察组　　巡察时间　2019年7月26日8月4日

组　　长　吴洪权(市委第五巡察组组长)

副 组 长　袁世宣(土家族,市委第五巡察组副组长)

巡察专员　刘泽汉(贵州健康职业学院纪委副书记、监察室主任)

成　　员　麻琼芬(女,土家族,市委第五巡察组工作人员)
　　　　　向谋建(市审计局主任科员)
　　　　　黄晓腊(女,玉屏县工业和商务局工作人员)
　　　　　胡　浩(万山区鱼塘乡扶贫站站长)

发现问题58个,其中,盘信镇43个,长坪村9个,上潮村6个;移交问题线索2条。

2.巡察单位　迓驾镇、迓驾镇石头村、迓驾镇晚森村

巡 察 组　市委第四专项巡察组　　巡察时间　2019年8月6日8月15日

组　　长　吴洪权(市委第五巡察组组长)

副 组 长　袁世宣(土家族,市委第五巡察组副组长)

巡察专员　刘泽汉(贵州健康职业学院纪委副书记、监察室主任)

成　　员　麻琼芬(女,土家族,市委第五巡察组工作人员)

向谋建(市审计局主任科员)

黄晓腊(女,玉屏县工业和商务局工作人员)

胡　浩(万山区鱼塘乡扶贫站站长)

发现问题55个,其中,迓驾镇42个,晚森村8个,石头村5个;移交问题线索2条。

3.巡察单位　妙隘乡、妙隘乡塘坳村、妙隘乡岩门村

巡 察 组　市委第五专项巡察组　　巡察时间　2019年7月27日8月5日

组　　长　刘披星(土家族,市委第三巡察组组长)

副 组 长　郭建莉(女,侗族,市委第三巡察组副组长)

巡察专员　李茂潮(铜仁一中党委委员、纪委书记)

成　　员　陈　菊(女,苗族,市委第三巡察组工作人员)

罗忠贵(市审计局主任科员)

黄万明(侗族,玉屏县委巡察组工作人员)

姚　鹏(侗族,玉屏县委巡察组工作人员)

发现问题50个,其中,妙隘乡32个,塘坳村11个,岩门村7个;移交问题线索:无。

第五节　巡察人才储备

为贯彻落实党中央、省委、市委关于巡察工作人才队伍建设的部署要求,提高全县巡察工作规范化水平和队伍建设专业化水平,努力培养和储备一支政治过硬、业务精良、结构合理、运转高效的巡察人才队伍,为全县巡察工作高效有序开展夯实人才保障,县委从2016年筹建巡察工作领导小组开始,就着手对巡察人才的发掘和培养,县委先后两批次共遴选政治坚定、原则性强、公道正派、敢于担当、身体健康的32名科级领导干部进入巡察组长人才库;县委巡察办则通过多渠道挑选熟悉纪检监察、组织人事、财政、审计、检察等行业优秀专业人才共161人次党员干部进入巡察人才库,切实做好巡察人才的储备与建设工作。

1.巡察组长与巡察人才库名单(2016年9月至2018年12月)

(1)县委通过遴选建立的巡察组长人才库人员(26名)

吴碧文　周胜华　龙政敏　宋　扬　吴维琼　何周宇　向　勇　邱美霖

杨昌伦　麻志南　秦　毅　陈祥军　江长智　石昌彪　姚　斌　李　彬

代开明　张　郎　李传勇　龙通奎　陈文举　杨胜文　杨昌洪　孙华辉

石　英　田念桥

(2)巡察人才库人员(118名)

吴志松	陈向东	龙 桥	周建思	张 媛	贺再金	熊 辉	冉奉尧
龙军勇	杨 韬	张冬林	张延周	龙 毅	吴赵德	龙 斌	杨春芽
龙通顺	张运康	宋子龙	王 伟	王 洪	龙迅飞	龙令勇	吴正国
石晓晖	龙 辉	李仲高	宋景海	龙 文	肖 赛	石 林	麻建松
欧正芳	龙志权	张永刚	杨昌馀	何兴发	任献民	欧求海	杨成华
贺 丽	吴秀勇	姚 畯	陈代富	亢 波	李忠华	任卫星	吴翠云
龙兰花	蒋 莉	田华明	龙明章	马作良	吴 杰	麻显文	邓显江
刘建英	刘 达	田儒礼	吴云飞	龙俊泽	杨吉浪	吴达君	唐义长
任 华	杨正泽	龙毅峰	田 径	冉 翔	李小林	龙德昌	龙文军
柯永飞	杨 建	冷启永	杨胜清	杨正炜	石树江	杨昌银	刘 轶
刘志坚	陈廷红	赵 斌	麻云超	张 圣	石邦才	熊 云	吴 岱
文祝华	孙艳芬	杨海波	吴 迪	杨 旭	黄志军	李朝敏	李 飞
游 云	张昌华	陈明权	徐 阳	陈安松	王曲斐	吴志慧	麻启柱
杨 光	沈 林	张羽华	解 颖	冉光念	唐江民	代 桦	杨骑铭
胡江波	杨绍鹏	龙慧琼	舒 铭	陈 鹏	杨秀文		

2.巡察组长与巡察人才库人员名单(2019年1月至2020年12月)

(1)巡察组长人才库人员(10名)

龙正全	吴秀勇	邱美霖	江长智	石昌彪	姚 蓉	麻显文	李 艳
秦 毅	郎 松						

(2)巡察人才库人员(43名)

马作良	李小林	石 德	吴达君	杨胜清	贺 丽	杨 文	蒋 莉
杨 旭	王峥嵘	罗时保	孙艳芬	文祝华	石昊南	唐凯强	黄 亮
张艳芳	余 飞	敖复方	刘宋发	刘唐松	李仁龙	李乔敏	陈 果
麻 俊	李 飞	游 云	石 刚	徐 阳	陈安松	吴志慧	麻启柱
杨绍鹏	孙龙义	龙 信	石宗贵	龙自明	欧正芳	吴永才	麻建新
杨武平	龙 军	石鹏飞					

第十七章　党群工作

松桃县(苗族自治县)纪检监察机关组建以来,始终紧跟时代步伐,牢记神圣使命,以严肃党纪政纪来维护党的权威。几十年来,在机构日趋完善,组织不断加强,队伍不断壮大的同时,更加注重机关党的组织建设,充分发挥工会等群众组织的积极作用,为进一步凝聚纪检监察干部战斗力提供坚强的思想和组织保证。

第一节　机关党建

一、县纪委监察局机关党委成立前党组织情况

中共松桃县委纪律检查委员会于1951年3月成立时,书记、副书记及委员均由党政部门主要负责人兼任,县委纪委专职纪检干部只有秘书周良生1人。即或到1953年1月县人民监察委员会成立之时,隶属政府系列专职的行政监察工作的党员干部也只有2人,达不到单独建立党支部的条件。按照当时全县有县委、县人民政府、公安和9个区各一个支部共12个支部的划分,县纪委与县人民监察委党员干部的党组织关系隶属县委、县人民政府的系统党支部,参加所在支部学习、组织活动,由县委、县人民政府支部管理。

1954年10月,经中共松桃县委决定,在松桃县政权机关中以系统为单位,设立政法党组、财经党组、宣传党组等8个党组。按照划分,县委纪委、县监委列入政法系统党组,参加政法系统党的组织活动。

1967年1月后,除县人民武装部党委外,县直各机关单位的党组都陷入停滞状态。尤其是到是年5月,县委、县人民委被夺权后,各党组被取消,党的活动处于不正常状态。

1976年10月"文化大革命"结束,国家进入新的历史发展时期。特别是经过中共十一届三中全会后,随着全党工作重心的转移,县委先后调整、增设了一些工作机构和组织。继1979年3月县委纪律检查委员会恢复成立后,县委又于1980年9月决定正式建立健全纪委会。与此同时,县委在对原县直机关部门的8个党组进行不断地调整、充实。1984年机构改革时,撤销以系统为单位设立的党组。4月,县纪委机关成立党支部。

1986年3月8日,县直属机关党委印发《关于对纪委、老干局、水泥厂等党支部建立、改选、调整党支部成员报告的批复》,对县纪委党支部改选产生支部成员组成予以批准,杨昌才任党支部书记,张崇秀任副书记兼宣传委员,黄相兰任组织委员。是年9月8日,县直属机关党委印发《关于县医院、县纪委等党支部改选、增补支部成员报告的批复》,同意"增选刘大元同志任县纪委党支部副书记"。

1988年8月20日,县纪委党支部召开党员大会进行支部改选。大会以举手表决的方式,选举杨昌才、杨通全、黄训书为支部委员,经支委会议分工,杨昌才任县纪委监察局党支部书记,杨通全任纪检宣传委

员,黄训书任组织委员。

1989年10月7日,因黄训书调思南工作,县纪委党支部召开党员大会,全体党员一致同意增补龙树林为支部委员。经报请直属机关党委审批后,任支部组织委员。

1993年4月,县纪委与县监察局正式合署办公,实行一套工作机构,两个机关名称,履行党的纪律检查和政府行政监察两项职能的体制。为便于合署后党支部工作的开展,是年6月12日,县纪委监察局党支部召开党员大会,选举产生新的支部委员会,经支委会议分工,张智任县纪委监察局党支部书记,吴见闻任县纪委监察局党支部副书记兼纪检委员,祝经元任组织委员,龙树林任宣传文体委员,郝莉华任青年妇女委员。6月26日,县直属机关党委印发《关于对民委、政府办等建立、改选支部成员报告的批复》,同意张智任县纪委监察局党支部书记,吴见闻任县纪委监察局党支部副书记。

1996年6月14日,县纪委监察局党支部召开党员大会,对支委成员进行改选,杨通全任县纪委监察局党支部书记,石玉珍任县纪委监察局党支部组织委员,龙树林任县纪委监察局党支部宣传委员。6月24日,县直属机关党委对支部改选报告进行批复,同意"杨通全任县纪委监察局党支部书记"。

因支委成员的人事变动,1998年12月6日,县纪委监察局党支部根据《中国共产党章程》规定,召开支部党员大会对支委进行改选,与会党员一致选举石宗生、唐明亮、龙治和3人为支部委员,经分工,石宗生任县纪检监察支部书记兼纪检委员,唐明亮任组织委员,龙志和任宣传委员。12月15日,县直属机关党委对支部改选报告进行批复,同意"石宗生任县纪委监察局支部书记"。

2003年11月7日,县纪委监察局党支部召开党员大会,对支部委员会进行换届选举,大会以无记名投票选举的方式,选举龙绍刚、唐海燕、彭江为新一届支部委员。经支委会议研究,龙绍刚任支部书记,唐海燕任宣传委员,彭江任组织委员。11月13日,县直属机关党委对支部换届选举结果的报告进行批复,同意"龙绍刚任县纪委监察局党支部书记"。

2005年12月4日,补选刘卫东为县纪委监察局党支部宣传委员。

2007年3月16日,县纪委监察局党支部根据《中国共产党章程》规定,召开党员大会,举行支部换届选举。党员大会以无记名投票方式差额选举产生黄文沛、石峰、石凌燕为新的一届支部委员。经支部会议研究,石锋任县纪委监察局党支部书记,石凌燕任支部组织、纪检委员,黄文沛任支部宣传、统战委员。3月26日,县直属机关党委对支部换届选举结果的报告进行批复,同意"石锋任县纪委监察局党支部书记"。

2013年6月28日,县纪委监察局党支部根据县直属机关工委《关于对县纪委监察局党支部支委成员改选请示的批复》,召开全体党员大会,对县纪委监察局党支部支委成员进行改选,大会根据《中国共产党章程》规定,经到会党员充分酝酿讨论,采取无记名投票方式和差额选举办法,选举产生周文胜、龙水涌、张媛、唐义长、郎松5人为新的一届支部委员。支部委员第一次会议采取无记名投票方式和等额选举的办法,选举周文胜任县纪委监察局党支部书记,龙水涌任县纪委监察局党支部副书记。同时,支部委员进行分工,张媛任县纪委监察局党支部组织委员,唐义长任宣传委员,郎松任纪检、统战委员。是年7月19日,县直属机关工委对县换届选举结果进行批复,同意周文胜任县纪委监察局党支部书记,龙水涌任县纪委监察局党支部副书记及支部委员的分工。

二、县纪委监委(县纪委监察局)机关党委成立及党组织情况

2014年3月17日,县机构编制委员会办公室根据中央纪委监察部、省纪委监察厅和市纪委监察局关于纪检监察机关内设机构及职能调整的要求,经2014年2月15日县委常委会会议研究同意,印发《关于县纪委监察局内设机构调整有关事项的通知》,设立机关党委,并明确机关党委的主要职责是"负责机关和

所属单位党群工作和目标绩效管理”“领导职数在原有基础上增加1名机关党委书记。”是年11月24日，县机构编制委员会办公室“关于印发《松桃苗族自治县纪委（监察局）调整内设机构和人员编制方案》的通知”中，再次明确“县纪委监察局机关党委，设书记1名。”

2014年12月31日，县委常委会会议讨论决定吴志松任县纪委监察局机关党委书记，试用期一年。

2015年1月28日，经县直属机关工委批复，县纪委监察局机关党委正式成立，其全称为“中国共产党松桃苗族自治县纪委监察局机关委员会”，县纪委监察局机关党委组建两个党支部，隶属机关党委，其全称为“中国共产党松桃苗族自治县纪委监察局机关第一支部委员会”“中国共产党松桃苗族自治县纪委监察局机关第二支部委员会”（县纪委监察局派出一、二、三、四、五、六纪工委监察分局），同时撤销中国共产党松桃苗族自治县纪委监察局支部委员会。

2015年5月5日，县直属机关工委以松直党工委复〔2015〕12号文件批复，同意吴志松、刘洪文、郎松、秦榜江、杨昌伦、江长智、龙文7人当选为县纪委监察局机关党委第一届委员会委员的选举结果；同意吴志松任县纪委监察局机关党委书记，刘洪文任县纪委监察局机关党委副书记，郎松任县纪委监察局机关党委组织委员，秦榜江任县纪委监察局机关党委宣传委员，杨昌伦任县纪委监察局机关党委纪检委员，江长智任县纪委监察局机关党委统战委员，龙文任县纪委监察局机关党委青年委员。同日，县直属机关工委以松直党工委复〔2015〕13号文件批复，同意县纪委监察局机关党委第一、第二支部选举结果，第一支部委员为：吴志松、刘洪文、郎松、秦榜江、姚蓉；吴志松任支部书记，刘洪文任副书记，郎松任组织委员，秦榜江任宣传委员，姚蓉任纪检兼统战委员。第二支部委员为：杨昌伦、陈祥军、江长智、龙文、贺丽；杨昌伦任支部书记，陈祥军任副书记，江长智任支部组织委员，龙文任支部宣传委员，贺丽任支部纪检兼统战委员。

2018年4月25日，县直属机关工委以松直党工委复〔2018〕79号文件批复，对县纪委监察局机关党委及其所属党支部的名称变更，同意将“中国共产党松桃苗族自治县纪委监察局机关委员会”更名为“中国共产党松桃苗族自治县纪委监委机关委员会”（简称县纪委监委机关党委，后同）；原“中国共产党松桃苗族自治县纪委监察局机关第一支部”更名为“中国共产党松桃苗族自治县纪委监委机关第一支部”；原“中国共产党松桃苗族自治县纪委监察局机关第二支部”更名为“中国共产党松桃苗族自治县纪委监委机关第二支部”。5月21日，县直属机关工委以松直党工委复〔2018〕99号文件批复，同意县纪委监委机关党委增设3个基层党支部，其全称分别为“中国共产党松桃苗族自治县纪委监委机关第三支部委员会”“中国共产党松桃苗族自治县纪委监委机关第四支部委员会”“中国共产党松桃苗族自治县纪委监委机关第五支部委员会”，同时要求新建立的第三、第四、第五支部按照《中国共产党章程》《中国共产党党和国家机关基层组织工作条例》《中国共产党基层组织选举工作暂行条例》的具体要求，做好党组织建设和党内选举工作。

2018年10月22日，县直属机关工委对县纪委监委党委下设的5个党支部选举结果进行批复。同意龙政敏、秦毅、龙水涌、吴翠云、蒋莉为县纪委监委党委机关第一党支部委员，龙政敏任机关第一党支部书记，秦毅任机关第一党支部副书记；宋扬、姚蓉、姚才上、田儒礼、陈向东为县纪委监委党委机关第二党支部委员；宋扬任机关第二党支部书记，姚蓉任机关第二党支部副书记；吴维琼、马作良、周玉鹏、龙正全、何明现为县纪委监委党委机关第三党支部委员，吴维琼任机关第三党支部书记，马作良任机关第三党支部副书记；秦榜江、杨秀军、李艳、齐文、杨文君为县纪委监委党委机关第四党支部委员，秦榜江任机关第四党支部书记，杨秀军任机关第四党支部副书记；熊黔松、石昌彪、龙明章、刘建英、石凯为县纪委监委党委机关第五党支部委员，熊黔松任机关第五党支部书记，石昌彪任机关第五党支部副书记。

2019年9月4日，县直属机关工委对县纪委监委机关党委换届选举结果进行批复，同意中国共产党松桃苗族自治县纪委监委机关委员会由刘建英、宋扬、杨秀军、杨佳、杨昌伦、秦榜江、熊黔松7名委员组成；同意刘建英任中国共产党松桃苗族自治县纪委监委机关委员会书记，杨秀军任中国共产党松桃苗族自治县纪委监委机关委员会副书记。2019年12月，熊黔松因工作调动，自然免除其县纪委监委机关党委委员、副书记职务。

党的支部委员会是党的基层组织，是党在社会基层组织中的战斗堡垒，是党的全部工作和战斗力的基础。为加强党的组织建设，便于支部工作及活动的开展，2019年12月，县纪委监委机关党委对所属五个党支部重新进行了调整。经请示县直属机关工委同意后，第三和第五支部于是年12月27日，第一、第二、第四支部于是年12月30日分别召开支部委员改选会议，各支部选举结果分别为：县纪委监委机关第一支部委员会选举刘建英、龙军勇、杨秀军、石凯、龙正全5人为县纪委监委机关第一支部委员会委员。经支委会选举，刘建英任支部书记、杨秀军任支部副书记，同时进行了委员分工，龙正全任支部组织委员，石凯任支部宣传委员，龙军勇任支部纪检委员。县纪委监委机关第二支部委员会选举增补石昌彪、唐锋、麻绍扬3人为县纪委监委机关第二支部委员会委员。支委会确定唐锋任组织委员，麻绍扬任宣传委员，石昌彪任纪检委员。县纪委监委机关第三支部委员会选举石利军、张朝河、齐文、冉莉元、姚畯5人为县纪委监委机关第三支部委员会委员。支委会选举石利军任支部书记、张朝河任支部副书记，同时进行了委员分工，齐文任支部组织委员，冉莉元任支部宣传委员，姚畯任支部纪检委员。县纪委监委机关第四支部委员会选举增补龙明章、张昌华、姚才上3人为县纪委监委机关第四支部委员会委员。支委会改选杨文君(原宣传委员)任支部副书记，确定龙明章任组织委员，姚才上任宣传委员，张昌华任纪检委员。县纪委监委机关第五支部委员会选举杨昌伦、龙水涌、何明现、蒋莉、吴翠云5人为县纪委监委机关第五支部委员会委员。支委会选举杨昌伦任支部书记、龙水涌任支部副书记；同时进行了委员分工，何明现任支部组织委员，蒋莉任支部宣传委员，吴翠云任支部纪检委员。

中国共产党松桃苗族自治县纪委监委机关委员会(县纪委监察局机关党委)

(2014年12月至2020年12月)

书　记	吴志松(苗族)	2014年12月至2016年8月
	刘建英(女，侗族)	2019年9月至2020年12月
副书记	刘洪文(苗族)	2015年5月至2019年9月
	杨秀军(苗族)	2019年9月至2020年12月
委　员	吴志松(苗族)	2015年5月至2016年8月
	刘洪文(苗族)	2015年5月至2019年9月
	郎　松(苗族)	2015年5月至2019年9月
	秦榜江(土家族)	2015年5月至2020年12月
	杨昌伦(苗族)	2015年5月至2020年12月
	江长智(苗族)	2015年5月至2019年9月
	龙　文(苗族)	2015年5月至2019年9月
	刘建英(侗族)	2019年9月至2020年12月
	杨秀军(苗族)	2019年9月至2020年12月

宋　扬(苗族)	2019年9月至2020年12月
杨　佳(女,侗族)	2019年9月至2020年12月
熊黔松(苗族)	2019年9月至2019年10月

三、机关党建工作

思想政治工作是党建工作的重要组成部分。在各个不同时期,党的组织通过开展多形式的党建活动,不断加强党员的思想教育、政治教育和理想信念教育,提高党员的思想政治素质,密切党同人民群众的血肉关系,充分发挥党员的先锋模范带头作用。

在县纪委成立初期,党员人数较少,党的组织关系归属于县委、县人民政府支部系统。党建活动主要表现在传达上级会议精神、组织进行党员培训、参加政治运动以及整顿思想、开展整社工作并查找问题等形式进行。党建活动内容主要是学习《中国共产党章程》、党在过渡时期的总路线、《中华人民共和国宪法》、毛泽东《论十大关系》、中共中央关于国民经济调整、整顿和社会主义教育的有关文件等,教育广大党员继承和发扬党的理论联系实际、密切联系群众、批评与自我批评的"三大作风",为完成党的中心任务而努力工作。

在1958—1967年这一时期,纪检监察党员的学习、教育均通过会议形式,组织党员读报、学习党的"鼓足干劲,力争上游,多快好省地建设社会主义"总路线及"大跃进"、人民公社的优越性;贯彻中央对国民经济"调整、巩固、充实、提高"的八字方针和《农村人民公社工作条例》(农业六十条)。同时,按照"四清"运动的要求,进行政治、思想、经济、组织的"四清"整顿运动。

1967年5月,县委、县人民委被"群众组织"夺权后,以往的读报学习活动,被开展所谓的"大鸣、大放、大字报、大辩论"所取代,时事教育和路线、方针、政策教育被人为淡化。

中共十一届三中全会以后,尤其是县纪检监察机关和支部成立后,党员在支部的统一组织下,学习中共十一届三中全会精神,参加"实践是检验真理的唯一标准"的学习和讨论,参加整党整风学习,学习社会主义初级阶段的基本理论、基本纲领、基本路线和中共中央关于经济体制改革、社会主义物质文明和精神文明建设的有关文件,学习贯彻党和国家关于严厉打击经济领域犯罪活动的有关指示,教导党员政治上与党中央保持一致,永葆共产党员先进性和纪检监察干部勤政、廉洁的形象。

1986年,县纪委县监察局支部坚持把加强思想政治教育,提高党员的政治理论水平放在党的思想建设的首位,组织开展党的基本理论、基本路线、基本纲领、基本政策教育;通过组织党员解放思想大讨论活动,纠正党员干部中认识上的偏差和错误,使党员受到一次深刻的党性、党风教育,对规范党员干部的行为,推进改革开放和发展市场经济发挥积极作用。

1996年,针对一个时期少数纪检监察干部的思想误区,县纪委监察局机关党支部把树立正确的世界观、人生观、价值观作为首要任务,组织全体党员干部学习《中国共产党章程》、学习邓小平理论,用科学的世界观、方法论武装头脑,指导实践,组织开展"三观"教育。为使"三观"教育取得实效,县委常委、纪委书记李朝安专门给机关党员上"树立正确的世界观、人生观和价值观"的党课。在全体党员中开展"入党为什么?在党干什么?今后做什么?"的大讨论,要求机关全体党员提高思想认识,正确处理好索取与奉献的关系,克服极端个人主义、享乐主义和拜金主义,提倡立党为公,反对"私"字当头,正确处理好整体形象与个人荣誉地位的关系;提倡为党、为国家、为社会、为纪检监察工作多作贡献,反对讨价还价,把商品交换原则带进党内政治生活中。通过学习和教育,许多干部认识到,作为一个共产党员,特别作为一名纪检干部,要树立正确的世界观、人生观、价值观,要有奉献精神,当好党的"保健护士"和忠诚卫士,安于职守,兢兢业业为党工作，为反腐倡廉作出更大的贡献。

1997年，县纪委监察局针对机关内个别党员干部存在表率作用发挥不够好、工作不主动、工作责任心不强、敬业精神不强等情况，在县纪委监察局机关干部中开展作风整顿活动。活动中，坚持集中学习与分散学习相结合、辅导学习与自学消化相结合、专题讨论与学习交流相结合的方式，要求认真记好读书笔记，并根据自己的实际，写出心得体会。同时，组织广大党员干部重新学习毛泽东的《为人民服务》《纪念白求恩》《反对自由主义》等文章，要求大家立足自身实际，列表现、找原因、挖根源、论危害、添措施，并结合干部廉洁自律开展自查自纠工作，积极开展批评与自我批评，进行对照检查，使整个机关作风整顿工作取得明显成效，机关作风和形象进一步改善。通过作风整顿大家认识到，作为一名党政干部，只有用邓小平理论武装自己头脑，才能在复杂的环境中明辨是非，把握正确政治方向，真正成为一名合格的纪检监察干部。

2000年，县纪委监察局支部根据市委和县委的统一部署，从9月24日起，在领导班子和领导干部中开展为期3个月讲学习、讲政治、讲正气的"三讲"教育活动。通过思想发动、学习提高，自我剖析、听取意见，交流思想、开展批评，认真整改、巩固成果四个阶段，委局领导班子和领导干部思想上有明显提高，政治上有明显进步，作风上有明显转变，纪律上有明显增强，推动2000年全县党风廉政建设和反腐败工作的健康发展。是年，对9个单位公款消费进行核实并作出处理；受理违纪线索123件，立案29件，结案29件，处理违纪人员31人，对17人实行党风廉政责任追究。

2003年2月15日，县纪委就修订《中国共产党党员权利保障条例（试行）》展开学习调研，在县有关部门协助下，采取座谈、走访等形式，先后召开机关、企业、农村党员干部座谈会3次，参加112人次，走访离退休党员领导干部、一般党员21人次，收集到意见建议210条，并针对条例在执行中遇到的突出问题进行归纳和总结，提出了积极的修改建议。

2004年6月10日，县纪委监察局根据县委、县人民政府《关于组建2004年农村党建扶贫农业产业化帮扶暨计划生育整治及"两基"攻坚工作队的通知》精神，对接帮扶盘石镇邓现村。是年，由委局机关23名党员干部对该村13户37人特困户进行原则上为期一年的帮扶，通过深入的调查研究，提出切实可行的对策措施，并积极协调解决帮扶资金和物资。

2005年，为确保先进性教育活动有序进行，成立由县委副书记、县纪委书记徐仕江任组长，县纪委副书记石宗生任副组长，县纪委常委、监察局副局长龙治和，县纪委常委、办公室主任彭江，县纪委常委、宣教室主任龙绍刚，纠风室主任石邦先，执法监察室主任陈康炉为成员的县纪委监察局保持共产党员先进性教育活动领导小组。通过活动的开展，党员保持先进性的意识明显增强，党风和党员作风明显改进，机关工作进一步加强，党员队伍和党组织活力明显增强，达到了"提高机关党员素质、加强机关党组织建设、增强服务群众的意识、促进反腐倡廉工作"的目标要求。为切实推进"五珍惜"反腐倡廉"十个一"教育活动深入开展，5月30日，县纪检监察党支部组织全体党员和入党积极分子到烈士陵园开展"五珍惜"教育活动，党员干部的理想信念又一次得到升华。

2008年，县纪委监察局支部"围绕本职抓党建、抓好党建促本职"的工作思路，以创建"五个好"党支部为目标开展党建工作。汶川地震发生后，松桃人民踊跃捐款。5月15日，当了解到县城集中募捐点——七星广场举行募捐活动时，县纪委监察局党支部就组织党员集体前往交纳"特殊党费"5600元，为汶川灾区人民献上自己的一份爱心，还在杭州参加培训学习的县委常委、县纪委书记张萍，特意委托单位同事代为捐款1000元。6月19日，为贯彻落实省委关于党员"万个支部结队，万名党员帮扶"活动指示精神，县纪委监察局组织由县纪委副书记彭江，纪委常委、监察局副局长龙金国，纪委常委、监察综合室主任石凌燕，审理室主任、党支部书记石峰，案检室干部麻程一行5人组成的党建扶贫工作组深入沙坝河乡王普村，开展党建帮扶活动。

2013年1月，县纪委监察局支部及时贯彻落实习近平总书记就“厉行节约、反对铺张浪费”批示精神，要求内设科室和机关全体党员同志本着俭朴的原则，严格执行中央八项规定、省委十项规定和县委五要七带头，严控“三公”经费，压缩公用行政经费支出，压缩一切不必要的开支；严格控制用车经费、会议经费、公务接待费、办公经费增长；严格执行公务接待有关规定，不迎来送往，不悬挂欢迎标语、横幅，不铺设迎宾地毯、不摆放花草和水果，禁止将非公务活动纳入公务接待范围，不赠送各类纪念品或土特产；严禁用公款搞相互走访、送礼、宴请等拜年活动；严禁以各种名义年终突击花钱和滥发津贴、补贴、奖金、实物；严禁用公款大吃大喝、旅游和参与高消费娱乐、健身活动；严禁在公务活动中接受礼金和各种有价证券、支付凭证；严禁上班时间参与任何形式的赌博活动或以赌博和交易等形式收受与行使权利有关系的单位和个人财物；严禁利用婚丧嫁娶等事宜收敛钱财；严格遵守廉洁从业各项规定，坚决纠正以权谋私行为。是年3月21日，县纪委监察局调整党建工作领导小组成员，成立由县纪委副书记周胜华任组长，其他各班子成员及各纪工委书记为成员的党建工作领导小组，进一步加强纪检监察机关党建工作。从5月31日至6月7日，县纪委按照省市纪委的统一部署和要求，本着“清退对象无一遗漏、清退范围不留死角、清退时限按期完成、清退过程不走形式、清退效果不打折扣、清退活动取得实效”的原则，参与系统组织的清退会员卡专项活动，覆盖面100%。经过自查和排查，未发现纪检监察系统干部员工存在收受任何单位和个人会员卡的情况，切实做到“零持有、零报告”。

2014年，县纪委全面落实中央纪委及省市纪委相关精神，把党风建设和反腐败工作推向深入。县纪检监察支部严格按照“两个主体责任”和“三转”要求，进一步优化机构设置，单独设立纪检监察工作部门，合理配置纪检监察专职工作人员，保证了纪检监察部门的独立性和系统的完整性。按照上级纪委的要求，本着“分类处理、先易后难、循序渐进”的原则，厘清职责定位，回归主业，强化主责，集中精力做好监督、执纪、问责工作。

2015年5月21日，为贯彻落实党要管党、从严治党的要求，县纪委成立由县委常委、县纪委书记吴廷友任组长，县纪委副书记、县监察局局长龙秀福任常务副组长，县纪委副书记周胜华，县纪委常委、县监察局副局长、行政投诉中心主任龙金国，县纪委常委周文胜，县纪委常委、县监察局副局长龙政敏任副组长，吴志松、刘洪文、郎松、秦榜江、杨昌伦、江长智、龙文为成员县纪委监察局机关党委组织分类定级暨开展处置不合格党员工作领导小组，领导小组下设办公室在县纪委监察局机关党委，吴志松兼任办公室主任，刘洪文、杨昌伦负责具体办公。是年，县纪委监察局机关党委重点开展“三严三实”的专题教育活动；严肃查处违反中央八项规定行为和“四风”问题，重点围绕公款吃喝、超标准接待、公车私用等11个方面开展自查自纠，确保作风建设常态化。认真按照“两个责任”要求，切实抓好监督的再监督工作，强化权力运行，促进系统合规用权，从源头上防止腐败。对责任落实不力、制度执行不到位的责任部门及人员，通过任职廉洁谈话、提醒谈话、诫勉谈话等方式，早打招呼、早提醒、早纠正，做到教育在先，预防在先，对“四风”方面存在的突出问题、损害群众利益方面的突出问题开展了集中专项整治工作，取得了较好成效。

2016年，按照机关党委的部署，组织全体党员参与开展手抄党章100天活动，向直属机关工委报送党建信息160余条；开展党员清理，建议因行动不便未能经常参加支部活动的1名退休党员，将其组织关系转入其居住地所在支部。完成县纪委监察局“党员志愿者云”工作，组织党员开展“社区志愿服务”活动。启动纪检监察系统“两学一做”学习教育，印发《关于在全县纪检监察系统开展“学党章党规、学系列讲话，做合格党员”实施方案》，要求全体党员干部着力解决好6个方面18项突出问题，争做“四讲四有四表率”

党员。开展基层党组织创先评优工作,委局机关第一、第二党支部分类定级,被评为一类基层党组织;成立领导小组,开展达标创优以及委局机关处置不合格党员工作;对57名党员开展党员自评和互评,没有不合格党员;组织在职党员2人到吊井湾社区开展为群众服务活动。开展委局机关走访干部职工活动,采取分级走访、层层开展的方式开展走访慰问,县纪委书记走访、慰问退休的原班子成员,了解他们的家庭情况和生活状况,听取他们对工作上的意见和建议。县纪委常委成员则负责对分管科室的工作人员及家庭进行走访慰问,倾听干部家属心声,力所能及地为干部排忧解难。此次走访慰问干部职工家庭27个,共收到干部职工及家属提出的意见建议2条、反映的困难和问题5个,及时地进行了研究和协调解决。深入推进驻村工作,组织党员在盘信楼台村、紫云村和盐厂村开展"两个遍访"工作;协调县水务局为子云村购置水泵一台,解决村民用水困难问题;协助参与子云村精准贫困户评定和低保户评定,督促村委会加强村务公开及对精准扶贫摸底情况、低保提标评定结果进行张榜公示,接受群众监督。协助参与盘信镇进村入户数据核查和乡镇精准扶贫建档立卡扶贫验收。委局机关党委与盘信镇楼台村支部开展联建活动,慰问困难贫困党员13人。是年,按照党员发展"二十四"字要求和程序,及时研究了1名干部的入党转正问题;吸收3名干部为预备党员;委局机关党委被县直属机关工委评为"先进基层党组织"。

2017年6月29日,县纪委监察局到盘信镇马路冲村、新场村慰问困难党员龙知明、龙胜美、姚元木、蒋世君,为他们送去党和政府的关怀和温暖,并致以亲切的节日问候。是年,县纪委监察局吸收入党积极分子1名,研究转为中共正式党员1名。

2018年,县纪委监委机关党委的党建工作以党的政治建设为统领,充分发挥好机关党委和各党支部战斗堡垒和党员的先锋模范作用,全面加强机关党的政治、思想、组织、纪律作风建设,为纪检监察各项工作的顺利开展提供了强有力的保证。一是把学习党章作为教育常态化制度化的重要内容,作为机关干部日常管理监督的根本标尺,及时提醒、坚决纠正党章意识不强、不按党章办事的情形。二是严肃党内政治生活,严格贯彻落实党内监督条例,强化党内监督,在年度民主生活会上做到了红脸出汗、严肃紧张,达到帮助干部、增进团结、促进工作的目的。三是进一步强化理论武装,通过组织中心组学习、党课辅导、座谈交流等多种形式学习领会,不断强化学懂、弄通理论精髓,提高党员干部政治素养和理论水平,构建良好党建工作机制,不断夯实组织建设基础。6月27日,为深入推进"两学一做"学习教育制度化常态化,切实加强纪检监察干部党性教育,机关党委组织在家班子成员,各派出纪工委书记、监察分局局长,内设科室负责人和县委巡察办负责人,蓼皋、世昌、九江、太平营4个街道纪工委书记等党员干部到贵州省纪检监察系统党性体验基地——苟坝会议会址开展"七一"党性教育活动。活动中,党员们采取"观、听、议"的方式,实地参观了苟坝会议会址、陈列馆,聆听解说员对历史转折陈述与回顾;在会址院落中央,县纪委县监委40名纪检监察党员干部重温入党誓词,切身感受到中国共产党的伟大与英明。通过此次党性教育体验,纷纷表示要发扬和传承优良革命传统,牢固树立"四个意识",不忘执纪初心,走好新的长征路。

2019年,县纪委监委机关党委为深入推进"两学一做"学习教育常态化制度化,扎实开展"不忘初心、牢记使命"主题教育,把革命传统教育作为提高党员政治思想素质的一项重要手段。继3月27日,县纪委监委机关党委组织班子成员、委机关内设科室负责人、各支委会成员等59名党员赴铜仁地区革命传统教育基地——"周逸群烈士陈列馆"参观,9月28日组织46名纪检监察党员赴"欧百川故居陈列馆"参观,进行革命传统教育活动,还在7月1日组织县纪委监委班子成员、县委巡察组(办)负责人、各派驻纪检监察组组长、委机关内设科室负责人、机关各支委会成员、部分预备党员、发展对象、积极分子共60人开展"不忘初心、牢记使命"党日活动。在慰问机关党委隶属支部的3名困难党员后,又赴盘信镇马路冲村、盐厂村、楼台村走访慰问困难党员、建档立卡贫困户共计30户,为慰问对象户送去大米和食油。是年,县纪委监委机关党委5个支部共召开支委会68次，党小组会126次，党员大会49次，上党课28次；开展“主题党员日”活动58次；担负和完成了“2019年‘不忘初心、牢记使命’专题民主生活会”“2019年干部队伍建设”专题民主生活会和协助主题教育办公室完成领导班子及成员“对照党章、党规、党纪和十八个是否”检视问题专题会。还组织党员干部参与“我和我的祖国”快闪录制工作、反腐倡廉微电影《董事长的没落》的摄制等工作。是年7月，机关党委分别从5个支部选派4名党员志愿者组成20人的突击队，赴盘信镇参加为期4天的人居环境整治工作，深得群众好评。

2020年，县纪委监委机关党委党建工作以党的政治建设为统领，全面加强机关党的政治、思想、组织、纪律作风建设，为纪检监察各项工作顺利开展提供坚强的保证。一是深入推进党的政治建设，认真履行全面从严治党政治责任，贯彻落实《中共中央关于加强党的政治建设的意见》，把增强政治能力作为履职之本，把讲政治贯穿纪检监察工作全过程，不断提高政治站位，增强政治觉悟，强化政治担当，组织党员干部在建党日过“政治生日”，重温入党誓词，切实把牢政治方向、站稳政治立场、坚持政治原则、坚定政治道路。二是不断强化思想理论引领，坚持把习近平新时代中国特色社会主义思想和中共十九大精神作为理论中心组和党员干部理论学习的重要内容，扎实推进。向每名党员干部发放《习近平新时代中国特色社会主义思想三十讲》等学习材料，着力提升学习的广泛性系统性。三是组织开展“爱岗敬业我先行，积极作为勇担当”专项行动，围绕五个方面的突出问题，对照工作职能职责，找准干部作风建设方面存在的不足，认真查摆工作部署及领导批示事项的完成情况，建立问题台账，认真分析研判，掌挖问题根源，明确责任、完成时限，如实填写“爱岗敬业我先行，积极作为勇担当问题清单”，并对问题进行积极整改，引导广大干部勇于创新、锐意进取、敢于担当。四是扎实开展党务干部培训。通过自办形式开展1次机关内部党务干部培训22人次；通过选送到县直属机关工委参加党支部规划范建设培训班6人次，在全县新进入纪检监察系统干部专题培训班开展党务培训1次覆盖110余人。五是规范抓好发展党员工作。是年，共收到入党申请书6份，培养入党积极分子20名，列为发展对象4名，接收预备党员2名。六是落实党的组织生活制度。全年各党支部共召开支委会63次，党小组会130次，党员大会48次，支部上党课25次，开展主题党员活动日60次，召开组织生活会5次，开展民主评议党员5次。七是多形式开展党员教育活动。7月1日，机关党委为庆祝中国共产党成立99周年，组织县纪委监委班子成员、县委巡察组(办)负责人、各派驻纪检监察组组长、委机关内设科室负责人、机关各支委会成员、部分预备党员、发展对象、入党积极分子共60人开展“守初心·担使命·显本色”主题教育系列活动，活动内容包括：(一)到盘信革命烈士陵园敬献花篮并开展重温入党誓词；(二)分成3个慰问组，由胡定钦、周胜华、吴碧文率支部党员分赴盘信镇马路冲村、盐厂村、楼台村走访慰问困难党员和贫困对象户共30户，为他们送去大米、食油等物资，同时开展“杨荣式”好干部大走访活动；(三)在第三高级中学集中聆听援鄂抗疫事迹报告会；(四)组织全县纪检监察干部听取县委常委、县纪委书记、县监委主任胡定钦作题为“强化政治机关意识，走好第一方阵”专题党课讲座；(五)12月11日，组织100余名党员赴铜仁市党风廉政警示教育基地开展警示教育活动；(六)对县民生监督队伍建设及基层党组织党风廉政建设的现状、开展民生监督和基层党风廉政建设意义、存在问题等开展课题调研。11月28日，调研报告被铜仁市直属机关工委评为优秀奖。以支部为单位开展“党建带队建”活动，通过在各支部开展严肃组织生活、规范党员发展、强化党员教育管理、突出党内关怀等7条具体措施，有效提升机关党的建设工作质量。是年7月，机关党委被县委表彰为脱贫攻坚先进党组织。

第二节　党性教育

从内容上看,狭义上的“党性教育”是指党的性质宗旨、指导思想、理想信念、方针政策、规章制度、历史传统、优良作风等方面的教育;广义上的“党性教育”则还包括道德品行、法治思维、反腐倡廉等方面的教育。从形式上看,狭义上的“党性教育”主要是指与上述内容相关的集中辅导授课;而广义上的“党性教育”,既包括有组织的集中教育,也包括日常的党员个人教育。

习近平总书记指出,党性是党员干部立身、立业、立言、立德的基石,必须在严格的党内生活锻炼中不断增强;党性教育是共产党人修身养性的必修课,是共产党人的“心学”,党性教育是党员教育的重要内容之一;要加强党性教育,提高党员、干部坚持优良作风、抵制不良作风的自觉性和坚定性;要把党性教育作为党校教学的主要内容,深入开展理想信念教育、党的宗旨教育,深入开展党史国史教育、革命传统教育,深入开展道德品行教育、法治思维教育、反腐倡廉教育,把党章和党规党纪学习教育作为党性教育的重要内容。

中共十八大报告指出,抓好党性教育这个核心,学习党的历史,深刻认识党的两个历史问题决议总结的经验教训,弘扬党的优良传统和作风,教育引导党员、干部牢固树立正确的世界观、权力观、事业观,坚定政治立场,明辨大是大非;要求以增强党性、提高素质为重点,加强和改进党员队伍教育管理,健全党员立足岗位创先争优长效机制,推动广大党员发挥先锋模范作用。《2014—2018年全国党员教育培训工作规划》提出,把增强党性作为第一任务。

1956年,县监委通过典型案件通报、党训班、报告会、党员大会等形式对党员及党员干部进行纪律教育,受教育党员达4300余人次。

1957年,县委根据中央《关于整风运动的指示》和省委《关于贯彻中央整风运动指示的办法》,成立以徐立为主任的7人整风领导小组及县委整风运动办公室,在全县党政机关、企事业单位和学校开展以反对官僚主义、主观主义、宗派主义为内容的整风运动。

1958年,通过运用群众喜闻乐见的载体,开展讨论、辩论活动,强化党员干部的党纪教育。

1960年,监察机关加强向党员进行纪律教育,通过运动提高政治嗅觉,增强辨别能力,用阶级分析的方法观察和解决问题。

1961年,通过参加农村整风整社运动,开展对整风整社运动中揭发问题的组织处理工作,对党员干部进行思想政治教育。

1963—1964年,监察机关贯彻中央八届十中全会《关于加强党的监察机关的决议》,对全体监察干部进行了一次严肃认真的思想政治教育。

1980年,县纪委采取多种形式,广泛深入地进行《关于党内政治生活的若干准则》的宣传教育,全县10400多名党员接受了教育培训,并要求每一个党员都用《关于党内政治生活的若干准则》检查、对照自己的言行,看看自己是否符合党员标准,从而增强党性观念。

1982—1984年,县纪委对党员主要开展党性、党风、党纪的教育。运用内部刊物——《党风与党纪》介绍有关端正党风、严明党纪的典型事例以及有关文件和通报,尤其是对犯有严重错误的案件查处通报,教育了广大党员,对端正党风,促进“三风”好转都起到了积极的作用。

1985—1987年,县纪委主要开展以上党课、举行报告会、办骨干培训班、党员轮训等形式,对党员进行党性党风党纪的正面教育工作。县纪委主要领导作辅导讲座和举行的报告会达13场次,以学员身份参加各种类型的骨干培训班7次。

1988—1989年，县纪委在认真开展党风党纪的教育的基础上，以现场公开处理为突破口，切入作风整顿，在全县广大党员中开展一次深刻的党风党纪教育。

1990年，采取上党课形式，对入党积极分子和新发展党员进行党风党纪教育。

1992年，县纪委在全县党员中继续开展党规党纪再学习再普及教育，组织全县副科级以上党员领导干部就党规党纪知识进行考试。

1993年，县纪委与县委宣传部、组织部和直属机关党委等部门联合举办10期干部理论骨干培训班和3期入党积极分子培训班，对党员干部进行党的基本知识、基本理论、基本路线和党的纪律教育。

1996—1997年，抓党纪政纪条规教育。对全县党员干部学习条规提出要求，并购买《条规手册》600余册，参加全国统一组织的条规知识竞赛，参赛人达1700多人；开展电化教育，组织放映党风廉政教育片87场次，受教育者达83100人次。

1998年，在全县纪检监察机关开展向共产党员刘大春、全国抗洪英雄高建成学习活动。

1999年，购置《中国共产党纪律处分条例（试行）》录像带（光碟）21盘（盒），用成克杰、胡长清等典型案件电教片在乡镇和县直机关轮流播放，组织观看《生死抉择》《汪洋湖同志的事迹》等反腐倡廉影片和专题片；配合县委党校召开党风廉政报告会，对副科级以上干部进行示范教育。

2000年，县纪委监察局根据县委"三讲"工作部署要求，在领导班子和领导干部中开展为期三个月讲学习、讲政治、讲正气的"三讲"教育活动。县纪委班子召开民主生活会，撰写自我对照检查材料，开展批评与自我批评进行剖析，经全县乡科级以上领导干部进行测评打分为合格。

2001年，县纪委县监察局开展"三个代表"重要思想学习教育活动，分集中学习、对照检查、整改提升三个阶段进行，组织22名党员干部分成4个小组，到长坪乡、太平营乡、甘龙镇和县直机关有关部门，组织召开乡镇干部、村组干部村民代表、纪检监察干部座谈会144次，访问服务对象、群众165人，发放征求意见表120分，回收120分，回收率达100%。征求意见建议108条，梳理归类为38条；采取集中学习与个人自学、专题讨论和集中辅导相结合的形式集中学习10天，边学边思写读书笔记（10篇，1万字以上）并写心得体会文章（2篇，每篇2000字以上），19名学教对象和纪委班子成员集中学习，撰写读书笔记205篇22万字，心得体会文章38篇10.45万字，"学教"对象参加测试，平均成绩90.4分。采取"自己找、出去听、集体查、领导帮"的方式广泛征求群众意见基础上，19名学教对象通过认真对照检查，写出书面对照检查材料，查找出存在问题137条。8月20日，县纪委监察局分别召开领导干部民主生活会和党员、干部组织生活会，5名党员干部、13名党员干部和1名非党干部在会上作了自我批评和对别人开展批评。组织生活会上，19名干部查找出自己存在的问题和不足137个。县委常委、县纪委书记龙炳成在长坪乡，走访群众20户，召开座谈会5次，街道群众30余人，解决土地使用收费上存在的坑农问题，理清该乡沙坪村小1997年以来各级给予扶持的建校资金走向问题；县纪委副书记、县监察局长龙中文带领8名干部，深入县建设局、县烟草局、县畜牧局、县卫生局、县供销联社，召开座谈会、征求意见，共征集到6个方面的意见；县纪委常委、党风廉政室主任石宗生率6名干部到太平营乡，先后走访芭蕉村、土屯村、永红村等5个村的18户农民，召开座谈会5次，接待群众26人次，对群众反映强烈的问题进行调查。

2002年，县纪委制定《县纪委、县监察局机关公民道德建设实施意见》，宣传《公民道德实施纲要》为重点内容。

2003—2004年，县纪委开展以"八个一"为载体的宣传教育活动，营造党风廉政建设和反腐败大宣教格局。对全县500余名科级干部进行了两个《条例》知识测试，撰写心得体会138篇；认真开展示范教育，播放《立党为公 执政为民》电教片300余场，组织党风廉政事迹报告会15场。

2005—2006年，县纪委、监察局从2005年11月至2006年6月，开展了为期6个月的保持共产党员先进性教育活动。县纪委、县监察局成立由县委副书记、纪委书记徐仕江任组长，县纪委副书记石宗生任副组长，县纪委常委、县监察局副局长龙治和，县纪委常委、县纪委办公室主任彭江，县纪委常委、宣教室主任龙绍刚，纠风室主任石邦先，执法监察室主任陈康炉为成员的中共松桃苗族自治县纪委、松桃苗族自治县监察局保持共产党员先进性教育活动领导小组，领导小组下设办公室在宣教室，龙绍刚兼任办公室主任。保持共产党员先进性教育活动集中学习教育活动时间安排为3个月，分学习动员、分析评议和整改提高三个阶段。2005年12月，委局机关党支部组织27名党员认真学习毛泽东《在中国共产党第七届中央委员会第二次全体会议上的报告（节选）》、邓小平《建设有中国特色的社会主义》、江泽民《在中国共产党成立八十周年大会上的讲话》、胡锦涛《在"三个代表"重要思想理论研讨会上的讲话》和胡锦涛总书记《视察贵州时重要讲话》。对县纪委、监察局机关领导班子先进性教育活动群众满意度进行测评，参评27人，满意23人，占比85.19%，基本满意4人，占比14.81%；县纪委、监察局领导班子及党员干部，每人撰写读书笔记10000字，心得体会每人2篇不少于2000字。组织党员领导干部对照党章规定和党员义务以及党员领导干部的基本条件，按照"两个务必""八个坚持、八个反对"，以及新时期纪检监察机关保持共产党员先进性的具体要求，认真查找自己在思想、工作和作风等方面存在的突出问题，剖析思想根源，明确努力方向、广泛征求意见、开展谈心交心、撰写党性分析材料、召开专题组织生活会、召开支部委员会、向党员反馈评议意见、通报评议情况。在民主生活会上，开展批评与自我批评，查摆问题42个，归类梳理整改问题42个。开展领导干部讲廉课活动，深入乡镇、部门讲廉课56场次，接受廉政教育干部职工2000多人次。

2007年，县纪检监察机关认真开展党纪政纪条规学习宣传教育活动，在全县党员干部中组织开展"加强作风建设、促进廉洁从政"为主要内容的知识测试活动，发出测试试卷1000余份，测试合格率在95%以上。

2008年，县纪委对学习中共十七大精神作出总体部署，学习采取"以讲促学、以学促干"，努力达到人员、内容、效果"三落实"。

2009年，县纪委监察局深入学习实践科学发展观活动，从2009年3月中旬正式启动，分学习调研、分析检查、整改落实3个阶段开展。召开动员会，成立领导小组，设立专人办公，制定活动实施方案；通过集中学习、专题讲座、报告会和自学、中心组学习等形式开展学习；开展专题调研，完成3个调研课题"如何加强和改进机关作风""如何加强纪检监察干部队伍自身建设""如何加强对乡科级领导干部的监督管理"；组织委局机关干部开展以"求真务实科学发展，干事创业富民兴松"为主题的解放思想大讨论活动。6月19日，委机关领导班子召开了以"深入贯彻落实科学发展观、更加解放思想"为主题的专题民主生活会，会前发放征求意见表82份，征集意见建议18条，其中对领导班子意见12条，对领导干部意见6条。认真组织撰写领导班子分析检查报告、组织群众开展评议、制定整改落实方案。

2010—2012年，县纪委、监察局把创先争优活动与中心工作紧密结合、与纪检监察业务和推进党风廉政建设及查办违纪违法案件工作相结合，认真开展对"四项资金"的监督检查，确保资金专款专用、安全运行；通过网络和廉政QQ群等为载体，深入宣传中央和省委、市委、县委相关文件、会议及领导讲话精神，深入宣传开展创先争优活动的先进典型、经验做法和实际效果，调动基层党组织和党员的积极性，引导广大群众积极参与；委局领导班子带头，组织开展"四个一"（开展一次驻点调研、结对帮扶一户困难群众、解决一批群众反映强烈的突出问题、召开一次专题民主生活会）、扎实做好新形势下的群众工作；开展创建学习型党组织、廉政文化进机关、推广使用网上党支部活动；开展廉政教育，在乡镇和部门开展岗位廉政教育12场次，开展"百名领导讲廉课"活动120多场次，8000多名干部职工受到教育，参加讲廉课的领导干部达到100人以上。开展廉政文化“六进六增”“廉政文化宣传月”“学习党章、廉洁奉公”廉政知识抢答赛及廉政书画和剪纸大赛。县纪委组织学习《中国共产党党员领导干部廉洁从政若干准则》，印发《松桃苗族自治县学习贯彻〈中国共产党党员领导干部廉洁从政若干准则〉实施方案》；开展《中国共产党党员领导干部廉洁从政若干准则》知识竞赛，全县4000多名党员干部参加《中国共产党党员领导干部廉洁从政若干准则》知识测试活动，参与率达98%；在全县范围内开展学习贯彻《中国共产党党员领导干部廉洁从政若干准则》演讲比赛，参赛单位91个涉及4000余人。

2013—2014年，县纪委监察局按照党的群众路线教育实践活动的安排和要求，组建了活动组织机构，成立了县委常委、纪委书记邹龙兴同志为组长的教育实践活动领导小组，领导小组下设办公室，并明确5名干部具体办公，制定《松桃苗族自治县纪委监察局机关党的群众路线教育实践活动实施方案》和《宣传工作方案》，确定教育实践活动的总体要求、重点任务、方法步骤等要求；采取辅导讲座、领导领学、专题讨论、案例分析等措施，在党员干部自学的基础上，以“八个一”学习活动为载体，每周组织党员干部开展1次集中学习；坚持“一把手”和领导成员带头抓学习，每周安排1名纪委常委成员带头领学或作辅导讲课，共组织集中学习6次；开展读书辅导讲座4次，案例剖析1次，主要领导上党课1次，观看了《四风之害》《密切联系群众》《周恩来的四个昼夜》《焦裕禄》《铜仁市警示教育专题片》等教育片，组织开展知识测试1次，实地参观烈士陵园、工业园区1次，围绕“四风”、纪检部门“三转”“三个开刀”等组织专题讨论1次，每个党员干部撰写学习心得体会1篇；编发信息简报16期，开展新闻媒体报道9次，印发学习资料、应知应会知识材料60余份，设置宣传栏1块、意见箱1个；由委局领导带队组成6个走访调研组深入乡镇、部门广泛征求基层党员、干部、群众意见，经汇总、梳理、归纳，共征求到意见56条，其中班子21条，班子成员个人35条；2014年8月26日，召开了县纪委常委班子专题民主生活会，通过查摆问题，开展批评，班子成员拟出了相互批评意见66条；认真对照检查撰写材料，纪委班子共查摆了10个方面的突出问题（其中形式主义方面3个、官僚主义方面3个、享乐主义方面2个、奢靡之风方面2个问题），纪委常委班子成员共查摆问题58个。2014年9月6日召开了委局党支部专题组织生活会，对52名党员进行了民主评议，同时将班子民主生活会情况进行了通报。组织科级党员干部旁听县扶贫办原副主任龙昌培案的审理，撰写读后感或观后感4000余篇；集中教育培训“讲廉”，集中开展廉政教育报告或讲座120余场次，180余名正科级干部参加廉政知识测试；针对村干部党风廉政和作风建设，举办5期村干部培训班，全县998名村干部接受了教育，严格责任追究“促廉”。

2015年，县纪委监察局机关党委重点开展“三严三实”专题教育活动。县纪委县监察局，成立由领导小组严肃查处违反中央八项规定行为和“四风”问题，重点围绕公款吃喝、超标准接待、公车私用等11个方面开展自查自纠，确保作风建设常态化。12月31日，县纪委常委会召开“三严三实”专题民主生活会。县委指导组成员、县委常委、县纪委书记吴廷友出席会议，县纪委常委会班子成员积极开展批评与自我批评，查找问题，提出整改方向，会议通报县纪委常委会2014年专题民主生活会查摆问题的整改情况，深刻剖析县纪委班子在“三严三实”方面存在的问题，分析原因，提出下步整改方向：推动纪律检查体制改革，深化反腐败体制机制建设；推进作风建设，驰而不息整治“四风”；健全惩防体系建设，规范权力运行；加大纪律审查力度，坚决惩治腐败；深化基层党风廉政建设，切实解决群众身边的腐败问题。

2016年，启动纪检监察系统“两学一做”学习教育，印发《关于在全县纪检监察系统开展“学党章党规、学系列讲话，做合格党员”实施方案》，组织全体党员参与开展手抄党章100天活动，向直属机关工委报送党建信息160余条；完成县纪委监察局“党员志愿者云”工作，组织党员开展“社区志愿服务”活动；组织县四家班子领导干部及家属、乡镇和部门干部职工在3个教育基地开展教育活动61场，4000余人次受到教育;分别组织县直部门科级干部和股级干部3次在县法院旁听国家工作人员受贿案庭审;深入乡镇和部门开展领导干部讲廉课130场。2016年4月在全市纪检监察系统“两学一做”电视竞答·演讲大赛中获二等奖。组织县纪委监委机关干部,参与全市在职干部理论知识测试,平均成绩为95分。

2017年,举办纪检监察干部学习中共十九大精神专题辅导报告会,邀请市委党校讲师团专家开展专题讲座,参会干部撰写心得体会177篇、署名征文13篇。在各乡镇(街道)悬挂宣传横幅54条。开展《关于新形势下党内政治生活的若干准则》《中国共产党党内监督条例》《中国共产党问责条例》专题宣讲活动,县纪委主要领导带头,班子成员及纪工委领导分片负责,进村入寨开展中共十九大精神宣讲100余场,涵盖105个县直部门及乡镇(街道),受教育党员干部8000余人次。组织乡镇(街道)和部门干部职工县委警示教育基地开展警示教育活动48场,2600余人次接受教育;在县委党校开展的各期培训班开设廉政教育课程,1300余人接受廉政教育;组织全县148名纪检监察干部开展《中国共产党纪律检查机关监督执纪工作规则(试行)》知识考试,并对成绩未达90分的66人进行重考,直至过关为止。组织县纪委监委机关党员干部,参与全市在职干部理论知识测试,平均成绩为98分。

2018年,组织全县党员干部职工学习《中国共产党纪律处分条例》《中华人民共和国宪法》《中华人民共和国监察法》;在各乡镇(街道)和部门开展警示教育100余场;在全县开展脱贫攻坚领域典型案例巡回展2轮,受教育党员干部10000余人次。组织开展全县纪检监察系统“勤廉家风·从我传承”系列活动,纪检监察干部及其配偶200多人参加启动会及接受培训学习廉政家风事迹。

2019年,县纪委监委机关党委开展“不忘初心、牢记使命”主题教育。学习教育期间,组织理论中心组(扩大)学习13次、形势政策教育3次,举办学习研讨班2期。深入调查研究,明确30个调研课题,实行领题调研,召开调研成果交流会。深刻检视问题,领导班子收集问题和意见建议26条,班子成员查找问题67个、提出意见建议49条,逐项制订整改措施。强化整改落实,牵头专项整治漠视侵害群众利益问题,全县共梳理问题清单63个,已全部完成整改。3月27日,县纪委监委机关党委组织副科级以上党员干部、各党支部支委会成员、5个乡镇纪委书记、干部室、办公室等59名党员赴铜仁地区革命传统教育基地“周逸群烈士陈列馆”开展革命传统教育。9月28日,组织县纪委监委班子成员、委机关内设科室负责人、各派驻纪检监察组和县委巡察组(办)负责人、办公室、宣教室等46名纪检监察党员干部赴铜仁地区革命传统教育基地——“欧百川故居陈列馆”参观。7月1日,组织县纪委监委班子成员、县委巡察组(办)负责人、各派驻纪检监察组组长、委机关内设科室负责人、机关各支委会成员、部分预备党员、发展对象、积极分子共60人参加的“七一”支部组织活动。组织全县纪检监察系统200余名干部,以快闪活动和独特方式向祖国送上最深情的告白,手举五星红旗,齐唱《我和我的祖国》。

2020年,县纪委监委机关党委组织委机关干部70余人到铜仁市党风廉政教育基地接受教育。组织开展“爱岗敬业我先行,积极作为勇担当”专项行动,围绕五个方面的突出问题,对照工作职能职责,找准干部作风建设方面存在的不足,认真查摆工作部署及领导批示事项的完成情况,建立问题台账,认真分析研判,深挖问题根源,明确责任、完成时限,如实填写“爱岗敬业我先行,积极作为勇担当问题清单”,并对问题进行积极整改。

第三节　退休干部工作

重视和关心退休干部工作是松桃县(苗族自治县)纪检监察机关历届领导班子一项重要的工作。70年来,松桃纪检监察机关始终按照中央和省、市、县委关于做好退休干部工作的部署要求,以构建和谐社会为主线，凸现以人为本的工作理念，树立“退休干部工作无小事”的观念，真心诚意办实事、尽心竭力解难事、坚持不懈做好事、严把政策不推事，认真落实老干部的政治、生活待遇，及时妥善地解决好老干部反映的热点、难点问题，为改革、发展营造一个稳定和谐的社会环境。

截至2020年底，县纪委监委有退休干部11人。在退休干部工作上，主要从以下几个方面开展。

（一）围绕“五个坚持”，落实退休干部生活待遇。一是坚持走访慰问。每逢春节，县纪委监委（监察局）领导班子、党组织、工会组织都将组成慰问组，分片对全县11名退休干部和遗属开展春节走访慰问活动，发放慰问金，为退休干部送去组织的温暖。同时，还在2019年、2020年“八一”中国人民解放军建军节前，走访慰问从军营退伍走进纪检监察机关工作后退休的杨通全、陈明东、龙黔富3名干部，向他们致以节日的问候和祝福。二是坚持入院探望。随着退休干部年龄增大，住院频繁，机关工会把探望、慰问住院退休干部纳入重要工作日程，及时把纪委监委机关对老干部的关心送进病房、送到家中。2019年1至11月，先后到市太和医院、县人民医院慰问、探望老干部达48人次。三是坚持保障到位。为使“两费”保障、财政支持机制落到实处，妥善解决干部医药费统筹问题，保证退休干部住院刷卡就医问题。 四是坚持做好善后。从纪委退休的干部中，先后有3名因病逝世。为充分体现组织对退休干部的尊重和关心，纪委机关工会在进行慰问的同时，积极协助家属处理善后事宜，及时化解家属的疑虑与纠纷。五是坚持协调督办。推行干部包片联系退休干部、来访首问制度，实行谁接待谁督办、谁分管谁负责的责任追究制，及时协调解决退休干部正当合理反映的问题。

1993年5月，县纪委根据省人事厅、省劳动局、省老干局、省财政局联合印发的黔人退〔1993〕6号“关于提高退休费工资5%比例”和松桃苗族自治县人事局印发《关于提高退休补贴标准的通知》，为退休干部李选炳、黄相兰2人及时办理，落实经济待遇。是年7月，根据省委组织部、省老干局、省人事厅、省财政厅印发的省老干字〔1993〕第5号“关于执行离退休干部试行奖励工资”的文件规定，为李选炳、黄相兰2人办理了月增资8.9元、9.2元的奖励工资报告，使得他们的经济待遇得到落实。2004年根据省人事厅、省财政厅黔人通〔2003〕142号“关于增加退休生活费通知”的文件规定，县纪委监察局机关又及时地办理，县委组织部于2月24日印发《关于黄相兰等同志增加退休生活费的通知》，黄相兰、祝经元、杨通全3名老同志的退休生活费得到及时调整，其中，黄相兰月增60元，祝经元、杨通全月增各20元。2008年9月5日，县人事局印发《关于袁钢同志退休后有关待遇的通知》，袁钢退休后的月退休金为1903.9元，退休后有关待遇得到及时落实。

（二）做到“四个注重”，落实退休干部政治待遇。一是注重政治学习。为使退休干部及时了解时事政治、政策法规，机关党委将退休的党员同志，安排到原工作的内设科室所在的党支部，参加所属支部开展的活动。所属支部除要求退休的干部参加集体的学习、民主生活会、座谈讨论外，还就个别因身体状况采取送学上门方式，认真落实退休干部的政治待遇。二是注重思想工作。为加强退休干部的思想政治工作，采取“四访”形式，沟通与退休干部之间的感情。具体地对退休干部进行回访，帮其更新观念，解决其现实困难；对身体状况差，行动不便的退休干部进行走访，帮助其克服学习上的困难，交心谈心，及时把县委、县人民政府的重大决策向他们传达；对身体较好的退休干部采取不定期查访，督其积极参加政治学习，交流思想情况，了解思想动向和要求，确保思想稳定；对事迹突出的退休干部进行专访，推出典型，发挥退休干部先锋模范的激励作用。三是注重支部建设。让老干部退休不脱立组织，把退休干部思想政治建设纳入党建目标考核，并开展适合老同志特点的各项活动，从而使老干部达到“政治常新，理想永存”。自从纪检监察机关恢复重建以来，没有退休干部参加邪教组织。国家监察体制改革后，县纪委县监委退休的干部除因身体原因外，均按时参加所在党支部组织开展的主题党日活动及其他活动。四是注重工作效果。监察体制改革以来,县纪委监委按照"规定动作不走样,自选动作创特色"的工作思路,各项工作抓出成效、抓出特色,使老干部"两个待遇"得到全面落实。

(三)突出"四个重点",丰富退休干部文化娱乐活动。一是突出阵地作用这个重点,丰富活动内容。县纪委监委除组织退休干部参与支部的政治理论学习教育这个主要阵地外,还积极引导、倡导参与书画、书法等有益于身心健康的、科学的生活方式和文化娱乐活动,让退休干部老有所学、老有所为、老有所乐,安享晚年。二是突出重阳敬老这个重点,弘扬敬老美德。县纪委监委(监察局)机关党委和工会注重运用"九九"重阳敬老传统节庆日,开展座谈会、茶话会、情况通报会等形式多样的慰问活动。2020年10月23日,县纪委监委召开"2020年重阳节"座谈会,县纪委常委秦榜江向退休干部通报了县纪委监委2020年聚焦主业主责、狠抓"两个责任"落实、不断开展部门履行职责、落实整改、建立长效机制,打造忠诚、干净、担当纪检监察干部队伍的工作情况,及时让退休老干部了解全县经济发展和纪检监察工作取得的新成果、新进展。参会的退休干部对纪检监察工作所取得的成绩予以肯定,并就当前和今后的工作畅所欲言、各抒己见、建言献策。县委常委、纪委书记、县监委主任胡定钦亲自主持会议,并在发言中表示,希望退休的干部继续关心、支持和监督纪检监察工作,共同推动全县党风廉政建设和反腐败工作再上新台阶。三是突出以人为本这个重点,关心健康状况。从2016年起,县纪委监委(监察局)机关工会在征求退休干部意愿的前提下,将退休干部每年的健康体检纳入计划予以安排,5年中,参加体检的退休干部达45人次。其中,2017年参加体检的退休干部有祝经元、袁钢、麻开甲、黄相兰、陈明东、郭玉华、龙求华、龙黔富、刘洪文、唐明亮10人;2020年参加健康体检的退休干部有袁钢、杨通全、陈明东、龙求华、刘洪文、龙黔富、唐明亮、田华明、龙永才9人。让退休干部切身感受到了党的关怀和组织的温暖。四是突出载体建设这个重点,推进服务平台。为适应新形势下退休干部工作的需要,创新退休干部工作方式,搭建"数字黔老"系统信息交流平台。该平台主要以经验交流、通报各地老干部工作动态、宣传老干部政策法规、推出老干部工作中涌现出的经验典型等内容为重点,设立机构概况、工作广角、经验交流、政策之窗、健康养生、夕阳风采、局长信箱、通知公告等栏目,使各级各部门以及退休干部能及时、全面地了解党的老干部方针政策、工作动态、调研成果、先进典型、经验、理论文章和文化、娱乐活动等有关信息,达到联系沟通、资源共享、促进发展的目的,提高退休干部服务管理数字化、精准化。2020年5月29日,县纪委监委已完成对所有退休老干部信息录入和授权,为退休干部提供全方位服务,极大方便退休老干部学习和生活。

第四节 工会和妇女组织工作

一、工会工作

(一)县纪委监察局工会成立前的工会组织情况

松桃县纪委、人民监察委员会建立初期,因松桃县工会组织处于筹建阶段,且主要在搬运、建筑、砖瓦、理发、纺织5个行业中组织工会小组,所以当时的纪委、人民监察委员会不设工会组织。1957年7月,县工会联合会第一次会员代表大会召开,选举产生了松桃苗族自治县工会联合会第一届执行委员会,松桃苗族自治县工会联合会正式成立。会议明确指出:"在人民民主主义制度下工会最根本、最重要的任务是组织和教育工人,努力提高劳动生产率,保障国家生产计划的完成,并在提高生产的基础上,经常关心工人群众日常利益,为群众的需要服务,引导工人群众为社会主义前途而奋斗。"在这一时期,基层工会组织和会员得到发展与扩大。1959年7月,县工会联合会改称为县总工会。根据县总工会的意见,在党政机关中建立工会筹备小组。但"大办农业,大办粮食""干部精简下放",以及"四清"运动等迫使筹备工作中断。尤其是到1967年5月，县委、县人民委员会被“群众组织”夺权后，县总工会机构被撤销，成立基层工会组织的筹备工作被迫停止。

1973年4月16日，县委根据中央〔1973〕17号文件精神，决定恢复成立县总工会。1978年，中国工会第九次大会和省总六大后，县委指示，扩大建立基层工会组织。1979年3月，县委纪律检查委员会恢复成立。1987年12月，县监察局成立。由于当时单位的会员总数没有达到25人以上，未能建立单独的基层工会组织，县纪委、县监察局的干部职工通过申请被吸收为基层工会小组会员后，按行政隶属关系参加县委和县人民政府所在基层工会的活动。当时基层工会小组开展的工会活动，主要是关心干部职工的工作和生活，为困难干部职工排忧解难和有针对性地解决一些实际问题及通过开展各类文体活动，以调动全体干部的积极性。

（二）县纪委工会委员会的成立

1993年4月，县纪委与县监察局正式合署办公。是年10月4日，县总工会印发《关于成立县纪委工会委员会和选举结果的批复》，同意县纪委成立工会委员会，并对选举结果给予批复：杨通全任工会委员会主席，李明福任工会委员会组织委员，郭玉华任工会委员会财务委员。是年，县纪委监察局有工会会员25名，其中，女会员4名。

工会组织成立后，主要任务是加强职工思想政治领导工作，开展社会主义劳动竞赛，兴办福利事业，维护职工权益，参政议政。其主要职责：执行会员大会或会员代表大会的决议和上级工会的决定，组织基层工会的日常工作；代表和组织职工依照法律规定，通过职工代表大会和其他形式参加本单位民主管理和民主监督；参与协调劳动关系和劳动争议，与行政方面建立协调制度，协商解决涉及职工切身利益的问题；组织职工开展精神文明建设，劳动竞赛、技术练兵活动、总结推广先进经验，做好先进工作者和劳动模范的评选、表彰、培养和管理工作；鼓励和支持职工学习文化、技术和管理知识，开展健康有益的文化体育活动，办好工会文化教育与体育事业；监督有关法律、法规的贯彻执行，协调与行政方面的关系，做好劳动保险、劳动保护工作，做好职工福利事业，改善职工生活，保护女职工的特殊利益；搞好工会组织建设，健全民主制度，建立和发展工会会员，做好新会员的接受、教育工作；做好、管好、用好工会经费。

1993—1995年期间，县纪委监察局全面进行党的基本路线和建设有中国特色社会主义基本理论教育；组织开展业务学习和参加以系统组织的文体活动。通过对干部职工的思想工作和组织开展健康有益的文体活动，进一步统一思想、凝聚力量、陶冶情操，丰富干部职工的文化生活。

因人事变动，为切实发挥好工会组织的职能，1998年2月至2016年5月，先后任县纪委监察局工会主席的有石宗生、刘卫东、冉光珍。担任过财务委员的有张朝海。

2016年5月27日，县总工会根据《中华人民共和国工会组织法》规定，对《松桃苗族自治县纪委监察局换届改选结果的报告》进行批复：

李艳任工会委员会主席，杨佳任财务委员，贺丽任劳动保护委员。周文胜任经费审查主任，郎松、姚蓉、龙水涌任经费审查委员；麻志南任女工主任，李忠华、贺丽、李慧娟、田人心任女工委员。

（三）县监察委员会成立后工会组织建设情况

2018年1月，县监察局撤销，县监察委员会成立。根据《中华人民共和国工会组织法》规定，县纪委监察局工会委员会进行了换届改选。3月23日，县总工会对《关于松桃苗族自治县纪委监察局换届改选结果的报告》进行批复，同意：

1.县纪委工会委员会委员由李艳、杨佳、张昌华、田人心、李慧娟、贺丽6人组成，其中，李艳任工会主席，杨佳任工会副主席，张昌华任工会财务委员，田人心任工会组织宣传委员，李慧娟任工会女工委员，贺丽任工会劳动保护(安全生产)委员。

2.县纪委工会经费审查委员会由秦榜江、简国永、杨秀军3人组成,其中,秦榜江任工会经费审查委员会主任,简国永、杨秀军任工会经费审查委员会委员。

3.县纪委工会女职工委员会由麻志南、李慧娟、田人心3人组成,其中,麻志南任工会女职工委员会主任,李慧娟、田人心任工会女职工委员。

2018年5月8日,县总工会印发《关于松桃苗族自治县纪委监察局工会委员会变更工会名称的请示》的批复,同意将"松桃苗族自治县纪委监察局工会委员会"变更为"松桃苗族自治县纪委监委工会委员会"。

2019年10月,因人事变动,县纪委监委工会委员会对工会委员进行改选。是月25日,县总工会对县纪委监委工会委员会改选的结果报告进行批复,同意:

1.县纪委工会委员会委员由杨佳、杨昱昕、张昌华、唐义长、李慧娟、贺丽6人组成,其中,杨佳任工会主席,杨昱昕任工会副主席,张昌华任工会财务委员,唐义长任工会组织宣传委员,李慧娟任工会女工委员,贺丽任工会劳动保护(安全生产)委员。

2.县纪委工会经费审查委员会由秦榜江、简国永、杨秀军3人组成,其中,秦榜江任工会经费审查委员会主任,简国永、杨秀军任工会经费审查委员会委员。

3.杨昱昕任工会女职工委员会主任,李慧娟、陈廷红任工会女职工委员。

2020年4月10日,县总工会印发松工组发〔2020〕14号文件,对县纪委监委工会委员会改选的结果进行批复,同意:

县纪委工会委员会委员由杨佳、杨昱昕、张昌华、唐义长、李慧娟、贺丽6人组成,其中,杨佳任工会主席,杨昱昕任工会副主席,张昌华任工会财务委员,唐义长任工会组织宣传委员,李慧娟任工会女工委员,贺丽任劳动保护(安全生产)委员;

2.县纪委工会经费审查委员会由秦榜江、简国永、杨秀军3人组成,其中,秦榜江任工会经费审查委员会主任,简国永、杨秀军任工会经费审查委员会委员;

3.杨昱昕任女职工委员会主任,李慧娟、陈廷红任女职工委员。

(四)工会经费来源及管理

1.工会经费来源

工会经费来源主要包括工会会员缴纳的会费,单位按每月全部职工工资总额的2%向工会拨缴的经费,上级工会补助的款项或单位按有关规定给予工会的补助款项等。

2016年12月1日,县总工会印发《关于进一步规范我县基层工会经费收支管理的通知》,对工会经费的来源渠道作出具体规定:①工会会员缴纳的会费;②上级工会按规定比例转拨的工会经费;③上级工会补助的款项;④单位行政按照《中华人民共和国工会法》等有关规定,结合实际给予工会组织的补助款项;⑤工会所属的企业、事业单位上缴的收入;⑥基层工会对外投资取得的收益;⑦其他收入。并特别指出"基层工会的各项经费收入,要严格按照《中华人民共和国工会法》《中国工会章程》的规定,依法获得。"

按照《中华人民共和国工会法》规定,工会经费按在职职工工资总额的2%提取,工会会员按工资总额1%缴费。2017年2月22日,县总工会印发《关于收缴工会会员会费的通知》明确为工会会员按照本人每月实发工资收入的0.5%交纳会费,年会费按照12个月计算。同时要求各基层工会"会费收缴后将100%留在基层工会,用于开展工会活动和服务工会会员。""会费的收缴和使用要依照规定公开透明、合理使用,接受广大会员的监督。"

2.工会经费的管理

工会财务实行主任委员领导下的会计员负责制，工会经费开支坚持“统一领导、集中管理，大额开支实行集体研究决定”原则，常规性开支实行工会主任委员“一支笔”审批制。工会主任委员审批经费权限不超过2000元，超过权限及其他工会活动事项、重大决策，须经工会委员会讨论同意后报请县纪委常务会议审批研究后方能开支。

由工会组织购买的物资(易耗品除外)由工会财务登记入账，并标明数量和金额；在500元以上的，办理固定资产登记手续，注明保管人员和登记卡。对各项物品(或书籍)实行专人保管，建立验收、领用、借用、退还、处理、报废和注销制度。工会组织活动确需备用现金时，必须经主任委员或副主任委员批准后并办理借款手续，在活动结束后一周内办完结算手续。工会购买奖品、纪念品时，必须由工会和行政管理部门2人以上人员参与，要求优质、低价。对所购买物品需进行验收，做到账物相符、手续清楚。每个会计年度后一个月内，工会财务人员要向工会委员会报告上一年度收支情况及递交上年度结算报告和财务报表。工会财务人员每年要编制工会财务报表，真实、准确地反映工会经费执行情况，并接受经费审查委员会及其上级有关职能部门的检查监督。

3.工会会员可以享受的正常福利待遇及发放标准

2015年3月31日，县总工会印发《关于职工正常福利待遇及发放标准的通知》，对工会正常福利发放进行规范，各单位行政每年给予工会组织的补助款项按单位在职职工数人均不得超过2200元。

2016年7月7日，县纪委监察局机关党委印发《〈松桃苗族自治县纪委监察局机关工会经费收支管理办法〉的通知》，就县纪委监察局工会经费收支管理进行规范。对工会会员可以享受的正常福利待遇及发放标准进行明确：

①逢国家规定的法定节日(元旦、春节、清明、“五一”国际劳动节、端午、中秋、国庆)开展的慰问活动，原则上以实物发放为主。其中，春节慰问价值总额不超过500元；其他法定节日人均不超过200元。每位会员全年(包括生日慰问)福利价值年均总额不超2000元。

②工会会员生日当月，工会组织可用工会经费发放不超过300元的生日蛋糕等慰问品，或发放指定蛋糕店的蛋糕券。

③工会开展文体活动，可以单位名义租用场地；参加上级工会组织的体育比赛，如有需要可为参赛人员购买运动服装(人均不超过500元)；获得名次的可按参与人数的三分之一以内给予适当奖励；开展各类文体活动按规定开支伙食补助费、夜餐费，也可现金补助，发放标准不超过当地会议伙食标准。

④工会会员因困难申请补助的，由机关各室、各工委于每年12月末提出特困职工名单交工会评审，报纪委常委会会议研究同意，经公示无异议后，给予300元困难补助。

2016年11月23日，县纪委针对以工会名义发放评比表彰奖金的倾向，发函至县总工会，要求总工会对以工会名义发放评比奖金的问题进行规范。2016年12月1日，县总工会印发了《关于进一步规范我县基层工会经费收支管理的通知》，对工会经费收支管理实施预算管理，要求各基层工会：

一要严格遵守《工会预算管理办法》，年初编制工会年度收支预算，并报本单位行政备案。经费支出应严格控制在年度预算范围内，严禁超范围超标准开支工会经费。行政对工会的补助款项列支渠道应符合有关规定，不可将应在行政列支的费用转到工会账户支出。

二要严格控制各项开支范围、开支标准和审批程序。各项开支审批、验收手续应齐全，应附方案、通知、参与人员名单和经费预算；购物发票要写明单位名称、具体品名、数量、单价，并附购物清单；发放奖励、物品应附实名签领单；举办活动要有具体实施方案、通知以及明细经费预算，并附上参与人员名单；比赛不可普发奖金;工作餐要附用餐人员名单、用餐发票和明细清单;不可超范围超标准支出发放。并在开支的具体标准上,增加了"可以用工会费组织会员看电影,每人每年不超出200元。""工会开展的各类文体活动按规定开支伙食补助费、夜餐费,可以以现金或实物形式对因参与活动而误餐的工会干部和工会会员给予补助。发放标准每人每天中晚餐每餐不超过58元,夜餐费每人每天不超过50元。""工会组织春游秋游活动时确需在外用餐的,可安排工作餐,每人每餐不超过58元。""对于优秀学员的奖励应以精神鼓励为主、物质激励为辅,要适当控制比例,奖励标准人均不超过500元。"与此之前制定的管理办法比较,开支的标准更为具体,管理更有可控性。

三要严格控制工会经费开支,不准将工会经费用于服务职工群众和开展工会活动以外的开支。不准用工会经费购买购物卡、代金券等,搞请客送礼等活动;不准违反工会经费使用规定,滥发津贴、补贴、奖金;不准用工会经费支付高消费性的娱乐健身活动;不准单位行政利用工会账户,违规设立"小金库";不准将工会账户并入单位行政账户,使工会经费开支失去控制;不准截留、挪用工会经费;不准用工会经费参与非法集资活动,或为非法集资活动提供经济担保;不准用工会经费报销与工会活动无关的费用。各单位行政每年给予工会组织的补助款项按单位在职职工数人均不得超过2200元。

四要加强对工会经费收支的管理和监督,使用和开支符合相关规定,对违反规定和要求的行为,应及时予以纠正,情节严重的,按有关规定将严肃查处。

(五)工会活动的开展

1993年10月,县纪委监察局机关工会成立后,在县纪委领导班子的重视和支持下,积极开展了有益于会员身心健康的活动。

1.组织开展思想政治教育

县纪委监察局机关工会成立后,根据县委、县人民政府的中心工作和县纪委监察局的工作任务,结合本工会特点,先后组织开展了党的基本理论、基本路线、基本纲领、基本政策教育;学习《中国共产党章程》、学习邓小平理论,用科学的世界观、方法论武装头脑,指导实践的"三观"教育;讲学习、讲政治,讲正气的"三讲"教育;以实践"三个代表"重要思想为主要内容的保持共产党员先进性教育等系列活动及开展创建文明单位、争做文明标兵活动。同时,利用"廉政大讲堂"、廉政宣传教育活动等平台,邀请知名专家教授讲座、有关领导以及青年干部上微型课、组织理论学习讨论交流等方式,不断提高职工们的理论知识水平,拓宽了他们的思想和视野。通过对纪检监察干部的思想工作和组织开展文明创建活动,进一步统一思想、凝聚力量、陶冶情操,为推动全县党风廉政建设和反腐败工作再上新的台阶做出不懈努力。

2.组织开展文体活动

2007年12月,参加县委、县人民政府主办的"环保杯"职工篮球运动会,获男子乙组第二名。

2009年9月,参加县委、县人民政府主办的"建国六十周年'东源杯'职工篮球运动会",获男子乙组第一名。

2013年1月,参加城区机关职工篮球运动会获男子乙组第四名。

2016年,参加"'迎县庆·办旅发'全县职工篮球运动会",获男子乙组三等奖。

2017年6月5日,机关工会组织开展以"阳光纪检人·愉悦新清风"为主题的游戏活动。游戏内容有抛绣球、袋鼠跳跳向前冲、二人三足跑、踩气球、猜谜语等。通过开展活动,增强组织向心力、凝聚力,培养团队精神。

2018年2月,工会组织开展"以饺交心·全面融合"为主题的活动,内容有包饺子比赛、最美饺子、饺子接力、饺子大胃王、惩罚内容、踩气球等,为从县检察机关转隶至县纪委监委的纪检机关队伍干部间的相互认识与了解搭建融合平台。是年7月，工会组织参加“松桃苗族自治县2018年‘禁毒杯’篮球赛暨全县职工篮球赛”，获男子丙组第六名。9月10日，县纪委监委工会组织参加由县文体广电体育局、县总工会联合举办的户外徒步活动；同时，召开以“强体魄、凝聚力、扬清风”为主题的徒步活动群的筹备会。9月15日，由县纪委监委工会组建的“清风松桃徒步群”成立，并组织活动到盘石镇响水洞开展户外徒步登山运动。

2019年1月26日，县纪委监委工会在松桃民族中学开展主题为“庆祝新中国成立70周年·决战脱贫攻坚·彰显忠诚本色”的工会文艺演出活动。

为丰富干部职工文化生活，促进了解，增进友谊，2020年6月20日，县纪委监委工会联合县税务局、人民法院、县人民医院及县中医院工会举办“激情六月·魅力青春”大型联谊活动，为单身青年搭建交流平台。

3.开展慰问活动

1997年12月31日，县纪委召开常委会，对工会1998年春节组织开展慰问活动方案进行研究。按照常委会会议审定的方案，工会对在职的干部职工、退休人员开展慰问活动。

1999年1月6日，县纪委召开常委会研究福利费发放问题，工会会员80元/人，福利费120元/人（含退休人员），并以此标准开展春节慰问活动。

2001年12月30日，县纪委召开常委会，研究职工福利费和工会费发放问题，在发放时，适当向困难工会会员倾斜。

2005年1月14日，县纪委召开常委会会议，研究工会费发放问题，按照每人100元发放工会费。

2017年，按照人均每次200元标准，分别对工会165名会员开展端午节、中秋节、国庆节慰问活动。

2018年，分别在元旦、春节期间对155名工会会员开展慰问活动，发放慰问金共700元/人。与此同时，还对是年工会会员生病住院、结婚、生育小孩、亲属去世等开展慰问活动，共慰问30人次。

2019年元旦期间，慰问工会会员164人，人均200元，共计3.28万元。春节期间，慰问工会会员171人，每人发放慰问金500元。是年，工会还于清明节、“五一”国际劳动节、端午节、中秋节、国庆节对会员开展慰问活动；对34名工会会员因生病住院、生育小孩、结婚等进行慰问。2019年3月，县纪委监委工会成员胡定钦、周胜华等到县福利院开展慰问活动，了解孩子们生活学习情况，并为小孩送去新衣服、新书包。

2020年，按照元旦节庆慰问标准，发放慰问金人均200元；春节期间共对174名会员开展慰问活动；国庆节发放慰问金172人3.44万元。是年，工会对生病住院、结婚、生育小孩、亲属去世的会员开展慰问，共慰问30人次，发放慰问金1.85万元。

4.积极动员工会会员参加医疗互助

2017年3月2日，为切实帮助在职职工中的工会会员减轻医疗负担，增强抵御风险的能力，县委根据中共中央、国务院《关于深化医疗卫生体制改革的意见》“鼓励工会等社会团体开展各种形式的医疗互助活动”精神和《铜仁市总工会关于开展职工互助活动的指导意见》的有关要求，印发《松桃苗族自治县工会会员医疗互助行动实施方案》《松桃苗族自治县工会会员医疗互助行动实施细则》的通知。对医疗互助的原则、对象和期限、资金筹集、补助标准、申请程序、实施步骤进行了明确。按照规定，在互助期内，工会会员住院医疗互助补助不分具体病种，依据工会会员个人负担的住院费用额度，以符合社保报销要求的票据科目为依据，起付线从2000元起计算，按社保核定个人负担部分在2000元以上（含2000元）至1万元以下的补助40%；1万元（含1万元）以上至2万元以下的补助45%；2万元（含2万元）以上至5万元以下的补助50%；5万元以上（含5万元）的补助60%；最高补助不超过3万元。工会会员在住院治疗期间内，根据因病住院治疗天数,按照每日30元领取住院生活补助,全年最多不超过1800元;在一个互助期内,无论何种病因,多次住院治疗的,累计给付的补助达到3.18万元时,缴费工会会员住院互助终止。凡参加城镇医保且工会关系隶属县总工会的行政、事业单位的在职职工中的工会会员均可根据自愿原则,同所在单位工会统一组织参加。文件印发后,纪委监察局工会及时宣传,按照自愿的原则,动员干部参与。是年,有2名工会会员因生病住院获医疗互助补助金共2.8万余元。

2018年,有4名工会会员获医疗互助补助金共2.25万余元。

2019年3月,县人民政府印发《松桃苗族自治县2019年工会会员医疗互助行动实施方案》的通知,对工会会员医疗互助行动相关具体问题进行补充和完善,以充分发挥工会医疗互助作用,切实解决工会会员生病住院费用较高的实际问题。是年,有8名工会会员获医疗互助补助金共1.57万余元。

2020年,有11名工会会员获医疗互助补助金共1.8万元。

5.关心职工健康状况

从2016年起,县纪委监委(监察局)机关工会每年都组织在职的工会会员和退休干部进行健康体检。5年来,参加体检的纪检监察干部共800多人次。

二、妇女组织工作

1.县纪委监察局妇女组织工作情况

妇女组织工作又称女工工作,它是工会工作的一个重要组成部分。县委纪委、县监察委成立初期,女职工较少,对女职工无“特殊”政策,也未建立独立的组织机构。

随着纪检监察机关女职工逐渐增加,比例越来越大,设立专门的妇女工作机构的条件已经具备,特别是1993年10月纪委工会成立后,指定郭玉华(女)负责妇女工作。主要任务,一是计划生育;二是执行并落实国务院《女职工劳动保护规定》;三是妇女权利维护及女职工中的其他事宜。

国家监察体制改革后,妇女工作的开展由工会女工委组织承担。

2.妇女工作的开展

2006年,为认真贯彻落实《建立健全教育、制度、监督并重的惩防和预防腐败体系实施纲要》,教育引导干部配偶和家属做好反腐倡廉家庭宣传员、守门员、监督员,筑牢家庭拒腐防变的“第一道防线”,县纪委和县妇联联合组织开展了家庭助廉“八个一”(即召开一次领导干部配偶参加的家庭助廉会、向全县600余名领导干部配偶及家属寄发一封公开信、读一本《家庭助廉教育读本》书、举办一场廉政知识竞赛、观看一场警示教育片、举办一次干部配偶座谈会、表彰一批家庭“廉内助”、举办一场“贤内助”典型报告会)活动,积极营造以廉为荣、以贪为耻的廉政文化氛围,推动全县党风政风和社会风气的好转。

2007年9月,县纪委与县妇联组织开展《“廉洁的你、幸福的家”家庭助廉倡议书》和“家庭助廉及反腐倡廉格言”发送仪式暨宣传教育活动,引导女干部树立“家庭助廉”意识、弘扬“勤俭促廉”传统、营造“文化养廉”氛围,谨记“一身正气上班去,两袖清风回家来”“夫贵妻荣、妻严夫廉”“家有贤妻、胜似黄金”等格言,当好伴侣的贤内助,营造风清气正良好家庭氛围。

2009年4月,县纪委妇联围绕“五个一”开展廉政文化建设。一是印发一份“家庭助廉”倡议书;二是签订一份“廉洁家庭”承诺书;三是召开一次干部家属廉政座谈会;四是开展一次“廉政文化进家庭”活动;五是表彰一批廉政文化进家庭先进典型。

2013年2月,县纪委干部麻志南荣获“全国三八红旗手”称号。

2015年,县纪委监察局在参加“快乐松桃·美丽苗乡”庆“三八”松桃花鼓大赛中,荣获组织奖。

2017年3月，县纪委监察局组织女干部参加全县“三八”国际劳动妇女节歌咏赛。

2018年3月，县纪委县监委组织女干部参加“三八”国际劳动妇女节登山活动。12月，县纪委县监委干部郎松、陈祥军两户家庭被县妇联授予2018年度县级“平安家庭”示范户。

2020年3月，县纪委县监委干部宋扬、杨文君家庭被县妇联授予2019年度平安家庭示范户。5月，在由县委宣传部、妇联和文联联合举办“巾帼勇担当·奋战展风采”纪念“三八”国际劳动妇女节110周年征文活动中，县纪委监委干部室麻栩粹撰写的《父亲的摩托车》、宣传调研室陈孟珍撰写的《“侠姐”的巾帼担当》、迓驾镇纪委书记杨春芽撰写的《题战疫有感》获优秀作品奖。

1993年松桃苗族自治县纪委监察局工会成立时会员一览表

表17-1

姓　名	性别	族别	出生年月	参加工作时间	从事纪检工作时间	政治面貌	学历	岗位职务
李朝安	男	苗族	1952年10月	1974年8月	1993年6月	中共党员	大专	纪委书记
刘大元	男	苗族	1942年11月	1960年3月	1982年3月	中共党员	高中	纪委副书记
龙沛云	男	苗族	1948年9月	1969年12月	1993年5月	中共党员	大专	纪委副书记、监察局局长
祝经元	男	苗族	1933年7月	1953年8月	1984年9月	中共党员	初中	纪委常委
张　智	男	苗族	1961年9月	1980年8月	1989年4月	中共党员	大专	纪委常委
黄前明	男	汉族	1963年5月	1982年8月	1992年6月	中共党员	中专	纪委常委
杨通全	男	土家族	1942年2月	1958年4月	1984年10月	中共党员	中专	纪委常委
吴见闻	男	苗族	1938年5月	1958年8月	1993年5月	中共党员	中专	副书记
龙树林	男	苗族	1951年7月	1973年8月	1987年8月	中共党员	大专	宣教室主任
龙中文	男	苗族	1956年12月	1972年12月	1987年8月	中共党员	高中	信访室主任
麻开甲	男	苗族	1959年12月	1980年8月	1988年3月	中共党员	大专	监察室主任
田　著	男	苗族	1958年11月	1975年8月	1989年7月	中共党员	大专	案件监察室副主任
李明福	男	侗族	1955年4月	1975年8月	1993年5月	中共党员	大专	办公室副主任
石玉珍	女	苗族	1944年1月	1964年2月	1990年3月	中共党员	高中	纪检员
龙　慧	女	苗族	1964年11月	1981年12月	1988年3月	中共党员	大专	纪检员
郝利华	女	苗族	1959年9月	1977年7月	1988年5月	中共党员	中专	信访室副主任
刘永军	男	汉族	1962年6月	1981年10月	1988年5月	中共党员	初中	驾驶员
龙黔富	男	苗族	1955年5月	1974年1月	1990年1月	中共党员	高中	驾驶员
龙绍刚	男	苗族	1965年12月	1986年8月	1988年5月	—	大专	纪检员
龙求华	男	苗族	1955年5月	1973年12月	1991年9月	—	大专	纪检员
唐海燕	男	苗族	1962年6月	1984年8月	1991年9月	—	大专	秘书
郭玉华	女	苗族	1959年9月	1979年5月	1992年12月	—	中专	打字员
李选炳	男	汉族	—	—	—	—	—	退休
黄相兰	女	汉族	1932年12月	1951年9月	1979年4月	中共党员	小学	退休

第十八章　乡镇(街道)纪检监察工作

1992年5月,根据《省人民政府关于松桃苗族自治县建镇并乡撤区行政区域变更的批复》文件精神,全县撤10个区委、1个镇委(区级)和60个乡(镇)党委(其中,乡48个、镇12个),重新组建规格为科局级的28个乡镇党委(其中,建乡15个、建镇13个),各乡镇党委直接受县委领导。"建并撤"后,各乡镇相继成立党的纪律检查委员会,设书记1人,委员2人;乡镇纪委书记为副科(局)级干部配置。

从1993年3月起,各乡镇先后召开"建并撤"后第一次党代会,选举产生中共松桃苗族自治县各乡镇纪律检查委员会;在同级党委和上级纪律检查委员会的双重领导下,履行对辖区内党组织、党员领导干部、党员进行党的纪律监督和检查,承担党风廉政建设和反腐败职责;乡镇纪委每届任期3年。是年4月,县纪委、县监察局合署办公。全县28个乡镇相继设立监察室。乡镇纪委(监察室)在同级党委和县纪委监察局双重领导下开展纪检监察工作。

2002年,乡镇纪委换届,每届任期由3年改为5年。为加强乡镇纪检监察工作,全县28个乡镇中有蓼皋、正大、孟溪、乌罗、木树5个乡镇纪委书记同时担任乡镇党委副书记。2003年7月后,九江、盘信、大坪、甘龙等23个乡镇纪委书记同时担任乡镇党委副书记。

2006年5月,根据铜地机编办〔2006〕56号文件规定,配备专职纪委副书记1名(股级干部)。

2013年5月,省人民政府同意撤销大兴镇建制,设置大兴街道办事处。2015年12月,省人民政府批复,同意松桃苗族自治县部分乡镇行政区划调整,撤销正大乡、平头乡、大路乡、冷水溪乡、木树乡、黄板乡建制,分别设置正大镇、平头镇、大路镇、冷水溪镇、木树镇、黄板镇;撤销蓼皋镇、九江乡、世昌乡、太平营乡建制,分别设置蓼皋街道、九江街道、世昌街道、太平营街道。在2016年8月换届时,按照行政区划的调整,撤销11个乡镇纪律检查委员会,成立6个新的镇纪委、5个街道纪工委。在全县乡镇(街道)纪委的配置上,设纪(工)委书记1名,副书记1名。2016年机构改革,纪(工)委书记不再担任乡镇(街道)党(工)委副书记,同时撤销乡镇监察室。

2019年7月,国家监察体制改革向乡镇(街道)延伸,设立县监察委员会派出乡镇(街道)监察办公室,设主任、副主任、监察专员各1名;乡镇(街道)纪(工)委书记兼任监察办公室主任,纪委副书记兼任监察办公室副主任。监察办公室与乡镇(街道)纪(工)委合署办公,实行"两块牌子、一套人员"的管理体制,根据县监察委员会授权,按照干部管理权限,依法履行对辖区范围内行使公权力的公职人员进行监督、调查、处置职能职责。

第一节　蓼皋街道纪检监察工作

一、机构队伍

1992年5月,按照县"建镇、并乡、撤区"的安排,撤销蓼皋镇(区级镇)和松江区,由蓼皋镇与松江区所辖的坪块、粑坳、八龙3个乡合并，组建新的蓼皋镇行政区划；是年6月，县委任命龙胜达为镇纪委书记。

1993年3月，蓼皋镇召开第一次党代会，选举产生中共松桃苗族自治县蓼皋镇纪律检查委员会。镇纪委每届任期3年至2001年年底。2002年换届，镇纪委每届任期由3年改为5年，与同级党委的任期衔接一致，镇纪委书记同时担任镇党委副书记，职能配置直至2016年机构改革。

2015年12月，省人民政府批复，同意松桃苗族自治县部分乡镇行政区划调整，撤销蓼皋镇建制，设置蓼皋街道。

2016年8月换届后，撤销中共松桃苗族自治县蓼皋镇纪律检查委员会，成立中共松桃苗族自治县蓼皋街道纪律检查工作委员会。

2019年7月，国家监察体制改革向乡镇(街道)延伸，设立县监察委员会派出蓼皋街道监察办公室，与街道纪工委合署办公，实行“两块牌子、一套人员”的管理体制，履行纪检监察职责。

中共蓼皋镇纪律检查委员会

(1992年6月至2016年8月)

书　记	龙胜达(苗族)	1992年6月至1998年6月
	王德军(土家族)	1998年6月至2001年12月
	杨通国	2001年12月至2006年8月
	龙丽萍(女，苗族)	2006年8月至2012年4月
	杨文江(苗族)	2012年4月至2013年3月
	陈　睿(苗族)	2013年3月至2014年2月
	唐　渊(苗族)	2014年2月至2014年12月
	龙松林(苗族)	2014年12月至2016年8月
副书记	陈　睿(苗族)	2006年8月至2010年12月
	欧求海(苗族)	2010年12月至2016年3月
纪委委员	龙胜达(苗族)	1992年6月至1998年6月
	龙回香(女，苗族)	1993年3月至1996年2月
	张根银(苗族)	1993年3月至1996年2月
	龙万珍(女，苗族)	1996年2月至1999年3月
	李宗瑜	1996年2月至1999年3月
	王德军(土家族)	1998年6月至2001年12月
	秦小会	1999年3月至2002年3月
	龙超渊(苗族)	1999年3月至2002年3月
	杨通国	2001年12月至2006年8月
	田如江(苗族)	2002年3月至2006年8月
	陈长春	2002年3月至2006年8月
	龙丽萍(女，苗族)	2006年8月至2012年4月

	陈　睿（苗族）	2006年8月至2010年12月
	徐发林	2006年8月至2011年10月
	潘梅英（女，苗族）	2006年8月至2015年12月
	谭松军（苗族）	2006年8月至2014年12月
	杨三毛（苗族）	2006年8月至2011年9月
	杨海文	2006年8月至2011年9月
	欧求海（苗族）	2010年12月至2016年3月
	龙成勇（苗族）	2011年10月至2016年8月
	杨文江（苗族）	2012年4月至2013年3月
	陈　睿（苗族）	2013年3月至2014年2月
	唐　渊（苗族）	2014年2月至2014年12月
	贺卫锋（苗族）	2014年8月至2016年8月
	龙松林（苗族）	2014年12月至2016年8月

蓼皋镇监察室

（2000年9月至2015年8月）

主　任	龙滕洲（苗族）	2000年9月至2003年1月
	黄竹仙（女）	2003年2月至2005年4月
	徐发林	2005年4月至2015年8月

中共蓼皋街道纪律工作委员会

（2016年8月至2020年12月）

书　记	吴志松（苗族）	2016年8月至2020年12月
副书记	杨海波（苗族）	2016年8月至2020年4月
	陈双凤（女，苗族）	2020年4月至2020年12月
纪工委委员	吴志松（苗族）	2016年8月至2020年12月
	杨海波（苗族）	2016年8月至2020年4月
	贺卫锋（苗族）	2016年8月至2016年12月
	段于珍（女）	2017年12月至2020年12月
	麻楗城（苗族）	2017年12月至2018年4月
	廖仕能（土家族）	2018年4月至2020年12月
	陈双凤（女，苗族）	2020年4月至2020年12月

县监察委员会派出蓼皋街道监察办公室

(2019年7月至2020年12月)

主　任	吴志松(苗族)	2019年7月至2020年12月
副主任	陈双凤(女,苗族)	2020年4月至2020年12月
监察专员	赵　勇(土家族)	2019年12月至2020年12月

二、主要工作

(一)党风廉政建设

蓼皋镇(街道)纪(工)委按照党章规定,协助党(工)委推进全面从严治党、加强党风廉政建设和反腐败工作,监督同级党委履行全面从严治党主体责任,确保党的路线方针政策和中央、省委、市委、县委重大决策部署得到贯彻落实。

1992年,镇纪委注重加强党纪、党风和廉政教育,组织党员学习党纪党规,增强纪律意识。

1993年,成立镇反腐倡廉领导小组,印发党风廉政建设规定并开展"建并撤"后干部职工拖欠公款公物自查清理工作。

1994年,根据《关于对群众举报全县中小学乱收费问题专项检查的通知》,对蓼皋镇中小学进行乱收费情况清理。

1995年至1996年,组织干部职工学习关于严禁在元旦、春节等节假日期间用公款请客送礼、滥发钱物、大吃大喝、铺张浪费等文件,并开展自查自纠工作。

1997年至1998年,根据《松桃苗族自治县党政机关厉行节约制止浪费行为实施细则》,开展严格控制新建和装修办公楼、各种会议、各种庆典活动、接待费用、公款安装住宅电话、购买移动电话、配备小汽车、各种检查评比等自查清理工作。

1999年至2001年,制订和建立健全领导班子成员党风廉政建设责任制度,完善领导班子廉政档案。镇纪委与领导班子成员签订党风廉政建设责任书,形成一级抓一级,层层抓落实的局面。1999年8月,镇党委印发《蓼皋镇党风廉政建设责任制落实意见》,明确班子成员抓好分管部门、单位的廉政建设责任制落实,自觉遵守制止奢侈浪费八项规定,坚持镇长一支笔签字开支。镇纪委认真学习中共十五届六中全会及江泽民总书记"三个代表"重要思想,全面落实党风廉政建设责任制。在全镇范围内推行政务公开、村务公开,依法查处影响较大的经济案件和及时查清群众反映强烈的信访案件。镇纪委从1999年起与各村(居)委会签订村务公开责任书,要求各村(居)委会每半年实行村务活动及财务收支公开一次,接受群众监督。全镇建立永久性村务公开栏15个,临时公开栏24个。设立政务公开栏8个,对全镇8个重点单位实行了政务公开制度。

2002年,明确镇纪委书记职能职责,共十一条。是年4月,转发《关于重新印发〈全镇党风廉政建设责任制实施细则〉》的通知,实施细则共九章二十一条,自2002年4月15日起试行。是年年底进行2002年度党风廉政建设和反腐败斗争目标管理量化考核,内容有党风廉政建设工作、查办案件、纠正部门和行业不正之风工作、按时完成县纪委监察局交办的其他事项。

2004年5月，印发深入学习宣传贯彻《中国共产党党内监督条例(试行)》和《中国共产党纪律处分条例》的通知，开展围绕以两个条例为主要内容的“八个一”教育活动，即学习一套文件、看一场反腐倡廉电教片、举办一次培训班和专题辅导讲座、撰写一篇心得体会、组织一次党纪条规知识测试、向县推荐一批(或表彰的)勤政廉政先进典型、开展一次党内法规知识宣传和协助县举办一场反腐倡廉晚会。

2005年3月，印发《2005年党风廉政建设和反腐败各项任务分解表》的通知，内容有领导干部廉洁自律重点工作、查办违纪违法案件、纠正损害群众利益的不正之风及执法监察，积极推进从源头上预防和治理腐败工作，建立健全监督制约机制，落实党风廉政建设责任制和党风廉政建设宣传工作。4月，镇党委印发《2005年度党风廉政建设和反腐败斗争工作目标管理考评办法》的通知。是年5月，学习宣传贯彻《建立健全教育、制度、监督并重的惩治和预防腐败体系实施纲要》，并成立领导小组，镇纪委书记任组长，其他站所负责人为成员，抓好全镇各单位、学校、部门党风廉政建设责任制的落实。镇党委政府与各单位、学校、部门签订党风廉政建设责任状。

2006年6月，贯彻全县党风廉政建设工作会议，研究制订《蓼皋镇2006年纪检监察工作安排意见》，签订《党风廉政建设责任状》35份。针对人民群众反映强烈的问题，开展禁止干部职工在婚丧嫁娶等红白喜事中大操大办酒席专项整治行动，治理商业贿赂专项整治行动，治理教育乱收费专项整治行动和政务、村务、校务公开等工作。

2007年，印发《蓼皋镇2007年纪检监察工作要点》，协助镇党委落实计划生育“双清”工作，处理违反计划生育政策村干部2人。开展领取财政工资的工作人员“吃空饷”自查工作。

2008年，制订《党员领导干部党风廉政建设责任书》，与站所、学校、部门签订责任书45份，协助镇党委开展“小村并大村”工作，监督做好财务、财产的交接工作。

2009年至2011年，开展“四议两公开”工作，设立便民服务中心，选取5个站所进驻，实行首问责任制。每年签订党风廉政责任状，共签订95份。深入开展“作风建设年、环境建设年、项目建设年”活动，推行村务公开，督查了20个村的村务公开情况，全镇村务公开2期。

2012年4月，蓼皋镇党委印发《2012年农村党风廉政建设工作安排意见》的通知，强化农村党风廉政制度落实；加强农村集体资金、资产、资源管理；加大对强农惠农政策落实情况的监督检查；严肃查处涉农违纪违法问题。狠刹借乔迁新居、子女升学等事由大操大办酒席的行为。是年5月，镇党委下发2012年度镇领导班子党风廉政建设和反腐败工作职责分解方案，明确领导班子5个方面的党风廉政建设和反腐败工作职责。在镇综合办、镇国土所、镇农业服务中心、镇畜牧兽医站、镇财政所5个站所开展民主行风评议活动。

2013年，学习贯彻落实《中国共产党纪律处分条例》和《中国共产党党内监督条例》等有关内容，开展廉政文化进机关、进社区、进校园、进企业、进农村、进家庭“六进”活动，制作廉政挂图10张，廉政文化墙200平方米。建立“廉政食堂”，严格执行接待标准，加强对“廉政食堂”运行的监督，督查5次，接待费用与上年同期相比下降21.7%。开展中小学春季秋季入学收费监督检查，检查中学1所，小学10所，发现问题10个，限时进行了整改。

2014年，开展党的群众路线教育实践活动的督查，没有发现问题。严格落实中央八项规定、省委十项规定，市委、县委相关规定，打造廉洁高效服务型政府，提升党和政府公信力。开展清理“吃空饷”工作，清退3人。

2015年，强化党风廉政建设“一岗双责”责任制，把责任制纳入领导干部目标管理考核，并与各单位、学校、部门签订了党风廉政建设责任状。开展党务公开、政务公开、村务公开工作，安装阳光村务白黑板102块。强化镇村两级领导干部党风廉政建设责任意识，制订《党政领导干部党风廉政建设责任制》，把党风廉政建设和反腐败任务分解量化到各村、各职能部门,形成齐抓共管的局面。以阳光政务推进廉政监督,要求各村每季度公开一次财务,并围绕群众关心的热点、焦点问题及时公开村务,接受社会监督。镇纪委组建工作组对全镇所有村和镇直单位廉洁自律责任制落实情况开展检查,按照“听(听负责人述廉)、查(小组查廉)、谈(找干部群众谈廉)”相结合的办法,对镇直单位领导班子成员和村支两委干部执行责任制和廉洁自律情况进行考核测评,并实行相应的奖惩措施。

2016年,针对个别窗口服务单位门难进、脸难看、事难办以及“三乱”现象,镇纪委加大执法监察和纪律处分力度。针对个别村和镇直单位公务接待奢侈浪费、挥霍公款的歪风,镇纪委出台相关惩治规定,严格控制各种公用经费开支。以群众满意不满意作为衡量工作的标准,扎实开展创建“群众满意基层站所”活动。每月不定期对上班期间到岗到位情况进行督查,开展对重要节点值班人员到岗情况督查。与街道全体干部职工、村(社区)干部签订不违规请吃酒承诺书200余份。是年,街道纪工委接到操办酒席备案45起,制止违规操办酒席3起,处置1起。对中坪村三职干部因不履行职责导致该村村民违规操办“月子酒”进行查处,并在全街道进行通报,扣除年终村干部绩效奖金每人100元。加强对各村(社区)换届期间的纪律监督;与党工委班子、驻村第一书记、街道全体干部职工、村(社区)干部签订换届纪律承诺书200余份;采取集体约谈、个人交谈的方式谈心谈话200余人次,发放“换届纪律九严禁”卡片200余张,做到逢会必学,让换届纪律入脑入心。

2017年,开展对迎接环保督察、环境卫生考核、脱贫攻坚攻势、秋冬种、易地扶贫搬迁旧房拆除督查,印发督查通报5期。开展对城乡居民养老保险、居务公开、中共十九大会议期间值班值守情况督查。印发《蓼皋街道干部职工考核办法(试行)》《蓼皋街道社区干部考核办法(试行)》《关于进一步规范财务管理的通知》。协助党工委贯彻落实党风廉政建设责任制,严格落实本辖区党风廉政建设责任“一岗双责”。坚持抓早抓小,运用“四种形态”,约谈38人次,其中提醒谈话30人,诫勉谈话3人,问责谈话5人。逐级开展约谈,书记约谈班子成员,班子成员约谈分管股室站所人员及联系社区干部,形成层层抓落实,个个遵廉洁的氛围。组织干部职工学习县纪委下发的执纪监督通报7次。开展党风廉政建设集中约谈一次,整改问题5个,涉及资金20万余元。协助县纪委拍摄纪检干部走基层新闻,是年10月28日在贵州新闻频道播出。

2018年,按照“一岗双责”分级约谈要求,书记约谈班子成员、班子成员约谈分管站所和联系村(社区),共约谈干部200余人次,签订党风廉政建设责任状35份,对辖区内干部提职、发展党员、特岗教师转正人员进行审查并出具廉洁自律报告15份。开展对蓼皋辖区内樟桂、八龙、鸡爪、镇江、稿楼5个贫困村进行大走访,走访率达100%。发现问题12个,督促整改4个,问责2人。在就业扶贫工作中,走访19个村(社区)监委会主任,发现问题5个,对负有主体责任的贵州众归投资集团有限公司(松桃蓼皋惠民劳务服务有限公司)责成其进行整改。围绕“四个专项”突出民生领域,严肃惩治腐败,与街道政法委加强协作,资源共享,收集相关线索,逐一进行筛选,捕捉黑恶势力的“保护伞”,收集到线索1条上报县纪委。牵头开展农业产业、非洲猪瘟、驻村干部以及5个贫困村的精准扶贫工作督查,发现问题10个,督促整改10个。5月9日,在人民网刊发《贵州松桃:科技手段“助攻”学习宣传〈监察法〉》文章,报道蓼皋镇组织开展学习宣传《中华人民共和国监察法》的情况。是年,蓼皋街道纪工委被蓼皋街道党工委评为脱贫攻坚工作“先进集体”,被县纪委监委评为全县纪检监察系统“先进集体”。

2019年,开展津补贴、违规列支“三公”经费专项整治工作,开展巩固拓展落实中央八项规定精神成果、“四风”问题自查自纠工作。开展2次党风廉政建设“两个责任”分级约谈,共约谈党政班子副科级以上干部20人,一般干部职工296人。对樟桂、镇江、鸡爪等5个社区进行专项核查,发现问题5个。组织片区民生监督组开展团山安置点、决基安置点、水塘河安置点易地扶贫搬迁贫困户核查。街道纪工委开展扶贫干部吃住在村、房前屋后硬化、环境整治、房屋透风漏雨整治等工作督查50次,通报4次8人,诫勉谈话2人。开展建档立卡贫困户“四卡合一”“收益卡”、申请书等档案资料的整理情况检查,发现问题10个,通报批评帮扶干部2人。是年7月22日《铜仁日报》刊发《松桃县蓼皋街道打通村“小监委”发挥大作用》;8月13日,人民网刊《松桃蓼皋街道“334”模式打通村级监督“最后一公里”》等新闻报道。是年7月11日,贵州省纪委常务副书记、省监委副主任黄文胜到松桃开展工作调研,对蓼皋街道民生监督工作给予充分肯定。是年,街道纪工委被县纪委监委评为全县纪检监察系统“先进集体”,蓼皋街道纪工委书记吴志松先后被县纪委监委、市纪委市监委评为“新时代最美纪检监察干部”。

2020年,对各村(社区)党组织和党员干部学习贯彻中共十九届五中全会精神、落实党内政治生活等情况开展监督检查10次,发现并督促整改问题5个。加强廉洁自律监督审查,把提醒约谈、民主生活会、违纪处理等个人材料作为干部的档案材料,开展“两个责任”分级约谈200余人次。为特岗教师转正、公职人员入党、职工职称评定、评优评模、干部提拔等出具廉洁自律情况材料25份。监督检查疫情防控、“六稳六保”等工作。对社区疫情卡点、城区小区疫情防控值班值守,协助县纪委监委对辖区内三和锰业、汇丰锰业复工复产督查,督促企业有序复工复产。对街道所辖29个村(社区),以及县城101个小区防控点进行督查,发现并现场整改问题15个,立案2人,诫勉谈话2人,谈话提醒4人,通报批评2人。督查单位干部职工、村(社区)干部值班值守10次。对城区公益性岗位人员上岗情况进行督查,发现问题10个,整改9个,立案1人。同时,开展制止餐饮浪费、违法占地建房等工作督查,整改问题2个。协助县纪委建立蓼皋街道科级干部廉政档案15份。是年,街道纪工委被蓼皋街道党工委评为脱贫攻坚“先进集体”,蓼皋街道纪工委书记吴志松被县纪委监委评为纪检监察系统“先进工作者”。

(二)信访受理

2012年,受理群众来信来访1件,其中市纪委转交办1件。反映村干部1件。

2013年,受理群众来信来访2件,本级受理2件。反映村干部2件。

2014年,受理群众来信来访7件,其中本级受理5件,市纪委转交办2件。反映村干部7件。

2015年,受理群众来信来访10件,其中本级受理8件,市纪委转交办2件。反映村干部10件。

2016年,受理群众来信来访16件,其中本级受理10件,市纪委转交办6件。反映村干部14件、政府干部2件。

2017年,受理群众来信来访18件,其中本级受理5件,市纪委转交办13件。反映村干部18件。

2018年,受理群众来信来访16件,其中本级受理10件,市纪委转交办6件。反映村干部15件,政府干部1件。

2019年,受理群众来信来访8件,其中本级受理6件,市纪委转交办2件。反映村干部8件。

2020年,受理群众来信来访8件,其中本级受理1件,市纪委转交办1件,来信6件。反映村干部6件,政府干部2件。其中承接省委巡视九组、县委第五巡察组巡察蓼皋街道交办件4件,全部办结。

(三)民生监督

2014年,成立蓼皋镇民生监督特派组,加强对民生项目的监督。开展中小学校教育收费、贫困生补贴发放和学校营养午餐专项监察,走访村小学5所,走访了解群众130余次。

2015年,开展家电下乡补贴、农机具补贴、畜牧良种补贴、农村危房改造、学生资助金、能繁母猪补贴、民生事务专项监察。启动民生领域整治铸廉三年行动,坚持“一岗双责”和“一案双查”,对民生领域监管工作主体责任不落实以及自查自纠过程中不作为、乱作为等问题,追究相关单位及人员责任。

2016年,开展微型企业补助资金、精准扶贫中的精准识别、精准帮扶、精准退出、社会保障兜底一批精准、“雨露计划”、农村饮水安全项目的专项监察,其中开展计生工作人员存在“送红包”问题整治,并查出存在法定假日期间违规发放加班费的问题,清退镇计生办麻某某等12人违规发放加班费1.6万元,清退镇计生办工作经费400元,并对相关责任人进行约谈。开展清查辖区内小额贴息贷款情况专项监察,蓼皋街道民生监督组走访群众300余人。在开展人畜饮水工程专项监察过程中,走访蓼皋街道范围内人畜饮水工程村寨,通过现场比对、调查、走访村民,发现问题3个,并进行整改和对有关责任人处理。对“雨露计划”各种技能培训班进行核查,走访了解群众1000余人次,在核查过程中发现技能培训问题20余个,已全部进行整改。

2017年,开展农户科学储粮专项投资计划专项监察,未发现问题。开展“一事一议”财政奖补项目资金专项监察,以及对2015年、2016年专项监察“回头看”工作。第四季度开展易地扶贫搬迁、百合种植、农村居民养老保险等3个专项监察,发现问题5个,整改4个,立案1个。11月29日,开展了第二轮“访村寨、重监督、助攻坚”专项行动暨农村新型经济实体运行管理情况、农村改厕项目专项监察,走访了解群众100余次,发现问题5个,完成整改4个,立案1件。

2018年,开展中药材种植项目、果树种植项目、油茶种植项目、农村贫困人口大病救治和城乡医疗救助、畜牧业发展项目专项监察,走访了解群众140余次,发现问题10个,完成整改10个。按照“五个示范”创建要求,蓼皋街道民生监督示范、29个村务监督示范,结合脱贫攻坚“五个专项治理”工作,对脱贫攻坚工作中作风不实的严肃惩治,通报9人。开展农村新型经济实体运行管理情况专项监察,发现问题2个,全部整改。

2019年,开展涉林扶贫民生项目专项监察,深入开展“访村寨、重监督、助攻坚”专项行动、易地扶贫搬迁和财政涉农补贴资金“一折通”专项监察,围绕“扶贫资金管理使用不规范、驻村帮扶不扎实、脱贫攻坚政策落实不到位”专项治理,着力整治官僚主义形式主义等突出问题,切实维护群众利益。把握扫黑除恶任务要求,聚焦重点问题和关键环节,强力推进扫黑除恶专项斗争。

2020年,聚焦民生领域,采取民生监督组+街道纪工委+社区监委会“三级联动”模式开展工作,组织监委会主任开展村(社区)种植百香果、油茶产业项目督查50余次。开展农村安全饮水、边缘户、脱贫不稳定户、贫困户的督查,发现问题49个,已整改完成。开展疫情防控、“杨荣式”大走访100余次,发现问题20余个,全部整改完成。“访村寨、重监督、助脱贫”走访50人次。蓼皋街道辖区涉及樟桂、陆地、江桥、稿楼、兴凉、高峰、木溪、下民、鸡爪、八龙、粑坳11个村油茶基地以长养短第一批中央财政专项扶贫资金,新建油茶套种500亩基地进行督查。

(四)警示教育

街道纪工委重视党风廉政建设警示教育工作,每年开展形式多样的廉政建设教育警示活动。

2006年至2013年,利用会议、标语、板报、宣传栏、播放电教片等形式,有计划、有步骤地组织开展反腐倡廉宣传教育活动。

2014年,通过组织党员干部观看警示教育片、学习警示教育读本等,开展经常性警示教育。

2015年,以党性党风党纪教育为重点,开展示范教育、警示教育、岗位廉政教育,引导党员干部讲党性、重品行、做表率,全年开展警示教育12次。

2016年,组织街道和社区干部学习换届纪律规定、观看《湖南衡阳破坏选举案》《四川南充换届贿选案》《镜鉴》等警示教育片,开展警示教育。

2017年,组织街道社区两级干部到县警示教育基地接受教育1次;建立社区重大事务发布平台,“白黑板”作用进一步明显;组织政府全体干部职工、村(社区)四职干部开展扶贫领域警示教育活动2次。

2018年,组织政府全体干部职工、各村(社区)“三员”开展扶贫领域警示教育活动2次。

2019年，组织党员干部、驻村（社区）干部、第一书记、村（社区）干部等共110人，赴县党风廉政建设警示教育基地接受警示教育，并重温入党誓词。组织街道党工委领导班子和干部职工观看《董事长的没落》警示教育片，做到警钟长鸣。组织党员干部、驻村（社区）干部、第一书记、村（社区）干部开展扶贫领域警示教育进蓼皋活动2次。

2020年，持续强化不敢腐的震慑，让利剑高悬、震慑常在，营造不敢腐的氛围，充分发挥查处一案、警示一片、治理一域的治本作用。开展党风廉政建设警示教育10余次，开展“两个责任”分级约谈干部200余人。

第二节　九江街道纪检监察工作

一、机构队伍

1992年5月，按照县“建镇、并乡、撤区”的安排，撤销原松江区所辖的九江乡，成立新的九江乡，其行政区划保持不变，规格升为科局级；同年6月，县委任命谭义祯为乡纪委书记。

1993年3月，九江乡召开第一次党代会，选举产生中共松桃苗族自治县九江乡纪律检查委员会。

2015年12月，省人民政府批复，同意松桃苗族自治县部分乡镇行政区划调整，撤销九江乡建制，设置九江街道。

2016年8月换届后，撤销中共松桃苗族自治县九江乡纪律检查委员会，成立中共松桃苗族自治县九江街道纪律检查工作委员会。

2019年7月，国家监察体制改革向乡镇（街道）延伸，设立县监察委员会派出九江街道监察办公室，与街道纪工委合署办公，实行“两块牌子、一套人员”的管理体制，履行纪检监察职责。

中共九江乡纪律检查委员会

（1992年6月至2016年8月）

书　　记	谭义祯	1992年6月至1996年2月
	刘建华（侗族）	1996年2月至2003年7月
	杨玉珍（女，苗族）	2003年7月至2006年8月
	杨建华（苗族）	2006年8月至2010年12月
	张永峰（苗族）	2011年9月至2014年12月
	张文飞（土家族）	2015年3月至2016年2月
副书记	尹修龙（土家族）	2006年8月至2008年6月
	刘　明（土家族）	2009年4月至2010年12月
	易小峰（苗族）	2011年4月至2014年12月
	文祝华（苗族）	2015年4月至2016年8月
纪委委员	谭义祯	1992年6月至1996年2月
	杨秀林	1993年3月至1996年2月
	宋景海	1993年3月至1996年2月
	刘建华（侗族）	1996年2月至2003年7月

万昌平	1996年2月至2002年3月
吴　昊	1996年2月至1999年3月
李海林	2002年12月至2010年10月
杨玉珍(女,苗族)	2003年7月至2006年8月
杨建华(苗族)	2006年8月至2010年12月
杨劲松	2006年8月至2011年8月
尹修龙(土家族)	2006年8月至2008年6月
田　跃(苗族)	2006年8月至2016年8月
李　松(土家族)	2006年8月至2016年8月
刘　明(土家族)	2009年4月至2010年12月
易小峰(苗族)	2011年4月至2014年12月
张永峰(苗族)	2011年9月至2014年12月
杨　袆(苗族)	2011年9月至2014年12月
杨武超(苗族)	2011年9月至2016年8月
张文飞(土家族)	2015年3月至2016年2月
文祝华(苗族)	2015年4月至2016年8月

九江乡监察室

(2002年12月至2010年10月)

主　　任	李海林	2002年12月至2010年10月

中共九江街道纪律工作委员会

(2016年8月至2020年12月)

书　　记	周建思	2016年8月至2018年12月
	刘　轶(苗族)	2019年5月至2020年12月
副 书 记	文祝华(苗族)	2016年8月至2020年3月
纪工委委员	周建思	2016年8月至2018年12月
	文祝华(苗族)	2016年8月至2020年12月
	李　松(土家族)	2016年8月至2017年9月
	田　跃(苗族)	2016年8月至2018年3月
	杨　萍(女)	2016年8月至2018年10月
	刘　轶(苗族)	2019年5月至2020年12月

县监察委员会派出九江街道监察办公室

(2019年7月至2020年12月)

主　　任　　刘　轶(苗族)　　2019年7月至2020年12月
副 主 任　　(暂缺)
监察专员　　文祝华(苗族)　　2019年12月至2020年12月

二、主要工作

(一)党风廉政建设

九江乡(街道)纪委(纪工委)按照党章规定,协助党委(党工委)推进全面从严治党,加强党风廉政建设和组织协调反腐败工作,监督同级党委(党工委)履行全面从严治党主体责任,确保党的路线方针政策和中央、省委、市委、县委重大决策部署得到贯彻落实。

1992年,组织学习邓小平南方谈话、中共十四大精神,在11月25日"建并撤"后第一次乡直机关职工会议上,对代某某酗酒闹事处理情况进行通报。

1993年,开展烤烟和计划生育工作监督检查,防止乱作为。

1994年,按照《关于清收拖欠种子款的通知》要求,开展种子清收拖欠款排查工作;按照《关于党员和党政干部在清理农民和国有乡镇企业违法占地工作中违法违纪行为进行处理的通知》要求,开展清理违法占地工作监督检查;对全乡中小学收费问题进行监督检查,取消不合理收费项目6项。

1995年,开展学习孔繁森、田沛发、田金定先进事迹活动,提高党员干部无私奉献精神及廉洁自律自觉性,对元旦、春节等节假日期间用公款请客送礼、滥发钱物、大吃大喝、铺张浪费等问题进行自查清理。

1996年,按照《关于对中小学校乱收费、向农民乱收费、乱摊派及烤烟收购中存在问题开展专项举报的通知》精神,对中小学乱收费等问题进行专项检查;对地安村集资搭电资金进行核实,协助党委召开民主生活会,广泛征求意见,督促班子成员认真查摆问题,开展批评与自我批评,提出整改措施。

1997年,组织学习中共十五大精神,《贵州省国家公务员、党的机关工作者考勤办法(试行)》,对干部职工工作作风提出具体要求。

1998年,组织学习《党员领导干部廉洁从政若干准则》,按照《关于加大工作力度,进一步治理好公路"三乱",防止回潮反弹的通知》要求,开展治理公路"三乱"专项检查,依据《关于严禁在公路上乱设卡的紧急通知》精神,不定期对辖区内公路乱设卡进行检查和清理,并要求干部职工增强纪律意识、严格执行各项规章制度。

1999年,协助党委开展党风廉政建设工作,组织干部职工学习党风廉政建设有关文件精神;协助乡党委拟定《关于加强党风廉政建设责任制的实施意见》,切实抓好领导干部廉洁自律工作;组织10名乡科级领导干部如实填写个人收入申请表、收受礼品登记表、个人报告重大事项表,建立领导干部个人廉政档案10份。推行政务、村务公开,对群众关注的"热点"问题及时张贴公开。清理违反计划生育政策的3名预备党员资格。

2000年,加强党员队伍建设,开展党纪党风教育,对1998年以来国债资金、社会保障资金管理使用进行监督检查,对全乡各单位计划外资金清理进行监督检查,确保"收支两条线",督促建立政务村务公开专栏14个。

2001年,学习"三个代表"重要思想,促进党员干部思想政治、工作作风提升。采取"自己找、出去听、集体查、领导帮"的方式,结合进村入户,座谈访谈等形式征求意见76次242人,收集意见1189条,根据征求意见,撰写对照检查材料。开展对群众反映强烈的中小学及乡直各单位收费情况进行监督检查。

2002年,坚持领导干部廉洁自律、查处违纪案件、纠正部门和行业不正之风"三项"工作格局,明确党风廉政建设和反腐败工作任务,与全乡13个村支部、10个乡直单位签订《党风廉政建设工作责任状》;协助开好民主生活会,开展批评与自我批评。开展中小学乱收费治理工作,对全乡11所小学,1所中学收费支出情况进行监督检查,共清退资金3.24万余元,收缴4390元。

2003年,乡纪委组织党员、干部以及乡直单位负责人集中学习党纪政纪和领导干部廉洁自律有关规定,与13个村党支部、10个乡直单位签订《党风廉政建设工作责任状》49份;开展对乡党政干部、事业单位所有工作人员在2002年10月20日至2003年3月31日期间操办酒席进行清查,有24人操办酒席,其中违规操办酒席17人,乡科级干部4人,一般干部13人,收缴违纪责任廉政金8000元。

2004年,乡纪委组织干部职工学习党纪党规,协助党委政府制订各项规章制度,督促各站所制订廉政制度。对退耕还林资金、扶贫资金、社保资金进行监督检查,对教育收费执行一费制情况进行监督检查,开展对预算外资金纳入财政专户情况进行监督检查。

2005年,学习贯彻中共十六大、中央纪委五次全会、省纪委五次全会、县党风廉政建设和反腐败工作会议精神,抓党纪党规宣传、开展执法监督工作。

2006年,开展党性党纪党风教育,落实党风廉政建设责任制,召开党风廉政工作会议1次。

2007年,多形式开展党风廉政建设宣传教育,印发《领导干部廉洁从政手册》,开展"学典型 观警片,唱廉歌 促廉政"活动,营造"倡廉、尚廉、促廉、保廉"良好氛围。按照"分层施教"原则,开展理想信念和从政道德教育、党纪法规和法律法规教育,组织村干部学习廉洁从政、村务公开、民主决策相关规定,组织观看《警钟长鸣》《失衡的权利 变轨的人生》警示教育片,印发《领导干部廉洁从政手册》,制订《村级领导干部廉洁从政若干规定》规范权力运行。加强对基层干部的监督,对2个村4名支委干部进行了诫勉谈话。

2008年,贯彻执行党风廉政建设责任制,将党风廉政建设和反腐败各项工作任务分解到各个单位及个人,形成一级抓一级、层层抓落实的格局,确保工作落实。抓领导干部廉洁自律有关规定的执行监督,严格执行领导干部廉洁从政各项规定,严防奢侈享乐、铺张浪费现象。督促乡、村落实政务、村务公开,开展对中学收费项目、民政救济物资资金监督检查。

2009年,转变工作作风,营造风清气正的干事创业环境。教育全乡广大党员干部注重党性修养、树立良好作风,要求以优良党风促政风带民风转变工作作风。建立乡党政领导联系村工作落实制度,开展反腐倡廉教育,查处党员违反计划生育的违纪违法行为。加大对重点站所、重点岗位、重点环节、重点人员的监督力度,督促机关干部"下沉一线"抓工作落实。

2010年,按照"党委统一领导、党政齐抓共管、纪委组织协调、部门各负其责"的党风廉政建设领导体制,明确党政领导班子和领导干部对党风廉政建设应负的责任,分别与各党支部、各单位签订《九江乡2010年党风廉政建设责任状》,明确11点责任内容,确保中央、省委、省政府、地委、行署以及县委、县人民政府党风廉政建设重大决策部署的贯彻落实,推进惩治和预防腐败体系建设,营造良好的经济社会发展环境。

2011年,贯彻执行党中央关于反腐败斗争的一系列重要决策和部署。开展领导干部廉洁自律、查处违纪案件、纠正部门和行业不正之风等方面工作。

2012年,贯彻落实党风廉政建设责任制,贯彻执行《中国共产党党员领导干部廉洁从政若干准则》,开展廉政承诺工作,整治领导干部违规收受礼金、有价证券、支付凭证、商业预付卡专项治理,开展节假日、人财物管理使用,岗位廉洁自律情况监督检查,开展公务用车专项治理等工作。

2013年,开展党风廉政建设宣传教育工作,促进"以廉为荣、以贪为耻、风清气正、和谐向上"的良好风气形成,筑牢党员领导干部拒腐防变的思想防线。督促领导干部履行"一岗双责",把反腐倡廉教育放在重要位置,确保反腐倡廉工作与其他工作同研究、同部署、同推进,防范和减少违纪违法事件发生。全年督查18次,提出意见建议6条。

2014年,签订党风廉政建设责任状,细化乡班子成员责任;开展党风廉政建设教育和干部廉洁自律工作,对领导干部进行廉政教育,增强党员干部廉洁自律意识。对党务公开、村务公开、中小学教育收费、营养午餐进行监督检查。

2015年,制订《党风廉政建设和惩防体系建设工作计划》,明确党委书记负总责,分管领导对分管领域党风廉政建设负责,形成一级抓一级,层层抓落实格局。组织干部职工、村干部集中学习《中国共产党廉洁自律准则》《中国共产党纪律处分条例》,开展党风廉政建设集中专项整治约谈,对民政办等部门进行约谈。制订《关于规范请假审批制度》《公务用车管理办法》,加强源头管控,抓住关键少数,引导党员干部算清人生"七笔账"。开展领导干部亲属违规在辖区内经商办企业,投资入股、承揽工程自查自纠,建立领导干部廉政信息档案12份,其中乡科级领导干部廉政信息档案11份,一般干部1份。档案详细记录领导干部基本情况、奖惩情况、住房情况、个人收入、财产等情况。凡进入班子,都必建立领导干部廉政信息档案,该工作为监督关键少数提供信息支撑。

2016年,落实纪检监察工作"转职能、转方式、转作风"要求,聚焦监督执纪问责主责主业,督促党工委与领导干部签订《领导干部党风廉政建设目标责任书》12份,与党员签订《党员干部廉政承诺书》146份,与各社区签订《党风廉政建设目标责任书》13份,开展效能督查12次,撰写督查通报4篇,通报8人。组织街道、村干部学习《中国共产党纪律处分条例》、换届选举"九严禁"。开展"农村乱办酒席"专项整治,禁止操办除婚丧嫁娶外的其他酒席,制止乱办酒席1件。开展干部职工"违规经商办企业(投资入股承揽工程)""国家公职人员违规收受红包礼金""国家公职人员违规操办酒席""国家公职人员违规打麻将"专项整治清理,未发现存在上述问题。

2017年,压紧压实全面从严治党政治责任。坚决纠正损害群众利益突出问题,对4件损害群众利益的突出问题进行整治,保障群众利益不受损害,为群众办好事实事30余件。强化对权力运行的制约和监督,严肃查处违规违纪行为,对7件违规违纪行为进行查处,给予党纪处理7人,开展约谈6人,退回易地扶贫搬迁房1套。加大监督检查力度,撰写督查报告5期,通报23人,督促党工委整改超标办公用房。完善各项规章制度,从源头上预防腐败。实行《党委会议议事规则》,执行"三重一大"制度,对于全街道经济社会发展重大事项,需党委会或党委扩大会集体研究决定后再实施。建立《街道党工委中心组学习制度》《街道领导班子及成员绩效考核管理办法》。

2018年,学习中共十九大精神、习近平新时代中国特色社会主义思想、《中国共产党章程》《中国共产党纪律处分条例》等党纪党规以及中央、省、市、县重要会议和文件精神。对纪检监察干部和居监会主任开展"两个责任"约谈28人次,学习培训3场次,参加街道"三重一大"事项研究会议10余次,对干部职工开展提醒谈话20余人次,开展工作作风和重大决议落实情况督查4次,通报4件7人次;督促街道党工委执行《干部作风量化分类管理》,将4名干部职工纳入二类管理,督促街道党工委落实主体责任约谈120余人次。

2019年,围绕脱贫攻坚开展常态化监督检查,全年监督检查168场次,发现问题103个,运用"第一种形态"处置47人次,收缴干部职工违规享受津补贴1.98万元,收缴干部违规享受危改资金7000元。督促党员干部学习《中国共产党廉洁自律准则》《中国共产党纪律处分条例》《中华人民共和国监察法》等党纪法规知识,加强干部作风建设,提高干部的廉洁自律意识。与13个社区党支部签订《党风廉政建设目标责任书》,并督促街道、社区党组织履行主体责任。开展领导干部利用"茅台酒"牟取私利专项整治,街道干部职工65人填报领导干部插手参与茅台酒经营情况报告表。开展廉政文化宣传,在机关和社区设廉政文化宣传专栏,在办公楼显眼处张贴廉政格言警句。开展干部在岗在位值班情况监督,撰写督查通报7期,对迟到、早退、无故缺岗人员进行通报。

2020年,开展农村党员乱占耕地建房监督检查5次,开展"党员信教"整改情况"回头看"监督检查5次,督促整改问题1个;督促15名在职科级领导干部填报《领导干部个人重大事项变化情况报告表》。组织党员干部学习中共十九大精神,以及十九届二中、三中、四中、五中全会精神,习近平新时代中国特色社会主义思想,学习新修订的《中国共产党章程》《中国共产党廉洁自律准则》《中国共产党纪律处分条例》《中国共产党纪律检查机关监督执纪工作规则》《中华人民共和国公职人员政务处分法》等党规党纪以及中央、省、市、县重要会议和文件精神;参加集中学习《习近平谈治国理政》第三卷、《中国制度面对面》《习近平论意识形态》等内容。

围绕脱贫攻坚、疫情防控开展常态化监督检查,运用"第一种形态"处置23人次,追回小桂寅村集体资金6.34万元;上缴县纪委"国酒香"香烟1条,退还送礼人赠送给街道主要领导习酒1瓶、"盛世"贵烟1条。印发工作纪律、财务后勤、行为规范、公务接待、车辆管理、党风廉政、责任追究等方面的工作制度。协助县纪委县监委开展政治生态分析研判,为街道政治生态"精准画像";协助党工委抓好全面从严治党工作,开展分级约谈2次,研究全面从严治党暨党风廉政建设会议6次,严格纪律,对签到不正常、上班不正常、值班值守不正常的干部职工,要求班子及班子成员带头督促立行立改。

(二)信访受理

信访举报是纪检监察机关获取信息和案件线索的重要来源,是社会公众对党员干部、行政监察对象进行监督的重要渠道,是人民群众参与党风廉政建设和反腐败工作的重要形式。街道民生监督组采取接访+走访+电话+举报箱的形式受理信访举报问题线索,对群众反映的问题做到件件有着落,事事有回音。

1999年,信访举报5件,办结5件,转立案2件,党纪处分2人。

2002年,信访举报5件,办结5件,转立案1件,党内严重警告处分1人。

2003年,信访举报4件,办结4件。

2005年,信访举报1件,办结1件。转立案1件,党纪处分1人。

2008年,信访举报2件,办结2件,转立案1件,行政警告处分1人。

2009年,信访举报2件,办结2件,转立案2件,党纪处分1人,党内警告处分1人。

2011年,信访举报1件,办结1件,转立案1件,党内警告处分1人。

2012年,信访举报1件,办结1件,转立案1件,党纪处分1人。

2013年,信访举报9件,办结9件。

2015年,信访举报1件,办结1件,立案1件,留党察看处分1人。

2017年,信访举报9件,办结9件,立案2件,党内警告处分2件2人。

2018年,信访举报8件(含重复访4件),实名举报6件,匿名举报2件,办结8件,回访6件,立案2件。

2019年,信访举报2件,其中县纪委信访室转办实名举报件1件、县纪委县监委案件监督管理室转办民生资金系统反馈件1件,办结2件,回访1件。

2020年,信访举报2件,实名举报2件,办结2件,回访2件。本级接待群众来电来访5件次,了结5件次,其中政策解释了结2件次,责成街道职能单位妥善处置了结2件次,谈话了解了结1件次。

(三)民生监督

民生监督工作开展以习近平新时代中国特色社会主义思想为指导,贯彻党中央工作安排部署到哪里,民生监督就跟进在哪里,切实维护群众利益。2014年,开展“家电下乡”“畜牧良种补贴”“农机购置补贴”3项专项监察工作。在“家电下乡”专项监察工作中发现问题1个;在“畜牧良种补贴”专项监察工作中,发现问题1个;“农机购置补贴”专项监察工作中,未发现问题。

2015年,开展“危房改造”“学生营养餐”“微企补贴”及“村居民生事务”4项专项监察工作。在“危房改造”专项监察工作中发现问题1个,处分1人;在“学生营养餐”专项监察工作中,发现问题2个,处分1人;在“微企补贴”专项监察工作中,未发现问题;在“村居民生事务”专项监察工作中,发现问题7个,处分7人。

2016年,开展“计划生育”“小额信贷贴息”“人饮工程”“雨露计划”4项专项监察工作。在“计划生育”专项监察工作中,发现问题1个,处分1人;在“小额信贷贴息”专项监察工作中,未发现问题;在“人饮工程”专项监察工作中,发现问题2个,处分1人;在“雨露计划”专项监察工作中,未发现问题。

2017年,开展“访村寨 重监督 助攻坚”“科学储粮”“一事一议”“回头看”,以及“易地扶贫搬迁”“百合种植”“回头看”4项专项监察工作。在“访村寨、重监督、助攻坚”专项监察工作中,走访13个村、农户220户,发现问题28个,其中反映低保类问题10个、危房改造问题3个、其他类问题15个。在“一事一议”及“回头看”专项监察工作中,走访6个村,涉及项目23个。在“易地扶贫搬迁”“百合种植”“回头看”专项监察工作中,走访安置点2个,走访群众118户,发现问题1个。

2018年,开展“农村种植产业扶贫项目资金”“大病救治和医疗救助”“组组通”(协助县纪委专项工作组)“农村养殖产业扶贫项目”等专项监察工作。在“农村种植产业扶贫项目资金”专项监察工作中,对永和、九湖、前进、杨柳、楼坪等村进行实地走访,走访群众42户,发现问题1个,提醒谈话1人,诫勉谈话1人。在“大病专项救治和城乡医疗救助”专项监察工作中,走访7个村89人次,发现问题2个。在“农村养殖产业扶贫项目”专项监察工作中,对涉及的12个村进行实地走访和入户调查,走访69户,发现问题1个。在监察工作中,对于发现的问题均提出监察整改建议。

2019年,开展“涉林项目”“易地扶贫搬迁”“一卡通”专项监察工作,走访农户20户,发现问题1个。

2020年,按照“见人、见项目、见资金”的要求,开展农民专业合作社(公司)专项监察工作,走访项目20个,涉及资金805.9627万元,发现问题17个,立案1件1人。对街道辖区内2018年至2020年11月实施农村饮水安全工程项目共计12个(含计划外实施项目4个)实施专项监察。在专项监察工作中,对11个项目进行走访调查,发现问题8个,督促整改问题8个。

(四)警示教育

1992年至2020年,利用身边事教育身边人,组织党员、干部职工、村干部学习典型案例、观看警示教育片、参观警示教育基地等方式接受警示教育。

2007年,组织观看警示教育片《警钟长鸣》《失衡的权利 变轨的人生》。

2010年,组织学习《关于罗甸县严肃查处7名党员领导干部违规大操大办酒席案件的通报》。

2015年,组织观看警示教育片《楠竹苗上的蛀虫》。

2016年,组织观看警示教育片《四风之害》《永远在路上》等警示教育片;组织党员、干部职工赴县党风廉政建设警示教育基地(孟溪)接受警示教育。

2017年,组织街道干部职工、村干部通报《关于12件侵害群众利益典型问题的通报》《关于9件民生领域落实两个责任不力被问责典型问题的通报》《关于6件违反中央八项规定和省委十项规定精神典型问题的通报》《关于长兴三八村支书杨某某严重违纪问题的通报》等典型案例;组织各村干部集中观看警示教育片《深山馋鼠》;开展辖区内受处分人员召开"唐某某案警示教育大会""杨某某案警示教育大会""张某某案警示教育大会"。全年开展警示教育6场次。

2018年,组织街道干部职工、社区干部通报《关于3件违反中央八项规定精神典型案例通报》等典型案例,组织参观铜仁市扶贫领域警示教育展,开展"一案一整改"警示教育大会10场次。全年开展警示教育13场次。

2019年,组织街道干部职工、村三职干部通报《关于潘某某违规操办酒席的通报》等典型案例,组织参观铜仁市扶贫领域警示教育展,观看警示教育片《董事长的没落》,旁听法院庭审现场,开展"一案一整改"警示教育大会。全年开展警示教育11场次。组织党员干部职工到县党风廉政警示教育基地(党校)参观学习。

2020年,组织街道干部职工、村三职干部通报《关于3件违反中央"八项规定"精神典型案例通报》,组织参观铜仁市扶贫领域警示教育展,观看警示教育片《深山馋鼠》,开展"一案一整改"警示教育大会。全年开展警示教育6场次。

第三节　世昌街道纪检监察工作

一、机构队伍

1992年5月,按照县"建镇、并乡、撤区"的安排,撤销原世昌区及其所辖的世昌乡与花溪乡,由世昌乡与花溪乡合并,建立新的世昌乡行政区划。是年6月,县委任命石宗华为乡纪委书记。

1993年3月,世昌乡召开第一次党代会,选举产生中共松桃苗族自治县世昌乡纪律检查委员会。

2015年12月,省人民政府批复,同意松桃苗族自治县部分乡镇行政区划调整,撤销世昌乡建制,设置世昌街道。2016年8月换届后,撤销中共松桃苗族自治县世昌乡纪律检查委员会,成立中共松桃苗族自治县世昌街道纪律检查工作委员会。

2019年7月,国家监察体制改革向乡镇(街道)延伸,设立县监察委员会派出世昌街道监察办公室,与街道纪工委合署办公,实行"两块牌子、一套人员"的管理体制,履行纪检监察职责。

中共世昌乡纪律检查委员会

(1992年6月至2016年8月)

书　记	石宗华(苗族)	1992年6月至1998年12月
	贺永辉(苗族)	1999年1月至2005年6月
	龙建怀(苗族)	2005年6月至2006年8月
	田儒礼(苗族)	2006年8月至2007年6月
	龙长桥(苗族)	2008年7月至2013年2月

	向　勇(侗族)	2013年3月至2015年1月
副书记	龙春英(女,苗族)	2006年8月至2011年8月
	龙　桥(苗族)	2011年9月至2015年8月
	赵　斌(苗族)	2015年9月至2016年8月
纪委委员	石宗华(苗族)	1992年6月至1998年12月
	贺永辉(苗族)	1993年3月至2005年6月
	龙春英(女,苗族)	1993年3月至2011年8月
	田碧芝(女,苗族)	1996年2月至1999年3月
	龙丽萍(女,苗族)	1996年2月至1999年3月
	龙福那(苗族)	2002年3月至2006年8月
	龙建怀(苗族)	2005年6月至2006年8月
	田儒礼(苗族)	2006年8月至2007年6月
	龙万华(苗族)	2006年8月至2011年9月
	龙长桥(苗族)	2008年7月至2013年2月
	龙　桥(苗族)	2011年9月至2015年8月
	王爱兵(侗族)	2011年9月至2016年8月
	龙萍花(女,苗族)	2011年9月至2016年8月
	杨亚松(苗族)	2011年9月至2012年3月
	向　勇(侗族)	2013年3月至2015年1月
	赵　斌(苗族)	2015年9月至2016年8月
	冉群芳(女,土家族)	2015年9月至2016年8月

世昌乡监察室

(1996年7月至1998年12月)

主任	龙丽萍(女,苗族)	1996年7月至1998年12月

中共世昌街道纪律检查工作委员会

(2016年8月至2020年12月)

书记	陈向东(土家族)	2016年8月至2018年8月
	张延周	2018年10月至2020年12月
副书记	赵　斌(苗族)	2016年8月至2019年9月
	陈　通(苗族)	2020年3月至2020年8月
纪工委委员	陈向东(土家族)	2016年8月至2018年8月

赵　斌(苗族)　2016年8月至2020年9月
龙振业(苗族)　2016年8月至2020年12月
石　磊(苗族)　2016年8月至2020年12月
张延周　2018年10月至2020年12月
陈　通(苗族)　2020年3月至2020年8月

县监察委员会派出世昌街道监察办公室

(2019年7月至2020年12月)

主　任　张延周　2019年7月至2020年12月
副主任　陈　通(苗族)　2020年4月至2020年8月
监察专员　赵　斌(苗族)　2020年2月至2020年9月

二、主要工作

(一)党风廉政建设

世昌乡(街道)纪委(纪工委)认真贯彻落实党中央关于党风廉政建设和反腐败斗争重大决策部署,履行纪检监察职能职责,维护党章和其他党内法规,发挥纪检监察监督作用。

1993年,认真履行纪检职能,协助党委政府加强党风廉政建设,检查党的路线、方针、政策执行情况。

1994年,乡纪委组织广大党员干部学习《邓小平文选(第三卷)》,学习中央纪委全会精神1次,协助党委政府开展计划生育集中教育宣传整治2次。

1995年,组织学习中共十四届四中全会精神,深入19个村开展调查研究,发现问题2个,提出解决措施1条,督促存在问题村进行整改。

1996年,协助党委开展党风廉政建设,组织干部职工学习党纪党规和开展廉洁自律自查自纠各1次。

1997年,就社会治安综合治理工作被县亮黄牌警告问题开展调研,发现问题3个,提出加强纪律整顿的意见建议1条。

1998年,组织学习《建设有中国特色社会主义市场经济的若干重大理论问题》等理论知识。强化对村干部的党纪教育和勤政廉政建设,组织村组干部学法活动1次。协助乡党委开展政法干部队伍整顿,严肃工作纪律,制订目标管理责任制。

1999年,组织学习中共十五大精神,教育引导广大党员干部在思想上、行动上和党中央保持一致。督促开展"平安创建"活动。严肃换届纪律,协助做好第三届党委政府换届选举工作,立案查处在选举中的违法行为1起,党内严重警告处分1人。

2000年,乡党委实行党政领导干部包片,单位职工包村,社会治安综合治理、农村党风廉政建设等工作实行工资与工作效益挂钩、年终兑现奖惩的干部职工管理规章制度。乡纪委深入19个村开展督促检查工作。同时,在19个村推行村务公开制度,村村建有村务公开栏,账目账务实行民主管理,接受群众监督。

2001年,协助乡党委把党风廉政建设责任制抓好落实,将廉洁自律、政务公开、村务公开、村级账务清理、部门乱收费、禁止违规大操大办酒席、禁止党员干部参与赌博、信访、案检及廉政宣传教育等十个方面进行责任分解到人。开展基层站所负责人向服务对象述职述廉和服务对象测评站所工作人员活动,落实群众监督权。

2002年,落实党风廉政建设责任制,党政班子成员分别与分管部门负责人签订责任状。乡纪委书记参加地区纪委举办的乡纪委书记培训班学习。协助县纪委监察局对供销系统进行清查,重点查处一批贪污贿赂、挪用公款等违规违纪行为。世昌供销社副经理龙某某等8人受到开除处分。

2003年,协助县纪委调查世昌粮食分公司狗咀粮站站长蔡某某滥用职权案件1件。

2004年,坚持把党风廉政建设责任制落到实处,查处地哪村会计麻某某违规违纪行为,党内警告处分1人。

2005年,协助乡党委完成计划生育集中整治工作,严肃处理党员干部违反计划生育政策问题。开展义务教育法执法监察,督促职能部门完成"两基"工作任务。

2006年,把社会主义荣辱观教育贯穿整个党风廉政建设始终,筑牢拒腐防变的思想道德防线。协助乡党委签订党风廉政责任状。在干部队伍中开展"五珍惜"宣教活动;开展"两个务必""八个坚持、八个反对"教育活动。

2007年,协助乡党委政府开展计划生育政策集中宣传教育工作,严肃处理为违反计划生育政策人员说情或阻挠的党员干部,行政警告处分1人。

2008年,对通村公路建设、饮水工程、学校改造工程、沼气工程等项目建设和各项惠农政策措施落实情况进行监督检查,纠治侵占国家集体利益行为。查处世昌乡中学原校长田某某在学校场平中开具虚假报账票据1件,给予党内警告处分。

2009年,组织广大党员干部学习《中国共产党章程》《中国共产党党内监督条例(试行)》等党内法规。推进党务公开,规范政务公开、村务公开,扩大群众对党务、政务、村务的知情权。开展"干部作风建设年"活动,协助乡党委完善干部管理各项制度,制订干部职工出勤、请销假、学习、会议、公文管理、财务、接待、卫生管理、交通建设、车辆管理使用等制度。

2010年,建立农村基层党风廉政建设工作联席会议制度,协助乡党委建立健全细化、量化、科学、规范的党风廉政建设考核评价制度,制订《管片领导下村带班和村干部轮流值班制度》《世昌乡干部绩效考核办法》《世昌乡村干部绩效考核办法》等制度和《世昌乡农村基层党风廉政建设2010年工作方案》,组建农村党风廉政建设工作领导小组,开展农村党风廉政建设工作。开展对行政事业性收费和涉农资金监督检查,重点检查中小学收费情况,乡粮食直补、农资综合直补、退耕还林、安全饮水、能繁母猪补贴、农机具补贴、危房改造、民政各项救助资金等专项资金的管理及使用情况,围绕是否存在弄虚作假、套取、私分上级补助资金等方面开展监督检查,未发现存在问题。探索在村级党组织中设立纪检委员,从农民中聘请党风廉政建设监督员加强多方监督。健全基层干部任前廉政谈话等制度,推行村干部勤廉双述、村民询问质询、民主评议和任职经济责任审计制度。推进农村基层办事公开,公开政务、村务、党务。公开内容涉及各类专项资金、财政转移支付资金使用涉及群众切身利益的事项、各支农惠农政策、社会各界支持新农村建设项目等。开展农村集体"三资"清理,督促执行乡财县管乡用规定,落实村财乡管财务体制。

2011年,根据《全县纪检监察系统集中开展领导干部"接访、走访、回访"活动方案》,结合实际制订实施方案,组织开展"三访"活动。贯彻落实中央《建立健全教育、制度、监督并重的惩治和预防腐败体系的实施纲要》,制订《关于领导干部管理相关规定》《机关工作制度》《村干部管理办法》。开展基层站所负责人向服务对象述职活动,推进农村党风廉政建设,实行村级管理"三会"制度,完善村级干部管理办法,开展党务、政务、村务公开工作,落实群众知情权和监督权。开展专项资金管理使用情况的监督检查,开展小金库清理,规范各类资金的管理。

2012年,印发《2012年农村党风廉政建设工作安排意见》,加强农村基层党员干部作风建设。围绕群众反映强烈的问题开展监督检查,发现并查处个别村干部将人畜饮水工程节余款及虎渡口电站淹没征地款的违纪问题1件,石花村委主任麻某某因虚报套取淹没补偿款受到撤销党内职务处分。

2013年,贯彻执行《中国共产党纪律处分条例》和《中国共产党党内监督条例》,开展廉政文化进家庭活动。严格机关干部管理,修改完善乡村两级干部考核办法,成立村务监督领导机构。开展"讲廉课"活动和"解放思想、转变作风、马上就办"主题教育活动,树立先进典型,整治"庸、懒、散、慢"等不正之风。狠刹请客送礼、大吃大喝、大操大办之风。

2014年,开展党的群众路线教育实践活动,以"四学四比四树"为载体,全乡干部集中学习20次,研讨交流2次,干部职工撰写心得体会20篇。贯彻执行中央八项规定、省委十项规定精神、市委十项规定和县委五要七带头规定,以及《党政机关厉行节约反对浪费条例》,整治庸懒散奢,规范公务接待,健全和完善"收支两条线"财务管理制度。制订乡党风廉政建设工作实施意见,把党风廉政建设工作与全乡经济社会发展、政治文化建设、党的建设和民生建设紧密结合,同安排、同部署、同检查、同考核。制订《乡村两干部效能考核办法》,实行上下班指纹打卡签到签退,因违纪13人次被通报。开展"三个开刀""六风"、违规兼职和购物卡的专项整治活动,杜绝"四难""三乱"问题。开展"三转"工作,对乡纪委参与党委政府的领导小组、协调小组等议事协调机构进行清理。协助民生监督组对农村低保、学生营养午餐、家电下乡补贴、农机具补贴、能繁母猪补贴等开展专项监察,查处虚报能繁母猪补助资金案件1起,火连寨村动物防疫员田某某受党内警告处分。

2015年,组织召开党风廉政建设会,修改完善《世昌乡2015年村级各项工作绩效考核办法》,把村五职干部作为考核对象,分类制订考核细则。将驻村干部纳入全乡统一管理,出台驻村干部例会制度、工作报告制度,请假制度、周一例会学习制度、按月督查通报制度等,强化第一书记和驻村干部的管理。执行领导干部述职述廉、谈话等制度。推进党务、政务、村务公开,在19个村设置"阳光白黑板"57块,督促乡直属部门及村支两委按要求公开惠民政策落实情况,接受群众监督。开展对"阳光白黑板"使用情况的监督检查2次。查处滥用职权、贪污贿赂、腐化堕落、优亲厚友、失职渎职案件,世昌中学校长麻某某和沙柳村党支部书记龙某某因套取国家财政补贴分别受到党内警告处分。新建民生监督教育谈话室1个。

2016年,召开党风廉政建设工作专题会议6次,组织观看廉政宣教片5场次;组织学习严肃换届纪律"九严禁"(一严禁拉帮结派、二严禁拉票贿选、三严禁买官卖官、四严禁跑官要官、五严禁造假骗官、六严禁说情打招呼、七严禁违规用人、八严禁跑风漏气、九严禁干扰换届),开展电话抽查1次,签订谈心谈话表500余份。开展学生教育资助金和计划生育补助资金等专项监察,严肃处理违规违纪行为。以干部会风、作风为重点,严格干部日常行为监督管理,开展干部作风督查15次,查处迟到早退人员45人次,约谈12人次、2人纳入干部量化分类考核Ⅱ类管理对象。开展干部职工收受"红包"、违规经商办企业、投资入股和承揽工程等情况自查清理,经自查没发现问题。开展民生监督规范化建设,制作民生监督组工作制度上墙,岗位廉政风险卡上桌,设置民生终端监督举报牌和举报信条箱各19个,分别悬挂至各村人员集中路口。

2017年,开展党风廉政建设纪实工作,厘清主业主责,督促党工委落实主体责任,街道班子成员与分管站所签订工作目标责任书。抓巡察整改工作,对铜仁市委第二巡察组巡察街道党工委,反馈4个方面的32个问题,成立巡察反馈问题整改工作领导小组,细化整改措施,明确责任清单,从健全议事规则和决策程序,对意识形态工作、产业项目落实、财政扶贫项目监督等方面进行整改。组织干部学习《中国共产党纪律检查机关监督执纪工作规则(试行)》。开展农村低保、农村危房改造及精准扶贫等方面专项监察,查处村干部在实施低保评议、农村危房改造、精准扶贫过程中的违纪问题。

2018年,协助制订《中共世昌街道工作委员会意识形态工作责任制分解方案》《世昌街道中心学习组学习制度》《中共世昌街道工作委员会班子会议议事制度》《世昌街道机关干部量化管理考核办法》等制度。按照党政"一把手"负总责和"谁主管,谁负责"的原则,实行街道党工委班子成员公开廉政承诺制,街道班子成员与股室负责人和各村负责人逐级签订目标责任书,开展党风廉政建设"两个责任"分级约谈,累计约谈干部76人次。配合县纪委完成《百姓问廉》访谈节目1期。按照县纪委《关于在扫黑除恶斗争中强化监督执纪问责的工作方案》要求,组织干部职工签订《不充当黑恶势力"保护伞"承诺书》70余份,悬挂宣传标语11幅。加大对环保督察整改落实情况监督检查。对偏岩村巴汤湾处锰渣集中处置库项目在征地、建设过程中,存在未批先建、非法占用土地行为。是年1月,分管领导杨某及国土所长杨某某因监管不力,分别受到党内警告和行政警告处分。按照《松桃苗族自治县干部作风量化分类管理办法》,分别对诫勉谈话、通报、旷会、未按时完成工作任务的34人次进行相应的量化扣分,3人被纳入Ⅱ类管理对象。组织干部职工学习《中华人民共和国监察法》并开展网上答题活动。与街道社区卫生服务中心建立医疗救援绿色通道,在使用民生监督教育室开展"走读式"谈话过程中,由街道社区卫生服务中心派出2名医务人员进行谈话前常规体检,谈话中值守,谈话结束后再次体检,确保审查调查安全。

2019年,认真落实监督责任,开展津补贴、违规列支"三公"经费专项整治工作。开展党风廉政建设"两个责任"分级约谈2次,约谈党政班子副科级以上干部12人,一般干部职工178人。开展"扫黑除恶"问题线索核实4件,予以党纪立案1件;以严实纪律护航脱贫攻坚,开展脱贫攻坚作风督查176次,发现和受理问题线索31条,按照第一种形态处理192人次,其中诫勉谈话9人次,提醒谈话49人次,谈话提醒37人次,通报批评92人次,责令书面检讨5人次。开展干部参与茅台酒经营自查及其相关工作,参加自查领导干部12人。开展"访村寨、重监督、助攻坚""百名纪检监察干部访千村进万家"活动,查处甘溪村党支部原党员龙某某触犯刑律,以曾用名被判刑多年仍保留党员身份的案件1起,依纪给予其开除党籍处分。召开村务监督委员会主任培训会议1次,培训16人。做好党风廉政建设满意度测评宣传工作,张贴宣传海报21份。做好审查调查安全工作,邀请街道社区卫生服务中心和安监站在民生监督教育谈话室开展消防医疗救援应急演练1次。

2020年,组织开展落实党风廉政建设"两个责任"分级约谈2次,约谈干部411人次。聚焦扶贫领域政策、责任、项目"三落实"等方面进行监督检查,通过与黄板镇纪委联合建立连片监督机制,做到靠前监督、精准监督,监督检查扶贫产业工作图片先后被"学习强国"、《当代贵州》《铜仁日报》等采用。开展干部作风问题督查,查处脱贫攻坚领域工作作风不实问题3起。开展疫情防控工作进行常态化监督,对街道、村组织设立的32个疫情防控卡点进行监督检查,查处无故不到岗问题1起,并追究主体责任1人(被全县通报批评1人),查处瞒报其湖北亲属来其家庭过春节,违反政治纪律问题1起。开展街道社区卫生服务中心疫情防控监督检查2次,发现问题2个,提出整改建议1条。参与"爱岗敬业我先行、积极作为勇担当"专项行动,查摆问题6条并整改。开展民生监督监管规范化建设,完成街道民生监督监管示范创建和19个村级民生监督示范创建工作。贯彻落实习近平总书记关于制止餐饮浪费重要指示精神,分别深入办事处廉政食堂、中小学学生营养餐食堂开展监督检查,发现问题1个,提出整改建议1条。组织学习《中华人民共和国公职人员政务处分法》3次。督促19个社区党支部对十三届县委第一、第二巡察组反馈的七个方面307个问题全部予以整改。

(二)信访处置

1993年至2020年,乡(街道)纪(工)委重视信访工作,把信访工作作为密切联系党和人民群众的桥梁和纽带,做好群众来信来访受理工作,建立和完善领导干部信访接待度,建立台账,按照"谁接访、谁负责、谁处理"的原则,制作监督举报牌179个,受理信访举报72件次,受理省委巡视组转交办10件,受理县委巡察组转交办件14件,经查实予以党纪政务(纪)立案28件28人次,其中给予党纪处分13件13人次,政务(纪)处分15件15人次,双重处分1人次。

2000年,协助县纪委办理反映在选举中搞违规活动1件,转党纪立案1件。

2001年,协助县纪委办理反映生活作风问题1件,转立案1件。

2002年,协助县纪委监察局受理反映供销系统信访举报8件,经查实后转政纪立案8件。

2003年,协助县纪委监察局查处反映国有企业贪污贿赂、挪用公款问题2件,转政纪立案2件。

2004年,受理群众举报腐败问题1件,转党纪立案1件。

2005年,受理群众反映村干部超计划生育和违规占用公物问题2件,转党纪立案2件。

2008年,受理反映阻碍计划生育工作问题1件,侵占集体资金问题1件,转政纪立案2件。

2009年,协助县纪委办理群众信访件1件,转党纪立案1件。

2011年,协助县纪委信访处置2件,转党纪立案2件。

2012年,受理群众反映村干部虚报套取水库淹没补偿款问题2件,党纪立案2件。

2013年,受理群众反映村干部在计划生育等工作中履职不力问题1件,党纪立案1件。

2014年,受理群众反映教育乱收费问题1件,党纪立案1件。

2015年,受理群众反映村干部违规享受农村低保问题1件,党纪立案1件。

2016年,收到群众举报违规操办酒席7件,查处1件,制止6件。受理信访2件,来信2件,已办结,党纪立案1件。

2017年,收到群众各类举报20件,经梳理、研判现场解答劝返、协调职能部门处理12件,调查核实8件,问责2人,其中,重复反映件3件,办结3件。

2018年,开展"访村寨、重监督、助攻坚"专项行动,受理信访件13件,其中十二届省委巡视组第三轮巡视第九巡视组转交办10件,上级纪委转交办3件,诫勉谈话2人次,批评教育2人次,党纪立案2件。

2019年,受理信访举报2件办结2件。

2020年,开展"杨荣"式好干部大走访活动。受理信访件4件,其中来信1件,网络举报1件,电话来访1件,现场反映问题1件,发现漠视侵害群众利益问题2个,党纪立案2件。

(三)民生监督

街道(乡)纪工委(纪委)按照县纪委县监委的统一安排部署,先后组建民生监督特派组、民生监督组对辖区内的农村危房改造、能繁母猪补贴、社保资金发放、村级民生事务、精准扶贫、学生资助金、计生补助资金、城乡居民养老保险、城乡低保、涉林项目、安全饮水工程、农民专业合作社(公司)实施的扶贫民生项目等领域开展了专项监察,围绕"护民生、促脱贫"主题,开展"访村寨、重监督、助攻坚""百名纪检监察干部访千村进万家""杨荣式"好干部大走访等专项行动,立足"见人见资金见项目",采取走访群众、查阅资料等方式深入调查,严肃查处党员干部在民生领域的违纪违法行为,给予党纪政务(纪)处分42人次。追缴违纪资金17万余元,挽回经济损失15万余元。

2014年,深入村组开展对农村低保评议监督检查16次,检查学生营养午餐6次、党务村务公开19次、教育收费情况2次。通过包村干部入户调查,家电下乡补贴、农机具购置补贴、能繁母猪补贴共核查出问题872个,涉及资金54.61万余元,收缴违纪金额1.39万余元。

2015年,开展学生教育资助金、危房改造补助、微型企业补助和村级民生事实落实情况专项监察。查处世昌乡中学虚报学生人数,套取国家财政资金问题1个,转党纪立案1人,收缴学校违纪资金1.36万余元。发现在危房改造领域问题1个,党纪立案1人,追缴违纪资金8500元。

2016年,开展“雨露计划”、小额信贷贴息、精准扶贫、农村人畜饮水安全工程和计划生育补助资金等专项监察,开展村级民生事务落实情况“回头看”,发现“雨露计划”方面问题1个、教育方面问题1个、计生方面问题2个、水利方面问题1个、村级民生事务方面问题2个、党纪立案5起、政纪立案2件。

2017年,重点开展农村低保、农村危房改造及“一事一议”财政奖补、易地扶贫搬迁工程等方面专项监察,对农村危房改造补助开展“回头看”工作。重点查处在民生项目落实方面工作作风不实、优亲厚友等问题,发现套取或违规评议危房改造补助方面问题4个,农村低保问题2个,精准扶贫问题1个,党纪立案3人。

2018年开展城乡医疗救助、农村贫困人口大病医疗救助、农村养殖项目资金、农村新型经济实财政奖补、扶贫养殖专项监察,常态化开展“访村寨、重监督、助攻坚”专项行动,累计发现问题线索12个,党纪立案8起、政务立案1起,涉及违纪资金9.46万元,问责6人次,诫勉谈话1人次;协助县纪委第八纪检监察组办案2起,追缴违纪资金1998元;

2019年,重点围绕脱贫攻坚工作,开展涉林民生项目、易地扶贫搬迁、财政涉农补贴资金“一折通”、人畜饮水安全、桥梁等方面的专项监察。开展农村贫困人口大病医疗救助“回头看”,累计发现问题线索5个,立案审查1件。

2020年,开展农民专业合作社(公司)扶贫民生项目专项监察,对精准扶贫工作开展“回头看”,发现问题3个,党纪立案审查1人,问责领导干部2人,挽回损失4.0613万元;发现精准扶贫领域问题5个,党纪立案1件,政务立案4件。组织对2018年至2019年农村饮水安全巩固提升工程涉及的道水、火连寨、木厂、头谷等12个村涉及15个项目点专项监察,发现存在供水未收费、管护不到位共性问题1个,已按程序转街道办事处落实整改。

(四)警示教育

1992年至2020年,乡(街道)纪(工)委通过张贴宣传标语、办宣传专栏、观看警示教育片、参观警示教育基地、召开警示教育大会等形式强化党风廉政建设警示教育,结合党的基层组织建设年学习活动,组织广大党员先后学习《中国共产党章程》《中国共产党党内监督条例》《中国共产党纪律处分条例》等党内法规。让参学人员畅谈体会,引导党员干部树立正确的世界观、人生观、价值观。开展“党员干部廉洁自律”及“反腐倡廉”宣传活动,

2012年,组织观看警示教育片《凤凰沱江大桥坍塌事件腐败案警示录》等。

2014年,组织乡村两级200余名党员、干部观看警示教育片《贪食“群蝇”终自毁》,

2016年,组织干部观看警示教育片《楠竹苗上的蛀虫》《镜鉴》。

2017年,学习中央纪委、省纪委对违反中央八项规定精神和省委十项规定典型问题通报41起,观看警示教育片《深山馋鼠》。

2018年结合纪律审查案件,开展党风廉政建设警示教育大会,公开通报金湾塘村在精准扶贫工作中被查处的“两错一漏”典型案例。组织开展扶贫领域典型案例展2次。

2019年组织开展扶贫领域典型案例展2次,通报本地典型案例4件,组织到案发单位开展警示教育2次,组织观看警示教育片《董事长的没落》1次。组织街道党员干部职工、村脱贫攻坚指挥部成员分5批次到县党风廉政警示教育基地参观,受教育人数265人次。

2020年组织开展扶贫领域典型案例展2次,通报本地典型案例5件,受教育人数达223人。在世昌中学组织开展“一案一整改”警示教育活动1次。

第四节　太平营街道纪检监察工作

一、机构队伍

1992年5月,按照县“建镇、并乡、撤区”的安排,撤销原大坪区及其所辖的太平营乡、隘门乡,由太平营乡与隘门乡合并,建立新的太平营乡行政区划。是年6月,县委任命田汉林为乡纪委书记。

1993年3月,太平营乡召开第一次党代会,选举产生中共松桃苗族自治县太平营乡纪律检查委员会。

2015年12月,省人民政府批复,同意松桃苗族自治县部分乡镇行政区划调整,撤销太平营乡建制,设置太平营街道。2016年8月,撤销太平营乡纪委,成立中共松桃苗族自治县太平营街道纪律检查工作委员会。

2019年7月,国家监察体制改革向乡镇(街道)延伸,设立县监察委员会派出太平营街道监察办公室,与街道纪工委合署办公,实行“两块牌子、一套人员”的管理体制,履行纪检监察职责。

中共太平营乡纪律检查委员会

(1992年6月至2016年8月)

书　记	田汉林	1992年6月至1994年11月
	黄植松	1994年11月至1998年12月
	杨玉珍(女,苗族)	1999年1月至2003年7月
	刘建华(侗族)	2003年7月至2006年8月
	何　彬(苗族)	2006年8月至2012年8月
	龙孟勇(苗族)	2013年2月至2015年1月
副书记	欧孟求	2006年8月至2007年10月
	唐命生(苗族)	2007年10月至2014年4月
	孙艳芬(女,苗族)	2014年11月至2016年8月
纪委委员	田汉林	1992年6月至1994年11月
	唐贵云	1993年3月至1996年1月
	吴春芝(女)	1993年3月至1999年3月
	黄植松	1994年11月至1998年12月
	田儒国	1996年2月至2002年3月
	杨玉珍(女,苗族)	1999年1月至2003年7月
	麻小山(苗族)	1999年3月至2006年8月
	刘建华(侗族)	2003年7月至2006年8月
	何　彬(苗族)	2006年8月至2012年8月
	欧孟求	2006年8月至2007年10月
	王景红	2006年8月至2011年8月
	唐命生(苗族)	2007年10月至2014年4月
	吴　华	2011年9月至2016年8月

冉兴文	2011年9月至2016年8月
李　兵	2011年9月至2016年8月
龙孟勇(苗族)	2013年2月至2015年1月
孙艳芬(女,苗族)	2014年11月至2016年8月

太平营乡监察室

(1993年9月至2011年8月)

主　　任	唐贵云	1993年9月至1996年1月
	魏顺康	2007年10月至2011年8月

中共太平营街道纪律工作委员会

(2016年8月至2020年12月)

书　　记	龙　桥(苗族)	2016年8月至2017年10月
	柯永飞	2017年12月至2020年12月
副 书 记	孙艳芬(女,苗族)	2016年8月至2019年12月
	龙松勇(苗族)	2020年5月至2020年12月
纪工委委员	龙　桥(苗族)	2016年8月至2017年10月
	孙艳芬(女,苗族)	2016年8月至2020年12月
	李　兵	2016年8月至2020年12月
	龙小利(女,苗族)	2016年8月至2020年12月
	戴　静(苗族)	2016年8月至2017年10月
	柯永飞	2017年12月至2020年12月
	龙松勇(苗族)	2020年5月至2020年12月

县监察委员会派出太平营街道监察办公室

(2019年7月至2020年12月)

主　　任	柯永飞	2019年7月至2020年12月
副 主 任	龙松勇(苗族)	2020年5月至2020年12月
监察专员	孙艳芬(女,苗族)	2019年12月至2020年12月

二、主要工作

(一)党风廉政建设

太平营乡(街道)党风廉政建设围绕乡(街道)党委(党工委)中心工作,落实党风廉政建设责任制,开展监督检查,为工作有序开展提供纪律保障。

1994年,印发《太平营乡党政干部目标管理责任制》,明确干部职工和股室站所职能职责、廉政建设有关规定,按照《关于清收拖欠种子款的通知》要求,开展清收种子拖欠款排查工作;根据《关于党员和党政干部在清理农民和国有乡镇企业违法占地工作中违法违纪行为进行处理的通知》要求,开展清理违法占地工作情况监督检查。

1995年,开展学习孔繁森先进事迹活动,提高党员干部廉洁自律意识。开展对元旦、春节等节假日期间用公款请客送礼、滥发钱物、大吃大喝、铺张浪费等问题进行自查清理。

1996年,根据《关于对中小学校乱收费、向农民乱收费、乱摊派及烤烟收购中存在问题开展专项举报的通知》要求,对太平营乡中小学收费等问题进行专项检查。

1997年,印发《太平营乡机关工作制度》,明确干部职工工作、请休假、奖罚等相关考核规定,开展各种会议、庆典、接待费用等问题专项整治。

1998年,按照《关于加大工作力度,进一步治理好公路"三乱",防止回潮反弹的通知》和《关于严禁在公路上乱设卡的紧急通知》等文件要求,对辖区内公路乱设卡、乱收费、乱罚款问题进行专项检查。建立党员之家,规范党员活动室,对党员实行挂牌管理。开展"双清"工作,查处违反计划生育政策5件。

1999年,举办党风廉政建设宣传专栏12期,订阅《党风廉政》杂志15份、《中国监察》杂志26份,召开纪检专题会议6次。

2000年,学习宣传中共十五大和中央纪委四次全会精神,学习《中华人民共和国行政监察法》《中国共产党农村基层组织工作条例》等党纪党规,开展"党员形象工程"专题培训班,培训384人次。成立以纪委书记为组长的工作组,对各相关站所、中小学等部门的收费情况进行检查,督促太平营乡中学、太平营乡小学、隘门村完小、土坤村完小建立财政专户。完善村级班子的工作制度和管理制度,制订"村干部廉洁自律守则"和"村务公开制度"。成立预算外资金督查领导小组,对全乡预算外资金进行全面清理,纠正部分单位打白条和乱收费现象,规范收费标准,民政结婚证本收费由20元降至9元,身份证从30元降到20元;同时规范票据管理,由白条收费改用专用票据收费。

2001年,开展党风廉政教育,组织党员干部、职工集中开展党规党纪和法律法规学习讲座31次。以"两带三增奔小康"为载体,创建坪干、太平、红岩3个"五好村"。对部分村级班子软弱涣散、通过考察,调整村级班子4个,选配村干部5名。推行政务公开制度,办政务公开栏4期。

2002年,印发《太平营乡党风廉政建设实施细则》,组织召开党风廉政会议,创建村务、政务公开栏8个。开展廉政教育,每月组织学习1次党纪党规、法律法规等知识,对《中国共产党纪律处分条例》《中华人民共和国行政监察法》《中国共产党章程》等党纪党规进行专栏宣传5期,增强广大党员干部的党纪法规意识。

2003年,组织24个单位负责人召开党风廉政建设专题会,签订党风廉政建设责任书24份。完善各项纪律制度,整治干部"走读"风,改变干部职工工作拖沓、懒散的不良现象。按照上级文件精神,对请客送礼,借机敛财的不正之风进行整治。举办党员思想政治教育培训4期,党员教育面达90%。开展"打黑除恶""治爆缉枪""禁毒"专项斗争。

2004年,学习十六届中央纪委三次全会精神、《中国共产党党内监督条例》《中国共产党纪律处分条例》等内容,制作墙报1期,张贴标语2条,撰写学习心得10篇。开展纠风专项治理,推行义务教育阶段“一费制”收费办法,对10所小学、1所中学收费情况进行全面检查。对2003年县水利局解决维修泥河水利工程款2.6万元、2003年10月1日后实施的退耕还林项目资金4000元、1996年至2004年7月社保资金1.84万余元、2003年1月至2004年5月计划生育征抚费4.97万元、2002—2003年行政事业性收费及罚款3.7万元开展执法监察,查出1999年原经办人累计所欠社保资金5104元,对资金进行了清退。推进农村基层民主化,筹集资金7000元建立乡和17个村村务公开栏。

2005年,制订《太平营乡2005年党风廉政建设和反腐败工作方案》《太平营乡党员干部党风廉政和反腐败警示教育实施方案》《中共太平营乡党委政府及工作部门2005年党风廉政建设和反腐败各项工作任务分解表》。根据《关于转发〈关于严禁干部职工在迁居、子女升学等事宜中操办酒席的规定〉的通知》文件精神,对干部职工是否存在装修住房、乔迁新居、子女升学、参军等事宜中操办酒席问题进行督查。开展“五个珍惜”活动(珍惜工作岗位、珍惜工作权力、珍惜集体荣誉、珍惜个人前程、珍惜家庭幸福),按照“两个务必”,“八个坚持、八个反对”的规定,组织学习《建立健全教育制度、监督并重的惩治和预防腐败体系实施纲要》《中国共产党党内监督条例》《中国共产党纪律处分条例》《中国共产党党员权利保障条例》,制订《首问责任制》《岗位责任制》《限时办结制》《同岗替代制》《失职追究制》等六个制度和《政府决策制度》《外来投资企业与周边群众纠纷调解制度》《企业周边环境保障制度》。设置效能告示牌和政务公示栏。设立危害投资软环境建设行为举报箱和投诉电话,创建文明窗口4个。

2006年,贯彻“为民、务实、清廉”工作要求,落实全县纪检工作会议精神,举办学习《建立健全教育制度、监督并重的惩治和预防腐败体系实施纲要》《中国共产党党内监督条例》《中国共产党纪律处分条例》等党纪党规专题会3次,张贴廉政宣传标语10幅、办廉政宣传专栏2期。以保持共产党员先进性教育为契机,组织党员干部查找在理想信念、群众观念、组织纪律和廉洁纪律方面存在的问题,并进行整改。

2007年,制订《太平营乡农村基层党风廉政建设联席会议制度》《关于深入开展廉政文化“六进”教育活动工作方案》,编辑纪检监察工作简报12期。组织学习《关于贯彻落实〈中共中央纪委关于严格禁止利用职务上的便利谋取不正当利益的若干规定〉的通知》《行政机关公务员处分条例》《严禁干部职工在迁居、子女升学等事宜中大操大办酒席的规定》,通报《关于对吴昌俊、龙云超违规大操大办酒席的通报》。开展纪检专项执法监察,对国土所、合医站、计生办、民政办、中小学等收费单位进行专项执法监察,对扶贫、合医、退耕还林专项资金使用情况开展重点检查,清退退耕还林违纪资金3000余元。

2008年,印发《2008年太平营乡廉政文化“六进”活动实施方案》,围绕机关、学校、社区重点开展活动,发放“六进”活动宣传资料10000多份。印发《太平营乡农村基层党风廉政建设实施方案》,以村民代表大会、村理事会等为村级党风廉政建设活动为载体,加强村级事务民主管理。印发《太平营乡2008年干部管理办法》,按照“四大纪律、八项要求”总体要求,严肃工作纪律。制订《太平营乡党员领导干部廉洁从政规定》。开展党风廉政建设宣传教育,严格实行“一支笔”签字财务制度。开展对低保金发放、医疗费报销、项目建设资金使用、中小学教育收费、迓大二级公路(太平营乡段)征地补偿等进行专项检查。

2009年,对17个村支两委干部、乡直单位负责人开展述职述廉及民主评议活动。印发《太平营乡机关工作限时办结制度》《太平营乡干部综合考核制度》,将民政、计生等8个站所整合在服务中心集中办公,提高为民服务水平和工作效率。对重大决策、干部任免、重大项目安排、大额度资金使用和专项资金使用情况进行检查。对太平营乡12所学校收费和“两免一补”落实情况进行检查。开展“三强”(强素质、强纪律、强服务)活动,在乡政府大厅推行“服务承诺制”“首问责任制”“一站式办公”等便民服务措施,解决群众办事不方便、窗口行业办事不公、服务质量不高等问题。

2010年,建立健全党风廉政建设各项制度,印发《关于2010年干部管理考核办法的通知》,明确会议、请销假、早退旷工、车辆管理等14项考核制度。印发《太平营乡机关作风和效能建设考核评价工作实施方案》,明确平时考核、集中考核、年终考核、业务目标考核等考核办法和方式。成立以纪委书记为组长的机关干部管理考核领导小组,对干部职工进行考核。印发《太平营乡学习贯彻〈中国共产党干部廉洁从政若干准则〉的实施方案》,组织干部进行知识测试2次,开展政治理论、政策法规专题学习培训10余次,培训达1100人次。开展"创先争优,推动科学发展,构建和谐新太平"和"一创二带三服务"("一创":五好支部创建,"二带":党员带头致富、带领群众共同致富,"三服务":服务大局、服务发展、服务群众)活动。对各村财务开支进行审计,实行党务、政务、村务、财务公开,查处涉及教育乱收费问题学校2所,责令退回资金2万元。

2011年,印发《认真贯彻执行机关作风行为规范"四要十不准"规定的通知》,要求干部职工对照"四要十不准"规定进行自查自纠,解决少数机关干部说得多、做得少,不作为、乱作为,怕担当、求平稳,思想旧、守成规,作风漂、不务实等问题。不定期对各村党支部、乡直各单位执行"四要十不准"情况进行检查,对存在问题限期整改。以编辑简报、办专栏等方式宣传营造风清气正的干事创业氛围。成立以纪委书记为组长的政务公开工作监督小组,推进党务、政务、村务公开,设立乡、村便民利民党务政务综合服务中心17个。对涉农资金进行专项执法监察,清退教育乱收费资金3.3万元。制订《太平营乡关于加强农村集体"三资"管理工作实施方案》,对17个村"三资"情况进行全面清理。

2012年,与15个乡直部门、17个村签订党风廉政建设责任状,制订《太平营乡党风廉政建设工作计划》,对乡直9个部门60人进行廉政风险点查找,提出防控措施22条,发放《廉政风险监督卡》卡片60张。组织干部职工学习《农村基层干部廉洁履行职责若干规定(试行)》2次,全年乡、村两级累计集中学习30余次。发放《农村基层干部廉洁履行职责若干规定(试行)》100余份。对低保、危改、合医、计生等涉农资金进行专项检查2次,发现违规领取低保3人,责令相关部门进行整改,暂缓执行计生户危房改造工程1户。对12所中小学教育收费情况进行专项检查,开展学生"营养午餐"专项检查2次,核实专项经费落实、食品采购渠道、食品卫生安全等情况。印发《太平营乡党务公开工作方案》《太平营乡2012年度政务公开工作计划》《党务公开意见建议收集办理及反馈制度》等党务政务公开工作制度。发放《阳光政策话惠民》宣传手册5000份。印发《太平营乡关于加强农村集体"三资"管理工作实施方案》,对全乡17个村"三资"进行清理。制订《太平营乡农村廉政文化建设工作方案》,在土坉、石榴等村以唱苗歌、办宣传栏等方式进行廉政文化宣传,开展苗歌演唱2场、文艺演出1场,办宣传专栏4期。印发《关于进一步加强机关作风和效能建设整改方案》《太平营乡村级组织及村干部管理办法》《太平营乡村干部绩效管理细则》。

2013年,学习宣传中共十八大精神,对市级新农村示范点老寨村、花鼓大道建设、松铜高速公路建设征地拆迁等重点工作进行跟踪监督检查。按照《2012年太平营乡农村党风廉政建设工作意见》文件要求,协助开展农资打假专项治理行动,对低保、农补、良种补贴等专项检查2次。开展驻村干部的民情日记和为民办实事及到村20天以上工作日情况的检查。

2014年,贯彻落实省、市、县廉政工作会议精神,成立党风廉政建设领导小组,制订2014年党风廉政建设实施方案。制订完善《机关管理制度》《党风廉政责任追究制度》《党政班子成员廉政建设岗位职责》。对17个村村务、政务落实情况督查5次,在公路主干道旁设置标语,在各村设置村务、政务公开栏、廉政监督岗,方便群众监督。对政府收费窗口、学校春秋季入学收费情况进行督查。开展3次涉农资金专项检查。开展下乡补贴核查,对发现的问题及时督促整改,挽回资金损失8.6万元。

2015年,制订《2015年党风廉政建设工作实施意见》《太平营乡2015年惩治和预防腐败体系实施方案》,对责任落实情况开展检查。开展干部作风效能监督检查,对违反工作纪律的5名工作人员予以全乡通报批评。通过对危房改造资金检查、教育资助金清理、微型企业监察,发现问题18个,处理16个,立案2件,处分2人。

2016年,开展党的群众路线教育实践活动和"三严三实"专题教育、"两学一做"学习教育,组织开展党纪法规政策和预防职务犯罪法律知识学习。建立班子"权力清单"和"权力运行流程图",对全乡党员干部进行监督,排查廉政风险点50余个,制订防控措施150余条。印发《松桃苗族自治县太平营街道机关工作管理制度》《松桃苗族自治县太平营街道2016年绩效目标考核方案》《松桃苗族自治县太平营街道党工委干部约谈常态化工作方案》,对干部到岗到位、常规值班、节假日值班等情况进行明察暗访,对违反工作纪律的5名工作人员进行全街道通报批评。在元旦、春节等节假日期间,通过书面、微信等形式对相关纪律规定进行重申,确保廉洁过节。开展计划生育社会抚养费和四项制度、小额贴息贷款、安全饮水工程、雨露计划等专项监察。开展村级账务核查和干部补贴奖金专项检查,发现问题16个,处理16个,约谈58人,批评2人。开展领导干部亲属违规经商办企业、收受礼品礼金、发放津补贴专项清理,签订《领导干部亲属不违规经商办企业承诺书》78份。

2017年,开展党工委书记讲廉政党课2次,召开党工委理论中心组反腐倡廉专题会6次,开展党风党纪教育5次。制订《太平营街道机关管理办法》,查处不遵守值班制度6人,通报批评违反会风会纪4人,督促农业普查工作2次、环境卫生整治2次。开展干部职工"走读"问题整治、"小金库"清理、"红包"问题整治、防止利益冲突以及党和国家工作人员违规参与土地开发和工程建设问题等一系列专项整治活动。

2018年,严格落实"三转"工作要求,纪检监察干部不再联系社区和帮扶贫困户,全力投入纪检监察工作,完善"廉政谈话制度",进行分级约谈160人次。建立履行党风廉政建设"两个责任"纪实台账和手册。开展干部是否违规参与茅台酒经营问题整治3次、干部违规兼职取薪清理1次,违规收送礼品礼金发放津补贴清理1次,清退违规发放津补贴1.9万元。开展省委第九巡视组巡视铜仁涉及松桃和县委第三巡察组巡察太平营街道党工委反馈问题整改落实情况的监督检查。通过查阅是否制订方案、线索摸排、教育宣传等资料对街道开展扫黑除恶工作情况督查,街道纪工委组织17个村监委对辖区内党员、干部涉黑涉恶问题进行摸排。完善《太平营街道机关管理办法》,对周末和节假日值班、会风会纪等干部作风问题进行督查,通报不遵守值班制度2人,通报违反会风会纪14人,督促脱贫攻坚整改6次,环境卫生整改2次,提醒谈话13人,批评教育6人,诫勉谈话1人,上缴违纪资金1.91万余元。

2019年,制订《太平营街道党工委落实党风廉政建设主体责任和纪工委落实监督责任清单》,按照"两个责任"分级约谈工作要求,开展"两个责任"分级约谈2次。开展"不忘初心、牢记使命"专题教育专题研讨会3次,形势政策教育54次、红色革命传统教育1次,党史、中华人民共和国史教育54次,受教育2000余人次。开展信教人员和宗教场所摸排工作,把宗教工作纳入年终考核内容。开展整治漠视群众利益专项行动和领导干部利用茅台酒等名贵特产牟取私利自查清理、违建别墅清理、"大棚房"专项清理整治工作的监督检查。

2020年,开展政治监督与日常监督,对17个村疫情防控、复工复产、农村乱占耕地建房整治和习近平总书记关于制止餐饮浪费行为的重要指示精神贯彻落实情况等进行监督检查,对作风不实的5名干部进行通报批评。对太平营中学、太平营幼儿园落实疫情防控、复学工作、安全隐患排查情况开展监督检查8次,发现问题7个,现场反馈并督促整改7个,整改率100%。开展十三届县委第八轮巡察整改及整改情况监督检查工作,完成涉及15个村341个巡察反馈问题的整改。开展"两个责任"分级约谈工作,约谈139人次。开展"五个示范"〔民生监督示范、村务监督示范、乡镇民生监管示范、村(社区)监管示范、部门民生监管示范]创建，完成街道民生监督示范1个、村(社区)民生监管示范5个、村务监督示范5个，完成率100%。在“五小”(开展“小监督”、发现“小苗头”、提出“小建议”、督改“小问题”、回应“小诉求”)机制落实方面，开展监督82次，发现苗头5个，可成案线索0条，提出建议18个，被采纳16个，督改问题10个，回应诉求6个。

(二)信访受理

按照信访工作要求，落实好信访办理工作，坚持依法化解社会矛盾，以抓好源头预防、畅通信访渠道、化解诉求难题、抓好反馈回访的方式开展信访受理工作，认真开展信访问题核查、处置和回复工作，做到事事有结果、件件有回音，及时回应群众关切。

1998年，接待来信来访58次，收到群众检举揭发信4封。

2000年，受理信访件2件，办结2件。

2002年，接待来访3次，来信5件，其中上级转办1件，信访回复4件，调查后上报1件。

2003年，受理信访件1件，办结1件。

2004年，接待来访5人次，回访5人次。

2006年，接待来访5起，受理侵害人民群众利益2起。

2007年，受理来信来访举报10次，收到村级上报信访件3件，办结3件。

2008年，完成上级交办信访件2件。

2009年，受理群众来信来访举报5次，立案1件1人。接到村级上报信访件1件，办结1件。

2010年，收到信访件1件，办结1件。

2012年，收到信访件1件，办结1件。

2013年，接待群众来访13次。

2015年，受理信访件5件，办结5件，其中县纪委转办件3件。

2016年，受理信访件5件，办结5件。

2017年，受理信访件3件，办结3件。

2018年，办理信访件10件，其中自主办理4件，协助县纪委办理6件，立案1件。

2019年，上级转办信访件2件，办结2件。

2020年，办结2019年收到信访件1件，协助县纪委办理信访件1件。

(三)民生监督

2014年至2020年民生工作，根据省、市、县纪委监察局(监委)工作安排部署，强化对民生领域的精准监督，聚焦民生政策落实，严肃查处发生在群众身边的腐败和作风问题，维护群众切身利益。

2014年，对全乡17个村家电下乡补贴、农机具补贴、畜牧良种补贴开展专项监察，开展家电下乡监督检查51人次，涉及农户768户，核查农机具补贴15万余元，收缴家电下乡补贴违规资金8.5万元，收缴能繁母猪补贴违规资金935元。

2015年，对学校营养餐进行专项监督检查2次，发现问题3个，督促整改3个。对农村危房改造资金进行专项监察，核实资金24万余元，收缴违纪资金1.1万元。对32户微型企业补助资金管理使用情况开展监督检查，发现问题3个。

2016年，调整村级民生监督员17名，开展村居民生事务、计划生育社会抚养费征收使用与“四项制度”、精准扶贫、小额信贷、雨露计划培训、人饮项目等专项监察，发现问题16个，处理16个。

2017年，开展“访村寨、重监督、助攻坚”专项行动及低保专项监察工作。走访农户95户，发现问题线索10个。对9个村27个“一事一议”财政奖补项目进行专项监察,发现问题2个。开展生态移民工程专项监察,走访50户,发现问题5个。开展农村新型经济实体运行管理情况及农村改厕项目专项监察,走访项目29个,发现问题2个。是年,立案审查调查4人,提醒谈话18人,诫勉谈话2人。

2018年,开展农村种植产业扶贫项目资金专项监察,走访项目13个,涉及资金303.8万元。开展城乡居民基本养老保险专项监察,发现存在死亡冒领情况,责成主管部门进行追缴。开展农村贫困人口大病专项救治和城乡医疗救助专项监察,走访群众175人次,涉及资金123.26万元,发现问题1个。开展农村种植产业扶贫项目专项监察,走访项目130个,涉及资金910.73万元,发现问题1个。对农村低保资金、村集体公益林补助资金、农村危房改造补助资金等管理使用情况开展监督检查,发现问题线索7个。

2019年,每月围绕干部作风、项目资金管理、信息精准等问题对脱贫攻坚工作进行监督检查,持续开展扶贫领域作风三年整治行动,对涉林扶贫民生项目、易地扶贫搬迁工作、财政涉农补贴资金“一折通”等进行专项监察,开展“百名纪检监察干部访千村进万家”活动。全年扶贫领域立案10件10人,其中街道党工委立案2件,县纪委县监委立案8件,通报批评120人次,谈话提醒16人次,诫勉谈话4人次,集中约谈40人,上缴违纪资金12万余元。

2020年对脱贫攻坚工作开展督查,对2名脱贫攻坚队员进行立案调查。开展农民专业合作社(公司)专项监察,核实民生项目23个,走访群众40人次,发现问题1个,反馈整改1个。开展农村饮水安全项目工程专项监察,对走访项目6个,发现问题3个,整改3个。开展“杨荣式”好干部大走访活动,走访群众140余人次,接访群众3人次,发现问题5个,立案审查2件。全年在民生领域发现问题13个,立案10件10人,其中街道党工委立案3件,县纪委县监委立案7件,党纪政务处分7人,诫勉谈话6人次,通报批评4人次,清退违纪资金12万元。

(四)警示教育

1992年至2020年,太平营乡(街道)党委(党工委)通过召开会议组织学习党纪法规、宣布处分决定、通报典型案例、观看警示教育片、参观党风廉政警示教育基地,加强对干部职工的党性教育、纪法教育、警示教育,增强干部职工廉洁自律意识。

2003年,组织干部职工收看反腐斗争警示教育专题片。

2004年,组织干部职工观看卢万里贪污受贿案警示教育片《绝路》。

2005年,开展“五个珍惜”活动,组织干部职工学习典型案例警示教育读本。

2010年,组织干部职工36人到县党风廉政警示教育基地参观。

2015年组织干部职工观看《楠竹苗上的蛀虫窝案》等警示教育片4次,举办廉政知识讲座6次。

2016年,组织干部职工学习《松桃民生领域典型案例》,观看警示教育4次,举办廉政知识讲座8次。

2017年,组织班子成员到县党风廉政警示教育基地参观,组织干部职工及村干部观看《深山馋鼠》等警示教育片4次。

2018年,组织干部职工学习典型案例通报4次,组织观看扶贫领域典型案例展2次。

2019年,组织17个村党支部党员及机关支部全体党员到县党风廉政警示教育基地参观,到村通报案例3次,组织干部工作学习典型案例通报14次,组织观看扶贫领域典型案例展2次。

2020年,开展石某某、孔某严重违纪违法案“一案一整改”2次,在宣布处分的同时同步开展警示教育,召开专题民主生活会(组织生活会)2次,组织观看扶贫领域典型案例展2次。

第五节　大兴街道纪检监察工作

一、机构队伍

1992年5月,按照县“建镇、并乡、撤区”的安排,撤销原牛郎区及其所辖的大兴镇、银岩乡,由大兴镇与银岩乡合并,建立新的大兴镇行政区划。是年6月,中共松桃苗族自治县委任命吴忠平为镇纪委书记。

1993年3月,大兴镇召开第一次党代会,选举产生中共松桃苗族自治县大兴镇纪律检查委员会。

2013年5月,省人民政府批准同意撤销大兴镇建制,设置大兴街道办事处。是年7月1日,松桃苗族自治县与铜仁高新区签订委托管理大兴街道协议。2016年8月,大兴镇挂牌,正式更名为松桃苗族自治县大兴街道办事处。是月,大兴街道纪委换届后,撤销中共松桃苗族自治县大兴镇纪委,成立中共松桃苗族自治县大兴街道纪律检查工作委员会,大兴街道纪工委不再受中共松桃苗族自治县纪委监察局领导。

2019年7月,受铜仁市监察委员会委托,松桃苗族自治县监察委员会为派出大兴街道监察办公室挂牌。2020年4月,大兴街道监察办公室组建完成后,与街道纪工委合署办公,实行“两块牌子、一套人员”的管理体制,履行纪检监察职责。

中共大兴镇纪律检查委员会

（1992年6月至2016年8月）

书　记	吴忠平(苗族)	1992年6月至1999年3月
	唐金堂(苗族)	2000年6月至2001年12月
	龙昌才(苗族)	2002年3月至2006年8月
	黄晓勇(苗族)	2006年8月至2007年4月
	龙金洪(苗族)	2007年8月至2010年5月
	周文胜(苗族)	2010年5月至2012年3月
	喻　婧(苗族)	2012年4月至2013年2月
	龙春荣(苗族)	2013年2月至2014年9月
	吴明学(苗族)	2014年12月至2016年8月
副书记	龙长顺(苗族)	2006年8月至2014年12月
	龙亚琼(苗族)	2016年4月至2016年8月
纪委委员	吴忠平(苗族)	1992年6月至1999年3月
	吴远征(苗族)	1993年3月至1996年2月
	龙来富(苗族)	1993年3月至1996年2月
	石根友(苗族)	1996年2月至2002年3月
	龙考明(苗族)	1996年2月至1999年3月
	吴定军(苗族)	1999年3月至2002年3月
	吴通顺(苗族)	1999年3月至2002年3月
	唐金堂(苗族)	2000年6月至2001年12月

龙昌才（苗族）　2002年3月至2006年8月
龙凌云（苗族）　2002年3月至2006年8月
黄晓勇（苗族）　2006年8月至2007年4月
龙长顺（苗族）　2006年8月至2014年12月
周文胜（苗族）　2006年8月至2012年3月
段于报（苗族）　2006年8月至2011年9月
吴忠平（苗族）　2006年8月至2011年9月
龙金洪（苗族）　2007年8月至2010年5月
涂山伟　2011年9月至2016年8月
李　斌　2011年9月至2016年8月
龙凌云（苗族）　2011年9月至2016年8月
喻　婧（苗族）　2012年4月至2013年2月
龙春荣（苗族）　2013年2月至2014年9月
吴明学（苗族）　2014年12月至2016年8月
龙亚琼（苗族）　2016年4月至2016年8月

大兴镇监察室

（2008年11月至2019年5月）

主　任　龙凌云（苗族）　2008年11月至2017年5月
杨杰宇（苗族）　2017年6月至2019年5月

中共大兴街道纪律工作委员会

（2016年8月至2020年12月）

书　　记　吴明学（苗族）　2016年8月至2017年11月
龙长顺（苗族）　2018年2月至2019年7月
涂山伟　2019年9月至2020年12月
副 书 记　龙亚琼（女，苗族）　2016年8月至2019年9月
赵晨羽（女）　2020年4月至2020年12月
纪工委委员　吴明学（苗族）　2016年8月至2017年11月
龙亚琼（女，苗族）　2016年8月至2019年9月
龙长顺（苗族）　2018年2月至2019年7月
涂山伟　2019年9月至2020年12月
赵晨羽（女）　2020年4月至2020年12月

县监察委员会派出大兴街道监察办公室

（2019年7月至2020年12月）

主　　任　涂山伟　　　　2020年4月至2020年12月
副 主 任　赵晨羽(女)　　2020年4月至2020年12月
监察专员　杨杰宇(苗族)　2020年4月至2020年12月

二、主要工作

(一)党风廉政建设

大兴街道(镇)纪工委(纪委)承担维护党的章程和其他党内法规的执行,协助党工委(党委)履行党风廉政建设主体责任,强化监督执纪问责。忠诚履行党章赋予的职责,对辖区内实现对所有行使公权力的公职人员的监督监察全覆盖,把权力关进制度笼子,不断强化源头治理。

1992年,建镇并乡撤区后,成立中共大兴镇纪律检查委员会,对本辖区内党组织、党员领导干部、党员进行党的纪律监督和检查。

1993年,大兴镇纪委成立领导小组,以办案为突破口,开展对经济服务部门的行业监督工作。加强干部管理,要求党员干部稳住思想、主动作为,并以此为主题进行一次干部大检查,具体内容包括干部组织纪律问题、组织发展问题及服务人民群众思想作风问题。是年,协助镇党委开展党风廉政建设工作,开展移风易俗、重点整治赌博风、吃喝风工作。

1994年,根据县委反腐倡廉领导小组工作安排,镇党委政府通过召开年度党员干部廉洁自律民主生活会,开展批评与自我批评,增强勤政廉政意识。对违反工作纪律、廉洁纪律的党员2名、违反计划生育政策的党员1名进行组织处理。

1995年,镇党委以抓好基层组织建设为抓手,切实转变党员干部的工作作风,要求党员干部贯彻执行党中央的大政方针,力戒形式主义和官僚主义,真正做到说真话,办实事。

1996年,严查挪用公款行为,着力整治政府内部打麻将成风问题,不断强化干部组织纪律和作风监督检查,严格执行请销假制度。在全镇9个村干部党员中开展"双学"活动,举办"双学"培训班2期245人。是年6月,大兴村党支部被中共贵州省委授予全省"先进基层党组织"称号。

1997年,协助镇党委政府出台干部职工管理办法及问责条例。针对烤烟收购过程中部分党员干部存在不作为、乱作为的违规行为进行整顿。

1998年,镇纪委聚焦村支"两委"换届,通过严把"四关"即宣传关、服务关、监督关、执纪关,保障换届选举工作有序有效进行。针对有法不依、违法办案、贪赃枉法、徇私舞弊、吃拿卡要、乱收费、乱罚款等现象,开展集中教育整顿,并发放问卷测评,发出问卷53份,收回53份,评价公平、客观、良好卷占85%,中等卷占12%,较差占3%。

1999年,镇党委以问题为导向,修改完善《干部职工管理条例》。严禁上班流于形式,只见签到不见人;严禁上班打麻将;严禁工作中随意请假现象。出台党风廉政建设量化考核办法,严格执行领导干部重大事项登记制度、礼品礼金登记制度。成立案件审查领导小组,加强案评检查知识的学习;出台政务、村务公开制度。对民政办、计生办民生资金用途、中小学收费开展监督检查。

2000年,落实党风廉政建设责任制,开展镇党委领导与站所负责人10人、各村主要负责人9人签订党风廉政责任状工作。

2001年,落实打招呼制和诫勉制。即党委、纪委领导班子成员不定期地与镇属部门、党支部负责人谈话,了解落实党风廉政建设责任制情况。

2002年,开展清理整治行业部门乱收费专项行动,具体包括清理集镇及辖区内中小学、政府涉农等执法部门乱收费现象,规范行业部门标准收费。治理公路"三乱",改善镇内的投资环境。督查道路交通安全和生产安全,严格实行工程招投标制度和国有土地出让全部交由市场运作制度。组织镇村两级干部层层签订党风廉政建设责任状,并监督其执行。

2003年,对领导干部的权力行使进行主动监督,规范领导干部的从政行为。对农民负担进行检查,确保税收后镇农民负担没有出现反弹,全年查处违纪违法案件5件,办结4件。

2004年,开展纠正部门和行业不正之风,解决农民办事难、难办事的问题。开展对小城镇建设、扶贫开发、农村产业结构调整和优化农业产业经营等生产经营活动专项督查。

2005年,印发大兴镇严禁干部职工大操大办酒席的规定,及时纠正借机敛财等不正之风;开展国债资金专项清理行动,规范执法部门行为。执行领导干部廉洁从政要求,做好"述德、述职、述廉"三述报告,科级干部报告个人重大事项和申报个人收入。

2006年,开展对镇扶贫资金、退耕还林资金、社保资金、计生征收的社会抚养资金等民生资金使用情况专项监督。

2007年,将党风廉政建设责任制工作开展延伸到基层支部委员和机关全体工作人员,延伸到人、到岗,确保分解不留死角。修订《村级领导干部廉洁从政若干规定》,实行《镇村两级公务用车管理制度》《村级重点工程监督制度》《村级信访接待日制度》,完善村级领导干部经济责任审计制度,扩大审计范围,规范权力运行监督。开展廉政文化进机关、廉政文化进社区、廉政文化进家庭、廉政文化进学校、廉政文化进企业、廉政文化进农村"六进"活动。开展中小学乱收费治理工作,查处高岩村小违规收费,督促清退学费8316元,并在全镇范围内进行了通报,对主要领导进行了诫勉谈话。是年,镇党委被评为全县勤政廉政先进集体,镇党委书记被评为全县勤政廉政先进个人。

2008年,抓好领导班子建设、健全各项工作制度,明确党的基层组织建设年工作任务,围绕镇党委"五好"标准抓落实。

2009年,镇党委政府班子成员及各站所负责人学习《领导干部廉洁从政若干准则》,切实增强党员和干部廉洁从政意识。组织全体干部职工学习《毛泽东邓小平江泽民论科学发展》《科学发展观重要论述摘编》等有关书籍,教育干部职工坚持正确的政治方向,与党中央保持高度一致,确保中央的重大决策部署落到实处。

2010年,组织党员干部学习党的理论知识和行政管理知识,提高基层党员素质,加强干部管理,加大对违纪干部的查处力度,转变干部作风,

2011年,建立镇党委各项规章制度,把党风廉政建设和反腐工作抓紧、抓实、抓好。强化宣传教育,深入开展为民务实、清廉教育活动。

2012年,规范公务接待制度,明确公务接待范围及标准,不定期开展督促检查。

2013年,制订《大兴镇党风廉政责任书》,层层签订责任书45份。探索创新完善村级监督体系,成立村务监督委员会,对组务、村务、政务、党务进行公开。开展春、秋两季教育收费的清理整顿工作,并对"营养午餐"进行检查。对"廉政食堂"的运行进行监管,统一制订接待标准。印发《大兴镇2013年度工作目标

管理考核办法》《大兴镇2013年干部管理制度》。建立监督委员会9个,对村(居)两委换届工作进行村级财务审计。用纪律保障推进杭瑞高速公路项目建设,拆除32栋房屋,安置24户,处理矛盾纠纷50余起,确保项目顺利实施。调解劳资纠纷4起,帮助41名农民工追讨工资87.67万元。

2014年,围绕上级纪委党风廉政建设和反腐败工作安排,细化工作目标任务,落实"两个责任"约谈。贯彻落实中央八项规定、省委市委十项规定。坚持日常监督检查与重要节点明察暗访相结合,发现问题5个,通报批评25人。查处乱办升学宴一起,收缴违纪资金5000元。通报违反会风会纪情况2次,通报批评24人次。开展"三个开刀"(在党政机关向不找熟人办不成事开刀、在司法执法系统向有理有据得不到公正结果开刀、在乡村两级向没有关系得不到公平对待开刀)专项检查,发现问题2个,取消低保2个。

2015年,建立健全党风廉政建设和反腐败工作领导小组,明确党委书记作为党风廉政建设第一责任人,做到党风廉政建设重要工作亲自部署,其他班子成员认真履行"一岗双责"制度。成立廉政文化建设领导小组,健全完善相关制度,夯实"廉政文化进机关"活动阵地。开展岗位廉政风险点排查,梳理权力运行"流程图",实施权力运行清单报备和网上公开制。开展农村危房改造、雨露计划专项监督,发现问题94个,组织处理2人。

2016年,组织党员干部再次学习中共十八大精神,开展廉政建设主体责任谈话1次。持续整治"四风",紧盯春节、"五一"国际劳动节、中秋、国庆等重要节点,集中学习典型案例,予以示警。对公车私用、私车公养、公款购买节日礼物、公款吃喝、公款旅游、变相发放福利等问题进行明察暗访。对辖区内酒店、餐馆监督检查8次。开展领导干部收受红包、礼金、礼券、购物卡,领导干部经商办企业和亲属在辖区区域违规经商办企业、投资入股、承揽工程、党员干部和国家公职人员违规打麻将、违规操办酒席、违规发放电话费、宽带费等专项检查。签订承诺书227份;层层签订党风廉政建设责任状241份。开展"两学一做"活动。通过第十届村级换届,配强村(居、社区)务民生监督员。

2017年,开展农村和城市最低生活保障专项监察工作。在专项监察中,街道纪工委严格按照"谁检查、谁签字、谁负责"的原则,建立民生监督员工作台账制度,将3872户低保(2013—2016年涉及领取低保户数)核实工作细化分解到每一名民生监督员,每核实一户民生监督员都必须签字。通过专项监察,发现保障对象不符合条件、虚报套取二类问题共42个,其中:不符合低保条件34户(直系亲属为财政供养人员20户),虚报套取8户。通过初核,已立案1件,收缴违纪资金8.57万余元,发出监察建议1份,诫勉谈话1人,提醒谈话2人,督促民政部门取消低保户42户。

2018年,街道纪工委每季度对各村(社区)党风廉政建设责任制落实情况进行一次检查,将检查结果列入绩效考核。举办村(社区)"两委"干部培训班,强化教育。对6个村3个社区任职"两委"干部进行任前组织谈话、廉政谈话。开展农村"组组通"公路项目建设专项监察,涉及项目5个,建设规模达9.635公里,建设资金385.3万元,涉及5个村(社区)5个村民组,惠及群众232户1205人(其中,建档立卡贫困人口8人)。

2019年,开展涉林扶贫民生项目、易地扶贫搬迁和财政涉农补贴资金"一折通"专项监察工作;开展"百名纪检监察干部访千村进万家"活动,走访村寨7个,走访群众152户、162人,立案7件8人,党政纪处分5人,组织调整1人,收缴违纪资金6.07万余元。制订《大兴街道纪工委2019年扫黑除恶专项斗争监督执纪问责工作计划》《大兴街道涉黑涉恶问题线索双向移送反馈机制(试行)办法》。成立强化监督执纪监察工作领导小组,开展扫黑除恶专项斗争督查工作9次,入户走访排查问题线索162户;开展领导干部利用名贵特产、特殊资源牟取私利问题自查自纠工作,未发现问题。

2020年,开展党风廉政建设"两个责任"分级约谈4次,约谈289人次。街道纪工委在高新区纪工委及其相关部门的指导下,通过查阅资料,监督检查等方式,围绕"十个看"对街道党组织进行分析研判。收集街道党工委各部门的综合性资料,开展监督检查11次,完成对街道党组织的政治生态分析研判工作。建立领导干部廉政档案20份。街道纪工委采取"1+9"监督模式,即由街道纪工委成立1个工作组对医疗、民政、财政等部门开展重点监督抽查,由9个村(社区)民生监督员对村寨防控工作开展日常监督检查,开展疫情防控督查32次。对在疫情防控工作中,不作为、慢作为的相关单位、个人进行问责,诫勉谈话1人,书面通报批评1人,提醒谈话9人。开展"杨荣式"好干部走访活动,对街道9个村(社区)走访实现全覆盖,走访群众92户,接访群众1人,发现问题8个,涉及扶贫、民政、畜牧、林业、合医、党建、村级组织等领域,8个问题全部整改完成。

(二)信访受理

信访举报是纪检监察机关获取信息和案件线索的重要来源,是社会公众对党员干部、行政监察对象进行监督的重要渠道,是人民群众参与党风廉政建设和反腐败工作的重要形式。1994—2020年,受理信访件43件,办结43件。

1994年,镇纪委收到群众信访件10件,其中实名检举控告10件,经核实,4件不属实,予以了结;3件待查;3件情况属实,转立案3件,办结3件。回访7件。

1995年,镇纪委受理群众信访件8件,办结8件,回访8件。其中实名检举控告8件,转立案件1件。

2013年,镇纪委收到群众信访件6件,办结6件,回访6件。

2019年,收到信访件14件,其中市委第六巡察组移交3件,区纪检监察工委转办9件,街道纪工委接访2件。接访信访件中实名检举控告9件,匿名检举控告5件,办结9件,回访9件,暂存5件。

2020年,受理信访件5件,由高新区纪检监察工委转办5件,其中不实检举4件,办结5件,回访5件。

(三)民生监督

2014年,开展家电下乡、畜牧良种、精准扶贫、营养午餐、教育收费等专项检查5次,查找问题29个,其中家电下乡3个、畜牧良种16个,精准扶贫1个,营养午餐1个,教育收费2个,其他9个。立案2件,结案2件,党纪处分2人,收缴违规资金21.48万元。

2015年,开展农村危房改造和学生助学金2项专项监察工作,查出问题98个,涉及资金55.23万元,党政纪处分4人,诫勉谈话2人,通报批评2人,取消入党资格2人。其中,农村危房改造92个,收缴违规资金2.85万元,取消2014年农村危房改造对象18户,挽回国家经济损失17.98万元。学生资助金专项监察查出问题6个,涉及资金34.40万元

2016年,开展计生社抚费、信贷扶贫项目资金、农村安全饮水项目资金、第四季度"雨露计划"专项监察四项专项监察工作,发现问题17个,立案2件,给予党纪处分3人,收缴违规资金3.91万余元,在大扶贫战略精准扶贫专项监察中,清理不符合条件精准扶贫对象230人,取消56名不符合条件农村低保对象。开展对村(社区)干部、国家公职人员及其近亲属享受非普惠制惠民政策清理工作,335人报告非普惠制惠民政策情况。

2017,开展城乡低保、农户科学储粮投资计划、"一事一议"财政奖补、易地扶贫搬迁工程项目资金等专项监察。是年,民生监督专项监察发现问题47个,立案2件,党政纪处分3人,启动问责程序2件10人次。其中,诫勉谈话5人,通报批评2件5人次,责令整改单位1个,发出监察建议2份,收缴违规违纪资金20.5112万元。

2018年,开展对农村种植产业扶贫项目、农村"组组通"公路建设项目、农村贫困人口大病专项救治和城乡医疗救助、农村养殖产业扶贫项目专项监察,立案6件,党纪处分5人,组织调整1人,发出监察建议1

个,向同级党委政府汇报1次,向相关部门反馈1次,堵住制度漏洞1个。

2019年,按照市纪委、高新区纪工委(监察分局)的统一安排部署,开展涉林扶贫民生项目、易地扶贫搬迁和财政涉农补贴资金"一折通"专项监察,发现问题4个,立案1件,收缴违纪资金5万元,诫勉谈话2人。

2020年,开展农民专业合作社(公司)扶贫民生项目专项监察。经走访及与相关部门了解,2016—2020年,共有8家合作社涉及扶贫资金922.85万余元,已完成的7个项目并通过验收,均按照项目合同书实施;发现问题2个;未发现监管部门监督不力和相关人员吃拿卡要现象。

(四)警示教育

2007年,组织干部职工集中观看《警钟长鸣》《失衡的权利 变轨的人生》《生死牛玉儒》《居安思危》等反映作风建设示范和警示教育片,开展警示教育。

2013年,举办一次党风廉政教育图片展,组织部分干部职工观看警示教育片2次。

2014年,镇纪委与高新区纪检监察工委联合组织开展廉政警示教育1次活动,全年开展4次警示教育宣传活动,

2015年,组织街道村及社区干部集中观看廉政警示教育片,不定期在街道村及社区干部大会上通报违纪违法案例,以反面典型常敲警示之钟,促使广大党员干部明法纪、知敬畏。

2016年,高新区纪检监察工委、监察分局在大兴召开警示教育大会6次,通报换届选举典型案例、贪污受贿典型案例、违规人员忏悔录等内容。街道纪工委组织全体干部职工观看由中央宣传部编制的《永远在路上》反腐纪录片,并要求撰写心得。

2017年,组织开展警示教育3次,曝光大兴街道被处分村(社区)干部典型案例3个,用身边事教育身边人。

2018年,高新区纪检监察工委、监察分局举办组织村(社区)"两委"干部进行强化教育,每季度至少开展一次警示教育,及时指出存在的问题。

2019年,组织召开"不忘初心、牢记使命"主题教育和扶贫领域典型案例警示教育大会,街道全体干部职工,各村(社区)两委班子成员,村务监督委员会成员,驻村帮扶干部共80余人参会。

2020年,组织全体干部职工、各村(社区)两委班子成员、村(居)务监督委员会成员、驻村帮扶干部共160人,观看廉政展板和召开扶贫领域典型案例警示教育2次,让广大基层干部自觉从反面教材中汲取教训,不断提高自身拒腐防变能力。

第六节　盘石镇纪检监察工作

一、机构队伍

1992年5月,按照"建镇、并乡、撤区"的安排,撤销原世昌区及其所辖的盘石乡、芭茅镇,由盘石乡与芭茅镇合并,组建新的盘石镇行政区划。是年6月,县委任命麻其富为镇纪委书记。

1993年3月,盘石镇召开第一次党代会,选举产生中共松桃苗族自治县盘石镇纪律检查委员会。

2019年7月,国家监察体制改革向乡镇(街道)延伸,设立县监察委员会派出盘石镇监察办公室,与镇纪委合署办公,实行"两块牌子、一套人员"的管理体制,履行纪检监察职责。

中共盘石镇纪律检查委员会

(1992年6月至2020年12月)

书　　记	麻其富(苗族)	1992年6月至1996年2月
	田和云(苗族)	1996年2月至2001年12月
	石　峰(苗族)	2002年1月至2005年6月
	龙秀福(苗族)	2005年11月至2010年2月
	任海燕(苗族)	2011年3月至2013年3月
	彭　湃(苗族)	2015年1月至2016年8月
	吴正国(苗族)	2016年8月至2018年9月
	龙　舟(苗族)	2019年5月至2020年12月
副书记	麻显文(苗族)	2006年8月至2009年8月
	石　勇(苗族)	2010年12月至2011年9月
	龙明建(苗族)	2012年7月至2016年7月
	龙毅峰(苗族)	2016年8月至2020年3月
	郑云嫣(女,苗族)	2020年12月至2020年12月
纪委委员	麻其富(苗族)	1992年6月至1996年2月
	杨小燕(苗族)	1993年3月至2001年12月
	田益仙(女,苗族)	1993年3月至1996年2月
	田和云(苗族)	1996年2月至2001年12月
	龙春吉(女,苗族)	1996年2月至1999年3月
	杨金香(女,苗族)	1999年3月至2002年3月
	石　峰(苗族)	2002年1月至2005年6月
	龙仕斌(苗族)	2002年3月至2006年8月
	龙秀福(苗族)	2005年11月至2010年2月
	杨正贵	2006年8月至2011年9月
	龙　斌(苗族)	2006年8月至2011年9月
	龙贵友(苗族)	2006年8月至2011年9月
	石　勇(苗族)	2010年12月至2016年8月
	任海燕(苗族)	2011年3月至2013年3月
	龙明建(苗族)	2011年9月至2016年7月
	龙毅峰(苗族)	2011年9月至2020年3月
	石　海(苗族)	2011年9月至2016年8月
	彭　湃(苗族)	2015年1月至2016年8月
	吴正国(苗族)	2016年8月至2018年9月
	龙金山(苗族)	2016年8月至2020年12月

吴政达(苗族)　2016年8月至2020年12月
李美英(女)　2016年8月至2020年12月
龙　舟(苗族)　2019年5月至2020年12月
郑云嫣(女,苗族)　2020年12月至2020年12月

盘石镇监察室

(1996年12月至2016年11月)

主　任　杨小燕(苗族)　1996年12月至2002年1月
　　　　龙仕斌(苗族)　2002年1月至2016年11月

县监察委员会派出盘石镇监察办公室

(2019年7月至2020年12月)

主　　任　龙　舟(苗族)　2019年7月至2020年12月
副 主 任　郑云嫣(女,苗族)　2020年12月至2020年12月
监察专员　龙毅峰(苗族)　2019年12月至2020年12月

二、主要工作

(一)党风廉政建设

盘石镇纪委按照党章规定,协助镇党委推进全面从严治党、加强党风廉政建设和组织协调反腐败工作,监督同级党委履行全面从严治党主体责任,确保党的路线方针政策和中央、省委、市委、县委重大决策部署得到贯彻落实。

1986年,传达学习中央、省、地区文件及会议精神,协助镇党委政府制订党政干部岗位职责制。

1987年,传达中央领导关于党纪党风问题的讲话,要求党员干部要带头讲党纪党风,及时纠正身边的不正之风。

1988年,协助镇党委制订机关管理制度和财务管理制度。学习县监察局简报《坚决杜绝以权谋私》,开展秋粮入库工作检查。

1989年,完善《机关管理制度》《财务管理制度》《财产管理制度》。对7名违反计划生育政策党员干部给予党纪政纪处分。

1990年,传达学习中央、省、地区文件及会议精神,对1990年救济回销借销粮进行监督检查。

1991年,根据中共贵州省委《关于建立健全基层党组织领导班子成员民主生活会的暂行规定》开展2次领导班子成员民主生活会。

1992年,开展对烤烟收购监督检查工作,防止违规收购烟叶、烟叶外流、提级提价、压级压价外烟内销以次充好现象。监督保障计划生育国策贯彻执行,对计划生育工作开展情况进行监督检查,督促并参与党委政府开展集中教育整治2次。

1993年,传达学习中央、省、地区、县纪委文件及会议精神,学习领导干部廉洁自律规定,督促镇党委落实党风廉政建设和反腐败工作,成立盘石镇反腐倡廉领导小组。开展对违反计划生育工作清理工作,发现干部职工违规1人,罚款2000元处理。

1994年,在全镇范围内开展反腐倡廉自查清理工作,未发现违规问题。对辖区内9所学校收费问题开展专项监督检查,未发现违规问题。加强案件审理工作,成立盘石镇案件审理小组,镇纪委书记担任组长,镇纪委委员为成员。

1995年,根据地区纪委对乡(镇)干部和基层站所负责人廉洁自律的6条标准认真开展领导干部廉洁自律专题民主生活会。举办5期干部理论培训和2期入党积极分子培训,多形式开展党风党纪教育。

1996年,遵照县纪委《关于坚决查处共产党员和国家工作人员种贩吸毒、赌博、参加邪教组织、参与封建迷信活动的通知》精神,开展专项检查,查出2名党员参与赌博,给予党内警告处分2人。

1997年至2000年,开展严格控制新建和装修办公楼、各种会议、各种庆典活动、接待费用、公款安装住宅电话、购买移动电话、配备小汽车、各种检查评比等自查清理工作,未发现违规问题。开展公路"三乱"、中小学乱收费等专项治理行动。制订《盘石镇党风廉政建设责任制具体落实方案》,明确由镇党委书记负总责,镇纪委书记具体抓,将党风廉政建设责任制进行层层分解,与各班子成员、各单位、各部门签订党风廉政建设责任状,层层抓落实。

2001年,镇党委政府成立政务公开工作领导小组,督促政务公开。印发并落实干部管理制度、学习制度、财经管理制度、资金审批制度、公务接待制度等制度,贯彻落实中共中央、国务院《关于实行党风廉政建设责任制的规定》,协助镇党委制订《关于盘石镇党风廉政建设责任制实施细则》。学习中央纪委七次全会精神和省纪委六次全会精神,进一步认识新形势下开展党风廉政建设和反腐败斗争的重要性。

2002年,对辖区内中小学违规收费情况开展督查,依法取消两个自立收费项目,查出违规收费2万余元,并责令将违规超收费用退还学生家长。

2003年,开展干部职工大操大办酒席专项整治工作,对违规操办酒席的干部9人(其中副科级干部2人,一般职工7人),责令其按照科级干部1500元、一般干部1000元的处罚标准,上缴廉政责任金到县纪委。是年,由镇纪委牵头,成立镇财政、镇教辅站参加的中小学收费情况检查清理工作组,对辖区内9所中小学的"一费制"执行情况进行检查,查出2所学校违规超收学费5万余元,2所学校使用不规范票据。将超收款项全部退还学生家长,同时给予盘石镇完小校长张某某行政警告处分。

2004年,监督检查减轻农民负担工作落实情况,规范农业税费征管。对镇党政领导干部违反规定兼任企业领导职务、镇党政机关干部职工拖欠公款或利用职权将公款借给亲友的问题进行清理,未发现违规问题。开展禁止领导干部收送礼金、有价证券、收付凭证,禁止以各种名义用公款互相宴请、大吃大喝等自查自纠工作,未发现违规问题。下发《关于对政府领导班子成员实行党风廉政建设和反腐败各项任务责任分解的通知》,对党风廉政建设和反腐败各项任务进行责任分解。是年,镇纪委监察室被评为全县2004年度党风廉政建设和反腐败工作目标考核先进单位。

2005年,根据县纪委转发《关于元旦、春节期间加强党员干部廉洁自律、严禁铺张浪费的通知》,对全镇党员干部职工是否存在铺张浪费、非法套购运输倒卖烟叶、借子女升学宴请借机敛财和中小学乱收费等问题进行开展自查自纠,未发现违规问题。

2006年,协助镇党委政府与镇直各部门及各村签订党风廉政建设责任书62份。开展禁止干部职工在婚丧嫁娶等红白喜事中大操大办酒席的专项整治,以及治理商业贿赂、治理教育乱收费专项整治行动,未发现违规问题。

2011年至2015年，开展群众路线教育，推行政府阳光工程，推行村务政务公开公示制度，自觉接受群众监督从源头监督各项惠农政策的落实。组织干部职工学习《中国共产党章程》和十八届中央纪委二次全会精神等规章制度及会议精神。落实“一岗双责”制度，镇党委与各股室站所、各村负责人签订党风廉政建设责任书28份。全面推进“阳光村务”工程建设，协助镇党委政府加强村级“三资”管理，制订和完善村集体资产拍卖、转让、租赁等制度。督促完善镇财务管理制度，规范票据使用和会计档案的管理，健全财务预决算、开支审批等制度。深化政务公开、村务公开和基层站所办事公开，努力推进党务公开，在各村自然寨安装阳光村务白黑板57块。

2016年，与镇直各部门及各村签订《盘石镇2016年党风廉政建设责任状》96份，与镇村两级干部签订党风廉政承诺书120余份，开展“两学一做”学习教育，学习《中国共产党章程》《中国共产党党员领导干部廉洁从政若干准则》《中国共产党纪律处分条例》，以及习近平总书记系列重要讲话精神，开展“手抄党章100天”活动。是年12月，按照县委办公室、县人民政府办公室联合下发的《关于进一步加强对补贴奖金进行清理、整改、规范的通知》要求，开展违规发放津补贴奖金清查活动，取消应急值班费的发放，清退资金5.66万元。

2017年，协助镇党委落实党风廉政建设责任，制订党风廉政建设“两个责任”清单，督促镇党委履行“主体责任”。围绕“不忘初心、牢记使命”系列主题教育，与全镇干部职工签订《盘石镇2017年党风廉政建设责任状》76份，把干部纳入制度化管理。完成芭茅、过洲、邓现、代董、水源、大沿、四龙山、大坪、粑粑、臭脑、响水洞、黄莲、盘石、当造、仁广、桃古坪、务乖17个村村务监督主任配备，发挥村级监督作用。

2018年，协助镇党委完成县委巡察组反馈问题整改，并形成长效机制。开展党风廉政建设“两个责任”分级约谈2次，约谈盘石镇全体干部职工、驻村第一书记、村三职干部职工153人。按照县纪委《关于在扫黑除恶专项斗争中强化监督执纪问责的工作方案》要求，履行监督执纪问责和监督调查处置职责，积极支持配合扫黑除恶专项斗争，监督干部签订《不充当黑恶势力“保护伞”承诺书》82份；按照县纪委《关于干部职工违规参与茅台酒经营问题自查清理的通知》，对全镇干部职工是否存在违规参与茅台酒经营问题进行自查自纠，未发现违规参与经营茅台酒问题；根据《松桃苗族自治县扶贫领域整治蝇贪三年行动2018—2020年工作方案》，抓实民生监督监管“五个示范”创建工作，完成村务监督示范创建2个，村(社区)民生监管示范创建2个。

2019年，协助镇党委贯彻落实好整治漠视侵害群众利益工作，开展党风廉政建设“两个责任”分级约谈2次，约谈盘石镇全体干部职工、村三职干部职工118人；根据《松桃苗族自治县开展巩固拓展落实中央“八项规定”精神切实纠正“四风”问题自查自纠工作实施方案的通知》要求，协助镇党委开展自查自纠，未发现问题；开展领导干部利用名贵特产、特殊资源牟取私利问题自查自纠，未发现问题；扎实开展扫黑除恶专项斗争工作，履行监督执纪问责和监督调查处置职责，上级转办扫黑除恶问题线索2条，办结2条。

2020年，协助镇党委开展党风廉政建设“两个责任”分级约谈2次，实现分级约谈全覆盖，进一步压实党风廉政建设责任。结合“爱岗敬业我先行，积极作为勇担当”主题教育，开展整治“形式主义、官僚主义”突出问题的监督检查，不定时抽查和集中督查干部职工签到30余次、参会情况11次、工作任务完成情况10余次；开展疫情防控工作督查20余次，诫勉谈话2人；开展脱贫攻坚到岗到位情况督查20余次，发现问题3个，现场整改3个；开展农村乱占耕地建房问题再监督工作，监督检查黄连、芭茅、响水洞、臭脑、当造等公路沿线村寨，开展检查20余次，发现问题2个，已反馈给有关部门并要求整改到位，督促干部职工80余人开展乱占耕地建房情况自查，未发现违规建房问题；开展党员干部违规操办“升学宴”“谢师宴”监督检查，督促主体责任单位组织学习相关文件规定。

（二）信访受理

盘石镇纪委坚持把信访举报工作当作一项重要政治任务来抓，及时受理群众来信来访和举报，依纪依法处理检举、控告和申诉，及时化解矛盾纠纷，切实维护群众利益，确保来信来访件件有回音。

1992年至2015年期间，受理群众来信来访和各种举报15件，其中实名举报11件，匿名举报4件。办结15件，其中，信访了结13件，立案2件。

2016年，受理群众来信来访和上级转办信访件19件，办结19件。

2017年，受理群众来信来访和上级转办信访件12件，其中上级转办7件，办结12件。

2019年，受理群众来信来访和上级转办信访件16件，其中实名举报15件，匿名举报1件。办结16件，其中，信访了结14件，转脱贫攻坚指挥部受理1件，立案1件。

2020年，受理群众来信来访和上级转办信访件4件，其中重复件2件不作登记。办结2件，信访了结2件。

（三）民生监督

2014年，盘石镇民生监督组成立。2014年至2020年期间，按照上级纪委关于开展民生领域整治铸廉三年行动和扶贫民生领域整治“蝇贪”三年行动的统一安排部署，坚持问题为导向，聚焦群众反映强烈、问题多发易发领域，先后开展家电下乡、能繁母猪补贴、农村危房改造、退耕还林、农机购置、学生资助、微企补助、计生社抚、小额贴息贷款、孤儿补贴、村居民生事务、农村新型经济实体运行、城乡居民基本养老保险、农村低保、农村贫困人口大病医疗救治和城乡医疗救助、农村养殖产业扶贫项目资金、涉林扶贫民生资金、农民专业合作社（公司）扶贫民生项目、农村安全饮水等专项监察，同步结合“访村寨、重监督、助攻坚”专项行动、“杨荣式”好干部大走访等专项行动开展了大量的走访调查核实工作，共走访20个村2865户3122名群众，接访群众20余人次，发现问题81个，现场办结24个，立案57件60人，给予党纪政务处分60人，其中党内警告55人，经上级研究给予党内严重警告2人，开除党籍3人。是年，开展家电下乡、农机具补贴、能繁母猪补贴等专项监察。立案2件2人。

2015年，开展农村危房改造、学校营养午餐、村（居）民生事务专项监察。核实2011年至2013年农村危房改造资金落实情况1004户，涉及金额819.60万余元，发现村干部违规收取手续费现象，立案3件3人，涉案金额2400元；村（居）民生事务专项监察发现问题34个，立案10件10人，收缴违纪资金10.81万元。

2016年，开展卫计社抚、精准扶贫、小额信贷贴息、农村饮水安全、“雨露计划”等专项监察，立案10件10人，收缴违纪金额3.58万余元。

2017年，结合“访村寨、重监督、助攻坚”走访工作，开展易地扶贫搬迁、“一事一议”财政奖补专项监察以及农村低保、危房改造“回头看”监察工作，立案9件9人，收缴违纪金额15.28万余元。

2018年，开展农村新型实体经济、孤儿补贴、农村贫困人口大病医疗救治和城乡医疗救助、农村养殖产业扶贫项目专项监察，发现问题16个，立案9件9人，收缴违纪资金24.54万元。

2019年，开展涉林项目、易地扶贫搬迁、财政涉农补贴资金“一折通”等开展监督检查，走访涉林扶贫民生项目30个，涉及总金额489.11万元，发现问题2个。立案10件10人。

2020年，开展农民专业合作社（公司）、水务专项监察及疫情防控监督检查工作。立案10件10人，问责干部3人。

（四）警示教育

1993年至1996年，利用会议、标语、宣传栏、板报、播放电影等形式开展反腐倡廉宣传教育活动。

1997年至2013年，通过知识竞赛、墙报、观看教育录像等形式对党员干部进行思想政治教育、法纪教育，共播放党风廉政教育录像51场，受教育1600多人次，办墙报5期，开展党规知识竞赛2次。

2014年,通过组织党员干部观看警示教育片、学习警示教育读本等,开展经常性警示教育。

2015年,以党性党风党纪教育为重点,开展警示教育8次。

2016年,组织干部职工、村干部观看《永远在路上》《深山馋鼠》等警示教育片。组织镇村两级干部100余人到县警示教育基地(县委党校)接受警示教育3次。

2017年,组织镇村干部职工120余人次开展扶贫领域警示教育活动2次。

2018年,组织干部职工、村三职干部开展扶贫领域警示教育活动2次。

2019年,组织党员干部、驻村干部、第一书记、村支两委等共86人,赴县党风廉政建设警示教育基地接受警示教育,并重温入党誓词。组织党委领导班子和干部职工观看《董事长的没落》警示教育片,做到警钟长鸣。组织党员干部、驻村干部、第一书记、村支两委干部开展扶贫领域警示教育活动2次。

2020年,组织干部职工、第一书记、村三职干部开展扶贫领域警示教育活动2次。以观看铜仁市扶贫领域典型案例、通报县纪委查处典型案例的方式,以案为鉴,开展警示教育。

第七节　盘信镇纪检监察工作

一、机构队伍

1992年5月,按照县“建镇、并乡、撤区”的安排,撤销原盘信区及其所辖的盘信镇、团寨乡、老营乡,由盘信镇与团寨乡、老营乡合并,组建新的盘信镇行政区划。是年6月,县委任命王兴霖为镇纪委书记。

1993年3月,盘信镇召开第一次党代会,选举产生中共松桃苗族自治县盘信镇纪律检查委员会。

2019年7月,国家监察体制改革向乡镇(街道)延伸,设立县监察委员会派出盘信镇监察办公室,与镇纪委合署办公,实行“两块牌子、一套人员”的管理体制,履行纪检监察职责。

中共盘信镇纪律检查委员会

(1992年6月至2020年12月)

书　　记	王兴霖(苗族)	1992年6月至1996年2月
	吴明臻(苗族)	1996年2月至1999年3月
	满延进(苗族)	1999年3月至2002年1月
	秦志刚(侗族)	2003年7月至2006年8月
	龙建怀(苗族)	2006年8月至2011年9月
	麻昌勇(苗族)	2011年9月至2013年3月
	李　靖(苗族)	2015年1月至2015年12月
	龙迅飞(苗族)	2016年8月至2020年12月
副书记	龙跃飞(苗族)	2006年8月至2008年10月
	田树文(苗族)	2008年10月至2015年5月
	龙俊泽(苗族)	2015年5月至2016年3月
	龙文军(苗族)	2016年9月至2017年9月
	龙　舟(苗族)	2018年5月至2019年5月

吴　卫(苗族)　2020年3月至2020年12月
纪委委员　王兴霖(苗族)　1992年6月至1996年2月
龙树堂(苗族)　1993年3月至1999年3月
刘老告　1993年3月至1996年2月
吴明臻(苗族)　1996年2月至1999年3月
刘光建　1996年2月至1999年3月
满延进(苗族)　1999年3月至2002年1月
成朝清(苗族)　1999年3月至2002年1月
谭小英(女)　1999年3月至2002年1月
龙跃飞(苗族)　2002年3月至2011年9月
秦志刚(侗族)　2003年7月至2006年8月
龙建怀(苗族)　2006年8月至2011年9月
田树文(苗族)　2006年9月至2020年12月
麻昌勇(苗族)　2011年9月至2013年3月
龙胜好(苗族)　2011年9月至2016年9月
龙再金(苗族)　2011年9月至2016年9月
龙金凤(苗族)　2011年9月至2016年9月
龙迅飞(苗族)　2016年9月至2020年12月
龙文军(苗族)　2016年9月至2020年12月
唐　悠(苗族)　2016年9月至2020年12月
龙　舟(苗族)　2016年9月至2019年5月
吴　卫(苗族)　2020年5月至2020年12月

盘信镇监察室

(2007年5月至2013年10月)

主　　任　田树文(苗族)　2007年5月至2008年10月
龙胜好(苗族)　2008年10月至2013年10月

县监察委员会派出盘信镇监察办公室

(2019年7月至2020年12月)

主　　任　龙迅飞(苗族)　2019年7月至2020年12月
副 主 任　吴　卫(苗族)　2020年3月至2020年12月
专职监察员　任达俊(土家族)　2019年12月至2020年12月

二、主要工作

(一)党风廉政建设

盘信镇纪委以《中国共产党章程》为依据,切实履行监督职责,协助党委推进从严管党治党,加强党风廉政建设和反腐败工作,确保党的路线、方针、政策和中央、省委、市委、县委重大决策部署得到贯彻落实。

1992年,镇纪委对盘信民族中学、农推站等单位预算外资金进行清理;查处违反计划生育政策党员干部1人。

1993年,组织学习《中国共产党章程》,开展对“建并撤”后干部职工拖欠公款公物自查清理工作,督促干部职工按期归还公款公物。开展对秋粮入库、烟叶收购等工作监督检查2次,防止干部职工违规违纪。

1994年,根据县纪委《关于对群众举报全县中小学乱收费问题专项检查的通知》要求,对本辖区内盘信民族中学和5所村小教育乱收费进行清理,整治中小学乱收费问题2个。同时开展教育行业党员干部政风肃纪活动1次,切实解决教育系统乱收费混乱现象。

1995年,盘信镇按照县纪委下发的《一九九五年全县纪检监察工作通知》,持续推进全镇党风廉政建设,办廉政建设黑板报专栏1期,召开全体干部职工廉政建设会议1次。

1996年,盘信镇按照《一九九六年全县纪检监察工作要点》,开展党员干部廉政思想教育1次,35名党员干部接受教育。开展干部工作作风检查1次。

1997年,组织学习《中国共产党纪律处分条例(试行)》1次,参与学习党员干部37名。开展廉政教育活动2次,在国庆,春节假日前组织干部职工学习有关廉政教育知识,受教育干部50余人次。

1998年,根据县纪委监察局《一九九八年工作安排意见》文件精神,推进全镇党风廉政建设工作反腐败工作。

1999年,签订党风廉政建设责任书98份,建立副科以上干部廉政档案26份。组织和协助卫生、税务、邮政和民政部门开展行风民主评议,组织镇财政部门对中小学校和部门收费行为进行清查,共查出违纪单位34个,违纪资金183万元,并对违纪单位依法进行经济处罚和批评教育。组织党员干部学习《中国共产党纪律处分条例(试行)》《党员领导干部廉洁从政若干准则》《党政机关厉行节约制止奢侈浪费行为的若干规定》等法律法规11次,参加人数1200余人次,办宣传专栏10期。

2000年,对盘信镇计生办、林业站等行政执法站所1999年7月至2000年5月的预算外资金的管理和使用进行全面清查,查出违规资金73.86万余元,依规给涉事单位发出执法监察建议3份。核查3名干部违反计划生育政策情况。协助开展纠正医药购销中的不正之风和开展卫生系统和民政部门的民主评议行风工作。

2001年,协助党委制订《2001年纪检监察工作意见》,成立行风整顿领导小组,镇党委书记任组长,镇纪委书记任副组长,镇纪委委员为成员,规范党员干部从政行为,加强领导干部廉洁自律工作。开展清理中小学乱收费等工作,查处盘信民族完小另立收费项目,收取学生的注册费8850元用于学校建设。

2002年,制订《2002年纪检监察工作安排意见》《2002年纪检监察工作目标》,签订《党风廉政建设责任书》,按照县委办、县人民政府办《关于严禁公车私用若干问题的规定》,制订规范用车制度“八不准”,并监督镇党委严格执行,共节约汽油费、车辆维修费开支2000余元,同比节约开支5.2%。采取“一自查、二检查、三整改”的方式对全镇2001年以来使用的国债资金4.46万元进行执法监察。对辖区内中小学收费情况进行全面检查6次,发现问题2个,整改问题2个。是年,累计上党风廉政建设和党纪法规课

5次，在镇有线电视广播站播放党风廉政录像4场次，受教育党员干部150人次。

2003年，印发《关于2003年纪检监察工作安排意见》，对全年纪检工作进行部署。开展严禁干部职工大操大办酒席整治工作，成立以镇党委书记为组长、镇纪委、镇财政等部门抽派专门人员为成员的查办干部职工违规操办酒席领导小组，专门负责受理全镇范围内干部违规操办酒席案件查办工作，在国庆等节假日期间明察暗访3次。开展“党风廉政建设和反腐败斗争宣传教育活动月”，定12月为教育活动月，在全镇20多个单位开展读一本书、看一部反腐倡廉电教片、上一堂警示教育课“三个一”教育活动，受教育干部职工160人次。

2004年，镇党委成立党风廉政建设领导小组，组长由镇纪委书记担任，制订《2004党风廉政建设责任书》，与全镇32个行政事业单位、28个村（居）委会签订责任书。印发《盘信镇2004年党风廉政建设和反腐败各项任务分解表》，对全镇各村级完小及教学点2003年秋季和2004年春季两个学期教育收费进行专项检查，对涉及面门出租进行营利活动的镇财政所、镇卫生院和镇民政办3个单位进行专项检查。认真贯彻落实县纪委、县委组织部下发的《关于认真贯彻执行中央纪委、中组部〈关于严肃查处党员和干部参与赌博的通知〉的通知》文件精神，制订《盘信镇严肃查处党员和干部参与赌博专项工作责任追究制度》《盘信镇党员和干部参与赌博通报制度》《盘信镇党风廉政建设责任追究制》《盘信镇2004年党风廉政建设和反腐败各项任务解表》，组织党员干部学习《中国共产党党内监督条例（试行）》《中国共产党纪律处分条例》，参与人数达258人次。

2005年，学习贯彻落实《建立健全教育、制度、监督并重惩治和预防腐败体系实施纲要》，组织党员干部学习并严格遵守“四大纪律、八项要求、七个不允许”，与各站所签订《盘信镇2005年度党风廉政建设责任书》15份。开展民主评议政风行风活动，以经济环境建设评议为重点，以盘信镇部门窗口服务站所服务为中心，对干部职工的工作作风等进行整顿。

2006年，建立《廉政宣传制度》，通过安排一个专题教育、学习一篇推荐文章、观看一部警示教育电教片、撰写一篇体会文章“四个一”方式开展党风廉政建设教育活动。

2007年，协助镇党委制订党风廉政建设责任状，督促村、站所签订党风廉政建设责任书42份。督导村级建立健全村务、财务公开制度。制订村干部离任财务审计制度，重点加强对示范点村干部离任监督。

2008年，安排部署盘信镇建立健全惩治和预防腐败体系工作重点，组织党员干部学习党纪法规及胡锦涛总书记在中央纪委七次全会上关于“全面加强新形势下的领导干部作风建设，把党风廉政建设和反腐败斗争引向深入”的重要讲话精神，签订党风廉政建设责任状53份。

2009年，对2007年以来农村集体资金、资产、资源管理情况进行专项督查，对盘信村、大告村等4个村开展“三资”清理，发现问题5个，督促整改5个。根据《关于进一步加强涉农专项资金监督管理的意见》文件要求，开展对镇民政办、镇财政所、镇农技站等部门惠农政策检查工作，发现问题线索1件。

2010年，根据《2010年全县基层站所民主评议行风活动实施方案》要求，对镇计生办、镇民政办等10余个部门、站所开展行风民主评议。

2011年，印发《盘信镇关于开展2011年廉政风险防控管理工作的通知》，明确责任主体和责任分工，成立镇廉政风险防范管理工作领导小组，对廉政风险点排查归类后形成《盘信镇廉政风险防范管理措施》印发至各室、站所并向社会公示。同时开展专项监督检查工作，对部门乱收费、涉农资金、“小金库”、土地整理资金、扶贫资金使用等进行专项检查。

2012年，召开廉政风险排查防控工作动员会，制作廉政风险监督卡和廉政风险提示卡，开展廉政文化活动。建立健全科级干部廉政档案和健全《盘信镇车辆管理制度》《盘信镇车辆驾驶员管理制度》。开展强农惠农政策落实监督检查工作,对合医资金、低保资金、良种补贴资金、救灾救济资金、能繁母猪补贴资金进行监督检查。以镇纪委牵头,组织镇财政分局成立盘信镇村务公开专项检查小组,对所辖25个村委会开展专项检查,发现财务不规范问题7个,责令整改7个。对镇综合办、镇国土所、镇农业服中心(含畜牧站)、镇财政分局4个站所进行行风民主评议,督促整改行风问题4个。

2013年,学习贯彻中共十八大精神,按照党风廉政建设"一岗双责"要求,与各站所层层签订党风廉政建设责任书30余份,组织全镇党员干部学习贯彻落实中央八项规定、省委十项规定、市委六不准和县委五要七带头规定,加强干部工作作风建设。

2014年,制订《盘信镇关于在党的群众路线教育实践活中深化"四风"突出问题专项整治的实施方案》,集中整治"四风"顽症。出台《盘信镇干部管理制度》和《2014年干部职工岗位目标管理和绩效考核办法》。实施《建立健全惩防体系2013—2017年工作规划》,全面推进惩治和预防腐败工作建设。

2015年,调整充实党风廉政建设工作领导小组,印发《盘信镇2015年党风廉政建设和反腐倡廉工作实施方案》29份,签订《2015年党风廉政建设责任书》39份。开展党员领导干部亲属享受低保和"三个开刀"(在党政机关向"不找熟人办不成事"开刀、在司法系统向"有理有据得不到公正结果"开刀、在乡村两级向"没有关系得不到公平对待"开刀)专项行动,开展廉政谈话105人次。组织镇村干部集中学习《中国共产党廉洁自律准则》《中国共产党纪律处分条例》《中国共产党巡视工作条例》等党纪法规2次。

2016年,开展"两学一做"学习教育活动,制订《盘信镇开展"学党章党规、学系列讲话,做合格党员"学习教育实施方案》,组织全镇党员干部学习《中国共产党章程》《中国共产党廉洁自律准则》《中国共产党纪律处分条例》等党内法规。开展以"公车、办公用房"和纠正"四风"问题监督检查和整治工作,清退办公用房2间,纠正"四风"问题1个。邀请县纪委上廉政党课3次。

2017年,以履行"两个责任"为着力点,调整充实党风廉政建设工作领导小组,制订《盘信镇2017年党风廉政建设和反腐倡廉工作方案》《2017年党风廉政建设责任书》,签订"党风廉政建设责任书"39份。各支部利用"三会一课"和"党员活动日"学习贯彻习近平总书记系列重要讲话精神28次,学习《中国共产党廉洁自律准则》《中国共产党纪律处分条例》26次。

2018年,学习贯彻中共十九大和十九届二中、三中全会精神和习近平中国特色社会主义思想,严格落实党风廉政建设"两个责任",签订党风廉政建设"两个责任"责任书50余份,开展党风廉政建设分级约谈2次180人次。开展领导干部插手茅台酒经营清理2次,覆盖全镇干部职工,开展扫黑除恶专项斗争监督执纪工作,在全镇范围内开展摸排工作8次,未发现涉黑涉恶和充当黑恶势力"保护伞"问题。抓实干部日常教育监管,全年共使用教育谈话室23次。

2019年,签订党风廉政建设"两个责任"书60余份,开展党风廉政建设分级约谈2次,约谈干部190余人次。开展对脱贫攻坚工作的监督检查,协助镇党委制订《盘信镇2019年脱贫攻坚工作奖惩实施办法》。开展"不忘初心、牢记使命"主题教育专项整治形式主义、官僚主义工作监督检查工作1次,发现并督促整改问题2个。开展领导干部利用名贵特产、特殊资源牟取私利问题自查自纠2次,未发现干部利用名贵特产、特殊资源牟取私利问题。开展对党员干部日常管理和教育,使用教育谈话室谈话14次。

2020年,开展"爱岗敬业我先行,积极作为勇担当"系列教育活动,自查问题10个,整改问题10个。制订《盘信镇党委落实党风廉政建设主体责任实施方案》,逐级签订党风廉政建设责任书60余份,印发《盘信镇干部职工管理制度》,规范干部职工日常管理。开展治理违规操办酒席陋习,印发《盘信镇关于治理违规操办酒席工作方案》,规范干部群众操办酒席行为,遏制滥办、大操大办酒席不良行为。

(二)信访受理

自1993年以来,对群众信访举报工作高度重视,以设立信访举报箱、安排信访接待室、编排领导接待日、公开信访举报电话等形式,不断完善信访举报工作制度,畅通拓宽群众信访举报渠道,依纪依法认真处理信访举报等有关工作,做到件件有答复,事事有回音,有效解决群众合理诉求和维护人民群众根本利益,为全镇党风廉政建设和反腐败斗争发挥重要作用。1998年至2020年,共受理来信来访60件,其中来信49件,来访11件,党政纪立案14件,占总量23.3%

1998年至2015年,受理群众来信来访21件;办结21件,其中党纪政纪立案6件。

2016年,受理群众来信来访6件,其中来信4件,来访2件;办结6件,其中政务立案1件。

2017年,受理群众来信来访10件;办结10件,其中党政纪立案3件。

2018年,受理群众来信来访11件,其中市级转办件2件,县级转办件1件,网络举报件1件,来信3件,来访4件;办结11件,其中党纪立案2件。

2019年,受理群众来信来访8件,其中实名来信举报7件,匿名网络举报1件;办结8件,其中信访了结6件,党政纪立案2件。

2020年,受理群众信访4件,办结4件。

(三)民生监督

盘信镇民生监督工作自2014年开展以来,认真贯彻县纪委、监委(监察局)各项决策部署,充分发挥民生监督工作职能,整合村务监督委员会资源,将监委会主任聘为民生义务监督员,参与本村项目的全程监督,全方位编织"监督网",确保监督全覆盖;结合"干群连心.同步小康"驻村工作,明确各驻村工作组为村级民生项目监督组,参与对本村民生项目的监督管理,制作"一箱一卡一电话",确保监督举报畅通,即在镇政府设立民生项目监督举报箱;把村级民生项目监督组成员的电话制成卡片发放给群众,方便群众发现问题及时举报;设立举报电话,为民生监督组监督检查提供线索。

2014年,开展对2010年至2013年的家电下乡、畜牧良种、农机购置补贴执行情况进行专项监察。发现涉嫌套取家电下乡补贴资金问题2个,立案2件,追缴违纪违法资金94.42万元。

2015年,开展对教育投入资金、社保(含就业)资金、林业资金、小微企业信贷资金专项监察,发现教育投入资金问题1个,立案1件,追缴违纪资金42.31万元;发现小微企业信贷资金问题1个,立案1件,追缴违纪资金26.65万元。

2016年,开展对村居民生事务、卫计资金、精准扶贫、信贷贴息、农村饮水安全、雨露计划、民生项目的实施和资金使用情况专项监察,发现精准扶贫项目问题3个,立案3件,追缴违纪资金2.44万元;发现信贷贴息问题3个,立案3件,追缴违纪资金11.42万元;发现民生项目问题1个,立案1件,追缴违纪资金0.24万元;发现其他民生领域问题5个,立案5件,追缴违规违纪资金1.44万元。

2017年,开展对低保、"一事一议"等民生项目专项监察,发现"一事一议"问题12个,立案12件,追缴违纪资金9.21万元。

2018年,开展对低保、危房改造等专民生领域项监察,发现问题14个,立案14件,追缴违纪资金4.8万余元。

2019年,开展对林业、农村饮水工程、脱贫攻坚、扫黑除恶等专项监察。发现林业问题7个,立案7件,追缴违纪资金1.39万元;发现脱贫攻坚问题2个,立案2件;发现其他民生领域问题2个,立案2件,追缴违纪资金7100元。

2020年,集中开展农民专业合作社(公司)、农村饮水安全、脱贫攻坚等专项监察。发现农村饮水安全问题1个,立案1件;发现脱贫攻坚问题2个,立案2件;其他民生领域发现问题5个,立案5件,清退违纪资金13.13万余元。

(四)警示教育

镇纪委常抓警示教育,筑牢思想防线,通过开展党规党纪和国家法律法规学习、通报典型案例等活动以案示警、以案明纪、以案为鉴的方式进行警示教育,为全镇党员干部敲警钟、打预防针、上廉政课,着力营造"不敢腐、不能腐、不想腐"的浓厚氛围,不断推动全面从严治党向纵深发展。

2002年至2011年主要通过会议、标语、板报、宣传栏、播放电教片等形式组织镇村两级干部开展反腐倡廉宣传教育活动。

2012年组织科级、股级干部、重要岗位20余人到县法院警示教育基地接受警示教育。

2014年组织镇村党员干部观看《失德之害》警示教育片,到党支部开展警示教育2次。

2015年,坚持惩防与教育相结合,开展廉政谈话和观看反腐倡廉教育片,有效预防和遏制腐败问题发生。

2016年,组织镇村两级干部收看《镜鉴》以及《作风建设永远在路上》反腐倡廉警示教育片,受教育干部350人次。

2017年,分批组织镇村两级干部、驻村第一书记到县警示教育基地接受警示教育。组织政府全体干部职工、各村"三职"干部开展扶贫领域警示教育活动2次,观看《深山馋鼠》警示教育片。

2018年,组织开展2次扶贫领域典型案件警示教育活动,受警示教育干部147人次。

2019年,结合"不忘初心、牢记使命"教育活动,组织镇村干部观看全市扶贫领域典型案例展警示教育活动,受教育干部160余人次。组织镇村两级党员干部80余人,赴县党风廉政建设警示教育基地接受警示教育。通过微信工作群通报批评130人次,开展党风廉政建设警示教育5次。

2020年,组织镇村两级干部观看全市扶贫领域典型案例展警示教育活动2次,受警示教育干部230人次。

第八节　大坪场镇纪检监察工作

一、机构队伍

1992年5月,按照县"建镇、并乡、撤区"的安排,撤销原大坪区及其所辖的大坪场镇、镇江乡,由大坪场镇与镇江乡合并,组建新的大坪场镇行政区划。是年6月,县委任命方顺元为镇纪委书记。

1993年3月,大坪场镇召开第一次党代会,选举产生中共松桃苗族自治县大坪场镇纪律检查委员会。

2019年7月,国家监察体制改革向乡镇(街道)延伸,设立县监察委员会派出大坪场镇监察办公室,与镇纪委合署办公,实行"两块牌子、一套人员"的管理体制,履行纪检监察职责。

中共大坪场镇纪律检查委员会

(1992年6月至2020年12月)

书　记	方顺元(女)	1992年6月至1998年12月
	龙平贵(苗族)	1999年1月至2001年12月

	任廷波(土家族)	2002年3月至2005年6月
	罗玲玲(女,仡佬族)	2005年11月至2006年8月
	龙安忠(苗族)	2006年8月至2010年12月
	李福周(苗族)	2011年9月至2012年7月
	石绍清(苗族)	2013年2月至2015年1月
	李　兵(苗族)	2015年1月至2016年8月
	张　媛(女,苗族)	2016年8月至2017年5月
	徐　骞(土家族)	2017年12月至2020年12月
副书记	田儒成(苗族)	2006年8月至2010年12月
	龙志勇(苗族)	2011年9月至2016年8月
	陈廷红(女)	2016年8月至2020年3月
	蒙通洋(苗族)	2020年3月至2020年12月
纪委委员	方顺元(女)	1992年6月至1998年12月
	龙国兴(苗族)	1993年3月至1996年2月
	杨正国	1993年3月至1996年2月
	孙序华	1996年2月至1999年3月
	龙平贵(苗族)	1999年1月至2001年12月
	吴禄芬(女,苗族)	1999年3月至2002年3月
	任廷波(土家族)	2002年3月至2005年6月
	罗玲玲(女,仡佬族)	2005年11月至2006年8月
	龙安忠(苗族)	2006年8月至2010年12月
	孙序华	2006年8月至2010年12月
	田儒成(苗族)	2006年8月至2010年12月
	曾凡银(苗族)	2006年8月至2011年9月
	杨晓翠(女,苗族)	2011年9月至2016年8月
	杨　敏(苗族)	2011年9月至2016年8月
	李福周(苗族)	2011年9月至2012年7月
	龙志勇(苗族)	2011年9月至2016年8月
	包赟潇	2011年9月至2016年8月
	石绍清(苗族)	2013年2月至2015年1月
	李　兵(苗族)	2015年1月至2016年8月
	张　媛(女,苗族)	2016年8月至2017年5月
	陈廷红(女)	2016年8月至2020年12月
	杨　洲(苗族)	2016年8月至2020年12月
	彭　俊(土家族)	2016年8月至2020年12月
	刘唐林(苗族)	2016年8月至2020年12月
	徐　骞(土家族)	2017年12月至2020年12月

大坪场镇监察室

（1992年6月至2010年12月）

主　　任　龙国兴(苗族)　1992年6月至1998年7月
　　　　　孙序华　1998年8月至2006年7月
　　　　　田儒成(苗族)　2006年8月至2010年12月

县监察委员会派出大坪场镇监察办公室

（2019年7月至2020年12月）

主　　任　徐　骞(土家族)　2019年7月至2020年12月
副 主 任　蒙通洋(苗族)　2019年7月至2020年12月
监察专员　陈廷红(女)　2019年12月至2020年12月

二、主要工作

（一）党风廉政建设

大坪场镇纪委(派驻大坪区纪律检查组)成立以来,将抓好党风廉政建设和反腐败斗争作为主要工作任务,对镇党委(区党委)和村级党组织的各项工作开展监督检查,对党员领导干部履行职责和行使权力情况进行监督,受理信访举报和查处违纪违法行为,确保党的路线方针政策和中央、省委、市委、县委重大决策部署得到贯彻落实。

1986年至1992年,大坪区没有设立纪律检查委员会,为适应纪律检查工作的需要,设立县纪委派驻大坪区纪律检查组,协助区党委抓好辖区6个乡(镇)的全体干部的纪律教育工作,配合县纪委开展日常监督执纪及违反计划生育问题干部调查处理工作。

1993年至1995年,组织党员学习《整党决定》《中国共产党章程》。召开区、乡(镇)机关领导干部会和职工大会整顿纪律;解决党员中政治上的自由主义,思想上的个人主义、本位主义,以权谋私;工作上的不负责任、官僚主义;纠正粮管所滥发奖金和实物的歪风;健全从区党委到支部、各级党组织抓端正党风工作的党风责任制。派驻大坪区纪律检查组查处党员违纪案11起,党纪处分9人次,政纪处分3人次。

1996年2月,建立健全《大坪场镇干部职工请销假岗位责任制度》,规范干部职工日常工作纪律。立案5件,报县纪委研究开除党籍处分3人,行政记过处分1人,免予党纪处分1人。是年4月,被县纪委评为1995年度纪检监察工作先进集体。

1997年至2002年,制订《镇领导成员实行党风廉政建设责任制的实施意见》,层层签订党风廉政建设责任状。学习《中国共产党纪律处分条例(试行)》《中国共产党领导干部廉洁从政若干准则(试行)》《中华人民共和国行政监察法》、省委省政府《关于全省党风廉政建设责任制实施细则》等党内法规。督促落实“收支两条线”规定,开展粮改工作专项检查。督促落实政务、村务公开。建立请销假制度,杜绝“靠边站”的行为发生;制订《党政干部职工住房改革办法》,实行公房出租制度。开展中、小学收费和减轻农民负担的督促检查,查出违规收费项目3个,涉及资金1.72万余元;违纪使用项目资金10个,涉及资金13.10万余元,违纪资金已全部上缴财政。对镇领导干部持有移动电话、传呼机情况进行排查,未发现有领导干部用公款配置移动电话、传呼机及报销电话费的情况。期间,立案2件,给予留党察看1年处分1人,报县纪委研究开除党籍1人。

2003年,贯彻落实中共十六大、十六届中央纪委二次全会精神。3月组织党员干部376人开展党风党纪、廉政建设有关法律法规的学习教育活动,签订党风廉政建设责任状51份。开展清理违规大操大办酒席工作,查处违规操办酒席33人,收缴廉政责任金1.85万元。对中小学的收费情况、国债资金管理使用情况进行监督检查,未发现存在问题。对行政事业单位"收支两条线"进行检查,未发现私设"小金库"、坐收坐支及其他违规违纪现象。开展对用公款大吃大喝监督检查,未发现存在问题。协助土管部门开展整顿土地市场秩序工作。立案5件,给予党内警告处分1人,党内严重警告处分1人,留党察看处分1人,报县纪委研究开除党籍(判刑)1人。

2004年,成立以镇长为组长、镇纪委书记为副组长的行政效能监察工作领导小组。制订《大坪场镇党员、干部学习制度》,落实党风廉政建设责任制;制作大坪场镇各工作部门2004年党风廉政建设和反腐败各项任务分解表,与镇领导干部、各股室站所、各村签订党风廉政建设和反腐倡廉责任状61份。开展中小学收费实行"一费制"督查工作,发现大坪场镇完小以借款的方式向941名学生进行违规收费4.7万余元,责令造册清退。开展"社会抚养费征收管理使用情况"执法监察,发现存在账目登记不规范、一账多存、干部出差有超标准补助、现有资金未纳入财政专户管理等7个方面的问题,责令计划生育办公室对存在的问题进行整改。

2005年,开展对各股室站所和政府公务接待情况及食堂运转情况进行检查,发现"接待在餐馆、未严格执行接待标准、接待工作不规范"等问题。督促建立和完善公务接待制度,规范接待工作。

2006年,把学习党章、遵守党章、贯彻党章、维护党章系列活动作为全镇党员政治生活中的一件大事来抓,每个党员学习党章不少于10个课时,学习笔记不少于10篇,心得体会不少于3篇。抓党员干部党风党纪、各项政策法规的学习教育,并对274名党员干部进行学习测试。落实党风廉政建设责任制,与各股室站所负责人及副科级以上领导干部签订《党风廉政建设责任状》63份。成立教育收费检查领导小组,对辖区内7所学校进行检查,并责成学校对存在问题加以整改;开展"禁用公款、公车旅游"专项清理工作,未发现利用公款、公车外出旅游的问题。

2007年,学习贯彻中共十七大精神。加强驻村干部的管理,明确驻村干部职责,要求全体干部职工切实转变作风,分管领导要具体抓,严格执行考勤制度:除红白喜事和公事等特殊情况书面请假,其他情况不在岗的人员按旷工处理,旷工达3天以上的由镇党委研究上报作待岗处理。开展新型农村合作医疗、冬春修水利、扶贫、整脏治乱和固定资产投资登记等工作的督查。传达全县纪检监察工作会议精神,完成本年度纪检监察任务。调整配强监察室主任。督促民主生活会按期召开。传达县委《乡科级领导问责办法试行的通知》《乡科级非领导职务干部管理办法的通知》。

2008年,落实县委关于2008年党风廉政建设和反腐败工作任务,签订党风廉政建设责任状,成立农村基层党风廉政建设工作领导小组,建立《村民代表会议制度》《村理事会制度》《村监会制度》。学习《行政机关公务员处分条例》,严格执行"四大纪律八项要求"。开展退耕还林资金管理情况监督检查,责成林业站进行自查自纠。对全镇中小学收费情况、普九债务化解和农村合作医疗问题进行查处和公布。成立镇投资软环境工作领导小组,制订镇投资软环境工作方案。组织镇人大代表和班子成员对镇土管所、镇教辅站、镇安监站、镇卫生院的政风行风进行测评。对镇村两级干部进行关于村支两委换届教育培训52

人次。参加县纪委组织的纪检监察业务培训,办专栏2期,书写标语8幅。组织参加全县勤政廉政先进个人、助廉保廉贤内助及廉洁家庭评选活动,大坪场镇人大副主席龙通文家庭被县委表彰为"廉政家庭"。

2009年,成立以镇长为组长、镇纪委书记为副组长的"小金库"治理工作领导小组,印发《大坪场镇开展"小金库"专项治理工作方案》20份,开展全镇行政和事业单位"违反法律法规及其他有关规定,应列入而未列入符合规定的单位账簿的各项资金(含有价证券)及其形成的资产"的专项治理;印发《大坪场镇机关效能建设实施方案》40份,对玩牌游戏、会风不正、脱岗缺位、通信不畅、政令不通五个方面的问题进行整治。

2010年,学习贯彻《中国共产党党员领导干部廉洁从政若干准则》,促进党员领导干部廉洁从政,以党风廉政建设和反腐败工作的新成效取信于民。

2011年,开展廉政风险防范管理工作,查找岗位风险点、内设机构风险点、单位风险点,并拟定降低风险的具体措施。开展农村"三资"监督管理工作,监督全镇的集体资金、资源等,保障集体资产不流失,预防党员干部腐败现象发生,减少基层矛盾纠纷。建立《大坪场镇政务公开制度》《大坪场镇政务公开审核制度》《大坪场镇非公有制经济侵权投诉工作制度》。开展为期3个月的"领导干部在公务活动中接受礼金和各种有价证券、支付凭证"的治理工作,全镇9个副科级以上领导干部及14个办、站、所无违纪行为。开展对2010年1月至2011年4月期间,中央、省、地、县拨付的所有涉农专项资金使用情况监督检查。开展党政机关公务用车专项治理、"作风建设年"活动,开展2011年基层站所民主评议行风活动;成立镇换届选举工作领导小组,按照换届纪律要求开展工作,提高换届纪律要求的知晓率,保证换届风清气正。

2012年,学习贯彻全县纪检监察工作会议精神,对党风廉政建设责任工作内容逐项分解,明确责任。制订2012年大坪场镇机关干部管理制度,贯彻执行领导干部廉洁从政的各项规章制度;落实酒席操办审批制度,治理借子女升学、乔迁等事由借机敛财行为。开展各种监督检查活动8次,纠正问题6个;成立镇农村合作医疗专项检查领导小组,开展农合专项资金回查回访工作。立案1件,报县纪委研究开除党籍处分1人。

2013年,在大坪、白腊两个村开展村务监督委员会试点工作,实行惩治和预防腐败体系的构建向村级组织延伸。印发《大坪场镇机关效能建设绩效考核工作方案》30份,确保工作任务和工作责任的落实,针对社保所工人员杨某(女)缺岗一事,进行口头警告,并扣除绩效金100元。落实党风廉政建设责任制,召开会议安排部署,镇党委与班子成员、股室站所负责人签订党风廉政建设责任状21份,镇纪检监察干部签订勤政廉政承诺书2份。创建镇级廉政食堂,印发《大坪场镇接待管理制度》《大坪场镇廉政食堂用餐补贴制度》,干部职工用餐标准6元/人,政府补贴1元;公务接待标准为每人每餐12元。开展涉农资金回查回访工作,走访农户106户。组织镇财政分局、镇卫生院等单位对中小学收费情况、营养午餐进行督查,发出卫生方面的整改通知书2份,安全方面的整改通知书1份。开展纪检监察系统"三访"工作,接待群众来访7人次。对辖区内18个村开展村务公开专项检查。开展廉政文化进家庭活动。

2014年,传达学习中共中央、国务院印发的《党政机关厉行节约反对浪费条例》;开展"三公"经费专项治理;镇会议召开次数同期下降13.3%,文件印发同期下降11.9%,公务接待费同期下降4.1%;开展家电下乡补贴专项监察工作。党员刘某某违反计划生育政策,报县纪委研究给予开除党籍处分。

2015年,成立大坪场镇党风廉政建设工作领导小组,印发《关于进一步开展党风廉政建设突出问题集中专项整治实施方案》25份,围绕落实"两个责任"不力问题、"四风"问题、"为官不为、干部不干"问题、损害群众利益问题等开展专项整治工作;督促党委制订并印发《2015年度大坪场镇干部职工管理办法》35份;开展惩治和预防腐败体系建设工作,促进全镇社会稳定、经济和社会事业的发展。

2016年,对镇财政分局、工会、计生办、民政办等单位发放津贴补贴、奖金问题进行全面的账务检查;对2014年9月至2016年11月期间加班费、未休年假费、通信费、炭火费、降温费、取暖费、工会费、计生费、民政救助资金等的发放进行清理。对招商引资奖、烤烟奖、财税奖、项目奖、安全生产奖、计划生育奖、整脏治乱奖、土地开发奖及防汛、应急、机要、森林防火、信访、地质灾害值班费和各类工作竞赛评比、表彰奖金、超出范围发放评审费、咨询费、验收费的发放进行专项检查。镇计生办2014年国庆节违规发放加班费5700元,全部退还大坪场镇计生办账户;2014年元月违规发放电话费2.1万元和2015年7月违规发放计生集中整治经费1.2万元,共计3.3万元,上缴县纪委廉政账户。

2017年,学习贯彻中共十九大精神和习近平总书记系列讲话精神,全面落实党风廉政建设责任制。开展干部作风建设、农业普查APP录入、教育收费、精准扶贫等方面督查39次。开展党风廉政建设分级约谈149人次,组织村务监督委员会成员54人到县委警示教育基地参观学习,镇村两级干部签订廉洁过节承诺书69份,发送300余条廉政过节短信。签订2017年度村干部党风廉政建设承诺书57份。开展"四风"突出问题专项督查,对大坪场镇派出所报账的烟款1.11万余元进行督促清退,并责成大坪场镇派出所进行整改。成立18个村务监督委员会,配齐村务监督委员会主任。开展对十三届县委第二轮巡察组到坳田村巡察反馈的5个问题督促整改。党纪立案4人,其中,龙头村村民委员会换届选举委员会成员张某某、杨某某、余某未履行工作职责,被分别给予党内警告处分;白腊村支部书记江某某不按程序发展党员,私自将预备党员任某某延期转正,被给予党内警告处分。

2018年,开展扫黑除恶专项斗争督查,督促干部职工签订《不充当黑恶势力"保护伞"承诺书》。按照县纪委《关于干部职工违规参与茅台酒经营问题自查清理的通知》要求,督促全镇干部职工对是否存在违规参与茅台酒经营问题进行自查自纠,未发现违规参与经营茅台酒问题。开展新型农村经济实体运行情况、农村种植业扶贫项目资金、农村贫困人口大病救治和城乡医疗救助、农村养殖产业扶贫项目资金专项监察,走访群众200余人次。开展2018年民生监督监管"五个示范"创建工作,制订《大坪场镇2018年民生监督监管示范创建工作实施方案》,在全镇18个行政村范围内选择6个村创建"村务监督示范",完成镇民生监督示范创建。督促镇党委制订《大坪场镇创建乡村微权力清单制度的指导意见》;对全镇83名镇干部、80名村干部进行量化管理。其中Ⅰ类管理1人、Ⅱ类管理30人、Ⅲ类管理132人。开展干部作风、劳动力就业信息采集、农村交通云平台系统维护等工作的督查。开展脱贫攻坚督查30余次,涉及18个村在扶贫资金管理、项目运行及干部帮扶等内容,并对督查出的关于驻村第一书记到岗到位的问题进行通报。落实县纪委监委审查调查安全工作会议精神,配齐教育谈话室设施设备,开展消防演练1次,每月开展安全隐患排查,使用教育谈话室21次。镇村两级干部职工15人被诫勉谈话,11人次被提醒谈话,10人被通报批评,党风廉政建设分级约谈323人次。开展对十三届县委第四轮巡察大坪场镇党委、干串村、灯塔村巡察反馈12个问题,督促党委整改。是年,镇纪委被县纪委监委评为"全县纪检监察系统先进集体"。

2019年,学习贯彻中共十九届中央纪委三次全会,以及省、市、县纪检监察工作会议精神,学习《中国共产党章程》《中国共产党纪律处分条例》《中华人民共和国监察法》。参加"不忘初心、牢记使命"主题教育活动,对专题民主生活会的准备情况、查摆问题的整改落实情况进行监督。协助党委召开党风廉政建设专题会2次,党风廉政建设分级约谈285人次。到村督查脱贫攻坚、干部作风、工作落实380人次,通报批评222人次,谈话提醒30人,诫勉谈话8人。召开村务监督委员会例会11次,创建村级民生监督示范6个。开展"一案一整改"工作3次。7月,镇纪委被铜仁市纪委监委列为全市"走读式"谈话分类试点工作乡镇,在当年的试点过程中使用谈话室30次。是年,大坪场镇纪委被铜仁市委评为"全市纪检监察系统先进集体",镇纪委书记徐骞被县纪委监委评为"2019年度全县纪检监察系统先进工作者"。

2020年,对“新冠肺炎疫情防控”“农村乱占耕地建房问题”“乡镇党委落实全面从严治党主体责任问题整改”“四风”问题中“低级红”“高级黑”现象、“第七次全国人口普查”“汛期值班情况”等18个方面开展300余次监督检查,其中督查疫情防控工作89次,督查脱贫攻坚工作135次。因疫情防控履职不力,组织处理29人。其中,诫勉谈话3人,谈话提醒9人,提醒谈话3人,通报批评14人。在督查“习近平总书记重要指示批示精神贯彻落实情况督查反馈问题整改”方面,发现存在问题52个。在督查“厉行节约反对浪费”方面,发现政府食堂、各中小学食堂存在未张贴宣传标语和提示牌等问题,责成限时整改。召开党风廉政建设专题会2次,完成剩余6个村的“五个示范创建”。开展十三届县委第十轮巡察大坪、腊岩、岩牛、后屯、镇江、尖岩、月城、地耶河、水冲、白腊、甘泉、龙头、长里、后山、黄泥等15个村巡察反馈129个问题督促整改工作。开展十三届县委第十一轮巡察坳田村巡察反馈4个问题和脱贫攻坚专项巡察反馈11个问题的督促整改工作。

(二)信访受理

镇(含大坪区)纪委把信访举报工作当作一项重要政治任务来抓,畅通信访举报渠道,及时受理群众来信来访。对于检举举报平台所转的信访件,按照建立台账、科学分类、分析研判、及时处置的程序进行线上线下同步处理,并做到件件有回音。

1986年,收到各类来信来访31件,按照“分级负责、归口处理”的方法,将其中的13件转归口部门进行处理,对剩余18件进行调查处理,并将处理情况转告反映人。

2003年,针对大操大办酒席清理工作,设立举报箱和举报电话,制订对举报人有功人员进行奖励的规定。收到群众来信2件,办结2件。

2005年,收到群众来访举报2件,内容涉及民事纠纷。责成相关村协调解决1件,建议向人民法院申诉1件。

2006年,收到群众来访举报2件,1件涉及干部工作作风问题,1件涉及党员恢复权利问题,办结2件。刘某某的党员权利得到恢复,维护了党员的合法权益。

2007年,收到信访件16件,内容涉及民事纠纷。分办到各业务部门和相关村解决。

2013年,收到群众来访1件,来访内容为家庭争取低保,经核实后情况不属实。

2014年,收群到众来信举报5件,办结5件。其中上级纪委转办来信举报件4件,群众来访件1件。

2015年,收到群众来信举报9件,办结9件。

2016年,收到群众来信举报9件,其中实名举报8件,匿名举报1件,4件涉及换届选举,5件涉及民生问题。办结9件,其中1件撤回信访,信访了结7件,立案1件,党纪处分1人。

2017年,收到群众来信举报7件,其中实名举报6件,匿名举报1件。4件涉及换届选举,3件涉及民生问题。属上级纪委转办件6件,电子政务信息办公转办1件。办结7件,其中信访了结3件,立案4件,党纪处分5人。

2018年,收到群众来信来访举报7件,其中上级纪委转来信4件,网络举报2件,来访1件。5件涉及民生问题,2件涉及村干部违法问题。办结7件,其中信访了结4件,立案3件,党纪处分3人。信访件办理后,对信访人进行了回访,真正让群众反映的问题件件有落实,事事有回音。

2019年,收到群众来信来访举报4件,实名举报3件,村务监督委员会主任摸排出1件,3件涉及民生问题,1件涉及村干部赌博问题。办结3件,信访了结2件,立案1件,党纪处分1人。

2020年,未收到群众来信举报件。是年,镇纪委结合“访村寨、重监督、助攻坚”专项行动,组织村务监督委员会主任入户走访,对群众的小诉求现场反馈给村干部解决,降低了信访件的数量。

(三)民生监督

大坪场镇纪委按照全面从严治党的总要求,严肃查处发生在群众身边的腐败行为和不正之风,提升群众对党风廉政建设的满意度。18个村务监督委员会自2017年成立后,共开展监督500余次,发现小苗头10个,提出小建议100余条,发现小问题25个,回应小诉求50余条。

2014年,开展家电下乡、能繁母猪补贴、农机具补贴等专项监察。其中,收缴家电下乡违纪资金57.46万余元。镇财政所工作人员张某某、杨某某审核把关不严,报县纪委研究给予党内警告处分1人,行政警告1人。

2015年,开展退耕还林、微型企业、教育系统营养餐补贴等专项监察。查处套取能繁母猪补贴资金案件3件,党政纪处分3人。查处镇中学校长谭某某虚报学生人数套取资助金案件,给予其党内警告处分。查处刘某某低保评议优亲厚友案件,给予其党内警告处分。

2016年,开展计生系统社会抚养费、精准扶贫、小额信贷贴息、雨露计划培训、利益导向四项制度等专项监察。发现雨露计划培训问题7个;办理民生案件6件,立案3件,给予党内警告处分2人,行政警告处分1人;报县纪委研究报县纪委监察局立案3件,给予党内警告处分2人,行政记过处分1人。

2017年,结合"访村寨、重监督、助攻坚"专项行动,开展"一事一议"财政奖补、农村饮水安全项目、农村危房改造、社保资金发放、生态移民搬迁和易地扶贫搬迁等专项监察。其中,走访18个村230户,发现问题33个,涉及低保方面问题22个,涉及村级事务方面问题3个,涉及危房改造方面问题7个,换届选举方面问题1个。办理民生案件10件,立案5件,给予党内警告处分2人,党内严重警告处分2人,留党察看1年处分1人;报县纪委立案5件,县纪委给予党内警告处分4人,党内严重警告处分1人;其中,危房改造案件3件,涉案资金7.7万元;"一事一议"财政奖补案件1件,涉案资金8.35万元。

2018年,开展农村新型实体经济财政奖补项目、农村贫困人口大病专项救治和城乡医疗救助、农村养殖业扶贫项目等专项监察。发现以死亡人员名字冒领城乡居民养老保险39人,涉及资金3.26万余元,分管领导被给予全县通报批评;走访农村人口大病专项救治5人,走访率达100%,发现问题1个;走访城乡医疗救助166人次,发现问题3个;走访农村养殖业扶贫项目12个,涉及资金223.58万元,发现问题0个;每月召开村务监督委员会例会,对村务监督委员会主任进行业务培训。办理民生案件11件,立案6件,给予党内警告处分2人,党内严重警告处分4人;报县纪委立案5件,县纪委给予党内警告处分5人。

2019年,开展涉林扶贫民生项目、财政涉农补贴资金"一折通"、脱贫攻坚等专项监察。办理民生案件10件,立案8件。其中,涉林专项监察立案4件,党政纪处分4人,涉案资金11.06万元。尖岩村原支部书记孙某某截留国家公益林生态补偿资金3.33万余元,并将其中的2.82万余元挪用于家庭生活开支;地耶河村原科技副主任刘某某在统计上报国家公益林面积时优亲厚友、虚报国家级公益林面积并截留补偿资金5660.05元。易地扶贫搬迁及"一折通"专项监察立案1件,党纪处分1人。其他民生案件3件,给予党纪处分3人。查处镇江村脱贫攻坚指挥部指挥长杨某、第一书记吴某某脱贫攻坚工作作风案件2件,报县纪委研究,分别给予杨某、吴某某党内警告处分。

2020年,开展脱贫攻坚、疫情防控、农村饮水安全、农民专业合作社等专项监察。查处脱贫攻坚案件3件,党政纪处分3人,其中,胥某某在分管大坪场镇村级卫生室修建期间,工作推进不力,造成不良影响,报县纪委研究给予党内警告处分;对大坪场镇25个专业合作社实施的38个项目进行走访,发现问题线索4个,其中可成案线索1个,涉及资金7.7万元。村务监督委员会协助镇纪委开展民生监督工作,其中,镇江村村务监督委员会主任发现村支部书记将本村无主坟迁坟款用于家庭生活开支的问题线索,经核实,该问题线索属实,是年,镇江村支部书记陈某某被给予党内警告处分。查处危房改造1件、给予党内警告处分1人;私分工作经费案件1件,给予留党察看1年处分1人。

(四)警示教育

大坪场镇纪委以警示教育作为推进党风廉政建设的重要抓手,通过召开会议通报违纪违法典型案例和观看警示教育片等形式强化党风廉政建设警示教育。

1986年,观看警示教育电教片6场次。对查处的案件,印发处分文件到有关单位,相关支部召开党员大会进行传达,并组织讨论,使参会党员受到警示教育。

2002年,用有线广播电视播放反腐倡廉警示片3场,党纪政纪电教片3场;召集全镇党员干部职工和村干部上党课一期,受教育人数达120余人;宣传公民道德实施纲要的重点内容,并将相关资料制成宣传单发放每家每户。

2004年,全镇360名党员干部集中观看警示教育片《慕绥新马向东案件警示录》,通报县纪委《关于田某等同志违反计划生育处分的决定》。

2006年,把党风廉政建设和反腐败工作纳入经常性教育,利用有线电视、墙报宣传《建立健全惩治和预防腐败体系实施纲要》,书写永久性固定标语;组织学习县纪委《关于李平均搞非法活动,破坏选举案件的通报》。

2014年,传达学习松桃苗族自治县党风廉政建设警示教育大会精神,组织观看警示教育片《贪食群蝇终自毁》《被"欲火"焚毁的"群蝇"》;组织干部职工学习市纪委编发的《党风廉政建设工作典型案例警示教育读本》、县纪委编发的《松桃苗族自治县反腐败典型案例警示教育读本》,并要求撰写2000字的读后感或观后感;开展党风廉政警示教育报告会1场。

2016年,观看警示教育片《镜鉴》2场次、《永远在路上》1场次、《深山馋鼠》1场次。严明换届纪律,组织学习了换届选举"九严禁"。

2017年,观看警示教育片《深山馋鼠》《楠竹苗上的蛀虫》,组织学习铜仁市纪委《关于5起违规使用公车案件情况通报》《关于6起违规发放购物卡和违规公款吃喝案件情况通报》,受教育人数达100余人。通报长兴堡镇三八村原党支部书记杨某某严重违纪问题和4起严重侵害群众利益的典型案例。组织中层以上干部学习县纪委《关于重申严禁党员干部和国家公职人员违规操办及参加"升学宴""谢师宴"纪律要求的通知》要求。

2018年,根据县纪委县监委安排,牵头召集孟溪镇、平头镇、妙隘乡的班子成员和大坪场镇镇村两级干部、村(居)民代表共计180余人联合开展全县扶贫领域警示教育巡回展片区活动,活动包括《中华人民共和国监察法》宣讲、观看全市扶贫领域典型案例展,通报松桃扶贫领域典型案例等,活动结束后签订廉政承诺书177份。

2019年,组织观看警示教育片《董事长的没落》《忏悔之音》。组织学习铜仁市纪委《关于4起违反中央"八项规定"精神典型问题的通报》《关于龙某等7人违反中央"八项规定"精神典型问题的通报》,学习《关于认真做好严禁违规操办酒席预防提醒工作的通知》,召开扶贫领域第二轮警示教育大会,通报县纪委5起关于扶贫领域驻村帮扶不扎实的典型案例、2起违规操办酒席的案例和镇干部职工刘某某工作作风不实的违纪案例。

2020年,组织全镇干部职工收看县党风廉政建设警示教育大会1次,召开党风廉政建设专题会2次,开展全市扶贫领域警示教育活动案例展2次;组织召开副科级领导干部杨某违纪案"一案一整改"暨警示教育大会,通报杨某的违纪事实,当事人作深刻的反思,与会人员对结合杨某的违纪事实进行剖析检视。观看警示教育片《忏悔之音2》1场次。组织党员干部70人到县党风廉政警示教育基地接受教育。在节假日前夕学习省纪委省监委《关于5起违反中央“八项规定”精神典型问题的通报》、县纪委《关于3起违反中央“八项规定”精神典型问题的通报》《关于杨某履职不力问题的通报》，进一严明纪律要求。是年，镇纪委被县纪委县监委评为“杨荣式”先锋模范岗，镇纪委书记徐骞荣获2020年第一季度“杨荣式”好干部称号。

第九节　普觉镇纪检监察工作

一、机构队伍

1992年5月，按照县“建镇、并乡、撤区”的安排，撤销原普觉区及其所辖的普觉镇、半坡乡、大同乡，由普觉镇与半坡乡、大同乡合并，组建新的普觉镇行政区划。是年6月，县委任命高秀华为镇纪委书记。

1993年3月，普觉镇召开第一次党代会，选举产生中共松桃苗族自治县普觉镇纪律检查委员会。

2019年7月，国家监察体制改革向乡镇（街道）延伸，设立县监察委员会派出普觉镇监察办公室，与镇纪委合署办公，实行“两块牌子、一套人员”的管理体制，履行纪检监察职责。

中共普觉镇纪律检查委员会

（1992年6月至2020年12月）

书　　记	高秀华	1992年6月至1996年1月
	雷贵桥	1996年1月至2000年1月（兼）
	潘木均	2000年1月至2001年12月
	邱美霖	2001年12月至2006年8月
	钟华强	2006年8月至2011年10月
	唐　宇（苗族）	2011年10月至2013年12月
	邓武贵	2014年3月至2016年8月
	龙　毅（苗族）	2016年8月至2017年12月
	王孟龙	2017年12月至2020年12月
副 书 记	吴明高（苗族）	2006年8月至2010年12月
	舒文绍	2011年9月至2014年8月
	秦驰骋（苗族）	2014年4月至2016年3月
	杨　健	2016年3月至2019年8月
	石志龙（苗族）	2020年3月至2001年12月
纪委委员	高秀华	1992年6月至1999年3月
	杨再玉	1993年3月至1996年1月
	高亮东	1993年3月至1996年1月
	雷贵桥	1996年2月至2000年1月
	高秀华	1996年2月至1999年3月
	李国华	1999年3月至2002年3月
	田儒国	1999年3月至2006年8月
	杨冬仙（女）	1999年3月至2006年8月

潘木均	2000年1月至2001年12月
邱美霖	2001年12月至2006年8月
石乔清(苗族)	2006年8月至2011年8月
钟华强	2006年8月至2011年10月
邓朝中	2006年8月至2011年9月
罗亚红	2006年8月至2011年9月
杨振华	2006年8月至2016年8月
吴明高(苗族)	2006年8月至2010年12月
舒文绍	2011年9月至2014年8月
吴秀芳	2011年9月至2016年8月
陈　才	2011年9月至2016年8月
唐　宇(苗族)	2011年10月至2013年12月
邓武贵	2014年3月至2016年8月
刘　伟	2014年3月至2016年9月
秦驰骋(苗族)	2014年4月至2016年3月
杨　健	2016年3月至2019年8月
龙　毅(苗族)	2016年8月至2017年12月
蒋兴隆	2016年9月至2020年12月
刘平发	2016年9月至2020年12月
彭玉蓉(女)	2016年9月至2020年12月
王孟龙	2017年12月至2020年12月
石志龙(苗族)	2020年3月至2020年12月

普觉镇监察室

(2003年1月至2013年10月)

主　任	杨振华	2003年1月至2013年10月

县监察委员会派出普觉镇监察办公室

(2019年7月至2020年12月)

主　任	王孟龙	2019年7月至2020年12月
副主任	石志龙(苗族)	2020年3月至2020年12月
专职监察员	陈小爱(女)	2019年12月至2020年12月

二、主要工作

(一)党风廉政建设

普觉镇纪委成立以来,将抓好党风廉政建设和反腐败斗争作为主要工作任务,对镇党委和村级党组织的各项工作开展进行监督检查,对党员领导干部履行职责和行使权力情况进行监督,受理信访举报和查处违纪违法行为,确保党的路线方针政策和中央、省委、市委、县委重大决策部署得到贯彻落实。

1986年至1992年,普觉区没有设立纪律检查委员会,为适应纪律检查工作的需要,设立县纪委派驻普觉区纪律检查组,协助区党委抓好辖区6个乡镇的干部纪律教育工作,配合县纪委开展违纪违法问题干部调查处理工作。

1994年,组织学习关于制止餐饮浪费相关文件,确保清正廉洁。根据要求,开展对辖区中小学教育收费情况检查,未发现乱收费问题。开展计划生育教育整治2次,通过自查对发现问题及时进行整改。

1995年,组织学习关于严禁在元旦、春节等节假日铺张浪费等文件精神,确保清正廉洁过节。

1998年,组织学习《关于党政机关厉行节约制止奢侈浪费行为的若干规定》,开展对八条规定落实情况进行检查,全年节约公务接待费2000余元。

1999年,根据县纪委工作安排意见,为加强党风廉政建设工作,党委与副科级以上领导签订党风廉政建设责任书10份。建立村务公开栏,在全镇推行村务公开。

2000年,组织学习《关于加强党风廉政建设宣传教育认真学习党纪法规的通知》和县纪委监察局2000年纪检监察工作意见,签订党风廉政建设责任状38份,开展党风廉政建设宣传教育3次。对全镇1所中学、6所小学开展教育乱收费检查,未发现乱收费问题,组织学习行政事业收费和罚没收入收支两条线管理规定,增强干部职工廉洁从政意识。

2001年,开展行业不正之风整治,对1998年以来农村教育事业附加费管理使用情况开展检查1次,检查单位13个,清退资金5000余元。召开党风廉政教育大会2次,组织签订党风廉政建设责任状54份。印发红白喜事报备规定,严禁借子女升学违规操办酒席,开展检查3次,未发现问题。规范公车使用,严禁公车私用,开展公车管理使用检查2次,未发现问题。

2002年,持续开展行业不正之风整治,对教育收费情况检查2次,未发现乱收费问题。

2003年,组织学习县委《严禁干部职工大操大办酒席的规定(试行)》,组织镇全体干部职工开展自查,自查率100%,未发现违规操办酒席问题。督促党委书记履行党风廉政建设主体责任,开展勤政廉政教育,编写廉政简报3期。开展计划生育工作、城镇建设等工作的检查,及时发现问题并督促整改。

2004年,开展干部作风、上下班纪律执行情况的监督检查,通过谈话、通报等形式及时纠正干部职工存在的作风问题。对全镇各单位开展行风评议工作,群众满意度得到提升。开展对中小学收费项目和“一费制”收费标准检查,未发现问题。

2005年,制订《党风廉政建设和反腐败工作实施方案》,对党风廉政建设和反腐败各项任务进行分解,推进党风廉政建设和反腐败工作落地落实。对1所中学和10所小学冬春季收费情况进行全面检查,未发现问题。

2006年,开展农村基层党风廉政建设工作,经常开展纪律教育,通报腐败问题典型案例,提醒干部职工要讲规矩守纪律,不做违法乱纪的事。对全镇中小学收费进行检查,未发现问题。

2007年,持续开展治理教育乱收费专项整治,清理乱收费问题3个,清退乱收费资金5万多元。压紧压实党风廉政建设责任,督促干部职工签订廉洁自律承诺书。

2008年,贯彻落实县纪委2008年农村基层党风廉政建设工作意见,推进农村基层党风廉政建设,督促干部职工签订廉洁自律承诺书52份。对3个股室站所开展民主评议行风工作。

2009年,对党风廉政建设工作任务进行责任分解,重点抓好责任制落实情况检查工作,发现问题及时督促整改。召开民主评议行风会,3个基层站所接受民主评议,结果较好。

2010年,通报违规大操大办酒席案件,开展禁止干部职工在婚丧嫁娶等红白喜事中大操大办酒席的专项整治,年内没有出现大办酒席行为。推进农村基层党风廉政建设,启动“作风建设年、环境建设年、项目建设年”三个建设年活动,逐级签订党员干部廉洁自律责任状54份。在元旦、春节等重要节假日期间,对党员干部廉洁自律情况进行检查3次,未发现问题。对3个站所开展民主评议行风,满意度较高。

2011年,开展“三个建设年活动”,开展基层站所作风督查3次,未发现作风问题。督促全镇干部认真落实重大事项报告制度,层层签订党风廉政建设责任状56份,逐级签订廉洁自律承诺书56份。

2012年,对镇中小学营养改善计划进行督促检查,开展教育收费检查,清理乱收费3400元,全部退还学生。开展廉政风险防控工作,要求镇全体干部职工结合岗位查找廉政风险点,制作廉政风险监督卡54张,签订廉洁从政承诺书54份。

2013年,开展对镇中心学校、中心卫生院、社保所、安监站开展了民主评议行风工作,发放问卷50份,收回50份,测评结果满意率达96%,“门难进、脸难看、事难办”等现象得到改变。开展春秋入学收费监督检查,未发现问题。推行村务公开示范创建,选取1个村作为试点,常态化督促村务党务事项公开。组织学习中央八项规定精神,统一接待标准,预防超标准接待行为的发生,与上年同期相比,“三公”经费开支减少8万元,其他接待经费减少2.3万元。

2014年,调整充实党风廉政建设工作领导小组,研究部署党风廉政工作,层层签订党风廉政责任状75份。组织开展“庸懒散奢贪”、党的群众路线教育实践活动及不作为、慢作为、乱作为整治,贯彻落实中央八项规定精神、省委和市委十项规定、县委五要七带头等规定,开展党员干部常态化约谈130余人次。对脱贫攻坚干群连心和干部职工结对帮扶进行不定期抽查,检查21个村干群连心帮扶、资金的落实情况,通报帮扶工作作风不实问题2起。加强公车管理,对镇内公车进行分类登记,对办公用房是否超标进行了检查,未发现问题。组织开展收送礼金礼券购物卡自查清理,未发现问题。组织全镇干部职工共签订拒收拒送礼金礼券购物卡承诺书42份。

2015年,召开党风廉政专题会议,研究部署2015年党风廉政工作,层层签订党风廉政建设责任状88份。制订《进一步开展党风廉政建设突出问题集中专项整治的实施方案》,开展落实“两个责任”不力的突出问题、存在的“四风”的突出问题、“为官不为、干部不干”的突出问题、损害群众利益的突出问题自查自纠,全镇80名干部职工自查出问题156条,全部进行了整改。制订预防职务犯罪工作方案和成立工作领导小组,明确工作责任,及时传达学习全国乡镇开展预防职务犯罪的工作精神及经典案例,将预防职务犯罪工作纳入目标管理,并作为党风廉政建设目标进行管理,确保预防职务犯罪工作落到实处。严格执行首问责任制,开展常态化督查17次,严禁行业不正之风,杜绝干部职工,特别是发生有法不依、执法不严和利用工作之便吃、拿、卡、要等违纪违法行为发生,未发生工作人员故意刁难和怠慢来访办事人员的不良行为。严格执行罚没款“收缴分离”和财务“收支两条线”管理制度,没有发生乱收费、乱罚款现象。推进党务公开、政务公开、村务公开,在全镇21个村安装村务公开“白黑板”,要求村务、党务惠民政策、惠民资金在“白黑板”进行公开。全面落实 “三转”要求,镇纪委书记退出纪检监察业务以外的班子分工,聚焦监督执纪问责的主业主责,履行专责监督职责。

2016年,印发《普党镇党委落实党风廉政建设主体责任和纪委落实监督责任清单(试行)》,制订镇党委党风廉政建设主体责任和镇纪委监督责任清单,把党风廉政建设和反腐败工作纳入党委中心工作统一部署、统一落实、统一检查、统一考核。召开镇村干部党风廉政建设工作会议,专题部署2016年党风廉政建设工作,层层签订《2016年党风廉政建设目标责任书》95份。坚持作风建设抓常抓长,不定时开展作风督查,对3名干部进行教育约谈。开展补贴奖金等发放情况专项清理,未发现乱发补贴奖金情况;开展党员干部和国家公职人员违规收送红包礼金自查清理，全镇共62名干部职工进行自查，未发现有违规收送红包礼金行为；组织全体干部职工签订不违规经商办企、投资入股和承揽工程承诺书，共签订62份。开展换届纪律学习宣传，组织镇村干部学习中央纪委、中央组织部换届纪律“九严禁”，开展谈心谈话150人次，签订《严格遵守换届纪律承诺书》150份。贯彻落实《松桃苗族自治县规范操办酒席管理办法(试行)》，落实酒席报备手续，组织全镇公职人员签订不违规操办酒席、不参与吃请违规酒席承诺书，共签订150份承诺书。

2017年，督促镇党委认真贯彻落实主体责任,年初分别与干部职工、各村(社区)党组织签订党风廉政责任书89份，全年专题研究党风廉政建设工作3次，对落实“一岗双责”宽松软、教育谈话流于形式的问题进行整改，进一步压紧压实领导干部各分管的责任。推行党员、干部约谈常态化制度，开展个人或集中提醒谈话500余人次，诫勉谈话4人次。开展“四风”突出问题专项监督检查，通过自查自纠及监督检查，共查出公务接待、差旅费报销不规范等问题3个，清退资金2300元。配齐20个村(社区)村务监督委员会主任，在镇纪委的管理下开展对村(居)事务的监督检查，发现问题2个，整改问题1个，立案1件。在每一个重要的节假日前，都重申节日禁令，严明纪律要求，对公车使用、公款消费进行监督检查5次，未发现问题。

2018年，镇纪委履行监督执纪问责工作职责，督促镇党委落实主体责任，班子成员履行“一岗双责”责任，分别与干部职工、各村(社区)党组织签订党风廉政责任书87份，全年向镇党委政府专题报告相关问题并督促整改3次。全年召开专题研究党风廉政建设工作3次，听取各分管抓“一岗双责”责任落实情况，深入分析存在的问题8个，限时完成整改。在常和长、严和实、深和细上下功夫，结合重点整治和重要时间节点，重申节日禁令，严明纪律要求，遏制干部职工“节日病”的发生，未发现节日腐败问题。推进第一种形态的落实，对镇干部身上存在的苗头性、倾向性问题及时谈话提醒，共谈话21人次。开展党员领导干部利用名贵特殊类资源牟取私利问题自查清理，督促镇全体干部职工开展参与茅台酒经营自查清理2次，未发现插手参与茅台酒经营情况。开展指挥部违规发放津补贴自查工作，未发现镇铁路指挥部、园区指挥部违规发放津补贴问题。开展扫黑除恶专项斗争监督执纪问责，组织村监委主任认真开展群众身边黑恶势力、村霸寨霸等问题排查，发现问题及时交镇扫黑除恶领导小组分析研判，通过排查，未发现黑恶势力存在。

2019年，督促领导班子成员履行“一岗双责”，开展“两个责任”分级约谈2次，约谈150余人次，签订党风廉政建设责任状90余份，签订干部职工不违规设摆“谢师宴”等责任状150余份，参与党风廉政建设社会满意度调查工作180余人，提高党风廉政建设评价工作的群众知晓率。对照中央、省、市安排各项工作任务进行清单管理，定期和不定期开展干部履职情况和作风督查暗访,对发现问题进行点名道姓通报曝光，累计通报人数56人次，并督促落实。围绕扶贫领域整治蝇贪三年行动总要求，开展多项专项行动和专项监察，在扫黑除恶专项斗争中开展强化监督执纪问责行动等专项工作，累计发现问题75个，转各村指挥部、政府相关站所处置，并督促整改问题75个。推进第一种形态的落实，对21名有苗头性、倾向性问题的干部进行了谈话提醒。

2020年，开展疫情防控监督检查工作，对镇内设置的侯溪、元埂脚等卡点开展24小时严防严控值班值守进行督查6次，确保中央、省、市和县关于开展新冠肺炎疫情严防严控措施落实到位。同时，对猫猫屯村在疫情防控工作期间，因管控不力，出现群众聚集打球的网络舆情进行调查核实，对相关责任人进行问责，其中诫勉谈话2人，谈话提醒1人；对在疫情防控期间，真旗屯村1名党员不落实严防严控工作要求，参与聚众赌博的党员进行严肃问责，并给予党内警告处分。始终以监督党委履行主体责任，监督班子落实“一岗双责”为监督重点，开展党风廉政“两个责任”分级约谈2次，共约谈干部158人次。对贯彻落实中央决策部署和习近平总书记重要指示批示精神、省委、市委、县委重大决策部署开展监督检查35次,发现问题15个,因作风不实问责干部16人,其中,诫勉谈话4人,全镇通报批评12人。结合重点整治专项工作和重要时间节点,驰而不息纠正"四风",坚决破除形式主义官僚主义。坚持在重要的时间节点,重申节日禁令,严明纪律要求,在节假日期间对公车使用、公款消费、办公用品监督等进行监督检查8次,有力遏制干部职工"节日病""四风"隐形变异滋生。开展整治操办"升学宴""谢师宴"违规酒席监督检查5次,对有学生考入高校的干部职工提前打招呼、下禁令,签订承诺书23份。

(二)信访受理

将受理信访举报作为镇纪委的一项基础性工作来抓,以畅通信访举报渠道、规范信访受理为抓手,坚持实事求是的原则,认真开展信访问题核查、处置和回复工作,及时回应群众关切,做到事事有结果、件件有回音。1993年以来,累计受理信访举报件121件(其中上级转办件43件),办结121件,转立案问题线索14件。

1996年,受理来信来访3件,属实名举报3件,办结3件,转立案3件,主要涉及违反计划生育政策问题。

1998年,受理来信来访4件(上级纪委转办件1件),属实名举报1件,办结4件,信访了结4件。

1999年,受理来信来访4件(上级纪委转办件2件),属实名举报1件,办结4件,信访了结4件。

2000年,受理来信来访3件,属实名举报1件,办结3件,信访了结3件。

2001年,受理来信来访5件(上级纪委转办件1件),办结1件,信访了结5件。

2002年,受理来信来访4件(上级纪委转办件1件),办结4件,信访了结4件。

2003年,受理来信来访4件(上级纪委转办件2件),办结4件,信访了结4件。

2004年,受理来信来访3件,办结3件,信访了结3件。

2005年,受理来信来访4件(上级纪委转办件1件),属实名举报1件,办结4件,信访了结4件。

2006年,受理来信来访5件(上级纪委转办件2件),属实名举报4件,办结5件,信访了结5件。

2007年,受理来信来访4件(上级纪委转办件1件),属实名举报2件,办结4件,信访了结4件。

2008年,受理来信来访6件(上级纪委转办件1件),属实名举报3件,办结4件,信访了结4件。

2009年,受理来信来访4件,办结4件,信访了结4件。

2010年,受理来信来访9件(上级纪委转办件2件),办结9件;查证属实转立案1件。

2011年,受理来信来访11件(上级纪委转办件2件),办结11件;查证属实转立案1件。

2012年,受理来信来访4件(上级纪委转办件2件),属实名举报2件,办结4件,信访了结4件。

2013年,受理来信来访3件(上级纪委转办件3件),属实名举报2件,办结3件,信访了结3件。

2014年,受理来信来访1件(上级纪委转办件1件),办结1件,信访了结1件。

2015年,受理来信来访10件(上级纪委转办件3件),属实名举报7件,办结10件;立案2件,主要涉及村干部未正确履职问题。

2016年,受理来信来访3件(上级纪委转办件3件),属实名举报3件,办结3件,信访了结2件;立案1件,主要涉及村干部未正确履职问题。

2017年,受理来信来访7件(上级纪委转办件5件),属于实名举报6件,办结7件,信访了结5件;立案2件,主要涉及村干部截留合医收缴资金、农村低保评议优亲厚友问题。

2018年,受理来信来访5件(上级纪委转办件4件),属实名举报5件,办结5件,信访了结5件。协助县纪委核实中央巡视四组转办件1件;立案1件,主要涉及镇、村干部在国土整治过程中违反法律法规问题。

2019年,受理来信来访5件(上级纪委转办件2件),属实名件3件,办结5件,信访了结4件;立案1件,主要涉及村干部挪用集体公益林补偿资金问题。

2020年,受理来信来访10件(上级纪委转办件4件),属实名件8件,办结10件,信访了结8件;立案2件,主要涉及村干部收取好处费、政府干部未正确履职问题。

(三)民生监督

2014年以来,按照民生领域整治铸廉三年行动和扶贫民生领域整治蝇贪三年专项行动的统一安排部署下,持续开展"访村寨、重监督、助攻坚"专项行动,陆续开展涉农惠民补助、补贴及民生领域工程项目资金的专项监察等工作,重点查处群众身边优亲厚友、吃拿卡要、截留挪用等违纪违法问题,累计发现问题线索182个。按照干部管理权限,提请镇党委完成县纪委转办违纪违法案件的立案审查调查工作,累计立案查处27件,党纪政务(纪)处分28人,挽回直接经济损失95.19万余元。

2014年,开展家电下乡、能繁母猪补贴、农机具购置补贴专项监察。其中,核实家电下乡购置电器7354台,涉及资金130.49万余元,发现问题2448个,追缴违纪资金28.64万余元;核实能繁母猪补贴23户,发现虚报母猪数量728头,追缴资金6.71万余元;核实农机具补贴213户,发现问题70个,追缴资金6.93万余元。

2015年,围绕教育资助、村(居)民生事务、危房改造开展专项监察,其中,核实扶持微型企业发展补助资金21户,发现问题4个,追缴资金14万元;核实21个村居民生事务94项,涉及资金116.61万余元,相关资金已落实到位,未发现有关问题;对普觉镇16所学校或教学点2013—2014年学生资助金进行核实,核实资金484.34万余元,发现问题2个;核实2011—2014年危房改造506户,涉及资金373.98万元,发现问题2个,追缴资金3.15万元。

2016年,开展计生社抚费征收使用、小额信贷、雨露计划培训专项监察。其中,全面核查普觉镇历年来计生社抚费收取和使用情况,发现问题3个,收缴资金9.86万余元;核实小额信贷农19户,贷款资金350万元,发现问题1个;核实"雨露计划"开展中式烹调师、汽车驾驶员、家禽饲养工等10类培训情况,走访参与培训人数286人,涉及补贴、补助资金7.15万元;走访过程中发现其他问题2个。

2017年,围绕"访村寨、重监督、助攻坚"专项行动,开展农村最低生活保障、危房改造、"一事一议"、农村改厕项目专项监察,累计走访群众347户,涉及惠民资金389.85万余元,累计发现问题15个,清退违纪资金12.53万余元。查处涉及"一事一议"、农村低保、危房改造等方面违纪案件7件,党纪政纪处分7人,协助县纪委问责科级领导干部4人。

2018年,围绕《松桃苗族自治县扶贫领域整治蝇贪三年行动2018—2020年工作方案》总要求,开展农村新型经济实体运行、城乡居民基本养老保险、农村贫困人口大病医疗救治和城乡医疗救助、农村养殖业扶贫项目资金专项监察,在民生监督组的统筹下,联合县、镇、村三级监督队伍,走访公司、合作社等54家,核实项目资金152万元;走访群众132人次,核实补助资金53.29万余元,累计发现问题17个。查处涉及农村合作合医、危房改造、低保评议、农村改厕项目等方面违纪案件6件,党纪政务处分7人,协助县纪委问责科级领导干部3人,收缴资金2.5万元。

2019年,开展涉林项目、易地扶贫搬迁、水务工程项目专项监察及脱贫攻坚专项监督检查,走访群众178人次,涉及资金725.33万余元;走访工程项目4个(14个施工点),涉及资金138.33万元,累计发现问题75个。查处涉及集体公益林补助、脱贫攻坚、被司法处分等方面违纪案件9件,党纪政务处分9人,协助县纪委问责科级领导干部10人,收缴资金53.21万余元。

2020年,开展农民专业合作社(公司)实施扶贫民生项目专项监察,开展易地扶贫搬迁、农村产业革命、农村饮水安排监督检查,走访工程项目84个,涉及资金1971万元,累计发现问题18个。查处涉及疫情防控、危房改造、公益林补助、孤儿基本生活费等方面违纪案件5件,党纪政务处分5人,收缴资金7万元,协助县纪委问责科级领导干部4人。

(四)警示教育

将党性教育、纪法教育、警示教育作为警示教育干部的重要抓手,每年都通过多种方式开展警示教育,集中通报腐败问题典型案例、宣读身边被查处的违纪违法案件处分决定警示教育党员干部。在人流密集地方张贴廉政教育宣传标语、印刷廉政宣传漫画。

2006年以前,集中组织干部职工收看《中国共产党纪律处分条例》《胡长清案件警示录》和卢万里贪污受贿案件《绝路》等电教片,接受警示教育。利用会议、标语、宣传栏等学习反腐倡廉知识,增强干部职工廉洁从政意识。在人流来往密集地段,悬挂党风廉政宣传标语,向群众发放廉政宣传资料,增强反腐倡廉宣传教育的影响力。

2011年,坚持以案示警,组织收看《反腐败典型案例警示录》警示教育片。集中学习"五个严禁、十七个不准和五个一律"、学习《严肃换届纪律警示教育案例选编》。

2012年,坚持以案示警,用身边事教育身边人,召开全镇党风廉政建设警示教育学习会1次,通报上级纪委的违纪问题典型案例。

2015年,通报2015年辖区内查处的违纪案件和全国典型违纪案例,组织各站所负责人、各村党支部书记共计40余人观看警示教育片《楠竹苗上的蛀虫》。

2016年,通报发生在辖区内违纪案件及全国查处典型案件,集中收看警示教育片《楠竹上的蛀虫》,接受教育干部274人次。组织镇村干部到县党风廉政警示教育基地参观学习、观看警示教育片——《镜鉴》,强化对党员干部进行廉政提醒教育,干部职工撰写教育体会67篇。在镇政府党支部、猫猫屯村党支部的党员会上宣布干部违纪问题处分决定,同步开展廉政教育,受教育党员56人次。

2017年,通报典型案例9次,接受教育人数175人次。召开党风廉政警示教育大会,组织干部职工65人观看《贵州省民生监督工作纪实》警示教育片,到县党风廉政警示教育基地接受教育1次。在园埂脚、棉花山、尖山等村全体党员大会上宣布村干部违纪问题处分决定,同步开展廉政教育6次,接受教育党员110人次。

2018年,通报县纪委的典型案例,再次观看警示教育片《楠竹上的蛀虫》,接受警示教育干部职工350人次。组织镇政府中层干部及领导班子到县党风廉政警示教育基地接受警示教育1次,接受教育人数37人次。在干背河、西门坎、道塘等村全体党员大会上宣布村干部违纪问题处分决定,同步开展警示教育7次,接受教育党员137人次。

2019年,通报脱贫攻坚履职不力、作风不实、乱作为等典型问题18次。组织全体干部职工集中收看警示教育片《董事长的没落》,接受警示教育67人。开展扶贫、民生领域典型案例警示教育活动3场,通报市、县、镇扶贫领域查处案件共43起,接受警示教育干部职工600人次。在大元、尖山、半坡等村全体党员大会上宣布村干部违纪问题处分决定,同步开展警示教育7次,接受教育党员113人次。

2020年,开展扶贫领域典型案例警示教育活动2场,通报市、县、镇扶贫领域查处案件共37起,接受警示教育干部职工326人次。组织政府干部、村干部到县党风廉政警示教育基地接受警示教育1次,受教育人数87人次。在真旗屯、高坎、东门、姜家洞等村全体党员大会上宣布村干部违纪问题处分决定,同步开展警示教育8次,接受警示教育党员120人次。

第十节　孟溪镇纪检监察工作

一、机构队伍

1992年5月,按照“建镇、并乡、撤区”的安排,撤销原孟溪区及其所辖的孟溪镇、红岩乡、木耳乡,由孟溪镇与红岩乡、木耳乡合并,组建新的孟溪镇行政区划。是年6月,县委任命蒋正国为镇纪委书记。

1993年3月,孟溪镇召开第一次党代会,选举产生中共松桃苗族自治县孟溪镇纪律检查委员会。

2019年7月,国家监察体制改革向乡镇(街道)延伸,设立县监察委员会派出孟溪镇监察办公室,与镇纪委合署办公,实行“两块牌子、一套人员”的管理体制,履行纪检监察职责。

中共孟溪镇纪律检查委员会

(1992年6月至2020年12月)

书　　记	蒋正国	1992年6月至1994年2月
	周兴发	1994年8月至1996年1月
	戴洲昌	1996年2月至1998年12月
	张世勇(土家族)	1998年12月至2002年11月
	吴定飞(苗族)	2002年12月至2005年12月
	姜若海	2006年12月至2008年10月
	雷　玲(女,苗族)	2010年6月至2012年4月
	龙常静(苗族)	2012年4月至2013年2月
	江长智(苗族)	2013年2月至2014年8月
	姚许静(侗族)	2014年8月至2016年8月
	熊　辉(苗族)	2016年8月至2017年12月
	杨小龙	2018年9月至2020年12月
副 书 记	刘秉璋	2006年5月至2014年5月
	何腾飞	2014年5月至2016年5月
	冉　翔	2016年9月至2020年3月
纪委委员	蒋正国	1992年6月至1994年2月
	戴洲昌	1993年3月至1998年12月
	任柏香(女,侗族)	1993年3月至1996年2月
	周兴发	1994年8月至1999年3月
	刘忠华	1996年2月至1999年3月
	张世勇(土家族)	1998年12月至2002年11月
	杨兴富	1999年3月至2002年3月
	舒文华	1999年3月至2002年3月
	刘振斌(苗族)	2002年3月至2006年8月

吴定飞(苗族)	2002年12月至2005年12月
刘秉璋	2006年5月至2014年5月
冉启卫	2006年8月至2011年9月
杨通康	2006年8月至2011年9月
姜若海	2006年12月至2008年10月
雷　玲(女,苗族)	2010年6月至2012年4月
龙金先(女,苗族)	2011年9月至2016年8月
杨　建(苗族)	2011年9月至2016年8月
张应军	2011年9月至2016年8月
龙常静(苗族)	2012年4月至2013年2月
江长智(苗族)	2013年2月至2014年8月
何腾飞	2014年5月至2016年5月
姚许静(侗族)	2014年8月至2016年8月
熊　辉(苗族)	2016年8月至2017年12月
龙光东(苗族)	2016年8月至2019年8月
杨勇刚(侗族)	2016年8月至2020年12月
冉　翔	2016年8月至2020年3月
吴梓木(苗族)	2016年8月至2020年4月
杨小龙	2018年9月至2020年12月

孟溪镇监察室

(2000年1月至2006年5月)

主　任	刘秉璋	2000年1月至2006年5月

县监察委员会派出孟溪镇监察办公室

(2019年7月至2020年12月)

主　任	杨小龙	2019年7月至2020年12月
副主任	杨　智	2020年4月至2020年5月
	杨　卓	2020年12月至2020年12月
监察专员	杨　卓	2019年12月至2020年12月
	姚　波	2020年12月至2020年12月

二、主要工作

(一)党风廉政建设

孟溪镇纪委履行“教育、监督、惩处、保护”四项职能,坚持从严治党,多形式、多层次、全方位开展党风廉政教育。同时结合阶段重点工作,开展专项监督检查,确保政令畅通。

1986—1991年,孟溪区没有设立纪律检查委员会,为适应纪律检查工作的需要,设立县纪委派驻孟溪区纪律检查组,协助区委抓好辖区七个乡镇全体党员干部的纪律教育工作,1987年,查处了徐家河水管所职工黄某某、郭某某违纪违法超生问题,党纪立案2件2人,停职停薪三年处分2人;查处王某某长期占用、挪用公款问题,党纪立案1件1人,行政记过处分一次1人。1988年,查处木耳乡党委委员王某某、徐家河工程管理所冉某某违纪违法超生问题,党纪立案2件2人,上报县纪委研究给予免职处分1人,降薪处分1人。

1992年,开展对烤烟收购监督检查工作,防止工作人员违规违纪收购烟叶,防止烟叶外流、提级提价、外烟内销、以次充好等现象发生。监督计划生育基本国策的贯彻执行,对计划生育工作进行5次督查检查。

1993年,开展“建并撤”后干部职工拖欠公款公物自查清理工作。开展秋粮入库监察工作,防止相关人员优亲厚友、以次充好的收粮行为。由镇纪委牵头,在各村设置一名纪检监察联络员,设置2个举报点,发动群众对党员、干部的违纪行为进行检举揭发,并对违纪行为进行自查清理,清理违纪计划生育案件3起,党纪立案3件3人,上报县纪委研究给予留党察看一年处分3人。

1994年,根据《关于对群众举报全县中小学乱收费问题专项检查的通知》,对孟溪镇各中小学进行教育收费情况进行监督检查。督促党委集中开展计划生育整治一次,对3个片区烤烟收购点进行督查检查。开展机关作风纪律整顿,协助党委建立“关于廉政建设的暂行规定”。

1995年,学习中央、省、地关于党政领导干部廉洁自律的规定和江泽民总书记在中央纪委第五次会议上的讲话精神。开展党政领导干部廉洁自律专题民主生活会1次,与会领导进行自查自纠。对原区公所遗留下的财物清理进行督查检查。对镇6月起实施的考勤制度进行督查。建立领导干部收入申报制度。协助镇党委开展计划生育整治工作,查办芭茅坪村原副主任吴某某违纪超生生育问题,党纪立案1件1人,上报县纪委研究给予留党察看一年处分1人。

1996年,协助党委开展“七一”建党知识竞赛及召开座谈话,歌颂党的丰功伟绩,增强党员党性。协助党委开展党风廉政建设,召开党委会和联席会议16次,制订1996—2000年组织发展规划。协助党委举办入党积极分子培训班一期,学习党史、党章、党纪等理论教育,培训入党积极分子43名。完成《贵州党风廉政》杂志征订45份。查办安山村杨某某、白泥村何某某违纪超生生育问题,党纪立案2件2人,上报县纪委研究给予留党察看一年处分2人。

1997年,根据《松桃苗族自治县党政机关厉行节约制止浪费行为的实施细则》,严格控制新建和装修办公楼、各种会议、各种庆典活动、接待费用、公款安装住宅电话、购买移动电话、配备小汽车、各种检查评比及开展自查清理工作,要求领导干部严格遵照执行。是年,开展学习《中国共产党章程》《中国共产党党员领导干部廉洁从政若干准则(试行)》《中国共产党纪律处分条例(试行)》1次。

1998年,根据县纪委监察局《一九九八年工作安排意见》文件精神开展工作。组织学习《关于纪检监察机关加强对没收追缴违纪款项管理的规定》文件精神1次。

1999年,开展对4个服务行业窗口行风评议情况、小额信贷扶贫资金发放执法监察,在监察中发现存在发放数额不足和歪曲政策不公开的问题,立即进行纠正。5月,镇纪委印发关于《孟溪镇纪检监察党风廉政建设责任制的实施意见》,分别在全镇27单位、24个村级支部、17个镇直机关党支部共计581名党员签订了责任状。开展治理整顿医疗、医药市场的执法监察,共查出无证经营17家,并要求限期关闭撤出。是年底,镇执法监察室作《孟溪镇九八年村提留、镇统筹费收支情况自查自审报告》,征收的镇统筹费14.14万元全部进入财政专户管理。查办头京村谭某某、红岩村孙某某等4人违反工作纪律和青石村原党支部书记雷某某违反生活纪律问题,党纪立案5件5人,上报县纪委研究给予党内警告处分1人、留党察看一年处分1人、免予党纪处分2人、免予行政处分1人。

2000年,对全镇12名班子成员建立廉政档案,按照规定召开领导班子专题民主生活会。对长期不交党费和不参加组织生活的党员进行诫勉谈话5人。全面落实"收支两条线"管理规定,对中小学收费和"三提五统"开展执法监察,对七站八所预算外资金进行认真清理,纳入财政预算外专户管理资金达81万元。与全镇43个村、机关支部和27个机关单位签订《党风廉政建设责任状》。协助党委办理党训班4期,培训党员干部624人次;订阅《贵州党风廉政》杂志59份、《党风与党纪》杂志2份、《中国监察》杂志12份;报送各类信息42条,其中县纪委采用6条,县信访办采用4条,县委组织部采用2条,《铜仁日报》刊登6条,《党建交流》《贵州党风廉政》各刊登1条。

2001年,切实加强机关作风整顿,严肃干部职工工作纪律,出台《关于开展整顿机关作风、严肃工作纪律的通知》,镇纪委牵头成立工作组,明确责任,加强监督检查;通过监督检查,部分党员干部12次拒贿物品涉及金戒指、项链、烟酒等折价上万元,4次拒贿现金1.2万元。认真落实党风廉政建设责任制,对全镇12名副科级领导干部建立廉政档案,镇纪委与17个镇直单位、24个村党支部分别签订《党风廉政建设责任状》。对社会医疗机构、药店、诊所进行清理整顿,查处取缔私设药店、诊所6个。认真开展"减负"调查,取缔不合理项目2个,为企业减轻负担近8万元。是年6月,镇党委、政府被地委行署授予"铜仁地区党风廉政建设先进集体"光荣称号。

2002年,镇纪委按照县纪委监察局和镇党委的要求,签订《党风廉政建设责任状》45份。是年6月,镇纪委牵头组织财政、教辅站成立工作组,对孟溪镇中心校和全镇8所小学的收费项目、资金使用、账目建立是否规范等情况进行检查,检查发现不合理收费和财务不规范现象进行纠正。认真做好农民负担专项审计检查工作,成立自查自审领导小组,通过检查,收入金额24.94万余元,除上缴县级13.80万余元外,其余资金全部下拨,无截留情况。查处安山村杨某某违反群众纪律的问题,党纪立案1件1人,党内警告处分1人。

2003年,孟溪镇纪委认真落实《关于严禁干部职工大操大办酒席的规定》文件精神,通过登记清理、群众举报,共查出违反规定干部9人,其中副科级以上干部5人,收缴违规责任金1.6万元上缴国库。为加强干部工作纪律,落实工作职责,镇纪委与全镇58个单位、24个行政村签订《党风廉政建设责任状》。开展国债资金管理使用情况监督检查,协助党委组织抗击"非典"攻坚战,为全镇人民抗击"非典"提供纪律保障。

2004年,落实党风廉政建设责任制,制订《孟溪镇各工作部门2004年党风廉政建设和反腐败各项任务分解表》,与镇领导班子、镇直各部门、各村签订了党风廉政建设和反腐倡廉责任状65份。开展两个"条例"培训会,参加人员有党政领导、人大、政协、党政全体职工、镇直各单位、学校负责人共84人。按照县监察局《关于对社会抚养费征收管理使用情况开展执法监察的通知》文件,开展计划生育专款的检查工作。开展预算外资金、行政事业性收费和罚款、社会抚养费、退耕还林资金等进行执法监察,通过执法监察,查处林业站职工蔡某某用《贵州省行政事业性收费通用票据》收取费用后私自将1.02万余元公款占为已有和林业站职工江某某套取退耕还林资金4.77万余元的违纪违法行为。

2005年,认真学习宣传中央纪委四次全会和中央纪委、中组部文件精神,全面落实全县党建工作会议部署,印发《孟溪镇党风廉政建设和反腐败工作要点》,把关于《集中打击赌博违法犯罪活动专项行动实施方案》,纳入2005年《党风廉政建设责任状》作为年终考核内容。按照《关于严禁干部职工在迁居、子女升学等事宜中大操大办酒席的规定》文件精神,对违规大操大办酒席进行监督检查,检查干部职工共设婚嫁酒席16起,其中1起超规模受到诫勉谈话处理。根据《关于对乡村公路工程资金使用情况开展执法监察的通知》要求,镇纪委对县计划局、交通局、县扶贫办等部门下拨的37万元工程款开展执法监察,经过监督检查,工程资金由镇财政实行专户储存,专人管理,没有发现挤占、截留、贪污、挪用以及以权谋私等行为。

2006年,贯彻落实中央纪委、省、地、县党风廉政建设和反腐败工作会议精神,签订《党风廉政建设责任状》55份。开展《关于严禁干部职工在迁居、子女升学等事宜中大操大办酒席的规定》宣传,对计划操办酒席的干部职工采取提前打招呼,及时提醒。对2004年至2005年下拨的农田水利资金共计12.95万元开展执法监察,经过监督检查,农田水利资金由县水利局负责发包,资金使用由承建方直接向县水利局报告。

2007年,镇党委、镇纪委与镇直单位及各村支部签订《党风廉政建设责任状》51份,进一步规范干部从政行为。组织学习中共十七大报告,89名党员干部上缴了学习心得。听取工商联情况反映汇报会,开展关于禁止干部职工在婚丧嫁娶等红白喜事中大操大办酒席的专项整治、商业贿赂、教育乱收费等专项整治行动。

2008年,开展党风廉政档案建设,建立党政班子成员廉政档案共12份,镇纪委与各镇直单位、各村党支部签订党风廉政建设责任状51份。制订信访回访工作制度,配齐24名村级纪检信访联络员,把矛盾解决在基层。

2009年,印发《孟溪镇2009年党风廉政建设和反腐败工作任务分工》《孟溪镇2009年纪检监察工作安排意见》,将党风廉政建设工作任务进行分解,确定主要工作任务16项,并抓好责任制监督检查,确保工作得到落实。制订印发《孟溪镇涉农专项资金备案、公开、管理使用责任追究三项制度》,督促党委政府将所有涉农资金实行专户、专账管理及采用"一折通"形式向农户兑付补贴资金;对民政低保、民政临时救灾救济等涉农资金发放进行执法监察3次。

2010年,成立"创先争优暨践行宗旨教育活动"领导小组,全镇干部职工及农村党员都积极参与其中,提高大家的为人民服务的宗旨意识。根据县监察局工作部署,孟溪镇纪委、监察室开展农资专项清理的工作,并建立孟溪镇廉政账户。

2011年,镇纪委组织干部职工学习县纪委印发的《关于开展2011年廉政风险防范管理工作的通知》文件,完善孟溪镇2011年廉政风险防范管理工作机制。成立孟溪镇廉政风险防范管理领导小组,印发《孟溪镇开展2011年廉政风险防范管理工作实施方案的通知》,制订党风廉政建设目标任务、明确责任、强化落实、严格考核、责任追究和建立党委书记负总责、分管领导具体负责、党委成员结合分管工作齐抓共管的责任体系。开展社会主义荣辱观教育和牢记"四大纪律,八项要求"、树立正确"权力观、政绩观"等专题教育活动。

2012年,制订《2012年孟溪镇机关干部管理制度》,开展纠正党员干部和国家机关工作人员及国有企业负责人投资入股非煤矿山工作,督查中未发现党员干部和国家机关工作人员及国有企业负责人投资入股非煤矿山的情况。

2013年,学习中共十八大和十八届三中全会精神,与镇直各单位及各村签订党风廉政建设责任状51份,开展党的群众路线教育实践活动,开展"争六星,当先锋"及廉政文化进机关、校园、企业、家庭、农村

“六进”活动,创建安山、寨杆两个廉政文化示范村。开展家电下乡、能繁母猪和农机补贴检查,对学校收费进行了检查,开展作风评议工作,对镇中心校、卫生院、社保所和安监站进行了评议,开展清理“小金库”“吃空饷”和工程建设领域突出问题专项整治活动,严格执行上级纪委下达的关于建立廉政食堂、禁止大吃大喝、违规接待等多条禁令。完成22个村(社区)“三资”清理工作,实行“村财镇管”。

2014年,开展党的群众路线教育实践活动,成立以党委书记任组长、纪委书记任副组长的工作领导小组,担负整治“四风”的监督职责,督促党委及22个村党支部召开群众路线教育动员会23场次。印发《孟溪镇2014年党风廉政建设和反腐败工作要点》,对工作任务进行分解,明确责任目标。围绕党委政府中心工作,开展机关作风和效能建设督查24次,接访群众10人次,为群众排忧解难办实事10件,化解率达100%。开展《党委议事规则》《党支部向党委述勤》《党委委员向党委作廉洁承诺》等制度执行情况检查。

2015年,学习中共十八大和十八届三中、四中、五中全会精神及习近平总书记系列重要讲话精神,签订《党风廉政建设责任状》62份,对2015年党风廉政建设和反腐败各项任务进行了责任分解。开展“三严三实”专题教育活动。在开展纠治“四风”专项整治中,发现问题16个,问责4人,提醒谈话21人次,对1名村支书作出停职处理。

2016年,建立主要领导与班子成员、班子成员与站股室所长,联系领导与村三职干部、站股室所长与一般干部的《三级约谈制度》,中心组集中学习20余次,约谈干部职工及村干部75人次。完善效能督查通报制度,印发《孟溪镇效能督查通报制度》,采取明察暗访、实地查看、听取汇报、座谈交流、查阅资料、调研走访等方式对全镇工作实行一月一督查、一月一通报制度。开展常规工作督查通报18次,通报干部职工及村干部26人次,其中,“干群连心·同步小康”驻村工作通报批评4人次,精准扶贫工作通报批评2人次,“两学一做”学习教育通报批评支部2次,其他工作通报批评10次。严肃查处各类问题线索,受理群众来信来访35件,办结35件,立案7件7人,诫勉谈话3人,挽回资金28万元。落实“两个责任”,强化党员干部教育管理,正确运用“四种形态”,实行干部约谈常态化,分别对3名重要岗位人员、2名一般党员干部和5名纪检监察干部进行了组织提醒谈话,配合镇党委书记对55名镇党代表、65名镇人大代表进行集中约谈。观看《永远在路上》等党风廉政建设专题片,发放《换届纪律知识宣传册》170余本、换届纪律“九严禁”知识卡片500余张。开展中小学秋季入学收费专项督查;围绕“四风”和落实中央八项规定精神,开展干部作风问题专项督查3次,对1名不假外出办私事干部进行了批评教育;开展补贴奖金福利发放专项清理整治,发现问题1个并责令清理整改。

2017年,开展党风廉政建设“两个责任”分级约谈,约谈干部204人次。落实党风廉政建设责任制,实行党风廉政建设责任分级负责制,共签订党风廉政建设、不违规操办酒席等责任书300余份。组织学习《中国共产党党内监督条例》《中国共产党问责条例》等党内法规6场次,观看《打铁还需自身硬》等党风廉政建设专题片。开展干部约谈常态化,约谈干部60人次,干部集中约谈2场次22人,镇党委和纪委启动谈话室进行审查谈话和教育谈话12人次。开展会风、干部作风等问题专项督查12场次,对4名违反会场纪律和工作制度的镇村干部进行了通报批评;开展滥办酒席风治理督查7次,对镇域内酒店违规办酒进行了3次明察暗访,成功制止4起农村违规办酒行为。开展补贴奖金福利发放、公务接待用酒、公务用车、办公用房等专项清理整治,建立督查台账,适时开展回头看,形成不定期督查机制,确保“四风”问题不反弹回潮。根据县纪委监察局工作安排,协助开展对乌罗镇科学储粮专项监察工作,完成对世昌街道的脱贫攻坚专项督查。开展村级监督委员会主任职责培训4次,强化村级监督能力,推进监督力量向村级延伸。是年,查办寨院村原支部书记李某某违反群众纪律等问题,李某某受到党内严重警告处分。

2018年,开展党风廉政建设“两个责任”分级约谈,约谈干部218人次,签订“不违规操办酒宴、不参与违规酒宴吃请”责任书109份。围绕扶贫领域惩治“蝇贪”三年行动,重点整治扶贫领域腐败和作风问题,印发《孟溪镇扶贫领域整治蝇贪三年行动2018—2020年工作方案》,督促党委政府开展自查自纠,积极向党委提出工作建议。开展扶贫领域监督执纪问责工作,镇纪委共查处扶贫领域案件11件,党政纪处分11人,诫勉谈话3人,提醒谈话12人,常态化约谈86人次。对脱贫攻坚工作开展专项督查20次,发现问题24个,督促整改24个。常态化开展“访村寨、重监督、助攻坚”专项行动,走访农户89户,发现问题13个,党纪立案2件,党纪处分2人,追回违纪资金2.37万元。按照县纪委《关于干部职工违规参与茅台酒经营问题自查清理的通知》文件要求,督促镇党委开展领导干部参与茅台酒经营情况自查工作2次,参加自查干部124人,其中乡科级干部16人,其他干部108人,未发现插手参与茅台酒经营情况。对省委第九巡视组巡视铜仁涉及松桃和县委第四巡察组巡察孟溪镇党委反馈差旅费报销不规范、违规发放兼职取酬等问题整改落实情况进行监督检查,追回违规报销和干部兼职取酬资金15.57万元。对农村新型实体经济财政奖补项目及其资金使用情况、农村贫困人口大病专项救治和城乡医疗救助、农村养殖产业扶贫项目资金进行核查,共走访22个村147户,核实项目资金662万余元,发现问题5个。按照县纪委《关于在扫黑除恶专项斗争中强化监督执纪问责的工作方案》要求,镇纪委与政法部门建立线索双向移送机制和研判机制,干部职工签订《不充当黑恶势力“保护伞”承诺书》109份,张贴公告600余份,设置23个举报箱,发放扫黑除恶宣传单14000余份。开展民生监督监管“五个示范”创建工作,完成村务监督监管示范创建8个,镇级民生监督示范创建1个,制作权力运行流程图8个。纪委书记开展政治家访1次。是年,县公安机关移送孟溪镇社区党员曾某因与他人斗殴被行政拘留的法律文书到县纪检监察机关,根据干部管理权限,镇党委研究给予曾某党内警告处分。

2019年,专题研究党风廉政建设暨反腐败工作分析会议2次,两个责任分级约谈班子成员28人,股室站所负责人30人,一般干部104人,常态化约谈干部53人。督促党委扎实开展“不忘初心、牢记使命”主题教育,领导干部开展调研12次,撰写调研报告12篇,集中学习研讨6次,到木黄红二六军团会师纪念碑开展革命传统教育1次,召开专题民主生活会1次,查摆问题48个,并对查摆问题的整改情况进行监督检查,确保落到实处。脱贫攻坚工作专项督查160余次,发现问题60余个,核实60个,党纪立案2人,党内警告处分2人。结合“访村寨、重监督、助攻坚”和扶贫领域监督执纪问责专项行动,开展整治漠视群众利益和领导干部利用茅台酒等名贵特产牟取私利自查清理、违建别墅清理、“大棚房”专项清理整治工作的监督检查,走访农户260户,发现问题36个,查办孟溪镇民政办原负责人戴某工作失职,导致李某某等4户重复享受低保、铜钱山村党支部书记黄某某和原统计员黄某某村级私分办公经费、红岩寨村村主任金某某利用职务便利侵占集体资金等问题,党纪立案4件4人,党内警告处分3人,党内严重警告处分1人。

2020年,围绕新时代纪检监察工作要求,组织学习《习近平谈治国理政》(第三卷)和十九届中央纪委四次全会精神,建立政治监督活页,督促党委召开党风廉政建设专题会议2次,党风廉政建设“两个责任”分级约谈108人次,与干部职工签订不违规设摆“谢师宴”责任状108余份。督促党委扎实开展“爱岗敬业我先行、积极作为勇担当”专项行动,组织镇村干部观看《又见苗疆鼓声扬》影片1次,谈心谈话106人,查摆问题88条,整改88条。对新冠肺炎疫情防控工作督查38次,发现干部防控作风不实18个,通报17人,查处孟溪镇综合执法大队工作人员邹某某违反疫情防控工作规定的问题,邹某某被党纪立案审查,受到党内严重警告处分。对脱贫攻坚工作进行督查12次,发现帮扶干部作风不实5起,通报15人,谈话提醒1人。开展油茶、百香果等项目督查15次,发现百香果项目进展缓慢问题1个,及时责令整改。对复工复产、农村乱占耕地建房整治和习近平总书记关于制止餐饮浪费行为的重要指示精神贯彻落实情况等工作进行监督检查56次,发现问题共5个,整改5个。是年6月,孟溪镇纪委书记杨小龙被县纪委县监委评委

"杨荣式"先锋模范岗位;10月,被评为全省纪检监察系统执纪执法"双千工程"青年骨干。是年,查办寨杆村党支部书记杨某某违规向群众摊派费用、原主任杨某某违规借用村集体资金用于个人商业经营、会计谭某某违规将村集体资金借予他人和安山村党支部书记王某某、原主任李某某、出纳杨某某等人私分村集体资金及违规借用村集体资金用于个人开支等问题,党纪立案7件7人,党内严重警告处分3人,党内警告处分4人。

(二)信访受理

坚持以人民为中心,将信访举报作为一项重要工作,不断拓宽和畅通信访举报渠道,坚持实事求是的原则,认真开展信访问题核查、处置和回复工作,及时回应群众关切,做到事事有结果、件件有回音,切实解决群众反映的热点、难点问题。

1992年至1998年,收到群众举报10件,接待接访群众60次,均已办结。

1999年,收到群众信件举报4件,其中实名检举控告4件,办结4件,转立案2件,党纪处分2人。

2000年,收到群众信访举报6件,其中实名检举控告6件,办结6件,转立案2件,党纪处分2人,回访6件。接待群众来信来访32件,调处22件,移处10件,调处答复率100%。

2001年,收到群众举报3件,其中实名检举控告3件办,办结3件,转立案2件,回访3件。接待群众来信来访268件次,调处答复268件次,调处答复率100%。

2002年,收到群众信件举报3件,电话举报1件。其中实名检举控告4件,办结4件,转立案1件,党纪处分1人,回访4件。

2003年,收到群众信访举报8件,办结8件。其中转立案2件,党纪处分1人,行政处分1人,回访6件。

2004年,收到群众举报2件,其中实名检举控告2件,办结2件,转立案2件,行政处分2人,回访2件。

2005年,收到群众信访举报3件,其中实名检举控告3件,办结3件,转立案3件,党纪处分2人,回访3件。

2006年,收到群众信访举报1件,其中实名检举控告1件,办结1件,转立案1件,党纪处分1人,回访1件。

2008年,收到群众信访举报1件,其中实名检举控告1件,办结1件,转立案,1件,回访1件。

2009年,收到群众信访举报8件,其中实名检举控告8件,办结8件,转立案6件,党纪处分4人,行政处分2人,回访8件。

2010年,收到群众信访举报5件,其中实名检举控告5件,办结5件,转立案4件,党纪处分4人,回访5件。

2012年,收到群众信访举报3件,其中实名检举控告3件,办结3件,转立案3件,党纪处分2人,行政处分1人,回访3件。

2013年,收到群众信访举报4件,其中实名检举控告4件,办结4件,立案4件,党纪处分4 ,回访4件。

2014年,收到群众信访举报1件,其中实名检举控告1件,办结1件,立案1件,党纪处分1人,回访1件。

2015年,收到群众信访举报1件,上级转办2件,其中实名检举控告3件,办结3件,立案3件,党纪处分2人,行政处分1人,回访3件。

2016年,收到群众信访举报5件,上级转办1件,其中实名检举控告6件,办结6件,立案1件,党纪处分1人,回访6件。

2017年,收到群众举报7件,上级转办3件,其中实名检举控告10件,办结,10件,立案2件,党纪处分2

人,回访10件。

2018年,收到群众举报6件,上级转办3件,其中实名检举控告9件,办结9件,立案2件,党纪处分2人,回访9件。

2019年,收到群众举报6件,上级转办4件,其中实名检举控告9件,匿名举报1件,办结10件,立案2件,党纪处分2人,回访10件。

2020年,收到群众举报2件,上级转办2件,其中实名检举控告4件,办结4件,立案2件,回访4件。

(三)民生监督

2014年7月成立孟溪镇民生项目特派组,2016年4月更名为孟溪镇民生监督组。随着纪检监察机关"三转"的完成,孟溪镇民生监督组(特派组)的工作职能职责主要是围绕民生项目资金、惠民富民政策的落实情况实行监督检查,主动发现问题线索、主动查办案件,维护人民群众的切身利益。2014年7月至2020年12月,共开展家电下乡、农机购置补贴、小微企业补助、农村低保等20余项专项监察。

2014年,对家电下乡补贴、畜牧良种补贴、农机购置补贴开展专项监察。其中家电下乡核查电器5214台,涉及资金63万余元,发现问题2620个,追缴违纪资金38.74万元;能繁母猪补贴核实农户465户,发现问题19个,涉及资金5.78万余元,追缴违纪资金2.07万元。

2015年,对危房改造补助资金、学生资助资金管理使用情况、小微企业扶助资金、村居民生事务落实情况开展专项监察。其中危房改造补助核实发现问题6个,收缴违纪资金1万元;核查9所中小学(含村级完小)学生资助资金使用情况,发现问题8个,追缴违纪资金5.9万元;通过分析小微企业补助政策落实过程各环节可能出现的问题,采取实地查看、查阅资料、走访群众的方式,小微企业专项监察发现问题3个,追缴违纪资金13万元。查处白泥村原支部副书记何某某在落实危房改造政策过程中向危改户收取服务费用3000元用于村级开支的问题,何某某受到党内严重警告处分,追缴违纪资金3000元退还群众。

2016年,对计生社会抚养费管理使用、信贷扶贫贴息资金、人畜饮水安全工程、雨露计划实施项目开展专项监察,采取走访群众、实地查看项目实施情况、查阅资料的方式,共发现问题线索8个,党纪立案1件1人,收缴违纪资金3.32万余元。

2017年,对农村和城市居民低保资金、农户科学储粮专项投资计划落实情况、"一事一议"财政奖补资金落实情况、生态移民易地扶贫搬迁项目资金落实情况开展专项监察,结合"访村寨、重监督、助攻坚"专项行动,共走访群众665户、核实项目124个,发现问题12个,立案5件5人,追回违纪资金共3.8244万元退还群众。

2018年,对农村种植产业扶贫项目资金、农村"组组通"公路项目、农村大病救治和城乡医疗救助开展专项监察。结合第二轮"访村寨、重监督、助攻坚"专项行动,走访农户40户,核实农村"组组通"项目5个,核查医疗救助资金134万余元,发现问题线索5个。对孤儿救助资金、集体公益林资金开展监督检查,发现问题线索2个。党纪立案4件4人,党内警告处分3人,党内严重警告处分1人。

2019年,开展"访村寨、重监督、助攻坚""百名纪检监察干部访千村进万家""三个专项治理""脱贫攻坚打法不精准"等扶贫领域的专项行动及强化监督"'两不愁三保障'突出问题""易地扶贫搬迁和财政涉农补贴资金""一折通""脱贫领域作风问题三级监督检查""省委巡视组脱贫攻坚'回头看'"专项巡视反馈问题""脱贫攻坚'四场硬仗'""六个大提升和五个一工作"等脱贫攻坚的专项督查走访农户260户,发现问题36个,通报24人,谈话提醒12人。对孟溪镇实施新一轮退耕还林项目开展监督检查,查处原镇林业站负责人陈某某利用实施项目的职务便利收取他人好处费5000元违纪行为,给予党内严重警告处分,并收缴违纪资金5000元。

2020年,对农民专业合作社(公司)扶贫项目资金、农村饮水安全开展专项监察,走访群众165户,排查问题6个,提出工作建议45条。落实民生监督“五个示范”创建,发挥村级监委前沿监督职能,对村级集体资金使用、民生政策落实、脱贫攻坚、低保评议等监督并督促定期公开公示,加大矛盾排查力度和矛盾调解力度。围绕扶贫领域、集体资金项目、民生低保等,并结合大数据比对、资料分析、日常监督走访,强化群众切身利益问题线索查处。对22个村集体“三资”管理情况、公益林补助资金发放等进行监督检查,发现问题2个,涉及资金6.13万余元,查处和尚坪村原支书刘某、铜钱山村原会计黄某某挪用公益林补助资金用于个人开支的问题,党纪立案2件2人,党内警告处分2人,追缴6.13万余元退回村集体。

(四)警示教育

孟溪镇纪委高度重视警示教育工作,将党性教育、纪法教育、警示教育作为警示教育干部的重要抓手,通过张贴宣传标语、观看警示教育片和典型案例展、参观警示教育基地、召开警示教育大会以及在微信、QQ群、公众号等网络媒体上发布典型案例等多种形式强化警示教育,让党员、干部在思想上划出红线、在行为上明确界限,真正敬畏法纪、遵规守矩、崇廉拒腐。

1996年,播放《大邱庄》《禹代敏》等4个音像磁带8场,受教育300余人。

1999年,组织观看《中国共产党纪律处分条例》电教片3场。2001年,组织党员干部观看《胡长清案件警示录》3场次。

2002年,组织干部职工观看《高墙内的钟声》警示教育片,受教育党员干部316人。

2004年,组织党员干部观看《绝路》警示教育片和通报龙凤祥挪用公款的典型案例,受教育党员干部412人。

2006年,播放《唱响廉政歌》,宣传党风廉政警示教育。

2014年,组织干部职工观看《贪之祸》《生命的代价》等警示教育片3次,通报上级纪检监察机关的典型案例10余次。

2015年,在县纪委监察局的关心下,在孟溪镇投入27万元建立县民生监督警示教育基地,基地面积126平方,内设7个典型案例板块和1个多媒体视频播放室。自基地建立以来,接待了中央纪委、省纪委、省监察厅、省科协、市政协、市纪委、市监察局、市政务中心、市科协、县政协、市县总工会、县计生协会、县纪委、县监察局、县卫计局等领导同志248人前来指导参观;镇纪委组织全镇党员干部17次960余人在基地接受警示教育,播放《镜鉴》《深山馋鼠》《楠竹上的蛀虫》等教育片43场次,同时接待太平营、九江、大坪场、妙隘、大路等乡镇(街道)171人接受警示教育。

2016年,组织干部职工在县民生监督警示教育基地观看案例展和《永远在路上》警示教育片;开展干部职工警示教育大会2次,发放《松桃苗族自治县民生领域典型案例》106册。发放《换届纪律知识宣传册》170余本、换届纪律“九严禁”知识卡片500余张。

2017年,组织镇村两级干部利用周一例会学习《中国共产党党内监督条例》《中国共产党问责条例》等党内法规6场次,引导党员干部讲规矩、守纪律;组织全体党员干部观看《打铁还需自身硬》1次;组织镇村两级党员干部到县警示教育基地接受教育,受教育人数达760余人次。

2018年,组织镇村两级干部观看扶贫领域进乡镇活动案例展2次,召开警示教育大会2次。在孟溪正能量微信公众号上通报典型案例2期,微信工作群发布典型案例16条。

2019年,组织镇村两级党员干部560余人到县党风廉政警示教育基地接受教育;开展两轮扶贫领域典型案例进乡镇活动,召开2次警示教育大会;组织全体干部职工观看《董事长的没落》警示教育片2场次。

2020年,因工作需要,县民生监督警示教育基地,更名为孟溪镇党风廉政建设警示教育基地,新增扶贫民生领域典型案例44个,重点突出用身边事教育身边人。印发《孟溪镇2020年党风廉政建设警示教育活动实施方案》,组织全镇各村、镇直各单位党员干部到镇警示教育基地参观,共计780人接受警示教育。

第十一节　乌罗镇纪检监察工作

一、机构队伍

1992年5月,按照县"建镇、并乡、撤区"的安排,撤销原乌罗区及其所辖的乌罗镇、峰岩乡、高洞乡,由乌罗镇与峰岩乡、高洞乡合并,组建新的乌罗镇行政区划;是年6月,县委任命梁顺元为镇纪委书记。

1993年3月,乌罗镇召开第一次党代会,选举产生中共松桃苗族自治县乌罗镇纪律检查委员会。

2019年7月,国家监察体制改革向乡镇(街道)延伸,设立松桃苗族自治县监察委员会派出乌罗镇监察办公室,与镇纪委合署办公,实行"两块牌子、一套人员"的管理体制,履行纪检监察职责。

中共乌罗镇纪律检查委员会

(1992年6月至2020年12月)

书　　记	梁顺元	1992年6月至1996年1月
	吴定飞(苗族)	1996年2月至1998年5月
	田儒礼(苗族)	1999年1月至2006年8月
	石志堂(苗族)	2006年8月至2007年4月
	田儒汉(苗族)	2007年6月至2011年9月
	滕　芳(苗族)	2011年9月至2013年3月
	黄俊锋(苗族)	2013年3月至2016年8月
	张冬林(苗族)	2016年8月至2017年10月
	任　华(女,苗族)	2017年12月至2020年12月
副书记	杨秀江(苗族)	2006年8月至2007年10月
	李元坤(苗族)	2007年10月至2012年7月
	张延周	2012年10月至2016年8月
	杨正炜(苗族)	2016年9月至2018年6月
	田　磊(苗族)	2018年7月至2020年12月
纪委委员	梁顺元	1992年6月至1996年1月
	杨再武	1993年3月至1996年1月
	杨再崇	1993年3月至1999年3月
	吴定飞(苗族)	1996年2月至1998年5月
	杨再周	1996年2月至1999年3月
	田儒礼(苗族)	1999年1月至2006年8月
	任廷波(土家族)	1999年1月至2006年8月
	田儒斌(苗族)	1999年1月至2006年8月

李传烈	2002年3月至2006年8月
田儒汉(苗族)	2002年3月至2011年9月
石志堂(苗族)	2006年8月至2007年4月
杨秀江(苗族)	2006年8月至2007年10月
李元坤(苗族)	2006年8月至2012年7月
龙　彦(苗族)	2006年8月至2016年8月
龙敏昌(苗族)	2007年6月至2014年4月
滕　芳(苗族)	2011年9月至2013年3月
张延周	2011年9月至2016年8月
黄俊锋(苗族)	2013年3月至2016年8月
李传聪(苗族)	2014年4月至2016年8月
陈　号	2014年4月至2016年8月
张冬林(苗族)	2016年8月至2017年10月
杨正炜(苗族)	2016年8月至2018年6月
罗时洪(苗族)	2016年8月至2020年12月
周永豪(女)	2016年8月至2020年12月
戴应锋	2016年8月至2020年12月
任　华(女,苗族)	2017年12月至2020年12月
田　磊(苗族)	2018年7月至2020年12月

乌罗镇监察室

(1999年1月至2014年3月)

主　　任	任廷波(土家族)	1999年1月至2002年3月
	杨秀江(苗族)	2002年3月至2007年6月
	龙敏昌(苗族)	2007年6月至2014年4月

县监察委员会派出乌罗镇监察办公室

(2019年7月至2020年12月)

主　　任	任　华(女,苗族)	2019年7月至2020年12月
副 主 任	田　磊(苗族)	2019年7月至2020年12月
监察专员	戴应锋	2020年4月至2020年12月

二、主要工作

乌罗镇纪委为贯彻落实党中央及省委、市委、县委的决策部署,根据上级纪委党风廉政建设和反腐败工作安排,围绕镇党委、政府中心工作,坚持标本兼治、综合治理、惩防并举、注重预防方针,推进反腐倡廉建设。

1986年,协助区委管好党风,印发《关于改进工作作风提高工作效率的若干规定》,通过开展整顿党风活动,党员为民办实事63件,集资3835元修井4口、修路2公里、修桥8座。在全区开展整顿纪律和纠正行业不正之风工作,督促各单位开展自查,未发现问题。是年,查办违纪案件2件,分别是原乌罗镇武装部长吴某某超胎生育有关问题及严某某存在重婚事实有关问题,吴某某受到留职停薪三年处分,严某某受到开除团籍、工作籍处分。

1987年,按照县纪委《关于严禁共产党员参与赌博的通知》要求,对党员参与赌博行为进行纠正和查处,狠刹赌博歪风。传达学习县纪委《关于党员和党的领导干部带头移风易俗的通知》文件精神。贯彻学习《国务院关于大兴安岭特大森林火灾事故的处理决定》和中纪发《关于撤销杨钟同志林业部党组书记职务的处分决定》文件精神。

1988年,组织学习县委《关于在全县广泛深入开展形势教育的通知》和县纪委《1988年纪检工作意见》文件精神。协助区委组织全体党员举办党的十三大精神培训。协助区乡党委开展党风党纪、形势教育和一年两次民主生活会。

1989年,组织干部职工学习县纪委《关于党政机关保持廉洁反对腐败的规定》文件精神。按照县纪委、县监察局、县财政局《关于转发省纪律检查委员会、省监察厅、省财政厅〈关于坚决清理纠正干部、职工借用拖欠公款问题的通知〉的通知》要求,开展对干部、职工借用拖欠公款腐败现象清理纠正。

1990年,组织全体党员干部开展党的纪律教育活动。对区委及党员干部的党风和廉政状况进行检查。对党政机关干部"三违"建私房进行清理。对区委及党员干部执行中央的路线、方针、政策情况进行监督检查。

1991年,协助区委抓好纠正行业不正之风和治理乱收费、乱罚款和各种摊派"三乱"工作。组织学习县委廉政建设领导小组《关于加强党风和廉政建设的报告》1次。

1992年至1993年,开展"建并撤"后干部职工拖欠公款公物自查清理工作。

1994年,根据县纪委《关于对群众举报全县中小学乱收费问题专项检查的通知》要求,组织开展对中小学收费情况的检查和清理。

1995年至1996年,组织干部职工学习关于严禁在元旦、春节等节假日期间用公款请客送礼、大吃大喝、铺张浪费等文件精神,并开展自查清理工作。

1997年,组织学习《中国共产党党员领导干部廉洁从政若干准则(试行)》和《中国共产党纪律处分条例(试行)》。根据《松桃苗族自治县党政机关厉行节约制止奢侈浪费行为的实施细则》,对办公楼装修、会议、庆典活动、接待费用等进行自查自纠。

1998年,开展对扶贫专项资金发放和使用存在问题的专项举报和检查工作,确保扶贫专项资金专款专用。组织学习《关于纪检监察机关加强对没收追缴违纪违法款物管理的规定》文件精神。对贯彻执行制止奢侈浪费八条规定情况进行监督检查,全年压缩会议10余次、会务费节约2000余元、公务接待节约5000余元。

1999年,协助县纪委监察局调查县魔芋公司在乌罗镇投放资金使用情况。协助县监察局对邮电行风问卷评议1次。组织个体工商户代表对国税所开展行风评议1次。对医院建房开展执法检查1次。纠正从外乡调入的工作人员未经人事局多开工资介绍问题1起。印发《乌罗镇党风廉政实施细则》,建立副科级领导干部廉政档案14个,与副科级以上领导干部签订《党风廉政建设责任书》14份,对落实情况进行跟踪监督检查。建立政务公开栏2个、村务公开栏7个,在全镇推行村务公开和民主管理制度。对中小学等10个单位开展预算外资金清理。是年,查处违纪案件4件,纪律处分5人。编发简报1期,在《贵州党风廉政》杂志发表文章1篇。镇党风廉政建设工作获得1999年度全县纪检监察工作三等奖、案件查处二等奖。

2000年,协助铜仁地区审计局对全县1997年扶贫资金审计决定中乌罗镇2.7万元扶贫资金使用去向调查。对计生办、民政办、司法所、土管所、林管站、中学、中心完小等单位收费进行执法监察,清理出违纪资金6万元,挽回经济损失5万元。对医疗卫生系统开展行风评议1次,收到意见建议6条。组织镇内设办公室4名办公室主任与分管领导签订任职廉政责任书,把廉政建设纳入日常工作管理。督促收回村干部截留挪用耕牛五号病毒防疫费1500元。开展预算外资金清理,对镇计生办1996年以来所经管的资金账务进行清理,清理出违纪资金4万余元,上缴财政3.78万余元,处罚单位3个。根据县纪委工作安排和镇党政领导班子会议决定,组织召开了44个单位共59人参加的征求工作意见会,征求到6个方面的意见建议50余条。代镇政府起草《清理预算外资金》和《违反行政事业性收费和罚没收入收支两条线管理规定行政处分暂行规定》2个文件,并在全体干部会上传达学习。查办陈某某、郎某某、赵某某、邱某某参与私分公款,龙某某利用职务之便以虚列支出等手段套取现金并多次参与私分公款及杨某某采取白条收费、少报等手段从中牟利有关问题,党政立案6件6人,其中党纪立案2件2人、政务立案4件4人,党内警告1人、免予党纪处分1人、行政警告2人、免予政务处分2人。开展党风廉政宣传教育5次,自编简报3期,出墙报1期。镇纪委、监察室获县纪委监察局2000年度纪检监察工作先进集体。

2001年,开展对1998年至2000年期间的农村教育费附加收支专项执法监察,受检查单位19个,涉及金额39.97万余元。对9个有收费行为的单位工作情况进行治理,清退镇中学多收980名学生的学费6.08万余元,追缴违纪资金5.75万余元。开展对2000年至2001年5月期间上级下拨乌罗镇天保林工程款使用情况进行检查,涉及资金8.34万元。对部分村级较为混乱的账务进行清理,如,对黔龙村1995年至2000年集资办学账务进行清理,涉及资金3.96万余元,对丰勇村1999年发放魔芋贷款进行清理,涉及资金6.88万余元。与县林业局共同督促追回1998年至2000年镇林业站3名持收费票据开票未交收费款7731.2元。协助县纪委监察局督促6名职工为亲朋好友所担保的到期贷款5.9万元还款。查办向某某私自签字同意计生办虚列支出套取计生费并参与私分公款有关问题、张某某签字同意计生办虚列开支套取计生费并参与私分公款有关问题及孟某某在任乌罗锰矿出纳员期间将所收货款2000元不入账而私借他人有关问题,党纪立案3件3人,免予党纪处分3人。召开党风廉政教育大会5场次,编发简报2期,出专刊1期,在《贵州党风廉政》杂志发表文章1篇。

2002年,开展对2002年春季和秋季中小学收费进行检查,配合县物价部门对镇中学和中心完小的违纪收费涉及资金7万余元进行清退,并对相关人员进行处罚。协助镇党委、政府制订《村务公开暂行规定》。开展对换届后的峰岩村、丰勇村账务进行清查和监督移交,涉及清查资金2万余元。督促收回丰勇、峰岩、前进、冷家坝4个村原班子管理的公章并移交给新任班子。对农村税费改革实行全程监督检查,严格要求镇村干部按上级税改政策执行。建立廉政食堂,坚持接待一律在廉政食堂用餐,全年节约生活开支50%以上。对镇机关单位干部职工话费进行清理,未发现违规违纪行为。党政主要领导和纪委书记作党风廉政建设报告8次,办墙报4期,利用有线电视进行党风廉政建设宣传2次。

2003年,贯彻落实县委《严禁干部职工大操大办酒席的规定(试行)》,召开职工大会2次,深入单位督查3次,38人主动上缴廉政责任金3.8万元。通过整顿,吃请风得到有效遏制。对全镇1所中学、5所小学、6个教学点收费进行专项检查。对镇内的计划生育类收费、民政类经费、天保林工程款、退耕还林款、耕地占用收取的各种费、农业税尾欠清收款、镇政府往来经费等进行专项清理,年限跨度从1996年至2003年5

月,涉及清查资金448.62万余元,为单位结转、冲销、解除三角账务7.11万余元,督促收回借欠款1万元。根据镇党委的安排,镇纪委承担督办镇里干部职工办理计划生育手术工作任务。协助县纪委执法监察室对全镇退耕还林资金检查。办勤政廉政墙报2期,编写简报5期。

2004年,组织村支书、主任、会计、机关负责人、党代表、人大代表、政协委员、个体工商户代表、离任村干部代表、非公有制经济代表、村民组长代表、各界退休代表对镇综治办、民政办、计生办、计生站、派出所、邮政支局、电信支局、医院、中学、中心完小、司法所、水利站、土管站、农业服务中心、供电所等16个单位及负责人开展行风评议。印发《乌罗镇关于优化投资环境的实施意见》,建立企业交费登记制度,发放调查问卷203份收回194份,召开企业代表座谈会1次,明察暗访13次,受访人数19人,收集意见建议20条。对社会抚养费征收、行政事业性收费、镇财务收支、国债资金、中小学收费进行检查,社会抚养费征收时间段从2003年初到2004年7月,涉及资金13.30万余元,计生站涉及资金7.69万余元、民政办涉及资金14.92万余元、财政所涉及资金40.23万余元,检查镇财务涉及资金100.56万余元。通过检查,纠错账务3600元,及时整改账务中存在的少量白条问题。协助镇党委按期开好民主生活会、领导班子一年来工作述职和届中三年来的工作述职述廉。为使村级换届财务正常移交,对17个村即将届满的村级账务进行监督检查,进一步规范村级财务管理。先后在镇村两级干部及全镇35个党支部组织学习两个新"条例"并对学习情况进行测评。

2005年,按照县委的统一部署,扎实开展第二批党员先进性教育,各党支部共召开座谈会和讨论会28场,为群众办实事32个,对12个党支部进行督导检查。是年,乌罗镇被评为全省先进性教育信息直报点,报送信息72篇。组织党员干部职工开展廉政文化进职工家庭活动,签订党风廉政建设责任状60余份,对8名国家工作人员违规操办酒席进行通报。对1所中学和14所小学2004年秋季至2005年春季收费情况进行全面检查,对镇里的社会抚养费的征收、管理、使用情况开展专项检查。开展对黔兴至小河村通村公路、中场村至乌罗街上等乡村公路工程资金管理、使用情况进行执法监察,对冷家坝希望工程小学的工程资金使用情况进行监督。组织协调解决裕鑫锰矿拖欠50名驾驶员运输费几十万元。对投资软环境进行整治,抽专人办公,实行领导联系企业制度,建立办事指南,配合金融部门对干部职工有不良贷款的,督促积极偿还。配合公安部门开展集中打击赌博违法犯罪活动,配合安监部门开展安全生产监督检查。协助镇党委对2005年党风廉政建设和反腐败各项任务进行责任分解。组织开展《建立健全教育、制度、监督并重的惩治和预防腐败体系实施纲要》知识测试,学习县委县人民政府《关于严禁党和国家机关工作人员从事矿产开采、加工及经营的暂行规定》《关于严格遵守党的纪律的规定通知》《松桃苗族自治县机关工作人员诚勉教育、效能告诫实施办法(试行)的通知》等文件,利用广播、电视、墙报、会议开展"五珍惜""十个一"反腐倡廉宣传教育活动,把禁止操办酒席工作纳入廉政宣传范围,把《中国共产党党内监督条例(试行)》作为党委中心学习组学习的重要内容,为党政干部及支部作廉政形势教育3场次。查处政府干部罗某盗窃有关问题,政务立案1件1人,降级处分1人。

2006年,开展对《中华人民共和国土地管理法》执行情况进行执法监察,通过检查,印发停工通知书2份,勒令自行拆除违法建筑2处,恢复耕地1处。协助镇党委印发《关于发展中国共产党党员实行公示制的通知》《关于严禁干部职工在迁居、子女升学等事宜中大操大办酒席的规定》文件。组织班子成员、各站所负责人、各村支两委负责人召开领导干部述职述廉大会1次,党政班子共11人分别在大会上作述职述廉报告。协助镇党委开展第三批保持共产党员先进性教育活动,召开动员会1次,组织党员开展集中辅导及宣讲3场次,开展演唱廉政歌曲活动1次,开展群众满意度测评1次,参评人数736人,满意率达96.7%。开展"五珍惜"宣教活动,积极探索建立领导干部廉洁自律监督机制。对党政机关、事业单位干部职工住房以权谋私等问题进行专项治理。组织实施远程教育阵地规范化建设1个。是年,县委召开建党85周年庆祝大会,镇党委副书记、镇纪委书记田儒礼分别被评为全县优秀党务工作者、勤政廉政先进个人、保持共产党员先进性教育活动先进个人。

2007年,协助镇党委对2007年党风廉政建设和反腐败工作任务进行责任分解。组织传达学习县委《乡科级领导问责办法试行的通知》《乡科级非领导职务干部管理办法的通知》文件精神。根据县纪委《关于在全县纪检监察系统开展国际互联网刊载信息专项保密检查的紧急通知》工作安排,开展国际互联网刊载信息专项保密检查自查自纠,通过自查,镇纪检监察干部、微机操作人员没有在互联网发布或传输相关保密的文件资料和发生泄密事件情况。查办罗某某违规操办酒席有关问题,党纪立案1件1人,党内警告处分1人。

2008年,召开党风廉政建设专题会议5次。协助镇党委开展党的基层组织建设年活动。组织在社保所、企管站、安监站、计生站、司法所、扶贫办、卫生院、民政办8个站所开展述职述廉,并对8个站所及负责人进行评议。协助镇党委印发《2008年党政干部工作目标责任考核办法》《2008年村干部工作目标责任考核办法》《乌罗镇干部考勤制度》等文件。按照上级纪委《制止党政干部公款出国(境)旅游专项工作实施方案》要求,开展对党政干部公款出国(境)旅游自查自纠。按照县纪委《关于清理纠正党政机关、事业单位个人"小灵通"捆绑公用电话的通知》要求,开展对全镇干部职工"小灵通"捆绑公用电话情况进行清理纠正。对各种涉农补贴及民生资金发放情况进行监督,全年共兑现各项涉农补贴58万余元,发放五保户救济款特困救助资金18万元,农村低保金145万元,城镇居民低保金60万元。

2009年,督促和协助镇党委制订《乌罗镇关于加强党风廉政建设的实施意见》《乌罗镇村支两委负责人廉政承诺制度》《乌罗镇村务公开"两资"管理监督管理制度》《关于村干部任期和离任经济责任审计的实施办法》《乌罗镇党委会议事规则》《乌罗镇机关工作人员行为规范》等10余项规章制度。印发《2009年乌罗镇党风廉政建设和反腐败工作任务分工》《乌罗镇2009年纪检监察工作安排意见》,将党风廉政建设工作任务进行分解,确定主要工作任务16项,并重点抓责任制检查,每季度对17个村党风廉政建设责任制落实情况进行一次检查;督促镇党委按时召开民主生活会、坚持理论中心组定期学习和扎实开展学习实践科学发展观活动;根据镇党委安排,与财政、农业服务中心等部门对辖区内17个村的账目进行定期审计。

2010年,协助镇党委制订《乌罗镇部门及村支两委负责人述职述廉制度》《乌罗镇村民询问质问制度》等制度;印发《乌罗镇2010年纪检监察工作安排意见》《2010年乌罗镇党风廉政建设和反腐败工作任务分工》,对2010年乌罗镇党风廉政建设和反腐败工作任务进行分解。逐级签订党风廉政建设责任书,并与机关公务员、机关工作人员签订廉洁勤政承诺书50余份,与基层支委以上干部签订《党风廉政建设责任状》70余份。开展廉政文化"六进"活动,出廉政文化主题黑板报,开展廉政知识测试。

2011年,对镇领导班子进行换届知识测评,将"五个严禁,十七个不准,五个一律"知识印成卡片,人手一份,人人熟记。广泛开展谈心活动,掌握干部职工思想动态。督促和协助镇党委建立《党建工作监督检查制度》《镇党委议事决策制度》《党务公开意见和建议收集、办理及反馈制度》《党务公开党内情况制度》《党务公开监督员制度》《党务公开督查落实制度》等规章制度。深入开展"三个建设年"活动,推行"村务公开"及党员议事会工作法,完成17个村组织活动场所建设,并将其建设成"民心工程"和"廉政工程"。

2012年,开展"创先争优""四帮四促"和"争六星、当先锋"活动,建立农村贫困党员创立基金和党内关怀基金各1个,干部下基层7000余次,帮助农村困难党员创业32人。建立1个市级、5个县级五好支部示范点。查处毛溪村党支部书记胥某某违规向危房改造户收取费用有关问题及毛溪村主任胥某某挪用村集体资金有关问题,党纪立案2件2人,党内警告处分1人,党内严重警告处分1人。

2013年,组织人大代表、政协委员、党代表、部分村支书、各单位负责人共33人开展行风评议,发放测评表33份,测评结果满意率达98%。组织33名村主任、5名村副主任、69名委员初步候选人签订《换届选举候选人承诺书》107份。开展对14个村级小学开展秋季学期收费检查,未存在有其他代收保险费、强制性收费、搭车收费等乱收费行为。开展会员卡专项清退活动1次,签订《个人会员卡零持有报告》51份。开展对全镇行政事业单位津贴补贴及福利发放情况自查1次,未发现违规发放津贴补贴及福利情况。狠刹用公款吃喝歪风,严格控制接待费,与上年相比,检查评比、领导调研、学习交流次数减少52次、经费减少15.08万元,"三公"经费开支减少29.13万元,其他接待工作经费支出减少4.97万元。完成17个村居"三资"清理,实现"村财镇管,镇财统管"。印发加强和改进机关效能作风建设13条"铁规"。开展"解放思想、转变作风、马上就办"主题教育活动演讲比赛。上党课3次,组织党员及村干部培训5次。成立以镇党委书记为组长,党委副书记、纪委书记为成员的乌罗镇村务公开工作监督领导小组,并把丰勇村作为试点,成立全镇第一个村级村务监督委员会,对本村村务进行监督。查处严某某无证驾驶被公安机关行政拘留五日有关问题及田某某被公安机关行政拘留十日有关问题,党纪立案2件2人,党内警告处分2人。

2014年,印发《乌罗镇2014年党风廉政建设和反腐败工作要点》,对工作任务进行分解,明确目标任务。开展党的群众路线教育实践活动,组织学习中央八项规定、省委十项规定、市委十项规定、"三个开刀"、县委"五要七带头"等规定,督促镇党委及26个党支部召开动员会27场次,组织观看《周恩来的四个昼夜》《焦裕禄》《杨善洲》等教育影视片3场次。召开征求意见会1次,征求到意见建议102条,开展交心谈心36场次,查找及整改问题124条。开展纪检监察干部巡查"干群连心室"活动2次,对各"干群连心室"驻村干部到岗到位情况进行例行检查2次。配合县纪委对群众举报乌罗镇人民政府强征土地问题进行调查。印发《乌罗镇干部职工效能管理考核办法》《乌罗镇村干部效能管理办法(暂行)》,加强干部作风建设。明确镇纪委专职副书记为涉农资金监管员,对全镇涉农资金使用情况进行监督。对镇内公车进行登记,登记公车6辆,并按照有关文件规定对公车进行分类管理。对办公用房情况进行检查,全镇有干部职工61名,办公用房总面积230.38平方米,未存在超标情况。开展党政机关和事业单位"吃空饷"人员自查,排查出"吃空饷"人员3人,已按要求上报。开展党员干部参与高利贷自查,填报松桃苗族自治县党员干部参与高利贷自查申报登记表61份。开展干部、教师、医生兼职清理整治,未发现违规兼职情况。开展教育收费检查2次,对镇内各中小学常规性教育收费和营养午餐执行情况进行检查。开展廉政文化"六进"活动,印发《乌罗镇2014年廉政文化进农村实施方案》,把黔龙、岑司2个村列为廉政文化进农村示范点建设,建设廉政文化墙各1面。在政府大楼走廊、会议室、办公室制作悬挂宣传板18块,在办公桌上摆放廉政风险监督卡70张,在政府门口设置党风廉政建设宣传栏2个。查处龙某某违反国家政策超胎生育有关问题及杨某某违反国家政策超胎生育有关问题,党纪立案2件2人,开除党籍2人。是年,被市级以上主流媒体和纪检机关刊物采用宣传报道稿件2篇。

2015年,组织学习中央《建立健全惩治和预防腐败体系2013—2017年工作规划》及实施办法,印发《乌罗镇2015年惩治和预防腐败体系建设工作任务分解表》,对任务进行细化。将党风廉政建设纳入党委重要工作,与其他工作一起部署、一起落实、一起检查、一起考核,督促领导班子落实"一岗双责"。监督"三重一大"5次,开展反腐倡廉教育10次。开展党风廉政建设突出问题集中整治,党政机关全体党员,中层以上干部、派出所全体干警,镇中小学、镇中心卫生院班子成员69人参加自查,自查出问题220条,1名干部主动上缴违纪所得资金2万元及折合价值3000元的物品,约谈68人。按照上级纪委"转职能、转方式、转作风"三转工作要求,镇党委副书记、纪委书记除分管党务和纪检监察工作外不再分管其他工作,镇纪委专职副书记不再兼职其他工作。配备民生监督员,配齐配强纪委委员2人。把"滥办酒席风"纳入《村规民约》,制止违规操办升学酒2起,对欲操办升学酒的2名教师进行警醒教育,对镇完小负责人进行约谈。继续执行《乌罗镇干部职工效能管理考核办法》和《乌罗镇村干部效能管理办法(暂行)》,按照县纪委分类量化的文件要求管理干部,是年有2人因被党纪立案扣除分值6分,列为Ⅱ类管理对象。查处杨某某妨碍公务被公安机关给予行政拘留七日(行政拘留不执行)有关问题,党纪立案1件1人,党内严重警告1人。

2016年,紧盯党风廉政建设"两个责任"落实情况进行监督检查,分别与各单位、村(社区)签订《2016年党风廉政建设目标管理责任状》和《党风廉政建设主体责任和监督责任状》。开展换届纪律学习宣传活动,组织镇村干部学习中央纪委中央组织部换届纪律"九个严禁、九个一律",开展谈心谈话86人次,签订《严格遵守换届纪律承诺书》86份,发放《中央纪委、中组部"九严禁"换届纪律》宣传小卡片150余张,制作户外大幅宣传牌1块,滚动电子显示屏宣传标语1幅,制作宣传展板10块。围绕中央八项规定开展明察暗访,紧扣元旦、春节、清明、中秋、国庆等节假日重要时间节点,对各部门公车私用、公款旅游、违规发放津补贴等情况进行监督检查7次,未发现违纪违规情况。协助县第四纪工委开展民生领域专项监察。对党建办、安监站、社会事务办开展作风督查,督促岗位变动人员完成工作交接。对全镇中小学收费情况开展督查,未发现乱收费情况。查处高硐完小教师吴某某违规操办酒席问题,立案1件1人,党内警告1人,收缴违纪资金4460元。

2017年,落实中央八项规定,整治"四风",并根据"四风"新10种表现形式,班子成员进行自查整改。对中央八项规定、省委市委十项规定、县委"五要七带头"规定贯彻落实情况监督检查3次。查处国家公职人员、村(社区)干部违规享受惠民政策问题2人。对镇领导干部和镇教育、卫生等系统开展违规兼职取酬问题自查清理,17人参与自查,填写领导干部在经济实体事业单位社会团体等单位兼职取酬情况报告表17份,未发现违规在企业兼职情况。组织村监委会主任开展业务培训6次。对各部门各村(社区)贯彻落实中央、省、市和县关于脱贫攻坚决策部署情况进行监督检查,查处和问责执行政策走偏问题1件1人。17个村(社区)成立村务监督委员会,配齐村监委会主任。开展"两学一做"学习教育,学习教育培训人员200余人次,讲党课活动3次,打造廉政文化宣传墙20处,集中约谈1次,个别约谈8人次(其中诫勉谈话3人次),教育谈话10人次,分级约谈120人次。

2018年,镇党委专题研究党风廉政建设工作4次,开展"两个责任"分级约谈两次108人次,与班子成员、村支两委及各站所签订党风廉政建设责任状50余份,与镇村干部签订不违规设摆"谢师宴"责任状100余份。在春节、端午、中秋等重要节假日发送廉洁过节信息200余条,转发上级纪委案例通报40余条。组织60余名干部职工参与党风廉政建设社会满意度调查工作,提高干部群众对党风廉政建设评价工作的群众知晓率。督促镇党委开展领导干部参与茅台酒经营情况自查工作2次,参加自查干部64人次,其中乡科级干部14人,其他干部50人,未发现插手参与茅台酒经营情况。开展违反中央八项规定精神和"四风"问题专项监督检查,督促清退违规发放个人加班补贴资金17.02万元。结合反腐败斗争和基层"拍蝇",加强对涉黑涉恶问题线索的摸排,整顿软弱涣散基层党组织2个,制作固定标语9幅,悬挂横幅50余幅,张贴通告180余张,发放宣传手册36000余份,摸排线索2条。落实县纪委监委审查调查安全工作会议精神,配齐教育谈话室设施设备,开展谈话室消防演练1次,每月开展安全隐患排查,使用教育谈话室16次。组织全体干部职工学习中央、省、市、县纪委全会精神、中共十九大精神,《中华人民共和国监察法》,新修订的《中国共产党纪律处分条例》等20余次,张贴宣传横幅16条,开展专题学习5次,张贴宣传海报2幅,自编简报8期,组织镇村干部开展党风廉政建设签名200余人。配合与协助二届市委第四轮巡察第三巡察组对乌罗镇党委和十三届县委第二轮巡察第一巡察组对乌罗镇中利、半坡台、中厂、石塘4个深度贫困村党支部的巡察工作。

2019年，全年镇党委专题研究党风廉政建设工作4次,专题研究领导干部思想政治建设2次，对镇村干部开展约谈100余人次，3名党员干部主动上缴收受的礼品香烟3条、酒2瓶、茶叶4盒。督促镇党委政府开展分级约谈200余人次，镇党委书记与党政班子成员、村(居)支两委以及站所负责人签订责任状80余份。组织镇村纪检监察干部收看“新时代学习大讲堂”5次。开展纪检监察干部队伍建设自查，发现问题1个，整改问题1个。根据市纪委《关于开展全市纪检监察干部执行“三转”情况专项督查工作的通知》要求，开展纪检监察干部执行“三转”情况自查自纠，通过自查，未发现违规的问题。督促镇党委扎实开展“不忘初心、牢记使命”主题教育，领导干部开展调研12次，撰写调研报告12篇，集中学习研讨4次，到冷水溪镇石门村滕久荣故居开展革命传统教育1次，召开专题民主生活会1次，查摆并整改问题102个，其中班子24个、班子成员78个。填写领导干部插手参与茅台酒经营情况报告表85份。结合“访村寨、重监督、助攻坚”和扶贫领域监督执纪问责专项行动，开展扫黑除恶专项斗争，与干部职工签订《不充当黑恶势力“保护伞”承诺书》80余份，召开群众院坝会80余次，张贴公告500余份，发放扫黑除恶宣传单17000余份，张贴县委政府《致全县人民群众的一封信》7000余份，开展集中宣传50余次，召开专题会议10次，与辖区村支两委、矿山企业等单位签订承诺书、责任状100余份，整顿软弱涣散基层党组织2个，对全镇108名村支“两委”干部进行政治审查，发现有前科记录人员8人，辞退2人，摸排线索8条，开展督导检查30余次，对宣传工作开展不力的桃花源村及扫黑除恶工作不够重视的4名政府干部全镇通报批评。督促镇党委整改完成市委巡察反馈问题40个(剩余3个问题继续整改)，追缴资金47.94万余元。督促中利、半坡台、中厂、石塘四个村党支部整改完成县委巡察反馈问题101个，其中半坡台村党支部23个、石塘村党支部20个、中厂村党支部26个、中利村党支部32个。

2020年，开展对全镇20个新冠肺炎疫情防控卡点督查120余次，排查人口27604人，排查出入黔返黔人员5531人，对重点地区返黔人员154人落实管控责任，劝导操办红白喜事酒席36次，对在疫情防控期间停办酒席行为的33户群众给予通报表扬，对落实疫情防控工作不力、重视不够问题立案处理1人，镇级通报1人、谈话提醒4人。对全镇1所中学、8所小学、11所幼儿园落实疫情防控、脱贫攻坚和复学工作开展监督检查37次，发现并现场整改问题10余个。开展脱贫攻坚督查500余次，发现并督促整改问题200余个，党纪立案2人，县级通报3人，镇级通报23人，提醒谈话80余人次，谈话提醒70余人次。开展对办公用品采购等重大风险防范化解工作监督检查2次，未发现问题。聚焦疫情防控、脱贫攻坚、复工复产、物资保障、民生改善等工作开展监督检查20余次，发现问题8个，现场整改8个。对镇政府、乌罗教管中心、镇中学、镇完小、集镇餐馆贯彻落实坚决制止餐饮浪费行为工作情况开展监督检查10余次，未发现餐饮浪费、违规公款吃喝、超量采购食材导致食材腐烂变质、套取资金贪污腐败等情况。根据《关于在推动全市防汛工作中严明纪律的紧急通知》对全镇防汛工作决策部署贯彻执行开展监督检查，未发现存在对贯彻落实党中央决策部署和习近平总书记重要指示批示敷衍塞责、弄虚作假、阳奉阴违等问题，未发现在灾后重建工作中干部失职渎职、挪用救灾款物等违纪违法问题。根据县纪委县监委关于开展村(社区)挂牌形式主义问题自查文件要求开展自查自纠，通过自查，取消无实质工作内容的挂牌6个。根据《松桃苗族自治县纪委县监委开展习近平总书记对贵州工作重要指示批示精神贯彻落实情况监督工作方案》等文件精神，对贯彻落实习近平总书记对贵州和铜仁工作重要指示批示精神情况开展监督检查，发现问题7个，整改问题7个。开展对学习宣传《中华人民共和国民法典》《中华人民共和国公职人员政务处分法》等法律法规情况监督检查6次，未发现问题。开展“杨荣式”好干部大走访活动，走进群众察民情、访民意、解民忧，切实解决群众反映问题5件。聚焦征地拆迁、违法占地、非法买卖土地、侵吞集体资产等重点领域进行集中摸排涉黑涉恶40余次，摸排线索6条，严肃查处行使公权力人员涉黑涉恶及充当黑恶势力“保护伞”等问题，原前进社区主任罗某某因涉黑涉恶被开除党籍处分。督促镇党委开展“爱岗敬业我先行、积极作为勇担当”专项行动，组织观看《又见苗疆鼓声扬》影片1次，学习先进事迹1次，谈心谈话85人，查摆并整改问题110个，其中班子21个、班子成员89个。建立政治监督活页，督促镇党委把全面从严治党“两个责任”落到实处，全年专题研究党风廉政建设工作4次，开展“两个责任”分级约谈105人次。根据《关于进一步规范和治理城乡居民操办酒席的通知》，组织党员干部学习文件精神2次，与镇村干部签订不违规设摆“谢师宴”责任状100余份。开展对农村乱占耕地建房整治情况监督检查，与镇村干部签订干部职工涉及乱占耕地建房自查自纠排查表68份，未发现违建情况。督促镇党委完成市委巡察组巡察反馈3个问题整改，协助县委第六巡察组完成对乌罗镇岑司等13个村(社区)党支部的巡察工作，并对巡察反馈问题的整改落实情况进行监督。收集资料，完成《松桃纪检监察志》乌罗篇的撰写工作。是年，镇纪委被县纪委县监委评委“杨荣式”先锋模范岗，镇纪委书记任华被县纪委县监委评为2020年度全县纪检监察系统先进工作者。

(二)信访受理

镇纪委坚持把受理群众来信来访作为“接地气、连民心”重要事项来抓，坚持以人为本、关注民生，维护群众利益，切实解决群众反映的热点、难点问题。

1993年，办理反映乌罗镇副镇长吴某某贪污信访1件。

1998年，受理信访件2件，立案2件。

1999年，设立纪检监察举报箱，建立来信来访登记簿。收到群众来访举报2件，办结答复2件。

2000年，受理信访件14件，办结14件，其中立案8件。

2001年，受理信访件5件，立案5件。

2002年，受理信访件1件，立案1件。

2005年，受理信访件6件，办结6件，立案1件。信访件来源一是县纪委转交反映半坡台村支书克扣民工造林款和虚报造林面积领款以及镇中学一教师超计划生育信访案；二是镇党委转办关于上、下街群众反映干部有贪污行为的信访案；三是岑司学校一教师反映本人建房交款到国土所半年多得不到收据的信访案件，对相关人员进行了诫勉教育。

2006年，收到群众来访举报3件，办结答复3件。

2007年，受理信访件1件，立案1件。

2008年，受理信访件1件，立案1件。

2009年，受理信访件1件，办结1件。

2010年，受理信访件1件，立案1件。

2011年，受理信访件1件，立案1件。

2012年，受理信访件7件，办结7件，立案4件。是年7月，在松桃网开通镇党委书记信箱stws-jxx2010@163.com，当月收到首封关于反映“丰勇村公路断头了”的邮件，网上回复并作信访了结处理。办理网民反映小河村“村主任不作为，滥用职权”问题，作信访了结处理。

2013年，受理信访件6件，办结6件。其中，县纪委转交信访件3件，网上反映信访件2件，本级受理1件。信访内容一是田某某向市委书记反映桃花源村杨某某与杨某某林地权属纠纷；二是反映“黔兴村干部收取养老保险费不开收据”问题；三是网民反映“乌罗镇街道破烂”；四是网民反映乌罗镇修路为何舍近求远有关问题。均作信访结案处理。

2014年,受理信访件7件,办结7件。其中县纪委转交信访件4件,本级受理3件,立案2件。

2015年,受理信访件4件,办结4件。其中县纪委转交信访件2件,本级受理2件。

2016年,受理信访件6件,办结6件。其中县纪委转交信访件5件,本级受理1件,立案2件。

2017年,受理信访件14件,办结14件。其中县纪委转交信访件13件,本级受理1件,立案2件。

2018年,受理群众来信来访电话举报12件(含重复举报1件),办结12件。其中县纪委转交信访件2件,本级受理10件。

2019年,受理信访举报10件,办结10件,立案审查4件。

2020年,受理来信来访电话举报8件,办结8件,立案审查3件。

(三)民生监督

2014年6月,建立民生监督组后,开展对家电下乡、能繁母猪补贴、农机具补贴、退耕还林、学生资助、农村饮水安全项目等专项监察及“回头看”监察工作。家电下乡核查电器5714台,涉及金额63.94万余元,发现问题2560个,追缴违纪资金38.04万余元;能繁母猪补贴走访核查1465户,涉及资金15.89万余元,追缴违纪资金4.49万余元;农机具补贴清查49台,发现问题6个,追缴违纪资金6400元。

2015年,围绕村级民生事务落实情况、危房改造、教育资助、微型企业等民生领域开展监察,重点查处乌罗镇中学虚报学生人数套取营养午餐资金和寄宿制困难生生活补助问题,发现问题线索3个,追缴违纪资金45.85万余元。镇完小通过自查,整改违规开支经费3.09万余元,清退财政供养人员其子女违规领取寄宿生生活补助资金2.31万元。查办团龙村党支部书记周某某在低保评议中优亲厚友使其家属违规享受低保有关问题,党纪立案1件1人,党内警告1人,收缴违纪资金1.54万元。

2016年,开展计生社抚费征收使用、利益导向四项制度、小额信贷、精准扶贫、水利工程、“雨露计划”培训等民生领域专项监察,发现各类问题线索5个,党纪立案2起,收回水利工程违规资金2万余元,“雨露计划”专项检查核查280余人。

2017年,结合“访村寨、重监督、助攻坚”工作,对辖区内低保资金、农户科学储粮专项投资计划、易地扶贫搬迁项目、“一事一议”财政奖补、生态移民搬迁和易地扶贫移民搬迁开展了专项监察,对2015、2016年的危房改造补助、信贷扶贫、农村饮水安全项目、微型企业扶持资金管理专项监察开展“回头看”工作。在“访村寨、重监督、助攻坚”中走访村寨68次680户,接访56人,发现问题20个,现场办结16个,立案4件4人,党内警告2人,党内严重警告1人,留党察看一年1人,收缴违纪资金7.29万余元。走访易地扶贫搬迁涉及项目4个,走访搬迁户246户,电话核查52户(外出务工),走访非享受政策户20户。走访生态移民搬迁户146户。走访农户科学储粮投资计划农户510户,发现问题19个。

2018年,开展“五个示范”创建工作,完成民生监督示范创建1个,完成寨安村、前进村、团龙村、黔兴村、毛溪村、中厂村6个村务监督和村民生监管示范创建,为群众规范办事15项,查处“六小长”问题2人。村监会主任开展“小监督”500余次,发现“小苗头”4个,提出“小建议”11个,督改“小问题”30个,解决“小诉求”13个。镇民生监督组围绕农村新型实体经济财政奖补项目及其资金使用情况、农村“组组通”公路项目建设、农村贫困人口大病专项救治和城乡医疗救助专项监察、农村养殖产业扶贫项目资金专项监察开展专项监察3次。走访农村新型实体经济财政奖补项目17个,走访群众42人,发现问题线索1个,立案查处1起。走访核实农村贫困人口大病专项救治33人,核实医疗救助报销294人,走访270人,电话核查34人,涉及报销金额164.41万余元,发现问题线索1个,追缴重复申请并领取医疗救助资金1.51万余元。走访15个村农村养殖产业扶贫项目56个,涉及资金360.18万余元,走访群众120余人次,发现问题线索3个,党纪立案2起。对团龙村集体公益林补偿资金进行检查,发现问题线索1个,党纪立案1件1人,党内警告1人,追缴违纪资金1.50万余元。对孤儿救助、低保等资金发放情况开展“回头看”工作,发现问题线索5个,党纪立案5起5人,党内警告4人,党内严重警告1人。

2019年,完成桃花源村、黔龙村、新民村、岑司村、丰勇村5个村务监督和村民生监管示范创建,为群众规范办事10项,查处“六小长”问题1人。村监会主任开展“小监督”580次,发现“小苗头”6个,成案线索1件,共提出“小建议”3个,督改“小问题”10个,解决“小诉求”7个。镇民生监督结合“访村寨、重监督、助攻坚”工作,开展涉林项目、易地扶贫搬迁、财政涉农补贴资金“一折通”专项监察,走访督查300余次,走访农户400余户,发现问题线索10个,现场整改5个,谈话提醒5人。对14个村公益林生态效益补偿资金、16个村退耕还林补贴、17个村护林员工资等资金发放情况进行核实,走访群众100余人,发现涉林项目问题线索3个,党纪立案8件8人,党内警告6人,党内严重警告1人,留党察开一年1人。财政涉农补贴资金“一折通”专项监察发现问题线索3个,党纪立案1件1人,党内警告1人。

2020年,完成半坡台村、中利村、岩口村、小河村、石塘村、峰岩村6个村务监督和村民生监管示范创建,为群众规范办事11项,查处“六小长”问题2人。村监会主任开展“小监督”600余次,发现“小苗头”2个,提出“小建议”2个,督改“小问题”6个,解决“小诉求”8个。围绕打赢脱贫攻坚战、疫情防控、农村饮水安全、农民专业合作社(公司)等民生重点工作开展监察,查办案件10件;协助县纪委县监委问责副科级干部3人,挽回经济损失50万余元。对在疫情防控期间,对贯彻落实习近平总书记重要批示指示精神和党中央重大决策部署落实情况进行监督检查,党纪立案处理1人,镇级通报1人,谈话提醒4人。涉及脱贫攻坚工作党纪立案2人,镇级通报15人,谈话提醒40余人次。开展对全镇2018—2020年实施的农村饮水安全工程项目水源点、水池、管道以及农户日常饮水安全等情况专项监察,走访4个项目30个子工程点,走访群众60余人,发现问题3个,发函整改问题3个。走访土地休耕项目2个,涉及资金85.414万元,发现问题线索1个。核查农民专业合作社(公司)扶贫民生项目43个,涉及资金3000万余元,走访群众130余人,发现问题线索1个,追缴违纪资金3.6万元,党纪立案1人,协助县纪委县监委问责副科级以上干部2人。核查县民政局《关于全县跨区域搬迁建档立卡贫困户未享受低保情况自查报告》中涉及毛溪村、峰岩村、丰勇村、前进村4户建档立卡贫困户,通过入户调查后作了结处理。

(四)警示教育

1992年至2020年,镇纪委通过张贴宣传标语、办宣传专栏、观看警示教育片、参观警示教育基地、召开警示教育大会以及在元旦、春节、清明、中秋、国庆等节假日重要时间节点,通过用手机短信、QQ群、微信群、微信公众号等网络媒体发布廉政信息等形式强化党风廉政建设警示教育。

1986年,传达县纪委《关于吴恩寿所犯错误受到党纪处分的通报》。

1999年,组织观看《中国共产党纪律处分条例》电教片4场次。

2000年,在干部职工大会上通报违纪案例1次。

2001年,组织观看《胡长清案件警示录》6场次,开展专题党纪政纪教育活动5场次。

2003年,组织全体干部职工开展警示教育大会2次。

2004年,组织党员干部观看揭露卢万里贪污受贿案《绝路》警示教育片以及发生在松桃的典型案例龙某某挪用公款案。

2005年,传达县纪委《关于对谌煜贪污、挪用国债项目资金的通报》。

2006年,组织学习县委《关于禁止党员干部借子女升学大操大办收敛钱财的通知》,传达县纪委《关于对王家仁、任前江违纪操办酒席案件的通报》。

2008年,组织学习《中共中央纪委坚决制止巧立名目用公款旅游的行为》、省纪委《关于重申不准党政机关及事业单位领导干部驾驶公车的通知》等文件精神。

2010年,组织机关党员干部观看反腐倡廉电教片1次。

2012年,组织党政领导干部到县法院集中观看典型违纪违法案例展和警示教育片《生命的代价》1次。

2014年,组织干部职工观看《被浴火焚烧的“群蝇”》《贪食群蝇终自毁》《贪之祸》等警示教育片4次,学习中央纪委监察部通报案件4次、市县纪委通报案件5次,经常性在政府宣传栏张贴各级纪委通报文件。

2015年,悬挂廉政警示宣传标语8幅,组织观看《楠竹苗上的蛀虫》警示教育片1次,学习《违纪违法人员忏悔录》1次,开展干部职工警示教育5次,村级开展警示教育2次,收到心得体会27篇,发放《松桃苗族自治县民生领域典型案例》76册。

2016年,组织观看《镜鉴》《永远在路上》《深山馋鼠》等警示教育片10场次,组织学习《铜仁市违反组织人事纪律典型案例选编》1次,观看《违纪违法人员忏悔录》1次,开展干部职工警示教育5次。

2017年,组织镇村干部开展廉政警示教育活动12次,公开宣布处分决定同步开展警示教育4次,组织观看《谁动了我的“奶酪”》警示教育片1次,组织镇村干部学习县纪委《关于重申严禁党员干部和国家公职人员违规操办及参加“升学宴”“谢师宴”纪律要求的通知》。组织学习上级纪委通报的典型案例6次,受教育人数达100余人次。

2018年,通报精准扶贫典型案例8次,通报上级纪委监委办理的典型案例10余次,受教育人数达100余人次。组织镇村干部观看警示教育巡回展2次,开展预防职务犯罪警示教育活动1次,观看《永远在路上》警示专题片2次,开展违反中央八项规定精神问题典型案例警示教育3次。

2019年,组织党员干部职工、第一书记、帮扶干部、村监委主任、村支两委干部等290余人到县党风廉政警示教育基地接受警示教育活动1次,观看扶贫领域案例展2次,观看《董事长的没落》《忏悔之音》警示教育片3次,召开警示教育大会17次。通报上级纪委监委典型案例12场次,开展“一案一整改”警示教育大会13场次。

2020年,通报上级纪委监委典型案例17次,开展“一案一整改”警示教育大会10余场次,观看扶贫领域警示教育典型案例展2次,观看《忏悔之音》警示教育片1次,受教育党员干部500余人。

第十二节　甘龙镇纪检监察工作

一、机构队伍

1992年5月,按照县“建镇、并乡、撤区”的安排,撤销原甘龙区及其所辖的甘龙镇、麻阳乡,由甘龙镇与麻阳乡合并,组建新的甘龙镇行政区划。是年6月,县委任命李爵华为镇纪委书记。

1993年3月,甘龙镇召开第一次党代会,选举产生中共松桃苗族自治县甘龙镇纪律检查委员会。

2019年7月,国家监察体制改革向乡镇(街道)延伸,设立县监察委员会派出甘龙镇监察办公室,与镇纪委合署办公,实行“两块牌子、一套人员”的管理体制,履行纪检监察职责。

中共甘龙镇纪律检查委员会

（1992年6月至2020年12月）

书　　记	李爵华(苗族)	1992年6月至1996年1月
	何文志(苗族)	1996年2月至2005年12月
	何邦海(土家族)	2006年9月至2007年4月
	黄才富(土家族)	2007年4月至2011年10月
	刘文华	2011年10月至2015年12月
	宋子龙(苗族)	2016年8月至2020年12月
副 书 记	冉启权(土家族)	2006年9月至2007年10月
	邓显江(土家族)	2007年10月至2012年11月
	陈德珍(女,苗族)	2013年7月至2016年8月
	张　圣(苗族)	2016年8月至2017年12月
	李　聪(土家族)	2020年3月至2020年12月
纪委委员	李爵华(苗族)	1992年6月至1996年1月
	冉隆书(苗族)	1993年3月至2005年12月
	李绍轩	1993年3月至1996年1月
	何文志(苗族)	1996年2月至2005年12月
	何邦海(土家族)	1996年2月至1999年3月
	马洪沛(苗族)	1999年3月至2002年3月
	何应光	2002年3月至2005年12月
	何邦海(土家族)	2006年9月至2007年4月
	冉启权(土家族)	2006年9月至2007年10月
	杨华明(土家族)	2006年9月至2011年9月
	陈德珍(女,苗族)	2006年9月至2016年8月
	王　弥(女,苗族)	2006年9月至2011年9月
	黄才富(土家族)	2007年4月至2011年10月
	邓显江(土家族)	2007年10月至2012年11月
	刘文华	2011年9月至2016年8月
	梁　波(苗族)	2011年9月至2016年8月
	吕文学(苗族)	2011年9月至2016年8月
	宋子龙(苗族)	2016年8月至2020年12月
	张　圣(苗族)	2016年8月至2017年12月
	冉补全	2016年8月至2020年12月
	聂纪权	2016年8月至2020年12月
	瞿显龙	2016年8月至2020年3月
	李　聪(土家族)	2020年3月至2020年12月

甘龙镇监察室

(2003年2月至2013年7月)

主　　任　冉启权(土家族)　　2003年2月至2006年9月
　　　　　陈德珍(女,苗族)　 2006年11月至2013年7月

县监察委员会派出甘龙镇监察办公室

(2019年7月至2020年12月)

主　　　任　宋子龙(苗族)　　2019年7月至2020年12月
副 主 任　李　聪(土家族)　2020年3月至2020年12月
专职监察员　张仁军(苗族)　　2019年12月至2020年12月

二、主要工作

(一)党风廉政建设

甘龙镇纪委(区纪检组)协助党委抓党风廉政建设和反腐败工作。为加强对党员的党性及纪律教育,定期召开会议,采取党内民主评议的方式,支委与支委、党员与党员进行评比,不断提高党性修养。落实中央纪委“两个为主”“两个全覆盖”机制和“三转”要求,确保党的路线方针政策和中央、省委、市委、县委重大决策部署得到贯彻落实。

1958年至1966年,根据该乡分布情况,采取以分片区为单位集中学习方式,传达省委第四次监察工作会议精神,研究党的监察工作政治任务和执行党的监察政策方针,要求全体支委做到二会三保证。“二会”,即一会分析党员犯错误的性质,二会对党员所犯错误行为依规依纪进行处置;“三保证”,即一保证向支部反映党员所犯错误事实客观准确,二保证受理党员案件能及时向总支委员会反映,三保证不报复、打击,防止以公报私和隐瞒不报。对党员思想倾向进行分析研判,防止犯严重错误,并及时予以反映。

1979年至1983年,贯彻上级纪委会议精神,每年区委召开各乡分管组织、纪律的党委副书记会议,研究抓党风好转的意见,动员全党抓党风。

1984年,区委贯彻执行十一届三中全会以来的路线、方针、政策。多次组织召开廉政建设教育会议,通过学习和讨论,促使2400余名党员干部受教育。健全落实民主生活会制度,区党委开展年度民主生活会,会上开展批评与自我批评,并将会议记录报县纪委检查。乡党委民主生活会记录情况报区委检查。组织清理职工长期拖欠公款工作。严厉打击经济领域犯罪和各种刑事犯罪活动,涉及经济领域的3起,打击刑事犯罪58人。清理职工长期拖欠公款91人,涉及欠款资金9136元,已还清欠款的67人。

1985年至1986年,贯彻传达上级纪检工作会议精神,研究讨论甘龙镇区抓党风廉政工作措施,组织全区五乡一镇召开党建会议,加强对党员的党性、党风、党纪教育。组织党员学习整党文件、党章和《准则》。开展打击经济领域的严重犯罪活动和各种传销、赌博不正之风,共清理职工短款2.29万余元,追赔9480.61元,查处违犯计划生育的党员和领导干部,共查处职工13名,其中党员5名。

1987年,坚持“四项基本原则”,反对资产阶级自由化,开展“双增双节”运动。区委组织开展3次党员学习会,通过学习加讨论的方式,受教育党员1816人次,使党员干部的思想、政治上得到深刻教育洗礼。开展纠正行业不正之风,查处干部贪污、挪用短货少款51人,涉及总资金9.78万余元,收回资金5.34万余元。

1988年,以中共十三大工作为中心,抓好党员培训工作,对村级支部进行整顿、充实和改造。以乡为单位集中进行培训,对党员进行党风、党纪、党性教育,加深对“深化改革”的认识,找出发展农村经济的路子。全区应到培训党员913人,实到773人。

1989年,区纪检组贯彻执行中央、省及县纪委有关会议和文件精神,配合、协助区委抓好党风党纪建设,利用区三干会议传达上级纪委工作精神。开展民主评议党员工作,对党员开展党性党纪和目前形势教育,把民主评议党员与计划生育工作相结合。有几名党员干部主动带头引产、结扎,受到表扬,推动了全区的民主评议党员和计划生育工作。重点开展“两清”工作,在相关部门配合下已收回拖欠公款2.24万余元,收回企业职工短款5万余元,收回不正常应收款4000元,收回拖欠税款6500元,收回支农资金2.18万余元。

1990年,组织全区广大干部、群众学习中共十三届四中、五中、六中全会精神。制订《甘龙区精神文明检查验收工作方案》,将党风与廉政建设工作列入年终考核重要内容,通过交叉检查的方式促使区乡党政干部提高思想认识,转变工作作风。查处教育征收补习费3.63万余元。全区范围内组织4次较大检查,共抽73人参与对水利冬修工程、育秧温室、烤烟、杂交油菜示范点工作进行检查。督促解决44个村每村一个农业技术员报酬1300余元。

1991年至1992年,全区配有专兼职纪检干部72名。区纪检组制订《廉政建设制度十条》,区委下发《惩治腐败严禁机关党员干部参与赌博等惩处条款》,各乡镇相应制订《目标管理责任制》《服务公约》《职工守则》等制度。1991年召开两次三干工作会议,两期培训党员1892人次。组织党员干部学习中共十三届七中全会精神及江泽民总书记“七一”讲话精神,对党员进行党风党纪教育。抓党风和廉政建设,开展党员“双带”活动,增强党员干部纪律观念意识。据不完全统计,拒收贿110余次,现金和财物折币价值1400余元。在县纪委《党风信息》期刊发表信息1次。

1993年,镇纪委履行教育、监督、保护和惩处职能,认真组织党员、干部职工学习党的十四大和中央纪委全会精神。成立甘龙镇反腐倡廉领导小组,制订《党风廉政工作责任制》,开展干部职工拖欠公款自查清理工作,未发现违规违纪等相关问题。

1994年,根据《全县中小学乱收费问题专项检查的通知》,对镇所辖23所中小学收费情况进行核实和清理。清理党员干部、职工拖欠公款24人,金额2.98万元。

1995年,组织干部职工学习关于严禁在元旦、春节等节假日期间用公款请客送礼、滥发钱物、大吃大喝、铺张浪费等文件精神2次,开展自查清理工作2次,未发现违规违纪问题;督促镇党委、政府开展计划生育排查整治工作2次,发现问题2个,均整改完成。

1996年至1998年,贯彻执行中共十五大和中央纪委全会精神,认真落实《党风廉政建设责任制实施细则》工作,组织干部职工学习县纪委下发的典型案例通报,学习《关于纪检监察机关加强对没收追缴违纪违法款物管理的规定》文件。开展接待费用、配备公车、会务会议节俭开支等自查自纠工作;开展行政性事业收费的单位和中小学的收费情况清理一次,未发现违规违纪问题。

1999年至2001年,制订《甘龙镇党风廉政建设责任制实施办法》《党风廉政工作责任书》,对副科级以上领导干部进行廉政责任分解,签订责任书23份,层层抓落实。征订《贵州党刊》刊物。镇纪委督促党委政府落实政务公开工作制度，出台并落实党委学习制度、财经管理制度、项目审批制度等工作制度。共查处未按有关政策规定收费43000多元，清理计划外生育费7000多元，全部上缴财政。

2002年，贯彻落实中央、省、地、县廉政建设和反腐败工作会议及文件精神，将“四大纪律、八项要求”和廉洁自律的重点“七个不允许”纳入领导干部廉洁自律的行为准则。完善政务公开和村务公开，开展财务督查2次，未发现问题。

2003年，按照“八个坚持、八个反对”要求，成立党风廉政建设工作领导小组，明确专人具体负责纪检监察工作，开展党风廉政建设和反腐败斗争工作。镇纪委对各单位、部门落实党风廉政建设工作情况进行督促检查，对工作落实不力的予以通报批评，并责令整改落实。对操办酒席实行申报制，10人申请办理宴席，有6人存在超标办理的问题，其中科级干部以上的有2人，一般干部4人，缴纳“廉政责任金”7000元。

2004年，开展党风廉政建设工作，在工作纪律和生活作风上对党员干部严格要求，及时提醒，抓早抓小。对“三化一弱”问题突出的支部党员进行整顿调整，共调整23人，其中村支部16人，机关支部7人。开展创建“五个好支部”活动工作，已完成10个村规范创建工作。

2005年，贯彻落实中央、省、地、县党风廉政建设和反腐败工作会议精神，以新时期保持共产党员先进性教育活动为契机，研究制订《关于党风廉政建设各项任务进行责任分解的通知》，落实领导干部不准利用职权违反规定干预和插手建设工程招投标、经营性土地使用权出让，反对和制止各种奢侈浪费行为，纠正教育乱收费，完善政务、村务公开工作，党风廉政建设各项工作任务均明确具体责任人。将“四大纪律、八项要求”和2005年廉洁自律的重点“七个不允许”纳入领导干部廉洁自律行为准则进行量化管理。未发现领导干部或党员干部违规违纪问题。

2006年，组织全体干部职工集中学习中共十六届三中全会精神，以及《中国共产党纪律处分条例》《国家公务员法》《中国共产党党内监督条例》。签订《党风廉政建设工作责任书》15份。协助甘龙镇政府制订《关于严禁干部职工在迁居、子女升学等事宜中大操大办酒席的规定》，未发现党员干部违规操办酒席问题。

2007年，镇纪委加强对领导干部作风建设的监督检查，按照“八个坚持”“八个反对”的要求查找在思想作风、学风、工作作风、生活作风方面存在的突出问题。对各单位、部门执行关于厉行节约，反对铺张浪费等规定执行情况开展监督检查，强化对民主生活会、述职述廉、诫勉谈话和函询等制度执行情况的检查。抓好廉政文化进机关、进农村、进家庭、进学校工作。治理教育乱收费，执行“两免一补”政策，整治学校乱收费和挤占、挪用、截留教育经费问题，纠正清理整顿医疗机构乱加价、乱收费问题。发现医疗收费问题1个，督促整改完成1个。

2008年，制订党风廉政工作目标任务，组织学习《中国共产党党内监督条例》《中国共产党纪律处分条例》《党员权利保障条例》和有关文件精神。对干部职工开展日常教育与监督管理，落实党风廉政建设责任制，制订党风廉政建设工作计划，与镇直各部门签订党风廉政建设责任书15份。执行严禁违规操办酒席工作制度，未发现干部职工违规操办酒席情况。

2009年，开展治理教育乱收费、减轻农民负担工作，全年无一例乱收费事件发生。制订《甘龙镇各部门目标管理考核奖惩细则》《甘龙镇开展村支两委负责人廉政承诺和勤廉双述工作方案》，并组织实施。全镇10个行政村推行党务、村务公开示范工作，按照要求定期予以公示。

2010年，协助镇党委制订《2010年党风廉政建设和反腐败工作任务责任分解方案》和《2010年党风廉政建设责任制考核实施办法》，开展以落实惠民政策为重点，对“国家粮食直补、农村危房改造、义务教育、退耕还林补助、能繁母猪补贴、农村低保、合作医疗”等各项惠民政策落实情况监督检查。清理被挪作他用的2.6万元危改资金归还到位。责令甘龙镇中学清退违规资金4.59万元、彤程中学清退资金9060元。

2011年,镇党委制订《2011年党风廉政建设责任制考核实施办法》,细化考核措施,落实到人,签订责任状15份,明确岗位职责与目标任务,规范党员干部从政行为。开展社会主义荣辱观教育和牢记“四大纪律,八项要求”、树立正确“权力观、政绩观”等专题教育活动。

2012年,严肃纪律,组织干部职工学习有关工作纪律规定,要求干部职工上班时间一律不准上网、不准在公共场所打麻将。严禁用公款大吃大喝和在节假日请客送礼。经督查未发现干部职工在上班时间上网看电影等违纪问题。

2013年,印发《2013年干部职工岗位目标管理和绩效考核办法的通知》,工作实行季度量化考核。开展村务公开、政务公开工作,打造甘龙镇镇级廉政文化村示范亮点工程。督促民政办、村规站、农业服务中心等部门对涉农资金的日常监管,特别是老百姓强烈反映的农村低保问题和危房改造政策执行的全程监督,确保惠民政策落到实处。整治甘龙镇中学教育乱收费行为,清退教育代收费资金4.39万余元。严肃第九届村“两委”换届选举工作,严格执行县纪委“三个严禁、十六个不准、三个一律”要求,确保换届选举工作有序开展。

2014年,严格落实中央八项规定、省委十项规定,市委十项规定和县委“五要七带头”规定,抓好单位、部门“一把手”党风廉政建设工作。成立党风廉政工作领导小组,制订《2014年甘龙镇党风廉政工作实施方案》,镇党委班子成员和各股室负责人签订《承诺书》25份。全年开展专题学习教育12场次,开办宣传教育专栏2个。

2015年,制订《2015年党风廉政建设实施方案》《2015年党风廉政建设责任状》《甘龙镇关于禁止乱滥酒席通告》,镇纪委落实“三转”工作,带头遵守纪律,接受社会监督。开展“红包”问题清理、办公用房清理等专项治理工作。开展干部作风督查23次,提醒约谈71人,通报10人。在20个村人群集中场所安装阳光村务白黑板70余块,将党务、政务、村务情况在阳光村务“白黑板”上予以公开,专项督查8次,通报村干部6人次。

2016年,按照“标本兼治、综合治理、惩防并举、注重预防”的要求,党委召开党风廉政、落实主体责任和“一岗双责”专题会议,研究部署党风廉政建设工作。结合“三严三实”要求,开展党性教育,自主查摆问题,在民主生活会上认真开展批评与自我批评。镇纪委落实监督责任,督促党委班子如实报告个人有关重大事项。对党委落实“三重一大”事项进行监督。签订党风廉政建设承诺书46份,党委书记约谈班子成员8人次,纪委书记约谈干部职工68人次。

2017年,结合“两学一做”活动开展,组织党员干部认真查摆问题,建立问题台账,逐一抓好整改落实。开展违规公款购买消费高档白酒问题集中排查整治、领导干部办公用房面积核实和本单位党内政治生态的研判工作,建立整治问题台账,督促党委对存在的问题整改到位。签订党风廉政建设承诺书48份。镇纪委不定期对干部职工上下班签到、会风会纪、脱贫攻坚到岗到位等情况开展监督检查,干部作风督查20余次,通报两起5人。开展整脏治乱工作督查5次,发现问题7个,督促整改问题7个。协助县委第二巡察组巡察镇党委反馈6个方面的问题整改情况督查,督促问题整改。落实精简文件会议,全年文件简报同比减少30余次,会议同比减少20余次。减少“三公”经费支出,全年同比减少35.3%;清理整治超面积办公用房,共自查清理出超面积办公用房3间36平方米,已按要求完成整改。

2018年,开展“两个责任”分级约谈工作2次;组织镇村干部学习《中华人民共和国监察法》《中国共产党廉洁自律准则》《党员干部微约束21条清单》《关于开展扶贫领域作风问题专项治理工作实施方案的通知》《松桃苗族自治县脱贫攻坚问责暂行办法》。开展监督党委落实领导干部利用名贵特殊类资源牟取私利问题清理整治工作。镇纪委对全镇干部到岗到位及会风会纪情况督查7次,通报批评13人;对20个村干部帮扶、驻村工作、扶贫工作情况进行督查32次,发现问题11个,督促党委整改落实。按照县纪委《关于在扫黑除恶专项斗争中强化监督执纪问责的工作方案》要求,与干部职工签订《不充当黑恶势力"保护伞"承诺书》63份。根据《松桃苗族自治县扶贫领域整治蝇贪三年行动2018—2020年工作方案》,开展"五个示范"创建工作,完成7个村的村务监督示范创建任务,建立"五小"机制台账,制作权力运行流程图20个,规范为群众办事流程7项。为各村监委会办公室配备档案柜、办公桌椅等办公设施。督促镇党委整改省委第九巡视组巡视松桃反馈涉及甘龙镇的3个问题,并形成书面材料上报县委相关部门。

2019年,组织干部职工学习《习近平"不忘初心、牢记使命"论述摘编》《中华人民共和国监察法》《中国共产党纪律处分条例》。协助党委开展党风廉政建设教育工作4次;开展扫黑除恶督查工作26次,协办扫黑除恶件1件,建立并实行每月与镇政法委开展涉黑涉恶线索双向移交制度;开展"两个责任"分级约谈2次;聚焦脱贫攻坚、意识形态等重点领域开展监督140余次,发现问题87个,通报63人次,问责科级领导干部9人;协调推进村务监督"五个示范"创建工作,完成7个创建村的工作制度、工作流程图、形象栏上墙工作;开展"访村寨、重监督、助攻坚"工作与"百名纪检监察干部访千村进万家"活动,重点走访160户,发现问题137个,分别按"四种形态"处置完成。开展整脏治乱、人居环境工作督查26次,发现问题14个,督促问题整改14个。

2020年,协助党委开展党风廉政建设和反腐败工作,着力强化监督检查。按照中央纪委"监督保障执行,促进完善发展"的工作要求,围绕从严治党的方针,贯彻落实党中央、省、市、县决策部署,开展一岗双责"两个责任"分级约谈2次126人;结合"爱岗敬业我先行,积极作为勇担当"主题教育活动,推进作风建设,开展"形式主义、官僚主义"突出问题监督检查2次,对干部职工签到、参会情况及工作任务完成情况进行跟踪督查,通报批评12人次;围绕脱贫攻坚"四个不摘"督查87次,对脱贫攻坚"三类"人群进行全覆盖走访,协助县纪委监委督查2次,乡镇纪委交叉督查2次,发现问题42个,因履职不力等问题被县纪委监委通报批评12人,镇纪委谈话提醒9人,提醒谈话7人次,全镇范围内通报7起38人;开展新冠肺炎疫情防控工作督查112次,发现问题43个,督促整改43个,诫勉谈话2人,谈话提醒8人;督查涉黑涉恶工作24次,督查镇扫黑办2次,未发现问题;开展"杨荣式"好干部走访活动105户,集中接访群众3人。组织村监委会主任集中学习杨荣先进事迹1次13人,甘龙镇纪委在第二季度被县纪委监委授予杨荣式"先锋模范岗位"称号;开展农村乱占耕地建房问题督查5次,发现问题2个,已全部整改;开展制止餐饮浪费督查25次,督查发现问题3个,督促整改3个,口头通报2人;督查"甘龙'7·8'山体滑坡"救灾物资管理及发放、干部作风等工作15次,发现问题4个,责令整改4个,口头批评3人;开展"六保六稳"督查3次,针对督查发现的问题,及时向镇党委、政府予以反馈,并对整改落实情况进行督促检查;按照县纪检监察志编纂工作要求,开展甘龙镇纪检监察志编撰工作。2020年,甘龙镇纪委被县纪委监委授予全县纪检监察系统先进集体。

(二)信访受理

信访举报、受理、核实工作是纪检监察机关化解处理群众矛盾的重要途径,是解决群众合理诉求的有效手段。畅通信访举报渠道,及时受理群众信访举报。

1958年至1992年,区纪委共受理办理信访件87件135人,涉及反映的问题已得到妥善处置。

1984年,收到群众来信来访44件55人,查处42件。

1987年,收到群众来信来访20件57人,受理18件,办结18件。其中信访转立案4件4人。

1988年,收到群众来信7件,其中上级转办5件,办结7件。信访立案3件4人。

1989年,收到群众来信来访11件,办结11件。主要反映涉及党员干部计划生育罚款未交及乱收罚款不符合政策方面的问题。

1991年,收到信访件5件,其中上级转办3件,受理4件,办结4件。办结的4件中免去支部书记1人,调解处理3件。

1999年至2000年,收到群众来信来访14件,受理13件,办结13件。

2007年,接待群众来访8次,处理信访件5件,办结5件,办结率100%。未发生重大集体访,越级上访事件。

2008年,收到群众来信来访9件,办结9件,并将办理情况向反映人进行回复。

2010年,收受办理信访件5件,其中上级转办3件,办结5件。如麻阳村胡某某因公路占地补偿、危房改造和农村低保等问题到镇纪委反映,经向其作政策解释,消除了胡某某对政策的误解,并表示不再反映该问题。

2011年,收到群众来信来访8件,其中本级通过"三访"活动接待群众来访5件,县纪委转办3件。

2013年,收受办理信访件2件,办结2件。

2014年,收受办理上级转办信访件7件,办结7件。建立信访接待日制度,解决群众信访问题。

2015年,收受办理上级转办信访件4件,办结4件,其中信访了结1件,立案处理3件。

2016年,收受办理上级转办信访件2件,办结2件,均作信访了结。

2017年,收受办理上级转办信访件7件,办结7件,其中涉及换届选举工作的3件;涉及危房改造、农村低保等方面问题4件。信访了结处理6件,立案处理1件2人。

2018年,收到各类信访件4件,其中上级转办件3件,交办件1件。实名举报2件,匿名反映2件。作信访了结4件,谈话提醒1人。

2019年,收受办理信访件共20件(包括涉及重复反映件6件),办结18件。其中信访了结12件,立案6件,诫勉谈话1人,谈话提醒1人。

2020年,收受办理上级转办信访件6件,办结5件。实名反映4件,匿名反映2件。反映涉及村干部5人,国家工作人员1人。经核查,作信访了结5件,谈话提醒1人。

(三)民生监督

2014年至2020年的民生监督工作在上级纪委监委的统一安排部署下,严肃查处发生在群众身边的腐败行为和不正之风,重点查处群众身边优亲厚友、吃拿卡要、截留挪用等违纪违法问题,累计立案查处27件,党纪政务处分27人,追缴违纪资金41.13万余元上缴国库。

2014年,镇民生监督组开展能繁母猪补贴、家电下乡补贴、农机具购置补贴专项监察,对2011年以来能繁母猪补贴情况进行实地走访核实,核查发现存在上报名单与实际情况名单不符的情况。农机具购置补贴核查中,镇农业服务中心负责人张某某帮助农户冉某某、石某某购买2台微耕机,每台收取500元手续费,被给予批评教育处理,并退还其收取的手续费。办理案件1件,党内警告处分1人。

2015年,围绕教育资助、农村危房改造补贴、微型企业补助和养殖补贴等开展专项监察。党纪立案2件,党纪处分2人,其中党内警告处分1人,留党察看处分1人。如在对养殖项目监察过程中,发现杨某以虚假联户(六户)方式将养殖户名单上报,骗取种草养羊扶贫项目补贴资金8.58万元,该资金除用于本村村级公路占田补偿2.55万余元外,余下6.02万余元违纪款收缴上缴国库。杨某受到留党察看一年处分。

2016年,开展小额贷款、精准扶贫、农村饮水安全、计生社抚费征收使用、雨露计划等民生项目的实施和资金使用情况进行专项监察,发现各类问题线索3个,整改完成3个。立案查处1件,党内警告处分

1人。

2017年，开展“访村寨、重监督、助攻坚专项行动”民生资金项目、农户科学储粮专项投资计划、“一事一议项目”“生态和易地扶贫搬迁项目”专项监察，并开展农村饮水工程“回头看”监察工作。全年共办理各类案件10件10人，其中，党内警告处分4人，党内严重警告处分1人，留党察看处分4人，开除党籍处分1人，收缴违纪资金26.22万余元。

2018年，开展农村改厕项目、“组组通”项目、农村贫困人口大病救治和城乡医疗救助、农村养殖产业扶贫项目资金专项监察工作，发现问题8个，督查整改落实2个，立案3件3人，其中党内严重警告处分3人，收缴违纪资金7.3万元。

2019年，开展涉林项目专项监察，涉及猫山村、英庄村等9个村，发现问题7个，党纪立案3件3人。其中，党内警告2人，党内严重警告1人，收缴违纪资金1.58万余元；第二季度开展涉农补贴资金“一折通”和易地扶贫搬迁目专项监察，发现问题4个，核查4个；开展民生监督工作及信访件核查工作，发现问题5个，立案4件4人。镇纪委全年共办理案件7件7人，其中，党内警告处分4人，党内严重警告处分3人，问责1人。

2020年，开展农民专业合作社（公司）专项监察，走访群众34人次，电话访问8人次，发现问题4个。开展农村饮水安全专项监察，镇纪委组织村监委会对77个项目进行监察，发现问题43个，督促整改42个，涉及土地纠纷问题1个。开展护航脱贫攻坚工作督查105次，发现问题42个，因工作不实、履职不力等问题被县纪委县监委通报批评12人；诫勉谈话2人，谈话提醒9人，全镇范围内通报7起38人。开展疫情防控工作督查112次，发现问题43个，督促整改43个，诫勉谈话2人，谈话提醒8人。开展“杨荣式”好干部走访活动137户，集中接访群众3人，发现问题18个，诫勉谈话2人，全县通报批评1人。立案3件，党纪政务处分3人，其中移送县纪委监委给予行政记过处分1人，党内警告处分1人，党内严重警告处分1人，问责科级领导干部4人。

（四）警示教育

镇纪委坚持预防为先，惩防与并重、教育与提醒并举，严厉惩治腐败和不正之风行为，注重对党员干部中出现的苗头性、倾向性、轻微问题的预防提醒，认真抓好警示教育。

1991年，召开党员干部会议，对上级下发的典型案例和乡镇的案例进行学习、讨论，将发生在身边的违纪案例进行分析。

1993年至2013年，利用会议、宣传栏、播放电教片等形式，开展反腐倡廉宣传教育活动，开展典型案例通报，严明纪律要求，做到引以为戒、警钟长鸣。

2014年，召开干部职工大会，通报典型案例，集中收看《被“欲火”焚毁的“群蝇”》《贪食“群蝇”终自毁》警示教育片。

2015年，组织干部职工观看《楠竹苗上的蛀虫》警示教育片，通报《关于17起民生领域典型案例的通报》，市纪委监察局《关于5起违规收礼品礼金典型案例通报》，传达学习《关于严禁中秋国庆期间违规公款购买赠送月饼等的通知》。

2016年，组织干部职工观看《镜鉴》《深山馋鼠》等警示教育片，通报关于违纪违法问题典型案例。开展《甘龙镇严肃换届纪律专题谈心谈话》200余人次。

2017年，组织镇村干部观看《深山馋鼠》《铜仁市廉政教育小品》5场次，通报民生领域典型案例13次，受教育800余人次；组织100余名镇村干部到警示教育基地接受警示教育1次。

2018年，开展党风廉政教育集中宣传3次；通报扶贫领域违纪违法典型案例13场次；开展扶贫领域典型案例巡展2场次;集中约谈镇村干部2次,涉及140余人次。

2019年,通报扶贫领域典型案例15场次;开展全市扶贫领域警示教育巡回展2次,受教育人数260余人;组织各村指挥部党员及机关党支部党员到松桃县警示教育基地接受教育1次,共计160余人;组织干部职工观看警示教育片《董事长的没落》1次。

2020年,通报各类典型案例9次,受教育人数800余人;开展全市扶贫领域警示教育巡回展2次,受教育人数250余人;开展"一案一整改"警示教育3场次,接受警示教育党员60余人。

第十三节　长兴堡镇纪检监察工作

一、机构队伍

1992年5月,按照县"建镇、并乡、撤区"的安排,撤销原长兴区及其所辖的长兴堡镇、九龙乡,由长兴堡镇与九龙乡合并,组建新的长兴堡镇行政区划。是年6月,县委任命刘守扬为镇纪委书记。

1993年3月,长兴堡镇召开第一次党代会,选举产生中共松桃苗族自治县长兴堡镇纪律检查委员会。

2019年7月,国家监察体制改革向乡镇(街道)延伸,设立县监察委员会派出长兴堡镇监察办公室,与镇纪委合署办公,实行"两块牌子、一套人员"的管理体制,履行纪检监察职责。

中共长兴堡镇纪律检查委员会

(1992年6月至2020年12月)

书　　记	刘守扬	1992年6月至1992年11月
	吴通德(苗族)	1992年11月至1993年12月
	张世勇(土家族)	1994年1月至1998年12月
	龙志碑(苗族)	1999年1月至2006年8月
	麻文宪(苗族)	2006年8月至2007年4月
	石荷仙(女,苗族)	2007年6月至2010年6月
	向　勇(苗族)	2011年9月至2013年3月
	龙七贵(苗族)	2013年4月至2016年7月
	龙通顺(苗族)	2016年8月至2020年12月
副书记	杨通文(苗族)	2006年8月至2008年10月
	石邦富(苗族)	2008年10月至2010年12月
	杨吉浪(苗族)	2011年9月至2016年3月
	刘　铁(苗族)	2016年8月至2019年5月
	石帮启(苗族)	2020年6月至2020年12月
纪委委员	刘守扬	1992年6月至1992年11月
	吴通德(苗族)	1992年11月至1993年12月
	龙求燕(苗族)	1993年3月至2006年8月
	龙东保(苗族)	1993年3月至1996年2月

张世勇(土家族)	1994年1月至1998年12月
龙洪海(苗族)	1996年2月至1999年3月
龙志碑(苗族)	1999年1月至2006年8月
麻建明(苗族)	1999年4月至2001年12月
杨兰英(女,苗族)	1999年1月至2006年8月
麻文宪(苗族)	2006年8月至2007年4月
杨通文(苗族)	2006年8月至2008年10月
石　乔(苗族)	2006年8月至2011年9月
石荷仙(女,苗族)	2007年6月至2010年6月
石邦富(苗族)	2008年10月至2010年12月
向　勇(苗族)	2011年9月至2013年3月
杨吉浪(苗族)	2011年9月至2016年3月
贺劲松(苗族)	2011年9月至2016年1月
石邦璞(苗族)	2011年9月至2016年8月
石志清(苗族)	2011年9月至2016年8月
龙七贵(苗族)	2013年4月至2016年7月
龙通顺(苗族)	2016年8月至2020年12月
刘　轶(苗族)	2016年8月至2019年5月
龙秀青(苗族)	2016年8月至2020年12月
龙文和(苗族)	2016年8月至2020年12月
石帮启(苗族)	2016年8月至2020年12月

长兴堡镇监察室

(1999年1月至2005年1月)

主　　任	龙求燕(苗族)	1999年1月至2005年1月

县监察委员会派出长兴堡镇监察办公室

(2019年7月至2020年12月)

主　　任	龙通顺(苗族)	2019年7月至2020年12月
副 主 任	石帮启(苗族)	2020年6月至2020年12月
专职监察员	石海兵(苗族)	2020年4月至2020年12月

二、主要工作

(一)党风廉政建设

长兴堡镇纪委协助党委加强党风廉政建设工作,监督同级党委履行全面从严治党主体责任,确保党的路线、方针、政策和中央、省委、市委、县委重大决策部署得到贯彻落实。

1986年,开展党风整治工作,加强新时期党员教育,开展两个文明建设活动。

1987年,学习贯彻县纪委《关于严禁共产党员参与赌博的通知》文件精神,对党员干部参与赌博行为进行纠正和查处。

1988年,要求松桃长兴区的9个乡镇公社制订《党政干部职工工作岗位责任制》工作制度。

1989年,制订《区党政干部职工工作岗位责任制》《区乡(镇)财政人员岗位责任制》工作制度,组织学习县纪委下发的《关于党政机关保持廉洁反腐败的规定》文件精神,开展各乡镇党政领导述职工作。立案违反计划生育政策1件,党内严重警告1人。

1990年,制订《党政干部职工岗位责任制》《党的组织生活制度》,开展党员干部“三联六包”责任制工作,落实党员的双带目标。开展“双带”活动发挥中共党员作用,带领人民群众致富和带头致富活动。

1991年,开展中国共产党建党70周年纪念活动,开展“双带”党员责任区活动,开展学习雷锋、焦裕禄、傅显忠和贵州革命先烈邓恩铭、王若飞、周逸群等的先进事迹活动,开展纠正行业不正之风和治理“三乱”(乱收费、乱罚款和各种乱摊派)工作。立案违反计划生育政策4件,党内警告处分4人。

1992年,开展农村社会主义思想教育1次,解决党员和群众存在各种思想疑虑和模糊的认识;开展“建并撤”后干部职工拖欠公款清理工作1次。

1993年,征订《贵州党风》刊物,提高党员干部思想认识。开展工作作风整顿1次,反对官僚主义、主观主义、形式主义和个人主义。

1994年,组织学习中共中央组织部《印发关于共产党员缴纳党费办法的规定》1次。严格执行禁止党员干部赌博的有关规定,开展清查党员干部赌博1次,查处参与赌博的违规行为3件,记过处分1人,通报批评教育2人。

1995年,组织学习《关于认真开展领导干部廉洁自律专题民主生活的通知》及中央、省、地纪委关于领导干部廉洁自律的规定1次;制订《干部职工目标管理考评办法》;通过自查自纠、开展批评和自我批评方式,落实廉洁自律的规定。

1996年,抓党员干部“赌博风”整治,组织干部职工学习不准参与赌博文件规定1次。立案4件,其中,违反计划生育政策1件,报县纪委研究开除党籍1人;违反财经纪律3件,党内警告处分3人。

1997年,开展党风党纪教育1次,协助镇党委办好镇党校和25个村党员活动室的建设。开展后进村党支部整顿活动1次。立案查处2件,其中,违反财经纪律2件,党内警告处分2人。

1998年,开展减轻农民负担问题清理工作,对落实县委有关文件规定的执行情况进行检查,对统计工作开展执法监察。

1999年,组织党员干部学习邓小平建设有中国特色社会主义理论和党章各1次。在机关党员干部中开展帮扶一户贫困户、农村党员实行“两带一帮”活动。组织党员干部学习《关于全县党风廉政建设责任实施细则》1次。

2000年,组织学习《县纪委监察局二〇〇〇年执法监察工作要点》1次。开展反对以权谋私、官僚主义、形式主义活动。按照“四个一”“五个好”目标开展基层党组织建设活动。

2001年,开展“三个代表”重要思想学习教育活动,开展反对官僚主义、反对弄虚作假、发对形式主义工作,学习“三个代表”重要思想忠诚实践者郭秀明的先进事迹,要求干部职工撰写学习心得体会112篇。查处违纪案件1件,报县纪委研究决定开除党籍1人。

2002年,开展对辖区内中小学校教育收费情况的督查工作,查处擅自提高收费标准、收取补课费等违规行为,清出违规的资金4.37万余元;与各站所室、25个村签订《党风廉政建设责任书》38份。制订《来信来访接待制度》,开展“党建创先”活动,成立“党建创先”领导小组,抓党员干部作风建设。采取座谈、集中培训、任前谈话、专栏等多种形式,加强对党员干部党性党风党纪教育。开展领导党员干部民主生活会个人有关事项登记,签订“党风廉政建设责任状”,印发《长兴堡镇干部职工工作纪律规定的通知》。是年,查处违反群众纪律4件,党内警告处分2人,政纪撤职处分2人。镇纪委荣获全县纪检监察工作先进集体。

2003年,严格执行《关于严禁干部职工大操大办酒席的规定(试行)》,着力整治大操大办酒席歪风,对30名违规操办酒席的干部给予纪律处分,对违规资金3.25万元予以收缴。开展行政审批制度改革,撤销不合理的审批事项,规范收支行为,堵塞漏洞。是年,立案5件,其中查处违反财经纪律2件,党内警告处分2人,收缴违纪资金1000元;查处违反廉洁纪律3件,党内警告处分2人,记过处分1人。

2004年,印发《镇党委和镇级国家机关各工作部门党风廉政建设和反腐败任务责任分解方案》《党委领导班子成员实行党风廉政建设和反腐败各项任务责任分解的通知》。

2005年,治理公路“三乱”、协助有关单位规范医药市场,确保人民群众安全用药。开展建筑工程项目、民政资金、国债资金和社会保障资金等执法监察各1次,查处拖欠退耕还林资金1.4万余元,其中拖欠粮食兑现19092.5斤,折合人民币9928.1元。

2006年,按照《党政领导干部选拔任用工作条例》,实行干部任职回避制度、廉政谈话制度、述职述廉制度、任前谈话制度等,预防党员干部违规违纪问题的发生。推进政务公开,办事公开,村级财务、政务进行公开。惩治“乱收费、乱罚款、乱摊派”和“吃、拿、卡、要”等不法行为。

2007年,签订《党风廉政建设责任书》38份;组织学习党内两个条例和反腐倡廉1次;协助有关单位开展违法行驶摩托车专项整治行动,查扣摩托车32台;协助有关单位开展网吧清理行动,查处违规经营网吧1家并吊销其营业执照;联合计生、卫生等部门开展打击“两非”(非法鉴别胎儿性别、非法终止妊娠)工作1次;督查计生部门兑现奖励扶持政策1次;联合财政部门对中小学收费进行检查1次,查处治理中小学乱收费1次,督促“两免一补”政策落实1次;纠正医药购销和医疗服务中的不正之风1次,协助县职能部门打击街面无照医疗摊点“流医”1次;纠正违反政策向农民集资、摊派问题,开展“一事一议”检查,监督良种补贴和退耕还林等各项涉农资金发放1次;开展治理公路“三乱”工作1次;开展工商所、土管所述职述廉和行风评议工作;规范收费单位收费行为,要求推行非税收纳入财政管理制度,确保资金合理流转;开展村务公开,人民群众关心的民政低保、合医补偿、二级路建设拆迁征地补偿等在公示栏上公布。立案2件,其中,违反财经纪律2件,严重警告处分2人(同时2人又受到政纪降级处分),收缴违纪资金1万元。

2008年,组织学习《建立健全教育、制度、监督并重的惩治和预防腐败体系实施纲要》1次。开展警示教育1次,受教育125余人次。立案违反财经纪律1件,记大过处分1人,收缴违纪资金1.3万元。

2009年,组织党员学习《中国共产党章程》1次;开展学习《中国共产党纪律处分条例》《“三个代表”重要思想反腐倡廉理论学习纲要》1次;成立长兴堡镇机关作风和效能建设工作领导小组,制订5项制度;开展“小金库”专项治理,没有发现违规行为;编写纪检监察信息12期;印发《长兴堡镇2009年纪检监察工作要点的通知》。配备特别监督员10人,配备信访员25人。办理司法部门移送刑事案件一件,报县纪委研究决定开除党籍1人。

2010年,制订《党风廉政责任书》,签订党风廉政建设责任状38份。开展政风行风评议,创建行风示范窗口8个;开展廉政文化进机关、进学校、进农村、进家庭活动1次。

2011年,开展农村基层党风廉政建设,将村干部廉洁管理工作纳入常规管理,制止请客送礼歪风;开展对合医站定点机构相关工作监察1次,开展民营企业投资办厂监察1次。立案2件,其中,违反廉洁纪律2件,撤销党内职务1人,严重警告1人,违纪资金11.2万元。

2012年,签订"严禁借乔迁新居、子女升学等事由操办酒席责任状"125份。制订《长兴堡镇服务承诺制度》《长兴堡镇首问责任制》《长兴堡镇投诉反馈制度》《长兴堡镇限时办结制度》《长兴堡镇一次告知制度》《长兴堡镇依申请公开制度》《长兴堡镇政务公开考核制度》《长兴堡镇政务公开审核制度》《长兴堡镇政务公开窗口人员管理制度》。制订《长兴堡镇人口与计划生育工作目标责任奖惩办法》《长兴堡镇2012年人口与计划生育工作考核实施办法》。立案违反工作纪律1件,党内警告处分1人。

2013年,制订《长兴堡镇关于干部职工严格遵守纪律加强廉洁自律的暂行规定》,印发《关于印发长兴堡镇干部考勤制度的通知》,出台"三个严禁、三个一票否决"制止干部走读现象,签订《狠刹借乔迁新居、子女升学等事由大操大办酒席借机敛财责任状》125份;规范公务接待工作,推进廉政食堂建设,杜绝在酒店、餐馆公务接待大吃大喝;开展对干部职工高利放贷清理,361人开展了自查自纠;开展"百名领导讲廉课"活动,写心得体会50篇;开展"解放思想、转变作风、马上就办"活动,组织学习《中国共产党纪律处分条例》等3次、分散学习近20次;悬挂党风廉政建设标语20幅;开展对低保户、危房改造户、社保户、农保户走访、回访活动13次。开展公务用车监督,公务车辆执行统一登记、统一调配管理,不准公车私用。开展对基层站所民主行风评议工作,对中心校、卫生院、社保所、安监站进行民主行风评议。走访群众100余人、发放问卷调查100份,召开座谈会4次。开展党务公开、政务公开、村务公开,安装阳光村务白黑板86块。查处违反工作纪律1件,党内警告处分1人。

2014年,开展党的群众路线教育,组织学习中共十八大及十八届三中全会精神、中央八项规定、贵州省委十项规定、铜仁市委十项规定、松桃县委的五要七带头;制订《党风廉政建设责任制度》《涉农资金的监管制度》《涉农资金发放公示制度》《农村低保评议监督检查随访制度》《村务公开和党委公开制度》《政府采购的纪委监督制度》《民生项目监督制度》;建廉政文化进农村示范村1个;执行党政主要领导不直接分管财务、人事、采购、行政审批和项目建设的"五不直接分管"规定。

2015年,组织学习《关于在全县纪检监察系统集中开展领导干部"接访、走访、回访"活动方案》和《关于加强对"三访"活动中信访问题督查督办的通知》1次;召开党风廉政建设大会3次;召开贯彻落实"两个责任主体""一岗双责"会2次;清查1月至9月干部职工签到情况,清查出累计未签到达到10次以上的有61人。

2016年,签订党风廉政建设责任状160余份;签订《严肃换届纪律承诺书》《严肃换届纪律专题谈心谈话记录单》250余份,组织约谈50余人次;开展大扶贫督查11次,问责2个站所、7个村、8名镇干部,通报16人;根据《关于进一步加强对补贴奖金进行清理、整改、规范的通知》要求,开展补贴奖金自查自纠工作,发现2014年长兴堡镇财政分局违规发放干部职工未休年休假工资报酬3.21万余元,违规资金已上缴国库;学习《中国共产党廉洁自律准则》《中国共产党纪律处分条例》2次。

2017年,签订党风廉政建设工作责任书9份。开展领导干部述职述廉、个人收入和重大事项报告工作。开展清理国家公职人员近亲属和村干部及近亲属享受普惠制惠民政策,落实中央八项规定。开展"基层走访"活动和党政一把手"上党课"活动;学习《中国共产党党内监督条例》《中国共产党党员领导干部廉洁从政若干准则》。对节假日值班情况督查24次,开展对干部职工上班、值班和出勤情况督查80次。开展对25个村在中共十九大会议期间的社会维稳工作情况督查7次,开展对防疫禽流感工作情况督查8次。组织村务监督委员会主任业务学习5次。

2018年,开展"长兴堡镇干部作风量化分类管理"制度执行情况监督,有8人被纳入跟踪管理对象;开展"访村寨、重监督、助攻坚"专项行动共走访160多人次,发现问题线索6个,提醒谈话31人,对帮扶责任人34人进行通报批评教育;开展昼夜值班情况督查48次;协助镇党委、政府组织开展对500多人的帮扶责任人进行脱贫攻坚集体约谈;印发《长兴堡镇纪委关于在扫黑除恶专项斗争中强化监督执纪问责工作实施意见的通知》,参与镇综治办和派出所发放扫黑除恶专项行动宣传资料6500余份,张贴宣传标语34条,其中6条永久性宣传标语,进村为期5天宣传,发放扫黑除恶专项斗争应知应会手册50多册;开展民生监督监管示范创建,创建村务监督示范9个村;组织村务监督委员会主任业务学习6次。

2019年,开展脱贫攻坚"一达标两不愁三保障""四卡合一""住房保障卡""一户一袋"等档案资料检查,对驻村干部吃住在村、人居环境整治、住房保障等工作督查92次,通报批评121人次,提醒谈话80多人次。召开纪律作风工作会议及思想扶贫工作会议28次,涉及25个村,参加人数达650余人次。根据县纪委监委安排协助迓驾镇纪委和木树镇纪委在脱贫攻坚中召开会议22次。完善《长兴堡镇党委工作规则》《长兴堡镇镇村干部管理办法》《长兴堡镇财经工作纪律》等制度。组织村务监督委员会主任业务学习4次,纪委书记参加全县纪检监察干部能力提升培训1次、参加全市乡镇(街道)纪(工)委书记业务能力提升培训1次。

2020年,层层签订党风廉政建设责任书,签订47份。开展疫情防控、复工复产、复学、"六保六稳"、决战决胜脱贫攻坚、防汛抗旱、违规占用耕地建筑、落实习近平总书记对贵州和铜仁工作重要指示批示贯彻落实、节假日值班值守等工作监督督查117次,谈话提醒11人次。在疫情防控督查中发现5个问题,被全县通报批评3人,提醒谈话13人次;开展走访群众活动150人次,交心谈心20人次。开展"杨荣式"好干部走访,走访25个村,走访群众264户,接访群众38人,发现问题48个;开展民生监督示范创建1个,完成率为100%。村务监督示范创建17个,完成率为100%、乡镇(街道)民生监督示范创建4个,完成率为100%。村(社区)民生监管示范创建10个,完成率为100%。梳理权责清单87项,制作权力运行流程图87个,为群众规范办事4项,查处六小长4人。全镇25个村配村监会主任17名,开展小监督41次,发现小苗头30个,可成案线索0条,提出小建议10个,被采纳10个,督改小问题40个,回应小诉求33个。联合迓驾、木树纪委督查脱贫攻坚工作,办案交叉问话谈话(达到异地办案的效果);组织村务监督委员会主任业务学习5次,参加市、县纪委监委组织纪检监察干部能力提升培训各1次。

(二)信访受理

2002年,收到信访件83件。其中,来信50件,来访13件,电话举报20件。实名举报21件,匿名举报件62件。转立案3件,作信访了结80件。

2003年,收到信访件51件,其中,来信31件,来访12件,电话举报8件。实名举报15件,匿名举报件56件。转立案6件,作信访了结45。

2004年,收到信访件1件,其中,来信匿名举报1件,作信访了结1件。

2007年,收到信访件9件,其中,来信举报3件,来访举报6件。实名举报6件,匿名举报3件。转立案3件,转交相关部门处理6件。

2008年,受理信访件1件,其中实名举报1件;转立案1件,办结1件。

2009年,收到信访件11件,其中实名举报1件,匿名举报10件;转立案1件,办结1件,信访了结2件,转相关部门处理8件。

2010年,受理信访件1件,其中实名举报1件,转立案1件,办结1件。

2011年,收到信访件3件,其中,来信实名举报1件,匿名举报2件,转立案3件,办结3件。

2012年,收到信访件5件,其中,来信举报5件,实名举报3件,匿名举报2件,转立案5件,办结5件。

2013年,收到信访件9件,其中,来信举报7件,来访举报2件。实名举报8件,匿名举报1件。立案2件,信访了结7件。

2014年,收到信访件6件,其中,来信举报6件,实名举报2件,匿名举报4件。立案2件,信访了结4件。

2015年,收到信访件5件,其中来信举报5件,实名举报2件,匿名举报3件。转立案3件,信访了结2件。

2016年,收到信访件9件,其中,来信举报5件,来访举报1件,来电举报2件,重复举报1件。实名举报8件,匿名举报1件。立案2件,信访了结7件。

2017年,收到信访件19件,其中,来信举报19件,重复举报2件(有1件重复举报5次)。实名举报18件,匿名举报1件。立案3件(包含重复举报5次件),信访了结10件,收举报信之前就已查清处理1件。

2018年,收到信访件14件,其中,来信举报14件,重复举报1件(重复举报3次)。实名举报13件,匿名举报1件。立案3件(包含重复举报3次件),信访了结8件。

2019年,收到信访件6件,其中,来信举报3件,来访2件,网络举报1件。实名举报5件,匿名举报1件。信访了结4件,转相关部门办理2件。

2020年,收到信访件7件,其中,来信4件,来访3件,重复件1件。实名举报6件,匿名举报1件。立案2件(包含重复举报件),2件信访了结,转相关部门办理2件。

(三)民生监督

2014年,开展能繁母猪补贴、家电下乡补贴和农机补贴民生专项监察。对能繁母猪补贴核实中发现长兴堡镇麻塘村石某某2011年虚报能繁母猪数量97头,套取国家财政补贴9065元,花保村钱某某2011年虚报能繁母猪数量92头,2012年虚报能繁母猪数量202头,套取国家财政补贴2.71万余元。对违纪资金上缴国库,查处相关人员2人;对家电下乡补贴和农机补贴核实,家电经销商通过留取或复印农户户口本、身份证等资料录入虚假购买信息,骗取家电下乡补贴金额53.98万余元。对套取国家资金追缴上缴国库,查处相关人员2人。协助县纪委查办案件4件。

2015年,开展危房改造补助资金、学校营养午餐、微型企业财政补助民生专项监察。成立13个组分别对25个村576户危房改造对象户进行核实,发现3个问题,责令整改问题,查处相关人员1人;对13所小学和1所中学营养午餐进行监察,发现长兴中学和九龙完小违规发放津补贴15.69万元,收缴违纪资金上缴国库,查处相关人员2人;对2家微型企业进行走访核实,未发现问题;协助县纪委查办案件3件。

2016年,开展村(居)民生事务落实情况、计划生育社会抚养费管理使用与计划生育家庭"四项制度"、农村饮水安全项目资金、信贷扶贫资金、大扶贫战略精准扶贫、"雨露计划"等民生专项监察。走访25个村核实129个民生事务落实情况,发现2个问题,责令整改,查处相关人员2人;走访8个饮水安全项目,发现1个问题,责令整改,查处相关人员1人;对22家微型企业小额担保贴息进行走访核实,未发现问题;核实25个村精准扶贫工作开展情况,发现2个问题,责令整改,查处相关人员4人;核实"雨露计划"开展情况,走访535人,发现5个问题,责令整改,查处相关人员1人。协助县纪委查办案件12件。

2017年,开展"访村寨、重监督、助攻坚"低保危房改造、"一事一议"、民生专项监察"回头看"、百合种植等民生专项监察。在"访村寨 重监督 助攻坚"专项监察走访161户,发现问题84个,责令整改,查处相关人员8人;开展"一事一议"及"回头看"专项监察,核实30个项目,发现2个问题,责令整改,查处相关人员3人,追缴违纪资金32955元;开展"易地扶贫搬迁"专项监察,走访135户,政府整改7个问题;核实百合种植项目,走访5个大户,未发现问题;开展“回头看”专项监察中,走访寨云村和社保所,发现寨云村存在问题1个,查处相关人员2人;社保所通过自查自纠,发现问题283个,整改283个。是年,立案5件,其中,违反工作纪律1件,党内警告处分1人;违反廉洁纪律4件,党内严重警告处分2人,党内警告处分2人,收缴违纪资金6.55万元。协助县纪委查办案件5件。

2018年,开展农村种植产业扶贫项目资金、改厕项目、大病救治和医疗救助、农村养殖产业扶贫项目、组组通等民生项目专项监察。在农村种植产业扶贫项目资金专项监察中核实项目10个,走访群众135人次,发现问题1个,责令整改,查处相关人员1人;开展改厕项目专项监察,核实3个村,走访群众183人次,发现问题1个,查处相关人员1人,追缴违纪资金6.04万元;开展大病救治和医疗救助专项监察,走访102人,没有发现问题;开展农村养殖产业扶贫项目专项监察,核实118个养殖户,发现1个问题;开展组组通专项监察,核实2条通组路,没有发现问题。镇立案7件,其中,违反工作纪律1件,留党察看1人;违反廉洁纪律4件,严重警告处分1人,党内警告处分3人,收缴违纪资金6.63万元;违反群众纪律2件,党内警告处分2人,涉及违纪资金4.15万元。协助县纪委查办案件4件。

2019年,开展涉林扶贫民生项目、“一折通”及易地移民搬迁、脱贫攻坚、农村安全饮水工程监察等民生专项监察。开展涉林扶贫民生项目专项监察,走访群众78人次,发现问题1个,责令整改问题;开展“一折通”及易地移民搬迁专项监察,走访群众197人,发现4个问题,责令整改;开展脱贫攻坚监察,督查136次,发现118个问题,责令整改;开展农村安全饮水工程监察,走访群众40人,发现4个问题,责令整改。是年,立案1件,为违反工作纪律行为,给予党内警告处分1人,诫勉谈话4人。协助县纪委查办案件5件。

2020年,开展农村专业合作社(公司)、低效农作物调整等民生专项监察。开展农村专业合作社(公司)监察,核实13个农村专业合作社,发现3个问题,责令整改;开展低效农作物调整监察,督查25个村,发现17个问题,责令整改。是年,立案5件,其中,违反工作纪律3件,党内严重警告处分1人,党内警告处分2人,涉及违规资金6.5万元;违反廉洁自律1件,党内警告处分1人,收缴违纪资金2100元;违反群众纪律1件,党内警告处分1人,涉及违规资金8.96万元。协助县纪委查办案件11件。

(四)警示教育

2012年,组织党员干部到县法院警示教育基地接受廉政教育,30名党员干部接受教育。

2013年,学习廉政警示教育文章8篇,张贴廉政文化宣传14幅,悬挂廉政自律警示标语20余幅,制作廉政自律宣传文化墙4处。

2014年,组织镇村干部观看《贪路无归》《贪之祸》警示教育片,同时还到6个村播放,390余人次党员及村组干部受到教育。

2015年,组织镇村干部观看《楠竹苗上的蛀虫》《四风之害》警示教育片,270余人次镇村受教育。用本镇案件开展警示教育4次,受教育党员及干部195余人次。

2016年,组织镇村干部观看《镜鉴》《贪食群蝇终自毁》警示教育片,其中观看《镜鉴》4次,同时还到10个村播放警示教育片,970余人次村组干部接受教育。

2017年,开展集中约谈在长兴投资的老板1次,约谈8人;对重要岗位重要人员进行提醒谈话次1次,谈话50多人次;使用教育谈话室13次,受教育13人;组织镇村干部职工到县纪委警示教育基地参观,接受警示教育。

2018年,开展党风廉政建设分级约谈活动1次,约谈78人;组织召开脱贫攻坚警示教育1次,500余人次干部受教育;使用教育谈话室11次,受教育11人。

2019年,开展用身边案例警示教育3次,受教育405余人次;开展扶贫领域典型案例2次,受教育720

余人次;组织党员领导干部到松桃苗族自治县法庭旁听镇原党委副书记、镇长龙某某受贿违法案的审判,以身边的案例,警示身边人。开展3次"一案一整改"警示教育,160人次干部受教育。

2020年,开展扶贫领域典型案例2次,受教育720余人次;对25个村进行典型案例警示教育全覆盖,开展27场次,受教育633人次;开展5次"一案一整改"警示教育,184人次党员干部接受教育。

第十四节　牛郎镇纪检监察工作

一、机构队伍

1992年5月,按照县"建镇、并乡、撤区"的安排,撤销原牛郎区及其所辖的牛郎镇、木寨乡,由牛郎镇与木寨乡合并,组建新的牛郎镇行政区划。1992年6月,县委任命舒照昌为镇纪委书记。

1993年3月,牛郎镇召开第一次党代会,选举产生中共松桃苗族自治县牛郎镇纪律检查委员会。

2019年7月,国家监察体制改革向乡镇(街道)延伸,设立县监察委员会派出牛郎镇监察办公室,与镇纪委合署办公,实行"两块牌子、一套人员"的管理体制,履行纪检监察职责。

中共牛郎镇纪律检查委员会

(1992年6月至2020年12月)

书　记	舒照昌	1992年6月至1994年11月
	杨再富(苗族)	1996年2月至1999年3月
	吴胜发(苗族)	1999年3月至2002年3月
	麻文宪(苗族)	2003年7月至2006年8月
	杨再军(苗族)	2006年8月至2008年7月
	曾庆积(苗族)	2008年7月至2012年3月
	龙春荣(苗族)	2012年3月至2013年2月
	杨　烨(苗族)	2013年3月至2016年9月
	龙令勇(苗族)	2016年9月至2020年12月
副书记	杨文军(苗族)	2006年8月至2016年9月
	龙德昌(苗族)	2016年9月至2017年12月
	张云琴(女,侗族)	2018年7月至2020年12月
纪委委员	舒照昌	1992年6月至1994年11月
	杨再明	1993年3月至1996年1月
	陈兴露	1993年3月至1996年1月
	杨再富(苗族)	1996年2月至1999年3月
	吴安金(苗族)	1996年2月至2016年9月
	吴成山(苗族)	1996年2月至1999年3月
	吴胜发(苗族)	1999年3月至2002年3月
	田如流(苗族)	2002年3月至2006年8月

麻文宪(苗族)	2003年7月至2006年8月
杨再军(苗族)	2006年8月至2008年7月
杨文军(苗族)	2006年8月至2016年9月
吴定军(苗族)	2006年8月至2011年9月
龙　新(苗族)	2006年8月至2011年9月
曾庆积(苗族)	2008年7月至2012年3月
余代松	2011年9月至2016年9月
龙德昌(苗族)	2011年9月至2017年12月
龙春荣(苗族)	2012年3月至2013年2月
杨　烨(苗族)	2013年3月至2016年9月
姚永刚(苗族)	2015年7月至2016年9月
龙令勇(苗族)	2016年9月至2020年12月
唐晓鹏(苗族)	2016年9月至2017年12月
曾　强(苗族)	2016年12月至2020年12月
张云琴(女,侗族)	2018年7月至2020年12月

牛郎镇监察室

(2006年6月至2016年9月)

主　　任	龙德昌(苗族)	2006年6月至2016年9月

县监察委员会派出牛郎镇监察办公室

(2019年7月至2020年12月)

主　　任	龙令勇(苗族)	2019年7月至2020年12月
副 主 任	张云琴(女,侗族)	2019年7月至2020年12月
监察专员	谢义伟(苗族)	2020年4月至2020年12月

二、主要工作

(一)党风廉政工作

1986年,传达学习《中共铜仁地委、铜仁地区行署铜仁地区纪委关于坚决制止和查处非法买卖土地和私建房屋倒卖牟取暴利的决定》,并根据该决定安排部署清查工作;协助办理申诉案件1起。

1987年,区委会议讨论通过《实施岗位目标责任制及考勤制度》,协助党委开展非法占用土地清理工作,清理占用土地无手续28户,总面积5.44亩,按照相关规定补交手续费77元。参与民事纠纷调解工作,调解牛郎镇5起,木寨乡3起。

1988年,开展区纪律整治工作,因除秋收外不开门办公,调查取消牛郎镇财政办公室,下发各乡镇领导干部轮流值班的规定,出台请销假制度(试行),印发《关于进一步完善考勤制度的规定》。

1989年,开展春节后上班纪律检查,开展救济粮发放情况、各乡镇用电情况等监督检查工作,督促牛郎镇对办公室无人办公不关灯问题的整改。

1990年,出台《乡镇政府工作制度》《廉政建设制度》,协助受理县纪委关于反映木寨乡党委书记信访举报案件,通过调查核实木寨乡党委书记曾某某存在严重违纪问题,被给予开除党籍、撤职处分。

1991年,开展各乡镇三干会学习情况检查、封山育林的乡规民约制度制订情况检查等工作。

1992年,党委政府出台《考勤制度》,从时间、机构、奖惩等方面对干部职工出勤进行明确规定,规范干部上下班。

1993年,开展税收、财务、物价大检查工作,成立镇三查工作领导小组,对镇财政、税务票据进行检查。开展村居委换届纪律检查,纪委书记为村居委换届工作领导小组成员,负责处置村居委换届纪律问题。按照党委政府的工作安排,镇纪委配合开展清理违法占地工作,出台《牛郎镇人民政府关于清理违法占地的通告》《职工岗位责任制工作职责》。

1994年,开展违法占地清理工作,对一个居委会和镇机关进行清查,取证195家,占地19591.92平方米,属违法占地135件,行文处理130件,占地11791.91平方米,罚款总额3.17万余元。

1995年,调解民事纠纷25起。

1996年,出台《中共牛郎镇委员会关于一九九六年组织工作要点的通知》。明确春节期间工作纪律,强调春节期间纪律意识不能放松,规定凡是初七没有到岗到位的按照旷工处理,旷工一天扣除当天工资,不予退还。提出严禁教育乱收费行为。

1997年,开展烤烟交叉检查,发现苗木缺水、技术人员不到位、部门烟农不打顶芽等问题。明确干部职工上班纪律,严格执行考勤制度,旷工一天扣除当天工资,严禁干部职工参与赌博。

1998年,开展信用社整顿工作,按照县委县人民政府《关于核对信用社投股、清理到逾期贷款的通知》,出台《关于成立镇整顿规范信用社领导小组的通知》。全年完成纪检立案1件。

1999年,出台《牛郎镇人民政府关于秋粮入库时限及奖励办法的决定》,激励和规范干部职工开展秋粮入库工作。出台《关于下达一九九九年承包组工作任务目标考核管理办法及人员安排的决定》,促进各项工作任务完成。明确计划外生育费管理制度,按照“乡收县管,财政监督”有关规定,对计划外生育费500元以上的由镇长审批,500元以下的由分管副镇长审批,100元以下的由计生办主任审批,确保计划外生育费用于计划生育事业,全年共支出计划外生育费3.95万余元。开展1次纪检业务知识及理论培训学习,培训32人。

2000年,镇党委出台《关于成立党风廉政建设责任制领导小组的决定》,领导小组下设办公室在镇纪委办,由镇纪委委员兼任办公室主任,负责日常工作。组织全体干部职工学习《中国共产党章程》及相关会议精神,严格落实不准请客、不准送礼等“八不准”规定,受到处罚的同志职务不能晋级晋升,年终考核不能评优。开展账务核查工作,党委政府组织人大、政协,安排相关会计、出纳人员对近几年的账务进行核查,并对核查结果进行公开。加强教职工管理,函复牛郎镇教辅站《关于从站长到教师下浮工资作为激励措施等有关事宜的请示》,规定在“普六”验收期间,教辅站及全镇各小学一律不得放暑假,任何学校及教师不得擅自离岗,严格实行全天制上下班签到签退制度。

2001年,为“两基”迎检提供纪律保障,函复镇教辅站关于《加强中小学教职工管理工作暂行规定》同意执行,出台《牛郎镇人民政府关于明确机关各站、所、室“两基”工作职责的通知》。开展学习“三个代表”情况检查,镇党委出台《关于“三个代表”重要思想学习教育活动的实施方案》,要求广大干部职工要以学习为契机,做到制度上墙、任务量化、责任到人,增强干部职工为人民服务的思想意识。开展计划生育违纪调查,对木寨村蒋某某违反计划生育政策行为处以罚款,对镇卫生院职工陈某某违反计划生育政策予以开除公职处分。

2002年,贯彻学习《中共中央关于加强和改进党的作风建设的决定》《中国共产党领导干部廉洁从政若干准则(试行)》等文件精神。开展"党建创先"活动检查,综合情况较好的村2个,综合情况良好的5个,综合情况一般的8个。制订牛郎镇《请销假制度》《逢场天值日制度》《学习制度》《卫生制度》等,规范干部职工管理。

2003年,印发《关于对2003年党风廉政建设各项任务进行责任分解的通知》,巩固治理公路"三乱"成果,纠正教育乱收费、医疗购销不正之风,对国债资金、退耕还林等专项资金管理使用情况进行执法监察,开展行政效能监察等。制订牛郎镇《财务制度》《车辆管理制度》等,规范财务、车辆管理。印发《牛郎镇直机关驻村帮扶工作制度》《牛郎镇机关驻村干部帮扶工作考核管理办法》《牛郎政府食堂炊事员待遇、职责、纪律规定》等制度。协助县纪委对时任牛郎镇党委书记彭某某超生举报问题进行调查,经调查情况不属实。

2004年,学习《中国共产党党内监督条例(试行)》和《中国共产党纪律处分条例》重要内容。开展领导干部廉洁自律检查,严禁党员干部以权谋私,禁止领导干部职工违规操办酒席,开展执行"四大纪律、八项要求"落实情况监督检查。印发《关于严肃政府干部职工纪律要求的通知》,明确上班、开会、出差等公务活动纪律。开展镇扶贫资金、行政事业收费和罚款没收的管理使用情况自查工作,没有发现截留、挪用、贪污等行为。对镇国债资金进行执法监察,查处镇林业站在实施退耕还林和荒山造林工作中侵占国债资金的严重违纪行为。严肃财经纪律,按"收支两条线"对镇部分单位收支情况进行清查,收缴各类违纪资金1万余元上缴国库。督促有关部门开展政务公开、村务公开。

2005年,出台《党政班子学习制度和纪律》《党员教育管理机制和办法》《中心组学习制度和纪律》等规章制度,协助党委出台《关于成立牛郎镇保持共产党员先进性教育活动领导小组的通知》《松桃苗族自治县牛郎镇保持共产党员先进性教育活动实施方案》等,督促各支部按照镇党委的要求开展保持共产党员先进性教育。明确"两基"检查纪律,协助党委出台《关于明确机关各站所市"两基"工作职责的通知》《关于实施"两基"工作目标责任和责任追究制的决定》《关于明确村干部"两基"工作职责的通知》。协助镇政府出台《牛郎镇2005年促进就业与再就业工作实施方案》《牛郎镇2005年促进就业与再就业工作责任目标考核办法》。

2006年,协助牛郎镇人民政府制订《财务管理制度》,从接待、考察、审批等方面对财务管理进行明确,1000元以内由主管领导审批,5000元以内由党政主要领导审批,5000元以上由集体讨论研究决定。印发《关于成立冬春修水利工程建设督促检查组的通知》,对工程实施、工程进度,资金管理进行监督。开展移民工程检查。

2007年,印发《关于牛郎镇2007年执法监察工作安排意见的通知》,开展对土地市场、安全生产专项资金管理使用等方面的监督监察。印发《关于进一步推进治本抓源头工作的通知》,贯彻落实省纪委第七次全会,省政府第五次廉政工作会议及县纪委工作会议精神。开展政务公开监督,协助镇党委制订并印发《关于成立政务、村务公开工作领导小组的通知》《农村党员三个制度》。

2008年,印发牛郎镇《2008年纪检监察工作计划》,明确全年工作和任务。印发牛郎镇《2008年领导干部廉洁自律、党内监督和党风廉政建设责任制工作的安排意见》,从人员组织,实施及考评等方面进行规定。印发《关于禁止党员干部借子女升学等大操大办酒席收敛钱财的通知》,规范干部职工操办酒席行为。开展农村党风廉政建设,印发《牛郎镇2008年农村基层党风廉政建设工作要点》,聘用杨政兴等为村纪检员、村党风政风监督员。规范财务后勤制度,印发《牛郎镇人民政府财务后勤管理制度》,从农村资产资源管理、镇村“一把手”经济责任审计、廉政谈话和诫勉谈话等方面进行规定。开展教育收费专项检查,印发《关于开展教育乱收费专项检查的通知》。开展退耕还林执法监察,印发《关于对退耕还林专项资金管理使用情况进行专项执法监察的通知》,明确监察范围及内容。

2009年,镇党委与镇股室站所长、村干部及行业部门主管负责人签订党风廉政建设责任状132份。是年,镇党委因缺席全县警示教育基地暨揭牌仪式被写情况说明,镇党委书记因缺席全县土地开发暨茶叶种植工作会被写书面情况说明。

2010年,根据《松桃苗族自治县2010年反腐败治本抓源头工作意见》的通知及《松桃苗族自治县2010年制止公款出国(境)旅游专项工作实施方案》的通知等文件要求,开展自查自纠。开展教育收费专项检查,印发《关于开展教育收费专项检查的实施方案》,由各中小学填报自查自纠表,上报问题共计23条,存在乱收费现象2种,乱收费资金包括班费、择校费等,计4362元,责令清退。组织开展农村党风廉政自评工作,由各村填报党风廉政工作情况,对不合格的村进行督促整改。

2011年,开展作风建设年活动,印发《牛郎镇开展作风建设年实施方案》,巩固前几年作风建设成果。强化干部职工管理,印发《牛郎镇2011年度工作目标管理考核办法》,对全年的工作目标任务进行明确,实行量化管理,推进工作落实。推进窗口服务工作,设立“首问责任制”窗口和服务接待窗口,提升为群众办事效率。组织收看中央十七届六中全会精神报告会,组织召开镇反腐倡廉警示教育暨机关作风和效能建设集中测评会,检验作风建设年成果。开展换届纪律作风监督,成立人大换届选举工作监督指导小组,下设指导组、督查组等,确保换届纪律作风过硬。开展会风会纪整顿,党委政府出台《关于加强会议纪律的通知》,严肃处理缺会、迟会等现象。

2012年,印发《2012年牛郎镇党风廉政建设和反腐败责任分解表》《牛郎镇2012年纪律检查委员会工作计划的通知》《牛郎镇纪委2012年行政效能监察工作计划》,规划全年纪检监察工作,规范公务接待、公车管理、精简文件等工作。强化事业单位及村干部管理,出台《牛郎镇事业单位考核管理办法》《牛郎镇村级工作目标管理考核办法》。开展农村集体“三资”清理检查工作,印发《牛郎镇2012农村集体“三资”管理工作实施方案》,对农村资金、资源、资产进行自查登记,摸准农村三资管理情况,纠正农村“三资”不正确的管理方式。开展廉政风险“一查二卡三防控四承诺工作”,对职责不明确,风险把握不到位的进行指导。开展廉政文化“六进”活动,印发《牛郎镇2012年廉政文化“六进”活动实施方案》,利用宣传车、标语、墙报、口头宣传等方式,促进廉政文化进农村、进机关、进学校、进企业、进家庭等。开展农村低保专项检查,按照《松桃苗族自治县关于开展农村低保专项检查工作实施方案的通知》要求,出台《牛郎镇农村低保专项检查工作实施方案》,对不符合国家政策和群众反映强烈的低保问题进行检查调查,清退违规享受低保14户。开展违规操办酒席检查,转发县委政府《关于狠刹借乔迁新居、子女升学等事由大操大办酒席借机敛财的通知》,接受群众举报3起,及时制止3起。开展营养午餐检查,由镇纪委同镇财政分局、食品药品监督管理站等单位,对7个学校营养午餐进行检查,发现食谱不完善、消毒设备不到位及未启用等方面的问题,督促整改。

2013年,贯彻学习中央、省、市县关于公车管理、公务接待、勤俭节约、会议活动等规定要求,开展廉政食堂监督检查。根据“四不准”纪律要求,统一制订接待标准、接待用餐、接待陪同等内容。配合市县纪委开展落实中央八项规定情况监督检查,是年8月用公款举办“七月七日中国情人节”活动,违反中央八项规定精神,是年10月,镇党委政府未按规定停止修建综合业务用房,镇党委副书记、镇长被行政警告处分;镇党委书记和党委副书记、纪委书记被诫勉谈话。

2014年,围绕《松桃苗族自治县2014年党风廉政建设和反腐败工作实施方案》细化牛郎镇工作目标任务,开展干部职工分级约谈工作。配合县民生监督特派组开展民生监督工作,发现民生问题16起,查处干部3名。贯彻学习严禁到名胜风景区开会、精简会议文件及严禁公款吃喝等文件精神,提醒党委政府贯彻落实到位。深入贯彻落实中央八项规定、省委市委十项规定,坚持日常监督检查与重要节点明察暗访相结合,发现问题7件,通报批评23人。开展"吃空饷"专项检查工作,配合县纪委查处牛郎镇中心卫生院职工冉某某"吃空饷"问题,已被责令辞职处理。

2015年,开展党风廉政突出问题专项整治,印发《进一步开展党风廉政建设突出问题集中专项整治的实施方案》《牛郎镇党风廉政建设突出问题集中专项整治第二阶段工作安排》,由各单位、股室站所填报"为官不为、干部不干""损害群众利益突出问题""四风"突出问题自查自纠表及互查互纠表,再由领导小组进行逐一核查销号,领导干部撰写廉政建设突出问题自查报告,根据报告情况梳理问题上报县纪委。开展政务村务公开工作,印发《牛郎镇2015年政务公开工作要点》《牛郎镇2015年村务公开工作实施方案》《牛郎镇2015年政务公开工作实施方案》《牛郎镇2015年党务公开工作实施方案》《牛郎镇政务公开制度》《牛郎镇党务公开制度》《牛郎镇村务公开制度》等。开展岗位廉政风险点排查,梳理权力运行"流程图",实施权力运行清单报备和网上公开制。开展农村危房改造、雨露计划专项监督,发现问题21个,组织处理1人。开展"三个开刀"专项检查。针对群众反映强烈的低保评议问题,检查各村在低保评议中不公正、不公平的问题,共发现问题4个,取消低保4个。

2016年,开展宣传教育活动,组织全镇干部学习典型案例4次。结合"两学一做"学习教育,组织学习《习近平关于严明党的纪律和规矩论述摘编》。严肃换届纪律,组织全体干部及村干部观看换届选举警示教育片《镜鉴》,镇村干部签订换届纪律承诺书71份,进行集中约谈40人次,学习换届纪律"九严禁"。对违反内部管理的行为实行"零容忍",通报工作不力1人,缺会旷会8人次。开展民生领域监督检查,发现违纪线索2件。

2017年,出台《关于成立镇党风廉政建设一岗双责领导小组的通知》《关于印发镇2017年党委落实党风廉政建设主体责任实施方案的通知》《关于印发加强党风廉政建设落实"一岗双责"实施方案的通知》《关于印发牛郎镇党委落实党风廉政建设主体责任和纪委落实监督责任清单的通知》。开展脱贫攻坚监督检查,发现村级问题23个,督促整改问题23个;发现镇党委问题3个,整改问题3个。对县委第四轮巡察牛郎镇党委、岑朵村、黄腊溪村巡察反馈问题64个,督促整改。

2018年,开展领导干部利用茅台酒牟取私利问题专项整治。督促干部职工填报排查表82份,未发现问题。开展脱贫攻坚"两不愁三保障"核心指标问题整改情况、干部结对帮扶成效和工作作风等进行监督检查,对市、县脱贫攻坚督导检查发现反馈牛郎的问题进行调查核实,监督检查154次,督促整改问题985个,因干部作风不实、履职不力等问题被通报批评、谈话提醒、诫勉谈话等累计90人次;发现问题线索35个,被党政纪立案9件9人。开展污染防治攻坚战监督检查,对锦江河上游支流修建养殖场、镇卫生院、中心校排污进行督查,发现问题5个,督促整改问题5个。开展贯彻落实中央经济工作会议情况检查,发现松江村、大河沙村未认真记录传达中央经济工作会议精神记录,督促整改。开展镇扫黑除恶领导小组办公室及齐心村开展扫黑除恶专项斗争工作情况督查,存在资料不规范的情况,责令整改。开展防灾减灾工作督查,督查了镇安监站、国土所等站所,针对防洪防灾、地质灾害点隐患排查等内容,发现问题5个,督促整改问题5个。根据2017年十三届县委第四轮巡察黄腊溪村反馈问题,2018年黄腊溪村党支部书记殷秀阳被县纪委给予党内严重警告处分,不再担任黄腊溪村党支部书记。

2019年,配合县纪委联系室开展牛郎镇政治生态分析研判工作,存在的主要问题是少数干部“四个意识”不强,干事热情有所减退两个问题,督促整改,并长期坚持。开展脱贫攻坚监督检查,主要围绕驻村情况、帮扶情况开展督查,围绕市驻松督导组督查反馈问题整改情况开展督查等,督查56次,督促整改问题1300余个。开展违建别墅自查自纠工作,对159户疑是户进行排查,均属农民自建房,不属违建别墅范畴。开展乱占耕地问题清查整治工作督查,发现问题5个,已按照要求开展核实。开展污染防治攻坚战督查,针对上一年发现的问题整改情况进行逐一核实,严禁乱建养殖场情况的发生。开展扫黑除恶专项斗争工作督查,查看镇综治办、镇派出所等单位落实县委关于开展扫黑除恶专项斗争工作情况,发现资料不规范的问题,已责令整改。开展落实习近平总书记指示批示精神贯彻落实情况监督检查,围绕落实中央经济工作会议情况、落实防灾减灾工作情况督查,未发现问题。开展涉林扶贫民生项目、易地扶贫搬迁和财政涉农补贴资金“一折通”专项监察。开展“百名纪检监察干部访百村进千家”活动。走访村寨15个,走访群众263户856人,立案3件3人,党政纪处分3人,组织调整1人。开展脱贫攻坚日常监督,对脱贫攻坚队员到岗到位情况、干部帮扶情况开展督查。被全镇通报批评村级指挥部4个、驻村队员28人次、帮扶干部38人次。是年10月9日至11月17日,对十三届县委第九轮巡察牛郎镇牛郎村、大鹏溪村、木寨村等13个村的问题324个,督促整改。

2020年,印发《牛郎镇2020年党风廉政建设工作实施方案》,填写镇党委政府班子成员党风廉政建设主体责任清单,党委政府主要负责人第一责任人清单,安排部署全年党风廉政工作。开展党风廉政建设“两个责任”分级约谈2次,累积约谈195人次。开展监督检查12次,完成对镇党组织的政治生态分析研判工作。收集镇党委各部门的综合性资料,拓宽线索渠道。在来信、来访、电话举报受理的基础上,注重从经济审计、专项治理摸排问题线索。配合县纪委第五纪检监察室对牛郎开展脱贫攻坚专项巡察和国有资产专项巡察工作。

(二)信访受理

为进一步落实信访工作责任,有效预防和减少信访问题发生,推动信访问题及时就地解决,依法维护群众合法权益,促进社会和谐稳定,镇纪委按照县纪委和同级党委关于信访工作的安排部署,设置信访举报信箱,公开群众举报电话等,接收和办理群众信访问题线索。

1999年,收到群众反映村干部违法占地建房1件,镇纪委通过与该村干部讲解国家政策,村干部停止占用农田建房;收到党员干部不按时还银行贷款1件,办结1件。

2001年,收到群众来信来访反映干部违反计划生育政策1件,办结1件。

2002年,收到学生家长反映中学因酒后上课在课间体罚学生,办结1件。

2003年,收到某村干部拒绝按时缴纳党费1件,办结1件。

2005年,通过设置举报信箱,收到群众反映镇村干部不按政策给予群众办事2件,办结2件。

2007年,收到群众来电访2件,办结2件。

2008年,通过下村走访、群众来信来访,反映村干部执行农村惠民政策走样、优亲厚友等问题9件,移交到镇政府有关部门按照政策给予村民答复3件,镇纪委办结6件。

2010年,收到群众来信来电反映丈量公益林问题3件,办结3件。

2011年,收到群众来电反映村干部在执行农村低保政策中优亲厚友问题2件,办结2件。

2012年,收到群众来电来访反映村干部执行计划生育政策问题1件,办结1件。

2013年,收到群众来信来访反映农村低保、合医收缴问题3件,办结3件。

2014年,收到群众反映集体公益林资金发放问题2件,办结2件,反映农村危房改造问题3件,办结

3件。

2015年,收到群众反映村财务管理不规范问题3件,办结3件。

2016年,主要围绕民生资金问题走访群众,围绕在低保评议过程中优亲厚友、死亡冒领等问题,接收群众来信来访工作,接待群众9人次,反映问题9件,当面答复问题6件,另外3件涉及民事纠纷问题,已移交镇综治办协调办理。收到上级转办信访件2件,均涉及民生资金问题,已办结2件。

2017年,以"一事一议"评议及实施,养老金发放情况,低保评议,脱贫攻坚等工作为重点,接收和办理群众来信来访工作,接待群众26人次,解决群众疑难困惑21件。收到上级转办信访件4件,办结4件。

2018年,以精准扶贫为问题导向,设置举报信箱,开通网上反映问题渠道,公布信访举报电话,开展进村入户走访工作等方式,听取群众集中反映的信访问题线索,发现问题6个,已处置6件,处理处分科级干部1人,干部职工2人,通报批评3人。收到上级转办信访件1件,办结1件。

2019年,以民生资金为重点,听取群众在低保评议、危房改造、易地扶贫搬迁、退耕还林及国家公益林资金发放及使用等方面的信访举报线索,共计收到群众反映国家公益林资金及退耕还林方面的信访举报32件,处置32件,追缴国家公益林资金6.78万余元,协助县纪委县监委调查科级干部1名,政府干部职工1名;党内警告村干部4名,收到上级转办信访件1件,办结1件。

2020年,以退耕还林及国家公益林资金发放及使用等方面的上访问题为重点,接待群众26人,电话访2人,反映问题主要集中在黄腊溪村国家公益林资金发放及使用情况。收到上级转办信访件3件,办结3件。

(三)民生监督

2014年7月,建立民生监督组。是年,对家电下乡、能繁母猪补贴、农机具补贴开展专项监察,核查家电下乡2135台,发现问题1215个,追缴违纪资金12.50万余元;能繁母猪补贴发现问题5个,追缴违纪资金7890元。

2015年,开展学生营养午餐补助、农村危房改造、农村低保专项监察,其中对学生营养午餐核查发现学校套取学生资助金共计18.3866万元,立案1件1人;核查农村危房改造发现凯保村统计员陈某某以村里办公经费名义向18名危改户收取资金4000元,当年陈某某被给予党内警告处分,违纪资金退还危改户;核查农村低保发现问题3个,追缴违纪资金7565元,立案3件3人。

2016年,开展计生社抚费、精准扶贫、小额信贷贴息、水利工程、雨露计划培训等领域专项监察,发现问题线索3个,其中查处违规使用计生社抚费11.72万元,党内立案2件2人,雨露计划专项监察共核查240余人。

2017年,开展"一事一议"、农村危房改造及农户科学储粮专项投资计划专项监察。发现问题线索6个,立案5件5人,协助问责副科级干部1人。

2018年开展农村专业合作社专项监察,发现问题线索15个,立案6件6人,其中党纪处分5件5人,政务处分1件1人,协助问责副科级干部2人。

2019年开展"访村寨、重监督、助攻坚"、林业、扫黑除恶专项监察工作,发现问题线索17个,立案9件9人,收缴违纪资金2万余元,协助问责副科级干部5人。

2020年,开展"访村寨、重监督、助攻坚"、农民专业合作社、水务、疫情防控开展专项监察工作,其中脱贫攻坚发现问题线索15个,立案5件5人;发现疫情防控问题13个,镇级通报批评11人,谈话提醒9人;发现农民专业合作社问题3个,给予党纪立案1件1人,收缴资金2.8万元。

(四)警示教育

镇纪委充分利用职工大会组织对镇村干部通报典型案例和集中观看警示教育案例,开展警示教育;运用QQ工作群、微信工作群和村务“白黑饭”等形式强化党风廉政建设警示教育。

1993年至2011年,通报县内11名公职人员违纪违法案例24场次,组织镇村干部观看《胡长清案件警示录》3场次,1410余人次镇村干部接受警示教育。

2012年,组织190余人次镇村干部学习《中国共产党纪律处分条例》3场次。

2013年,组织干部职工观看警示教育案例,用身边典型案例,进行警示教育,做到警钟长鸣。

2014年,组织干部职工观看《贪之祸》警示教育片5场次,通报中央纪委监察部通报案件3次,县纪委通报案件6次。

2015年,组织镇村干部通报镇内低保、农村危房改造、救灾资金典型案例5场次。

2016年,组织干部职工观看《永远在路上》《镜鉴》《深山馋鼠》及湖南衡阳破坏选举案等警示教育5次,在微信工作群通报县内典型案例4次。

2017年,利用干部职工大会通报县内民生扶贫领域典型案例13次,镇内悬挂警示教育标语横幅15幅。

2018年,开展民生扶贫领域巡回活动警示教育2场次,通报市内5起典型案例。

2019年,组织全镇党员干部到县内警示教育基地接受教育2次。

2020年,通报典型案例5场次,观看扶贫民生领域典型展2场次,镇内悬挂警示教育标语7幅。

第十五节　寨英镇纪检监察工作

一、机构队伍

1992年5月,按照县“建镇、并乡、撤区”的安排,撤销原普觉区及其所辖的寨英镇与落满乡、邓堡乡,由寨英镇与落满乡、邓堡乡合并,组建新的寨英镇行政区划。是年6月,县委任命蒋元喜为镇纪委书记。

1993年3月,寨英镇召开第一次党代会,选举产生中共松桃苗族自治县寨英镇纪律检查委员会。

2019年7月,国家监察体制改革向乡镇(街道)延伸,设立县监察委员会派出寨英镇监察办公室,与镇纪委合署办公,实行“两块牌子、一套人员”的管理体制,履行纪检监察职责。

中共寨英镇纪律检查委员会

(1992年6月至2020年12月)

书　记	蒋元喜	1992年6月至1992年11月
	曾宪志	1992年11月至1994年11月
	雷义国	1994年11月至1996年2月
	黎昌明	1996年2月至1999年3月
	雷启发	1999年3月至2001年12月
	杨刘华(苗族)	2001年12月至2009年11月
	曾庆提(苗族)	2011年9月至2013年3月
	代开明(苗族)	2013年2月至2016年8月

	吴赵德(苗族)	2016年8月至2017年5月
	田兴国(苗族)	2017年12月至2020年12月
副书记	曾　勇	2006年8月至2014年6月
	杨秀军(苗族)	2014年8月至2016年8月
	杨昌银(苗族)	2016年8月至2019年3月
	文　艳(女)	2020年3月至2020年12月
纪委委员	蒋元喜	1992年6月至1992年11月
	曾宪志	1992年11月至1994年11月
	黎昌明	1993年3月至1999年3月
	雷启发	1993年3月至2001年12月
	雷义国	1994年11月至1996年2月
	吴锦凤	1996年2月至1999年3月
	刘仕林	1999年3月至2002年3月
	杨光华	1999年3月至2002年3月
	杨刘华(苗族)	2001年12月至2009年11月
	刘廷勇	2002年3月至2006年8月
	杨景明	2006年8月至2016年8月
	曾　勇	2006年8月至2014年6月
	曾庆提(苗族)	2011年9月至2013年3月
	谢贵香(女)	2011年9月至2020年12月
	雷应龙	2011年9月至2020年12月
	代开明(苗族)	2013年2月至2016年8月
	杨秀军(苗族)	2014年8月至2016年8月
	吴赵德(苗族)	2016年8月至2017年5月
	杨昌银(苗族)	2016年8月至2019年3月
	黎　力	2016年8月至2020年12月
	田兴国(苗族)	2017年12月至2020年12月
	文　艳(女)	2020年3月至2020年12月

寨英镇监察室

(1992年2月至2012年12月)

主　任	雷启发	1992年2月至1997年9月
	杨光华	1997年9月至2002年9月
	杨景明	2002年9月至2012年12月

县监察委员会派出寨英镇监察办公室

（2019年7月至2020年12月）

主　　任　田兴国(苗族)　　2019年7月至2020年12月
副 主 任　文　艳(女)　　2020年3月至2020年12月
监察专员　田　勇(土家族)　　2019年12月至2020年12月

二、主要工作

（一）党风廉政建设

寨英镇纪委协助镇党委加强党风廉政建设和组织协调反腐败工作，督促检查落实惩治和预防腐败工作任务，担负惩治腐败责任，遏制腐败蔓延，确保党的路线方针政策和中央、省、市、县重大决策部署得到贯彻落实。

1992年至1994年，为防止在"建并撤"过程中各种违法和不正之风的发生，根据县委县人民政府《关于建并撤后干部职工拖欠公款公物的处理意见》，开展干部职工拖欠公款公物自查清理工作，通过自查清理，无干部职工拖欠公款公物的问题。

1995年，根据县纪委《关于严禁在元旦、春节等重要节假日期间用公款请客送礼、滥发津补贴、大吃大喝、铺张浪费的通知》要求，组织镇村干部进行传达学习12次，参与学习人数895人次。

1996年，贯彻中央纪委六次全会精神和省委七届四次全会精神，开展领导干部的廉洁自律教育工作；在领导干部和站所负责人中对照省纪委提出的"五条规定"进行自查自纠。

1997年，根据《关于党政机关厉行节约制止奢侈浪费实施细则》的要求，在全镇党政机关开展接待费用、公款安装住宅电话、购买移动电话、配备小汽车等自查清理，制止奢侈浪费情况督促检查25次，未发现问题。

1998年，组织学习《关于纪检监察机关加强对没收追缴违纪违法款物管理的规定》，对贯彻执行制止奢侈浪费八条规定情况进行监督检查。

1999年，制订和建立健全领导班子成员党风廉政建设责任制度，完善领导班子廉政档案。组织股室站所、村干部签订党风廉政建设责任书135份。

2000年，组织学习《关于转发〈中共贵州省纪委、贵州省监察厅关于严禁党政机关及其工作人员接受和赠送礼金的通知〉的通知》《关于认真执行领导干部廉洁自律有关规定的紧急通知》，组织副科级以上实职领导干部填写领导干部收入表和礼品登记簿。

2001年，在全镇范围内推行政务公开、村务公开，依法查处影响较大的经济案件和及时查清群众反映强烈的信访案件。组织学习毛泽东、邓小平、江泽民等领导人关于党风廉政建设重要论述，召开镇村两级干部党风廉政报告会5场次。开展"五一"国际劳动节、国庆、春节等重要节假日对公车使用情况监督检查，规范公车使用。

2002年，按照县纪委监察局的年初工作安排，开展干部作风、计划生育工作、城镇建设等方面的监督检查。与股室站所、村党组织负责人签订党风廉政建设责任书145份。利用会议、标语、板报、宣传栏、播放电教片等形式，开展反腐倡廉宣传教育。

2003年,在全镇范围内开展严禁干部职工大操大办酒席宣传及监督检查,制止违规操办酒席3起。在全镇范围内开展党员评议,召开党员大会,对735名党员进行民主测评;开展不合格党员清理工作。开展公款吃喝、公车旅游监察14次;开展"小金库" 专项治理工作,督促问题及时整改。开展"四要十不准"学习和作风情况进行督查。

2004年,组织镇村干部学习《中国共产党党内监督条例(试行)》和《中国共产党纪律处分条例》等党纪党规,参与人数达325人次。

2005年,印发《2005年党风廉政建设和反腐败各项任务分解表》通知,对2005年党风廉政建设和反腐败各项任务进行责任分解到人、积极推进从源头上预防和治理腐败工作、建立健全监督制约机制、落实党风廉政建设责任制。组织镇村干部学习《中共中央关于加强党的执政能力建设的决定》《中共中央关于增加农民收入的若干意见》,参学人数达215人次。

2006年,组织学习中共十六届三中全会精神、《中共中央关于加强党的执政能力建设的决定》《中共中央关于增加农民收入的若干意见》、"两个条例""四项制度"、社会主义荣辱观教育等重要会议和文件精神;成立寨英镇农村基层党风廉政建设联系点工作领导小组,签订党风廉政建设责任状215份 。

2007年,组织干部职工学习胡锦涛总书记在中央纪委全会上重要讲话精神,印发《2007年党风廉政建设和反腐败各项工作任务进行问责任务分解的通知》,与各村党支部书记及站所负责人签订责任状109份。组织干部职工学习地县纪委的禁操规定,严禁乡(科)级干部违规驾驶公车。组织学习"三个代表"重要思想和践行科学发展观,学习中央纪委七次全会精神,贯彻落实县纪委各项会议精神和工作要求。制订《寨英镇农村基层党风廉政建设实施方案》;对镇合医站的账务进行执法检查,未发现问题。

2008年,组织镇村干部学习中央纪委十七届二次全会、省纪委十届二次全会精神、《中国共产党党内监督条例》《中国共产党纪律处分条例》。召开党风廉政建设和反腐败工作会议,与股室站所、村签订党风廉政建设责任书156份,制订《寨英镇农村干部基层党风廉政建设实施方案》,成立领导小组,建立"三会"制度。开展2000年以来退耕还林专项资金检查,无违规情况。根据《关于在基层站所开展述职述廉及民主评议工作实施方案》,开展基层站所述职述廉及民主评议工作,评议代表对各站所工作人员进行了民主测评,主要是从"德、能、勤、绩、廉"五个方面测评,发出测评表45份,收回45份。

2009年,重申和执行领导干部个人重大事项报告制度,开展收受礼品礼金登记制度和个人收入申报制度工作。建立便民服务中心,加强重大事项集体决策规范化、透明化;查处学校收费、农村低保、救灾物资、农村合作医疗资金发放的违纪违法行为,督促各村村务公开。

2010年,学习《行政机关公务员处分条例》《中国共产党党内监督条例》《中国共产党纪律处分条例》,开展常态化干部约谈工作。利用会议学习时机,通报《关于罗甸县严肃查处7名党员领导干部违规大操大办酒席案件的通报》典型案例,印发《学习贯彻〈中国共产党党员领导干部廉洁从政若干准则〉实施方案》。

2011年,组织镇村干部学习《中国共产党章程》《中国共产党党内监督条例》《中国共产党纪律处分条例》、"四要十不准"。把党风廉政建设与"践行宗旨教育""创先争优"等活动同安排、同落实,并开展领导干部述职述廉工作,把实行岗位廉政风险防范制度的范围扩大到全镇机关、站所及村"两委"所有在岗人员。镇机关、站所及村"两委"共100余名在岗人员查找本岗位可能产生的岗位风险点,填写寨英镇廉政风险防范承诺表,向单位和社会作出公开承诺,接受群众监督,听取群众意见。开展执行作风行为规范"四要十不准"进行督查,并由干部职工签订"四要十不准"承诺书。制订《寨英镇开展廉政风险防范工作实施方案》,开展家电下乡、粮种补贴、粮食直补、合医报销补助等涉农资金专项检查4次,未发现违规问题。对镇内2所中学、3所小学、4所村完小的教育收费、教育经费使用情况进行专项检查。开展以农村集体资金、资产、资源为主要内容的“三资”清产核资工作，全镇共清理资金类银行存款43.88万元，应付款34.74万元，应收款4.2万元，资产类共222.4万元，资源类3491万元。清理后的各村集体“三资”已经全部纳入镇农业服务中心统一管理。出台《2011年寨英镇党政机关干部职工管理制度》《寨英镇2011年机关干部作风和效能建设考核评价工作方案》《寨英镇2011基层站所民主评议作风活动实施方案》《寨英镇2011年基层站所民主评议行风活动实施方案》。

2012年，开展对全镇2所中学、3所中心完小、6所村级完小、5所教学点进行教育收费专项检查，未发现乱收费现象。学习县委下发的《关于狠刹借乔迁新居、子女升学等事由大操大办酒席借机敛财的通知》精神，签订《禁止违规操办酒席责任状》224份。

2013年，学习《中国共产党纪律处分条例》《中国共产党党内监督条例》，开展廉政文化演艺活动1场次。学习《中国共产党党员干部廉洁从政若干准则》《中国共产党纪律处分条例》《中华人民共和国公务员法》4次。

2014年，开展党性党风党纪教育，党委书记定期上党课，党员手抄《中国共产党章程》活动。开展党务公开、村务公开、农民减负工作专项督查。制订《村级财务管理制度》。开展低保资金、危房改造资金、退耕还林资金、粮食直补等涉农资金专项检查4次，开展“债权、债务、固定资产、库车物资、集体资源经营性合同”等清理、审核工作。开展廉政风险排查防控工作，查处各类风险点94个，其中高风险12个，一般风险53个，低风险29个。

2015年，落实党风廉政建设“一岗双责”要求，把责任制纳入领导干部目标考核管理，强化党风廉政建设责任制的落实，签订党风廉政建设责任状。开展党务公开、政务公开、村务公开，提高广大人民群众的知情权和监督权，增加工作透明度，安装阳光村务白黑板84块。

2016年，学习《中国共产党党员领导干部廉洁从政若干准则》《中国共产党廉洁自律准则》。通过调查走访、入户核查、查阅台账等方式，对危房改造、退耕还林、家电下乡、畜牧良种、农机购置、学生资助、微企补助、计生社抚、村居民生事务等开展专项监察，发现问题10个，党纪政务立案3件。落实党风廉政建设“一岗双责”要求，把责任制纳入领导干部目标考核管理，镇党委政府与各基层单位、学校、部门签订了党风廉政建设责任状。督促全镇24个村(社区)“白黑板”使用情况，发现大塘坡村党支部书记吴某对“白黑板”未使用，长期堆放在村委会办公楼被诫勉谈话。配齐24个村的村务监督主任及委员2名。学习贯彻落实中央八项规定精神、省委和市委十项规定、县委“五要七带头”等规定，对198名党员干部和国家机关工作人员是否违规投资入股非煤矿山参与经营进行清查。开展收送“购物卡”等隐形“四风”问题专项督查工作。组织学习《中国共产党章程》《中国共产党廉洁自律准则》《中国共产党纪律处分条例》，215人次参加学习测试，以考促学。

2017年，制订《寨英镇2017年领导干部个人重大事项报告制度》，开展党员干部个人重大事项报告和工作纪律自查自纠，参与自查人数345人次，未发现问题。开展党员干部违规参与经商办企业和违规发放津补贴督查、茅台酒乱象整治自查、党员干部和国家公职人员违规参与企业矿山经营自查工作，参与自查人数425人次，未发现问题。开展对迎接环保督察、环境卫生考核、脱贫攻坚攻势、秋冬种、易地扶贫搬迁旧房拆除督查。开展城乡居民养老保险、居务公开、中共十九大会议期间值班值守情况督查。制订《寨英镇干部职工管理制度》《寨英镇村干部管理制度》。

2018年，对新任站所负责人和重要岗位上的干部职工、新到政府上班的干部进行廉政谈话12人次；开展“两个责任”分级约谈两次204余人次，党风廉政建设签名260余人。签订不违规设摆“谢师宴”等责任状120余份。学习宣传贯彻中共十九大精神、中央、省、市、县纪委全会精神，学习《中国共产党纪律处分条例》《中华人民共和国监察法》,写学习心得体会125篇。

2019年,开展津补贴、违规列支“三公”经费专项整治工作,开展巩固拓展落实中央八项规定精神成果切实纠正“四风”问题自查自纠工作。围绕“不忘初心、牢记使命”系列主题教育,对班子成员落实全面从严治党责任情况开展监督检查15次。围绕扶贫领域腐败和作风问题开展专项整治,开展“访村寨、重监督、助攻坚”专项行动,开展扶贫干部吃住在村、房前屋后硬化、环境整治、房屋透风漏雨整治,对结对帮扶干部及全镇24个村脱贫攻坚指挥部工作开展情况督查325次;坚持抓早抓小,运用好“四种形态”,对大水沟村帮扶干部作风不实问题集中约谈23人次、对上寨村帮扶干部谈话提醒8人次,对128名帮扶干部及村干部通报批评,对大水沟村等10个村提出整改建议18条,督促完成整改。凯牌村脱贫攻坚指挥部攻坚队员吴某因累计不到岗23天被党内严重警告处分。

2020年,围绕扶贫领域惩治“蝇贪”三年行动,及“杨荣式”好干部大走访,开展农村新型经济实体运行、城乡居民基本养老保险、农村贫困人口大病医疗救治和城乡医疗救助、农村养殖产业扶贫项目资金、公益林补助资金、农民专业合作社(公司)实施的扶贫民生项目、安全饮水工程等专项监察,发现问题86个,对优亲厚友、不正确履行职责、安全生产履职不力等问题立案查处15人(其中3人被党纪政务双立案),党纪政务处分18人次。配齐24个村(居)民生监督委员会主任和委员。开展常态化疫情防控工作监督检查215次,提出整改建议5条,黎堡村统计员雷某某等3人对整改问题不重视被谈话提醒。制止餐饮浪费,开展对政府食堂、学校食堂、餐馆的监督检查28次,提出整改建议11条。对24个村产业发展情况督查11次、矿山企业复工复产情况督查11次,提出整改建议12条。开展群众身边黑恶势力、村霸寨霸等问题线索排查25次。开展制止农村违规占用耕地建房监督检查49次,督促职能部门及时制止乱占耕地建房问题和严格执行按程序申报审批手续。对县委巡察组巡察寨英反馈的涉及孤儿补助、危房改造、集体公益林补偿等问题线索7件进行全面调查核实。半沟村党支部书记彭某某等7人被谈话提醒,寨英村党支部书记彭某某等5人被诫勉谈话,落满村党支部书记刘某某等4人被党内警告处分。组织学习《习近平总书记系列重要讲话读本》《中国共产党政法工作条例》《中国共产党纪律处分条例》《中国共产党问责条例》《中华人民共和国公职人员政务处分法》《中华人民共和国民法典》,参与干部职工756人次。协助县纪委编写寨英政治生态活页工作,参与寨英镇政治生态分析研判。2020年,县纪委监委授予寨英镇纪委先进集体及杨荣式好干部先锋模范岗称号。

(二)信访处置

认真开展信访问题的核查、处置和回复工作,及时回应群众关切,是镇纪委的一项基础性工作。

2011年,县纪委转办件22件,信访处置22件。

2012年,县纪委转办件1件,信访处置1件。

2013年,县纪委转办件3件,信访处置3件。

2014年,县纪委转办件3件,信访处置3件。

2015年,信访受理9件,其中县纪委转办件7件,本级受理群众来访2件,办结9件。

2016年,信访受理15件,其中县纪委转办件5件,本级受理群众来访10件,办结15件。

2017年,信访受理11件,其中县纪委转办件7件,本级受理群众来访4件,办结11件。

2018年,信访受理11件,其中县纪委转办件2件,本级受理群众来访9件,办结11件。立案3件,党内警告处分1人,党内严重警告处分2人。

2019年,信访受理13件,其中县纪委转办件6件,本级受理群众来访7件,办结13件。立案2件,党内警告处分1人,党内严重警告处分3人。

2020年,县纪委转办件3件,信访处置3件。

(三)民生监督

2014年,开展家电下乡、小额贷款贴息、教育系统营养餐专项监察,党纪立案2起,收缴家电下乡违规补贴资金,83.73万元,上缴国库。

2015年,开展危房改造、教育系统营养餐、小额贷款贴息专项监察,党纪立案4起,教育系统套取营养餐41万元上缴国库,微企业骗补资金5万元上缴国库、危改套取资金上缴国库7000元上缴国库。

2016年,开展精准扶贫、小额贷款贴息、雨露计划等专项监察,违反工作纪律、廉洁纪律党纪立案10起,收缴违纪资金9.78万余元,上缴国库。

2017年,开展"一事一议"、生态移民等专项监察,违反廉洁纪律、工作纪律等党纪立案10起,收缴违纪资金7070元,上缴国库;收缴挪用村集体资金37.91万余元,退回村集体。

2018年,开展专业合作社、生态公益林补贴资金专项监察,党纪立案10起;诫勉谈话9人次,提醒谈话12人,精准扶贫及其他工作领域全镇通报批评18人,收缴违纪资金3.25万余元,上缴国库。

2019年,开展生态公益林补贴资金、农村低保等监察,党纪立案13起;诫勉谈话3人次,提醒谈话12人次,精准扶贫及其他工作领域全镇通报批评148人;收缴挪用村集体资金7.10万余元,退回村集体;收缴侵占村民违纪资金6800元,退回村民。

2020年,开展农村专业合作社、农村饮水安全监督检查及安全生产伤亡责任事故调查工作,党纪政务立案15人(党纪政务双立案3起),其中党纪立案10件,政务立案8人;诫勉谈话7人,谈话提醒7人,收缴违纪资金,上并缴国库4.61万元。开展精准扶贫、疫情防控等工作领域的监督监察,通报批评10人,谈话提醒11人次。

(四)警示教育

1993年至2016年,镇纪委将党性教育、纪法教育、警示教育作为警示教育干部的重要抓手,利用会议、标语、板报、宣传栏、播放电教片等形式,有计划、有步骤地组织开展反腐倡廉宣传教育活动,并在人流密集地方张贴廉政教育宣传标语、印刷廉政宣传漫画,始终坚持反腐倡廉常抓不懈,拒腐防变警钟长鸣。

2017年,组织乡村两级干部到县警示教育基地接受警示教育1次,建立村级重大事务发布平台。组织政府全体干部职工、各村干部开展扶贫领域警示教育2次。

2018年,通报精准扶贫典型案例15次,开展巡回教育展2次。

2019年,组织党员干部、第一书记、驻村干部、村支两委干部等共215人,赴县党风廉政建设警示教育基地接受警示教育。组织观看《董事长的没落》警示教育片。组织党员干部、第一书记、驻村干部、村支两委干部452人次开展扶贫领域警示教育2次。

2020年,开展警示教育12次,组织党员干部、第一书记、驻村干部、村支两委干部389人次开展扶贫领域警示教育2次。

第十六节　迓驾镇纪检监察工作

一、机构队伍

1992年5月,按照县"建镇、并乡、撤区"的安排,撤销原长兴区及其所辖的迓驾镇、达车乡,由迓驾镇与达车乡合并,组建新的迓驾镇行政区划。是年6月,县委任命龙炳章为镇纪委书记。

1993年3月,迓驾镇召开第一次党代会,选举产生中共松桃苗族自治县迓驾镇纪律检查委员会。

2019年7月,国家监察体制改革向乡镇(街道)延伸,设立县监察委员会派出迓驾镇监察办公室,与镇纪委合署办公,实行“两块牌子、一套人员”的管理体制,履行纪检监察职责。

中共迓驾镇纪律检查委员会

(1992年6月至2020年12月)

书　　记	龙炳章(苗族)	1992年6月至1992年11月
	刘守扬	1992年11月至1998年12月
	龙胜友(苗族)	1999年1月至2003年7月
	姚本义(侗族)	2003年7月至2010年6月
	杨正军(苗族)	2011年3月至2012年4月
	张朝海(土家族)	2012年4月至2014年12月
	石　英(苗族)	2014年12月至2015年12月
	杨春芽(女,仡佬族)	2016年8月至2020年12月
副 书 记	周德顺	2006年8月至2015年12月
	石树江(苗族)	2016年8月至2020年3月
纪委委员	龙炳章(苗族)	1992年6月至1992年11月
	刘守扬	1993年3月至1998年12月
	阳广沛(苗族)	1993年3月至1998年12月
	阳志洪(侗族)	1993年3月至1998年12月
	龙胜友(苗族)	1999年1月至2003年7月
	阳大亮(苗族)	1999年3月至2002年3月
	杨银花(女)	2002年3月至2006年8月
	姚本义(侗族)	2003年7月至2010年6月
	周德顺	2006年8月至2015年12月
	龙钢锦(苗族)	2006年8月至2011年9月
	姚能文(土家族)	2006年8月至2011年9月
	黄　靖(侗族)	2006年8月至2013年3月
	杨正军(苗族)	2011年3月至2012年4月
	孙华辉(土家族)	2011年9月至2016年8月
	陈爱军(苗族)	2011年9月至2016年8月
	张朝海(土家族)	2012年4月至2014年12月
	石　英(苗族)	2014年12月至2015年12月
	杨春芽(女,仡佬族)	2016年8月至2020年12月
	黄　靖(侗族)	2016年8月至2020年12月
	石树江(苗族)	2016年8月至2020年12月
	李致衡(苗族)	2016年8月至2020年12月
	李胜花(女)	2016年8月至2020年12月

县监察委员会派出迓驾镇监察办公室

（2019年7月至2020年12月）

主　　任　杨春芽(女,仡佬族)　　2019年7月至2020年12月
副 主 任　石树江(苗族)　　2019年7月至2020年3月
监察专员　(暂缺)

二、主要工作

(一)党风廉政建设

迓驾镇纪委协助党委推进全面从严治党、履行党风廉政建设和反腐败工作,认真落实纪委监督责任,确保党的路线、方针、政策及重大决策部署得到贯彻落实。

1992年,在“建并撤”工作中,原达车乡党委不严格执行财经纪律和有关工作纪律,擅自变卖公物,随意扩大经费开支,被县纪委给予全县通报,有效防止了“建并撤”后的各种违法和不正之风发生。

1993年,贯彻执行中共十四大精神,切实抓好党风廉政建设的宣传教育和反腐败工作、纠正部门和行业不正之风,开展违纪人员回访教育3人。

1994年,组织干部职工学习中共中央《关于一九九四年元旦、春节期间严禁用公款吃喝送礼铺张浪费的通知》《关于一九九四年全县纪检监察工作目标考评办法的通知》等文件精神。

1995年,组织干部职工学习党纪法规知识及节假日期间的相关纪律规定,开展革命传统教育和违纪人员回访教育3人。

1996年,在全镇举办党政纪条规知识竞赛,开展公路“三乱”治理、中小学乱收费和向农民乱收费乱摊派情况检查等工作。

1997年,学习贯彻江泽民同志重要讲话和十四届中央纪委八次全会精神,对领导干部落实廉洁自律各项规定的执行情况进行监督,开展减轻农民负担、建设工程项目、中小学收费等执法监察,开展严格控制新建和装修办公楼、各种会议、各种庆典活动、接待费用、公款安装住宅电话、购买移动电话、配备小汽车、各种检查评比等自查清理工作。

1998年,学习贯彻十五届中央纪委二次全会精神、省纪委第九次全会精神,根据地纪委和县纪委工作要点,开展厉行节约、制止奢侈浪费、纠正部门和行业不正之风、查办案件等工作,对用公款安装住宅电话、配置移动电话及BP机情况进行自查清理,对各种会议、庆典、检查、评比、达标互动等工作中是否厉行节约进行检查;开展制止奢侈浪费行为的各项规定执行情况监督检查。

1999年,印发《纪委工作意见》至各村、各部门,让党员干部知晓纪委工作职责职能;建立四簿两书两报告,规范纪委工作制度;建立政务村务公开栏17个,放映反腐纪录片3次。组织各村党组织对马安村山体滑坡灾害进行募捐活动和协调各方资源进行灾后重建工作,开展违纪人员回访教育1人。开展对镇中学、镇小学、达车小学的教育收费检查,查处超范围收费4.09万元,鉴于学校面临实际困难,政府决定不收缴财政。开展粮改、扶贫资金、收支两条线规定落实和预算外资金征管使用等执法监察,发现龙里村有7500元扶贫款被村干部挪用问题,已责令龙里村进行整改。

2000年,贯彻落实“三个代表”重要思想,认真执行《中国共产党党员领导干部廉洁从政若干准则》和

制奢有关规定;落实“收支两条线”管理规定,对村提留、乡统筹预算进行自查自审工作;开展党政机关及其工作人员是否接受和赠送礼金自查自纠工作,整顿机关作风。

2001年,开展对干部职工党风廉政建设责任制的量化考核,制订党风廉政建设责任制目标管理考核内容和评分细则,签订《党风廉政建设责任状》35份。对部分干部“走读”的不良之风进行监督检查,对机关食堂运行进行检查。对迓驾村会计刘某某利用职务之便私分村提留款问题进行调查,刘某某因深刻认识自己错误、认真检讨免予处分。

2002年,开展党风廉政建设责任制目标管理考核,学习《中国共产党党内监督条例(试行)》《中国共产党纪律处分条例》,开展教育收费、公款安装住宅电话移动电话及BP机清理工作。

2003年,开展党风廉政教育报告会2次,签订党风廉政责任书35份,播放电教录像带、碟子等反腐警示片4场,进行党政纪教育5次,办宣传墙报10期。组织干部职工学习《关于严禁干部职工大操大办酒席的规定(试行)》《坚决刹住用公款大吃大喝歪风的紧急通知》文件精神,纠正请客送礼、借机敛财等不正之风。严明纪律,保证非典型肺炎防治工作的顺利进行。开展对村小学(教点)收费进行专项监察,查出硐口村小等16所中小学均超“一费制”的收费规定,要求涉及学校进行整改;对群众举报龙里村村财务问题进行调查,发现龙里村财务较混乱但干部无贪污挪用现象,并对龙里村账务进行清理及张榜公示。对群众举报医院有假药劣药问题等进行调查,发现医院有过期药品25个品种涉及金额1.8万余元,要求医院进行整改。对镇内一起烧伤11人、死亡1人的交通事故原因和责任进行调查,镇干部职工及时配合施救,未发现干部失职渎职问题。对退耕还林资金进行检查,发现开支手续和票据不规范问题,要求林业站整改并规范管理。对农机站收费情况进行检查,未发现乱罚款行为。对碗森村党支部党员罗某某、牛角村党支部党员杨某某等2人超生问题进行审查,2人被镇党委给予党内严重警告处分。

2004年,按照“为民、务实、清廉”的要求,开展党风廉政建设宣传活动,出台《迓驾镇2004年党风廉政建设和反腐败各项任务分解表》,将党风廉政工作任务按职能分到股室站所和个人,进一步明确党风廉政建设任务和责任。

2005年,组织干部职工学习《中国共产党章程》《中国共产党党内监督条例(试行)》,开展廉政文化进职工家庭活动;组织开展《建立健全教育、制度、监督并重的惩治和预防腐败体系实施纲要》知识测试和学习《关于严格遵守党的纪律的规定通知》《松桃苗族自治县机关工作人员诫勉教育、效能告诫实施办法(试行)的通知》等文件。

2006年,按照县委要求,层层签订党风廉政责任书48份,通报县内《沙坝河乡干部李平均搞非组织活动破坏选举违纪案例》,开展党风党纪教育6次,撰写读书笔记12万字、学习心得20篇。对镇内换届工作进行纪律监督,保障换届工作顺利进行。开展纠风工作,提出迓驾镇2006年治理教育乱收费的具体意见和措施,对教育收费情况进行自查申报,自查发现5所学校违规向学生收缴学杂费共2.5万元问题,要求学校及时进行清退和纠治。

2007年,抓机关干部作风建设,对干部职工上下班签到和请销假制度执行情况进行监督检查,对上班时间打牌、娱乐等进行整治。对干部职工进行廉洁从政教育,组织干部职工学习党纪法规知识,开展对干部执行廉洁自律各项规定情况进行自查自纠工作,年内未发现干部职工违规违纪情况。对16个村的财务进行清查,推进“撤小村并大村”村级管理体制改革,将16个村1个居委会合并为5个大村,规范对村级干部的管理。开展党风廉政进农村活动,督促各村建立村级理事会、监事会和村民代表会,对各村党务公开、村务公开情况进行监督。印发《关于全面禁止违规大操大办酒席的意见》,落实禁止违规操办酒席规定,年内未发现违规办酒情况;对教育乱收费进行监督检查,严格落实“一费制”规定,确保教育乱收费不反弹；对扶贫资金等专项资金管理使用情况进行执法监察，确保资金专款专用、落到实处；对执行《中华人民共和国行政许可法》情况进行检查，督促相关单位依纪依法办事。

2008年，以"农村基层党组织建设活动年"为载体，签订党风廉政建设责任状38份，办廉政宣传栏4期，发放廉政宣传读本25本、资料120多份，制作简报8期。进行镇党务公开2次、政务公开10次，重点对当年党员发展情况、党费收缴情况进行公开，对青山沟片通村公路、牛角至马安、冷水至马安通村公路项目资金的管理使用情况进行公开，对合医、低保、救济款物等经费报销、发放情况进行公开。制订《基层党风廉政建设实施方案》，明确村级党风廉政建设信访员、监督员。出台《迓驾镇村级干部管理暂行规定》，严格兑现奖惩，规范村干部管理。对2005年至2007年的退耕还林工程专项资金进行检查，未发现截留、挪用、私分退耕还林资金情况。对全镇中小学校教育收费进行检查，镇中学没有向学生收取其他费用，其他镇内学校根据相关规定，按照代课教师的数量收取适当的代课费予以补充代课教师工资，未发现重大违纪行为。对镇内抗雪凝救灾、非税收支两条线执行、合医报销、违规大操大办酒席等开展监督检查，未发现违纪违法情况。严格执行《关于利用子女升学大办酒席收敛钱财的通知》和《严禁国家机关、企事业单位干部职工借婚嫁、乔迁大操大办酒席收敛钱财的规定》文件规定，未发现干部职工违规办酒情况。

2009年，以学习实践科学发展观活动为契机，组织学习中共十七大报告、《中国共产党章程》《贵州省乡镇干部选拔任用办法》等党纪党规知识，印发《政府干部职工管理办法》《村干部管理办法》。开展警示教育活动1次，签订党风廉政建设责任状38份，开展向全国优秀纪委书记王瑛学习1次，制作党风廉政宣传标语3幅，办廉政宣传栏4期，发放宣传资料216份，征订廉政课本1298本，进行镇党务公开2次、政务公开10次。纠正行业和不正之风，重点对退耕还林专项资金管理使用、合医报销、中小学教育收费、违规操办酒席等进行清查，未发现重大违规违纪行为；对村级"三资"管理情况进行清理，未发现重大违规违纪情况。

2010年，开展警示教育活动2次，签订廉政责任状38份，将党风廉政建设和反腐败各项任务分解到个人，办廉政宣传栏4期，发放宣传资料300份，利用各种会议进行廉政教育10次。组织干部职工学习《关于严禁干部在乔迁、子女升学等事宜中大操大办酒席的规定》，对干部职工2009年1月以来操办酒席的情况进行清理，未发现违规操办酒席情况。开展"创先争优"活动暨"践行宗旨教育"活动，出台《迓驾镇领导班子建设督查考评安排意见》《迓驾镇干部职工年度考核量化评分办法》《迓驾镇村级干部实行管理督查及考核办法》《全镇党委政府领导信访工作场天接待日制度》，规范迓驾镇领导班子建设督查考评，用制度规范管理干部。开展"小金库"专项治理"回头看"工作，未发现重大违规违纪问题。

2011年，开展警示教育活动3次，签订廉政责任状38份，办党风廉政宣传栏4期，发放严肃换届纪律等宣传资料286份，开展廉政文化文艺演出5场。组织学习中共十七大和十七届三中、四中全会精神，十七届中央纪委第六次全会精神、《中国共产党领导干部廉洁从政若干准则》《严肃换届纪律警示教育案例选编》等8次。开展党员发展、党费收缴、党员活动等党务公开3次、政府信息等政务公开30次、"一事一议"项目等村务公开42次。制订镇干部管理办法，实行指纹签到，对干部实行每月一次考核。纠正部门不正之风，对计生办、计生站、民政办进行行风评议，严肃工作作风；制订食堂接待制度、车辆使用及加油管理办法、稿件奖励制度等，对公务用车进行清理，对政府采购专项工作进行自查，规范"三公"经费管理使用。对辖区内的12所中小学收费情况进行检查，发现迓驾镇小学乱收费1260元，已督促该学校清退。开展退耕还林、种粮补贴等涉农资金专项检查，未发现重大违纪违法问题。

2012年，依据《农村基层干部廉洁履行职责若干规定(试行)》文件精神，开展模范教育2次、警示教育活动2次，申报青山村为廉政文化进农村示范点，利用迓驾镇老年学校文艺宣传队，开展廉政文化进农村巡回演出16场次。印发《迓驾镇党务公开工作实施方案》《关于迓驾镇党务公开班子联系点的安排》,对领导班子成员、站所负责人工作职责和电话进行公开,领导班子成员联系村名单进行公开,进行党务、政务公开30次。开展关于禁止干部职工在婚丧嫁娶等红白喜事中大操大办酒席的专项整治活动,未发现干部职工违规办酒问题。开展教育收费、救灾救济、合医、低保、农村危改等专项检查,发现坝德村统计员阳某某私自挪用收缴的合医、社保资金1.4万元,用于打牌,被责令退款及批评教育。制订《迓驾镇开展农村集体"三资"管理、清核和健全村务机构实施方案》,对16个村"三资"进行清理,未发现重大违规违纪问题。查处镇青山村小教师姚某某挪用公款问题被迓驾镇党委给予党内警告处分;查处镇卫生院医生石某某购药拿回扣问题,被迓驾镇党委给予党内警告处分。

2013年,根据中央、省委、市委、县委关于党风廉政建设部署,组织干部职工学习中共十八大报告、中央八项规定精神,开展向罗阳同志学习模范教育活动2次,撰写学习心得51篇;张贴廉政警示名言13幅;实行干部上下班指纹打卡、会议签到;开展干部职工会员卡清退、"小金库"清理、商业贿赂治理等专项工作,落实领导干部廉洁自律各项规定。围绕村级换届选举工作开展监督检查,与村两委成员签订严肃换届选举纪律承诺书,开展村集体"三资"清理、收支两条线清理工作,为换届选举提供纪律保障。开展村务监督委员会试点建设工作,选举村务监督委员会主任16人、委员34人,推动党风廉政建设和反腐败工作向村级组织延伸。开展春季教育收费专项检查,发现迓驾中学初一年级有四个班违规收取班费,共计740元,已责令全部清退。对机关食堂运行、财政专项扶贫资金进行自查自纠,未发现违规违纪行为。

2014年,以开展党的群众路线教育实践活动为契机,召开警示教育会议10次,签订党风廉政责任制48分,将党风廉政建设任务分解到个人;在办公场所张贴廉政格言警句20条,设置廉政宣传栏1块,制订廉政风险监督卡26个;进行党务政务公开20次;开展廉政文化文艺演出进机关、进学校、进农村活动12次,发放廉政宣传资料932份。开展机关效能作风建设的明察暗访30次,督查干群连心室40次,未发现重大违规违纪问题。开展教育收费、教育民生资金监察和"九个100工程"督查,未发现重大违规违纪问题。

2015年,结合"三严三实"专题教育活动,落实党风廉政建设"一岗双责",转变作风、推进工作。组织学习《贵州省党员干部政治纪律"十严禁"》《贵州省党员干部"十不准"》等党纪内容16次,设立镇村"道德讲堂"17个,制订廉政宣传标语13条,发放《松桃苗族自治县民生领域典型案例》读本80本、民生项目监督挂历2000份、松桃苗族自治县惠民政策明白卡4000本。开展革命红色教育3次,开展廉政文化文艺演出8次,安装阳光村务白黑板64块。实行干部作风量化分类管理,每周进行一次公开,每月进行一次考核,每季度进行一次排名,将干部分成三类进行管理。对干部作风进行督查,违规干部进行谈话提醒、检讨、通报等组织处理。

2016年,按照县委要求,出台《迓驾镇干部职工管理办法(试行)》,实行量化管理考评。印发《迓驾镇党委落实党风廉政建设主体责任和纪委落实监督责任清单》,细化党风廉政责任制建设工作。进行先进性教育3次,开展换届选举交心谈心87人次,"九严禁"纪律抽查72人次。严格执行"三重一大",集体讨论重要人事任免6人次,大额资金调配40万元。

2017年,开展党风廉政建设,制订廉政宣传展板4张,张贴党风廉政标语3幅、海报80张、白黑板公示300余版次,召开镇村党风廉政建设会议10多次。组织开展违规发放津补贴问题回头看、"四风"突出问题专项监察、违规操办酒席等专项行动,未发现违规发放津补贴、违规操办酒席、违反"四风"等行为。开展各类督查,进行预防提醒谈话16人,纠错诫勉约谈1人,问责处分约谈1人,"两个责任"分级约谈5人,党纪处分4人。选配村务监督委员会48人,其中监委会主任16人。

2018年,开展党风廉政警示教育8次、签订党风廉政责任状36份、通报典型案例近80件次,举办扶贫领域警示教育展2场次，开展中共十九大精神宣传、监察法宣传活动2场次及悬挂横幅32条，开展分级约谈两轮近400人次，开展党风廉政满意度测评，公布《迓驾镇2018年重点工作承诺》《迓驾镇党委落实党风廉政建设主体责任和纪委落实监督责任清单》接受社会监督。开展违规发放补贴加班费、违规经营茅台酒、办公用房等清理清退工作，其中清退违规金额8.46万元。开展办公用房专项清理工作，办公用房超标7.2平方米，已完成整改。聚焦群众反映强烈问题，开展违规操办酒席专项整治，严肃处理1起违规操办酒席行为。围绕“访村寨、重监督、助攻坚”专项行动，重点进行扶贫领域腐败和作风问题专项整治，开展脱贫攻坚专项督查3次、上下班纪律督查2次、环境卫生督查1次，发现问题6个，核实6个，违纪处置6人、问责9人；办理市驻松桃督导组移送问题线索和县督导组移送问题线索2项，已核实完毕1件，问责3人。开展扫黑除恶专项斗争，悬挂标语90余幅，走访调查20人次，暂未发现涉黑涉恶及背后“保护伞”问题。配合完成省委巡视松桃、县委巡察迓驾镇及牛角村工作，协助核实省委巡视转办问题线索2个，党政纪处分5人；配合完成县委巡察反馈23个问题的整改落实监督工作，协助核实县委巡察转办问题线索1个，党纪处置3人，收缴违纪资金2000元。开展民生监督监管“五个示范”〔民生监督示范、村务监督示范、乡镇民生监管示范、村(社区)民生监管示范、部门民生监管示范〕创建工作，完成村务监督示范创建5个，村民生监管示范创建5个。

2019年，开展“不忘初心、牢记使命”主题教育，组织党员干部观看《永远在路上》《红色通缉》等警示教育片3次，在马安村、迓驾村开展警示教育2次，联合重庆市秀山县雅江镇党委开展“以案四说”警示教育活动1次，开展党风廉政“两个责任”分级约谈2次302人次。开展扫黑除恶专项斗争宣传和走访调查30人次，开展扫黑除恶问题线索排查8次，未发现涉黑涉恶及背后“保护伞”问题。围绕“访村寨、重监督、助攻坚”专项行动和访千村进万家专项行动，走访农户100户200余人，发现问题线索16条，核实16条。聚焦重点领域开展脱贫攻坚督查240余次，举办扶贫领域警示教育展2场次，发现问题70余个，党政纪处分4人，问责42人次。按照“五个示范”创建要求，创建村务监督示范8个，创建村民生监管示范8个。配合市委脱贫攻坚专项巡察组，巡察迓驾镇及延伸巡察晚森村和石头村工作，开展市委脱贫攻坚专项巡察组反馈55个问题的整改落实监督工作。

2020年，为贯彻落实习近平总书记关于新冠肺炎疫情防控的重要批示精神，开展新冠肺炎疫情防控宣传及督查63次，开展疫情后复工复产复课督查26次，未发现镇内有违规违纪行为。结合“爱岗敬业我先行，积极作为勇担当”专项行动，开展“讲学习、守纪律、懂规矩”教育，专题研究党风廉政建设和反腐败工作4次，召开典型案件通报暨警示教育大会10次，开展党风廉政分级约谈2次295人次、开展扶贫领域警示教育展2场次。围绕脱贫攻坚“四个不摘”开展综合督查，开展脱贫攻坚督查92次，发现问题5个，问责4人；开展“杨荣式”好干部走访活动8次，发现问题2个，反馈部门核实2件次，已核实完毕；开展跨区域后搬迁后未享受低保的专项监察，未发现违规违纪问题。开展习近平总书记对贵州工作重要批示精神贯彻落实、制止餐饮浪费、农村乱占耕地建房、防灾减灾、节假日作风、禁办升学宴谢师宴等督查86次，发现问题2个，已整改完毕。开展百合种植后期监管和玉米调减落实核查，未发现重大违规违纪问题。配合县委巡察组，巡察迓驾镇13个村级组织工作，开展县委巡察组反馈13个村级组织问题的监督工作。根据县委要求，参与县委脱贫攻坚专项巡察组，对迓驾镇脱贫不稳定户、边缘易致贫户、未脱贫户脱贫情况的专项巡察工作，开展县委脱贫攻坚专项巡察组反馈19个问题的监督工作。

(二)信访受理

迓驾镇纪委坚持把信访举报工作当作一项重要政治任务来抓，畅通信访举报渠道，及时受理群众举报，线索具体的都认真核查，凡是违反党纪国法的都严肃处理，确保来信来访件件有回音，事事有着落。

1996年,收到群众信访件1件,办结1件。

1999年,收到群众信访件3件,办结3件。

2000年,收到群众信访件1件,办结1件。

2001年,收到群众信访件3件,其中实名检举控告1件,办结3件,回访2件。

2002年,收到群众信访件2件,其中实名检举控告1件,办结2件,回访1件。

2003年,收到群众信访件4件,其中实名件2件,办结4件,回访2件。

2004年,收到群众信访件5件,皆为实名件,其中县纪委信访转办1件;办结5件,回访5件。

2006年,收到县纪委转办信访件1件,办结1件,回访1件。

2008年,收到群众信访件1件(匿名),办结1件。

2011年,收到群众信访件2件,为匿名件,其中县纪委转办信访件1件;办结2件,回访1件。

2013年,收到群众信访件2件,皆为实名件;办结2件,回访2件。

2014年,收到群众信访件5件(实名件4件),其中县纪委信访转办件1件;办结5件,回访4件。

2015年,收到群众信访件4件,皆为实名件,其中来信2件、来访2件;办结4件,回访4件。

2016年,收到群众信访件5件,其中匿名网络举报件1件、来访1件、中央纪委信访转办件3件;办结5件,立案1件;回访5件。

2017年,收到群众信访件3件,其中县纪委信访转办件3件(实名1件、匿名2件);办结3件,立案1件,收缴资金34336元;回访1件。

2018年,收到群众信访件6件,其中县纪委信访转办件4件(实名4件)、来访2件;协助县纪委查办省委巡视件3件(实名2件、匿名1件)。办结9件,立案6件;回访8件。

2019年,信访受理4件;协助县纪委信访室查办1件(实名)、县纪委案管室转办1件(匿名);办结6件,回访5件。

2020年,收到群众信访件2件,其中实名网络举报件1件、县纪委信访室转办1件(实名),办结2件。

(三)民生监督

依照全面从严治党的方针和上级安排,迓驾镇于2014年6月组建民生监督组。民生监督组狠抓民生项目的监督检查工作,严肃查处发生在群众身边的腐败行为和不正之风,先后对家电下乡、农村危房改造、能繁母猪补贴、农机具补贴、微企补助、村级民生事务、安全饮水工程、退耕还林、学生资助、养老保险、城乡低保、精准扶贫及扶贫民生项目等开展了专项监察及“回头看”监察工作,进一步增强群众对党风廉政建设的信心。

2014年,开展家电下乡、畜牧良种、农机购置专项督查,其中家电下乡涉及金额1.08万元,畜牧良种涉及金额7690元,农机购置涉及金额2.44万元,立案3件。

2015年,开展危房改造专项督查、中小学住宿生生活困难补助资金发放和营养计划专项督查,立案3件,涉及金额31.2万元,收缴违纪资金25.3万元。开展微型企业补助资金专项监察,涉及27家微型企业,查出问题1个,收缴违纪资金2万元。开展村居事务专项督查,立案3件,涉及金额6万元,收缴违纪资金1.88万元,退回村委会3.43万元。

2016年,开展计生部门收取社抚费、利益导向奖励资金发放专项督查,未发现违纪问题。开展村居事务专项督查,立案2件,涉及金额1.53万元,退出资金1.53万元。开展人畜饮水专项督查,未发现违纪问题。开展雨露计划专项督查,未发现违纪问题。

2017年,开展访村寨、重监督、助攻坚专项督查(危改、低保、扶贫),立案2件,涉及金额30万余元。开展农村科学储粮、村居事务回头看专项监察,立案1件,处理2人,问责1人。开展"一事一议"项目专项监察,总项目103个,总资金2000多万元,立案3件,追缴资金100万余元。开展生态移民、农村居民养老保险、农村新型经济实体运行管理情况及农村改厕项目专项监察和第二轮"访村寨、重监督、助攻坚"专项行动,其中生态移民涉及金额146万元,立案1件;农村新型经济实体涉及金额1万元,立案1件;农村改厕涉及金额4万多元,立案1件;第二轮"访村寨、重监督、助攻坚"涉及金额5万多元,立案4件,问责1人。

2018年,开展农村种植产业扶贫项目资金专项监察,涉及金额1万元,立案1件。开展城乡居民基本养老保险专项监察和第三轮"访村寨、重监督、助攻坚"专项行动,核查疑似重复领取和以死亡人员名义冒领22人,涉及死亡冒领资金1.07万余元,已全部追缴。开展城乡医疗救助专项监察,涉及大病救助1人5次、民政救助141人151次,发现问题1个,考虑实际原因不予追缴。开展养殖产业扶贫项目资金专项监察,涉及项目47个、资金523.9万余元,走访45个项目,发现问题1个,立案1件,收缴资金5200元。

2019年,开展涉林扶贫项目资金专项监察,涉及13个行政村、4087.9亩退耕还林和37726.1亩公益林,成立8个小组走访1653户,发现问题6个,立案3件,追缴资金约3.6万元。

2020年,开展农村专业合作社专项监察,涉及16个农村专业合作社46个财政补贴项目1194.46万余元补助金额,已走访43个享受财政补贴项目,发现问题6个。开展农村饮水安全专项监察,涉及农村饮水安全巩固提升工程有4个,已全部走访,未发现违纪行为。

(四)警示教育

迓驾镇通过召开警示教育大会、观看警示教育片、参观警示教育基地、张贴廉政宣传标语、创办警示教育宣传栏、在重要时间节点发布廉政信息等形式强化党风廉政建设。

2006年至2013年,利用会议、标语、板报、宣传栏、播放电教片等形式,开展反腐倡廉宣传教育活动。

2014年至2016年,以党的群众路线为契机,组织党员干部观看《镜鉴》等警示教育片、警示教育读本、廉政文化演出等,开展经常性警示教育和专项检查。

2017年,组织镇村两级干部到县警示教育基地接受警示教育1次,组织政府全体干部职工、各村"三员"观看《楠竹上的蛀虫》等警示教育片,开展扶贫领域警示教育4次。

2018年,开展扶贫领域廉政教育2次,观看《深山馋鼠》等警示教育片。

2019年,组织全镇所有党员赴县党风廉政建设警示教育基地接受警示教育,重温了入党誓词,组织全体干部职工观看《董事长的没落》警示教育片,通报扶贫领域案例32次。

2020年,开展党风廉政建设警示教育和典型案例通报14次,组织党员干部、驻村干部、第一书记、村支两委干部开展扶贫领域警示教育活动2次。

第十七节　正大镇纪检监察工作

一、机构队伍

1992年5月,按照县"建镇、并乡、撤区"的安排,撤销原盘信区及其所辖的正大乡、当领乡,由正大乡与当领乡合并,组建新的正大乡行政区划。是年6月,县委任命吴武成为乡纪委书记。

1993年2月,正大乡召开第一次党代会,选举产生中共松桃苗族自治县正大乡纪律检查委员会。

2015年12月,省人民政府批复,同意松桃苗族自治县部分乡镇行政区划调整,撤销正大乡建制,设置正大镇。2016年8月,中共松桃苗族自治县正大乡纪律检查委员会更名为中共松桃苗族自治县正大镇纪律检查委员会。

2019年9月,国家监察体制改革向乡镇(街道)延伸,县监察委员会设立派出正大镇监察办公室,与镇纪委合署办公,实行"两块牌子、一套人员"的管理体制,履行纪检监察职责。

中共正大乡(镇)纪律检查委员会

(1992年6月至2020年12月)

书　　记	吴武成(苗族)	1992年6月至1996年2月
	滕树云(苗族)	1996年2月至1999年3月
	王华国(土家族)	1999年3月至2001年12月
	龙书林(苗族)	2002年3月至2005年1月
	张池荣(苗族)	2005年1月至2008年10月
	吴胜贤(苗族)	2009年4月至2011年10月
	龙志常(苗族)	2011年10月至2013年2月
	冉隆学(土家族)	2013年2月至2015年1月
	张　郎(土家族)	2015年1月至2015年12月
	龙　辉(苗族)	2016年8月至2020年12月
副书记	吴云峰(苗族)	2006年8月至2016年8月
	刘志坚(苗族)	2016年8月至2018年5月
	杨昆武(苗族)	2018年8月至2020年11月
纪委委员	吴武成(苗族)	1992年6月至1996年2月
	龙云凤(女,苗族)	1993年3月至1996年2月
	吴乔生(苗族)	1993年3月至1996年2月
	滕树云(苗族)	1996年2月至1998年4月
	龙信生(苗族)	1996年2月至1998年9月
	段于报(苗族)	1996年2月至2006年8月
	王华国(土家族)	1999年3月至2002年3月
	田树文(苗族)	1999年3月至2006年8月
	龙银凤(苗族)	1999年3月至2002年3月
	龙书林(苗族)	2002年3月至2006年8月
	龙智贤(苗族)	2002年3月至2006年8月
	张池荣(苗族)	2005年1月至2008年10月
	吴云峰(苗族)	2006年8月至2016年8月
	吴胜良(苗族)	2006年8月至2011年10月
	杨胜英(苗族)	2006年8月至2020年12月
	吴胜贤(苗族)	2009年4月至2011年10月
	吴　猛(苗族)	2011年9月至2016年8月
	谢庆兴(苗族)	2011年9月至2016年8月

杨昌衮(苗族)　2011年9月至2020年12月
龙志常(苗族)　2011年10月至2013年2月
冉隆学(土家族)　2013年2月至2015年1月
张　郎(土家族)　2015年1月至2015年12月
龙泽治(苗族)　2016年8月至2020年12月
龙　辉(苗族)　2016年8月至2020年12月
刘志坚(苗族)　2016年8月至2018年5月
杨昆武(苗族)　2018年8月至2020年11月

正大乡监察室

(1993年9月至2013年6月)

主　任　吴乔生(苗族)　1993年9月至1996年2月
　　　　谢庆兴(苗族)　2008年5月至2013年6月

县监察委员会派出正大镇监察办公室

(2019年7月至2020年12月)

主　　任　龙　辉(苗族)　2019年7月至2020年12月
副 主 任　杨昆武(苗族)　2019年7月至2020年11月
监察专员　唐　佳(女,苗族)　2019年12月至2020年12月

二、主要工作

(一)党风廉政建设

正大乡(镇)纪委履行党章赋予职责,协助党委加强党风廉政建设和反腐败斗争工作,在县纪委监委(监察局)的领导下,围绕中心服务大局,确保党的路线方针政策和各级党委决策部署得到贯彻落实。

1992年,开展对烤烟收购监督检查工作,防止工作人员违规违纪收购烟叶,防止烟叶外流、提级提价、压级压价外烟内销以次充好现象。监督保障计划生育国策贯彻执行,对计划生育工作开展情况进行监督检查;参与党委政府对干部的集中教育整顿工作2次。

1993年,督促党委及时开展计划生育工作4次,对计生执法过程和结果进行监督,防止计生执法人员乱作为现象。开展秋粮入库监督检查工作,防止粮站工作人员优亲厚友、以次充好收粮行为。开展"建并撤"后干部职工拖欠公款公物自查自纠工作。

1994年,根据县《关于对群众举报全县中小学乱收费问题专项检查的通知》,开展对辖区内10所学校教育收费情况监督检查。督促党委开展计划生育集中教育整治3次,开展对2个烤烟收购点监督检查5次。

1995年,组织干部职工学习关于严禁在元旦、春节等节假日期间用公款请客送礼,大吃大喝,铺张浪费等文件精神。建立领导干部收入申报制度,参与党委政府开展计划生育整治工作4次,处理蕹菜村支部

书记违法生育,对其罚款500元,并督促其妻完成上环手术。

1996年,协助党委开展党风廉政建设工作,组织干部职工学习党的理论知识2次,开展廉洁自律自查自纠,开展领导干部收入申报登记,建立干部职工请销假岗位责任制度。

1997年,组织学习《中国共产党章程》《中国共产党党员领导干部廉洁从政若干准则(试行)》《中国共产党纪律处分条例(试行)》;开展新建和装修办公楼、会议、庆典活动、接待费用、公款安装住宅电话、购买移动电话、配备小汽车、检查评比等自查自纠工作。

1998年,协助县纪委对执行粮食体制改革工作情况专项检查,督促党委撤除在大兴镇三岔路违规设立的招待所。是年,党委履行党风廉政建设主体责任不力,管党治党"宽松软",导致7名干部职工违规违纪违法被县纪委立案调查处理。

1999年,为消除1998年党委政府7名干部职工违纪违法被处理造成的负面影响,镇纪委担负管党治党从严治党监督责任,协助党委搞好党风廉政建设,剖析1998年7名机关干部职工违纪违法案产生根源,并要求全体干部要以案为鉴。开展计划生育工作监督检查,发现盘塘村主任吴某某违法生育,对其党纪立案调查。

2000年,根据县监察局《二〇〇〇年执法监察工作要点》文件精神,开展对1998年以来国债资金管理使用、社会保障资金管理使用、希望工程资金监督检查1次。开展党风廉政建设教育2次,再次以1998年机关干部违纪违法案例进行警示,要求干部职工严于律己,洁身自好,不违规违纪。

2001年,开展"三个代表"重要思想学习教育活动,成立学习教育领导小组,制订党政班子成员联系指导村方案,纪委书记任副组长,联系指导包家村,进村督促指导学教活动10余次。开展行业不正之风整治,对辖区内学校收费进行检查,发现违规收费3万余元,督促涉事学校清退,并整改。

2002年,成立以纪委书记为组长的教育收费督查领导小组,开展对学校教育收费情况监督检查2次,督促学校使用财政部门印制的专用收费票据收费,所收费必须存入财政专户,将收费项目和金额填入学生收费手册,接受学生和社会的监督。

2003年,开展违规操办酒席清理整治工作,对2000年10月20日至2003年3月31日期间干部职工操办酒席进行自查清理,共计15名干部操办酒席,发现7名干部违规操办酒席,其中副科级干部1名,一般干部2名,教师4名,责令7名违规请客干部上缴廉政责任金3000余元。督促党委履行党风廉政建设主体责任,党委书记讲党风廉政建设专题课2次。办廉政宣传专栏12期,编写廉政简报4期。

2004年,镇党委书记、纪委书记上党课4次,编写廉政简报23期。开展领导班子正职与副职、正职与村支两委,分管领导与站所负责人签订党风廉政建设责任书39份。开展干部职工大操大办酒席治理,10名干部职工按规定申请操办酒席,无违规情况。组织干部职工学习《中国共产党纪律处分条例》《中国共产党党内监督条例(试行)》2次,撰写学习心得体会53篇,办墙报5期。开展对中小学收费项目和执行"一费制"收费情况监督检查,发现多收学费9511元,责令全部清退。

2005年,印发《正大乡2005年纪检监察工作要点》文件,开展对计生、林业等2个有执法职能的单位监督检查。印发《关于对乡党政班子成员履行党风廉政建设和反腐败各项工作任务实行责任分解的通知》,对2005年党风廉政建设和反腐败各项任务进行责任分解。印发《正大乡2005年干部工作责任制》《正大乡干部管理制度》。

2006年,印发《正大乡2006年纪检监察工作要点》《正大乡关于开展农村基层党风廉政建设工作实施方案》,根据要点和方案要求,对20个村村务公开等基层党风廉政建设内容进行监督检查1次,发现并督改问题1个。

2007年,落实党风廉政建设责任制,签订党风廉政建设责任状35份。协助党委政府开展计划生育"双清"工作,对全乡领取财政工资119名工作人员进行清理,发现2名干部未落实计划生育手术,约谈2名干部,3个月内落实相关手术。开展教育收费执法检查工作,对全乡13所学校春秋两季收费情况进行检查。

2008年,开展乡科级干部和村三职干部廉政档案建设工作,建立干部廉政档案60余份。制订民政低保评议、回访工作制度。协助党委开展小村并大村工作,研究决定将辖区内20个村组合并为8个村。

2009年,印发《正大乡涉农专项资金备案、公开、管理使用责任追究三项制度》,开展对民政低保、民政临时救灾救济等涉农资金发放进行监督检查2次。完善《政务公开》《车辆管理》《集体资金资产》《资源管理》《村民询问质询》《任前任职谈话诫勉谈话》等制度,并对新任8个村三职干部24人进行任职谈话。开展第三批科学发展观学习实践活动,镇纪委自觉践行党的宗旨服务意识,督促党政班子成员深入村组认真开展调查研究工作,认真查找工作存在的问题,并制订整改措施加以整改。

2010年,协助建立便民利民党务政务综合服务中心,完善制度,选择9个站所进驻便民利民服务中心办公,督查便民服务中心5次,约谈1名干部。印发《2010年党的基层组织建设工作计划》,坚持党委统一领导,党政齐抓共管,纪委组织协调,部门各负其责的工作体制机制。开展"作风建设年、环境建设年、项目建设年"三个建设年活动工作。

2011年,持续深化"三个建设年"活动,以作风建设保障发展,以环境建设促进发展,以项目建设带动发展,开展便民服务中心督查8次,约谈上班违纪干部2名。协助党委制订《正大乡"四议两公开"实施方案》,明确乡纪委书记负责统筹开展村级党风廉政建设,抓好村党支部会提议、村"两委"商议、党员大会审议、村民会议决议的实施。制订《正大乡中心组学习及会议制度》,完善《财务管理》《首问责任制》制度。签订2011年党风廉政建设责任状20份。

2012年,开展接访、走访、回访"三访"工作,创新涉农资金监管检查制度,在全县率先开展试点涉农资金回查回访,对2011年度新型农村养老保险基金2371人养老金的发放进行检查,对2012年新农合补偿1.62万人次206.66万元进行检查,特殊病种23人次6.19万元进行监督。对农村低保1656户,6117人122.26万余元资金的调整、公示、发放进行监督检查,该工作在当年的2月在毕节市黔西县召开的全省涉农资金现场监管会上,正大乡作为全省唯一的一个乡镇代表作交流发言。是年3月上旬、9月上旬分别对全乡1所中学、11所完小、7所教点开展入学收费检查。开展廉政风险防控"一查二卡三防控四承诺"工作,结合工作岗位查找廉政风险点,制订廉政风险监督卡100余张。推行廉政风险承诺,签订廉洁从政承诺书45份。协助党委签订62份禁止违规操办酒席责任状。

2013年,开展廉政文化进机关、进社区、进校园、进企业、进农村、进家庭"六进"活动,绘制廉政文化墙300余平方米。签订《禁止上班时间打麻将、打牌、赌博、打游戏》承诺书45份。开展春秋入学收费监督检查,清退乡完小收取六年级58名学生每人16元暑假作业费计928元。清退中学初三班收取18名学生每人2元班费共计36元,对1名责任教师作检讨处理。完成"廉政食堂"建设,统一接待标准,严格食堂管理,对"廉政食堂"运行进行监督,预防超标准接待行为的发生。2013年与2012年同比:检查少7次,节约资金2000元。领导调研次数少32次,节约资金2000元。学习交流次数少3次,节约资金2万元。"三公"经费开支节约2万元,其他接待节约5000元。在官舟村推行村务公开示范建设。开展"会员卡"清理工作,清查64名干部,没有持"会员卡"问题。开展对中心校、卫生院、社保所、安监站4个基层站所涉及信息公开、依法行政、环境建设、办事效率、廉洁自律、制度建设等6个方面进行民主评议行风工作,发出收回调查问卷100份,并梳理、针对存在的问题进行整治,机关"门难进、脸难看、事难办"等现象得到改变。

2014年，开展以“为民务实清廉”为主题的第二批群众路线主题教育活动，成立以乡党委书记任组长、乡纪委书记任副组长的工作领导小组，整治“形式主义、官僚主义、享乐主义、奢靡之风”。围绕乡党委政府中心工作，开展机关作风和效能建设明察暗访34次，为群众排忧解难办实事19件，对群众反映强烈的突出问题和投诉举报办理情况回访13次。开展对制订《首问首办》《服务承诺》《限时办结》《行政问责》等优化经济社会发展软环境建设制度执行督促检查。开展重大项目重点工程和民生项目实地督查16次。开展纪检监察干部巡查巡访“干群连心室”38次。印发《创建乡文化示范村实施方案和村务监督委员会试点方案》，创建廉政文化“六进村”和村务监督委员会示范点2个。开展对2012—2013年家电下乡补贴、畜牧良种补贴、农机购置补贴、社保资金发放核查工作。通过对家电下乡补贴178户374台进行核查，发现存在问题130户222台，涉及2个商家；核查畜牧良种补贴623户4396头，发现存在问题20户；核查农机购置补贴441户482台，发现存在问题50户50台；社保资金发放未发现问题。三项补贴违规资金均全部追回上缴县纪委账户。同时，还组织开展对全乡安全饮水、惠农补贴、救济救助、农村低保等项目资金的管理、使用及发放的监督检查。

2015年，开展“三严三实”专题教育，成立学习教育领导小组，乡党委书记任组长，乡纪委书记任副组长，印发《正大乡2015年党风廉政建设责任分解》《正大乡乡村两级干部管理制度》《正大乡作风效能建设问责办法》《正大乡2015年党风廉政建设责任制》，乡党委政府与站所、学校签订党风廉政建设责任状，开展收送“网购卡”等隐形“四风”问题专项整治，没有发现问题。对作风建设开展明察暗访，对上班纪律和“四风”问题开展5次暗访。推进党务、政务、村务“三公开”工作，在20个村设置“阳光白黑板”109块，要求乡站所、村支两委每季度公开一次上级相关政策，项目实施等情况，主动接受群众和社会的监督。开展对“阳光白黑板”公开公示的监督检查4次，覆盖20个村109个村民组。

2016年，开展“两学一做”学习教育活动，组织学习《中国共产党章程》《中国共产党党员领导干部廉洁从政若干准则》《中国共产党纪律处分条例》《习近平总书记系列重要讲话读本》精神7次，党委书记上党课2期。对干部职工收受“红包”、违规经商办企业、投资入股和承揽工程等情况进行自查清理。完成民生监督组工作制度、制作岗位廉政风险卡、设立举报信箱、制作驻村民生监督员分布示意图、建立谈话室。开展贫困户的识别工作，对联系村贫困户识别工作进行指导，重新核查贫困户信息并上报。开展村居民生事务、计生社抚费管理使用、精准扶贫对象户“四有”人员、农村小额信贷贴息贷款和农村劳动力就业技能培训专项监察，发现问题13个，党纪立案6起，处分党员6人，收缴违规资金12.9万元。开展换届纪律“九严禁”知识应知应会电话抽查1次，发现问题1个并督改。

2017年，学习贯彻中共十九大精神，纪委坚持以习近平新时代中国特色社会主义思想为指导，督促镇党委落实党风廉政建设责任，制订党风廉政建设“两个责任”清单。督促党委履行“主体责任”。对镇党委会“关于班子成员启用教育谈话室对分管口站所负责人谈话”决议落实不力的6名班子成员给予提醒谈话。组织5名镇纪委委员学习《监督执纪工作规则（试行）》1次。开展“访村寨、重监督、助攻坚”专项行动，开展农村低保、危房改造、精准扶贫专项监察，发现问题4个，立案6人。镇纪委协助县委巡察组对盘塘村党支部为期1个月的政治巡察，发现问题5个，整改5个。开展“一事一议”项目专项监察，发现问题1个，立案1件1人。市委巡察组对正大开展为期一个月的政治巡察，镇纪委协助党委对巡察组反馈3个问题进行调查回复。深入走访群众，发现挪用群众土地租赁资金问题1个，立案1件1人。对县巡察组反馈的1个问题进行调查，立案1件1人。

2018年，开展领导干部、职工自查是否违规插手茅台酒经营工作3次，未发现干部职工利用茅台酒等特殊资源牟取私利情况。开展“五一”国际劳动节、国庆重要节日“四风”问题督查2次。开展党风廉政建设分级约谈3次183人次。开展工程项目实施监督,督查5次,督促工程项目按时完成。扎实做好意识形态工作,及时提醒干部职工随时随地做到不信、不传、不发表与党中央政策不符的不当言论。协助党委做好市委巡察组巡察反馈36个问题整改工作,约谈干部3人。开展扫黑除恶工作督查,发现宣传氛围不浓,督促整改印制10余幅标语,刷写固定标语40余幅,同时与镇政法委、派出所沟通协作,对摸排的2条扫黑除恶问题线索,逐一分析甄别研判,未发现涉黑涉恶和充当黑恶势力"保护伞"方面问题。开展农村专业合作社(公司)专项监察,发现问题21个,转相关单位督促整改问题21个。做好脱贫攻坚3个拟出列村(麻塘村、塘边村、地所村)监督检查工作,为麻塘村支两委出谋划策,协调党委出资200万余元,完成四组连户路、群众院坝硬化和饮水项目建设;发现脱贫攻坚识别不精准问题问题2个,立案2件2人。

2019年,开展第二批"不忘初心、牢记使命"主题教育,成立以党委书记任组长、纪委书记任副组长的学习教育活动领导小组。协助党委做好主题教育活动监督检查,推动主题教育活动每个环节顺利开展。协助党委加强党风廉政建设,开展党风廉政建设"两个责任"分级约谈2次192人次。开展扫黑除恶专项约谈1次100余人,督促指导20个村干部和驻村干部要高度重视扫黑除恶专项斗争,对疑似涉黑涉恶、村霸寨霸欺压百姓的问题线索进行摸排上报。是年3月,镇脱贫攻坚誓师大会召开,270余帮扶干部发起对贫困的决战,向贫困宣战,成立20个村脱贫攻坚指挥部,镇纪委深入20个指挥部,对指挥部工作开展、干部作风、反馈问题整改等情况进行督查检查指导。督查125次,发出通报20期,通报村指挥部33个次,通报干部68人次,通报并约谈17人次。督查发现脱贫攻坚干部工作作风不实,不假外出问题,立案2人。通过镇纪委严督实导,为脱贫攻坚工作提供坚强的纪律保障,确保脱贫攻坚工作顺利通过第三方检查评估,没有发现"两不愁三保障"问题,群众满意度达99%以上,实现贫困村脱贫的工作目标。完成12个村民生监督"五个示范"创建工作,配备电脑12台。开展林业、农村饮水等项目专项监察,发现问题3个,立案1件1人,通报1人。

2020年,学习贯彻落实中共十九大,十九届二中、三中、四中、五中全会精神,开展党风廉政建设"两个责任"分级约谈2次200余人。开展脱贫攻坚专项督查,发现问题2个,通报并约谈2人。镇纪委开展新型冠状病毒肺炎疫情防控工作督查30次,发现干部防控工作作风不实3个,通报27人,其中通报并约谈9人。督查发现1名村干部疫情期间在家中聚集群众打麻将,被县纪委党纪立案调查,给予党内严重警告处分。开展农村饮水、农村专业合作社(公司)专项监察,发现问题2个,立案2人。开展脱贫攻坚专项督查,发现问题3个,通报7人,诫勉谈话2人。开展油茶项目建设、油菜种植、新游客服务中心建设项目督查,发现项目进度缓慢3个,督改问题3个。开展对县委巡察正大19个村反馈198个问题的整改督查。对县委巡察办反馈3个问题线索进行核查,立案2件2人,诫勉1人,了结1件。根据县委巡察办统筹安排,镇纪委与盘信镇、大兴镇、长坪乡纪委组成联合巡察组,开展对正大镇、盘信镇、大兴镇、长坪乡等四个乡镇稳定脱贫攻坚工作情况专项巡察,巡察对象为边缘易致贫户、脱贫不稳定户、未脱贫户。巡察组对正大镇20个村101户363人进行入户走访,发现问题36个,督改问题36个。开展"爱岗敬业我先行、积极作为勇担当"教育活动,梳理排查镇纪委3名干部6个方面存在问题6个,整改6个问题。开展对中小学校和政府食堂餐饮浪费督查1次,发现小学生存在吃不完倾倒浪费现象,督促学校加强管理,制止餐饮浪费。

(二)信访受理

乡(镇)纪委信访工作,坚持以人民为中心,切实维护群众合法利益和合理诉求,切实维护社会公平正义,构建社会主义和谐社会。

1992年至2020年,共收到上级转办和群众来信来访129件,其中实名检举控告125件,匿名检举控告4件。办结128件,转立案19件,信访了结109件。业务范围外1件,转相关单位处置1件。

2000年，收到群众来信来访1件，实名检举控告1件，调查核实后转立案1件。

2002年，收到群众来信1件，实名检举控告1件，办结并转立案1件。

2003年，收到群众来信来访7件，来访反映诉求15次，核查后作信访了结22件次。

2004年，收到群众来信来访7件，接待群众来访19次，调查核实后，转立案1件，了结25件。

2005年，收到群众来信来访实名检举控告6件次，调查核实后了结6件。

2006年，协助县纪委办理群众来信来访6件，乡纪委接待群众反映诉求5次，调查核实后转立案6件，信访了结5件。

2007年，收到群众来访反映诉求12次，核实后作信访了结12件。

2010年，收到群众来信来访实名举报2件，调查核实后转立案2件。

2011年，收到群众来信来访实名举报2件，调查核实后转立案2件。

2012年，收到上级转办信访件2件，调查核实后转立案2件。

2013年，收到上级转办的实名检举控告信访件1件，调查核实后信访了结1件。

2014年，收到来信和收到上级转办的检举控告信访件14件，其中实名举报11件，匿名举报3件。2件涉及村级换届选举，12件涉及民生领域。办结14件，信访了结13件，立案1件。

2015年，收到上级转办的实名检举控告信访件1件，办结1件。

2016年，收到来信和上级转办的信访件16件，其中实名举报15件，匿名举报1件。涉及6个村，9件涉及村级换届选举，7件涉及民生问题。办结16件，信访了结16件。

2017年，收到来信和上级转办的信访件7件，其中检举控告件1件，6件涉及民生领域。办结7件，信访了结6件，立案1件。

2018年，收到来信和上级转办的信访件1件，1件涉及民生问题，办结1件，立案1件。

2019年，收到来信和收到上级转办的信访件4件，其中矛盾纠纷1件，3件涉及民生领域。责成相关部门协调解决1件。办结3件，诫勉谈话2件，立案1件。

2020年，没有收到信访件。

（三）民生监督

2014年7月成立乡民生特派组，2016年4月后更名为镇民生监督组。着重开展家电下乡、计生、教育、小微企业、危房改造、能繁母猪补贴、畜牧、微型企业、人饮工程、农村低保、人畜饮水、“一事一议”和小金库治理、扶贫民生领域、林业、改厕项目、民政优抚、农民专业合作社（公司）和农村饮水安全等专项监察。

2014年，开展家电下乡、畜牧良种、农机购置补贴专项监察，发现家电下乡补贴违规资金4.20万余元；查处畜牧良种补贴违规资金1.23万余元，违规资金已全部追回并上缴县纪委廉政账户，立案1件1人。

2015年，开展危房改造、学校营养午餐、村（居）民生事务专项监察，共立案12件13人，其中一般干部7人，其他人员6人。

2016年，对卫计资金、精准扶贫、小额信贷贴息、农村饮水安全、雨露计划等民生项目的实施和资金使用情况进行专项监察，立案9件9人。

2017年，开展低保、“一事一议”、生态移民等民生项目专项监察工作。立案12件12人，党纪政纪处分12人。

2018年，开展农村专业合作社专项监察，发现问题线索21条，立案12件12人，党纪政务处分12人。

2019年，开展林业、水务、脱贫攻坚监督、扫黑除恶等专项监督检查，立案10件10人，党纪政务处分

10人。

2020年,开展农民专业合作社(公司)、水务专项监察,入户走访群众139人次;对新型冠状肺炎疫情防控工作作风督查30次,通报27人。立案6件6人。

(四)警示教育

镇(乡)纪委组织开展镇、村干部警示教育活动,通过观看警示教育片和典型案例展,以案示警、以案明纪、以案为鉴,以案促改,警钟长鸣。深化"一案一整改"工作,做好案件查办"后半篇文章",着力推进"不敢腐、不能腐、不想腐"体系建设,推动全面从严治党向纵深发展。先后组织干部职工收看《镜鉴》《深山馋鼠》《董事长的没落》等警示教育片。

1993—2013年,利用电影、会议、标语、宣传栏等形式,剖析1998年7名干部职工违纪违法、挪用公款案,党纪法规教育36场,举办廉政专刊12期。

2014年,开展经常性教育,组织干部职工观看警示教育片、学习典型案例通报。

2015年,组织干部职工学习中小学校教职工违规违纪违法案,开展警示教育1场。

2016年,组织镇村干部收看《镜鉴》和《深山馋鼠》警示教育片,开展警示教育3次,70余人接受教育,确保换届顺利进行。

2017年,组织镇村两级干部开展警示教育,选取县内扶贫民生领域典型案件通报和自办案件开展警示20余次,受教育人数达900余人次。组织全镇干部职工及村干部到县党风廉政警示教育基地开展教育活动,受教育人数达80余人次。

2018年,组织镇村两级干部开展扶贫民生领域典型案例警示教育15次,受教育人数达800余人次。

2019年,选取自办案件12件开展以案促改警示教育大会12场次,受教育人数达600余人次;组织镇村两级干部参加全市扶贫领域警示巡回展2次,受教育人数达200余人次;组织领导班子和干部职工观看警示教育片《董事长的没落》。

2020年,召集镇村两级干部开展警示教育13次,受教育700余人次;组织镇村干部参加全市扶贫领域警示巡回展2次,受教育人数达200余人。

第十八节　平头镇纪检监察工作

一、机构队伍

1992年5月,按照县"建镇、并乡、撤区"的安排,撤销原大坪区及其所辖的平头乡、石岘乡,由平头乡与石岘乡合并,组建新的平头乡行政区划。是年6月,县委任命李训词为乡纪委书记。

1993年3月,平头乡召开第一次党代会,选举产生了中共松桃苗族自治县平头乡纪律检查委员会。

2015年12月,省人民政府批复,同意松桃苗族自治县部分乡镇行政区划调整,撤销平头乡建制,设置平头镇。2016年8月,中共松桃苗族自治县平头乡纪律检查委员会更名为中共松桃苗族自治县平头镇纪律检查委员会。

2019年7月,国家监察体制改革向乡镇(街道)延伸,县监察委员会设立派出平头镇监察办公室,与镇纪委合署办公,实行"两块牌子、一套人员"的管理体制,履行纪检监察职责。

中共平头乡(镇)纪律检查委员会

(1992年6月至2020年12月)

书　记	李训词	1992年6月至1996年2月
	谭德发	1996年2月至1999年3月
	刘景富	1999年3月至2001年12月
	张文明	2002年3月至2006年8月
	龙政敏(苗族)	2006年8月至2013年3月
	秦　毅(侗族)	2013年3月至2016年8月
	贺再金(苗族)	2016年8月至2020年12月
副书记	向建明	2006年8月至2007年6月
	李乔军	2008年7月至2011年10月
	龙　毅(苗族)	2011年10月至2012年11月
	柯永飞(苗族)	2015年5月至2017年12月
	杨　芳(女,侗族)	2018年5月至2020年5月
纪委委员	李训词	1992年6月至1996年2月
	余先明	1993年3月至1996年2月
	龙顺合(苗族)	1993年3月至1996年2月
	谭德发	1996年2月至1999年3月
	刘景富	1999年3月至2001年12月
	杨再开	1999年3月至2002年3月
	杨秀琴(女)	2002年3月至2006年8月
	杨长贵	2002年3月至2006年8月
	张文明	2002年3月至2006年8月
	龙政敏(苗族)	2006年8月至2013年3月
	向建明	2006年8月至2007年6月
	代鹏飞	2006年8月至2011年9月
	李乔军	2008年7月至2010年12月
	龙　毅(苗族)	2010年12月至2012年11月
	向建明	2011年9月至2016年8月
	杨　文(土家族)	2011年9月至2020年12月
	秦　毅(侗族)	2013年3月至2016年8月
	柯永飞(苗族)	2015年5月至2017年12月
	贺再金(苗族)	2016年8月至2020年12月
	杨通江(苗族)	2016年8月至2020年12月
	吴炳阳(苗族)	2016年8月至2020年12月
	杨　芳(女,侗族)	2018年5月至2020年5月

县监察局平头乡监察室

（2006年8月至2019年7月）

主　　任　杨　文(土家族)　2006年8月至2019年7月

县监察委员会派出平头镇监察办公室

（2019年7月至2020年12月）

主　　任	杨　文(土家族)	2019年7月至2019年8月
	贺再金(苗族)	2019年8月至2020年12月
副 主 任	杨　芳(女,侗族)	2019年8月至2020年5月
监察专员	杨　文(土家族)	2019年12月至2020年12月

二、主要工作

(一)党风廉政建设

按照党章规定,平头乡(镇)纪委协助乡(镇)党委推进全面从严治党、加强党风廉政建设和组织协调反腐败工作,监督同级党委履行全面从严治党主体责任,确保党的路线方针政策和中央、省委、市委、县委重大决策部署得到贯彻落实。

1993年,开展计划生育监督检查工作。协助乡党委督促计生常年工作队开展计生执法工作,监督计生罚没收入的管理使用情况,全年共检查计生罚没收入使用情况1次,协助乡党委开展计划生育集中教育整治2次。查办党员违反计划生育政策案件,石岘村支部党员、民兵连长杨某某,莲塘村支部党员、村会计梁某某因超生问题分别被给予留党察看两年处分。

1994年,传达学习《关于一九九四年元旦春节期间严禁用公款吃喝送礼铺张浪费的通知》;在干部职工中开展对照廉洁自律“五条规定”的自查自纠工作。

1995年,开展领导干部廉洁自律、纠正部门和行业不正之风工作。印发平头乡干部职工管理办法,禁止干部下乡在群众家中吃吃喝喝,增加群众负担。查办违纪违法案件,共查办违反计划生育政策案件1起,兴隆塘村复员军人、党支部书记龙某某,超生第四孩被给予留党察看两年处分。

1996年,传达贯彻江泽民在中央纪委第六次全体会议上的讲话精神,把反腐败斗争引向深入,加强党内监督,发挥纪检机关作用,开展干部以权谋私、以票谋私、挪用公款监督检查工作,实行领导干部收入登记制度,要求乡党委班子将收入情况登记备案。

1997年,开展政府机关反腐败斗争集中教育整顿工作,根据《松桃苗族自治县党政机关厉行节约制止浪费行为的实施细则》,开展严格控制新建和装修办公楼、各种会议、各种庆典活动、接待费用、公款安装住宅电话、购买移动电话、配备小汽车、各种检查评比等清理工作。

1998年,转发中央纪委《关于对贯彻执行制止奢侈浪费八条规定情况进行检查的通知》,对贯彻落实情况进行督促检查,对乡政府在开会中造成的餐饮浪费问题提出整改意见。

1999年，传达贯彻县委《关于严禁正科级以上领导干部在迁居、子女升学等事宜中操办酒席的规定》的通知，并将其纳入长期工作进行监督检查，要求领导干部带头执行、率先垂范、做好表率，领导干部操办酒席必须自觉报告、说明原因。强化案件查办工作，查办干部私自挪用农民上缴的农业税和乡提留款案件2件、干部私自截留乡统筹资金案件1件、干部贪污公款案件2件，党纪处分3人、行政警告处分1人、行政记过处分1人。

2000年，传达学习《关于认真执行领导干部廉洁自律有关规定的紧急通知》《关于转发〈中共贵州省纪委、贵州省监察厅关于严禁党政机关及其工作人员接受和赠送礼金的通知〉的通知》文件精神，开展党政机关及其工作人员接受和赠送礼金情况自查清理工作，填报自查表35份。

2001年，推行乡党委政府党务、政务公开工作，将其作为加强党风廉政建设的重要推手，将计划生育审批程序、宅基地审批程序、征兵程序、民政事业费发放等进行公开。

2002年，贯彻执行中共贵州省纪委《关于进一步加强乡镇干部管理纠正"走读"现象的通知》精神，对乡镇部分干部"走读"的行为进行纠治。

2003年，贯彻县纪委《关于坚决刹住用公款大吃大喝歪风的紧急通知》文件要求，对本辖区内公款大吃大喝行为进行检查和暗访，对发现的违反规定用公款大吃大喝的2起行为予以曝光并严肃查处。是年5月，根据县纪委《关于严明纪律切实保证非典型肺炎防止工作顺利进行的紧急通知》，严肃查处防治"非典"工作中有令不行、有禁不止和失职渎职行为3起，确保政令畅通，正风肃纪。

2004年，大力弘扬与时俱进的创新精神，提出"四新"工作要求，即在贯彻上级精神和乡实际相结合上进行创新，在研究探索的治本措施和从源头上预防腐败的途径方法上进行创新，有针对性解决群众反映问题上进行创新，在提高工作水平、更好落实工作上创新。传达贯彻中央纪委《关于严肃查处党员和领导干部参与赌博的通知》文件精神，从思想教育、加强管理和监督、加大查处力度三个方面制止党员干部参与赌博。

2005年，围绕全县党的建设工作会议提出的各项任务履行职责，成立乡党风廉政建设领导小组，将全乡的党风廉政建设和反腐败工作各项任务分解成30项以文件形式印发，明确班子成员各自应负的党风廉政建设责任。乡党委政府负责人分别与19个村和各股室站所责任人签订党风廉政建设责任状30份。专门组织有关人员深入各村、各股室对党风廉政建设和反腐败工作进行督促和检查。组织学习《中国共产党党内监督条例（试行）》《中国共产党纪律处分条例》《建立健全教育制度监督并重的腐败体系实施纲要》文件精神，组织机关干部参加全乡预防职务犯罪报告和党风廉政教育会，实施乡班子成员一年一度重大问题报告制度。实施"三项谈话"和对党政干部借欠公款问题进行清理，乡纪委对村级和乡机关人员谈话3次，对村级干部任职前勤政廉政谈话1次，诫勉谈话1次。制订《平头乡2005年度党政机关企事业单位工作制度》，规定干部上班必须实行签到，向分管领导汇报工作情况。严格执行县委县人民政府《关于严禁干部职工在迁居、子女升学等事宜中大操大办酒席的规定》要求，印发《关于切实加强对干部职工在迁居、子女升学等事宜中违规大操大办酒席管理的通知》，严格执行审批制度。

2006年，印发《贯彻落实〈建立健全教育、制度、监督并重的惩治和预防腐败体系实施纲要的意见〉任务分解方案》，将任务分解成：①加强反腐倡廉教育，②加强反腐倡廉制度建设，③加强对权力运行的制约和监督，④以改革统揽预防腐败的各项工作，⑤正确处理预防和惩治腐败的关系，⑥加强领导、明确责任，共6个大项23个小项，加以落实，细化每个股室、每名干部的具体责任。组织乡村两级干部进行4次"五个严禁、十七个不准、五个一律"知识测试。印发《关于切实加强干部职工在迁居、子女升学等事宜中违规大操大办酒席管理的通知》，要求干部在婚丧嫁娶中带头执行"四大纪律、八项要求"，践行"三个代表"重要思想,做到“五个珍惜”,永葆党的先进性。

2007年,组织学习中共十七大精神、省委十次党代会精神,以及社会主义核心价值体系学习宣传,并将单位、个人的学习情况进行登记备案,作为年终评先评优的重要依据。

2008年,制订《平头乡干部职工管理办法》《平头乡村级组织及村干部管理办法》,贯彻县委、县人民政府《关于严明纪律切实保证抗御雪凝天气灾害各项应急处置措施落实的紧急通知》文件精神。

2009年,印发《平头乡党风廉政建设和反腐败斗争工作实施意见》《平头乡党风廉政建设和反腐败斗争责任制考核细则》。乡党委书记分别与各单位负责人签订党风廉政建设工作责任书26份,明确党政一把手反腐倡廉负总责和第一责任人,分管领导对分管部门负领导责任。

2010年,印发《平头乡财务管理办法》,对乡计生办、乡国土所等单位实行财务年度报告制度,落实“收支两条线”管理。

2011年,围绕“振兴平头、发展经济”这个中心,推进全乡党风廉政建设和反腐败斗争。通过举办培训班、廉政教育专题讲座、观看党风廉政宣教片等形式,广泛深入开展反腐倡廉主题教育活动,举行领导干部述职述廉报告会1次,对乡党委政府班子进行评议,满意率100%。查处违纪案件2件,纪律处分3人。

2012年,学习贯彻中央《建立健全教育、制度、监督并重的惩治和预防腐败体系实施纲要》《中国共产党章程》。扎实推进廉政文化“六进”主题实践活动,建立乡党委中心学习组学习制度。修订完善《平头乡干部职工管理办法》《平头乡村级组织及村干部管理办法》。

2013年,落实领导干部报告个人有关事项制度,落实中央八项规定精神、省委市委十项规定和县委五要七带头规定,规范公务接待,推行“廉政食堂”。开展保持党的群众路线教育实践活动,落实主要领导干部“三重一大”制度,其他班子成员根据分工,对职责范围内的党风廉政建设负主要领导责任。

2014年,印发《平头乡2014年党风廉政建设工作安排意见》《平头乡2014年党风廉政建设工作要点》。组织学习《党风廉政建设工作典型案例警示教育读本》和《松桃苗族自治县反腐败典型案例警示教育读本》共3次。制订《平头乡廉政文化进农村实施方案》,制作廉政文化宣传版面19幅,安装阳光村务白黑板58块。开展党的群众路线教育实践学习活动3次。

2015年,组织学习《中国共产党章程》《习近平总书记系列重要论述摘编》,以及省委市委十项规定、县委五要七带头等作风建设规定,集中学习《中国共产党廉洁自律准则》和《中国共产党纪律处分条例》。开展家电下乡、教育营养午餐、危房改造、国土、退耕还林等专项监察,开展遍访监督检查40余次,走访群众1457户,深入核查中小学12所。追缴家电下乡违规补贴资金17万元、营养午餐违规套取资金10万元、危房改造违规资金1.5万元、宅基地乱收费1.34万余元,全部上缴国库。协助司法部门核查林业站工作人员虚报退耕还林面积300余亩,涉及违纪违法资金60万余元。

2016年,抓学习教育,突出警示教育作用。组织学习《中国共产党章程》《中国共产党廉洁自律准则》《中国共产党纪律处分条例》,学习中共十八大以来习近平总书记系列重要讲话精神,并进行理论考试2次。学习换届纪律“九严禁”纪律要求。开展微型企业、计生社抚费补助、村居民生事务、雨露计划工程等专项监察,办理民生案件6件,党纪、政纪处分6人。开展领导干部利用婚丧嫁娶大操大办酒席、单位违规发放补贴、奖金加班费等自查自纠工作,干部主动上缴烟、酒等礼品3次,价值2000余元。严格“一把手”五不直接分管制度,盯紧民主集中制、民主生活会、领导干部个人重大事项报告等制度的贯彻落实,理清主体责任和监督责任,落实纪检干部“三转”要求。开展补贴奖金等发放情况专项清理,发放清理表11份,清退计生站滥发加班补助费1.1万元。

2017年,持续开展雨露计划、科学储粮、“一事一议”财政奖补、实体经济等专项监察。围绕落实党风廉政建设两个责任清单开展集中整治,严格监督执纪“四种形态”贯彻落实,共开展谈话提醒9人,诫勉谈话2人。开展脱贫攻坚大排查情况进行监督检查,对在脱贫攻坚工作中把关不严、工作失职的1名干部,给予党内警告处分。

2018年,制订《平头镇党委落实党风廉政建设主体责任和纪委落实监督责任清单》,实行一人一清单,形成“一把手”负总责,一级抓一级的工作格局;下发《2018年度党风廉政建设和反腐败实施方案》《为官不为问题专项整治工作方案》,签订党风廉政建设责任状74份,开展党风廉政分级约谈159人次。开展违规收送红包、礼品、礼金,违规发放补贴、奖金福利、公款吃喝、公车私用等问题自查自纠工作,清退违规资金5.7万元。开展脱贫攻坚专项督查,组织以村监会主任为骨干的专项监察队伍,集中开展监察工作,对存在的错评漏评、挪用扶贫帮扶资金等违规违纪问题进行立案查处3人。开展组组通、实体经济、社会养老保险、大病救助及农村养殖项目专项监察,清退国家工作人员违规享受低保待遇7人5.65万余元,重复享受城乡低保待遇16人2.56万余元,以死亡人员名义冒领养老保险11人2795元,诫勉谈话5人,在全镇范围内通报2人,示警约谈8人,学习典型案例30余例。县委交叉巡察组反馈巡察意见4个方面16个问题,督促完成整改。

2019年,印发《2019年度党风廉政建设和反腐败工作实施方案》《平头镇党委落实党风廉政建设主体责任和纪委落实监督责任清单》,签订党风廉政建设承诺书88份;落实党风廉政“两个责任”分级约谈125人次。开展“不忘初心、牢记使命”主题教育,组织学习习近平总书记在“不忘初心、牢记使命”主题教育工作会议上的重要讲话精神,发放学习资料110份,进行理论知识测试1次,召开研讨会2次,党委班子、各支部进行以“不忘初心、牢记使命”为主题的民主生活会和组织生活会。开展领导干部利用名贵特产、茅台酒牟取私利情况和整治公职人员违规违法私建“活人墓”自查自纠工作。开展纪检监察干部“访村寨、重监督、助攻坚”专项行动,走访19个村213户,发现问题162个,解决159个。开展脱贫攻坚“三个落实”综合督查,入户走访193户,发现问题297个,对在工作不作为、慢作为、漠视群众利益刘某某侵占贫困户救助资金4.91万元被留党察看两年处分,莲塘村驻村干部梁某某、梁某某被给予党内警告处分,留党察看一年处分。成立扫黑除恶专项斗争工作领导小组,研究部署专项斗争工作,制订《平头镇扫黑除恶专项斗争工作方案》。对勤必发矿山涉黑绑架敲诈勒索案进严厉打击,对涉案人员龙某某(蓼皋街道陆地村原村委主任),石某(太平营街道)、田某(蓼皋街道)3人严厉惩处。是年,诫勉谈话10人,通报批评97人,通报6个村指挥部,谈话提醒29人,集体约谈7个村指挥部68人。

2020年,完成主要领导对班子成员约谈26人次,班子成员对股级干部约谈62人次,股级干部对一般干部约谈36人次。开展农村专业合作社和农村安全用水专项监察,发现线索4个,立案查处4人,发现整改类问题9个,限时督促整改。督促开展疫情防控工作,要求各单位制订疫情防控方案和应急预案,学校等重点单位要配置口罩、测温枪、消毒液,采用单人单桌进行授课,中学学生住宿由原来的每寝室12人减至每个寝室6人,实行全封闭式管理。督促企业开展复工复产工作,要求符合环保和安全条件的企业要尽快复工复产。开展“爱岗敬业我先行、积极作为勇担当”专项行动监督检查,督查党支部22个,发出整改建议12条,督促其整改落实。开展党员干部违规操办“升学宴”“谢师宴”监督检查工作,监督检查33次,督促主体责任单位组织学习相关文件规定8次,杜绝“升学宴”“谢师宴”问题发生。监督巡察整改工作,巡察组反馈问题308个,边巡边改18个,各村共制订整改措施537项,全部完成整改,收缴清退资金5034元。开展村务监督规范化建设,更换4名业务能力差的监委会主任,为各村配备电脑、打印机、桌椅、笔墨、饮水机、沙发等办公用品,重点打造2个村村务监督委员会标准化建设。办理专项监察案件4件,疫情防控案件1件,脱贫攻坚案件3件,巡察反馈案件2件。是年,诫勉谈话3人,谈话提醒12人,通报批评46人。同步开展警示教育和“一案一整改”工作4次。

(二)信访受理

信访举报工作是纪检监察工作重要职能之一,是掌握党风廉政建设情况的耳目、窗口和联系人民群众的纽带,是化解处理有关矛盾的主要渠道。

2005年,收到信访件1件,办结1件。

2007你,收到信访件1件,办结1件。

2009你,收到信访件1件,办结1件。

2010年,收到信访件1件,办结1件。

2011年,收到信访件4件,办结4件。

2013年,收到信访件3件,办结3件。

2014年,收到信访件5件,办结5件。

2015年,收到群众来信来访举报问题5件,其中反映乡政府违规执法问题2件,反映村干部违规评议低保1件,反映乡村两级干部合伙套取退耕还林补助资金问题1件,反映家庭困难村干部不予评议精准扶贫问题1件。经核实,有2件属实,督促乡政府整改不规范执法问题1个,立案查处干部套取退耕还林资金违纪违法问题2人,移送司法机关1人。

2016年,收到群众来信来访举报件9件,其中反映村干部8件,反映镇干部1件,从内容上看,全部针对换届选举问题,均是反映村干部在任职期间存在贪污腐败、以权谋私等问题,另有1件反映乡镇干部违规操作换届选举问题。通过核实,有1件部分属实,立案查处村干部私分集体资金违纪问题3人,追缴违纪资金1.77万元,不属实8件,已全部向反映人反馈核实结果。

2017年,共收到群众来信来访反映问题6件,属于业务范围内3件,另3件转交综治部门办理。业务内3件信访件中,其中1件属于重复件,1件反映村干部违规享受低保问题,1件反映村干部侵占群众工程款问题,经核实2件属实,立案处理干部2人,为群众追回工程款1600元,清退干部违规享受低保资金4495元。

2018年,收到群众来信来访反映问题8件,受理7件,转综治部门办理1件。在受理的7件信访件中,有4件是反映村干部存在贪污腐败问题,有2件是反映镇村两级干部在脱贫攻坚中存在不作为、慢作为、乱作为等违反工作纪律问题,有1件反映环境污染问题。通过调查核实,有3件部分属实,立案查处在脱贫攻坚工作中不作为、处理环境污染不力的干部2人、对在脱贫攻坚工作存在过错的1名干部进行批评教育,有4件不属实予以信访了结。

2019年,收到群众来信来访反映问题5件,其中1件是群众口头来访,经查询民生项目备案后,对群众的疑虑已作口头答复。来信反映4件当中,其中1件属于重复反映、另有2件核查部分属实、1件不属实,立案查处干部2人,为群众追回被侵占资金2.15万余元,追缴违纪资金4000元。

2020年,收到群众来信来访反映问题2件,转综治部门办理1件,受理1件,反映镇干部工作存在懒散、漂浮的作风问题,经核实问题属实,对存在作风问题的1名干部进行诫勉谈话。

(三)民生监督

2014年至2020年,开展民生监督工作,先后对家电下乡、中小学营养午餐、“雨露计划”“一事一议”、农户科学储粮、危房改造、易地扶贫搬迁、农村不良贷款、民政低保、农村饮水安全巩固提升工程、农民专业合作社(公司)等实施的扶贫民生项目开展民生监督,并对相关违规违纪人员进行调查处理,切实维护人民群众的利益,维护良好的政治生态。

2014年,开展家电下乡、能繁母猪补贴、农机具补贴专项监察工作。家电下乡发现问题1678个,追缴违纪资金21.01万余元;能繁母猪补贴12.37万余元,发现问题4个,追缴违纪资金1.44万余元;农机具补贴31台,发现问题5个,追缴违纪资金5333元。

2015年,开展教育资助专项监察,针对学校食堂营养午餐的收支情况开展监督检查,检查中学1所、完小7所、教学点4处,发现问题8个,发出整改建议8条,清退违规资金1750元。开展微型企业补贴专项监察,走访核实微型企业7个,访谈群众22人。开展危房改造补助情况专项监察,实地走访行政村18个,访问群众88人,发现问题2个,蚂蝗冲村支部书记杨某某、村委会主任田某因截留挪用群众危房改造补助资金分别被给予党内严重警告处分,挪用的违纪资金1.5万元被清退。

2016年,开展"雨露计划"工程专项监察,通过实地走访核实了解问题,走访19个行政村,走访群众314人,发现问题2个,针对财政供养人员套取职业技能培训补助资金问题进行立案调查处理,追缴违纪资金1080元。开展小额贷款贴息专项监察,入户走访81户,发放走访表81份,将走访情况登记备案。开展计划生育社会抚养费收取专项监察,发现问题2个,立案查处干部2人,给予党纪处分1人,免于党纪处分1人。

2017年,开展"访村寨、重监督、助攻坚"专项行动和"一事一议"、农户科学储粮、易地搬迁专项监察。围绕全镇19个村2013年以来农村低保、城镇低保评议情况,2013年以来危房改造评议情况,镇相关单位对上述惠农资金的管理、使用情况进行监察,发现问题3个,立案查处干部3人,受到党内警告处分3人,诫勉谈话1人,提出整改意见2条,追缴违纪资金5358元。农户科学储粮专项监察针对农户购彩钢仓的对象户开展入核查,入户核查131户,入户率达100%,未发现问题。"一事一议"针对2014年至2016年度财政奖补项目进行核查,走访核实16个行政村共58个项目,核实通组路21条、连户路28条、普通桥3座、文化广场3个、太阳能路灯项目1个、垃圾箱项目1个、亮化工程项目1个,发现问题3个,立案调查处理1人,受到党内警告处分1人,追缴违纪资金3080元。开展对久安安置点和平头司安置点监督检查,走访搬迁户76户,走访率达45%,发现问题户4户,提出整改意见4条。

2018年,开展"访村寨、重监督、助攻坚"专项行动监察工作,由镇纪委组织各村监委会主任,组成3个检查小组,分别对全镇19个村开展脱贫攻坚情况进行专项检查,走访农户1152户,发现问题316个,并反馈到各村限时整改,发现违纪问题2个,立案查处干部2名,分别给予党内警告处分。开展农村养老保险、合医收缴监督检查工作,发现问题2个,立案查处干部1人,给予党内警告处分,为群众追回养老保险资金5200元。开展农村贫困人口大病专项救治和城乡医疗救助监督检查工作,重点检查民政、扶贫、医院等部门的公职管理人员在执行农村贫困人口大病专项救治、城乡医疗救助政策过程中不认真履职、政策执行走样的问题,发现相关医院虚填治疗项目清单问题3个,并反馈给县纪委集中统一处理。开展农村养殖产业扶贫项目监督检查工作,聚焦资金落实过程中的贪污挪用、截留私分、虚报冒领等腐败问题进行检查,实地走访察看扶贫项目6个,发现虚报冒领项目资金问题1个,立案查处干部1人,给予党内警告处分,追缴违纪资金2.86万元。

2019年,按照县纪委监委的统一安排部署,开展涉林扶贫民生项目专项监察工作,对2014年以来新一轮退耕还林、国家公益林、省级公益林、市级公益林兑现补助情况,护林员工资发放情况开展核查工作,发现问题1个,立案查处1人,为群众追回被侵占的退耕还林资金2.03万余元。开展易地扶贫搬迁专项监察工作,深入平头司搬迁点、松桃背后坪安置点、松桃团山安置点、大兴新园社区安置点以及铜仁万山、谢桥安置点等实地走访,核实搬迁户的真搬实住情况,核查在搬迁过程中是否存在违规违纪问题,向主管单位发出整改意见7条,并督促整改落实。开展财政涉农补贴资金"一折通"专项监察工作,重点对农村合作医疗参合资金收缴情况、养老保险资金收缴情况进行检查,发现干部截留挪用群众参合资金问题2个,立案处理1人,受到党内警告处分,诫勉谈话1人,为群众追回参合资金4400元。开展贫困户"一达标两不愁"以及"三加一"保障情况监督检查工作,走访农户209户,发现收入不稳定问题7个、"两不愁"问题3个、"三加一"问题29个,向镇脱贫攻坚指挥部发出整改意见39条,并督促整改落实。

2020年,开展农村专业合作社扶贫民生项目专项监察,针对2016年以来获得县级有关部门项目资金补助的19个村级专业合作社、1个公司、5个养殖场开展走访核查工作,发现问题4个,立案查处干部4人,党内警告处分2人,严重警告处分1人,留党察看一年处分1人,追缴违纪资金9970元。开展农村饮水安全专项监察,共检查农村饮水安全巩固提升工程项目5个,实地查看取水点17处,蓄水池15口,向有关部门反馈问题9个,并限时要求整改。开展疫情防控工作落实情况监督检查,检查卡点20个,问责干部1人。开展企业复工复产工作落实情况监督检查,检查锰矿矿洞6个,督促符合复工复产的2个矿洞实现复工复产。开展侵害未成年人案件强制报告工作落实情况监督检查,检查中学1所、村完小7所,发出整改意见8条。开展农村乱占耕地建房问题工作落实情况监督检查,对全镇19个村进行明察暗访,向主管部门反馈13处苗头性问题,并督促主管部门及时处理。开展脱贫攻坚工作专项督查,通过入户走访、查阅资料、随机暗访等方式,围绕脱贫攻坚"四个不摘"开展综合督查,掌握各村驻村工作情况及存在的问题,共入户走访193户,发现问题234个,并督促完成整改,对一名不正确履行工作职责、工作出现失误的驻村干部立案查处,受到党内警告处分。

(四)警示教育

1993年至2010年12月,组织全体干部职工学习反腐倡廉警示教育巡回报告会精神,利用会议、标语、板报、宣传栏、播放电教片等形式组织开展反腐倡廉宣传教育活动。

2011年8月,召开全乡警示教育暨案件通报会,集中观看《沉重的代价》警示教育片。

2014年组织乡村两级干部集中观看《被"欲火"焚毁的"群蝇"》等警示教育专题片,观看人员共90人次。

2015年组织观看警示教育光碟3次,观看人数300余人次。

2016年,共开展警示教育9场,集中观看《民生监督在路上》《镜鉴》等警示教育影片,受教育人数达813人次。

2017年,共开展警示教育7场,通过创新和丰富警示教育形式,加大对典型案例的通报曝光、编印警示教育案例读本等形式,受教育人数达517人次。

2018年召开案件通报暨警示教育大会9次,组织镇村两级干部职工观看全县扶贫领域警示教育巡回展活动2场次。

2019年召开案件通报暨警示教育大会7次,组织镇村两级干部职工观看全县扶贫领域警示教育巡回展活动2场次,组织党员干部参加在县党风廉政警示教育基地接受警示教育2场次,受教育人数达98人次。

2020年,组织镇村两级干部职工观看全县扶贫领域警示教育巡回展活动2场次,组织全镇干部职工到县党风廉政警示教育基地进行警示教育,开展扶贫领域警示教育展2次,受教育人数达180人次。

第十九节　大路镇纪检监察工作

一、机构队伍

1992年5月,按照县"建镇、并乡、撤区"的安排,撤销原孟溪区及其所辖的大路乡、屯江乡,由大路乡与乜江乡合并,组建新的大路乡行政区划。是年6月,县委任命杨光富为乡纪委书记。

1993年3月,大路乡召开第一次党代会,选举产生中共松桃苗族自治县大路乡纪律检查委员会。

2015年12月,省人民政府批复,同意松桃苗族自治县部分乡镇行政区划调整,撤销大路乡建制,设置大路镇。2016年8月,中共松桃苗族自治县大路乡纪律检查委员会更名为中共松桃苗族自治县大路镇纪律检查委员会。

2019年7月,国家监察体制改革向乡镇(街道)延伸,县监察委员会设立派出大路镇监察办公室,与镇纪委合署办公,实行“两块牌子、一套人员”的管理体制,履行纪检监察职责。

中共大路乡(镇)纪律检查委员会

(1992年6月至2020年12月)

书　　记	杨光富	1992年6月至1992年11月
	王清怀	1992年11月至1996年1月
	陈天照(苗族)	1996年2月至2001年9月
	梁　炜(苗族)	2001年10月至2006年8月
	刘孝贵(苗族)	2006年9月至2007年6月
	冯克武(苗族)	2007年6月至2014年12月
	冉奉尧(土家族)	2016年8月至2020年12月
副书记	陈　翰(苗族)	2006年9月至2013年2月
	任　华(女,苗族)	2016年8月至2017年12月
	罗时保(土家族)	2018年5月至2020年12月
纪委委员	杨光富	1992年6月至1992年11月
	王清怀	1993年3月至1996年1月
	陈天照(苗族)	1993年3月至2001年9月
	孙显章(苗族)	1993年3月至1999年3月
	朱治培	1996年2月至1999年3月
	代启发(苗族)	1996年12月至2001年9月
	冉启林	1999年3月至2002年3月
	戴昌国	1999年3月至2002年3月
	梁　炜(苗族)	2001年10月至2006年8月
	龙凤仙(女,苗族)	2002年1月至2006年8月
	卢平珍(女,苗族)	2002年1月至2006年8月
	刘孝贵(苗族)	2006年9月至2007年6月
	徐　勇(苗族)	2006年9月至2017年2月
	邓武荣	2006年9月至2014年12月
	陈　翰(苗族)	2006年9月至2013年5月
	孙显章(苗族)	2006年9月至2009年6月

冯克武(苗族)　2007年6月至2014年12月
李万兵(苗族)　2008年5月至2020年12月
王　勇　2011年9月至2016年8月
何天权　2011年9月至2016年8月
冉奉尧(土家族)　2016年8月至2020年12月
李跃飞(苗族)　2016年8月至2017年2月
任　华(女,苗族)　2016年8月至2017年12月
罗时保(土家族)　2018年5月至2020年12月

大路乡监察室

(1996年2月至2016年9月)

主　任　代启发(苗族)　1996年2月至2001年9月
龙凤仙(女,苗族)　2002年1月至2006年8月
李万兵(苗族)　2008年5月至2016年9月

县监察委员会派出大路镇监察办公室

(2019年7月至2020年12月)

主　任　冉奉尧(土家族)　2019年7月至2020年12月
副主任　罗时保(土家族)　2019年7月至2020年12月
监察专员　廖　蓉(女,苗族)　2019年12月至2020年12月

二、主要工作

(一)党风廉政建设

大路乡(镇)纪委按照党章规定,协助乡(镇)党委推进党风廉政建设和反腐败斗争工作,监督同级党委履行全面从严治党主体责任,对党员领导干部履行职责和行使公权力的公职人员进行监督,确保党的路线、方针、政策和中央、省委、市委、县委重大决策部署得到贯彻落实。

1993年,为防止“建并撤”过程中的各种违纪违法行为和不正之风发生,先后开展对计划生育执法检查3次,防止计生执法人员乱作为问题发生。对秋粮入库监督检查2次,防止乡粮站工作人员优亲厚友,秋粮以次充好问题发生。

1994年,根据《关于对群众举报全县中小学乱收费问题专项检查通知》,乡纪委开展辖区内14所中小学教育收费情况监督检查3次。

1995年,协助党委抓计划生育整治工作3次,发现在办理准生证、未婚证和流动人口证收费9131元中,将其中3318元资金公款私存,予以追缴上缴财政。组织干部职工学习元旦、春节、国庆等节假日期间用公款请客送礼,铺张浪费等文件精神3次,防止“节日病”发生。

1996年，根据《关于党政机关厉行节约制止奢侈浪费实施细则》，开展控制新建和装修楼堂馆所、各种会议活动、公务接待、公款购买安装通信设备检查评比等自查清理工作。

1997年，组织干部职工学习关于严禁在元旦、春节等国家节假日期间用公款请客送礼、滥发钱物、大吃大喝、铺张浪费等文件及自查清理3次，未发现问题。

1998年，组织学习《关于纪检监察机关加强对追缴违纪违法款物管理规定》文件精神，开展违纪违法款物管理监督检查2次，开展干部职工违规拖欠公款自查清理、中小学乱收费清理和违反计划生育政策的检查3次，发现用1997年宣布作废的计生罚没旧号票据收费5.12万余元，并提出整改建议，督促乡党委及时整改。

1999年，制订《关于进一步加强党风廉政建设的决定》，对选人用人、政务公开、财务管理、接待、执法等建立制度。

2000年，组织党员领导干部学习《中国共产党章程》《贵州省计划生育条例》2次。落实党员领导干部廉洁自律各项规定，严明党的纪律，开展“八个坚持、八个反对”、反对形式主义、官僚主义和纠正损害群众利益的不正之风监督检查。

2001年，传达中央、省、地、县纪委会议精神，召开乡党风廉政建设工作会议2次，按照谁主管谁负责的原则签订党风廉政建设责任书30余份。

2002年，深入学习和践行“三个代表”重要思想，履行党风廉政建设责任。组织干部职工学习县委、县人民政府印发《关于严禁干部职工大操大办酒席的规定(试行)》，开展违规操办酒席监督检查3次。

2003年，学习中央纪委、省纪委二次全会精神，召开党政班子和干部职工会议，签订党风廉政建设责任书50份。开展违规操办酒席自查自纠工作，要求9名干部职工上缴自查自纠报告。开展“收支两条线”监督检查，为严肃财经纪律，对20个股室站所和14所中小学的资金进行清理，上缴违规资金21.63万余元，对未建账的单位限期整改3个。建立纪检、公安、教育、卫生应急分队联动机制，对乡抗击“非典”医药市场进行监督检查，销毁报废药品价值1.58万元。编写纪检信息简报4期，培训干部5期370人次。

2004年，落实党风廉政建设责任制，开展党风廉政教育2次。召开全乡党员大会，纪念中国共产党建党83周年，参会党员326人。是年7月13日，乡党委召开集中教育整顿大会，成立乡督查组，围绕实现“五个好”对和平村党组织和党员队伍集中教育整顿。开展执法监察工作，落实“收支两条线”规范管理，私设“小金库”账外账和违规开设银行账户进行监督检查。开展对国债资金、扶贫资金、退耕还林专项资金、社保资金和计划生育征收的社会抚养费使用情况进行执法监察，查处以权谋私和侵害群众利益党员干部3人。编写纪检信息简报4期，培训干部职工9期485人次。

2005年，印发《行政效能工作领导小组的通知》，乡纪委书记担任副组长。开展“四大纪律”、“八项要求”、计划生育工作、国债资金、扶贫资金、社会抚养费和救灾资金等工作监督检查，党纪处分1人。

2006年，建立农村基层党风廉政建设联系点，建立组织机构，制订《农村基层党风廉政建设联系点实施方案》，组织学习《中国共产党章程》。对乡村会计业务作专题培训2期，参训人员30人次。联系和平村召开组织生活会2次，会上对村支两委班子成员进行述职述廉和民主测评。开展对党员干部是否存在违反廉洁自律规定、以权谋私、与民争利、侵害农村集体利益和农民利益的监督和检查；悬挂纪律宣传标语3幅，书写标语10余幅，召开党员大会12次，开展监督检查10余次，发现问题2个，协助乡党委政府及时整改完毕。开展干部职工违规大操大办酒席检查1次，未发现问题。开展教育乱收费、医药购销和医疗服务中的不正之风，整治公路“三乱”工作督查3次，未发现问题。整治站所执法不公和故意刁难群众问题，开展“村务公开、财务管理、村民议事、矛盾调处”工作。通过广播、电视、书刊等媒介宣传党风廉政建设。

2007年,召开党风廉政建设专题工作会2次,签订党风廉政建设责任状52份。组织学习《中国共产党纪律处分条例》《中国共产党党内监督条例》。召开乡党委扩大会议,组织学习《行政机关公务员处分条例》《中央纪委关于严格禁止利用职务上的便利谋取不正当利益》。成立大路乡政务公开工作监督领导小组,乡纪委书记为组长。成立村级党支部委员会换届选举工作领导小组,乡纪委书记担任副组长。开展农业、林业、水利、卫生、扶贫等项目资金、救灾、物资、低保金、复员军人生活救助监督检查10余次。

2008年,印发《大路乡农村基层党风廉政建设实施方案》,成立领导小组,乡纪委书记担任副组长,开展社会主义新农村建设监督检查,建立扶贫、移民、退耕还林监督管理制度。开展农业和农民直接补贴惠农政策落实情况、农村综合改革监督检查。开展雪凝灾害期间干部职工作风、救灾物资发放和灾后重建监督检查6次。开展滥发津补贴和借乔迁新居等事由大操大办酒席收敛钱财行为、干部违规驾驶公车监督检查3次。开展全乡春秋入学"一费制"、农村合作医疗、计划生育征收社抚费等收费执行情况的监督检查5次,党纪处分1人。

2009年,开展科学发展观主题教育,组织学习《毛泽东邓小平江泽民论科学发展》《科学发展观重要论述摘编》、十七届中央纪委三次全会精神,弄清"为什么发展""为谁发展""靠谁发展"和"怎样发展",采取"群众提""自己找""互相帮"等方式,查找出问题21个,制订整改措施,分级负责落实整改,印发《大路乡干部绩效考核办法》建立长效机制巩固整改成果。坚持党委统一领导,纪委组织协助,落实党风廉政建设责任制,乡党委书记分别与班子成员及股室站所签订党风廉政建设责任状50余份。开展治理教育乱收费、减轻农民负担、纠正损害群众利益等检查工作,党纪处分2人。组织干部职工学习党规党纪知识5次,理论考试150余人次。

2010年,督促班子成员履行"一岗双责",组织干部职工学习党风廉政建设相关知识2次,开展中小学入学"一费制"规范收费督促检查5次,纠正违规行为4起,党纪处分1人,收缴违纪资金1.5万元。

2011年,组织干部职工签订廉政风险防范承诺书50余份,学习党规党纪知识2次。印发《大路乡开展廉政风险防范工作实施方案》,开展"接访、走访、回访"活动,化解矛盾。开展党委政府中心工作、干部作风建设、党务政务公开等监督检查。

2012年,建立9项机关工作制度,提升工作效能。印发《大路乡〈中国共产党党员领导干部廉洁从政若干准则〉实施方案》,组织学习《中国共产党党内监督条例》《中国共产党廉洁自律准则》《中国共产党章程》《中国共产党问责条例》《中国共产党处分条例》3次。开展大操大办请客送礼歪风检查和执行领导干部重大事项报告监督检查5次,开展涉农资金和项目监察15次,党纪处分2人,收缴违纪资金1.5万元。

2013年,督促乡党委履行主体责任,乡党委班子成员履行"一岗双责"。印发《关于大路乡集中整治"走读风、赌博风、衙门风、慵懒风、滥办酒席风、优亲厚友风"的工作方案》,开展作风和效能督查2次,查办案件1起,党纪处分3人,收缴违纪资金1万元。

2014年,开展党的群众路线教育实践活动,组织干部学习中共十八大及十八届三中全会、习近平系列重要讲话精神、《习近平关于党的群众路线教育实践活动论述摘编》《厉行节约、反对浪费——重要论述摘编》等,按照"照镜子、正衣冠、洗洗澡、治治病"要求,围绕"为民、务实、清廉",着力解决人民群众反映强烈的突出问题,提高做好新形势下群众工作的能力。通过个别谈话,设立意见箱、发放问卷、自查梳理等查摆出乡党委问题12个,班子成员60个,制订整改方案落实问题整改,并通过建章立制建立长效机制。开展整治"不作为、慢作为、乱作为"行动。督促各村党务、村务公开,对14个行政村安装"白黑板",各项惠民政策公示在"白黑板"上,让村务公开透明,主动接受群众监督。党政纪处分3人,其中党内严重警告处分1人,党内警告处分2人,挽回国家直接经济损失23万元。

2015年,协助乡党委抓党风廉政建设工作,督促乡党政班子成员履行"一岗双责",层层签订责任状,开展分级约谈80余人次。开展工程项目招投标、政府采购等事项监督检查3次。开展畜牧良种、农机购置、学生资助、微企等专项监察工作,党政纪处分7人,其中留党察看两年处分1人,党内严重警告处分2人,党内警告处分4人。追缴违规违纪资金170.08万元。

2016年,督促镇党政班子成员、股室站所负责人、村支部书记签订党风廉政建设责任书60余份,干部职工签订廉洁过节、不违规操办酒席承诺书100余份。开展党员干部个人重大事项报告、财经纪律自查自纠、违规经商办企业和违规发放津补贴等监督检查5次。组织干部职工学习《中国共产党廉洁自律准则》《中国共产党纪律处分条例》《中国共产党党政领导干部廉洁从政若干准则》3次。对2014年9月至2016年11月期间,对财政分局、工会、计生办、民政办等单位发放津贴补贴、奖金问题进行全面账务清查,清退2016年违规发放工会福利5.6万元,上缴县纪委廉政账户。对节假日加班费、通信费、工会费、计生费、民政救助资金、工程项目进度评比表彰费用等发放进行清理,清退2016年春节值班违规发放值班费和大路乡S304线指挥部违规发放津补贴19.92万元上缴县纪委廉政账户。开展14个村支两委换届"九严禁"督促检查14次。开展村(居)事务、计划生育社抚费收支、信贷扶贫资金、雨露计划专项资金等专项监察,党政纪处分9人,其中上报县纪委研究开除党籍处分1人,党内严重警告处分1人,党内警告处分7人。

2017年,学习贯彻中共十九大精神和习近平系列重要讲话精神,落实中央、省、市、县"三转"要求,履行监督、执纪、问责职责。开展党风廉政建设分级约谈120余人次,党员干部谈话6人次。开展"访村寨、重监督、助攻坚"走访14个村(社区)506户;开展"一事一议"财政奖补等民生专项监察工作,项目涉及10个村,财政奖补资金达960.5万元,在镇党委会上汇报专项监察工作4次。发现问题11个,立案7件,党政纪处分7人,其中党内严重警告处分2人,党内警告处分4人,行政撤职处分1人。追缴违纪资金47万元。成立14个村务监督委员会,配备村务监督委员会主任14名,组织村监委会主任培训5次。

2018年,开展党风廉政建设"两个责任"分级约谈120余人次,常规约谈干部80余人。围绕扶贫领域惩治"蝇贪"三年行动,重点整治扶贫领域腐败和作风问题,制订工作方案开展监督检查工作。按照县纪委《关于在扫黑除恶专项斗争中强化监督执纪问责的工作方案》要求,督促镇党委履行主体责任,协助镇党委开展扫黑除恶专项斗争工作,督促全镇在职干部签订《不充当黑恶势力"保护伞"承诺书》80余份。按照县纪委《关于干部职工违规参与茅台酒经营问题自查清理的通知》要求,督促全镇干部职工对是否存在违规参与茅台酒经营问题进行自查自纠。开展新型农村经济实体运行情况、农村种植业扶贫项目资金、农村贫困人口大病救治和城乡医疗救助、农村养殖产业扶贫项目资金专项监察,走访群众200余人次。党纪政务处分11件11人,问责党员领导干部14人,通报批评30人,谈话提醒28人,涉案资金60万余元。开展2018年民生监督监管"五个示范"创建工作,制订《大路镇2018年民生监督监管示范创建工作实施方案》,完成创建"村务监督示范"4个,完成镇民生监督示范创建。开展脱贫攻坚督查20余次,对督查发现工作作风不实问题通报10人次。落实县纪委县监委审查调查安全工作会议精神,配齐教育谈话室设施设备,新装修大路镇教育谈话室,开展消防演练1次,每月开展安全隐患排查,形成自查报告上报,使用教育谈话室12次。配合思南县委交叉巡察组巡察大路镇党委,张贴巡察公告20余份,设立巡察举报信箱15个,谈话50余人,巡察反馈问题线索1件已办结。巡察反馈问题40个,督促检查10次,发现问题2个,督促镇党委完成整改。

2019年,开展"不忘初心、牢记使命"主题教育,围绕"守初心、担使命、找差距、抓落实",通过"学习教育、调查研究、检视问题、落实整改"等形式,组织集中学习17次,专题研讨3次,开展革命传统教育、警示教育、先进典型教育13次,领导班子带头讲党课14次。签订党风廉政建设目标责任书60余份,开展两次分级约谈干部160余人次，开展党风廉政建设专题会3次。开展党员干部利用名贵特殊资源牟取私利问题自查清理，违建别墅等监督检查和大棚房清理整治检查。开展扫黑除恶专项斗争安排部署、宣传、线索摸排监督检查等20余次。围绕扶贫领域不正之风和腐败问题专项整治，以“访村寨、重监督、助攻坚”为重点，开展“一达标、两不愁、三保障”和帮扶干部结对帮扶成效及工作作风监督检查196次，对市、县、乡脱贫攻坚督导检查反馈问题督促整改900余个。开展民生监督专项监察工作，围绕整治漠视侵害群众身边利益，对产业扶贫资金、退耕还林补贴等项目开展监督检查。查处党员领导干部套取、截留、挪用、不正确履职等行为，党政纪处分9人，其中党内严重警告处分2人，党内警告处分6人，记过处分1人。2020年初，被县纪委县监委评为“2019年度全县纪检监察系统先进集体”称号。

2020年，开展“爱岗敬业我先行、积极作为勇担当”主题教育，组织学习习近平新时代中国特色社会主义思想、中共十九大精神及历次全会精神、《中华人民共和国公职人员政务处分法》《中华人民共和国民法典》《杨荣和张承源先进事迹》《又见苗疆鼓声扬》等，镇党委班子成员查找出问题167个，制订整改措施完成整改155个，长期坚持12个。签订党风廉政建设责任书60余份，分级约谈200余人次。聚焦主业主责，开展落实疫情防控、餐饮浪费专项治理监督检查工作，督促镇党委对县纪委反馈党内政治生态分析研判问题整改及县委第三巡察组反馈大路镇村(社区)问题整改。督促镇党政主要领导认真落实末位表态制度和“五不直接分管”规定，对违规违纪的领导干部在民主生活会上如实说明或检讨。开展疫情防控工作监督检查150余次，走访130余户，通报批评7人。开展脱贫攻坚作风督查30余次，党纪政务处分3件3人，通报批评6人。组织干部职工学习《中国共产党廉洁自律准则》《中国共产党纪律处分条例》《中华人民共和国政务处分法》。使用教育谈话室谈话4人次。开展农民专业合作社实施的扶贫民生项目、安全饮水工程专项监察。党政纪处分7人，其中留党察看一年处分1人，党内严重警告处分1人，党内警告处分3人，记过处分1人，警告处分1人，追缴违纪资金9万元。3月25日，镇纪委书记被铜仁授予“杨荣式”好干部称号。

(二)信访受理

1992年5月以来，乡(镇)纪委通过开辟信访举报渠道，落实上级交办、转办各种信访举报件，规范工作程序，开展信访受理、处置、核查和答复等工作，做到件件有落实，事事有回音。

1993年，收到群众来信来访实名举报1件，办结1件，回访1件。

2004年，接待来访108人次，收到信访件6件，实名检举控告6件，办结6件，转立案3件3人，回访6件。

2005年，印发《关于实行领导干部接待的通知》，开展领导干部接待来信来访，群众的“热点”“难点”问题得到及时解决。

2007年，接待来访86人次，全部现场回复，收到信访件2件，其中实名检举控告1件，匿名检举控告1件，办结2件，回访1件。

2008年，收到信访件1件，实名检举控告1件，涉及低保资金问题，转立案1件1人，办结1件，回访1人。

2009年，收到信访件4件，实名检举控告2件，匿名检举控告2件，办结4件，回访2件。

2016年，收到来信来访9件，实名检举控告3件，网络实名举报1件，群众来访换届选举问题5件。办结9件，回访9件，其中1件因土地权属(宅基地)问题反映村干部，多次到镇政府缠访闹访，镇纪委通过到村走访群众、实地查看，查阅资料、多次到信访人家中做思想工作，打通信访人心结，回访表示满意。

2017年，收到信访来访来电举报14件，其中县纪委转办实名来信检举控告3件，匿名来信检举控告1

件,来访涉及业务范围外反映低保问题5件、渝怀铁路问题3件、村公路占地问题2件。办结14件,回访4件。

2018年,收到来信来访来电举9件,其中匿名检举控告2件,县纪委转办巡察件1件。群众来访反映低保问题1件,反映业务范围外沿印松高速公路征地问题5件,办结9件,回访3件。

2019年,收到来信来访来电举报7件,其中县纪委转办巡察件2件,网络实名检举控告1件,来信检举控告1件,群众电话访低保问题2件,反映业务范围外脱贫攻坚住房补短板问题1件,办结7件,立案1件,回访7件。

2020年,镇纪委借助脱贫攻坚收官之年,通过村监会主任全程参与脱贫攻坚工作,督促村支两委履行职责,解决群众的诉求不出村,群众矛盾不上缴,接到群众来访反映业务范围外低保问题3人3件,了结回复3件。

(三)民生监督

2014年成立大路乡民生特派组,2016年更名为大路镇(乡)民生监督组。民生监督组按照中央和省、市、县纪委监委民生监督工作要求,履行政治监督责任,推进民生领域腐败问题和不正之风专项治理工作。围绕"护民生、促脱贫"主题,开展三轮"访村寨、重监督、助攻坚""百名纪检监察干部访千村进万家""杨荣式"好干部大走访等专项行动,走访1000余人次,采取定期、不定期的方式,围绕各阶段工作重点、中心工作及干部作风情况开展监督检查200余次。2018—2020年开展民生监督监管规范化建设,印发《民生监督工作职责制度》《大路镇民生监督监管"五个示范"创建工作实施方案》《村务监督守则》《五小工作台账》等,完成大路镇民生监督监管示范创建和14个村级民生监督监管示范创建工作,发挥村(居)监委会力量,整治群众身边的"微腐败"和不正之风,打通服务群众"最后一公里",推进监督执纪向基层纵深覆盖。

2014年,围绕家电下乡、能繁畜牧良种、农机购置补贴开展专项监察。家电下乡补贴发现问题线索2个,立案查处3人,涉及违纪资金25.15万余元;能繁母猪补贴发现问题1个,问题整改1个,清退违纪资金1.5万元。

2015年,围绕教育系统中小学生营养午餐资助、城乡低保、危房改造、村居事务开展专项监察。教育资助发现问题2个,立案查处4人,涉及违纪资金106.84万余元。

2016年,开展计生资金、小额信贷、雨露计划、农户科学储粮投资计划等专项监察。计生资金发现问题1个,立案查处3人,追缴违纪资金7.3万元;党建经费发现问题1个,立案查处3人,追缴违纪资金0.356万元,村级集体资金问题1个,立案查处3人,涉及违纪资金8.1万元;"雨露计划"发现问题2个,已反馈相关部门整改完成;协助县纪委到乌罗镇开展走访农户科学储粮投资计划,发现问题2个,已移交乌罗镇民生监督组。

2017年,开展"一事一议"财政奖补、易地扶贫搬迁民生项目工程、社会养老保险等专项监察。"一事一议"财政奖补项目发现问题6个,立案查处5人,追缴违纪资金24.52万余元;易地扶贫搬迁民生项目发现业务外问题3个,已反馈相关部门全部完成整改。

2018年,围绕农村新型经济实体运行管理情况、农村"组组通"公路项目建设、农村贫困人口大病专项救治和城乡医疗救助、农村种养殖产业扶贫项目、农村社会养老保险"回头看"等开展专项监察。农村种养殖产业扶贫项目发现问题线索1个,立案查处1人,追缴违纪资金7万元,农村"组组通"公路项目建设发现问题2个,相关单位已整改,农村社会养老保险发现问题7个,立案查处6人,涉及挪用养老保险资金13.07万元。常态化开展"访村寨、重监督、助攻坚"专项检查行动,走访330人次,发现问题脱贫攻坚作风类问题10个，反馈相关部门立行立改，已全部完成整改。完成大路镇村级民生监督监管示范创建和民生监督监管示范创建工作4个。

2019年，开展涉林项目、易地扶贫搬迁和财政涉农补贴一折通、农村桥梁等民生监督专项监察工作。退耕还林项目和财政涉农补贴一折通发现问题5个，立案查处3人，追缴违纪资金7万余元；农村桥梁项目督查9个，项目处于停滞状态8个，已按要求上报县纪委监委督促整改；扶贫项目发现问题2个，立案查处1人，追缴违纪资金1.5万元；开展三轮"访村寨、重监督、助攻坚""百名纪检监察干部访千村进万家"，走访群众370人次，发现问题3个，立案查处3人。完成大路镇村级民生监督监管示范创建和民生监督监管示范创建工作5个。

2020年，开展人饮项目、农民专业合作社、扶贫项目等专项监察。人饮项目发现问题3个，立案查处2人，反馈整改1个，涉及违纪资金4.32万余元。农民专业合作社项目发现问题1个，立案查处1人，涉及违纪资金1.02万余元。扶贫养牛项目发现问题2个，立案查处1人，涉及违纪资金0.8万元；疫情防控时期，强化监督检查，发现问题10个，乡镇通报批评3人，立行立改7个。常态化开展"杨荣式"好干部大走访等专项行动，走访300人次，发现问题脱贫攻坚工作作风问题10个，反馈相关部门已按要求整改完成。完成村级民生监督监管示范创建和民生监督监管示范创建工作5个，大路镇完成村级民生监督监管示范创建和民生监督监管示范创建工作全覆盖。

(四)警示教育

大路乡(镇)纪委通过张贴宣传标语、宣传展板、观看收看警示教育片、参观警示教育基地、召开警示教育大会、通报典型案例等方式，通过手机短信、QQ群、微信群、微信公众号、电子显示屏介质等开展党风廉政建设警示教育，以案促改，以案说法，以案释纪，做好监督执纪"后半篇"文章，着力推进"不敢腐、不能腐、不想腐"体系建设，筑牢思想道德防线，树立党员领导干部勤政廉洁务实为民的良好作风。

1993年至1998年，组织干部职工收看《悬崖》《诱惑》《被金钱腐蚀的灵魂》《从法官到囚犯》《警钟》等警示教育片，强化党风廉政建设警示教育。

1999年，组织干部职工观看《中国共产党纪律处分条例》电教片2场次，参加观看50人次。

2001年，组织干部职工观看《胡长清案件警示录》，接受教育40人。

2004年，组织党员干部学习《典型案例警示教育读本》和观看《绝路》警示教育片，接受教育73人，要求干部职工做好笔记，写1篇心得体会。

2006年，开展机关支部党员警示教育大会5场次，以违反计划生育、换届选举中违规违纪典型案例警示教育党员。

2010年，通过张贴换届纪律警示标语、悬挂宣传标语、开展村级换届纪律警示教育，悬挂警示标语12幅，制作村级换届纪律宣传栏展板3幅。

2014年，组织干部职工学习典型案例通报文件，通报县纪委查处违规套取家电下乡补贴案例，接受警示教育100人次。

2015年，通报乡中学违规套取营养午餐违纪违法典型案件开展警示教育，接受教育150人次。

2016年，为严肃换届纪律"九严禁"，观看《楠竹上的蛀虫》《贪食"群蝇"终自毁》《镜鉴》等警示教育片。

2017年，组织镇、村党员干部到县党风廉政警示教育基地开展警示教育1次，组织镇干部职工在县经开区观看全省扶贫领域警示教育典型案例展板2场次，组织村(居)三职干部集中观看警示教育片《深山馋鼠》，接受教育300余人，写心得体会60余篇。

2018年，组织镇村两级干部、驻村第一书记观看全市扶贫领域警示教育典型案例展2次，典型案例警示教育10场次,受教育人数430人次。

2019年,观看警示教育片《董事长的没落》1场次,组织镇、村两级干部、驻村第一书记以及村级脱贫攻坚指挥部成员观看全市扶贫领域警示教育典型案例展2场次,典型案例通报警示教育20余起,受教育人数500余人次。

2020年,组织镇、村两级干部、驻村第一书记以及脱贫攻坚驻村工作队员观看全市扶贫领域警示教育典型案例展2次,典型案件通报警示教育5次,通报典型案例20余起,公开处分决定书3份,公开反思材料3份,受教育600人次。

第二十节　冷水溪镇纪检监察工作

一、机构队伍

1992年5月,按照县"建镇、并乡、撤区"的安排,撤销原乌罗区及其所辖的冷水溪乡、谢沟乡、三阳乡,由冷水溪乡与谢沟乡、三阳乡合并,组建新的冷水溪乡行政区划。是年6月,县委任命田双权为乡纪委书记。

1993年3月,冷水溪乡召开第一次党代会,选举产生中共松桃苗族自治县冷水溪乡纪律检查委员会。

2015年12月,省人民政府批复,同意松桃苗族自治县部分乡镇行政区划调整,撤销冷水溪乡建制,设置冷水溪镇。2016年8月,中共松桃苗族自治县冷水溪乡纪律检查委员会更名为中共松桃苗族自治县冷水溪镇纪律检查工作委员会。

2019年7月,国家监察体制改革向乡镇(街道)延伸,县监察委员会设立派出冷水溪镇监察办公室,与镇纪委合署办公,实行"两块牌子、一套人员"的管理体制,履行纪检监察职责。

中共冷水溪乡(镇)纪律检查委员会

(1992年6月至2020年12月)

书　记	田双权	1992年6月至1998年12月
	李朝举	1999年1月至2006年8月
	杨文志(土家族)	2006年8月至2008年7月
	曾凡俊	2011年9月至2013年2月
	杨全忠	2013年2月至2015年9月
	杨　韬(侗族)	2016年9月至2020年4月
	杨　芳(女,侗族)	2020年5月至2020年12月
副书记	杨胜原(苗族)	2008年10月至2011年11月
	刘宋发	2014年5月至2016年8月
	田　径(苗族)	2016年9月至2020年3月
	龙永丽(女,苗族)	2020年3月至2020年12月
纪委委员	田双权	1992年6月至1998年12月
	杨秀考	1993年3月至1996年2月

杨胜胤	1993年3月至1996年2月
唐　锋(苗族)	1996年2月至1999年3月
任明勋	1996年2月至1999年3月
李朝举	1999年1月至2006年8月
杨珠昌	1999年3月至2002年3月
张义胜	1999年3月至2002年3月
刘堂明	2002年3月至2006年8月
任明洪	2006年8月至2011年9月
任献民	2006年8月至2011年9月
杨文志(土家族)	2006年8月至2008年7月
滕建富(苗族)	2006年9月至2016年8月
杨胜原(苗族)	2008年10月至2011年11月
王明富(苗族)	2011年9月至2016年8月
张　绚(苗族)	2011年9月至2016年8月
曾凡俊	2011年9月至2013年2月
杨全忠	2013年2月至2015年9月
刘宋发	2014年5月至2016年8月
杨　韬(侗族)	2016年9月至2020年4月
田　锋(苗族)	2016年9月至2020年12月
滕树雄	2016年9月至2020年12月
任廷杰(苗族)	2016年9月至 2020年12月
田　径(苗族)	2016年9月至2020年3月
龙永丽(女,苗族)	2020年3月至2020年12月
杨　芳(女,侗族)	2020年5月至2020年12月

冷水溪乡监察室

（1996年4月至2005年6月）

主　　任	田儒成	1996年4月至2005年6月

县监察委员会派出冷水溪镇监察办公室

（2019年7月至2020年12月）

主　　任	杨　韬(侗族)	2019年7月至2020年4月
	杨　芳(女,侗族)	2020年5月至2020年12月
副 主 任	龙永丽(女,苗族)	2020年5月至2020年12月
监察专员	龙世敏(苗族)	2019年12月至2020年12月

二、主要工作

(一)党风廉政建设

冷水溪乡(镇)纪委协助党委抓党风廉政建设工作,履行监督、执纪、问责职责,深入推进乡(镇)党风廉政建设和反腐败斗争工作。

1993年,根据县委县人民政府《关于建镇并乡撤区工作有关纪律的规定》《关于"建并撤"后干部职工拖欠公款公物的处理意见》《关于清理企业干部职工拖欠公款的意见》,以及县纪委有关工作要求,成立账务清收领导小组,对谢沟、冷水、三阳3个小乡开展"建并撤"后拖欠公款公物自查清理工作,共清查欠款单位和个人欠款26个,涉及金额1.33万余元,清理物资24件。

1994年,根据县纪委监察局《关于认真清收干部职工拖欠公款的意见》文件要求,开展对冷水溪乡干部职工拖欠公款行为专项治理工作,于9月底前全面清收,并全部归还。开展反腐倡廉宣传教育,组织党员干部学习《邓小平文选(第三卷)》,学习中央纪委三次全会精神及江泽民在中央纪委三次全会上的重要讲话精神1次。

1995年,贯彻落实中央纪委提出的两个"五条规定"和中央纪委五次全会提出的补充规定,组织干部职工学习关于严禁在元旦、春节等节假日期间用公款请客送礼、滥发钱物、大吃大喝、铺张浪费等文件精神,并在乡机关干部中开展自查自纠。

1996年,开展学习孔繁森、曹克明、田沛发英雄模范事迹,掀起"学先进、赶先进、创先进"的热潮。

1997年,组织党员干部学习《中国共产党党员领导干部廉洁从政若干准则(试行)》和《中国共产党纪律处分条例(试行)》,对照《中国共产党党员领导干部廉洁从政若干准则》和《中国共产党纪律处分条例》开展批评与自我批评,并结合县委、县人民政府印发《松桃苗族自治县党政机关厉行节约制止奢侈浪费行为的实施细则》文件精神,对新建和装修办公楼、各种会议、各种庆典活动、接待费用等工作开展自查自纠。

1998年,组织党员干部学习贯彻中共十五大精神。对1997年批准取消项目的落实情况进行逐项检查,督促落实农民负担预算、监督卡和专项审计三项制度。是年8月,在双龙村实行村务公开试点工作,提高了村务工作透明度,密切干群关系。

1999年,根据县委《实行党风廉政建设责任制的实施意见》和县纪委监察局《一九九九年党风廉政建设和反腐败工作意见》精神,督促乡党委制订落实党委班子成员抓党风廉政建设的工作责任制。根据县人民政府《关于批转县监察局、民政局、财政局对全县救灾救济资金管理和使用情况开展执法监察实施方案的通知》文件精神,督促乡政府按文件要求对1998年度民政部门的救灾款(含匹配资金)落实到位和使用情况进行自查自纠,并结合自查自纠情况进行随机抽查核实。

2000年至2002年,学习贯彻县纪委监察局有关会议精神,参加县纪委开展的"三个代表"重要思想学习教育活动业务培训会3次,举办党风廉政建设讲座20场,700余人次接受廉政教育。开展国债资金清理工作,对民政、希望工程资金、农村教育附加费收支等开展监督检查,规范行政事业性单位的收费行为,共清理违纪资金6000元。建立冷水溪乡廉政食堂,规范公务接待制度。是年,乡纪委监察室获全县纪检监察工作先进集体称号。

2003年,根据县纪委《2003年度乡镇党风廉政建设和反腐败斗争工作目标管理考评办法》文件精神,结合本乡实际,将各项任务责任分解到各部门,明确牵头单位、协办单位和具体责任人,签订党风廉政建设责任书。按照县纪委工作安排,进行"勤、廉"双述报告,督促科级干部报告个人重大事项和申报个人收入。由乡纪委牵头,农经站协助,对桐子坪村未及时印发第二轮土地承包证情况进行调查核实。是年,乡纪委监察室荣获全县纪检监察工作先进集体称号。

2004年,开展对冷水完小的账务和计生办缴纳的社会抚养费进行审核清理,共清收违规资金900元上缴财政。

2005年,开展保持共产党员先进性教育活动,将“四大纪律八项要求”和“七个不允许”纳入先进性教育和党风廉政建设的主要内容,贯穿到“五珍惜”“六进” 和“十个一”系列活动以及社会主义荣辱观教育之中。协助县监察局对乡矿检站乱收费问题进行核实调查,对违规资金17.75万余元予以收缴,上缴县财政。

2006年,开展“三公开”工作,成立领导小组,设立举报电话和举报箱,进一步完善和规范党务、政务和村务公开栏。开展廉政文化进社区、进机关、进学校、进家庭、进企业、进农村“六进”活动和社会主义荣辱观教育。开展“乱集资、乱摊派”治理清退工作,清退违规收取流动人口婚育证办证费1470元。是年,立案1人,党内严重警告处分1人。

2007年,督促和协助乡党委政府与各村、股室站所负责人签订党风廉政建设责任状45份。制订《冷水溪乡重大事项决策制度》,明确要求乡党委政府决定重大事项实行党政一把手负责制,严格遵守“集体讨论、民主集中、会议决定”的议事程序。制订《公务接待制度》,明确接待标准和程序。制订《村务公开制度》,明确公开事项、内容及程序,组织17个村支两委进行村务公开业务培训。组织干部职工进行理论学习考试,并将考试成绩进行情况通报,最高分92分,最低分80分。对灾后重建、沼气工程、扶贫项目工程、公路建设等强农惠农政策落实情况开展监督检查,督促所有涉农资金实行专户、专账管理,年底前完成通过“一折通”的形式向农民兑付补贴资金。是年,立案1人,党内严重警告处分1人,收缴违法资金2600元。

2008年,乡领导班子成员作出《廉政承诺》,开展机关干部作风教育整顿2次,通过召开民主生活会,对个人近年来的思想政治表现、工作情况、廉洁从政、作风建设等进行解剖和总结。加强行风建设,通过设立干部作风意见箱、举报箱,公布举报热线电话,运用各种手段和渠道及时掌握群众反映的重点、热点、难点问题。实行夜间值班制度,按每周进行轮班,有效杜绝“走读”现象。

2009年,建立岗位责任制、首问责任制等制度,坚持挂牌上岗,制订党政领导班子成员和中层干部去向公示栏。设立廉政文化宣传栏3个,廉政公益广告牌1块,写永久性标语3条。发放《致全乡党员、干部家属助廉倡议书》65份,配备13个村纪检委员,新增10名党风廉政建设监督员。贯彻落实县纪委《关于开展农村基层负责人勤廉双述的工作部署》要求,做到“四有”(有村干部述职述廉书面材料、有会议记录、有党员和群众意见处理情况反馈表、有与会人员签名记录)和“四上墙”(勤廉双述各项制度上墙、村干部姓名职务照片上墙、党员群众代表名单上墙、群众意见处理情况及村务财务定期公布上墙)。

2010年,制订廉政谈话制度,对廉政谈话对象、内容、程序、要求等作出明确规定,并以文件形式印发至各单位。把廉政知识、党纪法规纳入每月一期的党委中心组、机关干部集中学习和各支部的“三会一课”学习计划和内容。开展学习王瑛、沈浩等一批全国勤廉双优的先进典型事迹示范教育,构建党风廉政“大宣教”格局。打造便民利民冷水溪乡和三阳党务政务综合服务中心2个,方便群众办事,提高工作效率。是年,立案1人,党内警告处分1人。

2011年,开展社会主义荣辱观教育和牢记“四大纪律、八项要求”、树立正确“权力观、政绩观”等专题教育活动。贯彻落实《党员领导干部廉洁从政若干准则》要求,严格执行“八个禁止”“五个必须”“五个坚持”“四个重点”规定,规范党政领导干部行为。制订《公务接待制度》《经费报销管理规定》《重大事项报告制度》《领导班子廉洁从政制度》等规章制度,建立健全领导班子“三重一大”等事项监督制度。成立以乡纪委书记为主任的作风效能办公室，督促乡政府办公室实行上班签到制度，值班制度，包村责任制度等规章制度，开展清理和规范庆典、研讨会、论坛活动监督检查。

2012年，组织干部职工学习《关于狠刹借乔迁新居、子女升学等事由大操大办酒席借机敛财的通知》《关于开展廉政风险防范“一查二卡三防控四承诺”工作的通知》《关于切实做好深化“三访”活动有关工作的通知》等文件精神。与各村、乡直各单位签订了党风廉政建设目标责任书22份，建立14个行政村的村民代表大会、理事会、监事会等制度，对全乡14个行政村农村集体资产资金资源“三资”管理情况进行监督检查，除罗袍、双龙、赵家沟村外有集体林地外，其他11个村均无集体资源，未发现集体“三资”管理违纪违法情况。成立由乡纪委牵头，乡财政所、乡教辅站等负责人参与的教育乱收费专项检查领导小组，开展对冷水溪乡14所义务教育阶段学校的教育收费情况进行检查，共清退违规收取的补课费8900元。

2013年，协助乡党委组织干部职工重点学习中央新修订的《党风廉政建设责任制》《农村基层干部廉洁履行职责若干规定(试行)》，与各村、乡直各单位签订党风廉政建设目标责任书26份。对乡派出所、乡国土所、乡计生办、乡民政办、乡供电所等涉农收费单位开展4次涉农收费专项监督检查。对学校教育收费执行情况进行检查，清退违规教育收费5600元。

2014年，开展党的群众路线教育实践活动和廉政文化“六进六增”活动，加强对《中国共产党党员领导干部廉洁从政若干准则》《农村基层干部廉洁履行职责若干规定》、中央八项规定、省委十项规定、市委十项规定、县委五要七带头的学习和宣传教育。开设宣传专栏2期，组织乡村干部集中教育学习党风党纪4次，组织中小学师生开展廉政知识讲座1次，建设廉政文化进农村示范点1个。严格落实《党政机关厉行节约反对浪费条例》相关规定和《冷水溪乡干部职工效能管理制度》，加强“三公”经费和公务用车管理监督，签订冷水溪乡狠刹请客送礼借机敛财行为承诺书46份。

2015年，与各村、各单位签订党风廉政建设责任书26份，组织党员干部学习中共中央纪委十八届四次全会、省纪委十一届四次全会、一届市纪委五次全会和县纪委有关会议精神，学习《党员领导干部廉洁从政若干准则》《中国共产党纪律处分条例》和相关文件精神，召开4次乡班子专题会议研究党风廉政工作。根据《关于进一步开展党风廉政建设突出问题集中专项整治的实施方案的通知》《关于17起民生领域典型案例的通报》《关于严禁中秋国庆期间违规公款购买赠送月饼等礼节的通知》等文件精神，深入开展廉政文化“六进六增”“创先争优”“四帮四促”活动。

2016年，开展违规经商办企业、投资入股以及承揽工程，违规打麻将、赌博，违规操办酒席等自查清理工作，签订不违规经商办企业、投资入股和承揽工程承诺书48份，签订不违规操办酒席、不参与违规吃酒席吃请承诺书66份，狠刹请客送礼借机敛财行为承诺书87份。召开镇党委会议5次，专题学习中央八项规定、省委十项规定、市委十不准和县委“五个严禁”“五个坚决查处”“七个一律停止”和中共中央纪委、中组部“九严禁”换届纪律要求，组织乡村干部学习《严肃换届纪律文件选编》和“九严禁”内容。开展严肃换届纪律专题谈心谈话，个别谈话和集中约谈纪委委员4人，村级民生监督员4人，村务监督委员会成员51人。

2017年，严肃查处村干部违规操办酒席1人。加强对“四要五严禁”行为规范执行情况的监督检查，严肃查处村干部违规享受惠民政策问题4人。加强村务监督干部队伍建设，年初选举产生16名村监委主任，开展业务专题培训2次。是年，立案6人，党内警告5人，党内严重警告1人，挽回经济损失2.01万余元。

2018年，协助镇党委调整领导班子成员党风廉政建设责任制职责分工，落实纪委“三转”工作要求。围绕“两学一做”制度化，开展对新党章、新纪律处分条例、八项规定实施细则和各级纪委全会精神等的学习。持续开展违规经商办企业、投资入股以及承揽工程，公职人员违规兼职、违规参与经营和收送茅台酒，违规操办酒席，以及打麻将赌博、扫黑除恶等专项整治，全年开展作风建设督查4次，通报11人次。根据《松桃苗族自治县扶贫领域整治蝇贪2018—2020三年行动工作方案》，开展扶贫领域腐败和作风问题专项整治，开展民生监督监管"五个示范"创建工作，完成村务监督监管示范创建6个。协助县委第四巡察组对镇党委领导班子成员开展巡察工作，并督促和协助完成问题整改23个。是年，立案13人，党内警告11人，党内严重警告1人，留党察看1人，挽回经济损失20.39万余元。

2019年，协助镇党委与班子成员、各村、各单位签订责任书48份，开展党风廉政"两个责任"分级约谈，完成主要领导对班子成员约谈30人次，班子成员对股级干部约谈25人次，各股室负责人对一般干部约谈95人次。开展扶贫专项督查和民生专项监察，对党员干部谈话提醒78人次，通报批评73人次，诫勉谈话5人次，撤换脱贫攻坚工作不力的村级脱贫攻坚指挥部指挥长2名，撤换深度贫困村党支部书记1名。开展扫黑除恶专项督查3次，组织党员干部60余人参与县纪委举办的扫黑除恶专项斗争应知应会网上竞答。加强宣传，利用镇级QQ和微信工作群平台发布廉政信息和网上学习资料120余条，营造浓厚廉政文化氛围，镇级工作群内发布廉政信息120余条。开展违规发放津补贴和违规列支"三公"经费专项整治，通过督查发现，冷水溪镇共清理违规发放职工津补贴9.11万余元；清退S304线提级改造工程指挥部违纪资金16.07万余元；清理违规列支"三公"经费1230元。认真填写《领导干部插手参与茅台酒经营情况报告表》60余份，开展自查自纠，未发现党员领导干部存在违规插手、参与茅台酒经营等情况。通过对漠视侵害群众利益和扶贫领域腐败作风问题专项整治，成功调解群众矛盾纠纷5起，查处涉及挪用村级退耕还林补助资金案3件。协助县委第九轮巡察完成对道坨村等16个村党支部巡察工作，并对发现的185个问题整改落实情况进行监督、整改。开展民生监督监管"五个示范"创建工作，完成乡镇民生监督监管示范1个，村务监督监管示范创建6个，制作梳理权责清单31项，制作权力运行流程图31个，规范办事规程15条。

2020年，开展党风廉政"两个责任"分级约谈，主要领导对班子成员约谈50人次，班子成员对股级干部约谈46人次，各股室负责人对一般干部约谈78人次。对工作不力、违规违纪干部进行执纪问责，诫勉谈话6人，通报批评15人，谈话提醒18人，批评教育12人，集体约谈67人。围绕"不忘初心、牢记使命"主题教育及"爱岗敬业我先行，积极作为勇担当"专项行动督查2次，抓好党员干部廉政教育。加大对各节假期间纪律执行和"四风"问题监督检查6次，促进八项规定精神和省市县相关规定精神的落实。对全镇开展新冠肺炎疫情防控工作及复工复产督查90余次，发现问题4个，已督促整改完毕。开展脱贫攻坚专项督查，发现问题9个，谈话提醒6人，批评教育1人，通报批评2人，诫勉谈话2个，立案3人。开展农村违规占用耕地建房督查36次共发现4个问题，口头批评教育1人；制止餐饮浪费行为排查11次，发现问题3个，已督促整改完毕；开展对违规操办"升学宴""谢师宴"专项监督43次，未发现问题。通过这些专项督查和日常监督，确保镇党委政府各项工作部署有效落实。协助县纪委县监委开展干部廉政档案、政治监督活页建设、政治生态研判、县纪检监察志初稿撰写等工作。

(二)信访受理

信访举报工作是纪检监察工作重要职能之一，是纪检监察机关案件来源的重要渠道。乡(镇)纪委高度重视信访举报工作，不断拓宽和畅通信访举报渠道，规范和完善信访举报流程，依纪依法认真处理检举、控告和申诉，及时化解矛盾纠纷，切实维护群众利益。

1997年至1999年，受理信访40余次，全部办结，为查办违纪违法案件提供重要线索。

2002年，收到上级转办3件，办结3件，转立案查处3件。

2003年，收到上级转办1件，办结1件，转立案查处1件。

2004年,收到上级转来群众反映冷水溪政府乱摊派、乡矿检站乱收费的举报件,经查证属实后,对相关人员进行处置,收缴违纪资金17.75万余元上缴县财政。

2005年,收到上级转办1件,办结1件,转立案查处1件。

2006年,收到上级转办1件,办结1件,转立案查处1件。

2008年,收到上级转办2件,办结2件,转立案查处2件。

2009年,收到上级转办3件,办结3件,转立案查处3件。

2010年,收到上级转办1件,办结1件,转立案查处1件。

2011年,认真开展"三访"活动,共接访6批次7人次,其中现场办结2件,转调查核实4件。收到群众来信来访信访件2件、上级转办1件,办结3件,转立案查处1件。

2012年,收到上级转办3件,办结3件,转立案查处3件。

2013年,收到上级转来网民反映冷水溪镇赵家沟村干部私分集体资金的举报信,经查证属实后,对涉及的5名干部给予党纪处分,追缴违纪资金10.59万余元。是年3月,存入赵家沟村集体账户。受理来信1件,由县信访局转给冷水溪乡办,关于吴某某反映三阳村存在"村支两委搞霸权行为,村集体经济款、国家项目款、收支个人管,不搞村务结算,不向村民公布经济收支情况"等问题,经查实以上问题均不属实,作为信访了结处理。

2014年,收到群众来信来访信访件3件、上级转办2件,办结5件,立案4件,对5名党员违纪行为进行了处理。

2015年,收到群众来信来访信访件2件,办结2件。

2016年,对乡内重点信访对象进行排查处理,当地能解决的就地解决,当地不能解决的认真作了思想疏导和引导工作,共接访56人次,走访54人次。收到群众来信来访信访件2件、上级转办3件,办结5件。

2017年,收到群众来信来访信访件5件,其中重件3件;上级转办4件,办结9件,立案查处2件。

2018年,收到群众来信来访信访件1件,上级转办10件,办结10件,立案查处3件,暂存处置1件。

2019年,收到群众来电反映信访件1件,上级转办3件,办结4件,立案查处1件。

2020年,收到群众来信来访电话举报7件,现场答复1件,转相关业务部门办理2件,县纪委转办4件,办结8件。其中红星村张某某反映村组集体资金被侵吞四年处理无果问题,经查实后,追回村组集体资金1.4万元,着力整治群众身边腐败和作风问题,维护群众的合法权益。

(三)民生监督

2014年以来,乡(镇)纪委按照中央和省、市、县纪委县监委的民生监督工作部署和要求,树牢"四个意识",聚焦主业主责,履行政治监督职责,强化监督执纪问责,深入推进扶贫领域腐败问题和不正之风专项治理工作,为决战脱贫攻坚决胜全面小康提供坚强有力的纪律保障。

2014年,开展对干群连心室和驻村工作的巡查巡访,对乡12个"干群连心室"开展了2次巡查巡访,对机关作风和干部职工以及村干部到岗到位情况开展明察暗访8次。对家电下乡、畜牧良种、农机购置等补贴政策执行情况开展专项监察,对监督检查中发现的套取补助问题,立案2人,追回违规资金21.07万元。

2015年,成立由乡纪委牵头,乡财政所共同参与的教育收费专项检查领导小组,开展对乡辖14所义务教育阶段学校的春季教育收费情况及学生资助资金管理使用情况专项监察,对专项监察中发现的套取补助问题,立案2人,追回违规资金81.97万余元。配合县纪委民生监督组,对乡开展危房改造、微企扶助资金、村级民生事务等落实情况专项监察,督促相关股室站所落实群众反映的路、水、电等方面实事7件。

2016年,落实县纪委《关于国家公职人员、村(社区)干部落实惠民政策行为规范(试行)实施方案》的文件要求，对辖区内公职人员、村(社区)干部及其近亲属享受非普惠制惠民政策的行为进行备案管理。开展对2013至2015年计划生育社会抚养费管理使用与计划生育家庭“四项制度”、信贷扶贫贴息资金、农村人畜饮水安全工程项目资金、“雨露计划”等落实情况专项监察，发现问题线索11个，立案4人，清退违规资金9.48万余元。

2017年，围绕“护民生、促脱贫”主题，开展城乡低保、农户科学储粮、“一事一议”财政奖补、生态移民(易地扶贫搬迁)工程、2011年至2016年农村居民养老保险等专项监察及“回头看”工作，发现城乡低保问题线索6个，村居事务问题线索2个、“一事一议”问题线索2个。

2018年，开展第二、三轮“访村寨、重监督、助攻坚”专项行动，发现问题线索5个。开展农村新型经济实体运行管理情况专项监察和农村种植产业扶贫项目资金、农村“组组通”公路项目建设、农村贫困人口大病专项救治和城乡医疗救助和脱贫攻坚领域、农村养殖产业扶贫项目资金等四个季度专项监察，发现陶家沟村组集体公益林资金管理有关问题线索1个、脱贫攻坚领域有关问题线索4个、农村养殖产业扶贫项目有关问题3个，因工作履职不力约谈3人，通报11人，诫勉谈话4人，立案12件12人。开展民生监督、监管“五个示范”创建工作，完成村务监督监管示范6个。

2019年，围绕“访村寨、重监督、助攻坚”，开展涉林项目、易地扶贫搬迁和财政涉农补贴一折通、农民专业合作社扶贫项目资金、农村桥梁和人饮项目专项监察。开展对党员干部谈话提醒78人次，通报批评73人次，诫勉谈话5人次，落实“两个责任”分级约谈150人次，开展扫黑除恶专项督查3次。

2020年，坚持以人民为中心，围绕“访村寨、重监督、助攻坚”“杨荣式”好干部大走访，扎实开展农民专业合作社(公司)扶贫民生项目和农村饮水安全专项监察，确保民生项目和资金落地落实，人民群众得实惠。着力加强村监委的指导和管理，重新推选配齐赵家沟等8个村监委主任，完成17个村级示范监督创建工作。根据县纪委县监委《关于开展集体“三资”达到一定规模的村(社区)党组书记、村(居)委会主任“提级监督”试点工作实施方案》，在冷水溪镇赵家沟村开展“提级监督”试点工作，通过开展集体“三资”清理、同级监督、重点监督、建廉政档案、项目报备等，加强和完善对村支“两委”负责人的监督。通过定期、不定期、片区联合的方式，围绕各阶段工作重点和干部作风情况开展专项督查工作，着力整治形式主义、官僚主义，不作为、慢作为、乱作为的问题，充分运用“四种形态”，对因工作不力、违规违纪干部进行执纪问责。立案审查调查10人，诫勉谈话6人，通报批评15人和2个脱贫攻坚指挥部，谈话提醒18人，批评教育12人，集体约谈67人，提醒谈话2人。

(四)警示教育

乡(镇)纪委将警示教育作为推进党风廉政建设的重要抓手。通过会议、专题党课、标语、板报、宣传栏、微信群、微信公众号等多形式多渠道，有计划、有步骤地组织开展反腐倡廉宣传教育活动、发布廉政信息。分类分批次组织党支部、行政机关、企事业单位党员干部等到县级警示教育基地接受教育，用发生在本镇的典型案例进行公开通报批评，扎扎实实开展“以案释纪”警示教育活动。利用黑板报、党风廉政建设宣传栏、村级文化阵地建设等活动阵地，通过教育读本、电教片、警示教育片(展)、通报典型案例等群众喜闻乐见的方式，宣传基层党风廉政建设各项要求，增强党员干部廉洁意识。

1993年至1999年，组织广大党员、干部、入党积极分子进行党风党纪学习，开展学习中共十五大精神、党章、党纪政纪法规守则及廉洁自律有关规定等10余次。

2000年至2009年，通过专题讲座和有关会议，通报上级纪委问责通报和典型案例，认真抓好党员干部廉政教育，在全体党员干部中通报张某某、田某2人违反计划生育问题(超生)被给予开除党籍、开除公职处分及谌某因贪污挪用国债项目资金的典型案例，组织观看《胡长清案件警示录》《绝路》警示教育专题片16次,以案说法,警钟长鸣。

2010年,办反腐倡廉宣传教育专栏2期,组织集中学习2次,参与人次达700余人,放映反腐倡廉电教片1场次,观看人数达81人次。

2011年至2012年,组织乡机关党员干部职工、村支两委负责人进行警示教育,深刻剖析原因和教训,使广大党员干部举一反三,切实受到教育。

2013年,学习《中国共产党党员领导干部廉洁从政若干准则》,开展警示教育,规范干部从政行为。

2014年,组织乡村干部观看《被"欲火"焚毁的"群蝇"》等警示教育片。

2015年,组织全乡三职干部观看了县纪委制作的《楠竹苗上的蛀虫窝案》警示教育片。

2016年,并先后两次组织全乡村支"两委"干部职干部观看"贵州民生监督工作纪实"和"换届纪律纪录片",廉政警示教育8次,观看警示教育片6次,开展提醒约谈21人次,开展纪检系统换届纪律约谈76人。

2017年,传达监督执纪问责通报,观看《深山馋鼠》教育片、通报典型案例等方式进行反面典型教育,以案说法,强化惩教结合,通过手机、QQ和微信群经常发布廉政信息,加强廉政宣传教育工作。对党员干部开展谈话10人次,宣布处分决定同步开展警示教育3次,受教育干部群众达44人次,通报曝光7件扶贫领域典型案件和问责案件,开展警示教育5次、观看警示教育片1次、观看《打铁还需自身硬》专题片。

2018年,开展两轮扶贫领域典型案例活动展板。开展警示教育8次,观看扶贫领域警示教育专题展板2次。

2019年,开展党风廉政警示教育10次,组织观看扶贫领域警示教育专题展2次,组织各党支部党员到县党风廉政警示教育基地参观,接受警示教育1次。

2020年,组织学习县纪委问责通报和典型案例,利用镇级QQ和微信工作群、微信公众号等平台发布廉政信息和网上学习资料200余条,及时提醒,警钟长鸣,强化全体党员干部的廉洁意识。

第二十一节　木树镇纪检监察工作

一、机构队伍

1992年5月,按照县"建镇、并乡、撤区"的安排,撤销原长兴区所辖的木树乡、满地乡,由木树乡与满地乡合并,组建新的木树乡行政区划。是年6月,县委任命龙腾雨为乡纪委书记。

1993年3月,木树乡召开第一次党代会,选举产生中共松桃苗族自治县木树乡纪律检查委员会。

2015年12月,省人民政府批复,同意松桃苗族自治县部分乡镇行政区划调整,撤销木树乡建制,设置木树镇。2016年8月,中共松桃苗族自治县木树乡纪律检查委员会更名为中共松桃苗族自治县木树镇纪律检查工作委员会。

2019年7月,国家监察体制改革向乡镇(街道)延伸,县监察委员会设立派出木树镇监察办公室,与镇纪委合署办公,实行"两块牌子、一套人员"的管理体制,履行纪检监察职责。

中共木树乡(镇)纪律检查委员会

(1992年6月至2020年12月)

书　　记　龙腾雨(苗族)　　1992年6月至1996年1月

	石邦兰(女,苗族)	1996年2月至1998年12月
	龙继银(苗族)	1999年1月至2005年6月
	杨昌伦(苗族)	2006年8月至2012年7月
	田泽州(苗族)	2013年3月至2016年2月
	张运康(苗族)	2016年8月至2020年5月
	杨　智	2020年5月至2020年12月
副书记	石志福(苗族)	2006年5月至2010年12月
	吴　杰(苗族)	2011年9月至2016年3月
	石邦才(苗族)	2016年8月至2019年8月
	唐　剑(苗族)	2020年5月至2020年12月
纪委委员	龙腾雨(苗族)	1992年6月至1996年1月
	龙翠英(女,苗族)	1993年3月至1996年1月
	石宗林(苗族)	1993年3月至1999年3月
	石邦兰(女,苗族)	1996年2月至1998年12月
	龙秀英(女,苗族)	1996年2月至1999年3月
	龙继银(苗族)	1999年1月至2005年6月
	龙凤仙(女,苗族)	1999年3月至2002年9月
	麻光荣(苗族)	1999年3月至2002年9月
	石宗林(苗族)	2001年4月至2016年8月
	龙钢锦(苗族)	2002年9月至2006年8月
	梁方俊	2002年9月至2006年8月
	杨昌伦(苗族)	2006年8月至2012年7月
	石志福(苗族)	2006年5月至2016年8月
	雷　辉(苗族)	2006年8月至2015年9月
	吴　杰(苗族)	2011年9月至2016年3月
	田泽州(苗族)	2013年3月至2016年2月
	田　真(苗族)	2015年9月至2016年8月
	石晓晖(苗族)	2015年9月至2016年8月
	张运康(苗族)	2016年8月至2020年5月
	石邦才(苗族)	2016年8月至2019年8月
	龙志勇(苗族)	2016年8月至2020年12月
	唐根文(苗族)	2016年8月至2020年12月
	龙秀刚(苗族)	2016年8月至2020年12月
	杨　智	2020年5月至2020年12月
	唐　剑(苗族)	2020年5月至2020年12月

木树乡(镇)监察室

(2001年4月至2019年7月)

主　　任　石宗林(苗族)　2001年4月至2016年8月
　　　　　张运康(苗族)　2016年8月至2019年7月

县监察委员会派出木树镇监察办公室

(2019年7月至2020年12月)

主　　任　张运康(苗族)　　2019年7月至2020年5月
　　　　　杨　智　　　　　2020年5月至2020年12月
副 主 任　唐　剑(苗族)　　2020年5月至2020年12月
监察专员　龙朝兰(女,苗族)　2019年12月至2020年12月

二、主要工作

(一)党风廉政建设

木树乡(镇)纪委协助乡(镇)党委履行党风廉政建设主体责任,落实纪委监督责任,深入推进木树乡(镇)党风廉政建设和反腐败斗争开展。

1992年至1993年,为防止在“建并撤”过程中各种违纪违法问题发生,先后印发有关纪律规定及开展“建并撤”后干部职工拖欠公款公物自查清理工作。

1994年,组织学习《关于党员和党政干部在清理农民和国有乡镇企业违法占地工作中违纪违法行为进行处理的通知》文件精神,对木树乡清理违法占地工作进行监督检查,加强违法占地罚没款的管理。

1995年至1996年,组织干部职工学习县纪委印发的关于严禁在元旦、春节等节假日期间用公款请客送礼、滥发钱物、大吃大喝、铺张浪费等文件精神;对党员干部巧立名目乱收乱支、执行政策优亲厚友、吃拿卡要、乱占土地、参与迷信活动等行为进行监督检查,未发现违纪违规问题。

1997年,组织学习《松桃苗族自治县党政机关厉行节约制止浪费行为的实施细则》文件精神,开展严格控制新建和装修办公楼、各种会议、各种庆典活动、接待费用、各种检查评比等自查清理工作。

1998年,根据县纪委《关于认真清理公款安装住宅电话、移动电话及BP机的通知》开展自查清理工作。

1999年,组织学习《关于转发〈中共遵义市纪委市监察局关于穆华、舒乾华等人大吃大喝受党纪、政纪处分的通报〉的通报》文,接受教育党员干部30余人;协助县纪委监察局严肃查处辖区党员干部违纪违法行为2人次。

2000年,组织学习县纪委《关于在全县党政机关事业单位中开展清理违反规定用公款配置通信工具的通知》《关于严禁党政机关及其工作人员接受和赠送礼金的通知》《关于认真执行领导干部廉洁自律有关规定的紧急通知》等文件,开展对党员干部违反规定配置通信工具、收送礼金、操办酒席等情况的自查

清理,未发现违纪违规问题;根据县监察局《关于对全县希望工程资金开展执法监察的通知》《关于严肃中小学收费纪律的规定》等文件要求,对1998年1月至1999年12月领取的希望工程资金到位情况及使用情况进行自查自纠,督促各学校严格执行松桃物价〔1999〕23号、24号文件规定的收费标准,完善收费票据管理,加强杂费使用管理,做好经费审计工作。根据县纪委《关于从严从快查处重特大责任事故的通知》要求,学习江泽民总书记等领导同志关于加强安全生产、防范安全事故的重要批示4次,学习贯彻国务院《关于切实加强安全生产有关问题的紧急通知》和国家安全生产电视电话会议精神2次。

2001年,乡纪委督促乡党委政府成立政务公开工作领导小组,制订干部管理制度、学习制度、财经管理制度、资金审批制度、公务接待制度等,并检查制度执行。

2002年,乡纪委牵头组织乡财政、乡教辅站成立工作组,对全乡中小学收费项目、资金使用、账目建立是否规范等进行监督检查,检查中未发现不合理收费情况,对账目建立不规范问题2个责令整改。

2003年,制订党风廉政建设任务责任分解方案,推行政务公开、民主管理制度,开展"勤、廉"双述和"德、职、廉"三述报告,签订党风廉政建设责任书30余份;围绕防治"非典"工作中出现有令不行、有禁不止、擅离职守、推诿塞责等行为开展监督检查10余次,保障"非典"肺炎防治工作顺利进行。

2004年,开展财政供养人员自查清理工作,未发现管辖内存在财政供养人员长期不在岗及其他虚报冒领财政资金的情况。

2005年,对中小学收费情况进行监督检查,未发现教育乱收费的问题。学习贯彻《建立健全教育、制度、监督并重的惩治和预防腐败体系实施纲要》,开展"五珍惜"反腐倡廉宣传教育活动,对党风廉政建设工作任务按职能分解到股室站所,明确到人。组织学习《关于严禁干部职工在迁居、子女升学等事宜中大操大办酒席的规定》文件,要求党员、干部一律不得操办乔迁、升学等违规酒席,操办婚嫁酒席必须严格履行报批手续,控制操办规模不得超过30桌。

2006年,组织学习《松桃苗族自治县开展治理商业贿赂专项工作实施意见》文件精神,对乡工程建设、土地出让、政府采购、资源开发等领域中可能存在的商业贿赂行为开展自查,未发现问题;组织学习《关于禁止党员干部借子女升学大操大办收敛钱财的通知》,对辖区内有子女升学的党员干部提前打招呼、敲警钟,进行跟踪督查,未发现违规操办酒席的问题。

2007年,签订《党风廉政建设责任书》,开展"四查四看"活动和"珍惜人生,自省自律;珍惜岗位,奉献敬业;珍惜名誉,清正廉洁"大讨论活动,从反面教材中汲取教训,增强自身免疫力,党员干部受教育面达95%。印发《木树乡干部管理制度》,严禁干部职工在上班时间打麻将、打扑克、玩游戏等等,规范干部行为。组织乡村干部47人次学习中央纪委《关于严格禁止利用职务上的便利谋取不正当利益的若干规定》,并将46份学习资料印发到22个村。对辖区内各学校收费项目、收费标准以及收费管理等情况进行集中检查,未发现乱收费情况。

2008年,制订木树乡2008年党风廉政建设工作计划,明确乡党委书记为党风廉政工作第一责任人。组织党员干部学习《中国共产党章程》《中国共产党党员领导干部廉洁从政若干准则》《中华人民共和国行政监察法》《松桃苗族自治县制止党政干部公款出国(境)旅游专项工作实施方案》《关于重申防止党员干部借子女升学大操大办收敛钱财的通知》《关于重申不准党政机关及事业单位领导干部驾驶公车的通知》等。组织党员干部签订《党风廉政建设目标管理责任书》40余份。监督落实"收支两条线"《财务管理制度》《票据管理制度》,制订人事管理制度、学习会议制度、考勤制度等。建立党员干部廉政档案,把党员干部工资收入、配偶、子女收入等都纳入廉政档案登记内容,对党员干部廉政信息进行跟踪管理,实行干部动态考核;推行阳光政务,将办事程序、收费标准、行政执法依据等内容进行公开,向服务对象发出"树廉政风、做自律表率”的党风廉政“六不准”公开信1000余份。开展教育乱收费治理工作,督促全乡中小学在开学前公示“一费制”收费项目,设立教育乱收费举报箱,成立教育收费专项检查组,全年开展2次教育收费专项检查,未发现乱收费情况。

2009年,开展2007—2009年各级支持实施的灾后重建、沼气工程、扶贫项目工程、公路建设等监督检查10余次,督促涉农资金实行专户、专账管理,采用“一折通”向农民兑付补贴资金。

2010年,开展创先争优暨践行宗旨教育活动,要求干部职工及农村党员积极参与,提高党员干部为人民服务的宗旨意识。根据县监察局工作部署,乡纪委组织开展了农资专项清理工作。

2011年,乡纪委组织干部职工学习县纪委《关于开展2011年廉政风险防范管理工作的通知》文件,成立木树乡廉政风险防范管理领导小组,印发《木树乡开展2011年廉政风险防范管理工作实施方案的通知》,开展社会主义荣辱观教育和牢记“四大纪律、八项要求”,树立正确“权力观、政绩观”等专题教育活动。

2012年,贯彻落实党风廉政建设责任制,开展农村党风廉政建设工作情况问卷调查,发出并收回调查问卷1000余份;开展廉政风险防控工作,要求全体干部职工结合自身岗位查找廉政风险点,制作并发放廉政风险监督卡80余张。

2013年,签订《木树乡2013年党风廉政建设责任状》26份,开展廉政文化进农村活动,在大屋、木树、冲头等村绘制廉政文化墙100平方米,将廉政文化内容编成易懂易记的顺口溜让群众口口相传,组织各村干部和党员观看警示教育片,设立“清风联络箱” 23个,征求广大村民对廉政文化建设的意见建议,利用乡村干部职工会议、学习活动等开展党风廉政政策宣讲,在乡政府办公大楼楼梯、廉政食堂和村党支部活动室张贴廉政宣传标语100余份;制订《木树乡村干部管理办法》《木树乡干部职工管理办法》《狠刹借乔迁新居、子女升学等大操大办酒席借机敛财的通知》等制度、文件。开展对全乡中小学教育收费及营养午餐补助兑现情况、2013年春节期间优抚资金发放情况、农村低保资金发放情况等进行监督检查,清退违规教育收费2465元,涉及学生78人。开展对木树村新农村建设、底易村“一事一议”项目建设进度监督检查,促进工程推进。以大屋村为试点开展廉政示范村建设,启动干部换届摸底工作,走访22个村168人。

2014年,制作廉政风险监督卡和提示卡60余张,开展领导干部“三访”工作和节假日值班制度。开展以为民务实清廉为主要内容的党的群众路线教育实践活动、“解放思想、转变作风、马上就办”主题教育活动和“十破十立”解放思想大讨论,学习贵州省委“十严禁、十不准”《中国共产党党内监督条例》以及违纪违法典型案例。开展教育收费情况监督检查,清退满地完小违规收取补课费5.21万元,并对相关责任人予以追责。乡纪委组织司法所、民政办等部门,对全乡22个村“两委”换届前财务开支情况、集体“三资”等情况进行监督检查。开展“吃空饷”人员情况清查工作,查出龙某某、龙某某2人因病长期不在岗,上报县纪委处理。

2015年,印发《木树乡2015年度党风廉政建设和反腐倡廉工作方案》,对吃拿卡要、以加班为名公款吃喝、同城公务活动相互宴请等“四风”顽疾强化监督管理,整治“走读风、赌博风、衙门风、慵懒风、滥办酒席风、优亲厚友风”以及文山会海、检查评比泛滥、收受红包和会员卡等问题,组织开展“不合格党员”专项整治、“三个开刀”专项整治等,约谈干部4人次;组织学习《中国共产党党员领导干部廉洁从政若干准则》,对党政领导干部个人有关事项、财产、家属移居国(境)外情况进行了自查清理,未发现违规违纪情况;开展以“提效能、转作风、促发展”为主题的纪律教育学习月活动,以“十件民生实事、十项中心工作”为载体,开展工作进度公开、考核评分公开和黄牌警告制度,开展“阳光村务”三公开工作,督促村级“常务”长期公开,“要务”定时公开,“急务”及时公开;对全乡中小学教育收费和营养午餐兑现情况开展监督检查2次。

2016年,结合“两学一做”学习教育实践活动,开展反腐倡廉宣传教育,组织学习《中国共产党章程》《中国共产党党员领导干部廉洁从政若干准则》《中国共产党纪律处分条例》和《习近平总书记系列讲话》;11名科级领导干部按要求对个人有关事项、财产、家属移居国(境)外情况进行报告;村支两委、各股室站所负责人签订八项规定承诺书40余份,开展新任职村“两委”干部廉政谈话10人次,利用农家书屋和农村党员干部远程教育平台等广泛开展廉政文化教育。

2017年,印发《木树镇2017年党风廉政建设实施方案》,镇党委书记与各村党支部书记签订党风廉政建设责任状22份,把党风廉政建设工作纳入全镇中心工作,与其他工作同安排、同部署,确保“两个责任”落实。对重点岗位、重点领域实行“一把手”实行分级约谈,是年约谈干部100余人次。对党员干部的教育管理,运用“四种形态”,坚持抓早抓小,对干部职工苗头性问题及时提醒,对镇危改办主任、民政办主任、农服中心主任及5名村支书开展预防提醒谈话,全年使用教育谈话室23次23人。开展《木树镇干部作风量化分类管理办法》和《木树镇干部值班制度》执行情况监督。开展百合种植、农户科学储粮、财政一事一议、养老保险、易地扶贫搬迁等民生领域的专项监察和“访村寨、重监督、助攻坚”专项行动。22个村(社区)成立监督委员会,配齐监督委员会人员,将纪检监察工作延伸到村级。

2018年,协助镇党委抓党风廉政建设工作,将党风廉政建设纳入目标管理,签订《木树镇2018年党风廉政建设责任书》30余份,督促镇党委召开党风廉政建设专题会4次,进行政务公开12次,开展节前廉政谈话,分别在元旦、春节、清明、“五一”国际劳动节和端午节等节前开展谈话178人次,进行党员领导干部婚丧喜庆事宜报备5人次。开展对干部执行纪律和遵守制度监督检查,对干部出现的苗头性、倾向性问题及时提醒,使用教育谈话室谈话13人次,开展“两个责任”集中约谈2次,涉及干部106人。签订不违规兼职取酬承诺书65份,不违规操办及参加“升学宴”“谢师宴”承诺书60余份。围绕农村种植产业扶贫项目资金、组组通项目建设、农村大病医疗救助、农村养殖产业扶贫项目资金等开展专项监察,对民生资金监管不力问责3人次,对脱贫攻坚巡察反馈问题整改不力问责5人,对脱贫攻坚工作不实问责6人次,对在脱贫攻坚工作中发表不当言论问责2人次。

2019年,协助镇党委开展“两个责任”分级约谈2次,涉及干部106人,开展扶贫领域典型案例展板宣传2次,使用教育谈话室谈话7人次,组织本系统开展“两个责任”约谈44人次,对村监委会主任集中培训2次。围绕涉林扶贫民生项目、易地搬迁和财政涉农补贴资金“一折通”开展专项监察,开展纪检监察干部进村入户活动,发现民生领域问题线索11条,党纪立案9件9人。聚焦重点抓问责,对在脱贫攻坚工作中作风不实的问题党纪立案1件1人,党纪处分1人,诫勉谈话5人,通报批评22人,谈话提醒9人,提醒谈话13人,集中约谈195人,通报村级指挥部9个。

2020年,围绕脱贫攻坚、疫情防控、办公用品采购、餐饮浪费和农村乱占耕地建房整治等工作开展监督检查70余次,发现问题6个,督促整改6个,约谈干部17人,通报3人。对“爱岗敬业我先行,积极作为勇担当”专项行动查摆出的问题和县委巡察反馈问题整改情况开展监督检查,2人因问题整改不及时被约谈。督促镇党委开展“两个责任”分级约谈2次,涉及136人,协助镇党委召开党风廉政建设专题会议2场次。开展整治群众身边腐败和不正之风,围绕农村饮水安全和农村专业合作社专项监察,结合第三轮“访村寨、重监督、助攻坚”和“杨荣式”好干部大走访活动,全年民生领域共立案11件11人,问责4人。开展各类学习教育活动16次,参与人数300余人。开展扶贫领域典型案例展板宣传2次,组织镇村干部、驻村干部共321人次参加开展“一案一整改”警示教育大会2场次,通报典型案例20余起。

(二)信访受理

乡(镇)纪委坚持以人民为中心、群众利益无小事的原则,把信访受理当作一项重要工作来抓。通过设立信访举报箱、公开信访举报电话等方式畅通信访举报渠道,及时受理群众来信来访来电,按程序做好核查处理和回复回访工作,确保群众合理诉求得到解决;对上级交办、转办的各种信访举报件,严格依规依纪依法开展核查工作并上报结果。

2007年,受理信访件2件,办结2件。

2008年,受理反映信访件2件,办结2件。

2013年,收到上级转办信访件2件,办结2件。

2014年,收到上级转办信访件4件,办结4件。

2015年,收到上级转办信访件5件,办结5件。

2016年,收到来信来访反映换届选举有关问题的举报2件,其中上级转办信访件1件,本级受理来访1件。办结2件。

2017年,收到来信来访举报15件,办结15件。其中上级转办信访件11件,本级受理来信来访4件。

2018年,收到信访举报14件(重复举报1件),其中实名举报10件,匿名举报4件。办结14件。

2019年,收到上级转办信访件8件,其中实名举报5件,匿名举报3件,7件涉及民生问题,1件涉及党员违规操办酒席。办结8件。

2020年,收到上级转办信访件1件,该反映件为重复反映,已核查了结过,经线索处置研判作了结处理。

(三)民生监督

2014年以来,乡镇民生监督组按照上级纪委监委民生监督工作部署,围绕“护民生、促脱贫”主题,坚持问题导向,聚焦群众反映强烈、问题易发多发领域开展专项监察工作。

2014年,对家电下乡、能繁母猪补贴、农机具补贴等开展专项监察。其中能繁母猪专项监察走访485户,涉及母猪1275头,20头以上养殖户10户,发现问题3个,清退资金5万元;农机具补贴走访226户,发现问题1个。

2015年,围绕学校营养午餐、危房改造、微型企业补助等开展专项监察。发现问题18条,转立案2件,涉及资金16.8万元。

2016年,开展村级民生事务落实情况、卫计资金、雨露计划、精准扶贫、小额信贷贴息、农村饮水工程等进行专项监察。其中雨露计划专项监察走访248人次,发现问题4个。

2017年,结合“访村寨、重监督、助攻坚”专项行动,开展城乡低保、科学储粮、“一事一议”财政奖补、生态移民和易地扶贫搬迁工程、百合种植等专项监察。走访“一事一议”项目20个,其中12个已实施,3个正在实施,5个未实施(其中2个为续报项目),发现问题7个,党纪立案2件2人;生态移民和易地扶贫搬迁走访项目点4个,涉及搬迁户98户455人,发现问题4个;科学储粮专项监察走访32户,未发现问题。

2018年,围绕农村新型实体经济运行管理情况、农村贫困人口大病专项救治和城乡医疗救助、农村养殖产业扶贫项目资金开展专项监察。涉及大病专项救治7人,城乡医疗救助163人次(其中2015年91人次,2016年49人次,2017年23人次),完成走访全覆盖,发现问题3个;农村养殖产业扶贫项目涉及29个项目,专项监察中发现问题1个。

2019年,开展涉林扶贫民生项目、易地扶贫搬迁和财政涉农补贴一折通、脱贫攻坚“三个专项治理”、扫黑除恶专项斗争等专项监督检查。发现问题2个;脱贫攻坚开展督查275次,发现问题75个,全镇通报1人,责令辞退1人,批评教育1人,约谈2人。

2020年,开展农村饮水安全、农民专业合作社(公司)等专项监察,涉及项目37个,走访群众60余人,发现问题4个,党纪立案1件1人;围绕疫情防控、脱贫攻坚等工作开展监督检查70余次,督促整改问题6个,约谈17人,通报3人;对县民政局《关于全县跨区域搬迁建档立卡贫困户未享受低保情况自查报告》中涉及木树镇的15户进行核查,经核查后未发现违规违纪问题。

(四)警示教育

1992年乡纪委成立以来,将党性教育、纪法教育、警示教育作为教育干部的重要抓手,通过召开会议学习党纪法规、通报典型案例、宣布处分决定、观看警示教育片以及在元旦、春节、清明、中秋、国庆等重要时间节点开展节前谈话、发布廉政信息等形式开展警示教育。

1992年至2013年,利用廉政文化墙、宣传栏、会议、标语、板报、播放电教片等形式,组织开展反腐倡廉宣传教育活动。

2014年,组织党员干部观看《贪之祸》《生命的代价》等警示教育片3场次,发放警示教育读本100余册,开展经常性警示教育,严防腐败现象发生。

2015年,组织观看《贪食"群蝇"终自毁》等警示教育片2场次,开展干部职工警示教育4场次,发放《松桃苗族自治县民生领域典型案例》65册。

2016年,组织收看《镜鉴》《深山馋鼠》等警示教育片5场次,召开全镇党员干部警示教育大会3场次,组织镇村干部开展典型案例通报大会11次,以案示警,发挥警示教育作用。

2017年,组织观看《永远在路上》《楠竹上的蛀虫》等警示教育片2场次;在镇村干部大会上通报曝光8件扶贫领域典型案例,以案说法,警钟长鸣;在受处分党员所在支部宣布处分决定同步开展警示教育4次,受教育党员干部160余人次。

2018年,利用学习例会,组织镇村干部70人赴县党风廉政警示教育基地接受警示教育;组织召开典型案例通报学习会12次;开展扶贫领域警示教育展2次,受教育人数300余人。

2019年,组织全镇干部职工观看《谁动了我的奶酪》《董事长的没落》等警示教育片,做到警钟长鸣。组织党员干部、驻村干部、第一书记、村支两委干部开展扶贫领域警示教育活动2次,参与人数300余人。

2020年,组织镇村干部开展典型案例通报会11次,开展向家村村主任龙某案、满高村支部书记石某某案的"一案一整改"警示教育大会2场次,发挥查处一案、警示一片、治理一域的作用;组织党员干部、驻村干部、第一书记、村支两委开展扶贫领域警示教育展2次,受教育人数321人。

第二十二节　黄板镇纪检监察工作

一、机构队伍

1992年5月,按照县"建镇、并乡、撤区"的安排,撤销原长兴区及其所辖的黄板乡、峥岘乡、瓦厂乡,由黄板乡与峥岘乡、瓦厂乡合并,组建新的黄板乡行政区划。是年6月,县委任命龙志明为乡纪委书记。

1993年3月,黄板乡召开第一次党代会,选举产生了中共松桃苗族自治县黄板乡纪律检查委员会。

2015年12月,省人民政府批复,同意松桃苗族自治县部分乡镇行政区划调整,撤销黄板乡建制,设置黄板镇。2016年8月,中共松桃苗族自治县黄板乡纪律检查委员会更名为中共松桃苗族自治县黄板镇纪律检查工作委员会。

2019年9月,国家监察体制改革向乡镇(街道)延伸,县监察委员会设立派出黄板镇监察办公室,与镇纪委合署办公,实行"两块牌子、一套人员"的管理体制,履行纪检监察职责。

中共黄板乡(镇)纪律检查委员会

(1992年6月至2020年12月)

书　记	龙志明(苗族)	1992年6月至1999年12月
	龙老关(苗族)	1999年12月至2001年12月
	姚本义(侗族)	2002年3月至2003年7月
	龙胜友(苗族)	2003年7月至2006年8月
	龙进勇(苗族)	2006年8月至2013年2月
	龙明章(苗族)	2013年2月至2014年2月
	杨　松(苗族)	2014年12月至2016年8月
	李仲高(土家族)	2016年8月至2020年12月
副书记	麻建成(苗族)	2006年8月至2011年9月
	杨　磊	2011年9月至2014年5月
	龙通顺(苗族)	2014年5月至2016年8月
	杨正泽	2016年8月至2018年11月
	陈　畅(女,土家族)	2019年6月至2020年12月
纪委委员	龙志明(苗族)	1992年6月至1999年12月
	龙老关(苗族)	1993年3月至2001年12月
	龙凤祥(苗族)	1993年3月至1996年2月
	龙炳清(苗族)	1996年2月至1999年3月
	陈光友	1996年2月至1999年3月
	石维寿(苗族)	1999年3月至2002年3月
	李大炳	1999年3月至2002年3月
	陈碧珍(女)	2002年3月至2006年8月
	姚本义(侗族)	2002年3月至2003年7月
	龙胜友(苗族)	2003年7月至2006年8月
	龙进勇(苗族)	2006年8月至2010年12月
	麻建成(苗族)	2006年8月至2011年9月
	龙昌桂(苗族)	2006年8月至2011年9月
	李大炳	2011年9月至2016年8月
	龙秀国(苗族)	2011年9月至2020年12月
	龙明章(苗族)	2013年2月至2014年2月
	龙通顺(苗族)	2014年5月至2016年8月
	杨　松(苗族)	2014年12月至2016年8月
	杨正泽	2016年8月至2018年11月
	李仲高(土家族)	2016年8月至2020年12月

刘志勇(苗族)	2016年8月至2020年12月
肖琪琪(女,侗族)	2016年8月至2020年12月
陈　畅(女,土家族)	2019年6月至2020年12月

黄板乡监察室

(2007年3月至2018年10月)

主　　任　龙秀国(苗族)　　2007年3月至2018年10月

县监察委员会派出黄板镇监察办公室

(2019年7月至2020年12月)

主　　任	李仲高(土家族)	2019年7月至2020年12月
副主任	陈　畅(女,土家族)	2019年7月至2020年12月
监察专员	龙　刚(苗族)	2020年4月至2020年12月

二、主要工作

(一)党风廉政建设

黄板乡(镇)纪委成立以来,认真履行党内监督职责,维护党的章程和其他党内法规,协助乡(镇)党委推进全面从严治党、加强党风建设和组织协调反腐败工作,加强对党员领导干部履职尽责和公权力行使情况以及贯彻落实中央、省委、市委、县委、镇党委重大决策部署情况进行监督检查。健全完善相关制度,扎紧扎牢制度笼子,推动全面从严治党向纵深发展。

1993年至2002年,根据县委、县人民政府工作部署及县纪委工作要求,强化撤区并乡建镇工作有关纪律规定,开展干部职工拖欠公款的清理工作;开展"抓党风、纠行风、树新风"工作。同时,根据县纪委、县监察局有关村务公开、政务公开工作部署,开展"三公开"监督检查工作。1995年至2002年,乡纪委的工作主要根据县纪委工作安排,强化元旦、春节期间执行纪律的监督监察;开展中小学乱收费问题专项检查、公款安装住宅电话、移动电话及BP机清理工作等。2000年,立案查处案件1件,党内警告处分1人。

2003年,乡党委主要领导分别与班子成员、班子成员与所属股、室、站、所负责人层层签订党风廉政建设责任书70余份。是年立案查处案件1件,党内警告处分1人。

2004年,组织干部职工学习《中国共产党党内监督条例(试行)》《中国共产党纪律处分条例》,并组织乡科级干部参加"两个条例"知识测试,进一步增强干部纪律意识,推动党规党纪内化于心、外化于行。全年立案查处案件1件,政务警告处分1人。

2005年,组织全乡干部学习《建立健全教育、制度、监督并重的惩治和预防腐败体系实施纲要》文件,并将"四大纪律八项要求"纳入党风廉政建设内容。

2006年,乡主要领导与分管领导、股室站所、村签订党风廉政责任状50余份。协助乡党委选择一个村作为农村基层党风廉政建设试点，开展党风廉政建设工作。根据县纪委工作安排，对全乡干部职工存在子女升学进行报备登记5人，重申“违规操办酒席”有关规定。开展对乡党委政府机关、事业单位干部职工住房以权谋私等问题进行专项检查，未发现违规违纪情况。

2007年，根据县纪委印发《关于认真做好元旦、春节期间领导干部廉洁自律、制止奢侈浪费工作的通知》，开展监督检查。对黄板中学、黄板小学、瓦厂小学、盐井小学等中小学学校“两免一补”落实情况和秋季入学收费情况进行检查，“两免一补”全部落实到位，未发现乱收费等情况。

2008年，协助乡党委政府严格落实“四大纪律、八项要求”和中央、省、地、县委关于廉洁自律要求，对元旦、春节期间制止奢侈浪费工作开展监督检查，未发现违规违纪行为。是年，根据县纪委印发《2008年农村基层党风廉政建设工作任务安排表》，督促乡党委政府和各村建立健全干部廉洁守则、勤廉双述、任前谈话、诫勉谈话和组织生活等制度。督促乡党委和各村将党风廉政建设工作制度进行上墙并抓好落实。对乡辖站所负责人开展述职述廉工作。

2009年，根据县纪委工作安排，对辖区中小学校春秋两季执行收费政策情况进行检查，未发现乱收费情况。开展涉农资金落实情况监督检查，发现问题1个，转立案1件。

2010年，督促乡党委层层签订党风廉政建设责任状，主要领导与班子成员、班子成员与股室站所负责人、各股站室所负责人与工作员签订《党风廉政建设责任状》70余份。协助乡党委制订印发《黄板乡党委会议制度》《关于进一步健全和完善“三会一课”制度的通知》《进一步强化民主集中制的意见》的文件，党内政治生活制度进一步规范。

2011年，开展党风廉政教育，建立党风廉政意见箱，开展廉政文化进机关、进社区、进学校、进农村活动。组织中层管理人员和计生站、社保所、合医站、安监站、民政办、司法所等岗位管理人员签订廉洁自律承诺书。督促规范对公务接待、公车加油、电话费的管理，要求公务接待必须严格执行综合办公室填写接待申请表、分管领导和乡长依次审批的接待制度，各机动车辆实行定点加油，电话费管理实行足额控制，限额报销。

2012年，制订《乡(村)干部管理办法》，严格落实酒席审批制度，对村民需办理红白喜事的，必须填写申请表，由村支两委审核、联系村领导审批，备案后方可办理。严肃纠治借子女升学、乔迁等事由操办酒席借机敛财行为；开展治理商业贿赂专项工作，对良种补贴、杂交玉米补贴、民政救助、农村危房改造补助、家电下乡、农机下乡等支农惠农政策落实及“一事一议”和人畜饮水工程20余次监督检查，纠正问题10余个，确保惠农政策落实到位、工程质量和项目资金安全。全年立案查处案件1件，党内警告处分1人。

2013年，推进廉政文化建设，做好彭宗村廉政文化示范点建设和天星村村务监督示范点建设工作。督促开展民主行风测评，完成对乡安监站、乡医院、乡中心校、乡社保所等行风评议工作。规范干部从政行为，组织干部职工开展“庸懒散奢乱”问题自查自纠，完善《黄板乡机关干部考勤制度》《干部奖惩制度》《村级财务公开制度》《干部包村驻村制度》《工作日绝对禁酒》等制度。开展家电下乡补贴自查工作，共核查补贴农户226户，通过自查未发现存在骗补行为。

2014年，乡纪委围绕党的群众路线教育实践活动，深化作风建设，对“四风”问题进行大排查、大检修、大扫除，刹住“四风”蔓延势头。组织各站所室和村级签订党风廉政责任状38份。对民政办2013年、2014年低保资金发放进行检查。对全乡2所中学、11所完小及6个教学点春季、秋季教育收费及营养午餐开展专项检查。开展对乡合医站2013年、2014年报销情况、乡社保所2013年、2014年社会养老金发放情况的监督监察。开展对卡落新农村和峥岘新农村建设、一事一议的工程的监督监察。开展“村财乡代管”和党务公开、村务公开及畜牧良种补贴资金、农业机械购置补贴资金管理进行监督检查。

2015年,乡纪委围绕"三严三实"专题教育活动,不断加强学习。按照县纪委工作安排,集中开展"三个开刀"整治,驰而不息纠正四风,维护民生、民利,约谈乡干部64人、村委监督委员会成员84人。开展党风廉政建设宣传活动,在政府办公大楼楼梯、干部职工食堂和迓大二级公路边挂上廉政宣传标语,制作岗位职责风险点及防控措施64个。加强干部职工管理,制订《黄板乡干部考勤制度》《黄板乡工作目标管理绩效考核办法》《狠刹借乔迁新居、子女升学等事宜大操大办酒席借机敛财的通知》,对各站所室进行督导督查364次。监督"三重一大"事项20次,对乡民政办2014年低保资金发放进行检查,开展对乡合医站2014年报销情况、乡社保所2014年社会养老金发放情况督查。开展中小学学生补助资金专项督查,对黄板乡2所中学、11所完小及6个教学点春季教育收费及营养午餐开展专项检查,检查发现15个问题,立案1件,追缴违纪资金4.09万余元,责令15个学校限期整改。

2016年,镇纪委围绕"两学一做"学习教育要求,加强党员的党规党纪教育,不断提升思想政治觉悟,增强履职尽责能力。督促镇党委主要负责人与班子成员、班子成员与分管站所及联系村党支部签订《党风廉政建设责任状》70余份,对各站所负责人及村支部书记进行廉政谈话90余人次。督促班子成员认真履行"一岗双责",做好分管部门党风廉政建设工作,监督镇辖16个站所及部门严格执行"三重一大"制度。加强换届纪律监督检查,成立镇换届风气专项督查组2个和建立举报热线电话,组织镇村干部学习中央纪委、中组部"九严禁"换届纪律要求,观看警示教育片《镜鉴》,印发"九严禁"宣传卡400余张、张贴宣传单100余份,填写《严肃换届纪律情况调查问卷》180余份,签订《严格遵守换届纪律承诺书》180余份。规范干部管理,制订《黄板镇干部考勤制度》《黄板镇干部作风量化分类管理办法》《黄板镇绩效目标考核办法》等管理制度,开展干部作风督查,督促干部严守上下班纪律、会议出勤等制度,对6名镇干部进行预防提醒谈话,2名干部进行谈话提醒,1名干部作出书面检查。组织干部职工开展补贴奖金等发放清理工作和开展党员干部经商办企业投资入股承揽工程等四个专项整治自查工作,签订不违规经商办企业、投资入股和承揽工程承诺书74份。

2017年,认真学习习近平新时代中国特色社会主义思想,增强"四个意识",坚定"四个自信",做到"两个维护",不断提高政治站位和政治觉悟,强化政治担当。聚焦监督执纪问责主责主业,持之以恒纠正"四风",协助镇党委持续推进党风廉政建设和反腐败工作,督促班子成员认真履行"一岗双责",拟定班子成员"一岗双责"责任清单并督促责任落实,开展"两个责任"分级约谈170人次。督促镇党委主要领导与班子成员、班子成员与分管站所负责人、与联系村党支部签订《党风廉政建设责任状》70余份。监督严格执行"三重一大"制度,督促镇党委开展"四风问题"自查自纠及整改落实工作,督促完成党风廉政建设满意度民意调查工作。组织干部职工学习《中国共产党纪律处分条例》《中国共产党党内监督条例》等党内法规。运用"四种形态"加强干部教育管理,对发现苗头性、倾向性干部进行约谈,利用"教育谈话室"对6名干部进行了警醒谈话。聚焦中心工作,突出监督重点,对脱贫攻坚干部作风、环保整治、凝冻天气抗冻防冻等工作开展监督检查80余次,对8名镇村干部因工作履职不力进行谈话提醒和全镇通报批评。加强对村务监督委员会主任业务培训,每季度召开一次例会,围绕党内法规知识、村务监督内容、监督方式,对21名村务监督委员会主任进行业务培训,提升工作履职能力。

2018年,贯彻落实党风廉政建设和反腐败工作,推进全面从严治党。协助镇党委召开党风廉政建设会议5次,督促班子成员履行"一岗双责",开展党风廉政"两个责任"约谈170人次,签订党风廉政风险防控承诺书85份。督促镇党委开展干部职工违规兼职取酬问题专项清理,通过清查,全镇没有干部和公职人员兼职取酬问题。开展领导干部违规插手参与茅台酒经营问题专项清理活动2次,签订承诺书170份,未发现干部违规违纪行为。组织干部职工签订《不违规操办"升学宴""谢师宴"及不参与违规"升学宴"

“谢师宴”吃请承诺书》80余份。运用监督执纪“四种形态”，预防提醒镇干部44人、谈话提醒2人、诫勉谈话2人。组织学习中央、省、市、县纪委全会精神及《中华人民共和国监察法》。推进“五个示范”建设，创建10个村务监督委员会示范点，建立村务监督“五小”（开展“小监督”、发现“小苗头”、提出“小建议”、督改“小问题”、回应“小诉求”）运行机制。对城乡居民基本养老保险疑似重复领取和以死亡人员名字冒领待遇核查追回工作、精扶贷、惠农贷及基金入股分红情况、“组组通”施工进度及建设质量进行监督检查，共发现问题11个，督促相关部门完成整改11个。对巡察整改工作进行监督检查，督促巡察反馈涉及黄板镇4个方面9类24个问题整改完成。开展涉黑涉恶腐败及背后“保护伞”问题线索摸排工作，集中村监委主任、村第一书记和驻村工作队，按照横向到边、纵向到底的要求，深入走访摸排问题线索，辖区内未发现有关问题线索。开展精准扶贫“回头看”和“五个治理”专项监督，对2017年已出列贫困村及2018年拟出列贫困村进行遍访，共走访贫困户90余户97人次，发现一般性问题17个，发现问题线索3个，立案1件，停职村干部1人，追回易地扶贫搬迁安置房一套100平方米。

2019年，镇纪委围绕县委“不忘初心、牢记使命”主题教育，强化政治理论学习，坚持读原著、学原文、悟原理，不断增强“四个意识”，坚定“四个自信”，做到“两个维护”，切实担负起政治监督责任。协助镇党委召开5次党风廉政建设专题会议，开展党风廉政建设“两个责任”分级约谈170人次。聚焦脱贫攻坚作风督查，开展脱贫攻坚作风督查180余次，初步核实督查发现问题及上级检查反馈问题线索8件，立案3件，诫勉谈话3人，谈话提醒9人，通报批评2人，集中约谈4个村级脱贫攻坚指挥部38人次，组织村脱贫攻坚指挥部召开脱贫攻坚专题组织生活会2场，教育警醒干部40余人。开展扫黑除恶专项斗争监督检查，一方面对已办结案件、信访件进行再梳理再研判，深挖可疑线索，另一方面组织各村监会主任深入走访群众，摸排涉黑涉恶对象及其身后“保护伞问题线索”，全镇摸排未发现涉黑涉恶问题线索。创建10个村务监督委员会示范点，抓好村务监督委员会阵地建设，设置村务监督委员会办公室及配齐设施设备，建立村务监督“五小”运行机制。

2020年，对新冠肺炎疫情防控工作进行监督检查，对全镇设置30个疫情防控卡点物资保障到位及干部值班值守等情况开展监督检查110余次，对值班值守人员进行提醒谈话180余人次，因疫情防控工作不力谈话提醒4人。运用“四种形态”加强干部教育管理，诫勉谈话12人次、通报批评24人次、提醒谈话15人次。开展脱贫攻坚作风专项督查，结合“杨荣式”好干部走访活动，开展专项督查126次，因作风问题作全镇通报批评23人，谈话提醒7人，约谈125人次。协助县纪委办理县委巡察反馈问题线索8件。创建“五个示范”工作，结合《松桃苗族自治县扶贫领域整治蝇贪三年行动2018—2020年工作方案》精神，创建民生监督示范8个、村务监督示范8个、镇民生监管示范2个、村民生监管示范2个。开展再监督再检查，对安全生产落实“一岗双责”、扫黑除恶“回头看”、农村乱占耕地建房、制止餐饮浪费等工作开展再监督再检查，督促党委政府抓工作措施到位、责任压实到人、工作落到实处。是年，县纪委县监委授予黄板镇纪委“2020年度全县纪检监察系统先进集体”称号。

（二）信访受理

黄板乡（镇）纪委坚持“以事实为依据，以法纪为准绳”原则，实事求是，秉公办事，主动热情接待群众来信来访来电，对群众反映诉求问题，及时核实，做到件件有落实，切实解决群众最关心最关切的热点难点问题，着力保障人民群众的切身利益，促进党风廉政和反腐败斗争。2012—2020年，收到信访件73件，办结73件。

2012年，收到信访件2件，办结2件，其中转立案1件；

2013年，收到信访件3件，办结3件，其中立案1件；

2014年,收到信访件5件,办结5件,予以了结5件;

2015年,收到信访件7件,办结7件,予以了结7件;

2016年,收到信访件16件,其中,县纪委信访室转办7件,镇纪委受理9件。办结16件,予以了结16件。

2017年,收到信访件15件,其中县纪委信访室转办13件,县信访局转办2件;反映村干部11件、镇干部4件。办结15件,其中,予以了结13件,立案2件。

2018年,收到信访件9件,其中承办县纪委信访室转第八纪检组1件、转第三纪工委1件,县纪委信访室转办5件,接待信访件2件,反映村干部8件(其中2件涉及镇干部职工)、乡科级干部1件。办结9件,其中,予以了结8件,立案1件;

2019年,收到信访件13件,其中承办县纪委信访室转第八纪检组9件,县纪委信访室转办4件,反映对象均为村干部。办结13件,其中予以了结9件,立案4件;

2020年,收到信访件3件,其中承办县纪委信访室转第八纪检组2件,县纪委信访室转办1件,反映村干部2件、乡科级干部1件。办结3件,其中予以了结1件,立案2件。

(三)民生监督

2014年以来,黄板乡(镇)纪委严格按照中央和省、市、县纪委县监委工作安排部署,聚焦主业主责,提高政治站位,履行政治责任,强化监督执纪问责,深入推进扶贫领域腐败问题和不正之风专项治理。

2014年,开展畜牧良种补贴资金、农业机械购置补贴资金、家电下乡补贴资金专项督查,发现问题84个,收缴违规资金1.83万元。

2015年,开展危房改造补助资金专项督查,对2011年、2012年和2014年黄板乡农村危房改造补助资金使用情况开展督查;开展村级民生事务落实情况专项监察,发现问题4个;开展微型企业扶持资金专项督查,发现问题1个。全年民生领域立案查处案件2件,党内警告处分2人。

2016年,开展水务工程专项监察,协助县第三纪工委对1名镇干部、2名村干部进行查处;开展"雨露计划"专项监察,对存在问题的3名镇干部进行了提醒谈话。

2017年,参与其他民生监督组开展农户科学储粮专项监察,发现问题1个,立案1件,收缴违规资金5200元。开展"一事一议"财政奖补项目资金专项监察及专项监察"回头看"工作,发现问题2个,立案1件;开展百合种植、生态移民(易地移民搬迁)、养老保险专项监察,发现问题1个,立案1件,收缴违规资金4.5万元。全年民生领域立案查处案件3件,党内警告处分2人,党内严重警告1人。

2018年,开展农村新型经济实体运行管理情况及农村改厕项目专项监察工作。开展农村大病救治和城乡医疗救助专项监察及扶贫领域监督工作,发现问题14个。开展农村养殖产业扶贫项目资金专项监察,对19个村64个项目开展核查。全年民生领域立案查处案件5件,党内警告处分5人。

2019年,开展涉林项目专项监察,对涉及国家公益林、市级地方公益林、2014年新一轮退耕还林、营造林及精品水果园等项目的8个村1523户农户,地方公益林的8个村农户1493户,营造林的10个村农户44户,精品园水果的5个村进行逐一走访,发现问题线索2条,转立案1件。开展"一折通"与易地扶贫搬迁专项监察工作,发现问题线索1条。全年民生领域立案查处案件8件,党内警告处分7人,党内严重警告1人。

2020年,开展农民合作社(公司)扶贫民生项目专项监察,对23家农民专业合作社(公司)及8户农户在辖区内实施项目开展专项走访核实,发现问题3个。开展农村饮水安全专项监察工作,对黄板镇2018年至2020年11月实施的11个农村饮水安全工程项目全覆盖走访核实,共发现问题12个,将发现问题反馈至有关单位部门,并督促完成整改。全年民生领域立案查处案件8件,党内警告处分8人。

（四）警示教育

1992年以来，黄板乡(镇)通过书面通报案例、召开警示教育会议、观看警示教育视频、观摩警示教育基地、各级纪检监察机关通报的典型案例等方式，扎实开展警示教育，以案示警，警钟长鸣，切实抓好党员干部廉政教育。

2012年，组织68名干部职工集中观看反腐倡廉专题片《贪之祸》；组织机关干部观看电影《忠诚与背叛》。

2016年，组织观看《镜鉴》《永远在路上》等警示教育片2场次；结合换届选举之年，加强换届风气警示教育。组织干部职工、村干部、党代表代表集中观看《湖南衡阳破坏选举案》《四川南充拉票贿选票案》2场次，同时通过会议组织镇村两级干部学习各级纪检监察机关通报的换届选举工作中典型案例，抓好换届选举廉政教育。

2017年，组织各村村务监督委员会主任收看警示教育片《深山馋鼠》、铜仁市反腐倡廉小品大赛颁奖晚会2场次；组织干部职工、村干部到县党风廉政警示教育基地接受警示教育1场次；组织镇村两级干部观看扶贫领域典型案例警示教育展2次，教育党员干部400余人次。

2018年，通报省、市、县典型案例、开展扶贫领域典型案例警示教育展6场次，警示教育党员干部1070人次。

2019年，强化扶贫领域警示教育，组织镇村干部学习省、市、县通报扶贫领域典型案例；组织观看扶贫领域典型案例警示教育展2次，教育党员干部200余人次。

2020年，组织镇村两级干部观看扶贫领域典型案例警示教育展2次，教育党员干部300余人次。

第二十三节　长坪乡纪检监察工作

一、机构队伍

1992年5月，按照县“建镇、并乡、撤区”的安排，撤销原盘信区所辖的务旮乡，更名为长坪乡。新成立的长坪乡与原务旮乡行政区域不变，规格升格为科局级。是年6月，县委任命吴胜明为乡纪委书记。

1993年3月，长坪乡召开第一次党代会，选举产生中共松桃苗族自治县长坪乡纪律检查委员会。

2019年7月，国家监察体制改革向乡镇(街道)延伸，设立县监察委员会派出长坪乡监察办公室，与乡纪委合署办公，实行“两块牌子、一套人员”的管理体制，履行纪检监察职责。

中共长坪乡纪律检查委员会

（1992年6月至2020年12月）

书　记	吴胜明(苗族)	1992年6月至1996年4月
	杨通国	1996年2月至1998年12月
	秦志刚(侗族)	1999年1月至2003年7月
	龙建新(苗族)	2003年7月至2007年4月
	洪扶潮(苗族)	2007年6月至2011年8月
	杨　召(苗族)	2011年9月至2012年4月
	孙吉明(苗族)	2012年5月至2013年2月

	杨华明(土家族)	2013年10月至2015年12月
	石晓晖(苗族)	2016年8月至2020年12月
副书记	洪扶潮(苗族)	2006年8月至2007年6月
	吴　迪(苗族)	2007年10月至2016年2月
	麻云超(苗族)	2016年8月至2018年4月
	贺维聪(苗族)	2018年5月至2020年12月
纪委委员	吴胜明(苗族)	1992年6月至1999年3月
	石维英(女,苗族)	1993年3月至1999年3月
	滕建桥(苗族)	1993年3月至1996年2月
	杨通国	1996年2月至1998年12月
	龙书林(苗族)	1996年2月至1999年3月
	秦志刚(侗族)	1999年1月至2003年7月
	吴炳德(苗族)	1999年3月至2002年3月
	吴先翔(苗族)	1999年3月至2002年3月
	洪扶平(苗族)	2002年3月至2006年8月
	龙建新(苗族)	2003年7月至2007年4月
	洪扶潮(苗族)	2006年8月至2011年8月
	杨诏斌(侗族)	2006年8月至2009年12月
	杨　召(苗族)	2011年9月至2012年4月
	吴　迪(苗族)	2011年9月至2016年2月
	石正德(苗族)	2011年9月至2015年12月
	麻永进(苗族)	2011年9月至2016年1月
	吴俊华	2011年9月至2014年12月
	孙吉明(苗族)	2012年5月至2013年2月
	杨华明(土家族)	2013年10月至2015年12月
	石晓晖(苗族)	2016年8月至2020年12月
	吴爱军	2016年8月至2020年12月
	麻云超(苗族)	2016年8月至2018年4月
	杨秋月(侗族)	2016年8月至2020年12月
	张羽华(苗族)	2016年8月至2019年8月
	贺维聪(苗族)	2018年5月至2020年12月

长坪乡监察室

(1996年5月至2009年12月)

主任	龙继清(苗族)	1996年5月至1999年8月
	杨诏斌(侗族)	2007年1月至2009年12月

县监察委员会派出长坪乡监察办公室

(2019年7月至2020年12月)

主　　任　石晓晖(苗族)　2019年7月至2020年12月
副 主 任　贺维聪(苗族)　2019年7月至2020年12月
监察专员　李　玲(女)　　2019年12月至2020年12月

二、主要工作

(一)党风廉政建设

1992年至2020年,长坪乡纪委致力于全乡党风廉政建设工作,以加强党员干部作风建设、严肃查办各类违纪违法案件为重点,强化制度建设和工作创新,维护党章和其他党内法规以及行政法规的执行,根据各个时期党中央的安排部署把全乡的党风廉政工作落细落实。

1993年,根据县纪委文件精神,开展“建并撤”后干部职工拖欠公款公物自查清理工作。

1994年,实行党风廉政建设联系点制度,乡党委每个班子成员分别联系3个单位,负责联系和指导联系单位的党风廉政建设。乡纪委书记联系的干沙坪党支部、教育辅导站、信用社3个单位被乡党委评为先进单位。根据《关于对群众举报全县中小学乱收费问题专项检查的通知》,乡纪委配合县纪委对长坪乡中小学乱收费情况进行检查。按照县委反腐倡廉领导小组工作安排,乡党委组织副科级以上干部召开反腐倡廉专题民主生活会,开展批评与自我批评,纠正干部队伍中的官僚主义和形式主义。

1995年,乡纪委针对干部出现的上班迟到、早退和旷工等问题,印发严肃干部作风有关规定,对干部作风进行整顿。

1996年,开展基层组织建设工作,由乡党委书记牵头,乡纪委书记主抓,整顿党支部2个,调整支部书记3人,查处党员2人,创建“五好党支部”1个,全乡“后进党支部”全部完成向好转化。开展在元旦、春节等节假日期间用公款请客送礼、滥发钱物、大吃大喝、铺张浪费等问题自查清理工作。

1997年,开展党风廉政教育,用不同形式教育干部职工遵纪守法、勤政廉政,举办党风廉政宣传教育2次,受教育400余人次。开展受处分党员回访行动,对盘报村3名党员参加邪教组织被县纪委开除党籍进行多次回访教育,3名村民受处分后安心农业生产,不再外出传教。开展严格控制新建和装修办公楼、各种会议、各种庆典活动、接待费用、公款安装住宅电话、购买移动电话、配备小汽车、各种检查评比等自查清理工作,未发现违纪问题。

1998年,对全乡计划生育工作进行专项监察,查处违反计划生育政策党员2人,上报县纪委研究给予开除党籍处分,3名工作人员在计划生育工作中违纪被纠正,追回违纪资金1.4万元。开展中小学教育乱收费监督检查,清理2所学校乱收费3万余元 ,取消私设“小金库”2个。

1999年,推行村务公开,14个村均建立村务公开栏,对村级财务管理、集资、集体公益事业收费和救济粮款发放、粮食产购任务完成情况、扶贫资金使用、集体经济项目承包等直接涉及农民切身利益的事项进行公开。

2000年,以乡村远程教育点、党员活动室为阵地,通过案例警示、政策宣讲、先进事迹引领等多种方式开展廉政教育,引导干部牢记前车之鉴,时刻保持清醒的头脑,始终明法纪、知敬畏、存戒惧、守底线,进一步强化干部作风建设。

2001年,开展“三个代表”重要思想学习教育活动,组织学习中共十五大和中共十五届三中全会精神、《农村干部学习“三个代表”重要思想文件汇编》《邓小平理论通俗读本》等,通过“自己找、出去听、集体查、领导帮”等方式查找出乡党委突出问题15个并加以整改,重点解决干部作风不实、方法简单粗暴、不安心在基层工作等问题,坚决纠正虚报浮夸、强迫命令、用公款大吃大喝、铺张浪费等不良风气。对“门难进、脸难看、事难办”和“吃、拿、卡、要”等问题进行清查,纠正乡党委一名班子成员利用职务便利收受他人皮衣1件问题。

2002年,乡党委与村党支部签订《党风廉政建设责任书》14份,形成一级抓一级、层层抓落实的工作体制。新建乡政府廉政食堂,整治干部职工“走读”现象。按照县纪委要求执行领导干部打招呼制度、诫勉谈话制度和领导干部个人重大事项报告制度、收受礼品礼金登记制度和个人收入申报制度。

2003年,整治农村党员违反计划生育政策行为,查处构皮村1名超生党员,报县纪委研究给予开除党籍处分。开展服务“三农”抓好减轻农民负担工作,建立涉农收费公示牌,将涉农收费的政策依据、收费项目、收费标准进行公开。开展禁止违规操办酒席监督检查,收缴违规操办酒席违纪款2万余元。落实党风廉政建设责任制,组织各村和各股室站所签订《中共长坪乡委员会 长坪乡人民政府党风廉政建设责任书》29份。

2004年,贯彻执行胡锦涛总书记1月12日在中央纪委三次会议上提出的两个要求,即要求全党大力弘扬求真务实的精神,大兴求真务实之风,要求各级领导干部严格遵守“四大纪律、八项要求”。开展国债资金、扶贫资金、退耕还林资金、社保资金管理使用情况执法监察。印发《关于严肃机关事业单位干部纪律的若干规定》加强干部纪律监督,周一至周五实行签到制,周末实行赶场天签到制,不签到视为旷工,为他人代签到按旷工处理,旷工1天扣工资20元。督促乡党委把落实计划生育政策情况列为入党审批的核心指标,凡是违反计划生育政策的一概不得加入中国共产党。推进财政体制改革,严格实行落实“收支两条线”管理规定,认真清理银行账户,加大对私设“小金库”的清理和查处力度。乡纪委联合乡财政所印发《关于对2002年、2003年行政事业性收费、罚款情况开展监督检查的通知》,对2002年至2003年的行政事业性收费、罚款情况开展监督检查。对干部职工违规操办酒席进行监督检查,实行事前申请事后报告结果制度。签订党风廉政建设责任状29份,将工作量化、细化到个人,年终召开述职述廉工作会,乡党委政府8位领导分别作述职述廉报告,参会人员结合平时工作对8位领导进行民主测评。开展党风廉政宣传教育工作,宣传中共十六大和中共十六届三中、四中全会精神,中共中央纪委三次全会精神和中组部、中共中央纪委关于禁止党员干部参与赌博的文件精神。组织学习《中国共产党纪律检查简论》《中国共产党行政监察简论》《中国共产党党内监督条例(试行)》《中国共产党纪律处分条例》,学习结束后组织一次包括村级组织和农村党员在内的考试,参试者400余人。制作党风廉政宣传永久性标语2幅、上墙标语162幅。

2005年,成立长坪乡教育收费检查组,由乡纪委书记带队对中学7个班级和小学18个班级收费情况进行监督检查,纠正学校乱收费问题。

2006年,印发《长坪乡治理商业贿赂专项工作实施方案》,对工程建设、产权交易、医药购销、政府采购、资源开发等领域的贪污贿赂问题进行治理,查处干部利用职务便利贪污贿赂案1件,收缴违纪资金1.44万元。编撰《纪检信息》12期。

2007年,实行“整脏治乱”督查制度,明确每周一、三、五为督查日,由乡纪委书记带队,开展“整脏治乱”工作督查,对督查发现的问题在乡级大会上进行通报并责令整改。开展党风廉政建设文化“六进”活动,即廉政文化进机关、进社区、进家庭、进学校、进企业、进农村。在活动中发现并查处乡教育辅导站出纳挪用贫困寄宿生补助费1.07万元的违纪行为。开展反腐倡廉制度化建设,成立党风廉政建设领导小组,年初将党风廉政建设目标任务分解到各部门,班子成员对分管站所负领导责任,实行目标考核和责任追究制度。落实领导干部廉洁自律各项规定,执行领导班子议事规则和领导干部重大事项报告、民主评议、谈话诫勉、礼品礼金登记制度。加强对权力运行的制约和监督,在各村设置纪检监察意见信箱。

2008年,开展涉农资金监督检查,对中小学收费、民政救济、抗旱救灾款物发放、退耕还林补助进行专项监察,发现问题及时纠正和制止。督促与人民群众切身利益密切相关的学校、卫生院等部门推行办事公开制度,公开群众普遍关心的办事规定、收费项目、收费依据、收费标准、服务承诺、问题咨询等事项,坚持监督检查关口前移,提前预防。

2009年,开展科学发展观主题教育,集中学习《毛泽东邓小平江泽民论科学发展》《科学发展观重要论述摘编》《中国共产党十七届三中全会公报》、胡锦涛在十七届中央纪委三次全会上的讲话精神等,通过邀请县委宣讲团到乡作专题辅导报告,讲清“什么是科学发展观,为什么要学习科学发展观”,采取“群众提、自己找、互相帮”等方式发放征求意见表300余份,查找出问题18个,结合实际制订整改方案,进行边学边改,通过出台《长坪乡干部绩效考核办法》《长坪乡领导干部问责办法》等建立长效机制的方式巩固整改成果。坚持“党委统一领导,党政齐抓共管,纪委组织协调,部门各负其责”格局,落实党风廉政建设责任制,乡党委书记分别与各单位签订《党风廉政建设工作责任书》29份,明确党政一把手为第一责任人并对反腐倡廉负总责,分管领导对分管部门负领导责任。同时还制订和完善《领导集体议事制度》《党政班子成员党风廉政建设岗位职责》《党风廉政责任追究制度》《长坪乡工作督查制度》等,确保纠风工作重点突出、职责明确、分解到位、责任到人。

2010年,加强农村党风廉政建设,着力解决发生在群众身边的腐败问题,重点加强对农村党员和干部的教育、管理和监督,严肃查处少数农村干部滥用职权、侵吞国家和集体财产等行为,在村级组织换届选举中,对党风廉政不过关的梭绊村党支部书记人选考察不予通过,另由下棚村考察人选跨村任职,签订《长坪乡村干部党风廉政建设承诺书》42份,为“生态立乡,农业强乡,旅游活乡,科教兴乡”发展战略提供坚实纪律保障。

2011年,开展“作风建设年”活动,制订《长坪乡首问责任制》《长坪乡请销假制度》,修订《长坪乡干部绩效考核办法》,形成用制度管人的长效机制,把2月定为岗位职责建设月,3月为公开承诺服务月,4月为干部学风建设月,5月至6月为干部作风建设月,6月至7月为学比先进示范月,8月至11月为领导干部帮促月,11月至12月为活动成果展示月,收到干部服务承诺书40份、服务总结40份。同时乡纪委还加大对损害群众利益行为的问责力度,纠正对群众疾苦漠不关心、对群众呼声置若罔闻、对群众利益麻木不仁,甚至与民争利,以权谋私的行为,全乡通报批评3人,建议县委党建办撤销干沙坪村“五好基层党组织”荣誉称号。

2012年,开展村务监督委员会试点工作,印发《长坪乡村务监督委员会试点工作实施方案》,以下棚村为试点选举产生村务监督委员会主任和委员,村务监督委员会直接受乡纪委领导,向乡纪委报告工作。

2013年,全面推广村务监督委员会工作,14个村在村级换届时候一并选举产生了村务监督委员会主任和委员,实现惩治和预防腐败体系向村级组织延伸,推动农村党风廉政建设各项制度的落实。

开展领导干部述职述廉和重大事项报告制度以及廉政谈话和党风廉政建设责任追究制度。

2014年，开展党的群众路线教育，组织学习中共十八大和中共十八届三中全会以及习近平总书记系列重要讲话精神。按照"照镜子、正衣冠、洗洗澡、治治病"的要求，通过个别谈话、设立意见箱、召开座谈会、发放问卷、自查梳理等查摆出乡党委班子问题10个，班子成员问题66个，制订《长坪乡领导班子"四风"问题整改方案》，领导班子"走基层""干实事"落实问题整改，并通过建章立制建立起为民服务的长效机制。开展党务政务村务公开工作，在14个村人员集中场所安装阳光村务白黑板30余块，让村务公开化、透明化，主动接受群众监督。

2015年，开展"三严三实"主题教育，对不作为、慢作为、乱作为的问题，结合"三个开刀"，运用"四种形态"，加强对不严不实的干部进行责任追究，助推长坪乡各项工作有效推进，收到举报村干部不严不实问题线索2个，立案查处2人。开展"购物卡"问题自查清理整治工作，全乡41名干部参与自查，没有发现违规违纪问题。乡纪委督促各村把禁止滥办酒席纳入村规民约，全面禁止操办升学酒、乔迁酒、满月酒、生日酒等，通过"打招呼"的教育方式成功制止拟办酒席5起。

2016年，开展"两学一做"学习教育工作，组织集中学习《中国共产党章程》《中国共产党纪律处分条例(试行)》《中国共产党党员领导干部廉洁从政若干准则》、习近平系列重要讲话精神15次，并根据干部的岗位开展承诺和践诺活动，年初收到承诺书45份，年末根据承诺进行落实情况考核，并把考核结果运用于当年的评先评优重要评价内容。落实监督执纪"四种形态"，把监督执纪关口前移，抓早抓小，防止小问题演变成大错误，全年预防提醒谈话21人，诫勉谈话2人。落实"一岗双责"制度，坚持把对主体责任落实情况的监督作为履行监督责任的切入点和关键点，组织人员不定期对乡、村干部到岗情况进行明察暗访，全年明察暗访15次，发现问题21个，责令整改21个。开展组织体系建设，在"三重一大"等管理环节建立权力监督制约机制以及风险点排查监督制约内控制度。开展违规发放加班补贴、通信费、炭火费、降温费、取暖费、服装费等清理工作，清退2015年二级路工作违规发放加班费1.98万元、2015年违规购买服装费2.56万余元。根据中央八项规定精神，在春节、中秋、国庆、元旦等重要节假日开展督查，对各部门公车私用、公款旅游、违规发放节假日礼品礼金等问题进行监督检查6次，均未发现问题。

2017年，开展村务监督委员会换届工作，乡纪委参与组织部门的推荐考察，对所配人选政治素质、身体健康、年龄、知识等情况进行把关。是年1月，14个村均完成了村务监督委员会换届工作；2月，乡纪委连续举办2次村监会主任业务培训会并指导开展村务监督工作；6月，县财政根据任职时间按每月1000元的标准发放村监会主任报酬，至此村监主任开始享受工作报酬。开展脱贫攻坚大走访活动，走访14个村111户，发现问题12个，责令整改10个，转主管部门处理2个。开展涉农政策大公告活动，乡纪委把农村低保、危房改造补助、精准扶贫贫困户的评选、农村养老保险和合作医疗保险的收取等有关程序和规定以及乡纪委的监督举报电话集中制作成一张公告，在全乡62个自然寨人员集中的地方进行张贴，接受群众监督，是年收到群众反映问题13个，责令整改11个，核查立案处理2个。开展乡领导干部违规兼职取酬问题自查清理工作，14名副科级以上干部均填写领导干部在经济实体事业单位社会团体等单位兼职取酬情况报告表，未发现违规兼职取酬情况。

2018年，开展扫黑除恶斗争监督执纪问责工作，走访群众350人次，核查群众反映问题2个，立案查处1人，诫勉谈话1人，未发现涉黑涉恶和充当黑恶势力"保护伞"问题。督促乡党委落实党风廉政建设"两个责任"，开展分级约谈120人次，坚持把纪律和规矩挺在前面，强化监督执纪问责，运用监督执纪"四种形态"，严肃查处发生在群众身边的不正之风和腐败问题，持续保持反腐败高压态势，不断巩固风清气正的政治生态。围绕扶贫领域惩治“蝇贪”三年行动，重点整治扶贫领域腐败和作风问题，开展扶贫领域监督执纪问责工作，立案处理3人，诫勉谈话4人，通报批评6人，谈话提醒10人，建议召回作风漂浮驻村干部1人。按照县纪委《关于干部职工违规参与茅台酒经营问题自查清理的通知》要求，督促乡党委开展领导干部参与茅台酒经营情况自查，参加自查干部56人，其中乡科级干部12人，一名领导干部主动上缴茅台酒1瓶。督促乡党委对县委第二巡察组巡察反馈乡党委、康金村、盘报村4方面14个问题进行整改，乡党委成立领导小组，制订整改方案，分解整改任务，全部完成整改。督促乡党委对省委第九巡视组巡视松桃反馈的问题进行自查整改，制订《省委第九巡视组巡视松桃反馈问题涉及长坪整改任务实施方案》《省委第九巡视组巡视松桃反馈问题涉及长坪整改任务分解表》对反馈的问题主动认领、照单全收、领导带头、立行立改。按照县委意识形态工作巡视整改办《关于印发省委第九巡视组巡视铜仁落实意识形态工作责任制反馈问题涉及松桃整改方案的通知》文件要求，乡党委对全乡落实意识形态工作进行了全面整改。开展清理违规兼职取酬工作，组织全乡61名干部进行自查清理。

2019年，开展“不忘初心、牢记使命”主题教育，通过“习语(习近平总书记名语)我来读”“党章我来诵”“党史我来说”“形势我来讲”“心得现场写”等形式，组织集中学习22次、研讨会3次、革命传统教育1次、先进典型教育3次，撰写心得体会30篇、调研报告10篇，查摆出乡党委问题3个，完成整改3个，乡班子成员问题18个，完成整改18个。聚焦脱贫攻坚作风建设，落实监督执纪“四种形态”，采取随机督查与明察暗访相结合的方式开展督查，确保脱贫攻坚作风督查全覆盖，共开展督查65次。对督查中发现的作风问题以零容忍的态度进行问责，全年查处脱贫攻坚问题16个，其中立案处理8人，诫勉谈话9人，谈话提醒18人，通报批评5人，集中书面反馈疑似“两错一漏”问题并督促整改落实17个。7月，市委第五巡察组巡察反馈长坪乡8个方面61个问题，乡党委召开问题整改专题会，研究部署整改工作，对反馈的问题进行逐项梳理，明确整改目标和措施，完成问题整改61个。9月，县委第三、第四巡查组巡查长坪乡12个村反馈问题147个，12个村整改问题147个，建章立制44个。

2020年，开展“爱岗敬业我先行，积极作为勇担当”主题教育，组织学习习近平新时代中国特色社会主义思想、《习近平谈治国理政(第三卷)》、中共十九大及十九届历次全会精神、《中华人民共和国民法典》《中华人民共和国公职人员政务处分法》，查找出乡党委问题6个，制订整改措施10条，完成问题整改6个。聚焦主业主责，深化监督，加大监督执纪问责力度，加强对贯彻执行中央八项规定精神、“六项禁令”、省委和市委“改进工作作风十项规定”以及县委“五要七带头”等的监督检查。把对主体责任落实情况的监督作为履行监督责任的切入点和关键点，坚持“一案双查”。是年，查处落实主体责任不力领导干部7人次，其中诫勉谈话4人次，全县通报批评3人次。抓早抓小，对苗头性倾向性问题早打“预防针”，早提醒告诫，咬耳扯袖、红脸出汗成为常态，减少小违小错的概率，是年，预防提醒谈话23人，谈话提醒9人。10月脱贫攻坚专项巡察反馈长坪乡31个问题，11月完成整改问题31个。乡纪委协助县纪委建立乡党委政治监督活页，用3个月时间，协助县纪委收集乡党委的基本情况、党内政治生态分析研判情况和落实“两个维护”重要情况等资料，完成乡党委政治监督线上线下活页的建立。

(二)信访受理

1992年6月以来，乡纪委畅通信访举报渠道，规范工作流程，坚持实事求是的原则开展信访问题核查、处置和回复工作，及时回应群众关切问题，做到件件有落实、事事有回音。1998年至2020年，收到信访件45件，其中属检举控告39件，办结39件，转立案29件，信访了结10件，回访38件，属业务范围外6件，转相关单位处置6件。

1998年,收到群众信访件3件,其中实名检举控告3件,办结3件,转立案3件,回访3件。

1999年,收到群众信访件1件,其中实名检举控告1件,办结1件,转立案1件,回访1件。

2001年,收到群众信访件1件,其中实名检举控告1件,办结1件,转立案1件,回访1件。

2002年,收到群众信访件3件,其中实名检举控告3件,办结3件,转立案3件,回访3件。

2003年,收到信访件2件,其中实名检举控告2件,办结2件,转立案2件,回访2件。

2004年,收到信访件2件,其中实名检举控告2件,办结2件,转立案2件,回访2件。

2006年,收到群众信访件1件,其中实名检举控告1件,办结1件,转立案1件,回访1件。

2008年,收到信访件2件,其中实名检举控告2件,办结2件,转立案2件,回访2件。

2009年,制订乡党政领导接访日制度,每逢赶集日即农历尾数三、八为领导干部接访日,乡党政领导班子成员轮流值班接待来访群众。成立信访工作小组处理信访案件,是年收到群众信访件1件,其中实名检举控告1件,办结1件,转立案1件,回访1件。

2010年,收到群众信访件3件,其中实名检举控告3件,办结3件,转立案3件,回访3件。

2011年,落实信访工作领导责任制,建立健全乡村两级信访网络,开展"大接访"和领导干部带案下访活动,畅通群众反映问题、表达合理诉求的渠道,做好群众来信来访工作,加强对反腐倡廉舆情信息的收集、研判和处置,发挥广大群众的监督作用,全年收到群众信访件3件,其中实名检举控告3件,办结3件,信访了结3件,回访3件。

2012年,收到群众信访件1件,其中实名检举控告1件,办结1件,转立案1件,回访1件。

2014年,收到信访件2件,其中实名检举控告2件,办结2件,立案2件,回访2件。

2015年,收到群众信访件3件,其中实名检举控告3件,办结3件,立案3件,回访3件。

2016年,乡民生监督组把全乡民生监督员的姓名、职务、联系电话、办公地点等在G352国道边的4×6米高炮广告位上公示,收到群众信访件3件,其中业务范围外1件,转相关单位办理1件,实名检举控告2件,办结2件,立案1件,信访了结1件,回访2件。

2017年,乡纪委将纪委书记和乡纪委副书记的联系电话打印在民生事务公告中,在全乡62个自然寨人员集中的地方张贴,接受广大群众对违纪问题的检举控告,收到群众信访件6件,其中实名检举控告5件,匿名检举控告1件,办结6件,立案2件,信访了结4件,回访5件。

2018年,按照县纪委的要求,乡纪委把所有的信访件全部装卷归档。收到群众信访件2件,其中实名检举控告2件,办结2件,信访了结2件,回访2件。

2019年,乡纪委借助到各村督查脱贫攻坚的时机,主动进村下访,到老百姓家中去了解问题,接受群众对违纪问题的举报,走访群众500余人次,收到群众反映问题5件,均属于业务范围外问题,现场协调有关人员处理或解答4件,转相关单位处置1件,是年未收到检举控告类信访件。

2020年,按县纪委的要求规范信访件办理程序,从线索处置、初步核实、结案呈批、案件回访等全部按规定进行,有效提高了信访案件办理质量。是年收到群众信访件1件,其中电话实名检举控告1件,办结1件,立案1件,回访1件。

(三)民生监督

2014年6月,长坪乡成立民生监督组,推进民生领域问题专项治理工作。先后围绕家电下乡、雨露计划、城乡低保、危房改造、村居民生事务、"一事一议"财政奖补等惠民政策的落实情况进行专项监察;围绕"护民生、促脱贫"主题,开展"访村寨、重监督、助攻坚""杨荣式"好干部大走访等专项监督检查行动。2014年至2020年,乡民生监督组立案查处民生领域违纪案件16件,给予党政纪处分16人,报县纪委监察局(监委)立案查处35件,给予党政纪处分35人。

2014年,开展家电下乡、能繁母猪补贴、农机具购置补贴专项监察,发现问题1个,报县纪委立案查处1人,追缴违纪资金1万元。

2015年,开展教育资助、危房改造补助、微型企业补助和村居民生事务专项监察,其中发现教育资助问题1个,报县纪委立案查处1人,追缴违纪资金1.6万元;发现危房改造补助问题1个,立案查处1人,追缴违纪资金2.48万元;发现村居民生事务问题2个,立案查处1人,报县纪委立案查处1人,追缴违纪资金4万元。

2016年,开展"卫计"资金、"雨露计划"、小额信贷贴息、精准扶贫、农村饮水工程专项监察以及对村居民生事务"回头看"监察工作,其中,发现卫计资金问题1个,报县纪委立案查处1人,追缴违纪资金6600元;发现村居民生事务问题5个,报县纪委监察局立案查处5人,追缴违纪资金5000元;发现小额信贷贴息问题1个,报县监察局立案查处1人,追缴违纪资金1.56万元;发现精准扶贫问题4个,报县纪委监察局立案查处4人,追缴违纪资金6.15万元。

2017年,开展农村低保、"一事一议"财政奖补、生态移民专项监察以及对危房改造补助"回头看"监察工作,其中,发现农村低保问题1个,立案查处1人;发现"一事一议"财政奖补问题1个,报县纪委立案查处1人,追缴违纪资金9800元;发现生态移民问题2个,责令整改问题2个;发现危房改造补助问题3个,立案查处3人,追缴违纪资金8500元。开展"访村寨、重监督、助攻坚"专项监督检查行动,走访群众126人次,发现问题4个,立案查处1人,报县纪委监察局立案查处3人,协助县纪委监察局问责领导干部3人。

2018年,开展农村新型实体经济财政奖补、农村贫困人口大病救治和城乡医疗救助、扶贫养殖项目专项监察,通过走访核查,均未发现问题。常态化开展"访村寨、重监督、助攻坚"专项监督检查行动,走访农户352人次,发现问题9个,立案查处5人,报县纪委县监委立案查处4人,协助县纪委县监委问责领导干部5人,追缴违纪资金1.23万元。开展民生监督示范村创建,为14个村务监督委员会配备办公室和办公桌椅14套,制订《民生监督工作职责制度》《长坪乡民生监督"五个示范"创建工作实施方案》《村务监督守则》《五小工作台账》并实施,完成民生监督示范村创建5个。

2019年,开展涉林项目、易地扶贫搬迁、财政涉农补贴资金"一折通"专项监察以及对农村贫困人口大病救治和城乡医疗救助"回头看"监察工作,其中,发现易地扶贫搬迁问题2个,立案查处1人,报县监委立案查处1人;发现农村贫困人口大病救治和城乡医疗救助"回头看"问题2个,立案查处2人。常态化开展"访村寨、重监督、助攻坚"专项监督检查行动,走访农户298人次,发现问题6个,报县纪委县监委立案查处5人。开展民生监督示范村创建,为11个村务监督委员会配备办公电脑和打印机11套,推广实施《民生监督工作职责制度》《长坪乡民生监督"五个示范"创建工作实施方案》《村务监督守则》《五小工作台账》等,完成民生监督示范村创建3个。

2020年,开展人饮项目、农村专业合作社扶贫项目专项监察以及对涉林项目"回头看"监察工作,其中,发现人饮项目问题4个,报县纪委县监委立案查处4人。发现涉林项目问题1个,立案查处1人,追缴违纪资金1.59万元。常态化开展"访村寨、重监督、助攻坚"和"杨荣式"好干部大走访专项监督检查行动,走访农户325人次,发现问题2个,立案查处1人。开展新冠肺炎疫情防控工作监督检查,发现问题2个,报县纪委立案审查2人,给予严重警告处分1人,党内警告处分1人。开展民生监督示范村创建,继续推广《民生监督工作职责制度》《长坪乡民生监督"五个示范"创建工作实施方案》《村务监督守则》《五小工作台账》等,充分发挥村监会力量,整治群众身边的"微腐败"和不正之风,打通基层服务人民群众的“最后一公里”，完成民生监督示范村创建3个。

(四)警示教育

1992年至2020年乡纪委采取会议、标语、宣传栏、观看警示片等多种形式开展警示教育，提高广大党员干部廉洁自律思想意识。利用县内和乡内党政领导干部严重违法违纪的典型案件，以身边事教育身边人，深刻剖析产生腐败问题的思想根源和社会根源，解决党风廉政建设方面存在的突出问题。每查办一起案件，必须剖析案件成因、深挖问题根源，推进“不敢腐、不能腐、不想腐败”体系建设，推动全面从严治党向纵深发展。

1997年，举办党风廉政宣传教育2次，受教育400余人次。

2000年，组织乡、村干部到乡政府集中观看《胡长清案件警示录》1次，受教育50余人。

2004年，组织党员干部集中学习《中国共产党纪律处分条例》1次，学习《中国共产党党内监督条例(试行)》1次。

2006年，在村级党员活动室开展警示教育会14次，以计划生育、换届选举中违规违纪的典型案例教育警示全乡农村党员。

2009年，开展纪律教育学习月活动，组织乡、村两级干部集中学习党规、党纪5次，受教育250余人次。

2010年，通过制作宣传标语、举办宣传专栏开展村级换届警示教育，悬挂警示标语17幅，制作警示宣传栏2期。

2013年，组织学习县纪委和县委组织部《关于严肃第九届村级党组织和村(居)民委员会换届选举工作纪律的通知》，把“三个严禁、十六个不准”和“三个一律”在14个村的宣传栏内张贴。

2014年，组织学习市县纪委通报5次，到相关党支部宣布处分决定2次。

2015年，组织乡、村干部到乡政府集中观看《楠竹苗上的蛀虫》1次，用县内的典型案例警示教育全乡干部90余人，收到心得体会90余篇。

2016年，组织乡、村干部到乡政府集中学习换届纪律“九个严禁、九个一律”6次，集中观看《深山馋鼠》1次，观看《镜鉴——衡阳、南充违反换届纪律案件警示录》2次，开展换届纪律警示谈话95人次，悬挂换届纪律警示标语16幅。

2017年，在乡政府办公大楼醒目位置悬挂廉政宣传警示标语15幅，组织乡、村干部到乡政府集中学习《中国共产党纪律处分条例》1次。

2018年，开展警示教育3次，公开反思材料5份，公开处分决定9份。组织乡、村干部到乡政府集中学习《中国共产党纪律处分条例》《中华人民共和国监察法》各1次。

2019年，组织乡、村两级干部以及各村脱贫攻坚指挥部攻坚队员观看全市扶贫领域典型案例展2次，开展警示教育4次，公开反思材料6份，公开处分决定6份。组织全乡45名党员干部到县党风廉政警示教育基地接受警示教育1次。

2020年，组织乡、村两级干部以及各村脱贫攻坚指挥部攻坚队员观看全市扶贫领域典型案例展1次，开展警示教育5次，公开反思材料5份，公开处分决定5份。组织全乡56名党员干部到县警示教育基地接受警示教育1次。组织乡、村干部到乡政府集中学习《中华人民共和国公职人员政务处分法》《中华人民共和国民法典》各1次。

第二十四节　妙隘乡纪检监察工作

一、机构队伍

1992年5月,按照县“建镇、并乡、撤区”的安排,撤销原孟溪区及其所辖的妙隘乡、寨石乡,由妙隘乡与寨石乡合并,组建新的妙隘乡行政区划。是年6月,县委任命杨秀清为乡纪委书记。

1993年3月,妙隘乡召开第一次党代会,选举产生了中共松桃苗族自治县妙隘乡纪律检查委员会。

2019年7月,国家监察体制改革向乡镇(街道)延伸,设立县监察委员会派出妙隘乡监察办公室主任,与乡纪委合署办公,实行“两块牌子、一套人员”的管理体制,履行纪检监察职责。

中共妙隘乡纪律检查委员会

(1992年6月至2020年12月)

书　　记	杨秀清	1992年6月至2001年12月
	杨劲松(土家族)	2002年3月至2006年8月
	吴胜贤(苗族)	2006年8月至2009年4月
	龙中龙(苗族)	2009年4月至2012年12月
	李　艳(女,苗族)	2013年2月至2015年8月
	龙军勇(苗族)	2016年8月至2018年9月
	龙寿发(苗族)	2018年10月至2020年12月
副 书 记	戴　潏(苗族)	2006年8月至2009年4月
	赵　斌	2009年4月至2010年12月
	杨秀亨	2011年9月至2015年10月
	贺再金(苗族)	2015年12月至2016年8月
	李小林	2016年8月至2019年12月
	杨立彬(侗族)	2020年5月至2020年12月
纪委委员	杨秀清	1992年6月至2001年12月
	孙叙友	1993年3月至1996年2月
	杨再荣	1993年3月至1996年2月
	龙天贵(苗族)	1996年2月至1999年3月
	王清平	1996年2月至1999年3月
	杨再仙(女)	1999年3月至2002年3月
	雷礼全	1999年3月至2002年3月
	杨秀全	2002年3月至2006年8月
	杨劲松(土家族)	2002年3月至2006年8月
	吴胜贤(苗族)	2006年8月至2009年4月

戴　潏(苗族)	2006年8月至2009年4月
雷礼全	2006年8月至2011年9月
龙中龙(苗族)	2009年4月至2012年12月
赵　斌	2009年4月至2010年12月
龙自明(苗族)	2011年9月至2017年5月
李　能	2011年9月至2016年8月
亢　波	2011年9月至2016年8月
李　艳(女,苗族)	2013年2月至2015年8月
贺再金(苗族)	2013年3月至2016年8月
龙军勇(苗族)	2016年8月至2018年9月
吴　淋	2016年8月至2020年12月
徐秀俊	2016年8月至2020年12月
李小林	2016年8月至2020年12月
龙寿发(苗族)	2018年10月至2020年12月
杨立彬(侗族)	2020年5月至2020年12月

妙隘乡监察室

(2002年6月至2009年4月)

主　任	杨秀全	2002年6月至2008年4月
	赵　斌	2008年4月至2009年4月

县监察委员会派出妙隘乡监察办公室

(2019年7月至2020年12月)

主　任	龙寿发(苗族)	2019年7月至2020年12月
副主任	杨立彬(侗族)	2020年5月至2020年12月
监察专员	李小林	2019年12月至2020年12月

二、主要工作

(一)党风廉政建设

乡纪委成立以来,贯彻落实党中央关于党风廉政建设和反腐败斗争的决策部署,监督班子成员履行“一岗双责”,强化对干部职工和广大党员的日常监督教育,受理信访举报和查处违纪违法案件,反腐倡廉工作不断取得新成效。

1993年,乡纪委组织全乡干部职工学习江泽民同志的重要讲话精神、中央纪委二次全会精神和省地县党风廉政建设会议精神;成立乡反腐倡廉领导小组,按照党员领导干部廉洁自律的“五条规定”、“十一个不准”开展自查自纠；开展干部职工拖欠公款专项清理工作。

1994年，组织全乡干部职工学习中央纪委第三次全体会议精神、江泽民同志在中央纪委第三次全会上的重要讲话精神和全省纪检监察工作会议精神；学习中央两办《关于一九九四年元旦、春节期间严禁用公款吃喝送礼铺张浪费的通知》，督促干部职工遵守纪律，确保清正廉洁、喜庆欢乐过节。根据《转发县纪委〈关于贯彻中央纪委第三次全体会议精神的意见〉的通知》，召开专题民主生活会，开展“建并撤”中资金财产不清、计生罚没收入、干部调动任免、民主集中制等自查自纠；开展清理违法占地工作监督检查，确保全乡清理占地工作顺利开展。

1995年，参与乡党委政府开展计划生育整治工作，严肃查处2名党员干部违反计划生育的问题；对龙家堡电站建设工程开展检查，查处党员干部1人。

1996年，乡纪委根据县纪委《关于对中小学乱收费、向农民乱收费、乱摊派及烤烟收购中存在问题开展专项举报的通知》，在乡政府、学校、妙隘街上和各村张贴，公布举报联系方式；并对辖内中小学校开展教育收费、涉农部门超范围超标准收费及烤烟收购站(点)开展专项检查。

1997年，参与乡党委政府计划生育整治工作，查处违反计划生育政策的党员干部1人。

1998年，印发《关于党政领导班子调整后分工、干部驻村包片的通知》，乡纪检监察干部参与分工和驻村工作。参与乡党委政府计划生育整治工作，查处违反计划生育政策的党员干部2人。

1999年，传达全县纪检监察工作会议精神，建立党政负总责、分管领导各负其责制度。组织全乡干部学习县委县人民政府《关于严肃党的纪律认真执行民主集中制的规定》《关于党风廉政建设责任制实施细则的通知》，成立乡案件审理领导小组和信访工作领导小组，建立领导干部赶场天接访制度，正确应对处置突发性事件，把问题处理在基层。召开专题民主生活会，建立11名副科级干部廉政档案。建立乡级政务公开栏2个、村务公开栏18个，全面推行政务、村务公开。开展1998年度救灾救济工作自查和执法监察；开展《中国共产党纪律处分条例》专题讲座。

2000年，组织全乡干部职工学习《邓小平论党员干部廉洁自律》、江泽民同志在广东省高州市领导干部“三讲”教育会议上的重要讲话、全县党风廉政建设会议精神；印发《妙隘乡二〇〇〇年纪检监察工作意见》，签订党风廉政建设责任状42份。学习《关于认真执行领导干部廉洁自律有关规定的紧急通知》，11名副科级以上实职领导干部填写领导干部收入表和礼品登记簿。印发《关于严禁干部职工赌博的通知》，召开干部职工大会明确严禁赌博纪律，公布举报电话，重申违规处理的具体规定。开展对“三不准”规定执行情况监督检查，制止奢侈浪费行为。开展“收支两条线”专项检查，督促乡政府完善采购制度。开展春秋两季教育收费检查，规范全乡教育收费行为。开展对1998年1月至1999年12月期间领取的“希望工程”资金执法监察，确保“希望工程”资金落到实处。

2001年，组织干部职工学习江泽民总书记在十五届中央纪委五次全会的重要讲话和县委县人民政府《党风廉政建设责任制监督检查暂行办法》等文件；召开乡党政联席会议，传达全县纪检监察会议精神，规定乡党政主要领导不能用公款购买手机，不能报不符合规定报销的通话费用；签订党风廉政建设责任状45份；明确规定干部职工办理“红事”需提前1个月向乡纪委报告，不准超过30桌标准，严禁借子女升学违规操办酒席；在11名乡党政领导班子成员中开展党风廉政建设自评工作。开展公车管理使用专项检查，没有发现公车私用问题。联合乡教辅站和乡财政所，开展对1998年以来教育事业附加费管理使用情况专项检查。是年，乡纪委监察室被表彰为“2011年度全县纪检监察工作先进单位”。

2002年，学习中共十六大精神和省第九次党代会精神。召开党风廉政建设专题会议，传达全县纪检监察会议精神，安排部署乡党风廉政建设和反腐败工作，签订党风廉政建设责任书45份；13名副科级以上实职领导干部填写领导干部收入表、个人重大事项报告和礼品登记簿;开展乡党委书记上廉政建设课。参加乡保持共产党员先进性教育活动,召开专题民主生活会,对照“四大纪律八项要求”和“七个不允许”等开展自查。全年政务公开4期、村务公开57期,涉及救灾物资、资金发放和党委政府重大决策等,主动接受社会和群众监督。建立乡廉政食堂,治理上班“走读”现象。开展公车私用专项治理,规范公务用车管理;开展春秋两季教育收费检查,防止乱收费情况发生。协助党委政府完成农村税费改革、计划生育突击、秋粮入库及县级班子换届选举。

2003年,及时传达全县纪检监察工作会议精神,调整充实乡党风廉政建设领导小组,乡党委书记任组长,副书记、纪委书记任副组长,其他班子为成员,下设办公室在乡纪委。成立违规酒席整治工作领导小组,制订工作方案,开展自查自纠,利用赶集天上街宣传,悬挂标语40条。学习《关于转发〈中共中央纪委监察部关于坚决刹住用公款大吃大喝的紧急通知〉》,组织全体干部职工40余人开展自查自纠。组织学习铜仁地区纪委监察局《关于严明纪律切实保证非典型肺炎防治工作顺利进行的紧急通知》,开展防治工作检查,确保工作顺利进行。开展“艰苦奋斗廉洁从政”主题教育,学习中共十六大报告和《中国共产党章程》等,组织干部职工40余人参加知识测试。开展春秋两季教育收费检查,制止乱收费问题发生。2003年,妙隘乡党风廉政建设工作获全县一等奖。

2004年,印发《妙隘乡纪委监察室2004年度工作计划》。协助党委制订《妙隘乡党风廉政建设规章制度》,细化为十五章五十条,量化到各站所和个人,该制度获得县委领导的较高评价。与乡村两级干部签订党风廉政建设责任状46份。开展干部职工违规操办酒席情况检查。开展对11名乡科级领导干部收入申报、重大事项报告和礼品登记,开展领导干部述职述廉专题会议。开展春秋两季教育收费检查,对乡辖计生、林业、民政和国土部门“收支两条线”执行情况进行抽查,杜绝乱收费和“坐收坐支”问题发生。协助县监察局对乡卫生院开展执法监察,纠正医药购销中的不正之风。开展公路“乱设站卡、乱罚款、乱收费”的整治工作,维护道路畅通和社会稳定。全年政务公开6期、校务公开3期、村务公开54期。

2005年,组织干部职工学习胡锦涛同志在十六届中央纪委五次全会上的重要讲话、中央纪委五次全会和省地县党风廉政会议精神,学习《建立健全教育、制度、监督并重的惩治和预防腐败体系实施纲要》。制订《妙隘乡党风廉政建设规章制度》,将任务分解细化到7个部门,签订党风廉政建设责任状46份;召开专题民主生活会,对照“四大纪律、八项要求”“七个不允许”开展自查。协助乡党委政府制订《妙隘乡公民道德建设实施方案》。全年政务公开5期、村务公开55期。开展大操大办酒席治理、投资软环境整治和春秋两季中小学校乱收费的监督检查。是年,乡纪委监察室被县纪委监察局授予“2005年度党风廉政建设和反腐败工作目标考核先进单位”。

2006年,学习中共十六届三中全会精神、《建立健全教育、制度、监督并重的惩治和预防腐败体系实施纲要》和“两个条例”“四项制度”、社会主义荣辱观教育等。成立妙隘乡农村基层党风廉政建设联系点工作领导小组,签订党风廉政建设责任状45份。协助乡党委政府制订《干部考勤及请销假制度》《干部绩效考核制度》《财务管理制度及运作程序》《首问责任制》《来信来访接待制度》《办公室工作制度》。开展“五珍惜”教育宣传,营造以廉为荣、以贪为耻的良好社会氛围。

2007年,安排部署年度纪检监察工作,签订党风廉政建设责任书47份。协助乡党委制订《妙隘乡二〇〇七年党风廉政建设工作安排意见》《关于进一步转变干部作风的实施意见》《妙隘乡干部职工工资绩效管理办法》《妙隘乡廉政建设制度》。9名副科级领导干部填写了个人收入申报表、个人重大事项报告表和礼品礼金登记表。开展第三批党员先进性教育活动,组织党员集中学习12次,时长40个小时以上,开展讨论42场次,党员撰写读书笔记500余篇15万余字,撰写心得体会280余篇,督促20个党支部撰写党性分析材料,召开座谈会38场次,设置意见箱18个,发放征求意见表650余份,征求意见建议320条,其中,对党支部的意见82条,对党员的意见建议238条,已督促整改。全年政务公开5期、村务公开42期。建立乡纪检监察信访联络点1个,调整充实村级信访联络员18名。

2008年,学习中央“四大纪律、八项要求”及省市县关于廉洁自律各项规定;协助乡党委制订干部廉洁、勤政廉政和财务管理制度,在乡机关和18个行政村推行;签订党风廉政建设责任状46份。在元旦和春节期间开展制止奢侈浪费检查。学习县委《关于严肃查处借乔迁新居、子女升学等事由大操大办酒席收敛钱财行为的通知》《松桃苗族自治县制止党政领导干部公款出国(境)旅游专项工作实施方案》,组织干部职工开展自查清理,没有发现违纪行为。雪凝灾害期间,协助县纪委监察局对全乡开展救灾款物发放监督检查,确保款物及时发放。开展述职述廉和民主评议工作,9名乡科级干部和3名站所负责人进行述职述廉,接受民主评议。配合县监察局、县物价局和县教育局,开展春秋两季教育收费情况监督检查。开展学习中共十七大精神、纪念改革开放暨党的纪律检查机关恢复和重建30周年活动,上报县纪委廉政书画4幅、征文1篇。

2009年,签订党风廉政建设责任状43份;重申领导干部驾驶公车的规定,开展公务用车管理检查。开展中小学春秋两季教育收费情况检查,协助党委政府开展违规酒席治理工作。

2010年,传达全县党建工作会议精神,督促乡党政主要领导与分管领导、站所负责人和村党支部负责人,签订党风廉政建设责任状共43份。开展9名领导干部述职述廉工作。组织党员干部45人参加全县《中国共产党党员领导干部廉洁从政若干准则》知识测试,推荐1名干部参加县《中国共产党党员领导干部廉洁从政若干准则》演讲比赛。组织学习贵州省纪委监察厅《关于罗甸县严肃查处7名党员领导干部违规大操大办酒席案件的通报》,通过QQ、标语和公示栏重申工作纪律。在元旦、春节、“五一”国际劳动节和“十一”国庆节假日期间开展检查,未发现违规吃请和高消费娱乐活动。组织开展民主行风评议工作,3个基层站所接受评议。全年政务公开7期、村务公开48期;开通手机廉政彩铃。

2011年,传达全县纪检监察会议精神,签订党风廉政建设责任状44份;开展基层站所行风督查和暗访5次,开展“三个建设年”活动。全年政务公开4期、村务公开43期。

2012年,学习中共十八大精神和省、市、县党风廉政建设会议精神;党委成员撰写学习心得40篇,每人学习笔记平均6000字;签订党风廉政建设责任状44份。协助党委制订《党政班子履职情况登记制度》《干部考勤及请销假制度》《干部入村工作回执单制度》,实行干部双向考核管理。开展廉政风险防控“一查二卡三防控四承诺”工作,制作廉政风险监督卡46张,签订廉洁从政承诺书46份。开展下访和接访群众3200余人次,办理实事44件,消除上访和非访隐患5起,解决“书记信箱”案件3件,阻止1件赴省上访事件。协助党委政府开展矛盾纠纷化解工作,组建工作队84队次,开展矛盾纠纷自查98次,集中大排查12次,召开专题会议开展社情民意分析4次,排查化解各类较大矛盾纠纷48起;协助县监察局开展春秋两季教育收费检查;全年政务公开7期、村务公开52期。

2013年,专题学习中共十八大和十八届中央纪委二次全会精神,学习宣传中央八项规定、省委十项规定、市委“六不准”和市纪委“八个严禁、八个坚决查处、八个一律停职”以及县委“五要七带头”规定。学习《关于在全县党政机关和事业单位开展清理财政供养人员“吃空饷”工作的通知》《关于厉行节约反对浪费“四不准”的通知》和县纪委《关于印发松桃苗族自治县国家公职人员违法用地违法建设行为责任追究办法(试行)的通知》文件。开展财政供养人员“吃空饷”清理和“两违”治理工作,未发现违规问题。协助乡党委制订《“解放思想、转变作风、马上就办”管理办法(试行)》《村干部绩效考评办法》《群众来信来访接待制度》《工作推进请示制度》,严格执行机关考勤、首问负责和责任追究。成立督查督办领导小组,对重点工作完成情况开展检查,发布督查通报5期,分别扣除6名干部绩效目标分值3分。开展“会员卡”专项清退工作,43名干部职工作出“零持有”报告。开展公务车辆管理使用情况检查,建立“三定点(保险、加油、维修)”和办公室统一管理、调派使用制度。推动廉政食堂建设,明确公务接待“三个一律”(一律由政府食堂接待,午餐一律不提供酒水、一律不准超标准接待)。开展评比达标表彰评估项目自查清理,全年开展评比表彰1次,未违规问题。开展基层站所民主评议行风活动,对乡中心校、卫生院、社保所和安监站开展评议,结果均为合格以上。督促18个行政村开展“一卡通”宣传和推广,确保惠农补贴资金封闭运行,遏制农村腐败行为。开展春秋两季教育收费专项检查,纠正教育乱收费1起,并在全乡进行通报批评。以平皋村和寨石村2个村为试点,实施村务监督委员会建设工作。全年政务公开7期、村务公开52期。

2014年,学习中共十八届三中全会精神、《践行和培育社会主义核心价值观》、中央八项规定和省市县有关文件。印发《妙隘乡2014年纪检监察及党风廉政建设工作实施意见》《妙隘乡贯彻落实九个100工程实施方案》《关于“转作风、改会风、树新风”严肃会议纪律的通知》签订党风廉政建设责任状45份。协助党委制订《关于进一步完善工作任务督查通报制度的通知》,开展专项督查和明察暗访,发布督查通报12期。开展办公用房清理自查,没有违规新批准、新开工建设或者扩建的政府性楼堂馆所项目,没有超标准使用住房情况。全年公开党务政务17期、村务61期。学习《中国共产党党员领导干部廉洁从政若干准则》,约谈提醒3人。

2015年,协助乡党委制订《妙隘乡2015年纪检监察及党风廉政建设工作实施意见》《妙隘乡2015年惩治和预防腐败体系建设工作要点》《妙隘乡领导班子党风廉政建设责任分解》《妙隘乡三办三中心党风廉政建设责任分解》《妙隘乡三办三中心干部职工2015年度绩效目标考核理办法》《妙隘乡干部作风量化分类管理办法》,签订《2015年党风廉政建设责任书》44份。开展机关作风和效能督查6次,对违反规定的1名干部给予行政记过处分,口头批评教育6人。开展滥发津补贴自查清理、公务用车检查和违规操办酒席监督检查。

2016年,制订《妙隘乡党委2016年度党风廉政建设工作要点》。纪检监察干部全面落实“转职能、转方式、转作风”的“三转”要求,聚焦主业主责。签订党风廉政建设责任书47份;开展干部职工廉洁过节承诺工作,签订承诺书44份;在重要节假日通过QQ、微信平台发布纪律提醒信息26次。签订不违规操办酒席和不参加违规酒席承诺书110份。组织民政和财政分局干部,分3个工作组开展村支两委离任财务审计。协助乡党委开展常态化分级约谈2次,运用第一、二种形态集中约谈3次,约谈党员干部共300余人次。发放换届纪律“九严禁”卡片700张以上,张贴“九严禁”宣传画120余张,悬挂标语28幅;开展换届纪律谈心谈话120余人次,督促20个党支部与党员签订换届纪律承诺书230余份。在机关和各村组开设廉政文化宣传栏,发放“白黑板”109张;开展精准扶贫复垦复绿“回头看”专项督查,问责村干部1人。

2017年,协助乡党委厘清2017年党风廉政建设“两个责任”清单,签订党风廉政建设责任状47份,开展“两个责任”分级约谈2次共132人次,开展干部约谈6人次。召开党风廉政建设专题会议2次,开展民生监督工作3次。开展“四风”督查2次,纠正作风问题2个,提醒谈话2人。开展“三公经费”专项督查,发现问题1个,已整改完成。运用QQ和微信平台,向乡村干部发送廉政宣传短信10次,运用“白黑板”开设廉政专栏51期。完成村务监督委员会选举,配备村务监督委员会主任18人、村监委委员36人,实现全覆盖。

2018年,学习中共十九大和十九届中央纪委二次全会精神,协助乡党委制订《妙隘乡2018年党风廉政建设责任制和全面从严治党工作实施方案》,修订《妙隘乡干部职工绩效目标考核管理办法》《妙隘乡干部作风量化分类管理办法(试行)》。协助乡党委开展“两个责任”分级约谈2次共132人次。开展津补贴发放情况专项清理工作,清退津补贴4.4万余元。开展党员干部和国家公职人员违规收送礼品礼金自查自纠,签订廉政承诺书2次共130余份。开展是否违规参与经营茅台酒自查自纠3次,签订承诺书190余份。签订不违规操办酒席和不参与违规吃请承诺书70余份,出动宣传车40余次,制作标语25条以上,发放宣传资料500余份。开展脱贫攻坚监督检查7次,发现问题10个,通报批评6人,整改4个。对省委第九巡视组巡视松桃县反馈问题、县委第五巡察组巡察妙隘乡反馈问题的整改,开展专项检查3次,督促涉事单位和责任人整改到位。开展扫黑除恶专项斗争监督检查3次,开展涉黑涉恶腐败及背后"保护伞"线索摸排,未发现问题。协助乡党委政府开展对平皋村等6个村"五个示范创建"工作,对村务监督委员会主任集中培训1次。

2019年,协助乡党委制订2019年党风廉政建设工作要点,开展预防提醒谈话6次,谈话提醒15人,开展"两个责任"分级约谈2次,其中,约谈科级干部24人次,股室站所负责人和一般干部78人次。在端午、中秋、国庆等重要节假日,通过微信工作群发布典型案例和文件通知50余次,通过会议重申纪律8次,开展监督检查4次,未发现问题。督促综合办和民政办开展规范操办酒席宣传,出动宣传车20余次,悬挂标语20幅。对二届市委第五巡察组反馈问题的整改工作开展检查,督促乡直单位、3个村党支部完成整改,向乡党委专题汇报督查情况2次,问题整改3项。参加县委"不忘初心、牢记使命"主题教育,自查自纠问题7个,完成整改7个。开展扫黑除恶专项斗争工作监督检查6次,开展涉黑涉恶腐败及背后"保护伞"线索摸排2次,协助乡扫黑办核查上级反馈的2个问题线索,予以了结2个。协助乡党委指导长滩村等6个村开展"五个示范创建"工作,召开村务监督委员会主任调度会2次,安排村务监督委员会主任协助民生监督工作2项,发挥村务监督委员会"前哨"和"探头"作用。

2020年,参加党委中心学习组学习习近平新时代中国特色社会主义思想、习近平总书记对贵州和铜仁指示批示精神。参加县委"爱岗敬业我先行、积极作为勇担当"专项行动和"讲学习、守纪律、懂规矩"教育活动,乡纪检监察干部查摆问题共9条,完成整改9条。参加县纪委县监委举办的学习、培训和读书班共8次,参加闭卷考试4次。协助乡党委开展"两个责任"分级约谈2次,涉及科级干部共24人次、股室站所负责人和一般干部共105人次;开展预防提醒谈话4人。对照县纪委县监委40期工作提示,开展日常监督60余次,上报专项督查报告和资料报送50余份。召开元旦、"五一"国际劳动节、国庆和春节期间纪律提醒会,在微信工作群发布典型案例和文件通知40余次,开展节假日"四风"专项监督8次,确保清正廉洁过节。开展扫黑除恶专项斗争监督检查4次,开展"保护伞"线索摸排1次。对县委巡察妙隘乡15个村党支部反馈问题的整改工作开展监督检查,协助县纪委县监委第四纪检监察室完成15条巡察反馈问题线索的初核。对县纪委反馈妙隘乡政治生态分析研判问题的整改开展监督3次,完成其中属于乡纪委监察办负责问题的整改2项4个。集中学习市县纪委县监委发布的纪检监察干部违纪违法典型案例通报2期。

(二)信访受理

畅通信访举报渠道,规范工作流程,认真开展信访受理、处置、初核和回复等,对不属于受理范围的,做好解释工作,及时回应群众关切的问题,做到事事有回音、件件有着落。

1992年,收到群众来信来访3件,转立案3件,办结3件。

1993年,收到群众来信来访9件,转立案4件,办结9件。

1995年,收到群众来信来访3件,转立案3件,办结3件。

1997年,收到群众来信来访2件,转立案2件,办结2件。

1998年,收到群众来信来访1件,办结1件。

1999年,收到群众来信来访2件,转立案1件,办结2件。

2002年,收到群众来信来访1件,涉及反映村干部贪污问题,转立案1件,办结1件。

2003年,收到群众来信来访1件,涉及反映政府干部贪污公款问题,转立案1件,办结1件。

2005年,收到群众来信来访2件,转立案2件,涉及反映乡村干部违规为他人办理党员身份问题,办结2件。

2007年,收到群众来信来访1件,办结1件。

2009年,收到群众来信来访1件,办结1件。

2011年,收到群众来信来访3件,涉及反映教师违规和村干部违法问题,转立案2件,办结3件。

2013年,收到群众来信来访3件,属于上级转办,涉及反映村干部违法的问题,立案1件,办结3件。

2014年,收到群众来信来访4件,属于上级转办,涉及反映村干部套取社保资金的问题,立案1件,办结4件。

2015年,收到群众来信来访1件,属于上级转办,办结1件。

2016年,收到群众来信来访5件,属于上级转办,涉及反映换届选举工作、村干部套取旱改厕补助资金的问题,反馈计划生育工作迎检发放红包的问题。立案2件,办结5件。

2017年,收到群众来信来访3件,属于上级转办;涉及反映村干部套取群众低保资金和倒卖水泥的问题,立案2件,办结3件。

2018年,收到群众来信来访3件,其中,省委巡视组转办1件,县委巡察组转办1件;涉及反映农村低保、村干部违反计划生育和村干部打人等问题,立案1件,办结3件。

2019年,收到群众来信来访5件,属于上级转办,涉及反映村干部套取群众社保资金和村干部违规套取危改资金等问题,立案1件,办结5件。

2020年,收到群众来信来访3件,属于上级转办,涉及反映村干部打人、农村低保优亲厚友和易地搬迁政策执行不公平等问题,立案2件,办结3件。

(三)民生监督

2014年,开展安全饮水、惠农补贴政策落实和中小学营养午餐3项检查,对中学、完小存在营养午餐管理不规范的问题,责成校方限期整改。开展对家电下乡、能繁母猪补贴、农机具补贴和社会养老保险补贴专项监察,清退违规资金32万余元。

2015年,开展农村危房改造资金、教育资助和微型企业补助资金和村民生事务专项监察,发现问题20条,立案10件,涉及违纪资金22.54万元。

2016年,开展粮食直补、农村最低生活保障、"雨露计划"、救灾救济、计划生育、农村合作医疗和大病救助及财政供养人员近亲属享受惠民政策情况专项监察,涉及14个项目,走访群众375人,发现问题线索8条,立案8件8人,涉及违纪资金6.57万元。

2017年,开展农村最低生活保障、精准扶贫和农村危房改造专项监察,走访18个行政村、农户195人次,发现问题10个,反馈整改8个,立案4件6人,涉及违纪资金6.25万元。

2018年,开展"访村寨、重监督、助攻坚"专项行动,发现问题13个,责令有关单位整改9个,立案5件5人,涉及违纪资金3.06万元,协助县纪委问责科级干部2人。开展农村实体经济管理项目、养老保险、城乡医疗救助及大病专项救治和扶贫养殖项目专项监察,发现问题5个,责令整改1个,立案4件4人,涉及资金700元;提醒谈话1人,协助县纪委问责科级干部3人。

2019年,开展农村涉林项目、"一折通"和易地扶贫搬迁专项监察,开展安全生产、农村人饮和桥梁施工情况专项检查,发现问题10个,向上反馈报告4个,反馈整改2个,立案2件2人,协助县纪委问责科级干部3人。开展“访村寨、重监督、助攻坚”和百名纪检干部“访千村进万家”活动，走访群众220余户280余人次，为群众解决问题8个（含县纪委县监委领导关心解决的），向乡业务部门和村级提出建议11条，发现问题线索2个，立案2件2人，涉及违纪资金0.86万元，协助县纪委问责科级干部2人。

2020年，开展“百名纪检监察干部访千村进万家”活动，结合“杨荣式”好干部大走访活动，开展农民专业合作社和安全饮水专项监察，走访群众140余户170余人次，实地查看和丈量蛋鸡养殖场7个、肉牛养殖场2个、饮水池22个，发现问题5条，上报县纪委问题5条，其中立案1件1人，涉及违纪资金5.28万元；诫勉谈话6人，谈话提醒6人，协助县纪委问责科级干部3人；向县纪委案件监督管理室问题移交线索4条。对贵州省民生资金监管系统反馈的3条问题线索进行处置，初核后属实3条，立案5件5人；及时销号问题线索3条。

（四）警示教育

1993年，组织观看《新中国第一大案》《伟人传》《警钟》《沉钟》《百万大案》《廉政的思考》等电教片，党员干部受教育150余人次。

1999年，组织学习《关于转发〈中共遵义市纪委市监察局关于穆华、舒乾华等人大吃大喝受党纪、政纪处分的通报〉的通报》，党员干部受教育50余人次。

2000年，组织观看《生死抉择》《胡长清案件警示录》专题警示教育片，运用《典型案例剖析教育读本》《中央纪委关于胡长清等重大典型案例的通报》及《人民日报》等相关评论文章，组织党员干部学习，开展警示教育，受教育的党员干部达300人次。

2002年，用《中国监察》刊载的重要典型案例进行警示教育，组织观看反腐倡廉案例图片展，受教育人数达300余人次。

2004年，用刘方仁、刘常贵、卢万里等人贪污受贿重大典型案例开展警示教育，党员干部受教育150余人次。

2005年，召开反腐倡廉宣传教育会议，用乡党委委员黄某为杨某等三名学生伪造党员身份的典型案例开展警示教育，观看《守枪》等影片，党员干部受教育200人次以上。

2008年，观看《走上被告席的大法官》《居安思危——颜色革命》《失衡的秤——王昭耀受贿案启示录》反腐倡廉警示教育片，受教育130余人次。

2010年，组织乡村党员干部30余人到县党风廉政警示教育基地接受教育；组织观看警示教育片《笑脸背后的罪恶》，40余人受教育。

2014年，组织收看省市领导干部警示教育大会实况录像，收看《坚决反对“四风”》《一个明星区长的堕落轨迹》《被“欲火”焚毁的“群蝇”》警示教育片，用市县典型案例警示教育读本开展警示教育，受教育200余人次；组织干部职工30余人到县党风廉政警示教育基地接受教育。

2015年，邀请县纪委第四纪工委负责人到乡讲党风廉政教育课，组织乡村干部赴孟溪镇参观县民生监督警示教育基地，受教育160余人次。

2016年，组织乡村干部观看换届纪律警示教育片《镜鉴》5次，受教育共380余人次。

2017年，组织观看《打铁还需自身硬》《永远在路上》警示教育片，受教育170余人次。

2018年，利用市扶贫领域典型案例召开警示教育会2次，集中观看典型案例展板2次，受教育300余人次。

2019年，组织乡村干部、第一书记和驻村攻坚队员，通报扶贫领域典型案例2次共300余人次，参加组织20个党支部党员分3期到县党风廉政警示教育基地，接受教育警示130人次。

2020年,开展扶贫领域集中警示教育2次,公布典型案例46起,通报乡内已查处的案例10余起,第一书记、攻坚队员和乡村两级干部350人次接受教育。

第二十五节　石梁乡纪检监察工作

一、机构队伍

1992年5月,按照县“建镇、并乡、撤区”的安排,撤销原乌罗区所辖的石梁乡与原甘龙区所辖的红石板乡,由石梁乡与红石板乡合并,组建新的石梁乡行政区划。是年6月,县委任命喻清志为乡纪委书记。

1993年3月,石梁乡召开第一次党代会,选举产生中共松桃苗族自治县石梁乡纪律检查委员会。

2019年7月,国家监察体制改革向乡镇(街道)延伸,设立县监察委员会派出石梁乡监察办公室,乡纪委合署办公,实行“两块牌子、一套人员”的管理体制,履行纪检监察职责。

中共石梁乡纪律检查委员会

(1992年6月至2020年12月)

书　记	喻清志	1992年6月至1996年2月
	何　强	1996年2月至1998年12月
	毛永宪	1999年1月至2000年2月
	刘孝贵(苗族)	2000年6月至2006年8月
	陈文举(苗族)	2006年8月至2014年8月
	罗其文	2014年8月至2016年8月
	张延周	2016年8月至2018年10月
	杨正泽	2018年11月至2020年12月
副书记	徐明前	2006年8月至2007年10月
	冯　腾	2007年10月至2010年12月
	文祝华(苗族)	2011年9月至2015年4月
	吴　岱	2016年8月至2017年5月
	张吉巍(苗族)	2018年5月至2020年12月
纪委委员	喻清志	1992年6月至1996年2月
	李明华	1993年3月至1996年2月
	田景友	1993年3月至1996年2月
	何　强	1996年2月至1998年12月
	李　锐	1996年2月至1999年3月
	刘裔芬(女)	1996年2月至1999年3月
	毛永宪	1999年1月至2000年2月
	刘孝贵(苗族)	1999年3月至2006年8月
	田儒权	1999年3月至2002年3月

钟华强	2002年3月至2006年8月
田茂万(苗族)	2002年3月至2006年8月
刘德顺	2006年8月至2011年9月
陈文举(苗族)	2006年8月至2014年8月
徐明前	2006年8月至2007年10月
冯　腾	2007年10月至2010年12月
文祝华(苗族)	2011年9月至2015年4月
罗时忠	2011年9月至2016年8月
何　也(土家族)	2011年9月至2020年12月
吴　岱	2012年11月至2015年5月
罗其文	2014年8月至2016年8月
张延周	2016年8月至2018年10月
吴　岱	2016年8月至2017年5月
安桂红(女,苗族)	2016年8月至2020年12月
唐水珍(女,苗族)	2016年8月至2018年4月
张吉巍(苗族)	2018年5月至2020年12月
杨正泽	2018年11月至2020年12月

石梁乡监察室

(2003年9月至2006年6月)

主　任	黄文沛	2003年9月至2006年6月

县监察委员会派出石梁乡监察办公室

(2019年7月至2020年12月)

主　　任	杨正泽	2019年7月至2020年12月
副主任	张吉巍(苗族)	2019年7月至2020年12月
监察专员	闫　依(女)	2019年12月至2020年12月

二、主要工作

(一)党风廉政建设

石梁乡纪委按照党章规定,协助党委推进全面从严治党、加强党风廉政建设和组织协调反腐败工作,监督乡党委履行全面从严治党主体责任,确保党的路线、方针、政策和中央、省委、市委、县委重大决策部署得到贯彻落实。

1993年,为防止在“建并撤”过程中各种违法和不正之风发生,乡纪委先后印发有关纪律规定及开展

“建并撤”后干部职工拖欠公款公物自查清理工作。

1994年，根据《关于对群众举报全县中小学乱收费问题专项检查的通知》，对辖内中小学校进行收费情况检查。组织乡村干部学习中央纪委全会精神及党风廉政建设有关文件精神10余次。

1995年，组织干部职工学习关于严禁在元旦、春节等节假日期间用公款请客送礼、滥发钱物、大吃大喝、铺张浪费等文件精神及开展自查清理工作。

1996年，乡纪委加强对换届纪律的督察和对辖内中学校春秋两季开学收费情况的专项检查。

1997年，根据《松桃苗族自治县党政机关厉行节约制止浪费行为的实施细则》，乡纪委在全乡开展严格控制新建和装修办公楼、各种会议、各种庆典活动、接待费用、公款安装住宅电话、购买移动电话、配备小汽车、各种检查评比等自查清理工作。组织党员干部学习《中国共产党党员领导干部廉洁从政若干准则(试行)》和《中国共产党纪律处分条例(试行)》。

1998年，乡纪委组织党员干部学习贯彻中共十五大精神，组织学习《关于纪检监察机关加强对没收追缴违纪违法款物管理的规定》文件精神，对贯彻执行制止奢侈浪费八条规定情况进行监督检查。

1999年，根据县纪委监察局《一九九九年党风廉政建设和反腐败工作意见》和县人民政府《实行党风廉政建设责任制的实施意见》文件精神，督促乡政府制订落实政府班子成员抓党风廉政建设的工作责任制。

2000—2002年，乡纪委组织学习中共十六大精神，学习贯彻县纪委监察局有关会议精神10余次；参加县纪委开展的“三个代表”重要思想学教活动业务培训会3次。开展国债资金清理工作，对希望工程资金、农村教育费附加收支等开展监督检查，规范行政事业单位的收费行为。

2003年，根据县纪委《2003年度乡镇党风廉政建设和反腐败斗争工作目标管理考评办法》文件精神，乡纪委结合本乡实际，制订责任分解表，明确牵头单位、协办单位和具体责任人，签订党风廉政建设责任书40余份。按照县纪委工作安排，进行“勤、廉”双述报告，督促科级干部报告个人重大事项和申报个人收入。

2005年，乡纪委组织学习《中国共产党党内监督条例(试行)》《关于严格遵守党的纪律的规定通知》《松桃苗族自治县机关工作人员诫勉教育、效能告诫实施办法(试行)的通知》等文件精神3次。

2006年，开展党性党纪党风教育和警示教育，落实党风廉政建设责任制，乡党委积极支持乡纪委行使职能职责。乡纪委组织全乡党员学习《中国共产党章程》1次，开展廉政文化进社区、进机关、进学校、进家庭、进企业、进农村“六进”活动和社会主义荣辱观教育。

2007年，贯彻全县党风廉政建设工作会议精神，印发《石梁乡2007年纪检监察工作安排意见》，签订《党风廉政建设责任书》40余份。开展关于禁止干部职工在婚丧嫁娶等红白喜事中大操大办酒席、治理商业贿赂、治理教育乱收费专项整治行动。开展政务、村务、校务公开等工作。通过整治没有发现干部职工违规违纪的现象。

2008年，坚持“党委统一领导，党政齐抓共管，纪委组织协调，部门各负其责，依靠群众支持和参与”的领导体制和工作机制，抓好党风廉政建设各项工作任务落实，防止党员、干部发生违纪违法行为。乡纪委组织学习中央“四大纪律、八项要求”及省市县关于廉洁自律各项规定2次。

2009年，把党性党纪教育摆在首要位置来抓，学习“三个代表”重要思想和科学发展观，以“党的基层组织建设年”活动为契机，开展党性党纪教育和反腐倡廉教育。举办党员干部和入党积极分子培训班2期，组织全乡党员干部学习《中国共产党章程》《中国共产党党内监督条例》《中国共产党纪律处分条例》，通过学习教育，增强党员干部的党性观念和纪律观念。贯彻执行《中国共产党党员领导干部廉洁从政若干准则》和廉洁自律的有关规定。开展思想、纪律、作风整顿，着力解决党员干部在廉洁自律方面存在的问题。签订党风廉政建设目标责任书40余份，把党风廉政建设和反腐败任务分解量化到乡有关职能部门,形成齐抓共管。

2010年,抓党风廉政建设工作责任制和“一岗双责”制度的落实。组织学习王瑛、沈浩等一批全国勤廉双优的先进典型事迹示范教育,构建党风廉政“大宣教”格局。

2011年,全力抓好党风廉政建设责任制的落实。通过制订目标、明确责任、强化落实、严格考核、责任追究,建立乡党委书记负总责、分管领导具体负责、党委成员结合分管工作齐抓共管的格局。

2012年,开展关于禁止干部职工在婚丧嫁娶等红白喜事中大操大办酒席、治理商业贿赂的专项整治活动,开展治理教育乱收费专项整治活动,开展政务、村务、校务公开等工作。通过治理没有发现违纪违规行为。

2013年,修订完善《绩效目标考核制度》《党建联系点制度》《驻村干部工作考核制度》《计划生育全程跟踪管理考核制度》《干部考勤制度》等制度,规范工作行为,完善激励机制;开展反对形式主义、官僚主义、享乐主义和奢靡之风“四风”工作,没有发现问题。

2014年,组织开展党的群众路线教育实践活动,整治“不作为、慢作为、乱作为”行为,落实中央八项规定精神及省委、市委、县委有关规定,打造廉洁高效服务型政府,提升党和政府公信力。组织开展学习宣传《中国共产党党员领导干部廉洁从政若干准则》《农村基层干部廉洁履行职责若干规定》以及中央八项规定、省委十项规定、市委十项规定、县委五要七带头等规定;同时,根据相关文件精神,清理“吃空饷”人员2名。

2015年,乡纪委把落实党风廉政建设“一岗双责”责任制纳入领导干部目标管理考核,督促乡党委与辖区内站所、中小学校及各村签订党风廉政建设责任状60余份。开展党务公开、政务公开、村务公开,安装阳光村务白黑板54块。按规定需要公开的,都要在公开栏上定期和不定期地公开,提高广大人民群众的知情权和监督权,增加工作透明度。

2016年,制订《石梁乡干部职工管理办法(试行)》,深化“三公开”工作,规范公开内容和程序。协助党委落实主体责任,加强对党员干部的教育、监督和管理,抓早抓小,持之以恒纠“四风”。开展对加班费、公休未休工资报酬、通信费、炭火费、降温费、取暖费各类奖金、各类值班费、评比表彰类资金等发放情况的自查清理,未发现问题。

2017年,落实“三转”工作,聚焦主责主业,专职从事纪检监察工作。49名公职人员参与签订廉洁过节承诺书。开展党员干部个人重大事项报告和财经纪律自查自纠工作,开展对党员干部及其家属违规经商办企业和滥发奖金津贴清查,未发现违纪违规问题。开展对乡村两级干部职工提醒、诫勉谈话40余次。开展贯彻落实中央、省、市和县关于脱贫攻坚决策部署落实情况监督检查,对执行政策走偏变形、不作为、慢作为等问题作出严肃处理。是年,乡纪委荣获全县纪检监察工作先进集体称号。

2018年,印发《石梁乡村三职干部作风量化分类管理暂行办法》,开展党风廉政建设“两个责任”分级约谈工作2次。把纪律和规矩挺在前面,约谈干部职工、驻村第一书记、村三职干部职工176人。组织干部职工学习《中华人民共和国监察法》。开展干部参与茅台酒经营自查工作,参加自查干部50人,其中乡科级干部13人,其他干部37人,未发现违规情况。开展乡领导干部廉政档案建设工作,完成13份科级领导干部廉政档案。开展扫黑除恶专项斗争监督检查工作,全面摸排核查情况,通过监督检查,未发现涉黑涉恶腐败及背后“保护伞”问题。是年,乡纪委荣获全县纪检监察工作先进集体称号。

2019年,协助乡党委落实党风廉政建设和反腐败工作主体责任,督促班子成员落实党风廉政建设“一岗双责”工作。开展津补贴、违规列支“三公”经费专项整治工作;开展巩固拓展落实中央八项规定精神成果切实纠正“四风”问题自查自纠工作。督促乡党委贯彻落实好整治漠视侵害群众利益工作。组织党员干部、驻村干部、第一书记、村支两委干部等共80人赴县党风廉政建设警示教育基地接受警示教育，并重温了入党誓词。开展党风廉政建设"两个责任"分级约谈2次，约谈党政班子副科级以上干部20人，一般干部职工296人。协助乡党委书记对大河村脱贫攻坚指挥部开展集体约谈1次，并进行全乡通报。开展扫黑除恶专项斗争监督执纪问责工作，传达学习习近平总书记关于扫黑除恶重要指示精神和各级关于扫黑除恶专项斗争会议精神。悬挂扫黑除恶专项斗争有关宣传标语4条，张贴扫黑除恶专项斗争通告，与乡扫黑办形成二级联动，对涉黑涉恶进行全面摸排核查，通过摸排核查未发现问题。开展脱贫攻坚领域作风建设督查，发现问题40个，通报批评33人，提醒谈话3人，谈话提醒4人。

2020年，督促乡党委严格落实党风廉政建设和反腐败工作主体责任，督促班子成员履行党风廉政建设"一岗双责"。开展习近平总书记对贵州工作重要指示批示精神贯彻落实情况监督检查，开展对元旦、春节、清明、"五一"国际劳动节、端午、中秋、国庆等重要节假日期间落实中央八项规定精神和纠治"四风"问题开展监督检查等，未发现干部职工存在违规违纪行为。开展政治监督活页建设，开展党风廉政建设"两个责任"分级约谈2次，约谈副科级以上干部28人，一般干部职工181人。开展"杨荣式"好干部大走访活动，持续推动"百名纪检监察干部访千村进万家"大走访活动。持续开展扫黑除恶专项斗争监督执纪问责工作，建立乡扫黑办工作制度、线索核查制度等，通过摸排核查未发现党员干部涉黑涉恶问题线索和充当"保护伞"的问题。聚焦脱贫攻坚开展监督执纪问责工作，为乡顺利迎接"国检""省检"及国家普查工作提供了强有力的纪律保障，经常对攻坚队员及帮扶干部到岗到位情况、工作落实情况进行监督检查。对违纪的17名干部进行处理，其中乡通报5人次，谈话提醒3人次，县通报6人次，诫勉谈话3人次。开展疫情防控监督检查工作，对幼儿园、小学和中学开展多次监督检查，对存在的问题督促其进行整改，对违纪的9名干部进行处理，其中乡通报6人次，提醒谈话2人次，诫勉谈话1人次。

(二)信访受理

乡纪委把信访举报工作当作一项重要政治任务来抓，畅通信访举报渠道，及时受理群众举报，线索具体的都认真核查，凡是违反党纪国法的都严肃处理，确保来信来访件件有回音，事事有着落。

2000年，受理信访件2件，办结2件，信访立案2件。

2001年，受理信访件1件，办结1件，信访立案1件。

2003年，受理信访件1件，办结1件，信访立案1件。

2004年，受理信访件2件，办结2件，信访立案2件。

2005年，受理信访件1件，办结1件，信访立案1件。

2010年，受理信访件1件，办结1件，信访立案1件。

2011年，受理信访件1件，办结1件，信访立案1件。

2012年，受理信访件2件，办结2件，信访立案2件。

2013年，受理信访件3件，其中县纪委转交信访件2件，本级受理1件，办结3件，信访立案1件。

2014年，受理信访件2件，为县纪委转交信访件2件，办结2件。

2015年，受理信访件4件，为县纪委转交信访件4件，办结4件。

2016年，受理信访件6件，其中县纪委转交信访件5件，本级受理1件，办结6件。

2017年，受理信访件11件，其中县纪委转交信访件7件，本级受理4件，办结11件。

2018年，受理信访件4件，其中县纪委转交信访件1件，本级受理3件，办结4件。

2019年，受理信访件9件，其中县纪委转交件4件，本级受理5件；现场答复4件，信访了结4件，信访立案1件，办结9件。

2020年，受理信访件2件，其中县纪委转交信访件1件，本级受理1件，信访立案2件。

(三)民生监督

乡民生监督组围绕民生项目开展监督，严肃查处发生在群众身边的腐败行为和不正之风，增强群众对党风廉政建设和反腐败工作的获得感，先后开展了家电下乡、农村危房改造、能繁母猪补贴等扶贫民生项目专项监察，开展“访村寨、重监督、助攻坚”等工作。

2014年7月，开展家电下乡、畜牧良种、农机购置补贴等专项监察。对发现的问题，作出了相应的处理。

2015年，开展危房改造资金、学生资助资金管理使用情况、微企扶助资金、村(居)民生事务落实情况专项监察，在开展危房改造资金专项监察工作中对石梁村2名村驻村干部不进村入户调查进行了责任追究。

2016年4月，开展信贷扶贫贴息资金、农村人畜饮水安全工程项目资金、雨露计划实施项目专项监察。在雨露计划专项监察中，发现问题1个，办结1个，立案审查1件，党纪处分1人，涉及资金5580元。

2017年，开展农村和城市居民最低生活保障资金、农户科学储粮专项投资计划落实情况、“一事一议”财政奖补资金落实情况、生态移民(易地移民搬迁)项目资金落实情况专项监察。在农户科学储粮专项投资计划落实情况专项监察中，发现问题1个，已办结1个，其中转立案审查1件，政纪处分1人。在生态移民(易地移民搬迁)项目资金落实情况专项监察中，发现问题2个，办结2个。在“一事一议”财政奖补资金落实情况专项监察中，发现问题1个，办结1个，立案审查1件，党纪处分1人。在低保专项监察中，发现问题1个，办结1个，立案审查1件，党纪处分1人。开展“访村寨、重监督、助攻坚”专项行动。

2018年9月，开展农村种植产业扶贫项目资金、农村“组组通”公路项目建设、农村大病救治和城乡医疗救助、城乡居民基本养老保险专项监察。在开展城乡居民基本养老保险专项监察中，对以死亡人员名字冒领追缴工作不力的4名科级领导干部报县纪委后给予问责。开展“五个示范”创建工作，乡创建村(居)务监督示范3个，完成3个，开展小监督83次，发现小苗头或问题线索11条，可成案线索2条，提出小建议9条，被采纳7条，督改小问题14条，回应小诉求6个。开展“访村寨、重监督、助攻坚”专项行动、城乡居民基本养老保险专项检查以及对2015年至2016年开展的专项监察进行“回头看”工作。

2019年，开展涉林扶贫民生项目、易地扶贫搬迁和财政涉农补贴资金“一折通”专项监察，开展“百名纪检监察干部访千村进万家”活动。涉及民生领域共立案6人，党纪政务处分6人，其中，党内警告2人，党内严重警告2人，政务警告2人。持续开展民生监督监管“五个示范”和乡村微权力清单制度创建工作。开展小监督85次，发现小苗头或问题线索13条，可成案线索3条，提出小建议11条，被采纳9条，督改小问题17条，回应小诉求12个。

2020年，开展农民专业合作社(公司)扶贫项目资金、农村饮水安全专项监察。在开展农民专业合作社(公司)扶贫民生项目专项监察工作中，立案5件5人(含信访线索)，其中党纪立案4件4人，政务立案1件1人，政务处分1人。其他民生问题线索，党纪立案1件1人，政务立案1件1人。持续开展“五个示范”和乡村微权力清单制度创建工作。开展小监督94次，发现小苗头或问题线索15条，可成案线索4条，提出小建议14条，被采纳8条，督改小问题20条，回应小诉求15个。对贵州省民生资金监督系统反馈涉及石梁乡的3个问题，开展调查核实，均不属实，已作了结。

(四)警示教育

乡纪委重视党风廉政建设警示教育工作，1993年至2020年期间以多种形式开展了警示教育活动。

2006年至2013年，利用会议、标语、板报、宣传栏、警示教育片等形式，开展反腐倡廉宣传教育。

2014年，构建一体推进“不敢腐、不能腐、不想腐”体制机制，通过组织党员干部观看警示教育片、警示教育读本等,开展经常性警示教育和专项检查,杜绝腐败现象。

2015年,以党性党风党纪教育为重点,经常开展示范教育、警示教育、岗位廉政教育,引导党员干部讲党性、重品行、做表率,全年开展典型案例通报、观看警示教育片等警示教育12次。

2016年,组织乡村干部观看反腐倡廉警示片,80余人到县党风廉政警示教育基地开展警示教育活动。

2017年,组织乡村干部到县党风廉政警示教育基地接受教育1次。开展扶贫领域警示教育活动2次,200余人参加。观看《打铁还需自身硬》纪录片,撰写观后感。召集100余名干部,通报乡干部龙某某违纪案,用身边"事",警示教育干部。观看《铜仁市反腐倡廉小品大赛》,100余人参加。

2018年,组织政府全体干部职工、各村党支部书记、村委会主任、统计员、村监会主任开展扶贫领域警示教育活动2次,共200余人参加。

2019年,组织党员干部、驻村干部、第一书记、村支两委干部等共80人,赴县党风廉政建设警示教育基地接受警示教育,并重温入党誓词。组织干部职工观看《董事长的没落》警示教育片,做到警钟长鸣。组织党员干部、驻村干部、第一书记、村支两委干部开展扶贫领域警示教育活动2次,共200余人参加。《"扶贫羊"牵出案中案》发表在《中国纪检监察报》上,各大网站相继转发,主要讲述"两岔河村党支部书记王某某借用他人养的山羊,谋取不正当利益,套取国家种草养羊生态畜牧产业化扶贫项目补助资金5.62万元,受到开除党籍处分,该案涉及两名党员干部受到处理"。

2020年,开展党风廉政建设警示教育10次,组织党员干部、驻村干部、第一书记、村支两委干部开展扶贫领域警示教育活动2次,共200余人参加。

第二十六节　瓦溪乡纪检监察工作

一、机构队伍

1992年5月,按照县"建镇、并乡、撤区"的安排,撤销原甘龙区所辖的和平乡、十字乡,由和平乡与十字乡合并,组建新的瓦溪乡行政区划。是年6月,县委任命汤佐先为乡纪委书记。

1993年3月,瓦溪乡召开第一次党代会,选举产生中共松桃苗族自治县瓦溪乡纪律检查委员会。

2019年7月,国家监察体制改革向乡镇(街道)延伸,设立县监察委员会派出瓦溪乡监察办公室,与乡纪委合署办公,实行"两块牌子、一套人员"的管理体制,履行纪检监察职责。

中共瓦溪乡纪律检查委员会

(1992年6月至2020年12月)

书　　记	汤佐先	1992年6月至1999年3月
	刘朝宪(土家族)	1999年3月至2002年3月
	易松吉(苗族)	2002年3月至2006年9月
	邱美霖	2006年9月至2009年8月
	宋景海	2010年5月至2014年12月
	王　伟(土家族)	2016年8月至2017年10月
	简　璟(土家族)	2017年12月至2020年12月
副 书 记	易小峰(苗族)	2006年8月至2010年10月

	李　林	2011年9月至2012年12月
	王　洪(土家族)	2013年1月至2016年8月
	杨胜清(苗族)	2016年8月至2020年3月
	余春波	2020年12月至2020年12月
纪委委员	汤佐先	1992年6月至1999年3月
	周胜华(土家族)	1993年3月至1996年2月
	李朝文	1993年3月至1996年2月
	张继元	1996年2月至1999年3月
	刘朝宪(土家族)	1996年2月至2002年3月
	冉光模	1999年3月至2006年9月
	王碧英(女)	1999年3月至2006年9月
	易松吉(苗族)	2002年3月至2006年9月
	邱美霖	2006年9月至2009年8月
	石登文(苗族)	2006年9月至2011年9月
	宋景海	2006年9月至2014年12月
	易小峰(苗族)	2006年8月至2010年10月
	孙新文(土家族)	2006年9月至2020年12月
	李　林	2011年9月至2012年12月
	高　静(女,苗族)	2011年9月至2016年8月
	王　洪(土家族)	2011年9月至2016年8月
	王　伟(土家族)	2016年8月至2017年10月
	杨胜清(苗族)	2016年8月至2020年3月
	罗有明	2016年9月至2020年12月
	李　印(土家族)	2016年9月至 2020年12月
	简　璟(土家族)	2017年12月至2020年12月
	余春波	2020年12月至2020年12月

瓦溪乡监察室

(2006年11月至2014年9月)

主　　任	朱龙春(女)	2006年11月至2014年9月

县监察委员会派出瓦溪乡监察办公室

(2019年7月至2020年12月)

主　　任	简　璟(土家族)	2019年7月至 2020年12月

副 主 任　余春波　　　　2020年12月至2020年12月

监察专员　杨胜清(苗族)　　2019年12月至2020年3月

二、主要工作

(一)党风廉政建设

瓦溪乡纪委协助乡党委履行党风廉政建设主体责任,认真落实监督责任,推进乡党风廉政建设和反腐败斗争工作开展。

1993年,按照县纪委要求,为防止"建并撤"过程中各种违纪违法和不正之风发生,乡纪委开展"建并撤"后干部职工拖欠公款公物自查清理工作。

1994年,根据《关于对群众举报全县中小学乱收费问题专项检查的通知》,在春秋开学时对辖区内中小学校收费情况开展监督检查。

1995年,组织干部职工学习关于严禁在元旦、春节等节假日期间用公款请客送礼、滥发钱物、大吃大喝、铺张浪费等文件精神及开展自查清理工作,未发现违纪行为。

1996年,开展财务物价大检查工作,对乡直各站所和9个村的财务账务进行检查,对市场物价进行检查。

1997年,根据《松桃苗族自治县党政机关厉行节约制止浪费行为的实施细则》,开展严格控制新建和装修办公楼、各种会议、各种庆典活动、接待费用、公款安装住宅电话、购买移动电话、配备小汽车等自查清理工作,没有发现违纪违规行为。

1998年,根据县纪委《关于认真清理公款安装住宅电话、移动电话及BP机的通知》开展自查清理工作。

1999年,乡纪委组织全乡干部学习十五届中央纪委三次全会精神,执行中共中央关于"统一思想、坚定信心,抓住机遇、知难而进,团结一致、艰苦奋斗"的方针,做好党风廉政建设和反腐败工作。学习《关于转发〈中共遵义市纪委市监察局关于穆华、舒乾华等人大吃大喝受党纪、政纪处分的通报〉的通报》,提高乡干部职工对制止奢侈浪费行为的认识,杜绝在公务接待中铺张浪费现象的发生。

2000年,按照县监察局《二〇〇〇年执法工作要点》文件精神,对全乡1998年以来国债资金、社会保障资金、希望工程资金管理使用情况开展监督检查2次。

2001年,成立政务公开工作领导小组,印发并落实干部管理制度、学习制度、财经管理制度、资金审批制度、公务接待制度等制度,转变干部工作作风,强化工作纪律,推进党风廉政建设迈向新台阶。

2002年,开展中小学乱收学费治理工作,通过治理,全乡中小学降低收费标准,人均减少15元学杂费。

2003年,制订乡2003年纪检监察工作目标任务,制订瓦溪乡党风廉政建设任务责任分解方案,推行严守纪律、政务公开、民主管理制度。开展"勤、廉"双述和"德、职、廉"三述工作;在科级干部中推行个人重大事项和个人收入报告制度;签订党风廉政建设责任书32份。对违规操办酒席的干部进行检查清理,发现违规操办酒席干部1人,收缴廉政责任金1500元。

2004年,印发《瓦溪乡严禁干部职工大操大办酒席的规定》,及时治理请客送礼、借机敛财等不正之风。

2005年,将"四大纪律、八项要求"和"七个不允许"纳入先进性教育和党风廉政建设的主要内容,贯穿到"五珍惜""六进" "十个一"系列活动之中。制订干部工作任务分解方案,明确党风廉政建设任务和责任,增强责任意识。对春季教育收费进行监督检查,查处违纪收费6560元上缴至乡财政。

2006年,由乡纪委牵头,乡纪委专职副书记担任办公室主任,在全乡开展农村基层党风建设示范点工作。

2007年,建立村级示范点述职述廉制度、民主决策制度、财务公开制度。完善示范点村干部离任财务审计制度,解决群众反应强烈和事关群众利益的问题。签订党风廉政建设责任状42份,新建1个乡级和9个村级纪检信访接待室。

2008年,乡纪委以基层组织建设活动年为契机,加强对党员干部特别是党员领导干部教育。落实党风廉政建设责任制,签订党风廉政建设责任状30份,组织学习中央、省、地、县关于党风廉政建设方面相关文件以及《国家行政机关公务员处分条例》《领导干部廉洁从政守则》。制订和规范接待制度,实行对口接待。

2009年,乡纪委组织开展2007—2009年期间农村集体资金、资产、资源管理情况和惠农政策资金落实情况专项检查。

2010年,建立健全党风廉政建设制度,规范党务、政务、村务、财务会审制度,明确工作责任,签订党风廉政建设责任书44份。

2011年,开展牢记"四大纪律,八项要求"、树立正确"权力观、政绩观"等专题教育活动,增强党员干部勤政廉政意识,提高党员干部防腐拒变能力。贯彻落实《党员领导干部廉洁从政若干准则》要求,执行"八个禁止""五个必须""五个坚持""四个重点"规定,规范党政领导干部行为。成立以乡纪委书记为主任的作风效能办公室,督促乡政府办公室实行上班签到制度,值班制度,包村责任制度等规章制度,整顿干部作风涣散现象。督促部门站所政务公开,增强工作透明度,自觉接受群众监督,有效减少干群误会。开展"纠风"专项治理工作,制止中小学乱收学杂费等问题,减轻群众负担。开展党风廉政风险自查和管理防范工作,查处风险点33个,逐一落实防范化解措施。

2012年,全面推行政府阳光工程,从源头监督各项惠农政策的落实,让广大百姓体会到政府为民服务、为民办事的公平、公正、公开工作作风。在全乡推行一公开一公示的村务组务公开制度。通过实施该举措,查处违纪村干部1人,纠正不符合政策低保户6户、不符合危房改造户14户。

2013年,开展村务监督委员会试点建设工作,制订瓦溪乡《村委监督委员会试点工作实施方案》,确定两个村作为先行试点,选举村务监督委员会主任2人,委员7人,实现惩治和预防腐败体系向村级组织延伸,推动农村党风廉政建设各项制度落实。组织干部职工学习《中国共产党章程》和十八届中央纪委二次全会精神。组织开展述职述廉大会1次。围绕326国道扩建工程项目开展监督检查,督促工作落实到位,减少信访矛盾发生。围绕村级换届选举开展监督检查,与村两委成员签订严肃换届选举纪律承诺书26份,为换届选举提供纪律保障。落实"一岗双责"制度,与股室站所、各村负责人签订党风廉政建设责任书32份。发放民主评议调查问卷56份,收回反馈建议21条,对反馈的问题,由乡纪委牵头逐一核实并限期整改到位。

2014年,落实"一岗双责"责任,组织村乡两级干部集中学习6次,参学人员300人次。乡党委与各村、各股室站所负责人签订党风廉政建设责任状23份,增强干部廉洁从政自觉性。全面推行政务村务公开公示制度,实行政府阳光工程,自觉接受群众监督。

2015年,在机关干部和农村党员中开展"创先争优""四帮四促"活动,建立健全内部管理制度。推行《四议两公开工作制度》《乡、村两级干部管理制度》《瓦溪乡干部职工奖惩考核制度》等,有效减少干部走读、工作拖沓、部门推诿等现象,逐步形成"用制度管权、用制度管人、用制度管事"的良好态势。督促乡政府优化办事流程,规范办事程序,改变"门难进、脸难看、事难办"现象,提高干部职工的办事效率和服务水平,密切党群干群关系。落实"一岗双责"责任制度,组织乡村两级干部开展学习7次,参学人员达600人次,与各村、各股室站所负责人签订党风廉政建设责任状23份。全年开展治理违规收送礼金礼券购物卡清查2次。

2016年,开展惩治和预防腐败体系建设工作,组织乡、村(居)干部学习《瓦溪乡建立健全惩治和预防腐败体系2016—2017年工作规划》,成立乡惩防体系建设领导小组,建立乡惩防体系建设办公室,配备工作人员,落实惩防体系建设责任制。以“两学一做”学习教育为契机,落实“两个主体”责任,学习《中国共产党章程》《中国共产党党员领导干部廉洁从政若干准则》《中国共产党纪律处分条例》《习近平总书记系列重要讲话读本》。制订《瓦溪乡对违规收送礼金、红包、礼券、购物卡、承揽工程、经商办企业等问题开展专项整治的实施方案》,在全乡开展专项整治活动。印发《瓦溪乡深化“三个开刀”专项整治行动工作方案》,不定期对干部出勤情况进行督查达15次。制订《瓦溪乡开展厉行节约,反对铺张浪费的规定》,倡导厉行节约,杜绝铺张浪费。制订印发《瓦溪乡整治庸懒散奢等不良风气工作方案》《瓦溪乡关于进一步加强作风建设,严肃工作纪律的通知》《瓦溪乡关于加强公车管理的通知》等规章制度,对工作纪律、财务制度、用车制度、宣传纪律、勤俭节约等方面作出严格规定,明确部门和岗位职责,确保作风建设落到实处。

2017年,贯彻落实《农村基层党员干部廉洁履职若干规定》,对执行情况开展监督检查,深化农村基层党务公开、村(居)务公开,强化村务监督委员会全程监督职责。不定期对干部出勤情况进行督查达25次,通过督查工作作风,干部服务意识得到提高。按照县纪委统一安排,一体推进办公室标准建设,制作民生监督组工作制度、民生监督组及驻村民生监督员形象栏、岗位廉政风险卡及驻村民生监督员分布示意图,公布举报电话,设立了举报信箱,配齐谈话室硬件设施。规范来信来访登记、案件信息登记、问责情况登记、问题线索处置登记等软件材料的管理。全年使用教育谈话室共12次,开展常态化约谈32人次。

2018年,围绕扶贫领域惩治“蝇贪”三年行动,重点扶贫领域腐败和作风问题专项整治,落实转职能、转方式、转作风“三转”要求,立足从源头上防范、从制度上规范,积极向党委提出工作建议,协助党委加强党风廉政建设工作。深入开展扶贫领域监督执纪问责工作,诫勉谈话3人,提醒谈话5人,使用教育谈话室共5次,开展常态化约谈65人次。协助乡党委开展“两个责任”分级约谈两次,约谈干部职工86人次。开展脱贫攻坚专项督查6次,发现问题8个,核实8个,均落实建立台账管理。常态化开展“访村寨、重监督、助攻坚”专项行动,乡民生监督组走访9个村96户村民,计309人,发现问题8个,核实8个,落实整改8个。按照县纪委《关于在扫黑除恶专项斗争中强化监督执纪问责的工作方案》要求,乡纪委立足主业主责,履行监督执纪问责和监督调查处置职责,积极支持配合扫黑除恶专项斗争,组织乡干部职工签订《不充当黑恶势力“保护伞”承诺书》55份。按照县纪委《关于干部职工违规参与茅台酒经营问题自查清理的通知》,对全乡干部职工是否存在违规参与茅台酒经营问题开展自查自纠,签订承诺书65份,未发现违规参与经营茅台酒问题。

2019年,认真执行监督执纪“四种形态”,依纪依规处理群众信访问题线索和党员干部违规违纪问题。问责6人次,诫勉谈话8人,提醒谈话33人,通报33人。落实“一案双查”和责任倒查制度。聚焦重点领域开展监督,诫勉谈话8人,谈话提醒33人,通报33人。协助乡党委开展“两个责任”分级约谈2次,约谈干部职工87人次。开展常态化“访村寨、重监督、助攻坚”专项行动和完成“百名纪检监察干部访千村进万家”活动,走访9个村98户367人,发现问题18个,反馈整改18个问题。督促乡党委使用教育谈话室开展党风廉政谈话13人次。开展3次扫黑除恶专项督查工作,建立每月与乡政法委开展涉黑涉恶线索双向移交制度。根据《松桃苗族自治县开展巩固拓展落实中央八项规定精神成功切实纠正“四风”问题自查自纠工作实施方案的通知》文件要求,督促乡党委开展自查自纠,发现问题1个并整改。开展领导干部利用名贵特产、特殊资源牟取私利问题自查自纠,未发现问题。

2020年,开展扶贫民生领域监督检查,发现问题34个,诫勉谈话5人次、通报批评27人次、谈话提醒2人次,清退违纪资金6.7万余元。落实“一案双查”和责任倒查制度。协助党委开展党风廉政建设工作,围绕脱贫攻坚“四个不摘”开展综合督查,入户走访180户,发现问题120个。协助乡党委开展“两个责任”分级约谈两次,约谈干部职工117人次。建立脱贫攻坚三类人群巡察反馈问题台账及市驻瓦溪乡脱贫攻坚督导组反馈问题督查两本台账,在开展日常监督检查的同时督促各村对反馈问题及时进行整改,所有问题全部整改完成。开展“爱岗敬业我先行,积极作为勇担当”主题教育;开展“形式主义、官僚主义”突出问题的监督检查。定时或不定时、抽查和集中督查干部职工签到、参会情况、工作任务完成情况,通报批评18人次。开展农村乱占耕地建房问题再监督工作,监督检查覆盖全乡9个村,检查20余次,发现问题1个,已反馈给有关部门整改。督查相关职能部门对全乡干部职工70余人开展乱占耕地建房情况自查,未发现有乱占耕地建房情况。开展低效农作物调减工作督查10余次,助推乡产业结构调整向纵深发展。开展7.8特大暴雨灾后重建工作督查,助推灾后重建工作快速有序开展。开展抗击新冠肺炎疫情防控监督,采取“督查+指导”的方式,分片分村对辖区9个村疫情防控工作开展监督检查30余次,通报疫情防控工作开展不力3人次,其中副科级干部2人,立案调查处理1人,为瓦溪乡疫情防控工作开展提供了坚实纪律保障。常态化开展“杨荣式”好干部走访活动,对全乡9个村走访实现全覆盖,走访群众182户,集中接访群众1人,发现问题6个,涉及扶贫、民政、畜牧、林业、合医、党建、村级组织等领域,立案审查调查3件,党纪政务处分2人。加强涉黑涉恶线索摸排,开展4次扫黑除恶专项督查工作,执行每月与乡政法委开展涉黑涉恶线索双向移交制度。开展党员干部违规操办“升学宴”“谢师宴”监督检查20余次,督促主体责任单位组织学习相关文件规定4次60余人。协助县纪委第四纪检监察室完成对瓦溪乡政治监督活页建设。

(二)信访受理

乡纪委高度重视信访举报工作,不断拓宽和畅通信访举报渠道,规范和完善信访举报流程,依纪依法处理检举、控告和申诉,及时化解矛盾纠纷,维护群众利益,为深入推进全乡党风廉政建设和反腐败斗争发挥了重要作用。

2003年,受理群众来访5人次,信访件5件,其中3件属于业务范围外,已转有关部门处理;2件属于检举控告类,当年办结2件。

2005年,受理群众来访5人次,信访件5件,其中4件属于业务范围外,已转有关部门处理;1件属于检举控告类,已办结。

2006年,受理上级转办信访件1件,属于检举控告类,涉及中学乱收费问题,已办结。

2007年,受理群众来访3人次,信访件3件,其中业务范围外1件,已转相关职能部门处理,检举控告类2件已办结。同时,办理上级转办信访件2件,办结2件。

2008年,受理信访件1件,属于检举控告类,涉及干部职工打架问题,已办结。

2009年,受理信访件3件,办结3件。

2010年,受理信访件1件,办结1件。

2011年,受理信访件2件,均属于检举控告类,案件涉及优亲厚友及挪用国家资金等问题,立案处理2件2人,已办结。

2012年,受理信访件2件,属于贪污公款检举控告类,立案2件,已办结。

2013年,受理信访件3件,2件属于挪用公款、利用职务乱收群众钱财检举控告类,属于业务范围外,已转相关职能部门处理;自办1件,已办结。

2014年,受理信访件1件,立案处置1件。

2015年,受理群众来访2人次,信访件2件;其中1件属于业务范围外,已转相关职能部门处理;1件属于检举控告类,已办结。

2016年,受理转办信访件3件,2件属于套取国家政策、侵吞国家资产检举控告类,属于业务范围外,转相关职能部门处理;自办1件,信访了结1件。

2017年,受理信访件7件,办结7件。

2018年,受理群众来访3人次,信访件3件;均属于业务范围外,已转有关部门处理;收到转办信访件8件,办结8件,属于检举控告类,内容涉及危房改造、扶贫民生项目等,立案4件,信访了结4件。

2019年,受理群众来访2人次,信访件2件,均属于业务范围外,已转有关部门处理;收到转办信访件6件,办结6件,涉及危房改造、低保评议和干部作风等问题,立案4件,信访了结2件。

2020年,办理转办信访件2件,办结2件,内容涉及干部作风、“一事一议”方面,信访了结2件。

(三)民生监督

2014年7月,成立乡民生特派组,2016年4月更名为乡民生监督组。落实县纪委党风廉政建设和反腐败工作各项决策部署,发挥民生监督工作职能作用,开展民生监督工作,查处发生在群众身边的腐败行为和不正之风。

2014年,乡纪委对家电下乡、农村危房改造、能繁母猪补贴、农机具补贴、社保资金发放、村级民生事务落实情况、精准扶贫、退耕还林、学生资助、微企补助、城乡居民基本养老保险、城乡低保、农村养殖产业扶贫项目、大病救助、涉林扶贫民生、易地搬迁和财政涉农补贴资金“一折通”、农民专业合作社(公司)实施的扶贫民生项目、安全饮水工程等进行专项监察。

2015年,乡纪委开展危房改造、学校营养午餐、食品药品领域不正之风、涉农乱收费和侵害农民土地权益问题等进行专项监察工作。查处违纪违法案件9件,处理干部9人,收缴违纪资金7.95万元。

2016年,乡纪委开展卫计社抚资金管理使用情况专项监察;对小额信用贷款和精准扶贫对象户评定过程中的“四有”人员进行专项督查,发现问题1个,整改1个;开展水利专项监察;开展雨露计划专项督查,涉及雨露计划参训人员56人次。

2017年,乡纪委开展“访村寨、重监督、助攻坚”专项行动及“农村和城市居民最低生活保障资金”专项监察,对全乡9个村181户进行走访,发现问题61个,化解办结61个,转立案2件,结案2件,党政纪处分2人,诫勉谈话1人;协助甘龙、永安开展农户科学储粮专项投资计划项目专项监察;开展“一事一议”项目奖补资金专项监察,涉及2014年实施21个,2015年实施7个,2016年21个,实地走访项目42个;开展易地扶贫搬迁项目专项监察,并对专项监察开展“回头看”;对人饮工程专项监察进行“回头看”,发现问题线索1件,党纪立案1人,收缴违规资金9500元。

2018年,开展农村改厕项目专项监察,涉及十字村,共362户,专项监察期间,未发现问题。开展农村组组通公路建设专项监察,涉及3条组组通公路,上级补助资金408.2万元,3条路覆盖到112户483人,专项监察期间未发现问题。开展农村贫困人口大病救治和城乡医疗救助专项监察,涉及农村大病人口大病救治2人,走访2人,走访率为100%,城乡医疗救助113人,走访69人,走访率为61%,发现问题1个,立案1件;开展农村养殖产业扶贫项目资金专项监察,涉及农村养殖产业扶贫项目66个,资金305.2188万元,实地走访50个项目,暂未发现问题;根据《松桃苗族自治县扶贫领域整治蝇贪三年行2018—2020年工作方案》,完成村务监督示范创建3个,村(社区)民生监管示范创建3个。印发创建乡村微权力清单制度方案,制作权力运行流程图10个,为群众规范办事10项。

2019年,开展涉林扶贫民生项目专项监察,党纪政纪立案2件2人,诫勉谈话1人;开展易地搬迁和财政涉农补贴资金“一折通”专项监察工作中,发现线索2条,立案2件,党内警告处分2人;开展民生监督监管“五个示范”创建工作,完成村务监督示范创建3个,村(社区)民生监管示范创建3个,制作权力运行流程图4个,为群众规范办事4项,为9个村监委办公室统一配备一套桌椅、制作制度牌和形象栏。建立健全各类民生监督工作台账,民生案件和问责卷宗及时整理归档;开展扶贫民生领域专项监察,查处脱贫攻坚领域案件3起,党政纪处分3人,协助县纪委县监委问责副科级以上干部3人次,诫勉谈话8人,谈话提醒33人,通报33人。

2020年,开展农民专业合作社(公司)专项监察,对全乡农民专业合作社(公司)2016年以来实施的35个扶贫民生项目开展了专项监察,入户走访群众104人次,发现问题2个,可成案线索1个,该问题线索由县纪委县监委四室牵头办理;开展农村饮水安全专项监察,对2018年至2020年11月实施的25个农村饮水安全工程项目开展专项监察,涉及25个项目已全部走访,发现问题4个,有关问题已整改完成;开展"五个示范"创建工作,完成民生监管"五个示范"创建工作,梳理权责清单10项,制作权力运行流程图15个,为群众规范办事15项,查处六小长13人。开展小监督106次,发现小苗头18个,提出小建议39个,督改小问题39个,回应小诉求85个。

(四)警示教育

乡纪委以打造忠诚干净担当的党员干部队伍为目标,经常性地开展党纪党规学习、通报典型案例等警示教育。

2006年至2015年,以会议、标语、板报、宣传栏、播放电教片等形式,有计划、有步骤地组织开展反腐倡廉宣传教育活动。

2016年,开展示范教育、警示教育、岗位廉政教育,引导党员干部讲党性、重品行、做表率,全年开展警示教育2次。

2017年,组织乡村两级干部到县党风廉政警示教育基地接受警示教育1次,组织政府全体干部职工、各村"三职"干部开展扶贫领域警示教育4次。

2018年,组织政府全体干部职工、各村"三职"开展扶贫领域警示教育和案例通报14次,组织观看《谁动了我的奶酪》《深山馋鼠》等警示教育片。

2019年,组织党员干部、驻村干部、第一书记、村支两委干部共50人,赴县党风廉政建设警示教育基地接受警示教育,并重温入党誓词。组织乡党委领导班子和干部职工观看《楠竹上的蛀虫》《董事长的没落》等警示教育片,做到警钟长鸣。组织党员干部、驻村干部、第一书记、村支两委干部开展扶贫领域警示教育和典型案例通报22次。

2020年,开展党风廉政建设警示教育和典型案例通报14次,组织党员干部、驻村干部、第一书记、村支两委干部开展扶贫领域警示教育2次,开展党风廉政警示教育1次,组织观看《网络密战》等警示教育片。

第二十七节　永安乡纪检监察工作

一、机构队伍

1992年5月,按照县"建镇、并乡、撤区"的安排,撤销原甘龙区所辖的永安乡,成立新的永安乡。新成立的永安乡行政区划与原所辖区域不变,规格升为科局级。是年6月,县委任命冉隆海为乡纪委书记。

1993年3月,永安乡召开第一次党代会,选举产生中共松桃苗族自治县永安乡纪律检查委员会。

2019年7月,国家监察体制改革向乡镇(街道)延伸,设立县监察委员会派出永安乡监察办公室,与乡纪委合署办公,实行"两块牌子、一套人员"的管理体制,履行纪检监察职责。

中共永安乡纪律检查委员会

（1992年6月至2020年12月）

书　　记	冉隆海(苗族)	1992年6月至1994年8月
	高方沛	1994年8月至1996年1月
	麻树新(苗族)	1996年2月至1998年12月
	石胜权(苗族)	1999年1月至2005年6月
	刘　洪(苗族)	2006年9月至2007年3月
	张著升(土家族)	2007年6月至2012年4月
	杨华明(土家族)	2012年4月至2013年10月
	王　洪(土家族)	2016年9月至2018年9月
	杨　博(土家族)	2018年12月至2020年12月
副书记	刘正华(苗族)	2006年9月至2012年4月
	陈　果(苗族)	2012年5月至2016年8月
	熊　云(土家族)	2016年8月至2020年3月
	印　芳(女)	2020年3月至2020年12月
纪委委员	冉隆海(苗族)	1992年6月至1994年8月
	石胜权(苗族)	1993年3月至2005年6月
	石胜勇(苗族)	1993年3月至1996年2月
	高方沛	1994年8月至1996年1月
	麻树新(苗族)	1996年2月至1998年12月
	胡支献	1996年2月至1999年3月
	李再双	1999年3月至2006年9月
	高方英	1999年3月至2002年3月
	刘　洪(苗族)	2006年9月至2007年3月
	刘正华(苗族)	2006年9月至2012年4月
	孟　铁(苗族)	2006年9月至2011年9月
	刘　浪(苗族)	2006年9月至2017年5月
	黄黔东(苗族)	2006年9月至2016年8月
	张著升(土家族)	2007年6月至2012年4月
	陈　果(苗族)	2011年9月至2016年8月
	杨华明(土家族)	2012年4月至2013年10月
	熊　云(土家族)	2016年8月至2020年12月
	王　洪(土家族)	2016年9月至2018年9月
	王　勇(土家族)	2016年9月至2020年12月
	严易俊(土家族)	2016年9月至2020年12月

冉　浪　　　　　　2016年9月至2020年12月
杨　博(土家族)　　2018年12月至2020年12月
印　芳(女)　　　　2020年3月至2020年12月

永安乡监察室

(1992年10月至2017年5月)

主　　任　冉隆海(苗族)　　1992年10月至1994年8月
　　　　　石胜权(苗族)　　1999年1月至2005年6月
　　　　　刘　浪(苗族)　　2008年5月至2017年5月
副 主 任　王　军　　　　　2003年9月至2006年9月

县监察委员会派出永安乡监察办公室

(2019年7月至2020年12月)

主　　任　杨　博(土家族)　　2019年7月至2020年12月
副 主 任　印　芳(女)　　　　2020年3月至2020年12月
监察专员　熊　云(土家族)　　2019年12月至2020年12月

二、主要工作

(一)党风廉政建设

永安乡纪委协助党委履行党风廉政建设主体责任,落实纪委监督责任,对党员领导干部履行职责和行使权力情况进行监督,受理信访举报和查处违纪违法行为,确保党的路线方针政策和中央、省委、市委、县委重大决策部署贯彻落实。

1993年,按照县纪委要求,乡纪委开展"建并撤"后干部职工拖欠公款公物自查清理工作,未发现相关问题。

1994年,根据《关于对群众举报全县中小学乱收费问题专项检查的通知》,对永安乡中小学进行乱收费情况清理。

1995年起,组织干部职工学习关于严禁在元旦、春节等节假日期间用公款请客送礼、滥发钱物、大吃大喝、铺张浪费等文件精神4次,并开展自查清理工作2次。

1997年,根据《松桃苗族自治县党政机关厉行节约制止浪费行为的实施细则》,开展严格控制新建和装修办公楼、各种会议、各种庆典活动、接待费用、公款安装住宅电话、购买移动电话、配备小汽车、各种检查评比等自查清理工作。

1998年,根据县纪委《关于认真清理公款安装住宅电话、移动电话及BP机的通知》进行自查清理工作。

2000年,印发《关于乡党委领导成员实行党风廉政建设责任制的实施意见》《关于乡人民政府领导成员实行党风廉政建设责任制的实施意见》《中共永安乡纪委永安乡人民政府监察室2000年纪检监察工作意见》,签订责任书20余份。为落实“收支两条线”管理规定,对永安乡中学、乡民政、土管、计生等4个单位预算外资金查账情况进行监督,发现问题2个,督促相关责任单位整改落实。

2001年,印发《关于乡人民政府领导成员实行党风廉政建设责任制的实施意见》《中共永安乡纪委永安乡人民政府监察室2001年纪检监察工作意见》,签订责任书20余份。乡纪委督促乡党委政府成立政务公开工作领导小组,出台并落实干部管理制度、学习制度、财经管理制度、资金审批制度等4个工作制度。

2002年,印发《中共永安乡纪委永安乡人民政府监察室2002年纪检监察工作意见》,组织政府干部和村干部60余人次学习中共中央纪委七次全会精神和省纪委六次全会精神,进一步认识新形势下开展党风廉政建设和反腐败斗争的重要性。坚持三项工作格局,坚持标本兼治,综合治理,不断取得党风廉政建设新成效。

2003年,印发《中共永安乡纪委永安乡监察室2003年工作意见》,督促落实领导干部收受礼品、礼金及重大事项的登记报告制度,督促落实严禁干部职工大操大办酒席的规定,抓好治理和纠正干部走读现象。开展治理教育部门乱收费工作,对辖区内1所中学和11所小学收费情况进行检查。

2004年,印发《中共永安乡纪律检查委员会永安乡人民政府监察室2004年工作要点》,对干部职工违规操办酒席情况进行监督检查。组织干部党员学习《中国共产党纪律处分条例》和《党章》,学习中央纪委三次全会精神。按要求做好领导干部述职述廉工作,2004年12月,开展了乡党政领导班子述职工作。督促科级干部报告个人重大事项和个人收入、家庭财产申报,整治站所工作人员执法不公,“吃拿卡要”和刁难群众等问题。开展民主评议行风工作,推进行风建设和职业道德建设。

2005年,印发《中共永安乡纪委永安乡监察室2005年工作要点》,签订党风廉政建设工作责任书30余份,参与制订《永安乡干部管理制度》。按照县委的统一部署,开展第二批党员先进性教育,着力改进党员在思想、作风方面的问题,切实解决群众关注的热点、难点问题。

2006年,组织全体干部职工集中学习中共十六届三中全会精神、《中国共产党纪律处分条例》《中国共产党党内监督条例》。签订党风廉政建设工作责任书30余份。制订永安乡党委、永安乡政府《关于严禁干部职工在迁居子女升学等事宜中大操大办酒席的规定》。

2007年,印发《永安乡2007年纪检监察工作安排意见》,与11个基层党支部签订《党风廉政建设责任书》,每个季度对基层党支部党风廉政建设落实情况考核检查一次。制订《2007年党风廉政建设任务分解方案》,明确领导班子成员的具体责任和各牵头单位、协办单位的目标及任务要求。对《建立健全教育、制度、监督并重的惩治和预防腐败体系实施纲要》进行传达学习,并对学习落实情况开展监督检查。开展示范教育和警示教育,对有违纪违法倾向的党员干部进行诫勉谈话,提前打招呼。成立信访工作小组,建立信访接待制度,每逢周六、周日为接待日。开展廉洁从政专项检查活动,成立专项检查领导小组、检查指导组、财务检查组和督查组,对11个村开展专项检查。

2008年,召开专题会议安排部署全乡党风廉政建设和反腐败工作任务,与各站所和11个村签订《党风廉政建设责任书》。督促领导干部落实廉洁自律各项规定,将“四大纪律、八项要求”纳入基层组织建设、述职述廉、民主生活会重要内容。开展党风廉政宣传教育,组织学习《中国共产党党内监督条例》《中国共产党纪律处分条例》《党员权利保障条例》和有关文件精神。

2009年,督促全乡干部职工严格执行禁止大操大办酒席的决定,乡纪委对14起有违规操办酒席苗头的当事人进行打招呼制止,连续2年干部职工无一例违规操办酒席发生。开展治理教育乱收费、减轻农民负担、纠正损害群众利益等工作,对辖区内内1所中学和11所小学教育收费问题进行专项检查。按照县委的统一部署,开展了学习实践科学发展观活动,全乡14个支部参加,参加人数304名,参学率100%。

2010年,成立以党委书记为组长、纪委书记为副组长的党风廉政建设领导小组,明确党委书记为第一责任人,纪委书记为直接责任人,落实纪委专职副书记为纪检监察工作人员,落实了专门的工作经费。以学习"四项监督制度"为契机,推进党风廉政示范建设,确定乡纪委副书记为示范村指导员,协助完善该村民主议事、民主决策、村务公开等制度。以基层组织建设年活动为契机,会同党建、财政、民政等部门对全乡11个村的村级财务、债务进行清查,对1名股室干部和1名村干部违反财务制度进行了诫勉谈话。开展了农村合作医疗和学校"一费制"的专项检查,及时纠正了有关违反财经纪律的行为。根据县委的统一部署,开展加强作风建设、促进廉洁从政教育和廉政知识测试。

2011年,开展社会主义荣辱观教育荣辱观教育和牢记"四大纪律,八项要求"、树立正确"权力观、政绩观"等专题教育活动,以此增强党员干部的勤政廉政意识。督促分管领导按照党风廉政责任制实施细则和主要任务,分工落实工作职责,对2个村8名支委干部进行诫勉谈话,督促副科级以上领导干部按照文件要求上报廉洁自律情况报告。开展"三个建设年"活动,推进11个村的"村务公开"工作。

2012年,对领导干部和国家工作人员投资入股非煤矿山的情况开展自查,开展清理规范庆典研讨会议论坛工作。查处1起顶风违规操办酒席案件,对当事人在全乡范围内通报批评,对14起有违规操办酒席苗头的当事人打招呼制止。

2013年,落实党风廉政建设责任制,督促党委班子成员认真落实"一岗双责"制度。开展"解放思想、转变作风、马上就办"主题教育活动,在乡政府、集镇街上设置展板2块,在五官、白果等公路沿线的村悬挂宣传标语10余幅。开展党风廉政建设宣传教育,采取集中学习培训、自学等形式,贯彻落实《中国共产党纪律处分条例》《中国共产党党内监督条例》。开展领导干部讲廉课活动,乡党委书记在干部职工会上对党风廉政进行宣讲。

2014年,协助乡党委将党风廉政建设责任制进一步分解,从乡党政班子到各股室站所和各支部,层层签订党风廉政建设责任书50余份。开展"庸懒散奢贪"、党的群众路线教育实践活动及"不作为、慢作为、乱作为"整治行动。在乡直机关、事业单位开展清理"小金库""吃空饷"和工程建设领域突出问题专项整治活动,完成11个村居"三资"清理。对全乡中小学2014年春季学期常规性教育收费和营养午餐执行情况开展监督检查;9月,县纪委监察局对吃空饷干部进行清理,对永安乡农业服务中心职工龙某进行通报批评。

2015年,开展党风廉政建设突出问题集中专项整治工作,明确集中专项整治的时间,整治的内容和措施,并与业务工作、"三严三实"专题教育及"四风"自查自纠工作相结合。开展党务、政务、村务公开,在11个村人员集中场所安装阳光村务白黑板30余块。开办政府廉政食堂,规范接待标准。开展廉政文化"六进六增"活动,让廉政文化进机关、进校园。先后在永安、五官、白果等村建设廉政文化墙,制作廉政文化宣传板12块,对村级民生事务落实情况、小额信贷等民生领域开展专项监察工作。

2016年,印发《2016年党风廉政建设工作实施意见》,签订2016年党风廉政建设目标责任书50余份,制订《中心组学习计划》,开展廉政约谈50人次,党委书记分别对社会社务办、林业环保站等5个重点单位负责人进行面对面约谈,其他班子成员对管口部门负责人进行面对面约谈。制订《永安乡建立健全惩治和预防腐败体系2016—2017年工作规划》。对全乡11个村33名村务监督委员及11个村民生监督员进行系统培训。按照《松桃苗族自治县公职人员不良贷款清理工作实施方案》文件要求,开展专项清理工作,清理干部和企业欠款20万余元。精简文件会议,全年文件简报同比减少50余件次,会议同比减少30余次。减少"三公"经费支出,全年同比减少31.4%。精简办公用房,共清理出办公用房100余平方米。

2017年,印发《2017年党风廉政建设工作实施意见》,签订2017年党风廉政建设目标责任书50余份。

开展“两学一做”学习教育，累计学习教育培训人员100余人次，开展分级约谈90余人次，对违反工作纪律的1名工作人员给予通报批评。开展清理津补贴、小金库和拖欠公款工作，清退违规发放津补贴3万余元。对民生资金项目、农户科学储粮项目、“一事一议”项目、“生态和易地扶贫搬迁”项目开展专项监察，党纪处分4人，问责3人。11个村成立村务监督委员会，配备10名村监委会主任。

2018年，坚持以人民为中心，按照“有权必有责，有责要担当，失责必追究”的要求，开展“两个责任”分级约谈，使用教育谈话室13次，开展常态化约谈112人次。乡纪委集中学习纪检干部“八小时”外行为规范和纪检干部外出报备暂行规定。组织全乡干部职工和村支两委干部90余人学习禁止公务用餐饮酒的规定，并对落实情况开展再监督再检查。开展纪检干部述责述廉述职工作，乡纪委书记到县纪委召开的“三述”会议上做书面报告。开展在扫黑除恶专项斗争中强化监督执纪问责工作，督促全乡干部职工签订《不充当黑恶势力“保护伞”承诺书》60余份。开展领导干部参与茅台酒经营自查工作，参加自查干部63人，其中乡科级干部18人，其他干部45人。

2019年，协助乡党委落实党风廉政建设和反腐败工作主体责任，督促党委使用教育谈话室开展党风廉政谈话15人次，开展同级监督提醒谈话11人次，督促班子成员落实党风廉政建设“一岗双责”工作职责，开展“两个责任”分级约谈110人次。开展重点领域和关键环节的监督，对扫黑除恶、意识形态、安全生产等重点工作的专项监督检查6次。聚焦脱贫攻坚，查处脱贫攻坚领域案件3起，党政纪处分3人，协助县纪委问责副科级以上干部10人次，乡级通报19期，使用第一种形态问责干部144人次。开展“访村寨、重监督、助攻坚”专项行动工作，走访11个村386户村民，发现问题125个，反馈整改类103个，问责类22个。开展“五个示范创建”工作，为11个村村务监督委员会配备办公设备，统一制作制度牌和形象栏，在部分村监委还配备电脑和打印机，为村监委服务群众和工作创造了条件。

2020年，按照中央纪委“监督保障执行，促进完善发展”的工作要求，围绕从严治党的方针，贯彻落实党中央、省、市、县决策部署，聚焦新冠肺炎疫情防控工作对辖区内五官、地茶、辽木3个值班卡点和11个村，以及乡卫生院、永安中学、乡完小开展监督检查50余次；围绕精准扶贫工作，对乡各相关站所、各村等单位开展监督检查50余次；围绕农村乱占耕地建房整治、习近平总书记关于制止餐饮浪费行为的重要指示精神贯彻落实情况等工作，对乡各相关站所、各村等单位开展专项监督检查10余次。围绕复工复产、油茶产业发展对乡各相关站所、各村等单位开展专项监督检查5次。督促党委把全面从严治党“两个责任”落到实处，开展“两个责任”分级约谈80人次。聚焦扶贫民生领域，查处各种违纪违规问题，诫勉谈话8人次，全县通报2人，乡级通报32人次，谈话提醒34人次，其中副科级以上领导干部5人次。配合县委巡察组对永安乡10个村开展常规巡察，对反馈的4件问题线索进行及时核查，了结3件，立案1件1人。协助县纪委县监委第四纪检监察室完成对永安乡政治监督活页建设，协助县纪委县监委第三纪检组收集廉政档案建设相关材料，根据县纪委安排协助甘龙镇纪委开展巡察反馈件核查工作。

（二）信访受理

永安乡纪委坚持把信访举报工作当作一项重要政治任务来抓，着力畅通拓宽信访举报渠道，建立健全领导接访制度，认真核查群众反映强烈的突出问题，确保信访举报“件件有着落，事事有回音”，不断提升纪检监察信访举报工作的质量和水平。

2003年，协助县纪委核实群众来信来访1件。

2004年，受理信访件1件，办结1件。

2005年，协助县纪委核实群众来信来访1件。

2006年，协助县纪委核实群众来信来访2件。

2008年,协助县纪委核实群众来信来访1件。

2010年,协助县纪委核实群众来信来访1件。

2011年,协助县纪委核实群众来信来访1件。

2012年,协助县纪委核实群众来信来访1件。受理信访件1件,办结1件。

2013年,协助县纪委核实群众来信来访2件。受理信访件2件,办结2件。

2015年,受理信访件2件,办结2件。

2016年,受理信访件1件,办结1件。

2017年,受理信访件2件,办结2件。

2018年,受理信访件5件,办结5件。

2019年,受理信访件3件,办结3件。

2020年,受理信访件2件,办结2件。

(三)民生监督

2014年至2020年,乡民生监督组狠抓民生项目的监督检查力度,严肃查处发生在群众身边的不正之风和腐败问题,切实维护人民群众利益。

2014年,开展家电下乡、能繁母猪补贴、农机具补贴专项监察,重点核查2009年4月,国家实行家电下乡补贴政策以及2010年1月至2013年上半年贵州省推行家电下乡补贴资金“商审商付、财政结算”审核兑付方式过程中相关违纪违规行为。查处了永安村村民任某某通过虚假材料骗取家电下乡补贴相关问题,党纪立案1件1人,党内警告处分1人,追缴违纪资金3.6万元。

2015年,围绕农村危房改造补贴、教育资助、微型企业补助和村民生事务等开展专项监察,党纪立案3件3人,党内警告处分3人。在危房改造补贴监察中,对白果等11个行政村危房改造对象户300余户走访排查全覆盖,重点查处乡农业服务中心负责人冉某违反工作纪律问题。在村民生事务监察中,对辖区内大溪等11个村实现监察全覆盖,走访了解群众50人次,查处大溪村村干部冉某某违规收取耕地占地费用于办公费列支的问题。

2016年,第一季度协助县纪委第二纪工委对全乡2010年、2011年的危房改造、民生资金项目进行督查;第二季度对全乡中小学营养午餐、寄宿制生活补贴等教育资助进行系统性督查;第三季度对全乡计生系统进行督查;第四季度对全乡雨露计划进行专项度督查。

2017年,开展“访村寨、重监督、助攻坚专项行动”,对民生资金项目、农户科学储粮专项投资计划、“一事一议项目”“生态和易地扶贫搬迁项目”进行督查。党纪立案1人,留党察看处分1人。通过开展专项督查,涉农资金得以更好地规范和落实。

2018年,开展农村改厕项目专项监察,涉及落星村、白果村、木盆村931户农户,共计资金407200元。开展农村组组通公路建设专项监察,涉及6条组组通公路,里程7.605公里。开展农村贫困人口大病救治和城乡医疗救助专项监察,涉及大病专项救治2户25.61万元、城乡医疗救治293户153.26万元。开展农村养殖产业扶贫项目资金专项监察工作,涉及农村养殖产业扶贫项目17个,资金339.41万元。党纪立案4件4人,党内警告处分3人,党内严重警告处分1人。

2019年,开展涉林扶贫民生项目专项监察和易地搬迁和财政涉农补贴资金“一折通”专项监察,党纪立案8件8人,党内警告处分7人,党内严重警告处分1人,诫勉谈话1人。其中,涉林扶贫项目涉及11个村集体公益林补助资金,查处木盆村、茶园村、五官村、鸣珂村等村相关人员挪用集体公益林补助资金问题,党政纪立案4件4人,党内警告处分4人,诫勉谈话1人。开展易地搬迁和财政涉农补贴资金“一折通”

专项监察,对违规享受易地搬迁政策、旧房拆除不彻底、复垦复绿不到位等问题进行专项检查;对财政涉农补贴资金"一折通"工作开展情况进行专项检查;此次专项监察党政纪立案1件1人,党内警告处分1人。其他民生监督方面,党纪立案3件3人,党内警告处分3人。

2020年,开展2020年农民专业合作社扶贫民生项目专项监察工作,围绕打赢脱贫攻坚战、疫情防控、农村饮水安全等民生领域开展专项监督检查,全年共查处民生案件8件10人,党内警告处分9人,党内严重警告处分1人。其中:农民专业合作社扶贫民生项目专项监察工作方面,党政纪立案3件5人,党内警告处分4人,党内严重警告处分1人。脱贫攻坚核心指标问题党纪立案1件1人,党内警告处分1人。公益林补助、危房改造等民生方面党纪4件4人,党内警告处分4人。常态化开展新冠肺炎疫情防控工作的再监督再检查,督促乡村两级扎实开展疫情防控宣传和排查工作,切实落实上级疫情防控各项工作安排,重点对辖区内中小学、卫生院疫情防控工作进行监督检查,全年疫情防控工作问责方面,全乡通报1人,谈话提醒3人。

(四)警示教育

乡纪委坚持预防与惩治、提醒与警醒并重,组织乡村干部通过观看警示教育片和典型案例展活动,以案示警、以案明纪。扎实开展"一案一整改"工作,深入剖析辖区内典型违纪案例,通过身边人身边事达到更好的警示效果,着力推进"不敢腐、不能腐、不想腐"的逐步形成。

1993年至2009年,乡纪委、监察室按照县纪委(监察局)的安排部署,对每年通报的典型案例,在全乡干部中进行通报,开展警示教育,做到警钟长鸣。

2010年,在县纪委指导下,乡人大主席易某某违反工作纪律问题在全乡干部会上作检讨,以身边人身边事警醒教育全体干部职工,达到较好的警示效果。

2014年,组织乡村干部80人次观看《贪食"群蝇"终自毁》警示教育片1次。

2015年,组织全乡干部职工集中观看《楠竹苗上的蛀虫》警示教育片,利用全乡干部会,传达铜纪通〔2015〕25号、松纪办发〔2015〕10号文件,通报县林业局陈某某、县扶贫办龙某某严重违纪典型案例以及纪检监察干部田某某、杨某某严重违纪典型案例,在干部中开展警示教育。

2016年,组织全体党员干部40余人前往甘龙烈士陵园开展革命传统教育;组织全体干部职工和村干部80人次集中观看《镜鉴》《深山馋鼠》等警示教育片。

2017年,组织全体干部职工集中观看《永远在路上》等警示教育片2次。利用会议,选取县内扶贫民生领域典型案例和自办案件,对乡村两级干部开展警示教育10余次,受教育人数300余人次。

2018年,用精准扶贫领域典型案例在干部中开展警示教育4次,选取县内扶贫民生领域典型案例和自办案件开展警示教育2次。

2019年,通报辖区内扶贫领域相关问题15期,组织干部职工集中学习市县扶贫领域违纪问题等各类通报文件12余次,组织全体干部职工观看扶贫领域警示教育展活动2次,选取县内扶贫民生领域典型案例和自办案件开展警示教育8次,组织干部职工观看警示教育片《董事长的没落》。

2020年,通报辖区内扶贫领域相关问题5期,组织干部职工集中学习市县扶贫领域和新冠肺炎疫情防控工作各类通报文件10余次,组织干部职工观看扶贫领域警示教育展活动2次,选取县内扶贫民生领域典型案例和自办案件开展警示教育5次。

第二十八节　沙坝河乡纪检监察工作

一、机构队伍

1992年5月,按照县"建镇、并乡、撤区"的安排,撤销原牛郎区所辖的沙坝河乡,成立新的沙坝河乡,其行政区划与原所辖区域一致,规格升格为科局级。是年6月,县委任命杨建全为乡纪委书记。

1993年3月,沙坝河乡召开第一次党代会,选举产生中共松桃苗族自治县沙坝河乡纪律检查委员会。

2019年7月,国家监察体制改革向乡镇(街道)延伸,设立县监察委员会派出沙坝河乡监察办公室,与乡纪委合署办公,实行"两块牌子、一套人员"的管理体制,履行纪检监察职责。

中共沙坝河乡纪律检查委员会

(1992年6月至2020年12月)

书　记	杨建全	1992年6月至1996年1月
	吴凤章(苗族)	1996年2月至2001年12月
	麻文宪(苗族)	2002年7月至2003年7月
	龙新胜(苗族)	2003年7月至2005年6月
	任明洪(苗族)	2005年6月至2006年8月
	唐孟辉(苗族)	2006年8月至2010年12月
	龙金佩(苗族)	2011年1月至2012年4月
	黄思红	2012年4月至2015年1月
	龙　斌(苗族)	2016年8月至2017年12月
	龙德昌(苗族)	2017年12月至2020年12月
副书记	周继胜(苗族)	2006年8月至2010年9月
	龙静峰(苗族)	2010年9月至2014年5月
	冷启勇	2016年8月至2017年6月
	吴官永(苗族)	2019年6月至2020年12月
纪委委员	杨建全	1992年6月至1996年1月
	吴东明(苗族)	1993年3月至1996年1月
	何政荣	1993年3月至1999年3月
	吴凤章(苗族)	1996年2月至2001年12月
	张文德	1996年2月至1999年3月
	田金武(苗族)	1999年3月至2002年3月
	麻文宪(苗族)	2002年7月至2003年7月
	龙新胜(苗族)	2003年7月至2005年6月
	任明洪(苗族)	2005年6月至2006年8月
	唐孟辉(苗族)	2006年8月至2010年12月

周继胜(苗族)	2006年8月至2010年9月
吴万才(苗族)	2006年8月至2011年9月
杨胜刘	2006年8月至2020年12月
罗　冲	2006年8月至2015年9月
龙静峰(苗族)	2010年9月至2014年5月
龙金佩(苗族)	2011年1月至2012年4月
彭华江	2011年9月至2016年8月
黄思红	2012年4月至2015年1月
龙　斌(苗族)	2016年8月至2017年12月
冷启勇	2016年8月至2017年6月
龙正友(苗族)	2016年8月至2020年12月
龙静峰(苗族)	2016年8月至2020年12月
龙德昌(苗族)	2017年12月至2020年12月
吴官永(苗族)	2019年6月至2020年12月

沙坝河乡监察室

(2006年8月至2015年9月)

主　任　罗　冲　　2006年8月至2015年9月

县监察委员会派出沙坝河乡监察办公室

(2019年7月至2020年12月)

主　任	龙德昌(苗族)	2019年7月至2020年12月
副主任	吴官永(苗族)	2019年7月至2020年12月
监察专员	杜朋飞(土家族)	2019年12月至2020年12月

二、主要工作

(一)党风廉政建设

沙坝河乡纪委按照党章规定,协助党委推进全面从严治党、加强党风廉政建设和组织协调反腐败工作,监督同级党委履行全面从严治党主体责任,确保党的路线、方针、政策和中央、省委、市委、县委重大决策部署得到贯彻落实。

1993年,根据《关于严肃处理共产党员和党政机关干部职工非法制造、贩卖、持有枪支弹药的通知》要求,乡纪委印制自查表,在党员和机关干部职工中开展自查,通过清查,没有涉及此类的情况。

1994年,根据县委批转县纪委监察局《关于认真清收干部职工拖欠公款的意见的通知》,乡纪委组织相关部门开展对干部职工拖欠公款情况进行清查,开展清理违法占地工作监督检查和对中小学校乱收费情况的监督检查。

1995年，组织全乡干部学习《关于严禁在元旦、春节期间用公款请客送礼、滥发钱物的通知》文件精神，并开展自查清理。是年，在干部职工中开展党纪教育讲座活动1次；参与乡党委政府开展清查干部职工违反计划生育政策和违规执行计生政策集中整治工作2次。

1996年，组织干部职工学习《关于禁止共产党员、国家工作人员参与赌博活动暂行规定的通知》文件精神；开展对共产党员、国家工作人员参与赌博的监督检查；在全乡党政机关中开展厉行节约制止奢侈浪费监督检查。

1997年，根据《松桃苗族自治县党政机关厉行节约制止浪费行为的实施细则》文件精神，开展新建和装修办公楼、各种会议、各种庆典活动、接待费用、公款安装住宅电话、购买移动电话、配备小汽车、各种检查评比等自查清理工作。

1998年，组织学习《关于纪检监察机关加强对没收追缴违纪违法款物管理的规定》文件精神；开展对贯彻执行制止奢侈浪费八条规定情况进行监督检查；参与乡党委政府开展计划生育整治工作，查处党员违反计划生育超生案4件，报县纪委研究开除党籍4人。

1999年，组织干部职工学习《关于严肃党的纪律认真执行民主集中制的规定》《关于党风廉政建设责任制实施细则的通知》精神；在全乡辖区内设置乡级政务公开栏1个，村务公开栏10个，全面推行政务和村务公开；组织干部职工签订党风廉政建设责任状42份。

2000年，开展纠正部门和行业不正之风问题整治，把群众反映强烈的突出问题和制止中小学乱收费作为纠正部门不正之风的工作重点，对专项监督检查实行部门负责制，开展"收支两条线"监督检查，规范教育收费行为。

2001年，加强对领导干部廉洁自律的监督和检查；及时查办辖区内各类违纪案件，严肃党的纪律。

2002年，组织学习中共十六大精神、中央纪委会议精神和《建立健全教育、制度、监督并重的惩治和预防腐败体系实施纲要》。深入开展党性、党风、党纪教育，组织观看廉政教育片，积极协助乡党委政府抓好日常监督工作。

2003年，组织学习中央纪委二次全会、省纪委全会精神和《中国共产党纪律处分条例（试行）》；严肃纠治干部"走读"现象；成立账务清查小组，对乡电管站进行账务清查，没收违纪资金2000元上缴财政；对乡中小学校账务检查，没收违纪资金7372元上缴财政；追回天星村个别干部未交农网改造旧线变卖所得金额1776元上缴村财务；利用会议、宣传专栏和逢场天发放宣传资料开展党风廉政建设和反腐败斗争宣传教育工作。

2004年，组织干部职工3次136人传达学习中共十六届四中全会、中央纪委、省纪委三次全会和全县纪检监察工作会议精神。印发《建立健全干部职工学习制度》。协助乡党委落实党风廉政建设责任制，签订党风廉政建设责任状42份。对10个村支部落实反腐倡廉工作进行监督检查。组织开展向张建国、郑培民等先进人物学习活动。开展大操大办酒席专项整治，制止3起乔迁酒和2起大操大办结婚酒。严肃查处执法不严、惩处不公、乱收费、吃拿卡要、刁难群众等有令不行、有禁不止的行为。集中整治乡村水电价格和闭路电视收视费、乡中小学乱收费等行为，推行"校务公开""收支两条线""教育收费公示"等制度；

2005年，开展对乡扶贫资金、退耕还林资金、计生征收的社会抚养资金等民生资金专项检查。开展廉政文化进职工家庭活动，签订党风廉政建设责任状40余份。对中小学春秋两季收费情况开展监督检查。协助乡党委完成2005年党风廉政建设和反腐败各项任务责任分解。

2006年，开展执法监察和纠风治乱、教育乱收费监督检查；开展安全生产监督检查，督促有关单位和干部职工签订安全生产责任状;开展村级财务监督检查;成立沙坝河乡廉政文化建设工作领导小组,开展廉政文化建设进家庭、进学校、进企业、进农村活动,营造以廉为荣、以贪为耻的社会氛围。

2007年,开展干部职工大操大办酒席专项整治,要求干部职工要严格遵守执行,领导干部要带头执行;开展教育乱收费的专项整治;清理干部职工拖欠公款,纠正以各种名义用公款大吃大喝和高消费娱乐的歪风;执行《失职追究制》《服务承诺制》《首问责任制》《岗位责任制》《同岗替代制》《限时办结制》6项制度,设置岗位监督台、效能告示牌、开通举报电话。

2008年,执行中央《关于严肃纪律加强公务员工资管理的通知》等文件精神,严禁滥发津贴补贴等行为,查处顶风违纪违法案件。印发《沙坝河乡政务公开工作制度》,成立以乡纪委书记为组长的政务公开领导小组,规范政务公开工作。开展学校乱收费清理、医疗卫生部门不正之风整治。王普村村民反映村党支部副书记、村计生专干欧某某,贪污村委会的动力安装费和村民搭电费问题,乡纪委经核查,对反映欧某某的问题不属实,予以澄清。

2009年,开展教育乱收费和教育经费不专款专用等问题监督检查。开展医疗卫生部门不正之风整治工作;印发《沙坝河乡机关作风和效能建设工作实施方案》,成立机关作风和效能建设工作领导小组,开展机关作风效能建设工作;开展粮食直补、退耕还林、农村低保、"两免一补"、农合基金、农村危房改造专项监督检查工作。建立涉农专项基金登记备案制度和建立群众互动机制。

2010年,乡党委与10个村党组织签订党风廉政建设责任状,落实党风廉政建设责任工作。开展基层站所民主行风评议工作,组织开展辖区内村级在职和离任主要领导财务审计,对涉农乱收费、乱罚款和各种集资摊派行为进行严格查处。纠正问题6个,清退教育乱收费6.36万元;印发《沙坝河乡2010年干部管理制度》。开展惠农补贴落实、涉农收费和减轻农民负担情况专项监察工作。开展财政供养人员专项清理和"小金库"清理工作。

2011年,组织学习"四要十不准"。开展评选"首问责任"窗口和"服务接待"窗口之星活动。结合"三个建设年""四帮四促"等活动,印发《关于在乡纪检监察系统集中开展领导干部"接访、走访、回访"活动的方案》《沙坝河乡干部首问责任制度》。成立由乡党委副书记、乡纪委书记任组长的教育收费专项监督工作领导小组,对教育收费开展专项监督检查。开展对政治纪律执行情况、耕地保护和节约用地政策规定执行情况、治理"小金库"工作进行监督检查,严肃查处违规违纪违法行为,立案1件,党纪处分1人。开展换届纪律作风监督,成立换届选举工作监督指导小组,下设指导组、督查组等,确保换届的纪律。

2012年,开展干部职工在婚丧嫁娶等红白喜事中大操大办酒席的专项整治行动,受理群众举报2起,及时制止2起。会同乡财政分局、食品药品监督管理站等单位,对全乡6所学校教育收费、营养午餐进行检查,发现问题3个,督促整改3个。开展农村资金、资源、资产"三资"清理检查工作。

2013年,贯彻学习中央、省、市、县党风廉政建设会议精神,开展"三公"经费的检查,开展廉政食堂监督检查,根据"四不准"纪律要求,制订接待标准、接待用餐、接待陪同等内容。制订《沙坝河乡人民政府2013年干部职工考勤管理制度》,印发公务用车管理制度,严禁公车私用。完善村级监督,建立10个村村务监督委员会,抓好村务、政务、党务"三公开"工作。

2014年,开展对乡安监站、社保所、中心校、卫生院民主行风测评工作。开展廉政风险防范,完成全乡工作人员及岗位调整,查找廉政风险点,查找各类风险点43个,制订防范措施26条。制订《村干部绩效考核办法》《乡干部管理规定》《工作人员出差制度》《公车管理制度》《集中采购管理制度》等制度,定期对乡村两级干部进行绩效考核,实行工作考评与绩效工资挂钩,撤换工作不力村干部2人。成立村级"三资"清理工作领导小组,对全乡10个行政村进行清理,并将清理结果上墙公示。对王普村账务不规范下达整改意见,严格执行“村财乡管”制度。开展教育收费检查力度,查处乡中学违规收费1575.5元,全部清退;开展乡村两级干部集体廉政谈话53人。

2015年,印发《乡村两级干部管理制度》《乡村两级干部绩效考核制度》《机关工作人员出差制度》《公车管理制度》《公务接待制度》《集中采购管理制度》等工作制度,坚持按制度办事,按制度管人。开展廉政文化建设宣传工作,结合美丽乡村建设,在普沙公路、牛沙公路沿线、王普美丽乡村示范村、红沙新农村、乡政府办公楼等建立廉政文化墙。按照“一查二卡三访四承诺”的要求,全面推进廉政风险防范管理工作,同时把廉政风险防范工作延伸到10个行政村,查找各类廉政风险点,制订防控措施,从源头上预防腐败。

2016年,组织学习《中国共产党党员领导干部廉洁从政若干准则》《农村基层干部廉洁履行职责若干规定(试行)》《贵州省贯彻〈农村基层干部廉洁履行职责若干规定(试行)〉的实施办法》《习近平关于严明党的纪律和规矩论述摘编》;在沙坝、半河、红沙、王普等村先后增设宣传栏等廉政文化设施;结合党员创先争优活动,组织各村书记走上讲堂,通过上廉政党课的方式进行正面教育和警示教育;对各行政村、各单位深化党务、政务、村务公开开展监督督查;完善村财乡代管制度,加强对村级组织的日常经济审计,杜绝各类违纪违法案件的发生。

2017年,学习《贵州省公务活动全面禁酒的规定》,开展党员干部和国家公职人员违反规定打麻将、赌博专项整治,制止农村“巧立名目乱办滥办酒席”不正之风。开展党风廉政建设“两个责任”分级约谈2次,约谈人数172人次。开展民生项目资金备案工作,制订民生项目资金专项检查工作方案,对全乡通村水泥路工程的水泥和砂石发放、农村危房改造资金发放、农村低保金发放、猕猴桃种植等扶贫项目实施、新型农村合作医疗、中小学校营养午餐实施等情况进行专项监督检查,发现问题7个,已督促整改。开展第二轮“访村寨、重监督、助攻坚”专项行动。

2018年,印发《沙坝河乡村干部管理办法(试行)》,签订党风廉政建设责任状100余份,开展“两个责任”分级约谈两次180余人次,签订严禁操办“升学宴”“谢师宴”责任状80余份。参与党风廉政建设社会满意度调查工作50余人。开展干部职工参与茅台酒经营自查清理,职工自查、排查报告54人,没有发现违规的情况。组织干部学习中共十九大精神,贯彻落实中央、省、市、县纪委全会精神。通报精准扶贫典型案例10次,开展扶贫领域典型案例展2次。开展脱贫攻坚“两不愁三保障”核心指标问题整改、帮扶成效和工作作风等监督检查,对市、县、乡脱贫攻坚督导检查发现反馈沙坝河乡的问题进行调查核实、督促整改;累计监督检查134次,督促整改问题754个,因干部作风不实、履职不力等问题被谈话提醒、通报批评、诫勉谈话等累计30人次,发现问题线索2个,党纪立案1件,党内警告处分1人。对县委第二巡察组巡察乡党委、泡木村反馈4个方面23个问题,认真核实,逐一整改。开展污染防治攻坚战监督检查,督查锦江河上游支流修建养殖场、乡卫生院、沙坝河乡集中供水源头污染等工作,发现问题4个,督促整改问题4个。开展贯彻落实中央经济工作会议情况检查,发现茅坪村、天星沙村无传达中央经济工作会议精神记录,已督促整改。开展扫黑除恶专项斗争工作督查,发现乡扫黑除恶领导小组办公室及王普村开展扫黑除恶专项斗争工作存在资料不规范,已责令整改。开展农村养殖产业扶贫项目、农村贫困人口大病专项救治和城乡医疗救助、城乡居民基本养老保险专项监察工作,走访群众116户,发现问题5个。

2019年,开展政治生态分析研判工作,配合县纪委开展对沙坝河乡政治生态分析研判工作,存在有个别干部“四个意识”不强、干事热情有所减退2个问题,督促整改。配合十三届县委第九轮第四巡察组对沙坝、半河、王普、红沙、界牌、茅坪、桐木、天星、凉风9个村开展巡察工作,发现问题145个,对存在问题举一反三,逐一整改,给予诫勉谈话3人,谈话提醒6人。开展脱贫攻坚到岗到位、帮扶成效监督检查,通报批评42人次，提醒谈话18人次，诫勉谈话4人，政务立案1人。开展涉林扶贫民生项目、易地扶贫搬迁和财政涉农补贴资金“一折通”专项监察。开展“百名纪检监察干部访百村进千家”活动，共走访村寨10个，走访群众184户527人。开展党风廉政建设“两个责任”分级约谈两次170余人次，签订严禁操办“升学宴”“谢师宴”责任状80余份，参与党风廉政建设签名80余人。围绕“不忘初心、牢记使命”主题教育，开展对班子成员落实全面从严治党责任情况监督检查10次。

2020年，开展党风廉政建设“两个责任”分级约谈工作2次，约谈129人次。开展农村饮水安全、农民专业合作社扶贫民生项目专项监察工作。发现问题8个，督促整改问题8个。开展脱贫攻坚监督检查工作100余次，通报批评4人、谈话提醒31人，诫勉谈话4人，党纪立案1人。开展习近平总书记对贵州工作重要指示精神贯彻落实情况、新冠肺炎疫情防控监督检查。对天星村疫情防控期间因管控不力，出现群众聚集打球问题进行问责，给予天星村党支部书记龙某某党内警告处分。开展元旦、春节、中秋等重要节假日期间落实中央八项规定精神和纠治“四风”问题监督检查4次，未发现问题。开展党员干部和国家公职人员乱占耕地建房自查54人。开展沙坝河乡政治监督活页建设工作，协助县纪委对沙坝河乡开展政治生态分析研判。配合县纪委第五纪检监察室对沙坝河乡开展脱贫攻坚专项巡察工作，反馈问题10个，督促问题整改。回复党风廉政意见33人次。

(二)信访受理

乡纪委坚持将信访举报工作当作一项重要政治任务来抓，畅通信访举报渠道，及时受理群众举报，梳理群众反映的问题线索，对违反党纪国法的一律严肃处理，确保来信来访件件有着落，事事有回音。

1999年至2001年，受理信访线索12件，办结12件。

2002年至2006年，受理信访线索94件，办结94件。

2007年至2011年，受理信访线索15件，办结15件。

2013年，受理信访1件，办结1件。

2014年，受理信访5件，办结5件。

2015年，受理信访3件，办结3件。

2016年，受理信访1件，办结1件。

2017年，受理信访5件，办结5件。

2018年，受理信访1件，为群众来访，涉及民生问题，立案审查调查，党纪处分1人。

2019年，受理信访4件，办结4件。

2020年，受理信访1件，为网络举报，办结1件。

(三)民生监督

2014年至2020年，民生监督组贯彻落实全面从严治党各项要求，推进党风廉政建设和反腐败斗争，加大扶贫民生领域监督执纪问责力度，惩治群众身边的不正之风和腐败问题。

2014年，开展家电下乡、安全饮水、惠农补贴政策落实、农机具补贴、退耕还林、危房改造、农村低保和中小学营养午餐等工作监督检查，对存在营养午餐管理不规范的问题，要求限期整改；开展农村养殖产业扶贫项目、涉林扶贫民生项目和财政涉农补贴资金“一折通”等工作展专项监察；立案3件3人。

2015年，开展农村危房改造资金、教育资助、农机具补贴、微型企业补助资金、村民生事务专项监察工作。立案8件8人。

2016年，开展粮食直补、农村最低生活保障、雨露计划、救灾救济、计划生育、农村合作医疗和大病救助及财政供养人员近亲属享受惠民政策情况专项监察，立案7件7人。

2017年,结合“访村寨、重监督、助攻坚”专项行动,开展“一事一议”、农村最低生活保障、农村危房改造、生态移民搬迁和易地扶贫搬迁专项监察,开展常态化精准扶贫帮扶成效、干部作风和工作落实情况监督检查,走访10个村,走访农户157人次,发现问题8个,立案7件7人。

2018年,持续深入开展“访村寨、重监督、助攻坚”专项行动,发现问题10个,现场整改10个。开展农村实体经济管理项目、养老保险、城乡医疗救助及大病专项救治和扶贫养殖项目专项监察;持续开展脱贫攻坚帮扶成效、工作落实、干部作风和到岗到位等监督检查工作。立案8件,诫勉谈话6人,提醒谈话12人,涉及违纪资金5800万元。

2019年,持续开展“访村寨、重监督、助攻坚”专项行动和“百名纪检监察干部访千村进万家”活动;开展农村涉林项目、财政涉农补贴“一折通”和易地扶贫搬迁专项监察;开展公益林补偿资金、养老保险、医疗报销、安全生产、农村人饮和桥梁施工情况专项检查,开展脱贫攻坚、扫黑除恶专项斗争工作监督检查;发现问题8个,反馈整改1个,立案8件8人,涉及违纪资金9.84万元。

2020年,开展脱贫攻坚、新冠肺炎疫情防控工作监督检查;开展对全乡跨区域易地扶贫搬迁户享受最低生活保障情况专项检查,发现问题1个,立案1人。继续开展“访村寨、重监督、助攻坚”专项行动和“百名纪检监察干部访千村进万家”活动,结合“杨荣式”好干部大走访活动,开展农民专业合作社(公司)扶贫民生项目和农村饮水安全专项监察工作,走访群众40余户86人。立案4件4人,涉及违纪资金1.75万元。

(四)警示教育

1993—2013年,利用宣传标语、黑板报、宣传栏、警示教育片和典型案例展等形式,有组织、有计划地开展党风廉政建设反腐败警示教育活动96次。

2014年,组织乡村两级党员干部观看反腐败警示教育片,学习警示教育读本。

2015年,组织观看警示教育片《楠竹上的蛀虫》,引导党员干部讲党性、重品行,强化纪律意识。

2016年,组织党员干部、机关工作人员观看反腐倡廉警示片《镜鉴》。

2017年,在乡村两级建立党风廉政建设宣传栏11个,加强党风廉政建设宣传教育,在全乡干部职工会议上通报典型案例。

2018年,组织全体干部职工通报精准扶贫典型案例10次,组织观看全市扶贫领域典型案例展2次。

2019年,组织全体干部职工通报精准扶贫典型案例20余次,开展全市扶贫领域典型案例展2次,组织乡机关党支部、10个村党支部共计96名党员到县党风廉政警示教育基地接受警示教育。

2020年,组织党员干部观看警示教育片《董事长的没落》,开展警示教育大会10场次,组织观看全市扶贫领域典型案例展2次,受教育人数416人次。

第十九章　贵州松桃经济开发区纪检监察工作

第一节　纪检监察机构

为进一步贯彻落实工业强省战略，加快推进松桃工业化进程，2011年2月23日，中共松桃苗族自治县委印发《关于成立中共松桃苗族自治县工业园区工作委员会和松桃苗族自治县工业园区管理委员会的通知》，决定设立中共松桃苗族自治县工业园区工作委员会和松桃苗族自治县工业园区管理委员会。

2012年，贵州省人民政府印发《省人民政府关于同意设立贵州松桃经济开发区的批复》，同意在铜仁市松桃苗族自治县设立省级经济开发区，定名为贵州松桃经济开发区，实行省级经济开发区政策。

贵州松桃经济开发区位于松桃苗族自治县蓼皋街道、太平营街道辖区内，首期开发面积9.49平方公里，起步期面积2.91平方公里。

贵州松桃经济开发区成立后，松桃工业化进程进入大建设大发展时期。随着开发区的不断发展壮大，为进一步规范管理，促进经济社会事业健康发展。2015年1月30日，中共松桃苗族自治县委《关于转发赵曙光等同志任免职的通知》，明确麻文宪任中共贵州松桃经济开发区工作委员会委员、中共贵州松桃经济开发区纪律检查工作委员会委员、书记。3月12日，中共松桃苗族自治县委办公室、松桃苗族自治县人民政府办公室“关于印发《贵州松桃经济开发区管理委员会主要职责内设机构和人员编制规定》的通知”，明确贵州松桃经济开发区管理委员会（中共贵州松桃经济开发区工作委员会，以下简称“党工委”）为松桃苗族自治县委、县人民政府派出的行政机构，实行两块牌子一套工作人员的管理体制，合署办公。同时对纪工委（监察室）和人员配置等作出具体规定，设纪工委书记1名（副县长级）；开发区监察室与纪工委合署办公，设主任1名。

2016年10月9日，中共松桃苗族自治县委办公室、松桃苗族自治县人民政府办公室印发《中共贵州松桃经济开发区工作委员会贵州松桃经济开发区管理委员会主要职责、内设机构和人员编制规定》，明确中共贵州松桃经济开发区工作委员会、贵州松桃经济开发区管理委员会是中共铜仁市委、铜仁市人民政府派出的行政机构，实行两块牌子一套工作人员的管理体制，合署办公，由中共松桃苗族自治县委、松桃苗族自治县人民政府组建管理，代表县委、县人民政府行使职权，负责对贵州松桃经济开发区、园区建设进行全面管理。同时明确纪工委书记按同级副职配备，纪检监察机构按有关规定设置。

2019年5月，铜仁市深化监察体制改革试点工作组办公室《关于印发铜仁市开发区纪检监察体制改革工作实施方案的通知》，明确贵州松桃经济开发区等8个省级经济开发区纪工委（监察室）变更为纪检监察工作委员会（简称“8个省级经济开发区纪检监察工作委员会”），为市纪委市监委派出机构，依法行使纪检监察职能。在市纪委市监委、开发区党工委双重领导下开展工作，以市纪委市监委领导为主，向市纪委市监委负责并请示报告工作;根据市纪委市监委授权,履行党的纪律检查和国家监察两项职责;在干部管理上,纪检监察工委书记的提名考察以市纪委市监委会同市委组织部进行,由市委任免;副书记的提名考察以市纪委监委为主,会同开发区党工委提名考察,由市委组织部任免;纪检监察工委干部年度考核由市纪委市监委负责,按程序报批。

2019年10月,中共松桃苗族自治县委机构编制委员办公室印发《关于推进贵州松桃经济开发区监察全覆盖有关机构编制事项的通知》,明确贵州松桃经济开发区纪工委(监察室)更名为贵州松桃经济开发区纪检监察工作委员会(简称"开发区纪检监察工委"),为市纪委市监委派出机构,依法行使纪检监察职能,原相关职数予以撤销。开发区纪检监察工委设书记1名、副书记1名(正科长级);内设办公室,设主任1名(副科长级)。

中共贵州松桃经济开发区纪律检查工作委员会(监察室)(2015年3月至2019年5月)

书　记　麻文宪(苗族) 2015年1月至2019年5月

中共贵州松桃经济开发区纪检监察工作委员会(纪律检查工作委员会)(2019年5月至2020年12月)

书　记　麻文宪(苗族) 2019年5月至2020年12月

副书记　(暂缺)

中共贵州松桃经济开发区纪检监察工作委员会(纪律检查工作委员会)办公室(2015年3月至2020年12月)

主　任　麻建成(苗族) 2019年12月至2020年12月

第二节　纪检监察工作情况

贵州松桃经济开发区纪检监察工作委员会自成立以来,切实履行党章赋予的职责,聚焦主责主业,积极协助区党工委履行全面从严治党主体责任,坚持正风肃纪反腐,深化运用监督执纪"四种形态",一体推动构建不敢腐、不能腐、不想腐,持续营造风清气正的良好政治生态。

2015年,松桃经济开发区纪工委以"三严三实"专题教育为契机,提醒班子成员按时完成专题教育各项工作任务。组织学习《中国共产党章程》、中共十八届四中全会、省委十一届五次全会、一届市纪委五次全会精神及市委书记刘奇凡在一届市纪委五次全会上的讲话精神,学习《中国共产党廉洁自律准则》《中国共产党纪律处分条例》,提升政治理论和业务水平。通过定期召开党风廉政建设季度会,分析存在问题,提出工作措施,安排部署党风廉政建设工作,把党风廉政建设工作落到实处。在警示教育工作上,召开警示教育会1次,观看警示教育片4部,督促实现廉政谈话全覆盖。完成中央八项规定、六项禁令、省委市委十项规定、县委五要七带头规定制度上墙;组织学习《铜仁市规范党员干部和国家公职人员操办酒席管理办法》,推动干部进一步明责、知责和守责。在风险排查防控上,召开廉政风险排查专题会4次。围绕廉政风险点,认真分析原因,强化措施,推动松桃经济开发区经济社会发展。为规范干部常规管理,党工委印发《关于进一步加强干部作风建设的通知》,推动干部管理制度化。在抓项目廉政档案建设上,召开项目廉政档案建设专题会,开展重点项目监督检查,推动党风廉政贯穿项目建设全过程。是年,开展领导干部亲属违规经商办企业投资入股承揽工程专项清理工作、党员干部和国家公职人员违反规定打麻将赌博专项整治行动，推动干部作风的转变。

2016年，代党工委拟定《党风廉政建设年度目标计划》《党工委主体责任清单》等文件，定期召开专题会议，制定《2016年度党风廉政建设责任书》，并层层签订落实，推动主体责任落地落实。是年，松桃经济开发区纪工委以"两学一做"为契机，督促党员干部认真学习《习近平总书记关于严明党的纪律和规矩论述摘编》《中国共产党章程》，撰写心得体会16篇。组织干部职工集中学习十八届中央纪委六次全会精神、《中国共产党廉洁自律准则》等党规党纪。组织干部职工学习省纪委十一届五次全会、市纪委一届六次全会、县纪委十二届五次纪委全会精神，推动了解党风廉政建设及反腐败斗争新形势。组织党员干部观看《贪食"群蝇"终自毁》等廉政警示教育片，及时组织学习省、市、县纪委公开发布的典型案例通报，组织干部职工学习贯彻中央纪委、中组部"九严禁"换届纪律、组织观看警示教育片《镜鉴》，开展内设部门负责人严肃换届纪律专题谈话、组织全体干部签订《严格遵守换届纪律承诺书》，开展党性教育1次，营造浓厚廉洁自律氛围和健康的换届纪律氛围。开展党员干部违规办企业投资入股承揽工程、党员干部违规收送红包礼金问题、国家公职人员违规操办酒席、国家公职人员违规打麻将四个专项整治工作，按时完成补贴奖金发放清理工作。认真开展约谈常态化工作，约谈15人。开展安全生产、重大项目及重点工作推进情况督查，抓好项目廉政档案建设督查，组织签订不违规操办酒席承诺书、廉政风险点承诺书，推动干部职工纪律规矩意识提升。以开展"两学一做"教育实践为契机，组织党员干部重温入党誓词，开展党风廉政知识网上答题。认真开展干部作风督查，积极邀请入驻企业负责人召开座谈会。设立举报电话，畅通举报渠道。督促印发了财务管理制度、报账审签制度、公务接待制度、公车管理制度、上下班签到制度、请销假等管理制度，规范管理。

2017年，代党工委拟定《党风廉政建设年度目标计划》《党工委主体责任清单》《2017党风廉政建设责任书》并层层签订落实，拟定《2017年干部作风量化分类管理实施办法(试行)》。组织干部职工学习《习近平谈治国理政》第一卷、"一准则两条例"，开展"铜仁组工每日一学"学习签到督查，抓好干部的教育管理。组织干部观看《国门惩腐》等4部廉政警示教育片，实现节假日常态化纪律提醒。抓好监督检查，认真开展廉洁过节承诺、"四风"自查、党风廉政建设民意调查、分级约谈、"办公用房"清理、"三个开刀"专项活动。开展约谈常态化工作；开展上级部门来文来件办理事项及2016年1月至2017年5月会议议定事项办理落实情况督查，积极开展学习近平总书记系列重要讲话精神、中央、省、市、县重大决策部署落实情况督查。强化机关建设，认真开展干部作风督查，完善监督举报牌、干部去向公示牌及廉政风险监督卡制度建设。

2018年，扎实推进党的政治建设工作，开展中共十九大、习近平总书记在贵州省代表团的重要讲话精神及中央、省、市、县委的重大决策部署落实情况、铜仁组工"每日一学"及"铜仁智慧党建"学习签到督查，积极协调召开贯彻落实"两个维护"工作会。抓好十九届中央纪委二次全会、十二届省纪委二次全会、二届市纪委三次全会、十三届县纪委三次全会、市纪委半年总结会及市政府廉政工作会精神的贯彻落实。推进作风建设，开展节假日纪律提醒和节假日值班督查，认真组织学习《松桃苗族自治县规范操办酒席管理办法》，抓好关键环节督查，开展党员干部违规收送红包礼金问题、发放补贴或奖金福利问题、公款吃喝问题三个专项整治"回头看"专项检查。开展办公用房清理，清退办公用房3间。开展干部职工违规参与经营茅台酒盈利活动专项整治、重点工程推进情况督查、党员干部违规兼职取酬督查、政治纪律政治规矩落实情况督查。抓好关键少数，认真开展领导干部在企业和社会团体兼职情况、领导干部插手参与茅台酒经营情况自查，开展反腐败问题专题调研1次。扎实推进约谈常态化。开展"两个责任"分级约谈2次、涉及90人次，班子成员履行“一岗双责”提醒。约谈8次8人。是年，纪工委组织学习《中国共产党廉洁自律准则》等党规党纪，协调召开党风廉政建设警示教育大会1次；组织学习《党员干部八小时以外监督管理办法》、组织观看《底线》等9部警示教育片。组织全体干部职工观看《中华人民共和国监察法》讲座1次、集中学习《中华人民共和国监察法》2次，组织关注“清风松桃民生微吧”及参加《中华人民共和国监察法》在线答题，54名干部职工完成关注“清风松桃微吧”的答题。认真开展纪检监察干部“三进三访”活动，完善干部去向公示牌和信访举报牌，制作48张干部廉政监督卡。开展脱贫攻坚驻村干部履职情况督查、涉及8个乡镇14个村16人，开展帮扶干部履责情况督查，推动干部履职尽责。开展巡视巡察反馈问题整改落实情况监督检查，督促各整改专班按照“一拖三”(整改方案、支撑材料、工作小结)抓好整改。是年，对2名违规责任人进行通报批评。

2019年，按照中央、省、市、县纪委的有关会议和文件精神，结合巡视巡察反馈问题，认真谋划2019年纪检监察工作计划、协助拟定“两个责任”清单及班子成员“一人一单”。切实履行监督检查职责，在开展政治生态及“四风”调研的基础上，开展贯彻执行党的路线、方针、政策和决议情况督查、节假日值班督查、“四风”和执行六大纪律情况检查、春节节后干部作风督查。开展干部集中约谈2次，开展“两个责任”分级约谈2次。开展严肃整治领导干部利用名贵特产特殊资源牟取私利问题、“茅台酒”乱象专项整治，开展巡视巡察反馈意见整改情况的监督检查，确保真改实改。组织开展警示教育活动2次，观看警示教育片5部，组织参观县警示教育基地2次。抓好信访督查督办，接待农民工信访1次涉及12人，督促施工方兑现民工工资4.1万元。纪工委按照县、乡、村三级脱贫攻坚指挥部纪律要求对履责情况开展不定期督查。按照机构设置，完成了配置纪检监察干部工作，健全自身队伍建设。是年，运用监督执纪“四种形态”问责13人，其中，纪工委提醒谈话3人，诫勉谈话1人，通报批评3人，责令书写情况说明4份，责令书写书面检查2人，清退违规资金7250元；党工委提醒谈话5人。完成1例违反中央八项规定精神案件“一案一整改”，配合县纪委完成1名科级干部立案处理工作。

2020年，坚持以政治建设为统领谋划工作，通过中心组学习和自学，系统学习习近平新时代中国特色社会主义思想，中共十九届四中全会精神，中共十二届省委六次全会，中共二届市委七次、八次全会，中共十三届县委七次、八次全会精神；紧扣中共十九届中央纪委四次全会、中共十二届省纪委四次全会、中共二届市纪委五次全会、中共十三届县纪委五次全会精神及全面从严治党要求，紧贴工作实际，拟定党风廉政建设“三张清单”，开展全面从严治党主体责任落实情况监督。组织召开党风廉政建设工作专题会3次、党风廉政建设和警示教育会各1次，坚持重大事项及时向党工委及上级纪委监委报告制度。定期开展驻村干部、帮扶责任人履职情况督查，为全县顺利通过省、国家第三方评估及国家脱贫攻坚普查贡献松桃经济开发区力量。按照“外防输入、内防扩散”要求，开展疫情防控和干部包保企业情况督查。开展“爱岗敬业我先行、积极作为勇担当”专项行动督查，是年，开展干部廉政谈话、“两个责任”分级约谈，对2名履新干部开展廉政谈话。开展环保整改情况的督查，督促整改单位全面完成中联环科废渣处理。完成上级转发的4件信访件(重复访)的办理。配合县纪委县监委完成1名科级干部、2名一般干部的党纪政纪立案处分工作。组织开展《中华人民共和国公职人员政务处分法》学习活动，组织观看《忏悔之音》警示教育片，及时向干部职工转发县纪委县监委微信公众平台通报的典型案例。稳步推进党内政治生态分析研判工作。组织参加学习贯彻十九届四中全会专题培训班(松桃分会场)、松桃纪检监察干部能力提升培训班的学习和培训，提升纪检监察干部的综合素质。

第二十章　成绩与荣誉

从1951年3月成立到2020年12月历经的70年里，松桃县(苗族自治县)纪检监察机关的工作可谓是道路曲折、使命光荣。历届纪检监察工作者，开拓创新，忠实地执行党的路线、方针、政策，全力维护党和人民利益，围绕端正党风政风，严肃党纪政纪，卓有成效地开展各项工作，为全县政治稳定、社会和谐、经济发展提供了纪律保证。在改革开放以来的40年间，尤其是中共十八大后，创新体制机制、聚焦主责主业、切实履行监督责任，取得了突出的成绩。

在70年的工作中，无论是集体、还是个人，在不同的时期都有获得省、市(地)、县领导机关的肯定、表彰与奖励。但因跨越年度较长，档案资料不全，有的当事人也未妥善保存或积极提供详细资料，致使收集到的荣誉资料稀少不齐全，现就查阅现存有关档案和当事人提供的资料进行整理至2020年，县纪委县监委(县监察局)获省级及其单位所属部门表彰17次，获市级及其所属部门表彰44次，获中共松桃苗族自治县委、松桃苗族自治县人民政府表彰16次；全县纪检监察干部有1人获中华全国妇女联合会表彰，18人次获省级及其单位所属部门表彰，38人次获市级及其单位所属部门表彰，有28人次获得中共松桃苗族自治县委、松桃苗族自治县人民政府表彰。

第一节　先进集体

一、省级及其所属部门表彰

(一)中共贵州省委、贵州省人民政府表彰

1.2017年12月，县纪委监察局被中共贵州省委、贵州省人民政府授予“2015—2017年度全省文明单位”称号。

2.2020年12月，县纪委县监委被中共贵州省委、贵州省人民政府授予“2018—2020年度全省文明单位”称号。

(二)贵州省精神文明建设指导委员会表彰

1.2008年，县纪委监察局被贵州省精神文明建设指导委员会授予“全省精神文明先进单位”称号。

2.2014年12月，县纪委监察局被贵州省精神文明建设指导委员会授予“2012—2014年度全省精神文明建设工作先进单位”称号。

（三）中共贵州省纪委、贵州省监察委员会（监察厅）等部门表彰

1.1995年2月，县纪委监察局被中共贵州省纪委、贵州省监察厅评为“贵州省1993年、1994年纪检监察工作先进集体”。

2.1998年6月，县纪委监察局荣获全省“1998年《中国监察》杂志征订发行工作优秀奖”。

3.1999年9月，县纪委监察局荣获全省“1999年度《中国监察》征订工作三等奖”。

4.2001年8月，县纪委监察局荣获全省“2000年度《中国监察》征订工作三等奖”。

5.2002年8月，县纪委监察局荣获全省“2002年度《中国监察》征订工作三等奖”。

6.2008年10月，县纪委监察局被中共贵州省纪委办公厅、中共贵州省纪委信访室评为“全省纪检监察信访举报工作先进单位”。

7.2009年6月，县纪委监察局被中共贵州省纪委办公厅、贵州省纪委案件审理室评为“全省案件审理工作先进集体”。

8.2010年，县纪委监察局被中共贵州省纪委、贵州省监察厅评为“全省纪检监察系统先进集体”。

9.2011年6月，县纪委监察局被中共贵州省纪律检查委员会、贵州省人力资源和社会保障厅、贵州省监察厅评为“贵州省纪检监察系统先进集体”。

10.2013年1月，县纪委监察局被评为“2012年度全省纪检监察信息工作县级先进直报点”。

11.2015年1月，县纪委监察局被评为“2014年度全省纪检监察信息工作县级先进直报点”。

12.2017年1月，县纪委监察局被评为“2016年度全省纪检监察信息工作县级先进直报点”。

13.2019年9月，县纪委县监委被中共贵州省纪律检查委员会、贵州省监察委员会、贵州省人力资源和社会保障厅评为“贵州省纪检监察系统先进集体”。

二、市（地）级及其所属部门表彰

（一）中共铜仁地委、铜仁地区行署表彰

1.2004年9月，县纪委监察局在“全区投资软环境集中治理工作”中被中共铜仁地委、铜仁地区行署评为二等奖。

（二）中共铜仁市（地区）纪律检查委员会、铜仁市监察委员会（地区、市监察局）等部门表彰

1.1990年3月，县监察局荣获“一九九〇全区监察举报信访工作考评第一名”。

2.1996年3月，县纪委监察局“杨胜瑜贪污案调查组”被中共铜仁地区纪委、铜仁地区监察局评为“查办案件先进集体”。

3.1996年3月，县纪委监察局“阳开广挪用公款案调查组”被中共铜仁地区纪委、铜仁地区监察局评为“查办案件先进集体”。

4.1996年3月，县纪委监察局“龙从贵诈骗案调查组”被中共铜仁地区纪委、铜仁地区监察局评为“查办案件先进集体”。

5.1997年2月，县纪委监察局被中共铜仁地区纪委、铜仁地区监察局评为“1996年度全区纪检监察全面工作第三名”。

6.1999年2月，县纪委监察局被中共铜仁地区纪委、铜仁地区监察局评为“1998年度办公室工作先进单位”。

7.2002年2月，县纪委监察局被中共铜仁地区纪委、铜仁地区监察局评为“2001年度全面工作先进集体”。

8.2003年，县纪委监察局被中共铜仁地区纪委、铜仁地区监察局评为“查办案件特别奖”。

9.2003年3月，县纪委监察局被中共铜仁地区纪委、铜仁地区监察局评为“2002年度全面工作先进集体”。

10.2003年3月，县纪委监察局被中共铜仁地区纪委、铜仁地区监察局评“2002年度全区纪检监察工作优秀奖”。

11.2004年2月，县纪委监察局被中共铜仁地区纪委、铜仁地区监察局评“全区纪检监察查办大案特别奖”。

12.2004年2月，县纪委监察局被中共铜仁地区纪委、铜仁地区监察局评为“纪检监察全面工作先进集体”。

13.2004年5月，县纪委监察局在参加由中共铜仁地区纪委、中共铜仁地委组织部、中共铜仁地委宣传部组织的“铜仁地区党内法规知识竞赛”中荣获第三名。

14.2005年2月，县纪委监察局被中共铜仁地区纪委、铜仁地区监察局授予“治理大操大办工作单项奖”。

15.2005年，县纪委监察局被中共铜仁地区纪委、铜仁地区监察局评为“全面工作先进集体”。

16.2005年，县纪委监察局被中共铜仁地区纪委、铜仁地区监察局评为“查办案件特别奖”。

17.2005年11月，县纪委监察局被中共铜仁地区纪委、中共铜仁地委宣传部评为“铜仁地区反腐倡廉板报宣传评比优秀奖”。

18.2006年，县纪委监察局被中共铜仁地区纪委、铜仁地区监察局评为“全区纪检监察工作第一名”。

19.2007年2月，县纪委监察局被中共铜仁地区纪委、铜仁地区监察局评为“全区纪检监察全面工作第一名”。

20.2007年2月，县纪委监察局被中共铜仁地区纪委、铜仁地区人事局、铜仁地区监察局评为“2001—2006年度全区纪检监察系统先进集体”。

21.2007年2月，县纪委监察局被中共铜仁地区纪委、铜仁地区监察局评为“全区纪检监察信访举报工作先进集体”。

22.2007年2月，县纪委监察局被中共铜仁地区纪委、铜仁地区监察局评为“全区纪检监察执法监察工作先进集体”。

23.2007年2月，县纪委监察局被中共铜仁地区纪委、铜仁地区监察局评为“全区纪检监察查办大案特别奖”。

24.2007年12月，县纪委监察局被中共铜仁地区纪委、铜仁地区监察局评为“全区反腐倡廉板报展出一等奖”。

25.2008年4月，县纪委监察局被中共铜仁地区纪委、铜仁地区监察局评为“全区查办大案特别奖”。

26.2008年4月，县纪委监察局“试行案件公开审理，维护党员干部合法权利”被中共铜仁地区纪委、铜仁地区监察局评为“2007年度特色工作奖”。

27.2008年，县纪委监察局荣获中共铜仁地区纪委、铜仁地区监察局组织开展的“全区反腐倡廉公益二等奖”。

28.2008年11月26日，县纪委监察局选送《卫士之歌》在参加地区纪委举办的“做党的忠诚卫士 当群众的贴心人"配乐诗朗诵比赛中获三等奖。

29.2010年，县纪委监察局被中共铜仁地区纪委、铜仁地区监察局评为"全区纪检监察全面工作第三名"。

30.2010年8月，县纪委监察局在参加由中共铜仁地区纪委、铜仁地区监察局组织开展的"全区《廉政准则》电视竞答赛"中荣获二等奖。

31.2012年8月，县纪委监察局在参加由中共铜仁市纪律检查委员会、中共铜仁市委宣传部、铜仁市监察局、铜仁市文体广电局、铜仁市文联联合组织开展的铜仁市"优化发展环境、促进提速转型"反腐倡廉曲艺大赛中荣获优秀奖。

32.2013年5月，县纪委监察局在参加由中共铜仁市纪律检查委员会、铜仁市监察局组织开展的铜仁市"学习党章 廉洁奉公"知识竞答赛中荣获组织奖。

33.2015年4月，县纪委监察局被中共铜仁市纪律检查委员会评为"2014年度全市纪检监察内部信息工作先进单位"。

34.2016年2月，县纪委被中共铜仁市纪律检查委员会评为"2015年度全市纪检监察内部信息工作先进单位"。

35.2016年4月，县纪委监察局在参加由中共铜仁市纪律检查委员会、铜仁市监察局组织开展的铜仁市纪检监察系统"两学一做"电视竞答·演讲大赛中荣获二等奖。

36.2016年6月，县纪委监察局在参加由中共铜仁市纪律检查委员会、中共铜仁市委宣传部、中共铜仁市委组织部组织开展的全市"学党规明党纪做表率"党规党纪知识竞赛中荣获二等奖。

37.2017年9月，县纪委监察局在参加由中共铜仁市纪律检查委员会、铜仁市监察局组织开展的铜仁市反腐倡廉小品大赛调演中剧目《一张收据》被评为一等奖。

38.2017年9月，县纪委监察局在参加由中共铜仁市纪律检查委员会、中共铜仁市委宣传部组织开展的铜仁市反腐倡廉小品大赛调演中剧目《面收》被评为三等奖。

39.2018年12月，县纪委县监委《基层监委规范运行的实践与探索》荣获市纪委市监委纪检监察系统调研成果二等奖。

40.2019年11月，县纪委县监委荣获2019年度铜仁市纪检监察系统调研成果二等奖。

(三)其他表彰

1.2008年7月，县纪委监察局被中共铜仁地委党的建设工作领导小组评为"五个好"基层党组织。

2.2008年7月，县纪委监察局在参加由铜仁地区政务公开领导小组办公室组织开展的"全区《中华人民共和国政府信息公开条例》知识竞赛"中荣获二等奖。

3.2014年6月，县纪委监察局被中共铜仁市委党的建设工作领导小组评为"五好"基层党组织。

三、中共松桃苗族自治县委、松桃苗族自治县人民政府表彰

1.2006年1月，县纪委监察局在县委、县人民政府组织开展的2005年度县直部门全面工作考核评比中被评为三等奖。

2.2007年3月，县纪委监察局在县委、县人民政府组织开展的年度工作考核中获"县直部门2006年度全面工作二等奖"。

3.2007年5月，县监察局被县人民政府评为“2006年度信访工作目标管理考核先进集体”。

4.2008年4月，县监察局被县人民政府评为“2007年度劳动和社会保障工作目标考核二等奖”

5.2008年12月，县纪委监察局机关党支部被县委评为“五好”基层党组织。

6.2009年4月，县纪委监察局在2008年度整脏治乱工作中被县委、县人民政府评为三等奖。

7.2009年9月，县纪委监察局男子篮球队在参加由县委、县人民政府组织开展的“建国六十周年‘东源杯'职工篮球运动会”中获男子乙组第一名。

8.2010年3月，县纪委监察局在参加由县委、县人民政府组织开展的年度工作评比中获“2009年度全面工作三等奖”。

9.2011年7月，县纪委监察局机关党支部被县委评为全县“五好”基层党组织。

10.2013年1月，在参加由县委、县人民政府组织开展的2013年春节城区机关职工篮球运动会中获男子乙组第四名。

11.2013年7月，县纪委监察局机关党支部被县委评为全县“五好”基层党组织。

12.2014年6月，县纪委监察局在参加由中共松桃苗族自治县委党的群众路线教育实践活动领导小组组织举办党的群众路线教育实践活动知识抢答赛中获三等奖。

13.2015年3月，县纪委监察局在2014年度“创建省级文明县城和国家卫生县城”活动中被县委、县人民政府评为先进集体。

14.2016年9月，县纪委监察局被县委、县人民政府评为“2011—2015年度档案工作先进集体”。

15.2018年4月，县纪委县监委被县委、县人民政府评为“2017年度平安建设工作先进单位”。

16.2020年7月，县纪委县监委机关党委被县委评为“全县脱贫攻坚先进党组织”。

第二节　先进个人

一、中华全国妇女联合会表彰

2013年2月，麻志南被中华全国妇女联合会授予“全国三八红旗手”荣誉称号。

二、省级及其所属部门表彰

（一）中共贵州省委、贵州省人民政府表彰

1.1999年7月16日，唐海燕被贵州省人民政府评为“全省纠风工作先进个人”。

2.2004年9月，龙中文被中共贵州省委、贵州省人民政府授予“贵州省勤政廉政先进工作者”荣誉称号。

3.2011年7月，冉光珍被中共贵州省委、贵州省人民政府评为“贵州省勤政廉政先进个人”。

4.2018年6月，杨文君被中共贵州省委授予“全省脱贫攻坚优秀共产党员”。

（二）中共贵州省纪律检查委员会、贵州省监察委员会（监察厅）等部门表彰

1.1998年2月，张智被中共贵州省纪委、贵州省监察厅评为“贵州省纪检监察系统1993—1997年案件检查工作先进个人”。

2.1998年2月,唐海燕被中共贵州省纪委、贵州省监察厅评为“贵州省纪检监察系统1993—1997年案件检查工作先进个人”。

3. 2007年1月,刘卫东被中共贵州省纪委、贵州省人事厅、贵州省监察厅授予“全省纪检监察系统先进工作者”荣誉称号。

4.2011年6月,中共贵州省纪律检查委员会、贵州省监察厅对麻程在2006—2011年纪检监察工作中取得突出成绩,给予嘉奖。

5. 2011年8月,邱美霖被中共贵州省纪委、贵州省监察厅评为“全省‘小金库'治理先进个人”。

6.2013年1月,秦榜江被评为“2012年度全省纪检监察信息工作先进个人”。

7.2015年1月,秦榜江被评为“2014年度全省纪检监察信息工作先进个人”。

8.2017年1月,唐明清被评为“2016年度全省纪检监察信息工作先进个人”。

9.2019年9月,姚蓉被中共贵州省纪律检查委员会、贵州省监察委员会、贵州省人力资源和社会保障厅授予“贵州省纪检监察系统先进工作者”称号。

10.2019年9月,张朝河荣获中共贵州省纪委、贵州省监委举办的审理业务大比武征文调研优秀成果三等奖。

11.2019年9月,简国永荣获中共贵州省纪委、贵州省监委举办的文字综合能力大比武集体三等奖。

(三)其他表彰

1.2014年2月,刘建英获中共贵州省委党的建设工作领导小组评为“优秀同步小康驻村干部”。

2.2016年4月,吴云飞被中共贵州省委党的建设工作领导小组评为“2015年全省同步小康驻村‘全省优秀村第一书记'”。

3.2014年,宋扬被中共贵州省委党的群众路线教育实践活动领导小组办公室评为“贵州省委党的群众路线教育实践活动先进个人”。

三、市(地)级及其所属部门表彰

(一)中共铜仁市委(地委)、市人民政府(铜仁地区行署)表彰

1.2001年6月26日,龙中文被中共铜仁地委、铜仁地区行署评为“铜仁地区党风廉政先进个人”。

2.2011年7月,冉光珍被中共铜仁地委、铜仁地区行署评为“全区勤政廉政先进个人”。

3.2017年6月,杨文君被中共铜仁市委评为“全市优秀驻村第一书记”。

(二)中共铜仁市(地区)纪律检查委员会、铜仁市监察委员会(地区、市监察局)等部门表彰

1.1992年3月,龙中文被中共铜仁地区纪委评为“1991年度纪检工作先进工作者”。

2.1996年3月,张智被中共铜仁地区纪委、铜仁地区监察局评为“全区1993—1995年度纪检监察机关查办案件先进个人”。

3.1996年3月,唐海燕被中共铜仁地区纪委、铜仁地区监察局评为“全区1993—1995年度纪检监察机关查办案件先进个人”。

4.2008年12月25日,在“纪念党的纪律检查机关恢复重建30周年”活动中,龙秀福、邱美霖、郭玉华、龙建辉、杨刘华被铜仁地区纪委、铜仁地区监察局表彰为“全区优秀纪检监察干部”。

5.2016年3月15日，唐义长被中共铜仁市纪委、铜仁市监察局评为“全市纪检监察系统2015年度党风廉政宣传工作优秀通讯员”。

6.2016年，秦榜江被中共铜仁市纪委、铜仁市监察局评为“全市纪检监察系统优秀网评员”。

7.2017年，秦榜江被中共铜仁市纪委、铜仁市监察局评为“全市党风廉政宣传工作优秀通讯员”。

8.2018年1月12日，刘建英撰写《讲政治局 守纪律 敢担当努力当好党内政治生态“护林员”》理论文章获中共铜仁市纪委、铜仁市监察局组织的2017年度铜仁市廉政理论研究优秀成果三等奖。

9.2018年3月26日，黄宇被中共铜仁市纪委、铜仁市监委评为“2017年度全市纪检监察信访举报工作先进个人”。

10.2018年12月21日，中共铜仁市纪委、铜仁市监委对全市纪检监察系统在职在编连续从事纪检监察工作20年以上纪检监察人员进行通报表扬。县委常委、县纪委书记、县监委主任胡定钦，县纪委县监委第五纪检监察室主任石利军2人受到表扬。

11.2019年7月，周玉鹏荣获中共铜仁市纪委、铜仁市监委举办的业务大比武笔录赛三等奖。

12.2019年7月，张朝河荣获中共铜仁市纪委、铜仁市监委举办的案件审理业务大比武二等奖。

13.2019年9月，吴志松被中共铜仁市纪委、铜仁市监委评为“铜仁市纪检监察系统新时代最美纪检监察干部”。

14.2019年9月，杨文君被中共铜仁市纪委、铜仁市监委评为“铜仁市纪检监察系统新时代最美纪检监察干部”。

15.2019年10月，陈向东被中共铜仁市纪委、铜仁市监委评为“2018年度党风廉政宣传工作优秀通讯员”。

16.2020年3月，杨昌伦、姚蓉、秦毅、李慧娟、龙迅飞、徐骞、冉奉尧被中共铜仁市纪委、铜仁市监委授予“杨荣式”好干部。

17.2020年7月30日，唐义长被中共铜仁市纪委、铜仁市监委评为“全市纪检监察系统2019年度党风廉政宣传工作优秀通讯员”。

(三)其他表彰

1.2006年7月21日，黄文沛创作的《党章指引我前进》一文荣获铜仁地区“学党章、倡廉政”演讲比赛创作奖。

2.2015年3月，刘建英被中共铜仁市委党校评为2015年全市春季妇女干部培训班“优秀学员”。

3.2015年，刘建英参与铜仁市人大常委会组织的“全市纪念全国人民代表大会成立六十周年征文活动”获三等奖。

4.2016年3月15日，唐义长在由中共铜仁市纪委、铜仁市监察局组织开展的“全市纪检监察系统2015年度党风廉政宣传工作评比”中撰写的《贵州松桃：墓园“挂清”嘈杂不再》获一等奖。

5.2019年7月，吴海萍获中共铜仁市纪委、铜仁市监委举办的演讲比赛三等奖。

6.2020年6月，吴蕾在参加由中共铜仁市纪委、铜仁市监委、中共铜仁市宣传部组织开展的“当党和人民的忠诚卫士”主题演讲比赛中获“优秀奖”。

7.2020年7月30日，唐义长在全市纪检监察系统2019年度党风廉政宣传工作评比中撰写的《“扶贫羊”牵出案中案》获二等奖。

四、中共松桃苗族自治县委、松桃苗族自治县人民政府表彰

1.2006年4月,刘卫东被县委、县人民政府评为“全县民族团结先进个人”。

2.2006年6月,彭江、刘卫东、田儒礼、龙志碑、秦志刚、杨刘华、邱美霖、滕树东、刘勇坚被县委、县人民政府评为“全县勤政廉政先进个人”。

3.2006年7月,田儒礼被中共松桃苗族自治县委评为“优秀党务工作者”。

4.2007年3月,刘卫东家庭在2006年度创建文明和谐家庭活动中,被县委评为“和谐家庭”。

5.2008年11月,蒋渫合被县委、县人民政府评为“全县纪检监察系统先进工作者”。

6.2008年11月,吴达君被县委、县人民政府评为“全县纪检监察系统先进工作者”。

7.2009年4月24日,县人民政府授予周强“先进工作者”称号。

8.2011年7月,田儒礼被县委评为“优秀党务工作者”。

9.2015年7月,唐义长被县委评为“全县优秀共产党员”。

10.2015年7月,李靖、代开明被县委评为“全县优秀党务工作者”。

11.2017年7月,杨文君被县委评为“全县优秀村第一书记(驻村干部)”。

12.2017年7月,龙水涌、冉翔、石树江、陈廷红被县委评为“全县优秀共产党员”。

13.2020年7月,李慧娟、唐锋、吴云峰、田兴国被县委评为“全县脱贫攻坚优秀共产党员”。

第二十一章　人物

第一节　人物传记

滕久光

滕久光(1921—1956),男,汉族,中共党员,贵州省松桃苗族自治县冷水溪镇石门村人。1951年3月11日,成立中共松桃县委纪律检查委员会时,县委任命县长滕久光为县委纪委委员。

1947年7月,滕久光帮助其弟滕久荣由重庆返乡谋得冷水小学教员职务,以此从事秘密革命活动。中共冷水支部成立后,又帮助中共地下党员滕从戎选上冷水乡乡长,并掌握了乡警卫班。1949年1月至11月,任黔东纵队第三支队政委。1949年10月7日,任辰溪县人民政府民政科长。11月12日,作为向导带领三十师88团解放松桃。1949年11月至12月,任黔东北纵队副政委,后改任松桃县大队大队长。1950年1月5日,由西进支队六大队三中队110名干部组成,政委魏焕斗,团长滕久光。3月1日,组建中共松桃县委,刘安民任县委第一书记,魏焕斗任县委书记。同日,松桃县人民政府成立,滕久光任县长。1952年2月,召开铜仁专区首届各族人民代表会议,选举产生代表会议常设机构——铜仁专区各族各界人民代表会议协商委员会,王立然为主席,朱涛、成启宇为副主席,田白玉为秘书长,滕久光为副秘书长。

滕久明

滕久明(1944—2017),男,苗族,贵州省松桃苗族自治县蓼皋街道大坝村人。1965年11月加入中国共产党,1966年9月参加工作,中央党校培训部培训班毕业,中共中央党校研究生学历,高级政工师。中共十五大、中共十六大代表,中共十六届中央纪律检查委员会委员。

少年时代生活在大山深处一个贫困的农家里,恶劣的生活环境过早地催熟了少年滕久明。尽管爷爷、父亲、母亲目不识丁,一辈子躬耕,但滕久明从小就表现出了强烈的求知欲。进入松桃初级中学后,滕久明当上了学生干部,他更加发奋读书。为了找一处安静的读书之地,他在自家屋子中用竹子隔出了一间小屋,任何人也不准进去,一有空就躲在里面看书。

1956年,滕久明进入松桃中学就读,认识了长他三岁,后来担任国务委员的戴秉国。一个读高三,一个读初三,虽然相差三个年级,但两人一见如故,成为了挚友。当时滕久明在学校十分活跃,既是校团支部书记,又是班上的班主席。不知是历史的巧合还是上天的安排,几十年后,两人虽然天各一方,但彼此都在事业上颇有建树,成为了母校最大的骄傲。

1959年8月,年仅15岁的滕久明,他作出了平生第一个重大决定:走出大山,到千里之外的重庆求学。到达重庆后,滕久明考上了重庆最著名的南开中学。从高一到高三,他都是校团委干部、品学兼优的好学生。1962年滕久明以优异的成绩考上了西南师范大学中文系。在大学期间,他同样出类拔萃,一直是班上的班主席,这些经历为他日后从政打下了坚实的基础。

大学毕业后,滕久明先到部队接受锻炼,在部队是"五好战士",还出席了成都军区"三代会"。锻炼结束后分到大渡口区一所中学任教。不到半年,便被任命为该校的教导主任、党支部委员。1973年,滕久明以革命知识青年的身份出席了重庆市第三次党代会,从那以后,他仿佛跟党代会有缘似的,次次出席,从没有落下过。那一年,是滕久明一生中重要的一个转折点,29岁的他当上了共青团重庆市大渡口区委书记。由于工作出色,滕久明先后由大渡口区团委书记晋升为区政府副区长、区委常委、区委副书记、区委书记。1983年,滕久明以大渡口区委书记的身份考取了中共中央党校研究生。研究生毕业后,被安排到重庆北碚区任区委副书记。

1997年重庆直辖后,滕久明又历任市委常委兼宣传部部长、秘书长和市直机关党工委书记,市委副书记兼秘书长。2002年5月,滕久明又担任重庆市委副书记、市纪委书记,领导重庆的反腐倡廉工作。

作为担任重庆市委班子20年的领导,中央巡视组巡视期间,发现他是几十个市领导中唯一一个没有举报电话和举报信的领导。中共中央政治局常委、中共中央纪委书记吴官正非常高兴,决定调他到中共中央纪委工作。

在任职谈话时,吴官正对他说:"你很有思想,是全国巡视中没有举报电话和举报信的唯一一个,又是很争气的少数民族干部。"

2005年12月,中央纪律检查委员会、中央组织部国有企业巡视组正式组建。滕久明奉调北京,担任国有企业巡视组组长。从重庆到北京,职务变了、工作单位变了、居住地点变了,不变的是他的性格和作风。对国有重要骨干企业开展巡视既是一种制度创新,也是全新的工作实践。滕久明发扬求真务实、开拓创新的精神,以高度负责的态度和严谨细致的作风,扎扎实实地做好工作,履行自己的职责。对重要情况和问题,他总是认真分析、仔细甄别、把握实质,努力提供全面、真实、可靠的信息。他一手抓巡视,一手帮助被巡视单位促生产。在巡视中国五矿集团时,他与工人一起下到470米深的井下。

滕久明光明磊落、清正廉洁,严于律己,对党忠诚,坚决拥护以习近平为核心的党中央集中统一领导,对中共十八大以来以习近平为核心的党中央全面从严治党、强力正风反腐充满信心。

附:生平简历

1962年9月至1966年9月,西南师范学院中文系汉语言文学专业学习。

1966年9月至1968年12月,留校待分配。

1968年12月至1970年6月,在部队农场锻炼。

1970年6至1973年5月,四川省重庆市第九十六中学人保干事、教导主任、团总支书记。

1973年5月至1979年2月,共青团四川省重庆市大渡口区委书记,区党委办公室主任。

1979年2月至1982年8月,四川省重庆市大渡口区革委会副主任,区党委副书记、副区长。

1982年8月至1985年8月,四川省重庆市大渡口区委代书记、书记(其间:1983年9月至1985年7月在中央党校培训部培训班学习)。

1985年8月至1986年7月,四川省重庆市北碚区委副书记。

1986年7月至1987年4月,四川省重庆市北碚区委书记、重庆市委秘书长。

1987年4月至1988年12月,四川省重庆市委常委、市委秘书长。

1988年12月至1993年4月,四川省重庆市委常委、市委宣传部部长。

1993年4月至1997年6月，四川省重庆市委副书记。

1997年6月至1999年10月，重庆市委常委、市委宣传部部长。

1999年10月至2000年5月，重庆市委常委、市委秘书长、市直属机关党工委书记。

2000年5月至2001年6月，重庆市委常委、市委秘书长、办公厅主任、市直属机关党工委书记。

2001年6月至2002年5月，重庆市委副书记、市委秘书长、办公厅主任、市直属机关党工委书记。

2002年5月至2002年6月，重庆市委副书记、市纪委书记，市委秘书长、办公厅主任、市直属机关党工委书记。

2002年6月至2005年12月，重庆市委副书记、市纪委书记。

2005年12月至2008年3月，中央纪委、中央组织部巡视组副部级巡视专员。中央纪委、中央组织部国有主要骨干企业巡视一组组长。中共十五大、十六大代表，第十六届中央纪律检查委员会委员。

龙长春

龙长春(1963—2021)，男，苗族，贵州省松桃苗族自治县世昌街道新寨村人，1983年9月参加工作，1984年12月加入中国共产党，中共中央党校研究生学历。2021年1月22日，中国共产党的优秀党员，久经考验的忠诚的共产主义战士，贵州省优秀的领导干部，中共贵州省委常委龙长春因病医治无效在贵阳逝世，享年58岁。

龙长春出生于贫困山村农民家庭，从一个不会说汉语的苗家孩子，成长为一名优秀的省部级干部，“深山苗家娃，心血遍贵州，初心赴使命，热血铸忠魂”是他一生真实的写照。参加工作三十余年来，无论是在教育岗位，还是在纪检监察战线，抑或在地方担任党政主要领导，他始终牢记共产党人的初心使命，公而忘私国而忘家，扑下身子真心实意为群众办实事，用实际行动诠释了共产党人一心为民的公仆本色。为贵州经济社会各项事业发展忘我工作，为社会主义建设和改革开放奉献了毕生精力。

1979年，16岁的龙长春考入西南民族学院(现西南民族大学)数学专业，毕业后成为铜仁师范学校教师。1986年，龙长春在铜仁地区教育委员会办公室任秘书，后在铜仁地区纪检机关任职10余年。1998年起，先后担任过石阡县委副书记，沿河、松桃、瓮安县委书记，铜仁行署副专员等。其仕途之路辗转贵州多地，有丰富的基层任职经历。20多年来辗转于8个县州市工作，早已习惯了“又离别”“再出发”。

在治理松桃枪患及当地错综复杂的治安问题上颇有建树，其铁腕治吏的施政风格，为当地百姓所称道。在任沿河土家族自治县、松桃苗族自治县委书记时，龙长春也曾成功处置多起群体性事件。据新华社报道，龙长春担任沿河县委书记时，官舟镇淹没区300多名移民围攻县人民政府，要求解决淹没土地补偿问题，龙长春派员调查后给予移民补偿，及时妥善解决了问题。

2004年，龙长春从沿河土家族自治县调任松桃苗族自治县任县委书记不久，当地农民打伤地质队员，县公安局抓打人凶手，300多名农民围攻县委、县人民政府。龙长春闻讯只带8名公安人员赶去现场，讲明他是新来的县委书记，群众只能派代表与县委领导对话，其余群众必须立即撤离，围攻党政机关是违法的，对不听政府劝阻的，一定要依法惩处。对现场跳得最凶的几个人，他责令公安人员当场强制带离。对打伤地质队员的农民，明确依照有关条例处罚。当时围攻县委、县政府的绝大多数群众，看到新来的县委书记依法行政，行动果敢，对事不对人，有明确态度，纷纷撤离现场。自从县委依法处置此次群体性事件后，松桃的社会治安得到根本好转，社会政治稳定，广大群众有了安全感。

龙长春第一次“受命于危难之际”时，是2008年贵州瓮安爆发全国关注的“6·28”群体事件后，他从铜仁地区行署副专员赴任瓮安县委书记,处理"6·28"群体事件。

2008年6月28日,瓮安一名女中学生溺亡最终引发大规模群体事件,3万多名民众走上街头,先后冲击了县公安局、县政府和县委,并点火烧了3座办公大楼。7月4日,瓮安县委书记王勤、县长王海平被免职。同日龙长春赴任黔南州委常委、瓮安县委书记。据《中国青年报》报道,龙长春当时"从贵州省委办公楼出来,连换洗衣服都没带,就直接前往瓮安",晚上8点左右,龙长春抵达瓮安,5日凌晨零时左右,县里召开几百人参加的全县领导干部大会,州委组织部门宣布任命通知,龙长春做了简短发言,就前往正在抢修的县政府大楼。上任第二天,就在县公安局设立接访日。接着又启动"县委书记大接访、千名干部大巡访、千名教师大家访、公检法司大联访、乡镇干部大走访"等五大走访行动,了解、回应、解决全县人民群众关切的问题。

龙长春接受媒体采访时曾表示:"领导干部处理此类事件要承担巨大的风险。如果只考虑自己的行政安全,遇着矛盾和问题绕着走,等待上级指示是最易脱责的。"

据2010年第21期《半月谈》报道,龙长春说:我的办公室门口一直醒目地挂着"县委书记"的牌子,领导的办公室没必要遮遮掩掩,就是要让群众可以方便地找到县委书记反映问题。大多数信访件都是零散的个案,可这些看似琐碎的"小事",对老百姓来说却是关系切身利益的"大事"。

龙长春在担任瓮安县委书记的3年里,他接访并签批督办的各类信访案件有1000多件,办结回复率从之前的18%提升至99.6%。

2009年1月,龙长春被《决策》杂志评为2008年度十大地方决策新锐人物。

屡次担任群体事件"救火"队长,龙长春的才能得到认可。2011年龙长春转任黔西南州州长,2013年重返黔南州任州委书记。在当时的黔南州全州领导干部大会上,宣布任命的时任贵州省委组织部副部长郑德川表示:"龙长春同志政治素质好,领导经验丰富,熟悉党务工作、经济工作和基层情况,统筹驾驭和处置突发事件的能力较强。"

在担任黔西南州委副书记、州长期间,他重视基础设施建设,推动工业提速增效,为黔西南州经济社会持续健康发展、人民群众生活水平稳步提高作出积极贡献。患难见真情,危难显担当。面对困难和挑战,他始终冲锋在前,不畏困苦,用实际行动诠释共产党人担当作为的优秀品质。

龙长春始终初心不改,呕心沥血,用无数个日夜的拼搏与操劳,为贵州各项事业高质量发展作出了重要贡献。在担任黔南州委书记期间,他把脱贫攻坚作为第一民生工程,促经济、优民生、抓改革、强党建,积极探索出惠水易地扶贫搬迁模式等先进经验,为黔南州乃至全省脱贫攻坚作出了突出贡献。在担任贵州省委常委、遵义市委书记期间,他勇挑重担,克难奋进,明定位、立目标,抓班子、带队伍,为遵义经济社会稳中求进倾注了大量心血;在发现身患疾病后,他仍保持极强的事业心和责任感,以极高的工作热情和务实的工作作风,为遵义各项事业发展努力工作、无私奉献。因病卸任遵义市委书记职务后,他仍然数次深入基层蹲点调研,心系发展、情系人民,牢记嘱托、砥砺前行,舍身忘我践行共产党人的初心使命,用实际行动诠释了共产党人以身许国的不变追求。他勤政务实,敢于担当,勇于开拓,在难题面前敢闯敢试,在矛盾面前敢抓敢管。他为人正派,处事公道,胸怀坦荡,克己奉公,对家属、子女、亲属和身边工作人员要求严格,始终保持共产党人的政治本色,深受广大干部和人民群众的爱戴。

附:生平简历

1979年9月,西南民族学院数理化系数学专业学习。

1983年9月,贵州省铜仁民族师范学校教师。

1986年10月,先后任贵州省铜仁地区教委办公室秘书、纪检组副科级纪检员。

1991年8月，贵州省铜仁地区纪委副科级纪检员。

1993年10月，贵州省铜仁地区纪委审理室副主任（正科级）（其间：1995年3—6月，贵州省铜仁地委党校第一期中青班学习）。

1996年3月，贵州省铜仁地区纪委办公室主任。

1996年7月，贵州省铜仁地区纪委委员、办公室主任。

1998年7月，贵州省石阡县委副书记。

2001年9月，贵州省沿河土家族自治县委书记（其间：2003年9月至2004年1月，中央党校县市委书记进修班学习）。

2004年8月，贵州省松桃苗族自治县委书记。

（2002年10月至2004年10月，复旦大学国际关系与公共事务学院行政管理专业研究生课程进修班学习）。

2004年11月，贵州省铜仁地委委员，松桃苗族自治县委书记。

〔2004年3月至2006年1月，中央党校在职研究生班经济学（经济管理）专业学习〕。

2007年6月，贵州省铜仁地委委员、行署副专员，松桃苗族自治县委书记。

2007年11月，贵州省铜仁地委委员、行署副专员。

2008年7月，贵州省黔南州委常委，瓮安县委书记。

（2008年4月至2008年9月，挂职任水利部农水司副司长）。

2011年2月，贵州省黔西南州委副书记。

2011年3月，贵州省黔西南州委副书记、州长。

2013年3月，贵州省黔南州委书记，都匀军分区党委第一书记。

2017年4月，贵州省委常委、黔南州委书记。

2017年5月，贵州省委常委、遵义市委书记。

2019年8月，贵州省委常委。

2021年1月22日0时05分因病医治无效在贵阳逝世，享年58岁。

中共十九大代表，十二届全国人大代表，十一、十二届贵州省委委员。

第二节　人物简介

一、历任县纪委（监委）书记

魏焕斗（1923—2016）男，汉族，1923年5月出生，河南省南乐县人，中学文化，1938年11月加入中国共产党。

主要经历。1950年3月至1950年11月，松桃县各族各界人民代表会议常务委员会主任委员（兼）。1950年3月至1952年10月，县委书记。1950年3月至1952年10月，县人民政府财政经济委员会主任委员。1950年4月至1951年3月，县少数民族事务委员会主任委员。1951年3月至1951年7月，县委纪委书记（兼）。1951年8月至1952年6月，县各族各界人民代表会议常务委员会主任委员（兼）。1951年10月至1952年10月，县委保密委员会主任。后调上海,先后任一机部上海机电安装公司党总支书记、副经理、一机部上海机电设备成套公司副经理、局党委副书记兼办公室主任、上海物资局调度室主任、业务处处长等职。1984年离休后,任上海市物资局老干部办公室主任、党支部书记,享受局级政治生活待遇。2016年6月4日在上海去世,享年93岁。

张 梓,男 汉族,出生年月、籍贯、学历及入党时间不详。

主要经历。1950年7月至1950年9月,某团政治部主任、贵州省石阡县委会委员。1950年9月至1951年3月,石阡县委书记。1951年3月,张梓调回部队。1951年6月至1952年5月,某团政委、松桃县委第二书记。1951年7月至1952年5月,县委纪委书记(兼)。其余资料不详。

王振亭(1919—2014) 男,汉族,1919年出生,山东郓城人,初中文化,加入中国共产党时间不详。

主要经历。历任区队长、情报站长、侦察参谋、股长。1950年9月至1951年5月,松桃县第六区委书记。1951年5月至1952年2月,第五区委书记。1952年2月至1953年1月,县委组织部部长。1953年1月至1955年1月,县委纪委书记(兼)。1953年2月至1955年5月,县委副书记。1955年3月至1956年7月,县民族事务委员会副主任委员。1955年4月至1956年7月,县政协第一届主席(兼)。1955年5月至1956年5月,县人民委员会财政经济委员会主任委员。1955年5月至1956年7月,县委书记。1956年7月到1974年1月,先后任贵州省冶金工业局一勘队党委书记、政治部农工部长、贵州省交通局办公室负责人。1974年1月至1981年3月,贵州省交通设计院党委书记,院长。1981年3月至1983年2月,贵州省交通规划勘察设计院党委书记兼院长、顾问。1983年3月离休,任离退休党支部书记、关心下一代协会主任。2014年9月去世。

张登贵(1926—2005) 男,汉族,1926年7月出生,籍贯山东省茌平县人,中学文化,1949年3月加入中国共产党。

主要经历。1947年2月至1947年9月,冀鲁豫边区博平县区部通讯员,1947年9月至1947年10月,山东一纵补训团战士。1947年10月至1948年5月,河南一纵二旅四团通讯员。1948年5月至1949年3月,中原一纵二旅四团副班长、文书、司务长。1949年3月至1949年10月,一三九团文化干事,编入五兵团西进支队六大队一中队。1949年11月至1951年8月,中共铜仁地委工作队副队长。1951年9月至1952年5月,中共铜仁地委干校中队长、副指导员。1952年5月至1953年2月,中共铜仁地委组织部干事。1953年9月至1954年8月,松桃县第七区委书记。1954年8月至1955年5月,县委组织部副部长。1955年1月至1955年10月,县委纪委书记(兼)。1955年5月至1956年8月,县委组织部部长,1956年5月至1962年10月,县委副书记、书记处书记。1956年11月至1960年2月,政协松桃(苗族自治)县第一届委员会常务委员会主席。1958年11月至1962年8月,县科学工作(技术)委员会副主任。1960年11月至1961年8月,城关人民公社第一书记(兼)。1962年10月至1966年,铜仁专署农业局副局长、局长。1970年至1974年,铜仁专署农业局负责人、局长。1975年至1980年,铜仁专署农办副主任。1980年至1983年,铜仁专署农委主任。1983年至1984年,铜仁行署劳动人事局局长。1984年离休,享受副地级待遇。2005年5月去世。

裴连弟(1924—2012)男,汉族,1924年11月出生,山东聊城人,中专学历,1942年2月加入中国共产党。

主要经历。1940年2月参加革命,历任班长、排长、连长、营教导员等职。1950年8月至1950年9月,松桃县第四区副区长。1950年9月至1951年1月,第六区副区长。1954年8月至1956年4月,县委副书记。1954年9月至1955年10月,兼任中共松桃县委组织部部长,1954年至1956年在重庆中级党校学习。1956年1月至1956年4月,任中共松桃县监察委员会书记。1956年5月至1957年12月,铜仁地委工交部副部长。1957年12月至1958年5月,平茶区委第一书记(兼)。1958年6月至9月,铜仁地委工交部副部长。1958年9月至1963年9月,贵州水泥厂党委书记。1963年9月至1979年12月,黔南州都匀市麻纺织厂党委书记。1980年至1984年,都匀市委副书记、市人民政府市长,直到退休。2012年12月26日去世,享年89岁。系革命伤残军人。

徐　立　男,汉族,1929年出生,籍贯山东,高中文化。入党时间不详。

主要经历。1956年5月至1962年12月,中共松桃(苗族自治)县(委)监察委员会书记。1956年8月至1958年11月,县委书记。1958年12月至1962年9月,县委第一书记。1959年7月至1960年6月,县党校校长(兼)。1961年9月至1962年12月,中共中国人民解放军松桃苗族自治县人民武装部委员会第一书记。1962年12月至1964年3月,县委副书记。1964年3月调离松桃,其余资料不详。

吴向必(1926—1997)男,苗族,1926年12月生,籍贯贵州省松桃苗族自治县,初中文化,1952年10月加入中国共产党。

主要经历。1935年至1949年,给地主放牛当长工、雇工。1948年至1949年,中共地下党(黔东纵队)送信。1949年至1952年历任贵州省铜仁县牛郎第二村村长、土改工作队队长、乡长、区长、区委书记。1952年,牛郎区牛郎乡民政干事,牛郎区副区长、区委副书记、书记。1954年8月至1955年4月,铜仁县第五区副书记。1955年1月至8月,铜仁县第五区人民区公所区长。1955年4月至8月,铜仁县第五区书记。1955年8月至1956年5月,铜仁县牛郎区公所区长。1955年8月至1956年5月,铜仁县牛郎区书记。1956年5月至1957年2月,铜仁县委副书记。1957年2月至1958年11月,松桃苗族自治县委副书记。1958年6月至11月,县工农业科学研究所副所长(兼)。1958年11月至1962年8月,县科学工作(技术)委员会主任。1958年12月至1962年12月,县委书记处书记。1962年12月至1964年6月,县委副书记。1962年12月至1964年6月,县委监察委员会书记(兼)。1963年10月至1966年4月,县编制委员会主任。1964年6月至10月,县委第二书记。1964年10月至1967年5月,县委书记。1966年1月至4月,中共中国人民解放军松桃县人民武装部委员会第一书记(兼)。1967年5月至1974年8月,县革委会副主任、第一副主任、县委书记、第一书记、地区革委委员、铜仁地委委员、贵州省委委员。1973年9月，贵州省委书记。1978年12月至1982年7月，中央民院副院长、党委常委。第五、六、七、八届全国人大代表，第五、第六届全国人大民族委员会副主任。中国共产党第十、十一、十二届中央候补委员。1997年4月3日在北京逝世，享年72岁。

赵瑞昌（1916—1982）男，汉族，1916年2月出生，籍贯河南省林县，初小文化，1945年3月加入中国共产党。

主要经历。1947年7月，参加中国人民解放军。1949年10月至12月，贵州省玉屏县七区区委书记。1949年12月至1950年11月，松桃县第一区委书记。1950年12月至1952年12月，第八区委书记。1952年12月至1954年6月，县委组织部部长。1954年6月至1957年5月，铜仁地委会农工部科长。1957年6月至1958年10月，县人民委员会监察室主任。1958年9月至1964年6月，县委监察委员会副书记。1959年1月至4月，长兴人民公社委员会第一书记。1964年6月至1967年5月，县委监察委员会书记。1973年7月至1979年9月，县总工会主席。1979年10月，退休。1982年6月3日在松桃去世。

石成清（1927—2015）男，苗族，1927年11月出生，籍贯贵州省松桃苗族自治县，高小学历，1955年4月加入中国共产党。

主要经历。1951年7月至1951年10月，普觉区查田评产工作队工作。1951年11月至1952年10月，普觉区公所会计。1952年10月至1953年7月，普觉区公所财干。1953年8月至1954年4月，普觉区公所任财助。1954年4月至1954年12月，在贵州民族学院学习。1955年1月至6月，盘信区公所任财助。1955年6月至1956年6月，盘信区公所组织干事。1956年6月至1964年3月，盘信区委副书记。1964年4月至1973年4月，牛郎区委书记、区革委会主任。1973年4月至1979年7月，县革命委员会工交办副主任。1979年7月至1980年6月，县经济委员会主任。1980年6月至9月，县委纪委代理书记。1980年9月至1984年2月，县委纪委书记。1983年12月至1985年6月政协副主席。1986年6月退休。2015年12月去世。

龙国春　男，苗族，1951年12月，籍贯贵州省松桃苗族自治县，大专学历，1974年8月加入中国共产党。

主要经历。1972年9月至1974年7月，铜仁师专政语专业学习。1974年8月，铜仁地区教师进修学校教师。1974年11月至1976年2月，县教育局教研员，其间，1975年5月，抽调到贵州省教育厅参加编写贵州省中学语文教材。1976年2月，县基本路线教育工作队秘书。1977年11月至1980年12月，县委落实政策办公室秘书。1981年1月至1984年7月，县委组织部副科级组织干事。1984年2月至8月，县委纪委副书记，主持工作。1984年9月至1990年5月，县委常委、县纪委书记。1990年6月至2006年12月，县人大常委会副主任、党组副书记。2003年2月，铜仁地委组织部行文明确为正处级干部。2006年12月至2011年12月，县人大常委会主任、党组书记。2011年11月，明确副厅级干部。2012年1月退休。

熊远光　男，汉族，1948年5月出生，籍贯贵州省松桃苗族自治县，大专学历，1975年9月加入中国共产党。

主要经历。1969年5月至1972年12月，盘信区瓦窑公社知青。1972年12月至1974年7月，甘龙中学教师。1974年7月至1980年7月，甘龙中学革委会副主任、副校长。1980年7月至1982年7月，大坪中学副校长。1982年7月至1984年3月，孟溪中学副校长。1984年3月至1988年8月，县委办公室副主任。1986年9月至1988年7月，在贵州民族学院政治理论专业学习。1988年8月至1990年8月，县委研究室主任。1990年8月至1992年8月，县委常委、县纪委书记。1992年3月至1996年10月，西藏自治区仁布县委书记。1996年10月至1998年7月，铜仁地委副秘书长（正县级）。1998年7月至2002年12月，铜仁地区工商行政管理局党组书记、副局长。2002年12月至2004年11月，铜仁地区工商行政管理局党组书记、局长。2004年11月至2008年5月，铜仁地区工商行政管理局调研员。2008年5月，退休。

李朝安　男，苗族，1952年10月出生，籍贯贵州省松桃苗族自治县，大专文化、高级政工师，1976年10月加入中国共产党。

主要经历。1972年9月至1974年7月，贵州省思南师范学校读书。1974年8月至1976年10月，思南师范学校教师。1976年11月至1979年10月，松桃苗族自治县农业办公室工作员。1979年10月至1987年10月，县委办公室秘书。1984年9月至1986年6月，中共铜仁地委党校学习，获大专文凭。1987年10月至1991年3月，县委办公室副主任，1987年10月，中国人民政治协商会议松桃苗族自治县第七届委员会委员。1990年6月，中国人民政治协商会议松桃苗族自治县第八届委员会委员，1991年3月至1994年6月，县委办公室主任。1994年3月至1997年5月，县委常委，县纪委书记。1997年6月至2002年1月，中共沿河土家族自治县委副书记，县委党校校长，县人大常委会委员。2002年2月至2002年6月，铜仁地区财政学校党委书记。2002年7月至2003年4月，铜仁职业技术学院党委副书记。2003年5月至2012年8月，铜仁职业技术学院党委副书记、纪委书记（2004年12月被聘为高级政工师）。2013年3月退休。

龙炳成（1952—2020）男，苗族，1952年6月出生，籍贯贵州省松桃苗族自治县，大学本科学历，1985年9月加入中国共产党。

主要经历。1973年9月至1976年9月，贵州省贵阳师范学院政教系学习。1976年9月至1977年3月，松桃苗族自治县教育局工作。1977年3月至1982年7月，县第二中学教师。1982年7月至1988年4月，县教育局教研室教研员、副主任。1988年4月至1993年5月，县教育局党组成员、副局长。1993年5月至1997年11月，县委办公室主任。1997年11月至2002年6月，县委常委、县纪委书记。2002年6月至2004年9月，县委常委、县委统战部部长。2004年9月至2006年10月，县委副书记。2006年10月至2012年6月，县委副调研员，2012年6月退休。2020年9月11日在松桃去世，享年69岁。

徐仕江 男,土家族,1963年1月出生,籍贯贵州省思南县,大学本科学历,1993年2月加入中国共产党。

主要经历。1979年9月至1982年7月,贵州省畜牧兽医学校畜牧专业。1982年7月至1982年9月,待分配。1982年9月至1985年1月,铜仁县谢桥区畜牧兽医水产站工作员。1985年1月至1985年3月,铜仁县畜牧局工作员。1985年3月至1992年2月,贵州省人民检察院铜仁分院工作员,1985年9月至1989年6月,贵州大学自学考试法律专业学习。1992年2月至1994年3月,贵州省人民检察院铜仁分院副科级助理检察员。1994年3月至11月,贵州省人民检察院铜仁分院反贪局副局长。1994年11月至1997年7月,贵州省人民检察院铜仁分院反贪局副局长、正科级检查员,1995年3月至5月,铜仁地委党校副县、正科级党员干部轮训班学习。1997年7月至1999年11月,贵州省人民检察院铜仁分院法纪检察处副处长。1999年11月至2000年11月,铜仁地区纪委纪检监察室一室副主任。1997年9月至2000年7月,贵州省委党校法律专业学习。2000年11月至2002年6月,铜仁地区纪委纪检监察室一室主任。2002年6月至2003年1月,松桃苗族自治县委常委、纪委书记。2003年1月至2007年8月,松桃苗族自治县委副书记、县纪委书记。2007年3月至7月,贵州省委党校民干班学习。2007年8月至2008年10月,县委副书记。2008年10月至2010年2月,贵州省铜仁地区商务局局长、党组书记。2010年2月至2011年3月,铜仁地区商务和粮食局局长、党组副书记。2011年3月至12月,铜仁地区商务和粮食局局长、党组副书记,铜仁地区投资促进局局长(兼)。2011年12月至2012年2月,铜仁地区商务和粮食局局长、党组副书记,铜仁地区投资促进局党组书记。2012年2月至2013年5月,铜仁市交通运输局局长、党组书记。2013年5月至2017年3月,贵州省地方海事(航务管理)局局长、党委副书记。2017年4月,贵州省交通建设工程质量监督局党委书记。

张　萍 女,土家族,1968年5月出生,籍贯重庆市秀山土家族苗族自治县,大学本科学历,1996年3月加入中国共产党。

主要经历。1985年9月至1990年7月,西南民族学院畜牧兽医系兽医专业学习。1990年7月至1990年9月,待分配。1990年9月至1995年1月,贵州省铜仁地区畜牧局草地站工作员。1993年3月至12月,农业部驻铜仁地区扶贫工作组工作员。1994年1月至1995年1月,抽调到贵州省铜仁地区畜牧局办公室工作。1995年1月至1997年9月,铜仁地区畜牧局办公室工作员。1997年9月至2000年9月,铜仁地区畜牧局办公室副主任。1998年12月被评为畜牧师。2000年9月至2001年12月,铜仁地区畜牧局主任科员、办公室副主任。2001年12月至2006年5月,铜仁地区畜牧水产事业局人事科科长。2003年9月至12月,铜仁地委党校第十期中青年干部培训班学习。2004年3月至12月,挂任贵州省玉屏自治县朱家场镇党委委员、副镇长。2005年11月至2006年10月,抽到铜仁地委保持共产党员先进性教育办公室工作。2006年5月至2007年8月,铜仁地区畜牧水产事业局党组成员、机关党委书记。2007年3月至8月,挂任贵州省玉屏自治县委常委、副县长。2007年8月至2012年4月,松桃苗族自治县委常委、县纪委书记。2012年4月至2013年8月，铜仁市行政服务中心党组成员、市公共资源交易中心副主任。2013年8月至2020年3月，铜仁市公共资源交易中心党组成员、市公共资源交易中心(市产权交易中心)副主任。2020年3月，铜仁市科学技术协会党组成员、副主席、秘书长。

邹龙兴　男，土家族，籍贯贵州省沿河土家族自治县，1965年2月出生，大学本科学历，法学学士，1988年5月加入中国共产党。

主要经历。1984年9月至1988年7月，贵州民族学院政治系政治理论专业学习。1988年7月至1989年8月，铜仁市公安局凉水井派出所工作。1989年8月至1990年3月，铜仁市公安局凉水井派出所办事员。1990年3月至9月，铜仁市公安局凉水井派出所科员。1990年9月至1991年11月，铜仁地委宣传部科员。1991年11月至1995年1月，铜仁地区精神文明办副主任。1995年1月至2000年4月，铜仁地区精神文明办副主任(正科级)。2000年4月至2001年11月，铜仁地委宣传部办公室主任。2001年11月至2007年4月，铜仁地委宣传部研究室主任。2007年4月至2010年3月，铜仁地区精神文明办副主任(副县级)。2010年3月至2011年12月，铜仁地区纪委委员、秘书长。2011年12月至2012年4月，贵州省铜仁市纪委常委、秘书长。2012年4月至2013年2月，铜仁市纪委常委、松桃苗族自治县委常委、县纪委书记。2013年2月至2014年5月，县委常委、县纪委书记。2014年5月至2015年12月，思南县委副书记。2015年12月至2016年4月，铜仁市工商行政管理局局长。2016年5月至2018年12月，铜仁市体育局党组成员、副局长。2019年1月，铜仁市文体广电旅游局二级调研员。

吴廷友　男，苗族，1976年11月出生，籍贯贵州省思南县，研究生学历，1999年2月加入中国共产党。

主要经历。1994年9月至1997年7月，遵义医学院卫生事业管理专业学习。1997年7月至1997年11月，待分配。1997年11月至2002年11月，铜仁卫校办公室秘书、教师。1998年2月至1999年2月，松桃苗族自治县九江乡猫猫岩村开展党建扶贫。1999年3月至2002年6月，中央党校行政管理专业学习(函授本科)。2002年11月至2007年3月，铜仁地区行署信息中心科员、副主任科员。2002年11月至2003年11月，铜仁地区行署督察室工作。2007年3月至2008年10月，铜仁地区行署信息中心网络管理科科长。2008年10月至2010年1月，铜仁地委办公室秘书一科科长。2010年1月至12月，铜仁地委督查室专项查办科科长。2010年12月至2011年12月，贵州省万山特区党委常委，特区纪委书记。2011年12月至2014年5月，万山区委常委、区纪委书记。2013年9月至2016年6月，贵州省委党校公共管理专业学习(在职研究生)。2014年5月至2016年9月，松桃苗族自治县委常委、县纪委书记。2016年9月至10月，县委常委。2016年9月至2018年4月，县委常委、县人民政府副县长(分管常务工作)。2018年4月，县委副书记、县人民政府副县长(分管常务工作)。2018年6月，县委副书记。

夏学文 男,侗族,1969年7月出生,籍贯贵州省碧江区,大专学历,1995年4月加入中国共产党。

主要经历。1989年9月至1991年7月,贵州省政法干部管理学院法律专业学习。1991年7月至10月,待业。1991年10月至1997年4月,铜仁市环北办事处工作员。1993年7月至1995年2月,铜仁市环北办事处铜江村锻炼。1997年4月至2002年6月,铜仁市(县级市)纪委监察局工作员〔1995年9月至1997年7月,贵州省委党校经济管理专业学习(函授大专)〕。2002年6月至2003年10月,铜仁市(县级市)纪委常委、纪检监察室主任。2003年10月至2007年2月,铜仁市(县级市)纪委常委、监察局副局长。2007年2月至2011年11月,铜仁市(县级市)纪委副书记、监察局局长。2011年11月至2012年2月,铜仁市纪委案件监督管理室副主任(主持工作)。2012年2月至2013年11月,铜仁市纪委纪检监察二室主任。2013年11月至2016年9月,玉屏侗族自治县委常委、县纪委书记。2016年9月至2017年8月,松桃苗族自治县委常委、县纪委书记。2017年8月,铜仁市纪委常委。

胡定钦 男,仡佬族,1969年3月出生,籍贯贵州省石阡县,大学本科学历,2000年11月加入中国共产党。

主要经历 。1987年9月至1989年7月,贵州政法管理干部学院法律专业学习。1989年7月至9月待业。1989年9月至1989年11月,贵州省石阡县人民检察院工作员。1989年11月至1992年9月,石阡县人民检察院书记员。1992年9月至1995年7月,石阡县人民检察院助理检察员〔1992年9月至1994年7月,贵州广播电视大学行政管理专业学习(脱产大专)〕。1995年7月至2002年3月,石阡县人民检察院检察员。2002年3月至2003年7月,石阡县人民检察院反贪污贿赂局侦查科科长〔1999年9月至2002年7月,在贵州省委党校法律专业学习(函授本科)〕。2003年7月至2006年8月,石阡县人民检察院副科级干部、侦查科科长〔2003年9月至2005年7月,中央广播电视大学法学专业学习(函授本科)〕。2006年8月至2007年3月,石阡县人民检察院反贪局副局长。2007年3月至2011年6月,石阡县人民检察院党组成员、反贪局局长。2011年6月至2013年9月,石阡县人民检察院副检察长、党组成员、反贪局局长。2013年9月至2016年2月,石阡县人民检察院副检察长、党组副书记。2016年2月至2017年8月,铜仁市纪委监察局第二纪检监察室主任。2017年8月至2018年1月,松桃苗族自治县委常委、县纪委书记。2018年1月,松桃苗族自治县委常委、县纪委书记、县监委主任。

吴玉东 男,侗族,1975年11月出生,籍贯贵州省万山区,大学本科学历,2005年5月加入中国共产党。

主要经历。1996年9月至1998年7月,贵州民族学院涉外经济法专业学习。1998年7月至1998年12月,毕业待分配。1998年12月至2003年12月,贵州省玉屏侗族自治县人民检察院工作员。2003年12月至2008年10月,贵州省玉屏侗族自治县人民检察院科员级法警(2001年9月至2005年1月,中央电大法学专业函授学习)。2008年10月至2012年2月,贵州省人民检察院铜仁分院科员级法警。2012年2月至2014年1月,铜仁市人民检察院科员级助理检察员。

2014年1月至2016年5月，铜仁市人民检察院反贪局侦查科副科长。2016年5月至2016年10月，铜仁市人民检察院反贪局侦查科科长。2016年10月至2018年8月，铜仁市人民检察院一级检察官、反贪局侦查科科长。2018年8月至2019年4月，铜仁市纪委市监委第五纪检监察室副主任。2019年4月至2019年9月，铜仁市纪委市监委第四审查调查室副主任。2019年9月至2020年11月，铜仁市纪委市监委第四审查调查室主任。2020年11月至2021年6月，铜仁市纪委市监委第五审查调查室主任。2021年6月至2021年7月，松桃苗族自治县委常委、县纪委书记、提名县监察委员会主任。2021年7月，松桃苗族自治县委常委、县纪委书记、县监察委员会主任。

二、历任县监察委员会主任

胡定钦　简历见历任县纪委（监委）书记中其简历。

吴玉东　简历见历任县纪委（监委）书记中其简历。

三、历任县纪委（监委）副书记

姚洪显　男，汉族，出生年月、籍贯、学历及入党时间不详。

主要经历。1950年9月至1951年2月，松桃县第四区委书记。1951年3月至1952且1月，县委组织部部长。1951年4月至1952且1月，县委纪委副书记（兼）。其余资料不详。

马庆恩（1927—2012）男，汉族，1927年4月出生，籍贯河北省南宫县，初中文化，1947年2月加入中国共产党。

主要经历。1945年4月参加革命工作，历任中国人民解放军战士、班长、副排长、学员、文化干事。1950年3月至1950年9月，中共松桃县第三区委员会委员。1950年9月至1951年5月，中共松桃县第五区委员会委员。1951年5月至1952年5月，第一区委副书记。1952年11月至1954年4月，第二区委书记。1954年4月至1956年2月，中共松桃县平茶苗族自治区委书记。1956年5月至1958年11月，中共松桃苗族自治县第一届委员会委员。1956年1月至1958年12月，县监察委员会副书记。1961年11月至1966年4月，县人民检察院检察长。1962年3月至1966年4月，县政法党组副书记。1962年3月至1966年4月，县人民检察院党组书记。1976年10月至1980年10月，县体育运动委员会主任。

孙荣清　男，汉族，1933年3月出生，籍贯贵州省松桃苗族自治县，高中学历，1952年10月加入中国共产党。

主要经历。1950年4月至1954年6月，松桃县委会公务员、文书。1954年6月至1956年10月，县监委秘书。1956年10月至1958年3月，县监察委员会副书记（1957年11月至1958年3月，大坪区公所区长）。1958年3月至1959年9月，县磷肥厂、铁厂、机械厂工作。1959年9月至1960年10月，县水电局副局长。1960年10月至1961年2月，下放农村任大队支部书记。1961年2月至1963年11月，县农业局工作。1963年11月至1964年2月，县农场场长。1964年2月至1970年，县委办公室工作。1970年至1978年，县机械厂工作。1978年2月至1979年3月，县水泥厂指导员。1973年3月，县水泥厂厂长。1981年7月至1989年3月，县人大常委会办公室副主任。1989年3月至1991年12月，县人大常委会代表人事工作委员会主任。1992年9月退休。

王敬礼 男,汉族,出生年月、籍贯、学历及入党时间不详。

主要经历。1965年6月至1967年5月,县委监察委员会副书记。1966年2月,甘龙区委员会委员、县委工作组负责人。其余资料不详。

魏隆乾(1933—2009) 男,汉族,1933年11月出生,籍贯万山区,初中学历,1950年10月加入中国共产主义青年团,1953年2月加入中国共产党。

主要经历。1949年11月至1950年3月,松桃军政工作团工务员。1950年3月至1952年3月,松桃县委公务员。1952年3月至1953年3月,团县委秘书、西南团校学习。1953年3月至1958年9月,县委组织部统计、组织干事。1958年10月至1959年3月,甘龙大公社党委冶金委员、组织部部长兼十字管理区党委书记。1959年3月至1966年12月,县委组织部组织干事,审干办公室副主任、主任。1966年12月至1970年1月,靠边站。1970年1月至1978年10月,县革委宣传组工作、组织组负责人、组织部副部长。1978年10月至1979年3月,铜仁地委组织部工作。1979年3月至1980年6月,县委纪委代理副书记,主持全面工作。1980年6月至9月,县委纪委代理副书记,不再主持工作。1980年9月至1984年2月,县委纪委副书记。1984年2月至1994年3月,县老干部局局长。1994年3月退休。2009年10月去世。

祝经元(1933—2017)男,苗族,1933年7月出生,籍贯贵州省松桃苗族自治县,高中文化,1953年9月参加工作,1956年10月加入中国共产党。

主要经历。1955年2月至1957年12月,松桃(苗族自治)县红石乡小学教师,负责全面工作。1957年12月至1959年8月,县委审干办公室工作。1959年8月至1962年3月,县人事科工作员。1962年3月至1967年,县委办公室秘书。1967年县委被夺权,成立县革委,一般干部。1970年2月至1971年10月,甘龙供销合作社负责全面工作。1971年10月至1977年1月(1973年3月至1976年10月,甘龙区委委员),甘龙区麻阳公社书记。1977年1月至1980年4月,甘龙区永安公社党委书记。1980年4月至1981年7月,甘龙区委副书记。1981年7月至1984年9月,甘龙区委书记。1982年3月至1984年9月,县委候补委员。1984年9月至1993年2月,县纪委副书记。1993年2月至1996年3月,县纪委常委。1996年12月退休,2017年12月去世。

杨昌才(1945—2004) 男,苗族,1945年10月出生,籍贯贵州省松桃苗族自治县,高中学历,1967年9月加入中国共产党。

主要经历。1965年12月至1978年12月,参加中国人民公安部队,贵州省武警总队二团服役。历任战士、排长、连副政治指导员、团政治处组织股干事。1978年12月至1981年7月,贵州省铜仁军分区政治部组织科干事,兼任党委秘书。1981年7月至1983年6月,松桃苗族自治县武装部政工科长。1983年6月至1985年10月,县武装部政治委员。1984年9月至1985年10月,贵州省军区干部文化学校学习。1985年10月转业地方工作。1987年9月至1992年3月,县纪委副书记。1992年3月至1993年2月,县纪委副书记,主持工作。1993年3月至1998年3月,县人大常委会副主任。1998年3月至2004年4月,县政协主席。2004年4月,因病去世。

谭 俊 男，汉族，1935年7月出生，籍贯贵州省松桃苗族自治县，高中学历。1980年4月加入中国共产党。

主要经历。1951年8月至1957年12月，铜仁中心支行铜仁保险公司办事员。(1951年9月至12月铜仁革命干校江口分校学习。1954年4月至11月，西南政治辅导科财政干部学校学习)。1958年1月至1959年2月，因病回家休养。1959年1月至1961年6月，松桃苗族自治县普觉区粮管所工作。1961年7月至1966年4月，普觉区半坡公社秘书。1966年5月至1974年9月，邓堡公社工作。1974年1月至1975年12月，普觉区农推站工作。1976年1月至1980年6月，普觉区公所行政秘书。1980年7月至1982年8月，普觉区委秘书。1982年9月至1984年1月，牛郎区公所副区长。1984年1月至11月，普觉区委副书记。1984年11月至1992年5月，普觉区委书记。1992年6月至1993年2月，县纪委副书记。1993年4月至6月，县纪委工作。1993年7月至1995年8月，县直属机关党委书记。1995年8月退休。

刘大元（1942—2021）男，汉族，1942年11月出生，籍贯贵州省松桃苗族自治县，高中学历，1972年12月加入中国共产党。

主要经历。1959年9月至1960年8月，贵州省贵阳电影训练班、四川成都电影学校学员。1960年9月至1978年2月，贵阳电影宣传讲习班、河北省保定市干部训练班、松桃电影一队、四队学员、工作员、负责人。1978年1月，县文教办公室、直属机关党委、纪委工作员。1984年9月至1993年2月，县纪委常委。1993年2月至1996年11月，县纪委副书记。1996年11月至1998年4月，县计划局党组书记。1998年4月至2002年11月，县计划局主任科员。2002年11月退休。2021年8月24日去世。

吴见闻（1938—2002）男，苗族，1938年5月出生，籍贯贵州省松桃苗族自治县，中师学历，1960年8月加入中国共产党。

主要经历。1958年7月中师学校毕业，1958年8月至1960年1月，松桃苗族自治县孟溪中学任教员。1960年2月至1961年4月，长兴中学教员。1961年5月至1965年7月，县委办公室工作员。1965年8月至1966年7月，县档案馆工作员。1966年8月至1967年8月，因“文化大革命”未明确单位。1967年9月至1970年7月，铜松公路改线工程指挥部，后期为负责人。1970年8月至1973年10月，县委组织部干事。1973年11月至1979年10月，县委办公室秘书、秘书组长。1979年11月至1993年4月，县委组织部干事（1984年明确为副部长级）。1993年5月，县纪委副书记。2002年7月10日去世。

黄前明 男，汉族，1963年5月出生，籍贯贵州省松桃苗族自治县，大学专科学历，1985年7月加入中国共产党。

主要经历。1980年8月至1982年7月，铜仁地区财贸学校粮食会统专业学习。1982年8月至1984年8月，松桃苗族自治县孟溪区粮管所办事员。1984年8月至1985年6月，孟溪区粮管所副所长。1985年6月至1989年7月，县粮食局副局长。1989年7月至1992年6月，县粮油议购议销公司副经理。1992年6月至1993年5月，县监察局副局长。1993年5月至1997年9月，县纪委常委、监察局副局长兼纪检监察室主任〔1993年9月至1996年6月，贵州省委党校经济管理专业学习（函授大专）〕。1997年9月至1998年3月，县纪委常委、党风廉政室主任、监察局副局长兼纪检监察室主任。1998年3月至4月，县纪委副书记。1998年4月至2000年1月，县经济贸易局局长。2000年1月至2006年3月，县经贸局党组成员、书记。2006年3月至2010年12月，县供销合作社联合社主任。2010年12月至2013年2月，县供销合作社联合社党组书记,主任。2013年2月至2014年11月,县发展和改革局党组副书记、局长。2014年11月至2016年1月县发展和改革局党组书记、局长。2016年10月至2017年4月,县人大常委会财政经济工作委员会主任。2017年4月,离岗待退。

石宗生 男,苗族,1952年6月出生,籍贯贵州省松桃苗族自治县,中师学历,1977年6月加入中国共产党。

主要经历。1974年8月至1978年2月,松桃苗族自治县大坪区中学教师。1978年3月至1989年10月,县人民政府办公室秘书(1983年,铜仁地委党校培训一年)。1989年11月至1990年6月,县老干局干事。1990年7月至1991年4月,县委政策研究室干事。1991年5月至1994年12月,县委办公室秘书。1995年1月至1998年2月,县纪委信访室主任。1998年2月至2001年10月,县纪委常委、党风廉政室主任。2001年10月至2005年12月,县纪委副书记。2005年12月至2007年2月,县科学技术局党组书记。2013年6月退休。

彭　江 男,侗族,1969年11月出生,籍贯贵州省松桃苗族自治县,大学本科学历,1993年5月加入中国共产党。

主要经历。1986年9月至1990年7月,贵州省粮食学校粮油储藏与检验专业学习。1990年8月至1997年1月,松桃苗族自治县粮食局工作员(1990年9月至1991年12月,盘信区团寨乡挂职乡长助理)。1997年1月至2000年1月,县粮食局储运股副股长(1996年9月至1999年6月,贵州省委党校经管专科函授班学习)。2000年1月至2003年1月,县粮食局党组成员、纪检组长。2003年1月至7月,县纪委常委、县粮食局党组成员、纪检组长。2003年7月至2005年11月,县纪委常委、办公室主任(正科级)(2003年9月至2006年1月,贵州省委党校经管法律本科函授班学习)。2005年11月至2008年8月,县纪委副书记、办公室主任。2008年8月至2011年11月,县纪委副书记。2011年11月至12月,铜仁地区纪委正科级纪检监察员(主持干部室工作)。2011年12月至2012年10月,铜仁市纪委监察局正科级纪检监察员(主持干部室工作)。2012年10月至2014年9月,铜仁市纪委监察局干部室副主任。2014年9月,铜仁市纪委监察局组织部副部长。2014年9月至2018年8月,铜仁市纪委组织部部长(2017年3月至5月,参加铜仁市委党校第23期县干班学习)。2018年8月至2019年5月,铜仁市纪委市监委组织部部长。2019年5月,铜仁市纪委常委、市监委委员、市纪委市监委秘书长。

周胜华 男,土家族,1966年8月出生,籍贯贵州省松桃苗族自治县,大学本科学历,1985年7月加入中国共产党。

主要经历。1984年9月至1992年7月,十字乡团干部〔1990年9月至1992年7月,贵州大学管理科学系政治管理专业学习(脱产大专)〕。1992年7月至1994年1月,松桃苗族自治县瓦溪乡组织干事。1994年1月至1994年11月,石梁乡组织干事。1994年11月至1996年10月,石梁乡党委副书记。1996年10月至1997年8月,县人民法院工作员(副科级)。1997年8月至2001年10月,县人民法院办公室负责人。2001年10月至2005年11月,县人民法院党组成员、政工科长。2005年11月至2007年3月,县综治办主任〔2004年3月至2007年1月,贵州大学法学专业学习(函授本科)〕。2007年3月至2012年7月,县委政法委副书记、县综治办主任。2012年7月至2018年1月,县纪委副书记。2018年1月,县纪委副书记、县监委副主任。

四、历任县人民监察委员会(监察室、监察局)主任、局长

田家乐(1923—1996)男,苗族,1923年10月出生,籍贯贵州省松桃苗族自治县,高中文化,1949年1月加入中国共产党。

主要经历。1948年投身革命,中国人民解放军黔东纵队边胞支队组建人之一,1948年9月,黔东纵队边胞支队政治主任。1949年1月,边胞支队即黔东纵队第五支队副队长,后任政委。1949年11月,中国人民解放军黔东北纵队第二支队政委。1949年12月,松桃县大队副大队长。1950年8月至1951年4月,松桃县人民政府民政科科长。1951年3月,县委纪委委员。1951年4月至5月,县人民政府代理副县长。1951年5月至1953年1月,县人民政府副县长。1951年8月至1952年6月,县各族各界人民代表会议常务委员会副主任委员(兼)。1953年1月至3月,县人民政府代理县长。1953年1月至1955年4月,县人民政府人民监察委员会主任(兼)。1953年2月至1956年5月,县民族事务委员会主任委员。1953年3月至1956年5月,县人民政府县长。1954年10月至1956年5月,县政法党组书记。1955年5月至1956年5月,县人民委员会财政经济委员会副主任委员。1956年5月至1961年12月,贵州省民族语文指导委员会办公室主任。1961年12月至1978年,贵州省政协政治学校教研室主任。1978年至1984年,贵州省民族研究所副所长。1983年12月离休,享受副厅级政治待遇。曾任贵州省第一届、第二届人大代表,贵州省政协第五届委员,中共贵州省委党史研究委员会委员,贵州省民族学会副理事长兼秘书长,西南少数民族哲学社会思想研究会理事等职。1996年3月去世。

赵玉明(1919—1995)男,汉族,1919年11月出生,籍贯山东省聊城县,小学文化,1947年2月加入中国共产党。

主要经历。1947年5月至1949年2月,山东省聊城县四区区长。1949年3月随军南下至赣东北区,在余江县工作。1949年9月西进至贵州后任印江县贸易公司经理。1950年2月至1951年3月,铜仁地区贸易公司经理、地区粮食局股长。1951年3月至1954年9月,松桃县贸易站主任。1954年9月至1955年4月,县人民政府副县长。1955年1月至1955年4月,县人民政府人民监察委员会主任(兼)。1955年5月至1959年6月,先后任铜仁地区采购局副局长、地区化肥厂厂长。1959年7月至1961年8月,铜仁地区手管局副局长。1961年8月至1966年6月,玉屏县人民政府副县长。1966年6月至1976年7月,铜仁地区防疫站站长、地区卫生局副局长。1976年8月至1983年3月,铜仁地区环保局副局长。1983年3月离休,享受副地级待遇。1995年7月去世。

龙祥云 男,苗族,1941年4月出生,籍贯贵州省松桃苗族自治县,大学本科学历。1969年2月加入中国共产党。

主要经历。1960年9月至1962年12月,松桃中学高中部学习。1968年4月至1970年8月,铜仁中学工作。1970年8月至1974年8月,贵州大学哲学系读书,学生党支部组织委员。1974年8月至1976年4月,铜仁中学教师。1976年4月至1977年8月,松桃苗族自治县委宣传部理论教员。1977年8月至1978年12月,县委党校副校长。1978年12月至1981年12月,芭茅公社党委书记。1981年12月至1983年3月,世昌区委常委、常务副区长。1983年3月至1984年4月,县委党校教员。1984年4月至1987年8月,蓼皋镇党委书记。1988年2月至1990年3月,县监察局局长。1990年3月至1993年3月,县委常委、县委宣

传部部长。1993年3月至1998年3月，县人民政府副县长。1998年3月至2003年3月，县政协副主席。2003年，退休。

隆求清 男，苗族，1943年9月出生，籍贯贵州省松桃苗族自治县，初师学历，1963年10月加入中国共产党。

主要经历。1961年8月参加工作。1984年12月至1987年1月大坪区长。1987年2月至1988年2月，松桃苗族自治县教育局纪检组长。1988年2月至1990年7月，县监察局副局长。1990年7月至1993年4月，县监察局局长。1993年4月至1998年5月，县人事局局长。2003年9月退休。

龙沛云（1948—2001） 男，苗族，1948年9月出生，籍贯贵州省松桃苗族自治县，大专学历，1973年7月加入中国共产党。

主要经历。1967年5月，松桃中学高中部毕业回乡知青。1983年1月至8月，松桃苗族自治县委宣传部通讯干事。1983年9月至1985年8月，贵州大学管理系政工专业学习。1986年9月，盘信区委书记。1987年8月至1989年9月，县委党校副校长、党支部书记。1989年9月至1993年4月，县司法局局长。1993年4月，县监察局局长。1993年5月，县纪委副书记、县监察局局长。1998年9月，县民政局党组书记。2001年5月16日去世。

张　智 男，苗族，1961年9月出生，籍贯贵州省松桃苗族自治县，大学本科学历，1990年6月加入中国共产党。

主要经历。1978年11月至1980年7月，铜仁师专数学科学习。1980年7月到1980年8月毕业待分配。1980年8月至1987年10月，松桃苗族自治县民族师范学校教师。1987年10月至1989年4月，县图书馆工作员、副馆长。1989年4月至1989年7月，县监察局工作员。1989年7月至1991年4月，县监察局信访股股长。1991年4月至1993年6月，县监察局副局长。1993年6月至1996年11月，县纪委常委、县监察局副局长、审理室主任。1996年11月至1998年4月，县纪委副书记（1997年8月至1997年10月，挂职浙江省海盐县百步乡乡长助理）。1998年4月至1999年3月，县纪委副书记，县监察局局长。1999年3月至2002年6月，贵州省石阡县委常委、县纪委书记。2002年6月至2005年12月，石阡县委常委、县纪委书记（2000年9月至2003年1月，贵州省委党校法律专业学习函授本科）。2005年12月至2012年2月，铜仁地区林业局局长、党组书记（2007年10月至12月，铜仁地委党校新提拔县级干部培训班学习）。2012年2月至2014年8月，铜仁市林业局局长、党组书记。2014年8月至10月，铜仁市林业局局长。2014年10月至11月，铜仁市监察局局长。2014年11月至2018年1月，铜仁市纪委副书记、市监察局局长。2018年1月至8月，铜仁市纪委副书记，市监委副主任。2018年8月，铜仁幼儿师范高等专科学校党委委员、书记。

龙中文 男，苗族，1956年12月出生。籍贯贵州省松桃苗族自治县，高中文化，1972年12月参加工作，1975年5月20日加入中国共产党。

主要经历。1982年10月至1984年11月，河南南阳市师部干训班学习。1984年5月至1986年12月，松桃苗族自治县计生委党支部书记。1987年1月至1994年12月，县纪委任纪委委员、信访室主任。1995年1月至1998年1月，县委组织部干审干训科长（副局级干部）。1998年2月至2005年5月14日，县委委员、县纪委副书记、县监察局局长、县人民政府纠风办主任。2004年12月，县人民政府党组成员。2005年

5月至2009年11月，铜仁地区松桃道塘水库工程管理局党组成员、副县级专职纪检员。2009年11月，中共铜仁地区水利局党组成员、中共铜仁地区纪律检查委员会驻铜仁地区水利局纪检组长。

龙治和　男，苗族，1964年4月出生，籍贯贵州省松桃苗族自治县，大专学历，1994年7月加入中国共产党。

主要经历。1980年9月至1982年7月，贵州省松桃民族师范学校普师专业学习。1982年7月至1982年8月，待业。1982年8月至1987年8月，松桃苗族自治县长坪乡完小教师。1987年8月至1990年7月，长坪乡中学教师〔1988年8月至1990年7月，铜仁教育学院政史专业学习(脱产大专)〕。1990年7月至1992年9月，盘信镇教育办公室工作员。1992年9月至1995年9月，正大乡教育辅导站站长。1995年9月至1997年6月，盘信镇教育辅导站副站长。1997年6月至1998年9月，县纪委监察局工作员。1998年9月至2003年7月，县纪委监察局信访室主任。2003年7月至2005年11月，县监察局副局长。2005年12月，县纪委副书记。2006年4月至2013年2月，县人民政府党组成员、县纪委副书记、县监察局局长。2013年2月至2014年11月，县委组织部副部长，县人力资源和社会保障局党组副书记、局长。2014年11月至2019年1月，县委组织部副部长，县人力资源和社会保障局党组书记、局长。2016年10月，中共松桃苗族自治县十三届县委委员。2019年1月至3月，县委组织部副部长，县人力资源和社会保障局党组书记、局长，县委教育工作委员会委员。2019年3月，中共松桃苗族自治县十三届县委委员、四级调研员、县委教育工作委员会委员。

麻文宪　男，苗族，1973年8月出生，籍贯贵州省松桃苗族自治县，大学本科学历，1999年7月加入中国共产党。

主要经历。1994年9月至1997年7月，贵州广播电视大学铜仁分校临床医学专业学习。1997年7月至12月，待业。1997年12月至1999年3月，松桃苗族自治县沙坝河乡计生办统计员。1999年3月至2000年6月，沙坝河乡党政办主任。2000年6月至2002年4月，沙坝河乡科技副乡长。2002年4月至2003年4月，沙坝河乡党委委员、乡纪委书记〔2000年9月至2003年1月，贵州省委党校法律专业学习(函授本科)〕。2003年4月至2006年8月，牛郎镇党委副书记、镇纪委书记。2006年8月至2007年4月，长兴堡镇党委副书记、镇纪委书记。2007年4月至6月，长兴堡镇党委副书记。2007年6月至2010年5月，长兴堡镇党委副书记、镇长。2010年5月至2013年2月，长兴堡镇党委书记。2013年2月至12月，盘信镇党委书记。2013年12月至2015年1月，县纪委副书记、县监察局局长。2015年1月至3月，贵州省松桃经济开发区工作委员会委员、纪工委书记，县纪委副书记、县监察局局长。2015年3月，贵州省松桃经济开发区工作委员会委员、纪工委书记。

龙秀福　男，苗族，1978年3月出生，籍贯贵州省松桃苗族自治县，大学本科学历，2002年7月加入中国共产党。

主要经历。1997年9月至1999年7月，贵州师范大学法律基础教育专业学习。1999年7月至2000年11月，待业。2000年11月至2001年6月，松桃苗族自治县房产局工作员。2001年5月至2002年3月，县人民政府办公室工作员。2002年3月至2005年11月，县人民政府办公室科员。2005年11月至2006年8月，盘石镇党委副书记(2002年6月至2005年12月，贵州大学自学考试法律专业学习)。2006年8月至2010年2月，盘石镇党委副书记、镇纪委书记。2010年2月至2013年10月，迓驾镇党委副书记、镇长(2012

年5月至2013年5月,挂职国家民委经济司扶贫处处长助理)。2013年10月至2015年4月,甘龙镇党委书记。2015年4月至2016年10月,县纪委副书记、县监察局局长。2016年10月至2019年1月,县人民政府办公室党组成员、办公室主任、县(应急办、值班室)主任。2019年1月至3月,县人民政府党组成员、县人民政府机关党组书记、办公室主任、县(应急办、值班室)主任。2019年3月,县人民政府党组成员、县人民政府机关党组书记、办公室主任。

吴碧文 男,苗族,1968年6月出生,籍贯贵州省松桃苗族自治县,大学本科学历,1996年6月加入中国共产党。

主要经历。1989年1月至1991年12月,松桃苗族自治县隘门乡政府青年干事。1991年12月至1992年7月,太平营乡政府统计员。1992年7月至1996年1月,正大乡人大工作员〔1993年9月至1995年7月,贵州省农业管理干部学院农业管理专业学习(脱产大专)〕。1996年1月至1999年1月,正大乡综治办副主任。1999年1月至2002年1月,正大乡党委委员、副乡长。2002年1月至2005年8月,正大乡党委委员、副乡长。2005年8月至2007年3月,正大乡党委副书记、乡长〔2003年8月至2006年1月,贵州省委党校法律专业学习(函授大学)〕。2007年3月至2012年3月,永安乡党委书记、人大主席(2010年9月至2010年11月,贵州省铜仁地委党校中青班学习)。2012年3月至2013年2月,县财政局党组书记。2013年2月至2014年12月,县产权交易中心(铜仁市公共资源交易中心松桃分中心)主任。2014年12月至2016年10月,县产权交易中心(公共资产交易中心)主任、县人民政府办公室副主任。2016年10月至2018年1月,县纪委副书记、县监察局局长。2018年1月至2020年9月,县纪委副书记、县监委副主任。2020年9月至12月,县监委副主任。2020年8月,松桃苗族自治县卫生健康局局长。

五、历任县监察委员会副主任

周胜华 简历见历任县纪委(监委)副书记中其简历。
吴碧文 简历见历任县人民监察委员会(监察室、监察局)主任、局长中其简历。

六、历任县纪委常委、监委委员

梁恩仁 男,侗族,1930年8月生,籍贯贵州省松桃苗族自治县,高中学历,1954年5月加入中国共产党。

主要经历。1937年至1940年,松桃苗族自治县长兴堡岩科村读私塾。1941年至1946年,长兴中心国民学校高小读书。1947年,长兴堡岩科村保国民小学任教一年。1948年,务农。1949年,长兴堡岩科农协会任统计员。1951年8月至1952年2月,贵州省银行干校学习。1952年2月,铜仁中心支行思南银行许家坝营业所任副主任。1954年,铜仁中心支行秘书股长。1955年,思南县委纪委工作员。1956年至1974年,一般区级干部,任纪检员、秘书。1975年,松桃苗族自治县物资局秘书员。1976年,孟溪开展路线教育一年。1980年9月至1984年9月,县委纪委委员。1984年9月至1985年4月,县纪委常委。1985年4月,县地方志办公室任副主任、副主编(正科级)。1991年8月,退休。

张崇秀(1957—1999) 男,汉族,1957年4月出生,籍贯贵州省松桃苗族自治县,大专学历,1983年4月加入中国共产党。

主要经历。1973年7月至1975年7月，松桃中学高中部学习。1975年8月至1978年3月，盘石乡知青。1978年4月至1983年12月，团县委常务委员。1984年1月至1985年4月，团县委副书记。1985年5月至1988年7月，县纪委常委。1988年8月至1992年5月，县纪委副部长级纪检员。1992年6月至1994年2月，县委知工办主任。1994年3月至1999年3月，县委离退休干部工作局局长。1999年3月28日去世。

龙树林 男，苗族，1951年7月出生，籍贯贵州省松桃苗族自治县，大专学历，1977年6月加入中国共产党。

主要经历。1971年9月至1973年，铜仁师范读书。1973年7月至1978年9月，松桃苗族自治县教育局教研室教研员。1978年9月至1980年7月，铜仁教育学院读书。1980年7月至1985年4月，县教育局教研室教研员。1985年4月至1987年7月，县委组织部组织员。1987年7月至1993年4月，县纪委办公室主任。1987年9月至1993年4月，县纪委常委。1993年4月至1998年5月，县纪委宣教室主任。1998年6月，县志办主任。2002年，县志办与县档案局合署办公，主任科员。2006年6月，县志办与县委党史办合署办公，主任科员。2010年12月退休。

杨通全 男，土家族，1942年2月出生，籍贯贵州省松桃苗族自治县，中专学历，1960年6月加入中国共产党。

主要经历。1965年9月至1974年，松桃苗族自治县孟溪区红岩完小、大路完小教师。1974年至1979年，城关二完小教师、少先队专职辅导员。1979年至1980年，县委办公室会计。1982年，县纪委工作。1987年9月至1998年2月，县纪委常委。1988年1月至1993年4月，县纪委案件审理科（审理室）科长（主任）。1993年3月至5月，在深圳市委党校参加中共中央纪委举办的纪检监察业务培训班学习。1993年4月至1996年12月，县纪委党风廉政室主任。1993年至1996年，县纪委工会主席。1997年至1998年10月，县直属机关纪工委书记、县纪委党支部书记。1998年3月至6月，在贵州省政法管理干部学院参加培训。1998年10月，退休。

石登州 男，苗族，1938年12月出生。籍贯贵州省松桃苗族自治县，中专学历，1958年12月加入中国共产党。

主要经历。1959年2月至1964年4月，松桃苗族自治县巴坳城关管理区秘书。1964年5月至1980年5月，城关区团委副书记、区革委、区委副书记、区长（1975年2月至3月，铜仁"五七干校学习"）。1980年6月至1984年6月，长兴区副书记、区长（1980年9月至1981年7月西南民族学院学习）。1984年2月至1988年2月，城关区委书记、县商业局党组书记、局长。1988年3月，县委组织部副部长。1993年2月至1998年2月，县纪委常委。

彭永祥 男，土家族，1966年9月出生，籍贯贵州省松桃苗族自治县，大学本科学历，1985年8月加入中国共产党。

主要经历。1979年9月至1982年7月，松桃苗族自治县落满附中读初中。1982年8月至1984年8月，在家务农。1984年9月至1986年8月，落满公社青年干事、统计员（1985年6月至12月，县委党校民族理论班学习）。1986年9月至1988年7月，铜仁地委党校团干中专班脱产学习。1988年8月至1988年12月，落满乡团委书记、统计员、政府秘书。1989年1月至1991年2月，落满乡党委副书记、代理乡长。1991年3

月至1992年6月，落满乡党委副书记、乡长。1992年7月至1995年2月，寨英镇党委副书记、政府筹备组长、镇长（1994年6月至12月，江苏省镇江市丹徒县大路镇挂职党委副书记）。1995年3月至1998年2月，县纪委监察局任常委、执法监察室主任（1995年9月至1997年7月，中共贵州省委党校函授本科班经济管理专业学习）。1998年3月至2002年2月，县粮食局党组书记、局长。2002年3月至2009年12月，县经济贸易局党组书记、局长（2004年7月至12月，铜仁地委党校中青班学习；2006年4月至12月，脱产到浙江大学经济管理学院工商企业管理高级管理班学习；2007年3月至2009年12月，抽调到铜仁地区大兴科技工业区领导小组办公室工作）。2010年1月至2011年2月，贵州省大兴新区管委会党政办公室主任。2011年3月至2012年7月，铜仁地区发展改革委员会工业经济科科长。2012年8月至2016年11月，铜仁市发展改革委员会党组成员、机关党委书记（2013年7月至10月，铜仁市委党校县干班学习；2016年5月，国家发改委学习）。2016年12月，退休。

袁　钢　男，汉族，1948年6月出生，籍贯贵州省毕节，大专学历，1982年9月加入中国共产党。

主要经历。1965年9月至1968年7月，贵州省松桃中学高中部学习。1969年5月至1972年11月，松桃苗族自治县瓦窑公社知青。1972年12月至1980年7月，瓦窑中学教师。1980年8月至1983年4月，城关区教办“三教”干部。1983年5月至1983年12月，城关区委秘书。1984年1月至1985年3月，松江区公所副区长。1985年6月至1985年9月，松江区委副书记。1985年10月至1987年，铜仁地委党校学习。1987年7月至1990年7月，蓼皋镇党委副书记。1990年8月至1993年5月，县委组织部办公室主任。1993年5月至1995年1月，县委党校校长。1995年1月至1997年6月，县交通局纪检组长。1997年6月至2003年1月，县纪委常委、办公室主任。2003年1月至2008年6月，主任科员。2008年6月，退休。

石维江　男，苗族，1963年8月出生，籍贯贵州省松桃苗族自治县，大学本科，1986年12月加入中国共产党。

主要经历。1983年9月至1987年7月，贵州民族学院政治系读书。1987年8月至1989年4月，松桃苗族自治县委党校任教，助理讲师。1989年4月至1990年2月，县委研究室工作。1990年2月至1991年3月，县委组织部正股级组织员。1991年4月至1993年3月，县委组织部秘书。1993年4月至1996年7月，县委组织部组织员、办公室主任。1996年7月至1998年12月，县委组织部副部长。1998年2月至1999年7月，县纪委常委。1998年12月至2001年12月，大兴镇党委书记。2001年12月至2006年10月，贵州省印江土家族苗族自治县委常委，县委组织部部长。2006年10月至2011年11月，铜仁地区商务局党组成员，副局长。2011年12月至2013年6月，铜仁市商务局党组成员、副局长，铜仁市投资促进局党组副书记、局长。2013年6月至2014年5月，铜仁市商务和粮食局党组书记，局长，市投促局党组书记。2014年5月至2019年12月，铜仁市商务局党组书记，局长。2019年7月，任一级调研员。2019年12月，任二级巡视员。2020年1月退休。

陈文斌　男，汉族，1957年2月出生，籍贯贵州省松桃苗族自治县，大专学历，1986年1月加入中国共产党。

主要经历。1975年9月至1979年8月，松桃苗族自治县九江中学教师。1979年9月至1984年12月，县第二中学教师。1985年1月至1989年9月，县教育局副股长。1989年10月至1993年3月，县人事局人才中心主任（1990年7月至1993年7月，贵州教育学院教育管理专业学习）。1993年4月至1998年7月，县委组织部组织科科长。1998年8月至2002年4月，县委组织部副部长。1999年7月至2003年1月，县纪委常委。2002年4月至2007年2月，县统计局局长。2007年3月至2008年3月，县统计局主任科员。2008年至2017年2月，县政协办公室主任科员。2017年2月，退休。

唐海燕 男，苗族，1962年6月出生，籍贯贵州省松桃苗族自治县，大学本科，1996年6月加入中国共产党。

主要经历。1980年9月至1984年7月，中央民族学院政治系哲学专业学习。1984年7月至1984年8月，待业。1984年8月至1990年10月，县委党校教师。1990年10月至1993年6月，县监察局工作员、秘书（正股级）。1993年6月至1998年5月，县纪委监察局办公室副主任（负责监察综合工作）。1998年5月至2002年4月，县纪委监察局执法监察室主任。2002年4月至2003年7月，县监察局副局长、执法监察室主任。2003年7月至2005年2月，县纪委常委、党风廉政室主任。2005年2月至2007年8月，县安全生产监督管理局党组书记、副局长。2007年8月至2013年1月，县安全生产监督管理局党组副书记、副局长（正科级）。2013年1月至2014年12月，县工商联党组成员、副主席（正科级）。2014年12月至2018年1月，县政协文史委办公室正科级干部。2018年1月，县政协副处级干部。

龙绍刚 男，苗族，1965年12月出生，籍贯贵州省松桃苗族自治县，大学本科学历，1995年5月加入中国共产党。1982年9月至1986年7月，贵州民族学院政治系政治理论专业学习。1986年7月至1986年8月，待业。1986年8月至1988年5月，松桃苗族自治县教师进修学校教师。1988年5月至1991年3月，县监察局科员。1991年3月至1996年12月，县纪委案件审理室干部。1996年12月至1998年5月，县经贸局监察室主任。1998年5月至1999年1月，迓驾镇党委副书记。1999年1月至2001年3月，迓驾镇党委副书记、镇长。2001年3月至12月，木树乡副书记、乡长。2001年12月至2003年1月，县纪委宣教室主任（正科级）。2003年1月至2006年5月，县纪委常委、宣教室主任。2006年5月至2007年3月，县纪委常委、党风廉政室主任。2007年3月至2012年3月，县人力资源和社会保障局党组成员、副局长。2012年3月至2017年3月，县人力资源和社会保障局主任科员。2017年3月，离岗待退。

陈康炉 男，苗族，1962年9月出生，籍贯贵州省松桃苗族自治县，大专学历，1985年7月加入中国共产党。

主要经历。1981年12月，录用为农村基层干部。1982年1月至1982年12月，松桃苗族自治县农村基层干部培训班学习。1983年1月至1984年12月，大坪区石岘公社工作。1985年1月至1987年4月，大坪区武装部武装干事。1987年4月至1996年4月，县人民武装部财务助理员（1990年9月至1993年8月，贵州电大铜仁分校学习国防军事专业，获得大专学业）。1996年4月至2003年7月，县纪委副主任科员。2003年7月至2005年11月，县纪委执法监察室主任。2005年11月至2007年3月，县纪委常委、执法监察室主任。2007年3月至2014年11月，县财政局党组成员，纪检组长。2014年11月至2016年7月，县财政局党组成员。2016年7月，离岗待退。

龙金国 男，苗族，1965年12月出生，籍贯贵州省松桃苗族自治县，大专学历，1997年11月加入中国共产党。

主要经历。1983年5月至1988年11月，牛郎镇粮管所工作员（1986年9月至1988年7月，贵州省计划管理干部学院脱产学习)。1988年11月至1997年12月,县粮食局统计股工作员。1997年12月至2001年4月,县粮食局监察室主任。2001年4月至2003年7月,县纪委科员。2003年7月至2005年11月,县纪委纪检监察室主任。2005年11月至2008年7月,县纪委常委、纪检监察室主任、县监察局副局长。2008年7月至2012年12月,县纪委常委、县监察局副局长、县行政投诉中主任。2012年12月至2013年2月,县纪委常委、县监察局副局长、县行政投诉中主任、县产权交易中心(公共资产交易中心)主任。2013年2月至2016年3月,县纪委常委、县监察局副局长、县行政投诉中心主任。2016年3月至8月,县纪委常委、县监察局副局长(正科长级)。2016年8月至2019年1月,县委统战部副部长、县工商联党组书记、常务副主席、县总商会常务副会长。2019年1月,县委统战部副部长(正科长级,分管日常工作)。

刘卫东 男,苗族,1969年3月出生,籍贯贵州省松桃苗族自治县,大专学历,1997年8月加入中国共产党。

主要经历。1991年9月至1994年7月,铜仁师范高等专科学校政史系历史专业学习。1994年8月至1997年9月,贵州省松桃苗族自治县图书馆管理员。1997年9月至1998年4月,盘信镇副镇长候选人。1998年4月至1999年2月,盘信镇副镇长。1999年2月至2003年7月,县纪委监察局执法监察室工作,原副科级待遇不变(1999年3月至4月,中共铜仁地区纪委乡镇纪委书记班学习)。2003年7月至2006年5月,县纪委监察局监察综合室主任。2006年6月至2009年10月,县纪委常委、纠风室主任(2006年6月至7月,中共中央纪委监察部杭州培训中心纪检监察业务培训班学习。2007年7月至8月,中共中央纪委监察部北京培训中心全国纠风办主任培训班学习)。2009年10月至2014年11月,县纪委常委、党风廉政室主任。2014年11月至2018年8月,县纪委党风政风监督室工作人员(保留正科级。2017年12月,清华大学社会科学学院纪检监察系统领导干部能力提升班学习)。2018年8月至2019年6月,县纪委县监委党风政风监督室工作人员(保留正科级。2018年11月,中国政法大学社会学院松桃纪检监察干部能力素质提升培训班学习)。2019年6月至8月,县纪委县监委党风政风监督室二级主任科员。2019年8月,县纪委县监委信访室二级主任科员。

石凌燕 女,苗族,1982年10月出生,籍贯贵州省松桃苗族自治县,大学本科学历,2002年7月加入中国共产党。

主要经历。2001年8月至2004年2月,松桃苗族自治县永安乡中学教师(2002年9月至2004年1月,借调县纪委工作)。2004年2月至2006年5月,县纪委工作人员。2006年5月至12月,县纪委监察局监察综合室主任。2006年11月至2008年10月,县纪委常委、监察综合室主任(2007年4月至2008年5月,铜仁地区纪委挂职学习)。2008年10月至2010年8月,铜仁地委统战部业务科副科长。2010年8月至2012年1月,铜仁地委统战部业务科科长。2012年1月至2012年4月,铜仁市委统战部业务科科长。2012年4月至8月,铜仁市委统战部业务科科长、铜仁市工商联(商会)秘书长。2012年8月至2015年9月,铜仁市工商联(商会)秘书长、办公室主任。2015年9月至2016年9月,铜仁市工商联(商会)党组成员、秘书长、办公室主任。2016年9月至12月,石阡县人民政府党组成员。2016年12月至2020年4月,石阡县人民政府党组成员、副县长(2019年7月,三级调研员)。2020年4月,贵州省生态环境厅办公室副主任(三级调研员)。

石　峰 男,苗族,1973年1月出生,籍贯贵州省松桃苗族自治县,大学本科学历,1997年5月加入中国共产党。

主要经历。1992年9月至1994年7月，贵州民族学院法律专业学习。1994年7月至1995年5月，待业。1995年5月至1999年1月，松桃苗族自治县盘石镇司法助理员。1999年1月至2002年1月，盘石镇副镇长。2002年1月至2003年11月，盘石镇党委委员、镇纪委书记〔(2000年9月至2003年1月，贵州省委党校法律专业学习(函授本科)〕。2003年11月至2005年6月，盘石镇党委副书记、镇纪委书记(2004年7月至2005年6月，抽调到县纪委案检室工作)。2005年6月至2006年7月，县纪委信访室主任。2006年7月至2008年7月，县纪委案件审理室主任。2008年7月至2012年3月，县纪委常委、办公室主任。2012年3月至2014年11月，县卫生和食品药品监督管理局党组副书记、副局长、县新型农村合作医疗局局长(正科级)。2014年11月至2015年12月，县卫生和计划生育局党组成员、县新型农村合作医疗局局长(正科级)。2015年12月至2019年1月，县林业局党组成员、副局长(正科级)。2019年1月，县林业局正科级干部。

龙书林 男，苗族，1963年11月出生，籍贯贵州省松桃苗族自治县，大专学历，1984年12月加入中国共产党。

主要经历。1984年8月至1987年1月，松桃苗族自治县盘信区长坪乡工作员。1987年1月至1992年7月，长坪乡副乡长。1992年7月至1999年2月，长坪乡党委委员。1999年2月至8月，长坪乡副主任科员。1999年8月至2002年1月，正大乡党委委员。2002年1月至2005年1月，正大乡党委副书记、书记〔(2001年9月至2003年1月，贵州省委党校法律专业学习(函授大专)〕。2005年1月至2006年8月，木树乡党委书记。2006年8月至2010年1月，木树乡党委书记、人大主席。2010年1月至2012年4月，县纪委常委、干部室主任。2012年4月至2017年4月，县人大常委会信访室主任。2017年4月，县人大常委会正科级干部。

周文胜 男，苗族，1976年9月出生，籍贯贵州省松桃苗族自治县，大学本科学历，2001年8月加入中国共产党。

主要经历。1996年9月至1998年7月，铜仁地区财政学校财会电算化专业学习。1998年7月至2000年5月，待业。2000年5月至2001年6月，松桃苗族自治县妙隘乡统计站工作员(1997年9月至2000年7月，贵州财经学院会计电算化专业学习)。2001年6月至2003年7月，妙隘乡统计站副站长。(2000年9月至2003年1月，贵州省委党校经济管理专业学习)。2003年7月至2006年9月，妙隘乡副乡长〔2002年9月至2006年7月，贵州财经学院会计学专业学习(脱产)〕。2006年9月至12月，大兴镇党委委员。2006年12月至2010年5月，大兴镇党委委员、副镇长。2010年5月至2012年3月，大兴镇党委副书记、镇纪委书记。2012年3月至2014年12月，县纪委常委、办公室主任。2014年12月至2016年8月，县纪委常委。2016年8月，冷水溪镇党委书记、计生协会会长。

麻　程 男，苗族，1982年8月出生，籍贯贵州省松桃苗族自治县，大学本科学历，2007年6月加入中国共产党。

主要经历。2001年9月至2004年7月，贵州省警官职业技术学院法学专业学习。2004年7月至2004年12月，待业。2004年12月至2005年12月，松桃苗族自治县人民法院工作员。2005年12月至2006年6月，县人民法院科员。2006年6月至2009年11月，县纪委案件检查室科员。2009年11月至2012年8月，县纪委监察局纪检监察室主任(2007年9月至2010年1月，贵州省委党校法律专业学习)。2012年8月至2013年2月，县纪委常委、纪检监察室主任。2013年2月至2015年2月，县纪委常委、县纪委监察局派出第二纪工委书记、纪检监察室主任。2015年2月至2016年8月，盘石镇党委副书记、镇长。2016年8月至2019年4月，盘石镇党委书记、计生协会会长。2019年4月至2020年4月，贵安新区纪检监察工委审查调查科正科级干部。2020年4月，贵安新区纪检监察工委监督检查室主任。

龙政敏　男，苗族，1975年2月出生，籍贯贵州省松桃苗族自治县，大专学历，1997年7月加入中国共产党。

主要经历。1991年9月至1995年7月，贵州省商业学校财会统计专业学习。1995年7月至1995年12月，待业。1995年12月至1996年6月，牛郎镇民政股办事员。1996年6月至1998年12月，牛郎镇综治办副主任。1998年12月至2001年8月，县牛郎镇司法所所长。2001年8月至2002年12月，牛郎镇科技副镇长。2002年12月至2006年8月，牛郎镇党委委员、副镇长〔2002年4月至2004年1月，在贵州省委党校法律专业学习(函授大专)〕。2006年8月至2013年2月，平头乡党委副书记、乡纪委书记。2013年2月至2015年12月，县纪委监察局派驻第二纪工委副书记、监察分局局长。2015年12月至2018年1月，县纪委常委、县监察局副局长。2018年1月至2019年2月，县纪委常委、县监委委员。2019年2月，县城市管理执法局党组书记、局长。

宋　扬　男，苗族，1969年9月出生，籍贯贵州省松桃苗族自治县，大专学历，1996年7月加入中国共产党。

主要经历。1987年9月至1990年7月，贵州省松桃民族师范学校普师专业学习。1990年7月至9月待业。1990年9月至1991年8月，松桃苗族自治县九江乡小学教师。1991年8月至1995年1月，九江乡中学教师，1995年1月至1998年8月，九江乡教育辅导站教研员兼督导员〔1995年2月至1998年6月，贵州教育学院汉语言文学专业学习(自考大专)〕。1998年8月至1999年4月，县委办公室秘书。1999年4月至2002年3月，县委办公室督查室主任。2002年3月至2003年4月，大兴镇党委副书记。2003年4月至2005年1月，盘石镇党委书记。2005年1月至4月，盘信镇工作员(正科级)。2005年4月至2007年7月，盘信镇副镇长(正科级)。2007年7月至2012年8月，县政协办公室副主任(正科级)。2012年8月至2013年2月，县纪委派出第一纪工委(监察分局)正科级副书记、监察分局局长。2013年2月至2016年1月，县纪委监察局派出第一纪工委书记。2016年1月至2018年1月，县纪委常委。2018年1月，县纪委常委、县监委委员。

吴维琼　男，苗族，1984年12月出生，籍贯贵州省松桃苗族自治县，大学本科，2012年7月加入中国共产党。

主要经历。2004年9月至2008年7月，贵州师范大学法学专业学习。2008年7月至2009年7月，松桃苗族自治县人民检察院工作员。2009年7月至2012年8月，县人民检察院科员(2011年4月至2012年8月，县人民检察院检察员)。2012年8月至2014年12月，县纪委监察局派出第二纪工委监察分局副局长。2014年12月至2016年10月，县纪委监察局第二纪检监察室主任。2016年10月至2017年1月，县纪委常委、县纪委监察局第二纪检监察室主任。2017年1月至2017年3月，县纪委常委。2017年3月至2018年1月，县纪委常委、县监察局副局长。2018年1月至2019年1月，县纪委常委、县监委委员。2019年1月，县工业和商务局党组书记。2019年2月，县工业和商务局局长。

何周宇　男，苗族，1986年6月出生。籍贯贵州省松桃苗族自治县，大学学历，2009年5月加入中国共产党。

主要经历。2006年9月至2010年7月，贵州省遵义师范学院政治经济系思想政治教育专业学习。2010年7月至2010年8月，待业。2010年8月至2011年8月，松桃苗族自治县寨英镇综合办工作员。2011年8月至2013年9月，寨英镇综合办科员。2013年9月至2014年12月，县纪委案件监督管理室主任。2014年12月至2016年10月，县纪委第一纪检监察室主任。2016年10月至2017年6月，县纪委常委、第一纪检监察室主任。2017年6月至2018年7月，贵州省贵安综合保税区党工委管委会办公室副科长级干部。2018年7月，贵州省贵安综合保税区党工委管委会办公室副科长级干部、纪工委委员。

秦榜江 男，土家族，1977年8月出生，籍贯贵州印江土家族苗族自治县，大学本科学历，2005年10月加入中国共产党。

主要经历。1993年9月至1996年7月，贵州省松桃民族师范学校普师专业学习。1996年7月至1996年11月，待业。1996年11至2005年11月，松桃苗族自治县石梁乡完小教师〔1996年11月至2005年11月，借调到石梁乡中学工作，1999年9月至2001年7月，贵州省铜仁师范高等专科学校汉语言文学教育专业学习(脱产大专)〕。2005年11至2008年12月，县委宣传部新闻采编人员。2008年12月至2012年7月，县委宣传部《松江之声》通联部主任〔2008年9月至2011年1月，中央广播电视大学汉语言文学专业学习(函授本科)〕。2012年7月至2014年12月，县纪委监察局宣教室主任。2014年12月至2017年4月，县纪委监察局宣传调研法规室主任。2017年4月至9月，县纪委监察局办公室主任。2017年9月至2018年8月，县纪委常委、县纪委监察局办公室主任。2018年8月至2019年5月，县纪委常委、县纪委县监委办公室主任。2019年5月，县纪委常委、县监委委员，正科级纪检监察员。

熊黔松 男，苗族，1977年5月出生，籍贯贵州省松桃苗族自治县，大学本科学历，2010年5月加入中国共产党。

主要经历。1996年9月至1998年7月，铜仁师范高等专科学校体育教育专业学习。1998年7月至2001年8月，松桃苗族自治县乌罗中学教师。2001年8月至2004年5月，孟溪中学教师〔2000年9月至2002年6月，贵州师范大学体育教育专业学习(自考本科)〕。2004年5月至2005年6月，县人民检察院公诉科书记员。2005年6月至2010年2月，县人民检察院公诉科科员〔2005年9月至2008年1月，中央广播电视大学法学专业学习(函授本科)〕。2010年2月至2014年1月，县人民检察院科员级检察员。2014年1月至2017年6月，县人民检察院反渎职侵权局侦查科科长。2017年6月至2018年1月，县人民检察院党组成员、检察委员会委员、反贪污贿赂局局长。2018年1月至8月，县人民检察院党组成员、检察委员会委员、反贪污贿赂局局长、县监委委员(正科长级)。2018年8月至2019年4月，县监察委员会委员(正科长级)。2019年4月至1992年12月，县纪委常委、县监委委员(正科长级)。2019年10月，玉屏侗族自治县纪委副书记、县监委副主任。

刘建英 女，侗族，1977年3月出生，籍贯贵州省万山区，大学本科学历，2013年6月加入中国共产党。

主要经历。1997年9月至2000年7月，贵州省铜仁师范高等专科学校化学教育专业学习。2000年7月至2000年8月待业。2000年8月至2002年1月，贵州省铜仁市万山特区黄道中学教师。2002年1月至2011年10月，松桃苗族自治县蓼皋镇中学教师〔2000年9月至2003年7月，在贵州师范大学化学专业学习(函授本科)；2011年2月至2011年10月，借调到贵州省松桃苗族自治县人大常委会办公室工作〕。2011年10月至2013年2月,县人大常委会办公室秘书。2013年2月至2014年12月,县人大常委会办公室秘书科科长(2013年2月至2014年2月,长兴堡镇三八村驻村)。2014年12月至2016年3月,县委党校副科级专职纪检员。2016年3月至2017年4,县民族和宗教事务局党组成员、纪检监察组组长。2017年4月至2018年10月,县纪委县监委(监察局)纪检监察干部监督室主任。2018年10月至2019年1月,县纪委县监委干部室(纪检监察干部监督室)主任。2019年1月至4月,县纪委县监委干部室(纪检监察干部监督室)主任、机关党委书记。2019年4月至5月,县纪委常委、县纪委县监委干部室(纪检监察干部监督室)主任、机关党委书记、县直属机关工委委员。2019年5月,县纪委常委、机关党委书记、县直属机关工委委员。

石利军 男,苗族,1964年8月出生,籍贯贵州省松桃苗族自治县,大学本科学历,1999年7月加入中国共产党。

主要经历。1983年9月至1987年7月,贵州民族学院政治专业学习。1987年7月至1987年8月,待业。1987年8月至1991年10月,松桃苗族自治县人民检察院办事员。1991年10月至2000年5月,县人民检察院科员〔1997年9月至1999年9月,西南政法大学民商法专业(在职)研究生学习结业〕。2000年5月至2003年1月,县人民检察院法纪科副科长。2003年1月至2005年11月,县人民检察院公诉科副科长。2005年11至2012年4月,县人民检察院反贪局侦查科长。2012年4月至2013年2月,县人民检察院党组成员、反渎侵权局局长。2013年2月至2014年2月,县人民检察院党组成员、反渎侵权局长、检察委员会委员。2014年2月至2017年6月,县人民检察院党组成员、反贪局长、检察委员会委员。2017年6月至12月,县人民检察院检察委员会专委。2017年12月至2018年8月,县纪委县监委(监察局)第五纪检监察室负责人。2018年8月至2019年5月,县纪委县监委第五纪检监察室主任(保留正科级)。2019年5月,县监委委员(保留正科级)。2019年6月,四级调研员。

七、历任县人民监察委员会(监察室、监察局)副主任、副局长

杨再常 男,汉族,出生年月、籍贯、学历及入党时间不详。

主要经历。1953年1月至12月,县人民政府人民监察委员会副主任。其余资料不详。

陈光学 男,汉族,出生年月、籍贯、学历及入党时间不详。

主要经历。1953年12月至1954年1月,县人民政府人民监察委员会代理副主任。1954年1月至1955年4月,县人民政府人民监察委员会副主任。其余资料不详。

游国栋 男,汉族,出生年月、籍贯、学历及入党时间不详。

主要经历。1958年10月至1959年9月,县人民委员会监察室副主任。1958年12月至1959年9月,县政法党组成员。其余资料不详。

陈建萍 女,苗族,1957年7月出生,籍贯贵州省松桃苗族自治县,大学本科学历,1977年3月加入中国共产党。

主要经历。1974年9月至1978年2月,太平乡土屯大队知青。1978年2月至1983年12月,盘信区妇联工作员、主任。1983年12月至1986年9月,盘信区委副书记。1986年9月至1988年8月,贵州民族学院政治系政法理论进修班学习。1988年8月至1991年10月,县监察局副局长。1991年10月至1996年7月,

县政协科教文卫委员会主任。1996年7月至2003年1月，铜仁地区国土资源局法规科科长（1999年8月至2001年12月，中央党校法律专业学习）。2003年1月至2007年6月，铜仁地区纪委委员、地区监察局副局长（2003年9月至11月，铜仁地委党校县干班学习）。2007年6月至2010年12月，铜仁地区纪委副书记。2010年12月至2011年12月，铜仁地区纪委副书记、地区监察局局长。2011年12月至2012年1月，铜仁市纪委副书记、监察局局长。2012年1月至2013年4月，铜仁市人大常委会副主任、铜仁市纪委副书记、市监察局局长（2012年2月至4月，贵州省委党校地厅级领导干部培训班学习）。2013年4月至2016年12月，铜仁市人大常委会副主任。2016年12月至2017年8月，铜仁市人大常委会副厅级干部。2017年8月，退休。

张　强　男，苗族，1969年8月出生，籍贯贵州省松桃苗族自治县，大专学历，1997年加入中国共产党。

主要经历。1983年9月至1986年7月，贵州省松桃民族师范学校普师专业学习。1986年7月至8月，待业。1986年8月至1987年9月，乌罗区完小教师。1987年9月至1989年7月，乌罗区中学教师。1989年7月至1996年4月，县政协工作员〔1991年9月至1993年7月，贵州大学行政管理专业学习（大专）〕。1996年4月至1998年5月，县纪委案件审理室工作员。1998年5月至2002年1月，县监察局副局长。2002年1月至2006年8月，普觉镇党委书记。2006年8月至2007年2月，县行政服务中心主任、县招商引资局局长。2007年2月至2012年3月，县人民政府办公室副主任（正科级）。2012年3月至2014年12月，县工业贸易局党组书记。2014年12月至2020年3月，县工业和商务局党组副书记、副局长（正科级）。2020年3月，县工业和商务局四级调研员。

冉光珍　女，土家族，1967年12月出生，籍贯贵州省松桃苗族自治县。大学本科，无党派人士。

主要经历。1985年10月至1988年7月，贵州省铜仁农校植保专业学习。1988年7月至8月，毕业待分配。1988年8月至1992年6月，甘龙镇农技站工作员。1992年6月至2002年4月，甘龙镇农技站工作员〔1996年12月至1998年12月，在贵州大学农学专业学习（自考大专）〕。2002年4月至2006年8月，甘龙镇科技副镇长。2006年8月至2007年3月，县综合执法组工作员（副科级）。2007年3月至2009年4月，县城管局副局长。2009年4月至2012年8月，县监察局副局长〔2007年3月至2009年5月，贵州省委党校法律专业学习（函授本科）〕。2012年8月至2016年1月，县监察局副局长、县绩效考核办公室主任。2016年1月至10月，县城市管理行政执法局（城镇管理局）局长。2016年10月至12月，县政协机关正科级干部。2016年12月至2017年3月，县政协副主席。2017年3月，县政协副主席，县工商联主席。

龙胜清　男，苗族，1976年5月出生，籍贯贵州省松桃苗族自治县，大学本科学历，无党派人士。

主要经历。1995年9月至1997年7月，西南民院法学专业学习。1997年7月至9月，待业。1997年9月至1999年3月，世昌乡从事计划生育工作。1993年3月至2010年10月，县档案局工作员（2006年7月至2008年12月，贵州大学自学考试法律专业学习）。2010年10月至2012年5月，县档案局（地方志办、档案信）工作员。2012年5月至2013年3月，县档案局（地方志办、档案馆）信息技术股负责人（2012年4月至2013年2月，挂职贵州省松桃苗族自治县长坪乡乡长助理）。2013年3月至2016年8月，长坪乡副乡长。2016年8月至2017年12月，县监察局副局长。2017年12月，贵州松桃经济开发区社会事务办主任。

附　　录

一、县委主要领导讲话

(一)在县纪委全会上的讲话选登

落实责任 强化担当
努力开创全面从严治党新局面

——在十三届县纪委二次全会上的讲话

(2017年2月18日)

冉晓东

同志们：

县委决定召开这次会议，是在开启党要管党、从严治党新征程的新形势下召开的。会议的主要任务是：深入贯彻党的十八届六中全会精神、十八届中央纪委七次全会以及十一届省纪委六次全会、二届市纪委二次全会精神，回顾总结2016年全县纪律检查工作，安排部署2017年纪检监察工作。

2016年，在省委、市委的坚强领导下，在省纪委、市纪委的精心指导下，县委团结带领全县各级党组织和纪检监察机关，认真贯彻落实中央和省委、市委的决策部署，全面落实党要管党、从严治党的政治责任，深入推进党风廉政建设和反腐败工作，取得了可喜的成绩和显著的成效，为全县经济社会持续快速健康发展做出了积极贡献。全县上下始终保持强有力的政治定力，始终坚持把严明政治纪律和政治规矩放在首位，始终注意强化“两个责任”的落实，营造了风清气正、廉洁从政的良好的政治生态环境，赢得了广大干部群众和社会各界的充分肯定和普遍赞誉。特别是各级纪检监察机关严格按照上级党委和纪委的决策部署，紧紧围绕纪检监察工作的主业主责，围绕目标、攻坚克难、阔步前行，以实际行动落实了全面从严治党的相关责任，以实际行动扎实推进了党风廉政建设和反腐败工作，县委对全县纪检监察机关的工作是满意的。在此，我谨代表县委向全县纪检监察战线的同志们表示亲切的问候和衷心的感谢！向关心、支持纪检监察工作的各级各部门和社会各界人士表示诚挚的谢意！

等会，学文同志还要代表县纪委常委会作工作报告，希望大家认真学习领会，切实抓好贯彻落实，下面，就如何做好今年的纪检监察工作，如何推进全面从严治党，我讲三点意见。

一、深化认识、深刻领会，准确把握全面从严治党新要求

习近平总书记在十八届中央纪委七次全会上精准作出“反腐败斗争压倒性态势已经形成，不敢腐的目标初步实现，不能腐的制度日益完善，不想腐的堤坝正在构筑，党内政治生活呈现新的气象”的科学论断，为我们深入推进全面从严治党提供了根本遵循。习近平总书记强调，要坚持反腐败无禁区、全覆盖、零容忍，惩治腐败力度决不减弱、零容忍态度决不改变，坚决打赢反腐败这场正义之战。总书记在中央纪委七次全会上的重要讲话，饱含着对各级党员干部的严管厚爱，蕴含着质朴真挚的为民情怀，具有强大的号召力和感染力，既是一次深刻的党性教育，又是一次深入的工作部署。省委陈敏尔书记在十一届省纪委六次全会上，盘点了我省近年来全面从严治党的工作成绩、分析了当前存在的问题和差距、总结了实践经验和启示等。他强调，全省上下要清醒认识形势，进一步增强推进全面从严治党的责任感使命感；要保持战略定力和政治定力，坚持惩治腐败力度决不减弱、零容忍态度决不改变，不断巩固反腐败斗争压倒性态势，继续把党风廉政建设和反腐败斗争引向深入；要坚持标本兼治，深入推进全面从严治党。陈昌旭书记在二届市纪委二次全会上强调，各级党组织和广大党员干部特别是领导干部要把全面、科学、系统、准确学习领会习近平总书记系列重要讲话精神和省委陈敏尔书记讲话精神作为重要政治任务，学思践悟、悟懂通透，保持政治定力，坚定必胜信心，强化责任担当，在常和长、严和实、深和细上下功夫，推动管党治党从宽松软走向严紧硬。要保持定力、砥砺前行，推动全面从严治党向纵深发展；要标本兼治、固本培元，增强全面从严治党的系统性、创造性和实效性。

办好松桃的事情，关键在党，关键在党要管党、从严治党。我们必须进一步审时度势，认清形势，要不断发现问题、绝不回避问题，切实解决问题，始终保持清醒头脑。作风建设永远在路上，一些突出问题还亟待解决。一是管党治党责任还存在落实不到位的情况。去年，我县对落实“两个责任”不力的19名领导干部进行问责，其中党政纪处分8人，存在的一些突出问题不容忽视。有的党组织领导核心作用弱化，党章党规党纪执行不力，落实中央和省委、市委、县委决策部署还存在一定程度的形式主义，存在走过场的现象；有的党员干部重发展轻党建、重业务轻党建，把自己看作一个纯粹的业务干部，忘记了自己第一身份是党员，而且还是党员干部；有的党委(党组)负责人忽视日常监督，不注重抓早抓小，没有履行“一岗双责”，一旦出事，既毁了别人，也影响了自己。二是党内政治生活还存在不规范、庸俗化问题。我们有的党员干部理想信念不坚定，纪律松弛、脱离群众，慵懒无为；有的干部党员意识淡漠，总是以这样或那样的借口，很少参加组织生活会，交纳党费要么不积极、要么就是不按期；有的干部不善谋事，却时刻谋人，善于搞人事关系、团团伙伙；有的干部把纯洁的同志关系搞成赤裸裸的利益关系，一心只想谋私利。三是党内监督还存在薄弱环节。有的监督主体不愿监督、不敢监督，监督下级怕丢选票，监督同级怕伤和气，监督上级怕穿小鞋；有的领导干部要求别人主动接受监督时“一套一套的”，但一旦涉及监督自己就遮遮掩掩、借口多多，顾左右而言他，马列主义手电筒光照别人、不照自己；有的监督对象把监督看作是对自己的不信任和“挑刺”，总是抱着抵触情绪，这样早晚要出事的。特别是重点环节和重点部门的监督、一把手的监督，一直是薄弱环节和难点问题。四是“四风”问题还存在新情况新问题。去年，我们查处违反中央八项规定精神问题36起，问责58人，党政纪处分49人。这说明，有的单位和部门不作为、慢作为等不正之风积习难改，“四风”隐形变异、顽疾依然存在；一些单位和部门还存在吃喝玩乐的惯性；有的干部在“四风”问题上“躲猫猫”“捉迷藏”，变花样、潜入地下规避监督检查，“四风”问题禁而不绝。五是腐败现象还存在滋生蔓延的势头。我县虽然近年来党员干部党性观念和廉政意识明显增强，但顶风违纪现象还时有发生。去年，纪检监察机关共立案260件，党政纪处分330人；开展了一系列民生专项监察，共立案229件，党政纪处分271人,涉及资金885.24万元。这说明,一些党员干部纪律意识、规矩意识淡薄,在利益和诱惑面前经不起考验,最终走上腐化堕落、违纪违法道路,有的单位和部门腐败案件时有发生。有的基层干部优亲厚友、吃拿卡要、虚报冒领、贪污惠民资金、欺压百姓等问题依然易发,从纪检监察机关反馈的情况来看,全年共受理群众来信来访496件,其中大部分均是反映基层干部特别是村级干部不公平、不公正、不公开的突出问题。由此可见,党风廉政建设主体责任落实还存在层层衰减的现象,全县惩治和预防腐败体系还不健全、不完善,不想腐的氛围还没有完全形成。

这些问题的存在,我们必须清醒认识其严重性和危害性,必须清醒认识反腐败斗争形势的严峻性、复杂性、艰巨性。党风廉政建设和反腐败斗争还未到鸣锣收兵、刀枪入库的时候,全县广大党员、干部职工要深刻理解和领会习近平总书记、省委陈敏尔书记、市委陈昌旭书记的重要讲话精神,自觉把思想和行动统一到中央和省委、市委的决策部署上来,要着眼于深入推进"四个全面"战略布局,着眼于奋力创建"一区五地"目标,着眼于走好"六条新路"、推进"六区共建",始终保持清醒头脑,推动全面从严治党向纵深发展,强化党内监督,严肃党内政治生活,净化党内政治生态,推进标本兼治,把党风廉政建设和反腐败斗争引向深入,延伸向各级各部门、各乡镇和广大农村,为我县脱贫攻坚、全面小康提供坚强的政治和纪律保证。

二、强化责任、创新举措,努力创造全面从严治党新业绩

从严治党只要稍一松劲,问题就会故态萌发,群众必然更加失望,党和政府公信力必然受到更大影响。我们要以滴水穿石的精神,坚持问题导向,用常抓的韧劲、长抓的耐心,标本兼治、固本培元,持久发力、久久为功,深入推进全面从严治党向基层延伸。

一是始终保持高压惩腐态势。猛药去疴,重典治乱。查处腐败问题,要保持高压态势不放松,让那些想搞腐败的人断了念头,搞了腐败的人付出惨痛代价。要始终坚持反腐败斗争无禁区、无特区、无盲区的态度,既要"打虎",又要"拍蝇",还得"猎狐",有腐必惩、有贪必肃。要时刻聚焦突出问题,明确主攻方向,重点查处十八大以后不收敛不收手,问题线索反映集中、群众反映强烈,现在重要岗位且可能还要提拔使用的领导干部。对转移赃款赃物、销毁证据、掩盖事实,搞攻守同盟、对抗组织审查的行为,依纪依规严肃惩处。要全力用好反腐这把"利剑",进一步发挥其惩处和震慑作用,做到问责一个、警醒一片、促进一方的效果。现阶段,松桃正处在脱贫攻坚、同步小康的关键时期,许多民生资金、扶贫项目等,监管的责任重大,监督的任务繁重,越是在这个阶段,越是要巩固反腐败斗争压倒性态势。要始终保持高压惩腐态势,更加聚焦基层项目建设、扶贫开发、危房改造、农村低保、征地拆迁、医疗卫生等领域,紧盯重要节点和重点领域,紧盯关键岗位和关键人群,对各类腐败行为,发现一起查处一起,以零容忍的态度坚决铲除腐败这个致命的"污染源",为打赢脱贫攻坚战提供坚强保障。要切实加强警示教育,采取观看专题片、发放宣传册等方式,运用腐败典型案例,加强警示教育,巩固不敢腐的成果、构建不能腐的机制、营造不想腐的氛围。

二是驰而不息纠正"四风"。当前,"四风"问题隐形变异、穿着马甲披着外衣,我们要以新办法、新举措,解决新问题。纠"四风"日常工作要坚持住、不发散、不松手、不降温,一步一个脚印往前推,持续释放执纪必严的强烈信号,一以贯之,久久见效。要抓住重要节点和重要领域,继续抓好节日期间的明察暗访、执纪监督,坚决查处公款大吃大喝、违规发放津贴福利、变相公车私用、公款玩乐等不正之风,严防"四风"问题反弹。更要严查隐形变异的"四风",警惕"四风"问题穿"隐身衣"、玩"障眼法"、打"游击战",比如:有的私车公养、公卡私用;有的以微信红包、支付宝转账等方式变相收受礼金;有的转移到农家乐、职工食堂用公款大吃大喝、有的分期分批操办酒席;有的借考察学习之名公款旅游,等等。这些问题必须高度警惕,要改进监督方式,拓宽监督渠道,深挖细查,露头就打,坚决查处,做到"魔高一尺,道高一丈"。要充分相信群众、依靠群众,引导好、保护好、发挥好人民群众的监督积极性,让"四风"问题钻地无门、遁形无处。要注意跟踪问效、巩固提高，防止问题反弹，对新反映的问题，及时纳入整改内容。当前，要紧盯重点对象、重点单位、重点问题，把顶风违纪搞“四风”列为纪律审查的重点，对于那些心存侥幸，有意规避制度、违反纪律的人，发现一起、处理一起、通报一起，形成震慑，更要实行责任倒查，严肃追究主体责任、监督责任。同时，还要注意教育引导广大干部群众自觉践行社会主义核心价值观，大力弘扬中华民族优秀传统文化，加强廉政文化建设，崇德重礼、遵纪守法，以优良党风凝聚党心民心、带动民风社风。

三是严查群众身边的腐败问题。基层干部官小权大，掌握着涉农资源、惠民政策、社会福利、公共设施等。在精准扶贫工作中，存在着很多问题，有的村干部把党的惠民政策当作个人施舍，不见好处不开恩，有的以个人恩怨决定政策落实对象；有的把手中的权力当作优亲厚友的工具；有的把惠民项目当作“唐僧肉”，干部大块吃肉，老百姓喝口汤还得夹着尾巴；有的以地头蛇自雄，实行强权人治，等等。“小官难缠”“小官大贪”等现象，损害的是老百姓的切身利益，蚕食的是群众获得感、尊严感，挥霍的是基层群众对党的信任。全县纪检监察部门要把治理干部身上和群众身边的不正之风和腐败问题作为主要任务，聚焦群众反映强烈的突出问题，严肃查办职级小但影响较大的“小官”、金额小但性质恶劣的“小案”、事情小但反映强烈的“小事”，坚决查处发生在群众身边的腐败问题，对那些敢于吸取民脂民膏的“苍蝇”必须利剑所向，做到无禁区、全覆盖、零容忍，着力净化基层政治生态，让群众感受到更多反腐倡廉的实际效果，切实增强群众的获得感和满意度。这里我再特别强调，要进一步规范村级财务管理，在规范性、真实性、效益性上下功夫，让群众放心；要在涉农政策落实上要严格标准、规范程序、公正透明、加强监督，汲取精准识别中“硬伤户”的教训；要完善村干部管理办法，严格考评，要发挥群众的监督作用，不能只提高待遇，而不增强服务意识和责任意识；要强化农村建设项目管理，党员干部一律不得承接或介绍项目，防止利益输送，村干部的亲戚绝对不能在村干部所在村承接项目。

四是切实加强党性锻炼。党性锻炼是任何党员的必修课，是拒腐防变的重要基石。全县各级党员干部要自觉加强党性锻炼，始终做到思想不滑坡、行为不变质、作风不退步。要严肃党内政治生活。贯彻落实好《关于新形势下党内政治生活的若干准则》，把握关键环节，确保执行到位。要坚持民主集中制原则，实行集体领导和个人分工负责相结合。要围绕民主生活会、组织生活会这两个重要“生活会”，着力解决“敢”的问题，克服明哲保身、息事宁人、一团和气、轻描淡写等原则性不强等问题；着力解决“会”的问题，有的放矢、实事求是，讲究方法、把握分寸，解决好“会批评”的问题；着力解决“难”的问题，把握好批评的途径，解决好党内批评“难”的问题。严肃党内生活，还要抓好党课教育，在增加党课“鲜味”上下功夫，做到贴近党建形势，着眼增强干部党员的党性观念，突出党课教育的时代性；贴近党员队伍建设的实际，着眼解决当前党员队伍中的倾向性问题，突出党课教育的战斗性；贴近党员的思想实际，着眼党员的所需所惑，突出党课教育的针对性。通过内容革新、形式创新，把大道理化小、把远距离拉近，使受教育者如沐浴春风，自觉接受党性熏陶。要强化党内监督。党内监督没有例外、没有禁区。强化党内监督关键是精准实践监督执纪“四种形态”：经常开展批评和自我批评、约谈函询，让“红红脸、出出汗”成为常态；党纪轻处分、组织调整成为违纪处理的大多数；党纪重处分、重大职务调整的成为少数；严重违纪涉嫌违法立案审查的成为极少数。“四种形态”是把纪律和规矩挺在前面的具体体现，释放的信号很明确：它不是纪委一家的责任，党委（党组）必须担起主责。加强党内监督，必须突出“关键少数”，在监督重点上要以党的领导机关和领导干部，特别是主要领导干部为重点对象，要督促领导干部模范遵守党章党规，严守党的政治纪律和政治规矩，做遵规守纪的表率。全县各级领导干部要正确对待监督、主动接受监督，决不允许拒绝监督、逃避监督。要将监督执纪的触角延伸到每一位党员、每一名干部、每一个党组织，使所有党组织和党员干部都能受到应有的监督，确保党章党规党纪在全党有效执行，保证党的组织充分履行职能、发挥核心作用,使全面从严治党决策部署落地生根。信任不能代替监督。要将党委党组全面监督、纪检机关专责监督、基层组织日常监督、全体党员民主监督、人大常委会机关依法监督、审计机关审计监督有机统一起来,织密监督网络。要支持民主党派履行监督职能,认真对待、自觉接受社会监督、群众监督、舆论监督,全面发挥人民监督作用,努力形成监督的强大合力。在党内监督中,各级党委(党组)负主体责任,书记是第一责任人。党内监督要经常抓、抓经常,既盯工作时间之内的“八小时”,又向“八小时”之外的社区、家庭延伸。要准确把握运用“四种形态”,坚持把纪律挺在前面,全天候推进党内监督。

五是对党绝对忠诚。习近平总书记指出,对党绝对忠诚,要害在“绝对”两个字,就是彻底的、无条件的忠诚,是不掺任何杂质的、没有任何水分的忠诚。这种忠诚的精度是100%的,少一分、低一度都不行。要在思想上矢志不渝。坚定文化自信,铸牢理想信念之魂,坚持用习近平总书记系列重要讲话这个马克思主义中国化的最新理论成果武装头脑、指挥行动,补足精神之“钙”,疏浚思想之“源”,始终对马克思主义信仰、对中国特色社会主义道路、对中国共产党的领导矢志不渝,始终做到在党言党、在党爱党、在党忧党、在党为党。各级党员干部要不忘初心、坚守正道,坚定文化自信,接受文化熏陶,不断提升人文素养和精神境界,以文化自信支撑政治定力,要认真学习中华优秀文化、革命文化、社会主义先进文化,坚持学以致用、知行合一,自觉去庸俗、远低俗、不媚俗,旗帜鲜明地反对庸俗腐朽的政治文化,永葆共产党人的政治本色。要在政治上坚定不移。在政治立场、政治方向、政治言论、政治行动上,始终旗帜鲜明地同以习近平同志为核心的党中央保持高度一致,切实增强“四个意识”特别是核心意识、看齐意识。要增强政治警觉性和政治鉴别力,善于从政治上划清是非曲直、善恶美丑,时刻绷紧政治纪律和政治规矩这根弦,对各种错误思潮要敢于发声、坚决驳斥,对各种错误行为要敢于亮剑、坚决斗争,在大是大非面前立场坚定、旗帜鲜明,在小事小节面前毫不含糊、保持清醒。要在行动上步调一致。坚决听从中央指挥,服从中央命令,做到中央提倡的坚决响应,中央决定的坚决照办,中央禁止的坚决杜绝;坚决贯彻落实中央的大政方针和决策部署,决不允许做选择、打折扣、搞变通;坚决自觉向中央看齐,勇于担当负责,直面问题矛盾,创造性地开展工作,把松桃的事情办好。

三、加强领导、强化担当,努力开创全面从严治党新局面

加强党的领导是全面从严治党的核心,强化责任担当是全面从严治党的抓手。全县各级党组织要切实加强领导,强化担当,以实际行动把全面从严治党引向深入。

一是要强化“两个责任”。要切实强化全面从严治党主体责任。全县各级党委(党组)领导班子集体对全面从严治党负领导责任,要把党风廉政建设和反腐败工作纳入经济社会发展、党的建设总体布局,列入领导班子、领导干部目标管理,与本单位的工作同安排、同部署、同落实、同考核。要树立正确的选人用人导向,严格执行《党政领导干部选拔任用工作条例》等规定,建立完善符合本单位的政绩考核评价体系,构建能者上、庸者下、劣者汰的良好机制。要坚持纪严于法、纪在法前,严格执行党的政治纪律、组织纪律、廉政纪律、群众纪律、工作纪律和生活纪律等各项纪律,把纪律严起来、立起来,执行到位。要加强党风廉政建设宣传教育,把党风廉政宣传教育工作纳入党的宣传思想工作和干部教育培训工作总体部署。要经常性组织开展勤政廉政先进典型示范教育和反面典型案例警示教育,不断夯实党员干部廉洁从政、实干担当的思想基础。党委(党组)主要负责人要切实履行全面从严治党的第一责任,主持召开党委(党组)会议和专题会议,研究部署党风廉政建设和反腐败工作。要严抓班子、严管队伍,贯彻民主集中制原则,通过提醒谈话、廉政教育等措施,加强班子和队伍建设。要当好廉洁表率,模范遵守党纪党规,规范行使权力,自觉接受监督。要切实强化全面从严治党监督责任。全县各级纪委(纪检组)要切实履行全面从严治党监督责任,坚决维护党章和其他党内法规,检查党的路线、方针、政策和决议的执行情况,协助党委

（党组）加强党风廉政建设和组织协调反腐败工作。要加大对落实“两个责任”“六大纪律”执行情况的监督检查，负责对本部门本单位违规违纪或苗头性、倾向性问题人员进行查处、教育，督促问题人员进行整改，监督同级党委（党组）领导班子成员落实党风廉政建设主体责任、遵守廉洁自律规定等情况，建立健全反腐倡廉长效机制。

二是要强化责任担当。一要树立敢于担当的正气。要自觉践行全心全意为人民服务的根本宗旨，多为人民群众办实事、办好事，始终做到党的原则第一、党的事业第一、人民利益第一，对工作任劳任怨、尽心竭力、善始善终、善作善成。二要永葆敢于担当的锐气。我县正处在走好“六条新路”、推进“六区共建”的首要之年，广大党员干部要始终保持朝气蓬勃、奋勇争先的良好精神状态，为发展勇于担当、为履职勤于担责、为群众乐于担难、为事业敢于担险。三要增强敢于担当的勇气。要在破解发展难题中显担当，把担当精神转变为落实新理念、引领新常态的新招实招。要在碰“烫手山芋”中显担当，着力解决悬而未决的疑难问题，努力突破久攻不破的发展瓶颈。要在为民办实事中显担当，尽心竭力为群众办好事、办实事，以我们的辛苦指数换取群众的幸福指数。

三是要切实加强纪检干部自身建设。监督别人要首先监管好自己，执纪之人更要做遵守纪律的标杆，要严防“灯下黑”，对纪检监察干部违纪行为要坚决以零容忍的态度“清理门户”，绝不手软。广大纪检监察干部要着力强化思想作风，严格依法办事，提高能力素质，敢于坚持原则，敢于动真碰硬，切实维护党纪的严肃性和权威性。一要清清白白做人。纪检干部肩负着监督执纪问责的职责，要牢固树立政治规矩和政治纪律，着力根除思想上的顽疾，打破“保险箱”“自己人”的怪圈，不给腐败滋生留下温床。要树立起正确的权力观、价值观，厘清权责的界限，划定思想上的“红线”，列出“不可为”清单，做到不越底线、不碰“高压线”。二要亲力亲为谋事。纪检工作专业性强、头绪多、事情杂，做好这份工作，要善于学习、善于思考，善于总结，常给自己充充电，增强业务本领；要敢于担当，铁面执纪，得罪人事小，但绝不允许党的纪律受到挑衅。三要勤劳勤俭持家。家风纯正，雨润万物；家风一破，污秽尽来。在任何时期，家庭对一个人的影响都是不容忽视的。纪检干部要把家庭建设抓好抓牢，要主动学习优秀的家规家训，深入领会其核心要义，提升思想道德境界；要注重言传身教，对家庭成员耐心教诲，引领其在感悟优秀家风文化的过程中，自觉树立起正确的世界观、人生观、价值观，锤炼优秀品质，践行善行义举，带动身边人。

同志们，风清气正，民心所盼。全县上下一定要落实责任，强化担当，以奋发有为的精神和求真务实的作风，切实抓好全面从严治党各项工作任务的落实，营造干事成事的良好氛围，努力开创全面从严治党新局面！

在中国共产党松桃苗族自治县第十三届纪律检查委员会第四次全体会议上的讲话

(2019年2月28日)

李俊宏

同志们:

经县委研究,决定召开这次县纪委全会,主要任务是坚持以习近平新时代中国特色社会主义思想为指导,全面贯彻落实党的十九大和十九届二中、三中全会精神,贯彻落实习近平总书记在十九届中央纪委三次全会上的重要讲话精神,贯彻落实孙志刚书记在十二届省纪委三次全会讲话精神,市委陈昌旭书记在二届市纪委四次全会上的讲话精神,按照中央纪委全会、省纪委全会、市纪委全会的部署要求,深入总结2018年全面从严治党取得的经验和成绩,深入分析当前的形势任务,安排部署我县2019年全面从严治党工作。

今年1月11日,习近平总书记出席十九届中央纪委三次全会并发表重要讲话,站在新时代党和国家事业发展全局的高度,充分肯定了党的十九大以来全面从严治党取得新的重大成果,深刻总结改革开放40年来党进行自我革命的"五个必须"宝贵经验,深刻分析党风廉政建设和反腐败斗争新形势,明确提出了当前和今后一个时期的总体要求和主要任务,为推动全面从严治党向纵深发展指明了方向、提供了遵循。1月18日,在十二届省纪委三次全会上,省委孙志刚书记充分肯定了全省全面从严治党、党风廉政建设和反腐败工作取得的显著成绩,指出了当前我省管党治党依然存在的突出问题,并就贯彻执行新形势下党内政治生活若干准则提出了明确要求,是全省贯彻落实中央全面从严治党最新决策部署的"施工图"。2月19日,在二届市纪委四次全会上,市委陈昌旭书记以强烈的政治担当和责任担当,对我市全面从严治党作出了安排部署,再次发出了"动员令"。全县各级各部门要树牢"四个意识"、坚定"四个自信"、做到"两个维护",切实把学习贯彻中央纪委全会、省纪委全会、市纪委全会精神作为重要政治任务,深入学习、深刻领会、学用结合,坚决贯彻落实党中央、省委、市委的决策部署,不断巩固发展风清气正的政治生态。

等会,定钦同志还将代表县纪委作工作报告,这个工作报告已经县委常委会会议审议,我完全赞同,希望全县各级各部门认真领会精神,抓好贯彻落实。下面,我就贯彻落实中央和省、市纪委全会精神,深入推进新形势下我县全面从严治党工作,讲三点意见。

一、认清形势,切实增强全面从严治党的政治定力

当前,同全国、全省、全市一样,我县取得反腐败斗争压倒性胜利,政治生态持续向好,但形势依然严峻复杂,全面从严治党依然任重道远。我们要充分肯定取得的成绩,清醒认识当前形势,以更坚定的信念、更坚实的步伐再出发,将全面从严治党、党风廉政建设和反腐败斗争向纵深推进。

第一,要充分肯定成绩,切实增强工作信心。党的十九大以来,全县各级党组织和纪检监察机关坚持习近平新时代中国特色社会主义思想为指导,在党中央的英明领导和省委省政府、市委市政府的正确领导下,坚决贯彻落实新时代党的建设总要求,坚持正风肃纪不停步、反腐惩恶不懈怠、追责问责不松劲,以新担当、新作为彰显了新面貌、新气象,全县政治生态持续向好。一是政治建设保障有力。始终坚持把政治规矩挺在最前面,深入学习贯彻落实习近平新时代中国特色社会主义思想、党的十九大精神和习近平总书记在贵州省代表团重要讲话精神,扎实推进党的政治建设,以强有力的政治担当,深入开展习近平总书记对贵州、铜仁、松桃工作重要指示精神"回头看",引导全县党员干部进一步增强"四个意识"、坚定"四个自信"、做到"两个维护",始终在思想上政治上行动上始终与党中央保持高度一致。二是巡视整改扎实推进。坚持整改不落实就是对党不忠诚的态度,实行台账管理、清单推进、立行立改、全面整改,扎实推进中央巡视贵州、省委巡视铜仁、省委巡视松桃反馈问题的整改落实。目前,中央和省委巡视移交的354件问题线索全部办结,反馈的215个子问题已完成整改并销号202个,建设完善了一批长效工作机制,解决了一批工作中存在的突出问题,整改工作取得阶段性成效。同时,我们还深入推进县委巡察工作,对县部门和乡镇(街道)了"政治体检"。三是体制改革成效显著。划转县检察院反贪反渎和预防职能,全面完成人员转隶,率先在全省挂牌组建了县级监察委员会,得到了省市的充分肯定。深入推进县委巡察机构、纪委派驻机构改革工作,设置了县委巡察办和6个巡察组以及10个纪委监委派驻纪检监察组,充实了全面从严治党巡察监督队伍,实现了对党和国家机关的监督全覆盖。四是作风建设效果明显。严格落实中央八项规定及实施细则精神和省委、市委贯彻实施办法精神及有关规定,从严实施全面禁酒令,改进监督方式,拓宽监督渠道,深入推进"四风"问题政治工作常态化;深入开展形式主义、官僚主义问题集中整治,特别是通过专项整治领导干部利用茅台酒牟取私利问题,推动党风政风社风持续向上向好。五是惩治腐败有力有效。坚持无禁区、全覆盖、零容忍,持续推进反腐败斗争,取得了阶段性成效。2018年,全县纪检监察机关党纪政务立案288件310人,其中乡科级干部36件38人。运用"四种形态"处理753人次,其中第一种形态同比上升54.9%,第二种形态同比上升4.7%。深化标本兼治,实行"一案一整改",警示教育力度进一步加大。六是民生监督卓有成效。强化民生监督,深入开展扶贫领域腐败行为和作风问题专项治理,大力纠治数字脱贫、盲目决策、虚假摘帽等问题,严查小官大贪、"微腐败"和"村霸""寨霸",把"扫黑除恶"同基层"拍蝇"结合起来,坚决打击"保护伞",坚决查处涉黑腐败问题,不断提升人民群众的幸福感、获得感和满意度。这些成绩的取得,是党中央英明领导的结果,是省委、省政府和市委、市政府正确领导的结果,是全县各级党员领导干部和纪检监察干部在习近平新时代中国特色社会主义思想指导下,开拓创新、苦干实干的结果。在此,我代表县委向全县全面从严治党、党风廉政建设和反腐败工作展现的同志们表示亲切的慰问和诚挚的感谢!我们一定坚定信心,再接再厉,再创佳绩,再立新功!

第二,要清醒认识形势,切实增强政治定力。虽然我县全面从严治党工作取得了较好的成绩,得到了省、市的肯定和群众的好评,但对照省委孙志刚书记指出的7个方面问题,从今年审查调查、巡视巡察等反馈的情况看,我县一些党组织和党员干部仍不同程度存在。一是贯彻落实中央和省委、市委决策部署差距依然存在。有的党组织和单位学习习近平新时代中国特色社会主义思想和党的十九大精神不认真、不及时,甚至弄虚作假。比如,省委巡视组巡视松桃期间发现,县民政局、县扶贫办、原县农牧科技局、盘石镇等单位的党支部,都没有组织学习党的十九大精神和习近平总书记在贵州省代表团重要讲话精神。有的在贯彻落实中央、省委、市委重大决策部署过程中打折扣、搞变通,阳奉阴违、自行其是,甚至背道而驰。比如,在推进脱贫攻坚项目过程中,多个"组组通"项目工程质量不合格,孟溪大塘生态移民住房质量出现严重问题。二是违反政治纪律、组织纪律问题依然存在。有的干部不珍惜组织给予的机会,心存侥幸,建立攻守同盟,对抗组织审查。有的党员干部对组织不忠诚、不老实,不如实报道个人重要事项。比如,平头镇原党委副书记、政法委书记杨某某,其本名叫余某,冒用他人学籍参加中考并被录取,参加工作后在入党、被组织提拔时，不如实向组织报告学籍造假的问题。三是党内政治生活不严肃、不规范的问题依然存在。有的单位执行中心组学习制度不严，党的组织生活制度执行不力，“三会一课”流于形式。比如，省委巡视组巡视松桃期间发现，县统计局、县财政局等单位未严格执行“三会一课”制度，未按要求开展“主题党日”活动。四是不收敛不收手现象依然存在。腐败问题存量不可低估，增量仍在发生，有的干部法纪意识淡薄、心无敬畏，甘于被“围猎”，搞权钱交易，甚至主动索要好处。比如，县财政局原党组成员、武陵山投资（集团）有限公司原董事长杨某某，利用职务之便，2012年至2017年间，多次收受44人贿赂共147.1万元。五是管党治党责任落实层层递减现象依然存在。有的基层单位党的建设严重缺失，主体责任没有压实；有的领导干部“一岗双责”履行不到位，对全面从严治党仍停留在口头表态、口头号召上，日常监督乏力、缺位。比如，大坪场镇原党委委员、副镇长段某某，对分管的干部和工作监管失位，导致下属违规套取中药材种植补助款33万元。六是违反中央八项规定“四风”问题依然存在。在持续高压之下，仍然有少数党员干部我行我素，理想信念滑坡，“四风”问题树倒根存、禁而不绝，发放津补贴和奖金、顶风违纪行为时有发生。比如，县林业局汇森源公司考察组在四川考察期间，违规到峨眉山公款旅游。又如，原县安监局在组织开展烟花爆竹经营管理安全培训过程中，多收取培训对象费用10.8万元，用于发放单位干部职工福利。七是民生扶贫领域腐败行为和作风问题依然存在。有的基层党员干部目无法纪，向民生资金伸“黑手”，侵害群众利益，破坏了党群干群关系，污染了基层政治生态。比如，盘石镇桃谷坪村原党支部书记吴某某，利用职务之便，将自己的亲生儿子作为孤儿，申报孤儿补助共11.19万元。有的扶贫干部搞形式主义、官僚主义，作风漂浮，不作为、慢作为、假作为。比如，正大镇麻塘村驻村第一书记徐某，驻村期间工作敷衍了事，当“甩手掌柜”，没有村干部陪同就不走访群众，坐在办公室编造虚假材料应付上级检查。这些问题告诫我们，全面从严治党还远未到大功告成的时候，远未达到鸣锣收兵的时候，远未达到刀枪入库的时候。我们既不能因为形势出现了积极变化就盲目乐观，也不能因为反腐败斗争还存在一些薄弱环节就缺乏信心，关键还是要把“严”字长期坚持下去，以问题为导向，抓具体抓深入，推动全面从严治党取得更大的战略性成果。

二、突出重点，扎实推进全面从严治党向纵深推进

2019年，是新中国成立70周年，是全面建成小康社会的关键之年，是我县实现整县脱贫摘帽、谋求更大发展的决战之年。全面加强从严治党，深入推进党风廉政建设和反腐败斗争，对决胜同步小康、脱贫攻坚、生态环保、扫黑除恶等具有十分重要的意义。习近平总书记在十九届中央纪委三次全会上从强化思想武装、加强党的政治建设、弘扬优良作风、坚决惩治腐败、强化主体责任、维护群众切身利益等6个方面对2019年全面从严治党作出了部署，提出了要求，为我们做好2019年全面从严治党工作提供了遵循，指明了方向。全县各级党委、党组和纪检监察机关要坚决贯彻落实好习近平总书记的重要讲话精神，切实将思想和行动统一到中央和省、市纪委全会的精神实质上来，统一到中央和省委、市委关于全面从严治党的决策部署上来，突出工作重点，狠抓任务落实，扎实推进2019年全县全面从严治党、党风廉政建设，切实巩固发展反腐败斗争压倒性胜利，为全县决战脱贫攻坚、决胜同步小康提供坚强保障，以优异成绩向中华人民共和国成立70周年华诞献礼。

第一，毫不动摇推进理论武装。思想是行动的先导，指引着行动的方向。政治上坚定，必然要理论上清醒。习近平新时代中国特色社会主义思想无论是对大势趋势的把握、矛盾问题的分析，还是对事业布局的谋划、重要工作的部署，都具有很强的战略性、思想性、指导性。全县各级各部门要把深入学习贯彻习近平新时代中国特色社会主义思想、党的十九大和十九届二中、三中全会精神作为当前首要的政治任务，作为做好一切工作的重要前提，持续深化“牢记嘱托·感恩奋进”教育，不断强化思想武装。要在学懂弄通做实上下功夫，坚持联系实际学、联系思想学、持续跟进学、融会贯通学，学思践悟、知行合一，深刻理解和把握习近平新时代中国特色社会主义思想的深刻内涵、精神实质，用以武装头脑、指导实践、推动工作。要增强大局观念，强化大局思维，自觉把工作放在党和国家事业发展大局中考量和谋划，把工作放在全县经济社会发展和党的建设全局中部署和推进，坚决担当政治责任、领导责任、工作责任，坚决不折不扣把习近平总书记重要指示精神和党中央、省委、市委的决策部署落实落细。要深入开展党风廉政建设宣传教育和警示教育，教育引导广大干部群众自觉践行社会主义核心价值观，大力弘扬中华民族优秀传统文化，加强廉政文化建设，崇德重礼、遵纪守法，增强不想腐的自觉，以优良党风凝聚党心民心、带动民风社风。注重做好查办案件的后半篇文章，及时剖析典型案例，常态化开展警示教育，以案释纪、以案示警，引导党员干部不断提高思想觉悟、筑牢思想防线。要强化监督检查，坚持中央和省委、市委、县委重大决策部署到哪里，监督检查就跟进到哪里，加大对中央和省、市、县各项决策部署贯彻落实情况的监督检查，加大对民生保障、脱贫攻坚、生态文明、征地拆迁、项目建设等领域的监督检查，坚决纠正有令不行、有禁不止的行为，坚决查办不作为、慢作为、乱作为、假作为等问题，着力纠正在决策部署落实上的“温差”“落差”“偏差”问题，着力服务地方发展，确保真抓实干、落地见效。

第二，矢志不渝加强政治建设。政治建设要求做到对党绝对忠诚，彻底的、无条件的忠诚，不掺任何杂质的、没有任何水分的忠诚。“两个维护”是我们党最重要的政治纪律和政治规矩，坚决做到“两个维护”是具体的而不是抽象的，必须看行动、见实效。全县各级各部门要深刻认识“两个维护”的政治内涵，不断地增强维护意识、坚定维护行动、提高维护能力、确保维护效果。对党中央的决策部署，必须坚定不移贯彻、不折不扣落实，用真抓实干担当责任、诠释忠诚。持续严明政治纪律和政治规矩，聚焦“七个有之”“五个有的”，严肃查处政治上离心离德、思想上蜕化变质、组织上拉帮结派、行动上阳奉阴违等问题，确保与党中央保持步调一致、行动统一。要严肃党内政治生活，严格按照新形势下党内政治生活的若干准则，深入落实“三会一课”、领导干部双重组织生活、谈心谈话、民主评议、重大事项请示报告等制度，敢于自我批评，敢于接受批评，增强党内政治生活的政治性、时代性、原则性、战斗性，强化基层党组织在政治建设上的积极作用。要在思想上做到坚决维护，坚持用习近平新时代中国特色社会主义思想武装头脑、指挥行动，始终坚定马克思主义信仰，坚定共产主义信念，坚定党性原则和宗旨意识，始终筑牢群众路线思想，始终坚决维护党中央权威和集中统一领导，永葆共产党人的政治本色。要在政治上绝对忠诚，强化党性修养，增强党性原则，增强政治警觉性和政治鉴别力，敢于严厉批评各种错误思潮，敢于斗争各种错误行为，始终站稳政治立场、增强政治定力、坚定政治方向，始终树牢“四个意识”、坚定“四个自信”，切实做到“两个维护”，在思想上政治上行动上与党中央保持高度一致。要在行动上服从命令，坚决听从中央指挥，服从中央命令，切实做到中央要求的必须做到，中央号召的坚决响应，中央禁止的坚决杜绝。以敢于担当、勇于担当、善于担当的精神，坚决贯彻落实中央的决策部署，在执行上不做选择、不搞变通、不打折扣，确保令行禁止，政令畅通。

第三，持之以恒推进作风建设。作风建设永远在路上，我们必须保持常抓不懈的韧劲、常抓的耐心，落实从严、从紧、从细的要求，驰而不息、久久为功，抓出习惯、抓出常态。各级党员干部特别是领导干部要坚持不懈贯彻落实中央八项规定及其实施细则精神和省委、市委、县委有关规定，一以贯之、一刻不松推进作风建设。要深刻认识到“四风”问题不仅是简单的作风问题，更是严肃的政治问题，必须严惩严治，坚决纠正。要把刹住“四风”作为巩固党心民心的重要途径，对享乐主义、奢靡之风等歪风陋习要露头就打，对形式主义、官僚主义必须紧盯不放、严肃整治。坚持不松劲、不停步、再出发，扭住不放、寸步不让，从严从重查处顶风违纪行为，典型案例予以通报曝光，决不允许死灰复燃，决不允许旧弊未除、新弊又生。要把整治形式主义、官僚主义摆在突出位置上来抓,紧盯不敬畏、不在乎、喊口号、装样子的错误表现,严肃查处空泛表态、应景造势、敷衍塞责、出工不出力等突出问题。要着力解决要求基层重复报资料、数据、表册,随意将工作纳入绩效考核内容等问题,减轻基层负担,让基层集中更多的精神投入到脱贫攻坚、维护稳定和民生事业发展。领导干部要带头查摆自身存在的"四风"问题,对照抓好整改。要带头大力弘扬新时代贵州精神,大力塑造和弘扬"善于学习、勇于创新,奋发进取、敢于竞争,乐于负责、敢于担当,持之以恒、善作善成"的敬业精神,大兴调查研究、真抓实干、勤俭节约之风,在谋划工作、推动落实、破解难题中层层抓具体抓深入,以良好的作风促进脱贫攻坚。要抓住重要节点和重要领域。从刚才分析我县全面从严治党面临的形势来看,我县"四风"问题树倒根存、禁而不绝,顶风违纪行为时有发生。要继续抓好节日期间的明察暗访、执纪监督,坚决查处公款大吃大喝、违规发放津贴福利、变相公车私用、公款玩乐等不正之风,严防"四风"问题反弹。要紧盯重点对象、重点单位、重点问题,把顶风违纪搞"四风"列为纪律审查的重点,对于那些心存侥幸,有意规避制度、违反纪律的人,发现一起、处理一起、通报一起,形成震慑;进行责任倒查,严肃追究领导班子和主要领导干部的责任。要严查隐形变异的"四风",警惕"四风"问题的"隐身衣""障眼法""游击战",如私车公养、公卡私用,以微信红包、支付宝转账等方式变相收受礼金,转移到农家乐、职工食堂公款大吃大喝,分期分批操办酒席,借考察学习之名公款旅游等等,要做到"魔高一尺,道高一丈",深挖细查,露头就打,坚决查处。要认真落实中央和省、市要求,严肃查处领导干部利用茅台酒等名贵特产类特殊资源牟取私利的问题。

第四,绝不手软惩治腐败行为。腐败是致命的污染源,影响社会风气,损害群众利益,破坏干群关系,败坏党的形象,人民群众深恶痛绝。清醒认识反腐败斗争依然严峻复杂的形势,保持斗争精神,增强斗争本领,强化政治担当,始终保持高压态势,坚持无禁区、全覆盖、零容忍惩治腐败,做到有案必查、有腐必反、有贪必肃,巩固和发展反腐败斗争压倒性胜利。要注重抓早抓小,及时发现苗头性、倾向性问题,做到早发现、早提醒、早纠正,及时扯袖子、打预防,防患于未然。要坚持精准惩治,突出重点削减存量,"零容忍"遏制增量。聚焦中共十八大以来着力查处的重点对象,把党的十九大以来仍不知敬畏、胆大妄为者作为重中之重,把政治问题和经济问题相互交织的腐败案件作为重中之重。紧盯重大工程、重点领域、关键岗位,强化权力集中、资金密集、资源富集的部门和行业的监督,坚决清除甘于被"围猎"的腐败分子,持续强化不敢腐的震慑。要深入开展扶贫领域腐败和作风问题专项治理,聚焦群众痛点难点焦点,高度关注影响产业项目扶贫、对口帮扶以及扶贫工程推进等问题,紧紧围绕扶贫领域截留挪用、虚报冒领、优亲厚友、与民争利等问题,土地非农化背后的利益输送问题,教育、医疗、食品药品等民生领域的腐败问题,严查重处。要找准扫黑除恶与反腐"拍蝇"结合点,深挖彻查涉黑腐败和黑恶势力"保护伞",坚决清除包庇纵容黑恶势力的腐败分子,严厉打击"保护伞"。严肃查处"村霸"、宗族恶势力和黄赌毒背后的腐败行为,除恶务尽。要整治群众身边腐败问题,"微腐败"也要查处,凡是群众反映强烈的问题都要严肃认真对待,凡是损害群众利益的行为都要坚决纠正,要盯住不放、长期坚持,结合实际、一以贯之抓下去。再特别重申一下,扶贫资金是高压线,是救命钱,是民生保障,但凡敢向扶贫资金、低保资金等民生领域资金下黑手的,不论职务高低、不论数额大小,一律要从严从重查处,不断提高人民群众的幸福感、获得感和满意度。

第五,毫不松懈健全监督体系。健全党和国家监督体系,是新形势下对党的建设的新要求,是坚持全面从严治党、始终保持党的先进性和加强党的全面统一领导、保持党的长期执政地位相统一的必然要求。要不断强化党内监督,积极推进纪律监督、监察监督、派驻监督、巡察监督,推动党内监督同国家机关监督、民主监督、司法监督、群众监督、舆论监督有效结合。要深化纪检监察体制改革,牢牢把握深化国家监察体制改革的初心,抓好纪委监委合署办公后的人员融合和工作协调,实现执纪执法贯通、有效衔接司法。加强对纪委监委派驻机构的统一领导和管理，提升监督质量。要彰显巡察“利剑”作用，坚持发现问题与整改落实并重，坚持常规巡察与专项巡察相结合，坚持巡察与净化政治生态相结合，与整治群众反映强烈的问题相结合，扩大巡察覆盖面。完善纪检监察机关、组织部门加强整改日常监督的工作机制，强化巡察发现问题的整改落实。要注意跟踪问效、巩固提高，防止问题反弹；对尚未完成的遗留事项和整改不彻底的难点问题，要加快推进，坚决完成；对新反映的问题，及时纳入整改内容。要依靠群众强监督，拓宽监督渠道和方式，引导好、保护好、利用好人民群众的监督积极性，让“四风”问题钻地无门、遁形无处。要合理分解权力、科学配置权力、严格职责权限，强化廉政风险防控，完善权责清单制度，健全完善约束制度，严防公权力乱用滥用、不用弃用，持续扎紧不能腐的笼子。扎紧“数据铁笼”，运用大数据加强对权力运行的监督。要压实日常监督两个责任，各级党委（党组）“一把手”要强化政治担当，履行主体责任，把党建工作抓具体抓深入。各级纪委要协助党委推进全面从严治党，主动、严肃、具体地履行日常监督职责，加强对党员干部的经常性监督和全方位管理，确保监督常在、形成常态。要用好“四种形态”，要注重在第一种形态上下功夫，常态化咬耳扯袖、红脸出汗，对苗头性倾向性问题抓早抓小、防微杜渐。对干部违纪问题，在全面、客观、公正评价干部的基础上，区分不同情况，依纪依规、宽严相济给予恰当处理。持续做好澄清正名，坚决打击诬告陷害行为，坚决查处不担当不作为、失职渎职行为，旗帜鲜明地鼓励新担当新作为。

三、严明纪律，切实增强党员干部纪律意识和规矩意识

坚定不移推进全面从严治党，领导干部具有关键作用，职位越高越要自觉按照党章的标准严格要求自己，越要以坚强党性和高尚品格，以身作则、率先垂范，真正从知行合一的角度审视自己、要求自己、检查自己。

第一，要严守政治纪律。严守政治纪律和政治规矩是讲政治的本质要求。各级领导干部要善于从政治高度来看待问题、思考问题、处理问题，特别要坚决防止落实“两个维护”简单化、片面化、绝对化，甚至功利化的问题，坚决杜绝落实“两个维护”空喊口号和不用心、不务实、不尽力等问题。要增强政治定力，在重大政治原则问题上和大是大非面前，必须立场坚定、旗帜鲜明、敢于斗争，决不能信口开河、口无遮拦、发表谬论。要对党忠诚老实，在涉及重大问题、重大事项时，必须第一时间按规定程序向组织请示报告，绝不能搞边斩边奏、先斩后奏、斩而不奏。要带头贯彻执行中央八项规定及其实施细则精神，不搞个人作秀，不包装个人政绩，不刻意突出宣传自己。

第二，要做到心底无私。《准则》明确规定，禁止利用职权或影响力为家属亲友谋求特殊照顾，禁止领导干部家属亲友插手领导干部职权范围内的工作、插手人事安排。领导干部对来自家属亲友违规干预行为要坚决抵制，并将有关情况报告党组织。维护党中央权威是不能掺杂任何个人私心私利的，是要把党和国家利益放在第一位，决不能为了个人及家庭、家族的利益损害党和人民的利益。对那些自称同上级领导同志有特殊关系的人提出的要求，必须坚决抵制并立即报告。要从县委常委做起，从各级领导班子成员做起，坚决反对特权，严格家风家教，教育管理好亲属和身边工作人员。

第三，要保持健康的党内同志关系。总书记强调，党内要保持健康的同志关系，倡导清清爽爽的同志关系、规规矩矩的上下级关系。党内健康的同志关系传承着共产党人共同的政治基因，与其他政党的内部关系有着本质的区别。领导干部特别是“一把手”，要带头规范和纯洁党内同志交往，决不能把上下级关系异化为人身依附关系，甚至是帮派关系，不能阿谀奉承、溜须迎合上级领导，不能违规组织有关上级领导宣传造势活动，不要同上级领导及其亲属和身边工作人员拉关系，不得以任何方式给上级领导祝寿、送礼、发致敬函电，坚决抵制拉拉扯扯、吹吹拍拍的歪风邪气。

第四，要严格遵守组织纪律。民主集中制是我们党最根本的组织制度和领导制度。领导干部要自觉增强组织意识，正确处理好个人和组织的关系，坚决做到“四个服从”，决不允许个人凌驾于组织之上。要带头贯彻民主集中制，严格执行领导班子议事决策规则，完善并落实“三重一大”决策监督机制，不搞个人专断、一言堂，不搞个别授意、私下交易。要服从组织决定和组织分工，决不能在落实集体决策中擅自改变集体决定，决不能把个人意见强加给集体、组织和他人，决不能插手干预应该回避的工作事项。

第五，要建立健康的工作关系。公权力不能私用，公共资源不能监守自盗，这是必须守住的底线。领导干部要摆正公私关系，公私分明、先公后私、大公无私、公而忘私，决不能把工作关系变成“交易关系”，决不能把公权力变成牟取私利的工具，决不能把管理的公共资源用于个人或者单位结“人缘”、拉关系、谋好处。在重大项目布局、财政分配、工作安排上要立足全局、出于公心，不要把同个人有关的因素掺杂其中。要严格家教家风，管理家属子女，坚决反对特权思想、特权现象；要自觉净化社交圈、生活圈、朋友圈，谨慎交友，自觉远离各种诱惑。要严格遵守贵州省《关于严禁领导干部利用茅台酒牟取私利的规定》，坚决杜绝利用管辖范围内的特殊资源牟取私利的问题发生。

同志们，纪检监察机关和纪检监察干部队伍肩负着党和人民的重托，必须具有对党绝对忠诚的政治自觉和责任担当，要始终坚持“打铁还需自身硬”。这里向大家提三点希望和要求。一要带头讲政治。要把握政治机关的定位，带头旗帜鲜明讲政治，带头加强党的政治建设，带头增强“四个意识”、坚定“四个自信”、做到“两个维护”，持之以恒、不折不扣贯彻落实全面从严治党的方针和要求，成为立场坚定、意志坚强、行动坚决的表率。二要带头守纪律。加强纪律建设，依规依纪依法履行职责。严格执行监督执纪工作规则，强化内部监督，主动接受外部监督，经常打扫庭院，以铁的纪律建设忠诚干净担当的纪检监察“铁军”，努力建设让党放心、人民群众满意的模范机关。三要带头硬作风。全县纪检监察干部要发扬光荣传统，讲政治、练内功、强本领、硬作风，经得起磨砺、顶得住压力、打得了硬仗，敢于奉献、敢于斗争，做党和人民的忠诚卫士。

同志们，让我们更加紧密地团结在以习近平同志为核心的党中央周围，牢记嘱托、感恩奋进，以更加饱满的激情、更加务实的作风、更加有力的举措，坚定不移推动新时代全面从严治党向纵深发展，不断巩固发展松桃风清气正的政治生态，为夺取脱贫攻坚决战之年根本性胜利作出新的更大的贡献！以优异的成绩向中华人民共和国成立70周年献礼！

（二）在党风廉政警示教育大会上的讲话选登

在全县党风廉政警示教育大会上的讲话

（2018年8月17日）

冉晓东

同志们：

经县委研究，决定今天召开全县党风廉政警示教育大会。这次会议的主要任务是，全面贯彻落实党的十九大精神和习近平总书记在贵州省代表团重要讲话精神，深入贯彻中央和省委、市委全面从严治党部署要求以及全省、全市党风廉政警示教育大会精神，通报全县违纪违法案件查处情况，深入剖析典型案例，以案明纪、警钟长鸣，推动全县各级党员干部做到自重自省、自警自励、知止知戒，永葆忠诚干净担当的政治本色。

刚才，定钦同志通报了我县2017年来执纪审查调查情况，深入剖析了我县查处的典型案例，听了之后，令人痛心，发人深省。我们还一起观看了警示教育短片，其中部分是我们比较熟悉、曾经在一起共过事的人。他们有今天的结局，就是因为当初置党纪国法不顾，在金钱和享乐面前经不起考验，在纷繁复杂的诱惑面前站不稳立场，辜负了家庭、辜负了组织、辜负了人民。他们受到党纪法规处理，完全是咎由自取。全县广大党员干部特别是领导干部一定要提高政治站位、增强政治定力，深刻警醒，深查细照，自觉从反面案例中汲取教训，时刻绷紧纪律规矩这根弦，不断提高自身拒腐防变的能力。下面，我讲四点意见。

一、提高政治站位，深化思想觉悟，深刻认识加强党风廉政警示教育的重要意义

党的十八大以来，以习近平同志为核心的党中央深刻把握管党治党科学规律，坚持抓惩治和抓教育相统一、正面引导和反面警示相统一，推动形成不敢腐不能腐不想腐同向发力、同步推进的反腐败斗争新格局。习近平总书记围绕反腐倡廉、从严治党提出了一系列新思想、新观点、新要求，反复重申我们党一以贯之将反腐惩恶进行到底的坚定决心和顽强意志，反复叮嘱要加强警示教育、筑牢思想防线、强化源头防治。全县各级党组织和广大党员干部要牢固树立“四个意识”，进一步提高政治站位，切实增强思想自觉、政治自觉和行动自觉，深刻认识开展党风廉政警示教育的重要意义，坚定不移推动全面从严治党向纵深发展。

一要深刻认识开展警示教育是深入推动全面从严治党的重要要求。管党治党是看不见硝烟的战争，既要体现在“严惩”上，也体现在“严教”上。当前，全面从严治党正从治标向标本兼治推进。推动全面从严治党向纵深发展，必须坚持抓惩治和抓教育、正面引导和反面警示相统一，既发挥先进典型示范引领作用，又发挥反面教材的警示教育作用，通过正反两方面发力增强教育效果。全县各级党组织和广大党员干部要牢固树立预警观念、强化问题意识，善于从反面教材中深查细照、防微杜渐，敢于用放大镜查找小问题、用扩音器放大微声音，切实增强全面从严治党的系统性、预见性、创造性、实效性。

二要深刻认识加强警示教育是落实全面从严治党政治责任的重要内容。2013年1月22日，习近平总书记在中共十八届中央纪委二次全会上强调：“党教育培养一名领导干部不容易，一旦在廉政方面出了问题，党组织多年的培养和本人以前的一切努力就毁于一旦。各级党组织一定要负起责任，敦促教育干部廉洁自律，不能放弃责任。”2015年1月13日，习近平总书记在中共十八届中央纪委第五次全会上提出：“从严治党，首先是从严教育、从严管理”。这些重要论述警示我们，教育、管理和监督党员是各级党组织肩负的重要责任，开展党风廉政警示教育是履行全面从严治党政治责任的重要体现。全县各级党组织要切实抓住用好警示教育这个载体，持续释放正风反腐的强烈信号，不折不扣把全面从严治党政治责任落到实处。

三要深刻认识加强警示教育是强化党员干部理想信念教育的重要途径。2016年1月6日，习近平总书记在中共十八届中央纪律检查委员会第七次全体会议上强调：“我们抓领导干部理想信念教育，要加强正面引导，也要用好反面教材，使广大党员、干部明是非、辨真伪，养正气、祛邪气，管思想、固根本。”这就要求我们，开展警示教育要把理想信念教育放在首位，使党员干部补足精神之“钙”，筑牢思想之魂。全县各级党组织要持续加强理论武装建设，坚持用习近平新时代中国特色社会主义思想武装头脑、指导实践，自觉在思想上政治上行动上同以习近平同志为核心的党中央保持高度一致。要不断加强党性教育、道德教育，引导党员干部坚守真理、坚守正道、严守规矩，推动党员干部重品行、正操守、养心性。

四要深刻认识加强警示教育是严明政治纪律政治规矩的重要体现。习近平总书记强调,加强警示教育,就是要让广大党员干部真正敬法畏纪、遵规守纪。开展党风廉政警示教育,既是强化党员干部纪律意识的基础工作,更是加强纪律建设的必然要求。通过以案说纪、现身说法,有助于深刻揭示违纪违规问题思想根源,有助于促进广大党员干部深刻认识“手莫伸,伸手必被捉”的道理,全面释放纪律规矩震慑力量,逐步形成对腐败的警惕、对纪律的尊崇、对权力的敬畏。全县各级党组织要进一步加强党规党纪教育,坚决维护党纪党规的刚性约束力,通过选取典型案例、深化党内法规教育等,引导党员干部深查细照、引以为戒,真正在思想上警醒、行动上自觉。

五要深刻认识加强警示教育是建立科学反腐工作机制的重要抓手。2018年1月11日,习近平总书记在中共十九届中央纪委一次全会上指出:“我们党强调不敢腐、不能腐、不想腐,揭示了反腐防腐的基本规律。”不敢腐,侧重于惩治和威慑,让胆敢腐败者在带电的高压线面前不敢越雷池一步;不能腐,侧重于制约和监督,让意欲腐败者在严格监督中无机可乘;不想腐,侧重于教育和引导,让人从思想源头上消除贪腐之念。只有三者同向发力、同步推进,才能实现标本兼治。加强党风廉政警示教育作为构建“三不腐”有效机制的必要一环、关键一招,既有利于强化不敢腐的震慑,更有利于强化不想腐的自觉,从而达到惩治极少数、教育大多数的目的。全县各级党组织和广大党员干部要进一步提高政治站位,主动从反面教材中深查细照、防微杜渐,知敬畏、存戒惧、守底线,维护好风清气正的政治生态。

二、保持政治定力,坚持问题导向,清醒认识我县全面从严治党面临的严峻形势

党的十八大以来,县委认真贯彻落实中央和省委、市委全面从严治党各项部署和要求,坚持以踏石留印、抓铁有痕的劲头狠抓作风建设和反腐败斗争,坚持以零容忍的态度严惩腐败、严抓作风,全县上下始终保持强有力的政治定力,始终坚持把严明政治纪律和政治规矩放在首位,始终注意强化“两个责任”的落实,营造了风清气正、廉洁从政的良好政治生态环境,全面从严治党取得了明显成效。但同时,也要清醒认识到,我县党风廉政建设和反腐败斗争的形势依然严峻复杂。还存在一些突出问题,主要表现在以下几个方面。

一是违反政治纪律问题与腐败问题相互交织。从我县近年查处的案件来看,大多数腐败分子都存在“四个意识”不强、违反政治纪律和政治规矩的情况,“七个有之”问题(搞任人唯亲、排斥异己的有之,搞团团伙伙、拉帮结派的有之,搞匿名诬告、制造谣言的有之,搞收买人心、拉动选票的有之,搞封官许愿、弹冠相庆的有之,搞自行其是、阳奉阴违的有之,搞尾大不掉、妄议中央的也有之)不同程度存在。有的搞自行其是、阳奉阴违。比如,县交通运输局原党组书记、局长吴某不严格执行县委关于单位一把手“五不直接分管”的规定,直接分管工程项目,2012年至2016年为他人在公路工程发包、项目监理等方面谋取利益,先后收受他人贿赂45万元。有的对党不忠诚,企图通过与他人串供、隐匿证据、向组织提供虚假情况等逃避查处,对抗组织审查。比如,县木材公司原经理廖某某,伙同公司李某、李某某、吴某、陈某某等人,2016年至2017年套取项目资金30万元私分,组织介入调查后,廖某某等人串供,提供虚假情况。有的党员干部对组织不忠诚,不如实报告个人事项。比如,县财政局原党组成员、铜仁市武陵山投资(集团)有限公司原董事长杨某某,从未向组织报告房产、门面、车库等重要事项。有的搞封建迷信活动,不信马列信鬼神。比如,木树镇在2014年间听从风水先生建议,把国旗旗杆安置在政府大楼右侧一个花台角落,等等。

二是部分单位管党治党宽松软问题依然严重。在我县2016年以来截至2018年6月巡察发现的248个问题中,涉及党的领导弱化、党的建设缺失、管党治党不力等问题102个,占比41.13%。有的党内政治生活不严肃,“三会一课”不规范,组织生活存在随意化、形式化、娱乐化等现象。有的党员干部怕得罪人而不愿或不敢开展批评,即使提意见也是隔靴搔痒,不能触及问题和灵魂深处。有的党委(党组)不切实履行主体责任，认为只要自己不贪不占，凡事搞形式、走过场，满足于“说了”“强调了”“打招呼了”，不去督促抓落实。有的党委（党组）领导核心作用弱化，单位主要领导没有严格执行“三重一大”集体决策和末位表态制度，甚至独断专行、搞一言堂。比如，县供排水公司原总经理彭某某在未经班子研究的情况下，擅自决定并安排财务人员先后三次将1420万元公款存入他人个人账户，为他人完成存款业务。

三是民生扶贫领域不正之风和腐败问题依旧严重。针对扶贫领域存在的突出问题，省、市进行了专项的考核检查，县委县人民政府也先后组织了多次暗访督查，县纪委7个督查组同时开展督查，从考核检查和督查的情况来看，我县存在的问题还不少。有的贯彻落实扶贫政策不到位、打折扣、搞变通，造成有限扶贫资金浪费。比如，世昌街道石花村200亩红心蜜柚项目，栽种后因无人看管，导致柚苗死亡率达70%以上。有的搞形式主义、官僚主义，不担当、不作为。比如，瓦溪乡卫生院副院长任某某在结对帮扶中，作风不实，导致两户帮扶对象家庭收入数据录入不准确、不符合逻辑，造成不良影响。有的优亲厚友、虚报冒领、贪污挪用、截留私分、抢占掠夺。比如，大路镇和平村原统计员戴某某，陆续将代收的养老保险金1.22万余元用于家庭开支。有的基层干部与民争利，甚至作风粗暴、欺压百姓，比如，妙隘乡烂田村原党支部书记李某某，2017年1月将4户贫困户春节慰问资金800元截留归个人所有；2013年至2017年间因琐事多次殴打村民，被县公局予以行政拘留。2018年7月李某某被开除党籍。

四是一些重要部门重要领域腐败问题多发易发。仔细分析近年查处的违纪违法案件，工程建设、融资等资金密集领域和交通、扶贫、财政、卫生、林业等权力集中的部门或单位，仍然是腐败案件的易发区和高发区，系统性腐败、窝案串案偶有发生，有的窝案串案波及范围广、社会影响坏。我县乡镇（街道）财政系统存在违规套取项目资金、收受好处费、以权谋私等问题，贪腐现象易发多发。比如，瓦溪乡财政分局负责人李某某，利用职务上的便利，截留、套取退耕还林补助资金以及能繁母猪等涉农补贴资金占为己有。教育系统有的教职工只注重业务，不加强自身建设，纪律规矩淡薄，贪腐现象也时有发生。比如，迓驾镇中学原校长石某某、原副校长龙某、原总务主任谌某某3人利用职务上的便利，合伙私分学校“小金库”资金6万元，每人分得2万元，石某某、谌某某分别挪用“小金库”资金7万元、12万元。扶贫领域贪腐现象依然严重，作风不实，搞虚假脱贫的现象也时有发生。比如，甘龙镇原副镇长杨某，2015年至2016年间伙同镇扶贫办负责人任某某以及官坟村三名村干部，虚报套取中药材种植项目资金30万元进行私分。比如，盘信镇团塘村原党支部书记石某某、团塘村驻村干部黄某某（盘信镇政府工作人员），2016年12月在开展精准扶贫信息核查工作中，没有入户核查，而是在黄某某宿舍直接填写信息采集表并上报，结果漏报贫困户16户22人。

五是违反中央八项规定精神行为和“四风”问题屡禁不止。今年1月至7月，全县共查处违反中央八项规定精神和“四风”问题23起39人，党纪政务处分20人。在持续高压之下，仍然有少数党员干部我行我素，纪律和规矩意识淡薄，导致“四风”问题树倒根存、禁而不绝，顶风违纪行为时有发生。一些违纪行为穿上了“隐身衣”，改头换面、隐形变异，查处难度加大。有的虚列名目，乱发津补贴。比如，县安监局在十九大召开的特殊节点上，居然还设立“小金库”，发放干部职工电话费。有的公款旅游，公款娱乐。比如，十八大以来，县“两违”大队多次公款组织干部职工到省内外景区旅游，多次公款大吃大喝、公款娱乐，违规发放福利。有的搞相互迎送、吃喝宴请、仪式隆重。比如，一完小原校长方某某和二完小原校长滕某某在调离和任职时，举行了隆重的欢送仪式。

前车之覆，后车之鉴。虽然违纪违法形式各有不同，但根源都在于理想信念不坚定，自身要求不严格，特权思想严重和权力监督缺失等。具体而言，有四点值得我们深思和警醒。一是理想信念动摇必然滑向腐败深渊。腐败案例强烈警示我们，腐化堕落都是从精神防线失守开始的。仔细分析这些犯案根源,都始于理想信念不坚定,把个人私利融入公共权力中,久而久之思想上出现蜕变,私欲膨胀,最终失去拒腐防变的免疫力。这些也深刻警示我们,无论职务多高,如果理想信念出现问题,政治免疫力就会下降,必然会在人生道路上迷失方向。二是不正之风滋生必然走上腐败之路。腐败的闸门一旦打开,就很难关闭。许多违纪违法的领导干部,最初都是从收受三五百元红包、接受吃请开始,但是沾染不良习气后,渐渐就生活上开始腐化堕落、经济上变得贪得无厌,胃口越来越大,胆子也越来越大,直至走到组织和人民的对立面。事实证明,"四风"问题不除,必将导致腐败丛生。三是违规违纪用权必然难逃纪法严惩。从发生的腐败案件可以看出,腐败行为虽然表现各异,但是无论涉及何种级别的干部,无论涉及何种形式的违纪违法行为,本质上都是违规行使权力、逃避监督。领导干部一旦失去依法依规用权的观念,就会凌驾法纪之上,就会独断专横、滥用职权等。这深刻警示我们,权力不受监督,必然导致腐败。党纪国法面前没有特殊党员,谁拿党纪国法当儿戏,也就是拿自己前途命运、人身自由和家庭幸福当儿戏。四是管党不力治党不严必然衍生腐败。各级党组织和党员领导干部既是党内监督的对象,也是管党治党的主力。如果责任不担当,就会导致该执行的制度执行不到位、该管的人管不住,久而久之必然弊病丛生。特别是有的领导干部落实"两个责任"不力,不敢坚持原则对违纪违规行为听之任之,以致本地区本部门不正之风和腐败问题滋生蔓延。这些问题必须引起高度重视,决不能麻木不仁、视而不见,必须下大决心、实功夫解决。

三、提高政治觉悟,常修为政之德,永葆忠诚干净担当的政治本色

习近平总书记反复强调:"党员干部要修身慎行、怀德自重、清廉自守,永葆共产党员的政治本色。"省委书记孙志刚同志指出:"各级党员干部提升觉悟,关键是要修好政德,在明大德、守公德、严私德上狠下功夫,凡事以身作则,切实做到忠诚干净担当"。市委书记陈昌旭同志指出"各级党员干部要提高政治觉悟,永葆忠诚干净担当的政治本色。"领导干部严格约束自己的操守和行为绝不是道德苛求,而是履行好党和人民赋予职责的内在要求。无数案例证明,党员干部一旦被私心私情私欲侵蚀了理智,就会滥用权力、违法乱纪、腐化堕落。全县各级党员干部必须始终绷紧廉洁自律这根弦,常修为政之德、常思贪欲之害、常怀律己之心,真正从内心深处筑牢拒腐防变基石,自觉做到为政以德、为政以廉、为政以民。

一是要更加坚定理想信念。革命理想大于天。理想信念的动摇是最危险的动摇,思想道德的滑坡是最危险的滑坡。从我县查处的案件来看,一些领导干部走向腐败堕落,往往是理想信念和思想道德出了问题,人生观发生了扭曲。这些人有一个共同特点,就是理想信念,思想道德滑坡,最后滑向了罪恶的深渊,成为党和人民的罪人。全县广大党员干部特别是领导干部要引以为戒,不忘初心,坚定理想信念,始终保持政治上的清醒和坚定,加强党性修养和党性锻炼,自觉用习近平新时代中国特色社会主义思想武装头脑,进一步坚定对马克思主义的信仰,坚定对共产主义远大理想和中国特色社会主义共同理想的信念。要从反面教材中汲取深刻教训,时常"照镜子、正衣冠、洗洗澡、治治病"。要严以修身、正己立德,严格守住做人、为官、处事、用权的底线,要耐得住寂寞、守得住清贫、经得住诱惑、抗得住侵蚀,始终保持共产党人的浩然正气。

二是要更加旗帜鲜明讲政治。旗帜鲜明讲政治是对党忠诚的第一要求。讲政治最根本的就是要树牢"四个意识"、坚定"四个自信",坚决维护习近平总书记的核心地位,坚决维护以习近平同志为核心的党中央权威和集中统一领导。"两个维护"是具体的而不是抽象的,不是口号,必须体现在行动上,落实到工作中,始终在政治立场、政治方向、政治原则、政治道路上同党中央保持高度一致。全县各级党组织和党员干部要始终把严守政治纪律和政治规矩放在首要位置,以严明的纪律规矩坚决维护习近平总书记的核心地位、坚决维护党中央权威和集中统一领导。要善于站在政治的高度去审视自身的一言一行,对照"七个有之"进行深查细照，坚决做到党中央和省委、市委、县委提倡的坚决响应，党中央和省委、市委、县委决定的坚决执行，党中央和省委、市委、县委禁止的坚决不做。要防止和克服地方和部门保护主义，决不允许上有政策、下有对策，决不允许有令不行、有禁不止。要时刻紧绷政治纪律这根弦，坚决做到任何时候、任何情况下都不违背组织决定，决不允许在贯彻执行中央和省委、市委、县委决策部署上打折扣、做选择、搞变通。

三是要更加忠实践行宗旨。全县各级党组织和党员干部要忠实践行全心全意为人民服务的根本宗旨，坚持以人民为中心，牢固树立群众观点，强化宗旨意识，深入践行群众路线，以党和人民事业为最高追求，以干事创业、造福百姓为最大担当，始终做到心中有党、心中有民、心中有责、心中有戒。全县各级党员干部要树立正确的价值观，要深刻认识到作为党的干部，其宗旨在于全心全意为人民服务，其人生价值要体现在服务人民、推动发展上。要恪守立党为公、执政为民理念，始终站稳人民立场，坚持把人民拥护不拥护、赞成不赞成、答应不答应作为衡量一切工作得失的根本标准，确保人民赋予的权力真正用来为人民谋福祉。要敢于担当有作为，深入贯彻落实中共中央办公厅印发的《关于进一步激励广大干部新时代新担当新作为的意见》，坚决做到知责明责、担当尽责，不断提高为人民服务的能力和水平。

四是要更加廉洁自律。全县各级党组织和党员干部要严格遵守廉洁从政各项规定，带头履行“一岗双责”，做到正确用权、依法用权、谨慎用权、干净用权，自觉接受监督，永葆共产党人清正廉洁的政治本色。对党员干部而言，八小时以外的时间，办公区域之外的空间，绝对不是不受监督的任性辖区，而应是心存敬畏、手握戒尺的自律地带。要时刻坚定党性和保持清醒头脑，常怀律己之心、常思贪欲之害，于细微处常自省，切实在思想上划出红线，在行动上明确界限。要认真算好政治账、不要自毁前程；算好经济账、不要倾家荡产；算好名誉账、不要身败名裂；算好家庭账、不要妻离子散；算好自由账、不要身陷囹圄；算好健康账、不要身心交瘁，真正以平常心对待付出与回报。要时刻用正反两方面典型教育警示自己，积极培养健康的生活情趣和高尚品德，做到心有所畏、言有所戒、行有所止，坚持道德高线，严守纪律底线，特别是把纪律底线当作不可逾越的警戒线和事物质变的临界点。要严格遵守政治纪律、组织纪律、廉洁纪律、群众纪律、工作纪律、生活纪律“六大纪律”，对照党章党规党纪，不断净化自己的思想、校正自己的行为，让纪律成为自律，养成遵规守纪的高度自觉。要加强作风建设，认真贯彻落实《中共中央政治局贯彻落实中央八项规定实施细则》及省委、市委、县委相关实施细则及实施办法，廉洁自律、严于律己。要坚持崇高的精神追求，培育高尚的道德，坚决抵御腐朽没落思想观念和生活方式的侵蚀，追求积极向上的生活情趣，养成良好的生活作风。要自觉加强家风建设，切实管好自己，管好配偶、子女和身边工作人员。

五是要更加强化责任担当。全县各级党员干部要切实强化责任担当，时刻不忘肩上扛的那份沉甸甸的责任，勇于争先不懈怠，敢于攻坚不畏难，善于创新不守旧，坚持不怕事、敢负责，着力激发“有为”的内生动力，提升“愿为”的觉悟境界，增强“善为”的实际本领。要主动学习新知识、掌握新本领，大力提高素质能力，切实加强执行力建设，大兴调查研究之风、大兴真抓实干之风、大兴勤俭节约之风，坚决克服表态多调门高、行动少落实差的问题，忠诚尽责，担当进取。要树立正确的人生观、价值观、权利观、政绩观，始终把为党和人民工作、把推动松桃经济社会发展看得比什么都重要，以功成不必在我、建功必须有我的境界和决心，甘当带领群众脱贫致富的“老黄牛”，勇做新时代推动经济社会发展的“急先锋”，用实际行动彰显党员干部的价值。要正确对待取舍和得失，自觉向革命先烈、脱贫攻坚先进典型、见义勇为先进模范等对标看齐，时刻查找存在的问题和不足，真正在知足中彰显应有的境界、从知足中赢得组织的认同和赞许。

四、压实政治责任，强化工作举措，坚定不移推进全面从严治党向纵深发展

习近平总书记强调：“各级党组织要牢固树立不管党治党就是严重失职的观念，在工作的方方面面体现党的领导”“党委书记要做管党治党的书记，当好第一责任人，对党负责，对本地区本单位的政治生态负责,对干部健康成长负责”。党员干部腐败堕落,固然有自身修养不够、要求不高的原因,但也反映出有的党组织管党不力、治党不严;党员领导干部作为“关键少数”,既要在廉洁自律上作表率,更要在抓班子带队伍上下功夫,切实履行全面从严治党的主体责任。

一要强化责任落实。全面从严治党,重在落实责任。各级党组织和广大党员领导干部要牢固树立“抓好党建是本职、不抓党建是失职、抓不好党建是不称职”的理念,真正落实好管党治党责任,坚持把党风廉政建设和反腐败工作摆上重要议事日程,认真落实“三述”、约谈、督查、考核等制度,定期听取汇报、分析形势、解决问题,确保压力传导至末梢。要常态化开展警示教育活动,经常给干部职工打好免疫针、上好廉政课,筑牢拒腐防变的思想防线。要强化压力层层传导,一级抓一级,一级为一级负责,确保责任环环相扣、压力层层传导,决不能出现压力层层递减的情况。要强化监督执纪问责,敢于较真碰硬,把该打的板子打下去,该问责到哪一级就问责到哪一级,要突出重点,瞄准“靶子”,既要追究直接责任、主体责任、监督责任,又要倒查领导责任、党组织责任。各级党委(党组)书记作为履行主体责任的“第一责任人”,要以对党负责、对本部门本单位政治生态负责、对干部健康成长负责的态度,亲自抓、具体抓、全面抓、系统抓,亲力亲为推动各项任务落到实处,切实承担起领导之责、示范之责、监管之责;班子成员要严格履行“一岗双责”,既要管业务工作更要管思想管作风,责无旁贷抓好分管领域的管党治党工作。同时,还要坚持民主集中制,用好批评和自我批评这个武器,培育积极健康的政治文化,认真严肃抓好党内政治生活。

二要强化正风肃纪。中央八项规定印发至今已经5年多时间,在执纪越来越严、处理越来越重的态势下,我县仍有一些党员干部顶风违纪,仍有些单位将《中共中央政治局贯彻落实中央八项规定实施细则》、省委市委和县委有关作风建设规定当耳旁风,心存侥幸、我行我素、顶风作案。全县各级党组织和广大党员干部要切实增强责任意识和履职担当,把贯彻落实《中共中央政治局贯彻落实中央八项规定实施细则》及省委、市委、县委相关实施细则及实施办法情况,作为监督监察的重点任务和经常性工作,坚决查处对贯彻各级部署要求“说起来重要、喊起来响亮、做起来挂空挡”,搞形象工程、政绩工程,弄虚作假、数字造假等突出问题;继续盯紧享乐奢靡、铺张浪费等问题,锲而不舍整治“四风”,密切关注新的变通变异,对不收敛不收手的坚决查处,点名道姓公开通报曝光。要驰而不息抓好作风建设,盯紧享乐主义和奢靡之风,克服形式主义和官僚主义,密切关注新动向,着力解决人民群众反映强烈的问题,决不让“四风”反弹回潮。要构建作风建设长效机制,发挥党员领导干部的示范引领作用,激发群众监督正能量,把作风建设不断引向深入。要继承和发展中华优秀传统文化,弘扬真善美、抑制假恶丑,大力营造积极向上的氛围,推动社会风气持续好转。

三要强化高压惩腐。全面从严治党没有终点,必须持续用力、久久为功。查办案件是反腐败的最重要、最直接、最有效的手段,必须坚持无禁区、全覆盖、零容忍,坚决重点查处政治腐败和经济腐败相互交织、形成利益集团的腐败案件,坚决重点查处不收敛不收手、问题反映集中、群众反映强烈的重点领域、关键环节的腐败问题,无论是谁,只要敢以身试法,一律严惩不贷,真正让不想腐成为自觉、不敢腐成为常态。要加大民生扶贫领域监督执纪问责力度,防漏洞、堵源头、重督导、强问责。要深入开展“扫黑除恶”专项行动,严厉打击“村霸”和宗族恶势力背后的腐败行为。要充分用好“四种形态”,注重发挥巡察利剑作用,使不敢腐的震慑威力常在、不能腐的笼子越扎越牢、不想腐的堤坝更加坚固,全力巩固反腐工作成效。同时,要发挥查办案件的治本功能,注意案件查办的成果运用,把教育的说服力、制度的约束力、监督的制衡力和惩治的威慑力更好地结合起来,真正做到查办一个案件,发现解决一方面问题,教育拯救一批干部,建立完善一套制度。

同志们,全面从严治党永远在路上,党风廉政建设没有休止符。让我们更加紧密地团结在以习近平同志为核心的党中央周围,以习近平新时代中国特色社会主义思想为指导,在省委、市委的坚强领导下,不忘初心、继续前进,坚定不移、矢志不渝把全面从严治党引向深入,始终保持忠诚、干净、担当的政治本色,为决战脱贫攻坚、决胜同步小康,奋力谱写百姓富生态美多彩贵州新未来松桃篇章作出新的更大的贡献!

在全县党风廉政警示教育大会上的讲话

(2020年4月20日)

李俊宏

同志们:

在十三届县纪委五次全会期间,我们召开党风廉政警示教育大会,主要目的是深入学习贯彻习近平总书记关于全面从严治党的重要指示精神,全面贯彻落实全省、全市党风廉政警示教育大会部署要求,深刻剖析我县违纪违法典型案例,以案示警、以案明纪,更加有力有效一体推进不敢腐、不能腐、不想腐,持续巩固我县风清气正的政治生态,为坚决夺取疫情防控和脱贫攻坚全面胜利提供坚强保障。

习近平总书记强调,"一把手"位高权重,一旦出问题,最容易带坏班子、搞乱风纪,必须用刚性制度把"一把手"管住,保证"一把手"正确用权、廉洁用权。志刚书记指出,管住管好"一把手"的权力,确保权力始终在正确的轨道上运行,是加强"一把手"建设的关键。昌旭书记指出,一个地方的发展,作风是关键,"一把手"是第一要素。结合我在第一次大会上通报的案例和刚才定钦同志通报的案例,根据今年省、市警示教育活动主题,我再讲五个方面的意见。

第一、要勤自省,以案为鉴汲取沉痛教训

今天通报的典型案例,有的是局长,有的是董事长,有的是乡镇长,有的是村级脱贫攻坚指挥长,都是不同层级的"一把手",虽然违纪违法形式各有不同,但深入分析,根本原因都是理想信念不坚定、自身要求不严格,特权思想泛滥、权力监督缺失,导致"衣冠"不正、行为失范,最终滑向深渊、身败名裂。教训沉痛,必须深刻汲取。

一是理想信念动摇必然滑向腐败。习近平总书记指出,理想信念是共产党人精神上的"钙",理想信念不坚定,精神上就会"缺钙",就会得"软骨病",就会在风雨面前东西摇摆。比如,通报的熊某某案例反映出,有的"一把手"理想信念不坚定,丧失了人民立场,淡化了为民服务的宗旨意识,这些案例深刻地告诉我们,理想信念的动摇是最危险的动摇,理想信念的滑坡是最危险的滑坡,面对反腐败斗争的新形势,坚定理想信念对我们党员干部,特别是"一把手"显得极为重要。

二是不正之风滋生必然走向腐败。习近平总书记多次指出,不正之风是滋生腐败的温床。很多腐败行为就是在吃喝玩乐、觥筹交错之中发生的,很多腐败分子的蜕化变质正是从不正之风开始的。有的"一把手"正是在追求体面、排场、阔气、享乐中落入圈套,成为腐败奢侈、庸碌无为的庸官、贪官。比如,通报的龙某某、杨某案例反映出有的"一把手"背离了党的宗旨,丢失了我们的初心,一味谋求个人享乐,生活作风严重腐化。这些案例无不警示着我们,作风不正、"四风"不除,必然走向腐败。

三是违规行使权力必然导致腐败。无数腐败案件表明,腐败行为虽然表现各异,但无论涉及省部级高官,还是科级以下干部,无论是贪污侵占,还是收受贿赂,本质上都是违规行使权力。"一把手"一旦把权力当作个人牟取私利的工具,就会决策搞“一言堂”,花钱搞“一支笔”,任人唯亲、以权谋私、权力变现也就成了家常便饭。一旦失去依法依规用权的观念,就会凌驾于法律和纪律之上,拒绝监督、独断专行、妄自尊大,滥用职权、“暗箱操作”、恣意妄为也就习以为常。比如,通报的杨某某案例反映出有的“一把手”特权思想严重,私心作祟、私欲膨胀,把个人私利融入公共权力运行之中。这些案例警醒我们,巨大权力中的人性高尚往往是靠不住的,一旦权力缺少监督,必然导致腐败。

第二、要常修德,严正己身提升个人修养

习近平总书记强调,领导干部要明大德、守公德、严私德。官员的道德品质对于整个社会道德风气有着至关重要的影响。各级“一把手”要坚持学以养德、为民树德、严以立德,始终坚守共产党人的精神高地,更好地完成担负起的历史使命。

一要坚持学以养德。学以养德,以明大德。所谓明大德,就是要铸牢理想信念、锤炼坚强的党性,在大是大非面前旗帜鲜明,在风浪考验面前无所畏惧,在各种诱惑面前立场坚定。党员干部有了坚定的理想信念,才能坚持正确政治方向,保持政治定力。我们要不断坚持把强化理论武装作为筑牢信仰之基、补足精神之钙、把稳思想之舵的基础工程,坚持不懈用习近平新时代中国特色社会主义思想武装头脑,进一步坚定对马克思主义的信仰和中国特色社会主义的信念,在内心深处树起信仰的旗帜、铸就忠诚的丰碑。

二要坚持为民树德。习近平总书记指出,守公德,就是要强化宗旨意识,全心全意为人民服务,恪守立党为公、执政为民理念,做到心底无私天地宽。为民树德就是要深入群众、依靠群众、亲近群众。所以,我们只有自觉践行“全心全意为人民服务”宗旨,始终牢记人民对美好生活的向往就是我们的奋斗目标,坚决做到权为民所用、情为民所系、利为民所谋,才能使我们的干部不走向腐败,才能使我们党立于不败之地。

三要坚持严以立德。习近平总书记指出,严私德,就是要严格约束自己的操守和行为。所有党员干部都要戒贪止欲、克己奉公,切实把人民赋予的权力用来造福于人民。各级党员干部特别是“一把手”的德行表现是整个社会的道德风向标,对整个社会风气具有强有力的导向作用。大家务必要常思贪欲之害、常怀律己之心,进一步加强私德修养和家风建设,防止“枕边风”成为腐败的导火索,防止被身边人拉下水。

第三、要会算账,珍惜机会把稳人生航向

算账人人都会,但算法不同结果也就不同。有的党员干部只算当下账,不算长久账,只算眼前账,不算全局账,只算个人账,不算家人账,到头来不但竹篮打水一场空,而且捡了芝麻丢了西瓜,得不偿失。

一要会算政治账。习近平总书记强调:“我们国家培养一个领导干部比培养一个飞行员的花费要多得多,而更多的还是我们倾注的精神和精力。”今天参会的同志都是我县的精英,能够走到现在都不容易,想要做到“一把手”需要付出的艰辛和努力,大家心里都有本账。但领导干部一旦在廉洁问题上“栽跟头”,政治生命就会受到严重影响甚至终结。因此,我们每个人都应倍加珍惜自己的政治生命,注重加强政治修养、保持政治定力,以自身的清正廉洁维护党和政府的良好形象。

二要会算经济账。俗话说“君子爱财,取之有道”。客观地讲,国家给予党员干部的工资、福利等各项待遇足以实现衣食无忧。以公务员平均每月5000元工资来说,也就是贪污贿赂的起刑点标准。如果因为5000元非法所得而葬送了自己大好前程,这账是划算还是不划算,我想大家心里最清楚。因此,我们要树立正确的利益观,自觉约束自己,时刻警醒自己,慎初、慎微,不为利所缚,不为欲所惑,一尘不染,永葆清白。

三要会算名誉账。俗话说“人活一张脸,树活一张皮。”领导干部特别是“一把手”拼搏数十年,才拥有一定的社会地位,才赢得社会应有的尊重,而一旦不懂得自重,贪污腐败,就会自毁名节,其结果必定身败名裂,不仅毁了自己的名誉,还给亲人带来无法挽回的伤害。所以,我们要像对待生命一样珍惜名誉,以遵纪守法为荣,以违法乱纪为耻,树立清正廉洁的良好形象。

四要会算家庭账。家是温馨的港湾、幸福的源泉。但无数案例告诉我们，腐败分子一旦落马，直接受到牵连的是他们的家人和亲朋好友，他们将因此遭受经济上和精神上的沉重打击，有的甚至妻离子散，家破人亡。所以，大家要算好“家庭账”，本着对自己、对家庭、对社会负责的态度，正确处理事业与家庭的关系、公事与私事的关系，促使事业有成、家庭美满。

第四、要善作为，真抓实干提高治理水平

习近平总书记多次强调，领导干部要坚持身体力行，以上率下。“一把手”更要“干”字当头，这既是职责要求，也是从政本分。各级“一把手”要切实担负起重大政治责任，在抓好疫情防控的同时，统筹抓好脱贫攻坚、经济发展等重点工作，充分发挥以上率下的“头雁作用”。

一要带头抓好疫情防控。在全国人民的共同努力下，疫情防控工作取得阶段性重要成效。但国际疫情快速蔓延，复工复产加快人员流动，带来的风险不断加大。根据省疫情防控领导小组办公室通知，除活禽市场、影院、舞厅继续关闭以外，有序全面开放各类餐馆、宾馆、夜市、游乐园等场所，农村红白喜事在村委会报备后可正常开展，赶集、赶场有序恢复，但防疫工作远远没有结束。各级“一把手”要继续强化底线思维，把疫情防控作为重中之重，严格按照“外防输入、内防反弹”工作要求，牵头抓好重点场所、重点环节、重点人员疫情防控，不断巩固我县疫情防控良好态势，守住“疑似病例和确诊病例均为零”的战果，坚决打赢疫情防控的人民战争、总体战、阻击战。

二要带头抓好脱贫攻坚。我县脱贫攻坚进入最后的冲刺阶段，当前又遭遇疫情的影响，各项工作任务更重、要求更高。各级“一把手”既要当好“指挥官”，又要当好“排头兵”，充分利用四、五、六月窗口期，聚焦挂牌督战、产业发展、易地扶贫搬迁、核心指标巩固提升、重点人群动态监测等工作，逐项细化目标任务，逐个销号推进落实。明天我们还要召开全县脱贫攻坚问题整改工作专题会，对各类问题特别是本次市级交叉检查反馈的问题，进行整改落实，大家务必要坚决扛起政治责任，确保6月底前全面完成各项任务，在最后的歼灭战中接受考验、兑现承诺，确保按时高质量打赢脱贫攻坚战。

三要带头抓好经济建设。4月17日，国家统计局公布一季度经济社会发展指标，一季度国内生产总值同比下降6.8%，一产、二产、三产增加值分别同比下降3.2%、9.6%、5.2%。当前虽然我国经济受到疫情短期冲击，但我们经济韧性强、潜力足、回旋空间大的基本特质没有变。各级“一把手”要进一步坚定信心，善于从眼前的危机、眼前的困难中捕捉和创造机遇，深入分析研究国家宏观政策，加强与上级部门的沟通对接，积极争取项目资金支持。要强化服务意识，主动到企业上门服务，及时了解存在问题，帮助复工复产、高效达产。要加快推进工业产业转型升级和农业产业“一转二带三”，助推我县经济高质量发展，确保年初制定的目标任务圆满完成，确保“十三五”胜利收官。

四要带头抓好风险防范。3月7日，福建省泉州市发生一起酒店坍塌事故，29人遇难。3月30日，四川省凉山州西昌市突发森林大火，19名消防队员牺牲。这些活生生的案例，无不发人深省。各级“一把手”是防范化解重大风险的“防控队长”，大家务必要坚持底线思维，决不能忽视一个风险、决不能放过一个隐患，要进一步梳理安全生产、政府债务、社会舆情等各类重大风险，抓住要害、找准原因、有效决策，确保经济社会大局和谐稳定。强调一下，现在汛期已经到了，各级“一把手”要始终把人民群众的生命财产安全放在第一位，加强隐患排查，确保全覆盖、无死角。要带头值班值守，对突发的安全问题要第一时间赶赴现场，确保事故有序处置，信息及时准确上报。

第五、要守底线，严守规矩锤炼政治品质

习近平总书记强调：“一个人什么时候容易犯错误？就是以为自己万物皆备、一切顺利的时候，得心应手了就容易随心所欲，随心所欲而又不能做到不逾矩，就要出问题。”有的“一把手”正是走得太顺，才漠视了党纪国法,罔顾了纪律规矩,最终使自己身陷囹圄,身败名裂。

一要坚守对党忠诚的政治底线。忠诚干净担当,忠诚始终处于第一位。丢掉对党忠诚之心,就会偏离人生航向,失去接受党纪约束的自觉。各级党员干部要牢记"赶考"初心,坚守为民信仰,不断增强"四个意识"、坚定"四个自信",做到"两个维护",自觉用"五个必须"正心修身、用"七个有之"自警自省。要忠诚于党的事业,把思想和行动统一到县委的工作部署上来,确保政令畅通。在这方面,有的同志把县委的决策部署当耳边风,在低效农作物调减上闻风不动、闻令不行。有的同志擅做主张,将用于村社合一的生猪养殖场再次交给有关企业做代养,在这些问题上有的干部将会付出应有的代价。

二要坚守廉洁自律的纪律红线。严守党的纪律,这是我们创业干事的重要保障。我们看到许多铸成大错的"一把手"在进行自我反省时,都不可避免地提到一点,那就是他们往往都是从一些不起眼的小便宜、小利益开始,放松了对自己的要求,逐步到了不可挽回的地步。各级干部要警钟长鸣,只有把纪律和规矩挺在前面,坚持纪严于法、纪在法前,才能在从政的道路上行稳致远。要在"聚光灯"下行使权力、在"放大镜"下开展工作,不以"小节无碍"放纵自己,不以"下不为例"开脱自己,不以"别人不知"麻痹自己,在管好小事小节中守住大行大德。这里我再强调一下,对那些有收受他人钱物、入股或参与违建等违纪违规情形的,要向县纪委县监委主动交代,争取从轻处理。县纪委县监委要严格监督执纪,对不主动交代、我行我素的,一定要严肃查处、一查到底,从严从重处理,不让利剑蒙尘。在座的"一把手"们请回去再次认真传达,务必要传达到每一位班子成员、每一个干部职工。

三要坚守秉公用权的规矩防线。习近平总书记强调,领导干部要守住公与私的分界线,绝不能搞权力寻租、权权交易。权力是把"双刃剑",少数同志出问题,往往出在权力上,但腐败的根源绝不在于权力的大小,而是取决于掌权者怎样用权。各级"一把手"要牢记"当官就不要发财、发财就不要当官"的思想,坚持秉公用权不徇私,真正用手中的权力为党分忧、为民谋利。要抓好下级"一把手"的监督,层层压实责任;县纪委县监委要强化政治监督,严格日常监督,切实把公权力规范到制度的笼子里。

四要坚守节欲戒贪的生活底线。一名党员干部要做到拒腐防变最大的诱惑是自己、最难战胜的"敌人"是自己。剖析被查处的贪腐分子,一个较为普遍的现象就是经济上的贪腐大多与生活上的腐化连在一起。"一把手"的生活作风不仅关系着本人、本单位、本地区的品行和形象,更关系到党在群众中的威信和形象。大家务必要守住欲望的大门,抵住糖衣炮弹的攻击,切实做到金钱面前不伸手,美色面前不动心,利益面前不攀比。要自觉纯洁社交圈、规矩工作圈、净化活动圈,坚持交往有原则、有界限、有规矩。要规范政商交往,既守住底线、把好分寸,又坦荡真诚、交往有道,构建"亲""清"的新型政商关系,为我县经济社会发展营造良好的营商环境。

同志们,全面从严治党永远在路上,党风廉政建设没有休止符。全县各级党组织要进一步履行好管党治党政治责任,教育引导广大党员干部坚持以先进典型为引领,以反面典型为警戒,铭记初心、勇担使命,只争朝夕、不负韶华,为坚决夺取疫情防控和脱贫攻坚全面胜利、续写新时代松桃发展新篇章作出新的更大贡献。

在全县党风廉政警示教育大会上的讲话

（2020年11月20日）

李俊宏

同志们：

按照县委统一安排部署，今天我们召开全县党风廉政警示教育大会，主要目的是深入贯彻落实习近平总书记关于全面从严治党的重要讲话精神，全面贯彻省、市警示教育大会精神，用近年来全县查处的典型案例，以案示警、以案明纪、以案为鉴，为各级党员领导干部敲钟示警、打预防针、上廉政课。这既是县委一以贯之惩治和预防腐败的政治态度和决心，也是对各级党组织的警示提醒和压力传导，更是对广大党员领导干部的政治关心和组织关怀。

刚才，定钦同志通报了近年来我县查处的不忠诚、不干净、不担当的部分典型案例。从通报的这些案例可以看出，有的党员干部政治意识淡化，不相信组织，当"两面人"；有的滥用职权，不按纪律规矩办事，给党和人民的事业造成重大损失；有的利用职务影响，收受好处，中饱私囊；有的作风漂浮，不愿担当、不想作为。这些案例发生在全面从严治党的关键时期，影响尤为恶劣，教训尤为深刻，暴露出一些党员干部政治站位不高、政治意识淡化、政治敏锐性不强，仍然存在侥幸心理，同时也暴露出一些党组织贯彻执行《准则》《条例》不严、落实"两个责任"不到位、管党治党宽松软等不容忽视的问题。全县各级党组织和广大党员干部，一定要汲取深刻教训，引以为戒，认真贯彻落实中央、省委、市委和县委全面从严治党的决策部署，扎实推进党风廉政建设和反腐败斗争，时刻绷紧拒腐防变这根弦，严守纪律规矩，全力涵养风清气正的政治生态，为全县踏上新征程、再创新辉煌，推动经济社会高质量发展、可持续发展提供坚强保障。

下面，我讲三点意见。

一、强化政治站位，深刻理解把握中央和省委市委关于党风廉政建设的部署要求

开展党风廉政警示教育是通过典型案例、反面教材教育引导党员干部对照检视、引以为鉴，强化党员干部纪律意识的基础工作，既是一体推进"不敢腐、不想腐、不能腐"的重要一环，也是激励党员干部认真履职、担当作为，保持清醒头脑、投身事业发展的管用实招。回顾我党发展历程，我们党由弱小到强大，从苦难到辉煌，历经磨难考验，千锤百炼还坚韧，一个重要法宝就是不断加强党风廉政建设，靠严明的政治纪律和政治规矩管党治党。

党的十八大以来，党中央高度重视党风廉政建设和反腐败斗争工作，以强烈的历史责任感、深沉的使命忧患感、顽强的意志品质持续推进党风廉政建设和反腐败斗争。以习近平同志为核心的党中央身体力行、率先垂范，集中整饬党风，严厉惩治腐败，有效净化了党内政治生态，政治生活气象更新，政治生态明显好转。今年春节前，习近平总书记在云南考察时强调，要深入开展反腐倡廉警示教育，举一反三，防微杜渐，避免重蹈覆辙。党风廉政建设是一项系统性工程，我们要始终严格按照习近平总书记的重要指示要求，切实加强党风廉政建设,纵深推进全面从严治党,把政治纪律和政治规矩挺在前面,不能有差不多了、等一等、松口气、歇歇脚的想法,不能有打好一仗就一劳永逸的想法,更不能有初见成效见好就收的想法。

省委、市委站在“四个意识”“两个维护”的政治高度和坚定不移纵深推进全面从严治党的战略高度,把思想建设、纪律建设作为党的基础性建设来抓,连续三年特别是今年先后两次召开全省、全市警示教育大会,通过身边人、身边事,教育引导广大党员干部勤勉履职、廉洁从政,持续释放省委、市委一以贯之全面从严治党的强烈信号和坚定决心。9月25日全省警示教育大会和10月31日全市警示教育大会,都运用“安顺市公交车坠湖”事件、“大方事件”等典型案例开展警示教育。反面案例是最好的教科书,也是最好的清醒剂。通报这些案例,就是要进一步压紧压实各级党组织管党治党主体责任,在思想上高度警觉,清醒认识到管党治党、污染治理、脱贫攻坚、风险防范等领域存在的政治、经济、社会、廉政和舆论等风险,在实践中不断增强“防风险、守底线”的忧患意识和斗争本领,确保高质量、打好收官战。

全县各级党组织和广大党员领导干部要增强“四个意识”、坚定“四个自信”、做到“两个维护”,深刻理解把握习近平总书记的重要讲话精神,深刻理解把握省委孙志刚书记、市委陈昌旭书记的讲话精神,把思想和行动统一到省委、市委部署要求上来,坚持问题导向,坚决守牢底线,严密防范化解债务、民生、舆论等各类风险,切实在真抓实干中担当作为,真正以实干实绩践行对党的绝对忠诚。

二、坚决以案为鉴,深入挖掘和认真剖析腐败变质的政治根源和思想源头

近年来,县委坚决贯彻党要管党、从严治党的要求,坚持有腐必反、有贪必肃,始终保持惩治腐败高压态势。总体上看,不敢腐的目标初步实现,不能腐的制度日益完善,不想腐的堤坝正在构筑,但从日常调研、监督检查、巡视巡察发现和反馈的问题来看,我县党风廉政建设和反腐败斗争的形势依旧严峻。对照孙志刚书记在全省警示教育大会上的“五个问一问”(问一问“两个维护”究竟落到实处没有?问一问群众利益究竟维护到位没有?问一问纪律规矩究竟严格遵守没有?问一问风险底线究竟守住守牢没有?问一问“三个责任”究竟压紧压实没有?)要求,陈昌旭书记在全市警示教育大会上的“五个假”(政治意识不强搞假忠诚、宗旨意识不强搞假公正、规矩意识不强搞假敬畏、廉洁意识不强搞假清廉、底线意识不强搞假重视)乱象,结合刚才通报的典型案例,以及巡视检查反馈的问题来看,我们要清醒地看到,一些党员干部仍然不收敛不收手,不作为慢作为乱作为,党风廉政建设和反腐败斗争仍面临不少新情况新问题,全面从严治党形势依然严峻复杂,任务依然艰巨繁重,要引起高度警惕、反省和革新。

第一,讲政治还有差距。习近平总书记多次强调,全面从严治党首先要从政治上看。“四个意识”“两个维护”县委逢会必讲,遇事必提,率先垂范并一以贯之督促落实。但是从查处的案例和巡视情况来看,时至今日仍然有人将其当口号喊,在做到“两个维护”和落实党中央、省委、市委、县委的部署阳奉阴违,表里不一。比如,通报的寨英镇党建办副科级干部杨某某,在浏览凤凰军事官网文章时,使用手机注册该网站账户后,在该网站发布不正当言论,严重诋毁国家领导人和国家政策。这就是不讲政治,对党“假忠诚”。

第二,践行宗旨意识还有偏差。从查处的案例和平时调研情况来看,有的党员干部在思想上、行动上没有树立起全心全意为人民服务的宗旨意识和公仆意识,在工作上群众观念相对淡薄,思想深处对“为了谁、依靠谁、我是谁”等问题认识不到位,缺乏一种权为民所用、情为民所系、利为民所谋的民生情怀。有的党员干部对群众利益不关心、不入心、不用心,为民情怀淡漠,甚至存在侵害群众利益的现象。比如,通报的县市场监督管理局执法大队工作人员刘某,2017年12月至2019年5月,在任平头镇冷水溪村第一书记期间,向贫困户借款长期不还,还截留贫困户入股分红资金。

第三,守纪律懂规矩还有距离。建立守纪律懂规矩新常态是净化政治环境的必然要求。不严明党的政治纪律和政治规矩,党的凝聚力和战斗力就会大大削弱。但是在我们身边仍然有一些党员干部对党风廉政建设和反腐败斗争不知畏、不敬畏、不真畏，置纪律红线于不顾，顶风违纪。比如，通知单位主要负责人或者分管负责同志参会，总是有人不按通知要求，这种作风怎么能把工作做好，这是典型的不懂规矩、不守纪律，而且不是一次两次。还有在陪同上级领导调研时，一些单位和部门的负责同志，站没站相、坐没坐相，没有一个好的形象，这是不讲规矩和纪律。

第四，落实廉洁自律要求还有温差。党员干部特别是党员领导干部这个"关键少数"，如果不能正确行使手中的权力，始终做到清正廉洁，自觉地与各种腐败现象作坚决斗争，就会逐渐丧失正确的权力观、地位观、利益观，放松对自己的约束与要求，将底线失守，被物欲绑架了手脚，被金钱迷乱了心志，被女色牵住了心神，把权力当作谋利的工具，什么事都敢做、什么钱都敢拿。比如，刚刚通报的贵州汇森源公司原副总经理、松桃泰和生态有限责任公司原总经理吴某某，利用职务之便为他人谋取利益，非法收受他人财物共计117万元，其中向他人索贿40万元。

第五，担当进取精神还有落差。责任担当是领导干部必备的基本素养。结合"增畅行动""爱岗敬业我先行、积极作为勇担当"专项行动开展情况看，部分党员干部担当精神仍然不足，啃硬骨头的勇气劲头仍然欠缺，还不同程度存在落实工作口号喊得响、执行部署落得轻、任务效果出得差，把说了当做了、把做了当做好了。比如，2019年10月至2020年5月，在全县"生猪代养"改革试点工作中，松桃扶贫开发投资(集团)有限公司副总经理、松桃惠民农业产业扶贫开发有限公司法人刘某，县山地畜牧业发展中心副主任(主持工作)、县生猪产业办副主任田某某，对县委县人民政府安排部署的试点工作推动落实不力，导致该项工作滞后，影响了生猪产业改革进度和经济产业指标。

三、坚决落实管党治党责任，将党风廉政建设和反腐败斗争不断引向深入

当前，"确保高质量、打好收官战"各项工作已进入最后关键阶段，脱贫攻坚、全面小康即将全面胜利。越是关键时刻越要保持清醒的头脑、安全稳定的良好局面。省委、市委和县委每年召开警示教育大会，就是要让大家常警醒、常教育，进一步坚定信念、牢记宗旨，自警自省、担当作为，坚决推动党风廉政建设和反腐败斗争不断引向深入，为"确保高质量、打好收官战"提供坚实保障。

第一，始终对党绝对忠诚，坚决做到"两个维护"。习近平总书记指出，要自觉讲政治，对国之大者要心中有数，关注党中央在关注什么、强调什么，深刻领会什么是党和国家最重要的利益、什么是最需要坚定维护的立场，切实把增强"四个意识"、坚定"四个自信"、做到"两个维护"落实到行动上，不能只停留在口号上。要始终在政治立场、政治方向、政治原则、政治道路上同以习近平同志为核心的党中央保持高度一致，对重大决策、重大工作、重大会议活动，都要用政治标准来衡量，看是否符合中央精神，是否符合中央规定，是否符合省委、市委和县委相关要求，做到提倡的坚决响应、部署的坚决执行、禁止的坚决不做。要坚持不懈强化理论武装，毫不放松加强党性修养，坚定理想信念，坚守价值追求，头脑里始终拧紧政治这根弦，解决好世界观、人生观、价值观这个"总开关"问题，做到对党绝对忠诚、绝对可靠。

第二，增强为民情怀，切实维护人民利益。民心就是最大的政治。要始终坚持以人民为中心的发展思想，树牢群众观点，把群众利益放在行使权力的最高位置，把群众满意作为评判工作成效的最高标准。要秉持依靠人民、造福人民的为民情怀和过硬作风，坚持一切为了人民、服务人民，坚固公心、革除私心，堂堂正正做人、老老实实干事、清清白白从政，以共产党人的高风亮节和人格力量影响和带动群众。要更加聚焦人民群众普遍关心关注的"急难愁盼"问题，采取更加有力有效的措施，一件一件抓落实，努力让人民群众获得感、幸福感、安全感更加充实、更有保障、更可持续。习近平总书记指出，"干部带着感情去做事，群众感受就不一样"，党员干部对待群众要动真情、用真心、下真功。

第三，严守纪律规矩，依纪依法谨慎用权。无数案例表明，党员干部"破法"无不始于"破纪"。党员干部特别是党员领导干部要强化规矩意识和法治意识，善于运用纪律和法治思维谋划工作，善于运用纪律和法治方式处理问题，始终按照纪律规矩和法律规定作决策、办事情。要认清手中的权力来自哪里，搞清楚什么事能干、什么事不能干。要心存敬畏、手握戒尺，敬畏权力、敬畏人民、敬畏责任、敬畏法纪。要不断增强政治定力、纪律定力、道德定力、抵腐定力，做到政治过硬、纪律严明、清正廉洁、道德高尚。要坚持依法用权、秉公用权、廉洁用权，把握好“法定职权必须为、法无授权不可为”的基本要求，自觉在纪律和法律法规约束下用权，在制度笼子里用权，始终做到不放纵、不越轨、不逾矩，确保人民赋予的权力真正用来为民谋利。

第四，抓具体抓深入，以作风攻坚推动各项工作。前几天我们迎接了省级脱贫攻坚成效考核，从市县督查情况和成效考核中反馈的问题来看，我们有的干部工作作风有所下滑，帮扶工作存在失职失责情形。在脱贫攻坚收官之战、年度指标圆满完成的最后关头，比拼的是意志是作风是干劲，只有作风过硬，脱贫成效才能过硬，发展指标才能增比进位。要坚持从政治上看待“四风”问题，带头抓具体抓深入，真正抓出习惯、抓出长效，以苦干实干作风把每一项工作做深做细做实，确保过得硬，经得起检验。县纪委县监委和两办督查室要加大干部作风暗访督查力度，对在推进工作中作风不实、存在形式主义官僚主义问题的，一律依纪依规查处。要落实好干部关怀激励机制、尽职免责和容错纠错机制，在脱贫攻坚、经济发展、风险防范等重大工作、重大斗争一线培养干部、锤炼干部、使用干部，同时也要为尽心尽力干事创业的干部担当、负责和撑腰。

第五，守牢风险底线，努力防范各类风险隐患。今年以来，“黑天鹅”“灰犀牛”事件时有发生，从新冠肺炎疫情到“安顺事件”“大方事件”、到甘龙石板溪滑坡等接踵而来，时刻考验着我们的执政能力、应对能力、处置能力，大家要深刻汲取教训，认真观察、分析形势，居安思危、知危图安。要主动适应新形势新要求新挑战，多从政治上考量问题，强化风险意识、忧患意识、舆情意识，准确把握防范化解风险的特点和规律，全力有效应对各类重大风险挑战。

第六，做到廉洁自律，永葆忠诚干净担当的政治本色。要正确处理上与下的关系，纠正廉洁自律与己无关的认识，坚持从我做起。正确处理得与失的关系，纠正横攀竖比的失衡心态，坚持从保持气节做起。正确处理大与小的关系，纠正“自我迁就、小节无害”的思想，坚持从小事做起。正确处理知与行的关系，纠正“说得多、做得少”的行为，坚持从实践做起。要算好政治、经济、名誉、家庭、健康几本账，管住自己的心和手，牢记“手莫伸，伸手必被捉”，注意防范披着“人之常情”“礼尚往来”外衣的糖衣炮弹。要管住自己的脚，严把第一次，守住第一关，与党员干部身份不符的场合坚决不去。要管住自己的“圈子”，管住自己的“身边人”，注重家庭、家教、家风，爱而有度、爱而有道。

第七，落实“三个责任”，纵深推进全面从严治党。全县各级党组织要扎实抓好《党委（党组）落实全面从严治党主体责任规定》的贯彻落实，把管党治党作为最根本的职责立起来，确保中央、省委、市委和县委决策部署落地落实。要牢固树立“抓好党风廉政建设是本职、不抓是失职、抓不好是渎职”的意识，把党风廉政建设和反腐败斗争摆上重要日程，细化推进措施，强化督促落实，定期分析研判，切实解决问题，确保压力传导到末梢。要全面落实党委（党组）书记第一责任人责任，做到重要工作亲自部署、重大问题亲自过问、重点环节亲自协调、重要案件亲自督办。纪委监委要坚决落实监督责任，聚焦脱贫攻坚、风险防范、民生领域、干部作风、资源盘活、国企改革、“村社合一”改革等工作，跟进监督、精准监察。

同志们，“以铜为镜，可以正衣冠；以人为镜，可以明得失”。大家要以案为鉴、警钟长鸣，争做遵规守纪的标兵、担当作为的先锋、勤政为民的表率、廉洁自律的模范，永葆忠诚干净担当的政治本色，为确保高质量、打好收官战，坚决夺取脱贫攻坚同步小康全面胜利，乘势而上开启全面建设社会主义现代化国家新征程作出新的更大贡献！

二、县纪委工作报告

(一)县党代会上纪委工作报告选登

中共松桃苗族自治县监察察委员会关于一年来监察工作报告

(1957年7月10日)

一、一年来的监察工作情况

从去年第一届第一次党代表大会以来,县监委在县委和上级监委的领导下,是取得很大的成绩的。着重是反对了资产阶级思想对党的腐蚀,处理了违反党章、党纪、共产主义道德和国家法令的行为。从去年下半年以来,我县实现了高级合作化,阶级斗争形势变化了,党内的斗争形势也随着变化了。过去,我们主要是反对资本主义自发倾向在党内的反映,高级合作化后,这个问题就不是主要问题了。主要的问题是个人与集体、集体与国家利益之间的矛盾;先进与落后之间的矛盾;领导与被领导之间的矛盾。因此,在这一年中,我们具体地反对了共产党员中的贪污盗窃、欺骗隐瞒、特权自私、破坏党的团结等行为。党的八次代表大会提出来反对官僚主义、主观主义、宗派主义、违法乱纪,是根据目前国内的具体形势提出来的,也是我们监察工作的今后任务。

(一)受理和处理案件工作

从去年5月全县第一次党代表大会到今年5月,这12个月中,对党员违反党纪的案件受理和审查处理方面,效率有很大提高,应该受理的案件绝大多数都受理起来了。这12个月中,全县共受理了各种案件167件,比1955年全年增加2.9倍,处理了163件(包括第一次党代表大会以前的积案6件),比1955年增加了三倍少一点。在处理党员错误的时候,坚持了"惩前毖后,治病救人",即要弄通思想,又要团结同志的原则,把处理党员错误的全部过程当作教育过程。同时,强调了及时发现问题,及时处理,以免问题成堆处理加重。特别是执行了"严肃谨慎,区别对待"的方针。对于混入党内的反革命分子及其他坏分子坚决予以清洗出党。而对于觉悟不高或认识上的错误而在工作上犯错误的同志,都采取治病救人的方针,不轻易开除他们的党籍。只有对那些犯了严重错误,坚持不改,屡教无效的分子,才坚决地开除他们的党籍。由于执行了这一方针,就能够很快地提高犯错误同志的觉悟,绝大部分犯错误的同志都是愿意接受教育,改正错误的。甘愿犯错误的人是极少的,因此,受理的案件增加了,但受处分的同志却减少了。1955年处分了党员34人,占全年受理数的(处理结束数,下同)62%,而这12个月中处分了30人,占受理数的18%,与1955年比起来,相对地减少了三倍半。犯了严重错误又不改正的减少了很多,犯了错误不愿意改正的同志也很少了。1955年开除党员17人(包括取消候补资格的),而去年到今年这12个月中只开除2人。

以上情况不是说以前严现在宽。这是说,我们现在加强了纪律教育,事前防疫得早,事后纠正得快。这一年多来党委进行了几次整党训练,党员的错误有了很大的克服。当然,我们的工作是有缺点的,甚至有个别处理错了的,也有应处理而没有处理的。工作中的偏差,不但是过去有,现在有,将来也还会有。我们永远也不敢说我们执行纪律的机关和人不会违反纪律,只是我们必须注意一条,即有错必纠。我们去年和今年曾经纠正了6个处分得不当的案件。我们的官僚主义、主观主义的现象是有的。例如,我们调查研究还不够,审查案例还不细致,有时遇到某些犯错误的同志的抗拒行为,我们就急躁起来,我们的拖拉作风也还很严重,现在我们还积压一个一年前的案件未处理。这是我们今后应注意和纠正的一些缺点和毛病。

从执行党纪所看到的,受处分的党员都是些什么错误呢？主要的是,不关心群众疾苦、争权夺利、破坏党和群众利益的官僚主义、命令主义、贪污盗窃、腐化堕落、欺骗隐瞒、闹不团结等行为,这些问题,目前是比较严重的,而且在一个较长的时间内是不能完全克服的,因为资本主义剥削行为,在合作化以后,它就没有发展的市场了。而官僚主义、命令主义、贪污盗窃、腐化堕落、欺骗隐瞒,就是在集体化后,它仍然有市场。问题在于加强教育,分清是非,严明纪律,使大家树立优良品德,逐步克服不良作风。值得注意的,现在有些错误的东西还没有引起广大党员和群众深恶痛绝,还有一部分人喜欢。官僚主义、命令主义、老爷架子还有些干部喜欢,欺骗隐瞒,阳奉阴违也有些人喜欢,如农业社瞒产有些社干和社员就喜欢,这些问题需要加强教育,逐步克服。

关于处理申诉控告工作:在这一时期,我们受理了党员、群众申诉、控告案件19件,其中党员申诉5件,党员检举3件,群众控告11件,现已处理结束11件。由于监委工作的影响扩大了,申诉控告案件逐步增加。对于申诉控告,正确的就作了处理,不正确的我们也进行了解释和答复。但我们还存在着缺点,如:有些案件拖得时间过长,对这项工作中的经验教训也没有系统地总结。对于党员受处分不服的申诉,往往在处理了阻碍很大,某些基层组织怕丧失威信而不愿复查,但只要说清道理是可以排除障碍的。例如我们在纠正杨胜楞的案件时,曾遇到下面的很大思想抵触情绪,经过查实对证,讲明政策还是克服了困难。

(二)纪律教育方面

这一时期,我们除了通过处理案件向党员进行纪律教育和在各项中心工作中向党员进行防范教育外,并利用各种形式向党员进行宣传教育。例如,通过党训班、县委召开的扩大会议、整党大会以及复员军人中的党员座谈会等机会向党员进行监察工作基本知识和纪律教育,12个月共计做过12次报告,听报告者达4200人次。各乡支部也在各个时期由兼管监察工作的干部向党员作报告,起了很大作用。教育在前,执行纪律在后这是全体党员的要求。我们深深地体会到,这种教育不要教条主义,要具体生动,要有说服力,要分清是非,讲清道理,执行纪律也要使人心服,不要以纪律压服人。人家做错了事,为什么错,错在哪里,根根源源在那里,怎样做才不错,好坏都分析,利弊同时品评,指出其错也要指出其所以错,才能使人心服口服。戴顶帽子,念几句紧箍咒不能使人心服,反会使人无法着手改正错误。

纪律教育是个很重要的问题,和其他工作一样,要做好任何工作,首先就要教育,这个工作做得好,就能够减少党员的错误,否则就要出问题。年关期间,我们稍微忽略了对党员防止赌博的教育,那一段就发现了70多个党员纠集群众赌博,这是一条很好的教训。

(三)领导问题

思想领导方面,第一次监察工作会议批判了监察工作中的右倾保守思想和患得患失的个人主义思想。第二次监察工作会议批判了处理案件上的官僚主义、主观主义、潦草从事的作风以后,提高了全体党员向违反党纪的行为作斗争的积极性。揭发了不少案件,有80%—90%的党员受到了一次深刻的纪律教育。我们在处理案件的手续上也逐步完备，对于官僚主义、主观主义粗枝大叶的作风有了很大的克服。处理每个案件时都注意了材料真实齐全，加强了集体审查，深入调查研究工作。今年第一季度我们就深入到区、乡作了三次的调查工作。但是并不是说我们监察干部的思想已很健康了，现在我们还有不少的缺点和错误。积极性还不足，认为人手少做不了多少事的消极等待情绪。区、乡兼管监察工作的干部也还没有发挥更大的作用，少数的还有左右摇摆的情绪，批判了“右倾”保守思想，出现了急躁的不实事求是的情绪，后来批判了不实事求是的倾向后，又出现了个别不敢工作现象，还有个别乡支部兼管监察工作的干部作风不正派，全县有3个兼管党的监察工作的支部书记犯错误受了处分，其中1人开除了党籍。

集体领导制度，这一时期有所加强，重要事情都经过集体研究决定，例如，处理案件，监委的工作总结报告和指示性的文件都没有个人决定问题的现象，12个月来共开了17次监委会。下放干部以后，监委会开不起来了，因此，县委决定由县委常委暂时管理。由于加强了集体领导，这就使我们在处理重大原则问题上不犯或少犯错误。但是在集体领导方面也还有缺点，例如，监委在研究问题时往往很少争论，没有足够分析，开会时每次都有委员不能出席，每次开会一般只能达到法定人数。

为了及时了解下面情况，加强指导，我们注意了与各区委联系，除经常与各区和九个乡电话联系外，并下去帮助区、乡处理重大案件，但监委的工作，顾此失彼的现象仍然存在，抓起这样就放下了那样。

二、对今后工作的意见

根据中央监委指示，1957年监察工作的重点应放在“反对不关心人民群众疾苦、严重损害国家和人民利益，破坏党和人民群众联系的官僚主义、命令主义和违法乱纪的行为；反对贪污盗窃，腐化落堕、弄虚作假、欺骗隐瞒行为；反对压制民主、打击报复、争权夺利，破坏党的团结的行为”。与上述错误行为作斗争是今后监察工作的重要任务。为了作好这一工作：

首先，必须经常地加强对党员的政治思想教育工作，这是做到监察工作和中心工作的重要前提。因此，要不断地向党员进行党纪的教育、国家法律法令的教育和共产主义道德的教育。组织党员继续学习新党章、学习正确处理人民内部矛盾的方法、学习有关党纪的各种通报和文件。通过各种教育和学习，提高党员的政治觉悟，使党员自觉地遵守党的纪律，执行党的政策，以便保证党的各项工作的顺利完成。

在向党员进行教育时，要深入了解情况，使教育的内容生动有力，避免教条主义的现象。对于个别犯错误的党员，应该本着教育在先，执行纪律在后的原则，充分地进行教育，开展批评和自我批评。在教育、批评的方式方法上，要和风细雨，从团结的愿望出发，要抱着惩前毖后治病救人的态度，以理服人。施加压力，一脚踢开的做法都是不对的。

今后在各项工作中，要求各级党组织都应该重视党员的纪律、政策教育工作，在汇报工作时，党的政治工作必须作为一个内容，在召开各种会议中，只要可能，就应该向党员进行纪律教育。走到的地方，就应该了解党员执行方针政策以及遵守法律法令等纪律情况，这项工作，不但监察干部要作，而且全党都要作。只有这样，才能提高党的政治觉悟，使党员少犯或不犯错误。

其次，及时地正确地检查处理违法乱纪的行为：

1.积极地检查处理各种重大案件。发扬监察干部的责任感，发动全党互相监督，及时地发现问题。在党委的领导下，与有关部门配合，有重点地深入检查各种重大案件，及时地进行处理。

2.为了正确地处理案件，必须坚持“严肃谨慎，区别对待”的方针。对于混入党内的反革命分子和在党内进行分裂活动的阶级异己分子和其他不可救药的腐化堕落分子，经过查实后，必须采取坚决的态度，毫不犹豫地清洗他们出党。对于因思想认识上有错误而在工作上犯错误的同志，就必须坚持“惩前毖后，治病救人”“既要弄通思想，又要团结同志”的原则，从团结教育出发，经过批评或处理，达到团结改正错误的目的。犯了严重错误的给予纪律处分,也是为了帮助他们纠正错误。在审查处理的时候,必须谨慎,材料具体正确,加强调查研究,反对粗枝大叶,偏听偏信,粗暴武断的下结论。既要反对迁就姑息,又要反对夸大错误,潦草从事的偏向。

3.必须认真处理党员、群众的申诉、控告案件。对重大案件要直接检查处理,一般案件也要加强督促有关部门处理,作到件件有着落,案案有结果。对于重大复杂的案件一时不能处理结果的,也要先向申诉控告者说明原因。对于申诉控告案件,事实正确的要进行处理,对部分正确的也要处理,完全不正确的要向申诉控告者进行解释,对有意诬告他人的坏分子要予以打击。

再次,必须改进领导作风,克服官僚主义、主观主义、宗派主义。一是加强我们的学习,熟悉业务,明确是非,树立马克思列宁主义的立场观点和工作方法。二是多深入实际,加强调查研究,听取群众意见,总结工作经验。三是虚心接受群众的批评,克服缺点,别人做错了我们要敢批评,我们做错了,要接受别人的批评,改正错误。

中共松桃苗族自治县委纪律检委员会工作报告

(1982年3月28日在县第四次党代会上)

石成清

同志们:

我受中共松桃苗族自治县委纪律检查委员会的委托,向大会作纪律检查工作报告。

一、纪委成立以来的工作

自一九七九年元月成立县委纪委以来,在县委和上级纪委的领导之下做了一些工作,取得了一定成绩。

党的十一届三中全会关于"健全党的民主集中制,健全党规党纪严肃党纪"的决定以来,我们的党风党纪逐渐好转。六中全会通过的《关于党内政治生活的若干准则》公布以后,整顿党风党纪的工作抓得更紧一些,所取得的成果也更大一些。两年来,我们着重办了四件事:

(1)狠抓准则的宣传教育。我们在各有关部门的配合之下,采取多种形式,广泛深入地进行了准则的宣传教育。在层层培养骨干和辅导员的基础上,轮训了党员,这是多年来没有过的一次普遍的党规党纪的教育。全县一万零四百多名党员,参加各种训练的达百分之九十以上。同时,利用县纪委主办的内部刊物《党风和党纪》介绍贯彻准则的情况,表扬先进,树立榜样、批判不正之风。各级党组织还召开民主生活会,开展批评和自我批评,要求每一个党员都用准则检查、对照自己的言行,特别是通过检查现实表现,看看自己是否符合党员标准,从而增强了党性观念,提高了遵纪守法的自觉性,党的生活逐步正常起来。同以前比较,现在以准则区分是非的人多了,各行其是的人少了;按准则办事的人多了,搞歪门邪道的人少了;用准则抵制不正之风人多了,给歪门邪道让路的人少了。

(2)比较认真地执行了党的纪律。我们结合进行党规党纪教育,重点检查了贯初执行三中全会以来的路线、方针和政策问题,处理了一些群众反映大的较为典型的案件。对那些违法乱纪的党员、执行了"晓之以理,纯之以纪,导之以规"的方针,两年以来共受理案件四十二起。通过调查、结案的有三十七起,其中，贪污盗窃、投机倒把的八人，强迫命令、违法乱纪的七人，腐化堕落造成恶劣影响的十一人，不执行计划生育的八人，蜕化变质的三人；对这些犯错误的党员执行纪律的结果、开除党籍十一人，留党察看五人，撤销党内职务四人，严重警告十人，警告四人，只予批评教育而不给处分的三人。在受处分的人中，县管干部三十三人，农村党员四人。通过执行纪律，挽救了一批犯错误的人，教育了广大党员。

(3)认真落实党的政策，并协助县委处理了一批历史遗留问题，我们按照中央和上级党委的要求、抽出专人协助县委落实党的各项政策。全具先后复查处理各种案件九百一十八件，平反冤、假、错案五百八十九起。此外，完成县委交办的“清查”和“一批双清”运动中遗留的十五起案件，分别出了文字结论，解脱了有关人员，使他们放下了包。

(4)认真处理了来信来访中提出的问题。纪委成立以来，先后接待来信来访四百三十件，从来信来访反映的问题来看，前两年主要是要求落实政策，而目前着重检举揭发少数干部搞不正之风、强迫命令、打击报复等问题。对于来信来访，除按规定转有关部门处理的以外，基本上做到了“件件都过问，案案有着落”。

但是，我们在工作中还存在着执纪不严、深入不够等问题，对一些重大的违纪案件处理不及时，对党员的遵纪教育抓得不紧，协助县委整顿党风不够主动，以致一些本来能够解决的问题也未能及时解决。

二、搞好党风是当前的紧迫任务

党的十一届三中全会以来，我们的党风逐年好转。特别是通过《准则》的宣传教育，深入学习《关于建国以来党的若干历史问题的决议》，清理“左”的错误，拨乱反正，逐步扭转了混乱的局面，同中央保持了政治上的一致。结合贯彻准则，开展批评与自我批评，党的优良传统和作风正在恢复和发扬起来，党群关系得到改善，党的领导不断加强。

但是，我们的党风还没有根本好转，涣散软弱的状况还没有根本改变。我们的一些党组织之所以战斗力不强，就在于党风不正，其主要表现，有以下四个方面：

*(一)在党内，存在着资产阶级和小生产自由化倾向。*政治上，有少数人同党离心离德。他们对党的三中全会以来的路线、方针和政策至今仍持怀疑态度，特别是对党的现行政策认识模糊，抓起来不认真、不得力，甚至抱抵触态度。这部分党员中、绝大多数是属于认识问题。他们没有看清楚我们国家正处在一个大变化、大发展的重要历史时期，对党领导人民实现四化、振兴中华的宏伟目标缺乏信心，因而也就不可能自觉地为之英勇献身。有的人对国家大变化、大发展的前途，由怀疑、犹豫、徘徊发展到公开散布反动言论。这样的人，不相信无产阶级，不相信党，不相信社会主义，而相信资产阶级，相信资本主义，由认识问题进而变成了立场问题。上述认识问题，立场问题，在思想上的反映，就是资产阶级自由化，主要表现为毛主席早就批评过的那种自由主义的腐朽作风，不讲党性原则，目无组织领导，不遵守党的“四个服从”的纪律，动不动对上顶着干；少数单位党组织的不负责任；执行上级党委的指示和决议，各行其是；有的擅离职守，工作失职，身为国家干部，长期回家种地，光拿钱不干事，成了“拿工资的农民”。还有极少数党员带头乱砍滥伐山林、乱占滥用耕地、“继祖业”“清原籍”，分明是损害集体所有制，还要嫁祸于放宽农业政策，说是“责任制搞糟了”。还有的党员讲宗族不讲党性；信鬼神不信马列，热衷于搞封建迷信活动；不务正业，聚众赌博。如此等等，都在群众中造成了很坏的影响。

*(二)党内少数经不起“糖衣炮弹”袭击的不坚定分子，逐步滋长了唯利是图，一切“向钱看”的资产阶级腐朽思想，极少数人甚至腐化堕落，蜕化变质。*有的人不顾党的利益，利用职权牟取私利，他们打着种种旗帜，干着见不得人的勾当，营私舞弊，走私贩私，贪污受贿，投机倒把，损公肥私，化公为私，把大量国家财产据为己有。他们的共同特征是，内外勾结，“用金钱铺平道路”。还有一些人办事不是靠党性原则，靠党的政策，而是用各种手段“关系学”，拉“关系户”“走后门”。有的在“三招三转”问题上，总是想方设法

地在歪门邪道上搞点什么关系,连调动工作、提干部,也搞“熟人好办事”那一套。此外,无论是机关还是农民,都有少数党员、干部不听中央的三令五申,不听党组织的劝说,利用各种机会,大摆酒席,请客送礼,铺张浪费。他们之所以如此喜欢这种旧习,说穿了,多数的人不是为了捞油水、刮钱财,就是为了拉关系,“醉翁之意不在酒”,而在谋取个人利益,这种坏风气,损害了党的声誉。

(三)党内不少同志丢掉了批评和自我批评这个武器,是非不分,对危害革命事业的言行熟视无睹,老是对违法乱纪低头,给歪门邪道让路。这些同志搞“多栽花,少栽刺”“冤家少结,朋友多交”一类的处世哲学,还说什么是吸取“文化大革命”的教训,有的同志“表扬就笑,批评就跳”,而我们一些领导对犯了错误又不接受批评的人姑息迁就,该批评的不批评,该处分的不处分,对犯错误的同志不是站在党的立场上去批评他、教育他、帮助他,而是替他说情,甚至为他开脱,进行包庇。同志们想一想,长期下去,怎么能扶正祛邪呢?

(四)脱离群众、脱离实际的官僚主义作风,也是值得注意的一个严重问题。近年来,在我们党内逐渐滋长了互相推诿、互相扯皮、人浮于事、办事拖拉和对党的工作极不负责的恶劣习气。不论是老干部也好,新干部也好,都有少数人意志衰退、精神不振、贪图享乐、怕艰苦、怕困难、搞衙门作风、官商作风、官农作风,工作效率很低。还有个别同志粗暴地对待群众,甚至发展到对群众进行体罚和捆绑吊打的地步。这种违法乱纪行为,严重地损害了党群关系。

这些不正之风所以会存在,是由于封建主义残余的影响,由于资产阶级思想的腐蚀,江青反革命集团破坏了党的优良传统,还由于一些党员的世界观本来就没有解决好,存在着极端个人主义。这也说明当前我们正面临着一场腐蚀与反腐蚀的斗争。我们必须看到,党内搞不正之风的人尽管为数不多,违反党纪的只是极少数,但他们的行为,特别是在经济上的违法犯罪行为已经严重地腐蚀了党的肌体,败坏了党的威信,削弱了党的战斗力,给党的事业和工作造成了很大损失。

陈云同志指出:“执政党的党风问题,是有关党的生死存亡的问题。”要把我县的社会主义事业一步一步地推向前进,加速物质文明和精神文明的建设,关键就在于搞好党风。但上述种种不正之风表明,我们的工作还远远跟不上历史前进的步伐,跟不上形势发展的需要;端正党风,严肃党纪,是一项刻不容缓的迫切任务。如果我们不同党内不正之风作坚决斗争,任其滋长泛滥,眼看一部分党员、干部在危险的道路上演变下去而不挽救,那就是对同志不负责任,就是对党的事业漠不关心。

三、为严肃党纪而斗争

我们揭露党内不正之风,目的在于搞好党风,严肃党纪,增强党的战斗力。但应该看到,由于江青反革命集团长达十年之久的破坏和捣乱,使我们的党风受到严重破坏,其流毒之广危害之大,不可低估。要恢复、发扬党的优良传统和作风,全党要下很大的决心,付出很大的努力。

要紧紧抓住思想教育这个中心环节,对党员加强教育。中央指出:要一手抓物质文明的建设,一手抓精神文明的建设。加强党员的思想教育工作,是精神文明建设的重要任务之一,必须抓紧做好。党员的思想工作做好了,党风端正了,才能做到党风带民风,“两风”都好转。要教育党员,特别是党的干部,坚决执行和维护党中央根据马克思列宁主义、毛泽东思想的基本原理确定的新时期的路线、方针和政策;在政治上、思想上、行动上同中央保持一致,要建立健全党的组织生活,办好党员训练班,不断对党员进行党的基本知识、党规党纪、革命传统和共产主义理想、前途的教育,并要求每个党员都联系实际改造思想,自觉地从现在做起,从每个人做起、从自己做起,真正成为合格的共产党员。要结合深入开展“五讲四美”活动,大张旗鼓地表彰优秀党员和先进支部,鼓励向先进学习,做到是非分明,伸张正气。通过教育,使广大党员逐步树立共产主义的远大理想和道德情操,树立自觉的守法精神和高度的组织纪律性,做到个人利益服从整体利益，眼前利益服从长远利益，一切为了社会主义现代化建设，要讲党员的模范作用先锋作用，讲无条件地为党的事业奋斗，无条件地为人民服务，无条件遵守党的纪律，同林彪、江青鼓吹的“踢开党委闹革命”等反动言论彻底划清界限。

一定要拿起批评和自我批评这个有力武器，正确地开展党内斗争。我们党内不但过去有斗争，今后还会有，要回避党内斗争是不可能的。问题在于是否能够正确地开展党内斗争。唯一正确的做法是毛主席为我们制定的方针；对于犯错误的同志，要从团结的角度出发，经过批评斗争，在新的基础上达到新的团结；惩前毖后，治病救人；要一看二帮；允许犯错误，允许改正错误。我们恢复和发扬的优良传统，也包括党内斗争问题上的这一正确方针。对犯错误的同志首先要帮，所谓“批评或斗争”是帮的一种形式和方法，如果明知一个同志犯了错误，不严肃批评、指出，而采取袒护的态度，则是一害党二害犯错误的同志，是对党的基本原则的背弃；其次是允许改正错误，改了就好，不能犯错误就打倒。当前的主倾向是前者，一些党组织对党内不正之风缺乏必要的斗争。对此必须引起足够的重视，认真加以解决。要坚决执行党的纪律，原则问题上，不能迁就、妥协、让步，非搞清楚不可，真正做到，党规党纪面前人人平等，无论资格多老、职位多高，只要犯了错误都要同样执行纪律。

当前，要狠狠打击经济领域里的违法犯罪活动，处理与干部有牵连的重大经济犯罪案。这是关系到我县社会主义事业能否胜利进行的重大问题，是全党必须抓紧抓好的一件大事，也是纪委今年工作的中心任务。我们纪委决心在县委的领导下，旗帜鲜明地、全力以赴地、雷厉风行、严肃认真地处理这类案件。我们坚决按中央纪委提出的要求，“彻底查清，严肃处理一些重案件，扎扎实实地做几件端正党风、严肃党纪国法的事，以引起大家警惕，造成打击一切歪风邪气的声势，使人民群众亲眼看到我们对整顿党风有成效，说话是算数的”。对党员在经济上的违纪案件的处理，现行和历史案件，先抓现行的；一般干部和领导干部的案件，先抓领导干部的；一般案件和重大案件，先抓重大的;特别是同领导干部相牵连的重大经济案件，必须从重从快地处理。处理经济上的违纪违法，必须退赃，不能让他们“检讨一阵子，舒服一辈子”。对于不检举、不证实的，以包庇论处。如果哪一个地方和部门的党员和村干部中，首先是领导干部中在经济上存在的严重问题，熟视无睹，优柔寡断，姑息养奸，就要坚决追究责任。对敢于向不正之风作斗争的组织和党员，要加以保护和表扬，以伸张正气，打击邪气。

党的纪律检查部门的主要任务是维护党规党纪，协助党委对党员进行遵纪守法教育，严肃党纪，搞好党风，保证党的路线、方针、政策和决议的贯彻执行。而我们的任务却完成得不够好，离党的要求还很远。但我们有决心赶上去，并且坚信，全县各级党组织在党中央的领导下，能够把党风搞好，带领全县人民把两个文明的建设搞上去。

中共松桃苗族自治县纪律检查委员会工作报告

（1984年9月18日在县第五次党代会上）

龙国春

同志们：

这一届中共松桃苗族自治县纪律检查委员会，是在一九八二年三月召开县党的第四届一次全会上选举产生的,从那时到现在已经过去两年多时间了。两年多来,我们县纪委在县委和上级纪委的领导下,按照党章所赋予的职权和规定的任务,在端正党风、严明党纪方面做了大量的工作,取得了一定的成绩。现在,我代表县纪委就两年多来的主要工作和对今后工作的意见向大会作报告,请予审议。

两年多来,县纪委认真贯彻落实党的十二大会议精神,在县委的领导下,抓党风好转为中心,主要做了以下几个方面的工作。

(一)协助县委抓党风的对照检查,促进党风的明显好转

我们有些单位和地方,不正之风得不到有力克服,主要原因是这些单位和地方党内政治生活不正常,不能认真开展积极的思想斗争,党风不正,党纪不严,领导班子涣散软弱。根据这一情况,县纪委按照上级党委和纪委的要求,协助县委进一步贯彻《关于党内政治生活的若干准则》,抓了党风的对照检查。县委常委一班人首先以组织生活会的形式,联系党委和领导成员个人的思想和工作实际,以准则为镜子,就党风方面存在的问题,特别是遵守党的政治纪律的问题进行了认真的对照检查,开展批评与自我批评。区乡两级党委,以区为单位,以整风的形式,每年都进行一至二次的对照检查,着重解决班子里存在的涣散软弱、责任心不强等带有共性的问题。同时对个别干部违法乱纪的行为,少数党员因责任心不强,组织观念淡薄,而贻误工作的错误进行了查处。对这些同志所犯错误的处理,既教育了本人,又教育了广大党员和干部。这党风对照检查,对党的政治生活正常化,党内批评与自我批评的开展,民主集中制的改善以及提高执行党的政治纪律的自觉性都起到了促进作用。同时,也带来了全县党风的明显好转,使我县一九八二年和八三年在铜仁地区年终评比中分别得了端正党风工作第二名和第一名。

(二)抓党性、党风、党纪的教育,认真执行党的纪律

对广大党员进行党性、党风、党纪的教育,这是党的纪律检查委员会的主要工作。两年多来,县纪委配合有关部门,在层层培训骨干和轮训党员的工作中,对党员进行了党性、党风、党纪的教育。同时,还利用县纪委主办的内部刊物《党风与党纪》介绍有关端正党风、严明党纪的典型事例以及有关文件和通报,表扬先进,树立榜样,批判不正之风,借以教育全县党员。因此,不少党员政治思想觉悟有了较大提高,在思想上、政治上能自觉同党中央保持一致,正确对待改革,带头遵守纪律,带头贯彻执行党的路线、方针、政策,真正成了带领广大群众进行社会主义现代化建设的优秀分子。

我们在抓了对党员党性、党风、党纪教育的同时,还结合检查贯彻执行党的十一届三中全会以来的路线、方针和政策的情况,实事求是查处了一些群众反映大而较为典型的案件。对那些违法乱纪的党员,执行了"晓之以理、纯之以纪、导之以规"的方针,把正反两方面的教育结合起来。二年多来,共受理了各类案件七十三起,经过调查,已处理结案七十一起。在这些案件中有因官僚主义错误而贻误工作,给国家财产造成严重损失的;有以权谋私、违法乱纪的;有打牌赌博,搞封建迷信活动影响很坏的;也有搞不正当两性关系或违反计划生育政策的。通过调查,对这些犯有各种错误的党员执行了党的纪律,开除党籍十七人,留党察看十六人,撤销党内职务六人、重警告十人,警告十四人,批评教育,免予处分八人。通过些案件的查处,认真执行了党的纪律,既挽救了一些犯错误的同志,也教育了广大党员,对端正党风,促进"三风"好转都起到了一定的作用。

(三)开展打击经济领域严重犯罪活动的斗争

经济领域中严重犯罪活动,对四化建设,对党风,对社会风气,也就是对两个文明建设都有极大的破坏性。从中央一九八二年一月发出《紧急通知》到现在,我们在县委的领导下,认真抓了此项工作。一是抓学习文件,提高认识,掌握政策;二是加强领导,组织力量,查处案件;三是抓住典型,以点带面,推动全

盘;四是抓大案要案,明确分工,责任到人;五是抓完善制度,堵塞漏洞,预防经济案件的发生。从此项工作开展以来,全县先后揭发并依据党纪国法立案查处的各类经济案件六十八起,涉及国家干部、职工和群众九十人;其中党员二十九人。目前已结案六十四起,对涉及的人也进行了严肃处理。其中受法律制裁十九人,党纪处分二十五人,政纪处分三十一人,经济处罚七人,免予处分四人,追缴款物折币十二万二千四百余元。通过这一工作的开展,不仅减少了国家的经济损失,更主要的是促进了党风的好转,也带动了社会风气的好转。

(四)抓清理分房建房、招转调中的不正之风的查处和清理拖欠挪用公款、组织还款的工作

对于分房建房中的问题的查处,招转调中不正之风的纠正,清理干部职工长期拖欠公款和组织还款的工作,我们把它作为一项主要工作来抓。全县初步清出超标准住房六十六户,超住面积七百二十二平方米。对所超的住房,都已退出或加收房租费。招转调中,有八人不符招干条件而取消录取资格,有一人不符合用工条件而作了辞退。在查处突击退休顶替的工作中,有六人因不符合条件而突击退休作了纠正,在其他子女顶替中,有三人因未达到年龄和有其他舞弊行为,也作了纠正。在清理长期拖欠挪用公款中,目前已还款三万一千四百多元。

(五)抓平反冤假错案和人民来信来访工作

我们除了抓以上几项工作外,还认真抓了平反冤假错案和人民的来信来访工作,在两年多的时间里,共复查"四个"时期的案件和历史老案十八件。通过复查,撤销原处十件,改变原处二件、维持原处六件,共恢复十人的党籍。两年多的时间里,共接待来信来访五百七十八件。对于来信来访,除按规定转有关部门处理的以外,基本上做到了"事事都过问,件件有着落。"上级所交办的十二件,已结案上报十件。通过对这些信访案件的查处,进一步密切了党和群众的关系。

(六)两年多来的工作实践,使我们体会到

1、只有全党抓党风,才能实现党风的根本好转

整顿党的作风,促进党风的明显好转,以如期达到中央所要求的根本好转,这是纪委的职能工作,但仅靠纪检机关孤立地去做这项工作,是不能取得显著成效的。两年多来的工作,之所以取得一定的成绩,使我县党风有了明显好转。这既是各级党委正确领导和大力支持的结果,也是纪检部门努力工作的结果。因此,只有在各级党委的领导和支持下,全党抓党风,才能实现党风的根本好转。

2、维护党的纪律,必须在纪检工作中扩展视野

维护党的纪律,这是党的纪检工作的根本任务之一。过去,我们注意抓了从"左"的方面抵制,反对党的路线、方针、政策的问题,对来自右的方面的错误抓得较少,注意抓了一些具体违反党的纪律的个人案件,对检查和处理党组织在维护党纪方面的失职问题抓得较少;注意抓了打击经济领域内的严重犯罪活动,对如何适应经济发展的需要,支持和维护改革,研究得不够;注意抓了党员违反各种规章制度的问题,没有充分注意到我们的各种规章制度还有不断需要改革、完善的一面。存在以上问题,直接原因就是我们在开展纪检工作中视野不够开阔。这就要求纪检干部要不断加强学习,提高自己的政治素质,提高在维护党纪工作中的政策水平、分析能力和识别能力,才能很好地担负起维护党的纪律的职责。

两年多来,我县的纪检工作取得了很大的成绩,积累了一定的经验。但是,我们的工作还有不如意的地方,并且,随着纪检工作的不断深入开展,纪检机构建设的薄弱环节和力量不足暴露得越加明显,这与提高纪检工作效率的要求不相适应。在今后的工作中,必须注意妥善解决好这些问题,加强薄弱环节,使纪检工作更好地为社会主义现代化建设服务。

今后工作的意见

在党中央的领导下，由于我县各级党组织和纪检部门的努力。近几年来。我县党风有了显的好转。但是，我们必须看到，党风毕竟还没有根本好转。党内不正之风还较为严重，这主在表现在:有的党员甚至个别党组织对党的有关改革和对外开放，对内搞活经济的政策不理解，执行起来不认真、不得力。个别甚至有抵触情绪，有的目无组织领导，对上级党委的指示和决议各行其是，有的擅离职守，工作失职，劳动纪律相当差。有的参与搞封建迷信活动，甚至聚众赌博，违犯党规党纪，有的利用职权牟取私利，多占住房、占好房，贪污受贿，参与经济犯罪。有的拖欠、挪用公款长期不还，化公为私，损公肥私，有的不坚持原则，对违法乱纪的行为睁只眼闭只眼，给歪门邪道让路，甚至组织出面调查处理时还要帮助说情；有的不能认真开展批评和自我批评，对表扬就“笑”，对批评就“跳”。有的染上官僚主义恶习，遇事互相推诿，互相扯皮，给国家和人民的生命财产造成不应有的损失，有的革命意志衰退，光拿钱，不干事，被群众称为“拿工资的农民”“拿工资的居民”。甚至有的党员领导干部，不听中央的三令五申，不听组织劝阻，大搞请客送礼，铺张浪费，以上种种表现，损害了党在群众中的威信，影响了党的方针政策的贯彻落实，必须加以纠正。

党的十二大号召全党为开创社会主义现代化建设新局面而奋斗。在这次县党的第五次代会上，县委所作的工作报告，对党的建设，党风的整顿和纪律检查部门的工作都提出了更新的要求。根据县委的要求和当前我县党风的情况，今后一个时期党的纪检工作的主要任务是，在党委的统一领导下，按照党章所赋予的职权，维护党的纪律，检查党的路线、方针、政策和决议的执行情况。支持、维护各项改革，协助党委整好党，以如期实现党风的根本好转，实现县委在这次代表大会上所提出的目标。为了完成这个任务，对下一步纪检工作提出如下意见:

（一）要把维护党的政治纪律放在首位

维护党的政治纪律，保证全县各级党组织和每一个党员在思想上、政治上同党中央保持一致，并结合实际认真贯彻执行党的路线、方针、政策，这是实现党风根本好转的首要问题，也是纪委工作的重点。这次党代表大会以后，全县各条战线，各个部门将按照县委的要求，为实现经济翻番的任务，在各个领域、各条战线实行全面的改革。纪委作为党的纪律检查机关要积极支持、维护改革，当改革的“卫士”，使党的路线、方针、政策和决议得以正确贯彻执行，对于改革的先进人物，就要大力宣传和表扬。对于阻碍、破坏改革，对党的路线、方针、政策和决议不传达、不贯彻、不落实、甚至破坏党的团结和统一的案件就要坚决去查处，以保证改革的顺利进行，保证党的路线、方针、政策和决议的正确贯彻执行。这就是维护党的政治纪律的具体体现，支持各条路线、各个部门把经济工作搞上去，这是纪检部门和每一个纪检干部的职责，每一个纪检干部应当履行好这个职责，把自己的工作建立在服务于服从于现代化建设这个总目标上，要用抓党风来促进经济的发展，以经济工作的效果来检验我们的党风。

（二）要加强对党员党性、党风、党纪的教育，努力纠正党内不正之风

围绕党的中心工作，加强对党员进行党性、党风、党纪的教育。努力纠正党内不正之风，促进党风的好转。这是纪检部门的一项主要工作，今冬和今后一个时期，要认真组织党员学习整党文件，结合实际，对照检查，纠正不正之风，做到未整先改、边整边改。在这个工作中，注意查处典型的严重违反党的纪律的案件，特别是要抓严重官僚主义，以权谋私案件的查处。要看到，严重的官僚主义一是败坏了我们的党风，二是给国家和人民生命财产造成了重大损失。这比个人的贪污造成的影响和危害大得多。还要看到，严重的以权谋私，不仅是违者个人的问题，而且直接影响到党组织的威信。所以，要特别注意查处这些案件，要通过查处这些案件，把官僚主义和以权谋私的歪风搞臭，使违者得到教训，其他党员得到教

育。此外,还要深入开展打击经济领内的严重犯罪活动,进一步纠正在分房建房以及“招、转、调”中的不正之风和拖欠用公款错误行为,把这几方面的工作抓紧抓好。

(三)协助党委,搞好整党

党的纪律检查工作与整党工作有着直接的联系,纪委工作的本身,就是整党组成部分,纪委做的所有工作,没有哪一件不属于整党范围的。所以,作为纪委本身,首先就要把自己的工作搞好。要按照整党的要求整顿好自身的思想、作风、纪律和组织,这也就支持、促进了整党工作。为了把自己的工作做好,纪委要借整党这股东风,按照中央关于整党的决定,把全县纪检工作大大地提高一步,并且在整党中做出表率。整党全面开始后,会有相当多的党内外群众对党的各方面工作提出意见,有些重要的意见,要及时向党委反映。不管反映的问题涉及哪一级,纪检部门能解决的就主动加以解决,不能单纯由纪检部门解决的就向上级党委或纪委反映。这样,做到互通情报、互相促进、把整党工作做好。另外,还要配合党委对党员进行彻底否定“文化大革命”的教育,根除派性,增强党性,做好核查“三种人”的工作,纯洁党的组织。这样,以主人翁的姿态参加整党,使整党真正达到要求,真正不走过场,真正把我们党整顿好、建设好。

(四)抓好纪委自身的思想建设和组织建设

现在,全党为开创社会主义现代化建设的新局面,实现十二大提出的宏伟目标,正在上上下下实行全面改革和对外开放,对内搞活经济的政策,这就是我们所面临的新形势。为了做好形势下的纪检工作,一方面,每个纪检干部都要加强自身的学习,掌握政策,熟悉业务,改变作风,改进方法,肃清各种“左”的或右的影响,使自己的思想和作风以致工作能力、工作方法适应新形势下纪检工作的需要,真正做到“议大事、懂全局、管本行。”另一方面,要按照“四化”的要求加强纪检干部队伍的建设,县纪要按照编制配齐人员,健全领导班子,凡没有配有专职纪检干部的县直一些局单位要立即配上。县直属机关党委要尽快建立纪律检查组,支部、总支委员会都要按照党章规定,设立纪检委员。

我县党的第五次代表大会以后,全县的各项工作将进入一个更加蓬勃发展的新阶段,党对我们的要求更高了,广大党员和群众对我们的希望更大了,纪律检查机关的担子更重了,让我们在县委和上级纪委的领导下,紧紧依靠广大群众,与全县党员团结一致,共同努力,为实现我县党风的根本好转,为把我县各级党组织建设成为领导社会主义现代化事业的坚强核心努力而奋斗!

严格执纪 抓好党风
确保我县治理整顿和深化改革的顺利进行

——在第七次党代会上纪委工作报告

(1990年6月11日)

龙国春

各位代表:

我县第七次党代会的顺利召开,是全县人民政治生活中的一件大喜事。现在,我代表第六届县纪委,将纪委过去三年的主要工作情况和今后三年工作的建议报告如下,请予审议。

过去三年主要工作情况

过去的三年,我县的纪检工作在县委和上级纪委的领导下,在各级党组织和有关部门的支持和配合下,我们坚持从严治党的方针,以查处党内违纪案件为中心,认真开展了其他工作,确保我县的治理整顿和深化改革的顺利进行,做出了应有的贡献。

一、认真学习贯彻党的路线、方针和政策

三年来,纪委把学习、贯彻落实党的路线、方针、政策和决议当着一件大事来抓,我们一是认真组织本委干部学习、传达和贯彻十三大文件和十三届三中、四中、五中和六中全会精神,把思想认识统一到中央的重大决策上来;二是配合有关部门对广大党员深入进行社会主义初级阶段理论和党的基本路线教育,进行坚持四项基本原则、反对资产阶级自由化教育;三是以培训的形式组织全县纪检干部学习和贯彻中央的有关文件。通过学习,使广大党员和纪检干部提高了认识,统一了思想,分清了是非,提高了执行党的路线、方针、政策的自觉性,增强了坚持和维护四项基本原则的信心,为松桃的政治经济和社会的稳定作出了贡献。

二、惩治腐败、严肃查处党内违纪案件

为了惩治腐败、从严治党,加强党风建设,我们以查处案件为中心,查处大要案为重点,查处贪污受贿案件为突破口,认真抓了查处党内违纪案件工作,严明了党的纪律。三年来,全县共立案查处党内案件154起,其中大案5起,共处分违纪党员164人,其中开除党籍22人,留党察看45人,撤销党内职务7人,严重警告49人,警告41人。在受处分的党员中,属区(局)级党员干部18人,乡股级党员干部29人,一般党员117人。

三、以廉政为重点,认真纠正不正之风

为了协助县委抓好廉政建设,认真纠正我县党员干部队伍中存在的不正之风。三年来,我们一是深入调查研究,对一些带倾向性和苗头性的问题,及时发现,及时向县委反映,并提出解决这些问题的有关建议和意见,同时协助县委和各级党组织建立和健全了一些制度;二是配合有关部门,抓好廉政建设的试点;三是针对我县党员队伍中存在的一些问题,县纪委向县委汇报后,专门印发文件,进行制止和纠正。对一些典型的问题处理后,还进行了通报。三年来,共发出处理通报六期,特别是认真抓了对党员参与赌博案件的处理,共处分参与赌博的党员15人;四是配合有关部门抓了清理整顿公司工作,纠正了个别党政干部经商办企业的问题。

四、认真开展党风党纪的教育

为了加强对广大党员进行党性、党风、党纪的教育,提高党员素质,我们着重抓住了如下工作:

1、在县委的统一领导下,配合有关部门,认真抓了党员评议的试点工作和面上的推广工作。

2、在县委的领导下,在全县开展了纪律作风整顿,对广大党员进行了一次深刻的党风党纪教育。

3、采取办培训班、上党课、作党风专题报告、发通报、收看录像、对典型案例进行剖析等形式,对党员进行党性、党风、党纪教育。

4、对党内违纪典型案件,进行现场公开处理,扩大了教育面。

五、抓好纪检信访工作

三年来,我委共受理群众来信来访438件,其中受理群众来信372件,接待群众来访66人次,信访立案21件,已全部结案。通过认真受理群众来信来访,提高了群众对纪检工作的信赖,从而密切了党群关系。在信访立案中,有的问题查清后,县纪委的主要领导与办案人员一起,到发案单位召开党员干部会议,将所查的情况与群众见面,进行公开处理。从而澄清了问题,分清了是非,教育了党员,清除了影响,稳定了干部职工的思想。三年来,共发信访简报12期,信访通报3期,纪检信访情况反映5期。我县的纪检信访工作,去年被地区评为先进单位。

六、配合有关部门,认真完成县委所分配的任务

1.协助县委和政府抓了清理干部职工"三违"建房工作,把清房工作作为贯彻落实六中全定的一项实际措施,加强党风建设和廉政建设的一项重要工作来抓。到目前为止,全县已清出干部职工营建私房271户,其中副县级以上领导干部4户,副局级以上干部60户,一般干部职工207户。现正在研究处理意见。

2.配合有关部门抓"双清"工作,县纪委主要领导参加领导和指导这项工作,并亲自办案。清理结果,共清出各种欠款7152万多元;已收回各种欠款148万多元。

3、抓好联系点的工作。对于联系点,纪委坚持按照县委的要求,选派干部下去协助工作,几乎点上突击一项中心工作都有纪委干部参加。纪委的联系点,去年被评为先进单位。

七、抓好纪检队伍的自身建设

1.认真抓了纪检干部队伍的思想政治教育,提高了他们的思想素质,在贯彻落实党的十三大和十三届三中、四中、五中和六中全会精神的过程中,我们认真抓了对全县纪检干部进行社会主义初级阶段理论和党的基本路线教育,抓了坚持四项基本原则,反对资产阶级自由化教育,抓了遵纪守法和维护党的统一的教育。通过教育,提高了广大纪检干部的思想觉悟,增强了他们的党性原则和组织观念,在思想上和行动上与党中央保持一致。

2、抓了纪检干部的业务学习,提高他们的业务素质。三年来,县纪委采取了以会代训的形式共培训纪检干部五次,认真组织纪检干部学习了案件检查、案件审理、纪检信访、纪检档案的整理等有关纪检业务知识。同时,先后选派了五个干部到省参加省纪委举办的纪检业务培训班学习。通过学习培训,使纪检干部的政策水平和业务水平都有了不同程度的提高。

3、抓纪检机关的制度建设

三年来,县纪委先后拟定了纪委机关学习制度、纪委常委会会议制度、民主生活会制度、领导包案办案制度、领导接待群众来信来访制度、纪委机关工作责任制等制度,有力地促进了纪检工作的顺利开展。

各位代表,三年来,我县的纪检工作取得了一定成绩,这是县委和上级纪委正确领导的结果,是各级党组织和广大党员支持协助的结果,也是广大纪检干部努力工作的结果,在这里我代表六届纪委的全体同志向支持、协助纪委工作的各级党组织和广大党员表示衷心的感谢!

各位代表,我们的工作虽然取得了一定的成绩,但也存在一些问题,有待下一步加以解决。主要有,一是对违纪案件的查处,我们的主动出击还不够;二是向县委及时汇报、反映纪检工作情况,对下级及时通报做得不够,对如何争取有关部门的支持、配合方面还得改进;三是在自身建设上,纪检机关人员少,机构不健全,人力、物力不适应新时期纪检工作需要的问题也没得到解决。存在这些问题,作为纪委领导,特别是我,负有重要的责任。

通过回顾三年来的工作,我们有如下几点体会:

(一)查处党内违纪案件,必须严格按照党规党纪和党的路线、方针、政策办事,按照国家的法律法令办事,必须坚持实事求是的原则,对案件的调查处理,要深入调查研究,认真听取不同意见,使处理的案件经得起历史的检验。三年来,我们所查处的党员违纪案件,都坚持以事实为依据,以党纪国法为准绳,深入调查取证,处理时严肃慎重,认真审理,严格按照"事实清楚,证据确凿,定性准确,处理恰当,手续完备"的二十字方针办,因此,我们所查处的党员违纪案件,到目前为止,还没有发生冤假错案,所处分的违纪党员,也未有发生对事实进行申诉的。

在查处党内违纪案件中,由于我们加强了同检察、监察、审计、工商等监督部门的密切配合,召开了一些联席会议,共同分析案情,互通情报,联合办案,充分发挥多种制裁手段的整体效能,加快了一些大案和疑难案件的查处进度。特别是对一些交叉案件的查处,起到了较好的效果。

(二)要搞好纪检工作,必须坚持马克思主义群众观点,依靠群众,相信群众,密切联系群众。三年来,我们对群众的来信来访,坚持热心接待,认真受理,充分发挥信访监督作用。对群众提出的合理要求,凡能够解决的,我们都认真给予解决,一时难办到的,也分别讲清情况,进行耐心地说服教育。对要求过高或不合理的,我们按照党的有关政策,认真做了思想教育工作,帮助他们提高认识,改变态度,服从大局。三年来,我们所受理的438件群众信访件,基本做到了件件有着落,事事有结果,达到了中央纪委对纪检信访工作所提出的三项指标。

(三)对广大党员和纪检干部的党性、党风、党纪教育,必须加强,不能松懈,在思想上要高度重视,在工作上要深入持久。要通过常抓不懈地对党员进行党性、党风、党纪教育,不断提高党员的思想政治素质,扩大党内的积极因素消除和减少消极因素。党员的思想政治素质提高了就能自觉抵制各种错误思潮和歪风邪气的侵袭。

今后三年工作的建议

今后的三年,我县的纪检工作要全面贯彻中央的路线、方针、政策,紧紧围绕治理整顿和深化改革这个中心,进一步加强纪律严肃执纪,惩治腐败,以卓有成效的工作,大力推进我县的党风建设和廉政建设,维护我县的政治稳定和社会稳定,促进我县经济建设的向前发展,确保县党代会提出的各项任务的顺利实施,具体要做好以下几项工作:

一、认真学习贯彻中央的两个决定,把思想统一到中央的决策上来

党的十三届四中全会、五中全会和六中全会,是党中央为解决我国政治上、经济上以及党的建设上的重大问题而召开的重要会议。抓好四中全会精神和五中、六中全会作出的两个决定的贯彻实施,对于实现我国的政治稳定、社会稳定以及国民经济的稳定,加强党的建设具有重要的意义。全县各级纪检组织和广大纪检干部,要认真学习贯彻中央的决议把思想统一到中央的决策上来。同时,要在县委的统一领导下,把监督、检查各级党组织和党员干部执行党中央的方针政策和县委的各项决定的情况,作为一项重要工作抓紧抓好,以确保党的各项决策的顺利实施。

二、认真查处党内违纪案件

查处党内违纪案件,是从严治党、严肃党纪的中心环节,也是今后三年纪检部门的工作重点。各级纪检组织和广大纪检干部,要充分认识这项工作的极端重要性,下决心改变在维护党纪方面存在的软弱状态,努力克服查案难处理更难的被动局面,坚定信心,真抓实干,敢于碰硬,认真查处党内违纪案件,把查案工作置于治理整顿和改革开放的全过程。

1.查处党内违纪案件的重点。今后三年,惩治腐败,查处党内违纪案件的重点应是:行贿受贿、敲诈勒索、以权谋私、奢侈浪费的案件;严重官僚主义、失职渎职给国家和人民生命财产造成重大损失的案件;贪污盗窃、私分公款公物的案件;有令不行、有禁不止,变相抵制中央的方针政策,干扰破坏治理整顿的案件;对于情节恶劣、后果严重、影响很坏的严重违反干部人事纪律和财经纪律的案件,也要认真查处。

2.查处党内违纪案件是党的纪检机关的中心工作,县纪委和各级纪检组织都要把查处案件工作摆到重要日程,尽职尽责,主动出击,不能推诿扯皮,也不要借口其他工作忙而放松了查案工作。要注意克服长期抽出纪检干部搞其他工作而放弃查案工作的不良现象。要突出抓好重大案件的查处,对重大、疑难案件要由领导亲自挂帅，认真组织力量，落实责任，限期突破，对典型的案件每年要常委包案制度，每个常委要进行公开处理。县纪委常委拟定建立分别督办或亲自承办几个案件。县纪委每年至少要召开二次查案检查汇报会，不断总结工作中的经验教训。要经常对各纪检组的案件查处工作进行检查、督促，帮助他们解决工作中存在的问题和困难。

3.查处案件要严格按照政策原则办事，努力提高办案质量。查处党内违纪案件，要坚持实事求是的原则，坚持纪律面前人人平等，严格按照办案的“二十字”方针办，使所办的每一个案件都能经得起历史的检验。要注意抓好受处分党员的回访工作，帮助他们提高认识，总结经验教训，提高他们的工作积极性。要进一步建立和完善监督部门联席会议制度，密切配合，相互支持，努力提高执纪办案的整体效能。

三、协助县委抓好党风建设，认真开展党风党纪教育

搞好党风建设是全党的任务，是各级党委的一项重要职责。党的纪律检查机关在党风建设中担负着重要的责任，要认真协助党委做好党风建设的各项工作。

1.认真学习贯彻六中全会精神，进一步提高广大党员和纪检干部，对联系群众搞好党风建设重要性的认识。党风问题，关系到我国改革开放和社会主义现代化建设事业的兴衰，关系到党和国家的前途和命运。六中全会作出的决定是党中央为加强党的建设作出的重大决策，不仅对党风建设提出了更高的要求，也为搞好党风建设创造了良好的条件。我们一定要联系实际，认真贯彻落实，把加强党同人民群众密切联系当着一件大事来抓紧抓好。

2.切实加强党内监督。县纪委和各纪检组，要继续采取参加下一级党委的民主生活会，组织党风检查等各种形式和途径，有领导有计划地对各级党组织和党员领导干部的党风和廉政状况进行监督检查，监督检查的重点：一是各级党组织和党员领导干部贯彻执行中央的路线、方针、政策和县委的各项决定、决议的情况，在当前特别要检查对六中全会精神的落实情况；二是领导班子贯彻民主集中制的情况；三是党员干部特别是领导干部廉洁从政的情况。对工作做得好的，要给予肯定和表扬。发现问题要及时纠正，问题严重的要给予批评教育，构成违纪的要严肃处理。对突出好的和差的典型，要写出专题材料报县委和上级纪委。

3.继续建立和完善各项廉政制度，各级纪检组织要认真协助党委把已经制定的惩治腐败、保持廉洁的各项制度、措施，抓好落实。要针对党风和廉政建设中暴露出来的问题，协助有关部门逐步建立和完善有关制度。还要认真协助党委制订贯彻中央决定的有关措施。在建立和完善各项廉政制度的同时，纪委和各纪检组都要加强自己的调查研究工作，注意了解和掌握本地区、本部门的党风状况。要抓住党风方面出现的苗头性、倾向性问题，认真摸清情况及时反映，及时解决。县纪委和各区纪检组，都要确定一至两个联系试点，加强联系，认真搞好指导工作，并注意推广好的经验。

4.继续深入抓好党风党纪教育

对党员进行党风党纪教育，既是一项长期性的工作，又是一项治本的工作，经常抓好这项工作，先是打预防针，防患于未然，要继续深入开展以廉政为重要内容的党风党纪教育，不断提高广大党员的思想政治素质。在内容上，要认真抓好全心全意为人民服务，廉洁从政的教育。抓好党的三大作风和自力更生、艰苦奋斗等优良传统和作风的教育，在这方面党员领导干部要作出表率，以身作则，严于律己，带头廉政，带头搞好党风。还要通过对违纪案件的处理，狠抓遵纪守法教育，增强党员的党性观念和纪律观念，增强反腐败的自觉性，在形式和方法上，可灵活多样。以前一些行之有效的方法可继续采用。同时要认真开展学雷锋、学焦裕禄活动。要开展和应用电化教育等现代化教育手段，增强教育效果。总之，今后三年内，要通过深入抓好党风党纪教育，形成一种反腐倡廉的大气候，推动我县党风的不断好转。

四、加强纪检信访工作

纪检信访工作要继续贯彻全国第二次纪检信访工作会议精神。今后的三年，我县的纪检信访工作，在继续巩固达标的前提下，要争取提高标准，对人民群众的来信来访要认真受理，热情接待。凡属纪检部门办理的信访案件，要认真办理，办一案结一案，努力提高结案率。凡属有关部门办理的信访案件，要按照程序及时转交有关部门办理，做到件件有着落，案案有结果。每年年终前，县纪委要组织一定的人员，对全县纪检信访工作进行一次巡回检查，对做得好的要进行表彰。

要加强同人民群众的密切联系，搞好控告、申诉的受理工作，鼓励、支持、保持党内外群众举报、申诉控告。要坚持实事求是的原则，对查有实据的打击报复举报人的行为要严肃处理，对捏造事实、诬告陷害他人的也要严肃查处。情节严重的要移交司法机关追究刑事责任。

五、认真抓好纪检队伍的自身建设

首先，要抓好思想建设。县纪委领导要带头学习并认真组织全体纪检干部学习好中央和中央纪委的一系列指示精神，学习贯彻好六中全会的《决定》。同时，要组织学习好马克思主义理论，特别是马克思主义哲学和毛泽东同志、邓小平同志著作。努力学习和运用历史唯物主和辩证法，认真克服工作中的盲目性、片面性和主观随意性，不断提高纪检干部的思想理论水平。

要认真抓好纪检干部的业务学习，努力提高他们的业务水平。对中央纪委颁布的纪检工作条例，要学懂弄清，正确应用。要建立和健全业务学习制度。要提倡自学，也要根据实际情况，每年有计划、有准备、有安排地集中一定时间，把全县的纪检干部集中到县进行业务培训，同时，也要根据需要，有计划地选派纪检干部到省、地参加培训。总之，要通过多种渠道，采取多种形式从根本上提高纪检干部的理论水平和业务能力，把纪检工作建立在科学的基础上。

其次，要抓好组织建设和制度建设。今年内，对现未配有纪检干部的区，要抓紧配备，县纪委信访室，要求有关部门要尽快行文明确，并配齐干部。对全县十一个区镇和六十个乡镇党委，都要明确一名专职或兼职的纪检信访干部。下一步，对粮食、工商税务、教育等部门，要抓紧恢复纪检组。政法几家未建立的尽快建立，并配足干部。县纪委编制少，力量不足的问题要认真解决。要逐步改善纪检干部的工作条件。在办案上和必要的办公设备上所需经费，要按照中央纪委和财政部的有关规定给予保证。

在制度建设方面，要进一步建立和健全纪检机关的各项制度。要加强工作报告制度，加强纪检信息的收集和反馈工作，及时向县委和上级纪委提供党风党纪情况。每个纪检干部，都要明确自己的工作职责，尽职尽责，认真做好纪检工作。

六、认真做好县委和上级纪委分配的工作

对每一年县委所部署的各项中心工作，县纪委和全体纪检干部，都要积极支持，并认真完成所分配给的工作任务。要继续做好清理干部职工“三违”建私房、民主评议党员等工作，要抓好联系点的工作。

我们坚信，在县委和上级纪委的领导下，有全县各级党组织和广大党内外群众的支持，各级纪检组织和广大纪检干部充分发挥主观能动性，不断改进工作作风和工作方法，密切联系群众，深入调查研究，认真解决存在的问题，是能够把上述工作做好的，是能够为我县的党风建设，完成这次县党代会提出的各项任务作出应有的贡献。

从严治党 严肃执纪 惩治腐败
努力为我县的经济建设服务

——在中国共产党松桃苗族自治县第八次代表大会上的报告

杨昌才

（1993年2月20日）

各位代表:

自我县第七次党代会以来,在县委和上级纪委的正确领导下,全县各级纪检组织和广大纪检干部,坚持党的“一个中心,两个基本点”的基本路线,坚持从严治党的方针,认真履行纪检部门“保护、惩处、监督、教育”的职能,为维护党的纪律,推动党风和廉政建设,促进我县改革开放和经济建设的深入发展,作出了积极的贡献,现将三年来的主要工作情况以及今后的工作建设,向县第八次党代会报告如下,请予审议。

三年来的主要工作情况

三年来,在县委的直接领导下,在各级党组织和有关部门的支持配合下,县纪委和全县各级纪检组织,以全面贯彻执行党的基本路线为指导思想,认真查处党内违纪案件、大力加强党风和廉政建设、积极支持保护改革开放和经济建设,做了大量的工作,为保证党的路线、方针、政策的贯彻执行和县委各项决策的正确实施发挥了重要的作用。主要做了以下几方面工作。

一、积极支持保护改革开放,努力为经济建设服务

三年来,县纪委和各级纪检组织,通过贯彻执行党的基本路线,特别是通过学习贯彻邓小平同志的南巡重要谈话精神,进一步统一了思想认识,把支持保护改革开放促进经济发展作为纪检工作的立足点,在探索为经济建设服务的方面迈开了步子。

——投身经济建设和改革开放的实际、了解经济发展情况,不断研究新情况、新问题。为了了解我县企业的发展状况,县纪委除了经常找企业厂长、经理交谈外,仅1992年就先后牵头召开了两次企业厂长经理座谈会,认真听取了企业厂长、经理的意见和建议。

——认真研究和制定了为经济建设服务的具体措施和办法,根据新形势下改革开放和经济建设出现的新情况和新问题,经过认真研究,县纪委联合县监察局于去年草拟了《为搞好企业促进经济发展服务的意见》,为搞活企业明确了一些政策界限,使从事经济工作的同志能放开手脚,大胆改革。针对部分区乡和企业的干部职工拖欠公款严重的问题,县纪委又与县监察局共同草拟了《关于建并撤后干部职工拖欠公款公物的处理意见》和《关于清理企业干部职工拖欠公款的意见》,县委、县人民政府分别批转全县执行,对收回干部职工拖欠公款起到了有力的促进作用。

——积极支持保护改革者、维护企业的利益。去年八月,县纪委曾收到一封匿名信,反映县某厂承包人,手续不合法等问题,不仅影响了该厂负责人的工作积极性,还影响了上级有关部门对该厂的经济投资。县委、县人民政府领导得知情况后,责成县纪委牵头,会同监察、农行、商业等部门,共同派员进行调查核实。经过深入调查了解,来信所反映的事实不存在。县纪委及时将情况向县委、政府领导作了汇报,并向上级有关部门进行了说明,从而澄清了是非,为企业承包者正了名,维护了企业的利益。

二、惩治腐败,认真查处党内违纪案件

为了严肃党纪,惩治腐败,县纪委把查处违纪案件作为纪委的一项重要工作,列入了重要议事日程,经常研究和解决查案工作中存在的问题,使查案工作取得了较好的成效,受到了省、地的肯定和表彰。三年来,全县共立案查处党内违纪案件200件(其中大案7件),其中:违反政治纪律2件,贪污18件,盗窃5件,腐化堕落道德败坏8件,侵犯国家和群众利益24件,违反计划生育政策126件,其他10件。共处分违纪党员193人。其中:开除党籍110人,留党察看31人、撤销党内职务6人,党内严重警告23人,警告23人。另外,受到免予处分2人,取消预备党员资格5人。受党纪处分的党员中,属乡营级干部5人,一般党员干部26人,一般党员162人。

在查处党内违纪案件的过程中,为了加强群众监督,拓宽案源、县纪委进一步加强了信访工作。三年来,县纪委共受理群众来信来访337件次,其中:检举控告党员、干部搞不正之风和违法违纪问题的136件次,申诉8件次,其他193件次,控申立案59件,已全部结案。我县的纪检信访工作,也受到了省、地纪委的肯定和表彰。

三、加强党风和廉政建设,认真纠正不正之风

三年来,县纪委和各级纪检组织,在认真查处党内违纪案件的同时,积极协助党委抓党风和廉政建设,使我县的党风和廉政建设工作逐步走上了健康的轨道。

——从1989年下半年开始,到1991年底止,在全县范围内开展了清除党政机关干部营建私房工作。全县共清理出党政机关干部"三违"建私房184户,罚款7.1万多元,受党纪处分2人,清房工作经地区验收合格。

——配合有关部门积极开展了治理"三乱"和纠正行业不正之风工作。据不完全统计,治理"三乱"共查出违纪金额64万多元,已上缴财政34万多元。纠正行业不正之风,参加自查自纠人数达2366人,查摆出问题172个,共涉及175人,涉及金额84万多元,已退赔34万多元。

——协助有关部门,在招工、招干、招生、征兵和农转非等项工作中进行监督和检查,从而保证了这些工作的顺利开展。

——协助党委和政府,以及有关部门,建立健全了党风和廉政建设责任制、党风和廉政检查制度、民主生活会制度和"两公开一监督"的办事制度等,并积极派员参加了每年的党风和廉政工作检查,派员参加了县委及下一级党委和有关机关党组的民主生活会。加强了党内监督。

四、深入开展党风党纪教育,进一步提高党员素质

为了加强我县的党风党纪教育工作,增强广大党员的党性和纪律观念。三年来,在县委的统一领导下,县纪委和各级纪检部门积极配合有关单位,采取多种形式认真开展了党风党纪教育工作,党员受教育面达90%以上。

——结合民主评议党员,农村党员培训和社会主义思想教育活动等,在全县范围内认真组织广大党员学习了中央纪委〔1990〕1、2、3号文件,对广大党员进行了一次党规党纪教育。

——配合县委宣传部、组织部和直属机关党委等部门,举办了10期干部理论骨干培训班和3期入党积极分子培训班,对党员干部进行了党的基本知识、基本理论、基本路线和党的纪律教育。

——配合县委宣传部、组织部以及直属机关党委举办了2期党建知识竞赛和1期党风党纪知识竞赛,进一步大了党员的知识面。

——利用县委组织部的电教设备,认真开展了电化教育,所放映的电视录像片主要有《被金钱腐蚀的灵魂》《反思》《从法官到囚犯》等。

——采用发通报，对典型案例进行剖析等形式，对党员进行党风党纪教育。三年来，县委共发通报5期，剖析典型案例材料3篇。

五、加强纪检干部队伍建设，提高纪检干部素质。

——认真抓了纪检干部队伍的思想建设，认真组织纪检干部参加各项政治理论和党的方针、政策的学习，特别是组织纪检干部学习和贯彻了邓小平同志的南巡重要讲话精神，进一步提高了广大纪检干部的思想觉悟，确立了纪检工作要为经济建设服务的指导思想。

——抓了纪检干部队伍的组织建设。1991年，在县直机关恢复和建立了21个纪检组，选配纪检干部27人。去年，又在全县新建的28个乡镇建立了28个乡镇纪委。这次乡的换届选举，除个别乡外，27个乡镇选举产生了新的纪委班子，进一步加强和充实了纪检干部队伍的组织建设。

——抓了纪检干部队伍的业务培训工作，为了提高纪检干部队伍的业务素质，县纪委先后选派纪检干部参加中央、省、地纪委举办的业务培训班共21人次。同时，县纪委还单独举办了6期培训班，其中以会代训4期，共培训纪检干部104人次。

——抓了纪检干部队伍的制度建设，进一步建立健全了纪委常委民主生活会制度、全县纪检工作管理考评制度、县纪委岗位目标管理责任制、纪委常委包案办案制度等，有力地促进了纪检工作的顺利开展。

各位代表，三年来，我县的纪检工作虽然取得了一定的成绩，这是县委的重视和各级党组的支持的结果，与各执法执纪监督部门的密切配合是分不开的。同时，我们的工作，由于主客观的诸多因素，也还存在这样那样的问题，还有许多不尽如人意的地方，离县委和上级纪委的要求还有一定的差距。在这里，我代表第七届纪委的全体同志，向支持、协助纪委工作的各级党组织和有关部门表示衷心的感谢!

回顾三年来的工作，我们主要有四点体会：

一、党委的重视和支持，是做好纪检工作的关键

纪检机关既是执纪办案机关，又是党内监督机关，是在党委的直接领导下从事党的纪检工作。实践证明，哪里的党委重视和支持了纪检工作，那里的纪检工作就能取得好成效。三年来，由于县委领导的重视，支持和关心纪委的工作，县委领导经常到纪委了解情况，有时还亲自参加办案，并亲自帮助解决纪委在工作中遇到的困难和问题。从而，大家想方设法克服工作中的各种困难，如无办案工具，纪委的领导和同志们外出办案，就坚持乘坐班车和步行，使我县的纪检工作取得了较好的成效。

二、切实解决群众反映强烈的“热点”问题，是抓好党风和廉政建设的中心环节

党风和廉政建设的一个重要内容，就是要克服腐败现象，纠正不正之风，切实解决群众反映强烈的“热点”题。三年来，经过全县各级党组织和广大党员干部的共同努力，我县党员队伍主流是好的，绝大多数党员是清正廉洁的，党风和廉政建设总的来说是向好的方向发展，这一点，必须充分肯定。但是，我们还是清醒地看到，在极少数党员干部中仍不同程度存在着以权谋私、贪污受贿、官僚主义、腐化堕落等腐败现象和不正之风，有的问题边纠边犯，有的问题又以新的形式出现，这些问题党内外群众反映比较强烈。这些腐败现象和不正之风不仅严重破坏了党和政府的声誉，还危害了党群关系，阻碍和干扰了经济建设的顺利进行。为此，要抓好党风和廉政建设，就要切实解决群众反映强烈的问题，要真抓实干，“两手都要硬”。要结合本地实际，对群众反映强烈的，力求做到办一件，成一件，巩固一件，才能取信于民。要坚持领导带头，既要带头同腐败作斗争，又要严于律己，以身作则。只有这样，党风和廉政建设才能抓出成效。

三、加强与有关部门的关系和配合，是做好纪检工作的一个重要条件

三年来，县纪委不仅在查案工作上注意同监察、检察等有关执纪执法监督部门加强配合，而且在抓党风党纪教育上注意同县委宣传部、组织部以及直属机关党委等部门加强配合。在查案工作上，由于同监察、检察等监督部门加强联系、密切配合、形成合力，使一些疑难案件和交叉案件及时得到了查处，充分发挥了办案的整体效能，提高了办案的效率。在抓党风党纪教育工作上，由于加强同县委宣传部、组织部和县直属机关党委等部门的密切配合，弥补了县纪委自身力量和条件的不足，使党风党纪教育工作开展得比较生动活泼，并有了新起色。

四、坚持在纪律面前人人平等，是维护党纪严肃性的根本保证

党的纪律是维护党的团结统一，实现党的路线、方针、政策的可靠保证。在改革开放的过程中，党的纪律只能加强，不能削弱。从这几年我县的情况看，在执行和维护党纪方面，绝大多数党组织是严肃的，工作也是卓有成效的。但是，也有极少数地方和部门纪律松弛，对违纪案件查处不力，执纪不严，个别姑息迁就，大事化小，小事化了，不利于制止不正之风和腐败现象的滋生和蔓延。实践证明，维护党的纪律的严肃性，必须增强全党的纪律观念，坚持原则，坚持在纪律面前人人平等，任何人违犯了党的纪律，都必须受到追究。

今后五年的工作建议

今后的五年，我县的纪检工作要坚持以十四大精神为指针，通过认真履行“保护、惩处、监管、教育”的职能，把保证党的基本路线在我县全面贯彻执行作为自己工作的出发点和归宿。要以卓有成效的工作，确保改革开放和经济建设的顺利进行。

一、积极支持保护改革，努力为经济建设服务

随着改革开放的深入发展，纪检工作面临着新的形势。全县各级纪检机关和纪检干部，要在深入学习和贯彻十四大精神的基础上，进一步解放思想，增强改革开放意识、市场经济意识为经济服务的意识，克服不适应改革开放的思想、观念，进一步拓宽工作思路、努力为经济发展服务。要进一步保证中央一系列加快改革开放、促进经济发展的方针政策的贯彻落实，保证县委关于改革开放和经济发展的决策的顺利实施，为发展我县经济创造良好的环境和条件。要紧紧围绕转换企业经营机制、转变政府职能、发展多种经济成分、培育市场体系、改革分配制度和保障制度等，大胆支持党员干部按社会主义市场经济的客观规律办事。要经常深入实际、积极开展调查研究、了解和掌握改革开放和经济建设的新情况和新问题，增强工作的预见性和主动性。要创造性地开展工作、敢闯敢试、大胆探索，进一步拓宽为经济建设服务的路子。

二、认真查处党内违纪案件、坚决惩治腐败

查处党内违纪案件，是严肃党纪的中心环节。各级纪检组织和广大纪检干部，要继续坚定不移地抓好查案工作，只能加强，不能放松。要充分认识到，越是改革开放，越要加强党的纪律、查处党内违纪案件，重点要查处违背党的基本路线、反对四项基本原则、抵制和对抗改革开放方针政策，干扰阻碍重大改革措实施的案件，查处贪污、索贿受贿、严重以权谋私、严重官僚主义失职和渎职案件；查处道德败坏、腐化堕落等案件。

查处党内违纪案件，要突出抓好重大案件和典型案件的查处。对重大疑难案件，领导要亲自挂帅，认真组织力量，落实责任，限期突破。县纪委常委要继续健全和完善常委包案制度、领导包案办案制度，每个常委每年都要督办或亲自承办几个案件。县纪委每年至少要召开2—3次案件检查汇报会，不断总结工作中的经验教训。

查处党内违纪案件，要注意掌握政策，慎重量纪执纪。要正确掌握严肃执纪与促进经济发展的关系，正确掌握惩治腐败与保证改革积极性的关系。区分是非、正误都要以“三个有利于”为标准。凡是符合“三个有利于”的，就要积极支持和保护。凡是不符合“三个有利于”的，要坚决制止和纠正，该立案的就要立案查处。要坚持实事求是的原则，严格按照“事实清楚、证据确凿、定性准确、处理恰当、手续完备”的要求办案，使查处的案件能经得起历史的检验。

要切实做好纪检信访工作，倾听人民群众的反映意见，充分发挥纪检信访在纪委监督工作中的主渠道作用，拓宽案源。

三、加强党风和廉政建设，保证党的基本路线的贯彻执行

党的十四大报告强调，在改革开放的整个过程中都要反腐败，把端正党风和加强廉政建设作为一件大事，下决心抓出成效，取信于民。党中央有决心抓出成效，我们也要下决心抓出成效。当前，党风和廉政建设，要以党政机关和党员领导干部为重点，坚决纠正官僚主义、形式主义、以权谋私、挥霍浪费以及在干部人事工作上的不正之风，认真解决部门和行业不正之风。对那些弄权勒索、吃拿卡要，严重干扰企业生产经营活动的行为，必须坚决予以查处。

要加强对党风和廉政建设的领导，党政主要领导同志要亲自抓。要经常研究党风和廉政建设工作中出现的问题，定期检查党风和廉政建设制度的落实情况。要进一步建立健全党风和廉政建设责任制，一级抓一级，层层负责。要加强党内监督，建立健全防范党员干部以权谋私的各项监督制度，继续推行“两公开一监督”为主要形式的廉政制度。要继续开展专项治理和清理工作，并抓出成效。

加强党风和廉政建设，要靠教育，更要靠法制。要深入开展以《中国共产党章程》和有关党规党纪为主要内容的党风党纪和廉政教育，增强党员的党性觉悟和纪律观念，不断提高遵纪守法的自觉性。

四、加强纪检队伍建设，不断提高纪检工作水平

为了适应改革开放新形势的需要，要不断加强纪检干部队伍建设，努力提高纪检干部的工作水平，要按照中央和上级的有关规定，健全和完善基层纪检组织，并配齐人员。各乡镇设立的派驻监督室与纪委合署办公，实行一套人马，两块牌子，纪委书记兼监察室主任，纪检员又是监察员。要认真抓好纪检干部的业务培训，努力提高他们的业务素质。广大纪检干部，要加强自身的政治理论和业务学习，特别还要抓好对经济理论的学习。要做到既要精通业务，又要有较高的政治素质；既要会做本职工作，又要懂经济工作；既要会执纪办案，又要会做群众工作。

各位代表，在党的十四大精神指导下，在县委和上级纪委的领导下，我们坚信，我县各级纪检组织和广大纪检干部，必将以对党和人民的事业高度负责的精神，兢兢业业、扎扎实实地努力工作，为确保我县改革开放和经济建设的顺利进行，为保证这次县党代会提出的各项任务的完成做出贡献。

贯彻落实党的十五大精神
切实加强党风廉政建设认真履行纪检监察职能努力取得反腐败斗争新成绩

——在中国共产党松桃苗族自治县第九次代表大会上的工作报告

(1998年2月26日)

龙炳成

各位代表:

松桃苗族自治县第八次党代会以来,全县各级纪检监察机关以邓小平建设有中国特色社会主义理论和党的基本路线为指导,坚持从严治党的方针,在县委和上级纪委的领导下,依靠全县各级党组织和广大党员,按照党中央的部署,紧紧围绕经济建设这个中心,认真履行纪检监察工作职责,结合我县实际切实加强党风廉政建设,开展反腐败斗争,为维护我县改革、发展和稳定的大局起到了积极作用。现我代表中共松桃苗族自治县第八届纪律检查委员会将五年来的工作情况和对今后工作的建议,向县第九次党代表大会报告如下,请予审议。

一、过去五年党风廉政建设和反腐败工作基本情况

1993年以来,根据党中央作出反腐败斗争的重大决策和中央纪委二次全会向全党作出的部署,各级党委、政府认真贯彻落实反腐败各项工作。县纪委、监察局在合署办公的新体制下,履行党的纪律检查和行政监察两项职能,加强了党风廉政建设和反腐败工作。五年来,经过全县各级党组织的共同努力,反腐败斗争力度不断加大,保持了健康发展的势头,各项工作取得了阶段性成果,有些方面取得了明显的成效。

(一)、认真抓好领导干部廉洁自律,增强领导干部的拒腐防变能力

领导干部廉洁自律工作,是加强党风政建设的关键。五年来,我县各级党委、政府各部门和广大党员干部,严格执行党中央关于领导干部廉洁自律的有关规定,按照规定认真进行了自查自纠,纪检监察机关加强对廉洁自律规定落实情况的监督检查,并对重点问题进行了专项清查。从1993年至1997年,认真组织开好一年一度领导干部廉洁自律专题民主生活会,各级党组织非常重视这项工作,将民主生活会列入工作议事日程,做到有安排、有准备、有指导、有督促,保证了民主生活会的质量。据统计,先后在专题民主生活会上进行自查自纠的县(处)级干部180有多人次,乡科级干部有2600多人次,基层场站所负责人有2200多人次,事业和国有企业领导干部有300多人次。同时,认真贯彻执行中央《关于党政机关县(处)级以上领导干部报告个人重大事项的规定》《关于党政机关县(处)级以上领导干部收入申报的规定》《关于党和国家机关工作人员在国内交往中收受礼品实行登记制度的规定》和《关于国有企业实行业务招待费使用情况向职代会报告制度的规定》廉洁自律的四项制度。1997年,又认真贯彻执行了中央、国务院《关于党政机关厉行节约制止奢侈浪费行为的若干规定》,结合我县实际制定了实施细则,取消压缩了一些会议和检查评比活动等,节约了经费支出,改进了机关作风。严格控制公款安装住宅电话和购买移动电话,按规定配备小汽车。通过开展廉洁自律工作,全县领导干部普遍受到党风廉政和纪律教育,增强了廉洁自律

的自觉性。

（二）认真查处了一批违纪违法案件，维护了党纪政纪的严肃性

五年来，县纪委、监察局把查处违纪违法案件作为从严治党、惩治腐败的重要工作来抓，以查办党政机关、行政执法机关、司法机关和经济管理部门违纪违法案件为重点，着重查处了贪污、挪用公款、失职渎职，弄虚作假和违反计划生育政策等方面的案件，加大了查处大案要案的力度取得明显成效。县第八次党代会以来，全县纪检监察机关受理群众来信来访、举报电话668件（次），为查办违纪违法案件提供了重要线索。共立案查处违纪违法案件454件，结案445件，结案率98%，其中，大要案46件，典型案61件，受到党纪处分的党员194人，其中开除党籍108人，留党察看28人，撤销党内职务1人，严重警告27人，警告30人。受到政纪处分191人，其中开除85人，撤职6人，降级3人，记大过41人，记过23人，警告33人。在受党政纪处分的党员中，县（处）级干部1人，乡科级干部33人，一般干部143人。通过查办案件，为国家挽回经济损失128万多元。在查办案件中，我们坚持实事求是的原则。经认真调查核实，既惩处了一批违纪违法者，又为部分受到失实举报的党员干部澄清了是非，促进了工作的开展，教育了广大党员和干部，维护了党纪政纪的严肃性。

（三）认真纠正部门和行业不正之风，加大执法力度

五年来，针对群众反映强烈的问题，根据上级文件精神，在全县范围内先后将制止乱收费、乱摊派、滥罚款作为纠风工作和执法监察工作的重点，认真进行专项治理，取得了不同程度的效果。治理了行政性乱收费，全县共取消乱收费项目47个，清出多收费金额150多万元；治理了公路上的乱设卡、乱收费、滥罚款，撤除非法站卡16个，确保全县公路畅通；认真开展了对中小学校乱收费的清理，五年来，共清理出乱收费88.9万元；减轻农民负担工作方面，建立了农民负担预算制度和审计制度，发放农民负担卡和农民负担手册。明确废止涉农文件20个，对中央明令取消的原行文执行的19项，已全部取消，减轻农民负担313万多元。仅1997年，全县就发放农民负担监督卡11万多份，严格将农民负担控制在国务院规定的农民上年人均纯收入的5%以内；清理预算外资金和“小金库”，严格实行“收支两条线”，共查出违规金额110多万元。进一步加强预算外资金的管理，有效地控制了“小金库”。此外，对招聘干部转干、烤烟收购、药品购销中收取回扣、建设工程招标投标问题，也进行了专项治理，认真开展执法监察，并取得了一定的成效。1997年，为保护企业的合法权益，对县城3家企业进行挂牌保护，并实行涉企负担登记制度。根据县委，政府的部署，在交通、公安、工商、税务、邮电、金融等十三个窗口行业开展了“抓党风、纠行风、树新风”活动，推行社会服务承诺制度。通过宣传教育和思想发动，自查自纠，建章立制，这些单位的工作面貌都得到了较大的转变，有力地推动了纠风工作的开展。

（四）深入开展党性党风党纪教育，提高广大党员干部的思想政治素质

在县委的领导和安排部署下，五年来全县各级党委和纪委认真组织广大党员干部学习主义、毛泽东思想，特别是深入学习了邓小平建设有中国特色社会主义理论和学习党的十四大、十五大精神，学习党章、党纪政纪法规和廉洁自律的各项规定，进行以讲学习，讲政治、讲正气为主要内容的党性党风党纪教育；开展了学习孔繁森、曹克明、田沛发、梁德俊等先进模范人物的活动，采取召开党风廉政报告会、发案例通报、剖析典型案例、放映党风廉政电教片、开展条规知识赛等多种形式，对广大党员干部进行反腐倡廉和遵纪守法教育。全县共组织放映党风廉政电教片300多场，观众数达20万人次，发典型案例通报8期。剖析典型案例5件。还配合组织、宣传等部门，组织“三热爱”演讲比赛活动和“双学”知识赛竞活动。通过各种教育，广大党员干部进一步树立了正确的世界观、人生观和价值观，增强了抵御资产阶级腐朽思想侵蚀的能力。

(五)加强纪检监察队伍自身建设,不断提高战斗力

五年来,县纪委认真组织广大纪检监察干部学习邓小平同志建设有中国特色社会主义理论,学习贯彻党的十四大文件精神和中央纪委先后召开的几次全会精神。党的十五大召开后,又把学习贯彻党的十五大文件精神作为一项重要任务来抓,认真组织全县纪检监察干部学习领会精神。通过政治理论学习,提高了纪检监察干部的思想素质。为提高纪检监察干部的业务素质,纪委采取以会代训的形式,共培训纪检监察干部5期,460人次。还选派49名纪检监察干部参加省、地举办的业务培训班学习。在组织建设方面,按照中央纪委和省纪委的要求,1993年,我县顺利完成了纪检监察合署工作,履行党的纪律检查和行政监察两项职能。并选调一批年轻有为的干部充实纪检监察队伍,交流了部分纪检监察干部。按照机构改革要求,确定了县纪委的机构设置。在制度建设方面,进一步健全和完善各项工作制度,纪检监察工作逐步走上制度化和规范化轨道。

各位代表,五年来,我县的纪检监察工作取得了一定的成绩,连续两年获地区全面工作第一名,两年为二三名,被评为先进集体,多次获得单项奖。这是与县委、上级纪委的正确领导分不开的,与各级党组织和各部门的支持、配合分不开的,与全县党员的积极支持和广大纪检监察干部的共同努力分不开的。在这里,我代表第八届纪委,向支持、协助、配合和关心纪委工作的各级党组织、各部门和广大党员、干部、全县各族人民表示衷心的感谢!

各位代表,全县党风廉政建设和反腐败斗争虽然做了一定的成绩,但面临的形势依然严峻,党员领导干部贪污、挪用公款、失职渎职、贪赃枉法等案件逐年增多;乡、科(局)级干部违纪违法人数呈上升趋势;大案要案居高;铺张浪费、奢侈腐化屡禁不止,阻碍和影响了党群、政群、干群关系的健康发展,干扰了全县改革开放和经济建设的顺利进行。在反腐败工作中,我们的工作还存在不少问题。一些党政领导对腐败现象的严重性和反腐败斗争的重要性、紧迫性认识还不够,工作还不得力;领导干部廉洁自律专题民主生活会质量不高;有的单位和部门纠风工作不主动,力度不够,群众意见还比较大;有的放松对党员干部的教育管理;对掌握人、财、物实权的干部缺乏严格有效的监督;党风廉政建设的一些规定和制度还不够落实。几年来,县纪委虽然着力抓了案件的查处工作,但对新形势下反腐败斗争的特点和规律研究不够;从源头上预防,治理腐败提出的措施和组织协调方面还有不尽人意之处,有的案子久拖不决;机关的办案条件差,设施不完备,在一定程度上也影响了工作的正常开展。这些问题,在今后的工作中我们一定高度重视,认真研究解决。

二、回顾五年来的工作,主要有以下几点体会:

(一)党风廉政建设和反腐败斗争必须紧紧围绕经济建设这个中心,服从服务于全县工作大局。几年来,各级党委和政府,坚持两手抓,两手都要硬的方针,始终把党风廉政建设和反腐败斗争放在我县改革开放和经济建设的进程中来考虑和运作。安排部署工作、规定纪律、制定制度、处理案件,要围绕服从服务于我县经济建设这个中心。针对改革开放和经济建设中出现的一些问题,以邓小平同志提出的"三个有利于"为标准,判断是非,审慎处置,积极为经济建设保护护航。实践证明,只有围绕经济建设这个中心来开展党风廉政建设和反腐败斗争,才能保证两个文明建设的协调发展,促进我县社会的稳定和进步。

(二)只有按照中央的部署,结合县情才能抓好反腐败三项任务的落实。在开展反腐败斗争中,中央确定了领导干部廉洁自律、查处违纪违法案件、纠正部门和行业不正之风三项工作格局,并根据情况的变化适时赋予新的内容,体现了标本兼治、综合治理的要求。五年来,我们结合县情认真抓了反腐败三项任务的落实,做到"热点"问题专项抓,影响面大的问题重点抓,"难点"问题领导带头抓,主管与协调部门配合抓,有效地遏制一些不安定因素。实践证明,只有认真按照党中央的统一部署,结合本县实际,认真抓

好反腐败各项任务的落实，在落实上下功夫，党风廉政建设和反腐败工作才能一步一个脚印，并取得较好成绩。

（三）开展反腐败斗争，既要认真查处违纪违法案件，又要立足教育、着眼防范。加强党风廉政建设，深入开展反腐败斗争，从根本上讲，是为了增强全党拒腐防变能力，保持党的先进性和纯洁性，提高党的战斗力。这几年，我们不仅认真查处了一批违纪违法案件，严肃了党纪政纪，维护了党的纯洁性；还认真抓了对广大党员干部进行党风廉政和思想政治素质教育，为增强抵御资产阶级腐朽思想侵蚀的能力起到了较好的作用。同时，还把开展反腐败斗争同加强思想政治建设、加强监督管理建立健全各项规章制度结合起来，针对新形势下党员干部出现的问题或可能出现的问题，见微知著，防微杜渐，及时教育，防患于先，体现了我们党对广大党员干部的严格要求和关心爱护。

（四）加强党风廉政建设和开展反腐败斗争，必须加强党的领导。加强党风廉政建设和开展反腐败斗争，不是一个具体业务问题，不是哪一个部门的工作，而是全党的任务，各级党委、政府都负有重要责任，不仅要加强领导，还要充分发挥职能部门的群体作用。几年来，按照中央的统一部署，我县各级党委、政府加强了对党风廉政建设和反腐败斗争的领导，建立了由党委统一领导、党政齐抓共管、纪委组织协调、部门各负其责、依靠群众的支持和参与的反腐败领导体制和工作机制，为全县反腐败斗争的顺利进行提供了有力的组织保证。实践证明，只有坚持这一领导体制和工作机制，才能够确保党风廉政建设和反腐败斗争的各项任务落到实处，使工作得以顺利开展。

对今后五年工作的建议

今后的五年，我县的党风廉政建设和反腐败斗争工作，要认真学习贯彻落实党的十五大精神，高举邓小平理论的伟大旗帜，坚持党的基本路线，坚持从严治党的方针，坚持党中央确定的反腐败的指导思想、基本原则、领导体制和工作格局，进一步加大工作力度，强化监督制约机制，实行标本兼治、综合治理，力争在今后五年内使党风廉政建设和反腐败斗争取得新的明显成效，确保县第九次党代会提出的目标和任务顺利实现。

一、严肃政治纪律，保证党的路线、方针、政策和决议贯彻执行

各级党委要把维护政治纪律作为从严治党的重要任务认真抓好，纪检监察机关要加强对守政治纪律情况的监督检查。一是要维护党的章程，维护党中央的权威，在思想上、政治上同党中央保持高度一致，保证党的基本路线和中央、省、地、县的决策顺利贯彻执行。对违反党的基本路线，反对四项基本原则，搞资产阶级自由化和反对改革方针的行为；对有令不行、有禁不止，搞地方和部门保护主义的行为；对制造和传播政治谣言，破坏党的团结和统一的行为，要严格依照党的纪律予以追究。二是要认真执行民主集中制，坚持集体领导。民主集中制是我们党的根本组织制度和领导制度。各乡镇党委和县直机关党委（党组）要结合实际制定具体制度，规范执行民主集中制的程序。领导干部要带头遵守民主集中制的各项规定，讨论决定问题特别是涉及重大决策、重要干部任免问题，必须按照民主集中制的程序作出决定；要严格实行集体领导下的分工负责制，明确领导班子中每个成员所承担的具体责任，做到事事有人管，人人有专责，要健全党内民主生活制度，认真开好领导干部的民主生活会；要加强对民主集中制执行情况的监督检查，对严重违反民主集中制的行为，对侵犯党内民主权利、压制党员批评、进行打击报复或诬告陷害的行为要严肃查处。三是要严格执行党的干部路线、干部政策和组织人事纪律。选干部必须全面贯彻德才兼备的原则，坚持任人唯贤，反对任人唯亲，防止和纠正用人上的不正之风。要加强对领导干部选拔任用工作的监督检查，对违反组织人事纪律的行为，要坚决查处。四是要坚持实事求是的原则。对弄虚作假、虚报浮夸、骗取荣誉和职位的行为,对瞒案不报、压案不办的行为,对包庇、袒护违纪违法的行为,对严重官僚主义、侵犯群众利益的行为,要坚决追究责任。同时,要支持和保护改革者,正确区分失误与错误,多理解、多支持,让其勇于探索和勇于实践、勇于创新。

二、切实加强领导,进一步加大反腐败斗争工作力度

反腐败斗争是事关大局、事关党和国家生死存亡的重大政治斗争。各级党委、政府都必须认真学习深刻领会江泽民同志关于新时期党风廉政建设的重要论述,要进一步提高认识,加强领导,把党风廉政建设和反腐败斗争列入党的建设、经济建设和社会发展的总体规划之中,与党的思想建设、组织建设结合起来,与改革开放,发展经济结合起来,与民主法制、精神文明建设结合起来,同经济工作和其他业务工作统一部署、统一落实、统一检查、统一考核。要进一步健全反腐败的领导体制和工作机制,完善党风廉政建设责任制。各级党委、政府,要按照党风廉政建设责任制的要求,对领导干部要严格要求,严格管理,严格监督,督促他们对本地区、本部门、本单位的廉政建设和反腐败工作负起责任;督促他们以身作则,作廉洁自律的表率;督促他们管好自己的配偶、子女和身边的工作人员。

要进一步加大反腐败工作力度,要着力抓好县委及上级党委部署的各项任务的落实。要坚持不懈地抓好领导干部廉洁自律工作,围绕《中国共产党党员领导干部廉洁从政若于准则(试行)》的贯彻实施,认真解决领导干部在廉洁自律方面存在的问题。要狠抓中央《关于党政机关厉行节约制止奢侈浪费行为的若干规定》的落实。要继续加强查办案件工作,集中力量突破一批有影响的大要案。在查办案件中,要坚持在纪律和法律面前人人平等,对违纪违法者都要严肃查处,决不姑息。要加强信访举报工作,倾听群众呼声,拓宽案源。要深入开展纠正部门和行业不正之风工作,针对群众反映强烈的"热点"问题,加大执法监察力度,集中力量进行专项治理,确保政令畅通。要抓巩固,抓深入,抓成效,防止反弹。并注意抓好倾向性、苗头性问题,防止出现新的不正之风。要坚持纠建并举,把纠风工作纳入部门和行业管理之中。

加大反腐败工作力度,必须强化监督制约机制,逐步减少和不断铲除滋生腐败的条件和土壤,从源头上抑制腐败的发生。重点是强化党内监督机制,加强党委会内部的监督,发挥纪检机关的监督作用,特别是要加强对各级党政机关主要负责人的监督。任何人都没有不接受监督的权力,要建立健全依法行使权力的制约机制,防止用权力,以权谋私。要加强民主监督,充分发挥人民群众、无党派人士和群众团体的监督及论监督的作用。要继续实行党委统一领导齐抓共管,纪委、组织协调,部门各负其责的反腐败斗争体制。基层政权机关和基层群众性的自治组织,都要健全民主选举制度,实行政务和财务公开,由群众参与讨论和决定基层公共事业和公益事业,对干部实行民主监督。坚持和完善以职工代表大会为基本形式的企事业民主管理制度,组织职工参与改革和管理,充分发挥职工的民主监督。要加强干部管理工作,建立健全对领导干部的组织考核,民主评议和测评制度。推行干部交流,岗位轮换,任职回避,打招呼等制度。要加强民主法制建设,切实保障党员和人民群众的民主权利,支持他们依照党内法规和国家的法律进行民主选举,民主决策、民主管理和民主监督。

加大反腐败工作力度,必须标本兼治,综合治理,从源头抓起。要解决好这一问题,在严厉惩治腐败的同时,要通过深化改革,深入研究在体制、政策、管理等方面存在的漏洞和问题,努力消除导致腐败发生的因素。加快转变政府职能,做到政企分开。认真抓好本次党代会有关精神的落实,鼓励党政机关干部投入经济建设的主战场,支持县直机关分流部分干部入股兴办与部门权力无关的各类经济实体。坚持行政性收费、罚没收入"收支两条线"的规定。严肃财经纪律,严格财经制度,堵塞产生挥霍浪费、贪污贿赂的漏洞。

三、深入开展党性党风党纪教育进一步提高广大党员干部的素质

对广大党员干部进行党性党风党纪教育,既是一项长期性的工作;又是一项搞好党风廉政建设和反腐败的基础性工作。各级党组织要按照中央关于讲学习、讲政治、讲正气的要求,有计划、有组织地深入学习马列主义,毛泽东思想,特别是邓小平理论和党的十五大精神的学习,进行党性党风党纪教育和廉政法规教育,教育广大党员干部特别是领导干部要加强党性锻炼,保持头脑清醒,增强抵御资产阶级腐朽思想侵蚀的能力,牢固树立正确的世界观、人生观、价值观,坚定共产主义理想和信念,正确地行使人民赋予的权力,坚持自重、自省、自警、自律、自励,经受住权力、金钱、美色的考验。要教育广大党员干部,大力发扬党的优良传统和作风、反对弄虚作假,言行不一;要坚持和发扬实事求是、理论联系实际、密切联系群众的作风,反对官僚主义、形式主义;要坚持和发扬批评与自我批评的作风,反对好人主义、阿谀奉承;要坚持和发扬廉洁奉公、勤政为民的作风,反对以权谋私、敷衍塞责;要坚持和发扬艰苦奋斗、勤俭节约的作风,反对铺张浪费、奢侈挥霍。

四、充分发挥纪检监察机关的职能作用,切实加强纪检监察干部队伍建设

要健全纪检监察机构的管理体制,加强对下级纪检监察机关的指导,强化纪检监察的职能作用。纪委、纪检组要在同级党委(党组)和上级纪委的领导下,认真抓好党风廉政建设和反腐败斗争的协调工作。严格执行中央关于加强党内监督的规定和县委《关于开展反腐败斗争和加强党风廉政建设的安排意见》,纪委、纪检组发现同级党委、党组或其他成员有违反党纪的情况有权进行初步核实并向上级纪委报告;各乡镇和县直机关科(局)级单位领导干部的提拔任用,组织部门在提请县委讨论决定前,要征求县纪委的意见;纪检监察部门领导干部的提名、任免、兼职、调动,各有关部门须事先征得上一级纪委的同意。各级政府要抓好《中华人民共和国行政监察法》的实施,支持监察机关对国家行政机关、国家公务员和国家行政机关任命的其他人员进行监督。

全县的纪检监察干部为维护党的先进性和纯洁性进行了艰苦的努力、做了大量的工作,为维护改革、发展稳定的大局和推进全县的物质文明、精神文明建设做出了积极的贡献。实践证明,是一支纪律严明,作风优良,能打硬仗的队伍。同时也要看到,纪检监察干部处在反腐败斗争的前哨,担负着繁重而艰巨的任务,面临着腐蚀与反腐蚀的严峻考验,纪检监察队伍只能加强,不能削弱。一是纪委领导班子要带头加强学习,严于律己,深入调查研究,严格执行民主集中制,不断提高领导艺术。二是要提高政治思想素质,纪检监察干部要加强政治理论的学习,用马列主义、毛泽东思想、邓小平理论和党的十五大精神武装头脑,指导工作。要带头执行党和国家现阶段的各项政策,克己奉公,尽职守,公正严明,不徇私情,弘扬正气,反对歪风。三是要加强对业务知识的学习,不仅要钻研纪检监察业务知识,还要认真学习市场经济知识和其他方面的知识。四是对纪检监察干部要严格要求,加强培养,实行定期交流,积极选拔和使用好中青年干部。五是各级党组织要继续加强对纪检监察工作的领导,关心爱护纪检监察干部,为纪检监察机关履行职责创造良好的条件。

各位代表:

党的十五大为纪律检查工作提出了光荣而艰巨的任务,为了确保党的十五大宏伟目标的实现,让我们高举邓小平理论伟大旗帜,在以江泽民同志为核心的党中央领导下,同心同德,负重拼搏,开拓进取,为实现中共松桃苗族自治县第九次代表大会提出的各项任务而努力奋斗。

中共松桃苗族自治县纪律检查委员会在全县第十次党代会上的工作报告

(2003年1月3日)

徐仕江

同志们:

现在,我代表中共松桃苗族自治县纪律检查委员会向大会作报告。

县第九次党代会以来,中共松桃苗族自治县纪律检查委员会以马列主义、毛泽东思想、邓小平理论和党的基本路线为指导,坚持从严治党的方针。依靠县、乡两级党的组织、广大党员和人民群众,认真履行党章规定的各项职责,按照党的十五大精神和党的十五大后中央纪委历次全会以及省纪委、地区纪委的决策和部署,努力实践"三个代表"重要思想,进一步加强党风廉政建设,着重开展反腐败斗争,对加强党的建设,维护全县工作大局起到了积极作用。现将五年来的工作情况和对今后工作的建议,向县第十次党代表大会报告,请予审议。

一、全县第九次党代会以来党风廉政建设和反腐败斗争工作的基本情况

县第九次党代会以来,县委、县人民政府始终把全县的党风廉政建设和反腐败斗争摆在突出位置,明确由县委书记直接分管纪委工作,并针对全县党风廉政建设和反腐败斗争工作的现状研究制定了一系列政策、规定和措施,从而加强了党风廉政建设和反腐败斗争工作。五年来,经过全县上下的一致努力,反腐败斗争力度不断加大,保持了健康发展的势头,各项工作取得了阶段性成果。实践证明,党中央关于反腐败斗争的指导思想、基本原则、领导体制、工作格局和各项部署是完全正确的。

五年来,我们主要做了以下工作:

(一)加强领导干部廉洁自律工作,增强了拒腐防变意识。

领导干部带头廉洁自律是加强党风廉政建设的关键。五年来,我们一是完善和规范了党员领导干部民主生活会制度,坚持民主生活会会前有报告、有准备,会上要解决的问题有针对性、有重点,会后有整改措施、落实意见,从而提高了民主生活会的质量,达到了预期的目的。全县共计4175人次参加专题民主生活会,参会率达到99.6%;二是在28个乡镇和县直各机关层层签订了党风廉政建设责任书,加大了责任追究力度,对32人进行了责任追究,全面落实了党风廉政建设责任制,维护了党风廉政建设责任制度的严肃性;三是特邀了五名党风廉政建设巡视员,坚持不懈地开展党风廉政建设巡视活动;四是建立健全了对领导干部打招呼制度和诫勉谈话制度,重申了领导干部个人重大事项申报制度、收受礼品礼金登记制度和个人收入申报制度;五是开展了清理用公款配置通信工具工作,并按规定过户,落实了党中央关于严禁用公款配置通信工具的规定;六是起草印发了《乡镇领导干部纪律规定》和《关于乡科级领导干部廉洁从政制度》,并在县委、县人民政府的大力支持下,由财政拨出专款10.8万元,解决了全县28个乡镇食堂炊事员的待遇,为从根本上消除少数干部的走读现象创造了条件;同时,县委、县人民政府还首次将党风廉政建设和反腐败斗争工作纳入全县工作统一考核,将目标管理考核内容重点分解到30个职能部门,从而进一步强化了党政领导干部廉政勤政的责任意识，促进了党风、政风的全面好转。仅2000年度，全县就有20个党风廉政先进集体和88个先进个人受到县委、县人民政府的表彰；有8个先进集体和9个先进个人分别受到地委、行署的表彰。

（二）严肃查办违纪违法案件，惩处了一批腐败分子。

查办违纪违法案件是纪检监察工作的中心环节。五年来，我们紧紧抓住中央纪委确定的“三机关一部门”为查办重点，着重查处了贪污、贿赂、挪用公款、失职渎职、贪赃枉法、腐化堕落等方面的案件。自1998年元月至2002年12月，共立案483件，结案468件，给予党政纪处分398人，其中开除党籍66人，被开除党籍又受到刑事处分的14人。在受处分的党员干部中，正科级干部17人，副科级干部32人。查处了一批领导干部严重违纪违法案件，为国家挽回经济损失386万元。

通过查办违纪违法案件，惩处了违纪者，清除了腐败分子，维护了党纪国法的严肃性，教育了广大党员干部，振奋了党心民心。

（三）认真纠正部门和行业不正之风，解决群众反映强烈的一些突出问题。

针对群众反映强烈的问题，五年来，我们在全县范围内先后将民主评议行风、制止公路“三乱”和中小学乱收费以及减轻农民负担、企业负担作为纠风工作的重点，统一部署，认真进行专项治理，取得了不同程度的效果。民主评议行风成效明显。按照地县要求，先后在供电、工商、电信、邮政、国税、地税、供水、卫生、国土、质监部门等行业开展民主评议行风工作与“回头”活动，巩固和扩大了行风评议建设成果。治理公路“三乱”方面，撤除违反规定设置的收费站、检查站10个，实现了国道、省道、县道基本无“三乱”的目标。制止中小学乱收费方面，取消乱收费项目53项，规范收费项目17项，查出违规收费373.16万元，没收上缴财政30.88万元，清退214.45万元，处罚1.24万元。减轻农民和企业负担清理预算外资金和“小金库”、治理医药用品购销中收取回扣等工作也取得进展。在纠风工作中，坚持纠建并举，全面落实“谁主管、谁负责”的纠风工作责任制，加强了职业道德教育，促进了行业风气的好转。

在认真开展纠正部门和行业不正之风的同时，我们先后开展了对计划外生育收费、“收支两条线”、国债、社保等专项资金管理使用情况的执法监察；参与并规范了建筑领域的招投标工作；对重点企业实行挂牌保护，为企业减负49.22万元，维护了企业的合法权益；发放农民负担卡12.1万份，全县农民负担始终控制在人均纯收入的5%以内；参与重特大安全责任事故的调查取证，全面落实了事故责任追究制度。

加强并规范了源头管理。一是推行政府采购制度，成立了以县人民政府主要领导为组长的政府采购领导小组，印发了政府采购的地方性条规，实行政府采购物品3次，价值109.178万元，节约资金46.022万元，资金节约率为43%；二是推行领导干部经济责任审计制度，对六个科级领导干部和两个国有企业领导人员进行了责任审计，共查出违纪违规金额63.1970万元；三是推行会计委派制度，全县推行会计委派制度单位13个，委派会计14人，加大了财务监管力度，取得了明显效果；四是抓好“三务公开”，在村务、厂务和政务三公开中，我们始终坚持“三结合、四到位、五规范、一奖惩”原则，有力地推动和促进了全县“三务公开”工作的健康发展。全县共建立村务公开栏443个，通过贴告示、发明白卡等形式进行村务公开；全县28个乡镇和19个县级政权机关的政务公开正在全面展开；有20个国有、集体企业实行了厂务公开，占应公开企业的57%；五是推行干部人事制度改革，积极配合组织部门对18名拟任科级干部和84名乡镇纪委委员进行了任前把关审查，切实履行了纪检监察机关的职责。

（四）采取多层次、多形式，深入开展党风廉政建设和反腐败斗争宣传教育。

购置《中国共产党纪律处分条例（试行）》录像带（光碟）21盘（盒），利用成克杰、胡长清等典型案件电教片在乡镇和县直机关轮流播放，组织观看《生死抉择》《汪洋湖同志的事迹》等反腐倡廉影片和专题片；

发出党风廉政学习资料、警示教材4000余册;深入乡镇和县直机关开展反腐倡廉调研活动;会同县委宣传部举办廉政宣传专栏,配合县委党校召开党风廉政报告会,对副科级以上干部进行示范教育和警示教育;开展向英模王进同志、先进人物刘大喜、顾久修等同志的学习活动;写出学习心得1439篇,撰写投递反腐倡廉文章300余篇。通过开展上述活动,营造了良好的反腐倡廉舆论氛围,增强了广大人民群众对反腐败斗争必胜的信心和决心,同时也使广大党员干部进一步树立起正确的世界观、人生观和价值观,提高了思想政治素质,增强了抵御资产阶级腐朽思想侵蚀的能力。

(五)加强队伍自身建设,不断提高纪检监察干部的两个素质。

随着党风廉政建设和反腐败斗争的不断深入,为了适应形势发展和工作的需要,我们自觉加强了队伍自身建设。先后建立健全了机关内部各项管理制度和工作制度,对纪检监察干部严格教育、严格管理、严格监督、严格要求,选派7批共98人分别到北京、海口、杭州、铜仁等地接受思想政治教育和专业培训;分批交流了9名干部到外单位担任重要领导职务;组织委局机关干部积极参加政治理论、WTO、普法、公民道德教育等知识的考试;特别是按照党中央和省、地、县部署,在纪委班子和机关干部中深入、广泛地开展了“三讲”集中教育和“三个代表”重要思想学习教育活动。比较系统地学习了马列主义、毛泽东思想、邓小平理论和江泽民“三个代表”重要思想,有力地促进和提高了纪检干部的思想政治素质和业务素质,加强了班子建设和队伍建设,为在全县顺利开展党风廉政建设和反腐败斗争工作提供了强大的精神动力。

五年来,在地区纪委、地区监察局和县委、县人民政府的领导、支持和关怀下,全县纪检监察干部埋头苦干、奋力拼搏,为全县党风廉政建设和反腐败斗争做了大量工作,为松桃的改革、发展和稳定作出了应有的贡献,每年年终接受地区考核,排名均在全区靠前位置,有的乡镇纪委、县直纪检组以及县纪委的室和个人还获得单项第一名,受到省、地的通报表彰。

二、全县第九次党代会以来党风廉政建设和反腐败工作的基本经验

五年来,县、乡(镇)两级党委、政府和纪委在党风廉政建设和反腐败斗争实践中,解放思想,实事求是,与时俱进,开拓创新,努力研究新情况,探索新经验,主要有以下认识和体会:

必须紧紧围绕经济建设这个中心来进行,服从和服务于全县工作大局。县、乡(镇)两级党委、政府和纪委坚持两手抓、两手都要硬的方针,始终把党风廉政建设和反腐败斗争工作摆在突出位置,与党委和政府的其他工作一样,一起研究、一起部署、一起落实、一起检查、一起考核,并且紧紧围绕经济建设中心开展工作;坚持反腐败目标任务的提出、政策和措施的制订,都以服从和服务于经济建设中心为出发点和落脚点;坚持把反腐败同改革开放和经济建设重大措施的实施紧密结合起来,针对妨碍改革、发展、稳定的突出问题,及时研究、制定党风廉政建设和反腐败的对策;坚持在党的纪律面前人人平等的原则,既着眼于“关口”前移,立足教育和防范,又不姑息放纵,严肃查处一切严重违纪违法行为,从而维护了党纪政纪法规的严肃性。实践证明,只要坚持围绕经济建设中心来开展党风廉政建设和反腐败工作,就能够保证两个文明建设的协调发展,促进社会的稳定和进步。

必须坚持反腐败三项工作一起抓,标本兼治、综合治理。在开展反腐败斗争中,党中央确定了领导干部廉洁自律、查处违纪违法案件、纠正部门和行业不正之风的三项工作格局,并根据情况的变化适时赋予新的内容。注意从群众反映强烈、干扰改革开放、影响稳定、发展、政策界限比较清楚和经过努力能够取得成果的问题入手,提出明确、具体的阶段性要求和目标,集中力量进行整治,力求抓一项成一项。这样做,能够取得反腐败的实际成果,增强党内外干部和群众的信心,并通过阶段性成果的积累,达到总体性的目标和要求。反腐败三项工作相互联系,相互促进,基本涵盖了当前反腐败斗争的主要内容,体现了标本兼治、综合治理的要求，具有很强的现实针对性和可操作性，有利于反腐败工作整体推进、协调发展。实践证明，只要坚持标本兼治、综合治理的方针，并切实贯彻到反腐败各项工作中去，就能有效遏制腐败。

必须加强党纪政纪法规教育，增强拒腐防变的能力，保持党的先进性和纯洁性，提高党的战斗力。五年来，我们既坚决同腐败分子作斗争，严肃查处违纪违法者，筑起惩治腐败的党纪国法防线，又坚持对党员干部进行思想政治教育、党纪政纪教育和法制教育，把惩治腐败分子与加强思想政治建设结合起来，通过开展多种形式的警示教育和示范教育，引导广大党员干部牢固树立正确的世界观、人生观和价值观。同时，针对新形势下党员干部中出现的或可能出现的问题，见微知著，防微杜渐，制定道德和行为规范，明确哪些行为是允许的，哪些行为是禁止的，及时教育，防患于先，体现了党组织对广大党员干部的严格要求和关怀爱护。

必须发展社会主义民主，加强对权力运行的监督制约。发展社会主义民主是加强对权力监督的前提和基础。发展社会主义民主，首先是发展党内民主，特别是不断完善民主集中制，健全民主生活会制度，加强领导班子内部监督，发挥党员和党组织的监督作用。同时，坚持以党内民主促进人民民主的发展，进一步扩大基层民主，改革和完善办事公开、民主评议、信访举报等制度。实践证明，只要切实坚持发展社会主义民主，不断拓宽监督渠道，综合运用党的纪律检查、法律监督、行政监督、审计监督、群众监督、舆论监督等多种形式，就能逐步形成易于揭露和有效治理腐败的机制，使权力运行置于严格监督之下。

必须坚持和加强党的领导，建立和坚持反腐败领导体制和工作机制，与时俱进，开拓创新，形成全党动手反腐败的局面。中国共产党是马克思主义科学理论武装起来的、以全心全意为人民服务为宗旨的先进政党，这从根本上决定了我们党必然坚定不移地反对腐败。因此，只有坚持并加强党的领导，党风廉政建设和反腐败斗争才能沿着正确的政治方向健康地向前发展，才能不断取得新的成效。党中央集中全党的智慧，在党风廉政建设和反腐败斗争的实践中探索并建立的党委统一领导、党政齐抓共管、纪委组织协调、部门各负其责、依靠群众的支持和参与的反腐败领导体制和工作机制，为反腐败斗争的顺利进行提供了有力的组织保证。凡是认真坚持这一领导体制和工作机制的，那里的党委、政府和主要负责同志就能够切实地负起领导责任，把反腐败摆上重要议事日程，作为关系全局的大事来抓；纪委就能够积极发挥组织协调作用，协助党委抓好党风廉政建设和反腐败工作；司法机关、行政执法机关及其他有关部门就能够各负其责，密切配合，提高工作的整体效能。有的乡镇和部门还推行和开展"首问制"和"党员廉政日宣传活动"，积极探索依靠人民群众反腐倡廉的形式，把专门机关的监督与群众监督结合起来，取得了良好的效果。

三、反腐败面临的形势和对今后工作的建议

五年来，我县的反腐败斗争取得了新的进展，但面临的形势依然严峻。有些腐败现象还没有得到有效遏制，甚至还在一些部门和单位蔓延；党员干部特别是党员领导干部中严重违反财经管理制度，贪污、挪用、私分公款等经济案件仍然存在；腐化堕落案件较多；失职、渎职案件时有发生；顶风违纪等歪风依然存在。腐败现象的滋生蔓延，严重影响党群关系和干群关系，干扰改革开放和经济建设的顺利进行。

当前，一些腐败现象的滋生蔓延有其历史和现实的原因。腐败现象从本质上说，是剥削制度、剥削阶级的产物。我国正处在社会主义初级阶段、正处在新旧体制的转轨和变形阶段、正处于改革开放的国内国际环境，封建主义、资本主义腐朽思想和小生产习惯势力，在社会上还有广泛影响。由计划经济体制向社会主义市场经济体制转变，体制、法制和政策的完善需要一个过程。在教育、管理和监督工作中还存在着一些薄弱环节，消极腐败现象容易乘机滋长。一些党员干部经受不住新的历史性变革的考验，丧失理想和信念，世界观发生蜕变、腐化堕落。以上情况表明，一些腐败现象的发生和蔓延，不是社会主义制度的本质特征，而是有其土壤和条件，我们必须充分认识反腐败斗争的复杂性、艰巨性和长期性，理直气壮地按照中央的部署和要求，坚持不懈地深入开展反腐败斗争，不断取得党风廉政建设和反腐败斗争的新的胜利。

在反腐败斗争中，我们的工作还存在不少问题。有的地方、部门和单位的党政领导对腐败现象的严重性和反腐败斗争的重要性、紧迫性认识不足，工作上缺乏主动性和积极性；有的对违纪违法的人和事查处不力，没有起到应有的震慑和惩戒作用；有的抓纠风工作时紧时松，出现反弹，群众关心的热点和难点问题没有从根本上得到有效治理；有的对领导干部放松教育和管理，对掌握人、财、物实权的干部缺乏严格有效的监督，党风廉政建设责任制和廉洁自律的一些规定和制度流于形式，没有得到认真地贯彻落实；对个别党员、领导干部利用婚丧嫁娶、乔迁、子女升学、入伍等大操大办酒席的行为还有待进一步加强规范和治理；在一些地方和部门，纪委在反腐败工作中的组织协调和监督作用还发挥得不够好等等。从总体上说，反腐败工作与党和人民的要求和期望还有不小的差距。对于工作中存在的问题，我们要高度重视，认真研究解决。

坚决反对和防止腐败是全党一项重大的政治任务。进入新世纪，我国进入了全面建设小康社会，加快推进社会主义现代化的新的发展阶段，面对西方敌对势力的“西化”“分化”图谋以及我国加入世界贸易组织，参与经济全球化，党风廉政建设和反败斗争将面临大量新情况、新问题。我们既要正确认识反腐败斗争的长期性、艰巨性和复杂性，增强忧患意识；又要看到反腐败斗争的有利条件，增强必胜信心。我们要高举邓小平理论伟大旗帜，全面贯彻“三个代表”重要思想，贯彻落实党的十六大精神，紧紧围绕执政兴松第一要务，坚持党要管党、从严治党，坚持党中央确定的反腐败指导思想、基本原则、工作格局、领导体制和工作机制，坚持标本兼治，综合治理，逐步加大治本力度，与时俱进，开拓创新，深入开展党风廉政建设和反腐败斗争，为实现全县第十次党代会提出的目标和任务提供坚强的政治保证。

（一）严肃政治纪律，保证党的路线、方针、政策和决议的贯彻执行。

各级党组织要把维护政治纪律作为从严治党的重要任务认真抓好，纪检监察机关要遵守政治纪律情况的监督检查，保证党的十六大和全县第十次党代会提出的各项任务的全面完成。

要坚决维护党的章程，维护中央、省、地和县委、县人民政府的权威，对有令不行、有禁不止；“上有政策、下有对策”的行为；阳奉阴违、各行其是的行为；道听途说、传播谣言的行为，甚至阻碍改革开放，影响、破坏党的团结和统一、不顾大局的行为，要严格依照党的纪律予以追究。

（二）发展民主，健全法制，使权力运行受到有效监督制约。

要认真执行民主集中制，坚持集体领导。凡涉及重大决策、重要干部任免、重大项目安排和大额度资金的使用，以及国有资产的重组并购等，必须经集体讨论作出决定，严格按规定程序运作。

要拓宽党内民主制度，使党员对党内事务有更多的了解和参与，加强对党的领导干部的监督，切实保障党员的权利。推行领导干部经济责任审计制度。健全和完善巡视制度，加强工作，重点对党政领导班子和主要负责人实施监督。党的领导干部要自觉接受监督。

要扩大基层民主，充分发挥群众监督的作用。健全民主制度，发展民主形式，保证人民群众依法行使民主选举、民主决策、民主管理和民主监督的权利。进一步推行和完善政务公开、厂务公开、村务公开等办事公开制度。实行领导干部述职述廉等制度。推行质询制度和民主评议制度。充分发挥新闻舆论监督的作用。健全信访举报管理制度，使群众举报的问题得到认真处理。要深入实际，转变作风，努力提高行政行为的透明度和行政管理效率。

（三）加强党性党风党纪教育，牢固构筑抵御腐蚀的思想道德防线。

深入开展“三个代表”重要思想的学习活动，教育广大党员干部坚定马克思主义信仰，坚定社会主义信念，坚持立党为公、执政为民，保持党的先进性和纯洁性。针对领导干部在思想作风、学风、工作作风、领导作风和生活作风方面的突出问题，开展党性党风党纪教育。教育干部以身作则，认真执行廉洁从政行为准则，贯彻落实《公民道德建设实施纲要》，以良好的党风政风推动社会风气的好转。教育内容要与社会主义市场经济发展要求相适应，引导党员干部特别是副科级以上党员领导干部牢固树立正确的世界观、人生观、价值观。

要把党风廉政建设的宣传教育纳入全县党的宣传教育的总体部署，有计划、有步骤、有重点地开展宣传教育工作。要充分发挥正面宣传和警示教育的作用，弘扬正气，激浊扬清。要把教育贯穿于对领导干部的培养、选拔、管理、奖惩等各个环节。要综合运用多种宣传教育手段，解疑释惑，提高宣传教育的说服力和感染力。

（四）深化改革，创新体制，不断加大从源头上预防和治理腐败的力度。

加快政府职能转变，深入推进行政审批制度的改革，规范行政审批权力，充分发挥市场配置资源的基础性作用。凡是可以用市场机制代替的行政审批项目，要通过市场机制运作。继续规范和加强工程公开招投标工作。对保留的行政审批项目，要建立健全内部监督制约管理。积极推进财政管理体制改革，完善预算管理制度，严格实行“收支两条线”，健全部门预算、国库集中收付和政府采购等制度。进一步强化审计监督。认真贯彻执行《党政领导干部选拔任用工作条例》和《深化干部人事制度改革纲要》，推进干部工作的科学化、民主化、制度化，健全干部选拔任用的监督制度，坚决防止和克服用人上的不正之风。

在深化反腐败三项工作中，注意针对易于发生腐败的部位和环节，加大从源头上预防和治理腐败的力度。逐步做到党政机关与所办经营性事业单位彻底脱钩。继续整顿和规范市场经济秩序。加快现代企业制度建设，完善企业法人治理机构，健全管理、约束和激励机制，促进国有企业领导人员遵纪守法，廉洁自律。深入开展纠正部门和行业不正之风工作，针对群众反映强烈的问题抓好专项治理，加大从源头上铲除滋生不正之风土壤的力度。

要坚持党要管党、从严治党，全面贯彻党风廉政建设责任制。乡镇党政领导和县直部门、单位主要负责人要进一步认识反腐败是关系党和国家生死存亡的大事，增强执政意识、忧患意识、责任意识，按照党风廉政建设责任制规定，履行各自职责，党政领导班子要切实负起总责。坚持把党风廉政建设和反腐败工作与物质文明建设、政治文明建设、精神文明建设和其他业务建设紧密结合，一起部署、一起落实、一起检查、一起考核。要规范工作秩序，加强监督检查。对违反责任制规定的领导干部，必须进行追究。要完善反腐败领导体制和工作机制，进一步形成全党动手反腐败的整体活力。

（五）继续加强查办违纪违法案件工作，维护党纪国法的严肃性。

查办违纪违法案件是惩治腐败的重要手段，是人民群众评价反腐败斗争成效的一个重要标志。乡镇党委、政府和县直机关党政主要领导要充分认识查办案件的必要性和重要性，切实加强领导，认真查办职责范围内的案件。乡镇纪委和县直机关纪检组要集中精力查办比较重要或复杂的案件，同时要充分发挥组织协调作用。在查办案件中，执纪执法机关要密切配合，形成办案合力。既要重点查处副科级以上党员领导干部的违纪违法案件，也要查处国有企业领导人员违纪违法案件，以及基层干部中发生的以权谋私、道德败坏、侵害群众利益的案件。查办案件要严格依纪依法，讲究策略，宽严相济，综合考虑政治、经济和社会效果。要切实纠正一些乡镇和部门存在的有案不查或查办案件力度不大、效率不高甚至久拖不决的问题。对蓄意诬告党员干部和打击报复举报人的，必须严肃处理。

要充分发挥纪检监察机关的职能职责作用，严格区分违法违纪和工作失误的界限，旗帜明地支持改革者，保护探索者，帮助失误者，褒奖有功者，追究诬告者，惩治腐败者，营造良好的工作环境和建设环境，引导和激励广大干部聚精会神搞建设,一心一意谋发展,为振兴松桃经济、树立松桃新形象鸣锣开道、保驾护航。

(六)适应新形势要求,进一步加强纪检机关自身建设。

党的十六大对新世纪新阶段全面推进我国的改革开放和社会主义现代化建设、全面推进党的建设新的伟大工程作出战略部署,对纪律监察工作提出了更高的要求。党的纪律检查机关要在党委的领导下,全面执行党章赋予的各项任务,在推进党的建设新的伟大工程中发挥更加积极作用。要坚决维护党的章程和其他党内法规,尤其要严明党的政治纪律,认真检查党的路线、方针、政策和决议的执行情况,坚决查处党的组织和党员违反纪律的行为。乡镇纪委和县直纪检组(纪委)要协助党委和党组加强党风建设和组织协调反腐败工作,认真检查和处理党的组织和党员违反党的章程和其他党内法规的比较重要或复杂的案件。当前,要继续深入贯彻党的十五届六中全会决定,抓好“八个坚持、八个反对”要求的落实,使党的作风建设有明显进步。纪律检查机关要坚持党的思想路线,解放思想,实事求是,与时俱进,开拓创新,在思想观念、工作机制、工作方法、工作作风、队伍建设等方面更加适应不断发展变化的客观实际。进一步加强内部监督,严格教育、严格管理、严格要求,严格工作纪律尤其是办案纪律,乡镇党委和县直机关党委、党组要切实加强领导,支持纪律检查工作,关心、爱护纪律检查干部,为纪检机关和干部顺利开展工作提供和创造有利条件。五年来的实践表明,全县纪律检查部队伍是一支党和人民可以信赖的队伍。在新的形势和任务面前,纪检监察干部要坚持用邓小平理论和“三个代表”重要思想武装头脑。要熟悉纪检监察业务,学习经济、法律、科技、管理等方面的知识;不断提高知识水平和业务能力,提高运用现代科学技术防范和揭露腐败问题的能力,同一切违纪违法行为作坚决斗争,做忠于党、忠于人民的坚强卫士。

在新的历史条件下,党的纪律检查机关肩负着光荣而艰巨的使命。我们要高举邓小平理论伟大旗帜,全面贯彻“三个代表”重要思想,按照“三个有利于”标准,紧紧抓住中央实施西部大开发战略的历史机遇,解放思想,实事求是,与时俱进,开拓创新,不断取得党风廉政建设和反腐败斗争的新成果,为兴松富民、全面实现党的十六大和第十次全县党代会作出的战略部署和重大决策而努力奋斗。

全面落实科学发展观 推进惩防体系建设 努力开创党风廉政建设和反腐败工作新局面

——在中共松桃苗族自治县第十一次代表大会上的报告

(2006年11月18日)

徐仕江

各位代表、同志们:

我受中共松桃苗族自治县纪律检查委员会委托,向大会作工作报告,请予审议。

一、县第十次党代会以来的主要工作

县第十次党代会以来,县纪委在县委和上级纪委的正确领导下,坚持以邓小平理论和“三个代表”重要思想为指导,全面落实科学发展观,深入学习贯彻党的十六大和中央纪委历次全会精神,按照上级纪委关于党风廉政建设和反腐败工作的总体部署，积极履行党章赋予的各项职能，依靠全县各级党组织和广大党员干部，不断加大反腐倡廉工作力度，各项工作取明显成效，为实现我县跨越式发展作出了积极的贡献。

(一)加强教育，努力提高广大党员干部拒腐防变能力

坚持“教育为主、预防为先”的方针，把加强党员干部的思想教育特别是党性党风党纪教育作为重点来抓。一是抓好经常性教育。大力开展廉政文化建设，积极推进廉政文化进社区、进机关、进学校、进企业、进农村和上板墙、上桌面、上媒体、上网络、上舞台。在广大党员干部中开展了“五廉”教育和“五珍惜”活动，发放廉政书籍10000余册，倡导党员干部读廉政书、看廉政片、听廉政课、唱廉政歌、做廉政人和珍惜工作权力、珍惜工作岗位、珍惜集体荣誉、珍惜个人前程、珍惜家庭幸福。同时结合学习“三个代表”重要思想和保持共产党员先进性教育活动，先后开展“两个条例”“廉政文化进校园、廉政离我有多远”等学习教育活动，组织了廉洁从政知识测试；结合贯彻落实实施纲要工作，组织开展了民歌演唱、文艺表演、党风廉政演讲赛，举办了学习实施纲要知识竞赛，用生动活泼的形式宣传实施纲要；结合学习贯彻《中国共产党章程》活动，开展了“学党章”知识演讲比赛，发放12000份试卷对全县党员干部进行了党章知识测试，与县委组织部、宣传部、直属工委及县妇联等单位联合印发了《致全县副科级以上党员干部配偶的一封公开信》，积极营造学党章、促廉政的良好氛围。二是开展正反典型教育。充分发挥身边典型的榜样作用，在全县党员干部中开展了向优秀民警王进、乡村医生冷绍宏、乡村教师胡旭等先进人物学习的活动；对30名“勤政廉政先进个人”和20名“助廉保廉贤内助”进行了表彰。通过榜样示范，大大地激发了广大党员干部学先进、赶先进、争先进、创先进的热潮。同时抓好反面典型教育，安排铜仁五监狱4名职务犯罪人员来我县现身说法，用他们人生的蜕变历程对全县副科级以上领导干部开展警示教育。将纪检监察机关查办的典型案例及时通报全县，用身边的人和事教育党员干部时时自省，警钟长鸣。三是创新活动形式，增强教育效果。采取以会代训、在媒体开办专栏节目、组织观看电教片等多种形式，大力开展道德教育、法制教育和党纪条规教育，先后巡回播放反腐倡廉电教片1521场次，发放宣传资料12.65万张，组织创作廉政歌曲11首，漫画27幅，板报100块，学习专栏650期，制作反腐倡廉大型户外广告牌10幅，使党员干部受到了教育。通过采取有效措施，使广大党员干部坚定了马克思主义的世界观、人生观和价值观，树立了正确的权力观、地位观和利益观，提高了党性修养和思想道德觉悟，增强了勤政廉政意识和拒腐防变能力。

(二)强化监督，促进领导干部廉洁自律

纪检机关坚持把增强领导干部廉洁自律意识放在首位。一是认真贯彻落实《中国共产党领导干部廉洁从政若干准则(试行)》、“四大纪律、八项要求”，以及领导干部廉洁自律其他有关规定，定期开展监督检查，进一步规范了领导干部的从政行为。二是加强对党员领导干部落实廉洁自律规定的监督检查。对公款吃喝、公车私用、违规操办酒席、入股非煤矿山及领导干部任前廉政谈话、纪委负责人与下级党政负责人谈话、诫勉谈话制度和函询制度，先后对3名科级干部进行了函询，对462名科级干部进行了诫勉、廉政谈话，起到了较好的警示教育作用。规范了领导干部个人重大事项申报、收受礼金礼品登记制度，先后有多名领导干部上交礼金30000余元、礼品价值5000余元。组织指导各乡镇、各部门抓好民主生活会、述职述廉、民主评议等工作，进一步规范了领导干部的从政行为，促进了廉洁自律。

(三)从严治党，严肃查处违纪违法案件

查处党员干部违纪违法案件是从严治党、惩治腐败的重要手段，是纪检监察机关的重要职能。近几年来，全县纪检监察机关坚持以查办党政领导机关、行政执法机关、司法机关、经济管理部门的违纪违法案件为重点，对私分、侵吞、转移国有资产的案件，基层干部侵占国家、集体和群众利益的案件进行严肃处理，取得了良好的政治效果和社会效果。2003年以来，共受理群众来信来访474件次，立案查处违纪违法

案件248件,结案248件,处分270人。其中党员169人,乡科级以上干部43人,开除党籍70人,被追究刑事责任61人,涉及违纪金额347万元,为国家挽回经济损失205万元,对经初核举报失实的226件信访案在一定范围内及时给予澄清,让群众明白,还干部清白。对于因犯错误被处分的干部,我们本着重教育、给出路的原则,鼓励他们改正错误,努力工作,当这些干部符合提拔条件后,又积极支持县委提拔这些干部,通过查办违纪违法案件,既教育、保护了干部,又促进了工作,充分发挥纪检监察机关的职能作用,维护了党纪政纪的严肃性。

(四)纠建并举,切实解决群众反映强烈的热点难点问题

近年来,我们坚持"纠建并举"的方针,认真纠正部门和行业不正之风。一是开展投资软环境建设工作,为树立松桃新形象。创立良好的投资环境,我县连续三年开展了投资软环境整治和建设工作。针对机关中存在的办事效率低、服务质量差、吃拿卡要、四难三乱等歪风及企业、学校周边环境差的问题,在充分调研基础上,采取有力措施加以整治。结合地方实际和阶段工作特点,加强宣传教育,提高机关干部职工、企业周边群众的服务意识和法律意识,督促各单位认真开展了自查自纠,对自查出的问题限期整改加大力度,严厉打击强买强卖、强拉强运等行为,严肃查处危害经济发展案件,几年来共查处7件10人,查办案件的数量与质量居全区之首。同时督促各单位建章立制,36个执法机关、经济管理部门和窗口服务单位开展了政风行风测评。在此基础上,代县委草拟并经县十届五次全会审议通过,印发了《中共松桃苗族自治县委关于优化经济发展环境的决定》,为今后全县投资软环境建设制定了指导性、纲领性文件。由于措施有力,有效增强了机关工作人员的群众观念和服务意识,遏制了乡镇、部门中存在的执政不廉、执法不公、效率不高现象,改善了企业的周边环境,形成了浓厚的"亲商、扶商、富商、安商"氛围。二是积极抓好行政执法机关的效能建设。推行了首问负责制、岗位责任制、限时办结制、服务承诺制、同岗替代制和责任追究制。加大了对行政不作为、乱作为案件的查处力度。三是认真解决损害群众利益的突出问题。重点开展了对土地征用、城镇拆迁和企业重组改制中侵害群众利益以及拖欠克扣农民工工资等问题的专项治理,一些群众反映强烈的问题得到解决。几年来,为农民减负1942.72万元,维护了农民的合法权益;加大企业减负工作力度,对部分企业进行挂牌保护,实行收费亮证登记制度,制止了企业"三乱"行为的发生;认真治理公路"三乱",巩固治理成果。切实纠正医药购销和医疗服务中存在的不正之风,督促有关部门对医药市场进行检查,清理销毁假劣和过期药品、医疗器械总价值3514万元;督促有关部门建立和完善了医药分开核算管理制度,实行药品集中招标采购。加强对中小学乱收费的专项治理,落实了义务教育阶段公办学校"一费制"、公办高中招收择校生"三限"政策和西部地区农村义务教育"两免一补"政策。2003年以来,先后检查中小学、幼儿园及教育辅导站588所,查处违规收费金额251.2万元,没收上缴财政36.72万元,清退214.48万元,对顶风违纪的单位负责人进行了严肃处理。四是对交通、文体广电等16个行业和系统开展了民主评议行风活动,促进了行业风气的不断好转。五是督促有关部门对网吧、学校周边环境、非法开采矿产资源、企业排污等问题进行整治,取得了很好的成效。

(五)治本抓源,加大从源头上预防和治理腐败的工作力度

我们按照"标本兼治、综合治理"的方针在加大查办案件力度的同时,积极探索从源头上预防和治理腐败的途径。一是大力推行行政审批、财政管理、干部人事和投资体制四项制度改革,进一步规范行政审批事项,加快了行政审批制度改革步伐。几年来,共组织清理行政审批项目179项,取消不合理收费项目28项,精简审批28项。建立了政府投资项目决策机制、公示制度和责任追究制度,规范了政府投资行为,政府对企业活动的干预进一步减少。严格落实"收支两条线"规定,所有执纪执法单位一律实行收支两条线;全面推行财政制度改革工作,实行部门预算及收费许可证、收费登记卡(簿)制度,有效地遏制了私设

“小金库”、擅立收费项目、擅自提高收费标准等问题的发生。扎实推进干部人事制度改革，坚持凡进必考原则，按照有关程序对录用国家公务员和事业单位工作人员进行全程监督。督促有关部门对12名领导干部进行了任期经济责任审计。二是坚持实行政府采购、建设工程招投标、经营性土地使用权挂牌出让和产权交易进入市场制度，严格执行《政府采购法》和《招投标法》，加强对关键环节、重点部位的监督。近年来，共参与政府采购50余次，节约资金200多万元。国有土地、矿山探矿权、采矿权成功挂牌招投标6次，增值5853.41万元，增值率124.5%。加强对国债资金、社保资金等专项资金的监督检查，涉及违纪资金53.91万元，上缴财政1.28万元，责令清退3.13万元，有效防止了腐败行为的发生。

（六）齐抓共管，全面落实党风廉政建设责任制

始终坚持“党委统一领导，党政齐抓共管，纪委组织协调，部门各负其责，依靠群众支持和参与”的工作机制和领导体制，逐步形成了党政齐抓共管的反腐败工作格局。一是周密部署，科学分解责任制。每年初，都要协助县委筹备、召开责任制工作会议，对年度党风廉政建设和反腐败工作任务进行层层分解，并签订责任书，形成一级抓一级、层层抓落实的工作机制和责任体系。几年来，共签订党风廉政建设责任书3581份，占应签数的100%。二是认真督查考核，确保工作落到实处。坚持把责任制的考核纳入党政领导班子、领导干部目标管理的重要内容，制定了《党风廉政建设责任制考核办法》，对责任制考核的内容、标准、要求进行了规范，采取平时考核与年终考核，自查、抽查和重点督查相结合的办法进行督查。结合述职述廉、民主测评等工作，采取召开座谈会、个别走访、问卷调查等形式，逐步建立科学的责任制考核体系。对在检查中发现的问题，提出整改意见，限期整改。考核结果与干部评先、奖励、任用等挂钩，并存入个人廉政档案。三是严肃责任追究，维护责任制的严肃性。近年来。按照责任追究的有关规定，分别对在党风廉政建设方面不履行职责或履行职责不到位的25名领导干部进行了责任追究。

（七）强化管理，切实加强纪检监察机关自身建设

为适应新形势，迎接新挑战，我们坚持内强素质，外树形象，着力提高纪检监察干部整体素质。一是注重抓干部学习，打造学习型机关。县纪委坚持中心组学习制度，主要学习政治理论和党纪政纪条规，并紧密联系实际，推进各项工作的落实；积极组织干部参加上级机关组织的业务知识培训，先后培训干部300多人（次），纪检监察干部业务素质明显提高。二是注重抓班子建设。以保持共产党员先进性教育活动为契机，坚持作风建设作为委局领导班子民主生活会的主题，认真开展批评和自我批评，广泛征求和听取各方面的意见和建议，并在实际工作中进行了整改。

县纪委常委自觉遵守廉洁自律的各项规定，认真坚持民主集中制原则，在处理违纪违法案件、任用干部和其他重大问题上，始终坚持常委会集体讨论，民主决策。三是注重抓队伍建设。近年来，县委对此予以高度重视，配齐配强乡镇和县部门纪检班子，优化了队伍结构，增强了队伍活力。在此基础上，我们对纪检监察干部严格教育和管理，建立健全了内部监督制约机制和工作考评机制，不断完善目标考核和机关各项管理制度。同时按照“为民、务实、清廉”的要求，在全县纪检监察干部中开展了“做党的忠诚卫士、当群众的贴心人”主题实践活动，有效提高了全体纪检监察干部的党性修养，促进了勤政廉政，推动了各项工作的顺利开展。

通过努力，我县纪检监察工作取得了一定成效，2002年至2005年连续四年被地纪委评为全面工作先进集体，2003年和2005年荣获查办案件特别奖，2004年获整治投资环境二等奖，2004年和2005年获目标考核优秀奖。同时，治理大操大办、治污、案件审理、宣传教育等工作分获单项奖，全县先后有10多个乡镇纪委和县部门纪检组因工作成绩突出被地委表彰，有多名纪检监察干部先后受到省、地纪委的表彰。但在充分肯定成绩的同时，我们清楚地看到，当前我们的工作中还存在许多不足、离党和人民的要求还有一

定的差距;少数单位和部门领导对反腐倡廉工作的重要性和长期性认识不足,责任意识还不强;一些单位和部门源头治理措施尚不够到位,对干部的监督管理仍存在一些薄弱环节;一些损害群众利益的不正之风仍然存在;一些反腐倡廉制度还有待完善和进一步落实;一些纪检干部的思想和工作方式方法还不能完全适应新形势新任务的要求;少数领导干部对党风廉政建设和反腐败工作重视程度还有待提高;个别党员干部自律意识、纪律观念还比较淡薄,违纪案件时有发生。这些问题必须引起我们高度重视,并在今后的工作中认真加以解决。

二、四年来工作的基本经验

总结县十次党代会以来我县党风廉政建设和反腐败工作的实践,主要有以下四点经验

(一)必须以经济建设为中心,坚持纪检工作服从服务于全县工作大局。近年来,我们始终坚持把为经济建设服务、维护全县工作大局作为工作的出发点和落脚点,围绕县委、县人民政府的中心工作,找准工作的切入点和结合点;始终坚持把反腐倡廉同县委、县人民政府的重大举措紧密结合起来,针对妨碍改革、发展、稳定的突出问题,提出相应的纪律要求和防范措施,正确处理改革开放、发展社会主义市场经济中出现的新情况、新问题。既旗帜鲜明地支持和保护广大党员干部改革创新的积极性,又严肃查处干扰破坏改革开放和经济建设的违纪违法行为。我们针对城镇规划执法、招商引资、企业改制等涉及县域经济发展的重大问题,既积极协助有关职能部门开展工作,为其排忧解难,又同时加强监督,确保依法行政。实践证明只有始终不渝地坚持围绕经济建设为中心,服从服务于全县工作大局的指导思想,反腐倡廉才能沿着正确的方向健康发展,才能在促进经济建设、推动社会进步中发挥重要作用。

(二)必须充分认清反腐倡廉工作的长期性、艰巨性、复杂性,进一步坚定信心,增强责任感。

近年来,我们按照党中央的要求,认真贯彻"党要管党、从严治党"的方针,毫不放松地加强党风廉政建设,毫不手软地开展反腐败斗争,腐败现象滋生蔓延的态势得到了有效地遏制。反腐倡廉总的形势是好的,我们必须看到有利条件,坚定反腐必胜的信心,同时我们也应看到党风廉政建设和反腐败工作还面临着一些新情况新问题,违纪违法案件在一些单位和部门时有发生;损害群众利益的问题比较突出;党内不正之风在某些领域仍然存在。滋生腐败的环境将长期存在,反腐败工作不可能一蹴而就,不可能毕其功于一役。因此,我们必须深刻认识现阶段反腐倡廉工作的长期性、艰巨性、复杂性,进一步增强责任感,坚持不懈、持之以恒地把反腐倡廉工作抓紧抓好、抓出成效。

(三)必须充分认识制度建设的重要性,进一步发挥制度在惩治和预防腐败中的保证作用。制度建设是构建惩防体系的重要保证,更是做好反腐倡廉工作的根本途径。加强制度建设,不仅要抓好建章立制,尽快建立健全防治腐败的一系列制度,更重要的是贯彻落实制度,确保制度的实效性。在制度建设中,一方面必须整合现有制度体系,发挥预防和惩治腐败的功能作用,另一方面要针对现有制度的疏漏和缺失,进行补充完善,使容易产生现象的诸多环节,都有相应的制度规范。在制度执行中,必须发挥各级党政领导干部在贯彻落实制度中的关键作用,只要党政领导干部带好头,制度的落实才能得到保证,才能有效地遏制了腐败现象的发生。

(四)必须坚持教育与惩处相结合,着力构筑思想道德防线。近年来,我们坚持教育为先、防范在前、关口前移,着力构筑思想道德防线,有效地遏制了腐败现象的发生。但仅有教育是不够的,必须加大对违法案件的查处力度,严惩腐败分子,以反腐成果取信于民,教育广大党员干部,进一步增强拒腐防变能力。

三、今后五年的主要工作意见

今后五年,全县纪检工作的指导思想是:高举邓小平理论和"三个代表"重要思想伟大旗帜,牢固树立科学发展观,紧紧围绕经济建设这个中心,切实履行党章赋予的职责,坚持标本兼治、综合治理,惩防并

举、注重预防的方针，建立完善教育、制度、监督并重的惩治和预防腐败体系，深入开展党风廉政建设和反腐败斗争，为全面实现第十一次党代会提出的目标任务提供坚强的政治保证。

(一)围绕中心、服务大局，确保县委决策落到实处

要坚持把反腐倡廉工作放在改革开放和经济建设的进程中来认识和把握，始终坚持把反腐倡廉同全县重大决策、重大措施的实施紧密结合起来，服从服务于县委工作大局，加强监督检查，确保政令畅通。要大力加强干部作风建设，弘扬廉政、勤政、务实的工作作风，惩治贪官、庸官、懒官，杜绝不作为或乱作为现象。要进一步抓好对干部任用制度落实情况的监督，让想干事、能干事、干成事，德才兼备、勤廉双优的干部得到提拔重用，形成能者上、平者让、庸者下的用人氛围。要引导、督促广大党员干部树立大局意识和正确的政绩观，增强纪律观念，做到令行禁止；对违背科学发展观造成严重后果的行为，要严肃处理，做到支持改革者、鼓励创业者、教育失误者、惩处腐败者、追究诬告者，为松桃的改革发展稳定保驾护航，为县第十一次党代会确立的发展目标提供强有力的纪律保障。

(二)深化教育、完善制度、加强监督，推进领导干部廉洁自律

要抓好领导干部廉洁自律工作，进一步规范从政行为。一是深入开展党风廉政宣传教育。要深入学习贯彻《实施纲要》，巩固党员先进性教育成果，教育党员干部认真学习党章、严格遵守党章、切实贯彻党章、坚决维护党章，深入开展党的优良传统和“八荣八耻”的社会主义荣辱观教育，引导广大党员干部尤其是领导干部常修为政之德、常思贪欲之害、常怀律己之心，增强党员干部的廉洁从政意识。建立健全经常化、规范化的思想教育机制，积极探索行之有效的教育手段和方法，增强教育的针对性和实效性，开展主题鲜明、形式多样的教育活动，营造良好的反腐倡廉舆论氛围和社会环境。大力推进廉政文化建设，进一步完善反腐倡廉“大宣教”工作格局，促进全社会形成“以廉为荣、以贪为耻”的良好风尚，切实增强党员领导干部廉洁自律意识。二是强化对各级领导干部特别是“一把手”的监督。继续抓好领导干部重大事项报告、任期经济责任审计、领导干部述职述廉等各项工作，积极推行函询制度和民主评议制度，切实提高党内民主生活会质量，督促领导干部自查自纠，掌握和了解各单位领导干部廉洁自律工作的进展情况，发现问题及时整改。对选拔任用干部严格实行党风廉政一票否决制，对信访反映有问题领导干部实行谈话提醒，做到关口前移、预防在先。三是抓好党风廉政建设责任制的贯彻落实。认真落实党风廉政建设责任制，必须抓住责任分解、责任考核和责任追究三个环节，建立科学、规范的考核标准，完善考核制度，严格责任追究，保证机制运行到位。党政“一把手”作为本部门、本单位党风廉政的第一责任人，必须总负责，切实担当起领导责任。四是认真落实廉洁自律各项规定。要厉行节约，反对铺张浪费，坚决纠正讲排场、比阔气、奢侈浪费等不良风气，加强财务监督管理。积极稳妥地推进领导干部职务消费改革，禁止变相公费出国(境)旅游和不必要的公务出国(境)活动。

(三)加大力度、突出重点，从严查处违纪案件

查处违纪案件是贯彻党要管党、从严治党方针的重要体现，是惩治腐败的主要手段。我们要做到有案必查、查必有果，坚决维护党纪政纪的严肃性。一是拓宽案源渠道，在充分发挥纪检监察信访举报渠道作用的同时，加强与有关部门的联系和沟通，通过纠风、执法监察、经济责任审计等途径拓宽案源，形成有效的投诉举报网络。坚持定期排查案件线索制度，努力提高案件线索的成功率。二是集中力量查处有影响的大案典型案。重点查办党政领导机关、行政执法机关、司法机关、经济管理部门的违法违纪案件。要查办征地拆迁、工程建设、土地批租、房地产、矿产开发和政府采购、司法等领域的案件；查办严重违反政治纪律的案件和贪污贿赂、徇私枉法、买官卖官、贿赂选举、失职渎职、严重破坏社会主义市场经济的案件。认真研究新形势下违纪违法案件发生的特点和规律，积极探索查办案件的有效途径和方法，不断提

高办案能力和水平,做到证据确凿,事实清楚,定性准确,处理恰当,手续完备,程序合法。三是加强组织协调。健全完善反腐败联席会议和查办大案协调小组工作机制,加强与法院、检察、公安、审计、工商、税务、信访等执纪执法机关的配合,建立和完善协调办案制度和办案工作责任制,形成执纪执法机关查办案件的整体合力。

(四)解决好损害群众切身利益的问题,切实加强政风行风建设

要严肃查处各种教育违规收费行为,着力解决群众“上学难”的问题。深入开展打击非法行医、整治虚假医药广告和治理“院中院”,切实解决群众“看病难”的问题。继续纠正在征用土地、城镇房屋拆迁、企业违法排污、企业重组改制,以及拖欠建设工程款和农民工工资等问题。认真调查安全生产责任事故,严肃追究有关责任人的责任。坚决清理纠正党政机关工作人员和国有企业负责人投资入股矿山问题。对专项资金的管理情况进行监督检查,防止截留、挪用现象的发生。深入开展机关行风评议活动,促进行政执法廉洁高效,切实帮助群众解决实际困难。开展创建群众满意基层站所活动,进行推进政务公开、厂务公开和村务公开,完善办事公开制、服务承诺制、监督反馈制和责任追究制,进一步规范行政服务行为。

(五)加强纪检监察机关自身建设,提高干部队伍整体素质

加强自身建设,是完成反腐倡廉工作,全面提高纪律检查工作能力的重要保证。我们要把加强干部队伍建设作为提高纪检工作能力的重要内容来抓,以学习贯彻党章为重点,加强思想政治建设、能力建设、作风建设和法制建设,努力建设一支“政治坚定、公正清廉、纪律严明、业务精通、作风优良”的纪检干部队伍,全面树立可亲、可信、可敬的纪检干部形象。要强化纪检监察队伍建设,积极推行干部交流、轮岗和竞争上岗制度,选优配强纪检干部,改善干部队伍结构,增强纪检监察干部队伍的生机活力。要强化内部管理,推进学习型机关建设,建立健全严格的监督制约机制。要加大教育培训力度,不断提高业务能力和工作能力,广大纪检干部既要精通本职岗位业务知识,又要知法律、懂经济、会管理,成为复合型人才。要模范遵守宪法、法律和党内法规,严格纪律特别是办案纪律和保密纪律。要深入实际、深入基层、深入群众,自觉接受党组织和人民的监督,要进一步研究新形势下出现的新情况、新问题,与时俱进,开拓创新,创造性地开展工作,各级党委要继续支持纪检工作,关心纪检干部,充分调动他们的积极性,为他们创造良好的工作条件和办事环境。

各位代表,同志们,县第十一次党代会绘就的五年发展蓝图催人奋进,做好党风廉政建设和反腐败工作意义重大。让我们在县委和上级纪委的领导下,紧密团结在以胡锦涛同志为总书记的党中央周围,高举邓小平理论伟大旗帜,深入贯彻“三个代表”重要思想,全面贯彻落实科学发展观,不断推进惩防体系建设,进一步统一思想,坚定信心,扎实工作,与时俱进,开拓创新,为全面完成县第十一次党代会提出的各项任务,构建和谐松桃而努力奋斗!

求真务实 开拓创新
深入推进全县党风廉政建设和反腐败工作

——在中共松桃苗族自治县第十一届代表大会第四次会议上的报告

（2010年2月5日）

张　萍

各位代表、同志们：

我代表中共松桃苗族自治县纪律检查委员会，向县第十一届代表大会第四次会议报告工作，请予审议。

一、一年来的工作开展情况

2009年，全县各级纪检监察机关坚持以邓小平理论和“三个代表”重要思想为指导，在县委和地区纪委的领导下，紧紧围绕全县改革发展稳定大局，深入学习实践科学发展观，认真履行党章赋予的职责，扎实有效地开展党风廉政建设和反腐败工作，有力促进了松桃经济社会又好又快发展和社会和谐稳定。

（一）抓党纪，重检查，确保了中央、省、地及县委决策部署的贯彻落实

从提高党的领导水平、执政水平，增强拒腐防变和抵御风险能力，推进松桃经济社会又好又快发展的大局出发，抓好对上级重大决策部署落实情况的监督检查。一是对安排在我县的72个中央新增投资项目进行监督检查，重点对项目实施进度、资金管理使用情况进行督查，并建立了项目台账。目前各个项目进展顺利，没有发现用于“两高”行业、产品过剩行业和低水平重复建设的情况。二是对耕地保护和节约集约用地政策法规执行情况进行监督检查，对4宗国有土地使用权和1宗工业用地挂牌出让进行了监督，督促相关部门对排查出的14起非法占用耕地行为进行了处罚。三是对资源节约和环境保护政策措施落实情况进行监督检查，督促相关部门对重点污染企业进行了整改。四是认真治理工程建设领域、房地产开发领域的突出问题，对21个项目工程招投标进行了监督，对2起违规招投标行为进行了处理。五是加强对矿产资源开发的监督检查，督促相关部门对74家非法砂石场进行了取缔。通过加强监督检查，确保了上级各项决策部署的贯彻落实，为我县实现保增长、保民生、保稳定和深入推进环境立县战略提供了有力保证。

（二）抓作风，重成效，密切了党同人民群众的联系

将加强机关作风和效能建设，作为优化经济发展环境、密切党群干群关系的重要抓手，采取有力措施促进党员干部作风的进一步转变，提高行政效率。一是组建组织机构。成立了机关作风和效能建设领导小组，下设7个督查组，抽调专人办公。二是严格检查考核。制定了机关作风和效能建设考核评价方案，实行平时督查、集中测评、年终考核、业务目标考核相结合的制度，将党群、政府、垂管、乡镇4个类别的128个单位列为考评对象并建立“台账”。三是接受群众监督。向社会公布机关作风和效能建设举报投诉电话，在各单位悬挂“温馨提示牌”。四是开展民主测评。组织500余名社会各界人士对考评对象进行了集中测评。去年，重点对县委县人民政府“十件实事”、涉农资金使用情况、乡镇干部“走读”现象等20余项重点工作开展了25次督查。对督查中发现的一般性问题及时督促进行整改，问题严重的进行调查处理。

如对督查中发现的盘信镇甘溪村原支部书记非法占有农村低保资金、良种补贴款1.35万元案件进行了严肃查处。受理群众和客商对干部“不作为、乱作为、慢作为”问题举报投诉44件(次),已核实处理41件(次),切实转变了机关干部作风,密切了党群干群关系。

(三)抓教育,重宣传,增强了党员干部的拒腐防变能力

党风廉政宣传教育是预防腐败现象发生的最重要、最直接、最有效的方式,我们结合实际做了以下工作。一是进一步健全党风廉政建设“大宣教”格局,整体推进反腐倡廉宣传教育。印发了2009年全县反腐倡廉宣传教育工作要点,制定了全县“大宣教”联席会议制度,明确各单位反腐倡廉宣传教育工作任务和目标,定期召开“大宣教”联席会议,形成了各级各部门抓党风廉政宣传教育的合力。二是以廉政文化“六进”活动为重点,营造良好的廉洁文化氛围。建立廉政文化“六进”活动示范点11个,指导、协调、督促各牵头单位抓好廉政文化建设;加强公益廉政广告宣传,建立大型廉政公益广告牌2个;编撰了《廉政文化进校园初中读本》,发放到4万余名中学生手中,并进行课堂教学;与县法院建立了县委警示教育基地,通过正反典型教育警醒党员干部,目前已有45个部门1200余名党员干部到基地接受了警示教育;开展“廉洁家风·文明家庭”征文活动;编印了2000册廉政台历发送到全县副科级以上领导干部和重要岗位干部手中。三是以加强理想信念和权力观教育为重点,增强党员干部拒腐防变能力。在全县组织开展了贯彻学习《中国共产党巡视工作条例(试行)》《关于实行党政领导干部问责的暂行规定》等中央四个反腐倡廉重要文件活动,并进行了知识测试;法院系统组织干警家属进行廉洁座谈,工商、国税、林业、卫生等系统开展了岗位廉政教育活动。通过以上方式,增强了反腐倡廉宣传教育的影响力和渗透力,在全县营造了“风清、气正、和谐”的良好社会氛围。

(四)抓惩处,重警示,加大了查办案件工作力度

查办违纪违法案件是《中国共产党章程》和《中华人民共和国行政监察法》赋予纪检监察机关的重要职责,也是反腐倡廉建设实现标本兼治的必然要求。一年来,我们采取联合办案、交叉办案的方式,对发生在领导机关和领导干部中滥用职权、贪污贿赂、腐化堕落、失职渎职的案件进行了查处。全年各级纪检监察机关共受理群众来信来访、电话举报89件(次),信访结案39件(次),立案调查50件,结案50件,给予党政纪处分50人,涉及乡科级干部13人,为国家和集体挽回经济损失108万元。此外,我们充分发挥案件查办工作的保护职能,对39名受到失实举报的党员干部给予澄清。特别是对2名多次受到失实举报的乡镇党委主要领导,通过调查核实,澄清了事实,保护了干部干事创业的积极性。同时创新案件审理工作机制,对解除处分和恢复党员权利案件实行公示制度,维护了违纪党员干部的权利。

(五)抓纠风,重治理,维护了人民群众的根本利益

关注民生,切实维护最广大人民群众的根本利益,始终是我们工作的重中之重。我们从解决人民群众最直接、最关心、最现实的问题入手,集中力量抓好纠风治乱工作。一是加大对教育乱收费的治理力度。对全县中小学收费情况开展了专项检查,共清退违规收费7.35万元。二是重点查处行业乱收费行为。查处某局违规收取“管理费”和“保证金”案件,清退违规资金4.4万元。三是加大对涉农资金的监管力度。实行了涉农资金登记备案制度、公示制度和责任追究制度,查处4起严重侵害农民利益、影响农村社会稳定的案件,被非法侵占的涉农资金4.5万元已全部追缴退还给农民。四是切实纠正医药购销和医疗服务中的不正之风,责成相关部门对两家药店进行了处罚。通过纠风整治,切实维护了人民群众的根本利益。

(六)抓制度,重改革,狠抓了源头治理工作

着力建立科学的权力配置机制、规范的权力运行机制和严密的权力监控机制,从源头上预防和治理

腐败。一是切实加强惩治和预防腐败体系建设。印发了《松桃苗族自治县贯彻落实〈建立健全惩治和预防腐败体系2008—2012年工作规划〉的实施办法》,推动了反腐倡廉建设的常规化、制度化和规范化。二是深入推进财政管理、行政管理等体制改革。开展"小金库"治理工作,清理"小金库"资金49万元。督促各职能部门对行政审批事项进行全面清理,在3个服务窗口推行电子政务。将全县313项行政审批和公众服务项目纳入行政服务中心管理,通过中心受理各类行政审批、公众服务事项9221件,办结9013件,受理群众来信来访20件,办结20件。同时督促建成乡镇便民服务中心5个,乡镇便民服务点17个,设立便民服务窗口32个,极大地方便了群众。三是认真督促相关部门建立完善政府采购制度。建立监管职能和执行职能相互分离、相互制约的运行机制。去年共监督完成政府采购66次,节约资金380万元。四是深入推进"三公开"工作。督促全县45个政府工作部门、28个乡镇编制了政务公开目录,建立政务公开专栏71块,设立投诉箱73个;435个村(社区、居委会)全部实行了村务公开;70个企业实行了厂务公开,保障了人民群众的知情权、参与权和监督权。

(七)抓制约、重监督,深化了领导干部廉洁自律

通过建立完善监督制度,加强对领导干部的监督,确保权力得到正确行使。一是创新监督方式,率先在全区开展聘请党风廉政建设特别监督员工作,拓展对领导干部的监督渠道,扩大了监督面。二是突出监督重点,对节假日期间领导干部违反廉洁自律、违规驾驶公车及公车私用、公款旅游等情况进行监督检查;认真抓好中央关于厉行节约有关要求的落实,确保各项厉行节约指标压缩到中央规定范围。三是落实监督制度,加强对民主生活会、述职述廉、"三项"谈话和函询等制度执行情况的监督检查,严格执行党员领导干部报告个人重大事项的规定。去年共对领导干部发信访通知书5件(次),函询1件,对下级党政主要领导廉政谈话65人(次),对新提拔干部任前廉政谈话75人(次),对乡科级干部诫勉谈话16人(次),接受并批复18名乡科级干部的个人重大事项报告。与有关部门对各单位专题民主生活会进行了指导,全县574名乡科级干部进行了述职述廉。

(八)抓基层、重落实,推进了农村党风廉政建设工作

加强农村党风廉政建设,是构建社会主义和谐社会的重要举措,是推进社会主义新农村建设的有力保证,我们主要采取以下措施抓好工作。一是明确责任。建立了农村党风廉政建设联席会议制度,印发了《2009年全县农村党风廉政建设工作安排意见》,并将任务分解到30个成员单位和涉农部门,明确了牵头单位和配合部门。二是抓好落实。重点抓了盘信镇马台村等5个基层联系点的农村党风廉政建设工作;对村干部、乡镇纪检监察干部开展了党风廉政建设教育培训;在全县推行了村官勤廉承诺制。三是加强检查。成立了农村党风廉政建设专项检查工作领导小组,印发了《农村党风廉政建设专项检查工作实施方案》,组成8个检查组对28个乡镇和22个涉农部门进行了专项检查,对检查中发现的某镇5万元粮食直补资金拖延发放、危房改造工程进度缓慢等问题及时督促相关单位进行了整改,对17件农村党员干部违纪违法案件进行了查处,促进了农村和谐稳定。

(九)抓学习、重管理,加强了纪检监察队伍自身建设

结合全县开展的深入学习实践科学发展观活动,以"三增四促五增强"为活动载体,按照"为民、务实、清廉"的要求,努力创建"学习型、创新型、服务型、自律型"的纪检监察机关。一是抓学习,强素质。抓好对学习实践活动规定篇目的学习,同时加强对中央反腐倡廉四个重要文件、中央建立健全惩治和预防腐败体系《工作规划》及省、地《实施意见》、县委《实施办法》等反腐倡廉建设指导性文件的学习,切实掌握精神实质;去年4月、9月对全县纪检监察干部进行了业务知识技能培训,选送3人参加了中央纪委监察部、省纪委监察厅组织的业务学习,不同程度提高了纪检监察干部的业务能力。二是抓管理,促规范。结合学习实践

活动分析检查和整改落实阶段的要求，认真进行对照检查。进一步建立健全了机关内部管理制度，加强对机关财务、用车、接待、考勤、公文管理、会议审批等工作的管理，继续完善信访举报、案件检查、案件审理、执法监察及纠风等工作程序和规定，促进了机关管理的制度化、规范化。三是抓作风，提效率。在全县纪检监察机关开展了“向王瑛同志学习”的学习讨论活动和“做党的忠诚卫士，当群众贴心人”主题实践活动。切实解决思想作风、学风、工作作风、领导作风和生活作风方面存在的突出问题，增强了纪检监察干部的党性修养、宗旨意识和效率意识，在人少事多的情况下，圆满完成了去年的各项工作任务。

2009年，全县纪检监察工作取得了一定的成绩，《廉政文化进校园初中读本》编纂工作得到了中央纪委的认同，信访举报和案件审理工作分别得到了省纪委的表彰，案件查办工作特别是大案查办工作得到了地区纪委的充分肯定。这些成绩的取得，是县委高度重视的结果，是全县广大党员干部和人民群众关心、支持的结果，是我们始终坚持围绕中心、服务大局的结果。在此，我谨代表县纪委，向所有关心、支持、参与我县党风廉政建设和反腐败工作的同志表示衷心的感谢！

同时，我们也清醒地认识到，我们的工作离组织的要求，离人民群众的期望还有一定差距，工作中还存在一些不足，主要表现在：一是个别乡镇和部门政治纪律意识还不够强，有令不行、有禁不止的现象仍然时有发生。二是少数领导干部作风不实，一些群众反映强烈的突出问题仍未从根本上得到解决。三是极少数领导干部以权谋私、贪污受贿、失职渎职现象依然存在。四是部分乡镇、部门主要负责人对党风廉政建设重视不够，落实力度不够大。五是纪检监察机关在宣传教育、监督管理和惩治腐败力度上还需进一步加大。六是纪检监察队伍自身建设还不能完全适应新形势、新阶段党风廉政建设和反腐败工作的需要。这些问题，我们一定在今后的工作中认真加以解决。

二、2010年的主要工作任务

2010年，全县党风廉政建设和反腐败工作的指导思想是：要全面贯彻党的十七大、十七届三中、四中全会，十七届中央纪委四次、五次全会，省委十届七次全会精神及地区纪委和县委的要求，高举中国特色社会主义伟大旗帜，以邓小平理论和“三个代表”重要思想为指导，深入贯彻落实科学发展观，坚持标本兼治、综合治理、惩防并举、注重预防的方针，加强以保持党同人民群众血肉联系为重点的作风建设，加强以完善惩治和预防体系为重点的反腐倡廉建设，抓紧解决反腐倡廉建设中人民群众反映强烈的突出问题，严格执行党风廉政建设责任制，围绕中心、服务大局，求真务实、开拓创新，深入推进党风廉政建设和反腐败工作，为实现县第十一届四次全会提出的目标任务，提供坚强有力的政治和纪律保证。主要做好以下工作：

（一）深入贯彻落实科学发展观，保证中央、省、地、县重大决策部署的贯彻落实

全县各级纪检监察机关要深刻认识新形势下严肃政治纪律的重要性，切实履行好监督检查职能，确保党的路线方针政策的贯彻执行。

一是坚持围绕中心、服务大局，认真履行职责，加强监督检查，为确保中央、省、地、县各项决策部署的贯彻落实提供坚强的纪律保证。特别是对科学发展观的贯彻落实情况、中央和省扩大内需促进经济增长政策落实情况、强农惠农政策落实和涉农资金管理使用情况、矿产资源开发和矿业权转让情况、资源节约和环境保护法律法规落实情况的监督检查，严肃查处有令不行、有禁不止的行为，确保政令畅通。

二是加强对《中共中央关于加强和改进新形势下党的建设若干重大问题的决定》《中国共产党巡视工作条例（试行）》等中央重要文件的贯彻落实，确保中央、省、地、县针对重点领域和关键环节作出的反腐倡廉决策部署能及时落实到位。同时加强对各项制度执行情况的监督检查，紧紧抓住“不落实的事”，查处“不抓落实的人”，认真查处违反制度的行为，坚决维护制度的权威性。

三是深入开展政治纪律教育和宣传，促进全县广大党员干部，特别是领导干部增强政治意识和责任意识，自觉做到坚持党的基本路线不动摇，在重大问题上立场坚定、旗帜鲜明，在关键时刻和重大事件中经得起考验。

（二）抓紧解决人民群众反映强烈的突出问题，以党风廉政建设成效取信于民

要按照十七届中央纪委四次、五次全会要求，切实履行协助党委抓党风职责，以思想教育、完善制度、集中整顿、严肃纪律为抓手，下大力气解决突出问题，以优良党风促政风带民风。

一要教育引导全县党员干部正确把握县情，要用新视野、新思想、新方法，研究解决影响、制约我县建设和发展的突出问题。纪检监察机关要旗帜鲜明地支持改革者、保护干事者、善待挫折者、鼓励创新者、宽容失败者、查处诬告者、教育失误者、追究失职者、挽救犯错者、惩治腐败者，切实保护党员干部干事创业的积极性，大兴求真务实之风，着力提高党员干部执行力，督促党员干部真正把心思用到干事业上，把功夫下到察实情、出实招、办实事上，努力在推动科学发展、促进社会和谐等方面不断取得实效。

二要加强对服务群众、联系群众制度和维护群众权益机制建设及执行情况的监督检查，加强和改进信访工作，切实办好顺民意、解民忧、惠民生的实事，认真解决群众反映强烈的教育、医疗、环境保护、安全生产、食品药品安全、征地拆迁、涉农利益等方面的突出问题，切实维护群众权益。

三要继续开展机关作风和效能建设工作，促进各单位增强深入推进机关作风和效能建设的自觉性、责任感。紧紧围绕"促进发展、服务人民"这个主题，以机关作风和效能建设为载体，深化行政审批制度改革，加强便民服务中心建设，进一步强化工作措施，增强率先意识，提升服务水平，提高办事效率，确保机关作风和效能建设取得实实在在的成效。

（三）强化教育与监督，促进领导干部廉洁自律

各级纪检监察机关要切实加强组织协调、监督检查，采取有力措施，加强对党员干部，特别是领导干部的理想信念和廉洁从政教育，严肃治理领导干部在廉洁自律方面存在的突出问题。

一是坚持和完善反腐倡廉"大宣教"工作格局，创新教育形式，切实增强教育的针对性和实效性。要继续抓好以《中国共产党章程》《中国共产党党员领导干部廉洁从政若干准则》为主要内容的党性党风党纪教育，教育引导党员干部牢固树立马克思主义的世界观、人生观、价值观和正确的权力观、地位观、利益观；把党性党风党纪教育、廉政教育列入干部教育培训规划，有针对性地开展示范教育、警示教育、岗位廉政教育，教育党员干部讲党性、重品行、作表率；要督促各级领导干部切实按照中央的要求，坚持自尊、自重、自警、自省、自励，始终保持高尚精神追求，常修为政之德、常思贪欲之害、常怀律己之心。要教育监督他们不能为亲属和身边工作人员谋取不正当利益，加强对家属和身边工作人员的管理。

二是认真落实《中国共产党党内监督条例（试行）》，严格执行和完善领导干部述职述廉、诫勉谈话、函询等制度，切实加强对领导班子和主要领导干部的监督。按照积极发展党内民主的要求，以保障党员民主权利为根本，深入推进党务公开；认真贯彻执行中央《关于实行党政领导干部问责的暂行规定》《关于进一步从严管理干部的意见》、省委《关于认真学习贯彻党的十七届四中全会精神大力加强干部队伍建设的意见》和县委《关于乡科级领导干部问责办法（试行）》，加强对干部的监督管理，严格执行问责程序，加大问责力度，促使全县党员领导干部强化责任意识，抓好各项工作任务的落实。

三是认真落实"八个坚持、八个反对"的要求，认真执行《关于严格禁止利用职务上的便利谋取不正当利益的若干规定》及其他相关规定。深入治理领导干部违反规定收送现金、有价证券、支付凭证，利用婚丧嫁娶等事宜收钱敛财等问题。

四是认真执行中央有关厉行节约、反对铺张浪费的规定，严禁公车私用、公款大吃大喝、公款出国

(境)旅游和进行高消费娱乐活动。

(四)认真开展专项治理,切实解决工程建设领域存在的突出问题

2010年是落实中央在全国集中开展工程建设领域突出问题专项治理工作的关键之年。中央纪委决定,将专项治理工作作为今年要着力解决的反腐倡廉建设中人民群众反映强烈的突出问题之一,各牵头单位和配合部门要认真落实中央要求,加大力度,突出重点,进一步明确排查范围、落实排查责任,解决好工程建设领域存在的突出问题。按照"谁建设、谁负责,谁主管、谁负责"的原则,对工作不认真、走过场,掩盖问题、弄虚作假的行为,将严格责任追究,构成违纪的,坚决立案查处;涉嫌犯罪的,坚决移送司法机关处理,确保我县工程建设领域突出问题专项治理工作取得成效。

(五)加大查办案件工作力度,严肃查处违纪违法行为

坚决贯彻落实好中央纪委、监察部《关于纪检监察机关严格依纪依法办案的意见》《关于进一步加强和规范办案工作的意见》,始终保持惩治腐败的强劲态势。按照中央、省、地的决策部署,以查办发生在领导机关和领导干部中滥用职权、贪污贿赂、腐化堕落、失职渎职的案件为重点,严肃查处工程建设领域,特别是在工程建设项目招投标中,搞暗箱操作、权钱交易的案件;严肃查处在矿产资源开发中,破坏生态环境和损害群众利益的案件;严肃查处司法不公、徇私枉法,破坏社会公平正义的案件;严肃查处群体性事件和重大责任事故背后的腐败案件;严肃查处贪污、挪用、截留、私分涉农资金和其他专项资金的案件;严肃查处党政干部、司法人员为黑恶势力充当"保护伞"案件,以反腐倡廉的实际成效取信于民。

(六)深入推进改革和制度创新,进一步做好治本抓源头工作

建立健全惩治和预防腐败体系,是深入贯彻落实科学发展观的重要内容,是深入推进党风廉政建设和反腐败工作的重要任务。要认真研究制定、完善提高执行力的一系列规章制度,切实做到事有专管之人、人有明确之责、责有限定之期,努力形成用制度规范行为、按制度办事、靠制度管人的制度体系。要充分发挥纪检监察机关的组织协调作用,进一步抓好中央建立健全惩治和预防腐败体系《工作规划》,省、地实施意见和县委实施办法的贯彻落实,逐步建成内容科学、程序严密、配套完备、有效管用的反腐倡廉制度体系,以制度建设的实际成效推动反腐倡廉建设取得新进展。督促牵头单位和配合部门继续深化行政审批、干部人事、财政管理等重点领域和关键环节的改革,加大工程建设项目招投标、国有土地使用权出让招拍挂、政府采购、"三公开"等制度的执行力度,坚持用制度管权、管事、管人。加强对财政资金、重大投资项目和领导干部个人的审计。要配合有关部门深化体制机制改革,最大限度地减少腐败现象滋生的土壤和条件。深入推进干部人事制度改革,匡正选人用人风气,严厉整治跑官要官、买官卖官、拉票贿选等问题。要坚持解放思想、与时俱进,不断推进纪检监察工作理念思路创新、方式方法创新和机制体制创新,提高反腐倡廉科学化水平,增强工作的前瞻性、针对性和实效性。加强与审判、检察、公安、审计等执纪执法机关,以及组织人事部门之间的协调配合,增强反腐倡廉工作合力。要继续加大对"小金库"专项治理工作力度,按照中央的部署和要求,在现有工作的基础上,进一步突出重点、抓住关键,积极推进财政管理体制改革,加强对重点部门、重点领域、重点环节的监督检查,强化账户和现金管理,以更加坚决的态度、更加扎实的作风、更加有力的措施,坚决切断"小金库"资金来源,铲除"小金库"滋生的土壤。

三、切实加强纪检监察机关自身建设,努力提升纪检监察干部新形象

随着社会主义市场经济的发展和反腐败斗争的深入,纪检监察干部面临着诱惑与抗诱惑、腐蚀与反腐蚀的严峻考验,这对纪检监察干部队伍的思想、作风、素质、能力等方面都提出了更新更高的要求,我们将按照十七届中央纪委四次、五次全会和中央五部委《关于加强地方县级纪检监察机关建设的若干意见》要求,把纪检监察机关自身建设作为一项基础性工程抓紧抓好,建立一支"政治坚强、公正清廉、纪律严

明、业务精通、作风优良”和人民满意的纪检监察队伍,以奋发进取精神和求真务实作风抓好各项任务的落实,努力把反腐倡廉工作提高到一个新水平。

(一)加强学习,进一步提高纪检监察干部综合素质

各级纪检监察机关要以创建学习型机关为目标,积极开展“读书善学”活动,加强对党的理论知识、纪检监察业务和法律法规、市场经济等方面知识的学习。要把《中国共产党章程》《中国共产党纪律处分条例》《中国共产党党内监督条例(试行)》《行政机关公务员处分条例》以及党的十七届四中全会、十七届中央纪委五次全会、省委十届七次全会精神作为学习的基础和重点,有计划、多层次、多渠道地进行学习。做到坚持集中学习、个人定期自学,自觉带头养成“常学”“善学”“深学”的良好习惯。做到学与思、知与行的统一,通过学习不断提高自身的理论素养、政策水平和业务能力,不断积累惩治预防腐败新经验,不断增强反腐倡廉建设新本领。

(二)强化责任,切实增强纪检监察干部履职能力

党章和行政监察法赋予纪检监察机关的职责、任务,是维护和执行党的纪律,确保党的政治纲领、政治路线、政治目标和政治任务的实现,确保政府廉洁、政令畅通、勤政高效。各级纪检监察机关要继续开展“做党的忠诚卫士,当群众贴心人”主题实践活动,引导纪检监察干部牢固树立正确的人生观、价值观和政绩观,坚定理想信念,牢记入党宣誓时庄严的承诺,牢记党的宗旨,心里装着党的事业,时刻想着人民的利益。广大纪检监察干部要增强责任意识,提高遵纪守法和严格执行制度的自觉性,自觉带头抵制不正之风,敢于负责,勇于负责,正确履行职责。要坚持党纪政纪国法面前人人平等,坚持原则不动摇,坚持按章依纪依法办事,铁面无私,严格执纪,绝不手软。要着力提高派驻机构纪检监察干部的政治素质和业务能力,积极探索在新形势下履行职责的方式方法,督促派驻机构协助所在部门抓好对党员干部的教育和管理,对违纪违法行为坚持原则、严肃处理,切实发挥纪检监察派驻机构的职能作用。

(三)严肃纪律,进一步树立纪检监察干部的新形象

严肃纪律、加强管理,是对纪检监察工作的要求,也是纪检监察干部成长的重要保证。各级纪检监察机关一定要按照十七届中央纪委四次、五次全会要求,从严管干部、从严带队伍,加强对纪检监察干部的管理。要严肃政治纪律、严肃工作纪律、严肃生活纪律,纪检监察干部要在政治上、工作上高标准,生活上严要求,任何时候、任何情况下,都保持清醒头脑,立场坚定,旗帜鲜明,自觉与党中央保持高度一致,坚决执行党的路线方针政策。纪检监察干部要敢于碰硬,慎用手中权力,自觉做遵纪守法的模范,廉洁自律的标兵,树立纪检监察干部公正廉洁的新形象。

各位代表、同志们,县第十一届四次全会确立的发展目标令人振奋,催人奋进。让我们在县委和地区纪委的正确领导下,以“三个代表”重要思想为指导,全面贯彻落实科学发展观,把思想统一到县第十一届四次全会精神上来、把力量凝聚到实现全会确定的各项任务上来,切实增强政治责任感,认真履行党章赋予的职责,坚定信心,与时俱进,求真务实,开拓创新,扎实工作,深入推进全县党风廉政建设和反腐败工作,为松桃创建武陵山区经济强县提供坚强的政治和纪律保证。

以人为本 执纪为民
不断开创反腐倡廉建设工作新局面

——在中共松桃苗族自治县第十二次代表大会上的工作报告

(2011年10月25日)

张　萍

各位代表,同志们:

我代表中共松桃苗族自治县纪律检查委员会向中共松桃苗族自治县第十二次代表大会报告工作,请予审议。

一、过去五年的工作回顾

县第十一次党代会以来,全县各级纪检组织在县委和地区纪委的坚强领导下,以邓小平理论和“三个代表”重要思想为指导,深入贯彻落实科学发展观,牢固树立“以人为本、执纪为民”的理念,始终坚持党要管党、从严治党的方针,紧紧依靠各级党组织、广大党员和人民群众,坚持围绕中心、服务大局,全面履行党章赋予的职责,党风廉政建设和反腐败各项工作取得了新的明显成效,为松桃经济社会跨越发展提供了有力的政治和纪律保证。

(一)党风廉政宣传教育不断深化,廉洁从政氛围进一步形成

坚持拓展载体,着力提高反腐倡廉宣传教育的针对性和实效性。一是突出廉政主题教育,增强党员干部廉洁意识。2008年,开展了纪念改革开放和党的纪律检查机关恢复重建30周年理论研讨、廉政书画展等系列活动;2010年,举办了以廉政准则为主题内容的演讲比赛和知识测试。二是强化正反典型教育,触动党员干部灵魂。开展了学习李彬、王瑛等先进模范事迹活动;举办“清风颂”廉政颁奖晚会,表彰了纪检监察系统先进工作者和勤政廉政先进个人。深入挖掘反面典型的警示教育作用,投入20多万元建立了县委警示教育基地,组织党员干部轮流接受了教育;召开全县警示教育暨纪检监察机关案例通报会,用反面典型和身边人、身边事,进一步警醒、教育了党员干部。三是推进廉政文化建设,净化党员干部从政环境。向全县领导干部和重点岗位干部赠送廉政台历,在部分县直机关悬挂了廉政格言警句,建立了廉政风险防范机制;组织农村基层党员干部学习反腐倡廉知识,在部分乡镇成立了廉政文艺宣传队;印发《致全县领导干部家属的一封公开信》,开展了助廉保廉贤内助评选活动;将反腐倡廉教育从孩子抓起,搜集松桃历史名人的清廉故事编撰了《廉政文化进校园初中读本》,并进行课堂教学。

(二)领导干部廉洁自律不断加强,廉洁从政各项规定得到落实

强化教育和监督,促进领导干部廉洁自律。一是把维护党的政治纪律摆在突出位置,确保政令畅通。2008年抗雪凝灾害期间,组成四个督查组,对各乡镇、各部门到岗到位情况实行每天一查;督促全县党员领导干部对照《关于严格禁止利用职务上的便利谋取不正当利益的若干规定》《廉政准则》等进行了自查自纠;开展了“在编不在岗”人员、超标准超编制配备小汽车清理。

二是把完善党内监督机制摆在突出位置，强化廉洁从政。五年来，对455名拟提拔使用干部进行了廉政评鉴和任前谈话，对76名科级干部进行了诫勉谈话，对24个乡镇和部门开展了党风廉政巡视，领导干部报告个人重大事项118人(次)，18名领导干部主动将30多万元拒贿礼金上缴国库。在全区率先聘请了一批党风廉政建设特别监督员，进行暗访监督。对105起拟违规操办酒席苗头进行了打招呼制止，对7起违规操办酒席行为进行了查处。三是把落实党风廉政建设责任制摆在突出位置，形成工作合力。协助县委抓好党风廉政建设各项任务的分解，督促各级各部门领导干部切实履行“一岗双责”，不断完善惩防体系建设和党风廉政建设责任制考评办法，对工作不力的7个单位和32名领导干部进行了责任追究。四是把农村党风廉政建设摆在突出位置，强化基层监督。在各乡镇推行了党务、政务、村务公开工作，在蓼皋镇粑坳村、盘信镇马台村等5个村(社区)开展了农村党风廉政建设示范点工作，以点带面推动工作开展。

(三)惩治腐败强劲势头得到保持，查办案件治本作用进一步凸显

充分发挥查办案件的治本作用，教育和警醒党员干部。一是坚持有访必接，拓展案源渠道。在县、乡、村、组聘请了617名信访联络员。认真落实了纪委常委包片包案制度。2011年，在全县纪检监察系统集中开展了领导干部“接访、走访、回访”活动，受理、办结群众来访85件，协调资金近400万元，解决了一些困难群众生产、生活及出行等民生方面的突出问题。二是坚持有案必查，确保惩治腐败强劲势头。五年来，全县各级纪检监察机关共受理信访举报318件次，初核298件次，立案277件，结案277件。给予党政纪处分278人，其中：党纪处分160人，政纪处分139人(双重处分26人)，免予处分5人；涉及乡科级干部52人。一批有影响的违纪违法案件得到查处，为国家和集体挽回直接经济损失750.38万元。同时还为152名党员干部澄清了事实，保护了广大干部干事创业的积极性。率先在全区纪检监察机关开展案件公开审理工作，进一步提高了案件审理透明度；对48名受处分人员开展回访教育，对被处分人员解除政纪处分和恢复党员权利实行公示。

(四)执法监察、纠风治乱工作稳步推进，群众切身利益得到维护

切实加大执法监察和纠正损害群众利益的不正之风力度，着力解决群众反映的热点难点问题。一是积极强化监督检查。对上级下拨的烟水配套工程资金、大中型水库后期移民扶持资金等专项资金，以及2008年以来落实到我县的71个项目、1.74亿元扩大内需中央投资进行检查，确保了中央惠民政策的落实。加强对粮食直补资金、农机具购置补贴等涉农资金的监督检查。在正大乡试点推行了涉农资金回查回访制度，查办侵害涉农资金案件28件，减轻农民负担393.7万元。二是扎实推进专项治理。加大工程建设领域突出问题专项治理力度，对所有建设项目从立项至竣工在政府门户网站上进行了公示；对投资额在300万元以上的项目进行重点抽查，排查整改问题51个；针对突出问题易发多发环节，率先在全区印发了《工程建设领域黑名单管理办法(试行)》，对在松桃从事工程建设的施工、监理、招投标代理机构明确了责任行为和追究事宜；严肃查处工程建设领域案件11件，处分11人。强化教育乱收费治理，先后对21所学校进行了通报批评，对10名校长进行了诫勉谈话，6人给予政纪处分，5人予以免职，清退中小学违规收费312.37万元。开展医药、医疗领域不正之风专项治理，实行药品集中网上跟标采购4782万元，累计让利患者278万元；会同有关部门对13起非法行医活动进行了查处。三是着力开展民主评议行风活动。开通了政风行风热线，在9个系统(单位)217个基层站所开展了民主评议行风活动，定期开展全县政风行风满意度测评。组织地税、公安等32个部门负责人走进松桃电视台直播间，接受“行风访谈”，进行公开承诺。

(五)源头治理和效能监察工作持续推进，全县投资环境不断优化

着力打造透明、高效、服务型政府，从源头上预防和治理腐败行为。一是打造透明型政府，促进廉洁行政。积极发挥组织协调作用，督促、配合有关部门深化行政审批、财政运行、组织人事、司法公正、投资

融资等体制制度改革。把49个单位的非税收入纳入预算管理,对25名科级干部进行了经济责任审计,开展“小金库”专项治理并查出“小金库”资金291万元,查处商业贿赂案件16件。在全县实行招投标项目85个,总投资3.93亿元,招投标率达100%。实行政府采购603次,实际采购金额2.47亿元,比预算节约资金2368万元。督促县直各单位、各村编制政务、村务公开目录,深入推进“政务、村务、厂务”公开。梳理审核县直机关行政职权3044项,编制职权流程图近300个。二是打造效能型政府,提高办事效率。组织各行各业代表对124个单位进行机关作风和效能建设测评。加强对机关作风、效能建设和县委、县人民政府30余项重点工作落实进度的督查,2009年以来共开展各类督查100多次,对上班时间看电影玩游戏的30人进行了查处,实名通报批评不遵守会风会纪的单位123个(次)。受理群众、客商投诉举报195件(次),已核实处理189件(次),查处影响、破坏投资软环境案件7件。三是打造服务型政府,方便群众客商。在各单位推行了“首问责任、限时办结”等六项制度,公开了办事指南。督促124个单位在醒目处悬挂“温馨提示牌”,督促32个部门、313项行政审批和公共服务项目进驻县行政服务中心。对27个单位501个行政审批项目进行了清理,取消及减少110项,在法定时限基础上压缩6204个工作日,提速了51%。建成了行政电子监察系统,对县直单位窗口服务大厅工作人员服务态度、质量,以及网上审批工作进行电子监察。

(六)纪检队伍自身建设逐步加强,反腐倡廉建设执行力得到提高

坚持把“抓班子、带队伍”作为推进反腐倡廉建设的重要手段,定期开展中心组集中学习,把握党风廉政建设和反腐败斗争面临的新形势、新任务和新要求,带头遵守廉洁自律各项规定,不断增强班子的凝聚力、执行力和担当力。认真贯彻执行中央五部委文件精神(中纪发〔2009〕9号、10号),抓好县级纪检监察机关建设,落实了经费保障,改进了硬件设施,改善了办公办案条件,增设三个副科级机构,组织建设不断加强。加大对全县纪检监察干部的教育、管理力度,五年来,共举办业务培训班16期,先后选派98名干部参加上级组织的纪检监察业务培训。组织开展了“做党的忠诚卫士、当群众的贴心人”等主题实践活动,全面贯彻纪检监察干部“五严守、五禁止”要求,纪检监察队伍综合素质得到提高。

回顾过去的五年,全县党风廉政建设和反腐败工作取得了一定成绩。2006年获全区纪检监察全面工作第一名;2007年获全区纪检监察系统先进集体、全区反腐倡廉板报展出一等奖;2008年获全省纪检监察信访举报工作先进单位、全省精神文明先进单位、全省案件审理工作先进集体、全区反腐倡廉公益广告一等奖、全区配乐诗朗诵三等奖;2009年获全区纪检监察全面工作第二名;2010年获全省纪检监察系统先进集体、全区纪检监察全面工作第三名、全区《廉政准则》电视竞答赛二等奖,政务公开工作在全省政务公开工作会议上作了经验交流发言,并得到黄康生副省长高度肯定,全区廉政文化进校园现场会在我县召开;2011年,我县涉农资金监管回查回访工作在全省涉农资金监管现场会上作了经验交流发言。先后有八项工作获全区特色单项奖(强化基层信访网络、查处违反组织人事纪律案件、锰污染治理监督检查、案件公开审理、廉政文化进校园工作、《廉政文化进校园初中读本》编撰与授课、政务公开、工程建设领域黑名单管理),连续五年获全区查办大案特别奖。全县纪检监察干部受到省级表彰2人,地、县表彰19人。

各位代表、同志们,这些成绩的取得,离不开县委、县人民政府的高度重视,离不开广大纪检监察干部的辛勤工作,离不开各级各部门的支持和配合,离不开离退休老领导、老同志和全体党员、广大人民群众,以及在座各位代表对反腐倡廉工作的理解、关心、支持和帮助,希望大家在今后的工作中一如既往地关注、关心反腐倡廉建设。在此,我谨代表县纪委常委会和全县纪检监察干部向大家表示衷心的感谢和崇高的敬意!

在看到成绩的同时,我们也更加清醒地认识到,当前,反腐倡廉建设仍然存在成效明显与问题突出的矛盾、防治力度不断加大与腐败现象易发多发的矛盾、群众对反腐败期望值不断提高与腐败现象短期内

难以根治的矛盾,面临的形势比以往更加复杂,任务更加艰巨。具体表现为:少数单位对加强党风廉政建设和反腐败工作的重要性、紧迫性认识不到位,作风建设有待进一步加强,长效机制仍需逐步完善;个别乡镇和部门政治纪律意识还不够强,有令不行、有禁不止的现象仍然时有发生;少数领导干部作风不实,一些群众反映强烈的突出问题仍未从根本上得到解决,极少数领导干部以权谋私、贪污受贿、失职渎职现象依然存在;纪检监察机关在宣传教育、监督管理和惩治腐败力度上还需进一步加大;纪检监察队伍自身建设还不能完全适应新形势、新阶段党风廉政建设和反腐败工作的需要等等。这些问题必须引起我们的高度重视,并在今后的工作中切实加以解决。

二、几点体会

总结回顾过去五年的工作,我们在加强党风廉政建设和反腐败工作上主要有以下几点体会。

一是反腐倡廉必须坚持党委领导、齐抓共管的工作机制。深入推进全县党风廉政建设和反腐败工作,要在县委统一领导下,形成党政齐抓共管、群众支持参与的良好局面。要走出"抓反腐倡廉建设是纪委的事"这个认识误区,明确各级党委(党组)抓党风廉政建设的第一责任,切实履行"一岗双责",增强反腐倡廉整体合力。

二是反腐倡廉必须坚持紧贴中心、服务发展的工作思路。要始终把反腐倡廉建设摆到党委、政府的工作大局中加以把握,时刻与党委、政府思路同心、目标同向、措施同步,做全面发展的有力促进者和良好经济发展环境的积极营造者。

三是反腐倡廉必须坚持以人为本、执纪为民的工作理念。要始终把实现好、维护好、发展好人民群众的根本利益作为工作的出发点和落脚点,认真解决损害群众利益的突出问题和反腐倡廉建设中群众反映强烈的热点难点问题,以党风廉政建设和反腐败斗争的实际成效取信于民。

四是反腐倡廉必须坚持职能明确、惩防并举的工作措施。要坚持理清职能,明确职责,防止既当裁判员,又当运动员,出现职能缺位、错位、越位。坚持惩防并重,在严厉惩处少数腐败分子的同时,更加注重预防,使反腐倡廉宣传教育不间断、常规化。从腐败现象易发多发的重点环节和领域抓起,加强监督,完善廉政风险防范机制,做到关口前移,切实筑牢拒腐防线。

三、今后五年工作打算

今后五年,是我县实施"十二五"规划,深入贯彻落实科学发展观,抢抓机遇、加快发展的关键时期,同时也是松桃建设武陵山区经济强县、建设文明和谐松桃的重要时期。反腐倡廉建设的任务越来越艰巨和繁重,各级党委必须提高认识,增强紧迫感和责任感,适应新形势、明确新任务、落实新举措,努力开创反腐倡廉建设工作新局面。今后五年,全县反腐倡廉工作的指导思想和总体要求是:高举中国特色社会主义伟大旗帜,以邓小平理论和"三个代表"重要思想为指导,深入落实科学发展观,认真贯彻上级纪委全会精神,坚决执行县第十二次党代会作出的各项决议,坚持以人为本、执纪为民的理念,按照标本兼治、综合治理、惩防并举、注重预防的方针,以改革创新为抓手,不断提高反腐倡廉建设科学化水平,确保惩防体系建设取得明显成效,为顺利实施县"十二五"规划、实现松桃科学发展新跨越提供有力的纪律保证。

要实现今后五年工作的总体要求和目标任务,必须重点抓好九个方面的工作:

(一)强化监督检查,确保上级党委和县委县人民政府重大决策部署落到实处

要紧紧抓住新一轮西部大开发等重要机遇,认真对照全县"十二五"时期经济社会发展目标任务,积极履行监督检查职能,着力解决反腐倡廉建设中影响松桃经济社会发展,带有全局性、根本性的突出问题,推动科学发展。要坚决维护党的纪律,确保政令畅通,把贯彻执行县第十二次党代会的各项决议作为当前和今后一个时期纪检监察机关的首要政治任务,紧紧围绕县委、县人民政府重大决策部署的落实情

况进行监督检查。要把保障和改善民生放在更加突出的位置,关注人民群众的生产生活,着力解决群众反映强烈的突出问题。要以开展专项治理、强化廉洁意识为重点,继续深入开展工程建设领域突出问题专项治理工作。

(二)深化宣传教育,不断筑牢领导干部拒腐防变思想防线

要紧密结合反腐倡廉新形势,充分发挥反腐倡廉大宣教工作格局的作用,有效整合现有宣传教育资源,强化部门之间的协调配合,力求做到反腐倡廉宣传教育工作常态化、制度化、规范化。不断加强党员领导干部的理想信念、从政道德、党的优良传统和党性党风党纪教育,继续强化各级领导干部家属、基层站所负责人、村组干部的党风廉政教育。大力开展"以人为本、执政为民"为重点的反腐倡廉宣传教育,筑牢广大党员干部廉洁干事的思想基础。不断创新宣传教育的形式和方法,加强正反典型教育,积极发挥松桃电视台、《松江之声》、松桃网站等宣传平台作用。正确把握网络反腐新趋势,强化网络舆情信息的研判、分析和处理,搞好反腐倡廉舆论引导工作。紧密结合松桃民族民间文化的传承和发扬,深入推进廉政文化"六进"活动,营造积极向上的社会文化氛围。

(三)强化教育与监督,不断增强各级领导干部廉洁从政意识

要认真落实党内监督各项制度,加强对人财物管理使用和权力运行的监督。继续把党风廉政建设责任制工作纳入各级党委政府的整体工作之中,认真履行"一岗双责",狠抓责任分解、责任落实、责任考评、责任追究四个环节,切实维护党风廉政建设责任制的严肃性。要严格执行《廉政准则》及其实施办法,继续实行领导干部个人重大事项报告制度,严禁领导干部违反规定收送现金、有价证券、支付凭证。严格控制公务接待、公车消费、因公出国(境)经费支出。要严格执行和不断完善领导干部述职述廉、廉政承诺、诫勉谈话、函询、质询、罢免等制度。深入实施重大决策听证、重要事项公示、重点工作通报、政务信息查询制度,推进权力运行程序化和公开透明。要对落实民主集中制和领导班子议事规则情况进行监督,切实提高领导班子和领导干部科学、民主、依法决策的能力和水平。要强化审计监督,充分运用审计结果。针对领导干部在廉洁自律方面出现的新情况、新问题,确定治理重点,有针对性地解决为政不廉的问题,切实促进领导干部廉洁从政。

(四)加大惩处力度,进一步发挥查办案件工作的综合效应

要充分发挥反腐败协调小组的作用,加强跨部门、跨行业案件查处的协作配合,有效发挥各职能部门在查办案件工作中的优势,形成整体合力。要继续开展好"三访"活动,拓展案源渠道,加强线索管理,提高案源质量。继续保持查办案件工作的强劲势头,切实提高突破疑难大案的能力。严肃查办违反党的政治纪律、以权谋私、权钱交易、损害群众利益、失职渎职、滥用职权、违反组织人事纪律、贪赃枉法、为黑恶势力充当"保护伞"和诬告陷害等案件。进一步规范办案工作程序、严肃办案纪律,不断提高依纪依法、安全文明办案水平。要切实保障党员的民主权利,保障被审查人员的合法权益。充分发挥查办案件工作的治本功能,促进惩治成果更好地向预防成果转化。

(五)深化改革创新,重点抓好防腐系统建设

要针对容易滋生腐败的深层次矛盾和问题,不断深化重点领域和关键环节的改革,有效提高反腐倡廉建设的科学化水平。要充分运用"科技+制度+管理"的反腐倡廉建设新举措,不断建立健全权力运行监督系统建设、公共资源交易平台系统建设、行政绩效考评系统建设、行政审批与电子监察系统建设和民意诉求反馈系统建设。进一步发挥行政服务中心"专门受理、统筹协调、规范审批、限时办结"的职能作用,运用好电子监察系统,不断提高科技防腐的能力和水平。继续坚持和完善工程建设招投标管理制度、严格执行经营性土地使用权和探矿权出让制度、产权交易制度和政府采购制度。从"岗位、科室、单位"三个

层面，认真查找岗位职责、业务流程、制度机制、外部环境等方面可能引发腐败的廉政风险点，制定防控措施，逐步完善廉政风险防控机制。

（六）时刻关注民生，更加坚决地维护人民群众的切身利益

要重点解决征地拆迁、住房保障、食品药品安全等方面涉及民生的突出问题。加强对社保基金、住房公积金和扶贫、救灾救济资金以及其他涉及民生的政府专项资金的监督。加大对惠农政策落实及资金使用情况的监督检查力度，认真解决损害群众利益的问题。深化“小金库”专项治理，推动完善防治“小金库”长效机制。继续清理规范评比达标表彰活动和党政机关举办庆典、研讨会、论坛等活动。要针对中小学收费、公路“三乱”、医疗医药市场、农民负担等方面存在的问题继续开展治理工作。针对土地征用、廉租住房和保障性住房建设、矿山整顿、环境保护、安全生产、文化市场管理等重要领域，认真开展执法监察。健全维护群众权益和化解社会矛盾机制，做好群体性事件的防范和处置工作，纠正损害群众利益的不正之风，切实维护社会和谐稳定。

（七）发挥职能作用，不断改善和优化投资环境

要进一步优化和改善有利全县经济社会发展的投资环境，推进政府、企业和个人三大信用体系建设，不断改进软环境评价体系和机制，保证评价的客观性和公正性。进一步规范向企业收费行为，着力解决吃拿卡要等问题，维护企业的合法权益。继续推进法治政府、责任政府、阳光政府和效能政府建设。积极发挥行政投诉中心作用，对工作中履职不力，造成重大损失和恶劣影响的，要充分利用行政、组织和纪律手段，加大纠正、问责和惩处力度。有针对性地开展民主评议政风行风活动，切实改进方式方法，集中时间、简化程序、提升质量。加大机关作风与效能建设督查力度，对不作为、慢作为和乱作为的要进行严肃处理，不断增强机关工作人员服务意识，全面提高机关的执行力。

（八）维护基层稳定，深入推进农村党风廉政建设工作

要更加注重农村党风廉政建设，着力解决发生在群众身边的腐败问题。县直部门要加强对农村联系点的工作指导，乡镇党委政府要全面了解和掌握本地农村党风廉政建设情况，推动农村党风廉政建设各项工作深入开展。要加强对农村基层党员的反腐倡廉教育，加大党纪法规宣传普及力度。认真落实并不断完善农村民主决策、民主管理、民主监督等各项制度，全面推行“三资”委托代理服务工作，用制度管权、管财、管事，从源头上杜绝“三资”管理中的违纪违法问题。要进一步做好群众工作，建立服务和联系群众制度，加大对损害群众利益行为的问责力度，强化党务、政务、村务公开，充分发挥广大人民群众的监督作用，最大限度地维护群众的根本利益，促进农村社会和谐稳定。

（九）加强自身建设，不断提升纪检监察干部队伍的综合能力

要按照“政治坚强、公正廉洁、纪律严明、业务精通、作风优良”和中央纪委对纪检监察干部提出的“五严守、五禁止”要求，不断加强纪检监察系统的自身建设，着力提高干部队伍整体素质。要深入贯彻落实中央纪委《关于进一步加强和改进纪检监察干部队伍建设的若干意见》，对纪检监察干部严格要求、严格教育、严格管理、严格监督。要强化业务培训，不断优化干部队伍的知识结构，提高执纪执法的综合能力和水平。要强化对派出机构的规范管理，加大优秀纪检监察干部的轮岗培养、交流使用力度，使纪检监察队伍始终保持蓬勃朝气、昂扬锐气、浩然正气，为深入推进全县党风廉政建设和反腐败工作提供坚强的组织保障。

各位代表、同志们，反腐倡廉任务艰巨，使命光荣，责任重大。坚决惩治和有效预防腐败，关系人心向背和党的生死存亡，是我们党必须抓好的一项重大政治任务。让我们在县委的正确领导下，统一思想、提高认识，振奋精神、开拓进取，扎实工作、狠抓落实，以更加坚定的决心、更加坚决的态度、更加有力的措

施,不断开创党风廉政建设和反腐败斗争新局面,为全面完成县第十二次党代会提出的各项目标任务、顺利实施县"十二五"规划、实现松桃科学发展新跨越作出新的更大的贡献!

突出主业主责 强力正风肃纪
为全面建成贵州经济强县提供坚强的纪律保障

——在中国共产党松桃苗族自治县第十二届代表大会第三次会议上的报告

(2015年1月30日)

吴廷友

各位代表,同志们:

现在,我代表十二届县纪委常委会向大会报告工作,请予审议。

2012年以来工作回顾

三年来,特别是党的十八大以来,全县各级纪检监察机关在县委和市纪委的正确领导下,全面贯彻落实中央纪委、省纪委、市纪委全会和县委十二届二次党代会精神,旗帜鲜明反对和惩治腐败,坚持不懈加强作风建设,着力优化发展环境,切实维护群众利益,为全县经济社会后发赶超、跨越发展提供了坚强有力的纪律保障。

一、勤查严惩治贪腐,打虎拍蝇的力度越来越大

坚持有腐必反、有贪必肃、有案必查,始终保持惩治腐败高压态势。

——整合资源增强治腐合力。认真履行组织牵头、协调调度职责,充分发挥反腐败协调小组各成员单位的专业优势,在重大问题和重要案件上加强协调配合,凝聚反腐败斗争的强大合力,推进反腐败斗争向纵深发展。

——保持高压增强惩腐威慑。坚持领导精力向办案集中、机构设置向办案优化、人员力量向办案配强、后勤保障向办案倾斜,为查办案件反腐治标配置优质资源,以零容忍态度查办了一批大案要案,政治效果、社会效果、法纪效果明显,形成了强大震慑。三年来,共立案235件,结案233件,党政纪处分235人,其中乡科级干部47人,移送司法机关25人,挽回经济损失近2000万元。2014年,坚持将案件查办作为"主业"中的"主业"全力抓,共立案106件,结案104件,党政纪处分105人,其中乡科级干部25人,移送司法机关12人,挽回经济损失1200余万元,与上年同期相比,立案数、处分乡科级干部数、移送司法机关数分别增长70.97%、316.7%、500%,实现了数量质量"双提升"。

——持续加压增强严管水平。严格落实从严治党、从严治吏要求,依纪依规逐步加压升格,"小题大做"立案查处了一批习以为常、司空见惯的消极腐败行为、违反八项规定精神行为及群众身边的"小腐败"行为,逐步形成从严要求、从严监管氛围,促进了政治生态清澈明朗。

二、动真碰硬除顽疾,作风建设的鞭子越抽越响

认真落实中央、省、市、县作风建设系列规定,坚持全面检查、专项抽查、集中核查、蹲点督查等方式综合施治，促进干部作风持续转变。

——铁腕治作风。对省、市、县重大项目进行跟踪督查和专项检查，印发工程项目整改督办函37份，对履职不力的76个单位负责人进行问责，96批次通报推进工作不力的单位，以督办实效推动工作落实。加大对不务正业、不在状态、不守规矩干部的问责力度，对不遵守上班纪律的72名工作人员进行问责，分类处理59名“吃空饷”干部职工。巡查314个干群连心室，对存在的问题及时打招呼提醒纠正。

——铁心纠“四风”。开展办公用房、公务用车、楼堂馆所建设清理，腾退办公用房6476.83平方米，清理纠正违规车辆150台，对违规修建楼堂馆所的11名相关责任人进行问责。加大对酒店和娱乐场所、乡镇部门暗访巡查的力度和密度，调查核实100余起疑似公款消费行为，通报了27个单位，问责违规行为209起。

——铁拳整歪风。在乡镇全面推行“廉政食堂”，严格控制并规范约束部门食堂运行，有效遏制了“舌尖上的腐败”。从快从严处理28起干部职工参与赌博、上班时间打麻将和违规操办、参与酒席行为，对45名干部职工违规使用公车进行问责处理，对有违规记录但未达到立案条件的“问题干部”进行跟踪暗访、重点监管。

——铁规树新风。印发干部作风建设暂行规定、“不马上办”情形问责办法、干部作风量化分类管理办法、落实首问责任制问责办法等，推进作风建设常态化、制度化。通过日常监管与节点督查、破解难点与回应热点同抓同管，干部作风明显好转，人民群众对作风建设满意度进一步提升。

三、多措并举强宣教，干部崇廉的意识越来越强

坚持不懈加强党员干部廉洁从政教育，综合运用警醒提示、集中教育、亲情感化等方式，提醒党员干部时刻绷紧廉洁自律之弦。

——集中教育讲廉。三次组织召开大规模廉政教育警示大会，组织开展“百名领导讲廉课”和基层干部廉洁履职巡回宣讲活动，组织项目单位党政主要负责人集中观看警示教育专题片，15800多人次受到教育。

——警示提醒督廉。组织科级党员干部旁听3起贪污受贿案的审理，多次配送、编印、发放警示教育读本、警示教育专题片到乡镇、部门、村组，廉政教育的文字、声音、画面实现了进村入户和乡镇部门全覆盖。

——亲情感化促廉。坚持打好“亲情牌”，深入推进廉政文化进家庭。组织开展“吹枕边风”廉政教育活动，为750余名领导干部家属寄送廉政家信，组织1.2万余名中学生开展“廉政家书”竞赛活动，以“温情教育”和“亲情攻势”促进党员干部廉洁自律、干净干事。

——拓宽载体宣廉。积极营造浓厚的党风廉政建设氛围，扎实推进廉政文化建设，县人民法院、县民族寄宿制中学被命名为贵州省第一批廉政文化建设示范点。充分整合县内宣传资源，组建7个党风廉政建设宣传工作组和9个信息工作站，通过全方位、多渠道宣传教育，党员干部敬法畏纪、遵规守矩成为新常态。

四、顺应民意护民利，人民群众的点赞越来越多

坚持顺应民意、关注民生、维护民利，确保人民群众公平享受改革发展成果。

——畅通渠道集民声。认真受理群众来信来电来访，推进“三访”工作常态化，共受理来信来访来电举报投诉319件次。跟踪督查网民在“网络问政”平台反映问题的整改落实情况，跟踪检查了47个部门回复落实情况，对36个部门主要责任人进行诫勉谈话和提醒谈话。组织开展“政风行风热线”访谈节目17期，回应并办理群众反映强烈的问题60余件。

——纠风治乱护民利。加强惠民政策落实情况的再监督、再检查，纠正了27起乱收费行为，清退违规资金144.74万元，对18名相关责任人进行责任追究；认真开展城乡低保“回查回访”活动，对不符合要求的对象予以取消；对保障性安居工程分配管理进行专项检查，对不符合保障对象条件购买的20套廉租住房予以收回，对不符合住房补贴规定的16万元补贴资金予以清退，对审核把关不严的1名责任人进行责任追究。

——真查实办赢民心。坚持从人民群众反映最强烈的突出问题抓起、从人民群众最盼望的事情做起，严肃查处损害群众利益的腐败案件，三年来共查处违规评定低保、套取惠农资金、私分集体财产等行为的村（居、社区）干部54人。2014年，通过地毯式、拉网式调查核实，对家电下乡补贴、畜牧良种补贴、农机购置补贴执行情况进行再检查，共追缴违规资金760余万元，对违规套取补贴资金的2名家电授权经销商、失职渎职的26名国家干部立案调查，得到群众越来越多的真心点赞。

五、创新机制重监管，权力约束的绳子越收越紧

坚持问题导向、探索创新，拉长短板、完善机制，推进各项工作。

——强化落实抓主责。建立健全领导干部约谈制度、新提拔干部任前廉政谈话等制度，分别约谈乡镇、部门主要负责人137人次，对新提拔的286名党员干部进行任前廉政谈话。印发《关于落实党风廉政建设党委（党组）主体责任和纪委监督责任的实施意见》《松桃苗族自治县纪检监察机关落实党风廉政建设监督责任实施办法》，为“两个责任”提供制度保障和刚性约束。加大“两个责任”落实的督查问责力度，切实增强党员领导干部的政治自觉、责任自觉、行动自觉。

——强化通报抓曝光。健全完善典型案例通报制度，坚持每月有通报、督查必通报、典型案例分类通报，保持通报曝光高频率，向社会释放违纪必究、执纪必严的强烈信号。在松桃网设立专栏，对文风会风、干部作风、落实八项规定精神等通报曝光70余期；开设《执纪监督问责通报》专刊，先后17次对违纪违规行为在全县进行通报；在松桃网、松桃报公开曝光22名干部违反上班纪律的检讨书。

——强化举措抓监管。提请县委印发《关于加强乡科级党政“一把手”监督管理的若干规定》，强化对“一把手”权力运行的监管。建立和完善科级干部廉政档案，印发办理网络问政责任追究办法、勤政廉政提醒制度和首问责任制，大力实施、认真用好纪律检查建议、行政监察建议、函询问责、“一案双查”，督促和提醒各级组织、党员干部闻过则省、闻过则行。

六、聚焦主业壮筋骨，履行主责的基础越夯越实

突出“执纪的再执纪，监督的再监督”，把更严的要求、更严的管理、更严的监督贯穿于纪检监察干部队伍建设全过程，努力打造纪检监察“铁军”。

——学教结合重提升。采取跟班学习、挂职锻炼等方式，组织97人次参加市级以上培训和跟班学习，先后从乡镇、部门遴选15名干部到委局机关跟班学习和挂职锻炼，把纪检监察干部锻造成行家里手。

——重锤猛敲正作风。通过制度监管、个别约谈、集中评议等措施，对新调进纪检监察系统的36名干部进行谈话，约谈乡镇纪委书记83人次，组织开展“四述”评议298人次，对不适宜从事纪检监察工作的2名乡镇纪委委员予以免职，查处1名参与赌博的乡纪委专职副书记，指名道姓通报并调离纪检监察系统，解决“灯下黑”问题。

——聚指成拳抓主业。在保留现行派驻纪检组（监察室）、专职纪检员的基础上，新设立6个纪工委（监察分局），并将部门纪检组纳入县纪委统一管理考核，纪检监察干部提拔任用统一纳入县纪委进行，构建了大纪检监察格局。在全县503个村（居、社区）设立监督委员会，成立27个民生特派组，将县纪委牵头和参与的议事协调机构由68个清理至16个，整合、增设、重组和更名12个内设机构，把不该管的工作交还主责部门，把属于纪检监察的职责牢牢抓在手上，把更多的力量压到主业上来，有效破解了工作发散有余、聚焦不足问题。

过去的三年，全县党风廉政建设和反腐败工作在巩固中深化、在创新中提高，维护和促进了改革、发展、稳定大局，积累了宝贵经验。一是必须坚决贯彻中央、省委、市委和县委的部署，保持政治定力，坚定反腐败斗争的信心和决心。二是必须强化主体责任,层层传导压力,督促各级党组织当好党风廉政建设的领导者、执行者、推动者。三是必须坚持严字当头,教育从严、监管从严、查处从严,以严保廉,以严促廉。四是必须找准职责定位,聚焦主责主业,把力量集中到强化监督执纪问责上来,更好地彰显职能作用。

过去的三年,全县党风廉政建设和反腐败工作取得明显成效,是县委和上级纪委正确领导的结果,是社会各界鼎力支持的结果,是广大党员干部和人民群众积极参与的结果,也是全县纪检监察干部及公检法司等反腐败协调小组成员单位干部职工辛勤努力的结果。在此,我谨代表十二届县纪委常委会,向所有关心、支持、参与纪检监察工作的同志们、朋友们表示衷心的感谢!

党风廉政建设和反腐败斗争永远在路上。在肯定成绩的同时,我们也清醒地看到,当前党风廉政建设和反腐败工作任务依然艰巨,腐败行为在一些重点领域、重点岗位多发频发,一些关键领域甚至出现"系统性"腐败;有的单位落实主体责任力度不大,对党员干部教育监管依然失之于宽、失之于软;有的单位执行中央八项规定精神不坚决、不彻底,进入新常态麻痹迟缓;有的单位纪委、纪检组落实监督责任力度不够,不敢监督、不会监督的问题依然突出;制度建设不完善、制度执行"不带电"的问题依然比较突出,源头治腐任重道远。对此,我们将采取有力措施,切实加以解决。

2015年主要工作任务

当前是深入推进党风廉政建设和反腐败斗争、巩固整治"四风"成果、落实全面从严治党要求的重要阶段和关键时期,做好党风廉政建设和反腐败工作意义重大、责任重大。今年全县党风廉政建设和反腐败工作的总体打算和要求是:认真贯彻落实党的十八届三中、四中全会,十八届中央纪委五次全会及习近平总书记系列讲话精神、十一届省纪委四次全会、市纪委一届五次全会、县委第十二届三次党代会精神,坚定政治立场、保持政治定力,以严明党的政治纪律、政治规矩为重点加强纪律建设,以保持党同人民群众的血肉联系为重点加强作风建设,以打造忠诚、干净、担当的干部队伍为重点加强自身建设,不断提高党风廉政建设和反腐败工作科学化水平,为全面建成贵州经济强县凝聚强大的正能量。

全县各级纪检监察干部要牢固树立"守好主阵地、打好主战役"的政治意识、责任意识、担当意识,抛开一切顾虑,使出浑身解数,全力打好"六大战役",继续把党风廉政建设和反腐败斗争向纵深推进。

一、抓巩固提升,打好作风建设"持久战"

坚持思想教育与制度建设、集中整治与日常监管并重,在改进作风上立新规、使狠劲、求实效,推进党风政风持续根本转变,使作风建设新常态落地生根。

——抓巩固,防反弹。严格执行《松桃苗族自治县干部作风量化分类管理办法(试行)》,防止作风反弹,防止问题隐身。继续加强干部工作纪律执行情况的监督检查,继续整治公款大吃大喝、相互吃请和公车私用等歪风,继续严查党员干部违规收受礼金礼券、购物卡等违纪违规行为,继续巩固国家工作人员违规操办酒席行为治理成果。督促乡镇推进居民滥办酒席行为的治理整顿。

——出重拳,克顽疾。及时提醒纠正唱空城计搞走读、庸懒散慢推拖等行为,从严从快查处利用职务之便优亲厚友、损害群众利益等行为,坚决查处吃拿卡要、参与赌博等行为,纠正和查处执法过程中自由裁量失准、滥用执法权等行为,督促相关部门彻底清理长期不上班、离岗经商以及受降薪降级处分、司法处理后仍未办理工资手续的国家公职人员。所在单位党员干部受到问责的,除追究当事人责任外,还要追究单位主要负责人、监管责任人的责任。

——重规矩,严纪律。加强党的纪律建设,维护党的集中统一。监督检查党员干部执行党的纪律情况,纠正和查处不请示不报告、组织涣散、纪律松弛等行为,以及省委巡视组反馈的问题、党的群教活动中查摆出的“四风”问题;深化“三个开刀”“不合格党员”专项整治行动,凡违反纪律规定的,发现一起、查处一起,绝不姑息,使党的纪律真正成为带电的高压线。加强对各级各部门履行职责、兑现承诺情况和攻坚克难、突破重点情况的监督检查,严肃查处为官不为、干部不干等行为。

二、抓预防警示,打好廉洁教育“防御战”

坚持把党风廉政教育作为一项长期任务和常规工作来抓,创新教育载体、丰富教育内涵,强化针对性,提升实效性,促使党员干部遵规守纪内化于心、外化于行。

——强化党风廉政教育。坚持廉政谈话制度,对重点岗位和新提拔干部开展廉政教育。建立领导干部讲廉课长效机制,加强党员干部的党性党纪党规教育。加强特殊干部群体的监管。加强村(居、社区)干部廉政警示教育,规范村(居、社区)干部履职行为。运用反面典型,制作警示教育专题片,组织开展现身说法教育。

——强化廉政文化建设。编印发放廉政知识小读本,加强对违规违纪行为的提前预警,尽量将问题和苗头遏制在萌芽、防止在初始。丰富廉政文化活动载体,大力开展廉政文化进机关、进学校、进农村、进家庭、进社区、进企业、进景区、进医院活动,发挥廉政文化的熏陶和引导作用。制作一批廉政公益广告,不断增强廉政文化的吸引力、感染力、渗透力。

——强化党风廉政宣传。注重宣传策划,坚持走常态化、品牌化、群众化、立体化、制度化的路子,充分利用各类媒体平台,加大宣传力度,传递好声音和正能量。创新宣传方式,建立县纪委监察局微信平台,组织开展党风廉政建设和反腐败工作满意度测评。

三、抓源头治腐,打好权力制约“监督战”

坚持巩固深化、规范提高、务求实效,健全系统化的权力运行监督制约机制,扎扎实实推进源头治腐。

——深化惩防体系建设。进一步落实党风廉政建设主体责任和监督责任,及时分解工作任务,明确工作责任,加强任务落实情况的跟踪督查。继续开展廉政风险防控工作,根据不同岗位制定切实可行的防控措施。开展“民心党建”专项督查,推动党委(党组)“一把手”实打实落实党建工作责任。

——完善监督管理机制。完善公务接待“三单”制度、公车管理制度,规范“三公”经费运行。完善村(居、社区)务监督委员会工作机制,充分发挥监督职能。深入推进农村党风廉政建设,加强对村干部和集体“三资”监管。推动乡镇党风廉政建设责任制向村(居、社区)延伸,健全县、乡(镇)、村(居、社区)三级责任体系和联动机制。

——开展源头预防检查。严格执行工程项目备案制度,开展工程领域专项督查,重点对发改、国土、住建、交通、水务等职能部门履职情况的再监督。严格执行乡科级党政“一把手”监督办法,对落实情况开展监督检查。开展党务、政务、厂务、村务、校务公开专项检查,坚决纠正、查处公开不及时、假公开和不公开行为。

四、抓民生监督,打好群众利益“保卫战”

加大民生项目建设的专项检查、执法监察、审计监督力度,确保民生资金用到刀刃上,用到最需要的群众身上。

——推进民生特派有序开展。以维护民利、保障民生为中心,构建“公开、透明、规范、完善”的民生资金监管体系,在部门、乡镇、村居、学校、医院各选择1至2个单位创建示范点。坚持每个季度开展一个专项检查,强化问责问效、纠偏治乱,严肃查处失职渎职、滥用权力等行为。

——解决民生领域突出问题。加强对公共服务项目、社保基金、扶贫救灾救济等专项资金、物品执行情况的再检查,认真解决教育医疗、食品药品、环境保护、交通水利等方面群众反映强烈的突出问题,对与民争利、侵占群众利益的行为发现一起，重处一起。

——强化惠民政策执行落实。继续深入开展政风行风评议活动，提高职能部门服务能力和水平。加强对职能部门落实惠民政策情况的监督检查，严肃查处贪污、挪用、截留惠民资金的行为，确保各项惠民资金落实“零误差”“无折扣”，实实在在改善和保障民生。

五、抓案件查办，打好肃贪惩腐“攻坚战”

始终保持惩治腐败高压态势，坚持有案必查、有腐必惩，做到有群众举报的及时处理，有具体线索的认真核实，违反党纪国法的严肃查处。

——突出办案重点。以十八大后不收敛不收手、问题线索反映集中、群众反映强烈的党员干部为重点，严肃查办发生在领导干部中插手工程建设、土地出让、侵吞国有资产和买官卖官、以权谋私、腐化堕落、失职渎职的案件，严肃查办严重损害群众合法经济权益、政治权益、人身权益的案件，不管涉及什么人，不论权力大小、职位高低，只要触犯党纪国法，都要严厉惩处，绝不姑息。把违反政治纪律、组织纪律等行为作为审查重点，依规惩处转移赃款赃物、搞攻守同盟、对抗组织审查的行为。对省委巡视组交办、上级交办和领导批示件，快查快结，确保件件有着落。

——强化办案措施。规范案件线索管理，通过信访举报、交叉接访、明察暗访、专项检查等方式，广泛收集案件线索并调查核实，对反映失实的及时澄清，对诬告陷害的追究责任，对证据确凿的严肃处理。充分发挥反腐败协调小组职能，强化协调联动，定期召开联席会议，实现案件信息互通、共享，形成案件查办的整体合力。推行“统一指挥、靠前指挥，异地交叉、组团派驻”的办案模式，推动上下协作、部门参与、资源共享。

——注重办案实效。强化依纪依法安全文明办案，严肃办案纪律，规范办案程序、提高办案质量。继续开展以案说法、以案说教等活动，用身边事教育身边人。查案中既要注意查清查实违纪违法事实，也要注意澄清事实、还原真相。对敢于担当、工作失误的干部，坚持宽严相济，挽救和保护干部。严格落实“一案双查”制度，地方或单位发生严重顶风违纪行为、严重腐败案件的，严肃追究领导责任。

六、抓队伍监管，打好自身建设“主动战”

深化转职能、转方式、转作风，用更严的要求、更高的标准打造纪检监察队伍。广大纪检监察干部要适应新形势、领会新要求，以铁的决心、铁的纪律监督执纪问责。

——深化三转“聚力”。认真履行党章和行政监察法赋予的职责，敢于担当、敢于监督、敢于碰硬，坚决同不正之风和腐败行为作斗争。继续开展纪检监察系统“三转”工作专项检查，进一步优化内设机构和人员配置，强化监督执纪问责力量，不断提升履行主业主责的水平。

——提升素质“强兵”。进一步完善学习、培训制度，采取“请进来”“走出去”方式，推行全员办案、交叉办案、联合办案制度，坚持跟班学习、挂职锻炼等办法，提高纪检监察干部业务能力。

——严管干部“净身”。重点围绕纪检监察干部遵规履职实施监管，对不敢抓、不敢管、不作为、乱作为的，该调整的调整、该撤换的撤换、该查处的查处，用铁的纪律淬炼一支忠诚、干净、担当的纪检监察队伍，努力为深入推进党风廉政建设和反腐败斗争作出新贡献。

各位代表，同志们，干部清正、政府清廉、政治清明，干部关心，群众关注，社会期盼。让我们在县委和市纪委的坚强领导下，以更加坚定的信心、更加坚决的态度、更加有力的举措，夺取党风廉政建设和反腐败斗争新胜利，为全面建成贵州经济强县提供坚强的纪律保障。

准确运用四种形态 推进全面从严治党
为决战决胜脱贫攻坚提供坚强的纪律保障

——在中国共产党松桃苗族自治县第十三次代表大会上的报告

(2016年10月25日)

夏学文

各位代表,同志们:

现在,我代表十二届县纪委常委会向大会作工作报告,请予审议。

工作回顾

县第十二次党代会以来,在县委和市纪委的正确领导下,全县纪检监察机关认真履行党章赋予的职责,聚焦中心任务、推进改革创新,大力正风肃纪、坚决惩治腐败,全县党风廉政建设和反腐败工作持续向前健康发展,为松桃经济社会跨越发展、后发赶超提供了坚强有力的政治保证,较好地实现了党风廉政建设与经济社会发展的良性互动。

一、持续发力加压,"两个责任"落地生根

层层传导压力,倒逼责任落实。打通责任落实"最后一公里",构建了权责对等、科学规范、完整闭合的责任链条。列明、列细"两个责任"清单,做到责任内容具体明确、责任边界清晰可辨、责任追究有据可依。县委率先落实主体责任,督促各级各部门印发落实"两个责任"具体办法,组织各乡镇、部门主要负责同志述责述廉。县委主要领导模范履行第一责任人职责,重要工作亲自部署、重大问题亲自过问、重点环节亲自协调、重要案件亲自督办。加大对"两个责任"落实不力的问责力度,共对82名党员领导干部进行了责任追究,各级各部门落实主体责任的意识明显增强。

严明政治纪律,确保政令畅通。强化纪律刚性约束,严格执行"五个严禁、十七个不准、五个一律"规定,抽查核实了领导干部个人有关事项报告情况,严肃查处了一批违反政治纪律和政治规矩的行为。如,瓦溪乡原乡长孙洁明私自更改组织决定等,受到撤销党内职务、行政撤职处分;在第九届村居两委换届选举中,原蓼皋镇南门社区李云其因违反选举规定拉票贿选,受到开除党籍处分;普觉镇西门坎村党代表莫世成在参加县十二届三次党代会期间,不守纪律、不讲规矩,受到党内警告处分等。加大对县十二次党代会决策部署落实情况、"十二五"规划落实情况再监督再检查力度,确保县委政府决策部署落实到位。

二、坚持严肃执纪,高压态势持续强化

畅通信访渠道。全面优化信访举报受理和处理方式,着力提高信访件办理质量,确保"件件有着落、事事有回音"。五年来,本级受理群众来信来访举报557件,上级转交办共677件,已办结1095件,正在办理139件。加强对网民在"网络问政"平台反映问题整改落实情况的跟踪督查,累计督查了147个(次)部门回复落实情况,对不按要求回复的部门进行了问责处理。

严格纪律审查。强化反腐败协调小组统筹协调职能,细化案件移送、通报、配合制度。加大对省委巡视组转交办问题线索的核查力度，全面办结省委巡视组转交办问题线索。坚持零容忍、全覆盖，持续强化惩贪肃纪的高压态势。五年来，共立案729件，党纪政纪处分703人，其中乡科级干部142人、一般干部268人，移送司法机关32人，挽回直接经济损失4743万元。先后查处的徐某某、成某某、许某某、曹某某等一批严重违纪违法案件，对腐败分子形成强力震慑，进一步增强了“不敢腐”氛围。

转变执纪方式。正确运用“四种形态”，在27个乡镇建立了教育谈话室并投入使用，全面启动约谈预警机制，严防小病养成大患。综合运用预防提醒谈话、询问示警约谈、纠错诫勉约谈、问责处分约谈处理方式，及时预防提醒、教育震慑、警示纠偏，共约谈了2352人次，其中预防提醒谈话2032人次、询问示警约谈31人次、纠错诫勉约谈143人次、问责处分约谈146人次。建立以案促改、以改促建工作机制，根据个案暴露出的系统性、制度性问题，及时提出监察建议并督促主责部门加以整改。

三、夯实民生基础，切实维护群众利益

着力解决热点难点问题。建立完善涉农电子监管平台，加大对惠民政策落实情况的监督检查力度和密度，全面提升涉农网络监管能力。针对群众反映强烈的热点难点问题，先后组织开展“政风行风热线”访谈节目17期，在线解决疑难问题60余件。组织开展股长大评议2次，以评促纠、以评促进，提升工作效率。牵头开展了“向在党政机关找不到熟人办不成事开刀”专项整治活动，对57名党员干部不作为、慢作为、乱作为行为进行党政纪处理。

聚力推进民生专项监察。健全民生监督机构，成立27个民生监督组，整合村务监督委员会成员，织密民生监督网。扎实开展民生领域整治铸廉三年行动，聚焦民生领域项目、资金，深挖问题线索。自民生监督工作启动以来，组织开展了农机购置补贴、家电下乡补贴、学生资助金、村级民生事务、农村人畜饮水等11项专项监察，共立案456件，办结394件，党政纪处分442人，移送司法机关28人，挽回直接经济损失4161万元。

建章立制促进长效监管。加强民生监督规范化建设，推进民生监督痕迹化管理，对民生项目、民生资金问题线索排查、调查核实、问责处分、督促整改等环节进行严格规范。督促民政部门制作2127块阳光村务“白黑板”，对村级民生事务进行公示公开，主动接受群众监督。严把民生案件质量关，对每个民生案件都进行深刻剖析，提出整改建议并督促有关部门整改落实。不定期组织民生监督组开展回头看，通过回查回访倒逼主责部门整改，达到以监督促监管、以整改促长效的目的。

四、持续正风肃纪，纪律约束刚性有力

立足常态长效，抓好建章立制。建立县委巡察工作制度，成立县委巡察工作组，正式启动第一轮巡察工作。印发并严格执行《关于加强对乡科级党政“一把手”监督管理办法》，明确规定了“一把手”五不直接分管，增强对“一把手”权力运行的监管。建立党员干部廉政档案大数据监管平台，实现对乡科级党政领导干部廉政情况动态管理和预警管理。积极探索干部作风长效机制建设，印发并强势推行《松桃苗族自治县作风量化分类管理办法》，干部职工累计213人(次)被纳入重点管理。建立项目廉政档案管理制度，在建项目廉政档案建设基本实现全覆盖。

突出重点整治，强化监督检查。对领导干部违规插手干预工程建设、领导干部配偶子女经商办企业、违规操办酒席、上班时间打麻将、公款旅游等行为进行大治理、大整顿。对全县办公用房、公务用车、补贴奖金等情况进行集中清理，共腾退办公用房6476.83平方米，处理超标超编公务用车122辆，清理滥发补贴奖金7986万元。在乡镇建立廉政食堂，严格控制并规范管理部门食堂。协助县委开展党风廉政建设突出问题集中专项整治，全县各级党员干部主动报告问题1056人次，约谈党员干部926人，11名党员干部主动上交违纪所得6.86万元。

坚持动真碰硬，严肃查处曝光。认真贯彻落实中央八项规定、省委市委十项规定精神，县委印发“五要七带头”、厉行节约反对浪费“四不准”规定，以及党政机关事业单位公务用车管理办法。紧盯重要节点、关键时间，从严查处违规公款吃喝、公款旅游等顶风违纪问题。严防死守公路、学校等关键路段和关键场所，通过明察暗访、蹲点守候、调阅视频等方式，对公车私用行为进行查处；采取暗访巡查、调阅消费记录等方式，先后深入酒店、山庄、会所等地开展监督检查，对510余人次进行问责处理，其中通报批评192人、提醒约谈189人、党政纪处分138人。

五、狠抓宣传造势，廉洁氛围更加浓厚

坚持以案说教、以案预警，强化典型示范教育和反面警示教育作用，组织领导干部深入乡镇、部门讲廉课290余场次，接受廉政教育干部职工8700多人次。组织乡科级领导干部到法院参加旁听17次庭审，1500余人次接受现场教育。利用县委党风廉政警示教育基地、基层民生监督警示教育基地、教育系统警示教育基地开展警示教育活动200余场，累计1.8万余人次接受教育。组织开展宣布纪律处分同步开展警示教育112场次。制作警示教育专题片《贪之祸》《楠竹苗上的蛀虫》《任性的代价》《深山馋鼠》，增强警示教育的针对性、实效性。注重党风廉政建设宣传工作，在各大主流媒体刊载3800余篇外宣稿件，向社会广泛传递了松桃党风廉政建设最强音。

六、从严监督管理，执纪底气逐渐增强

深化体制改革，聚焦主责主业。以纪律检查体制改革为落实“三转”的切入点，将县纪委牵头和参与的议事协调机构由68个缩减至16个，整合、增设、重组和更名12个内设机构，把不该牵头或参与的工作交还给主责部门。成立了6个派出纪工委监察分局，在保留原有32个派驻纪检监察机构的基础上，新设置了18个派驻纪检监察机构，实现了派出派驻机构全覆盖和人财物全面统管。积极推进乡镇纪检监察体制机制改革，严格落实“两个报告”“两个为主”，印发并严格执行提名考察办法。县委对纪检监察干部高看一眼、厚爱一分，在同等条件下对纪检监察干部的提拔任用优先考虑，五年来共提拔纪检监察干部到系统内外任职66人，平级交流任职22人。

突出学思践悟，提升能力水平。建立健全纪委班子集体学习、机关支部例会学习、干部职工分散学习等制度，5次召开全县纪检监察干部业务技能培训，受训人员达790余人次。采取跟班学习、选派培训、挂职锻炼等方式，组织参加市级以上培训117人次。编印《学思践悟——清风松桃》系列“口袋书”，发放至纪检监察干部手中学习。扎实开展党的群众路线教育、“三严三实”专题教育、“两学一做”学习教育等活动，逐条学习了“两条例一准则”等党纪党规，纪检监察干部的能力水平明显提升。

坚持严管厚爱，打造纪检铁军。在开展群众路线教育、“三严三实”专题教育活动中，先后两批次对委局机关全体干部、168名乡镇纪委委员、496名村级民生监督员、1497名村务监督委员会成员进行谈心谈话。制定纪检监察干部“十要十不”行为规范，全员签订责任承诺书。加强纪检监察系统内部监督，严防“灯下黑”，不怕丢丑、绝不护短，提醒、诫勉纪检监察干部26人，党政纪处分4人，调离纪检监察系统3人。

各位代表、同志们：五年的历程极不平凡，五年的成绩来之不易。这些成绩的取得，得益于县委的坚强领导、以上率下；得益于全县各级党组织顾全大局、齐抓共管；得益于党员干部群众鼎力支持、积极参与；得益于全体纪检监察干部担当作为、迎难而上。在此，我代表第十二届县纪委常委会，向所有关心、支持、参与我县党风廉政建设和反腐败工作的同志们、朋友们，表示衷心的感谢和崇高的敬意！

在看到成绩的同时，我们也清醒地认识到工作中还存在一些问题和不足：有的单位对落实全面从严治党的紧迫性认识不足，主体责任落实力度不够；有的党员干部对纪律规定仍然置若罔闻、顶风违纪，不作为、慢作为、乱作为现象依然存在；有的党员干部执行纪律规定要求不彻底，心存侥幸，接受监督的意识不强;有的基层党员干部不主动公开村级民生事务,侵害群众利益的问题仍有发生;有的纪检监察干部知识结构不够完善,分析问题、研究问题、解决问题的能力不足,等等。以上情况表明,全面从严治党任务依然艰巨,必须持续保持高压态势,久久为功,坚定不移地将党风廉政建设和反腐败斗争引向深入。对这些问题,我们必须高度重视,采取有力措施,切实加以解决。

基本经验

回顾五年来的工作,我们始终注重吃透上情、把握县情,既努力在思想认识、责任担当、方法措施上跟上党中央、省、市的部署和要求,又紧密结合我县实际创造性地开展工作,有力推动了党风廉政建设和反腐败斗争的深入发展,初步探索了独具特色的工作路子,积累了一些基本经验,主要有:

(一)推进全面从严治党,必须坚持聚焦主业与服务发展相统一。各级党组织要从思想上高度重视,把党风廉政建设和反腐败工作放在全局中谋划部署,形成与经济社会发展相互促进、良性互动。全县各级纪检监察机关自觉把纪检监察工作摆在党委政府中心工作中,为推进"五县五化"发展提供了有力保证。实践证明,只有紧扣全县发展大局,加大问责问效力度,才能更加有力地彰显保驾护航职能作用,推动全县经济社会跨越发展。

(二)推进全面从严治党,必须坚持依规治党与以德治党相统一。坚持依规治党和以德治党,是落实党要管党、从严治党的鲜明特色。为政以德,正心修身。领导干部如果在德上出了问题,必然导致纲纪松弛,走向腐败。从近年来查处的腐败案件看,一些领导干部破纪破法,根本问题都是出在"德"字上。规矩是"表",需要他律;品德是"里",需要自律。只有他律与自律相结合,才能发挥礼序家规、乡规民约的教化作用,成风化人,夯实全面从严治党的根基,营造"不想腐"氛围。

(三)推进全面从严治党,必须坚持力度不减与节奏加快相统一。当前,党风廉政建设和反腐败斗争压倒性态势正在形成,但形势依然严峻复杂。全面从严治党仅仅是开了个头,任重而道远。五年来,全县各级纪检监察干部始终保持坚强政治定力,立足当前、谋划长远,认准正确方向,踩着不变的步伐,以顽强的毅力和不屈的韧劲,一步步把党风廉政建设和反腐败斗争引向深入。面对新形势、新任务,只有不动摇、不松懈,坚持力度不减、节奏加快,才能取得党风廉政建设和反腐败斗争新胜利。

(四)推进全面从严治党,必须坚持夯实主责与强化督责相统一。主体责任是党章赋予各级党组织的基本职责。党风廉政建设和反腐败斗争是全党的工作,光靠党委(党组)抓不行,仅靠纪委(纪检组)抓也不行,必须落实各级党委(党组)全面从严治党的政治责任,强化责任担当。过去的五年,全县各级党组织和纪检监察机关创新机制、改进方法,一抓到底、全面铺开,先从县级层面抓起,延伸至村居社区,以上率下,一级抓一级,层层传导压力,推动形成全党动手一起抓的生动局面。

(五)推进全面从严治党,必须坚持惩前毖后与治病救人相统一。惩前毖后、治病救人,是党从丰富的实践经验和深刻的历史教训中总结出来的,党委和纪委在干部工作和执纪审查中要充分体现这个一贯方针。五年的工作实践中,全县各级党组织和纪检监察机关积极践行"四种形态",把握好"树木"与"森林"的关系,治"病树"、拔"烂树"、护"森林"。树立纪严于法、纪在法前、纪法分开的理念,克服陈旧观念、惯性思维,以纪律为戒尺,依纪监督、从严执纪,真正把纪律立起来、严起来,执行到位。

未来五年的工作打算

未来五年,我县党风廉政建设和反腐败工作的总体要求是:高举中国特色社会主义伟大旗帜,以邓小平理论、"三个代表"重要思想、科学发展观为指导,深入贯彻落实习近平总书记系列重要讲话精神,牢固树立“四种意识”,保持坚强政治定力,坚持全面从严治党、依规治党,认真履行党章赋予的职责,聚焦监督执纪问责,深化标本兼治,创新体制机制,强化党内监督,把纪律挺在前面,持之以恒落实中央八项规定精神,着力解决群众身边的不正之风和腐败问题,坚决遏制腐败蔓延势头,不断推进党风廉政建设和反腐败斗争取得新成效,为决战决胜扶贫攻坚提供坚强的纪律保障。

各级党组织和纪检监察机关必须全面把握党风廉政建设和反腐败斗争面临的新形势、新任务,切实增强责任感、使命感,深入推进党风廉政建设和反腐败斗争,重点做好以下七个方面的工作:

第一,严纪律,明规矩,全面加强党的纪律建设。坚持把严明政治纪律和政治规矩摆在首位,深入开展纪律教育,引导党员干部坚守底线,牢固树立党章意识。严肃查处违反党章党规党纪的行为,坚决维护党章权威。继续深化纪律建设,深入学习贯彻《中国共产党廉洁自律准则》《中国共产党纪律处分条例》《中国共产党问责条例》《中国共产党巡视工作条例》等,促使党员干部将党规党纪内化于心、外化于行。进一步加强对政治纪律执行情况的监督检查,加大对县第十三次党代会的决策部署、“十三五”规划落实情况的监督检查力度,加强对全面从严治党、全面深化改革、全面依法治国、全面建成小康“四个全面”贯彻落实情况的监督检查,确保上级党委、纪委和县委政府的决策部署落实到位。健全干部激励保障和容错免责机制,旗帜鲜明地为干事创业者撑腰鼓劲,引领党员干部守土有责、守土尽责。

第二,勤监督,严问责,全面夯实管党治党责任。不断夯实“两个责任”。各级党委(党组)要切实履行管党治党的政治责任,坚持把全面从严的要求落实到党的建设各个领域、各个方面,逐级压实主体责任。党委(党组)书记要认真履行好第一责任人的责任,对党负责,对本地区本部门政治生态负责,对干部健康成长负责,层层传导压力,确保责任落实;各级纪委(纪检组)要全面履行党章赋予的职责,聚焦主责主业,强化监督执纪问责,对党的领导弱化、党的建设缺失、全面从严治党不力、维护党的纪律不力、推进党风廉政建设和反腐败工作不坚决不扎实、“四风”和腐败问题多发频发的地区和部门,严格实行“一案双查”,以问责追究倒逼责任落实。要加强派驻监督工作,充分发挥“派”的权威和“驻”的优势,加强对派驻单位和联系部门的监督。要深化乡(镇、街道)纪律检查体制改革,加强对同级党委的监督。要建立健全党委巡察制度,坚持问题导向,紧扣“六大纪律”,紧盯重点人、重点事、重点问题开展专项巡察。强化结果运用和问题整改,压紧压实被巡察党组织主体责任,将巡察结果和整改情况作为干部考核评价、选拔任用、奖励惩处的重要依据,充分发挥巡察震慑、遏制和治本功能。坚持用制度治党、管权、治吏,健全完善惩治和预防腐败体系,扎紧、织密制度笼子。

第三,纠“四风”,治顽疾,全面巩固深化作风建设。常态化推进正风肃纪。坚持抓常、抓细、抓长,密切关注不正之风的新动向、新表现,坚持以上率下,盯住“关键少数”,对不收手、不知止,隐形变异、顶风违纪等行为露头就打、从重处理。对在执纪审查中发现的“四风”问题线索,要深挖细查、绝不放过。充分运用新媒体、新技术,创新网络监督平台,推进新闻媒体监督,鼓励群众实名举报,调动群众参与监督的积极性。加强部门协作和上下联动,扎实开展明察暗访。进一步发挥村(居)务监督委员会的作用,形成立体式监督网络。建立健全改进作风的长效机制,以刚性的制度约束和严格的制度执行,促进党风政风全面好转。

第四,抓民生,护民利,全面深化基层党风廉政建设。巩固深化民生监督工作,扎实推进基层党风廉政建设。把查处侵害群众利益的不正之风和腐败问题作为重要任务,围绕大扶贫战略行动的实施,针对问题线索比较集中、群众反映强烈的突出问题,紧盯重大民生工程和民生项目,精准发力,全面出击,严肃查处违反群众纪律、损害群众利益的问题。畅通群众信访举报渠道,严肃查处打击报复检举的行为,探索让群众代表参与侵害群众利益问题线索的核查机制。加强村(居)务监督委员会建设,推动科学民主决策，凡涉及经济社会发展全局的重大事项、涉及群众切身利益的重要改革方案和重大项目安排，都要在决策前广泛征求群众意见，并进行廉政风险评估。

第五，悬利剑，敢亮剑，全面强化纪律审查工作。加大纪律审查力度，转变纪律审查观念，坚持挺纪在前，抓早抓小、动辄则咎。践行"四种形态"，深入开展"大约谈"，让咬耳扯袖、红脸出汗真正成为常态；转变纪律审查方式，对涉嫌犯罪的及时移送司法机关；突出纪律审查重点，从严从重处理党的十八大后不收敛不收手的干部、问题线索反映集中、群众反映强烈的干部，盯紧现在重要岗位且可能还要提拔使用的领导干部，充分释放"越往后执纪越严"的信号。健全纪律审查机制，充分发挥反腐败协调小组作用，进一步完善腐败案件审查和组织协调机制。拓宽和畅通群众信访举报渠道，健全完善线索处理机制，着力提升处置质量。加强案件审理工作，不断提高执纪审查质量。严明审查工作纪律，全面落实纪律审查安全工作责任制，确保依规依纪安全文明开展纪律审查工作。

第六，抓宣传，铸品牌，全面传播廉洁种子。巩固党风廉政建设"大宣传"格局，统筹整合宣传力量和资源，发挥网站、微信等现代媒体作用，传播正能量。坚持正确的舆论导向，深入开展党风廉政教育活动，把执行廉洁自律准则作为改进作风的重要抓手，引导党员干部继承和发扬党的优良传统和作风，自觉培养高尚道德情操，坚决抵制各种不良风气。注重文化引领，大力弘扬中华民族优秀传统文化，深入挖掘红色文化、民族文化等资源，汲取家规家风、村规民约中的精华，切实加强警示教育基地建设，打造清风松桃廉政文化品牌，以优良的党风带动社会风气持续好转。

第七，激活力，提能力，全面增强整体素质。严格执行"三个提名"考察办法，扩大选人用人视野，加大干部交流力度，优化队伍结构。积极探索发挥各级纪委委员作用的有效途径，促进纪委决策的民主化、科学化。加强纪检监察干部思想政治建设，不断增强政治意识、大局意识、核心意识、看齐意识。持续深化"三转"，继续开展"大培训""大练兵"。充实优化纪律审查人才库，开展以案代训、实战练兵，切实增强办案能力。健全内部监督制约机制，严格工作程序和业务流程，加强对重要岗位和关键环节的监督。充分发挥干部监督机构作用，对执纪违纪、以案谋私的，发现一起查处一起；对不作为、不善为、慢作为的，要及时批评教育、督促整改；造成严重后果的给予组织调整、纪律处分，切实解决"灯下黑"问题，努力打造一支忠诚、干净、担当的执纪铁军。

各位代表，同志们：推进全面从严治党，尚需砥砺前行，让我们在县委和市纪委的正确领导下，坚持绝对忠诚的政治品格、坚持高度自觉的大局意识、坚持极端负责的工作作风，以舍我其谁的责任担当，做到管党治党上不放松、问责巡察上不懈怠、正风肃纪上不停步、惩治腐败上不手软，为脱贫攻坚、同步小康提供坚强的纪律保障！

(二)历届纪委全会工作报告选登

深入推进党风廉政建设和反腐败斗争
为“五县五化”战略实施提供纪律保障

——在中国共产党松桃苗族自治县第十二届纪律检查委员会第三次全体会议上的工作报告

(2014年2月19日)

邹龙兴

各位委员、同志们:

现在,我代表十二届县纪委常委会向第三次全体会议作工作报告,请予审议。

一、2013年工作回顾

过去的一年,在县委和市纪委的领导下,县纪委常委会团结带领全县纪检监察干部,围绕中心、服务大局,围绕民生、履行职责,围绕热点、注重监督,围绕作风、提升素质,把“三个及时跟进、四个坚持强化、五个务实推进”的工作思路贯穿于全年工作始终,以纪督政、以纪促政、以纪促廉,巩固和发展了风清气正的政治生态环境。

(一)加强监督检查,确保政令畅通。加强对各级各部门是否及时传达学习重要会议精神、分解责任任务、报告学习情况等的督查,提醒和纠正了个别地方和部门贯彻会议精神行动慢、图形式等情况。《贵州省党员干部政治纪律“十严禁”》印发后,提请县委及时印发了贯彻意见,并加强对全县各级党员干部遵守情况的跟踪督查。印发了《关于严肃第九届村级党组织和村(居)民委员会换届选举工作纪律的通知》,提出了“三个严禁、十六个不准、五个一律”的纪律要求,对蓼皋镇南门社区李某某、平头乡平土村杨某某等贿选行为及时进行查处,对长兴堡镇白果村、太平营乡巴罗村村委换届程序违规的问题及时进行了调查核实和纠正。牵头组织相关部门对安全生产、计划生育等重点工作开展督查17次,对列入市、县绩效目标考核的67个重点项目推进情况开展督查96次,及时通报存在的问题,提出了整改要求。对部门和乡镇落实群众在“网络问政”平台反映问题办理情况进行跟踪督办,对落实不力的24件投诉责任单位主要领导进行了约谈。对各级党员领导干部履行“一岗双责”情况进行督查,牵头开展了落实党风廉政建设责任制工作考核。

(二)开展廉洁教育,做到预防在先。牵头组织召开了副科级以上党员干部600余人参加的警示教育大会,组织交通、供电等部门干部职工开展警示教育活动12次,组织新提拔领导干部70余人旁听受贿案审理,选择县内违纪违法反面典型案例编印《警示教育读本》发放到各级各部门组织学习,上门开展岗位廉政教育11次,协助人事等部门对200多名新增事业人员开展了岗前廉政教育。组织开展了120余场次“讲廉课”活动,8000余人接受了教育;牵头举办了“学习党章、廉洁奉公”廉政知识抢答赛、廉政书画剪纸比赛和“坚决反对腐败,建设廉洁政治”主题征文活动;督促党政机关和事业单位在办公场所醒目位置设置廉政格言警句、书画等,督促乡镇在农村制作廉政文化墙。创建、命名了42个“六进六增”示范单位。对乡镇、部门新进人员和岗位调整人员重新查找廉政风险点,制定了防控措施,将廉政风险防控工作向村(居、社区)延伸,全县村(居、社区)干部共查找廉政风险点1.1万余个,建立防控措施1.1万余条。

（三）推进厉行节约，狠刹铺张浪费。中央八项规定、省委十项规定、市委十项规定和中央纪委关于坚决刹住中秋国庆期间公款送礼等不正之风等规定印发后，及时提请县委印发了改进工作作风密切联系群众“五要七带头”规定，县纪委印发了《关于改进工作作风、推动落实、加强廉洁自律“五个严禁、五个坚决查处、七个一律停职待查”的规定》，对全县党员干部遵守相关规定提出了明确要求。通过明察暗访、实地查看等方式，对公款大吃大喝情况开展了督促检查，共检查酒店、山庄、会所等150余家（次）；采取调阅票据等方式，对乡镇、部门“三公”经费支出情况进行了抽查，对长坪乡、县疾控中心违规发放津补贴和奖金行为进行了纠正。推进“廉政食堂”建设，乡镇公务接待费用同比下降30%以上；对县直部门单位食堂管理情况进行了检查，及时纠正了个别部门用公款补贴职工餐费问题。加强公务用车管理，及时提请县委政府印发了《党政机关事业单位公务用车管理实施办法》，严格控编控购，统一张贴标识，在节假日和重要节点时段专项检查10批次，对县疾控中心唐某某、冷水溪乡滕某某等5起公车私用和违规驾驶公车行为进行了查处。开展了公务用车超编、超标配置清理，对超标准配置公车及运行情况进行了督查。

（四）强化专项治理，切实维护民利。牵头开展对保障性安居工程建设和分配管理情况进行督查，收回不符合保障对象条件购买的廉租住房20套，对不符合规定领取的16万元住房租赁补贴资金予以清退，对审核把关不力的1名责任人进行了责任追究。会同合医部门对新农合补偿人次、金额进行核查。组织民政部门开展城乡低保“回查回访”活动。会同教育、物价部门对教育收费和营养改善等政策执行情况进行监督检查，责令清退违规教育收费50.91万元。组织相关单位对国有建设用地、重大项目建设资金拨付情况进行监管，督促相关部门对5宗问题土地、10个重点工程建设BT项目进行限期整改。在11个县部门开展“股长大评议”活动，在乡镇中心校、卫生院、安监站、社保所开展民主评议行风工作，开展“政风行风热线”访谈11期，为群众答复热点问题50个。牵头对各乡镇、各部门“收支两条线”、政府采购执行情况和“小金库”治理进行专项检查，共追缴截留非税收入3000余万元。会同政法部门严厉打击“三强”行为，依法查处责任人23人。

（五）突出案件查办，惩治违纪违法行为。在完善受理群众来访、来信和电话举报制度的基础上，在松桃网开通了“纪委书记信箱”。坚持领导接访、走访、回访，组织开展信访举报案件初查“百日攻坚”活动，对在规定时间内未初查完毕的17件群众来信来访实行挂牌督办、台账管理、办结销号。坚持依纪依法安全文明办案，实现了全年办案安全“零事故”目标。坚持实名举报的、匿名举报线索清楚的、上级交办的案件必查，共受理群众来信、来访、来电举报投诉94件（次），初查93件，转立案62件，结案62件；共处理62人，其中，涉及科级干部6人，一般干部22人，移送司法机关2人。特别是通过及时查处瓦溪乡原党委书记杨某某和原乡长解某某违反财经纪律案、县林业局原副局长田某某受贿案、县计生协会原干部杨某贪污挪用公款案、冷水溪乡赵家沟村干部杨某某和彭某某等5人私分集体资金案、县实验幼儿园6名教师上班时间打牌案等，警醒了各级党员干部。

（六）加强作风建设，增强执行力。修订了《关于进一步加强干部作风建设的暂行规定》，印发了“不马上办”情形问责实施办法，加大对不作为、慢作为、乱作为行为的问责力度。采取明察暗访和视频监控手段，对县直部门和乡镇干部职工到岗到位情况进行明察暗访24次、视频监控136次，对上班时间玩网游、看电影、擅离岗位的39人和打麻将的14人进行了处理，通报了违反会风会纪的单位33个（次）。开展“百名纪检监察干部巡查干群连心室”活动，对全县167个驻村干部到岗履职进行明察暗访，对极少数到岗到位不够的干部及时进行了提醒和纠正。督促相关部门加大政务服务规范化建设力度，严格落实“两集中两到位”改革要求，再次对审批服务事项进行清理。加强对公共资源交易行为的监管，规范了各类产权交易和招标投标行为。牵头组织绩效考评活动，进一步规范了检查考核工作。

(七)加强自身建设,打造过硬队伍。组织纪检监察系统副科级以上干部集中开展“述职述廉述学述德”活动并进行测评;对57名乡镇纪委书记和部门纪检组长就履行岗位职责情况开展“面对面”约谈活动。采取送出去和请进来培训、跟班学习等方式,加大新进纪检监察干部应知应会培训力度,240余人次接受了业务知识和技能培训。结合实际开展了纪检监察干部勤政廉政“十要十不”公开承诺活动。在纪检监察系统开展会员卡专项清退活动,全县纪检监察干部报告了会员卡“零持有”。对纪检监察干部苗头性问题及时提醒、不护短,及时查处了县交通运输局纪检组长刘某违规使用公车问题。

回顾过去一年的工作,全县党风廉政建设和反腐败斗争取得的成绩,得益于市纪委和县委的坚强领导,得益于各级各部门的密切配合,得益于广大党员干部和群众的积极参与,得益于全县纪检监干部的尽职尽责、敢于担当。在此,我代表县纪委常委会向所有关心、支持党风廉政建设和反腐败工作的各级领导、广大党员干部和群众表示衷心的感谢!

在看到成绩的同时,我们也清醒地看到,工作中还存在一些薄弱的地方。比如,少数乡镇和部门党委(党组)没有履行好主体责任,少数领导干部履行“一岗双责”的意识不强,对所辖范围内的党员干部监督管理失之于宽、失之于软;一些重点领域、关键环节违纪违法问题还易发多发,一些群众反映强烈的问题还未得到根本解决,大案要案时有发生;少数纪检监察机构对转职能、转方式、转作风要求认识不到位,个别乡镇纪委和部门纪检组履行监督责任不力,有不善监督、不敢监督,甚至监督缺位等情况;少数地方和部门纪检监察干部出缺后有配备到位不及时的情况,少数纪检监察干部履职的底气不够,敢抓敢管、敢于担当的锐气不够等等。这些都需要在今后的工作中认真对待,采取有力措施加以解决。

二、2014年主要工作任务

2014年,全县党风廉政建设和反腐败工作要认真贯彻落实中央、省、市纪委和县委关于党风廉政建设和反腐败斗争工作的部署,牢牢把握全县经济社会发展“提速赶超、转型发展、改善民生”的总基调,坚持党要管党、从严治党,以加强反腐败体制机制创新和制度保障为主线,以贯彻落实党风廉政建设责任制、强化各级党委主体责任和纪委监督责任为抓手,以严明党的纪律、强化正风肃纪、突出查办案件为重点,提高履职能力、提升作风素质、加强自身建设,为“五县五化”战略实施提供纪律保障。

(一)加强对政治纪律、组织纪律执行情况和中央、省、市、县重大决策部署贯彻落实情况的监督检查,确保令行禁止、政令畅通

加强对党员干部执行党政纪律、组织纪律、党规党纪党法情况的监督检查,坚决纠正无组织无纪律、自由主义、好人主义等现象,做到遵守纪律无特权、执行纪律无例外。加强对十八届三中全会和中央、省、市重要会议精神贯彻落实情况,以及经济结构调整、资源节约和环境保护、规范和节约用地、保障和改善民生、市委、市人民政府深化改革36项措施等重大决策部署执行情况的监督检查,确保令行禁止、政令畅通。

加强对县委十二届四次全会、全县经济工作会议、“两会”精神贯彻执行情况和推进政务服务规范化建设、公共资源交易制度落实情况的监督检查,加强对重点工程、重大项目建设和重点工作推进情况的监督检查,及时跟踪不落实的事、问责不落实的人。加强对相关部门审批和管理BT、BOT项目的监督检查,加强对项目评审、验收活动的监管,严禁违规收取项目评审和项目验收费用。

继续开展纪检监察干部巡查“干群连心室”活动,对驻村干部到岗到位和履行职责情况进行监督检查。加强对各级各部门和基层单位履行职责、承诺兑现情况的监督检查,严肃问责在党政机关不找熟人办不成事、在司法系统有理有据得不到公正结果、在基层单位没有关系得不到公平对待等行为。加大信访监督和交办督办力度,做好初信、初访、初诉办理和积案、积访化解工作。加强群众在书记信箱、县长信箱、纪委书记信箱、在线投诉平台反映事项办理情况的跟踪督办,坚决纠正不负责任的回复,严肃查处只

回复不落实、落实回复不力的行为。

(二)坚持不懈地推进作风建设,密切党群干群关系,努力营造风清气正的发展环境

加大对中央、省委、市委、县委转变作风、联系群众相关规定执行情况的督查力度和密度,从严惩处并指名道姓公开曝光顶风违纪、造成恶劣影响的行为。严格执行《党政机关厉行节约反对铺张浪费条例》,对超标准公务接待、违规配备办公用房、公车等问题进行专项治理,加大对违规收受礼品礼金、滥发钱物和津补贴、公款购送年货节礼、公款大吃大喝等行为的监督检查力度,严肃查处公务接待、公务用车、因公出国(境)、办公用房和楼堂馆所建设、到旅游景区(点)开会等方面的问题。严格执行"三公"经费经办人、分管领导、监管责任人三方"签字背书"和承诺制度。继续推进乡镇"廉政食堂"建设,清理和规范县直部门单位食堂,严格执行公务接待"三单"规定。

加强干部作风建设常态化管理,督促各级各部门进一步细化作风建设相关规定。以开展党的群众路线教育实践活动为契机,督促党员领导干部认真落实作风建设各项规定,切实纠正"四风"方面存在的突出问题。继续加大对违规操办酒席行为的整治力度,将整治延伸到村(居、社区),对违反规定的,采取经济、组织、纪律等处置措施进行责任追究。

继续整治和纠正食品药品安全、保障性住房分配、事业单位招聘、教育收费、征地拆迁等方面的不正之风和突出问题。建立健全安全生产预警和风险调控机制,加大对安全生产事故的调查处理和责任追究力度。加强对重点部门和行业、民生资金管理使用情况的监管,建立健全民生项目和民生资金监管、通报、整改落实情况反馈制度,在乡镇设置民生项目监督特派组。继续开展政风行风民主评议活动,在县直部门股(室、站、办)和乡镇室(办、站、所)开展股长大评议。

(三)坚持教育预防在先,着力从源头上预防腐败

制订印发我县《落实〈建立健全惩治和预防腐败体系2013—2017年工作规划〉实施意见》,对目标任务进行责任分解,督促牵头单位和协办单位抓好任务落实。严格落实廉政准则、领导干部报告有关个人事项的规定,有针对性地对领导干部报告的个人事项进行抽查核实。继续严格执行领导干部述职述廉、诫勉谈话、函询等制度,对新提拔的副科级干部进行任前廉政谈话。建立健全前期预防、中期管控、后期处置有机统一的风险防控体系。

严格落实党风廉政建设责任制,进一步细化责任分解、严格责任追究,推进党风廉政建设责任制落实到位。督促各级党员领导干部认真落实"一岗双责"。大力推进党务公开、政务公开、司法公开和各领域办事公开,健全公开工作机制,促使权力在阳光下运行。深入落实《农村基层干部廉洁履行职责若干规定》,组织实施"村官廉洁工程",全面推进村(居、社区)务监督委员会建设。

以"六个一"〔读一本典型案例读本、参加一次廉政知识测试、观看一部警示教育片、参加一场警示教育活动、旁听一次案件庭审、写一篇读后感(观后感)〕活动为载体,认真开展党风党纪教育。继续推进廉政文化进机关、进校园、进农村、进家庭、进企业、进社区"六进六增"活动。加强反腐倡廉网络舆情信息收集、研判、处置,充分运用新闻媒体和手机网络平台,广泛宣传党风廉政建设和反腐败工作的经验和做法,推广经验、展现亮点。

(四)坚持以零容忍态度惩治腐败,进一步彰显有腐必惩、有贪必肃的坚定决心

继续坚持实名举报的、反映问题线索清楚的、上级和领导交办及批示的案件必查。健全查办案件组织协调机制,进一步明确反腐败协调小组工作职责,加强纪检监察机关与司法、审计等部门的协调配合,增强工作合力。明确办案重点,严格审查和处置党员干部违纪违法行为,重点查办发生在领导干部中的贪污受贿、买官卖官、权钱交易、徇私枉法、腐化堕落、失职渎职的案件,严肃查办发生在矿产资源开发、土地出让、工程建

设、项目审批、教育医疗、扶贫开发等重点领域和关键环节的腐败案件,严肃查办“三强”行为、群体性事件、安全生产事故、信访矛盾纠纷背后的腐败案件,严肃查办侵占惠民补贴、扶贫救济、移民安置资金等腐败案件。

加强信访举报受理工作,拓宽举报渠道,规范和处置反映党员干部问题线索。坚持依纪依法安全文明办案,严格查办案件和案件审理“一岗双责”。实施审理工作标准化建设,全面推行审理助辩工作,确保每个案件都能经得起历史检验。

(五)认真落实反腐败体制机制创新要求,提供反腐败制度保障

按照“转职能、转方式、转作风”的要求,调整纪检监察机关内设机构,清理参与的议事协调机构,坚决纠正越位、缺位、错位现象。进一步规范乡镇纪委书记、专职副书记和部门纪检组长的职责范围,对乡镇纪委书记的职责分工进行再清理;乡镇纪委专职副书记和部门纪检监察机构负责人不再兼职或分管党风廉政建设和反腐败工作以外的其他工作。

各级党委(党组)要担负起党风廉政建设主体责任,各级纪委(纪检组)要承担监督责任。要将查办案件作为党风廉政建设和反腐败工作的重中之重来抓,线索处置和案件查办在向同级党委(党组)报告的同时必须向上级纪委报告。按照权责对等原则,对发生重大腐败案件、不正之风长期滋生蔓延的地方和单位,实行“一案双查”,既要追究当事人的责任,又要追究相关领导的责任。

建立健全县纪委班子成员与乡镇纪委和部门纪检组主要负责人谈心谈话制度,乡镇纪委和部门纪检组要定期向县纪委述职和报告工作,对乡镇纪委书记、部门纪检组长约谈全覆盖。派驻机构要对县纪委负责,全面履行监督职责,加强对驻在部门贯彻落实党风廉政建设责任制和领导班子及其成员的监督。驻在部门要自觉接受监督,支持派驻机构工作,积极提供工作保障。

(六)按照严格管理、严格监督的要求,以铁的纪律打造过硬队伍

抓好理想信念教育,树立正确的世界观、人生观、价值观、权力观、地位观、利益观;抓好形势任务教育,引导全县纪检监察干部坚定信心、增强斗志;抓好自身廉政教育,使纪检监察干部成为党规党纪党法的坚定拥护者、模范执行者、有力监督者。对发现倾向性、苗头性的问题,要及时提醒,督促整改。

进一步完善学习、培训制度,通过“请进来”的方式加强业务培训。通过“走出去”方式,选派干部参加上级纪委举办的业务培训活动。推行全员办案、交叉办案、联合执法、“乡案县审”等制度,继续实行跟班学习、挂职锻炼制度,提高纪检监察干部业务能力。

严格执行省纪委“三严守九严禁”、铜仁市纪检监察干部行为准则、松桃纪检监察干部勤政廉政“十要十不”规定,规范全县纪检监察干部言行。健全完善内部监督管理制度,对纪检监察机关发挥职能、纪检监察干部履行职责进行约束和规范。对不执行规定、不落实制度的,该处理的严肃处理、该调离的立即调离、该清除的坚决清除。

围绕以上工作部署,全县纪检监察干部要发扬敢于担当、善抓落实的作风,扎实抓好“九个100”工程,用自身的辛苦指数,提升人民群众对反腐倡廉建设的满意度。“九个100”即:完成举报初查和立案调查100件以上,完成党风党纪教育100场(次)以上,开展重点工程重大项目和民生项目实地督查100次以上,开展机关作风和效能建设明察暗访100次以上,巡查巡访“干群连心室”100个以上,创建廉政文化“六进”和村务监督委员会示范点100个以上,为群众排忧解难办实事100件以上,对群众反映强烈的突出问题和投诉举报办理情况回访100个(件)以上,被市级以上主流媒体和纪检机关刊物采用宣传报道稿件100篇(条)以上。

各位委员、同志们,干部清正才能取信于民、政府清廉才能致力发展、政治清明才能事业兴旺,让我们在县委和市纪委的坚强领导下,以更加振奋的精神、更加坚决的态度、更加有力的措施、更加扎实的作风,深入开展党风廉政建设和反腐败斗争,为松桃“五县五化”战略实施提供有力的纪律保障。

以严当头 实干立业
奋力夺取党风廉政建设和反腐败斗争新胜利

——在中国共产党松桃苗族自治县第十二届纪律检查委员会第四次全体会议上的报告

（2015年2月13日）

吴廷友

各位委员、同志们：

现在，我代表中共松桃苗族自治县第十二届纪律检查委员会常务委员会向大会报告工作，请予审议并提出宝贵意见。

2014年工作回顾

2014年，县委及全县各级党组织高度重视党风廉政建设和反腐败工作，认真履行主体责任，积极支持纪检监察机关转职能、转方式、转作风。各级纪检监察机关聚焦监督执纪问责主业，始终保持惩治腐败高压态势，党风廉政建设和反腐败工作取得明显成效，为全县经济社会跨越发展提供了坚强的纪律保障。

一、保持高压抓惩腐，腐败势头有效遏制

始终保持政治定力，排除各种干扰阻碍，以“零容忍”态度惩治腐败。认真履行组织牵头、协调调度职责，在重大问题和重要案件上加强协调配合，充分发挥反腐败协调领导小组各成员单位专业优势，凝聚反腐败斗争强大合力，保持惩治腐败高压态势，持续形成强大震慑。去年，全县纪检监察机关共立案106件，结案104件，党政纪处分105人，移送司法机关12人，挽回经济损失1200余万元，立案数、结案数、党政纪处分人数、移送司法机关人数同比分别增长70%、67.7%、45.8%、500%，实现了案件数量、质量“双提升”。特别是集中力量快速查办的县社保局工作人员许某某套取社保资金案、县扶贫办原副主任龙某某等9人贪污受贿窝案、县林业局原局长成某某受贿案等案件，引起强烈社会反响，案件查办的政治效果、社会效果、法纪效果得以彰显。我们在工作中发现，老板的钱物不易送出手了，干部开口伸手行为明显减少了，腐败易发多发势头得到有效遏制。

二、从严问责抓作风，党风政风持续好转

坚持共性问题与突出问题一起抓，紧紧揪住“四风”问题不放手，全力推进中央八项规定精神落到实处，促进了党风政风持续好转。按照监督检查不分时段、不留空隙、不打招呼的工作思路，对上班纪律、公款吃喝、公款旅游等开展经常性检查63次，共问责处理171起违反中央八项规定精神行为。注重关键节点督查，对25家酒店和娱乐场所、80余个单位进行检查，通报问责13个单位，处理1名违规公款消费人员。针对办公用房、公务用车、公款消费、楼堂馆所建设等集中开展专项整治，共腾退办公用房6476.83平方米，清理纠正违规车辆150辆，对106起公款消费行为进行调查核实，对违规修建楼堂馆所的11名相关责任人、违规使用公车的40名干部职工进行问责或纪律处分。对有违规记录但未达到立案条件的一批“问题干部”实行跟踪暗访、重点监管。针对群众反映强烈的热点问题，从快从严处理8起干部职工参与赌博和违规操办酒席、参与违规酒席送礼行为，对59名“吃空饷”干部职工进行分类处理，开除和辞退9名“吃空饷”干部，责令22名脱岗旷工干部公开检讨。全年共处理违反“四风”问题干部209人，同比增长171%，其中党政纪处分35人，同比增长250%。一年来，查处干部作风问题不断趋紧从严，不断加压升格，特别是下狠心立案查处一批习以为常、司空见惯的“小事”，在党员干部中形成了极大触动和震撼，推动了干部作风深刻转变，促进了政治生态清澈明朗。

三、深化拓展抓宣教，崇廉氛围不断浓厚

以党纪党规教育为主线，不断创新教育方式、丰富教育内容，帮助党员干部筑牢拒腐防线。召开全县警示教育大会，用身边鲜活案例进行警示，500余名党员干部接受教育。组织开展领导讲廉课120余场次，编印发放党的十八大以来作风建设系列规定学习手册750余册。组织乡镇党政“一把手”、部门班子成员共130余人旁听贪污受贿案的审理和被告人现身说法。120余个单位组织党员干部到县警示教育基地开展教育活动。开展党风廉政警示教育“六个一”活动，发放警示教育读本2000余本、警示教育专题片120套。会同组织部门举办5期村干部培训班，对全县990余名村干部集中开展廉政教育。组织项目单位党政主要负责人观看警示教育片《生命的代价》，组织各级各部门观看警示教育片《贪食“群蝇”终自毁》，实现县、乡镇、村（居、社区）、村民组四级播放。强化亲情感染，向750余名副科级以上干部家属寄送廉政书信，组织中学生开展“廉政家书”竞赛活动，全县1.2万余名中小学生通过书信与家长话廉宣廉。深入推进廉政文化建设，创建廉政文化“六进”示范单位40个，积极通过路边墙、红横幅、小传单及新闻媒体广泛宣廉讲廉。注重舆论引导和信号传递，各级媒体采用我县党风廉政建设新闻稿件和言论1100多篇（条），信息工作列全省第三名。通过宣传教育的全面深入开展，党员干部拒腐防线不断筑牢，崇尚廉洁氛围进一步浓厚，干部群众反腐信心大大增强。

四、探索创新抓监管，制度笼子逐步扎牢

提请县委印发《关于落实党风廉政建设党委（党组）主体责任和纪委监督责任的实施意见》《松桃苗族自治县纪检监察机关落实党风廉政建设监督责任实施办法》，强化“两个责任”落实到位。提请县委印发《关于加强乡科级党政“一把手”监督管理的若干规定》，明确规定“一把手”不得直接管人、管钱、管项目、管审批执法、管政府采购，加强对“一把手”权力运行的监管。提请县委印发《松桃苗族自治县干部作风量化分类管理办法（试行）》，努力破解作风建设缺抓手等老大难问题，推进作风建设常态化、制度化。建立和完善科级干部廉政档案，印发勤政廉政提醒制度、首问责任制、办理网络问政责任追究办法等，提升监管水平。大力实施、认真用好纪律检查建议、行政监察建议、函询问责、“一案双查”等规定和制度，促进和提醒各级组织、党员干部闻过则省、闻过则行。完善典型案例通报制度，保持案例通报曝光高频率。在松桃网设立监督执纪曝光台，创办《监督执纪问责通报》专刊，先后对违纪违法的党员干部115人次、落实工作不力的17个单位进行曝光，坚持做到每月有通报、督查必通报、典型案例分类通报，释放执纪必严、违纪必究的强烈信号。通过建立完善制度、扎牢制度笼子，促进了监管水平进一步提升。

五、全力以赴抓民生，群众点赞明显增多

始终把关注民生、维护民利作为党风廉政建设和反腐败工作的出发点和落脚点，认真受理群众诉求，积极回应群众关切，切实维护群众利益。保持群众信访渠道畅通，对群众反映的新问题快速查处、及时反馈，对群众反映的老问题全面核查、耐心释惑。全年共受理来信来电来访129件，做到了件件必查、件件必回，群众满意率近100%。组织相关部门对涉农资金落实情况进行专项检查，对存在问题的12个乡镇和部门进行通报，提出18项整改措施，约谈5名相关责任人。成立27个民生特派组，作为民生监督常设机构。发放惠民政策明白卡15万余册、民生项目监督联系卡1万张，在全县27个乡镇各村(居、社区)设立民生项目监督宣传栏。发挥各级各部门职能作用，累计出动5000余人次，通过地毯式、拉网式调查核实，对家电下乡、畜牧良种、农机购置补贴执行情况进行再检查，追缴违规资金760余万元，立案查处26名党员干部和2名授权经销商，维护了群众利益，挽回了国家损失。工作中，我们深切感受到，反腐败斗争坚持群众路线，既推动了工作，又赢得群众越来越多的真心点赞。

六、深化改革抓三转，主业主责更加突出

坚持将推进"三转"作为关键一招，不断回归主业主责，强化监督执纪问责。全面清理协调议事机构和工作领导小组，把不该牵头或参与的工作交还给主责部门，将县纪委监察局及班子成员原来参与的68个协调议事机构和工作领导小组缩减至16个。对县纪委监察局、乡镇纪委、部门纪检组负责人工作分管情况进行检查核实，对部分负责人兼职问题及时进行纠正。加强纪检监察干部作风建设，严格要求、严格教育、严格管理、严格监督。对纪检监察干部违纪行为从严从重处理，3名纪检干部被党纪处分并调离纪检监察系统。注重纪检监察干部业务素养的提升，努力建设一支适应新常态、新要求的干部队伍。

党风廉政建设和反腐败斗争每一份收获都来之不易。这些成绩的取得，得益于上级纪委和县委的坚强领导，得益于各级各部门的积极配合，得益于广大纪检监察干部的辛勤付出，得益于社会各界和广大群众的大力支持。

党风廉政建设和反腐败斗争永远在路上。从我县查办案件情况、省委巡视组反馈情况及交办线索来看，腐败问题在一些领域和一些党员干部身上仍然十分突出，特别是一些重点部门关键岗位的党员干部、群众身边手握公权的基层干部，仍然是违规违纪违法的重灾区，减少腐败存量、遏制腐败增量的任务还很艰巨。从落实主体责任的压力传导来看，还存在层层递减的现象，有的单位把开会念文件、签订责任书当作执行落实，实事不抓实、细活不抓细，不上心、不用力，不为其主，貌似看客。从权力运行的监督制约来看，有的领导干部用权不民主、不公开，甚至玩弄权术、越界用权。从执行中央、省、市、县相关规定情况来看，部分党员干部不把自己摆进去，依然等待观望、不思悔改，甚至"躲猫猫"，在"廉政食堂"大吃二喝，躲进"小屋"打牌赌博。从讲纪律、守规矩的严要求来看，部分党员干部充耳不闻、我行我素，为官不为、消极怠政。从民生特派监督发现的情况来看，一些惠民政策在落实中被随意变通、缩水走样，有的基层干部以权谋私、优亲厚友，群众极为不满。从乡镇、部门履行监督责任的情况来看，少数纪检监察干部不会抓、不会管，捅一下、动一下，甚至装聋作哑，对身边的违纪违规行为视而不见、听之任之。

开弓没有回头箭，反腐败是一场输不起的斗争。解决这些问题，各位委员及每一位纪检监察干部都责无旁贷，也特别需要同志们多提意见建议，帮助我们把工作做得更好。

2015年工作任务

当前，是深入推进党风廉政建设和反腐败斗争、巩固整治"四风"成果、落实全面从严治党要求的重要阶段和关键时期，做好今年的各项工作，具有重要意义。今年工作的总体要求是：深入贯彻党的十八大、十八届三中、四中全会和习近平总书记系列讲话精神，以及十八届中央纪委五次全会、十一届省纪委四次全会、市纪委一届五次全会精神，坚定政治立场、保持政治定力，严明政治纪律、严守政治规矩,全面打好县第十二届三次党代会提出的“六大战役”,奋力夺取党风廉政建设和反腐败斗争新胜利。

全县各级纪检监察机关要继续坚持问题导向,继续聚焦中心任务,继续坚定必胜信心,短板一块一块地拉,漏洞一个一个地堵,烂树一根一根地拔,切实担当起党风廉政建设监督责任,竭尽全力履职尽责。

一、坚持从严治党、依规治党,坚决维护党纪党规的严肃性

纪律是党的生命,纪律建设是治本之策。党要管党、从严治党,必须严明党的纪律,必须遵守党的规矩。

严明党规党纪。全县党员干部要按照习近平总书记提出的“五个必须”要求和贵州省党员干部政治纪律“十严禁”规定,务必与中央保持一致而不另搞一套,务必维护团结而不拉帮结派,务必遵循程序而不我行我素,务必服从组织而不讨价还价,务必管好亲朋严防擅权干政,严格执行好组织纪律、工作纪律、财经纪律、生活纪律,坚决克服自由主义、分散主义、好人主义、个人主义,决不允许借着老乡会、同学会、战友会等由头拉帮结派、搞小圈子、立小山头。

坚持从严执纪。认真执行即将修改完善的廉政准则、纪律处分条例、行政监察法等党规党纪和相关法律,以较真的态度、从严的措施、顽强的韧劲,加强对纪律执行情况的监督检查。要加大对违反党的纪律和规矩行为的惩戒力度,严肃查处违反政治纪律、组织纪律,特别是无组织、无纪律和欺骗组织、对抗组织的行为。组织开展“不合格党员”专项整治,从严问责违规逾矩者,坚决处理不合格党员,确保党员队伍的纯洁性。

确保政令畅通。重点监督检查中央、省委、市委、县委重大决策部署的贯彻落实,确保全面建成小康、全面深化改革、全面依法治国、全面从严治党顺利推进。紧紧围绕建成贵州经济强县目标和“五县五化”发展战略,对各级各部门履行职责、兑现承诺和攻坚克难、完成任务情况进行跟踪检查,严肃查处为官不为、干部不干等问题。继续跟踪督促主责部门办理好群众通过网络问政等渠道反映的问题,积极回应民声,努力赢得民心。

二、坚持传导压力、传递责任,全力推进“两个责任”落地生根

巩固和深化“两个责任”落实成果,更加注重监督检查,更加注重责任追究,向“两个责任”的更好履行要工作落实,向“两个责任”的落地生根要工作成效。

厘清责任促明责知责。党委、纪委担负党风廉政建设主体责任和监督责任,关键在“两个书记”。党委(党组)书记要切实承担起领导责任、教育责任、管理责任、检查责任、考核责任、示范责任,将每一项责任都赋予实实在在的工作举措,不得推卸、不得敷衍。班子成员要协助主要领导抓好主体责任的落实,严格落实“一岗双责”,既做好自己所负责的事,又主动管好自己所管的人。纪委书记(纪检组长)决不能甘当“待遇干部”“二线干部”,必须敢于较真碰硬,敢于亮剑执纪,为一个地方、一个部门、一个系统的风清气正尽到应尽之责。

监督检查促守责担责。强化“两个责任”落实,就是要求“两个书记”既要善于抓早、抓小,又要敢于捅马蜂窝、啃硬骨头。要通过监督检查、专项巡查、专题评议等方式,督促党委(党组)、纪委(纪检组)“两个书记”尽职履责、守责担责。当前及今后一段时间,要通过盘点政治教育、警示教育、制度执行、用权监管、清理“吃空饷”干部等情况来评估“主体责任”的落实成效,要通过盘点干部作风重管情况、问责处分干部情况来评估“监督责任”的落实成效。盘点情况不理想的,应及时反思整改。

严格问责促履职尽责。对“两个责任”落实不力进行严格问责,是当前党风廉政建设工作的新常态。对管辖范围内发生违反政治纪律、政治规矩、组织纪律和顶风违纪的,"四风"问题不报告不查处甚至阻挠调查的,出现区域性、系统性腐败案件的,坚决实行"一案双查",既追究主体责任,又追究监督责任,更要追究领导责任,并公开曝光,传递和释放有权必有责、失职必问责的强烈信号。对长期存在突出问题得不到有效解决的,对相关责任人坚决采取组织措施并给予党政纪处分,绝不姑息迁就。

三、坚持有案必查、有腐必惩,始终保持惩治腐败的高压态势

牢固树立"有案不查是失职,办不好案是不称职,不想查或不敢查是渎职"理念,做到有腐必反、有贪必肃,让蠢蠢欲动的人不敢伸手,让已经伸手的人受到惩处。

强化组织协调。充分发挥县委反腐败协调领导小组的职能作用,建立健全与司法机关、审计机关以及其他有关单位信息共享、办案协作、案情通报、案件移送等制度,增强反腐合力。加强对下级纪委、派驻机构纪律审查工作的领导,健全重大案件督办、办案协作、组团办案和交叉办案机制,形成横向联动、上下互动的办案格局。

突出审查重点。既加大力度查处重点部门、重要领域的腐败问题,又加大力度查处权力部门关键岗位的腐败问题,同时加大力度查处隐藏在"非权力部门"及基层的腐败问题。坚决查处违反党的政治纪律、组织纪律、保密纪律的行为;重点查办买官卖官、以权谋私、腐化堕落、失职渎职等案件;重点查处党的十八大后不收敛、不收手,问题线索反映集中、群众反映强烈,处于重要岗位且可能还要提拔使用的领导干部;严肃查处工程建设、土地出让、国资管理、项目审批、选人用人、司法案件处理、惠民资金使用、重大环境污染等背后的腐败问题。坚决查处查办案件过程中转移赃款赃物、销毁证据、掩盖事实和搞攻守同盟、对抗组织审查的行为。

注重办案实效。注重从信访举报、执纪监督、网络舆情、巡视意见反馈等多种途径发现问题线索,及时进行梳理、研判、处置。对反映党员干部身上的问题,及时约谈、函询、诫勉,防止小错养成大错、小问题变成大问题。支持党员干部大胆干事创业,认真甄别、区别处理失职与失误、故意与过失、为公与谋私等行为。加大对诬告、诽谤等行为的查处力度,还干部以公道,给群众以明白。深入剖析典型案例,用好用活反面教材,引导党员干部引以为戒,强化警示、震慑和教育作用,发挥纪律审查的治本功能。

四、坚持驰而不息、持之以恒,确保查纠"四风"更加有力

整治"四风"已进入攻坚克难关键时期,必须横下一条心,坚守阵地不退缩、巩固成果不放松、深化拓展不泄劲。

抓常抓细抓长。盯住节点时间,抓住具体问题,出重拳、抡重锤。加强厉行节约、公务接待、公车配备、职务消费、履职待遇等规定执行情况的监督检查,严肃查处吃拿卡要、参与赌博、同城公务活动相互吃请、无公函安排接受公款接待等"四风"顽疾。督促相关部门彻底清理"吃空饷"及调离、离岗、受处分后仍未办理工资手续的人员。今年要把违反中央八项规定、省委和市委十项规定的问题列入纪律审查重点,严肃查处党的十八大后、中央八项规定印发后、开展群众路线教育实践活动后顶风违纪行为,同时对其所在地方、部门和单位党委(党组)、纪委(纪检组)进行问责,点名道姓通报曝光。

深化专项整治。推进"7+4+3"专项整治活动,继续整治文山会海、检查评比泛滥、收受红包和会员卡、违规干预工程建设、违规占有多处房产以及突发事件处置指挥不力、"黄赌毒"现象打击处置不力等问题,继续深入开展"三个开刀"专项整治,继续整治"走读风、赌博风、衙门风、慵懒风、滥办酒席风、优亲厚友风",深入开展公款大吃大喝、公款旅游和公款送礼等专项整治,继续开展违规操办酒席行为专项整治,督促乡镇推进村(居、社区)居民滥办酒席行为的治理整顿,以优良的党风政风带民风促社风。

巩固工作成果。建立健全干部作风定期分析机制,突出重点难点,巩固工作成果,防止不良作风反弹回潮。建立一支以改非领导、党代表、人大代表、政协委员等人员为主组成的作风建设“第三方”专门监督队伍,分区划片开展经常性的监督检查。严格执行《贵州省党员干部作风“十不准”》和《松桃苗族自治县干部作风量化分类管理办法(试行)》,不搞法不责众、下不为例、情有可原,使观望者不再犹豫、侥幸者丢掉幻想、违规者受到处理。

五、坚持教育靠前、预防在先,着力打造不想腐不能腐的环境

把党风廉政建设宣传教育摆在党风廉政建设更加突出的位置,切实加强廉政风险防控,进一步筑牢党员干部拒腐思想防线,努力使干部少犯错误、不犯错误。

大力开展宣传教育。突出理想信念、宗旨意识教育,突出党纪法规教育,突出纠风惩治成果宣传。加强重要节点和岗位廉政风险提醒,组织召开多种层面的警示教育会,组织开展现身说法,制作配送警示教育专题片,编印发放廉政知识小读本。加强村(居、社区)干部廉政警示教育,规范村(居、社区)干部履职行为。发挥廉政教育、警示教育基地的作用,加强廉政文化精品工程建设,深入开展廉政文化“八进”活动。充分利用新闻媒体资源,建立纪检监察微信平台,制作一批廉政公益广告,坚持正确舆论导向,营造浓厚的尊廉崇廉氛围。完善反腐败网络舆情信息机制,提高舆情处置水平。

推进惩防体系建设。抓好《建立健全惩治和预防腐败体系2013—2017年工作规划》、省委实施办法和市委、县委实施意见的贯彻落实,及时抓好年度工作任务的分解,明确工作责任,加强任务落实情况的跟踪督查。继续开展廉政风险防控工作,根据不同岗位制定切实可行的防控措施。深入推进农村党风廉政建设,加强集体“三资”监管,推动党风廉政建设责任制向村(居、社区)延伸。认真组织实施“廉洁村官”工程,采取配套措施加强对村干部的教育监督管理。

强化源头监督治腐。开展“民心党建”专项督查,推动党委(党组)“一把手”落实党建工作责任。严格执行工程项目备案制,开展工程领域专项督查,重点对发改、国土、住建、交通、水务等职能部门履职情况进行再监督。严格执行乡科级党政“一把手”监督管理规定,对执行情况开展监督检查。充分运用廉政档案系统廉政预警成果,加强对选人用人的监督。开展党务、政务、厂务、村务、校务、医务公开专项检查,坚决纠正、查处公开不及时、假公开和不公开行为。开展执法检查,纠正和查处执法过程中自由裁量失准、滥用执法权等行为。

六、坚持关注民生、维护民利,切实解决群众反映强烈的突出问题

加大民生项目建设的专项检查、执法监察、审计监督力度,确保民生资金用在刀刃上,用到急需处。

全面推进民生特派。健全以纪工委监察分局、部门纪检组、乡镇纪委、村务监督委员会为主体的四位一体民生监督网络。印发民生铸廉三年行动计划,推动民生政策落实,积极回应民声关切。认真抓好民生监督示范点的创建工作。整合监督资源,坚持每个季度开展1-2项专项检查,通过再监督纠偏治乱、通过再检查问责问效。

强化政策执行落实。加强民生项目、民生资金备案管理,把监管关口置于一级分配和组织实施前,通过源头监管、过程监控、结果监督,努力实现民生项目、民生资金落实零误差、无折扣。密切关注、定期分析涉农资金监管系统的反馈信息,强化信息成果运用,通过电话提醒、公函督促等方式,督促职能部门严格落实惠民政策,实实在在改善和保障民生。

着力解决突出问题。加强对公共服务项目、社保基金、扶贫救灾救济等专项资金、物品落实情况的再检查,认真解决教育医疗、食品药品、环境保护、交通水利、畜牧补贴、城乡低保等方面群众反映强烈的突出问题，严肃查处贪污、挪用、截留惠民资金的行为，严肃查处发生在群众身边的各类腐败案件，对与民争利、优亲厚友、侵占群众利益的行为，发现一起、重处一起。

七、坚持从严教育、从严监管，建设忠诚干净担当的纪检监察队伍

信任不能代替监督。必须从改进作风、提高素质、严格监管入手，加强自身建设，提高履职能力。

不断改进作风。在全县纪检监察系统组织开展"三严三实"专题教育，教育引导纪检监察干部保持政治定力、树牢法治思维、强化担当意识。巩固纪检监察干部兼任职清理成果，探索干部日常政务信息化管理，确保以更好的状态、更优的作风监督执纪问责。

完善学习机制。健全完善个人自学、集中学习、调训参学制度。鼓励、支持、引导纪检监察干部紧跟形势及时学、结合岗位干中学、针对"短板"重点学、养成习惯自己学，在学习中提高能力素质。依托上级培训机构和党校举办的业务培训班，对纪检监察干部进行培训。采取上挂下派、轮岗交流、跟班学习、一线锻炼等方式，在实践中提升纪检监察干部的业务素质和工作能力。

强化监督制约。打铁还需自身硬。健全内控机制，切实采取有效措施加强纪检监察干部监管，决不允许纪检监察系统成为收容所、疗养院，决不允许纪检监察岗位成为养老岗、待遇岗。对不敢抓、不敢管、监督责任缺位的要坚决问责；对不适合从事纪检监察工作的，该撤换的撤换，该调整的调整，该调离的调离，该清除的清除。

各位委员、同志们：党风廉政建设和反腐败工作使命光荣、责任重大，让我们在县委和市纪委的坚强领导下，坚定信心，扎实工作，奋力夺取党风廉政建设和反腐败斗争新胜利，为实现同步小康、建成贵州经济强县凝聚强大的正能量！

深入推进全面从严治党
为打赢脱贫攻坚战提供有力保障

——在中国共产党松桃苗族自治县第十三届纪律检查委员会第二次全体会议上的工作报告

（2017年2月18日）

夏学文

同志们：

我代表中国共产党松桃苗族自治县第十三届纪律检查委员会常务委员会向第二次全体会议作工作报告，请予审议。

这次全会的主要任务是：深入贯彻十八届六中全会、十八届中央纪委七次全会、十一届省纪委六次全会、二届市纪委二次全会精神，总结2016年纪律检查工作，部署2017年任务。县委对这次全会高度重视，县委常委会专题听取了县纪委工作汇报，审议了工作报告。市政协副主席、县委书记冉晓东同志刚才作了重要讲话，充分肯定了我县2016年纪律检查工作，为做好当前和今后一个时期的纪律检查工作指明了方向。全县各级纪检监察机关要密切联系思想和工作实际，忠诚履行党章赋予的职责，把中央、省委、市委、县委的决策部署和冉晓东书记的讲话精神落到实处。

一、2016年工作回顾

过去的一年，县委自觉向以习近平同志为核心的党中央看齐，带头履行管党治党主体责任，坚决支持纪委履行监督责任，坚定不移推进党风廉政建设和反腐败斗争。全县各级纪检监察机关坚决贯彻中央、省、市纪委和县委的要求部署，聚焦全面从严治党，把纪律和规矩挺在前面，纪律检查工作取得新成效。

（一）从严监督，倒逼管党治党责任落实。始终把严明纪律特别是严明政治纪律摆在首位，加强对党的路线方针政策以及中央和省委、市委、县委重大决策部署贯彻执行情况的监督检查，坚决纠正和查处上有政策、下有对策，有令不行、有禁不止等违反政治纪律的行为。对换届工作进行全程监督，会同组织部门开展换届风气督查6次，发现问题204个，发放整改通知书52份，提醒谈话3人；立案1起，处分2人。严把干部廉政意见回复关，防止"带病提名""带病提拔"。提请县委印发党委（党组）和纪委（纪检组）落实"两个责任"清单，对照清单加强督查。印发查办案件"一案双查"暂行办法，对落实"两个责任"不力的19名领导干部进行问责，其中党政纪处分8人。

（二）常抓长治，驰而不息纠正"四风"。完善《松桃苗族自治县干部作风量化分类管理办法》，全年累计338名干部职工被纳入重点管理对象。盯紧年节假期，释放严格执纪信号。开展全方位、多频次明察暗访，看住重点区域、关键少数。对节假日期间值班、公车使用、公款吃喝等情况进行专项检查，对发现的问题逐一核实清楚。开展党员干部违规经商办企业投资入股承揽工程、违规收送红包礼金、违规操办酒席、违规打麻将四个专项整治活动，查处违规经商办企业投资入股承揽工程2人、违规操办酒席或参与违规酒席送礼2人、违规打麻将和参与赌博6人。开展补贴奖金等发放情况清理，共清退违规发放的奖金补贴267.8万元。全年查处违反中央八项规定精神问题36起，问责58人，党政纪处分49人。

（三）关注民生，服务保障脱贫攻坚。发挥民生监督组的基层反腐尖兵作用，开展了计生领域"1+4"、信贷扶贫资金、精准扶贫、农村饮水安全项目、"雨露计划"项目等专项监察，共发现问题428个，立案229件，党政纪处分271人，涉及资金885.24万元。建成27个乡镇（街道）教育谈话室，帮助基层干部纠正偏差、改正错误。针对民生监督专项监察中发现的问题，逐个发出监察意见，督促主责部门采取切实可行的措施整改落实并反馈情况。严格执行《贵州省国家公职人员、村（社区）干部落实惠民政策行为规范（试行）》，对"四要五严禁"落实情况开展专项检查，防止优亲厚友等问题发生。

（四）筑牢防线，宣传教育全面深入。组织开展学习宣传《中国共产党廉洁自律准则》和《中国共产党纪律处分条例》知识竞答赛，编印和发放《准则》和《条例》宣传挂图800套。组织开展党风廉政建设和反腐败斗争形势暨"一准则两条例"专题宣讲17场，组织县四大班子领导、乡镇（街道）和部门干部职工在警示教育基地开展教育活动61场，宣布违纪人员处分文件时同步开展警示教育85场。组织领导干部和重要岗位人员在县法院旁听职务犯罪庭审3次，开展现身说纪说法教育。利用身边典型案例，摄制警示教育专题片《任性的代价》《深山馋鼠》。开通县纪委监察局微信公众号，加大媒体宣传力度，逐步形成大宣教格局。作为省纪委信息直报点，自觉加压，主动发力，信息工作名列全省第一。

（五）持续高压，减少腐败存量遏制腐败增量。积极发挥反腐败协调小组作用，促进执纪执法机关在信息共享、线索移送、案件查办等方面的协作配合。找准纪律审查切入点，重点审查不收敛不收手，问题反映集中、群众反映强烈，现在重要岗位且有可能提拔使用的干部。对犯错误的同志，坚持以纪为尺，综合考虑性质、态度、情节、口碑等因素，分类处置，让相信组织、知错悔错改错的重获机会，让对抗组织的付出代价。探索实践监督执纪"四种形态"，注重日常监督，抓早抓小，综合运用预防提醒、函询约谈、批评教育、诫勉谈话等方式打招呼、敲警钟，共约谈干部333人。纪检监察机关共受理信访件394件，同比增长

160.9%;立案260件,同比增长9.2%;党政纪处分330人,同比增长41%。其中党政纪轻处分276人,留党察看9人,开除党籍25人,移送司法机关4人。充分发挥典型案例的警示作用,点名道姓通报128人。

(六)突破重点,纪律检查体制改革稳步推进。认真落实"两个为主",印发了乡镇纪委书记、副书记和派驻纪检组长、副组长提名考察办法。采取单独派驻和归口派驻方式,设置派驻纪检监察机构51个,其中新设置派驻纪检监察机构18个,实现县级派驻全覆盖和全面统管。将乡镇纪检监察干部工资关系转入县纪委监察局管理,人员编制实行乡镇层级总量管理、县纪委监察局统筹使用,考核全部纳入县纪委监察局统一进行,实现了乡镇纪委上收统管。建立巡察工作制度和人才库,成立5个巡察组,完成了首轮巡察任务。

(七)严格监管,践行忠诚干净担当。完成县乡纪委换届工作,配齐配强27个乡镇(街道)纪(工)委书记名、专职副书记。扎实开展"两学一做"学习教育,锤炼纪检监察干部党性。举办业务培训班2期,开展全县纪检监察干部党纪党规和业务知识测试,对测试成绩未达标的8名同志进行提醒谈话和通报。开展谈心谈话,对130名新进及岗位调整的干部进行岗前和任前谈话,对有子女或亲属2016年参加高考的5名纪检监察干部进行预防提醒谈话。开展纪检监察系统换届风气监督,全县纪检监察干部作出严格遵守"九严禁"的公开承诺。严防"灯下黑",对违纪违规的纪检监察干部不姑息、不护短,问责纪检监察干部5人,其中党政纪处分2人、诫勉谈话3人。

在总结成绩的同时,我们清醒地看到,工作中还存在一些不容忽视的问题:一是落实"两个责任"层层递减现象还比较突出,少数领导干部特别是"一把手",对全面从严治党仍停留在口头表态上,没有真正形成思想自觉和行动自觉;二是有的干部规矩意识、纪律意识和大局意识不强,心怀"小九九"、爱打"小算盘",面对正风反腐高压态势仍不收敛不收手,变着花样搞腐败,或者不作为、慢作为,执法不公,行使自由裁量权畸轻畸重;三是一些基层干部在落实惠民政策过程中优亲厚友、吃拿卡要、侵占挪用,群众对此反应强烈;四是少数纪检监察干部自律不严,不敢担当,有的甚至执纪违纪。对于这些问题,必须高度重视,认真加以解决。

二、2017年工作安排

今年将召开党的十九次全国代表大会和省第十二次党代会,这是党和国家及我省政治生活的大事,做好今年纪律检查工作意义重大。今年工作的总体要求是:全面贯彻党的十八大和十八届三中、四中、五中、六中全会精神以及省委、市委、县委历次全会精神,深入贯彻习近平总书记系列重要讲话精神,认真落实十八届中央纪委七次全会、十一届省纪委六次全会、二届市纪委二次全会的部署和要求,坚决维护以习近平同志为核心的党中央权威,严肃党内政治生活,强化监督执纪问责,保持惩治腐败高压态势,把党风廉政建设和反腐败斗争引向深入,以优异成绩迎接党的十九大和省第十二次党代会胜利召开。

(一)强化党内监督,坚决贯彻党的十八届六中全会和中央、省、市纪委全会精神

严明政治纪律和政治规矩。各级党组织必须担负起执行、维护政治纪律和政治规矩的责任,增强政治警觉性和政治鉴别力,严肃党内政治生活,加强党内监督,对违反政治纪律、危害政治安全的行为要坚决制止。纪检监察机关要把维护党的政治纪律和政治规矩作为首要任务,加强对纪律执行情况的监督检查,对在党内拉私人关系、培植个人势力、搞团团伙伙、阳奉阴违和搞自由主义、宗派主义、分散主义的,必须严肃查处,维护党的团结统一。

切实发挥纪检监察机关专责监督作用。纪检监察机关要认真履行党内监督专责机关职责,加强对贯彻落实党的十八届六中全会、省委十一届八次全会、市第二次党代会、县第十三次党代会等会议精神情况的监督检查,确保中央和省委、市委、县委重大决策部署落到实处。开展贯彻执行"两准则四条例"等党内法规情况专项检查,对履行党内监督职责不力、管党治党责任缺失、巡视巡察整改不落实的,要严肃追究

责任。要严把选人用人政治关、廉洁关,防止“带病提拔”。

加强对领导干部特别是“一把手”的监督。把乡镇(街道)和部门领导班子成员特别是“一把手”作为监督的重中之重,广泛听取各方面的意见和反映,发现问题线索及时处置。各级纪委(纪检组)要加强对同级党委(党组)领导班子成员的监督,及时提醒和纠正苗头性、倾向性问题,如实向上级纪委报告同级领导班子成员履行主体责任、执行民主集中制、“三重一大”事项决策、廉洁自律等情况。被上级纪委约谈函询的问题,必须在民主生活会上说清楚。

(二)坚持失责必问,督促各级党组织履行全面从严治党政治责任

强化责任担当。各级党组织要切实担负起全面从严治党的主体责任,党委(党组)主要负责人要亲自协调解决突出问题,督促班子成员认真履行“一岗双责”。班子成员要强化责任意识,抓好管党治党工作在分管部门、分管领域的落实。纪检监察机关要找准职责定位,把检查主体责任落实情况作为党风廉政建设责任制考核、巡察和监督执纪的重点,倒逼主体责任落实。

严格执纪问责制度。各级党组织要严格执行《中国共产党问责条例》和《贵州省贯彻落实〈中国共产党问责条例〉实施办法》。聚焦管党治党突出问题,协助县委拟订我县贯彻落实《中国共产党问责条例》实施细则,配套建立执行保障机制,固化成果,增强制度的可操作性、可执行性。

敢于较真碰硬。对党的领导弱化、党的建设缺失、从严治党政治责任落实不到位的,以及维护党的政治纪律和政治规矩失责、贯彻中央八项规定精神不力、选人用人问题突出、腐败问题严重、不作为乱作为的,一律从严问责,唤醒责任意识、激发担当意识。既要问责管党治党不力的党委(党组)及其负责人,也要对纪检监察机关不会问责、不愿问责、不敢问责的情形进行严肃问责。

(三)持续加压发力,以抓铁有痕的劲头将作风建设一抓到底

锲而不舍纠正“四风”。以“钉钉子”精神,深入推进中央八项规定、省委市委十项规定以及县委“五要七带头”规定精神的落实。盯住重要时间节点,加强明察暗访、抽查核查、通报曝光,深挖细查隐形变异的“四风”问题。聚焦干部群众反映突出的问题,深入整治违规打麻将、违规操办酒席、违规发放补贴奖金等问题。释放越往后越严的信号,对执纪审查对象存在“四风”问题的,先于其他问题查处通报。

完善作风建设长效机制。继续实施干部作风量化分类管理办法,加强对重点管理对象的跟踪教育、监管。健全作风监督立体化机制,把专责监管和群众监督、日常监管和专项检查、纪委牵头和部门联动、传统手段和网络技术、信息公开和专项审计等结合起来,拓宽发现问题的渠道,增强发现问题的能力。深化“三个开刀”专项整治,大力治理不作为、慢作为、乱作为等问题。进一步优化政务服务环境,整治设门槛、踢皮球、讲关系和故意刁难群众等作风问题,打造高效、廉洁、阳光的政务服务平台。

以优良党风带动社风民风。大力弘扬中华民族优秀传统文化和共产党人价值观,讲好正风反腐故事,宣传勤廉先进典型,增强文化自信和文化自觉。加强廉洁文化建设,深入挖掘地方红色文化、民族文化资源,吸取家规家风、乡规民约、传统习俗中的精华,打造一批廉洁文化精品。今年的党风廉政宣传要在总结提炼工作经验、宣传正反典型上下功夫,强化民生领域警示教育,推动社会风气向上向好。

(四)惩腐力度不减,巩固反腐败斗争压倒性态势

保持惩治腐败高压态势。始终坚持无禁区、全覆盖、零容忍,把执纪审查重点放在不收敛不收手,问题线索反映集中、群众反映强烈的党员干部身上。紧盯重要领域和关键环节,严肃查处领导干部插手工程建设、土地出让、资源开发以及干预司法活动、腐化堕落、失职渎职等案件。对自以为有关系、有靠山,对抗组织调查甚至威胁办案人员的,决不放过。强化反腐败协调小组职能,健全及时发现、有效查处腐败问题的机制,深化执纪执法机关协作配合。

正确运用监督执纪“四种形态”。正确处理常态、大多数、少数和极少数的关系，严格用纪律尺子衡量党员干部的行为。坚持惩前毖后、治病救人的执纪导向，对存在问题的党员干部，依规依纪、宽严相济作出恰当处理。对相信组织、主动改过自新的，要给机会、给出路。对顶风违纪、不收敛不收手、对抗组织调查的，决不手软。对受到诽谤、诬告、严重失实举报的党员干部，要及时为其澄清，旗帜鲜明地为改革者鼓劲、为实干者撑腰，为担当者担当、为负责者负责。

发挥执纪审查治本作用。深刻剖析典型案例，查找问题结症，推进“制度铁笼”和“数据铁笼”建设，把权力关进制度的笼子。充分用好违纪人员忏悔录，宣布处分决定时同步宣读忏悔录、检讨书，用身边事教育身边人。摄制警示教育专题片，做到查处一人、警醒一批、教育一片。充实县委党风廉政警示教育基地的教育内容，在县委党校培训班设置廉政教育课程。

（五）聚力民生监督，着力解决群众身边的不正之风和腐败问题

扎实开展扶贫领域专项整治。紧扣大扶贫战略行动，推动民生领域整治铸廉三年行动不断深入。对扶贫对象、扶贫项目和扶贫资金开展督查，对向扶贫资金伸手的行为从严查处。开展贵州省落实惠民政策行为规范“四要五严禁”执行情况专项检查，严格落实申报、公示、核实抽查三项制度。加强调查研究，针对扶贫领域出现的新情况、新问题，对症下药，建章立制，强化源头治理。

加强对农村基层重点问题的督查督办。深入推进“访村寨、重监督、助攻坚”专项行动，重点整治基层干部优亲厚友、吃拿卡要、虚报冒领、截留挪用、贪污私分惠民资金等突出问题，重点督办民生领域问题线索具体、性质恶劣、情节严重的信访件和重复访、越级访、群体访中涉及的违纪问题。整治“村霸”和宗族恶势力，决不允许其横行乡里、欺压百姓。强化责任追究，督促乡镇（街道）和部门履行责任，努力把矛盾和问题化解在基层。

强化职能部门监管责任。坚持监督的再监督、检查的再检查，对专项监察中所发现问题的整改情况开展“回头看”，督促有关职能部门认真履行自我监督、自我检查、自我纠错、自我整改的职责。对不作为、慢作为、乱作为，严重侵害群众利益，发生系统性腐败的，实行责任倒查。

（六）深化体制改革，不断激发反腐败工作活力

完善派驻监督机制。持续深化“三转”，完善县纪委派驻全覆盖后续工作，择优充实派驻队伍。派驻机构要全面掌握被监督单位党风廉政建设整体情况，加强对被监督单位领导班子及其成员的监督，发现问题及时报告。县纪委要加强对派驻机构的领导，定期听取履责情况汇报。认真落实派驻机构现有管理制度，加强督查指导，严格管理和考核，对不会监督、不愿监督、不敢监督的，及时约谈或调整。

健全巡察机制。完善巡察工作机构，加强巡察队伍建设。围绕巡察全覆盖目标，科学制定巡察工作规划，构建横向到边、纵向到底的巡察一体化格局，将巡察工作触角延伸至村和社区。创新和改进巡察方法，紧盯重点人、重点事、重点问题，直切要害，精准发现，不断提高巡察效果。狠抓巡察整改专项检查，对整改不力的要严肃问责。

做好监察体制改革准备。国家监察体制改革是事关全局的重大政治改革。要深刻认识深化国家监察体制改革的重要意义，切实把思想和行动统一到中央决策部署上来，坚决拥护改革、支持改革、推进改革。要密切关注中央改革精神，关注试点省市改革动态，开展前期调研，做好思想政治工作，为国家监察体制改革全铺开做好准备。

（七）加强自身建设，打造过硬的执纪“铁军”

加强领导班子建设。全面加强换届后县乡纪委领导班子的思想建设、组织建设、作风建设，提升业务工作能力，增强班子的凝聚力、战斗力。完善县纪委常委会议事规则和决策机制，提高决策科学化、民主

化水平。明确纪委委员职责,有效发挥纪委委员作用。

加强干部队伍建设。强化思想政治建设,教育引导纪检监察干部牢固树立“四个意识”、增强“四个自信”。切实抓好教育培训,通过跟班学习、内部轮岗、外部交流、轮训培训等方式,全面提升纪检监察干部的业务技能。突出案例剖析、业务实践、问题反思,不断强化纪检监察干部研究解决实际问题的能力。

严格执行监督执纪工作规则。认真学习、严格执行《中国共产党纪律检查机关监督执纪工作规则(试行)》,查找风险点和薄弱环节,完善工作规程,健全工作制度,重点管好室主任,规范审查组组长权限,坚决守住执纪审查安全底线和纪律底线。强化内部监督,用好马列主义“手电筒”,照别人的同时也要照自己。聘用一批特邀监督员,专门监督纪检监察干部。以坚决的态度清理门户,对不担当、不负责的要批评教育、组织调整,对不忠诚、不干净的要严肃查处;对执纪违纪、失职失责造成严重后果的,既要追究当事人责任,也要追究相关领导责任。

同志们,推进全面从严治党,尚需砥砺前行。让我们更加紧密地团结在以习近平同志为核心的党中央周围,在市纪委和县委的坚强领导下,不忘初心、继续前进,敢于担当、不辱使命,按本色做人、按角色办事,推动党风廉政建设和反腐败斗争向纵深发展,为打赢脱贫攻坚战提供保障,为迎接党的十九大胜利召开交上满意答卷!

牢记使命勇担当　重整行装再出发
为全县决战脱贫攻坚决胜全面小康提供坚强纪律保证

——在中国共产党松桃苗族自治县第十三届纪律检查委员会第三次全体会议上的工作报告

(2018年2月9日)

胡定钦

各位委员、同志们:

我代表中国共产党松桃苗族自治县第十三届纪律检查委员会常委会向大会报告工作,请予审议。

这次全会的主要任务是:深入学习贯彻党的十九大精神和十九届中央纪委二次全会、十二届省纪委二次全会和二届市纪委三次全会精神,回顾总结2017年全县党风廉政建设和反腐败工作,研究部署2018年工作任务。刚才,冉晓东书记作了重要讲话,对我县党风廉政建设和反腐败工作提出了明确要求,我们要学深悟透,狠抓落实。

一、2017年工作回顾

2017年是党的十九大召开之年,是县纪委换届后全面履职的第一年。在市纪委和县委的坚强领导下,全县纪检监察机关认真落实全面从严治党要求,坚持把纪律和规矩挺在前面,践行“四种形态”,在监督执纪问责上精准发力、持续用力,党风廉政建设和反腐败工作取得了新的成效。

(一)拉牢责任链条,以问责倒逼责任落实。采取一级约谈一级、分级分层分类的方式,组织开展落实党风廉政建设“两个责任”分级约谈,累计约谈干部3419人,切实增强干部担当意识。对照“两个责任”清单，不定期进行督查，及时发现问题并督促整改落实。坚持失责必问、问责必严，倒逼责任落实，因主体责任、监督责任落实不力问责领导干部15人；对落实党风廉政建设“两个责任”分级约谈重视不够、执行不力的4个单位进行全县通报。印发《松桃苗族自治县干部执行力问责实施细则（试行）》，问责不作为、慢作为、乱作为51人，其中谈话22人、党政纪处分22人、通报9人。

（二）盯紧作风顽疾，对“四风”问题露头就打。始终以抓铁有痕、踏石留印的劲力纠正“四风”。盯紧关键时间节点，提前印发禁令，对节假日期间值班、公车使用、公款吃喝等情况开展督查8次，检查宾馆、娱乐场所、山庄、景区等23家（个），对432辆公务用车使用、停放情况进行检查。集中力量开展“四风”突出问题专项督查，发现问题243个，清理违规发放津补贴、奖金等48.8294万元，并对16个相关单位主要负责人进行问责。开展办公用房和科级领导干部违规兼职取酬专项清理，清退办公用房1067平方米，清退兼职领取薪酬8.334万元。开展违规操办酒席专项整治，严肃处理3起违规操办酒席行为。深挖细查违反中央八项规定精神行为18起，问责27人，其中党政纪处分24人。持续开展“三个开刀”专项整治，发现问题32个，问责36人。严格执行贵州省“禁酒令”，封存散装酒90斤、瓶装酒219瓶。

（三）无禁区零容忍，巩固反腐败斗争压倒性态势。建立完善信访举报制度，规范信访举报受理、问题线索分流处置、初步核实等程序，严格依法、安全、文明开展信访案件查办工作，进行问题线索大起底。全年共受理信访举报409件、同比下降17.71%，其中本级受理237件、同比上升41.9%，收到上级纪委转交办件172件；已办结366件，其中转立案80件。始终坚持有腐必反、有贪必肃，无禁区、全覆盖、零容忍惩治腐败行为，共立案282件、312人，分别同比上升8.5%、5.1%，结案277件，党政纪处分306人，其中涉及乡科级干部34人，移送司法机关1人，挽回经济损失485.63万元。立足教育挽救，突出执纪审查的政治性，全年累计使用教育谈话室297次。坚持以案示警，在宣布处分文件时同步开展警示教育，加大纪律审查通报曝光力度，扩大查办案件的政治效果、纪律效果、社会效果。

（四）聚力民生监督，严查群众身边的腐败问题。坚持县纪委班子成员包片负责，六个派出纪工委统筹协调各派驻纪检组、乡镇（街道）民生监督组、村（居）务监督委员会三级民生监督队伍，形成横向交叉联合、纵向三位一体的网格化监督格局。坚持见人、见资金、见项目，开展了城乡低保、农户科学储粮、“一事一议”、易地扶贫搬迁四个专项监察，并对2015年、2016年实施的专项监察进行“回头看”，累计发现问题线索615个，立案243件、270人，分别同比上升3%、3.4%，结案240件，党政纪处分268人，移送司法机关1人，涉及违纪资金1032.62万元；问责在民生项目和民生资金监管中失职渎职的副科级以上领导干部96人，同比上升540%。开展扶贫领域监督执纪问责专项行动，重点对贯彻落实中央、省、市、县关于脱贫攻坚决策部署情况进行检查，对执行政策走偏变形、不作为、慢作为等问题立案49件53人，党政纪处分50人。

（五）高效推进改革，进一步完善监督体系。筹备组建县监察委员会，深化国家监察体制改革试点工作。及时传达学习中央、省、市深化国家监察体制改革试点工作动员部署会精神，成立全县深化国家监察体制改革试点工作小组，拟定工作方案。县委书记切实担负起“施工队长”职责，按照改革试点工作的时间表、路线图，始终把每个环节牢牢抓在手上；其他“施工队员”团结协作，稳妥高效推进改革试点工作。做足做细转隶前准备工作，协调办公场所；召开思想动员会，统一思想认识，消除顾虑，掌握县人民检察院反贪、反渎、预防等涉改部门的机构职数和人员编制。对转隶人员开展书面征求意见、谈心谈话、家访，进行廉洁自律审查，完成11人正式转隶，率先在全省挂牌县级监察委员会。

（六）紧扣全面从严，巡察“利剑”作用逐步彰显。完善巡察工作制度，印发《中共松桃苗族自治县委巡察工作实施办法（试行）》《中共松桃苗族自治县委巡察工作操作规程（试行）》。制定《中共松桃苗族自治县委巡察工作五年规划（2017—2021年）》，细化第一、二、三轮巡察工作方案。完成第一、二轮对15个单位的巡察,共发现问题线索86个,转纪检监察机关调查核实问题线索30个,立案5件;督促相关单位限期整改问题56个。第三轮已完成对20个单位的进驻巡察,边巡察边移交问题线索,已立案20件。强化成果运用,把巡察成果归入领导干部廉政档案,作为考核、监督、选拔任用、奖惩处分的重要参考依据。

(七)坚持正反结合,增强党员干部"不想腐"的自觉。组织开展《关于新形势下党内政治生活的若干准则》《中国共产党党内监督条例》《中国共产党问责条例》专题宣讲活动,宣讲范围涵盖全县乡镇(街道)和县直部门。推进廉政教育进党校,在县委党校开设廉政教育课程。编排反腐倡廉小品《一张收据》《面试》参加全市廉政小品大赛,分别获一等奖和三等奖,并在全县各乡镇(街道)进行巡演。注重反面教育警示,充分发挥警示教育基地作用,组织乡镇(街道)和部门干部职工开展警示教育活动113场。摄制警示教育专题片《疯狂的彩票梦》,公开播放。通报曝光典型案例54起,转发中央、省、市纪委典型案例通报23期。围绕重要媒体、重要版面,在市级以上媒体发表党风廉政建设宣传稿件280余篇。

(八)坚守职责定位,着力加强纪检监察干部队伍建设。组织纪检监察系统认真学习宣传贯彻党的十九大精神和习近平总书记在贵州省代表团重要讲话精神,深刻领会习近平新时代中国特色社会主义思想,开展"十个一"活动。推进"两学一做"学习教育常态化制度化,组织开展"当好党内政治生态'护林员'以新面貌新气象迎接十九大"主题教育活动。完善单位学习制度,改进学风,创建学习型机关。加强业务培训,在浙江大学、厦门大学、清华大学举办三期纪检监察干部业务能力提升研修班。坚持执纪者必先守纪、律人者必先律己,对因工作落实不力的10名纪检监察干部予以问责,其中诫勉谈话1人,提醒谈话9人。

通过全县上下共同努力,党风廉政建设和反腐败斗争展现新亮点、实现新突破。一是全县信访件受理总量逐年上升的趋势得到遏制,实现首次下降;二是党政纪立案件数和人数"双提升",继续巩固反腐败斗争压倒性态势;三是落实了村(居)务监督委员会办公经费和报酬,农村一线监督力量得到夯实;四是组建县监察委员会,整合反腐败力量,实现对所有行使公权力的公职人员监察全覆盖;五是在全市反腐倡廉小品大赛上取得优异成绩,廉政文化建设迈上新台阶;六是扎实开展党的十九大精神学习宣讲活动,纪检监察干部在全县开展宣讲100场以上;七是民生监督工作取得新成效,民生监督组平均办案数9件,高于全省平均数0.2件;八是党风廉政建设社会民意调查满意度大幅提升,从2016年的全省66位上升到32位。这些成绩的取得,得益于市纪委和县委的正确领导,得益于全县各级各部门、社会各界和广大干部群众的积极参与、大力支持,得益于全体纪检监察干部团结拼搏。在此,我代表十三届县纪委常委会,向大家致以崇高的敬意和真挚的谢意!

在总结成绩的同时,我们也清醒地认识到,党风廉政建设和反腐败工作中仍然存在一些问题:极少数党组织落实主体责任重视不够、担当不够,对全面从严治党仍停留在口头表态上,工作松软;有的干部规矩意识、纪律意识不强,在高压态势下仍然不收敛不收手,顶风违纪;"四风"问题没有得到有效根治,一些违纪违规行为隐形变异;农村基层干部在落实惠民政策过程中,贪污挪用、优亲厚友、与民争利现象比较突出;本级受理信访量高居不下,同比上升41.9%,等等。针对这些问题,必须以严的要求、硬的措施切实加以解决。

二、深入学习贯彻党的十九大和习近平总书记在贵州省代表团重要讲话精神,忠实履行党章赋予的职责

党的十九大就推进党和国家各方面工作制定了战略部署,为纪检监察工作站在新的历史起点上再出发、再创佳绩提供了根本遵循。习近平总书记在贵州省代表团的重要讲话,在充分肯定我省政治生态持续向好的同时,告诫我们不能有差不多了,该松口气、歇歇脚的想法,不能有打好一仗就一劳永逸的想法,不能有初见成效就见好就收的想法。

(一)始终在思想上政治上行动上与党中央保持高度一致。要深刻认识习近平同志作为党中央和全党核心的重大政治意义、历史意义、时代意义,时时事事处处践行“四个意识”,更加自觉地尊崇核心、忠于核心、拥戴核心。要深刻认识在维护党中央权威和集中统一领导上的特殊使命和重大责任,进一步严明政治纪律和政治规矩,决不允许自行其是、各自为政,决不允许有令不行、有禁不止,决不允许上有政策、下有对策,确保党的路线方针政策和党中央决策部署落地生根。

(二)深学笃用习近平新时代中国特色社会主义思想。全县各级纪检监察干部要深刻领会习近平新时代中国特色社会主义思想的历史地位、丰富内涵、科学体系、精神实质、实践要求,深刻领会习近平新时代中国特色社会主义思想所体现的坚定理想信念、鲜明人民立场、强烈历史担当、求真务实作风、勇于创新精神、科学思想方法,深刻领会习近平新时代中国特色社会主义思想关于坚持和加强党的全面领导,坚持党要管党、全面从严治党的战略部署,学思践悟,更加准确地把握管党治党的目标要求、重点任务、工作措施,把学习成果体现在工作实绩上。

(三)一刻不停歇地推动全面从严治党向纵深发展。全面从严治党永远在路上。要清醒认识党面临的复杂执政环境,党内存在的思想不纯、组织不纯、作风不纯等突出问题尚未得到根本解决;要清醒认识党面临的“四大考验”的长期性和复杂性、“四种危险”的尖锐性和严峻性,决不能跌入抓一抓、松一松,出了问题再抓一抓、又松一松的循环,要把“严”字长期坚持下去。全县各级纪检监察机关必须更加聚焦主责主业,保持战略定力,不松劲、不停步、再出发,努力夺取党风廉政建设和反腐败斗争更大胜利。

三、2018年工作任务

2018年是贯彻党的十九大精神的开局之年,是县监察委员会挂牌运行的第一年,做好纪检监察工作责任重大、任务艰巨、使命光荣。今年工作的总体要求是:以习近平新时代中国特色社会主义思想为指导,不忘初心、牢记使命,深入贯彻党的十九大精神和习近平总书记在贵州省代表团重要讲话精神,全面落实十九届中央纪委二次全会、十二届省纪委二次全会和二届市纪委三次全会部署,坚持全面从严治党、依规治党,聚焦监督执纪问责,持之以恒纠正“四风”,坚定不移惩治腐败,为全县决战脱贫攻坚、决胜全面小康提供坚强纪律保证。

(一)严明纪律规矩,扎实推进党的政治建设。把强化党的政治建设摆在首位,紧紧围绕保证全党服从中央、维护党中央权威和集中统一领导这一党的政治建设首要任务,严格执行新形势下党内政治生活若干准则。严明政治纪律和政治规矩,加强对党内政治生活状况、党的路线方针政策和民主集中制等制度执行情况的监督检查。加强政治生态建设,把政治生态研判作为当好“护林员”的重要抓手,对所监督地方、部门和单位政治生态状况开展动态分析研判,正确把握“树木”与“森林”的关系,治“病树”、正“歪树”、拔“烂树”。对照“七个有之”,坚决查处对党不忠诚不老实、阳奉阴违的两面人、两面派。抓好政治纪律和政治规矩教育,引导广大党员干部守纪律、讲规矩、知敬畏、存戒惧。加强对党的十九大精神和省、市、县经济工作会议精神贯彻落实情况的监督检查,严禁搞“上有政策、下有对策”“有令不行、有禁不止”,坚决查处踩“红线”、越“底线”、闯“禁区”行为。

(二)深入巩固拓展,持之以恒推进作风建设。纠正“四风”不止步。把贯彻中央八项规定实施细则精神和贵州省实施细则、铜仁市实施办法作为重大政治任务,印发我县相关办法,继续把作风建设作为全面从严治党的治本之策。发扬“钉钉子”精神,一个节点一个节点坚守,关注“四风”问题新表现新动向,深入开展节日病、违规打麻将、违规操办酒席、违规发放奖金和津补贴、违规公款吃喝、公款旅游等专项整治。重点在纠正形式主义、官僚主义上下更大功夫,对表态多调门高、行动少落实差的严肃问责。持续深化“三个开刀”专项行动，重点纠正一些党员干部“爱惜羽毛”、回避问题、慵懒无为以及不作为、乱作为、冷硬横推拖等作风顽疾。盯紧脱贫攻坚战略行动实施和“禁酒令”执行情况，对不收敛不收手的“四风”问题，一律严查重处，一律通报曝光。

（三）持续加力加压，坚决遏制腐败蔓延势头。坚持无禁区、全覆盖、零容忍，坚持重遏制、强高压、长震慑，坚持受贿行贿一起查，坚定不移、精准有序，聚焦党的十八大以来不收敛不收手的党员干部，重点查处政治问题和经济问题相互交织形成利益集团的腐败案件。加强对领导干部特别是“一把手”权力的制约和监督，严肃查处选人用人、工程建设、审批监管、资源开发等重点领域和关键环节的腐败问题。坚持惩前毖后、治病救人方针，坚持严管和厚爱相结合，抓常、抓长“第一种形态”，在早发现上下功夫，抓早抓小、防微杜渐。用好、用足“第二、第三种形态”，统筹考虑时间节点、问题性质、本人态度、群众口碑等因素，依纪依规作出恰当处理。敢用、善用“第四种形态”，把做好思想政治工作和严格执行党纪国法结合起来，持续强化不敢、知止氛围。加大对信访、巡视巡察反馈问题的办理和统筹调度力度，确保件件有着落、事事有回音。

（四）助力脱贫攻坚，切实维护群众利益。按照全市经济工作会议提出的“脱贫攻坚作风建设年”要求，聚焦“护民生、促脱贫”，坚持把扶贫领域监督执纪问责作为全面从严治党向基层延伸的重要抓手。实行“谁管项目、谁用资金、谁负主责”，强化职能部门主管责任。坚决纠正以形式主义、官僚主义对待扶贫工作、做表面文章等问题，集中查处贪污私分、截留挪用、优亲厚友、虚报冒领、雁过拔毛、强占掠夺等问题，斩断伸向扶贫领域的黑手。把惩治基层腐败同扫黑除恶结合起来，坚决查处涉黑腐败，坚决惩治放纵、包庇黑恶势力甚至充当“保护伞”的党员干部。深化拓展民生监督，扎实开展专项监察，常态化开展“访村寨、重监督、助攻坚”专项行动，把严肃查处群众身边不正之风和腐败问题的重大政治责任一级一级压下去，直至“最后一公里”。盯紧群众通过巡视巡察、信访举报等渠道反映的突出问题，对民愤集中、性质恶劣的问题重点督办、限时办结，对工作推动不力、问题长期得不到解决的严肃问责。

（五）持续传导压力，推动管党治党责任落实。督促乡镇（街道）党委（党工委）和部门党委（党组）切实履行管党治党的政治责任，加强监督检查，坚持把全面从严的要求落实到党的建设各个领域，逐级压实主体责任，督促各级领导干部认真落实“一岗双责”。纪检监察机关全面履行党章赋予的职责，聚焦主责主业，强化监督执纪问责。树立尽职免责、失职追责的鲜明导向，把握好追责与免责的界限，推动形成担当尽责、实干奉献的浓厚氛围。以严厉问责倒逼责任落实，对党的领导弱化、党的建设缺失、全面从严治党不力、维护党的纪律不力、推进党风廉政建设和反腐败工作不坚决不扎实的，对违纪违规问题该发现未发现、该查处未查处的，对不敢抓、不敢管、和稀泥当“老好人”的，坚决追究主体责任，并追究监督责任。

（六）弘扬清风正气，大力加强宣传教育。不断巩固党风廉政建设“大宣教”格局，用好报刊、网络、电视等宣传力量，合力高唱反腐“好声音”，传递正能量，最大限度扩大纪律宣传教育的覆盖面。创新宣传方式，用群众喜闻乐见的文化形式增强教育吸引力，用主题鲜明的文化活动增强教育感染力，用丰富多彩的宣传载体增强教育影响力，实现宣传主题化、立体化、社会化。加强普纪教育，推动警示教育常态化，坚持以案促教，通报曝光一批典型案例，教育引导广大党员干部守纪律、讲规矩。坚定文化自信，深入挖掘红色文化、民族文化等优秀传统文化。大力弘扬团结奋进、拼搏创新、苦干实干、后发赶超的新时代贵州精神，积极营造干事创业的良好氛围。开展“家风助廉”活动，引导党员干部严格约束自己，形成良好家教家风。

（七）强化权力监督，逐步构筑“不能腐”的笼子。扎实推进国家监察、巡察监督、派驻监督三个全覆盖，形成横向到边、纵向到底的监督体系。深化政治巡察，紧盯被巡察党组织政治立场和政治生态，检查党的十九大、习近平总书记在贵州省代表团重要讲话精神贯彻落实和党章执行情况，检查践行“四个意识”、加强党的领导、推进党的建设、全面从严治党、严肃党内政治生活、执行党的路线方针政策情况。深化专项巡察，强化机动巡察，发挥巡察标本兼治作用。突出扶贫领域专项巡察，发现问题要准，分析问题要透。“回头看”要成为常态，既要检查巡视巡察整改情况，又要发现新问题。对标市委，上下联动、一体推进，建立县级固定巡察组。稳步推进深化国家监察体制改革试点工作，促进机关融合、人员融合、工作融合、感情融合。抓好县监察委员会依法产生后的内设机构设置、工作流程规范等重点环节，全要素用好谈话、讯问、询问等12项调查措施，实现对行使公权力公职人员的监察全覆盖。同步推进县级派驻机构统管改革，实现对县级党和国家机关派驻监督全覆盖，发挥好“派”的权威和“驻”的优势。

（八）从严监督管理，锻造“铁”一般的纪检监察队伍。全县各级纪检监察干部要带头贯彻中央和省委、市委、县委关于坚决维护以习近平同志为核心的党中央权威和集中统一领导的规定，以实际行动践行对党的绝对忠诚。要坚持以习近平新时代中国特色社会主义思想对照自己、改造自己、提高自己，做到信念过硬、政治过硬、能力过硬、作风过硬，任何时候都具有铁一般信念、铁一般纪律、铁一般担当，干任何事都不忘初心、出于公心、无愧良心。紧紧围绕“不忘初心、牢记使命”，在纪检监察系统开展“打铁必须自身硬”队伍建设主题教育活动。继续深化“三转”，切实扭转上转下不转、明转暗不转等问题。加强教育培训，既开展党纪党规教育，又开展法律法规教育，不断提高干部队伍能力水平。认真执行监督执纪工作规则，强化自我监督，自觉接受党内监督和社会监督。坚持刀刃向内，对纪检监察干部违纪行为“零容忍”，绝不姑息，绝不护短。

同志们，乘势而进抒壮志，阔步向前写经纬。在和县委的坚强领导下，我们要按本色做人，按角色办事，以“永远在路上”的执着之念，以“忠诚干净担当”的赤胆之举，不驰于空想、不骛于虚声，坚定不移把党风廉政建设和反腐败斗争引向深入，为全县决战脱贫攻坚、决胜全面小康作出更大的贡献！

强化监督首责　保障制度执行
为决胜全面建成小康社会决战脱贫攻坚护航

——在中国共产党松桃苗族自治县第十三届纪律检查委员会第五次全体会议上的工作报告

（2020年4月20日）

胡定钦

各位委员、同志们：

新冠肺炎疫情突发以来，在党中央和省委、市委、县委的坚强领导下，全县纪检监察机关闻令而动、遵令而行，坚决扛起政治责任，稳慎有效开展监督，为坚决打赢疫情防控和脱贫攻坚“两场战役”提供有力保障。

下面，我代表中共松桃苗族自治县第十三届纪律检查委员会常务委员会向第五次全体会议作工作报告，请予审议。

这次全会的主要任务是:以习近平新时代中国特色社会主义思想为指导,全面贯彻党的十九大和十九届二中、三中、四中全会及十九届中央纪委四次全会、十二届省纪委四次全会、二届市纪委五次全会精神,回顾2019年纪检监察工作,部署2020年任务。刚才,李俊宏同志作了讲话,对深入推进我县全面从严治党提出明确要求,我们要认真学习领会,坚决贯彻落实。

一、2019年工作回顾

2019年,在以习近平同志为核心的党中央和省委、市委的坚强领导下,县委示范引领,严格督促各级党组织及党员干部坚决贯彻新时代党的建设总要求,推动全面从严治党取得新成效。全县各级纪检监察机关增强“四个意识”、坚定“四个自信”、做到“两个维护”,忠实履行党章和宪法赋予的职责,坚持稳中求进、实事求是、依规依纪依法,持之以恒正风肃纪,一体推进不敢腐、不能腐、不想腐,在高质量发展上取得新的成绩。据全省党风廉政建设社会民意调查显示,我县人民群众对反腐败工作满意度为94.47%,同比上升6.23个百分点;对我县干部廉洁从政认可度为92.78%,同比上升4.77个百分点。

(一)深学笃用习近平新时代中国特色社会主义思想,“两个维护”更加坚定自觉

坚持学懂弄通做实习近平新时代中国特色社会主义思想。县纪委常委会把学习贯彻习近平新时代中国特色社会主义思想作为主线,坚持个人自学与研讨交流结合,切实发挥领学促学作用,学思用贯通、知信行统一。跟进学习习近平总书记重要讲话和重要指示批示精神,组织理论中心组学习和集中学习30次,结合职责研究具体落实措施。认真学习贯彻党的十九届四中全会精神,深刻把握坚持和完善中国特色社会主义制度、推进国家治理体系和治理能力现代化对纪检监察工作提出的新任务新要求,推动健全监督体系。切实加强政治监督,坚决查处对组织不忠诚不老实的“两面人”“两面派”,处理违反政治纪律问题5人。聚焦巡视巡察反馈问题整改,对整改落实情况进行监督检查。对9个县直部门的政治生态进行分析研判,梳理问题52个。督促各级党组织落实全面从严治党主体责任,因落实主体责任不力问责科级干部63人,其中立案审查13人。开展廉洁审查1144人次。

(二)坚持以人民为中心,民生领域突出问题治理更加深入

以民生监督为抓手,紧盯民生资金管理运行风险隐患,坚决纠治民生政策落实“跑偏走样”突出问题,坚决查处贪污侵占、虚报冒领、截留挪用、优亲厚友等问题。集中开展涉林民生项目、财政涉农补贴资金“一折通”等专项监察,组织开展大走访,民生领域共发现问题286个,立案276件294人,党纪政务处分248件265人。深入开展“扫黑除恶”专项斗争,受理涉黑涉恶问题线索140件;深入治理“行业乱象”,党纪政务立案7人,移送司法机关1人,诫勉谈话2人,通报批评3人;立案查处涉黑涉恶“保护伞”1件1人,立案查处涉黑涉恶腐败问题1件1人,对“扫黑除恶”专项斗争工作推动不力、失职失责相关人员立案3件7人、诫勉谈话4人、通报批评11人。着力整治漠视侵害群众利益问题,立案审查调查7件7人,通报14人。

(三)聚力脱贫攻坚,纪律保障更加有力

围绕扶贫领域整治蝇贪三年行动,结合“访村寨、重监督、助攻坚”专项行动、“百名纪检监察干部访百村进千家”大走访活动,扎实开展扶贫领域监督执纪问责工作。建立“1+7”督查、“三级”督查、驻点督查机制,实现全县村级督查全覆盖,着力整治扶贫领域形式主义、官僚主义突出问题,防止虚假脱贫、数字脱贫,切实增强人民群众的获得感、幸福感和满意度。对全县农村安全饮用水工程、农村基础设施交通扶贫工程项目桥梁工程实施情况开展专项监察。全县脱贫攻坚领域共党纪政务立案191件206人,诫勉谈话117人,232人、2个部门党组被通报批评,问责科级干部141人,组织处理1人。

(四)驰而不息纠治“四风”,作风建设更加巩固

坚持日常监督和专项督查相结合,一个节点一个节点坚守,贯彻落实中央八项规定及其实施细则精

神和省委、市委、县委有关规定。深挖细查顶风违纪、隐形变异问题，持续整治违规收送礼品礼金、违规公款吃喝、违规发放津贴补贴等突出问题，开展违规使用公务加油卡、“私车公养”和公务用车管理违规问题监督检查，坚决防止“四风”反弹回潮，释放越往后盯得越紧、执纪越严的强烈信号。开展“三公”经费专项整治，共清退奖金福利、值班费、补贴等186.54万元。查处违反中央八项规定精神问题14个，党纪政务处分23人。坚决整治不敬畏、不在乎、空泛表态、应景造势，不作为、慢作为甚至假作为等问题，查处形式主义、官僚主义问题13个，党纪政务处分13人。深入开展“茅台酒乱象”专项整治，查处问题2个，党纪政务处分2人。开展领导干部利用名贵特产特殊资源牟取私利、豪华“活人墓”问题专项整治，暂未发现有关问题。开展“景观亮化工程”过度化等“政绩工程”“面子工程”问题专项整治，处置问题1个。

（五）突出监督主责，执纪执法问责更加精准

坚持以高质量监督促进高质量发展，聚焦“关键少数”，强化日常监督，把思想政治工作和群众工作贯穿始终，通过个别谈话、参加民主生活会、警示教育、提出纪检监察建议等，抓实近距离常态化监督。强化信访监督，推进检举举报平台建设，定期筛选分析，精准研判办理，全县纪检监察机关受理信访举报322件，同比下降12.5%。坚持惩前毖后、治病救人，严管厚爱结合、激励约束并重，综合考虑事实证据、思想态度和量纪执法标准，精准运用“四种形态”处置问题线索763件、793人次，其中第一种形态479人次，占比60.4%；第二种形态276人次，占比34.8%；第三种形态26人次，占比3.3%；第四种形态12人次，占比1.5%。党纪政务立案300件310人，居全市第一，其中乡科级干部41件42人，立案数同比增长4.2%；结案305件，同比增长3.7%；党纪政务处分313人，同比增长1.3%；办理留置案9件9人，移送司法机关7件7人。严肃查处了寨英镇白沙溪砂石场侵害群众利益问题，严肃查处了永红林场宋某某等人腐败窝案，严肃查处了龙某某严重违纪违法问题，取得很好的纪法效果、社会效果。

（六）深化政治巡察，“利剑”作用更加凸显

加强巡察队伍建设，制定《中共松桃苗族自治县委巡察组考核评价办法（试行）》。举办能力提升培训班，提高巡察干部履职能力。巡察工作突出“两个维护”，聚焦政治责任，围绕落实党的路线方针政策和党中央决策部署、全面从严治党战略部署、新时代党的组织路线，围绕省、市、县重要部署，精准发现问题，纠正政治偏差。与市委巡察上下联动，巡察工作向村（社区）延伸。组织开展3轮巡察，共巡察261个党组织，发现问题3890个，发现线索136件。

（七）创新教育方式，“不想腐”的堤坝更加牢固

以党支部为单位，组织党员、干部到县委党风廉政警示教育基地开展警示教育，814个党支部1.7万余名党员、干部接受教育。组织开展扶贫领域警示教育典型案例巡回展2轮，累计2.2万人次接受教育。针对职务犯罪典型案件，组织相关单位干部旁听庭审4次，制作警示教育专题片《董事长的没落》。实施“百案大整改”，共对133个典型案例开展“一案一整改”工作，相关单位累计召开党支部会议或干部大会126场次、专题民主生活会或组织生活会25场次、警示教育大会125场次，公开个人忏悔书和检讨书129份。

（八）深化纪检监察体制改革，监察职能更加优化

坚持党对纪检监察工作全覆盖、全方位、全过程领导，持续推进党的纪律检查体制改革、国家监察体制改革、纪检监察机构改革。以县级机构改革为契机，优化县纪委县监委内设部门和运行机制，推动县纪委县监委内设部门与派驻机构职能对接。批复同意县人民医院党委和县民族中医院党委设立纪委。落实监察全覆盖要求，推动监察职能向乡镇（街道）延伸，挂牌成立全县27个乡镇（街道）监察办公室。

（九）坚持高标准严要求，纪检监察干部队伍政治、能力、作风更加过硬

深入开展“不忘初心、牢记使命”主题教育，用习近平新时代中国特色社会主义思想武装头脑、凝心聚

魂,引导全县纪检监察干部坚决做到"两个维护",坚决维护人民群众利益,坚决捍卫党的先进性和纯洁性。加强政治建设,提升政治觉悟和政治能力,把"两个维护"落实到履职尽责上。加强专业化建设,贯彻执行监督执纪工作规则和监督执法工作规定,开展全员培训和考核测评。举办培训班3期,选派103名干部参加市级及以上业务培训,选派8名干部到省、跟班锻炼,选调6名乡镇(街道)纪检监察干部到县纪委县监委机关跟班锻炼。县纪委县监委被评为贵州省纪检监察系统先进集体,全县20名纪检监察干部受到省、市表彰。坚持正视问题、刀刃向内,严肃查处以案谋私、滥用职权等问题,坚决防治"灯下黑"。处置纪检监察干部问题线索11件,党纪处分1人,免职2人,诫勉谈话1人,通报1人,调离纪检监察系统3人。

一年来,我们坚持围绕中心、服务大局,立足职责、担当作为,在工作中形成了一些认识和体会。

——必须坚持学懂弄通做实习近平新时代中国特色社会主义思想。习近平新时代中国特色社会主义思想是新时代中国共产党人的思想旗帜,是做好新时代纪检监察工作的行动指南和根本遵循,必须不断学思践悟、融会贯通,结合实际创造性贯彻落实,自觉地具体地同以习近平同志为核心的党中央保持高度一致,做到深信笃行、知行合一。

——必须自觉坚决做到"两个维护"。纪检监察机关是管党治党的重要力量,根本职责使命是维护党中央权威和党的团结统一。坚持党中央的决策部署到哪里、政治监督就跟进到哪里,紧盯党章党规党纪和宪法法律法规、党的路线方针政策贯彻执行情况,紧盯党中央决策部署和习近平总书记重要指示批示精神贯彻落实情况,靠前监督、主动监督,督促全县各级党组织和党员干部不断提高增强"四个意识"、坚定"四个自信"、做到"两个维护"的政治自觉。

——必须坚持以人民为中心。得民心者得天下,民心是最大的政治。人民群众的支持和参与是反腐败斗争最根本的力量源泉,必须相信人民群众、依靠人民群众,切实增强人民群众的获得感。要顺应民意,始终紧盯人民群众反映强烈、损害群众利益的人和事,切实维护人民群众利益,不断增强人民群众对党的信心和信赖,厚植党执政的群众基础和政治基础。

——必须坚持党章和宪法赋予的职责定位。聚焦主责主业,持续深化"三转",依规依纪依法履行监督执纪问责和监督调查处置职责。要把实事求是作为新时代纪检监察工作高质量发展的生命线,客观公正处理问题,精准高效履职尽责,督促规范治权用权,推动协助职责和监督责任贯通协同、主体责任和监督责任一贯到底。

——必须打造一支忠诚干净担当的干部队伍。纪检监察干部既要政治过硬,也要本领高强,始终做到初心如磐、使命在肩,秉持以身许党许国、报党报国的境界情怀,树牢以人民为中心、执纪执法为民的政治立场,在大是大非面前敢于亮剑,在歪风邪气面前敢于斗争,真刀真枪解决一切影响党的先进性、弱化党的纯洁性的问题。要做到自身正、自身硬、自身净,增强履职尽责的底气、胆气、勇气。

在党中央和省委、市委、县委的领导下,我县全面从严治党取得新的成果,反腐败斗争压倒性胜利不断巩固拓展。同时要看到,反腐败斗争形势依然严峻复杂,全面从严治党永远在路上,必须把握大局大势、保持冷静清醒,零容忍的决心丝毫不能动摇,惩治腐败的力度丝毫不能削弱,把"严"的主基调长期坚持下去。也要看到,我县全面从严治党还存在一些差距。一是有的地方和部门党的领导弱化虚化,落实"两个维护"不坚决;二是有的党员干部落实上级决策部署有落差、温差、偏差;三是有的党员干部作风不实,存在形式主义官僚主义问题;四是有的党员干部依然不收敛不收手,减少存量的同时,增量仍有发生;五是有的基层干部以权谋私,不作为慢作为乱作为,群众身边的不正之风和腐败问题易发多发;六是贯彻落实中央八项规定精神不彻底,违规操办酒席、违规发放津补贴等问题屡禁不止;七是有的纪检监察干部自我要求不严,工作能力有差距。针对这些问题,我们必须高度重视,采取有效措施加以解决。

二、2020年主要工作

2020年是全面建成小康社会和“十三五”规划收官之年，做好纪检监察工作意义重大。总体要求是：以习近平新时代中国特色社会主义思想为指导，全面贯彻党的十九大和十九届二中、三中、四中全会以及十九届中央纪委四次全会、十二届省纪委四次全会、二届市纪委五次全会精神，增强“四个意识”、坚定“四个自信”、做到“两个维护”，坚持稳中求进工作总基调，协助县委深化全面从严治党，坚持和完善党和国家监督体系，强化对权力运行的制约和监督，一体推进不敢腐、不能腐、不想腐，在坚持和完善中国特色社会主义制度、推进国家治理体系和治理能力现代化中充分发挥监督保障执行、促进完善发展作用，建设高素质专业化纪检监察干部队伍，推动新时代纪检监察工作高质量发展，为决胜全面建成小康社会、决战脱贫攻坚提供坚强保障。

党的十九届四中全会对坚持和完善中国特色社会主义制度、推进国家治理体系和治理能力现代化作出重大战略部署，对坚持和完善党和国家监督体系、强化对权力运行的制约和监督作出重大制度安排，为推进新时代纪检监察工作高质量发展提供了基本遵循。纪检监察机关作为党内监督和国家监察专责机关，要深入贯彻落实党的十九届四中全会精神，自觉把各项工作放到坚持完善中国特色社会主义制度和国家治理体系的大局中来思考、谋划、推进。牢牢抓住监督这个基本职责、第一职责，精准监督、创新监督，在坚持和完善中国特色社会主义制度、推进国家治理体系和治理能力现代化中，充分发挥监督保障执行、促进完善发展作用。

（一）聚焦坚守初心使命，把“两个维护”贯穿纪检监察工作全过程

“不忘初心、牢记使命”是加强党的建设的永恒课题和全体党员、干部的终身课题，也是对广大纪检监察干部的政治要求。要加强思想政治引领，持之以恒学懂弄通做实习近平新时代中国特色社会主义思想，不断巩固深化“不忘初心、牢记使命”主题教育成果。提高政治站位、政治觉悟，始终坚决做到“两个维护”。加强对党章党规党纪和宪法法律法规执行情况的监督检查，加强对习近平总书记重要指示批示精神落实情况的监督检查，加强对贯彻落实党的十九届四中全会精神情况的监督检查，加强对党中央、省委、市委、县委重大决策部署落实情况的监督检查，加强各单位各部门履职情况的监督检查，坚决打通执行“梗阻”，坚决纠治作风“顽疾”，坚决查处只喊口号、不见行动的行为，坚决查处执行制度“搞例外”的行为。督促推动各级党组织特别是党委（党组）主要负责人切实担负全面从严治党政治责任，督促推动广大党员、干部践行初心使命。

（二）聚焦脱贫攻坚，深入整治群众身边的突出问题

增强为民情怀，坚持人民群众反对什么、痛恨什么，就坚决防范和纠正什么。对扶贫领域腐败和作风问题进行盘点梳理，着力加强对脱贫工作绩效、脱贫政策连续性稳定性，以及脱贫摘帽后“不摘责任、不摘政策、不摘帮扶、不摘监管”情况的监督检查，对搞数字脱贫、虚假脱贫的严肃问责，对贪污侵占、吃拿卡要、优亲厚友的从严查处。深化“访村寨、重监督、助攻坚”专项行动，开展“杨荣式好干部——百名纪检监察干部访百村进千家”大走访活动，开展民生项目专项监察，严肃查处侵害群众利益的“微腐败”。深入开展“扫黑除恶”专项斗争，严肃查处党员和国家公职人员涉黑涉恶腐败和充当“保护伞”问题，对专项斗争中不作为、慢作为问题进行追责问责。

（三）聚焦健全完善监督体系，持续深化纪检监察体制改革

协助县委健全全面从严治党制度，督促各级党组织落实全面从严治党责任，解决党的领导和监督虚化、弱化问题，推动党委（党组）主体责任、书记第一责任人责任和纪检监察机关监督责任贯通联动、一体落实，加强对“一把手”监督和同级监督。健全乡镇（街道）纪委（纪工委）、监察办公室工作制度，强化对下

级纪委(纪工委)、监察办公室的领导,推进纪检监察工作双重领导体制具体化、程序化、制度化。完善派驻机制和派驻机构工作制度,扩大事业单位派驻监督覆盖面,探索建立县属国有企业派驻监督制度。加强对纪律监督、监察监督、派驻监督、巡察监督的统筹衔接,强化纪委监委监督的协助引导推动功能,促进党内监督与人大监督、民主监督、行政监督、司法监督、审计监督、财会监督、统计监督、群众监督和舆论监督贯通融合、协调协同。按照上级监委统一部署,县监委依法有序向县人大常委会报告专项工作。

(四)聚焦监督专责,加强对权力运行的监督

强化对乡镇(街道)和部门党委(党工委、党组)的监督,紧盯"关键少数"、关键岗位,围绕权力运行各个环节发现问题、纠正偏差、精准问责,推动权力运行制度化、规范化、程序化。强化对"三重一大"的监督,特别是对资金密集、资源富集部门,紧盯资金分配、项目实施重要环节,杜绝"暗箱操作",防止以权谋私、权钱交易、利益输送。强化日常监督,深入干部群众了解发现问题,注重运用谈心谈话防微杜渐,监督前移,实事求是运用"四种形态"。用好纪检监察建议有力武器,对建议落实情况进行"回头看",确保以纪法刚性约束推动整改落实到位。

(五)聚焦纠治"四风",巩固拓展作风建设成效

持之以恒落实中央八项规定精神,推动党风政风和社会风气进一步好转。坚持从讲政治高度整治形式主义、官僚主义,从党员领导干部抓起改起,深化治理贯彻党中央、省委、市委、县委决策部署只表态不落实,维护群众利益不担当不作为,会多文多表多检查多的形式主义等突出问题。坚守重要节点,紧盯薄弱环节,严查享乐、奢靡问题,防范和查处收送电子红包、公款旅游、违规公款吃喝、私车公养等隐形变异问题,加大通报曝光力度。更好发挥群众监督和舆论监督作用,从快调查处置涉及"四风"的举报线索。

(六)聚焦巡察工作高质量发展,完善巡察工作机制

围绕基层贯彻落实党的路线方针政策和党中央决策部署情况,围绕群众身边腐败问题和不正之风,围绕基层党组织软弱涣散、组织力欠缺问题,深入开展政治巡察,统筹推进巡察全覆盖。对232个党组织工作开展巡察,其中县直部门党组织37个,村和社区党组织195个。落实党中央和省委、市委巡视巡察工作部署,形成上下联动的巡察监督格局。完善巡察机构与纪检监察机关协作配合机制,及时移送线索,及时反馈信息。突出抓好巡察整改落实,强化整改主体责任,完善整改情况报告制度,健全整改公开机制和日常监督机制。

(七)聚焦巩固发展反腐败斗争压倒性胜利,一体推进不敢腐、不能腐、不想腐

增强危机意识,坚持无禁区、全覆盖、零容忍,坚持重遏制、强高压、长震慑,坚持受贿行贿一起查,既严厉惩治又有利于稳定,既合乎民心民意又激励干部担当作为,努力提高治理腐败效能。对党的十八大以来不收敛不收手,严重阻碍党的理论和路线方针政策贯彻执行、严重损害党的执政根基的腐败问题从严查处,对巨额行贿、多次行贿的严肃处置,对主动投案者依规依纪依法从宽处理。严肃查处各种风险背后的腐败问题,深化金融领域反腐败工作,坚决查处资源、土地、规划、建设、工程等领域的腐败,严肃查处国有企业靠企吃企、设租寻租、关联交易、侵吞国有资产等问题,严肃查处医疗机构权钱交易、内外勾结欺诈骗保行为,严肃查处违法建筑背后的腐败问题,严肃查处"裙带腐败""衙内腐败"。加强思想道德教育、党纪国法教育、警示教育,深化"一案一整改",做深查办案件"后半篇文章"。推进廉洁文化建设,注重家风建设,引导党员、干部修身律己、廉洁齐家。

(八)聚焦高素质专业化要求,加强纪检监察干部队伍建设

坚持把深入学习贯彻习近平新时代中国特色社会主义思想摆在首位,突出抓好党的政治建设,做到"两个维护",在坚决贯彻党中央、省委、市委、县委重大决策部署上带好头、做表率。推进更高水平、更深

层次“三转”,增强“主动转”的自觉。积极发挥特约监察员的监督作用,强化内部管理,严格按照监督执纪工作规则和监督执法工作规定履行职责、行使权力、开展工作,严格审查调查安全管理,公正文明执纪执法,主动接受各方面监督,确保执纪执法权受监督、有约束。落实全省纪检监察干部队伍“能力提升年”要求部署,加强学习培训和实战练兵,开展业务能力“大比武”,提高政治素质、业务能力。对标先进典型,持续掀起向“全省优秀共产党员”、我市优秀纪检监察干部杨荣同志学习的热潮。零容忍清理门户,严肃查处执纪违纪、执法违法行为,严禁打听案情、说情干预、违规过问案件,坚决清除以权谋私、以权搞特殊、蜕化变质的害群之马,持续防治“灯下黑”。

同志们,新时代呼唤新担当,新使命展现新作为。让我们更加紧密地团结在以习近平同志为核心的党中央周围,不忘初心、牢记使命,团结拼搏、开拓进取,奋力书写全面从严治党、党风廉政建设和反腐败斗争新篇章,为坚决打赢疫情防控和脱贫攻坚“两场战役”贡献更大力量!

三、重要文件

(一)代县委、县人民政府(人民委员会)制发的文件选登

松桃县委关于加强农村党的监察工作的指示

我县党的监察委员会成立以来,为了加强党的监察工作,根据中央和上级党委的指示,指定了区乡党的书记或副书记兼管党的监察工作,以保证农业社会主义改造的顺利完成。但是,目前为止,区乡兼管党的监察工作的书记或副书记并没有认真地开展党的监察工作,同时,由于并乡的关系,区委和农村支部书记或副书记有不少变动,并乡后没有及时明确一名。因此,县委特提出如下意见:

一、兼管党的监察工作的书记或副书记,除作好书记或副书记的工作外,同时要做好党的监察工作,克服兼职不兼事的现象。结合中心工作,亲自掌握检查处理重大案件,以便有力的向党员中违反党章、党纪、共产主义道德和国家法律、法令的行为作斗争。

二、兼管党的监察工作的书记或副书记应经常地指导区乡对党员进行纪律教育和处理案件工作。

三、区委应将党的监察工作列为议事之一,研究党的监察工作,处理违反党纪的案件。

四、鉴于并乡以后,兼管党的监察工作的干部调动很大,除区委指定区委书记或副书记兼管外(没有书记或副书记的区,县委从区委委员中指定适当人员代管),乡总支或支部书记或副书记兼管党的监察工作,区委应迅速研究指定出来,并向他们明确工作任务。

1956年10月21日

附,一、二、三、七、八、九区兼管和代管党的监察工作干部指定如下:

城关由区委委员张明才兼管;

平茶由组织委员龙秀清代管;

盘信由区委副书记石成清兼管;

乌罗由组织委员谢子文代管;

甘龙由区委副书记李春萱兼管;

长兴由组织委员吴辛金兼管。

注:1956年11月26日,中共贵州省委批转"松桃县委关于加强农村党的监察工作的指示",并转发各地(市)委、县委,要求作为各地工作参考。

松桃苗族自治县人民委员会
关于对人民公社建立监察委员会组织和进行业务领导的方案

人民公社是劳动人民在共产党和人民政府领导下,自愿联合组织起来的社会基层单位,它是属于共产主义的政治制度、经济制度的萌芽形式,又是一个政权组织。因此,根据国务院关于公社社章试行简则第二十二条规定,人民公社设立监察委员会,而业务由国家监察机关来领导。

人民公社监察委员会(以下简称公社监委)是受公社社员代表大会委托,在公社党政领导下,对公社社务施行监察活动。通过监察活动来监督公社规章制度和决议、措施的正确贯彻实现,以保证社会生产力高速发展;同时在公社党政领导下,对国家、对公社贡献较大的有功人员给予奖励;并对严重违犯公社规章、制度和国家政策、法令的人群给予纪律处分。通过奖惩两个方面的手段来教育全体人员发挥他们的劳动积极性、创造性,使其模范地遵守公社规章、制度和国家政策、法令,借以保证党和政府的各种政策、法令的正确执行。

人民公社是社会主义结构的工、农、商、学、兵相结合的统一组织单位,也是共产主义结构组织的萌芽,它实行政社合一、集中统一领导,因而监察机关是公社不可缺少的组成部分,亦是体现了社会主义国家优越制度之一。为此,特提出如下工作方案作为建立监察组织和开展业务的参考。

第一条　关于公社监委组织机构和委员条件:

1.公社监委应根据各公社大小,地区的分散、集中和组织情况等具体条件来确定监委组成人员的多少。根据目前以一区一社的情况,公社监委的人数一般应11至13人为宜,最多不得超过15人。公社的营监委一般5至7人即可。公社的连以下设监察员,人数按具体条件设立。公社所属工厂、学校、企业等单位可指定专人负责监察工作。

2.公社监委应配备脱产主任1人,副主任和营监委主任是否脱产,由各公社自行确定,营监委主任可选任社监委的委员。

3.公社监委可根据工作需要和机构大小设常委3至5人,经常研究监察工作和处理决定日常事务。

4.公社监委成员的条件:必须选举大公无私,立场坚定,忠于职守,密切联系群众,热心于集体事业和共产主义事业,并有一定的生产斗争经验和办事能力的优秀分子担任主任、副主任和委员。

第二条　公社监委的工作任务:

1.公社监委受社员代表大会委托,在公社党政领导下,通过监察活动,保证党和政府的政策、法令和公社决议、措施、规章、制度的正确执行，使生产和政治任务按时完成，因此，公社监委的工作，都不能脱离党的中心工作。

2.对公社范围内各行政、企业、事业、厂矿、学校、团体等单位的工作人员违犯国家纪律的行为进行检查处理；办理干部、职工、社员的奖励和惩戒事宜，接待和受理公社内外公民控告、申诉等案件，并对营监委和监察员实行业务领导。

3.对国家监察机关的指示、规定应贯彻执行，并定期向国家监察机关报告自己的工作。

4.围绕公社的中心任务，坚决检查处理公社某些人员中的弄虚作假，徇私舞弊，假公济私，破坏团结，破坏生产和违犯国家、集体及社员利益的案件和各种违法失职行为。通过检查处理达到“教育干部、职工、社员更好地遵守国家政策法令，提高觉悟，改进工作”的目的。

5.积极地经常利用各种形式向社内广大人员宣传党和政府的政策、法令及进行纪律教育，借以提高他们的共产主义觉悟，鼓足干劲，力争上游，多快好省地建设社会主义，树立爱国爱社的共产主义风格。

第三条 关于公社社员受于奖励的条件：

公社所属单位广大社员、职工都在不同岗位上积极进行着自己的工作，应根据他们对国家、对公社的贡献大小，给予奖励。其奖励人员一般应具备下列条件：

1.忠于职守，成绩优良，积极劳动和工作，遵守国家法令和宪章，起模范作用的。

2.在生产或工作上有创造发明，提出合理化建议，对国家或公社有显著贡献的。

3.防止或挽救事故有功，使国家或公社财产免受重大损失的。

4.爱社如家，节约国家和公社财产有显著成绩的。

5.政治立场坚定，坚决与坏人坏事作斗争有突出表现和重大功绩的。

6.其他应予奖励的。

7.符合上述条件之一者，应分别予以奖励。

第四条 奖励的种类和使用的范围：

1.奖励分为：当众表扬、记功、记大功、奖品、劳动模范或劳动英雄、升级、升职、通令嘉奖八种。八种奖励是由低到高的秩序，应根据贡献大小，决定给予一种或两种奖励。通令嘉奖是最高奖励，应报县人民委员会批准给予。

2.当众表扬、记功、记大功、劳动模范或劳动英雄、通令嘉奖，个体、集体均适用。但奖品、升级、升职三种奖励，只适用于个人。

3.奖励方法，应先由群众评议，然后由监察委员会研究决定，奖励一般一次只能给予一种奖励，特殊的可同时给予两种奖励，一种是荣誉奖，少部分物质奖，但不能一次给予两种同样的奖励。

4.对先进的优秀单位，除上述奖励种类外，可发奖旗。受奖人员和单位除通知本人、单位，并记入本人档案，同时还应在适当会议或报刊上公布，以便教育全体广大人员。

第五条 关于受纪律惩戒的种类和使用范围：

1.公社社员、职工等人员有下列违法失职行为，尚未构成犯罪的，应分别予以处分。如果情节较轻微，经过批评教育后，可免于处分。

(1)违犯国家政策法令和公社决议制度，以及严重强迫命令的；

(2)滥用职权和徇私舞弊的；

(3)损失浪费和贪污盗窃的；

(4)破坏团结，压制民主和打击报复的；

(5)丧失立场,包庇坏人和弄虚作假、欺骗组织的;

(6)玩忽职守和贻误工作及泄露秘密的。

(7)腐化堕落、败坏道德的;

(8)侵犯社员利益、集体利益和损害国家、公社威信的;

(9)其他不良言论、行为应该给予纪律处分的等。

2.纪律处分为:警告、记过、记大过、降级、降职、撤职、留用察看、开除(或取消)社员资格八种。八种纪律处分秩序是由轻到重的秩序,开除或取消社员资格为最高纪律。

3.上述八种处分不适用于集体,亦不适用于被管制的和没有社员资格的人员。对社员无职可撤、可降的人员,可酌情给予其他几种纪律处分。

第六条 管理奖惩范围:

1.公社监委应负责由公社任命的工作人员奖励和惩戒;关于社员、职工人员的奖励和惩戒,可由各公社党政决定制订公社监委和营监委综合管理办法。

2.由国家任命的公社工作人员,其奖励和惩戒均应报国家监察机关备案。

3.经社员代表大会选举产生的任职人员,如遇犯有严重错误时可暂停其职务,然后提交社员代表大会予以罢免。

第七条 关于控告、申诉的处理

1.全社人员有权向公社监委检举、控告社内工作人员违法失职行为,监委对受理的控告案件要认真及时地进行检查处理;

2.受处分人员不服处分申诉,公社监委应认真研究进行复议,对无理申诉、控告的可退回,不予受理。

3.对社内外公民申诉、控告要严肃慎重的处理,不得轻信和草率结论。

第八条 公社监委为了更好地开展工作,可派适当人员参加或列席有关部门的会议,索取有关资料,了解情况,并请有关部门的人员参加检查工作;有关部门要主动地介绍情况,自己组织检查,请监委指导和协助。

第九条 公社监委和各部门的关系

公社监委和公社所属部门都是公社党政领导的助手,其关系是平等的,仅是任务、职责的不同。被检查单位和人员(反革命分子和其他坏分子除外)也是一致的,都是为了改进工作,纠正错误。

第十条 关于处理奖惩、控告和申诉的手段

1.奖励和惩戒:均应将模范事迹或错误事实查对清楚,经过所在单位群众讨论,由领导正式作出决定,对犯错误人员还应让本人提出对处分的意见。对模范人物的事迹应以光荣榜、送喜报、大字报、黑板报或广播的形式公布,以树立旗帜。

2.公社监委在审核奖励或惩戒时,应召开一定会议(或常委会)进行讨论,用民主和集中的方法正式作出书面决定,不得一人擅自审批。

3.关于奖惩案件的决定,应根据公社党政领导给予的权利分别报送公社党政领导备案和批准,并正式书面决定通知单位和本人,并将全部材料存入本人档案。

第十一条 公社监委可根据工作需要,在重要场所设置意见箱,作为搜集意见和材料的辅助手段,但根本做法是依靠党政领导和广大群众的支持,来作好监察工作。

第十二条 公社监委应根据社章规定,定期向社员代表大会报告工作,除此之外,还应和代表取得联系,虚心听取他们的意见和批评,改进自己的工作。

第十三条　公社监委的印信和经费

1.印信应为:XX县XX人民公社监察委员会,用印时上报备案。

2.所用经费和人员开支以及办公地址、办公用品等均应由公社解决。

第十四条　本方案因时间和条件的限制,难免有些不切合实际的地方,如遇未尽事宜,可根据实际情况,进行增加或减少。

第十五条　各公社监委,应根据本方案制订自己的实施细则。

1958年12月9日

(松桃苗族自治县人民委员会　印章)

关于进一步改进工作作风、密切联系群众“五要七带头”工作规定的通知

(松委〔2013〕4号)

为认真贯彻中央八项规定和省委十项规定、市委“六个不准”要求,进一步改进工作作风、密切联系群众,经研究,现将有关事项通知如下,希严格遵照执行。

一、乡镇及部门改进工作作风、密切联系群众“五要”规定

(一)要认真履职尽责。认真贯彻落实上级和县委政府的决策部署,确保任务及时完成。对本单位工作任务进行责任分解,落实到股室、个人。创造性开展工作,力争在各类考核中增比进位。

(二)要加强内部管理。严格工作纪律,干部职工上班时间不得擅离职守、无故缺岗、做与工作无关的事。干部职工不得出现吃拿卡要和乱审批、乱检查、乱收费、乱摊派现象,不得违规操办酒席、违规建房。乡镇干部职工不得有“走读”情况。

(三)要热情服务群众。干部职工要认真对待群众来信来访,实行首问责任制、限时办结制,不得推诿。要扎实做好帮扶工作,实行定帮扶对象、定帮扶责任人、定帮扶措施、定帮扶效果“四定”机制。要按照网络舆情核查机制要求,认真办理网民反映的问题,及时回复办理情况。

(四)要坚持厉行节约。严格公用经费支出,每年“三公”经费支出要比上年度减少。办公用品购置、公务接待、车辆修理等事项一律由办公室安排,严禁领导干部接待签单。不得豪华装修办公场所、超标准配置车辆、公车私用,不得用公款旅游和送礼、请吃。严禁违规发放津贴、补贴、购物券、实物和用公款支付与工作无关的其他费用。印制文字材料,一律采用双面印刷。干部职工离开办公室,必须关闭电源。

(五)要改进会风文风。要按通知要求参加会议,不得随便缺会、代会、迟到。县委综合性会议、重要会议由县委办统筹协调;专题会议由分管领导统筹,不得随意安排其他领导陪会。要求乡镇、部门党政主要负责人参加的会议,事前须报请县委政府主要领导同意。部门以县委政府名义召开的专题会议,相关部门要精心筹办会务。一般性会议、庆典活动会场不得布置花草、铺地毯。严格控制文件、简报的数量和规格,高质量行文、高质量办简报。

二、领导干部改进工作作风、密切联系群众“七带头”规定

(一)带头勤政务实。对县委政府和上级决策部署,两个工作日内必须有具体的落实方案和行动。对

分管和职责内工作要常过问、常督查,亲临一线指挥调度。要深入联系和帮扶的乡镇、村、企业和学校认真开展“讲、访、帮、促”活动,帮助排忧解难。对群众来信来访要认真受理,主动协调,尽全力化解矛盾纠纷,包办的信访件要限时办结。

(二)带头改进调研。全年要安排三分之一以上时间,深入基层特别是问题较多、矛盾突出的地方去了解真实情况、指导工作。要带着问题调研,有的放矢,问计于民,不能走马观花。调研走访的对象要多层次、多类型,严禁避重就轻、选好不选差。领导干部下乡进村入户要轻车简从。有多个部门负责人陪同县领导下乡调研时,要按照安排同乘车辆,部门负责人不得分别带车。县领导和县直部门负责人下乡调研,需要在乡镇用餐时,只能安排在乡镇食堂用餐。

(三)带头厉行节约。严禁豪华装修办公室,严禁购置高档办公用品和装饰品,严禁出差期间住豪华房间,严禁违反财经纪律和公务接待有关规定。领导干部到乡镇、部门调研和检查工作,乡镇、部门不得发整包或整条香烟,不得用高档名贵酒接待,一经被举报核实,扣减该乡镇或部门当时所消耗烟酒价值10倍的办公经费。单位班子成员同时外出开会或出差,只能同乘车辆。无特殊情况和未经批准,出差不能搭乘飞机。外出开会只能按会务要求食宿,不得单独另行安排。

(四)带头廉洁从政。认真贯彻落实“一岗双责制”,不准利用职权和职务上的影响为自己、家属、亲朋和其他人谋取不正当利益;不准向下级单位、服务对象摊派和索要钱物,不准收受礼金、礼品;不准用公款进娱乐场所消费,不准参与赌博和在会所、宾馆等公共场所打牌、打麻将;不准违规驾驶公车,不准用公车接送亲属上下班、子女上学放学、朋友出行;不准单独亲自办理接待、物品购置等涉及经费的事项,严禁用公款支付应该由个人承担的费用。

(五)带头改进会风文风。要按通知要求参加会议和遵守会议纪律。未经县委政府同意,不准参加各类剪彩、奠基活动和庆祝会、纪念会、表彰会等。会议发言要讲短话、讲管用的话。一般性会议的讲话材料,领导干部要亲自撰写。全县性重要会议的领导讲话稿一般不超过8000字。经手把关审核的文稿,不能出现政策性、技术性错误。

(六)带头改进新闻报道。压缩领导会议及活动报道的字数、时长,多推出贴近实际、贴近生活、贴近群众和反映我县经济社会发展情况的新闻报道。报道领导会议及活动的新闻不得拖拉冗长,要根据工作需要、新闻价值、社会效果确定报道篇幅和时长。

(七)带头规范考察活动。外出学习考察事前必须向县委政府请示,考察回来后15天内呈交学习考察报告。外出学习考察不得借机游山玩水、绕道和超过规定时间,不得带家属。参加组团外出学习考察,乘坐统一安排的交通工具。因事离开岗位1天以上,必须向主管领导报告。

松桃苗族自治县廉政谈话制度(试行)

(松党办发〔2013〕133号)

第一章　总则

第一条 为加强和改进对领导干部的日常教育和管理,根据《中国共产党党内监督条例(试行)》、省委《关于建立廉政谈话制度的暂行规定》《铜仁市廉政谈话制度(试行)》等文件精神,制定本规定。

第二条 本规定适用于县委管理干部。县委各部办委局,县级国家机关各部门党组(党委),各人民团体党组,县直各中小学党组(党委)、县管企业党委参照本规定执行。

第三条 廉政谈话分为任职廉政教育谈话、提醒谈话和诫勉谈话三种类型。任职廉政教育谈话采取集体谈话或个别谈话方式,提醒谈话、诫勉谈话采取个别谈话方式。进行提醒谈话、诫勉谈话时,应向谈话对象说明谈话原因,认真听取其对有关问题的解释和说明,并指出需要注意的问题,要求其提出改正措施。有关单位要做好记录,谈话记录经本人确认后进入领导干部廉政档案。

第四条 与乡(镇)党委书记、乡(镇)长的廉政谈话原则上由县委书记或县委副书记进行;与其他县管干部的廉政谈话,原则上由县纪委书记和县委组织部部长进行,或由县纪委书记、县委组织部部长分别委托县纪委、县委组织部其他领导班子成员进行。

第五条 谈话的相关工作分别由县纪委、县委办公室、县政府办公室、县委组织部负责。县纪委、县委组织部应向谈话领导提供被谈话人的有关情况,供进行廉政谈话时参考。

第二章 任职廉政教育谈话

第六条 领导干部提拔、任职或领导职务发生变动时,应对其进行任职廉政教育谈话。任职廉政教育个别谈话,由县委组织部结合任前谈话一并实施;任职廉政教育集体谈话,由县委组织部商县纪委组织实施。

第七条 任职廉政教育谈话的主要内容为:

1.提出严肃党的政治纪律,认真贯彻执行党的理论路线方针政策,坚持以人为本、执政为民,加强领导班子建设方面的要求;

2.提出遵守党纪国法,执行《中国共产党党员领导干部廉洁从政若干准则》及其他廉洁自律规定方面的要求;

3.提出坚持民主集中制原则,认真履行职责,自觉接受党内外监督等方面的要求;

4.提出落实党风廉政建设责任制,认真履行“一岗双责”职责,切实抓好职责范围内党风廉政建设和反腐败工作方面的要求;

5.听取被谈话人对党风廉政建设和反腐败工作的意见和建议;

6.其他需要进行廉政教育谈话的内容。

第三章 提醒谈话

第八条 领导干部有下列情况之一的,由县纪委或县委组织部主要领导同志批准后,应对其进行提醒谈话:

1.在贯彻执行党的路线方针政策和上级党组织决议、决定及廉洁自律等方面,信访反映较多、社会反映强烈的;

2.述职述廉、年度考核等工作中民主测评满意度较低的;

3.在推动重点工作、处理重大事件中,工作部署不当,措施不力,成效不明显,干部群众反应较大的;

4.其他需要提醒谈话的情况。

第九条 提醒谈话的主要内容:

1.向被谈话人了解有关情况,指出反映的问题;

2.听取被谈话人的说明;

3.对被谈话人提出要求和建议。

第十条 被谈话人对有关问题应如实答复、主动说明,做到有则改之,无则加勉。确实存在问题的,应限期整改,向县纪委、县委组织部提交书面整改报告。

第四章 诫勉谈话

第十一条 领导干部有下列情况之一的,应对其进行诫勉谈话:

1.不能严格遵守党的政治纪律,贯彻落实党的路线方针政策和上级党组织决议、决定以及工作部署等方面不力;

2.不认真执行民主集中制,作风专断,或者在领导班子中闹无原则纠纷;

3.不认真履行职责,给工作造成一定损失;

4.搞华而不实和脱离实际的"形象工程""政绩工程",铺张浪费,造成不良影响;

5.不严格执行《党政领导干部选拔任用工作条例》,用人失察失误;

6.不严格执行廉洁自律规定,造成不良影响;

7.在县委、县政府确定的重点、重大工程项目推动或增比进位中,排位靠后的;

8.其他需要诫勉谈话的情况。

第十二条 诫勉谈话要严格履行审批程序。由县纪委或县委组织部主要领导同志批准后实施。

第十三条 诫勉谈话的主要内容:

1.向被谈话人指出所存在的问题;

2.要求被谈话人就有关问题作出解释或说明,必要时,要求被谈话人写出书面情况;

3.就被谈话人存在的问题提出整改意见和要求。

第十四条 被谈话人要如实回答问题,不得隐瞒、编造、歪曲事实和回避问题,不得对反映问题的人进行追查,更不得打击报复。对违反者,应当进行批评教育,情节严重的给予组织处理或者纪律处分。

第十五条 被谈话人对存在的问题应向县纪委、县委组织部提交书面整改报告。县纪委、县委组织部应当采取适当方式,对被谈话人存在的主要问题改正情况进行了解。对于没有改正或者改正不明显的,应当根据县委的意见,予以批评教育并督促改正,或者作出组织处理。

第五章 附则

第十六条 本规定自印发之日起执行。

第十七条 本规定由县纪委商县委组织部负责解释。

松桃苗族自治县党委(党组)落实党风廉政建设主体责任和纪委(纪检组)落实监督责任清单(试行)

(松党发〔2016〕6号)

为全面落实管党治党的政治责任,深入推进全县党风廉政建设和反腐败工作,根据《中共铜仁市委关于印发铜仁市党委(党组)落实党风廉政建设主体责任和纪委(纪检组)落实监督责任清单(试行)的通知》(铜党发〔2016〕2号)等文件精神,结合我县实际,特制定本清单。

一、党风廉政建设主体责任清单

(一)党委(党组)领导班子责任

党委(党组)领导班子集体对党风廉政建设负全面领导责任,把党风廉政建设和反腐败工作纳入经济社会发展、党的建设总体布局,列入领导班子、领导干部目标管理,统一部署、统一落实、统一检查、统一考核。坚决防止组织涣散、纪律松弛、有令不行、有禁不止等违纪违法问题。

1.加强组织领导

(1)认真贯彻落实上级有关党风廉政建设和反腐败工作的部署要求,研究制定党风廉政建设和惩防体系建设年度工作计划,明确领导班子、领导干部在党风廉政建设中的职责分工。

(2)听取党风廉政建设和反腐败工作汇报,以及下一级党委(党组)及其主要负责人履行主体责任和个人廉洁从政情况报告,研究解决重要问题。

(3)党委(党组)会议专题研究党风廉政建设和反腐败工作每年不少于2次,重要事项及时研究。

(4)加强监督检查,强化问题督导,每年年底组织开展党风廉政建设责任制落实情况检查,强化结果运用。

2.选好用好管好干部

(5)树立正确的选人用人导向,严格执行《党政领导干部选拔任用工作条例》等规定,建立完善符合本地区本部门本单位的政绩考核评价指标体系,构建能者上、庸者下、劣者汰的良好机制。

(6)严格执行廉洁自律约谈相关规定,开展经常性、针对性约谈,抓早抓小,防微杜渐,防止“带病提拔”“带病上岗”,严肃处理干部选拔任用工作中的违规违纪行为。

(7)建立重要岗位干部轮岗、交流制度,着力解决为官不为、能力不够、作风不实等问题。

3.加强纪律和作风建设

(8)坚持把严明政治纪律和政治规矩放在首位,始终在思想上政治上行动上同以习近平同志为总书记的党中央保持高度一致,自觉维护中央的权威。

(9)坚持纪严于法、纪在法前,严格执行党的政治纪律、组织纪律、廉政纪律、群众纪律、工作纪律和生活纪律等各项纪律,把纪律严起来、立起来,执行到位。

(10)领导班子成员要把执行纪律情况作为年度民主生活会和组织生活会对照检查的必有内容。

(11)加强作风建设,贯彻落实中央八项规定和省委、市委“十项规定”、县委“五要七带头”规定精神,严格执行《松桃苗族自治县干部作风量化分类管理办法(试行)》(松党办发〔2014〕142号),促进干部作风建设制度化、规范化、常态化。

4.维护人民群众利益

(12)健全完善落实领导干部深入基层调查研究、带头接访、包案督访、包案化解信访问题等制度,解决群众合理诉求。

(13)加强和改进民生监督工作,着力解决发生在群众身边的生冷硬推、与民争利、欺压百姓、以权谋私、虚报冒领、贪污侵占等腐败问题。

(14)认真开展滥办酒席借机敛财专项整治工作,净化社会风气,纠正不正之风。

5.强化对权力运行的制约和监督

(15)严格落实“三重一大”民主决策制度、主要领导干部“五不直接分管”和末位表态等制度。

(16)建立完善项目建设廉政档案,落实项目廉政终身负责制。

(17)认真落实“简政放权、放管结合、优化服务”要求,依法依规建立健全权力清单并向社会公布,全面落实“三集中三到位”，推动党务、政务、村务和各领域办事公开，让权力在阳光下运行。

（18）加强党内监督，认真落实领导干部述责述廉述德述法和报告个人有关事项等制度。

（19）建立完善监管制度，加强廉政风险防控，着力构建不想腐、不能腐、不敢腐的有效机制。

6.领导和支持执纪执法机关开展纪律审查工作和查处违纪违法问题

（20）建立反腐败工作机制，制定反腐败工作措施，加强党对反腐败工作的统一领导。

（21）领导和推进纪律检查体制改革，落实纪委（纪检组）转职能、转方式、转作风，支持纪委（纪检组）聚焦主业主责开展纪律审查工作。

（22）优化执纪执法环境，及时听取反映干部问题线索和纪律审查等情况汇报，协调解决办案中的问题，以零容忍态度惩治腐败。

7.支持和配合上级巡视工作

（23）集体研究上级巡视巡查反馈意见，及时抓好整改落实和情况报告。

（24）加强巡视巡查反馈意见整改落实情况的监督检查，强化成果转化运用。

8.加强党风廉政建设宣传教育

（25）把党风廉政建设宣传教育工作纳入党的宣传思想工作和干部教育培训工作总体部署，把理想信念、宗旨意识、党章、党规党纪、《中国共产党廉洁自律准则》《中国共产党纪律处分条例》教育纳入学习型党组织建设内容，夯实干部廉洁从政、实干担当的思想基础。

（26）加强宣传教育阵地建设，张贴廉政标语、警示标语等，强化思想道德教育。

（27）组织开展勤政廉政先进典型示范教育和反面典型案例警示教育，每年召开1次以上党风廉政警示教育会议。

9.主动接受监督并报告工作

（28）每年第一季度向上一级党委（党组）和纪委（纪检组）书面报告上年度履行党风廉政建设主体责任情况，遇到重要问题及时请示报告。

（29）主动接受上级纪委和同级纪委（纪检组）的监督。

（二）党委（党组）主要负责人责任

1.组织落实

（1）对党风廉政建设负总责，履行第一责任人的职责，主持召开党委（党组）会议和专题会议，研究部署党风廉政建设和反腐败工作，做到重要工作亲自部署，重大问题亲自过问，重点环节亲自协调，重要案件亲自督办。

（2）听取重要案件查处情况汇报，推动各部门的协调配合，帮助排除办案中的阻力和干扰，重视纪检监察干部队伍建设。

（3）带头检查下级党委（党组）党风廉政建设主体责任的落实情况，并向被检查单位提出整改要求。

（4）定期向上级党委和纪委报告履行党风廉政建设第一责任人责任的情况，对本地区本部门本单位党风廉政建设的文件材料把关审阅，提出意见并签名背书。

2.严抓班子

（5）贯彻民主集中制原则，每年至少听取1次班子成员落实党风廉政建设责任和个人廉洁从政情况汇报。

（6）督促班子成员认真履行“一岗双责”，发现苗头性、倾向性问题及时提醒告诫并督促整改；发现严重违纪违法问题的，及时向上级党委和纪委报告。

3.严管队伍

(7)加强对领导班子和党员干部的教育、管理和监督,发现重大问题线索及时责成纪委(纪检组)和相关部门调查核实。

(8)组织分析党员干部作风、纪律方面的整体状况,突出问题导向,改革完善监督管理制度。

(9)每年带头上廉政党课不少于1次。

4.廉洁表率

(10)模范遵守党纪法规,规范行使权力,自觉接受监督。

(11)带头践行"三严三实",贯彻执行中央、省、市、县作风建设规定,改进工作作风。

(12)带头管好配偶、子女及其配偶等亲属和身边工作人员,决不利用职权或职务上的影响牟取私利。

(三)党委(党组)其他班子成员责任

1.协助落实党委(党组)主体责任

(1)协助主要负责人落实党风廉政建设主体责任,加强与班子成员之间的协调配合,形成党风廉政建设和反腐败工作合力。

2.组织落实分管任务

(2)担当分管职责,对职责范围内的党风廉政建设负主要领导责任,坚持做到业务工作与党风廉政建设同部署、同研究、同落实、同检查,涉及职责范围内的党风廉政建设重要工作亲自部署、重大问题亲自过问、重要环节亲自协调,及时汇报职责范围内党风廉政建设责任制落实情况。

(3)定期听取分管及联系部门和单位党风廉政建设工作情况汇报,加强督导检查,及时解决工作中的问题。

(4)加强分管部门和联系单位的廉政风险防控,对分管范围内的党风廉政建设工作进行经常性督促指导,督促整改存在的问题。

3.履行管理监督职责

(5)对分管部门和联系单位领导班子及其成员在履行主体责任、廉洁从政等方面存在的问题常抓常管、小过即问、小错即纠,及时提醒告诫和督促整改纠正,问题严重的及时向党委(党组)和纪委(纪检组)直至上级组织报告。

(6)支持执纪执法机关依纪依法查处分管部门和联系单位的违纪违法问题。

4.落实以上率下责任

(7)自觉践行"三严三实"要求,带头遵守并督促分管部门和联系单位负责人严格依法依规办事,带头落实中央八项规定和省委、市委"十项规定"、县委"五要七带头"规定,自觉接受监督。

(8)认真执行党内组织生活、请示报告和领导干部报告个人有关事项制度,教育管理好配偶、子女及其配偶等亲属和身边工作人员。

5.加强党纪法规学习

(9)自觉加强对党章、党纪党规、《中国共产党廉洁自律准则》《中国共产党纪律处分条例》的学习,夯实廉洁从政、实干担当的思想基础。

(10)定期组织分管部门和联系单位干部职工开展党风廉政教育学习。

二、党风廉政建设监督责任

(一)纪委(纪检组)领导班子责任

纪委(纪检组)全面履行监督责任,坚决维护党章和其他党内法规,检查党的路线、方针、政策和决议的执行情况,协助党委(党组)加强党风廉政建设和组织协调反腐败工作。加大对落实"两个责任""六大纪律”执行情况的监督检查,负责对本部门本单位违规违纪或苗头性、倾向性问题人员进行查处、教育,督促问题人员进行整改,对不按要求整改或问题较大的干部职工,应上报上级纪检部门。

1.加强组织协调

(1)协助党委(党组)加强党风廉政建设和组织协调反腐败工作,贯彻落实上级关于党风廉政建设和反腐败工作的部署和要求,向党委(党组)提出加强党风廉政建设和反腐败工作的建议、措施。

(2)协助党委(党组)推进纪律检查体制改革,整体推进惩治和预防腐败工作,协调解决反腐败工作重大事项,督促落实党风廉政建设责任制。把严守纪律、严明规矩放到重要位置来抓。

(3)定期向上级纪委报告履行监督责任的情况,及时请示报告党风廉政建设和反腐败工作重要事项和问题。

(4)加大与相关监督部门的工作沟通,形成监督合力。督促加强岗位廉政风险防控,筑牢拒腐防变的思想道德防线。

2.强化监督问责

(5)监督同级党委(党组)领导班子成员落实党风廉政建设主体责任、遵守廉洁自律规定等情况,发现严重问题及时向上级纪委报告。

(6)监督检查下级党委(党组)、纪委(纪检组)领导班子及其成员履行党风廉政建设主体责任、监督责任情况,依纪依规分类处置并督促巡视巡查反馈意见的整改落实,督促被巡视巡查的地方、部门和单位向社会公布整改结果,对整改不力的进行问责。

(7)对违反党的政治纪律和政治规矩、组织纪律,“四风”问题突出、发现顶风违纪问题,出现区域性、系统性腐败案件的地方、部门和单位,既追究主体责任,又追究监督责任。

(8)认真贯彻执行廉洁自律约谈相关规定,严格执行《铜仁市领导干部干预插手纪律审查活动等级备案报告办法(试行)》《松桃苗族自治县查办案件“一案双查”暂行办法》等制度。

3.深化作风监督

(9)深入贯彻落实中央八项规定和省委、市委“十项规定”、县委“五要七带头”规定精神,持之以恒纠正“四风”,抓早抓小、动辄则咎,推进作风建设常态化、长效化。深入开展纪律监督和教育,坚决纠正无组织、无纪律问题。

(10)畅通群众监督渠道,及时查处违规违纪行为,点名道姓通报曝光。

4.严格纪律审查

(11)充分利用反腐败工作措施,建立健全反腐败工作长效机制,形成反腐败工作常态化。

(12)强化纪律审查,把纪律和规矩挺在前面,加大对违纪行为特别是违反政治纪律和政治规矩、组织纪律行为的审查力度,把违反中央八项规定精神列入纪律审查重点,提高纪律审查的质量和效率,及时将涉嫌违法犯罪问题线索移送司法机关。

(13)准确把握和运用好监督执纪“四种形态”,坚持抓早抓小、动辄则咎,对党员干部苗头性、倾向性问题和轻微违纪问题早发现、早纠正、早查处。

(14)充分发挥查办案件治本功能,剖析典型案例,以案促教、以案促建、以案促责,提高办案综合效果。

5.深化民生监督

(15)完善基层纪检运行机制,深化拓展民生监督工作,严肃查处群众身边的“四风”和腐败问题。及时办理群众投诉举报件,对办理情况进行跟踪督查。

(16)认真履行再监督、再检查职能,坚持以纪督政、以纪促政,督促职能部门加强对民生项目和资金的监管。

6、协助推进党风廉政制度建设和落实

(17)协助党委(党组)和督促部门健全完善廉政风险防控制度,加强对党员领导干部权力运行的监督和制约。

(18)把反腐倡廉法规制度执行情况纳入党风廉政建设责任制检查和党政领导干部述责述廉述德述法范围。

(19)建立约谈制度,对新提拔、新任命干部进行任前廉政谈话;对党员干部出现的苗头性、倾向性问题进行提醒谈话;对已经出现轻微违纪违规问题的党员干部进行诫勉谈话。

7.加强自我监督

(20)加强纪检监察机关领导班子和干部队伍自身建设,优化内部机构设置,推动纪律检查工作双重领导体制具体化、程序化、制度化。

(21)领导组织、指导督促下级纪委(纪检组)履行监督职责,对下级纪委(纪检组)领导班子及其成员履责情况进行监督检查。

(22)深化转职能、转方式、转作风,聚焦主责主业,建立和完善内部监督制度,以铁的纪律打造忠诚、干净、担当的纪检干部队伍。

(二)纪委书记(纪检组长)责任

1.协助落实党风廉政建设主体责任

(1)对纪检机关党风廉政建设负主体责任,向党委(党组)报告工作,当好参谋助手,及时就加强和改进党风廉政建设和反腐败工作提出意见和建议。

(2)主动把纪检工作融入党委(党组)工作全局,统筹谋划,部署推进,督促检查。

2.推动落实纪委(纪检组)监督责任

(3)贯彻上级关于党风廉政建设监督责任的部署和要求,研究落实监督责任的总体思路、工作要点和推进措施。

(4)听取落实党风廉政建设监督责任工作汇报和督促有关巡视巡察反馈意见的整改落实。

(5)研究解决党风廉政建设监督责任中的重要问题。

3.推动纪律检查体制改革

(6)督促纪检机关转职能、转方式、转作风,聚焦党风廉政建设中心任务,强化监督执纪问责职能,坚决惩治腐败。

(7)落实深化纪律检查体制改革的部署要求,强化执纪权威。

4.强化对党员干部的监督

(8)按照干部管理权限,对调任或提任领导职务的党员领导干部进行廉政教育谈话。

(9)对在贯彻执行党的路线方针政策和上级党组织决议、决定及廉洁自律等方面信访反映较多、社会反映强烈,或述责述廉述德述法、年度考核中民主测评满意度较低的党员领导干部,及时提醒谈话。

(10)对作风、纪律方面存在轻微问题的党员领导干部,及时诫勉谈话。

5.以上率下抓班子带队伍

(11)模范遵守党章党规党纪,带头践行“三严三实”,勤政廉政,敢于担当,管好配偶、子女及其配偶等亲属和身边工作人员,自觉接受监督。

(12)从严抓班子带队伍,对班子成员履行监督责任、完成分工任务、执行廉洁自律规定及个人重大事项报告等情况进行监督,对纪检干部严格教育、管理和监督,督促引导当好党的纪律的坚定拥护者、模范执行者和有力监督者。

(三)纪委(纪检组)班子成员责任

1.协助落实领导班子监督责任

(1)贯彻落实关于党风廉政建设监督责任的工作部署,与其他班子成员紧密配合,协助纪委书记(纪检组长)履行好监督责任。

2.抓好分管工作

(2)深化"三转",担当分管责任,对所分管工作负主要领导责任,定期研究、布置、督促检查分管工作,督促分管及联系单位抓好任务落实。

(3)及时向纪委书记(纪检组长)报告履行监督责任的情况。

3.加强日常教育监管

(4)对职责范围内的党员干部进行经常性教育、管理和监督,对分管及联系范围内的党员干部廉洁自律、改进作风、联系群众等情况进行经常性督促检查,发现苗头性、倾向性问题早提醒、早纠正,发现违纪违法问题线索及时向纪委书记(纪检组长)报告。

4.带头接受监督

(5)自觉践行"三严三实"要求,带头接受组织、党员和群众的监督,管好配偶、子女及其配偶等亲属和身边工作人员。

松桃苗族自治县干部约谈常态化实施方案

(松党发〔2016〕9号)

为进一步推动"两个责任"落实到位,强化领导干部"一岗双责"意识,实践运用好监督执纪"四种形态",做到从严要求,抓早抓小,及时预防、提醒、教育、警示、纠正,根据中共贵州省委办公厅《关于深入落实"两个责任"推进干部约谈常态化的指导意见的通知》(黔党发〔2016〕8号)、中共铜仁市委办公室《关于深入落实"两个责任"推进干部约谈常态化的实施意见的通知》(铜党发〔2016〕55号)和铜仁市纪委办公室《关于认真落实〈指导意见〉推进干部约谈常态化的通知》(铜纪办发〔2016〕13号)等文件精神,结合我县实际,特制订本方案。

一、指导思想

以党的十八大和十八届三中、四中、五中全会及十八届中央纪委六次全会精神为指导,全面贯彻省纪委十一届五次全会和市纪委一届六次全会精神,坚持依规治党、从严治党,深入落实"两个责任"和履行"一岗双责"要求,准确把握运用监督执纪"四种形态",切实把纪律和规矩立起来、挺起来、严起来,全面激发党员干部干事创业的积极性,为我县守底线、走新路、奔小康提供坚强的政治保障、纪律保障和作风保障。

二、目的意义

推进干部约谈常态化是各级党委、纪委落实全面从严治党政治责任的具体体现,是探索实践监督执纪"四种形态"的有效途径。对党员干部开展经常性的约谈,示政策、明纪律、鸣警钟、亮红灯,实现以往在特定条件下开展廉政约谈向以问题为导向针对约谈常态化转变，做到早警戒、勤提醒、常监督，用纪律管住大多数，真正使管党治党严起来、紧起来、硬起来，使广大党员干部更加自觉地强化政治意识、大局意识、核心意识、看齐意识，锤炼党性，维护党纪的严肃性和权威性。

三、组织机构

组　长　冉晓东　市政协副主席、县委书记

副组长　汪　勇　县委常委、县委组织部部长

　　　　吴廷友　县委常委、县纪委书记

　　　　吴家永　县委常委、县委办主任、县委统战部部长

成　员　郭礼发　县人大办主任

　　　　石　敏　县政府办主任、县应急办主任

　　　　刘志荣　县政协秘书长

　　　　龙大同　县委办副主任

　　　　龙长桥　县委组织部副部长、县委非公有制企业和社会组织工作委员会书记

　　　　龙秀福　县纪委副书记、县监察局局长

　　　　龙政敏　县纪委常委、县监察局副局长

领导小组下设办公室在县纪委，龙秀福同志兼任办公室主任，龙政敏同志兼任办公室副主任，吴志松、马作良、刘卫东、何明现、杨亚松等同志负责具体办公。

四、工作流程

（一）约谈准备。被有关单位处理及处分的人员；县委督查室、县人民政府督查室、县扶贫办、县绩效办等单位在督查中发现情况不实的相关工作人员；违反本单位本部门相关规定的人员，约谈对象由问题线索主体单位或部门负责提供；提供单位需填报党员干部问题约谈登记表，于每月10日前将约谈登记表上报县约谈领导小组办公室。

（二）组织实施。县约谈工作领导小组办公室负责拟定约谈计划，填写党员干部集中约谈计划表，经领导小组审核后，印发约谈通知书，各约谈主体接到约谈通知后，负责通知被约谈对象并进行约谈，约谈时谈话人不得少于2人。对于预防提醒谈话，要求约谈对象作出廉政承诺；对于询问示警约谈，要求约谈对象提供问题说明材料；对于纠错诫勉约谈和问责处分约谈，要求约谈对象写出错误认识材料。约谈中按规定填写好约谈情况登记表，违反本单位本部门相关规定的对象由主体单位或部门负责完成。

五、约谈方式

以逐层分级开展，采取集中约谈和个别谈话的方式进行。

（一）各级各部门党政主要领导由县委书记、县长、县委副书记、县纪委书记、县委组织部部长组织约谈。

（二）县委领导班子成员，县人大常委会党组、县人民政府领导班子成员、县政协党组、县人民法院党组、县人民检察院党组负责人和县人大常委会、县政协其他班子成员的约谈由县委书记或县人大常委会主任、县人民政府县长、县政协主席、县人民法院院长、县人民检察院检察长负责完成。

（三）其他党政班子成员的约谈，由其所在单位或部门的主要负责人完成。

（四）一般干部职工由本单位或本部门分管领导、纪检组长负责进行约谈。

（五）各派驻纪检组长、乡镇纪委专职副书记和纪委各科室负责人由分管领导或联系纪工委负责人会同干部监督室进行约谈。

六、约谈形式

主要有预防提醒谈话、询问示警约谈、纠错诫勉约谈、问责处分约谈。

(一)有下列情形之一的,应当进行预防提醒谈话:

1.新提拔任用,交流任职的;

2.重要部门、关键岗位、廉政风险点较高岗位的;

3.有反映问题线索,经核实问题不属实,需要澄清的;

4.有苗头性、倾向性问题,未造成影响的;

5.在党风廉政建设中为官不为、为官乱为、作风不实的;

6.未将党风廉政建设纳入领导班子成员年度民主生活会和组织生活的;

7.本单位本部门发现违规违纪案件放任不管,压案不查,不配合有关部门查处的;

8.对不履行第一责任人责任,对党风廉政建设职责范围内的工作领导不力、不抓、不管的;

9.未协助主要负责人落实主体责任,与班子成员之间不协调配合的;

10.需预防提醒谈话的其他情形。

(二)有下列情形之一的,应当进行询问示警约谈:

1.在日常监管、信访举报、巡视等渠道了解掌握存在明显苗头性、倾向性问题,需要向本人进行询问、示警的;

2.有反映线索需对本人进行询问、示警的党员干部,或者核实所涉及的;

3.本单位本部门存在党风廉政建设中职责分工不明确,机构、制度不健全的;

4.本单位本部门存在损害群众利益,造成不良影响的。

5.本单位本部门干部存在群众合理诉求不接访,不深入基层调查核实,造成不良影响的;

6.本单位本部门干部出现一起及以上违规违纪行为被立案的;

7.需询问示警约谈的其他情形。

(三)有下列情形之一的,应当进行纠错诫勉约谈:

1.被批评教育的;

2.被诫勉谈话的;

3.被组织处分的;

4.在民主生活会上未对问题作说明的;

5.不能同上级党组织保持高度一致,对上级党组织交办的党风廉政建设责任范围的事项不传达贯彻、不安排部署、不督促落实或拒不办理的;

6.未按要求建立健全项目廉政档案的;

7.未将党风廉政建设纳入本部门本单位中心工作总体布局,进行统一安排部署、检查考核的;

8.未严格执行《党政领导干部选拔任用工作条例》等规定,造成用人失误失察的;

9.未严格执行《松桃苗族自治县干部作风量化分类管理办法(试行)》(松党办发〔2014〕142号)对干部进行分类管理的;

10.本单位本部门发生重大腐败案件的;

11.贯彻执行中央八项规定和省委、市委、县委有关规定不力,或者纠正干部“四风”问题不力的;

12.对党风廉政建设未做到亲自部署、亲自过问、亲自协调、亲自督办导致工作落不到实处的;

13.未按要求履行“一岗双责”和履行不力的;

14.对违纪案件调查不协调配合，干扰纪检监察干部调查的；

15.不按相关规定公开应公开事项的；

16.需对进行纠错诫勉约谈的其他情形的。

（四）有下列情形之一的，应当进行问责处分约谈：

1.违反党的政治纪律、组织纪律、廉政纪律、群众纪律、工作纪律和生活纪律等纪律的；

2.不支持不配合上级工作，或者对发现的问题不重视、不核实、不回馈，或整改不力的；

3.未严格落实"三重一大"民主决策制度、主要领导干部"五不直接分管"和末位表态等制度的；

4.个人违反中央八项规定和省委、市委、县委有关规定，或者"四风"问题的；

5.未管好配偶、子女等配偶、亲属和身边工作人员，有谋取私利的；

6.不按照有关规定报告或不如实报告个人重大事项的；

7.本单位本部门或分管及联系部门和单位出现两起及以上违规违纪的，或者出现集体性违规违纪和重大违纪被立案调查的；

8.对分管及联系部门党风廉政建设工作情况未督导检查，未及时解决，或者对发现的问题不抓不管导致干部违规违纪的；

9.对本部门本单位干部违规违纪事实有意夸大或缩小、包庇、隐瞒违规违纪情况的；

10.本单位本部门出现干部顶风违纪或出现系统性腐败案件的；

11.本单位本部门出现涉嫌违法犯罪被移送司法机关的；

12.需对进行问责处分约谈的其他情形的。

七、工作要求

（一）各乡镇党委（党工委）、纪委（纪工委），各部门党委（党组、党工委）、纪检组（纪委、纪工委）要严格按照实施方案规定的约谈程序，认真开展约谈，及时填报约谈情况登记表（表四）。每月填报时间为上月21日至本月20日，于每月20日前报送至县约谈工作领导小组办公室。

（二）各乡镇纪委（纪工委）、各部门纪检组（纪委、纪工委）要加强约谈成果的运用，协助党委（党组、党工委）做好约谈内容的记录和统计上报。要规范谈话过程的管理，按照"事前有约谈方案，事中有约谈提纲、问题清单、约谈记录、'签字背书'承诺，事后有约谈处置结果或跟踪督促措施"的要求组织实施，建立约谈工作档案，实行统计台账管理，并与干部作风量化分类管理有效对接。

（三）县纪委要加强监督检查，切实把严与实的要求贯穿于开展约谈常态化始终，定期或不定期对各单位各部门开展干部约谈常态化工作情况进行监督检查。对各单位开展约谈工作情况，将适时予以通报。

（四）各乡镇纪委（纪工委）、各部门纪检组（纪委、纪工委）要认真按照实施意见的要求贯彻落实好"两个责任"，实践运用好监督执纪"四种形态"，促进党员干部廉洁自律，推进约谈常态化。

（五）各乡镇纪委（纪工委）、各部门纪检组（纪委、纪工委）要切实增强责任意识，认真做好统计报送工作，按要求准时报送有关资料，严禁弄虚作假。实行"零"报告制度，未按时报送资料的，视为本月未开展此项工作。

松桃苗族自治县规范操办酒席管理办法(试行)

(松党办发〔2016〕14号)

第一条　适用对象。全县党员(含村、社区党员)和国家公职人员(含离退休人员)。

第二条　操办范围。本人及子女(含具有抚养关系的继子女)初婚(含一方初婚,另一方再婚)的婚事,父母(含具有赡养义务的养父母、岳父母、公婆)、配偶、子女的丧事。

第三条　操办规模。婚嫁酒席限定一天一地办理,单方办理不得超过20桌200人,双方合办不得超过30桌300人。丧葬事宜不得超过30桌300人。

第四条　备案报告。操办婚嫁酒席实行事前申报,操办丧葬事宜实行事后报告。

(一)操办婚嫁事宜,必须填写《松桃苗族自治县党员和国家公职人员操办婚事备案登记表》,并在事前15日内向所在单位党委(党组)书面申报(农村、社区党员干部向村或社区两委申报);操办丧葬事宜,必须填写《松桃苗族自治县党员和国家公职人员操办丧事备案登记表》,在事后15日内向所在单位党委(党组)书面报告有关情况(农村、社区党员干部向村或社区两委报告)。

(二)按照干部管理权限,将《松桃苗族自治县党员和国家公职人员操办婚事备案登记表》或《松桃苗族自治县党员和国家公职人员操办丧事备案登记表》报组织部门和纪检监察机关(机构)备案。科级在职干部向县委组织部干部监督室和县纪委监察局党风政风监督室报告备案;一般干部职工向本单位党委(党组)或纪委(纪检组)报告备案;各级离退休人员在其工作关系所在单位报告备案;农村、社区党员报乡(镇)纪委备案。

(三)同一家庭中多人适用报告规定的,由职务最高的人员报告;同时有在职、离岗、退休人员的,由在职人员报告。报告内容包括事由、时间、地点、规模、参加人数及其他需要说明的情况。未经报告私自操办或报告不实,超过规定的操办规模、操办范围的,视为违规操办酒席,一律按违规操办酒席借机敛财处理。

(四)党员和国家公职人员要与单位签订《不违规操办酒席、不参与违规酒席吃请承诺书》(以下简称"承诺书"),科级在职干部的承诺书交县纪委监察局党风政风监督室备案;一般干部职工的承诺书交本单位备案;各级离退休人员的承诺书交其工作关系所在单位备案;农村、社区党员的承诺书交乡(镇)纪委备案。

第五条　纪律要求

(一)严禁操办除婚丧事宜以外的任何酒席,严禁参加除婚丧事宜以外的任何酒席。

(二)严禁利用职权或职务影响,大办婚丧喜庆事宜,借机敛财或者有其他侵犯国家、集体和人民利益的行为;严禁借家庭成员和近亲属操办婚丧酒席敛财,收受礼品、礼金(电子礼金)。

(三)严禁同一事由通过分批次、多地点、化整为零等方式变相大操大办;严禁以喝茶、吃粉、微信红包等方式暗地收送礼金(电子礼金)。

(四)严禁本人或授意他人通过打电话、发短信、发请帖、口头通知等形式,邀请与行使职权有关系或可能影响公正执行公务的单位和个人参加酒席并收受礼品、礼金(电子礼金)、有价证券和其他有效支付凭证等。

(五)严禁用公款报销或变相报销操办婚丧酒席应由个人承担的费用;严禁使用本单位、下属单位以及有利害关系单位的公车、公物或违规占用其他公共资源。

(六)严禁在操办婚丧事宜中影响正常公务活动、机关工作秩序和交通秩序。操办婚丧事要简化仪式、注重节约。严格控制宴席规模、缩小宴请范围。一律不准沿街、沿公路搭棚操办酒席,对影响交通或群众出行的,一律撤除。操办丧事做到不乱搭灵堂灵棚、不高音播放哀乐、不大摆酒席、不影响他人,做到环保、简朴、文明,城区范围内的,按规定在殡仪馆集中治丧。

(七)党员和国家公职人员的父母、配偶、子女、兄弟姐妹操办除婚丧以外名目的酒席,本人应及时制止,未制止或默许、纵容,造成办酒事实的,视情况对其追究责任。

(八)党员和国家公职人员的父母、配偶、子女操办除婚丧以外名目的酒席时,本人邀请同事及其他国家公职人员参与送礼、赴宴,无论规模大小、自身是否在场,均视为本人违规操办酒席,一律从严从重处理。

(九)党员和国家公职人员的父母、配偶、子女以外的其他亲属操办酒席时,不得邀请本人的同事、管理服务对象及其他国家公职人员参与吃酒。

第六条 工作职责

(一)县直各单位、各部门对规范本单位、本部门、本系统干部职工操办酒席工作负主体责任。负责抓好工作部署、宣传教育、职责分工、任务分解,管理好本单位、本部门、本系统干部职工操办酒席行为,对不良苗头及时制止,对违规操办行为严肃查处。

(二)乡(镇)党委、政府对所辖行政区域内规范操办酒席工作负主体责任。

1.负责抓好工作部署、宣传教育、职责分工、任务分解,成立整治工作领导小组,制定工作措施,建立责任追究办法。

2.规范管理本乡(镇、街道)辖区范围内包括党员和国家公职人员办酒行为,对不良苗头及时制止,对违规操办行为严肃查处。

3.指导村(社区)修订完善《村规民约》《社区公约》,对操办酒席行为进行约束和规范。倡导移风易俗,提倡节俭办酒、文明办酒。

4.公布举报监督电话,受理辖区内违规操办酒席的举报投诉。组织整治队伍联同各村(社区)委会开展巡查,对辖区内违规操办酒席进行整治。

(三)村(社区)党支部和村(社区)委会对辖区内规范操办酒席工作负直接责任。

修订完善《村规民约》《社区公约》等,对规范办酒行为、整治滥办酒席进行明确规定,并逐户进行宣传教育。发现党员和国家公职人员违规办酒行为或参与违规酒席的,及时进行劝阻、制止,并报告本乡(镇)人民政府。

(四)相关职能部门工作职责

各相关职能部门要相互支持、相互配合,大力开展规范操办酒席各项工作。

1.县纪委监察局负责组织协调各级各部门开展规范操办酒席工作,对规范操办酒席工作开展情况进行监督检查,对党员和国家公职人员违规操办酒席、参与违规酒席吃请的行为进行查处。

2.县委组织部和县人社局按干部管理权限,对违反本办法的党员和国家公职人员进行组织处理。

3.县委宣传部积极倡导讲文明、革陋习、树新风,加强规范操办酒席工作宣传教育,对先进典型进行报道、对反面典型予以曝光,大力营造良好的舆论氛围。

4.县委政法委负责及时对规范操办酒席过程中产生的矛盾纠纷进行处理,防止突发性事件发生。

5.县公安局加大巡查力度,查处利用操办酒席之机聚众赌博行为,对暴力抗拒或不配合工作人员执行公务者依法处置。

6.县民政局负责指导督促各乡（镇）将规范操办酒席规定纳入《村规民约》和《社区公约》。

7.县市场监督管理局对操办酒席的食品安全卫生进行检查，依法查处违反食品安全管理行为。

8.县城市管理行政执法局、县环保局、县创建办积极参与规范操办酒席工作，对操办酒席造成交通堵塞或环境污染的及时查处；沿街搭棚堵塞交通的，由县城市管理行政执法局、县创建办强制拆除。

9.县绩效办对各级各部门贯彻执行规范操办酒席工作情况纳入单位绩效考核内容。

第七条　责任追究

（一）党员和国家公职人员违反本办法的，违规操办酒席或参与违规酒席的，视其情节轻重，采取以下方式进行责任追究：

1.问责：诫勉谈话、责令书面检查、通报批评、党纪处分、政纪处分。

2.组织处理：调离、停职、降职、免职等。

3.收缴礼金：违规操办酒席所收的违规礼金一律收缴后上缴国库。

4.纳入干部量化管理和年度绩效目标考核。

（二）村（居）民违规操办酒席的，由各村（社区）委会按照《村规民约》《社区公约》进行处理。

（三）各级各部门党委（党组）、纪委（纪检组）要切实履行主体责任、监督责任，加强对本地本部门党员和国家公职人员的教育、管理、监督。本单位发生党员和国家公职人员违规操办酒席、借机敛财问题或对违规酒席监管不力的，除对直接责任人进行责任追究外，同时追究主体责任、监督责任。

1.本乡（镇）辖区一年内发生5起及以上违规操办酒席，未及时查处整治的，追究党委主要领导和分管领导责任。

2.本部门一年内发生2起及以上违规操办酒席，未及时查处的，追究本单位主要领导和分管领导责任。

3.单位规范操办酒席工作不力或发生干部职工违规操办酒席行为的，扣减单位绩效考核分数。

4.由各乡镇自行制定问责办法，对村（居）规范操办酒席工作不力的实施责任追究。

第八条　其他事项

（一）国有企业、非公企业的干部职工违规操办和参与酒席的，由主管部门参照本规定进行处理，并报县纪委监察局备案。

（二）垂管单位领导干部和工作人员违规操办和参与酒席的，参照本规定进行处理，或按干部管理权限由县委向其上级主管部门党组提出处理建议，并报上级纪委。

（三）实行有奖举报，凡实名举报并查实的，责任单位可给予举报人一定奖励，并为举报人保密。

（四）本办法自印发之日起执行。各乡镇制定相关办法与本办法不一致的，以本办法为准。原中共松桃苗族自治县委印发的《关于狠刹借乔迁新居、子女升学等事宜大操大办酒席借机敛财的通知》（松委〔2012〕3号）同时废止。

松桃苗族自治县干部作风量化分类管理办法

（松党办发〔2016〕175号）

第一条 为促进干部作风建设制度化、规范化、常态化，从严加强干部职工的教育监督管理，根据《中华人民共和国公务员法》《事业单位人事管理条例》《贵州省机关工作人员作风问题处理办法（试行）》等规定，结合我县实际，特制定本办法。

第二条 本办法所指管理对象，为全县财政供养的各级各类党政机关干部职工、事业单位人员（以下统称干部职工）。

第三条 对全县干部职工作风情况进行量化评分，按Ⅰ、Ⅱ、Ⅲ类实施分类管理。

第四条 干部作风量化评分实行扣分制，基础分为100分。量化评分在80分以下（含80分）为Ⅰ类管理对象，80分（不含80分）至95分（含95分）为Ⅱ类管理对象，95分以上（不含95分）为Ⅲ类管理对象。

第五条 干部作风量化分类管理工作责任主体为各乡镇（街道）党（工）委，各部门、各单位党组（党委），不设党组（党委）的单位（含临时机构）责任主体为单位主要领导。

乡镇（街道）机构和单位干部作风量化分类管理工作，除各级各类学校以教育行政主管部门管理为主外，其他以属地管理为主。

各乡镇（街道）、部门纪委（纪检组、纪工委、纪检监察组）负责监督实施。

第六条 各乡镇（街道）党（工）委、各部门党组（党委），不设党组（党委）的单位（含临时机构）主要领导根据以下标准扣除干部作风量化评分。

（一）干部职工有下列情形之一的，每类每起每次扣1分。

1.不按要求参加会议或在会场玩手机、打瞌睡等不遵守会场纪律的；

2.上班迟到、早退的；

3.不执行请销假制度，擅离工作岗位或上班时间不请假外出办私事的；

4.上班时间玩游戏、上网聊天、网购、炒股等做与工作无关事项的；

5.具有其他类似情形的。

（二）干部职工有下列情形之一的，每类每起每次扣2分。

1.无故缺勤、旷工、在位不在岗、存在走读现象的；

2.对苗头性、倾向性问题处理不及时的；

3.因个人原因未按时按质完成工作任务的；

4.职责范围内的事项不按规定要求办理或无故拖延、推诿、刁难群众的；

5.具有其他类似情形的。

第七条 第六条中累计扣分达2分的，由乡镇（街道）党（工）委，部门党组（党委）对其进行提醒谈话；累计扣分达4分的，对其进行批评教育；累计扣分达5分（含5分）以上的，对其进行函询或诫勉谈话并列入Ⅱ类管理；累计扣分达20分（含20分）以上的，列入Ⅰ类管理。

第八条 除第六条所列事项外，被纪检监察机关、单位党组（党委）给予提醒谈话的，扣除量化分3分；被给予批评教育的，扣除量化分5分；被给予函询或诫勉谈话的，扣除量化分8分；被停职检查或调整职务的，扣除量化分10分。

第九条　被纪检监察机关给予党内警告、党内严重警告的,分别扣除量化分10分、15分;被给予行政记过、行政记大过的,分别扣除量化分10分、15分。被纪检监察机关给予撤销党内职务、留党察看、开除党籍或行政降级、行政撤职的,分别扣除量化分20分。

第十条　被县、市、省、中央公开通报批评的(含同级部门),分别扣除量化分2分、6分、10分、15分。对既被通报批评又被问责处理的不重复扣分,以问责处理情形扣除相应量化分值。

第十一条　单位主要领导、班子成员对分管领域干部职工违反第六条所列情形应发现而未发现,被县级及以上纪检监察机关发现的,除扣除当事人相应量化分值外,还扣除单位主要领导和分管领导同等量化分值。

第十二条　单位主要领导、班子成员、党员干部发现干部职工存在第六条所列行为的,应及时将相关情况告知所在单位党组(党委)或党风廉政建设分管领导,也可向上级纪检监察组织报告。

第十三条　乡镇(街道)党(工)委,部门党组(党委)或党风廉政建设分管领导根据干部作风评分情况,履行必要的告知、通报程序后,直接确定干部作风分类管理类别。

第十四条　干部作风量化分类管理以三个月作为一个管理单元。干部职工违反第六条所列情形的,管理单元从发生违纪违规行为第二个工作日算起;干部职工出现第八、九、十条规定情形的,管理单元从作出处理决定之日算起。

第十五条　干部职工在量化分类管理单元内再次发生违纪违规行为的,实行累计扣分并重新分类,新的分类管理周期从再次发生违纪违规行为第二个工作日算起。

第十六条　一个管理单元到期,所属单位应对管理对象作风情况作出鉴定结论,启动实施新一轮分类管理。

第十七条　Ⅰ类管理对象所属单位要采取谈心谈话、书面提醒、专题教育等方式对其进行教育监督管理,并跟踪督促整改。

Ⅱ类管理对象所属单位要采取谈心谈话、书面提醒等方式对其进行教育监督管理,并跟踪督促整改。

Ⅲ类管理对象要积极参加单位组织的作风建设活动。

第十八条　Ⅰ、Ⅱ类管理对象管理周期末要向单位党组(党委)、纪委(纪检组)或主要领导、党风廉政建设分管领导书面报告作风建设情况。

第十九条　各单位要建立干部作风量化分类管理台账和Ⅰ、Ⅱ类管理对象整改工作台账,在一定范围内公示、通报量化分类管理情况,每季度末将量化管理台账上报县纪委监察局党风政风监督室。

第二十条　县纪委(监察局)不定期对全县干部作风进行明察暗访,重点对科级干部及Ⅰ、Ⅱ类管理对象实施明察暗访、跟踪问效。

第二十一条　年内被列入Ⅰ、Ⅱ类管理对象的,当年不得评先评优。

年内一次列入Ⅰ类管理对象的不得享受所在单位绩效考核一等奖;两次或三次列入Ⅰ类管理对象的只享受所在单位绩效考核奖励最低档;四次列入Ⅰ类管理对象的,不得高于所在单位获奖标准的50%。

年内两次列入Ⅱ类管理对象的不得享受所在单位绩效考核一等奖;三次列入Ⅱ类管理对象的不得享受所在单位绩效考核二等奖。

第二十二条　不严格执行本办法,在开展评定分类工作中不公平公正的,严肃追究相关责任人责任。

第二十三条　各单位可根据实际情况,依照本办法制定切实可行的实施办法。

第二十四条　本办法由县纪委(监察局)负责解释,未尽事宜由县纪委监察局研究决定。

第二十五条　本办法自印发之日起施行。

松桃苗族自治县尽职免责实施办法(试行)

(松党办字〔2020〕11号)

第一条 为进一步激发党员、干部干事创业激情和活力,努力打造一支敢于担当、勇于创新、锐意进取的干部队伍,大力营造改革创新的良好氛围,树立尽职免责的鲜明导向,推进重大决策部署、重点项目、重点工作任务落实,根据《中国共产党章程》《中国共产党纪律处分条例》《中国共产党问责条例》《关于进一步激励广大干部新时代新担当新作为的实施意见》《中华人民共和国公务员法》《中华人民共和国监察法》《行政机关公务员处分条例》《事业单位工作人员处分暂行规定》等规定,结合实际,制定本办法。

第二条 尽职免责工作坚持以马克思列宁主义、毛泽东思想、邓小平理论、"三个代表"重要思想、科学发展观、习近平新时代中国特色社会主义思想为指导,增强"四个意识"、坚定"四个自信"、做到"两个维护",充分调动党员、干部的积极性、主动性、创造性,着力建设忠诚、干净、担当的干部队伍。

第三条 本办法所指的尽职免责,是指在依法行政、依规用权的基础上,对勤勉尽责的单位或党员、干部,由于客观原因或难以预见性因素造成一定损失或负面影响的,综合考虑工作背景、目的、情节和后果等因素,经准确研判性质、区分责任,可以免于问责。

第四条 尽职免责遵循以下原则

(一)坚持"三个区分开来"。把党员、干部在推进改革中因缺乏经验、先行先试出现的失误错误,同明知故犯的违纪违法行为区分开来;把尚无明确限制的探索性试验中的失误错误,同明令禁止后依然我行我素的违纪违法行为区分开来;把为推动发展的无意过失,同为牟取私利的违纪违法行为区分开来。

(二)坚持依规依纪依法。坚持从严管理与宽容保护相统一,以事实为依据,以纪法为准绳,做到纪律严明,依规依纪依法,防止宽容变纵容、保护变庇护,体现政治效果、纪法效果、社会效果。

(三)坚持激励干事创业。旗帜鲜明支持和鼓励党员、干部大胆工作、担当作为、勇于创新,客观看待和正确处理单位或个人干事创业中出现的问题,最大限度调动工作积极性、主动性、创造性。

第五条 尽职免责适用对象:各乡镇(街道)党(工)委、政府(办事处),县委各工作部门,县级国家机关各工作部门,各人民团体,县属国有企事业单位;县委管理的干部,上述党组织、部门管理的党员、干部。

第六条 尽职免责的情形

单位或个人在履行职责过程中符合下列情形之一的,可以免于问责:

(一)在深化改革创新实践中,经民主决策程序,主观上出于公心、行为上没有谋私,因缺乏经验、先行先试出现探索性失误、偏差或未达到预期效果,积极主动采取整改措施,最大限度降低损失或消除不良影响的。

(二)在上级尚无明确禁止性规定和限制条件下,进行探索性工作中因措施不当出现失误的。

1.党和国家法律法规以及上级没有明确性解释或解释不一致,尚无明确限制性规定的领域或事项,因政策界限不明或无先例经验参考遵循等特殊情况,按程序集体研究、民主决策、阳光运行、主动作为,行为上没有谋私,创造性开展工作出现失误或造成负面影响和一定损失的;

2.过去开展的工作或组织实施的项目,违反现行有关规定,但按照开展工作或组织实施项目时的有关规定不应追究责任的;

3.因现有科学技术水平限制,不能发现问题或无判定标准导致无法定性的。

(三)在开拓创新、推动发展、落实工作中因非主观因素出现过失的。

1.符合中央和省、市、县决策部署,因工作环境限制和自然条件等不可抗力因素,导致未达到预期效果或造成负面影响和一定损失的;

2.在落实重要工作、重大任务中,上级已经明确工作时限或要求,须采取超常规措施推进,并经民主决策或向上级请示报告备案,虽出现程序瑕疵但及时补充完善,国家、集体和群众利益未遭受一定损失的;

3.在落实重大决策部署、重要工作中,为抢抓时机、节约资源,经集体决策、风险评估,实际存在一定风险而无法决策但已报告上级党委、政府或有关部门认可,出现失误或造成负面影响的;

4.在服务外商和群众中,为提高效率,因工作不细致而出现一定失误或偏差,及时纠正且未对国家、集体和群众造成一定损失的;

5.违法或不当行为情节轻微并及时纠正,未造成不良影响或及时消除不良影响的。

(四)在处置突发事件、化解矛盾纠纷中,因情况紧迫,工作措施考虑不全面,出现过错或造成较小负面影响的。

1.在处置突发事件或执行其他急难险重任务中,因主动揽责涉险、积极担当作为,紧急情况下打破程序、临时决断,全力保护群众生命财产安全或维护社会大局稳定,出现一定失误或非议行为的;

2.在化解矛盾焦点、解决历史遗留问题中,因勇于破除障碍、触及固有利益,造成一定损失或引发信访问题,以及在处理长期缠访、闹访或疑难信访问题中履职尽责、积极作为,但仍出现非法越级上访的。

(五)在脱贫攻坚、产业革命、重大风险防范化解、环境保护等工作中,按照有关程序和要求积极履职,因工作环境和客观条件限制或无法预判的情况下,产生负面影响且主动整改的。

(六)因检验、鉴定、认证、勘查等中介机构或申请人出具虚假报告等行为,导致错误判定和处理的。

(七)其他依规依纪依法符合尽职免责的情形。

第七条　打着改革创新旗号,搞劳民伤财的“政绩工程”“形象工程”“数字脱贫”“虚假脱贫”等形式主义、官僚主义,侵害群众利益的行为,不属于免责范围。

第八条　对需要尽职免责的单位或个人,经调查核实后,根据管理权限,由提出问责的组织和机关集体研究决定免责,并将免责决定反馈相关单位或个人。乡镇(街道)党(工)委、县直部门党组织作出的免责决定,3个工作日内报县纪委县监委(党风政风监督室)备案。

第九条　问责组织和机关在调查核实中,相关单位和个人必须如实提供有关情况,不得隐瞒或歪曲事实。

第十条　已被问责的单位或个人认为本单位或本人符合尽职免责条件的,自被问责之日起10个工作日内可以向作出问责决定的组织和机关提出免责申诉,作出问责决定的组织和机关应当受理并于1个月内将有关情况反馈提出申诉的单位或个人。

第十一条　对免于问责的单位或个人,不影响年度目标绩效考核、评先评优等,不影响个人提拔任用。

第十二条　本办法由县纪委县监委负责解释。

第十三条　本办法自印发之日起施行。

松桃苗族自治县2020年度党风廉政建设责任制考核办法

（松党办字〔2020〕31号）

为切实推进全面从严治党，扎实推动党风廉政建设党（工）委（党组）主体责任和纪（工）委（纪检监察组）监督责任的有效落实，结合我县实际，制定本办法。

一、考核对象

（一）领导班子。各乡镇（街道）党（工）委领导班子，县委各部办委局、县级国家机关各部门、人民团体、县直企事业单位党组（党委）领导班子。

（二）领导干部。各乡镇（街道）党（工）委领导班子成员，人大办、政协办、人民团体、县级国家机关各部门领导班子成员，县直企事业单位党组（党委）领导班子成员（不含县级领导）。

省、市驻松单位的考核以上级主管单位考核为准。

二、考核内容

（一）党（工）委（党组）履行全面从严治党主体责任、主要负责人履行第一责任人责任、班子成员履行“一岗双责”情况。

（二）纪（工）委（纪检监察组）及其班子成员履行监督责任情况。

（三）党员领导干部遵守六大纪律和《中国共产党廉洁自律准则》、中央八项规定精神及实施细则和省委、市委、县委相关规定情况。

三、考核方式

采取日常检查、年终考核相结合，具体采取以下方式：

（一）日常检查。由相关单位按照考核指标实行台账管理，采取平时督查、随机抽查、专项检查等方式进行。

（二）年终考核。与2020年度目标绩效考核同步进行，主要采取听取汇报、个别谈话、会议测评、查阅资料、核对台账方式进行实地考核。

1.听取汇报。召开汇报会，听取领导班子及领导干部分别汇报班子落实党风廉政建设责任制及本人履行党风廉政建设责任制的情况。

2.个别谈话。采取随机抽查的方式对领导班子及领导干部落实党风廉政建设责任制情况进行个别谈话。

3.会议测评。领导班子测评设“满意”“基本满意”“不满意”三个等次，对应分值分别为90分以上（含90分）、80—90分（含80分，不含90分）、80分以下（不含80分）；领导干部测评设“称职”“基本称职”“不称职”三个等次，对应分值分别为90分以上（含90分）、80—90分（含80分，不含90分）、80分以下（不含80分）。

4.核对台账。对照《松桃苗族自治县2020年度党风廉政建设责任制考核内容》，由考核组查阅被考核单位资料，与被考核单位对台账扣分进行核对、确认。

四、计分办法

（一）领导班子及领导干部年终考核成绩由指标考核、会议测评、加分因素、扣分因素四部分组成。其中指标考核得分占70%、会议测评得分占30%。具体计算公式：年终考核成绩=指标考核得分×70%+会议测评得分×30%+加分因素-扣分因素。

1. 指标考核得分：由台账提供单位按照日常台账管理提供扣分依据，由考核组与被考核单位对台账计分进行核对、确认。

2. 会议测评得分：由参加测评人员按照落实党风廉政建设责任制民主测评表进行打分。民主测评分值(百分制)=参与领导班子及领导干部民主测评者有效票数的测评总分值/有效票数。

3. 加分因素

(1)经验介绍。领导班子在中央和省、市、县级召开的党风廉政建设及反腐倡廉经验交流会议上作发言的分别加12分、8分、6分、4分，作书面交流的分别加10分、6分、4分、2分。

(2)表彰奖励。领导班子在中央和省、市、县级评为党风廉政建设工作先进集体表彰的分别加15分、8分、6分、4分；党风廉政建设单项工作被中央、省、市、县表彰的分别加10分、6分、4分、2分。

(3)个人加分。领导干部个人在中央和省、市、县级刊物上发表党风廉政建设文章的分别加8分、5分、3分、1分；个人获中央、省、市、县党风廉政建设表彰的分别加12分、8分、6分、4分。

加分证明材料由被考核单位提供。同一项工作受到多次表彰的，不重复加分，按最高加分计分(考核总分达100分后不再加分)。

4. 扣分因素

(1)领导班子年内因违反党风廉政建设相关规定，被中央和省、市、县通报批评的，每起分别扣单位10分、8分、6分、4分。个人被中央和省、市、县通报批评的，每起分别扣12分、10分、8分、6分。

(2)党政领导班子主要领导、班子成员年内被执纪执法机关立案查处的，每人次分别扣单位5分、4分，个人分别扣8分、6分；被诫勉谈话的每人次分别扣单位3分、2分，个人分别扣5分、3分(单位主动查处和上报案件线索不扣单位分值)。

(3)班子成员被执纪执法机关立案查处的每人次扣单位党政主要领导个人4分，班子成员被诫勉谈话的每人次扣单位党政主要领导2分；单位干部职工被执纪执法机关立案查处的每人次扣分管领导2分，单位干部职工被诫勉谈话的每人次扣分管领导1分(单位主动查处和上报案件线索不扣单位党政主要领导、分管领导分值)。

同一事项需多处扣分的，不重复扣分，按最高扣分计分，扣分因素只影响当年。被查处及诫勉谈话的干部，扣违纪违规行为事发时原单位本年度相应分值。

(二)领导班子和领导干部考核会议测评参评人员。

1. 乡镇(街道)会议测评参评人员：领导班子成员、纪委委员、股室站所负责人，村支两委负责人，部分党代表、人大代表、政协委员。

2. 县直部门会议测评参加人员：领导班子成员，非领导班子成员中的科级及以上干部，离退休人员代表2—3名，服务对象代表2人，其他在职干部职工(单位人员在50人以上的仅中层干部参加，单位人员在50人以下的全体干部职工参加)。

五、行为鉴定

(一)被查处时为现在单位班子成员或科级以上干部，违纪违法事实发生时也在现在单位工作的，扣现在单位领导班子相应分值。

(二)被查处时为现在单位班子成员或科级以上干部，但违纪违法事实发生时为其他单位班子成员或科级以上干部的，扣违纪违法事实发生时所在单位领导班子相应分值；违纪违法事实发生时为其他单位一般职工的，扣违纪违法事实发生时所在单位相应分值。

（三）被查处时为抽借调（挂职、驻村）人员且为科级以上干部，违纪违法事实发生在抽借调（挂职）单位或驻村所在乡镇（街道）的，扣抽借调（挂职）单位或驻村所在乡镇（街道）领导班子相应分值；违纪违法事实发生在原单位的，扣原单位领导班子相应分值。

（四）被查处时为县直单位派驻到乡镇（街道）办事机构任副科级以上职务干部，且在本系统内出现违纪违法事实的，如其人事、工资在派出单位，则扣其派出单位领导班子相应分值；人事、工资在乡镇（街道）的，扣所在乡镇（街道）领导班子相应分值；违纪违法事实发生在其进入所在系统之前的，依照（一）、（二）执行。

（五）被查处时为纪检监察干部且人事、工资关系在县纪委县监委的，如其违纪违法事实发生在驻在部门或乡镇（街道）的，扣驻在部门或乡镇（街道）领导班子相应分值；违纪违法事实发生在县纪委县监委的，扣县纪委县监委相应分值；违纪违法事实发生在其进入纪检监察系统之前的，依照（一）、（二）执行。

（六）被查处时兼任两个或两个以上单位职务的科级以上干部，只扣违纪违法事实发生单位领导班子相应分值。

对于（三）（五）（六）中的科级以上干部，如果其违纪违法事实发生时不在任何单位（如上班时间打麻将、赌博、违规出入娱乐场所、违反计划生育等），扣其主要工作单位领导班子相应分值。

六、综合评定

（一）领导班子考核等次评定。各乡镇（街道）和县部门分别按考核得分由高到低依次排名。

（二）领导干部考核等次评定。设“优秀”“合格”“基本合格”“不合格”四个等次。总成绩为95分（含95分）以上的，评定为“优秀”等次；90—95分（含90分，不含95分）的，评定为“合格”等次；80—90分（含80分，不含90分）的，评定为“基本合格”等次；80分（不含80分）以下的一律评定为“不合格”等次。

1.在乡镇（街道）任党政主要负责人期间，其所在单位领导班子考核成绩排名最后一位且低于80分的，考核结果评定为“基本合格”；连续两年考核成绩排名最后一位且低于80分的，考核结果评定为“不合格”。

2.在部门任党政主要负责人期间，其所在单位领导班子考核成绩排名后三位且低于80分的，考核结果评定为“基本合格”；连续两年考核成绩排名后三位且低于80分的，考核结果评定为“不合格”。

3.因人事调整连续两年不在同一单位任党政主要负责人，所在单位年终考核成绩排名最后一位且低于80分的，考核结果评定为“不合格”。

4.领导干部个人年内受到立案调查或党纪政纪处分的，该年度考核结果等次评定按有关规定执行。

七、结果运用

考核结果经县委常委会会议审定后，并纳入年度目标绩效考核。

（一）领导班子

1.对综合成绩排名最后一位的乡镇（街道）、综合成绩排名最后三位的县部门，且综合得分低于80分的，取消该单位党政主要负责人年度各类评先评优资格。

2.在任党政主要负责人期间，连续两年综合成绩排名最后一位的乡镇（街道）、连续两年综合成绩排名后三位县直部门，县委对其党政主要负责人进行诫勉谈话。

（二）领导干部

1.确定为“不合格”的对其本人进行提醒谈话，并取消当年度各类评先评优资格。

2.连续两年确定为“不合格”的对其本人进行组织处理。

(二)县纪委、县监委(监察局)制发的文件选登

关于当前纪检工作的安排意见

各区委:

自中央关于成立纪律检查委员会的决定,并颁布细则,及西南局关于执行中央成立各级党的纪律检查委员会的决定的指示以后,省委纪律检查委员会已于5月下旬成立,地委也早已组成,配备了一定干部,建立了经常工作,能按时召开会议,研究上级工作指示,讨论处理干部在工作中所发生的问题,但县委自接到省委地委的指示以后虽已作了考虑,但至今工作部门未建立,工作干部未配备完齐,问题处理是有些不及时的。

为了今后更好地保证实现西南局省委及地委的具体指示,彻底完成五大中心任务与充分发动组织群众的工作方针,除我们各级党员应自觉端正检查自己工作作风与思想作风,避免与克服在工作中违犯脱离群众与损失党的荣誉及政府的政治威信的严重错误外,今后还必须在工作中加强党员干部的管理与纪律教育。

首先健全与建立纪律检查委员会的工作部门,县委特配备了一定的干部进行日常工作,并经上级党的批准,于通知之日成立县委纪律检查委员会,由魏焕斗同志任书记,下设委员4人,由滕久光、任万禄、田家乐、贾乐善任委员。各级党委支部负责同志,在党员同志中如有蜕化、违反政策、脱离群众、损害革命利益,应即迅速反映,则由本会视情节轻重研究批判,严格执行党的制度和纪律。

加强党员干部的纪律教育,除严格遵守与学习省委颁布干部在减租中应遵守的八项纪律草案及城市工作纪律外,并须选择学习有关党的纪律文件,进行自我教育,联系检查自己,以提高组织观念、纪律观念、守法观念、政策观念及尽职责守制度的优良作风。

纪律检查委员会进行工作的方式,是依靠全体党员来反映情况,提供意见,开展批评,以保证纪律的执行,并与有关部门取得密切配合与联系,以进行纪律检查工作。

在党员群众中,应明确提倡与树立政治原则空气,与艰苦朴素积极负责,正确地完成任务的工作作风与态度,对严格遵守纪律组织的优秀党员与干部的模范行为,均须予以表扬奖励,对党的组织与党员个人所发现的一切不良的倾向、违法犯纪的行为,应及时抓紧处理,今后尤应特别注意,纠正与克服党员中的丧失阶级立场,贪污腐化行为与蜕化堕落思想,对错误不姑息不放松,开展无情的斗争,以达到改正错误,克服偏向,教育全体党员,提高工作效率与党员前进心的目的,顺利地完成上级党交给我们带有决定性五大中心任务,将群众充分发动与组织起来。

松桃县委纪律检查委员会

1951年3月11日

附:工作人员的工作纪律,希各支部区委认真研究切实执行。

1.切实保守国家秘密,爱护人民国家财产;

2.严格遵守三大纪律八项注意;

3.未经准假,不擅离岗位;

4.利用公余时间调查、研究、学习业务,整理经验;

5.切实遵守办公、学习、生活制度,反对游击习气;

6.切实注意风纪,服装整齐;

7.不得接受私人厂商的任何馈赠慰劳或应邀赴宴;

8.严格请示报告制度,反对无组织无纪律;

9.遵守工商货币政策,禁止使用银圆、黄金;

10.严禁私人作生意囤积投机或向私人厂商行店投资生产;

11.严禁贪污腐化,入舞厅嫖妓女;

12.禁止酗酒、赌博、吸食烟毒;

13.反对铺张浪费、大吃大喝作风。

关于处分共产党员批准权限下放的通知

县监委根据中央监委57年"关于处分党员批准权限的规定"和省监委的补充规定的精神,提出处分党员批准权限下放的意见,报经县常委同意,将警告、严重警告处分批准权限第一批下放于25个党总支委员会,即:大坪、太平、平头、普觉、落满、邓堡、孟溪、乜江、妙隘、冷水、大路、甘龙、石梁、长兴、九龙、黄板、木树、粑坳、道水、小隆、牛郎、沙坝、机关、普觉汞矿厂、城关镇等总支委员会。撤销党内职务、留党察看的处分批准下放于各区委员会,但必须注意:1.机关党员干部(乡一级党员干部)受留党察看、撤销党内职务的处分,一律报县委或县监委批准;2.属于区级以上的党员干部无论受哪种纪律处分应报县委或县监委批准;3.凡是区委员会、党总支委员会批准的案件,应报县监委备案。

以上通知,务须执行。

中国共产党松桃苗族自治县监察委员会

1958年3月10日

松桃苗族自治县"政风行风热线"受理群众咨询投诉暂行办法

(松监通〔2012〕2号)

第一条 为进一步优化发展环境,提高工作效率,及时妥善处理群众在松桃县"政风行风热线"的咨询和投诉,切实维护群众利益,推进全县政风行风建设,根据相关规定,特制定本办法。

第二条 各上线单位受理群众咨询投诉时应坚持依法行政,实事求是,公平公正,及时便民的原则。

第三条 "政风行风热线"栏目组要通过热线电话、手机短信、政府网站等渠道,广泛收集群众意见,并负责群众投诉的登记、汇总、反馈和重点问题的跟踪报道、督促;上线部门和有关单位负责群众咨询、投诉的答复和办理;县人民政府纠风办负责对处理群众咨询、投诉工作的组织协调和督办。

第四条 “政风行风热线”受理咨询、投诉的范围是涉及政府的工作部门、直属事业单位和议事协调机构以及公共服务单位的下列事项:

(一)对相关法律、法规、政策和工作措施的咨询;

(二)对不认真履行职责、行政不作为,损害群众利益问题的投诉;

(三)对执法不文明、服务态度差、办事不公、效率低下、推诿扯皮和敷衍塞责等作风问题的投诉;

(四)对“吃拿卡要、乱收费、乱罚款、乱摊派”等违规违纪行为的投诉;

(五)对其他损害群众利益问题的投诉。

第五条 对不属于“政风行风热线”咨询、投诉范围的事项,应由节目主持人和当期上线单位做好解释工作,告知其向有管辖权单位咨询、投诉。对难以把握的问题,由节目组做好书面登记,及时报县人民政府纠风办确定是否受理。

第六条 “政风行风热线”受理的群众咨询和投诉问题实行限时办结制。属于简单的政策咨询和投诉问题,上线单位应当场予以答复和解决;上线单位当场无法答复、办理的咨询和投诉,按下列规定办理:

(一)上线单位一把手(带队人)要根据有关规定通过热线向投诉人承诺办结时限。

(二)咨询类问题,上线单位应于受理咨询当日内答复咨询人。

(三)一般性投诉,上线单位应于受理投诉之日起7个工作日内将办理结果回复投诉人;复杂疑难投诉,上线单位应在30个工作日内将办理结果答复投诉人。

(四)因问题复杂或涉及多个部门职能,无法在规定时限内办结的,经纠风办同意,上线单位可以适当延长办理时限,但上线单位要及时向投诉人说明情况。

(五)对群众反映强烈、社会影响恶劣、上线单位不认真调查处理的问题或打击报复投诉人的,由纠风办按照有关规定组织调查处理。

(六)对群众因不了解政策或因单位宣传不够,群众反复咨询的事项,上线单位应当通过新闻媒体等途径向社会进行广泛宣传;对群众投诉较多的共性问题,上线单位应研究改进措施和办法,并向社会通告。

第七条 对不属于上线单位管辖但属于“政风行风热线”栏目应当受理的群众咨询、投诉,应在收到咨询、投诉当日,由栏目组汇总送纠风办责成有关承办单位按照本办法第六条的规定处理。

第八条 对需要几个部门共同处理的咨询、投诉问题,由纠风办明确牵头单位,按照本办法第六条规定,组织协调相关单位联合办理,相关单位不得消极应付、敷衍塞责。

第九条 咨询、投诉处理结果当面回复的应由咨询、投诉人在反馈单上签字;电话回复的由经办人作电话记录,并在反馈单上注明情况;无法联系的,做好书面记载。

第十条 咨询、投诉处理完毕当日,上线(承办)单位应将处理结果抄送纠风办和“政风行风热线”栏目组。栏目组应在“政风行风热线—回音壁”栏目或下期节目中予以反馈,并向投诉人查证、核对有关情况。确属处理不力,咨询、投诉人不满意的,栏目组应立即反馈上线单位。

第十一条 “政风行风热线”栏目组应定期汇总办理群众咨询和投诉的情况,通过网站、《松江之声》、松桃电视台、松桃信息网等公布、通报投诉问题的办理情况。

第十二条 在办理投诉过程中,对知悉的国家秘密、投诉人情况或个人隐私,承办单位、经办人及有关知情人要严格遵守保密工作纪律。

第十三条 违反上述规定或处理不恰当,引发群众多次重复投诉或产生其他不良影响和后果的,按照有关规定对相关责任人进行责任追究。

第十四条　本办法由县监察局和县纠风办负责解释。

第十五条　本办法自发文之日起开始实施。

松桃苗族自治县2012年反腐败治本抓源头工作意见

（松监通〔2012〕3号）

根据十七届中央纪委七次全会、十届省纪委七次全会精神和省纪委办公厅《关于印发〈贵州省2012年反腐败治本抓源头工作意见〉的通知》（黔纪办发〔2012〕2号）要求，结合一届县纪委一次全会和县委、县人民政府工作部署，现提出松桃苗族自治县2012年反腐败治本抓源头工作意见：

一、总体要求

以邓小平理论和"三个代表"重要思想为指导，深入贯彻落实科学发展观，坚持标本兼治、综合治理、惩防并举、注重预防的方针，紧紧围绕"加速发展、加快转型、推动跨越"主基调和"能快则快、拼抢争快、又好又快"的总要求，以贯彻落实《国务院关于进一步促进贵州经济社会又好又快发展的若干意见》和省委、省政府、县委、县人民政府的工作部署为中心，突出重点、狠抓落实，着力创新源头治理的办法和措施，努力取得治本抓源头工作的新成效。

二、主要任务和工作目标

（一）深入推进各项改革，着力创新源头治理方法。

——深入推进行政体制改革。进一步转变政府职能，规范政府行为。组织各部门依法清权确权，继续清理、精简和调整行政审批事项，确保全县行政审批项目减少20%以上。对保留的行政审批项目，要加强监督制约，完善审批受理（签收）、审核、批准等程序，进一步压缩审批时限，规范审批行为，提高行政效率。完善行政审批信息公开制度，及时公开行政审批目录，对涉及重大公共利益的审批事项开展听证。加强电子监察系统建设，完善管理办法和相关制度，进一步强化电子监察系统监控作用。（牵头单位：县法制办、县监察局、县编委办、县行政服务中心）

——深入推进干部人事制度改革。认真贯彻实施《2010－2020年深化干部人事制度改革规划纲要》，健全干部选拔任用、考核评价、管理监督和激励保障机制，稳步推行差额选拔干部制度。严格执行党政领导干部选拔任用工作有关规定，探索建立完善干部初始提名制度，进一步规范公开选拔、竞争上岗具体操作办法，探索实行考察对象报告个人有关事项制度。加强对《党政领导干部选拔任用工作责任追究办法（试行）》等四项监督制度落实情况的监督检查，坚决整治跑官要官、买官卖官、拉票贿选等问题，严肃查处严重违反组织人事纪律的案件。深化经济责任审计工作，突出党政主要领导干部和国有企业领导人员经济责任、专项资金和重大投资项目审计监督，高度重视审计成果的运用，建立健全审计问题的整改和督查机制。（牵头单位：县委组织部、县审计局、县监察局、县人力资源和社会保障局）

——积极推进司法体制和工作机制改革。认真贯彻落实中央《关于深化司法体制和工作机制改革若干问题的意见》，以加强权力监督制约为重点，紧紧抓住影响司法公正、制约司法能力的关键环节，积极推进司法公开和公正廉洁执法，强化对司法活动的监督，规范司法人员自由裁量权行使，健

全执法过错、违纪违法责任追究等制度,提高司法公信力。(牵头单位:县委政法委)

——深入推进财政管理制度改革。强化部门预算项目库滚动管理。深化政府非税收入和国库集中支付改革,认真落实将预算外管理的非税收入纳入预算管理的相关规定,通过编制综合预算,实现政府税收与非税收入的统筹安排。积极推行公务卡制度改革,对执行“收支两条线”的情况进行全面检查,继续开展“小金库”专项治理活动。(牵头单位:县财政局)

——深入推进投资体制改革。进一步转变政府管理职能,调整优化基本建设投资项目审批、核准、备案权限,合理界定政府投资范围,落实企业投资自主权。严格规范政府投资项目管理,根据国家调整规定修订我县审批、核准和备案目录;完善政府投资项目公示制、后评价制度和责任追究制度,提高投资决策水平和投资效益。(牵头单位:县发改委)

——积极推进国有资产经营管理体制改革。大力推进经营性国有资产集中统一监管工作进程,进一步健全监管体系和工作机制。积极推进国有独资公司董事会改革工作,优化管理结构,完善运行机制,建立健全公司法人治理结构。进一步加强国有控股、参股企业监事会(监事)制度建设,健全以财务监督和行为监督为重点的工作机制。稳妥推进工资总额预算管理与工资集体协商制度的衔接,进一步深化企业内部分配制度改革。(牵头单位:县财政局、县工贸局)

(二)进一步完善监管机制,加大源头防范腐败力度。

——完善工程建设项目招标投标监督机制。大力推进工程建设领域突出问题专项治理工作,建立健全工程建设领域信息公开制度,认真解决项目审批、资金安排使用、物资采购、工程质量监理以及规避招标、虚假招标、转包和违法分包等方面的问题。完善工程建设项目招标投标举报投诉处理机制,推行招标投标违法行为记录公告制度,加强对政府投资工程招标投标的监管。加强对以民生工程、基础设施、生态环境等建设项目的招标投标情况的监督检查,严肃查处违纪违法案件。(牵头单位:县发改委、县住建局)

——严格执行经营性土地使用权和探矿权、采矿权出让制度。深入开展国土资源领域腐败问题的专项治理,规范经营性用地和探矿权、采矿权招拍挂出让行为。加强土地、矿产供应及开发利用情况监管,开展土地整理项目的专项检查,严肃查处非法批地、出让土地、违规征地拆迁以及违法违规审批出让探矿权、采矿权等问题。加快推进工程建设、土地使用权和矿业权县场体系、信息公开建设。严肃查处征收征用土地和矿产资源开发中的违纪违法行为。(牵头单位:县国土资源局、县住建局)

——建立完善国有资产及公共资源交易制度。加强对公共资源交易行为的监督,完善国资监管、股权管理、产权转让、产权登记及资产评估等管理制度,进一步规范国有产权转让工作,促进国有产权顺畅有序流转,提高企业国有产权转让的进场率、竞价率和增值率。(牵头单位:县发改委、县财政局)

——强化政府采购规范化管理。完善政府采购预算编制制度,扩大政府采购规模和范围。进一步推进政府采购信息公开,健全政府采购招标及内部监督制约机制,积极推进政府采购电子化进程。强化政府采购代理机构监管,进一步加强评审专家库建设和规范化管理,继续做好投诉处理工作,严肃查处违规操作行为。(牵头单位:县财政局、县行政服务中心)

(三)深入推进基层事务公开,进一步促进权力公开透明运行。

——深化政务公开。认真落实《关于深化政务公开加强政务服务的意见》(中办发〔2011〕22号)。认真贯彻《贵州省政府信息公开暂行办法》,切实做好中央、省、市、县重大决策部署落实情况的公开,推进权力公开透明运行。进一步推进部门财政预算决算公开。加大行政决策、行政审批、行政执法等公开力度。研究制定政务公开检查评估、举报受理和责任追究等制度。积极推进政务服务中心制度化、规范化建设，凡与企业和人民群众密切相关的行政审批和公共服务事项都纳入服务中心办理，现场办结率、限时办结率达到100%。抓好省政务公开领导小组办公室《关于印发〈贵州省关于开展依托电子政务平台加强政府政务公开和政务服务工作意见〉的通知》(黔政办〔2012〕2)的落实，全面提高政务公开和政务服务水平。会同有关部门强化乡镇社会管理服务职责，推进基层便民服务体系建设，推行便民服务免费代办制度，为群众提供优质便捷高效服务。(牵头单位：县人民政府办、县法制办、县行政服务中心、县监察局)

——深化厂务公开。继续巩固、规范、深化国有、集体及其控股企业的厂务公开民主管理工作，加强改制企业的厂务公开民主管理工作。进一步加强职工代表大会制度建设，规范职代会各项职权，切实落实职工群众的知情权、参与权、决策权和监督权，扎实推进企业基层民主政治建设。大力推行区域(行业)性职代会制度。探索公用事业单位办事公开与厂务公开联动的办法，把与群众生产生活联系密切的热点问题纳入办事公开范围。扩大非公有制企业厂务公开、职工代表大会建制率。开展厂务公开、职代会制度执行情况专项监督检查。(牵头单位：县工会)

——深化村务公开。完善村务公开规范化管理办法，进一步完善民主管理制度，全面提升村务公开民主管理的整体水平；抓好村务公开民主管理中“难点村”治理，确保“难点村”治理工作按期完成目标任务；积极开展社区事务公开工作。(牵头单位：县民政局)

(四)积极推进市场环境建设，进一步拓展源头治理工作领域。

——加强社会信用体系建设。认真贯彻国务院办公厅《关于社会信用体系建设的若干意见》精神，建立企业及个人信用管理制度，逐步完善市场诚信体系建设，营造公平竞争市场环境。制定市场主体信用信息收集公布利用管理制度，建立完善市场主体信用体系中心数据库和信息发布平台网站。(牵头单位：县工商局)

——深入治理商业贿赂。进一步拓宽信访渠道，积极扩大案件线索来源。继续以工程建设、土地出让、产权交易、医药购销、政府采购、资源开发等领域为重点，严肃查办商业贿赂案件，加大对行贿行为的惩处力度。(牵头单位：县治理商业贿赂领导小组成员单位)

三、工作要求

(一)加强组织领导，认真做好工作部署。各牵头单位及相关职能部门是深化体制机制制度改革、建立健全惩防体系的责任主体和实施单位，主要负责同志要按照党风廉政建设责任制的要求，切实履行第一责任人责任，将治本抓源头工作纳入工作总体规划，明确目标任务、具体措施和进度要求，逐级落实责任。

(二)加强监督检查，确保各项制度措施落到实处。各责任部门要深化体制改革，推进制度创新，努力形成用制度管权、按制度办事、靠制度管人的有效机制。要加强对制度执行情况的监督检查，对工作不力、敷衍塞责的要严肃批评，追究责任，限期整改。同时，要认真总结推广好的工作经验，发挥先进典型的示范带头作用。

(三)切实履行纪检监察职能，推动治本抓源头工作深入开展。各级纪检监察机关要切实履行好职责，强化组织协调、监督检查和政策调研。通过积极开展组织协调，充分调动各方面的主动性和积极性，形成部门各负其责、齐抓共管的良好局面。要重视信访举报和案件查办工作，对涉及违反源头治理有关法律法规的行为进行剖析，进一步完善源头治理各项制度。要建立与有关部门的工作联系制度和情况综合机制，随时掌握工作动态，有重点地对一些突出问题和关键环节开展政策调研，不断总结经验,分析存在的问题并研究提出解决的办法。纪检监察机关各派驻机构要把推动治本抓源头工作作为重要任务,充分发挥好组织协调和监督检查职责,积极推进各项工作任务的落实。

四、工作保障措施

(一)县直各牵头部门要按照省纪委十届七次全会和市纪委一届二次全会精神,结合工作实际提出本单位治本抓源头的工作意见和责任目标。具体工作方案及联系人情况,请于5月20日前上报。

(二)各县直牵头单位从第二季度起,每季度上报一次工作进展情况,具体时间为5月23日、8月30日、11月15日前。12月20日前报全年工作总结。报送材料要做到内容具体、简明扼要、事实清楚、数据准确。

(三)专项督查、专题会议、工作调研、案件查处等工作要及时以简报、信息等形式上报。

(四)县纪委监察局对各地各部门落实治本抓源头工作任务情况进行督促检查。对工作重视不够、落实不到位、造成严重不良影响的,将予以通报并追究责任。

联系人:邱美霖

联系电话:2353070 传真:2353073

松桃苗族自治县村务监督委员会试点工作实施方案

(松纪通〔2012〕15号)

各乡(镇)纪委、监察室、社会事务办:

为进一步深化村级监督工作,强化民主监督,提高村级民主管理水平,促进我县农村党风廉政建设和民主政治建设,决定在各乡镇开展村务监督委员会试点工作。

一、指导思想

以邓小平理论和“三个代表”重要思想为指导,深入贯彻落实科学发展观,不断创新和完善村级民主监督的组织形式和工作机制,进一步完善以村党支部为领导核心、村民委员会为执行机构、村级民主监督组织充分发挥监督作用的村民自治机制,保障农民群众的知情权、参与权和监督权.

二、试点范围和工作目标

试点范围:蓼皋镇南门社区、大兴镇星光村、孟溪镇寨干村、长坪乡下棚村。

工作目标:通过建立村务监督委员会,有效整合各种监督力量,进一步完善村级民主管理制度,逐步形成对村干部权力行使的监督制约机制,实现惩治和预防腐败体系的构建向村级组织延伸,促进农村社会和谐稳定,加快农村基层党风廉政建设。

三、机构性质与设置

(一)性质:村务监督委员会是村民自我监督的群众性组织,在村支部的领导下开展工作,由村民会议和村民代表会议选举产生,经村民会议或村民代表会议授权实施监督,对村民会议或村民代表会议负责。

(二)机构设置:村务监督委员会由3—5人组成(其中应有一名以上共产党员),设主任1人,组成人员由村民会议或村民代表会议选举产生,成员受村民或村民代表监督,村民会议或村民代表会议有权撤换违法违纪、严重失职的村务监督委员会成员。

(三)组成人员条件:村务监督委员必须是思想政治素质好、政策法律意识强、热心为村民服务、公道正派、在群众中有较高威信,敢于监督的本村村民代表。村“两委”干部及其配偶,直系亲属或近姻亲均不能担任村务监督委员会成员。

四、机构及人员产生程序

一是提名监委会成员候选人,由村民代表大会或村党支部提名监委会成员候选人,也可由村民自荐或联名推荐。

二是监委会成员候选人提名监委会主任候选人。

三是村支两委对监委会成员、监委会主任候选人资格进行审查。

四是召开村民大会,差额选举产生监委会成员及主任,确有实际困难,暂无法召开村民大会的,可以召开村民代表大会进行选举。监委会产生后报乡镇纪委备案。

五、职责权限

(一)职责:1.坚持党的领导,对执行党的路线、方针、政策及村级各项管理制度执行情况实施监督。2.对村务公开情况进行监督。3.对村民会议或村民代表会议决定的事项实施和落实情况进行监督。4.对村集体资金、资产、资源管理情况进行监督。5.对大额度资金使用,大宗物品采购和建设工程进行监督,对决策、预算、招投标、价格、质量等重要环节严格审验。6.对上级各项支农、惠农、现金和物质补贴兑现落实情况,优扶、奖扶、救灾、救济款物发放情况,农民负担政策执行情况等涉及村民利益的事项解决和落实情况进行监督。7.对不按村级重大事项决策程序,不按村务管理制度做出的决定和决策提出废止建议,并要求村委会按决策程序和制度办理。8.对于村务活动中的违规、违纪、违法和不合理事项,提出否决建议。9.对于村务活动中违纪违法和不称职的村干部,依据相关法规,向村民会议或村民代表会议和乡党委提出免职和罢免建议。10.参与村干部述职廉职评议活动,协助乡党委做好村干部的考核工作,办理乡纪委委托的事项。11.执行村民会议或村民代表会议授权的其他监督事项。12.其他事项相关事项。

(二)权限:1.参加村民会议或村民代表会议,列席村委会会议。2.收集整理村民对村民委员会工作的意见或建议;召开村民监督委员会会议,研究村务监督工作。3.向村民委员会提交村民意见以及改进工作的建议;对符合实际的建议和意见,村民委员会应予采纳。4.对村民反映的问题,应及时予以回复。5.对村民委员会不按法定程序和民主议事规则,擅自作出决定的事项,予以制止,必要时可召集村民代表会议对相关问题进行质询,如村民委员会无正当理由拒不执行的,可按程序向乡镇党委、政府和纪委反映。6.依法可行使的其他监督权力。7.村民监督委员会成员不脱离生产,根据村集体经济条件,可给予村民监督委员会主任适当误工补贴,但不得增加村民额外负担。

六、考核与罢免

村务监督委员会成员的考核工作由乡镇纪委牵头组织,以无记名投票的方式进行信任度测评,信任度低于60%的,村民会议或村民代表会议可以取消其村务监督委员会成员资格,并推选新的委员。

对违法违纪、严重失职的村务监督委员会成员,可采取以下两种方式予以罢免。一是由村党支部提出建议,提交村民代表会议决定。二是三分之一以上村民代表联名要求,提交村民会议或村民代表会议决定,如村委会不召集村民代表会议,联名的村民代表可直接向上级有关部门申诉,督促村委会召开村民代表会议进行决定。

七、工作要求

1.各乡镇党委、政府和纪委,要把建立村民监督委员会和加强村级民主监督纳入农村基层党风廉政建设的整体规划,切实加强组织领导和政策指导,及时研究解决出现的新情况、新问题,推动工作顺利开展。

2.各乡镇党委、政府和纪委,各村党支部、村委会要支持村民监督委员会开展监督工作,对于村民监督委员会反映的问题,应及时妥善处理和答复。乡镇纪委要加强指导和培训,不断提高监督人员依法依规进行监督的能力和水平。对村民监督委员会反映的村干部违法违纪问题,要及时调查处理。

3.要强化督促检查,建立完善考评机制,将工作开展情况纳入年度党风廉政建设责任制进行检查考核。

4.各乡镇党委、政府和纪委,各党支部、村委会可结合各自实际,研究制定本乡镇、本村村民监督委员会具体实施办法。

5.各乡镇要认真总结试点工作经验,及时发现存在问题与不足,为下一步在全县全面实施奠定基础。

6.村务监督委员会试点工作具体由县民政局负责指导。

7.各乡镇村务监督试点工作务必于2012年8月底完成,9月25日前将工作开展情况书面报县纪委(党风室)和县民政局(基政股)。

中共松桃苗族自治县纪委
松桃苗族自治县监察局
松桃苗族自治县民政局
2012年6月6日

关于改进作风、推动落实、加强廉洁自律“五个严禁、五个坚决查处、七个一律停职待查”的规定

(松纪发〔2013〕2号)

各乡镇党委、政府,县委各部办委局,县级国家机关各工作部门,人武部党委,各人民团体:

为认真贯彻党的十八大精神和中央八项规定、省委“十项规定”、市委“六不准”、市纪委“八个严禁、八个坚决查处、八个一律停职”、县委“五要七带头”要求,进一步改进作风、推动落实、加强廉洁自律,在全县营造廉洁从政良好氛围,经县委、县人民政府同意,特对各乡镇、各部门作出“五个严禁、五个坚决查处”规定和对全县领导干部作出“七个一律停职待查”规定。

一、乡镇和部门“五个严禁、五个坚决查处”规定

乡镇和部门有违反下列规定的，严格追究相关领导和责任人的责任。

（一）严禁工作拖拉推诿。坚决查处干部职工故意刁难，不作为、乱作为，政令不畅，办事不公，对群众反映的问题不管不问等行为。

（二）严禁松懈管理。坚决查处干部职工违规操办酒席，利用工作之便“吃拿卡要”，参与赌博，工作时间打牌、打麻将等行为。

（三）严禁奢侈浪费。坚决查处公款旅游、大吃大喝、娱乐消费，超标准接待，以集体名义研究违规滥发津贴、补贴、购物券、实物，违反财经纪律等行为。

（四）严禁违规使用公车。坚决查处公车私用，酒后驾车等行为。

（五）严禁随意缺会代会。坚决查处随意缺会、代会、中途无故离会，不按要求落实会议部署要求的行为。

二、领导干部“七个一律停职待查”规定

领导干部有违反下列规定，被实名举报并初查核实的，一律停职待查。

（一）亲自包办办公用品购置、公务接待等涉及“三公”经费的事项，财经审核把关不严造成不良影响的。

（二）利用职务之便收受礼金、有价证券，为自己或他人牟取私利，向下属单位和管理服务对象摊派、报销个人消费的。

（三）未经批准驾驶公车，酒后驾车，公共场所酒后滋事的。

（四）参与赌博，工作时间打牌、打麻将的。

（五）违规操办酒席，参与违规酒席吃酒送礼的。

（六）以学习考察为由，公款游玩的。

（七）违规建房，在拆迁征地中提出无理要求、影响工作进度的。

全县各级各部门要结合贯彻中央、省委、市委、市纪委相关规定，进一步加强作风建设，密切党群干群关系。各级党员干部要带头自觉遵守本规定，廉洁自律。各级纪检监察机关要加强督查，畅通举报渠道，发现一起坚决查处一起，给予相关人员媒体曝光、批评教育、组织处理直至纪律处分，对造成严重后果的要依纪依法从严查处。

县纪委举报电话：0856-2832123

0856-2353122；

网络举报平台：松桃网“民情通道”。

中共松桃苗族自治县纪委

松桃苗族自治县监察局

2013年1月15日

在党政机关“向不找熟人办不成事开刀”专项整治行动实施方案

(松纪发〔2014〕6号)

按照市委、县委开展党的群众路线教育实践活动的部署,为落实好在党政机关“向不找熟人办不成事开刀”的要求,特对在全县党政机关开展“向不找熟人办不成事开刀”专项整治行动,制定本方案。

一、工作目标

在党政机关“向不找熟人办不成事开刀”,重点针对“四难”(门难进、脸难看、话难听、事难办)、“三乱”(乱收费、乱罚款、乱摊派)、吃拿卡要、以权谋私等问题,着力整治“庸懒散慢浮贪”“吃拿卡要奢报”“生冷硬横推拖”等行为,促进各级党政机关切实提高履职能力和工作效能,切实做到务实、廉洁、高效,进一步密切党群干群关系。

二、工作要求

(一)各级党政机关要做到“五有”:

1.在办公区域显眼位置设有“干部去向公示牌”和职能职责公告牌。

2.有首问负责、一次性告知、服务承诺、限时办结、预约和延时服务等便民利民工作制度,并在办公区域显眼位置公告。

3.有服务事项、政策依据、收费标准、办事流程、具体负责人等公开内容的政务公开栏。

4.有受理、办理服务事项工作台账。

5.有投诉受理制度、投诉受理意见箱和投诉电话。

(二)各级党政机关及工作人员要做到“十不准”:

1.不准对服务对象说“不知道”“不清楚”“不归我管”等话语和在办公场所与服务对象吵架。

2.不准对服务事项不一次性告知。

3.不准不受理和拒绝受理职责范围内的服务事项。

4.不准对能马上就办事项拖延推诿。

5.不准对服务事项擅自提高“门槛”和设置障碍。

6.不准对承诺办理的事项踢皮球。

7.不准利用职务便利为利害关系人谋取不正当利益。

8.不准对无偿服务变相收费、扩大收费范围或提高收费标准。

9.不准接受服务对象的财物、吃请和向服务对象索要财物。

10.不准借节假日之名不受理职责范围内的服务事项。

三、推进措施

1.各级各部门要组建工作领导小组,加强对本单位“五有十不准”落实情况的督促检查。

2.各级纪检监察机关要畅通举报投诉渠道,设立举报电话、举报箱、电子信箱等受理群众投诉。

3.县纪委监察局、各乡镇纪委要组建明察暗访工作组,采取随机抽查、办事体验、个别走访等方式,开展经常性检查,对违反“十不准”规定的行为及时进行问责。

四、问责方式

根据《中国共产党纪律处分条例》《中华人民共和国公务员法》《行政机关公务员处分条例》《事业单位工作人员处分暂行条例》《贵州省机关工作人员作风问题处理办法(试行)的通知》及有关规定，党政机关及工作人员有“十不准”情形，情节较轻的，给予书面检讨、批评教育、通报批评；情节较重的，给予诫勉谈话、调离岗位、降职、停职检查；情节严重的，给予责令辞职、免职。给予诫勉谈话、调离岗位、降职、停职检查、责令辞职、免职的，同时适用书面检讨、批评教育、通报批评，还可以给予相应的党纪政纪处分；涉嫌犯罪的，依法移送司法机关处理。

受到问责的机关工作人员，取消当年各类评先选优资格；单位有3人以上(含3人)受到问责的，对所在单位分管领导进行问责。

松桃苗族自治县首问责任制实施办法(试行)

(松纪通〔2014〕19号)

第一条 为切实转变工作作风，强化服务意识，提高服务质量与工作效率，树立良好的机关形象，进一步密切党群干群关系，根据有关法律、法规和政策规定，制定本办法。

第二条 首问责任制是指对公民、法人或其他组织(以下统称服务对象)向党政机关咨询、申请办理行政许可、非行政许可审批和确认登记等服务事项，由首问责任人(接待办事人的第一位工作人员)给予及时办理、协助办理或解释、答复的制度。

第三条 本办法适用于全县各级各部门、各级党员干部和国家公职人员，其他机关参照本办法执行。

第四条 服务窗口履行以下职责：

(一)接待前来咨询、申请办理事项的服务对象；

(二)指导服务对象填写有关申报所需的材料；

(三)受理本机关办理的事项，并分送机关各内设机构办理；

(四)协调和催促本机关各内设机构办理事项，对超时办结的向机关负责人报告；

(五)对不属于本机关职责的事项，告知服务对象具体承办部门；

(六)根据党政机关的授权对服务对象的咨询或者申请办理事项给予当场答复或者给予办理；

(七)将本机关办理事项的结果通知或者送达服务对象。

第五条 党政机关责任人对本机关实施首问责任制度负总责。党政机关责任人应当根据法律、法规规定和实际工作需要，授权机关服务窗口办理具体事项。机关服务窗口接待服务对象的首位工作人员为首问责任人。机关或者服务窗口负责人可以指定相应的工作人员为首问责任人。

第六条　首问责任人对服务对象必须热情接待、文明礼貌、周到服务，对咨询或者申请办理的事项应当场进行登记，填写办理事项收件情况，注明所收材料的名称、数量、承诺办结取件时间、首问责任人及其联系电话，由服务对象签字认可，并出具收件回执。机关其他工作人员对服务对象应当热情礼貌，主动为其指引机关服务窗口或告知联系方式，不得推诿、拒绝。

第七条 根据党政机关的授权，首问责任人对符合条件的申请应当场受理；可以当场办理的应当场办理,不能当场办理的应当告知服务对象并说明理由。对于服务对象提交的材料不齐全,或者不符合法定形式的,应当一次性告知所需要补正的全部材料,并给予指导帮助。

第八条 对受理的事项,首问责任人应当在受理后的一个工作日内分送给具体承办机构,办理好交接手续,并负责该事项的跟踪催办。事项办结后,应将办理结果告知或送达服务对象。

第九条 咨询或者办理的事项不属于本部门职责范围的,首问责任人应当向服务对象说明理由,并告知该事项的具体承办部门,提供承办部门的联系电话,必要时亲自引领前往。

第十条 对把握不准的或者特别重大以及紧急的事项,首问责任人应当及时向领导汇报。

第十一条 服务对象认为党政机关及其工作人员违反首问责任制度规定的,有权向纪检监察机关、组织人事部门举报投诉。

第十二条 各级党政机关对办理事项实行预警、督办,适时对各部门办理情况进行通报,对违反限时办结制度的单位和个人,提出责任追究的建议。

第十三条 法律、法规、规章对办理的事项有明确时限规定的,党政机关所承诺的办结时限必须少于规定的时限。法律、法规、规章对办理事项没有规定办理时限的,应根据具体情况,按照高效便民的原则,合理确定承诺办理时限。

第十四条 对特别紧急的事情,应当急事急办,随到随办。党政机关负责人应当亲自督办。因特殊情况不能按期办结需要延期的,由受理事项的部门主要负责人签署意见,向本级政府服务主管单位申请延期办结时限,并说明原因,经同意后方可延期。

第十五条 因党政机关自身责任,无正当理由超过承诺时限未能办结的,属超时办结。有下列情形之一的,视为超时办结:

(一)无正当理由对服务对象的申请不予受理;

(二)不按规定给申请人答复;

(三)超过承诺办结时限才提出延期申请;

(四)在承诺时限内,不将办理结果交付服务对象。

第十六条 有下列情形之一的,根据有关规定,应当追究相关负责人的责任。情节较轻的,责令书面检查,限期整改,并通报批评;情节较重的,造成不良影响和后果,取消当年评优评先资格,并对主要领导、分管领导予以诫勉谈话;情节严重的,造成恶劣影响和后果,给予通报批评、停职检查,对主要领导调离岗位,对分管领导予以引咎辞职、责令辞职,并予以党政纪处分。

(一)对职责范围内的服务事项能当场办理未能当场办理,或不能当场办理又未告知办理期限或未按期办结给服务对象造成损失的;

(二)对手续不全或不符合政策规定未向服务对象一次性告知所需材料,增加服务对象的负担,造成不良影响的;

(三)对不属于职责范围内的事项未及时与有关部门对接,造成不良影响或后果的;

(四)对办理事项中服务对象提出的问题乱答复、乱表态、乱承诺,使用不文明语言或与服务对象吵架,导致矛盾激化,党群干群关系紧张的;

(五)对答复不清楚、掌握不准确或紧急的事项,未及时向领导汇报或未与有关部门联系,造成服务对象越级上访的;

(六)对服务对象服务质量差或推诿扯皮、拒办等被媒体曝光造成不良影响的;

(七)属于本单位审批的事项,超时办结的;

(八)其他违反首问责任制度、限时办结制度的情形。

第十七条 有下列情形之一的,应当从轻、减轻或免于处理。

(一)主动赔礼道歉,服务对象已谅解;

(二)有效阻止不良后果发生;

(三)主动纠正和挽回全部或者大部分损失;

(四)其他应当从轻、减轻或者免于处理的情形;

第十八条 有下列情形之一的,应当从重或者加重处理。

(一)打击、报复、陷害投诉人、检举人、调查人;

(二)一年内出现两次以上应予追究行政责任的行为;

(三)干扰、阻挠追究行政责任调查;

(四)不执行纪检监察机关依纪依规作出的决定;

(五)其他应当从重或者应当加重处理的情形。

第十九条 责任追究机关不按照本制度规定履行监督检查职责,由上级纪检监察机关追究责任。

第二十条 在对责任人作出处理前,应当听取责任人的意见,保障其陈述和申辩的权利。受到行政处分或者责令辞职、辞退处理的,可以按照有关规定提出申诉。

第二十一条 各级纪检监察机关要畅通举报投诉渠道,设立举报电话、举报箱、电子信箱等受理群众投诉,县纪委监察局、各乡镇纪委、县直部门纪检组要通过明察暗访、随机抽查、办事体验、跟踪当事人、走访服务对象等方式,对落实首问责任制的情况开展经常性检查。

第二十三条 本办法由松桃苗族自治县纪委监察局负责解释。

第二十三条 本办法自2014年8月1日起施行。

松桃苗族自治县党员干部勤政廉政警示提醒制度

(松纪通〔2014〕22号)

第一条 为建立健全教育、制度、监督并重的惩治和预防腐败体系,促进党员干部勤政廉政,根据《中国共产党党内监督条例(试行)》《中华人民共和国行政监察法》等党政纪法规,结合我县实际,制定本制度。

第二条 勤政廉政警示提醒是纪检监察机关对党员干部在思想作风、工作作风、生活作风、领导作风等方面有苗头性倾向性问题以及消极懈怠危险,及时过问和提醒的一项教育监督措施。

第三条 勤政廉政警示提醒立足于预防预警,立足于抓早抓小,通过对党员干部可能出现的腐败行为或已经出现的苗头性问题进行提醒,防止党员干部行为升级,酿成违纪违法错误。

第四条 勤政廉政警示提醒坚持从严监督、着眼预防的方针,本着有则改之、无则加勉,依靠群众、注重监督的原则,以提醒、告诫为主要方式。

第五条 勤政廉政警示提醒的对象是全县党政机关、人民团体、国有企业和事业单位的党员干部(非党员干部参照执行),重点是科级领导干部。

第六条 党员干部有下列情形之一的,予以警示提醒:

(一)执行中央、省、市、县决策部署不坚决,对工作有潜在影响的;

(二)不认真履行工作职责,工作作风漂浮,工作方法简单,工作质量较差、效率较低的;

(三)自由散漫,拖拉推诿,对管理和服务对象态度生硬,未造成重大影响的;

(四)不认真履行党风廉政建设责任制,未造成重大影响的;

(五)管辖范围内行业、部门或单位机关作风、效能建设满意度测评结果较差的;

(六)管辖范围内行业、部门或单位不正之风有苗头性倾向性问题的;

(七)违反行业、部门或单位规章制度,未造成重大影响的;

(八)班子成员之间、同事之间闹不团结,未造成重大影响的;

(九)有违规操办酒席苗头的;

(十)有悖社会公德、职业道德、家庭美德,言行与党员、干部身份不相符,群众有反映的;

(十一)其他苗头性倾向性问题需要警示提醒的。

第七条 勤政廉政警示提醒对象有关线索和信息的来源,主要是群众举报、明察暗访、信访调查、执法监察、纠风检查、落实领导干部个人事项报告制度、新闻舆论监督等。

第八条 警示提醒制度以书面提醒和谈话提醒两种方式进行。对提醒对象进行谈话,必须有两名以上纪检监察干部参加,如实记录谈话内容,被谈话人签字认可。实施书面提醒,警示提醒书须送达当事人。当事人在收到警示提醒书后7个工作日内,向警示提醒书发出机关书面报告相关情况说明或整改情况。

第九条 县纪委监察局各室、各纪工委(监察分局)在开展监督检查时,发现问题可实施即时提醒。警示提醒实施单位对提醒对象进行跟踪回访,督促整改,并将警示提醒情况列入工作台账。

第十条 警示提醒书一式三份,送达当事人一份,县纪委和当事人所在单位党委(党组)分别存档一份。

第十一条 各乡镇纪委、各部门纪检组参照本制度,加强对所辖党员干部的教育监督。

第十二条 本制度由县纪委负责解释。

第十三条 本制度自发布之日起施行。

松桃苗族自治县学生资助金监管情况专项监察实施方案

(松监通〔2015〕1号)

根据贵州省监察厅《关于对全省中等职业学校和普通高中学生资助金管理使用情况开展专项监察的工作方案》(黔监发〔2015〕4号)和《铜仁市学生资助金监管情况专项监察实施方案》的通知,(铜监〔2015〕1号)要求,结合我县实际制定如下实施方案。

一、工作目标

按照中央和省关于义务教育阶段和中等职业学校、普通高中学生资助金管理的相关规定,坚持主动发现问题、主动查办案件,严肃查处贪污挪用、虚报冒领等违纪违规行为,严肃追究主体责任和监督责任，进一步规范和完善义务教育阶段、中等职业学校和普通高中学生资助金监管机制，推动义务教育、中等职业教育和普通高中教育事业健康发展。

二、监察范围

学校范围：享受国家和省免学费政策、国家助学金政策的承担九年义务教育的农村中小学、县职业学校，以及享受学生资助金政策、实施普通高中学历教育的全日制公办、民办高中。

时间范围：2013年度、2014年度实施的学生资助金管理使用情况。对问题严重的单位和部门不受此时间范围限制。

三、主要监察内容

监督检查各级行业主管部门、各类农村中小学、中等职业学校和普通高中在学生资助金（含：营养餐资金，贫困寄宿制学生生活补助费，中职免学费资金，中职助学金，高中助学金，“深圳—贵州助学金”等），在申报、拨付、发放、管理各个环节中，是否存在违纪违规行为，重点检查是否存在造假虚报、冒名顶替、人为调整、截留私分等套取、挪用、贪污的行为。

四、任务区分和完成时限

按照分级负责与属地管理相结合的原则组织实施。各民生特派组除负责所联系乡镇内的中、小学学生资助金的专项监察以外，还要承担一至二所县直学校，第一纪工委负责松桃民族中学，第二纪工委县职校、县实验小学，第三纪工委负责松桃民族寄宿制中学，第四纪工委负责松桃县第二中学，第五纪工委负责县一、二、三完小，六纪工委负责松桃县第三高级中学（原盘中、孟中、长中三所学校高中部）。

学生资助金专项监察任务完成时限为2015年4月初至6月底。4月25日正式启动此次专项检查工作，从5月8日起每周上报一次专项监察进展情况，6月18日前上报专项监察总结。

五、实施步骤

1.拟定工作计划，部署监察任务。乡镇党委政府和纪检监察机关要提前谋划，成立领导小组和专项监察组，要制定操作性强的工作计划，作出具体部署，提出具体要求。

2.加强业务培训，理清工作思路。县乡两级要在4月下旬正式启动工作，分别召开民生监督组全体人员培训会，明确工作任务和目标，理清工作思路和方法，提升监督能力和水平。

3.收集基础信息，掌握基本情况。牵头开展专项监察的纪检监察机关，要主动会同教育、人社、财政等部门，收集掌握2013年度、2014年度与本级实施学生资助金补助有关的政策规定、具体资助条件和标准、学校名录、学生名单、资金管理、评审公示、发放方式、台账管理等情况。

4.开展监督检查，完善监管机制。各级纪检监察机关要按照全覆盖的原则，认真开展专项监督检查，要深刻剖析民生项目资金监管问题的成因，及时向党委政府及行业主管部门提出工作建议，规范工作流程，严格依法监管，堵塞问题漏洞，进一步完善主责部门的监管机制。

5.查办腐败案件，落实责任追究。注重发挥查办案件的治本功能，要及时梳理发现的问题线索，拓宽案源渠道。对违纪事实清楚的问题线索和通过摸排掌握的案件线索，要以零容忍的工作态度，及时办理立案手续，组织力量快查快结。领导批示件和典型性案件要及时上报查处进展情况。

6.督促整改落实，开展警示教育。负责专项监察的各级纪检监察机关及其派出机构，对在检查中发现的倾向性、苗头性问题要及时向行业主管部门进行反馈，跟踪督促相关部门抓好整改；对因涉及严重问题受到党政纪查处或司法机关处理的人员所在单位，要按照“发现一起、查处一起、曝光一起”的原则，采取编发典型案例、拍摄专题片等形式，开展警示教育。

六、工作要求

1.高度重视,切实加强组织领导。各民生监督组要提高思想认识,细化工作措施,加强组织领导,确保本次专项监察有序、有力、有效推进。

县纪委监察局决定根据专项监察需要成立领导小组,负责全县专项监察活动的统筹协调。组长:龙秀福(县纪委副书记、县监察局局长);副组长:龙金国(县纪委常委、县监察局副局长)、成员:刘洪文(县纪委第四纪检监察室负责人)、龙玉芝(派驻县人社局纪检组长)、欧正芳(派驻县审计局纪检组长)、吴达军(县教育局监察室主任)。领导小组下设办公室,由县纪委第四纪检监察室张志明、杨忍负责日常工作。各民生特派组要比照这一做法,成立相应的工作机构。

2.加强协调,确保形成工作合力。要注重运用审计部门掌握的相关审计成果,综合汇总财政、信访、教育、人社等部门掌握的情况,抽调熟悉资助政策、财务审计、案件查办方面的业务骨干参加专项监察,提升检查发现问题的能力。

3.突出重点,严格落实责任追究。要围绕主动发现问题、主动查办案件开展专项监察,严肃惩处学生资助金政策实施过程中的违纪违规行为,严肃查办贪污、截留挪用、虚报冒领的腐败案件。对出现的区域性、系统性腐败问题,要按照"一案双查"的要求,严肃追究相关人员责任。

4.上下联动,搞好信息沟通。承担专项监察任务的县级派出纪工委监察分局和各乡镇纪检监察机关(民生特派组)要加强与县纪委监察局的沟通联系,采取信息、简报、专题报告等形式,及时报告工作动态和进展情况。传真:08562353073。

5.搞好统筹调度。专项监察期间,各乡民生特派监督力量要向有专项监察任务的区域集中,做到检查全覆盖,不留死角,充分发挥民生特派组发现问题、查办民生案件的职能作用。

关于在扶贫领域开展"护民生、促脱贫"监督执纪问责专项行动的实施方案(2017—2020年)

(松纪发〔2017〕1号)

为深入贯彻落实省、市、县脱贫攻坚工作推进大会精神,进一步强化扶贫领域监督执纪问责,更加精准、有效地服务保障全县脱贫攻坚,特制定本实施方案。

一、总体要求

认真贯彻习近平总书记关于深度贫困地区脱贫攻坚工作的重要指示和中央纪委扶贫领域监督执纪问责电视电话会议、省市脱贫攻坚工作推进大会精神,紧扣大扶贫战略,针对脱贫攻坚中存在的突出问题,督促各级各部门履行脱贫攻坚主体责任,压实各级纪检监察机关监督责任,围绕基础设施建设、产业就业扶贫、易地扶贫搬迁、教育医疗保障、社会保障兜底等重点任务推进情况,以深度贫困村为重点,开展"护民生、促脱贫"监督执纪问责专项行动,严查扶贫领域的不正之风和腐败问题,确保中央、省、市、县脱贫攻坚决策部署落地落实。

二、主要任务

(一)强化脱贫攻坚决策部署贯彻执行情况的监督检查。严格督查和加强巡察各级各部门贯彻落实习近平总书记关于脱贫攻坚系列重要讲话精神、党中央国务院关于脱贫攻坚的重大决策部署和《贵州省深度贫困地区脱贫攻坚行动方案》《铜仁市深度贫困地区脱贫攻坚行动方案》的情况，针对产业扶贫、旅游扶贫、医疗扶贫、农村组组通公路、农村危房改造、易地扶贫搬迁、农村劳动力全员培训、农村基层党组织建设等脱贫攻坚重点任务推进落实中存在的突出问题，严肃查处工作不严不实、弄虚作假，执行政策强迫命令、层层加码，以会议落实会议、以文件落实文件等问题，从严从重查处执行上级政策不彻底、阳奉阴违和紧一阵松一阵等搞变通、打折扣、做选择的行为，确保政令畅通。

（二）扎实推进扶贫领域作风建设。将脱贫攻坚作为纠正“四风”问题的重点领域，严肃查处违反中央八项规定、省委和市委十项规定精神的行为，以及群众反映强烈的急功近利、脱实向虚和措施不对路、效果无保证、群众不满意“形象工程”“政绩工程”；严肃查处脱贫攻坚政策走样变形的“花架子”工程，扶贫干部“不上心”、积极性差、不主动作为，单位或个人之间该配合的不配合、工作推诿、“踢足球”，下派工作漂浮、能力不足的驻村干部的问题；严肃查处行业主管部门在日常监管中应当发现的问题没有发现或发现了不报告、不纠正，扶贫对象识别和扶贫目标确定不精准的问题；严肃查处编报产业扶贫项目不切实际、盲目跟风和随意调整项目，编造虚假材料“巧算账”、搞“数字脱贫”、胡夸海口严重影响脱贫攻坚成效的问题。

（三）严肃查处扶贫领域违纪违规行为。将脱贫攻坚作为纪律审查的重点领域，严肃查处在扶贫项目实施中滥用职权、失职渎职、违反程序、权钱交易、牟取私利的行为，在扶贫资金分配中虚报冒领、贪污私分、截留挪用、优亲厚友、吃拿卡要的行为。

三、工作措施

（一）建立健全与扶贫工作重点部门的沟通协调机制。加强与督查、扶贫、财政、发改、交通运输、住建、国土、人社、农业、林业、水务、移民、卫生计生、教育、民政等脱贫攻坚重点部门的沟通协调，建立完善行业主管部门日常监管与纪检监察机关监督执纪有效结合的协作机制，及时掌握脱贫攻坚重点任务推进情况和存在的突出问题。协调推进脱贫攻坚政策执行、项目建设、资金安排使用的监管工作和民生监督工作，形成脱贫攻坚监督工作的合力。

（二）拓宽扶贫领域问题线索来源渠道。完善问题线索移送办理机制，及时处置巡视巡察、专项督查、审计监督和脱贫攻坚重点部门在监督检查中发现的问题线索。强化扶贫领域群众来信来电来访分析研判，注重发挥网络举报平台的作用，完善县级“扶贫专线”信访件办理机制。常态化开展信访件大起底工作，梳理扶贫领域信访件，优先处置扶贫领域信访突出问题。

（三）持续精准开展专项监察和重点检查。坚持见人、见项目、见资金等有效做法，持续精准开展扶贫项目资金管理使用情况专项监察。2017年重点开展城乡低保资金、农户科学储粮投资项目、村级公益事业“一事一议”财政奖补资金、易地扶贫搬迁工程项目资金等专项监察，重点检查全县城乡居民基本养老保险资金和部分深度贫困村精准扶贫建档立卡、扶贫项目资金使用情况。2018年至2020年，按照“4+N”民生监督专项监察工作思路，持续开展扶贫项目资金的专项监察，适时对近年来开展的专项监察进行“回头看”，巩固成果。

（四）常态化开展“访村寨”工作。将“访村寨”与县纪委监察局联系村工作结合起来，每年对县纪委监察局联系的村和县纪委监察局主要领导联系的村所有贫困户走访一遍，并开展一次公开接访。将“访村寨”与县纪委监察局班子成员联系乡镇（街道）工作结合起来，每年走访5个贫困村，每个村走访贫困户不少于10户、非贫困户不少于2户，并开展一次公开接访。将“访村寨”与民生监督专项监察结合起来，把“访村寨”作为发现问题的重要抓手和渠道，各民生监督组每年要实现遍访所有乡镇(街道)所有贫困户,到2019年底实现深度贫困村走访全覆盖。

(五)深入落实《贵州省国家公职人员、村(社区)干部落实惠民政策行为规范(试行)》。深化落实国家公职人员、村(社区)干部"四要五严禁"行为规范,严格执行享受惠民政策情况申报、公示、核实抽查制度。在深度贫困村推行一年两次申报,全覆盖公示范围。发挥村(居)务监督委员会前沿监督作用,把落实行为规范情况作为明察暗访、督促指导的重点,将申报情况作为比对基础,从严从重处理未按规定进行申报或申报内容不属实的行为,尤其是国家公职人员、村(社区)干部违规享受惠民政策的问题要从严查处。

(六)加大扶贫领域问责工作力度。认真贯彻落实《中国共产党问责条例》《贵州省脱贫攻坚问责暂行办法》和市委《项目建设攻坚年问责办法》《铜仁市干部执行力问责办法(试行)》以及《松桃苗族自治县干部执行力问责实施细则(试行)》,严格责任追究的对象、事项范围、方式和问责决定落实。坚持"一案双查""一案双问责",对党的十八大以来发生区域性、系统性、反复性扶贫领域问题或群众诉求长期得不到解决的,严肃追究相关行业主管部门的主体责任和相关人员的领导责任。乡镇(街道)党委(党工委)、纪委(纪工委)、民生监督组要充分运用好民生监督教育谈话室,对党员干部在脱贫攻坚工作中存在的苗头性、倾向性问题,利用教育谈话室及时进行批评教育、提醒打招呼和约谈诫勉。

(七)及时通报扶贫领域典型案例。充分发挥典型案例的警示教育作用,及时收集、通报扶贫领域发生的落实脱贫攻坚决策部署不力、违反中央八项规定精神、侵害群众利益不正之风和腐败问题、履行"两个责任"不到位等方面的典型案例。加快频次、重点倾斜,加大扶贫领域典型违纪违规问题的通报曝光力度。

四、工作步骤

(一)2017年工作安排

1.动员部署阶段(2017年8月1日至9月10日)。在全县纪检监察系统传达中央、省、市、县关于脱贫攻坚的决策部署,对专项行动进行安排。各乡镇(街道)和部门纪委(纪工委)、各派驻纪检组结合本乡镇(街道)、驻在部门实际情况,制定相应的工作方案。

2.组织实施阶段(2017年9月11日至11月30日)。全县各级纪检监察机关通过巡察、信访受理、纪律审查、作风建设、民生监督、问责追责等工作措施,强化扶贫领域监督执纪问责,开展对各乡镇(街道)和各部门推进脱贫攻坚情况的再监督、再检查。

3.年度工作总结阶段(2017年12月1日至12月10日)。县纪委监察局全面总结全县专项行动的情况,梳理汇总发现的突出问题、查处的典型案例和取得的工作成效,按照有关要求将专项行动工作总结报上级纪委。

(二)2018年至2020年工作安排

按照上级纪委关于扶贫领域监督执纪问责的新要求、新举措,围绕中央、省、市、县当年安排的脱贫攻坚任务,制定年度专项行动要点,纳入县纪委全会工作报告进行安排部署。根据工作开展情况,适时召开年度专项行动工作会议,及时向上级纪委报告专项行动开展情况。

五、相关要求

(一)提高思想认识。在扶贫领域开展"护民生、促脱贫"监督执纪问责专项行动是服务保障脱贫攻坚的超常之举,是整治扶贫领域突出问题的具体安排,是推进"两个责任"落实的具体实践。各级纪检监察机关要深刻认识专项行动的重要意义,将专项行动纳入重要议事日程,及时安排部署,切实加强组织领导。认真开展本乡镇(街道)和驻在部门的专项行动,及时向乡镇(街道)党委(党工委)、政府(办事处)和驻在部门党组报告工作开展情况。

(二)明确工作责任。各乡镇(街道)和部门纪委(纪工委)、各派驻纪检组制定相应工作方案,细化工作措施,明确工作责任和工作要求。2017年8月30日前,县纪委监察局将全县专项行动实施方案报市纪委。

(三)强化统筹调度。要通过情况通报、经验交流等形式及时调度专项行动开展情况,及时研究解决存在的突出问题。各纪工委(监察分局)负责统筹所联系乡镇(街道)和部门的专项行动,合理调整工作力量,确保有力有序推进专项行动。每季度最后一个月15日前,县纪委监察局向市纪委报告该季度专项行动推进情况。

(四)加强督促指导。县纪委监察局领导班子成员通过专项调研、明察暗访等形式,加强对专项行动的督促指导。对工作安排部署不及时、工作措施不力、督促指导不到位、专项行动成效不明显等问题,严肃追究相关人员的责任。

松桃苗族自治县纪委监察局
“访村寨、重监督、助攻坚”专项行动方案

(松纪办发〔2017〕1号)

为深入贯彻省纪委《关于印发开展“访村寨、重监督、助攻坚”专项行动的工作方案》(黔纪办法〔2016〕14号),市纪委《关于印发开展“访村寨、重监督、助攻坚”专项行动实施方案》(铜纪办发〔2016〕29号),现结合我县实际制定如下实施方案:

一、指导思想及目标任务

坚持以党的十八大和十八届三中、四中、五中、六中全会精神为指导,深入学习贯彻习近平总书记系列重要讲话特别是脱贫攻坚全面小康系列讲话精神,按照中央、省委、市委、县委对扶贫工作作出的决策部署,扎实推进基层党风廉政建设和反腐败工作。充分发挥纪检监察职能作用,对基层群众反映强烈的突出问题,集中开展大排查、大督查、大整治,深入了解掌握扶贫政策落实情况,着力推动省委省政府、市委市政府、县委县人民政府脱贫攻坚各项决策部署进一步落地落实。严肃查处扶贫领域损害群众利益的不正之风和腐败问题,推动全面从严治党向基层延伸。强化监督执纪问责,督促各地和相关职能部门履职尽责,切实有效化解基层矛盾,增强群众反腐败斗争获得感,为党的十九大和省第十二次党代会胜利召开营造和谐稳定的社会氛围。

二、组织机构及人员安排

全县专项行动成立由县委常委、县纪委书记夏学文同志任组长,县纪委副书记、监察局局长吴碧文同志任常务副组长,县纪委监察局其他班子成员为副组长,各纪工委书记(局长)、各乡镇(街道)纪(工)委书记、委局各室负责人为成员的工作领导小组。专项行动下设办公室在第四纪检监察室,吴维琼同志兼任办公室主任,张志明兼任副主任。宣教室负责日常宣传工作;党风政风监督室负责通报曝光典型案例;信访室负责梳理提供涉及领导走访村寨的问题线索,并对领导走访过程中新发现的问题线索进行登录和出口管理;案管室负责对查办案件的跟踪、督促和管理;第四纪检监察室主要

负责起草实施方案、搞好总体协调、加强业务指导、跟进后勤保障、提炼经验做法等工作。

三、行动时间及主要内容

本次专项行动的总体时间为2016年12月20日至2017年3月20日。具体分以下三个阶段进行:

(一)准备及启动阶段(12月20日至31日)

一是由县纪委信访室对十八大以来受理的涉及扶贫领域的信访件(含乡镇备案信访件),特别是重复件、越级访、实名件、联名件、内容具体且性质恶劣的信访件,根据轻重程度按Ⅲ类、Ⅱ类、Ⅰ类进行归类梳理。二是由第四纪检监察室对接县扶贫办,收集整理全县一类、二类、三类、和非贫困村情况;对接各纪工委(监察分局),统计还未开展"村居民生事务落实情况专项监察"的行政村;对接各乡镇(街道),了解问题矛盾突出、存在村痞街霸、此次换届不成功、连选连任的行政村;三是对以上信息进行汇总和分析,拟定专项行动方案,召开县、乡纪检监察系统专项行动工作安排部署会。

(二)察访及督促阶段(1月1日至2月10日)

按照省、市纪委《专项行动方案》要求,一是开展走访接访活动。委局领导班子成员根据包片督导分工情况,深入各自联系的乡镇(街道)开展走访接访活动。每个班子成员选择9个以上村寨进行走访(原则上选择一类村),每个村走访时间不得低于1天(其中半天时间在村委会开展接访),走访村民不得低于10户,所有实名举报反映人和被举报对象必须纳入走访对象。二是组织开展民生领域信访件督办查办工作。对问题线索具体、群众反映强烈、性质恶劣、情节严重的信访件,进行重点督办和查办。按照领导包办、内设机构督办、下级承办方式,分类处置、分级负责。每个领导包2件以上Ⅰ类信访件,委局机关内设科室负责人每人督办1件以上Ⅱ类信访件,剩余信访件由对应责任人负责查办,分管联系领导为责任领导负责督办。上级转办件由委局派员直接核查。三是具体走访督办安排情况,详见"松桃苗族自治县'访村寨、重监督、助攻坚'走访安排表",未在表上体现的村寨,走访任务由所在乡镇纪委按时完成。

(三)整改及总结阶段(2月11日至3月20日)

主要有四项工作内容:一是对走访、督办中发现的问题进行核查、处理,及时纠正不当行为,严肃追究相关人员责任。二是针对不作为、慢作为、乱作为等突出问题,严肃追究相关部门及人员的主体责任、监督责任和领导责任。三是及时下达专项行动建议,督促相关单位建章立制,切实落实问题整改。四是整理走访督办情况,对典型案例进行曝光;用心提炼经验做法,加强成果宣传;认真总结,形成书面报告。

四、工作要求及注意事项

一要深化认识。切实站在服务保障脱贫攻坚、全力净化基层政治生态的高度对待专项行动。要以务实的工作作风,把专项行动作为纪检监察机关贴近群众、服务群众的重要契机,深入了解当前基层群众所需所盼,推动基层矛盾化解和突出问题解决,进一步密切党和人民群众的联系。

二要突出重点。将此次行动与深化拓展"四要五严禁""村居民生事务落实情况专项监察"、2017年第一季度开展的农村低保专项监察结合起来。重点整治乡村干部优亲厚友、吃拿卡要、虚报冒领、截留挪用、贪污私分惠民资金、违规占有集体"三资"、破坏生态、欺压百姓等群众反映强烈的突出问题。重点督办重复访、越级访、群体访中反映涉及违纪等有关问题。重点督促有关乡镇(街道)和部门有针对性地提出工作举措,解决问题、化解矛盾。

三要注重实效。要坚持以问题为导向,始终着眼于解决群众最关心、反映最强烈的问题。对群众反映的问题,能够当场解决的要现场解决,不能当场解决的,要做好解释和群众思想工作,督促有关部门限期解决。不搞走马观花式走访,不向群众开空头支票。

四要把握尺度。要坚持问责与查处违规违纪问题并重原则,按照纪严于法、纪在法前、抓早抓小的要求,认真执行"四种形态",提高谈话室使用率,做到既要严肃追究违规违纪人员的责任,也要严肃追究监管过程中的失职渎职行为。

五要严守纪律。要听从领导,服从安排,发扬纪检监察干部不怕苦不怕累精神,工作中要严守组织纪律、工作纪律、保密纪律,工作去向实行报告制,有事必须提前向主要领导请假。

六要加强巡察。要对接好县委巡察组,把乡村干部侵害群众利益问题列入巡察工作重点任务,开展专项巡察。同时,对专项行动过程进行适时巡察,对信访梳理不认真、走访不细致,导致该发现的问题未发现、发现问题未报告的,要严肃追究相关人员责任。

全县纪检监察系统"当好党内政治生态'护林员'以新面貌新气象迎接十九大"主题教育工作实施方案

(松纪通〔2017〕19号)

为深入贯彻落实王岐山同志在贵州检查指导工作时的重要讲话精神,按照市纪委《全市纪检监察系统"当好党内政治生态'护林员'、以新面貌新气象迎接十九大"主题教育工作实施方案》要求,经县纪委常委会会议研究,决定在全县纪检监察系统推进"两学一做"学习教育常态化制度化中,集中开展"当好党内政治生态'护林员',以新面貌新气象迎接十九大"主题教育。现结合我县实际,制定本方案。

一、指导思想

深入贯彻习近平总书记系列重要讲话精神和治国理政新理念新思想新战略,坚决落实党的十八届六中全会、中央纪委七次全会、省第十二次党代会、市第二次党代会和县第十三次党代会精神,在全县纪检监察系统推进"两学一做"学习教育常态化制度化中,围绕"当好党内政治生态'护林员',以新面貌新气象迎接十九大"开展主题教育,引导全县各级纪检监察机关和纪检监察干部进一步提高政治站位和政治觉悟,进一步厘清维护党内政治生态的思路,进一步找准维护党内政治生态的举措,提高党风廉政建设和反腐败工作的精准度和有效性,以新面貌新气象迎接党的十九大胜利召开。

二、基本原则

(一)坚持政治导向。把旗帜鲜明讲政治贯穿于主题教育全过程,教育引导纪检监察干部不断增强"四个意识",坚定"四个自信",保持政治定力,真正当好党的忠诚卫士。

(二)坚持问题导向。紧紧围绕主题,结合本地区本部门实际,对照政治标准,查找工作偏差,补齐工作短板,准确把握"树木"与"森林"情况,深入研判本地区和所监督部门政治生态状况。

(三)坚持务实导向。把开展主题教育作为落实"两学一做"学习教育常态化制度化的具体行动,研究确定深化"三转"、强化监督执纪问责、维护党内政治生态的具体措施并抓好落实,推动全县党风廉政建设和反腐败工作迈上新台阶,以实际行动建设风清气正净地。

三、方法步骤

本次主题教育从7月中旬开始,9月下旬结束。分为三个阶段进行。

(一)教育动员阶段。7月13日,县纪委监察局召开动员部署会议,县委常委、县纪委书记夏学文同志作动员讲话,安排部署全县主题教育工作。

(二)深入学习阶段。要紧扣“谁来护”(如何在发挥好纪检监察机关作用的同时,督促全县各级党组织承担好主体责任)、“护什么”(如何把握党内政治生态的内涵和外在表现形式)和“怎么护”(纪检监察机关如何在把准定位、聚焦主业中维护党内政治生态)等三个问题开展学习研究。重点抓好十项工作:

1.学习一本手册。认真学习省纪委监察厅汇编的中央、中央纪委、省委、省纪委领导和著名专家学者关于政治生态重要论述。(责任部门:办公室)

2.安排一次专题辅导。以坚持党的领导、加强党的建设、推进全面从严治党为主题,邀请上级领导或党建专家为全县纪检监察干部作一次辅导报告。(责任部门:干部室)

3.组织一次主题党日活动。以支部为单位,以“当好党内政治生态‘护林员’,以新面貌新气象迎接十九大”为主题,开展一次主题党日活动。深入研判本地区和所监督部门的政治生态状况,研究确定深化“三转”、强化监督执纪问责、维护党内政治生态的具体措施并抓好落实。(责任部门:机关党委)

4.开展一次党性体检。对照以“讲政治、守纪律、敢担当”为主要内容的苟坝会议精神,立足市内红色教育基地开展一次党性体检。(责任部门:机关党委)

5.撰写一篇心得体会。每名纪检监察干部围绕主题,撰写一篇心得体会。心得体会要结合实际,切忌泛泛而谈。(责任部门:干部室、纪检监察干部监督室)

6.开展一次测试。各级纪检监察机关全体干部以党支部为单位开展中央、省、市有关领导对政治生态论述的测试,以考促学。(责任部门:干部室、纪检监察干部监督室)

7.形成一批分析研判报告。各乡(镇、街道)纪委(纪工委)、各派驻机构撰写所监督部门政治生态状况的分析研判报告,交办公室后统一呈县纪委主要领导参阅。(责任部门:各乡镇纪委、街道纪工委,各派驻机构)

8.召开三次分析研判会。县纪委常委会逐一听取各乡(镇、街道)纪委(纪工委)、各民生监督组对本地和监督部门政治生态状况及履行监督责任情况的报告,对其进行精准互动指导。(责任部门:办公室)

9.推出一批高质量的署名文章。全县纪检监察干部每人撰写一篇署名文章,各乡(镇、街道)纪委(纪工委)、派出纪工委(监察分局)、派驻纪检组分别报送1篇优秀署名文章。(责任部门:宣传调研法规室)

10.开展争做“四个在先”(学习在先、遵纪在先、守德在先、工作在先)“五个榜样”(信念坚定的榜样、服务群众的榜样、业务水平的榜样、机关效能的榜样、清正廉洁的榜样)“护林员”活动。全县纪检监察机关党员干部要努力成为“四个在先”“五个榜样”“护林员”的表率,用实际行动向党的十九大献礼。(责任部门:机关党委)

(三)总结提高阶段。主题教育结束后,认真总结全县主题教育开展情况、经验做法和取得成效,于9月20日前形成总结报告并报市纪委。

四、工作要求

开展“当好党内政治生态‘护林员’,以新面貌新气象迎接十九大”主题教育,是当前全县纪检监察系统的一项重大政治任务,是提高工作水平、更好地服务全县工作大局的需要,各级纪检监察机关要高度重视，周密部署，精心组织，认真实施，确保主题教育成效明显。

（一）加强组织领导。全县纪检监察系统的主题教育在县纪委常委会领导下进行，县纪委主要领导负总责，分管领导直接负责。委局机关由办公室负责牵头实施，相关部门协同配合。各乡（镇、街道）纪委（纪工委）、各派（出）驻机构对本地区本部门的主题教育全面负责。

（二）加强督促指导。通过日常督查、抽查等方式，及时了解和通报各乡镇、部门主题教育进展情况，发现和纠正各类苗头性倾向性问题，对造成不良影响的严肃问责。

（三）发挥宣传作用。用好用活各类学习专栏，主动运用各类媒体，宣传报道主题教育的做法和成效，全面展示纪检监察机关坚持党的领导、加强党的建设、推进全面从严治党等方面工作，营造良好氛围。

松桃苗族自治县监察委员会特约监察员聘请工作方案

（松监通〔2018〕1号）

为深化国家监察体制改革，强化民主监督、社会监督和舆论监督，促进全县纪检监察干部依纪依法履职尽责，经县纪委常委会会议和县监委委务会议研究，决定聘请县监察委员会特约监察员，特制订本方案。

一、聘请人数

共聘请10人，县人大代表、县政协委员、机关部门人员、民主党派、无党派人士、社会团体、企事业单位、新闻媒体、专家学者和基层一线代表各1人。

二、聘请条件

特约监察员应当具备下列条件：

(一)坚持中国共产党领导和拥护党的路线、方针、政策，走中国特色社会主义道路，遵守中华人民共和国宪法和法律、法规，具有中华人民共和国国籍；

(二)有较高的业务素质，具备与履行职责相应的专业知识和工作能力，在各自领域有一定代表性和影响力；

(三)热心全面从严治党、党风廉政建设和反腐败工作，有较强的责任心，认真履行职责，热爱特约监察工作；

(四)坚持原则、实事求是，密切联系群众，公正廉洁、作风正派，遵守职业道德和社会公德；

(五)身体健康。

受到党纪处分、政务处分、刑事处罚的人员，以及其他不适宜担任特约监察员的人员，不得聘请为特约监察员。

三、推荐单位

各种类型分别推荐5人，由领导小组结合实际从中筛选确定。具体推荐责任如下：

（一）县人大代表由县人大办负责推荐；

（二）县政协委员由县政协办负责推荐；

（三）机关、企事业单位和专家学者代表由县委组织部负责推荐；

(四)民主党派和无党派人士代表由县委统战部负责推荐;

(五)社会团体代表由县科协负责推荐;

(六)新闻媒体代表由县委宣传部负责推荐;

(七)基层一线代表由县总工会负责推荐。

四、聘请程序

(一)推荐阶段(2019年1月5日前)。由县纪委监委干部室(纪检监察干部监督室)牵头召开相关部门参加的协调会议,会同有关部门提出特约监察员推荐人选,并征得被推荐人所在单位及本人同意后,确定推荐人选名单。

(二)考察阶段(2019年1月10日前)。由县纪委监委案管室牵头对推荐人选进行廉洁自律审查,由县纪委监委干部室(纪检监察干部监督室)牵头会同有关部门对特约监察员推荐人选进行考察,并形成考察报告。

(三)研究阶段(2019年1月20日前)。召开县纪委常委会会议和监委委务会议听取考察情况汇报,研究确定聘请特约监察员人选;

(四)聘任阶段(2019年1月30日前)。召开聘请会议,颁发聘书,向社会公布特约监察员名单。

五、组织领导

为加强对聘请工作的领导,成立松桃苗族自治县监察委员会特约监察员聘请工作领导小组,县纪委副书记、县监委副主任吴碧文任组长,县纪委常委、县监委委员龙政敏、宋扬任副组长,县纪委监委干部室(纪检监察干部监督室)主任刘建英、县纪委监委案管室主任杨秀波为成员。领导小组办公室设在县纪委监委干部室(纪检监察干部监督室),具体负责聘请日常工作。

松桃苗族自治县纪检监察干部“八小时外”行为规范

(松纪办发〔2018〕7号)

第一章　总　则

第一条　为了规范和约束纪检监察干部“八小时外”的生活圈、朋友圈、社交圈,做到“打铁还需自身硬”,根据《中国共产党廉洁自律准则》《中国共产党纪律处分条例》和有关规定,结合本县实际,制定本规范。

第二条　纪检监察干部“八小时外”行为是指在工作时间以外所从事的与身份、职务影响相关的行为。

第三条　本规范适用于全县各级纪检监察干部。

第二章　行为规范

第四条　严格遵守政治纪律和政治规矩,谨言慎行,不得损害党和国家形象,严禁发生下列行为。

(一)口无遮拦,妄议中央大政方针,丑化党和国家形象,诋毁、诬蔑党和国家领导人,歪曲党史、军史,散布政治谣言,公开传播错误言论。

(二)参加封建迷信活动,参与邪教组织,利用宗教活动、宗族势力对抗党和政府,破坏党的基层组织建设。

(三)参与各种非组织活动,搞团团伙伙、结党营私、拉帮结派,组织或参加违规成立的老乡会、校友会、战友会等活动,编织“关系网”。

(四)对违反党的政治纪律和政治规矩等错误言论或行为放任不管,搞无原则的一团和气。

(五)在个人活动中有其他损害党和国家形象或利益的言行。

第五条 严格遵守工作纪律,廉洁纪律,不得有下列行为。

(一)为亲人朋友或特定关系人打探消息、通风报信、泄露工作秘密,帮助被调查对象出谋划策、疏通关系、逃避责任。

(二)打着纪检监察机关的旗号办私事、谋私利、徇私情,违规干预干部选拔任用、工程建设、执纪执法、司法活动,利用职权或职务影响、干扰其他单位、部门公正执行公务。

(三)纵容、默许配偶、子女及其配偶或特定关系人利用本人职权或职务上的影响牟取私利。

(四)违规借用、占用下级或者其他单位、个人的车辆或其他贵重物品,以各种名义向下级、其他单位或管理服务对象转嫁、摊派、报销应由个人支付的各种费用。

(五)接受可能影响公正执行公务的宴请或者旅游、健身、娱乐等活动安排。

(六)直接或借他人名义从事营利性活动。

第六条 自觉约束个人行为,不得有下列损害纪检监察干部形象的行为。

(一)在个人交往中要特权,态度蛮横,盛气凌人。

(二)讲江湖义气,与黑恶势力打成一片,违规出入休闲娱乐场所或者参与打架、斗殴、酗酒滋事等。

(三)参与赌博活动,追求低级趣味,接受不健康的陪侍服务。

(四)违规操办酒席或参与违规酒席的吃请送礼。

(五)家庭生活不和谐,败坏家风,拒绝承担抚养子女、扶助家庭成员、赡养老人等义务,以及其他违反社会公德、家庭美德、公序良俗的行为。

(六)通讯失联。

第七条 自觉遵守网络管理规定,严格净化生活圈、朋友圈、社交圈,不得有下列行为。

(一)在微信、微博、网站论坛等信息网络平台及其他非公务活动场合,公开发表不当言论。

(二)在微信、微博、网站论坛等信息网络平台,发表、披露工作秘密和其他不宜公开的信息。

(三)在微信、微博、网站论坛等信息网络平台,恶意散布歪曲事实、丑化纪检监察机关形象、破坏纪检监察干部队伍团结统一的言论。

第八条 严格执行报告制度。因私离开工作地或居住地1天以上,领导班子成员向主要领导报告,其他干部职工向分管领导报告,并向干部监督室报备。

第三章 附 则

第九条 纪检监察干部监督室要加强管理,对纪检监察干部“八小时外”的个人重大活动、重要事项实行报备制度并及时跟进督查。对纪检监察干部“八小时外”发生的不当言行和违纪违法问题,要严肃处理。

第十条 本规范由县纪委监委负责解释。

第十一条 本规范自行文之日起施行。

第十二条 本规范未尽事宜由县纪委监委研究解决。

开展集体“三资”达到一定规模的村(社区)党组织书记、村(居)委会主任“提级监督”试点工作实施方案

(松纪办发〔2020〕22号)

为进一步健全完善基层干部特别是村级“一把手”监督体系,推动全面从严治党向基层延伸,以精准有力的监督护航脱贫攻坚、助力乡村振兴,根据铜仁市纪委《关于开展集体“三资”达到一定规模的村(社区)党组织书记、村(居)委会主任“提级监督”试点工作的通知》有关要求,结合我县实际,制定本方案。

一、试点对象

蓼皋街道马田龙社区、迓驾青山村、冷水溪镇赵家沟村、盘信镇楼台村、普觉镇棉花山村

二、试点时间

“提级监督”试点工作从2020年7月开始至2020年12月结束。

三、任务分工

“提级监督”试点工作采取点面结合的方式进行,县纪委监委班子成员分别担任各工作组组长,实行组长负责制,组长统筹安排试点工作,具体分工如下。

总协调组

组 长:胡定钦(县委常委、县纪委书记、县监委主任)

副组长:宋 扬(县纪委常委、县监委委员)

成 员:李霞、张志明、唐义长

工作职责:负责试点工作方案拟草、试点工作总协调,跟进试点工作开展情况,做好试点工作提示、后勤保障、宣传报道及试点工作汇总等工作。

第一组

组 长:周胜华(县纪委副书记、监委副主任)

副组长:石昌彪(派驻第五纪检监察组组长)

成 员:派驻第五纪检监察组全体成员

试点单位:蓼皋街道马田龙社区

工作职责:具体负责蓼皋街道马田龙社区试点工作的重点监督,统筹乡村两级监督力量开展好日常监督,统筹并协调有关各方对该点落实合成监督,做好该点“提级监督”工作数据汇总、经验总结等工作。

第二组

组　长:吴碧文(县纪委副书记、监委副主任)

副组长:任卫星(派驻第十纪检监察组组长)

成　员:派驻第十纪检监察组全体成员

试点单位:迓驾镇青山村

工作职责:具体负责迓驾镇青山村试点工作的重点监督,统筹乡村两级监督力量开展好日常监督,统筹并协调有关各方对该点落实合成监督,做好该点"提级监督"工作数据汇总、经验总结等工作。

第三组

组　长:宋 扬(县纪委常委、县监委委员)

副组长:秦 毅(派驻第九纪检监察组组长)

成　员:派驻第九纪检监察组全体成员

试点单位:冷水溪镇赵家沟村

工作职责:具体负责冷水溪镇赵家沟村试点工作的重点监督,统筹乡村两级监督力量开展好日常监督,统筹并协调有关各方对该点落实合成监督,做好该点"提级监督"工作数据汇总、经验总结等工作。

第四组

组　长:秦榜江(县纪委常委、县监委委员)

副组长:姚 蓉(派驻第六纪检监察组组长)

成　员:派驻第六纪检监察组全体成员

试点单位:盘信镇楼台村

工作职责:具体负责盘信镇楼台村试点工作的重点监督,统筹乡村两级监督力量开展好日常监督,统筹并协调有关各方对该点落实合成监督,做好该点"提级监督"工作数据汇总、经验总结等工作。

第五组

组　长:刘建英(县纪委常委、机关党委书记)

副组长:江长智(派驻第四纪检监察组组长)

成　员:派驻第四纪检监察组全体成员

试点单位:普觉镇棉花山村

工作职责:具体负责普觉镇棉花山村试点工作的重点监督,统筹乡村两级监督力量开展好日常监督,统筹并协调有关各方对该点落实合成监督,做好该点"提级监督"工作数据汇总、经验总结等工作。

四、试点内容

(一)围绕村(社区)党组织书记、村(居)委会主任依法履职、秉公用权,贯彻执行党和国家方针政策,抓好村支两委建设,领导村级治理,组织带领群众发展集体经济等重点内容开展监督检查。

(二)围绕巡察反馈涉及村(社区)党组织书记、村(居)委会主任的问题线索开展深挖彻查。

(三)围绕村(社区)集体"三资"(集体资金、资产和资源)运行管理等情况开展监督检查。

(四)围绕村(社区)党组织书记、村(居)委会主任在履职过程中存在的问题,组织县、乡两级相关部门对问题成因进行分析研判,形成长效机制,规范村(社区)党组织书记、村(居)委会主任权力运行。

五、工作步骤

(一)自查清理。试点村(社区)所在乡镇(街道)党(工)委须明确分管领导,抽选态度端正、能力过硬的政府干部成立集体“三资”自查清理工作组开展试点村(社区)“三资”自查清理工作,厘清村(社区)三资“家底”,该项工作须于2020年8月28日前完成。试点村(社区)所在乡镇(街道)纪(工)委适时对自查清理工作开展监督检查。自查清理工作结束后,自查清理工作组于2020年9月1日前形成自查清理情况报告,并经相应乡镇(街道)主要领导审签后报县纪委监委第四纪检监察室,确保村(社区)集体“三资”自查清理工作及时、扎实、真实。

(二)强化监督。一是发挥同级监督。乡镇(街道)纪(工)委指导相关村监会于2020年8月28日前完成试点村(社区)日常监督情况报告,监督情况报告经乡镇(街道)纪(工)委书记审签后报县纪委监委第四纪检监察室。“提级监督”工作结束后,试点村(社区)监督委员会主任按照“五个示范”创建工作要求,认真发挥村级监督作用,规范建立“五小”工作台账,扎实做好同级日常监督工作。村监会主任履职情况纳入个人绩效目标考核,确保村级监督抓常抓长。二是开展重点监督。各工作组在村(社区)开展自查清理结束后,结合村(社区)自查清理情况、上级巡察情况,针对村级重点项目资金等集中开展为期3个月的重点监督,通过查阅资料、个别访谈、实地察看、明察暗访、张贴“提级监督”公告等方式开展监督工作,做到精准发现问题、精准解决问题,护航脱贫攻坚、助力乡村振兴。三是落实合成监督。一要开展离任审计。村(社区)党组织书记和村(居)委会主任离任申请批准的第二日,试点村(社区)所在乡镇(街道)立即启动离任审计工作,按照村(社区)干部离任审计工作有关规定认真开展离任审计工作,干部离任审计工作结束后7日内将离任审计报告报县纪委第四纪检监察室备案。二要建立廉政档案。各工作组要督导试点村(社区)党组织书记和村(居)委会主任参照干部廉政档案要求建立个人廉政档案;督导在试点村实施项目的业主单位按工作流程及要求建立项目廉政档案,该项工作在2020年10月1日前完成,个人及项目廉政档案资料留存一份交乡镇(街道)纪(工)委备查。三要落实三述机制。在每年召开的县纪委全会上,试点村(社区)党组织书记和村(居)委会主任向大会作三述报告,三述工作纳入县纪委全会议程。

(三)问题处置。工作组在重点监督中发现的问题要建立台账,分类处置。整改类问题要召开反馈会并下发监察建议书,集中公开反馈,要求限期整改。对违纪违规类问题线索送县纪委监委第四纪检监察室集中管理,由第四纪检监察室按程序报备并指定调查组予以调查核实,做到提级优先核查。

(四)成果运用。一是督促村(社区)及有关部门对存在问题认真整改,同时总结分析问题存在的深层次原因,建立健全相关制度,形成长效机制。二是认真总结“提级监督”工作经验做法,着力解决遇到的困难和瓶颈,形成“提级监督”松桃模式和范本,为下一步“提级监督”工作全县推开打下坚实基础。

六、工作要求

(一)提高政治站位。试点工作相关单位要深刻认识到抓好村(社区)党组织书记和村(居)委会主任“提级监督”试点工作对推动全面从严治党向基层延伸的重要意义,将“提级监督”试点工作作为扶贫民生领域监督检查的重要抓手,助推村(居)务监督委员会作用发挥,确保试点工作任务落地落实。试点工作相关单位要将该项工作纳入本单位重点工作任务来抓,确保试点工作取得实效。

(二)强化工作统筹。在工作开展过程中,各组要充分发挥统筹督导作用,统筹各相关单位做好对应试点村(社区)“提级监督”工作。要切实扛起工作责任,精准发现问题,督促整治问题,对工作中存在重大问题或困难要及时报告。县纪委监委第四纪检监察室作为该项工作总牵头单位,在各牵头单位统筹的基础上,适时组织各组做好工作进度、质量、标准的统筹,确保该项工作高质量一体推进。

(三)规范报送材料。各组要在10月1日前,将试点工作进度情况报告连同自查清理阶段明确完成的相关资料交县纪委监委第四纪检监察室。试点工作结束后,各组于2020年12月1日前将工作总结交县纪委监委第四纪检监察室,由县纪委监委第四纪检监察室梳理汇总后报市纪委。

(四)强化宣传引导。各级各部门要充分发挥新媒体作用,加强宣传引导,营造良好氛围。及时发现和推广专试点工作的好做法好经验,让我县试点工作形成龙头效应,引领我县基层党风廉政建设全面向好发展。

(五)严肃工作纪律。各组应严格执行中央八项规定及其实施细则精神,严守工作纪律。要时刻铭记“打铁还需自身硬”的政治要求,带头力戒形式主义、官僚主义,避免加重基层负担。“提级监督”试点期间涉及的各项工作,从严要求,从严管理。

四、典型经验

(一)省级典型经验

1.在全省廉政文化进校园工作现场会上的交流材料

多措并举 全力推进廉政文化教育

(2012年10月)

松桃苗族自治县纪委监察局 松桃苗族自治县教育局

近几年来,我县紧紧围绕“促进教育和谐发展,办人民满意教育”这一总体目标,坚持正面引导、分层实施、多措并举,在全县中小学认真开展廉政文化进校园活动,取得了一定的经验。我们的具体做法是:

一、立足实际,深入调研,编好“一本教材”

松桃苗族自治县位于贵州省东北部,地处黔、湘、渝两省一市结合部,全县面积3400平方公里,辖28个乡镇503个行政村,总人口73万人,其中以苗族为主的少数民族人口占总人口的48%。全县现有各级各类学校449所,其中,县教师进修学校1所,独立高中1所,中等职业学校1所,完全中学5所(其中民办1所),初级中学35所(其中民办2所),小学379所,幼儿园27所(其中民办20所)。全县在校学生总数141378人。其中,高中生10309人,中职学生2023人,初中生37025人,小学生73899人,在园(班)幼儿18122人。

针对我县学生人数多、学校分布广、管理难度大的特点,我县深知要想火车开得快、全靠车头带的道理,于2006年5月开始,在县城两所中学开展廉政文化进校园的试点工作,在没有先例可借鉴的情况下,我们边摸索边积累经验。主要做法是:营造活动氛围,由教师自己挖掘课本中的廉洁教育内容或找其他素材,向学生进行廉洁、诚信、勤俭等方面的教育,学校开大会、挂标语,班级办墙报和黑板报等,加大宣传教育力度,试点工作取得了良好开端。2007年4月,省、地纪委领导到我县视察廉政文化“六进”工作,在县民族寄宿制中学视察时,对我县廉政文化进校园工作的措施和成效给予了高度评价。

2008年开始,这项工作得到了县委、县人民政府领导的高度重视,先后召开了几次专题会议,决定由县纪委牵头,县委宣传部、县党史办、县教育局等单位联合,编印本县廉政文化进校园的地方教材。经过一年多的调研,查阅、走访、编撰和审稿,完成了《廉政文化进校园》(初中读本)的编写工作。2009年9月,县人民政府投入57万元,一次性印刷了7万多册,在2009年秋季学期免费发给了全县所有初中学生,此后每学年发给初一学生使用,要求各中学必须将这本地方教材引入课堂,由班主任在每周班会课上进行教学,组织学生学习讨论。

二、加强领导,强化措施,确保“二个到位”

1. 组织领导到位。为了整体推进这项工作,我县成立了廉政文化进校园工作领导小组,负责对全县中小学廉政文化进校园活动的组织和领导。各乡镇教辅站都明确专人负责,各中小学都建立了一支以党支部、政教处为核心的、以各班班主任为骨干的工作实施队伍,确保组织领导到位。

2、宣传部署到位。活动启动初期,部分教师对在学校开展廉政教育不太理解,认为廉政教育与教育教学关系不大。针对这种情况,我们先后召开了全县启动大会和全县廉政文化进校园专题会议,认真强调党风廉政建设和廉政文化“六进”活动的意义,让大家知道廉政教育是全社会的事情、是时代的要求,应从小孩抓起,让大家明白在学校开展廉洁、诚信教育的重要性和必要性。印发了几个文件,就活动内容、步骤和措施进行了周密安排。要求学校通过标语、墙报、黑板报等多种形式进行宣传,增强活动氛围,把宣传落实到每一个师生中去。通过多渠道、多视角的教育宣传,让广大师生提高了认识,增强了开展活动的积极性和主动性。

三、分层实施,整体推进,突出“三个层面”

1.在学校班子成员和中层干部中,开展以“廉洁治校、勤俭办学”为主题的廉洁教育活动。一是建立健全学校领导班子民主管理制度、校长述廉述职制度、年度考核和民主评议校长制度,达到促进学校领导干部勤政廉政的目的。二是制定了教育系统作风建设的纪律规定,重点整治学校领导干部的赌博风、吃喝风、玩乐风,强调厉行节约、缩减开支。三是对部分学校的违规办学和违规收费行为进行整治。四是对学校的日常管理进行规范,做好校务公开。

2. 在全体教职员工中,开展以“廉洁从教、服务学生”为主题的廉洁教育活动。发挥教师在廉政教育活动中的主导作用,倡导师德新风。一是组织教师每学期听一次廉政教育专题讲座或者观看一次警示教育片。二是表彰先进,树立典型。如:县民族寄宿制中学、长兴中学、大坪镇中学等学校,对在活动中成绩突出、表现优异的老师进行评选,表彰“德育模范教师”或“道德风尚奖”。三是抓好“四评”活动,组织开展“学生评教师、教师评教师、教师评校长、家长评学校”工作。通过“四评”,极大地促进了师德师风建设,有力地推动了学校廉洁教育的进一步开展。

3. 在中小学学生中,开展以“敬廉崇洁、诚信守法”为主题的廉洁教育活动。以正面事例和正面说理为主,开展传统美德、八荣八耻、诚信、节俭、互助等系列教育,塑造学生的纯洁心灵,使广大青少年学生树立基本的是非观念、诚信意识和廉洁意识,为青少年学生树立正确的人生观、世界观、价值观打下了良好的基础。

四、把握重点,整合资源,抓好“四个结合”

1、廉政文化进校园活动与学生德育工作相结合。我们把廉政文化教育与法制教育、学生行为习惯养成教育一起纳入学校德育工作体系中，并充分利用校园广播、国旗下的讲话、宣传专栏、黑板报、墙报等有效方式，让学生通过视听受到思想教育；通过评比先进、榜样示范、互相比较、批评纠正等方式，规范学生的穿着打扮和言行举止，对学生进行全方位的教育。同时还拓宽教育渠道，构建了学校、家庭、社会于一体的廉政教育网络。如：长兴中学先后组织开展了“小手拉大手，廉洁进我家”，给父母讲一个廉政故事，制作一个廉洁自律、诚信守法格言警句卡，发起“小眼睛看大眼睛”致家长的一封倡议信等活动。通过系列教育活动，达到了立足于教育、着眼于防范的目的，牢固树立了“以廉为荣，以贪为耻”思想。

2、廉政文化进校园活动与学校课堂教学相结合。课堂是学校开展廉洁教育的重要阵地。一是充分挖掘、整合语文、政治、历史等学科教材中所蕴含的廉政教育内容，以立志、清廉、节俭、明理、守法、诚信等为主题，寓敬廉崇洁教育于学科教学之中，帮助学生从小懂得清正为人、廉洁办事的处世原则，树立正确的道德观。二是上好每周一次主题班会课，以《廉政文化进校园》（初中读本）为主要教材，将廉政教育渗透到教学的全过程，推进廉政文化进课堂。

3、廉政文化进校园活动与师德师风建设相结合。为强化师德教育，我县制定了《师德师风“六禁八不准”》《师德师风十倡导》，并在全县各级各类学校中大力开展以“讲师德、学规范、正行风、树形象”为主题的师德师风教育活动。还将2009年定为师德师风建设年，成立教育宣讲团到城区、乡镇学校巡回宣讲，还向全县广大教师提出了“八个不”廉洁从教要求。在活动中，县教育局纪检组长刘洪文同志分别到城区中小学举办了多场“爱岗敬业、廉洁从教”专题讲座，县民族寄宿制中学全体教师签订了“廉洁从教、从我做起”的承诺书，松桃第二中学开展了“廉洁从教、服务学生”签名活动。

4、廉政文化进校园活动与校园文化建设相结合。

一是充分利用校刊、广播站、校园橱窗、校园文化长廊、教室学习园地等校内宣传阵地，加大廉政文化教育宣传的力度。二是在全校大型文艺活动或班级的文体活动中融入廉政文化，穿插进廉政教育的节目。长兴中学的“名人墙”“板报文化”“走廊文化”等“墙体文化”中，既有社会各界精英，又有本校师生活动的图片，学生看后既有崇拜感，也有亲切感，学生爱看、爱读，不但是学校的一道亮丽风景，更是一部廉政文化教育的“活教材”。

五、创新举措，务求实效，精心组织“五个一”活动

从去年开始，为了让廉政文化进校园活动更加具体、更加简便易行，我局提出了重点围绕“五个一”开展活动的要求：

一是将《廉政文化进校园初中读本》列入初中班会课的主要教学内容，中小学各班级每月开展一次以上廉洁教育主题班会。二是各班级每学期至少办一期以“遵纪守法、诚实守信、以廉为荣、以贪为耻”为主题的黑板报、墙报。三是每学期学校领导或校外有关人员给教职工上一堂廉政教育课，或组织教职工观看一部反腐倡廉影视片。四是每学期至少举办一次廉政教育专题活动，如：知识竞赛、朗诵比赛、演讲比赛、书画作品展、征文竞赛、手抄报比赛、讲故事比赛，文艺表演等。五是评选表彰一批“廉洁小卫士”“勤俭节约、拾金不昧、助人为乐”等先进个人。

通过精心组织“五个一”活动，我县各中小学根据各自实际，以学生喜闻乐见的形式为载体，切实将廉洁教育活动渗透到学校的每一个角落和工作的每一个细节，将各方面工作有机地融合在一起。

功夫不负有心人，如今的松桃校园呈现出这样一幅画面：廉政文化氛围变浓了，全体师生的廉洁意识明显增强，思想道德水平明显提升；校长勤政廉政，教师爱岗敬业、学生诚实守信；学校推行校务公开，实施民主决策，大额资金使用透明，保障广大师生的知情权、参与权、监督权；教育收费逐步规范，学校乱收费现象得到了有效遏制；学生们艰苦朴素、勤俭节约意识增强了，乱花钱的少了，拾金不昧、助人为乐等好人好事在校园中不断涌现;学生的组织纪律性明显好转,违规违纪现象明显减少……“路漫漫其修远兮”,要切实抓好廉政文化进校园活动的深入开展,是一项长期而艰苦的工作,我们将不断创新教育活动方式,让廉政之花在校园绽放。

2.在全省纪检监察信息工作会议上的交流发言材料

在全省纪检监察信息工作会议上的交流发言材料

(2017年8月18日)

松桃苗族自治县纪委监察局

各位领导,同志们:

近年来,在省、市纪委的正确领导下,我县作为全省纪检监察信息工作县级直报点,化压力为动力,信息工作不断进步,为上级领导机关掌握情况、科学决策和部署工作提供了基础依据。2012年以来,我县3次被评为全省纪检监察信息工作先进集体,其中2016年积分排名全省县级直报点第一。下面我将工作情况汇报如下。

一、主要做法

(一)“三个层面”抓重视。我县高度重视纪检监察信息工作,形成领导班子亲自抓、专职人员重点抓、纪检干部人人抓的工作格局。一是领导班子重视。县纪委常委会会议经常研究信息工作方面的问题,解决工作中存在的困难。特别是针对信息工作成绩下滑问题,县纪委常委会会议专题研究,找原因、想对策。县纪委主要领导率先垂范,对重要信息亲自协调、亲自把关。明确一名业务能力强的班子成员分管,具体督、具体抓。实行点题制度,委局班子成员每人每月拟订一个信息选题。二是信息员重视。明确了一名思想素质高、写作功底好的干部为信息员,确保工作有专人干。信息员端正工作态度,以信息工作为本职,坚持多请示、常汇报,时刻关注信息工作动态,及时、精准上报信息。三是全县纪检监察干部重视。凡是信息工作中涉及的需要相关室、派出纪工委(监察分局)和派驻纪检组配合的事项,相关人员第一时间全力配合,形成工作合力。

(二)“三个意识”抓质量。质量是信息工作的生命,我们把如何提升信息质量作为重点。一是树立争先意识。关注省、市纪委信息工作阶段性成绩通报,层层传递压力,形成不甘落后、勇于争先的工作氛围。采取到上级纪委跟班学习、老信息员帮带新信息员等多种形式,提高信息员业务能力。二是树立精品意识。选题立意突出“新”,信息收集突出“广”,案例分析突出“深”,大力挖掘特色信息,做到没有典型不上报、没有新意不上报、没有关注点不上报。三是树立“钻空子”意识。认真研读中央、省、市纪委印发的信息内容,结合本地工作中发现的问题,查找其他地方的信息选题盲区,确定亮点选题。

(三)“三套机制”抓保障。良好的机制,是信息工作的保障。一是完善审核机制。凡是上报的信息均由办公室主任初审,再呈分管领导审核,重要信息须经主要领导审核,层层负责,确保信息严肃性、真实性。二是完善考核机制。印发了《松桃苗族自治县纪委监察局工作规程》《松桃苗族自治县纪委监察局绩效目标管理考核办法》,将信息工作纳入绩效目标考核范围,增强信息员的责任意识,提高工作效率。对成绩突出的信息员,评选先进和提拔重用优先考虑。三是印发信息员列席重要会议制度。信息员列席县纪委常委会会议和县监察局局长办公会议，确保信息员及时了解和掌握全县纪检监察工作动态。

二、存在的主要问题

回顾过去，既有成绩，也有问题。虽然我县的纪检监察信息工作取得了一点成绩，但与上级纪委和领导的要求还有差距，与其他区县相比还有不足。问题主要体现在三个方面：一是工作站位不高，有时信息工作仅以完成上级纪委或委局领导安排的任务为目标，缺乏横向比较和纵深思考；二是统筹协调不力，有时因为专项监察、查办案件等工作任务急、压力大，信息工作出现短暂性"降温"现象，甚至有的信息报送不及时，错过了采用的最佳时机；三是信息质量有差距，大多数信息只局限于根据信息需求上报案例，在挖掘独特性、新颖性特别是深度剖析类、经验典型类信息方面比较乏力。

三、下步努力方向

在以后的工作中，我们将以这次会议为契机，认真学习借鉴其他市州和区县好的经验、做法，按照这次会议的要求，进一步强化认识、加大力度，在壮大信息员队伍上下功夫、在提升业务水平上下功夫、在亮点信息上下功夫、在深度信息上下功夫，努力开创我县信息工作新局面。

谢谢大家。

(二)市级典型经验

1.全市派驻机构统管工作先进经验交流材料

突出"三个强化"措施　实现"三个提升"目标
松桃凸显纪检监察派驻机构统管工作成效

(2013年1月)

松桃苗族自治县纪委监察局

在市纪委和县委的坚强领导下，松桃苗族自治县纪委监察局认真贯彻落实省、市关于进一步完善县级纪检监察派驻机构统一管理工作的精神和要求，突出重点，创新思路，采取"三个强化"有力措施，实现了"三个提升"目标，统管工作取得了很好的成效。

一、强化队伍建设，提升派驻队伍整体素质

坚持德才兼备、以德为先的用人标准，选好配强派驻机构纪检监察干部，不断提升工作能力和素质，确保派驻机构干部队伍拉之能出、出之能战、战之能胜。

(一)抓机构编制落实。积极与县组织、编制、人事部门协调，对列入统管范围的110个派驻机构的人员编制和领导职数进行重新核定，在保留原有派驻县直部门纪检组(纪委)、监察室基础上，新组建6个纪工委(监察分局)。县委印发文件，明确了县纪委监察局派出的纪工委(监察分局)的主要职责内设机构和人员编制，核定派出的6个纪工委(监察分局)的行政编制36名，每个纪工委(监察分局)行政编制6名，领导职数4人，其中每个纪工委(监察分局)正科级纪工委书记1名、正科级纪工委副书记(兼监察分局局长)1名、副科级副书记1名、副科级监察分局副局长1名。每个纪工委(监察分局)下设办公室，配工作人员2名。核定6个纪工委(监察分局)机关后勤服务人员事业编制6名，由县财政全额预算管理。在县纪委监察局增加行政编制3名，其中办公室副主任1名(副科级)，工作人员2名，负责对接纪工委(监察分局)日常工作。派驻机构领导职数和编制问题得到切实解决，理顺了统管工作的机制体制。

(二)抓干部选拔配备。为切实选好配强派驻纪检监察机构干部队伍，坚持严把“入口关”，择优选配派驻纪检监察干部，对纪工委(监察分局)干部的年龄、工作经验、学历等作了明确规定。新调入纪检监察系统的人员须为全日制本科学历，年龄在35岁以下，需具备2至3年基层工作经验。强化干部交流，纪工委(监察分局)和纪检组干部原则上在同一岗位工作满5年的，要有计划地进行交流；满8年以上的，安排跨系统交流。新成立的6个纪工委(监察分局)已到位18人，45岁以下占94.4%，平均年龄34岁，本科以上学历占83.3%。全县纪检监察队伍进一步壮大，纪检监察干部从原来的139人增加到现在的192人。

(三)抓能力素质提升。从四个方面加强派驻纪检监察干部的教育培养和能力培训。一是举办业务培训班。2012年8月中旬，县纪委监察局举办纪检监察干部业务培训班，120余人集中“充电”。培训内容包括党风室业务知识、执法监察、纪检监察信息写作与对外宣传、案件检查程序与方法、政府信息公开、纠风内容及程序等。二是采取“以案代训、以会代训”等形式提高派驻机构干部的业务水平。共举办案件检查培训2次，参与培训人数150余人次；举行案件业务知识测试2次，参与测试人数120余人次；参加市纪委培训3次，参与培训人数30余人次，培训涉及案件查办、党风廉政、纠风治乱、典型案件分析讨论等6个方面的内容；选派纪工委(监察分局)干部18人次，参加省、市纪委举办的业务培训，通过培训使派驻机构干部工作业务知识得到提升。三是采取跟班学习、实践锻炼等方式，让派驻机构纪检监察干部参与案件办理，学会办案的程序、方法和技巧。全县共组织54名派驻纪检监察干部和纪工委委员参与案件办理，先后抽选优秀年轻干部5名到县纪委跟班学习。通过实践锻炼，把理论与实践有机结合，促使派驻机构干部提升工作能力，尽快进入角色，逐渐成为行家里手。四是开展工作业务调研。组织各纪工委(监察分局)干部深入管理和联系乡镇、部门，与单位领导班子座谈，走访干部800余人次，了解党风廉政建设和反腐败工作开展情况，收集工作意见和建议，并交换意见，取得相关单位工作支持，理顺了工作关系。共收集意见9条，形成党风廉政建设和反腐败工作调研报告7篇。通过调研使派驻机构进一步找准工作定位，明确了工作思路。

(四)抓后勤保障到位。为确保纪工委(监察分局)正常运转，我县加强后勤保障，坚持做到“四有一严格”，既“有办公场所、有办公设备、有办公车辆、有办公经费”，严格规范财务运行管理。目前共投入经费100余万元，装修办公场所、购置办公设备，配备车辆2台。

二、强化规范管理，提升派驻队伍管理质量

(一)明确统管范围。将派驻县直部门和群团机关的纪检监察机构全部列为统管范围，48个县直部门和单位明确为管理对象，33个垂直管理单位和28个乡镇明确为联系对象。对于承担监督任务不重的团委、妇联、工商联、文联、科协、残联机关等20个单位，由单位班子成员中的一名党员担任纪工委委员，由县纪委实行统一管理，使统一管理的派驻机构由原来的57个增加到110个，增加部门单位53个，实现了乡镇、部门全覆盖。

(二)细化统管模式。将部门派驻机构原由县纪委监察局和驻在部门党组(党委)双重领导，改为现由直接受县纪委监察局直接领导，派驻机构向县纪委监察局请示报告工作。驻在部门纪检组长(纪委书记)、专职纪检员任驻在部门党组成员，专管纪检监察工作，不参与驻在部门业务分工。未派驻纪检监察机构的部门，由其所在部门党组或班子推荐一名党员领导班子成员任纪工委委员，报县纪委常委会审批。纪工委书记可列席县纪委常委会及有关会议，监察分局局长可列席县监察局局长办公会议。纪工委委员参加所驻部门(单位)召开的涉及重大问题决策、重要干部任免、重大项目安排和大额度资金使用等会议。

（三）强化制度建设。按照统一协调、归口办理的原则，对派驻机构的工作任务、日常工作联系、案件查办与管理工作等进行了规定，严格工作程序，规范日常行为。对派驻干部的考察任免、交流录用、教育培训、年度考核和奖惩以及政治生活待遇、后勤保障、党团关系、档案管理等方面，印发相关制度。印发了纪工委（监察分局）管理办法，明确了工作职责，建立健全财务管理制度、工作督察制度、学习会议制度、述职述廉述学和考核制度、工作保密制度等相关制度10项。要求纪工委突出加强对权力运行的重点环节和关键岗位的监督检查，每个纪工委对所管理和联系单位的专项督查每年不少于8次。对不履行或不正确履行职责而造成一定影响的纪工委工作人员，将视情节轻重，分别给予批评教育、诫勉谈话、通报批评、组织处理、党纪政纪处分。纪工委每半年召开一次座谈会，广泛征求意见和建议，开展民意问卷和民主评议。通过加强派驻机构管理、加强制度建设，为派驻机构规范运行奠定了基础。

三、强化监督检查，提升派驻队伍工作绩效

各派驻机构在县纪委监察局授予的职权范围内，按照有关规定，加强对所辖部门、单位的监督检查，积极行使监督权、检查权、调查权、建议权，取得了很好的工作成效。自2012年8月中旬运行以来，各纪工委（监察分局）认真执行相关制度，正确处理与县纪委监察局和负责部门的关系，迅速熟悉所负责和联系部门的基本情况和工作特点，扎实开展工作。一是以开展转作风、清积案、优环境、“三查三访三问责”活动为主要抓手，深入开展了监督检查，对存在上班纪律涣散、工程建设进度缓慢等现象的6家单位进行了通报批评，对2家单位的主要负责人进行谈话，对1家管理比较混乱的工程施工单位进行约谈。二是以机关效能建设为着力点，认真督导各部门重点工作和重点项目推进、治理干部职工违规操办酒席等方面工作情况。现场监督部门“三重一大”情况12次，提出建议9条，否定不符合规定的决定1项；对10起违规超办酒席苗头进行了打招呼制止，查处违规超办酒席1起，处理1人，查处违规金额40000元；受理群众来信来电来访18件，初步核实18件，转立案3件，办结3件，办结率100%；取缔黑网吧1家。参与全县中小学校长招聘和教育系统工勤人员招考全程监督，确保招聘招考公开公正。各纪工委（监察分局）先后开展各项明察暗访督查共88次，大大提高了各单位工作进度与质量，有力促进县委政府各项工作安排部署的贯彻落实，为全县经济社会发展提供了纪律保障和敢于担当、敢于落实的干事环境。

2.铜仁市廉政文化“六进”活动经验交流材料

丰富载体　全面开花
廉政文化“六进”活动扎实推进

（2014年7月24日）

松桃苗族自治县纪委监察局

近年来，我县以弘扬先进的廉政思想为主要内容，以开展廉政文化进机关、进农村、进校园、进家庭、进社区、进企业活动为主要抓手，积极探索健康向上的廉政文化建设新模式，有重点、全方位、多层次地开展创建活动，在全县营造了以廉为荣、以贪为耻的良好社会氛围，为推进党风廉政建设和反腐败斗争、实现全县经济社会跨越发展提供了强大的精神动力和思想保证。

一、强化领导，落实责任，廉政文化“六进”活动组织保障

将廉政文化“六进”工作纳入全县党风廉政建设工作规划，并作为县委对县直机关工委、县妇联、县总工会、县教育局、县民政局、县文体广电局等六个牵头单位工作的考核指标之一，促进廉政文化“六进”工作常抓不懈。结合实际，制定了《松桃苗族自治县廉政文化建设指导意见》。县、乡镇分别成立了由县、乡镇纪委书记任组长的廉政文化“六进”工作领导小组，对各成员单位进行职责分工，为廉政文化“六进”工作提供坚强的组织保障，形成了层层有压力、人人有责任、多部门齐抓共管的工作格局。建立健全联系协调、跟踪督查、情况通报等长效工作机制，加强日常监督检查，确保工作任务落实。

县委、县人民政府高度重视廉政文化“六进”工作，在经费投入方面给予倾斜，建立了以财政支持、企事业单位自筹、社会各方面赞助的廉政文化“六进”工作经费保障机制。县人民政府、各乡镇每年都拨出专项经费，用于开展廉政文化“六进”活动。

二、突出主题，丰富载体，廉政文化“六进”活动整体推进

围绕廉政主题，廉政文化活动丰富多彩。在廉政文化进机关方面，各级各部门广泛开展“六个一”活动，即读一套警示教育读本，观看一套警示教育系列专题片，写一篇读（观）后感，听一场廉政警示教育报告或讲座，参加一次廉政知识测试，旁听一次案件庭审。组织开展“学习党章·廉洁奉公”知识抢答赛，举办反腐倡廉曲艺大赛。要求各单位在醒目位置制作廉政格言警句、廉政书画等，营造氛围，县财政局、县工业贸易局等单位创建了廉政文化长廊。在廉政文化进社区方面，各社区均组建宣传队伍，对社区党员和居民开展形势教育、理想信念教育、民主法制教育、反腐倡廉教育等。通过市场化运作，在社区制作50余幅廉政公益广告。强化社区事务公开，拓宽监督途径和渠道。在廉政文化进农村方面，结合“美丽乡村”建设，全县499个村均制作了廉政文化墙。每个村成立了文化宣传队伍，自编自演一大批廉政文化节目，迓驾镇青山村还自筹资金修建了“百姓舞台”。文体广电部门以“文化下乡”活动为契机，将廉政文化节目送到农村。加强对村干部和农村党员的教育，全县村干部每年接受廉政教育覆盖率达100%。推行村务监督委员会制度，全县各村均成立了村务监督委员会。在廉政文化进校园方面，编发了《廉政文化进校园读本》（初中版），由老师组织学生学习讨论。突出“三个层面”：在学校班子成员和中层干部中开展以“廉洁治校、勤俭办学”为主题的教育活动，在教职员工中开展以“廉洁从教、服务学生”为主题的教育活动，在学生中开展以“敬廉崇洁、诚信守法”为主题的教育活动。精心组织“五个一”活动：中小学各班级每月开展一次以上廉洁教育主题班会，各班级每学期至少办一期以廉洁为主题的黑板报和墙报，各中小学每学期由学校领导或校外有关人员给教职工上一堂廉政教育课，各中小学每学期至少举办一次廉政主题比赛活，评选表彰一批“廉洁小卫士”。在廉政文化进家庭方面，着力搭建“学、看、写、谈”四个平台。学法纪，各单位通过知识讲座、发放宣传手册和作风建设学习手册等形式，组织党员干部家属学习党风党纪和法律法规知识。看基地，组织党员干部家属到县警示教育基地参观，观看警示教育片。写承诺，组织党员干部家属签写家庭助廉承诺书，承诺当好反腐倡廉的“宣传员”“战斗员”。谈体会，各单位利用“三八”、春节等节日，举办家庭助廉座谈会，邀请党员干部家属谈认识、谈体会。在廉政文化进企业方面，将廉政文化所蕴含的民主、诚信、守法、清廉等内容，渗透、充实到企业文化，提升企业文化品位。充分利用企业内的职工活动场所、广播、黑板报、宣传栏、短信等平台，宣传廉政文化，形成廉政文化与企业文化相互融合、相互促进的局面。

三、示范带动，提升内涵，廉政文化“六进”活动以文化人

大力创建廉政文化建设示范点，并充分发挥示范点的带动作用。除创建县人民法院和县民族寄宿制中学2个省级示范点外，2013年创建42个县级示范点，今年计划创建53个县级示范点。

注重提升廉政文化内涵，增强廉政文化影响力。在廉政文化进机关活动中，各单位开展以“珍惜工作岗位、珍惜工作权力、珍惜集体荣誉、珍惜个人前程、珍惜家庭幸福”为内容的“五珍惜”主题教育。在廉政文化进校园活动中，将廉政文化与学生德育工作相结合，把廉政教育与法制教育、学生行为习惯养成教育一起纳入学校德育工作体系。将廉政文化与师德师风建设相结合，在全县大力开展以“讲师德、学规范、正行风、树形象”为主题的师德师风教育活动。在廉政文化进家庭活动中，将廉政文化与家庭教育相结合，县妇联与教育部门形成合力，组织开展家庭教育巡回专题讲座，举办“讲文明、树新风，争做合格小公民”演讲比赛等活动，使广大家长和孩子在参与活动中受到正确的教育引导。在廉政文化进企业活动中，将廉政文化与职工素质教育相结合，通过举办专题教育、各种竞赛等形式，教育引导职工树立正确的人生观、价值观和荣辱观，营造廉洁的生产经营氛围。

通过大力开展廉政文化“六进”活动，廉政文化的熏陶、引导作用得到有效发挥，全县党员、干部职工和群众廉洁自律意识进一步增强，尊廉崇廉的社风、民风、校风、家风进一步形成。3年来，全县共举办廉政知识竞赛6次、干部职工廉政主题演讲5次、党员干部家属座谈会30余场次，举行各类廉政教育和警示教育600多场次，演出廉政文化节目500多个，各中小学举办学生廉政主题演讲70多次、廉政手抄报比赛50多次、廉政书画比赛20多次。

文化的作用和影响是广泛的、持久的。加强廉政文化建设，对促进党风廉政建设和反腐败斗争有着举足轻重的作用，这既是加大预防腐败工作力度的重要措施，也是解决党风廉政建设和反腐败斗争薄弱环节的重要途径。下一步，根据新形势、新任务、新要求，我县将继续加大工作力度，深入推进廉政文化建设。

3.在全市民生监督工作推进会上的交流发言材料

开展民生监督检查 持续推进民生监督工作常态化

（2015年7月9日）

松桃苗族自治县纪委监察局

尊敬的各位领导、同志们：

刚才，我们以专题片形式汇报了我县学生资助金专项监察基本情况。下面，我再从三个方面简要汇报《铜仁市民生领域整治铸廉三年行动实施意见》印发以来，特别是“思南会议”以来我县民生监督工作开展情况。

一、步步为营推进工作升级

“一文一会”明确告诉我们，民生监督工作已由“摸着石头过河”迈向“规范治本提质”阶段，必须解决好之前存在的突出问题，推进升级。

一是思想升级。我们通过认真学习“一文一会”精神，感到“三年行动”强调的坚持治标为主与推动治本相结合、上下联动与属地管理相结合、自查自纠与专项监察相结合、重点突破与整体推进相结合的“四结合”直指要害，必须严格遵循。经过充分研判分析，县纪委常委会及27个民生监督组进一步坚定了将民生监督作为强基之举来抓、作为大案要案来查、作为反腐战役来打的态度和决心。通过认真总结成败得失，上上下下形成了必须突出民生监督“姓纪”、必须突出专项监察的威慑力、必须突出从严问责、必须突出问题整改的共识。“一文一会”为我们推进民生监督向纵深发展注入新的思想动力。

二是体系升级。“思南会议”后，我们及时调整班子成员分工，明确监察局局长分管、一名副局长协管民生监督，班子成员分别联系4—5个民生监督组，“一把手”亲自抓专项监察，强化对民生监督的领导。5月中旬，我们将民生监督主管室力量从2人增加到4人，新增审理人员1名，增强民生案件审理力量。5月初，提请县人民政府研究建立了涉农部门民生资金管理联席会议制度，拴牢主管部门监管职责，实现了监管部门与主责部门统筹联动；5月底，县委、县人民政府研究决定从民心党建驻村干部中遴选委派496名素质高、敢碰硬的党员干部担任驻村民生监督员，壮大了民生监督队伍。部分乡镇还积极探索创新民生监督工作，在村级试点民生监督单元格管理，将监督触角延伸到组、户，全县民生监督工作体系不断升级完善。

三是行动升级。上马仓促、力量分散、工作粗放、监管混淆是推进工作升级必须解决的重大问题。“思南会议”后，我们把“早”字作为第一要诀，力求早收集资料、早了解实情、早把握底数，为工作一气呵成推进打下基础。我们把“细”字作为第一要求，排查问题细致、人员调度细致、责任追究细致、案件审理细致。我们把“勤”字作为第一常态，实行面上工作“周报告、月小结”，专项监察“日通报、日调度”，同时加强对面上民生项目资金使用管理情况的调研和整改情况的跟踪，从长计议抓实相关工作。

“三个升级”推进了民生监督日常运转更趋规范，工作更加高效。今年1月至6月，民生监督组共转立案90件，结案84件，党政纪处分90人，移送司法机关15人，追缴违规资金2078.5万元，立案、结案总量列全市第一，均量列全市第二。与去年底相比，转立案数、党政纪处分人数、移送司法机关人数、收缴违规金额数，分别增长了40.6%、200%、66.7%、169.3%。

二、蹄疾步稳推进专项监察

我们始终清醒地认识到，民生监督要打出声威，重在专项监察。在三个月来的学生资助金专项监察中，我们坚持按照办个案的理念、办大案的手法，蹄疾步稳、高举高打、强势推进，实现了专项监察出手必胜。

一是坚持统一发令。县纪委常委会牢牢把握专项监察工作主动权，关键环节、重大问题一支“话筒”发音、一条“鞭子”调度，统一“发号施令”，确保工作平稳平衡推进。不论是民生监督小分队收集基础数据摸底排查，还是集团军进驻监察查找问题查办案件，或是案件审查标准和尺码掌握，县纪委常委会都及时形成明确意见，确保专项监察同频共振、步调一致。比如，在专项监察初期，我们就要求各监督组全面出击，以查封账簿为主形成声势和震慑，可不必深入核查；在专项监察中期，为了保证成案率，要求各监督组将主要精力放在立案上，火力点放在“撕开账本”上，同时决定对相关人员的银行账户进行核查；在专项监察中后期，鉴于村级学校点多面广、时间紧、任务重，基于对相关情况的充分把握，决定以劝诫、抽查为主要方式实施监察，工作质量和进度都得到较好保证。

二是坚持统一发力。为了将监督力量用足用好，县纪委常委会高度重视有限力量的组合配套，坚持聚指成拳、统收统放，确保专项监察保持节奏，有力推进。无论是在专项监察试水期、还是在全面普查、案件突破关键阶段，县纪委常委会都坚持既认真琢磨事、又认真琢磨人，尽可能将工作任务倒排到天、将具体任务明确到人，确保任务清、责任明、发力准。在专项监察关键时期，提前排定3-5次县纪委常委会，方便各有关方面按照统一部署和工作时序全力推进工作。工作中细分班子成员任务，由班子成员包片负责、领衔督导。在专项监察攻坚阶段，民生监督组集中火力，雨加晴、白加黑连续作战，有的吃住在乡镇，半月之久不回家。在案件审查任务集中阶段，坚持由班子成员领办案件，并打破科室、监督组平常人员搭配，将办案力量均衡分配，让办案力量均匀释放，确保专项监察平衡推进。在专项监察关键时期，每日通报各监督组工作进展情况，及时约谈相关负责人。县委5个作风巡查组、纪委纪检监察干部监督室对专项监察进行全过程、全方位明察暗访，发现问题及时反馈、及时解决。

三是坚持统一罚则。在此次专项监察中,我们按照"不以权势大而破规,不以问题小而姑息,不以违者众而放任"的要求,对违纪违规人员分门别类确定处理"罚则",一律依纪依规进行责任追究。我们确定的"罚则"是:对侵占学生利益的教师免费陪餐行为,由各学校组织教师补交一定陪餐费用;对套取骗取资金设立"小金库"使用结余,一律予以收缴;对贪污营养午餐及寄宿生生活补助资金的,一律予以党政纪立案调查;相关经费使用中违反中央八项规定精神的,一律予以党政纪立案调查;对套取骗取财政资金用于弥补学校建设发展资金不足、适度改善教师待遇的,酌情进行责任追究,一般不予以党政纪立案调查;对教职工借款、公款私存等违纪违规情形,酌情进行责任追究,一般不予以党政纪立案调查;对涉嫌犯罪情节轻微的,尽可能不移送司法机关;对涉嫌犯罪移送司法机关处理的,尽可能协调司法机关依法依规从轻减轻处理。

按照"一个一定、三个一律、两个一般、两个尽可能"的问责标准,截至6月30日,教育资助金专项监察中共立案28件,占全市立案数的28.6%;结案23件,占全市的41.8%;处分27人,占全市的40.3%;移送司法机关3件3人,分别占全市的42.9%、33.3%;收缴违规违纪资金1878.1万元。自7月1日以来,又新增立案14件,结案4件,党政纪处分14人,目前尚有部分案件待立待结,相关责任人的责任追究正在进行中。在此次教育资助金专项监察中,我们既不搞法不责众,又突出治病救人,法纪效果、社会效果都得到较好保证,教育系统引发不小震撼和反思,广大干部职工受到深刻警示和教育,必将对我县教育事业健康发展产生重要影响。

三、寸步不让推进问题整改

民生监督的成果,最终要体现在整改成效上。为了保证民生监督成效,我们在案结事了的基础上,坚持思想不放松、工作不停歇,寸步不让盯实主责部门抓好整改。

一是通过倒逼"干条条落地"盯整改。针对民生监督特别是专项监察中发现的问题,我们坚持一次监督一次情况反馈、一次专项监察一套整改方案、一条监察建议一项整改措施,确保存在的问题一一得以整改。采取跟踪督促、通报进度、回访督查、约谈提醒等方式,推进一条条监察建议如数落地。近三个月来,先后开展回访督查3次,约谈提醒财政、教育、住建等部门负责人8次。相关主责部门点对点回应监察建议,一项一项落实整改措施。今年以来,针对民生监督发现的问题及监察建议,县人民政府及相关部门印发了财政专项扶贫资金管理办法、财政专项扶贫资金报账制管理实施细则、农村危房改造补助资金管理办法、农村危房改造资金管理使用责任追究办法,以及重大项目备案管理制度、新型农村合作医疗基金补偿方案等20多个规范性文件。县委采纳县纪委监察局建议,印发方案对在民生领域高风险岗位工作时间较长的干部进行清理轮岗,目前清理轮岗工作正在深入推进。

二是通过强推"大小事见光"盯整改。在民生监督中我们发现一些单位不把阳光政务当回事,有意无意暗箱操作或以假公开、选择性公开应付群众和组织。为此,我们积极向县委、县人民政府提出建议,要求责令相关部门务必整改。通过强推和督促指导,县民政部门及时启动阳光村务"白黑板"工程,共制作阳光村务"白黑板"2127块悬挂在大村大寨、公路沿线、人群密集场所,对惠民政策落实、村级财务事务等事项真公开、全公开,给干部清白,让群众明白;有关部门及各乡镇完善了县、乡、村便民利民服务中心(站、点)三级阳光政务平台,全面公开民生项目的分配、民生资金的管理、投诉和举报渠道等内容,让群众参与监督,促使权力阳光运行。相关部门还将民生项目、民生资金组织实施情况纳入领导干部廉政档案大数据管理平台、项目建设廉政档案、民生项目民生资金落实情况备案档案,对民生事务实施过程进行全程监管,推动惠农政策公平公正落到实处。

三是通过顺遂"旁观者气定"盯整改。在案件高发态势中,我们发现干部的廉洁意识还急需强化,便要求各级各部门顺势而为,加强用身边的事教育身边的人,提升廉政教育实效。今年来,全县各级各部门党委(党组)在履行党风廉政建设主体责任中,纷纷用身边案说纪说法,增强了干部廉洁意识。我们还与相关部门积极探索推进专题警示教育基地建设,顺势利用近年特别是近期在民生监督中查处的案例,在孟溪镇建立农村基层干部民生监督警示教育基地,在松桃民族中学建立教育系统警示教育基地,目前已组织2000余人到基地接受警示教育。编印《松桃苗族自治县民生领域典型案例》5000册,发放至乡镇和相关主责部门。坚持民生典型案例通报曝光制,密集印发《监督执纪问责情况通报》28期,并在松桃手机报、松桃网监督执纪问责曝光台进行公开曝光。坚持在宣布处分文件的同时,同步开展警示教育,近三月来已开展30余场次。按照统一要求和安排,民生监督组近期陆续在部分乡镇中心校开展警示教育,案件警示作用得到较好发挥。目前,从各方面掌握的情况看,通过查办案件形成的震慑及切实加强预防警示教育,广大干部职工遵规守纪意识明显增强。

各位领导、各位同仁,"思南会议"80天来的日日夜夜历历在目,虽然我们取得的成绩不足挂齿,但我们切身感受到了干部群众对民生监督工作的点赞和期盼。我们坚信,只要按照全市"三年行动"提出的"四个结合"把工作抓实,就完全能实现民生整治三年铸廉计划目标。下步,我们将认真贯彻落实本次会议精神特别是郭智敏书记的重要讲话精神,进一步强化协调调度,进一步发动群众参与,进一步盯紧问题整改,积极借鉴兄弟区县的好做法好经验,不断开创民生监督工作新局面。

4.在铜仁市深化国家监察体制改革试点工作推进会上的经验交流材料

超前谋划 照图施工
稳步推进深化国家监察体制改革试点工作

(2017年12月12日)

松桃苗族自治县纪委监察局

根据安排,现将松桃苗族自治县深化国家监察体制改革试点工作推进情况汇报如下,不当之处,请批评指正。

一、突出"三个到位"

一是改革精神领会到位。自全国、全省深化国家监察体制改革试点工作动员部署电视电话会议召开后,县委常委会和县纪委常委会及时进行传达学习,认真领会中央改革精神,确保思想上行动上与中央改革部署要求保持高度一致。同时,县委常委会和县纪委常委会分别组织专题学习中共中央办公厅《关于在全国各地推开国家监察体制改革试点方案》《全国人民代表大会常务委员会关于在全国各地推开国家监察体制改革试点工作的决定》和北京、浙江、山西试点工作经验总结,以及习近平总书记关于改革试点工作重要指示精神、赵乐际书记和孙志刚书记重要讲话精神。利用县纪委监察局微信公众号,设置改革试点工作学习专栏。

二是组织领导到位。成立松桃苗族自治县深化国家监察体制改革试点工作小组,由县委书记担任组长,县委副书记、县长等其他同志任副组长,相关单位负责同志为成员。试点工作小组办公室设在县纪委,并组建综合组、法规组、组织组、宣传组四个专项工作组,明确人员具体办公。工作小组成员分工明确,各负其责,全力合作。

三是县委主要领导"施工"到位。县委书记切实担负起"施工队长"职责,按照改革试点工作的时间表、路线图,始终把每个环节工作牢牢抓在手上。先后主持召开3次县委常委会会议,听取深化国家监察体制改革试点工作汇报，审议改革试点工作方案、县监察委员会领导班子人选建议方案等，并与县人大常委会商定2018年1月10日至13日召开县人民代表大会，将选举产生县监委主任。主持召开县委常委会会议研究县监察局非党班子成员拟提拔使用问题，目前正在按程序办理。

二、突出“三个提前”

一是提前安排办公场所。为了实现纪委监委集中办公，县委、县人民政府主要领导亲自协调，县人民政府于10月底对办公场所进行了统一安排，将与县纪委监察局现有办公场所相连的行政中心七楼、八楼办公区，作为纪委监委集中办公场所，新增办公室19间、会议室一间，新增面积近500平方米。

二是提前划拨改革专项经费。县人民政府于10月底划拨120万元到县纪委专户，作为深化国家监察体制改革试点工作设施购置、业务培训等专项经费。目前，相关办公设备已购置到位。

三是提前开展业务培训。为了适应监察体制改革后的纪委监委工作，提升纪检监察干部的业务水平，县纪委常委会决定在12月举办三期业务能力提升班，将全县纪检监察干部分三批次派往浙江大学、厦门大学、清华大学培训，同时拟订转隶人员的党规党纪培训计划。目前在浙江大学举办的第一期培训正在进行中，培训期间派出参加培训的干部到杭州市拱墅区纪委学习改革试点工作经验。

三、突出“三个摸清”

一是摸清机构职数和人员编制。主动对接县人民检察院和县编办，掌握县人民检察院反贪、反渎、预防等涉改部门的机构职数和人员编制，为机构和人员转隶摸清底数。县人民检察院涉改部门共5个机构职数，人员编制13名，其中正科级3名、副科级4名、股级2名。

二是摸清检察机关拟转隶人员思想动态。11月20日县纪委、县人民检察院共同在县人民检察院召开思想动员会，统一思想认识，消除顾虑。对县人民检察院相关人员进行书面征求意见和面谈。经研究，目前同意7人转隶。截至12月12日，已对拟转隶的7人开展2轮谈心谈话，开展1轮家访，摸清思想动态。通过家访，了解到个别拟转隶人员不符合转隶条件的情况。对拟转隶人员采取个人意愿与组织意图相结合的办法，并对征求意见、谈心谈话和家访实行全程留痕。

三是摸清拟转隶人员档案信息。严格把好政治关，县纪委与县委组织部对拟转隶人员档案进行逐一仔细审核，重点审核拟转隶人员的“三龄、两历、一身份”和违纪违规等情况，对档案中存在的问题进行梳理、汇总，对拟转隶人员进行廉洁自律审查，为正式转隶打下坚实基础。

我县深化国家监察体制改革试点工作虽然取得了一定成效，但工作中也还存在宣传力度不够等问题。下一步，我们将以这次会议为契机，学习兄弟区县的好经验、好做法，严格对标对表，有序推进，切实把改革试点工作不折不扣落到实处。

五、亮点工作

（一）县纪委监察局党支部在2008年全县机关党建工作会上的交流发言

根据会议安排，现我将县纪委监察局机关党支部创建工作情况作简要汇报。

县纪委监察局机关党支部成立于1984年，现有中共正式党员25名，入党积极分子1名。近年来，县纪委监察局党支部在县直属机关工委的领导下，始终坚持“围绕本职抓党建、抓好党建促本职”的工作思路，以创建“五个好”党支部为目标，以打造“学习型、服务型、效能型、廉洁型、和谐型”五型机关为载体，以“班子过硬、队伍得力、载体丰富”为要求，既注重抓党建工作成功经验的传承，又注重抓党建工作方法的创新，通过支部全体党员的团结协作，委局机关现已形成了围绕本职抓党建、抓好党建促本职的良好局面。我们的基本做法是：

创新形式抓学习，提高党员干部综合素质

近年来，县纪委监察局机关党支部在开展保持党员先进性教育活动取得成功经验和巩固机关干部作风建设取得较好成效的基础上，创新形式，始终做到把抓党员干部的政治理论和业务知识学习，筑牢党员干部思想防线，提高党员干部的综合素质及业务能力作为一项基础性工作来抓。一是建立健全党员学习制度。规定每周五上午为机关“学习日”，认真组织机关党员学习党的方针政策和业务技能，“学习日”制度明确规定了学习内容、学习课时、学习质量；二是创新形式，积极开展助学活动。2007年，县纪委监察局党支部结合工作实际，有针对性地开展了“人人授课”活动，由每个党员轮流讲一堂课，把自己的业务知识在会上进行讲解，让其他党员同志从中了解，多掌握一门业务。三是通过“换位”的方式，开展“人人都是支部书记”“人人关心支部工作”活动。在机关支部的每一次会议上，让机关每名党员都以支部书记的身份，就如何抓好机关党建工作进行分析讲解。通过开展学习活动来营造良好的学习氛围，使支部党员综合素质得到了明显提高。

树立典型抓示范，推动支部创建活动深入开展

县纪委监察局党支部在创建“五个好”支部工作中，一方面以打造“学习型、服务型、效能型、廉洁型、和谐型”五型机关为抓手，另一方面以“班子过硬、队伍得力、载体丰富”为要求，不断创新工作思路和方法，使支部创建工作在寓教于乐中得到有效开展，从而增强了支部班子和支部党员的凝聚力。一是充分发挥老党员模范作用，做好“传帮带”。支部许多老党员在纪检监察战线上工作多年，具有坚强的党性，虽退居二线，仍退职不褪色、离岗不离责。2001年从领导岗位上退下来的袁钢同志，职位发生了变动，但思想信念没有发生改变。7年来除了尽职尽责完成本职工作外，还承担了县委安排交办的“三个代表”学习、保持共产党员先进性教育、机关干部作风教育整顿督查及县直机关二级班子换届考察等中心工作；退休13年，已73岁高龄的老党员、县纪委原副书记祝经元同志，近四年来，与袁钢、唐明亮一道完成《松桃苗族自治县志·松桃纪检监察志》的编撰工作。党支部充分依靠这些老党员的“传帮带”，使年轻党员进一步树立了立足本职、无私奉献的思想，为委局全面工作的顺利开展打下了扎实基础。二是积极建立党内关怀机制。支部以建设和谐大家庭为目标，每逢重大节日，委局领导和党支部都要亲自走访慰问老党员，给他们送去党组织的温暖；针对年轻党员在工作、生活中碰到的困难与问题，请经验丰富、阅历广泛的老同志加以帮助和指导，使其及时得到解决，在支部内部建立了团结和谐、互帮互助的良好机制。

以人为本抓活动，增强支部凝聚力

支部着眼于加强党员的先进性，经常开展以人为本的各类活动来凝聚人心，稳定队伍。一是开展“温暖工程”活动。从生活上去关心和帮助党员干部，支部做到党员干部生病住院“探视到家”，天灾人祸“关怀到家”，凡是涉及党员干部的切身利益和实际困难的事情，再小也要竭尽全力去办。通过“温暖工程”活动的开展，党员干部的工作作风更扎实，精神面貌更加振作，工作干劲更足。二是开展“走出去学习”活动。支部每年都组织部分党员干部外出到周边的县市纪检监察部门进行学习交流、举行篮球友谊赛等活动，通过交流来增强团队协作精神。三是与党性教育相结合，开展重温入党誓词、上一堂“党员先进性”党课活动，加深广大党员对党的感情。四是与党风教育相结合，组织党员观看廉政教育片活动，提高党员干部的廉洁自律意识。五是积极参与县委、县直属机关工委组织的各种活动。通过各种活动来达到加强支部党员的感情沟通和思想交流的目的。

强化组织抓建设,发挥支部战斗堡垒作用

近年来,我们按照“围绕本职抓党建、抓好党建促本职”的工作思路,以建设“五好”党支部为目标,充分发挥支部的战斗堡垒作用,促进委局支部组织建设工作上水平。一是建好活动阵地。2007年以来,纪委监察局支部班子克服资金不足的困难,高度统一思想,投入2万元资金用于规范支部活动场所建设,为加强委局支部建设提供了有力保障。委局支部局面有了很大改观。二是加强教育管理。2008年,我们以创建党的基层组织建设年活动为契机,提出了“一个党员一面旗帜”的行动口号,重点对党员进行了思想政治教育和党建工作业务知识培训,使党员坚定了信念,丰富了工作经验,综合素质得到明显提高。三是完善工作机制。建立了支部书记为第一责任人亲自抓,支部其他成员直接抓,全体党员具体抓的工作机制,使机关上下形成了主动抓党组织建设的良好氛围。同时,我们在2007年的基础上修订和完善了《纪委监察局机关干部职工绩效考核办法》,要求每一名党员与支部签订责任书,进一步完善了党务目标考核责任机制。

通过努力,纪委监察局支部建设工作取得了一定的成绩,在继2005至2006年度获得先进基层党组织、2007年党的基层组织建设性工程五好基层党支部,地级创建“五个好”支部工作示范点等表彰后,还有17名党员被省、地、县评为优秀共产党员和先进工作者。下一步,我们将严格按照县委、县人民政府和县直属机关工委的要求,进一步夯实基础,狠抓落实,争创特色,确保机关支部建设取得更大的成效。

(二)开辟网络“民情通道” 畅通群众诉求渠道

松桃苗族自治县在网站开通“民情通道”,进一步拓宽和畅通群众诉求渠道。对“民情通道”中群众反映的问题,办理部门如果5个工作日没有介入办理,县纪委启动问责程序。2012年,网民在“民情通道”反映民生问题425件,办结率100%。其中向“书记信箱”反映问题151件,县委书记批阅率100%。促进一方和谐,赢得干部群众的好评。

一是畅通诉求渠道。2011年12月初,该县在松桃网开通“民情通道”,群众反映问题可以不跑相关部门而直接在“民情通道”反映。同时开通“书记信箱”,对于一些重大问题,群众直接向“书记信箱”写信,县委书记对群众反映的问题进行审阅后,将问题“晒”在“民情通道”。

二是创新工作机制。该县制定了“民情通道”问题办理制度,对“民情通道”中群众反映的问题,网站工作人员第一时间通知相关办理部门,并在网上初次回复网民。办理部门接到通知后3个工作日必须介入办理,并对网民进行二次回复,否则该问题将自动转入曝光台。对转入曝光台的问题,县纪委及时进行督办。印发《松桃苗族自治县网络舆情联席会议处置制度》,县纪委、县委宣传部、县公安局、松桃网站等联席会议成员单位定期召开舆情信息研判评析会议,密切关注网络舆情。要求各单位主要领导把“民情通道”栏目设置为网页的首页或收藏夹,坚持每天浏览。

三是强化跟踪督查。对转入曝光台的问题,县纪委对办理部门印发督办通知书,要求办理部门将办理结果在网上进行回复。如果办理部门5个工作日没有介入办理,县纪委启动问责程序。2012年,县纪委对网络“民情通道”问题跟踪督查170(件)次,督促整改165件(次),印发督办通知书49份,问责27人,整改率100%。

2012年12月26日,一网民在“书记信箱”反映:松桃大众驾校孟溪镇分校孙教练和代教练,强制要求学员交纳所谓的班费每人300元,若是不交者,学车无门、练车无望。当天,市政协副主席、县委书记冉晓东作出批示,要求相关部门立即调查核实。网站工作人员及时通知县物价局、运管所。经调查,网民反映的问题属实。12月29日,县物价局、运管所作出处理决定并回复网民:对大众驾校孙姓、戴姓两名教练分别罚款5000元并留职查看,督促孙姓、戴姓两名教练当面向学员赔礼道歉,取消大众驾校在孟溪镇、大路乡的培训点。

2012年,网民在“民情通道”反映民生问题425件,办结率100%。其中向“书记信箱”反映问题151件,县委书记批阅率100%。在群众反映的问题中,涉及基础设施建设、干部作风、违规收费、环境污染等方面居多。

(三)推行干部作风量化分类管理见成效

2016年,制定并实施《松桃苗族自治县干部作风量化分类管理办法》,成效明显,推进干部作风建设制度化、常态化。

(一)基本做法

一是明确量化分类标准。对全县干部作风情况进行量化评分,按Ⅰ、Ⅱ、Ⅲ类实施分类管理。干部作风量化评分实行扣分制,基础分为100分。量化评分在90分以下(含90分)为Ⅰ类管理对象,91分至99分为Ⅱ类管理对象,100分为Ⅲ类管理对象。扣分标准按照违纪违规情形分别为2分、6分、10分。

二是明确操作程序。各乡镇、部门根据评分情况,履行必要的告知、通报程序后,确定干部作风分类管理类别。干部职工被立案调查、处分或问责的,由作出处理决定的单位,根据其违纪违规情节一并确定作风量化分类管理评分定类事项。干部作风量化分类管理以三个月作为一个管理单元,一个管理单元到期后,所属单位对管理对象作风情况作出鉴定结论,启动实施新一轮分类管理。

三是明确整改方式及结果运用办法。被列为Ⅰ类、Ⅱ类管理对象的,所属单位采取谈心谈话、书面提醒、专题教育、公开检讨、待岗学习、停职反省、调整岗位等方式,对其进行教育管理并跟踪督促整改,当年不得评先评优,并按相关规定扣减个人绩效奖。县纪委监察局不定期对全县干部作风进行明察暗访,重点对科级干部及Ⅰ、Ⅱ类管理对象实施跟踪问效。

(二)工作成效

一是干部遵章守纪理念进一步提升。对干部作风实行量化分类管理后,干部职工进一步增强了遵规守纪意识和相互监督意识,会议制度、请假制度、出勤制度、上班纪律制度以及作风建设相关规定等得到很好执行,干部作风得到明显转变,营造了干净干事、风清气正、争先创优的干事环境。

二是干部责任意识进一步增强。把工作效能低列入干部作风扣分条件,干部好管了,干部责任意识大大增强,工作主动性明显提高,“门难进、脸难看、面难见、事难办”等问题得到了有效解决。很多单位反映,以前安排工作后,有的干部要多次催促才能完成,现在不要催也能按时完成,而且工作完成质量比以前好多了。

三是监督执纪问责力度进一步加大。截至12月,全县共有160名干部职工被列入重管对象,其中Ⅰ类管理对象33人、Ⅱ类管理对象127人,4人从重管升级到党政纪处分。围绕监督执纪“四种形态”,约谈重管对象136人。

(三)几点启示

实行量化分类管理,解决了基层干部作风建设老大难的“四缺”问题。

一是解决“缺抓手”的问题。以前一些乡镇和部门抓作风建设没有明确的抓手,就“如何抓”“如何改”没有具体的监管措施和整改措施,即使想抓也是有力使不上。

二是解决“缺长效机制”的问题。以前一些乡镇和部门除了按照上级作风建设相关规定对干部职工行为进行约束，在系统的监管手段和措施上不能围绕“常”“长”做文章，不能实现作风建设常态化。

三是解决“缺标准和尺度”的问题。以前各乡镇、各部门抓作风建设自主性强，在问责和整改上无章可循，没有统一的标准和尺度。

四是解决“缺重点”的问题。以前一些乡镇、部门对领导干部和一般干部、“问题干部”和“无问题干部”实行“一把抓”“一锅煮”，没有抓住作风建设的重点对象。

（四）实施“百案大整改”做深“后半篇文章”

2019年，县纪委县监委按照省、“一案一整改”工作要求，结合本县实际，创新工作方式，实施“百案大整改”，做细做实做深查办案件“后半篇文章”，一体推进“不敢腐、不能腐、不想腐”，取得良好的政治效果、纪法效果、社会效果。

一是明确目标任务。按照省、“一案一整改”工作要求，年初县纪委常委会研究决定，在全县实施“百案大整改”，选取100个以上典型案例，开展“一案一整改”工作。通过典型案例整改，深挖问题根源，研究案发规律，注重标本兼治，推动形成权力结构配置科学、权力运行规范透明的良性局面，在强化不敢腐的基础上，努力构建不能腐、不想腐的有效机制。按照“谁主管、谁负责”原则，整改工作由县纪委县监委纪统筹，案发乡镇（街道）和部门落实整改主体责任。

二是精选典型案例。从2019年查处的案件中，分类遴选，主要选取严重违纪违法，民生领域优亲厚友、吃拿卡要、虚报冒领、侵占挪用、漠视侵害群众利益，扶贫领域不作为慢作为假作为、形式主义官僚主义、作风漂浮等问题，突出针对性、代表性、典型性。针对该县近年来农村基层干部违纪违法行为比较突出的现状，将民生领域典型案例作为“一案一整改”重点。特别是对采取留置措施的案件，必须开展“一案一整改”。

三是注重整改实效。根据“一案一整改”工作要求，按照规定动作不走样、自选动作有特色的方式，案发单位通过“三会两书两公开”开展“一案一整改”工作，发挥反面教材的教育作用，举一反三，进一步完善监管机制，堵塞监管漏洞。明确工作纪律，严禁整改工作中搞形式主义。2019年该县共对133个典型案例开展“一案一整改”，召开党支部会议和干部会议126场、专题民主生活会和专题组织生活会25场、警示教育会125场，发放个人忏悔书或检讨书129份，公开处分决定书123份，在党内或单位公开案情129次，向社会公开案例70个，组织旁听职务犯罪案件庭审4场，发出纪律检查（监察）建议书30份，相关部门完善工作制度8个。通过警示教育，30名党员、干部到纪委监委主动交代违纪违法问题，上缴违纪违法资金83万余元。

（五）蓼皋街道纪工委“334”工作法　破解村级民生监督难题

第一，推行“三张清单”。即月工作清单、日常监督清单、项目跟踪清单。为切实推行好月工作清单的落实，街道办事处在财政分局成立村级财务代管中心，具体负责村级财务的收支管理。同时，印发《关于进一步规范财务管理的通知》，由街道财政分局对各社区的做账进行业务指导，对社区账务进行规范，明确村级财务报销权限、报销流程，落实经办人、签字报销人。工作清单内容设置学习情况、参加党支部、居委会会议情况、审核财务情况、向社区“两委”反映社情民意情况、协助“两委”宣传教育引导村民情况、协助“两委”调解矛盾纠纷情况等栏目;日常监督清单涉及民生项目民生资金评议及处理情况;项目跟踪清单涉及脱贫攻坚水、电、路、讯、房等项目的进度、质量的再监督。

第二,实行“三级联动”。街道纪工委采取民生监督组+街道纪工委+社区监委会“三级联动”模式开展扶贫领域监督执纪问责工作,拓展延伸监督覆盖面。一是整合监督力量。制定印发《蓼皋街道扶贫领域工作“八不准”》,整合蓼皋民生监督组、街道纪工委、社区监委会工作力量,设1个专项走访组、1个核查组和1个联动组,明确联动组工作职责,采取“传帮带”措施,民生监督组成员带片区小组长、副组长,片区小组长、副组长带组员走访核查,社区监委主任熟悉工作流程和工作方法后,再进行小组集体走访,通过建立“三级联动”走访机制,构建纵向到底、横向到边、上下联动、形成合力的工作格局。二是紧盯民生重点。民生领域是群众最关心、也是最直接的地方,民生问题也是热点难点问题,我们明确重点工作任务,紧盯重点领域,对脱贫攻坚政策落实情况随机抽查、扶贫领域监督执纪问责“五项机制”等落实情况开展专项监督检查,深挖问题线索,确保精准发现和督促整改扶贫领域突出问题。三是解决监督难题。制定印发《蓼皋街道联动推进扶贫领域监督执纪问责工作方案》,由民生监督组成员带队,抽调监委主任8人组建4个工作组,对街道5个重点贫困社区全覆盖开展扶贫领域监督执纪问责核查,发现和督促问题整改。

第三,建立“四个机制”。一是建立责任机制,压实党支部责任。制定《蓼皋街道社区党(总)支部党风廉政建设责任制考核办法》,通过推行社区党(总)支部党风廉政建设责任制考核落实情况的检查,打通基层党组织建设最后“一公里”。同时,街道拨经费20万元,对没有远程教育的社区开通网络,购买电视等设备,补齐群众收看难短板,及时提供社区收看信息,使广大党员、干部通过“大讲堂”知识的学习,增强纪律和法律意识。每年年底由班子成员带队、对社区党组织履职情况进行考核,对不支持村监委工作的党支部书记实行党风廉政建设“一票否决”,从而明确和落实了党支部主体责任、监委监督责任。二是建立工作机制。制定了《关于成立蓼皋街道片区居务联合监督组和专项监察组的通知》,将29个社区划分为6个联合监督片区,每个片区由4至6人,片区设组长、副组长各1人,明确工作职责十大内容,提出工作要求,同时设立民生专项监察组,每组由4人组成,组长由民生监督组成员担任、抽有一定文化素养、讲政治、讲原则、敢担当的监委会主任构成,明确四项工作职责和工作要求。三是建立管理机制。制定了《蓼皋街道居务监督委员会主任考核管理办法》,明确在蓼皋辖区内进村入户核查或督查时必须佩带工作牌,以片区为单位,核查走访组两人以上参与,对所在社区的项目参与事前、事中、事后监督,监督好民生资金、项目的落实。四是建立督导机制。制定《蓼皋街道民生领域督导工作方案》,纪工委拟订方案,组织监委会人员培训,实施专项监察,对项目事前、事中、事后开展督导。通过核查大病救助、农村经济体走访、种植养殖等项目,发现问题10个,整改7个,立案3件,督促民生政策落地生根,坚持用制度管人管事,管出成效。

(六)大坪场镇纪委“三强三严”确保全市“走读式”谈话分类试点出成效

2019年7月,铜仁市纪委市监委牵头组织实施“走读式”谈话分类试点工作。大坪场镇纪委被列入全市“走读式”谈话分类试点,负责组织实施该项工作,并在探索“走读式”谈话分类试点工作中,总结出“三强三严”的工作体会。

强化组织领导。成立审查调查安全工作领导小组,构建党委书记亲自抓、纪委书记具体抓、专职副书记主动抓,形成上下联动、无缝衔接、人人负责的安全责任体系。

强化硬件环境。一是完善设施。为谈话室配齐了灭火器、应急灯等消防设备,添置了移动硬盘,在谈话室外新安装了监控系统,实现对谈话场所全方位、无死角监控。二是保障服务。明确专人管理谈话场所，规范使用谈话室，与医院建立了办案期间医疗“绿色通道”，确保谈话中的全程服务。开展急救知识培训、突发事件应急演练、消防演练各1次。

强化制度审批。一是建章立制。制定了《谈话点使用管理规定》等一系列配套制度。二是规范审批。规范审查调查审批手续及程序，党委使用谈话室由乡镇主要领导审批，纪委使用谈话室由县纪委分管领导审批。

严格谈话要求。谈话前，认真了解被谈话对象身体状况、性格特点、家庭关系、工作表现、为人处事等。进谈话室前，将被谈话对象身上的手机、钥匙、打火机、皮带等物品，存放在指定位置并作登记。谈话期间，全程录音录像，使用专用安全笔，并对被谈话对象进行心理疏导。谈话结束，由陪护人员将被谈话对象接出谈话室，做到手递手交接。出谈话室后，将被谈话对象存放在指定位置的物品退还其本人并签字确认。

严格资料归档。一是及时把视频数据资料拷贝至谈话室专用硬盘，分年度分月份按被谈话对象名字命名保存。二是谈话室使用结束后，再次检查审批表填写是否漏项，审批表存放是否按时间先后顺序，登记表台账是否及时报送县纪委。三是审查调查使用谈话室的审批表资料分开存放，年底再分别装订成册统一归档。四是统一装订上级纪委监委、镇党委印发的各类文件，包括各类管理办法、实施方案、安全责任状、安全隐患排查情况报告等。五是将安全隐患排查、录音录像检查、消防巡察记录、医疗急救演练记录等台账分别装订成册存档。

严格监督检查。党委、民生监督组负责人对谈话室进行定期检查，排查“走读式”谈话审批、交接存在的问题。全年共开展综合安全检查3次，专项安全检查4次。纪委负责人在每次使用谈话室前都开展安全检查，做到未雨绸缪，超前防范。

（七）县纪委县监委机关党委在2020年全县基层党建工作会上经验交流发言

根据会议安排，现将县纪委县监委机关党委2020年抓基层党建工作报告如下。

2020年以来，在县委和县纪委常委会的正确领导下，县纪委县监委机关党委以习近平新时代中国特色社会主义思想为指导，深入学习贯彻中共十九大和十九届二中、三中、四中、五中全会精神，以彰显组织政治功能建设为主线，以争创“模范政治机关”为目标，突出全面从严治党主题，通过强化组织建设、制度建设、队伍建设、阵地建设，持续巩固“不忘初心、牢记使命”主题教育成果，纪检监察机关的政治、思想、组织、作风、制度和反腐倡廉建设得到全面提升。

基本情况及主要做法

一是深入推进党的政治建设。坚持把政治理论学习作为提高党员干部素质的重要抓手。一是注重政治理论学习。坚持把理论学习与担负的职责任务紧密结合起来，用先进理论武装头脑、指导实践、推动工作。持续组织党员干部学习了《中国共产党章程》《中国共产党廉洁自律准则》《关于新形势下党内政治生活的若干准则》《中国共产党纪律检查机关监督执纪工作规则》《中国共产党党内监督条例》《纪检监察机关处理检举控告工作规则》以及《中华人民共和国宪法》《中华人民共和国监察法》《中华人民共和国民法典》《中华人民共和国政务处分法》等党纪法规，以及中共十九大、十九届二中、三中、四中、五中全会、习近平总书记在中央和国家机关党的建设工作座谈会上的重要讲话精神，省、市、县机关党建工作会议等有关精神。二是注重学习形式创新。采取举办学习培训班、邀请专家学者授课辅导、开展集中讨论交流和个人自学等形式，制定具体方案，确保人员、时间、内容、效果“四落实”。三是注重学用结合。注重理论联系实际,坚持学有所思、学有所得、学用结合,积极引导机关党员把学习当作一种习惯、一种追求,营造主动学习、勤于学习的浓厚氛围。

二是创新开展"党建带队建"活动。在县纪委常委会指导下,机关党委印发《松桃苗族自治县纪委县监委机关党委关于开展"党建带队建"工作实施方案》,以支部为单位,在各支部开展严肃组织生活、规范党员发展、强化党员教育管理、突出党内关怀等7条具体措施,有效提升机关党的建设工作质量。

三是扎实开展党务干部培训。以"选送和自办相结合"形式扎实开展机关党务干部培训,通过自办形式开展机关党务干部培训22人次,通过选送到县直属机关工委参加培训班6人次,对全县新进入纪检监察系统干部开展党务培训110余人次,以常态化培训推动党务工作不断提升。

四是规范抓好发展党员工作。县纪委县监委机关各党支部强化对非党员干部和新进干部的教育,不断引导青年优秀分子向党组织靠拢,各党支部共收到入党申请书7份,接收入党积极分子20名,列为发展对象4名,接收预备党员2名。各阶段党员发展工作均根据相关规定有序进行。

五是落实党的组织生活制度。机关党委下设5个党支部10个党小组,今年各党支部共召开支委会63次;党小组会130次;党员大会48次;支部上党课25次,开展主题党员活动日60次,召开组织生活会5次,开展民主评议党员5次。各项党组织生活制度得到规范有效落实。

六是多形式开展党员教育活动。7月1日,机关党委组织开展了"守初心·担使命·显本色"系列活动,委机关党员干部向盘信烈士陵园敬献花篮并重温入党誓词,深入开展"远学雷锋、近学杨荣"活动,在盘信三个村进行慰问并同步开展"杨荣式"好干部大走访。组织全县纪检监察干部集中聆听援鄂抗疫事迹报告会。县委常委、县纪委书记、县监委主任胡定钦同志为全县纪检监察干部上了题为"强化政治机关意识,走好第一方阵"的专题党课。12月11日,县纪委县监委100余名党员干部赴铜仁市党风廉政警示教育基地,以参观教育增强党性意识,提高党性修养,绷紧纪律之弦,筑牢思想防线,做忠诚干净担当的纪检人。

七是认真开展党建课题调研。2020年7月,机关党委领衔开展了关于基层党组织党风廉政建设的课题调研,对我县民生监督队伍建设及基层党组织党风廉政建设的现状、开展该项工作的意义等进行了阐述。11月28日,本次调研报告被铜仁市直属机关工委评为"优秀奖"。

存在的问题及主要原因

一是党务工作力量较薄弱。机关党委工作力量薄弱,当前党建工作任务重,仅凭现有力量难以很好地完成各项工作。

二是抓党建工作方法单一。部分支委成员思想观念没有全面转变,习惯用传统的思维方式、工作方法应对新情况新问题,创新开展机关党建工作的方法欠缺。

三是党员作用发挥不明显。部分党支部特别是支委班子抓党建工作缺乏思考,导致少数党员参与党组织活动热情不高,先锋模范作用不明显问题。

努力方向及下步打算

一是加强思想政治建设,提高党员的思想素质。转化运用好党员干部政治教育成果,教育引导党员干部不断加强党性修养,严守政治纪律,不断积极进取,确保党员干部思想上纯洁和进步。

二是加强党的组织建设,不断提高党的战斗力。进一步建立健全组织机构,强化支部班子建设,做好党员的发展和教育工作,加强对入党积极分子和党员的培养、教育、管理、监督和服务。在各项工作中充分发挥党支部的战斗堡垒作用和党员先锋模范作用。

三是加强党员队伍建设,实施先锋引领行动。抓好队伍建设,抓好人才培养,提高党员干部队伍素质。在提高服务中心工作能力、协调处理复杂问题能力和开拓创新能力上下功夫,不断创新工作方式方法,营造团结向上、奋发有为的工作氛围。

四是加强党风廉政建设,筑牢拒腐防变的防线。强化对党员领导干部的监督,加强关键环节和重要部位的管控,有效预防腐败现象发生,促进机关党风廉政建设,树立我委机关清正廉洁、务实高效的“铁军”形象。

六、各章节编纂人员名单

封面设计人、图片编辑人:田茂桥;责任人:刘卫东;审核人:秦榜江。

凡例 撰稿人:戴其晓;责任人:田儒礼;审稿人:秦榜江。

概述 撰稿人:戴其晓;责任人:刘卫东;审稿人:秦榜江。

大事记 撰稿人:麻腾凤;责任人:李霞,审稿人:秦榜江。

第一章 共11节,其中,第一节、第二节、第三节、第四节、第五节及第七节、第八节、第九节、第十节撰稿人:麻栩粹,责任人:杨昱昕,审稿人:周胜华;第六节、第十一节撰稿人:石雄;责任人:田儒礼;审稿人:周胜华。

第二章 共4节,撰稿人:石雄,责任人:刘卫东;审稿人:秦榜江。

第三章 共4节,撰稿人:石雄,责任人:田儒礼;审稿人:秦榜江。

第四章 共5节,其中,第一节、第二节、第三节、第五节撰稿人:麻栩粹,其中图表制作人:杨宇杰,责任人:杨昱昕,审稿人:周胜华;第四节撰稿人:吴再俊、廖蓉,责任人:吴再俊,审稿人:刘建英。

第五章 共10节,其中,第一节、第二节、第三节、第五节、第六节、第七节、第八节、第十节撰稿人:石凯、吴海萍、龙霞,责任人:李慧娟,审稿人:周胜华;第四节撰稿人:徐耀,责任人:冉莉元,审稿人:刘建英;第九节撰稿人:姚才上,责任人:唐义长,审稿人:秦榜江。

第六章 共3节,撰稿人:石志龙、张云琴,责任人:李慧娟,审稿人:周胜华。

第七章 共8节,撰稿人:李慧娟、杨新宇,责任人:李慧娟,审稿人:周胜华。

第八章 共5节,撰稿人:石凯、杨卓;责任人:李慧娟,审稿人:周胜华。

第九章 共4节,撰稿人:龙军勇,责任人:龙军勇,审稿人:刘建英。

第十章 共3节,其中,第一节、第三节撰稿人:石雄,责任人:刘卫东;第二节撰稿人:徐耀,责任人:冉莉元,审稿人:石利军。

第十一章 共4节,撰稿人:白霞、陈畅,责任人:张朝河,审稿人:石利军。

第十二章 共3节,撰稿人:徐耀,责任人:冉莉元,审稿人:刘建英。

第十三章 共9节,此章节撰稿人:姚才上,责任人:唐义长,审稿人:秦榜江。

第十四章 共9节,撰稿人:杨忍、田浩月、石文卿,责任人:张志明,审稿人:宋扬。

第十五章 共2节,撰稿人:杨忍、田浩月、石文卿,责任人:张志明,审稿人:宋扬。

第十六章 共5节,其中,第一节撰稿人杨文君,责任人:杨昌伦,审稿人:秦榜江;第二节、第三节、第四节、第五节撰稿人:何明现、吴云峰、王峥嵘、秦巍,责任人:杨昌伦,审稿人:杨昌伦。

第十七章 共4节,其中,第一节、第二节、第四节撰稿人:吴再俊、李小林,责任人:吴再俊,审稿人:刘建英;第二节撰稿人:姚才上,责任人:唐义长,审稿人:秦榜江。

第十八章 共28节,其中,

第一节撰稿人:吴志松、赵勇,责任人:吴志松,审稿人:周胜华。

第二节撰稿人:刘轶、文祝华,责任人:刘轶,审稿人:刘建英。

第三节撰稿人:张延周、晏慧芬,责任人:张延周,审稿人:秦榜江。

第四节撰稿人:柯永飞、龙松勇,责任人:柯永飞,审稿人:周胜华。

第五节撰稿人:涂山伟、赵晨羽,责任人:涂山伟,审稿人:涂山伟。

第六节撰稿人:龙舟、郑云嫣,责任人:龙舟,审稿人:周胜华。

第七节撰稿人:龙迅飞、吴卫、任达俊,责任人:龙迅飞,审稿人:周胜华。

第八节撰稿人:徐骞、杨雪,责任人:徐骞,审稿人:周胜华。

第九节撰稿人:王孟龙、陈小爱、石志龙,责任人:王孟龙,审稿人:宋扬。

第十节撰稿人:杨小龙、姚波,责任人:杨小龙,审稿人:秦榜江。

第十一节撰稿人:任华、戴应锋、田磊,责任人:任华,审稿人:秦榜江。

第十二节撰稿人:宋子龙,责任人:宋子龙,审稿人:宋扬。

第十三节撰稿人:龙通顺、石帮启、石海兵,责任人:龙通顺,审稿人:刘建英。

第十四节撰稿人:龙令勇、谢义伟,责任人:龙令勇,审稿人:刘建英。

第十五节撰稿人:田兴国、田勇、文艳,责任人:田兴国,审稿人:刘建英。

第十六节撰稿人:杨春芽,责任人:杨春芽,审稿人:刘建英。

第十七节撰稿人:龙辉、唐佳,责任人:龙辉,审稿人:周胜华。

第十八节撰稿人:贺再金、田娇,责任人:贺再金,审稿人:秦榜江。

第十九节撰稿人:冉奉尧、罗时保、廖蓉,责任人:冉奉尧,审稿人:秦榜江。

第二十节撰稿人:杨芳、龙永丽、龙世敏,责任人:杨芳,审稿人:宋扬。

第二十一节撰稿人:杨智、龙朝兰、唐剑,责任人:杨智,审稿人:刘建英。

第二十二节撰稿人:李仲高、龙刚,责任人:李仲高,审稿人:刘建英。

第二十三节撰稿人:石晓晖、贺维聪、李玲,责任人:石晓晖,审稿人:周胜华。

第二十四节撰稿人:龙寿发、杨立彬,责任人:龙寿发,审稿人:秦榜江。

第二十五节撰稿人:杨正泽、张吉巍,责任人:杨正泽,审稿人:宋扬。

第二十六节撰稿人:简璟、余春波,责任人:简璟,审稿人:宋扬。

第二十七节撰稿人:杨博、熊云、印芳,责任人:杨博,审稿人:宋扬。

第二十八节撰稿人:龙德昌、杜朋飞、吴官永,责任人:龙德昌,审稿人:宋扬

第十九章 共2节,撰稿人:麻建成,责任人:麻建成,审稿人:麻文宪。

第二十章 共2节,撰稿人:麻栩粹;责任人:杨昱昕,审稿人:周胜华。

第二十一章 共2节,撰稿人:戴其晓 责任人:田儒礼,审稿人:秦榜江。

附录 文献收集人:麻腾凤、杨卓、秦榜江、戴其晓,责任人:李霞,审稿人:秦榜江。

后记 撰稿人:戴其晓,责任人:刘卫东,审稿人:秦榜江。

后 记

2017年，胡定钦同志从铜仁市纪委监察局到松桃苗族自治县任县委常委、县纪委书记，调研中了解到全县纪检监察机关自成立以来，走过了近70年不平凡历程，未编纂过部门志，提议编纂一部具有集权威性、综合性和科学性的《松桃纪检监察志(1950—2020)》。他的提议得到了县纪委监察局班子成员的积极响应，各内设部门开始做准备工作。2020年5月，铜仁市纪委市监委启动《铜仁纪检监察志(1950—2021)》编纂工作，要求每个区县撰写相应的章节。县纪委县监委认为编纂《松桃纪检监察志(1950—2020)》的条件成熟，在提供《铜仁纪检监察志(1950—2021)》资料的基础上编纂《松桃纪检监察志(1950—2020)》。在充分了解编纂纪检监察志基本要求后，形成《松桃纪检监察志(1950—2020)》编纂工作实施方案，提请县纪委常委会会议研究同意。大家一致认为，编纂《松桃纪检监察志(1950—2020)》顺应时代要求，对深入推进党风廉政建设和反腐败斗争，提高党的执政能力建设具有重大政治意义和深远历史意义。

为确保《铜仁纪检监察志(1950—2021)》《松桃纪检监察志(1950—2020)》编纂工作有序开展，县纪委县监委成立了领导小组，领导小组下设办公室在宣传调研法规室，负责统筹协调。建立了县纪委常委会统一领导、宣传调研法规室协调主抓、委机关内设部门及各乡镇(街道)纪(工)委各负其责、编纂办公室具体组织、全县纪检监察系统协同配合的工作机制。选优配强编纂办公室队伍，安排独立编纂办公场所，配备了办公设施。聘请铜仁市市管专家、已退休的县委宣传部原副部长、松桃报社原总编戴其晓，抽调县委党史研究室原主任石雄，在纪检监察机关工作20多年的县纪委原常委、县纪委县监委二级主任科员刘卫东，曾在乡镇、县部门担任20多年纪委书记、纪检组长的县纪委县监委二级主任科员田儒礼在一起办公，具体负责编纂工作。众人虽明知工程浩繁，亦乐而为之。初步拟定框架目录，全面动员，层层落实任务，邀请相关专业人员对各内设部门及各乡镇(街道)专班人员进行业务培训。2021年6月7日，省委常委、省纪委书记、省监委主任夏红民到《松桃纪检监察志》编纂办公室调研，听取汇报后，他指出："盛世修志，是中华民族自古以来的优良传统。编纂纪检监察志，把一些值得记录的历史记录下来，非常有意义，进一步巩固党风廉政建设和反腐败斗争成果，是坚持从严管党治党的举措。作为纪检监察干部，要把学习纪检监察史融入党史学习教育，突出学以致用，从党的百年历史中汲取智慧和力量，以史为鉴，做好当前各项工作，解决实际问题，推动党史学习教育走深走实。"县委书记李俊宏、龙群跃也先后到编纂办公室调研《松桃纪检监察志》进展情况，了解到在短短的8个月时间内，取得完成了30万字的《铜仁纪检监察志(1950—2021)》(松桃部分)、165万字的《松桃纪检监察志(1950—2020)》的编纂成绩有关情况后，给予充分肯定。胡定钦、吴玉东多次到编纂办公室听取汇报，现场办公，对编纂工作进行了具体指导，研究解决编纂工作中存在的困难和问题，审稿并为志书作序。县委常委、县委组织部部长、县委巡察工作领导小组副组长杨昌海得知县纪委县监委要编纂纪检监察志后，百忙之中抽出时间到编纂办公室指导工作，并表示，县委组织部将全力支持《松桃纪检监察志(1950—2020)》编纂工作,协助提供相关资料。《铜仁纪检监察志》编纂办公室相关同志到松桃指导编纂工作并提出宝贵意见。

编纂工作从2020年9月正式启动,在规定的时间节点上完成了上报市纪委市监委交办的《铜仁纪检监察志(1950—2021)》(松桃部分)编纂任务,然后一鼓作气地开展《松桃纪检监察志(1950—2020)》编纂工作。《松桃纪检监察志(1950—2020)》具有鲜明的时代特色、地方特色。全书共分二十一章共127节,总字数165万余字,涵盖了组织机构、职能任务、管理体制、队伍建设、党风廉政、信访举报、信息宣传、审查调查、巡视巡察、党群工作、乡镇(街道)纪检监察工作等21个方面,另有图片、凡例、序、概述、大事记、附录、编后记等,全面、准确、系统地回顾了从1950年1月至2020年12月70年间松桃(苗族自治)县纪检监察事业70年的历史印记和光辉业绩,展示了全县纪检监察干部为维护党章党规党纪,始终站在反腐败斗争第一线,秉公执纪、不畏艰难、恪尽职守、无私奉献的精神风范。该书详细记录了全县纪检监察系统的机构沿革、体制调整、单设时期的纪检监察工作、合署时期和监察体制改革后的纪检监察工作。这对于研究纪检监察工作的内在规律,进一步开创纪检监察工作新局面,推动全面从严治党、党风廉政建设和反腐败斗争,总结经验、服务现实,具有重要的现实意义、深远的历史意义以及很强的借鉴价值。

编纂者始终坚持辩证唯物主义和历史唯物主义观点,坚持实事求是的科学态度,按照新观点、新材料、新方法的要求,力求观点正确、资料翔实、文字通顺。根据纪检监察工作新特点,对框架目录多次研讨修改,重新设置章目,调整编纂构架,形成了更为合理的编写结构。刘卫东、田儒礼在审稿时认真把关,凡不符合要求者,一律修改重写。刘卫东查阅了县纪委县监委档案室所有卷宗目录,掌握了大量的第一手资料,并亲手写了几个章节。田儒礼加班加点,对每个乡镇(街道)报送的资料进行多次修改,累计阅读稿件量达300多万字。田茂桥接到编辑图片任务后,不顾双腿摔伤带来的疼痛,四处搜集照片,夜以继日地制作图片版面。杨春芽休产假期间,在迓驾镇纪委只有她一人的情况下,放弃产假休息,到县档案馆、县纪委县监委档案室、镇资料室查阅资料,圆满地完成了任务。《铜仁纪检监察志(1950—2021)》(松桃部分)、《松桃纪检监察志(1950—2020)》仅用不足9个月时间编纂工作完毕,除编纂办公室全体工作人员辛勤笔耕外,还得益于各乡镇(街道)纪(工)委、县纪委县监委各内设部门的通力协作与支持,得益于热爱修志事业的有关退休老同志和曾在松桃任职的有关领导鼎力相助。县纪委县监委办公室全程做好后勤保障工作,委机关各内设部门、各乡镇(街道)纪(工)委均派出文字功底扎实、纪检监察业务熟悉、工作认真负责的同志撰写稿件,相关负责人认真审阅稿件。同时,县委办公室、县人大常委会办公室、县委组织部、县委党史办、县档案馆(方志办)、县民政局、县融媒体中心等单位为查阅资料提供了大力支持,向在职人员及退休老干部征集到大量资料和图片,保证了编志工作的顺利进行。为此,谨向所有关心、支持和参与该志书编纂的单位和个人表示衷心的感谢。

《松桃纪检监察志(1950—2020)》以"修志为用"为原则,注重资料的有用性。在表述方式上,不拘泥于传统的方志文体约束,尽可能多地采用各种表述方式,用最适合表达内容的体裁来记述历史。本志书是集体智慧的结晶,蕴含着全县纪检监察干部的辛勤劳动成果,也凝聚着全体编纂人员的心血。在编纂过程中,胡定钦、周胜华、秦榜江等县纪委县监委领导多次召开编纂工作推进会。县纪委县监委班子成员对分管的部门和联系乡镇(街道)纪(工)委报送的资料,就志稿史料取舍、编纂质量等方面认真审核,严格把关,提出了很多宝贵的修改建议。编纂办公室在汇集反馈意见的基础上,经反复校核和修改后,送县方志办公室评审。按县方志办公室提出的修改意见,再次对书稿文字作规范性的修改。后经反复校对、修改、补充、完善,数易其稿,截至2021年5月底,经编委会按照终审意见认真修改完善后定稿,将由方志出版社正式出版,全国公开发行。

编纂一部纪检监察志，是一项浩繁而细致的文化建设工程，也是一种传承文脉和组织记忆，是不露主观色彩的碑传，是能经受历史检验的碑传，我们所做的正是这种整理和记载纪检监察历史的工作。虽然编纂人员作出了积极努力，力求全面、真实、准确地记载1950年以来松桃县(苗族自治县)纪检监察工作发展的历程，不敢有怠，但由于时间紧、内容广、任务重，史实时限长，可能有很多史料未征集录入。为志者常惴惴于学识水平之局限，资料之疏漏，文句之不工，选材之不精，虽几经修改、多次校勘，纰漏误谬在所难免，远远不能反映松桃县(苗族自治县)纪检监察工作全貌和神韵。唯以虚心求教各方贤能之斧正，恳请读者之指正，或待后学之纠补。告罄付梓，我们感到欣慰，亦有不安。

编 者

2021年8月